문명 이야기

윌 듀런트

왕수민 · 박혜원 옮김

신앙의 시대
4-2

THE STORY
OF
CIVILIZATION

문명
이야기

윌 듀런트
WILL DURANT

왕수민 · 박혜원 옮김

The Age of
Faith

Ⅳ – Ⅱ

신앙의 시대
4-2

민음사

이 책을 읽는 방법

일반 독자들은 읽기가 더 수고스럽겠지만, 책의 분량을 조금이라도 줄이고자 전문적 내용은 바로 이 단락과 같이 글자 크기를 줄여 놓았다. 되도록 많이 줄였음에도 책 분량은 여전히 엄청나고, 작은 크기의 글자로 이 긴 내용들을 전달하는 게 도리가 아니라는 사실에는 변함이 없다. 부디 한 번에 한 장(章) 이상은 읽지 말기 바란다.

글자 크기를 줄이고 들여쓰기 한 문단은 인용문이다. 본문의 위 첨자 숫자는 권말의 주석 번호를 가리킨다. 주석에 명시되어 있는 도서에 대해서는 참고 문헌에 보다 자세한 정보를 실어 두었다.

그리스도교 사상의 절정기 1095~1300년

치마부에: 성 프란체스코, 천사들과 함께한 성모 마리아
아시시 대성당

성인의 초상
『켈즈의 서(書)』

글라스 페인팅, 12세기
샤르트르 대성당

장미창
스트라스부르 대성당

노트르담 대성당
파리

기둥에 조각된 성모 마리아
노트르담 대성당, 파리

괴물 석상
노트르담 대성당, 파리

대성당, 서쪽 전경
샤르트르

성모의 방문

북쪽 교차랑, 샤르트르 대성당

정숙(Modesty)

북쪽 교차랑, 샤르트르 대성당

랭스 대성당

두 천사 사이의 니케즈
랭스 대성당

성 수태 고지와 성모 방문
랭스 대성당

연철 창살
우르샹 수도원

캔터베리 대성당

시청
이프르

솔즈베리 대성당

성당 내부
윈체스터

성당 내부
더럼

웨스트민스터 대성당

런던

스트라스부르 대성당

교회
스트라스부르 대성당

회당
스트라스부르 대성당

성 엘리자베스
밤베르크 대성당

마리아
밤베르크 대성당

에크하르트와 그의 아내 우타
나움부르크 대성당

장미 파사드
오르비에토 대성당

파사드
시에나 대성당

피사노의 설교단
시에나 대성당

산티아고 디 콤포스텔라
남쪽 내부

살라망카
성당의 배면

그리스도교
사상의 절정기

1095~1300년

23장

십자군 전쟁
1095~1291

1. 십자군 전쟁의 제 원인

중세 시대라는 극에서 절정부에 해당하는 막(幕)을 꼽으라면 바로 십자군 전쟁일 터, 더불어 유럽 및 근동의 역사에서도 가장 장관으로 꼽히는 대목을 꼽으라면 이 십자군 전쟁이 아닐까 한다. 당시는 그리스도교와 마호메트교가 서로 입씨름을 벌인 지 어언 수백 년이 흐른 뒤, 이제 거대 규모의 이 두 종교에게 남은 길은 단 하나뿐이었다. 인류가 고안해 낸 궁극의 중재 수단, 즉 전쟁이라는 대법원에 의지해 시시비비를 가려보는 것. 그리하여 중세가 이룩한 그 모든 발전은 물론, 중세 시대에 상업 및 그리스도교가 이룬 그 모든 확장, 사람들이 종교에 가진 그 모든 열의, 봉건주의가 가진 모든 역량과 기사도가 지닌 모든 매력이 이 200년의 전쟁 속에서 절정을 이루니, 그 목적은 인간의 영혼을 구제하는 동시에 교역상 이익을 증진시키는 데 있었다.

십자군 전쟁*이 일어난 원인은 여러 가지이나, 그중에서도 가장 직접적인 것을 꼽아 보면 첫째로 셀주크 투르크족의 실권 장악을 들 수 있다. 물론 셀주크 투르크족이 흥기하기 전에도 중세 시대는 이미 이슬람교도의 근동 지배에 어느 정도 적응된 터였다. 이집트의 파티마 왕조는 팔레스타인 지방을 온화하게 다스리는 편이었고, 이따금 예외가 있기는 했으나 그리스도교의 제 분파 역시 예배의 자유를 폭넓게 누리고 있었다. 카이로의 폭군 칼리프 알 하킴이 성묘(聖墓) 교회를 처참히 파괴한 적이 있기는 했지만(1010년), 교회가 재건되게끔 상당한 힘을 쏟은 것도 다름 아닌 이슬람교도들이었다.[1] 이슬람교도 여행가 나시르 이 호스로우는 1047년, 다시 세워진 성묘 교회를 두고 이렇게 말하였다. "이 교회는 내가 이제껏 본 건물 중 제일 널찍한 것으로서 최대 8000명의 인원이 수용 가능하며, 건축 솜씨는 단연 최고를 자랑한다. 교회 안으로 들어가 보면, 건물 구석구석에 비잔티움의 양단 장식이며 금세공이 들어가지 않은 데가 없다. …… 더불어 교회 안에서 우리는 예수(오, 그에게 평화가 함께하기를!)가 나귀 등에 올라타 있는 모습도 찾아볼 수 있다."[2] 하지만 이는 한 가지 사례에 불과할 뿐, 예루살렘에는 이런 식의 그리스도교 교회들이 수없이 많았다. 또 그리스도교 순례자들은 그리스도교 성지에도 마음껏 발을 들일 수 있었다. 일례로 그리스도교도 사이에서 팔레스타인 순례는 오래전부터 신자의 지극한 신심을 확인하는 길이자 신자가 자신의 죄를 참회할 수 있는 하나의 길이었다. 그래서 당시 유럽에서는 어딜 가나 팔레스타인을 순례하고 돌아온 이른바 "파머(palmer)"들을 만날 수 있었는데, 이들이 이렇게 불린 까닭은 팔레스타인 순례를 마친 징표로 팔레스타인의 야자수(palm) 이파리를 두 장 따서 그것을 십자가 모양으로 엮어 옷에 달고 다녔기 때문이다. 농부 피어스(Piers Plowman, 14세기의 영국 문인 윌리엄 랭글런드의 『농부 피어스의 꿈』에 주인공 격으로 등장하는 작중 인물이다. - 옮긴이)에 따르면, 이렇게 팔레스타인을 한번 돌고 온 사람은 "그 이

---

* 'Crusade(십자군)'의 어원은 스페인어 'cruzada'로서, "십자가 표시를 달고 있는"의 뜻이다.

후의 여생 동안에는 하는 일 없이 빈둥거려도 용인이 되었다."[3] 그러나 1070년에 들어 셀주크 투르크족이 흥기하여 파티마 왕조가 차지하고 있던 예루살렘 땅을 점령하게 되었고, 그 후부터 순례자들은 이슬람교도로부터의 탄압과 독신(瀆神) 소식을 가지고 고향으로 돌아오기 시작했다. 진위는 알 수 없으나 한 오래된 설에 따르면, 당시 은자 피에르라는 나그네는 예루살렘의 총대주교 시메온으로부터 서한을 한 통 받아 교황 우르바누스 2세에게 전하게 된다. 내용인즉슨 예루살렘에서 그리스도교도들이 이러이러한 핍박을 당하고 있으니 교황이 꼭 나서서 도와주길 간청한다는 것이었다.(1088년)

십자군 전쟁이 일어난 가장 직접적 원인 그 두 번째는 비잔티움 제국의 힘이 위험스러울 정도로 쇠약해진 데 있었다. 700년에 달하는 세월 동안 비잔티움 제국은 유럽과 아시아가 만나는 길목에 떡 하니 버티고 서서, 아시아 각국의 군대나 초원 지대의 유목민이 함부로 유럽으로 들어오지 못하게 제지하는 역할을 해 주었다. 하지만 지금은 비잔티움 제국의 내부 정국이 혼란스러운 것은 물론 갖가지 이단이 분열을 조장하고 있었고, 거기다 서로마 제국과는 1054년의 동서 분열로 인해 서로가 등을 돌린 참이었다. 따라서 고래로부터의 그 막중한 과업을 수행하기에 비잔티움 제국은 이제 역부족이었다. 유럽 대륙 곳곳의 관문들이 불가르족, 파치나크족, 쿠만족, 러시아인들에게서 정신없이 공격을 받는 사이, 다른 한쪽에서는 비잔티움 제국의 아시아 지방 속주들이 하나둘 투르크족에게 넘어가고 있었다. 1071년에는 비잔티움 제국 군대가 만지케르트에서 이슬람 군대에게 대패를 당하기까지 하였다. 셀주크족은 여세를 몰아 에데사, 안티오크(1085년), 타르수스와 심지어는 니케아까지 점령하였고, 그것도 모자라 보스포루스 해협 건너 콘스탄티노플까지 눈독을 들이고 있었다. 비잔티움 제국의 황제 알렉시우스 1세는 다소는 굴욕적인 평화 협정에 서명함으로써 소아시아 땅 일부를 보전해 냈지만, 후일 있을 이슬람의 추가 공격에 대해서는 속수무책이었다. 그러다 만일 콘스탄티노플이 이슬람의 수중에 떨어지기라도 하는 날엔, 동유럽 세계 전체가 투르크족 앞에 무방비로 놓이게 될 테고, 그러면 투르에서 거둔 그 승리도(732년) 다 무위로 돌아가는 것이었다. 그리하여 알렉시우스는 신학적 자존심 같은 것은 접어 두고 우르바누스 2세는 물론 피아첸차 공의회에까지 사절단을 파견하기에 이르니, 투르크족을 몰아내는 데에 라틴 유럽도 함께 힘써 줄 것을 호소하였다. 괜히 시간만 지체했다가 이 불경자(不敬者)들이 떼를 지어 발칸 반도를 타고 들어와 서로마의 주요 도시들을 약탈할 테니, 이들이 아시아 땅에 있을 때 토벌해 버리자는 것이 알렉시우스의 주장이었다.

십자군 전쟁의 세 번째 원인은 이탈리아의 도시들(피사, 제노바, 베네찌아, 아말피 등), 즉 부쩍 커진 상업적 힘을 더 멀리까지 확장시키고 싶어 했던 그들의 야망에서 찾을 수 있다. 당시 유럽의 상황을 보면, 한때 이슬람 땅이던 시칠리아는 노르만족에게 점령당한 뒤였고(1060~1091년), 이슬람의 영토 역시 그리스도교 군대의 진격에 밀려 스페인밖에는 남지 않은 상태였다.(1085년경) 그러자 이제는 그리스도교도들도 지중해 서쪽을 자신들의 교역에 얼마든 이용할 수 있게 되었다. 이탈리아 곳곳의 도시들은 국내의 물자를 비롯해 알프스 너머의 물품들을 타지로 공급해 주는 항구 역할을 하던 터, 따라서 이들 도시에는 곧 부와 힘이 쌓여 갔다. 나아가 이들 도시들은 이슬람교가 차지하고 있던 동부 지중해의 제해권을 이참에 종식시켜 버리고, 서유럽에서 내놓는 물품들을 자유롭게 근동의 시장에까지 내다 팔 작정이었다. 하지만 이들 이탈리아 상인들이 당시 교황과 얼마나 가까운 사이였고, 또 이들이 자신들 의견을 교황에게 얼마나 피력할 수 있었는가 하는 점은 지금의 우리로서는 알 길이 없다.

십자군 전쟁을 일으킨 마지막 결정적 원인은 바로 우르바누스 교황 자신이었다. 사실 성전을 치르고자 하는 의지는 선대 교황들도 가지고 있었다. 일찍이 제르베르(실베스테르 2세)는 그리스도교 세계가 다 같이 나서서 예루살렘을 구하자고 호소한 바 있었고, 이를 위해 일단의 원정대가 시리아 땅에 발을 들였다가 수포로 돌아간 일도 있었다.(1001년경) 그레고리우스 7세는 하인리히 4세와의 알력 다툼에 기진맥진해 하면서도 목청껏 다음과 같이 외친 바 있었다. "온 우주를 다스리는 일에 이 한 목숨을 바치기보다는, 차라리 나는 그리스도교의 성지를 구해 내는 데 이 한 목숨을 바치겠노라."[4] 1095년 3월 우르바누스가 피아첸차에서 공의회를 주재했을 때에도 이 문제에 대한 논쟁은 여전히 뜨거운 상태였다. 공의회 중 우르바누스는 알렉시우스가 보낸 사절들의 청원에 지지를 표하였으나 얼마간은 시간이 필요할 것임을 밝혔다. 폭넓은 차원의 대표자 회의가 열릴 때까지 기다렸다가 이슬람을 상대로 전쟁을 치를 것인지를 함께 고심해 봐야 한다는 것이었다. 성전은 머나먼 타지에서 치러질 싸움, 거기서 승리하리라 확신하기엔 우르바누스는 아는 것이 너무도 많았다. 더구나 성전이 실패로 돌아가면 그리스도교 신앙이나 교회의 특권이 심대한 타격을 입으리라는 것도 그는 분명 예견했을 터였다. 또 당시 봉건 제후들과 노르만족 해적들은 넘치는 호전성을 주체 못하고 있었으니, 어쩌면 우르바누스는 그 힘을 끌어다 성전에 쏟아부음으로써 유럽과 비잔티움 제국을 이슬람으로부터 구해 내려고 한 것인지도 모른다. 그렇게 된다면 동로마 교회가 다시 교황의 지배 아래 들어오고, 그리스도교 세계 역시 교황의 신정(神政) 정치 아래 다시금 하나로 강하게 뭉쳐, 로마가 다시 한 번 전 세계의 수도가 되는 그 날이 올지도 모를 일이었다. 당대 최고의 정치 권력자, 그의 머릿속에는 바로 이런 구상이 들어 있었다.

그리하여 1095년 3월부터 10월까지 우르바누스는 북부 이탈리아와 남부 프랑스 각지를 두루 순행하면서, 각계 지도자들의 의견을 타진하는 것은 물론 성전에 필요한 지원까지 약속받았다. 이윽고 오베르뉴의 클레르몽에서 역사에 길이 남을 총회가 열리니, 11월의 매서운 추위에도 불구하고 회의에는 수십 개 지역에서 수천 명의 사람들이 몰려들었다. 이들은 탁 트인 공지(空地)를 한 곳 잡아 자신들이 챙겨 온 천막을 치고 모여 있었다. 그 벌판 한가운데에서, 자신들과 똑같은 프랑스인인 우르바누스가 우뚝 올라서 연설을 하자 운집한 대중들 마음속에서는 벅찬 감동이 밀려들었다. 당시 우르바누스가 한 연설은 중세 시대에서도 가장 영향력이 컸던 명연설로 꼽힌다.

오, 프랑크족 백성이여! 하느님께서 사랑하시고 또 하느님께서 선택하신 민족이여! …… 저는 얼마 전 저 멀리 예루살렘 땅, 그리고 콘스탄티노플로부터 한 가지 애통한 소식을 전해 들었습니다. 하느님과는 완전히 등을 돌린 한 저주받은 민족이 우리 그리스도교도의 땅을 침략해 들어와서는 무자비하게 폭력을 행사하는 것은 물론, 노략질과 방화를 일삼아 주민들의 목숨까지 앗아 가고 있다는 것이었습니다. 이들은 주민 일부를 포로로 잡아다 자기네 나라로 끌고 가는가 하면, 또 일부는 잔혹한 고문을 가하여 죽여 버리기도 합니다. 교회의 제단에는 그 불결한 몸을 대어 한껏 더럽힌 후 그마저도 산산이 부수어 버립니다. 지금 비잔티움인의 왕국은 저들의 손에 하나둘 남의 땅이 되어 가고 있습니다. 사실 이제까지 빼앗긴 땅만 해도 대단히 넓어, 그 땅을 횡단하려면 두 달로도 모자랄 지경입니다.

이러할진대 누가 나서서 이 악행을 응징해야 하겠습니까! 하느님으로부터 빛나는 검과, 위대한 용기와, 강인한 힘을 내려 받은 여러분, 그러한 여러분이 아니면 그 누가 여러분의 뜻을 거스르는 그 무리를 벌하여 머리를 조아리게 만들겠습니까! 샤를마뉴를 비롯한 프랑스의 수많은 군주들, 그들은 찬란한 영광과 웅대한 업적을 역사에 이루어 놓았습니다. 여러분도 이 선조들을 본받아 용기를 내십시오. 우리의 주님이자 구원자이신 예수 그리스도, 그분을 기리는 성묘 교회가 지금 정결하지 못한 나라의 손아귀에 있습니다. 곳곳의 성지도 불결한 저들의 손을 타 더럽게 물들어 가고 있습니다. 분하지 않습니까, 여러분! …… 여러분이 얼마나 많은 것을 가졌든, 가족들을 염려하는 마음이 아무리 크든, 거기에 얽매여 머뭇거리려서는 안 됩니다. 지금 여러분이 살고 있는 이 땅을 한번 보십시오. 바다며 높은 산봉우리들이 온통 사방을 둘러막고 있지 않습니까. 여러분의 대규모 인구가 다 같이 살아가기에는 턱없이 비좁은 땅입니다. 또 힘껏 땅을 일구어 봐야 이곳에서는 농부에게도 빠듯할 정도의 식량밖에는 나지 않습니다. 여러분 사이에 살의와 적의가 들끓는 것도, 또 여러분 사이에 전쟁이 끊이지 않는 것도, 나라가 내전에 휩싸여 수많은 사람들이 아비규환 속에서 목숨을 잃는 것도, 다 이 때문입니다.

이제 여러분 사이의 그 증오를 거두어들이도록 합시다. 여러분끼리 서로 싸우는 일은 이제 더 이상 없도록 합시다. 대신 성묘 교회를 되찾기 위한 노정에 오릅시다. 저 악독한 민족에게서 기필코 그 거룩한 땅을 빼앗아 그곳을 여러분들 것으로 만듭시다. 예루살렘 그곳은, 이 세상 그 어디보다 풍요로운 땅이요, 온갖 기쁨이 가득한 낙원입니다. 이 세상 한가운데에 자리한 그 왕의 도시가 여러분에게 구해 달라며 도움을 간구하고 있습니다. 온 힘을 다해 예루살렘을 위한 노정에 오릅시다. 그러면 여러분이 지은 수많은 죄의 죗값은 감해질 것이며, 훗날 천국의 왕국에서 가서도 분명 길이길이 영광을 누릴 수 있을 것입니다.[5]

교황의 이런 연설을 듣고 감격에 젖은 군중 사이에서는 다음과 같은 외마디 탄성이 터져 나왔다. "그것이 하느님 뜻이다!" 그러자 우르바누스는 얼른 이 말을 받아 그것을 이번 싸움의 전쟁 구호로 삼자고 했다. 여기 더해 그는 성전에 나서는 이들은 반드시 눈썹이나 가슴께에 십자가 표시를 달 것도 명하였다. 당시 상황에 대해 맘스베리의 윌리엄은 이렇게 말한다. "일부 귀족들은 그 자리에서 곧장 교황 앞에 넙죽 엎드려 맹세하길, 하느님 뜻에 봉사하는 데 자기 한 몸과 자기 재산을 바치겠노라고 하였다."[6] 일반 백성 중에도 이와 비슷한 맹세를 하는 이들이 수천 명에 이르렀고, 심지어는 수도사와 은자(隱者)까지도 (형이상학적 차원에서가 아니라 명실상부하게) 진정한 그리스도의 병사가 되겠노라며 이제껏 지내던 은둔처를 떠났다. 활동력 좋았던 교황은 이참에 투르, 보르도, 툴루즈, 몽펠리에, 님 등등의 도시까지 두루 순방하면서, 성전을 주제로 사람들에게 설교하는 데에만 9개월의 시간을 보냈다. 그렇게 2년 동안 자리를 비운 끝에 로마로 돌아오니, 그리스도교 세계 내 신심이 약하기 짝이 없는 곳조차도 그에게 열화와 같은 성원을 보내 주었다. 그래서 십자군의 전쟁 참가를 위해 그들의 앞을 막아서는 각종 책무를 덜어 주어야 했을 때에도, 우르바누스는 별 반대에 부딪히지 않고 그와 관련된 권리를 양도받을 수 있었다. 우선 그는 십자군 전쟁 기간에는 농노나 봉신들이 그들의 봉건 영주에 대한 충성 서약을 지키지 않아도 되도록 자유를 주었다. 더불어 모든 십자군에게 일종의 특권을 주었으니, 전쟁에 참가하는 사람들은 누구나 장원 재판소 대신 교회 재판소에서 재판을 받을 수 있었다. 그리고 전쟁으로 인해 집을 비우게 된 동안에는 교회에서 책임을 지고 그들의 재산을 보호해 주기로 약조를 하였다. 뿐만 아니라 우르바누스는 이제까지 그리스도교도들끼리 해 오던 싸움은 모두 휴전에 들어갈 것도 명하였다.(물론 이 명령은 그다지 실효성을 지니지는 못했다.) 더불어 새로운 복종의 원칙도 확립하여, 그것이 봉건 제도의 충성 서약보다 더 높은 권위를 지니도록 했다. 이제 유럽은 그 어느 때보다 하나로 똘똘 뭉친 상태가 되었다. 십자군 전쟁을 위해 움직이는 동안 우르바누스도 어느덧 온 유럽의 왕들 대표하는 수장으로(적어도 이론상으로는) 자리매김해 있었고 말이다. 성전을 치르기 위해 그리스도교 세계가 이렇듯 다 함께 열의를 불사른 것은 전에는 한번도 볼 수 없던 일이었다.

2. 제1차 십자군 전쟁: 1095~1099년

십자군 전쟁에서는 참전 조건으로 별의별 혜택을 내걸었으니, 그리하여 군대의 깃발 아래로 몰려드는 대중의 무리는 수없이 많았다. 우선 죄악을 범했을 때 그에 따르는 모든 징벌을 면하게 해 준다는 방침은 전쟁에 참가하는 사람 누구나 받을 수 있는 혜택이었다. 한편 농노의 경우에는 자신이 예속된 농토에서 벗어날 자유가 생겼고, 시민들은 갖가지 세금을 면제받을 수 있었으며, 빚을 진 사람의 경우에는 전쟁을 구실로 이자에 대해 지불 유예를 선언할 수 있었다. 또 죄수들은 옥에서 풀려날 수 있었고, 사형수 역시 교황의 권위를 과감히 확대시키면 사형에 처해지는 대신 팔레스타인에서 종신형을 사는 것으로 감형받을 수 있었다. 이외에도 성전의 행렬에 동참하는 건달들만 그 수가 수천에 이르렀다. 물론 예수 그리스도가 태어나 죽은 땅, 성지 예루살렘을 구하겠다고 진정 신심에 불타 떠나는 이들도 있었지만, 그 행렬에는 가난에 찌들어 사느라 희망을 잃은 장정들, 호기롭게 엄청난 일에 뛰어들어보려는 호사가들, 서로마의 영지는 장남의 차지니 동로마 제국에서라도 어떻게든 자기 영지를 마련해 보겠다고 나선 봉건 제후의 차남 이하 아들들, 이참에 새로운 시장을 개척해 물건을 팔아 보겠다고 나서는 상인들, 자신들이 지켜야 할 농노들이 군대에 들어가는 통에 하릴없이 놀고먹게 된 기사(騎士)들, 남들에게 겁쟁이라고 조롱받을까 봐 마지못해 따라나선 꽁생원들도 끼어 있었다. 전쟁이 나면 으레 선전이 동원되기 마련, 십자군 전쟁에 나서며 사람들은 그리스도교도들이 팔레스타인에서 무력하게 핍박받고 있고, 이슬람교도들은 잔혹하기 이를 데 없으며, 마호메트의 교리는 곧 그리스도교에 대한 독신(瀆神)임을 힘주어 강조했다. 뿐만 아니라 이슬람교도들은 마호메트의 성상(聖像)을 가져다 놓고 그것을 숭배한다는 말과 함께,[7] 그리스도교의 독실한 신자들 사이에서는 마호메트에 대한 낭설도 돌았다. 그 예언자는 원래 간질병 환자였는데 어느 날 간질을 일으키고 쓰러져 있는 사이 돼지 떼가 몰려와 그를 산 채로 잡아먹었다는 것이다.[8] 이에 더하여 동방에 가면 재물이 넘쳐 난다느니, 그곳에서는 검은 피부의 미녀들이 용감한 사내들이 와서 데려가 주기를 기다리고 있다느니 하는 그럴싸한 이야기들도 풍문으로 돌았다.[9]

이렇듯 저마다 가진 동기가 각양각색이었으니 십자군 군대가 어느 정도 일관성 있는 집단으로 구성된다는 것은 아무래도 무리였다. 심지어는 여자들과 아이들까지도 자기 남편이나 아버지를 따라가겠다고 나서는 경우가 많았다. 여기에는 이유가 있었던 듯한데, 군대 모집이 있고 얼마 지나지 않아서 전사들에게 필요하다는 명목으로 매춘부까지도 징집 대상에 포함시켰기 때문이다. 한편 우르바누스는 1096년 8월을 미리부터 십자군의 출정 시기로 잡아 놓고 있던 터였다. 하지만 징병 소식이 있자마자 맨 먼저 지원을 한 성마른 농부들로서는 더 이상 기다리고만 있을 수가 없었다. 그런 무리 중 하나가 약 1만 2000명에 이르렀는데(이 중 기사 출신은 고작 8명뿐이었다.), 이들이 1096년 3월 은자 피에르와 무일푼 월터(Walter the Penniless, '고티에 생자부아(Gautier sans-Avoir)'라고도 한다.)의 지휘 아래 프랑스를 떠나 예루살렘으로 향하기에 이른다. 이어 사제 고트샤크도 두 번째 군대를 이끌고 독일을 떠났고, 라인란트에서도 라이닝겐의 에미코 백작이 세 번째 군대를 이끌고 예루살렘을 향해 떠났다. 1차 십자군 전쟁 당시 독일 및 보헤미아 지방에서 유대교도들이 공격을 당한 사건은 바로 이 오합지졸 부대에 의한 것이었다. 각 지방에 거하는 성직자와 시민들이 호소를 해 와도 이들은 거기에 귀 기울일 줄 몰랐으며, 한동안은 짐승이라도 된 듯 신심을 가장하여 살육 욕구를 마구 분출하였다. 출정에 앞서 사병들이 모집한 자금은 얼마 되지 않았고 식량은 거의 없다시피 했다. 그들을 이끄는 지휘관 역시 전쟁 경험이 없는 이들이라 사병을 먹일 군량이 턱없이 부족하였다. 더구나 행군에 나선 사람들 대다수는 예루살렘이 그렇게 먼 곳에 있으리라고는 미처 생각지 못하였다. 그래서 군대가 라인 강과 다뉴브 강을 따라 진군할 무렵에는 굽이를 하나 돌 때마다 아이들이 더는 못 가겠다는 듯 "여기가 예루살렘 아니에요?" 하고 묻곤 했다.[10] 그러다 모집해 온 자금마저 바닥나 버리자 이들은 배를 주리기 시작했고 그러자 행군길에서 마주치는 논밭이며 집들을 약탈하는 수밖에 없었다. 얼마 지나지 않아서는 강탈도 모자라 강간까지 자행하였다.[11] 주민들은 이들의 노략질에 거세게 반발하였다. 일부 성읍은 이들이 지나간다는 소식에 단단히 성문을 걸어 잠그고 열어 주지 않았는가 하면, 더 이상 꾸물거리지 말고 어서 신의 길을 가라고 말하는 성읍들도 있었다. 그리하여 마침내 콘스탄티노플에 당도하였을 때 이들은 한 푼 없는 빈털터리 신세, 게다가 기아, 역병, 나병, 열병, 행군 중 전투로 인해 병사들 수도 부쩍 줄어들어 있었다. 알렉시우스는 이들을 반갑게 맞아 주기는 하였으나, 배불리 먹여 주기까지는 못하였다. 이에 십자군들은 콘스탄티노플 교외로 난입해 들어가서는 교외며 집, 궁궐들을 약탈하였다. 이들이 메뚜기 떼처럼 콘스탄티노플을 닥치는 대로 휩쓰는 것을 두고 볼 수만 없던 알렉시우스는 배를 몇 척 주어 그들을 보스포루스 너머로 보냈다. 더불어 그는 보급품까지 대 주면서 당분간은 기다렸다 잘 무장한 파견군이 오거든 그때 함께 진격하라고 했다. 하지만 굶주림에 지쳤던 것인지 성마른 성격을 못 이긴 것인지, 이들은 알렉시우스의 이 지시를 무시하고 곧장 니케아로 쳐들어갔다. 니케아에서 그들을 기다리고 있던 것은 잘 훈련된 투르크족 정예 부대, 모두가 내로라하는 이들 궁수들은 제1차 십자군의 이 첫 분대를 맞아 적군을 거의 한 사람도 안 남기고 궤멸시키다시피 하였다. 무일푼의 월터가 목숨을 잃은 것도 바로 이 싸움에서였다. 하지만 통제 불능의 이 오합지졸 군대에 넌더리가 난 은자 피에르는 이 싸움이 터지기 전 일찌감치 콘스탄티노플로 돌아가 그곳에서 무탈하게 1115년까지 살다 세상을 떠났다.

한편 봉건 제후들도 십자가를 달고 나섰으니, 이들 지휘관들은 각자 자신들 영지에서 병사들을 따로 모아 두고 있었다. 이들 사이에 왕은 끼어 있지 않았다. 그 까닭은 우르바누스가 성전 설교를 하고 다닐 당시, 프랑스의 필립 1세, 잉글랜드의 윌리엄 2세, 독일의 하인리히 4세 모두 교황으로부터 파문을 당한 상태였기 때문이다. 그럼에도 불구하고 십자군에 지원한 백작 및 공작들의 수는 적지 않았고, 그런 이들은 거의 다 프랑스인 또는 프랑크족이었다. 사실 제1차 십자군 전쟁은 대체로 프랑스인들이 이뤄 낸 것이라 해도 과언이 아니어서, 오늘날에도 근동 지역에서는 서유럽인 하면 으레 프랑크족인 줄로 안다. 십자군을 이끈 여러 봉건 제후 중에서도 부이용(벨기에의 소규모 영지)의 영주 고드프리 공작은 군인과 수도사의 덕목을 겸비한 인물로서, 전쟁과 통치에서는 뛰어난 용기와 능력을 발휘한 한편 신앙에 있어서는 거의 광신에 가까운 믿음을 보여 주었다. 그 외에도 타란토의 보에몽 백작이 있었는데, 그는 다름 아닌 로베르 기스카르의 아들이었다. 아버지가 지녔던 용기와 무예를 고스란히 물려받은 그는 예전에 비잔티움 제국이 차지하고 있던 근동 지역의 땅을 어떻게든 한 토막이라도 차지해, 자기 휘하의 노르만족 병사들과 함께 그곳에 왕국을 하나 세우고 싶다는 소망이 있었다. 그리고 그의 곁에는 늘 그의 조카 오트빌의 탕크레드가 함께했으니, 후일 타소(르네상스 시대의 이탈리아의 대문호—옮긴이)가 『해방된 예루살렘』에서 영웅의 본보기로 삼은 인물이다. 그는 준수한 용모에, 두려움을 모르는 데다, 의협심이 넘쳤으며, 도량도 넓었다. 그러면서도 영예와 재물을 무엇보다 소중히 여겨, 세상 사람들로부터 널리 이상적인 그리스도교 기사(騎士)로 동경을 받았다. 또 툴루즈 백작 라이몬드, 그는 스페인 땅에서 이슬람군에 맞서 싸워 본 전력이 있는 인물이었다. 이즈음 벌써 노년에 접어든 라이몬드는 보다 장대하게 치러지는 이 전쟁에 자신의 한 목숨은 물론 자신의 엄청난 재산까지 바칠 각오가 서 있었다. 하지만 그의 귀족다운 기품은 이따금 그의 오만방자한 성격에 빛을 잃곤 하였고, 그의 독실한 신심 역시 그의 탐욕스러운 욕심에 때가 타는 수가 많았다.

이들이 이끄는 무리는 각자 다양한 길을 거쳐 동로마의 수도 콘스탄티노플까지 진군해 왔다. 그 길에 보에몽이 고드프리에게 한 가지 제의를 하였는데, 이참에 콘스탄티노플을 탈취해 버리자는 것이었다. 하지만 고드프리는 그 제의를 물리치면서, 자신은 오로지 불경자와 싸우기 위해 이 길에 오른 것이라고 하였다.[12] 하지만 콘스탄티노플을 손에 넣고 싶다는 이런 생각은 이후에도 줄곧 사그라지지 않는다. 사실 서로마 기사들은 남성 특유의 우악스러움이 있던 데다 반쯤은 야만적이기까지 했으니, 섬세하고 교양 있어 보이는 동로마의 신사들이 영 거슬리는 게 아니었다. 서로마 기사들 눈에 동로마 신사들은 계집처럼 사치를 부리는 데에만 여념이 없는 이단자들일 뿐이었다. 한편 비잔티움 제국의 수도에 와 보니 곳곳의 교회, 궁궐, 시장에 온갖 진기한 물건이 그득그득 쌓여 있는데, 그것이 그들로서는 놀랍고 또 한편으로는 부럽기만 했다. 그리고 그들 생각에 그런 재물이란 모름지기 용기 있는 자의 손에 들어가야 하는 것이었다. 알렉시우스 역시 자신을 구해 주러 오는 자들의 가슴 속에 이런 생각이 들어 있다는 것을 모르지 않았을 터였다. 더구나 앞서 다녀간 농병(農兵)들 무리에게 한번 당한 경험이 있던 만큼(이들이 투르크족에게 패배당한 데 대하여 서로마 제국은 알렉시우스를 견책했다.), 이들이 속에 다른 꿍꿍이를 품지는 않았는지 조심하지 않을 수 없었다. 그는 애초 투르크족에 맞서 싸우기 위해 도움을 요청했던 것이지, 이를 빌미로 서유럽이 하나로 뭉쳐 콘스탄티노플의 관문에서 세를 규합하리라고는 생각지 않았었다. 알렉시우스로서는 이 전사들이 예루살렘은 물론 콘스탄티노플까지도 손에 넣으려는 심산은 아닌지 의심이 들었다. 뿐만 아니라 이들이 투르크족으로부터 비잔티움의 옛 영토를 빼앗는다 해도 과연 그것을 비잔티움 제국에 되돌려줄지도 의문이었다. 그리하여 그는 십자군에게 각종 물자, 보조금, 운송 수단, 군사 지원 등을 제공해 주고, 지휘관에게는 뇌물까지 넉넉히 쥐어 주었다.[13] 그러고는 귀족들에게 보답을 요청하였는데, 그들의 봉건 제후 서열에서 자신을 최고 위치에 올려 주고 그에 맞게 충성을 맹세해 달라는 것이었다. 은을 챙겨 받고 마음이 누그러진 귀족들은 그의 요청에 따라 충성을 맹세했다.

  1097년 초에 이르자 3만 명가량에 이르는 이들 군대가 보스포루스 해협을 건너기에 이르지만, 지휘관이 여럿으로 나뉘어 일사분란하게 움직이지 못하기는 여전히 마찬가지였다. 하지만 다행스럽게도 분열은 그리스도교도보다 이슬람교도 쪽이 훨씬 심하였다. 이슬람교의 위세는 스페인 땅에서는 이미 시들해진 뒤였고, 북아프리카 역시 갖가지 종교적 파벌들이 일어나 여기저기 사분오열된 상태였다. 뿐만 아니라 동쪽 땅 역시 시리아 남부는 이집트의 파티마 왕조 칼리프들이 차지한 반면, 시리아 북부와 소아시아 땅 대부분은 그들과 원수지간인 셀주크 투르크족이 차지하고 있었다. 또 아르메니아는 셀주크 정복자들에 맞서 반란을 일으키고는, 그들에 대항하기 위해 다름 아닌 프랑크족과 동맹을 맺었다. 이렇듯 상황이 적잖이 도움이 된 덕에, 유럽군은 그길로 니케아 함락을 위한 진격에 나설 수 있었다. 당시 니케아를 지키고 있던 것은 투르크족 수비대, 그들은 알렉시우스가 목숨을 살려 주겠다고 약조를 해 주자 그 길로 유럽군에게 항복을 하였다.(1097년 6월 19일) 이에 알렉시우스는 성채 위에 황제의 깃발을 내걸고는 니케아가 마구잡이로 약탈당하지 못하도록 보호를 해 주는 한편, 군대를 이끌고 온 봉건 제후들에게도 하사품을 두둑이 선사하여 마음이 섭섭하지 않게 해 주었다. 그러나 그리스도교 병사들 사이에서는 알렉시우스가 투르크족과 작당을 한 것이라며 불평 섞인 말들이 흘러나오곤 했다. 니케아에서 일주일간 휴식을 취한 십자군은 이제는 안티오크를 향해 진격에 나선다. 안티오크로의 행군 도중 유럽군은 도릴라이움 근방에서 킬리지 아르슬란의 투르크족 군대를 만나게 되고, 이들과 피비린내 나는 살육전을 벌인 끝에 가까스로 승리를 거둔다. 이제 이들은 소아시아 지방을 횡단하는 행군길에 오르는데, 이곳에서 그들이 싸워야 할 상대는 다름 아닌 부족한 물과 식량, 그리고 서유럽 혈통으로서는 도저히 견디기 힘든 그곳의 뜨거운 날씨였다. 목도 축이지 못하는 채로 500마일의 고된 행군이 계속되자, 남자, 여자, 말, 개 할 것 없이 수많은 생명들이 도중에 죽어 나갔다. 그런데도 귀족들 일부는 타우루스 강을 건너던 중 휘하 병사들을 이끌고 본대를 이탈하니, 그쯤에서 자기 영지로 삼을 땅을 정복해야 한다는 것이었다. 그리하여 라이몬드, 보에몽, 고드프리는 아르메니아에 발을 들였고, 탕크레드와 보두앵(고드프리의 형제)은 에데사에 발을 들였다. 에데사에 입성한 보두앵은 노련하게 전략적 수를 쓰고 또 한편이던 동지를 배반함으로써[14] 동로마 땅에 역사상 처음으로 라틴 공국을 세울 수 있었다.(1098년) 하지만 십자군을 이룬 대다수 무리 사이에서는 이런 식으로 지체되어서는 원정이 성공할 리 없다고 볼멘소리가 터져 나왔다. 그러자 귀족들이 다시 본대에 합류하였고, 그렇게 하여 안티오크를 향한 진격은 다시 시작되었다.

『프랑크족의 업적』을 지은 연대기 작가는 안티오크를 두고 "아름답고, 기품 있고, 활기차기가 다른 어느 도시에도 비할 수 없을 정도"라 하더니,[15] 과연 이곳은 유럽군을 상대로 8개월이 지나도록 항복하지 않고 포위전을 버텨 내었다. 그러다 보니 십자군 쪽에서는 겨울철의 매서운 비바람과 계속되는 굶주림을 견디지 못해 죽어 나가는 병사가 한둘이 아니었다. 이 와중에 어떤 이들은 허기를 달래는 독특한 방식을 찾아내었으니, "주크라(zucra, 아라비아어로는 수카르(sukkar))라고 하는 달짝지근한 갈대 줄기"를 질겅질겅 씹어 먹는 일이었다. 프랑크족이 난생 처음으로 설탕을 맛본 것이 바로 이때였고, 사탕수수를 길러 거기서 설탕을 만들어 내는 방법을 안 것도 이때가 처음이었다.[16] 달콤함으로 사람을 달래 주기는 매음(賣淫)도 마찬가지였으나 그것은 설탕보다 훨씬 위험했다. 일례로, 십자군에 참가한 다정다감한 성격의 부주교는 어느 날 시리아에 만들어 둔 자기 애인과 과수원 한 편에 누워 있다가 그만 투르크족의 병사의 눈에 띄어 목숨을 잃고 말았다.[17] 그렇게 포위전이 이어지던 1098년 5월의 어느 날, 밖에서부터 한 가지 소식이 날아들었다. 모술의 제후로 있는 카르보가란 인물이 지금 대규모의 이슬람 군대를 이끌고 안티오크를 향해 진격해 오고 있다는 것이었다. 십자군은 이 부대가 도착할 날을 며칠 안 남기고 기어이 안티오크를 함락시킬 수 있었다. 하지만 카르보가의 군대는 그들에게 대적이 안 되는 상대로 보였고, 그리하여 십자군 상당수가 지레 겁을 먹고는 오론테스 강에 떠 있던 배에 올라타 줄행랑을 쳐 버렸다. 한편 부대를 하나 이끌고 안티오크로 진격해 오던 알렉시우스는 이 탈영병 무리에게서 소식을 잘못 전해 듣고는 그리스도교군이 이미 이슬람군에게 대패를 당했다고 오인해 버린다. 그래서 말머리를 돌려 군대를 이끌고 소아시아 땅을 지키러 갔는데, 이후 서로마의 제후들은 이 일을 두고두고 용서 못하게 된다. 한편 십자군은 다시금 용기를 북돋울 필요가 있었으니, 이를 위해 마르세유 출신의 사제 피에르 바르톨로메오라는 인물이 나섰다. 그는 우선 창을 하나 가져다, 자신이 마치 예수 그리스도의 옆구리를 찔렀던 그 창을 발견한 것처럼 행세하였다. 그리하여 행군하던 그리스도교들이 일전을 치르기 위해 전장에 섰을 때 그 창은 하늘 높은 곳에 매달려 십자군에게 신성한 기치 역할을 해 주었다. 그리고 이윽고 교황의 특사 아데마르의 호명에 맞추어 새하얀 법복을 입은 기사 세 명이 언덕에서 모습을 드러내니, 아데마르는 그들이 순교자 성 마우리티우스, 성 테오도시우스, 성 게오르기우스라고 선포하였다. 그러자 순식간에 사기충천한 십자군은 보에몽의 지휘하에 일사불란하게 움직여 적을 상대로 결정적 대승을 일구어 냈다. 하지만 이 일로 바르톨로메오는 종교를 빙자하여 사기를 쳤다는 혐의를 받게 되고, 그는 자신의 결백을 증명하기 위해 불을 이용한 신성 재판을 받게 된다. 그리하여 불이 붙은 나뭇단으로 태형을 당하는 재판을 받았는데, 재판 직후에는 아무 탈 없이 멀쩡한 것처럼 보였다. 하지만 화상 때문이었는지 심장 발작이 있었는지 이튿날 그는 세상을 떠나고 말았다. 그가 죽자, 십자군의 기치 사이에 걸려 있던 그 창도 언제 그랬느냐는 듯 함께 거두어졌다.[18]

다른 귀족들이 후의를 베푼 덕에, 안티오크의 제후 자리는 별 탈 없이 보에몽의 것이 되었다. 형식상 보자면 그 땅은 알렉시우스에게 속한 것을 그가 봉토로 다스리는 것이었지만, 사실상 그는 안티오크를 하나의 독립국으로 통치를 하였다. 더구나 당시 군대의 장군들은 주장하길, 일전에 십자군이 위기에 처했을 때 알렉시우스가 구하러 오지 못했던 만큼 그때에 그들 사이의 충성 서약은 이미 깨진 것이었다. 안티오크 점령 이후 지휘관들은 약해진 군력을 재정비하고 병사들 사기도 재충전할 겸 그곳에서 6개월의 시간을 보낸 뒤에, 이제는 마지막으로 예루살렘을 향해서 군대를 이끌고 떠난다. 그리하여 1099년 6월 7일, 출정에 나선 지 3여년 만에, 십자군은(이때쯤 병력은 줄고 줄어 1만 2000명밖에는 남아 있지 않았다.) 드디어 밀려드는 환희와 몰려드는 피로감 속에서 자신의 눈앞에서 예루살렘의 성벽을 마주하게 된다. 그런데 역사의 장난이었을까, 예루살렘에 당도하고 보니 정작 그들이 무찌르고자 했던 투르크족은 이미 1년 전에 파티마 왕조의 군대에 쫓겨 축출을 당한 뒤였다. 파티마 왕조 칼리프는 십자군에게 제의하기를, 앞으로 그리스도교 순례자들과 예배자들에게는 안심하고 예루살렘을 다닐 수 있게 안전을 보장하겠으니 그것으로 둘 사이에 화약을 맺자고 하였다. 하지만 보에몽과 고드프리는 무조건적인 항복을 요구하며 이 제의를 거절하였다. 이에 십자군은 예루살렘을 공격하였고, 파티마조의 근위대 1000명은 이 포위전을 이후 40일 동안 버텨 내게 된다. 그러다 7월 15일, 고드프리와 탕크레드의 휘하 장졸들이 지휘관들의 명을 받들어 예루살렘의 성벽을 타고 넘어 들어가니, 이로써 십자군은 영웅적인 희생 끝에 고귀한 기쁨을 이루어 내는 것이 과연 얼마나 큰 기쁨인지를 온몸으로 실감하게 된다. 아길레스의 라이몬드는 사제 입장에서 본 당시의 목격담을 책에 이렇게 전하고 있다.

우리 눈앞에는 그야말로 놀랍다고 할 수밖에 없는 광경들이 펼쳐졌다. 목이 잘려

나간 사라센인만도 수없이 많았으며 …… 날아오는 화살에 목숨을 잃는 이들이 있는가 하면, 적들에게 떠밀려 어쩔 수 없이 높은 탑에서 그냥 뛰어내리는 이들도 있었다. 또 어떤 이들은 며칠씩이나 고문을 당하다 불타는 장작더미 속에서 화형을 당하기도 했다. 길거리 골목골목마다에는 해골이며 사람의 팔다리가 수북수북 쌓여 있었다. 말을 타고 다녀 보아도 군데군데 사람이며 말의 시체가 즐비하였다.[19]

그와 동시대를 살았던 또 다른 인물들에게서는 보다 세세한 이야기가 전해지기도 한다. 그들에 따르면, 당시 십자군은 여자들도 가차 없이 창검으로 찔러 죽였을 뿐 아니라, 엄마 젖을 빨고 있던 갓난아기까지 그 다리를 낚아채 담장 밖으로 내던져 버리거나, 아니면 말뚝에 대고 사정없이 내리쳐 목을 부러뜨렸다고 한다.[20] 거기다 십자군은 예루살렘에 남아 있던 7만 명의 이슬람교도도 무참히 학살하였다. 예루살렘에서 목숨을 부지하고 있던 유대교도들은 회당 한곳에 한꺼번에 몰아넣은 후 산 채로 불에 태워 죽였다. 승리를 거머쥔 십자군은 이제 다 같이 무리지어 성묘 교회로 향했다. 이 교회에는 조그만 동굴 하나가 자리 잡고 있는데, 그리스도교도들의 믿음에 따르면 십자가에 못 박혔던 그리스도가 한동안 묻혀 있던 곳이었다. 그곳에 발을 들이자 십자군은 서로 부둥켜안고는 기쁨과 안도에 복받쳐 함께 눈물을 쏟아 냈다. 그리고 자신들이 승리할 수 있게 도와주신, "자비로운 하느님"께 감사 인사를 올렸다.

3. 예루살렘의 라틴 왕국: 1099~1143년

십자군의 여러 인물 중 예루살렘 통치자로 선출된 이는 다름 아닌 부이용의 고드프리, 그의 지극한 청렴성이 마침내는 사람들로부터 인정을 받은 것이었다. 이후 고드프리는 "성묘의 수호자"라는 겸허한 호칭을 써서 예루살렘 및 그 주변 지역을 다스려 나갔다. 한편 이곳 예루살렘을 비잔티움 제국이 통치하지 않은 지는 벌써 465년에 이르렀기 때문에 비잔티움 제국이 어떤 구실을 갖다 댄다 하더라도 그곳은 알렉시우스의 땅일 수 없었다. 따라서 예루살렘에 세워진 이 라틴 공국은 세워지자마자 곧 주권국으로서의 지위를 누리게 된다. 비잔티움 교회가 예루살렘에 세워 놓았던 교회가 이때에 폐지되면서 그곳을 책임지던 대주교도 키프로스로 달아나 버렸다. 이로써 새 왕국 곳곳에 자리 잡은 교구에서는 이제 라틴 전례(典禮)와 함께, 이탈리아 출신의 주교들과 교황의 통치를 받아들이게 되었다.

하지만 주권 향유에는 엄연한 대가가 따르니, 바로 자력 방어가 가능해야 한다는 것이다. 예루살렘은 수없이 많은 신앙의 성소였던 바, 위대한 해방이 있고 나서 2주일밖에 지나지 않았을 때 이집트의 군대가 다시 성도(聖都)를 해방시키겠다며 아스칼론 지방으로 진격하였다. 고드프리는 이 이집트군을 물리치는 데는 성공하지만, 그로부터 1년 뒤 세상을 떠나고 만다.(1100년) 그리하여 형제 지간이던 보두앵 1세(1100~1118년)가 그 뒤를 잇는데, 고드프리보다 유능하지는 못하였으나 칭호만큼은 올려서 왕의 지위를 누렸다. 이어 앙주 백작 폴크 왕(1131~1143년) 치세에 이르자 예루살렘 왕국은 팔레스타인 대부분과 시리아 지방까지도 아우를 정도로 커졌다. 하지만 알레포, 다마스쿠스, 에메사의 땅은 여전히 이슬람교도의 차지였다. 당시 예루살렘 왕국은 총 네 개의 봉건 공국으로 쪼개져 있었고, 각기 예루살렘, 안티오크, 에데사, 트리폴리를 본거지로 삼고 있었다. 그리고 이 네 개의 공국 역시 실질적으로는 저마다 독립권을 행사하는 수많은 영지들로 쪼개져 있었으니, 영지의 제후들은 서로 시기하기 바빠 걸핏하면 전쟁을 일으키고 자기들이 화폐를 주조해 쓰는 등 어떻게든 주권을 지닌 행세를 하려 하였다. 예루살렘 왕은 제후들이 한자리에 모여 선출하였고, 그가 권력을 행사할 때면 교황 직속의 최고 성직자층에게서 견제를 받았다. 예루살렘 왕의 힘이 강하지 못했던 이유는 이 말고도 또 있었으니, 예루살렘의 인접 항구 도시들을(야파, 티레, 아크레, 베이루트, 아스칼론) 제대로 장악하지 못한 까닭이었다. 베네찌아, 피사, 제노바 등의 도시로부터 해군 원조 및 해상 물자를 지원받는 대가로 그들에게 이들 인접 항구의 지배권을 내주었던 것이다. 한편 예루살렘 왕국의 체계 및 법률은 "예루살렘 조례"에 일목요연하게 정리돼 있었는데, 봉건 통치 체제를 가장 논리적이고 또 가장 가차 없이 성문화해 놓은 예 중 하나로 손꼽힌다. 이로써 예루살렘의 토지 소유권은 전부 봉건 제후들이 가지게 되고, 이전 소유주들은 (그리스도교도이건 이슬람교도이건 가릴 것 없이) 모두 농노의 신세로 전락하여 동시대 유럽 그 어느 곳에서보다 훨씬 가혹한 봉건제의 부담을 지게 된다. 그러자 내내 예루살렘에서 살던 토박이 그리스도교도들은 옛날 이슬람교도 치세가 황금기였다며 그때를 그리워하곤 했다.[21]

이 신생 왕국은 여러 모로 보아 취약한 점이 한둘이 아니었지만 한 가지 독특한 방식에서 든든한 지원이 있었으니, 무예를 겸비한 수도사들의 결사가 이즈음 새로이 조직되기에 이른 것이다. 사실 아말피의 상인들이 이슬람교도로부터 예루살렘에게 병원을 하나 짓게 해 달라고 허락을 받은 것은 그로부터 한참 전인 1048년, 이 병원의 애초 목적 역시 사정이 딱하거나 몸이 아픈 순례객들을 돕는 데 있었다. 그러다 1120년경 라이몬드 드 푸이가 이 조직을 대대적으로 개편하여 종교 결사로 만들었고, 이 결사의 조직원들은 정결하고 빈곤하고 순종하는 삶을 살면서 팔레스타인 땅의 그리스도교도들을 무력으로 지켜 낼 것을 서약으로 내걸었다. 이후 이 호스피탈 기사단(Hospitalers, '성 요한 병원 기사단(Knights of the Hospital of St. John)'의 줄임말이다.)은 그리스도교 세계에서 가장 높은 품격 자선 기구로 자리매김을 하게 된다. 한편 이와 때를 같이하여 결사 조직 하나가 더 생겨나는데(1119년), 위그 드 파앵을 비롯하여 총 아홉 명의 기사들이 앞으로 수도회의 계율을 지켜 나가되 그리스도교 신앙을 무력으로 지켜 내는 데에도 온 힘을 다하겠음을 엄숙히 선서하고 나선 것이다. 이에 보두앵 2세는 그들에게 솔로몬 신전 근처의 땅을 하사하여 그곳을 거처로 삼게 하니, 머지않아 여기에서 템플러 기사단(Knights Templar)이라는 이름이 나오게 된다. 성 베르나르는 이 템플러 기사단을 위해 일련의 엄격한 규칙을 만들었으나 그리 오래 지켜지지는 못하였다. 그러자 성 베르나르는 "이들은 무예에 있어서만큼은 누구보다도 출중했다."고 칭찬을 아끼지 않으면서, 단 두 가지만은 지킬 것을 명하였다. 그 두 가지란 "가급적 몸을 씻지 말 것"과, 머리는 치렁 치렁하지 않게 바싹 자르라는 것이었다.[22] 또 베르나르는 템플러 기사단을 염두에 두고 이런 말을 남기기도 했는데 마호메트의 교설에 버금갈 만했다. "성전(聖戰)에 나서서 불신자의 목숨을 앗는 그리스도교도가 있다면, 그에게 반드시 복이 있으리라. 그리스도교도의 영광은 이교도의 죽음 그 속에 있나니, 그것이 곧 주 예수 그리스도를 영광되게 하는 길인 까닭이다."[23] 따라서 전쟁에 나서서 어떻게든 승리를 거두려는 자는 반드시, 아무 거리낌 없이 상대의 목숨을 앗을 수 있어야만 했다. 한편 당시 기사단이 했던 차림새를 보면, 우선 호스피탈 기사단은 검정색 법복을 걸치되 왼쪽 소매 단에 흰색 십자가를 표시해 넣었던 반면, 템플러 기사단은 흰색 법복을 입되 망토에다 빨간색 십자가를 장식해 넣었다. 종교적 차원에서 이 둘은 서로 이를 갈며 미워하는 사이였다. 세월이 감에 따라 호스피탈 기사단과 템플러 기사단의 역할은 차차 바뀌어, 애초에는 예루살렘의 순례자들을 지키고 돌보아 주는 정도였으나 나중에는 사라센인들의 근거지를 적극 공격하는 단계까지 나아갔다. 기사단의 인원은 얼마 되지 않아, 1180년에 들었을 때 템플러 기사단의 수가 300명, 호스피탈은 약 600명 정도에 그쳤을 뿐이었다.[24] 그럼에도 불구하고 이들은 십자군이 치러 낸 여러 차례 전쟁에서 누구보다 두각을 나타냈으니, 곧 전사로서 걸출한 명성을 손에 넣게 된다. 나아가 두 기사단 모두 재정 지원을 받기 위해 다각도의 모금 활동을 벌였고, 이로써 교회와 국가, 부자와 빈자 모두에게서 돈을 거두어들일 수 있었다. 그리하여 13세기에 이르자 두 기사단 모두 유럽에 엄청난 양의 토지를 갖게 되는데, 여기에는 대수도원, 촌락, 성읍 등이 여러 개 포함되어 있었다. 또한 시리아 땅에다가는 어마어마한 규모의 성채를 몇 개씩이나 지어 올려 그리스도교도와 사라센인 모두를 놀라게 하기도 했다. 이곳 성채 안에서 기사단 한 사람 한 사람은 더없이 궁핍하게 생활했지만, 기사단 전체 차원에서는 힘겨운 전쟁 중에도 아랑곳없이 다 같이 사치를 즐기곤 했다.[25] 1190년에는 독일인들도 (본국에 사는 몇몇 독지가들의 도움을 받아) 팔레스타인에 튜턴 기사단을 창립하게 되고, 나아가 아크레 근처에 병원을 하나 짓기에 이른다.

막상 예루살렘의 해방이 이루어지자, 성전에 참여했던 십자군은 몇몇을 제외하고 대부분 유럽으로 돌아가 버렸다. 그 바람에 남은 인력이 턱없이 부족해지니 사방팔방에서 괴롭힘을 당하는 예루살렘으로서는 사지에 내몰린 것이나 다름없었다. 물론 순례자 수가 많기는 했으나, 그중 계속 예루살렘에 남아 싸움을 하겠다는 이는 거의 없었다. 이런 와중에 북녘 땅에서는 비잔티움인들이 옛날 제국의 영토를 다시 찾겠다며 안티오크와 에데사 등의 도시를 호시탐탐 노리고 있었고, 동녘 땅에서는 사라센인들이 들고 일어나 그 세를 하나로 결집시키고 있었으니, 이슬람의 끈질긴 호소와 그리스도교도들의 줄기찬 약탈이 있었기 때문이었다. 예루살렘에서 도망쳐 나온 이슬람교 난민들은 예루살렘이 그리스도교도들의 수중에 떨어지게 된 그 통한의 이야기를 사람들에게 구구절절 전해 주었다. 그런가 하면 다 같이 바그다드의 대(大)모스크까지 몰려가서는 그 불결한 불경자들의 손에서 다시금 예루살렘을 해방시켜야 한다고, 이슬람이 세운 그 신성한 바위의 돔을 다시 되찾아야 한다고 목소리를 높였다.[26] 당시 칼리프는 무력하여 난민들의 청원을 귀담아들을 형편이 못 되었으나, 대신 모술 지방을 다스리던 노예 태생의 젊은 제후 장기(Zangi)가 그들의 요구에 응해 주었다. 그리하여 1144년 들자 장기는 소규모의 정예 부대를 이끌고 출정하여 그리스도교도로부터 동부의 전초 기지 알 루아흐를 빼앗아 오는가 하면, 그로부터 몇 달 지나지 않아서는 에데사까지도 이슬람 땅으로 수복하게 된다. 그러던 중 병사들을 이끌던 장기가 암살을 당하여 세상을 떠나게 되나, 아버지의 뒤를 이어 이슬람군을 이끌게 된 누르 우드 딘은 아버지만큼 용감무쌍한 장수였을 뿐 아니라 능력에 있어서는 한결 위대한 인물이었다. 이 일군의 소식은 유럽으로도 그대로 전해졌고, 바로 이것이 기화가 되어 유럽에서는 제2차 십자군 원정에 대한 움직임에 불이 붙기 시작한다.

4. 제2차 십자군 전쟁: 1146~1148년

유럽에서는 성 베르나르가 나서서, 십자군을 한 번 더 모아 줄 것을 교황 에우게니우스 3세에게 청원하기에 이른다. 하지만 에우게니우스로서는 로마 안에서 활개 치는 불경자들과 싸우는 것만도 버거웠던 터라 자신을 대신해 베르나르가 직접 십자군을 모집해 줄 것을 간곡히 청한다. 이는 현명한 제안이었다. 성 베르나르가 에우게니우스 3세를 교황에 앉히기는 했으나, 사실 위대하기로 따지면 에우게니우스보다는 성 베르나르가 한결 나은 인물이었기 때문이다. 이에 성 베르나르는 클레르보의 자기 암자를 떠나 프랑스 백성에게 십자군 참여를 설파하기 위해 나서니, 이즈음에는 신앙심 뒤에 숨어 있기 마련인 회의주의도, 제1차 십자군의 경험담 때문에 널리 퍼져 있던 전쟁에 대한 두려움도 어느덧 잠잠해진 뒤였다. 베르나르는 우선 프랑스의 왕 루이 7세부터 곧장 찾아가서는 그를 설득하여 십자군에 참전하도록 했다. 그런 다음에는 한쪽에 왕을 대동한 채로 베즐레란 곳에 가서, 십자군 전쟁에 참가해 줄 것을 프랑스 군중을 상대로 연설하였다.(1146년) 베르나르의 연설이 끝나자 사람들은 너도나도 달려와 참전 신청을 하기 바빴다. 참전 징표로 미리 준비해 간 십자가 무늬는 금세 동이 나 버려, 베르나르는 입고 있던 법복을 찢어 그것으로 무늬를 몇 개라도 더 만들어야 할 정도였다. 베르나르는 교황에게 보내는 서한에 이렇게 썼다. "곳곳의 도시며 성들이 텅텅 비다시피 하고 있습니다. 마을에 여자가 일곱이라면 남자는 한 명도 채 되지 않습니다. 남편이 멀쩡히 살아 있는데도 불구하고 과부 신세로 지내야 하는 여자들이 도처에 허다합니다." 프랑스의 민심을 얻어 낸 베르나르는 이제 독일로 발걸음을 돌리고, 거기서는 콘라트 3세를 상대로 열성적 웅변을 토하여 그 역시 십자군에 참전하도록 한다. 당시 독일 땅은 겔프와 호엔슈타우펜의 파벌 싸움에 사분오열되어 있었는데, 콘라트가 십자군에 참전한다면 이 둘도 하나로 힘을 합치리라는 것이 베르나르의 주장이었다. 콘라트가 십자군에 나서기로 하자 수많은 귀족들이 그 뒤를 따랐다. 그중에는 슈바벤의 프레데리크도 있었으니, 장차 바르바로사(이 이름은 붉은 수염을 가진 데서 연유했다. - 옮긴이)로 불리게 되는 그는 후일 제3차 십자군 전쟁에까지 나섰다 목숨을 잃는다.

그리하여 1147년의 부활절에 맞추어, 콘라트를 위시한 독일인들이 먼저 제2차 십자군의 원정길에 올랐다. 이어서 성령 강림절(부활절 이후 일곱 번째 일요일 - 옮긴이)에는 루이를 비롯한 프랑스인들이 독일 부대와는 일부러 멀찍이 떨어져 뒤를 따르니, 프랑스로서는 그들의 철천지원수가 투르크족이 될지 독일인이 될지는 아직 알 수 없었기 때문이다. 독일인들 역시 투르크족과 비잔티움인들 사이에 끼어 엉거주춤하기는 마찬가지였다. 이렇듯 행군이 시원치 않다 보니 비잔티움 제국 내에서는 이들에게 약탈당하는 성읍들이 이루 헤아릴 수 없이 많았다. 그래서 상당수 성읍에서는 이들이 지나갈 때 아예 성문을 걸어 잠가 버리는가 하면, 군량을 제공한다 해도 성벽 너머로 바구니만 내려 찔끔찔끔 대 줄 뿐이었다. 한편 이즈음 동로마 제국에서는 마누엘 콤네누스가 황제 자리에 올라 원정에 오른 서로마 군사들에게 완곡하게 제안을 하나 하였다. 서로마 군대 중 귀족들이 이끄는 무리는 콘스탄티노플을 거치지 말고, 대신 세스토스란 곳에 가서 바로 헬레스폰토스 해협을 건너는 것이 어떻겠냐는 것이었다. 하지만 콘라트와 루이가 이 제안을 거절하였다. 오히려 루이 왕을 따라나선 프랑스의 자문단 일각에서는 이참에 콘스탄티노플을 공략해 프랑스 땅으로 만들어 버리자고 왕을 독촉하기도 했다. 루이 왕은 그러고 싶은 것을 꾹 참았다. 하지만 이번에도 역시 비잔티움인들은 루이 왕의 이런 심중을 전혀 모르지는 않았을 터였다. 한편 서로마 기사들을 본 비잔티움인들은 두 가지 감정이 교차하는 것을 느꼈다. 그들의 훤칠한 키나 번쩍번쩍하는 갑옷에는 지레 겁이 났지만, 그들을 따르는 여성 수행단을 보고는 차마 웃지 않을 수가 없었던 것이다. 루이 왕의 곁에는 늘 그의 골칫거리인 엘레아노르 왕비가 함께했고, 또 여왕의 곁에는 늘 그녀를 따르는 음유 시인들이 함께했다. 뿐만 아니라 플랑드르와 툴루즈의 백작들 곁에는 늘 백작 부인들이 호위하듯 그들을 따라다녔으며, 프랑스군의 짐마차는 부인들의 옷과 화장품이 든 가방과 상자만 해도 벌써 한 가득이었다. 귀부인들로서는 그 어떤 기후나 전쟁 상황, 또는 시기에 처해서도 자신들의 미모를 한결같이 유지해야 했으니 그러려면 이들 물품이 없어서는 안 되었다. 마누엘은 서둘러 운송 수단을 마련해서는 프랑스인과 독일인의 두 군대를 빨리 보스포루스 해협 건너로 보내 버리는 한편, 자국의 백성들에게는 악화(惡貨)를 공급해 주며 십자군과 거래하는 데에 그것을 쓰도록 했다. 그리하여 십자군 병사들이 먹을 군량은 부족한데 비잔티움들은 자꾸만 물건 값을 높여 불렀다. 따라서, 한쪽은 구하고 한쪽은 구함을 받는 십자군 전쟁이었건만, 둘 사이에는 갈등과 불화가 수도 없이 일었다. 붉은 수염 프레데리크는 자신의 칼이 불경자를 먼저 처단해야 영광일 것임에도 부득불 같은 그리스도교도의 피부터 흘리게 한 것을 무엇보다 애석해 하였다.

한편 콘라트는, 마누엘이 만류를 하는데도 아랑곳없이, 기어코 제1차 십자군의 원정로를 택하여 그 길을 따라 예루살렘을 향해 갔다. 그 여정에서 독일군대는 비잔티움인들의 길 안내를 받았음에도 불구하고(혹은 받았기 때문인지), 번번이 먹을 것 하나 없는 황무지를 만나는가 하면 이슬람교도가 쳐 놓은 함정에 빠지기 일쑤였다. 그 와중에 사람들이 하나둘 목숨을 잃자 군대는 사기가 꺾여 갔다. 그러다 콘라트의 군대는 도릴라이움에서(제1차 십자군이 킬리지 아르슬란을 패퇴시켰던 곳) 이슬람의 주력군을 만나는데, 이들에게 얼마나 처절하게 패배를 당했던지 살아남은 그리스도교도는 열 명에 한 명도 채 되지 않았다. 한편 독일군과 멀찍이 떨어져 따라오던 프랑스군은 이 싸움에서 독일군이 이겼다는 오보를 그대로 믿고는 앞뒤도 볼 것 없이 곧장 도릴라이움으로 진격해 왔다. 하지만 막상 전장에서 그들을 기다린 것은 굶주림과 이슬람군의 공격뿐, 이로써 수많은 병사들이 목숨을 잃었다. 루이 왕은 행군을 계속하여 아탈리아란 곳에 이르는데 거기서 배를 가진 비잔티움인 선장들을 만나 흥정에 들어갔다. 돈을 줄 테니 자신의 군대를 그들 배에 실어 그리스도교 도시인 타르수스나 안티오크에 데려다 달라는 것이었다. 이에 비잔티움인 선장들은 1인당 뱃삯으로 터무니없는 금액을 요구하였다. 그리하여 결국 루이 왕과 귀족 몇 명 및 엘레아노르를 비롯한 귀부인 몇 명만이 배에 승선하여 안티오크로 떠나니, 프랑스군의 나머지 군대는 그대로 아탈리아에 둔 채였다. 이윽고 아탈리아에는 이슬람군이 몰아닥치고, 그리하여 이들 손에 아탈리아에 남아 있던 프랑스 병사들은 거의 하나도 남김없이 모조리 죽임을 당하였다.(1148년)

예루살렘에 도착했을 때 루이 왕의 곁에는 병졸 하나 없이 귀부인들뿐이었고, 콘라트 역시 라티스본에서 출정하던 때에 비하면 안쓰러울 정도로 적은 수의 병사밖에 남아 있지 않았다. 지휘관들은 이렇게 살아남은 인원에다 예루살렘에 진작부터 와 있던 병사들을 더하여 새롭게 군대를 하나 급조해 내었고, 그러고는 곧장 다마스쿠스를 함락시키러 길을 떠났다. 하지만 이 군대마저도 일사분란하지 못했으니, 콘라트, 루이, 보두앵 3세(1143~1162년)가 저마다 한 부대씩을 맡아 따로 지휘했기 때문이다. 지휘권을 둘러싼 싸움은 다마스쿠스의 포위전 내내 귀족들 사이에서 계속되었고, 심지어는 아직 함락도 되지 않은 다마스쿠스를 누가 다스릴 것인가 하는 문제까지 불거질 정도였다. 그 사이 이슬람 쪽에서는 밀정들을 보내 그리스도교 군대에 잠입시켰다. 밀정들은 몇몇 지휘권을 뇌물로 매수해서는 그리스도교군이 이쯤에서 포위 공격을 멈추거나 아니면 아예 퇴각하는 쪽으로 방침을 정하게 했다.[27] 그러던 중 소식이 하나 날아드는데 알레포와 모술의 에미르(emir)들이 다마스쿠스를 구하기 위해 대규모 군대를 이끌고 진격해 온다는 것이었다. 그러자 그리스도교군 내에서는 퇴각쪽의 주장에 힘이 실리게 되고, 그 후 그리스도교군은 저마다 뿔뿔이 흩어져 안티오크, 아크레, 예루살렘 등지로 줄행랑을 쳐 버렸다. 콘라트가 십자군 전쟁에서 얻은 것은 처절한 패배와 몸의 병뿐이었으니, 고국 독일로 돌아오는 길이 그에게는 망신스러웠다. 엘레아노르를 비롯하여 프랑스 기사 대부분도 이즈음 고국 프랑스로 귀환을 하였다. 하지만 루이 왕만은 돌아오지 않고 한 해 더 팔레스타인에 머물면서, 이참에 주변의 그리스도교 성소를 두루 순례하였다.

이렇듯 제2차 십자군 전쟁이 맥없이 실패해 버린 데 대해 유럽은 망연자실

할 뿐이었다. 십자군은 그리스도의 수호자였거늘, 그들이 그토록 심한 굴욕을 당하는데도 전능하신 하느님께서는 어찌 보고만 계셨는지 사람들 사이에서는 의문이 일기 시작하였다. 또 일각에서는 성 베르나르에 대한 매서운 비판이 있었으니, 그의 무모한 공상 때문에 애꿎은 사람들만 죽음을 당하였다는 것이다. 또 회의주의자들도 여기저기서 들고 일어나서는 그리스도 신앙의 가장 기본적 교리 자체에 의문을 던졌다. 비판자들의 공격에 응수하여 베르나르는 모름지기 하느님의 수단이란 인간의 이해를 넘어선 것이라 하였고, 더불어 그런 재앙은 필히 그리스도교도들이 과거에 저지른 죄악에 대한 하느님의 징벌이라 하였다. 신앙에 대한 철학적 불신은 아벨라르(1142년 사망)가 이미 타파한 것임에도 불구하고, 그리스도교에는 다시금 그러한 불신이 일기 시작하였고 심지어 그런 경향은 일반 대중들 사이에서도 두드러졌다. 그러자 십자군에 대한 열정도 언제 그랬냐는 듯 순식간에 사그라졌다. 바야흐로 신앙의 시대가 이제는 내부의 이질적인 믿음, 혹은 믿음 자체를 거부하는 이들을 상대로 불과 칼을 들어야 할 때가 온 것이었다.

5. 살라딘

한편 그리스도교 세력에 점령당한 시리아 및 팔레스타인 땅에서는 그 사이 기이한 문명 하나가 새로이 발달해 있었다. 그곳의 햇빛과 바람을 견디는 데는 머릿수건을 빙 두르고 몸에는 하늘거리는 장의(長衣)를 걸치는 게 제격이었으니, 1099년 이래로 이곳에 정착해 살고 있는 유럽인들도 차차 근동의 이 복식을 따르기 시작하였다. 더불어 이슬람교도와 함께 라틴 왕국 안에서 살아가는 일에 점차 익숙해지자, 그들과의 사이에서 느껴지던 어색함과 적의도 조금씩 수그러들었다. 이슬람 상인들도 자기들이 만든 물건을 팔러 그리스도교도의 정착촌을 마음껏 드나들곤 했다. 또 몸이 아플 때 그리스도교도들은 자기네 의사보다도 이슬람이나 유대인 의사들에게서 치료받는 것을 더 선호하였다.[28] 이 시절 예루살렘의 그리스도교 성직자들은 이슬람교도들이 모스크에서 예배를 드리는 것을 양해해 주었고, 그리스도교 점령지였던 안티오크와 트리폴리에는 코란을 가르쳐 주는 이슬람 학교가 여전히 곳곳에 자리하고 있었다. 또 이슬람 교도와 그리스도교도들은 안전 통행증을 만들어 여행객들이나 상인들이 서로 의 영토를 안전하게 오갈 수 있게 했다. 유럽의 십자군 중에는 아내까지 대동하 고 온 이가 소수에 지나지 않았기 때문에, 그리스도교도 정착자들 중에는 시리 아 여성들과 혼인하는 이들도 상당수에 이르렀다. 머지않아 이들 사이의 혼혈 자손들은 이 지방 인구에서도 큰 비중을 차지하게 된다. 한편 일반 서민들 사이 에서는 아랍어가 만인의 일상어로 자리 잡기에 이르렀다. 그리스도교 제후들 의 경우에도 이슬람 에미르와 손을 잡고는 같은 그리스도교도들끼리 각축을 벌였으며, 이슬람 에미르들도 외교나 전쟁 문제가 해결 안 날 때면 더러 이 "다 신론자"에게서 도움을 구하곤 했다. 그리스도교도와 이슬람교도가 서로 개인 적 우정을 맺어 쌓아 가는 경우도 있다. 1183년 이븐 주바이르가 그리스도교령 시리아를 찾았다가 남겨 놓은 기록에 따르면, 자신의 이슬람 친구들은 그곳에 서 풍요롭게 잘 사는 한편 프랑크족 통치자들로부터도 후대를 받는다는 것이 었다. 그가 아크레에 들어섰을 때에는 "거리마다 돼지 떼가 넘쳐 나고 곳곳에 십자가가 매달린" 꼴인 데다, 유럽인의 추저분한 몸에서는 악취까지 풍겨 와 애통한 심정을 감출 길이 없었다. 그러면서도 그는 얼마간은 낙관적인 어조로 말하길, 그 불경자들도 이제는 우월한 문명을 접하였으니 앞으로는 차차 교양 을 갖출 수 있을 것이라고 했다.[29]

제2차 십자군 전쟁이 있고 나서 40년간은 내내 평화가 이어졌다. 이 평화기 에 예루살렘의 라틴 왕국은 내분에 휩싸여 사분오열이 된 반면, 그 적수인 이슬 람은 자기들 세력을 점점 하나로 통일시켜 가고 있었다. 그리하여 누르 우드 딘 은 알레포에서 다마스쿠스까지를 자기 땅으로 아울렀고(1164년), 그가 죽고 권 좌에 오른 살라딘은 이집트를 비롯하여 이슬람령 시리아까지 하나의 통치권으로 묶는 위업을 이루었다.(1175년) 이 와중에 제노바, 베네찌아, 피사의 상인들은 서로 사활을 건 경쟁을 벌이니 이 때문에 예루살렘 인근의 동부 항구들은 한시도 평안할 날이 없었다. 여기에 유럽의 기사들은 예루살렘의 왕권을 두고 서로 투덕거리기까지 했다. 일례로 기 드 뤼지냥이라는 자가 교묘하게 수를 써서 예루살렘의 왕이 되는 데 성공하자(1186년), 귀족들 사이에서는 불평이 이만저만이 아니었다. 뤼지냥과 형제지간이었던 조프루아는 "기(Guy) 그 녀석이 왕이면, 나는 신도 될 수 있겠다."라고 말하기도 했다. 샤티옹의 레기날드 같은 경우에는 요르단 윗녘에 있던 어마어마한 규모의 카라크 성을 차지하고는 스스로 통치자 자리에 올랐다. 아라비아의 접경지대 근처에 자리한 이 성에서 레기날드는 라틴 왕이 살라딘과 맺어 놓은 휴전 협정을 걸핏하면 어기곤 했다. 그것도 모자라 이슬람을 상대로 으름장을 놓으니, 자신이 곧 아라비아 반도로 쳐들어가서는 메디나에 있는 "그 가증스러운 낙타 몰이꾼"의 무덤을 짓밟아 놓을 것이며, 또 메카에 있는 카아바 신전 역시 흔적조차 남지 않게 산산이 부수어 놓을 것이라 했다.[30] 레기날드는 의협심 넘치는 용병 몇몇으로 소규모 군대를 조직해 출정했다. 이들은 홍해를 타고 아래로 항해해 가서는 엘 하우라에 상륙했고 그 길로 메디나를 향해 행군했다. 하지만 도중에 이집트 파견군을 만나 혼비백산하니, 레기날드 등 간신히 전장을 빠져나온 몇몇을 제외하고는 모두 이집트 군사의 칼에 베여 쓰러졌다. 그중 일부는 포로로 잡혀 메카까지 끌려갔는데, 메카에서는 매년 치러지는 순례 제사에 염소 대신 이들을 죽여 제물로 올렸다.(1183년)

그때까지만 해도 살라딘은 팔레스타인을 상대로는 이따금 소규모 공격을 감행하는 데 만족하고 있었다. 하지만 상대가 기어이 신앙심에까지 상처를 입히니 이제는 그도 가만히 있을 수 없었다. 그는 다마스쿠스에서 승리를 일궈낸 그 병사들로 다시금 군대를 재정비하여 출정을 했다. 그리하여 그 유명한 에스드라엘론 평원에서 라틴 왕국의 군대를 만나 맞붙었으나 승부가 나지 않은 채로 싸움은 끝이 났다.(1183년) 그로부터 몇 달 뒤 살라딘은 카라크 성으로 쳐

들어가 레기날드를 공격했지만 이번에도 성채 안으로 들어가는 건 실패였다. 1185년, 살라딘은 라틴 왕국과 휴전 협정을 맺어 그로부터 4년간은 싸움을 벌이지 않기로 했다. 하지만 레기날드는 평화기의 무료함을 견딜 수 없었다. 그리하여 1186년의 어느 날, 거리를 지나는 이슬람 대상(隊商) 마차를 불러 세워서는 그 안의 물품을 한껏 약탈하고 이슬람교도 몇몇을 포로로 잡으니 거기에는 살라딘의 누이도 끼어 있었다. 포로들을 끌고 가며 레기날드는 이렇게 말하였다. "저들이 그토록 믿는 게 마호메트라고 하니, 마호메트란 자더러 오라고 해서 이들을 구해 가라고 해라." 그리하여 나선 것은 마호메트가 아니었다. 이 일로 살라딘은 격분을 이기지 못했고 결국 그리스도교도들을 상대로 성전을 선포하기에 이른 것이다. 더불어 그는 자기 손으로 직접 레기날드를 죽이리라 맹세하였다.

그리하여 십자군까지 가담한 일대 교전이 벌어지니, 1187년 7월 4일, 티베리아스 근방의 히틴이란 곳에서였다. 살라딘은 이곳 지형에 익숙했던 터라, 근방의 샘이란 샘은 모두 차지할 수 있게끔 군대의 진을 쳤다. 한편 그리스도교도들은 갑옷만도 천근만근 무거운 데다 그 넓은 평원을 한여름의 불볕더위 속에 지나왔으니, 전장에 다다랐을 무렵에는 너무도 목이 말라 숨이 다 막힐 지경이었다. 여기에 사라센인들은 당시의 풍향까지 이용해 숲 중간중간에 불을 놓으니 연기까지 피어오르자 십자군은 더욱 사면초가에 몰렸다. 연기에 가려 진영이 앞뒤도 분간할 수 없는 혼란에 빠지자 프랑스 보병 부대는 기병대와 따로 떨어지게 되었고, 그 바람에 보병 부대 병사들이 이슬람군의 칼에 줄줄이 쓰러졌다. 무거운 무기, 매캐한 연기, 혹독한 갈증을 견뎌 가며 필사적으로 싸우던 기사들도 결국에는 완전히 녹초가 되어 제 풀에 쓰러지고 말았다. 이슬람군은 이렇게 뻗은 기사들을 생포해 포로로 데려가거나, 아니면 그 자리에서 죽여 버렸다. 특히 이슬람군은 템플러 기사단과 호스피탈 기사단을 상대로는 추호도 자비를 베풀지 않았는데, 아마도 살라딘의 지시가 있었던 듯하다. 살라딘은 부하들에게 명하여, 예루살렘의 왕 기(Guy)와 레기날드를 그의 앞으로 끌고 오도록 했다. 그리하여 예루살렘의 왕에게는 용서의 증표로 물을 내민 한편, 레기날드에게는 마호메트를 하느님의 예언자로 인정하든지 아니면 그 자리에서 죽든지 둘 중 하나를 택하라고 했다. 레기날드가 기어이 마호메트를 인정하지 않자 살라딘은 그 자리에서 그를 죽여 버렸다. 이 당시 이슬람군의 승전 전리품에는 성(聖) 십자가도 끼어 있었으니, 십자군 전쟁 당시 한 사제가 전투의 기치 삼아 들고 다니던 것이었다. 이 성 십자가를 살라딘은 바그다드의 칼리프에게로 보냈다. 히틴에는 더 이상 자신에게 도전할 군대가 남아 있지 않다는 걸 알자, 살라딘은 군사를 이끌고 아크레를 함락시키러 떠난다. 아크레를 손에 넣은 살라딘은 그곳에 잡혀 있던 이슬람교도 포로 4000명을 풀어 주는 한편, 휘하의 병사들에게는 그 분주한 항구 도시에 쌓여 있던 재물을 전리품으로 챙겨 가게 해 주었다. 그 후 팔레스타인 땅 거의 전부는 몇 달 간 살라딘의 차지였다.

살라딘은 이제 한 발 한 발 예루살렘을 향해 가고 있었고, 그러자 예루살렘의 지도층 시민들이 나와 평화를 청하였다. 이들을 맞아 살라딘이 말했다. "예루살렘이야말로 하느님의 고향이라 나는 믿고 있소. 그러한 믿음은 여러분도 마찬가지일 것이오. 그런 만큼 나는 예루살렘을 두고는 포위전을 펼치거나, 거기에 맹공격을 퍼붓는 일은 피하고 싶소." 그러면서 살라딘은 제안하길, 예루살렘 시민들에게 그곳을 요새화시킬 자유를 주겠다는 것이었다. 더불어 예루살렘의 주변 15마일의 땅은 얼마든 마음껏 경작할 수 있게 하겠으며, 다가오는 성령 강림절까지는 부족한 자금이나 식량을 대 주겠다고 했다. 그리하여 성령 강림절이 딱 되었을 때 어떻게든 예루살렘을 구할 수 있겠다는 희망이 보이거든, 그때에는 예루살렘에서 나오지 말고 자신을 상대로 꿋꿋이 항전을 하라고 하였다. 하지만 성령 강림절이 되었는데도 잘 되리란 희망이 보이지 않거든, 그때에는 자신에게 평화롭게 항복을 선언하라고 했다. 그러면 자신은 예루살렘에 사는 그리스도교도에 대해서는 그 목숨과 재산을 온전히 보전해 줄 것이었다. 하지만 사절들은 이 제안을 거절하였다. 예루살렘은 구세주가 인류를 위하여 목숨을 잃은 곳인즉, 이슬람에게 그 도시를 내주는 일은 앞으로 절대 없을 거라는 것이 그 이유였다.[31] 살라딘은 예루살렘 포위에 들어갔고, 포위전은 불과 12일밖에 걸리지 않았다. 예루살렘이 항복해 오자 살라딘은 그 대가로 시민들의 몸값을 요구하였는데, 남자는 1인당 황금 10냥(47.50달러?), 여자는 5냥, 아이는 1냥씩을 내도록 했다. 한편 극빈자 7000명에 대해서는 금화 3만 베잔트 (bezant, 중세 시대에 비잔티움 제국에서 사용한 금화 및 은화의 명칭 – 옮긴이)를 내면 한꺼번에 풀어 준다는 조건을 내거니, 일전에 호스피탈 기사단이 잉글랜드의 헨리 2세에게서 그만큼의 돈을 받아 놓은 적이 있기 때문이었다. 그리스도교 측의 한 연대기 작자에 따르면, 당시 사람들은 이 정도 선에서 항복이 이뤄진 데 대해 "한편으로는 감사해 하고 한편으로는 애통해 하였다."고 한다. 아마도 일부 식견 있는 그리스도교도들로서는 1187년의 이 예루살렘 정복을 1099년에 있었던 그리스도교 세력의 예루살렘 정복과 비교하지 않을 수 없었을 것이다. 그런데 그러고 얼마 후 살라딘의 아우 알 아딜이 살라딘에게 부탁하길, 돈이 없어 몸값을 치르지 못한 빈자 1000명을 자신이 노예로 부리게 선물로 달라고 했다. 그렇게 해서 노예를 받자, 알 아딜은 그들을 자유롭게 풀어 주었다. 그러고 나자 이번에는 그리스도교 저항 세력의 우두머리인 발리안이 나서서 비슷한 청을 하였고, 그 역시 노예 1000명을 받아 자유롭게 풀어 주었다. 그런 다음에는 그리스도교 측의 주교가 나서서 살라딘에게 청을 하였고, 그도 앞의 사례를 똑같이 되풀이하였다. 여기까지 오자 이제 살라딘이 나서서 말하였다. "내 아우 알 아딜은 자기 몫의 자선을 베풀었고, 발리안과 주교 역시 그들 몫의 자선을 베풀었다. 이제는 나의 차례이다." 그러면서 살라딘은 몸값을 치르지 못하고 붙잡혀 있던 노인들을 모두 한꺼번에 풀어 주었다. 예루살렘이 항복하면서 포로가 된 이들은 총 6만 명, 이중 끝까지 몸값을 치르지 못한 이들은 약 1만 5000명 정도였으며 결국 이들은 노예 신세가 되었다. 한편 몸값을 치르고 풀려난 귀족 여인들은 자기 남편 또는 아버지가 히틴 전투에 나섰다가 목숨을 잃었던지 아니면 포로로 잡혀 있다고 했다. 이들이 눈물로 호소를 해 오자 살라딘은 마음이 약해졌고, 그리하여 이슬람군 포로를 샅샅이 뒤져서 그런 남편들이나 아버지는 여인들 곁으로 보내 주었다.(기(Guy) 왕이 풀려난 것도 이때였다.) 더불어 (발리안의 종자였던 에르노울의 말에 따르면) "전투에서 남편이나 아버지를 여읜 귀부인 및 아가씨들에게는 자기가 갖고 있던 보물을 내주었다. 이때 살라딘이 얼마나 후사를 해 주었던지 여인들은 하느님께 감사 기도를 다 올릴 정도였고, 나중에는 글까지 써서 살라딘이 자신들을 얼마나 정중하고 깍듯하게 예우해 주었는지를 세상에 널리 알렸다."[32]

풀려난 왕과 귀족들은 앞으로 다시는 그를 상대로 무기를 들지 않겠다고 살라딘 앞에서 서약하였다. 하지만 그리스도교 땅 트리폴리와 안티오크에 도착하여 안전해지자, 이들은 "성직자로부터 선고를 받아 대죄(大罪)와 다름없는 그 맹세에서 풀려났고", 나아가 살라딘에게 어떻게 복수할 것인지 계획을 짜기 시작하였다.[33] 한편 술탄은 유대인들에게는 다시 예루살렘에 들어와 살 수 있도록 하는 한편, 그리스도교도들에게도 예루살렘에 들어올 권리를 주되 비무장이어야 한다는 조건을 달았다. 살라딘은 그리스도교도들이 예루살렘을 순례할 수 있도록 원조를 제공한 것은 물론, 그들이 안전하게 다닐 수 있게 신변 보호까지 해 주었다.[34] 한편 예루살렘의 바위의 돔은 한동안 교회로 바뀌어 있었던 만큼 정화 예식을 치러 그리스도교의 때를 털어 내게 했다. 그리하여 사원 곳곳에 장미 향수를 뿌리는가 하면, 둥근 지붕에서는 그 꼭대기에 꽂혀 있던 십자가를 내리니, 이슬람교도 쪽에서는 환호하고 그리스도교도 쪽에서는 탄식하였다. 이제 살라딘은 녹초가 된 자기 군대를 이끌고 티레를 함락시키러 떠났으나, 성이 함락될 기미가 좀처럼 보이지 않자 휘하 군대를 대부분 해산시켜 버렸다. 병에 걸려 기력이 쇠할 대로 쇠한 그는 다마스쿠스로 물러나 조용히 지내는데(1188년), 그의 나이 50세의 일이었다.

6. 제3차 십자군 전쟁: 1189~1192년

한편 티레, 안티오크, 트리폴리가 아직 수중에 있었던 만큼 그리스도교도로서는 아직 몇 가닥 희망은 있는 셈이었다. 더구나 지중해의 제해권은 여전히 이탈리아의 함선들이 차지하고 있던 터, 이들은 적정한 가격만 매겨지면 십자군의 새내기 지원군들을 얼마든 바다 건너로 실어다 줄 용의가 있었다. 이에 더하여 티레의 대주교 윌리엄이 이탈리아, 프랑스, 독일의 집회를 두루 다니면서 예루살렘이 어떻게 이슬람교도의 수중에 떨어졌는지를 사람들에게 세세히 전해주고 있었다. 마인츠에서 열린 집회에는 프레데리크 바르바로사도 참석하였는데 그는 이 윌리엄 주교의 호소에 너무 큰 감동을 받은 나머지(67세의 노년에도 불구하고), 곧장 자신의 군대를 이끌고 출정에 오른다.(1189년) 그러자 그리스도교의 여러 왕국에서는 제2의 모세가 나타났다고 하나같이 환호하면서, 그가 "약속의 땅"으로 가는 길을 열어 줄 것이라 하였다. 출정에 나선 프레데리크의 군대는 이윽고 갈리폴리에서 헬레스폰토스 해협을 건넜다. 그러나 새로 무리를 조직하여 이전과는 다른 길을 밟았음에도 불구하고, 이들은 제1차 십자군 전쟁 때 사람들이 연출하였던 그 수많은 실수와 비극을 고스란히 되풀이하였다. 행군 도중 이들은 수차례나 투르크족의 산적 떼를 만나 걸핏하면 보급로가 끊기곤 했고, 이 때문에 배를 주리다 죽은 병사만 수백 명에 이르렀다. 더구나 프레데리크마저도 망신스러운 죽음을 당하니, 살레프라고 하여 킬리키아에 있는 조그만 강을 건너다 그만 물에 빠져 죽고 만 것이다.(1190년) 결국 끝까지 살아남아 아크레 포위전에까지 참가한 인원은 프레데리크의 애초 군대 중에서 극히 일부뿐이었다.

한편 이즈음 잉글랜드에서는 사자 왕 리처드 1세가 서른한 살의 나이로 왕으로 즉위한 상태였고, 그는 이참에 한번 이슬람군을 상대해 보리라 단단히 마음을 벼르고 있었다. 하지만 그러자니 잉글랜드가 프랑스에 차지하고 있는 땅이 걱정이었다. 자신이 나라를 비우는 날엔 프랑스가 이때다 하며 그 땅을 빼앗으려 들 것이기 때문이었다. 그리하여 리처드는 프랑스의 군주 필립 오귀스트를 끈질기게 설득하여, 자신과 함께 이슬람을 치러 가자고 한다. 스물셋의 한창 나이였던 프랑스의 왕은 결국 리처드의 이 제안을 수락한다. 그러자 이 둘을 위해 베즐레에서 감동적인 전례가 거행되었고, 그 자리에서 티레의 주교 윌리엄이 둘에게 십자가를 건네주었다. 이윽고 리처드는 노르만족으로 군대를 구성하여(당시 잉글랜드인 중에는 십자군에 참여하는 이가 거의 없었기 때문에) 마르세유에서 출항을 했고, 필립은 군대를 이끌고 제노바에서 출정을 하니, 두 군대는 시칠리아에서 하나로 집결하기에 이른다.(1190년) 한 곳에 모이자 왕들은 서로 옥신각신하기도 하고 다 같이 어울려 놀기도 하느라 시칠리아에서 반년의 시간을 흘려보낸다. 한번은 시칠리아의 왕 탕크레드가 리처드를 몰아붙였다. "사제가 새벽 기도를 미처 드리기도 전에" 리처드가 공격해 들어와서는 메시나 땅을 빼앗았다는 것이었다. 이에 리처드는 그 땅을 돌려줄 테니 황금 4만 온스를 달라고 했다. 그리하여 양 주머니가 두둑해진 리처드는 이제 군대를 배에 싣고 팔레스타인을 향해 출정한다. 그런데 그의 병력을 실은 배가 바다를 건너던 중 난파를 당하게 되고, 승무원들도 비잔티움인 총독에게 잡혀 옥에 갇히고 만다. 이에 리처드는 팔레스타인으로의 행군을 잠시 멈추고 키프로스 점령에 들어가지 않을 수 없었다. 그리하여 키프로스를 손에 넣자 그 땅은 예루살렘을 잃고 오갈 데 없어진 그곳의 왕, 기 드 뤼지냥에게 주었다. 우여곡절 끝에 리처드가 아크레에 당도한 것이 1191년 6월, 베즐레에서의 전례가 있고 나서 1년 뒤의 일이었다. 한편 필립은 리처드보다 한발 앞서 아크레에 도착해 있었다. 사실 아크레를 손에 넣기 위해 그리스도교 세력은 벌써 19개월에 걸쳐 포위전을 벌이던 중이었고, 그로 인해 이미 수천 명의 그리스도교도가 목숨을 잃은 터였다. 그러던 십자군은 리처드가 도착하자 불과 몇 주 만에 사라센인들로부터 항복을 받아 낼 수 있었다. 승리를 거머쥐자 십자군은 승전 대가를 요구하여 약조받기를, 자신들에게 황금 20만 냥과 포로 1600명을 엄선해서 줄 것과, 일전에 이슬람군이 가져갔던 성 십자가도 다시 되돌려 달라 하였다. 살라딘은 이 약조를 반드시 지키겠다고 십자군에게 확약해 주었고, 이에 아크레의 이슬람 주민들은(조약에 명시된 1600명은 제외하고) 짐을 최대한 싸들고 아크레를 나올 수 있었다. 한편 이즈음 필립 오귀스트는 병환과 신열로 인해 고국으로 돌아갈 수밖에 없었으나, 자신이 이끌고 온 프랑스 군사 1만 500명만큼은 그대로 아크레에 남겨 두었다. 이로써 제3차 십자군은 리처드가 혼자 도맡아 지휘하게 되었다.

이제부터 이슬람과 십자군 사이에는 어지럽고도 독특한 형국으로 싸움이 전개되기에 이른다. 즉 둘은 상반되는 두 가지 전술을 번갈아 가며 구사하였으니, 언제는 거세게 치고받으며 싸우는 듯하다가도 금세 상대를 추켜세우며 감언이설로 꾀고 나온 것이다. 그리고 이 싸움 속에서 잉글랜드의 왕과 쿠르드족 술탄은 각자의 문명과 신앙이 함양시켜 준 갖가지 자질들을 최상의 경지까지 유감없이 드러내보였다. 물론 둘은 모두 성인이라고까지 할 수는 없는 인물들이었다. 살라딘은 군사적 목적을 위해 불가피할 경우 사람의 목숨까지도 거침없이 희생시키는 면이 있었고, 낭만적 군주 리처드 역시 이따금 신사로서의 이력에 오점을 남기곤 했다. 다시 십자군 전쟁으로 돌아와 보면, 십자군에게 점령당하고 난 뒤 아크레의 지도층은 십자군과의 항복 조항을 차일피일 미루며 잘 지키지 않았다. 그러자 리처드는 이슬람교도 포로 2500명을 데려다 어서 서두르라는 표시로 성벽 앞에서 보란 듯이 참수시켜 버렸다.[35] 이 사실을 전해 듣자 살라딘은 명하길, 앞으로 잉글랜드 왕과의 싸움에서 포로를 잡거든 하나도 남김없이 다 처형해 버리라 하였다. 이 소식에 리처드가 얼른 태도를 바꾸고 나왔다. 자신의 누이 조안과 살라딘의 아우 알 아딜을 서로 혼인시켜 그것으로 십자군 전쟁을 마무리 짓자고 한 것이다. 하지만 이 제안은 교회의 극렬한 반대에 부딪혀 결국 유야무야되고 말았다.

리처드가 알기로 살라딘은 패배를 당하고 잠자코 있을 사람이 아니었다. 그래서 부대를 재정비하여 남쪽으로 60마일을 행군해 갈 채비를 했다. 그곳에는 다시금 그리스도교의 수중에 들어온 야파라는 도시가 있었는데, 그즈음 이슬람으로부터 포위 공격을 당하고 있었기 때문이다. 하지만 귀족들 중에는 그를 따라나서는 이가 많지 않았다. 이들은 리처드가 예루살렘의 왕 자리를 차지하려 든다고 믿었던 바, 아크레에 남아서 그에 대한 차후 대책을 모의하는 것이 좋겠다고 생각했던 것이다. 거기다 독일 군대마저도 본국으로 돌아가 버린 데다, 필립이 남기고 간 프랑스군 병사들은 걸핏하면 잉글랜드 왕의 명령에 불복종하고 그가 짠 전략도 무용지물로 만들어 버리기 일쑤였다. 다시금 일전에 임할 준비가 안 되기는 일반 사병들도 마찬가지였다. 일례로 그리스도교 연대기 작자는 리처드의 이 십자군 전쟁을 다루면서, 오랜 포위전 끝에 승리를 쟁취한 당시 그리스도교도들이 다음과 같은 상태였다고 전한다.

> 그들은 나태하고 사치스러운 생활에 빠져들었다. 안락하기만 한 이 도시를 떠날 생각이 그들에게는 추호도 없었다. 세상에서 가장 맛좋은 포도주며, 세상에서 가장 아리따운 아가씨들이 그 도시에 있었다. 결국 이런 쾌락들에 지나치게 맛 들인 이들은 제정신을 잃고 방종해지는 지경까지 갔다. 그리스도교의 사치스러운 생활에 아크레는 더럽게 물들어 갔고, 그들의 엄청난 먹성과 색욕에 지혜로운 사람은 얼굴이 다 붉어질 정도였다.[36]

여기다 리처드 자신이 일을 한층 어렵게 만들기도 했는데, 자신이 이끄는 군대에는 여자가 일절 따라오지 못하도록 한 것이었다. 물론 세탁부 정도는 데리고 다닐 수 있었으나, 세탁부를 죄악의 상대로 삼는다는 것은 아무래도 무리였다. 이렇듯 리처드의 군대에는 결점이 한둘이 아니었으나 리처드 자신이 이 모든 결점을 상쇄하고 남았으니, 그는 장군으로서 뛰어난 통솔력을 지닌 데다 기막힌 솜씨로 술책을 구사할 줄 알았던 한편 전장에서는 신출귀몰하는 무용(武勇)을 자랑했다. 이런 능력에 있어서만큼은 저 살라딘까지도 훨씬 능가했으며, 그리스도교 국가의 다른 통치자들은 감히 그에게 비할 바가 아니었다.

리처드의 군대는 아르수프란 곳에서 살라딘의 군대와 마주쳤고, 그들을 상대로 가까스로 승리를 거두어 냈다.(1191년) 이에 살라딘 쪽에서는 새로이 일전을 벌이자고 리처드에게 제안했지만, 리처드는 아랑곳하지 않고 병사들을 야파 성 안으로 철수시켜 버렸다. 이윽고 살라딘이 평화 협정을 제안해 왔다. 그리하여 리처드와 살라딘 사이에서 협상이 진행되는데, 그 사이 몬페라트의 후작 콘라트가 살라딘과 따로 접선을 시도하였다. 콘라트는 살라딘에게 제안 하길, 만일 살라딘이 자신의 동맹이 되어 준다면 자신이 아크레 땅을 빼앗아 이슬람에게 되돌려줄 터인데, 대신 그 대가로 시돈과 베이루트 지방을 자기 맘대로 이용할 수 있게 해 달라고 했다. 하지만 살라딘은 콘라트의 제안은 무시한 채, 자신의 형제에게 권한을 위임하여 리처드와 평화 조약을 맺도록 했다. 내용 인즉슨 당시 이슬람이 차지하고 있던 연안의 도시를 모두 그리스도교도에게 내줌과 동시에, 예루살렘 땅 절반을 그리스도교도에게 준다는 것이었다. 리처드는 조약 내용에 얼마나 흡족했던지, 이슬람 사절의 아들을 데려다가는 성대하게 예식을 열어 그를 기사에 봉해 줄 정도였다.(1192년) 그런데 그로부터 얼마 지나지 않아 살라딘이 동방에서 반란에 휘말렸다는 소식이 들려왔다. 그러자 리처드는 살라딘과의 협정을 거부하고 얼른 다룸으로 가서는 포위전을 벌이고 그곳을 점령하였다. 그런 다음에는 예루살렘을 향하여 진격해 가니, 예루살렘이 12마일도 안 남은 지점까지 나아갈 수 있었다. 이 소식을 듣자 겨울철 동안 군대를 해산시켜 놓고 있던 살라딘도 병력 재소집에 들어갔다. 예루살렘 입성을 앞두고 그리스도교 진영에서는 논쟁이 분분하였는데, 그 사이 정찰병들에게서 보고가 들어왔다. 이미 예루살렘으로 가는 길의 우물이란 우물에는 모조리 독이 퍼져 있다는 것이었다. 그리스도교 측에서는 회의를 열어 전략을 택하기로 결정하였다. 그리하여 모두가 의견을 모은 결과, 예루살렘은 포기하고, 대신 250마일 떨어져 있는 카이로를 향해 진격하는 것으로 결론이 났다. 이즈음 리처드는 병에 걸린 데다, 상황이 이렇게 돌아가자 만사에 넌더리가 나고 낙담이 들었다. 그래서 아크레에 들어가 꼼짝 않고 지내면서 잉글랜드로 다시 돌아갈 궁리를 하였다.

하지만 이윽고 살라딘에 대한 소식이 들려왔다. 그가 야파 성을 공격해서는 단 이틀 만에 점령해 버렸다는 소식이었다. 리처드는 자존심 때문에라도 다시금 기운을 북돋우지 않을 수 없었다. 그는 병사란 병사는 모조리 모아서는 곧장 배를 타고 야파를 향해 갔다. 배가 항구에 닿자 그는 "맨 마지막에 오는 자는 죽을 줄 알아라!"라고 외치고는 허리까지 닿는 바닷물에 첨벙 뛰어들었다. 리처드는 평소 덴마크식 도끼를 들고 다니기로 유명했는데 이번에도 그 도끼를 붕붕 휘둘러 가며 자신에게 저항하는 자는 모조리 때려눕혔다. 리처드가 이런 기세로 병사들을 몰고 야파로 들어가니, 그의 병사들이 이슬람 군사들을 몰아내 버리는 것은 한순간이었다. 살라딘은 자기 병사들이 다 쫓겨나고 나서야 비로소 자신에게 닥친 일을 실감할 수 있었다. 그 와중에도 살라딘은 리처드가 말[馬]도 없이 싸움터를 누비는 것을 보고는, 그토록 용감무쌍한 전사가 어찌 말 없이 싸울 수 있느냐며 자기편의 군마를 한 필 보내 주었다. 얼마 전에도 살라딘은 이미 야파에 있던 그리스도교 수비대를 그대로 살려 둔 적이 있었다. 그 수비대가 다시 공격을 하는 통에 병사들로부터 원성을 들은 터였는데 급기야는 상대방 적장에게 말까지 내준 것이다. 살라딘의 병사들로서는 맥 빠지는 일이었으니, 그리스도교 쪽이 전하는 이야기를 우리가 그대로 믿어도 된다면, 리처드는 살라딘이 보내 준 그 말을 타고 사라센인들의 전선을 거침없이 누볐다. 그 기세에 눌린 살라딘 병사들은 아무도 감히 나서서 그를 공격하지 못했다.[37]

그러나 다음 날 운세는 역전되었다. 살라딘 편에는 원군이 도착했으나, 리처드는 하필 병이 다시 도져 버린 데다 아크레와 티레의 기사들은 그에게 아무 지원도 해 주지 않고 있었다. 리처드로서는 살라딘에게 다시 한 번 평화 협정을 요청하는 수밖에 없었다. 리처드는 병석에 누워 신열에 시달리며 과일과 시원한 물을 갈구하게 찾았다. 이에 살라딘은 배와 복숭아와 눈[雪]을 구해 보내 주는 한편, 자신의 주치의까지 보내 그를 치료해 주었다. 1192년 9월 2일, 두 영웅은 드디어 한자리에서 만나 평화 조약을 맺으니, 앞으로 3년간은 싸움을 벌이지 않는 한편, 팔레스타인 땅은 부분별로 제가끔 나누어 갖기로 약속했다. 이로써 리처드는 아크레에서 야파에 이르기까지, 예루살렘 연안의 인근 도시를 전부 차지하게 되었다. 또 둘은 영토를 나누되 서로의 영토를 이슬람교도와 그리스도교도 모두 자유롭게 오갈 수 있게 했고, 예루살렘을 찾는 순례자들 역시 보호를 해 주기로 했다. 성도(聖都) 예루살렘은 계속 이슬람 땅으로 남겨 두기로 합의했다. (이 조약에는 이탈리아 상인들의 입김이 작용했을 것으로 보이는데, 자신들의 주 관심거리가 연안 항구였던 터라 리처드를 설득해 성도를 내주고 대신 연안 지역을 취하게 했을 가능성이 있다.) 평화 조약이 체결되자 사람들은 축제와 마상 시합 등을 열어 함께 축하를 했다. "이때 양쪽 백성이 얼마나 기뻐하였는지, 그 헤아릴 수 없는 기쁨은 오로지 하느님만 아실 정도였다."라고 리처드의 연대기 작가는 말하고 있다.[38] 이로써 사람들은 잠시나마 서로에 대한 증오를 거둘 수 있었다. 한편 리처드는 잉글랜드로 돌아가는 배에 올라서는 살라딘을 도발하는 마지막 전언을 띄우는 것을 잊지 않았다. 3년이 흐른 뒤 반드시 돌아와 자신이 예루살렘 땅을 차지하리라는 것이었다. 그러자 살라딘이 답하길, 자신이 불가피하게 땅을 잃어야 했을 때 그 상대가 이 세상 다른 누가 아닌 바로 리처드라면 자기로서는 더없이 기꺼우리라는 것이었다.[39]

결국 리처드의 탁월했던 기지와 무용과 병법을 살라딘이 겸손과 인내와 정의로 이겨 낸 셈이었다. 또 그 승리는 이슬람군의 지휘관들이 거둔 것이기도 했으니, 그리스도교의 봉건 제후들이 사분오열된 채 충성이라고는 몰랐던 반면, 이슬람 군관들은 보다 통일성과 충성심을 갖추고 전투에 임했다. 더불어 그리스도교 세력이 제해권을 가지기는 했지만 이번 전쟁에서는 짧은 보급로를 확보할 수 있었던 사라센인들이 훨씬 유리했던 것으로 드러났다. 한편 이번 전쟁에서 그리스도교가 가진 갖가지 장단점의 본보기가 된 것은 그리스도교 국가 왕이었던 리처드가 아닌 이슬람의 술탄 살라딘이었다. 종교적인 일에 관한 한 살라딘은 박해를 서슴지 않을 정도로 가혹했고, 템플러 및 호스피탈 기사단을 상대로는 비합리적일 정도로 잔혹하게 굴었다. 그러나 평상시 그는 약한 자에게는 관용을, 피정복민에게는 자비를 베풀 줄 아는 신사였다. 뿐만 아니라 자기 입으로 한 약속을 칼같이 지키는 데 있어서 적들은 감히 비교가 되지 않았다.

심지어는 그리스도교 연대기 작가들조차 그토록 잘못된 신학에서 어떻게 저토록 훌륭한 인물이 나올 수 있었는지 감탄을 할 정도였다. 살라딘은 하인들도 점잖게 대해 주었고, 청원이 있을 때면 몸소 나가 모두 경청했다. 그러면서도 "돈은 한낱 먼지만큼이나 하찮게 여겨서", 그가 죽을 때 그의 금고에는 단 1디나르의 돈밖에 남아 있지 않았다.[40] 죽을 날을 얼마 안 남겨 두고 그는 아들 에즈 자히르를 불러 다음과 같은 가르침을 전했는데, 그리스도교 철학자는 누구도 따라잡지 못할 경지의 내용이었다.

아들아, 내 너에게 권하노니 너는 지고하신 알라신의 뜻에 따라야 한다. …… 너는 그분의 뜻을 행해야 할 것이니, 그 까닭은 그 길에 곧 평화가 함께하기 때문이다. 피를 부르는 일은 가급적 삼가도록 하여라. …… 바닥에 흩뿌려진 피는 결코 고이 잠들지 않는 법이다. 나아가 백성들을 다스리되 그 마음을 얻을 수 있게 노력하고, 더불어 백성들이 언제나 풍요로운 삶을 누릴 수 있도록 네가 지켜 주어라. 알라신께서, 그리고 내가, 너를 통치자 자리에 올린 것도 백성들의 행복을 네가 지키라는 뜻에서이다. 또한 네 밑의 재상, 귀족, 에미르를 이끌되 그들에게서도 마음을 얻을 수 있도록 노력하라. 만일 이 내가 위대한 인물이라고 할 수 있다면, 그 이유는 다름 아니라 내가 따뜻한 마음과 군자의 덕으로써 사람들의 마음을 얻었기 때문이다.[41]

이윽고 1193년에 이르자 살라딘은 숨을 거두니, 그의 나이 고작 쉰다섯이었다.

7. 제4차 십자군 전쟁: 1202~1204년

제3차 십자군 전쟁의 결과 아크레는 해방이 되었으나, 이슬람으로부터 예루살렘을 구해 낸다는 그리스도교 세계의 계획은 무위로 돌아갔다. 사실 제3차 십자군 전쟁의 성과는 유럽에서 제일 위대하다는 왕들이 참전한 것 치고는 맥

빠질 정도로 별 볼일 없는 것이었다. 제3차 십자군 전쟁 중에 벌어진 일만 봐도, 바르바로사는 싸우지도 못한 채 강에서 익사하였고, 필립 오귀스트는 전쟁 중간에 줄행랑을 놓았으며, 리처드는 기막힌 무용을 자랑하고도 결국 최종 승부에서는 패하였다. 그뿐 아니라, 그리스도교 기사들은 성스러운 땅에 가서도 파렴치한 모의를 계속 일삼았으며, 템플러 기사단과 호스피탈 기사단은 서로 반목과 갈등을 거듭하였다. 이로써 유럽의 자존심에는 금이 갔고, 그리스도교 왕국들의 신학적 확신은 전만큼 단단하지 못하게 되었다. 하지만 그러던 차에 살라딘이 일찍 세상을 뜨면서 그의 제국이 하나둘 갈라지니, 그리스도교도들로서는 다시 한 번 새로운 희망을 품어 볼 기회였다. 이 무렵 인노켄티우스 3세는 교황으로서 막 첫 발을 내딛고는 다시 한 번 이슬람과의 일전에 나설 것을 그리스도교 세계에 요구하였다. 그와 더불어 평민 출신 사제 풀크 드 뇌이도 일반 백성 및 각국 왕을 상대로 십자군의 필요성을 설파하였다. 하지만 결과는 낙심천만이었다. 프레데리크 2세는 황제 자리에 오르긴 했으나 이제 네 살밖에 안 된 어린아이였고, 필립 오귀스트는 십자군 참전은 일생에 한 번이면 족하다고 생각했다. 리처드 1세 역시 자신이 살라딘에게 남긴 마지막 한 마디를 까맣게 잊은 듯, 십자군 참전을 간곡히 호소하는 풀크를 비웃으며 이렇게 말했다. "당신은 내게 충고했지. 내가 품고 있는 자만심, 탐욕, 음란이라는 세 딸을 내가 버릴 수 있어야 한다고. 그래서 나는 그 애들을 자기들한테 딱 맞는 짝을 찾아 보내 주었지. 내 자만심은 템플러 기사단에게 갔고, 내 탐욕은 시토의 수도사들에게 갔으며, 내 음란함은 교회의 고위 성직자들에게 갔다네."[42] 그러나 인노켄티우스는 성전에 대한 뜻을 꺾으려 들지 않았다. 그러면서 지금 이탈리아가 제해권을 쥐고 있는 만큼, 이집트 점령이 충분히 가능하리란 의견을 비쳤다. 나아가 부유하고 비옥한 이집트만 기지로 삼을 수 있으면 예루살렘으로 가는 길도 결국엔 열리리라 하였다. 그리하여 인노켄티우스는 오랜 기간 베네찌아와 실랑이를 벌이게 되고, 마침내 응낙을 얻어 내는 데 성공한다. 베네찌아가 은화 8만 5000마르크를(850만 달러) 받고, 기사 4500명과 그들의 말, 종자(從者)

9000명, 보병 2만 명 및 아홉 달의 군량을 선박으로 날라 주기로 한 것이다. 더불어 베네찌아는 전함 50척도 제공하기로 하였는데, 베네찌아 공국이 전리품의 절반을 가져간다는 조건이 붙었다.[43] 그러나 정작 베네찌아인들 자신은 이집트를 공격할 생각이 추호도 없었다. 베네찌아는 이집트에 목재, 철, 무기를 수출하는 한편 이집트로부터 노예를 수입함으로써 매년 수백만 마르크에 달하는 돈벌이를 하고 있었기 때문이다. 베네찌아인들로서는 괜히 전쟁이 터져 이집트와의 교역에 위기가 찾아오는 것을 바라지 않았고, 이집트와의 교역에서 생기는 이득을 피사 및 제노바와 나누고 싶지도 않았다. 그래서 그들은 한쪽으로는 십자군 참전 위원회와 협상을 벌이면서, 다른 한편으로는 이집트의 술탄과 몰래 비밀 협약을 맺었다. 십자군의 침략이 있더라도 이집트만큼은 무사하게끔 보장을 해 주겠다는 내용이었다.[44] 근거는 미약하나 이 시대의 연대기 작자 에르노울의 주장에 따르면, 당시 베네찌아는 십자군이 팔레스타인 대신 다른 곳에 눈을 돌리게끔 하고 그 대가로 엄청난 양의 뇌물을 받아 챙겼다고 한다.[45]

그리하여 1202년 여름, 다양한 십자군 무리가 베네찌아로 집결했고 덕분에 당대의 내로라하는 인물들도 한자리에 모였다. 몬페라트의 보니파키우스 후작, 블루아의 루이 백작, 플랑드르의 보두앵 백작, 알비파(카타리파 이단의 추종 세력을 일컫는 말로, 12세기 중엽 프랑스 툴루즈 지방의 알비에 전파되면서 크게 세력을 떨쳤다. ─옮긴이) 일원으로 명성이 높았던 몽포르의 시몬이 그런 유명 인사에 해당했지만, 그중에서도 캄파니아의 사령관 조프루아 드 빌라르두앵(1160∼1213년)를 눈여겨보지 않을 수 없다. 그는 4차 십자군 전쟁의 외교 및 군사 작전에서 핵심적 역할도 수행하였지만, 추해 보이는 당대의 역사를 잘 갈무리하여 번듯하게 회고집을 써내기도 했기 때문이다. 프랑스 문학은 이 저작을 기점으로 하여 본격적으로 산문 시대의 막을 열게 된다. 한편 이제까지의 십자군 전쟁이 통상적으로 그랬듯, 제4차 십자군 역시 대부분이 프랑스인으로 충원이 되었다. 십자군 지원자들은 참전에 앞서 소유 재산에 따라 일정액의 자금

지참을 미리 고지받았는데, 그것으로 베네찌아에 치러야 할 경비 8만 5000마르크를 모금하려는 것이었다. 하지만 모금된 총액은 목표에서 3만 4000마르크가 부족했다. 그러자 베네찌아의 도제(Doge, 이탈리아어로서, 약 1000여 년 동안 베네찌아 공화국을 통치한 최고 지도자를 일컫는다. - 옮긴이) 엔리코 단돌로가 나섰다. 그는 거의 실명되다시피 한 상태에서 베네찌아의 도제를 맡아 세간에 "위대한 인물"로 일컬어지던 사람이었다. 그때까지만 해도 평생을 원리 원칙대로 살아온 그였건만, 이번만큼은 십자군이 전쟁 자금을 부족하게 가져왔더라도 베네찌아에서 양해해 주자고 제안한다. 십자군의 도움을 빌려 베네찌아가 자라(Zara)를 손에 넣으려면 그 정도는 감수해야 한다는 것이 이유였다. 이 자라라는 도시는 그 무렵 아드리아 해의 항구로서 베네찌아에 버금가는 중요성을 자랑하고 있었다. 약 200년 전인 998년에는 이곳을 잠깐 베네찌아가 점령한 적이 있었는데, 자라는 베네찌아의 통치에 반발해 수차례 난을 일으켰다 진압당하곤 했다. 그러던 것이 지금은 헝가리의 땅이 되어, 헝가리를 바다로 진출시켜 주는 유일한 출구 노릇을 하고 있었다. 자라에 하루가 다르게 부와 힘이 쌓여 가는 것을 보자, 아드리아 해의 교역의 선두가 그들에게 넘어가지 않을까 베네찌아로서는 적이 걱정이었던 것이다. 하지만 교황 인노켄티우스 3세가 베네찌아의 자라 점령은 흉악하기 짝이 없는 계획이라며 거세게 반대했고(당시 헝가리는 엄연히 그리스도교 국가였기 때문이다. - 옮긴이), 그 계획을 실행에 옮기는 날에는 십자군 모두를 파문시키겠다고 으름장을 놓았다. 그러나 아무리 위대하고 강한 권력을 가진 교황이라도 황금에 눈이 먼 자들에게는 그 말이 그저 귓등으로 들릴 뿐이었다. 결국 십자군과 베네찌아의 연합 함대는 자라를 공격했고, 불과 닷새 만에 그곳을 점령해서는 자기들끼리 전리품을 나누어 가졌다. 그러고 나서야 십자군은 교황에게 사절을 보내어 자신들에게 면죄를 내려 줄 것을 청하였다. 교황은 십자군에게 면죄를 내려 주었지만, 단 자라에서 약탈한 물품들을 도로 다 돌려줄 것을 요구했다. 하지만 십자군은 면죄를 내려 준 교황에게 감사만 드렸을 뿐, 자라에서의 탈취품은 그대로 챙겨 갔다. 한편 베네찌아인들은 교황이 파문을 하건 말건 아랑곳없이 자신들이 마련했던 계획의 2단계 실행에 들어갔다. 바로 콘스탄티노플 점령이었다.

십자군이 그간 벌써 몇 차례나 오간 터였지만, 비잔티움 제국 군주들은 자신들이 뭘 해야 하는지 전혀 모르는 기색이었다. 그들은 십자군에는 거의 도움을 주는 것은 없이 그저 자기 몫의 이득만 양껏 챙겨 가고 있었다. 즉 십자군 전쟁을 틈타 자신들의 과거 영토였던 소아시아를 대부분 회복할 수 있었음에도, 비잔티움 제국은 이슬람교와 그리스도교 세력이 팔레스타인을 두고 서로 실랑이를 벌이느라 피차 힘이 빠져 가는 것을 가만히 앉아 구경만 하고 있었던 것이다. 더구나 비잔티움 제국의 황제 마누엘은 일전에 콘스탄티노플에 있던 베네찌아 상인 수천 명을 체포한 데다, 그들이 콘스탄티노플에서 누리던 특권마저 한동안 박탈한 적이 있었다.(1171년)[46] 그런가 하면 이사키우스 2세 안겔루스(1185~1195년)는 사라센인들과 일말의 주저 없이 동맹을 맺기도 했다.[47] 1195년, 형 알렉시우스 3세가 이 이사키우스 2세를 폐위시키는 일이 발생한다. 형은 동생을 옥에 가두고는 두 눈을 실명시켜 소경으로 만들어 버렸다. 이에 이사키우스의 아들은(그 역시 알렉시우스라는 이름을 썼다.) 독일로 몸을 피했다. 그러다 1202년이 되자 왕자는 베네찌아로 가서 베네찌아 원로원에 청하길, 십자군이 와서 자기 아버지를 구해 다시 황제에 복위시켜 준다면, 그 보답으로 십자군이 이슬람을 공격할 시 비잔티움 제국이 힘이 닿는 데까지 지원을 아끼지 않겠다고 약속했다. 하지만 단돌로와 프랑스의 귀족들은 그 정도로 복위는 어림없다며 젊은 왕자를 상대로 거세게 흥정을 벌였다. 결국 왕자는 이들의 설득에 넘어가 서약하길, 복위를 시켜 준다면 십자군에게 은화 20만 마르크를 주고, 팔레스타인 수복을 위한 병사 1만 명을 모집하겠으며, 비잔티움 교회도 로마 교황에게 넘겨주겠다고 했다.[48] 하지만 이렇듯 선심성의 교묘한 약조를 밀어 넣었음에도 불구하고, 인노켄티우스 3세는 십자군에게 비잔티움 침공을 금하면서 명령을 위반하는 자들은 모두 파문에 처하겠다고 엄포를 놓았다. 그러자 일부 귀족들은 콘스탄티노플 원정은 함께할 수 없다며 거절을 표했고, 병사들 일부도 십자군으로서의 의무는 이 정도면 충분한 것 같다며 자신의 고국으로 돌아갔다. 하지만 유럽에서 제일 부유한 도시를 손에 넣을 수 있다는 꿈은 생각만으로도 거부하기 힘든 유혹이었던 모양이다. 1202년 10월 1일, 480척으로 이루어진 대함대가 한껏 들뜬 기세로 콘스탄티노플을 향해 출항했다. 이 길에 함께한 사제들은 배의 선수루에 올라「생명의 창조자시여, 어서 오소서.」를 노래 불렀다.[49]

갖가지 우여곡절을 거친 끝에 이 대함대가 마침내 콘스탄티노플에 도착한 것이 1203년 6월 24일의 일이었다. 빌라르두앵은 "믿기 힘들다 해도 과언이 아닌" 당시의 일을 다음과 같이 전하고 있다.

콘스탄티노플에 난생 처음 온 사람들은 도시를 보고는 두 눈이 휘둥그레지지 않을 수 없었다. 세상에 그토록 부유한 도시가 있다는 것이 두 눈으로 보고도 믿겨지지 않는 까닭이었다. 도시에는 성벽이며 탑들이 웅장하고 우뚝하니 솟아 주변을 에워싸고 있던 데다, 웅장하게 우뚝하니 솟은 궁궐이며 교회도 이루 헤아릴 수 없이 많았다. 그 모습을 처음 접한 사람들은 자기 두 눈이 다 의심될 지경이었다. 그뿐인가, 종횡으로 쭉쭉 뻗어 있는 콘스탄티노플의 크기는 세계의 그 어떤 도시에도 비할 바가 아니었다. 이는 실로 놀라운 장관이었으니 그 모습을 보고도 살이 떨리지 않을 만큼 대담한 사람은 우리 중에 아무도 없었다. 그렇게 전율이 이는 것도 당연했다. 그 놀라운 도시를 우리는 이제 막 쳐들어가는 참이었고, 이 세상이 시작된 이래로 지금의 우리만큼 위대한 위업을 이룬 사람은 그 어디에도 없었으니까.[50]

이윽고 알렉시우스 3세에게 최후통첩이 날아들었다. 침공을 받지 않으려거든, 소경으로 만들어 버린 그의 아우나, 아니면 함대가 데리고 있는 왕자 알렉시우스를 다시 비잔티움 제국의 황제로 복위시키라는 내용이었다. 알렉시우스 3세가 이를 거절하자 십자군이 상륙했고, 십자군은 약간의 저지를 뚫고는 금세 콘스탄티노플의 성벽까지 당도했다. 당시 선두에 나서서 콘스탄티노플의 해안가 땅을 맨 처음 밟은 사람은 다름 아닌 노령의 단돌로였다. 사태가 이렇게 전개되자 알렉시우스 3세는 트라키아로 줄행랑을 쳐 버렸다. 그러자 비잔티움 제국의 귀족들은 지하 감옥에 갇혀 있던 이사키우스 3세를 옹위하듯 모셔 와 다시 제위에 앉혀 주었다. 그런 다음에는 이사키우스 3세 이름으로 라틴의 제후들에게 전언을 띄워 아들이 어서 돌아오기만을 아버지가 기다리고 있다고 했다. 이에 단돌로와 프랑스의 귀족들은 왕자가 자신들과 한 약속을 이사키우스가 반드시 지켜야 한다고 다짐받은 뒤에 콘스탄티노플에 입성했고, 이어 젊은 나이의 알렉시우스 4세는 아버지와 함께 공동 통치자 자리에 올랐다. 하지만 왕자가 어떤 대가를 치르고 복위를 이루어 냈는지가 곧 비잔티움 제국 내에 알려졌고, 그러자 비잔티움인들은 노여움에 치를 떨면서 알렉시우스 4세에게서 등을 돌렸다. 백성들은 십자군을 지원해야 할 경우 필경 자신들이 내야 할 세금을 따지지 않을 수 없었고, 비잔티움 귀족들은 타지의 낯선 귀족과 세력가들이 자기 땅에 들어와 있는 것을 참을 수 없었다. 성직자들 역시 앞으로 자신들이 로마 교황을 모셔야 한다고 하자 격노하며 반대를 표했다. 한편 이 와중에 라틴 병사들 일부가 방화를 저지르는 사건이 발생한다. 콘스탄티노플의 이슬람교도들이 모스크 안에서 기도를 드리고 있는 모습을 보고는, 그리스도교 도시에서 어떻게 그런 불경이 있느냐며 모스크에 불을 지르고는 안에서 예배드리던 사람들까지 처참히 살육한 것이다. 모스크에 붙은 불은 삽시간에 번져 여드레 동안이나 활활 타올랐고, 불길은 근방의 3마일을 집어삼키며 콘스탄티노플의 상당 부분을 잿더미로 만들어 놓았다. 그러자 왕실 가문의 한 왕자가 나서서 대규모의 민중 반란을 일으켰다. 그는 알렉시우스 4세를 죽이는 한편, 이사키우스 안겔루스는 잡아다 다시 옥에 가두었다. 그런 다음에는 알렉시우스 5세 두카스를 제위에 앉히고, 자신은 갈라타에 진을 치고 있는 라틴군을 몰아낼 양으로 군대를 조직하기 시작했다. 하지만 성벽 안에서만 꼼짝 않고 지낸 지가 너무 오래였던지, 비잔티움인들의 빛바랜 무용은 그들에게 붙어 있는 로마식 이름을 다 무색하게 할 정도였다.(로마인들은 무용이 뛰어나기로 유명했다. – 옮긴이)

콘스탄티노플은 라틴군이 포위전을 펼치자 한 달 만에 항복을 해 왔다. 이에 알렉시우스 5세는 다른 곳으로 줄행랑을 쳤고, 승리에 젖은 라틴 병사들은 메뚜기 떼가 들판을 휩쓸 듯 비잔티움 제국의 수도 콘스탄티노플을 휩쓸고 다녔다.(1204년)

십자군은 약속받은 먹잇감을 두고 입맛만 다셔 온 지가 너무 오래였던 터라, 이 부유한 도시에 발을 들이자 기다렸다는 듯 약탈을 일삼았다. 그 정도가 얼마나 심했던지 일찍이 로마도 반달족이나 고트족으로부터 그런 수모는 당한 적이 없었다. 물론 십자군의 손에 목숨을 잃은 비잔티움인은 그리 많지 않았다.(약 2000명 정도였던 것으로 보인다.) 하지만 닥치는 대로 이루어지는 약탈만은 막을 길이 없었다. 귀족들은 콘스탄티노플에 있는 궁궐들을 자기들끼리 나눠 가지는가 하면, 그 안에 발견되는 보물들 역시 마음대로 챙겨 갔다. 병사들은 집이며 교회, 상점에 들어가서는 마음에 든다 싶으면 무엇이든 다 가지고 나왔다. 또 교회에 들어가 그곳을 샅샅이 뒤져서는 천 년에 걸쳐 모아진 금은보석만 들고 나오는 것은 물론, 그곳에 자리한 신성한 유물들까지 집어 왔다. 그것들은 잘 싸 두었다 나중에 서유럽 시장에 팔면 제법 큰돈이 될 수 있을 것이었다. 그리하여 성 소피아 성당도 십자군에게 큰 피해를 입으니, 1453년 투르크족이 입힌 피해보다 더하였다.[51] 성당에 자리하고 있던 대(大)제단은 사람들이 금붙이며 은붙이를 다 떼어 가는 통에 형체를 알아볼 수 없게 분해가 되어 버리고 말았다.[52] 전만 해도 콘스탄티노플은 베네찌아인을 상인으로서 환대해 주었던 만큼, 그들은 이 도시의 사정에 훤한 편이었다. 따라서 도시에서 제일 위대하다는 보물들이 어디 있는지도 잘 알았고, 그들은 자신들의 탁월한 지적 능력을 이용해서 그것을 잘도 훔쳐 내왔다. 뿐만 아니라 갖가지 조각상이며 직물, 노예와 보석류도 이들 손에 싹쓸이를 당했다. 그리하여 한때는 이 도시를 굽어보던 네 마리의 청동 말이 이제는 산 마르코 광장을 뛰어놀게 되었다. 산 마르코 대성당에는 각종 예술품과 보석류가 즐비하여 이곳을 돋보이게 하는데, 그 소장품 중 9할은 이 시절 베네찌아인들이 솜씨 좋게 훔쳐 낸 작품들이다.[53] 콘스탄티노플 점령 시에는 강간을 방지하기 위한 노력이 얼마간 이루어져, 병사들 상당수가 되도록 겁탈은 삼가고 매춘부를 찾는 것으로 만족했다. 그럼에도 당시 인노켄티우스 3세는 십자군의 정황을 듣고 불평하길, 정욕에 굶주린 라틴 병사들이 나이, 성별, 심지어는 성직자도 가리지 않고 손을 댄다고 했다. 프랑스 혹은 베네찌아의 농부들이 비잔티움인 수녀를 찾아서 마구 껴안았고 그래도 수녀들은 그저 견디는 수밖에 없었다.[54] 한참 약탈이 진행될 때에는 곳곳의 도서관도 무자비하게 털려서, 결국엔 진귀한 필사본들까지도 훼손을 당하거나 유실되기에 이른다. 십자군 입성 이후 콘스탄티노플은 화재를 두 차례 더 당하게 되는데, 이 불이 교회와 가옥은 물론 도서관이며 박물관까지 집어삼켜 버렸다. 그리하여 그때까지만 해도 원본 그대로 완벽하게 보존돼 있던 소포클레스와 에우리피데스의 희곡들이 극히 일부만 남고 사라져 버렸다. 수천 점에 달하는 걸작 예술품 역시 이들 손에 절도를 당하거나, 일부가 파손되거나, 아니면 아예 처참히 부서졌다.

이렇듯 광적이던 약탈이 어느 정도 잦아들자, 라틴 왕국의 귀족들이 한자리에 모였다. 이들은 플랑드르의 보두앵을 콘스탄티노플 라틴 왕국의 수장으로 선출하는 한편(1204년), 왕국의 공식 언어로 프랑스어를 쓰기로 결의하였다. 이제 비잔티움 제국은 여러 개의 봉건 제후 영지로 쪼개지게 되었고, 라틴 왕국의 귀족이 저마다 영지를 하나씩 맡아 다스렸다. 교역로 장악에 누구보다 열을 올렸던 베네찌아의 경우, 아드리아노플, 에피로스, 아카르나니아, 이오니아 제도, 펠로폰네소스 일부, 에우보이아, 에게 제도, 갈리폴리, 콘스탄티노플 8분의 3을 손에 넣는 데 성공한다. 제노바로서는 비잔티움 제국에 있던 자기들 작업장이며 기지를 다 빼앗겨 버린 셈이었다. 한편 몸도 가누기 힘든 나이에 황제의 장화를 신게 된 단돌로에게는 "베네찌아의 도제(Doge)이자 로마 제국 8분의 3의 영주"라는 명칭이 붙게 되었다.[55] 그렇게 원칙을 거스르면서까지 기어이 성공을 완성해 낸 그는 그로부터 얼마 지나지 않아 세상을 떠났다. 이제 비잔티움 제국의 성직자들도 대부분 라틴 왕국의 성직자로 대체되기에 이르고,

일부는 이 기회를 틈타 훌쩍 상위 품계에 오르기도 했다. 인노켄티우스 3세 역시, 여전히 십자군의 콘스탄티노플 공격은 잘못이라 여기면서도, 로마 교회와 비잔티움 교회의 공식적 재결합을 품격 있게 받아들였다. 전쟁에 참가한 십자군 대부분은 자신의 전리품을 챙겨 들고 고국으로 귀환하였지만, 개중에는 비잔티움의 이 새로운 제후 국가에 남아 정착 생활을 하는 이들도 있었다. 십자군 중 본래 목적에 따라 팔레스타인까지 찾아간 이들은 극소수에 불과했고, 따라서 이들은 아무 성과도 내지 못했다. 당시 십자군들의 생각에는 콘스탄티노플은 비잔티움 제국이 차지하고 있기보다 자신들 수중에 있을 때 투르크족을 상대하는 데 있어 더욱 강력한 기지 역할을 해 주리라 생각한 듯하다. 하지만 생각과 달리 라틴 왕국과 비잔티움인들 사이의 갈등은 수 세대가 지나도록 끊이지 않았다. 그러자 생동하던 비잔티움 세계는 어느덧 활기를 잃어 가면서, 이때 받은 타격에서 좀처럼 헤어나지 못했다. 나아가 라틴 왕국의 콘스탄티노플 점령은 그로부터 200년 뒤 투르크족이 콘스탄티노플을 점령하도록 미리 발판을 닦아 준 것이나 다름없는 일이었다.

8. 십자군의 와해: 1212~1291년

제3차 십자군이 실패한 지 10년도 안 돼 제4차 십자군이 불미스러운 일을 일으키니, 그리스도교 세계는 영 맘이 편치 못했다. 세간에서는 아리스토텔레스 철학과 함께 아베로이스의 정치(精緻)한 합리주의가 재조명을 받으며 그리스도교 신앙과 대치를 이루었다. 사상가들 역시 진땀을 빼야 했으니, 하느님께서는 왜 그토록 신성한 대의를 내건 수호자들은 패배시키시고, 베네찌아의 그 악당 무리에게는 성공을 안기셨는지 그 뜻을 해명해 내야 했던 것이다. 이렇듯 갖가지 의심들이 고개를 드는 가운데, 소박한 영혼들은 저 그리스도의 성체를 탈환할 수 있는 길은 오로지 순수함뿐이라는 데에 생각이 미쳤다. 그리하여

1212년, 역사에는 니콜라스라고만 알려진 한 독일인 청년이 선언하고 나서길, 하느님이 자신에게 어린아이들로 십자군을 조직해서 성지로 이끌고 오라는 명을 내렸다고 했다. 이에 그리스도교 교회에서는 평신자와 성직자 할 것 없이 터무니없는 말이라며 비난했다. 하지만 당시는 감정적 열의가 그 어느 때보다 강하게 세상을 휩쓸던 터라, 니콜라스의 이 생각은 삽시간에 사람들 사이에 퍼져 나갔다. 그리하여 부모들이 한사코 말리는 데도 불구하고, 집을 나서서 성지로 가겠다는 사내아이들은 이루 헤아릴 수 없이 많았다.(그중에는 사내아이 옷을 차려 입고 집을 나선 여자아이들도 더러 있었다.) 평균 열두 살 정도 되는 아이들이 그렇게 이끌리듯 집을 나와 니콜라스의 뒤를 따랐으니, 아이들로서는 집안의 폭정에 억눌려만 지내다 길거리에 나와 자유롭게 다니는 것이 마냥 신나기만 했을 터였다. 그리하여 총 3만 명에 달하는 아이들 무리가(그중 대부분은 콜로뉴 지방 출신이었다.) 라인 강을 따라 남으로 남으로 이동을 하여 이윽고 알프스까지 넘기에 이른다. 행군 도중 수많은 아이들이 굶주림에 지쳐 목숨을 잃었고, 일부는 무리에서 이탈했다 늑대에게 잡아먹히기도 했으며, 또 무리 중간중간에 도둑이 섞여 들어와 아이들의 옷가지며 음식을 훔쳐 가기도 했다. 그중에서도 끝까지 살아남은 아이들은 제노바에 도착할 수 있었으나, 세상 물정에 밝은 이탈리아인들이 자신들을 비웃는 걸 보자 그제야 반신반의하는 마음이 들었다. 제노바에는 그들을 팔레스타인까지 실어다 주겠다는 배가 단 한 척도 없었다. 결국 이들은 인노켄티우스 3세에게 청원을 넣기에 이르는데, 교황은 아이들을 잘 타일러 집에 돌아가도록 했다. 그리하여 알프스를 넘는 모진 여로에 올라 집으로 향한 아이들이 있었는가 하면, 상당수는 그냥 제노바에 눌러 앉아 장사로 삶을 살아가는 법을 여러 가지로 배워 익히게 되었다.

한편 프랑스에서도 똑같은 1212년에, 스테펜이라는 열두 살 난 목동이 필립 오귀스트를 찾아온 일이 있었다. 소년은 왕에게 전하기를, 어느 날 자신이 양들을 돌보고 있는데 하느님께서 홀연히 나타나셔서는 자기더러 어린이 십자군을 이끌고 팔레스타인으로 갈 것을 명했다고 했다. 왕은 소년에게 집으로 돌아가

양을 돌보도록 명했다. 하지만 왕의 명령에도 아랑곳없이 스테펜의 곁에는 그의 뒤를 따르겠다며 2만 명의 아이들이 몰려들었다. 결국 길을 떠난 아이들은 프랑스를 가로질러 마르세유에 도착했다. 애초 스테펜이 했던 약속에 따르면, 이곳 마르세유의 바닷물이 양 갈래로 쩍 갈라지면 그들은 팔레스타인 땅까지 물 한 방울 안 묻히고 걸어갈 수 있을 것이었다. 그러나 그런 일은 일어나지 않았다. 그런데 그곳의 선주(船主) 두 명이 뱃삯을 한 푼 받지 않고 아이들을 팔레스타인까지 태워 주겠다고 나섰다. 그들은 총 일곱 척의 배에 아이들을 한 가득씩 나눠 실었고, 배는 승리의 찬송가를 부르며 팔레스타인을 향해 나아갔다. 하지만 항해 도중 배 두 척이 사르디니아 근방에서 난파당하는 일이 일어나고, 배에 타고 있던 아이들은 전원 목숨을 잃었다. 나머지 배에 타고 있던 아이들은 이집트 혹은 투니시아에 도착하였으나, 거기서 그만 노예로 팔려 가 버리고 말았다. 프레데리크 2세는 아이들을 배에 태운 선주 둘에게 교수형을 내렸다.[56]

그로부터 3년 뒤, 인노켄티우스 3세는 제4차 라테라노 공의회에 참석해서는 유럽 각국을 상대로 다시 한 번 호소에 나섰다. 그리스도의 땅을 유럽이 되찾아 와야 하며, 베네찌아가 좌절시킨 그 계획(이집트 침공)도 다시 실행에 옮겨야 한다는 것이었다. 그리하여 1217년에 들면서 제5차 십자군이 결성되어 독일, 오스트리아, 헝가리에서 출정을 하니, 이번에는 헝가리의 왕 엔드레가 지휘를 맡았다. 군대는 무사히 진군을 하여 나일 강 동쪽 끝 하구의 다미에타란 이집트 도시에 이르렀다. 1년간의 포위전 끝에 십자군이 도시를 함락시키자, 새로 술탄 자리에 올라 이집트와 시리아를 다스리던 말리크 알 카밀이 평화 협정을 제안해 왔다. 내용인즉슨, 예루살렘 땅 대부분을 십자군에게 내주고, 그리스도교 포로들을 석방시켜 주겠으며, 이와 함께 성 십자가도 되돌려주겠다는 것이었다. 이에 십자군이 배상금까지 추가로 요구하였지만, 알 카밀은 배상금까지는 줄 수 없다고 했다. 그리하여 둘 사이에 전쟁이 재개되고, 이번에는 십자군에게 상황이 불리하게 돌아갔다. 십자군 쪽에서 기다리던 원군이 제때 도착을 하지 않은 것이었다. 결국 둘은 유효 기간 8년의 협정을 맺어, 이슬람은 십자군에게 성 십자가를 돌려주고, 십자군은 이슬람에게 다미에타를 돌려주기로 하였다. 더불어 이 조약으로 십자군 병사들은 하나도 남김없이 이집트 땅에서 철수를 해야 했다.

전쟁이 비극으로 결말난 데 대해 십자군은 당시 독일과 이탈리아를 다스리고 있던 젊은 황제 프레데리크 2세를 탓하였다. 그는 1215년에 이미 십자군 참전을 서약한 바 있었고, 다미에타로 원군을 이끌고 오겠다고 약속한 장본인이 바로 그였기 때문이다. 하지만 하필 이탈리아 정국이 복잡하게 돌아가는 바람에(여기에 프레데리크의 신심도 그다지 깊지는 않았던 듯하다.), 그는 선뜻 십자군 전쟁에 나서지 못한 터였다. 1228년이 되자 프레데리크 2세는, 뒤늦은 출발로 인해 파문을 당하였음에도 불구하고, 제6차 십자군을 결성하여 팔레스타인을 향해 출정하기에 이른다. 팔레스타인 땅에는 착한 그리스도교도들이 있었으나, 이들은 교회의 율법을 어긴 자는 거들떠보지 않는 자들이었던 만큼, 프레데리크는 팔레스타인에 당도해서도 이들의 도움은 일절 받지 않았다. 대신 알 카밀에게 사절을 보냈는데, 이때 알 카밀은 나블루스란 곳에서 사라센 군대를 이끌고 있던 중이었다. 알 카밀도 프레데리크에게 예를 다해 응해 주었다. 이때 알 카밀 술탄이 프레데리크에게 보낸 사절이 파크루딘이란 자였고, 그는 프레데리크가 아랍의 언어며 문학, 과학에까지 정통한 데 대해 탄복하지 않을 수 없었다. 이윽고 두 통치자는 호의적인 분위기 속에서 서로를 칭송하는가 하면 자신들이 가진 생각을 기탄없이 털어놓기에 이른다. 그리하여 둘 사이에 결국 협정까지 맺어지니(1229년), 그리스도교 세계나 이슬람 세계나 다 같이 놀라지 않을 수 없는 결과였다. 거기에는 알 카밀이 프레데리크에게 아크레, 야파, 시돈, 나사렛, 베들레헴, 예루살렘을 내준다는 내용이 끼어 있었던 것이다. 단, 예루살렘은 전역을 내주되 바위의 돔을 포함하여 이슬람의 성소에 해당하는 구획만큼은 예외로 하기로 하였다. 하지만 이곳이 이슬람 땅이라 하더라도 그리스도교 순례자들은 얼마든 이곳에 자리한 솔로몬의 신전에 와서 기도를 드릴 수 있도록 했다. 더불어 이슬람교도들도 베들레헴을 찾을 때 비슷한 권리를 누리도록 한다고 조약은 명시하고 있었다. 이와 함께 양측이 잡아 두고 있던 포로도 모두 석방하기로 했으며, 앞으로 10년 10개월 동안은 양측 모두 전쟁을 일으키지 않고 평화롭게 지내기로 했다.[57] 백 년 동안 그리스도교 세계가 그렇게 노력해도 이루지 못한 일을, 교회로부터 파문당한 프레데리크 황제가 이루어 낸 것이었다. 잠시나마 두 문화는 서로를 이해하고 존중하는 화해의 국면으로 접어들었고, 이로써 둘이 친구로 지내는 것도 가능하다는 사실이 드러났다. 둘 사이의 이 화해에 성스러운 땅의 그리스도교 신도들은 누구보다 기뻐했지만, 교황 그레고리우스 9세는 그렇지 않았다. 그는 이 협정이 그리스도교 세계를 모독하고 있다면서 승인을 거부했다. 이윽고 프레데리크는 팔레스타인 땅을 떠나고 그러자 그리스도교도 귀족들이 와서 그곳을 장악하게 된다. 이들은 아시아의 그리스도교 세력을 한데 결집시켜서는 다마스쿠스의 이슬람 통치자와 동맹을 맺었는데, 이집트의 술탄과 대적 관계에 있던 사람이었다.(1244년) 이에 이집트 술탄은 흐와리즘의 투르크족에게 지원을 요청하게 되고, 곧 투르크족이 달려와 예루살렘을 점령하였다. 이들은 예루살렘을 마구 약탈하는가 하면, 그곳에 살고 있던 주민도 대거 학살하였다. 그로부터 2개월 후에는 바이바르스가 가자(Gaza)의 그리스도교도를 공격하여 패퇴시키면서 예루살렘은 다시 한 번 이슬람의 수중으로 넘어가게 된다.(1244년 10월)

교황 인노켄티우스 4세는 이제는 그리스도교 세력이 프레데리크 2세를 상대로 성전에 나서야 한다고 설파하고 있었다. 그 이탈리아 황제를 상대로 싸우는 자에게는 성도(聖都) 탈환을 위해 싸우는 자가 받는 것과 똑같은 갖가지 면죄와 특권을 내려 주겠다고 교황은 제안했다. 이렇듯 교황이 프레데리크를 응징하는 일에 매달려 있는 사이, 프랑스에서 이른바 성왕(聖王)으로 통했던 루이 9세가 제7차 십자군을 결성하고 있었다. 그는 예루살렘이 다시 이슬람의 수중에 떨어지는 것을 보자 곧장 달려가 십자가를 받아 들었고, 자기 밑의 귀족들에게도 얼른 십자가를 받아 들라고 설득하던 터였다. 그럼에도 주춤대는 귀족들이 몇몇 있자, 루이 왕은 크리스마스를 맞아 그들에게 십자가 무늬가 들어간 값비싼 의복을 선물로 주기도 했다. 뿐만 아니라 십자군이 제대로 된 지원을 받으려면 유럽이 하나로 뭉쳐져야 할 터, 루이 왕은 인노켄티우스 교황과 프레데리크를 화해시키는 데에도 각고의 노력을 기울였다. 하지만 인노켄티우스는 화해할 뜻이 전혀 없었다. 오히려 그는 조반니 데 피아노 카르피니라는 수사(修士) 한 명을 몽골족의 대(大)칸에게 보내서는 그리스도교 세력과 몽골족이 함께 힘을 합쳐 투르크족을 몰아내자고 제안했다. 그러자 칸은 그리스도교 왕국을 몽골족이 다스리게 해 준다면 그렇게 하겠노라고 답해 왔다. 1248년, 루이는 마침내 프랑스의 기사들을 이끌고 팔레스타인으로 출정을 떠났고, 여기에는 후일 유명한 연대기를 써서 루이 왕의 위업을 우리에게 들려주는 장 시르드 주앵빌도 끼어 있었다. 원정군은 다미에타에 당도했고, 얼마 안 있어 그곳을 점령할 수 있었다. 그런데 애초 군사 작전을 짤 때 미리 헤아리지 못한 부분이 있었으니, 나일 강의 물이 해마다 범람한다는 사실을 깜빡 잊은 것이었다. 십자군이 도착한 즈음 나일 강은 범람을 하기 시작했고, 그 바람에 이집트 전체가 물에 잠기다시피 하면서 병사들은 꼬박 반년을 다미에타에 갇히는 신세가 되었다. 하지만 군대는 전혀 안타까워하지 않았다. 주앵빌이 전하는 바에 따르면, "귀족들은 한자리에 모여 대규모 잔치를 여는가 하면 …… 일반 사병들은 음탕한 여인들과 어울려 지내느라 정신이 없었다."[58] 그러다 다시 행군이 재개되었을 때는 굶주림, 질병, 탈영으로 인해 남은 병사 수가 얼마 되지 않았으며, 기강 해이로 인하여 군력도 약해져 있었다. 그리하여 만수라에서의 일전에서 용감히 싸웠음에도 불구하고 십자군은 대패를 당했고 병사들은 혼비백산하여 도망쳤다. 이때에 이집트군에게 포로로 잡힌 그리스도교도는 1만 명에 달했다. 루이도 포로로 잡혔는데, 설상가상으로 이질에 걸려 몸도 제대로 가누지 못하고 있었다.(1250년) 병에 걸린 그를 한 아랍인 의사가 치료해 주었고, 루이는 한 달여 간 옥고를 치른 끝에 이집트군에게서 풀려났다. 하지만 이집트군은 그 대가로 다미에타를 돌려줄 것과 함께, 루이의 몸값으로 50만 리브르(380만 달러)를 요구하였다. 이 어마어마한 몸값을 루이가 치르겠다고 응낙하자, 술탄은 몸값의 5분의 1을 깎아 주는 한편 치르지 못한 몸값 절반은 루이가 맡아 가지고 있으라고 했다.[59] 루이는 나머지의 병사들을 이끌고 아크레에 가서는 그곳에서 4년을 머물렀다. 그러는 동안 유럽을 향해 유럽 나라들끼리의 싸움은 그만 멈추고 자신과 함께 투르크족을 상대로 새로이 일전을 펼치자고 호소했으나 소귀에 경 읽기였다. 이에 루이는 수도사였던 루브룩의 기욤을 몽골의 칸에게 보내, 일전에 인노켄티우스가 했던 제안을 재고해 보게끔 했다. 그러나 칸에게서는 비슷한 답이 돌아올 뿐이었다. 결국 1254년 루이는 고국 프랑스로 발길을 돌렸다.

이렇듯 루이가 동방에 가 있던 몇 년 동안, 그곳에 비일비재하던 그리스도교도 사이의 당파싸움은 한동안 잠잠해질 수 있었다. 그러던 것이 루이가 떠나자 싸움이 다시 불붙기 시작했다. 그리하여 1256년부터 1260년까지 베네찌아와 제노바가 서로 맞붙어 싸움을 벌이는 통에 시리아의 연안 항구들이 거기 휘말려 사분오열 된 것은 물론, 팔레스타인 땅에 있던 십자군 병력까지 모조리 여기에 동원되기에 이르렀다. 그러자 이집트의 노예 출신 바이바르스가 지금이야말로 절호의 기회라는 듯 휘하의 군대를 이끌고 연안 지방으로 올라왔다. 그러고는 그리스도교 성읍들을 차례차례 점령해 나가니, 카이사레아(1265년), 사파드(1266년), 야파(1267년), 안티오크(1268년)가 이슬람의 수중에 떨어졌다. 이슬람군에 잡힌 그리스도교도들은 학살을 당하거나 노예가 되어야 했고, 안티오크의 경우 이슬람군의 약탈과 방화가 도시를 얼마나 황폐화시켰던지 그 후로 다시는 예전의 모습을 회복하지 못했다.

한편 루이 9세는 노년에 접어들자 십자군에 대한 열망이 다시 한 번 불타올랐고, 이에 생애 두 번째의 십자가를 받아 든다. 이번에는 세 아들도 아버지를 본받고자 따라나섰으나, 프랑스의 귀족들은 사정이 달랐다. 그의 십자군 계획이 주먹구구식과 다름없다며 따라나서기를 거부했던 것이다. 심지어는 루이 9세에 대한 애정이 각별했던 주앵빌마저도 이 8차 십자군에 대해서만큼은 가급적 이야기를 꺼리고 있다. 루이 왕은 통치에 있어서는 현명했어도 전쟁에 있어서는 어리석었으니, 이번에는 충분치 못한 자신의 병력을 투니시아 땅에 상륙시킨다. 투니시아 지방 장관의 마음을 그리스도교 쪽으로 돌려서는 그곳을 발판 삼아 서쪽에서 이집트를 칠 심산이었다. 하지만 병사를 상륙시켰건만 루이 왕 자신은 "설사병에 단단히 걸려" 아프리카 땅은 거의 밟아 보지도 못하게 되고,[60] 그렇게 병상에 있다가 이윽고 숨을 거두었다. 임종을 하면서도 그의 입가에는 "예루살렘"이라는 한 마디 말이 맴돌았다.(1270년) 그로부터 1년 후 잉글랜드의 에드워드 왕자가 군대를 이끌고 아크레에 상륙했고, 이슬람을 상대로 몇 차례의 기습 공격을 퍼부었으나 모두 수포로 돌아갔다. 에드워드는 잉글랜드의 왕위를 물려받는다는 명목으로 부리나케 고국으로 돌아왔다.

하지만 최후의 재앙은 아직 닥치기 전이었다. 그 발단은 그리스도교 측의 몇몇 호사가들이었는데, 이들이 시리아 땅에서 이슬람의 대상 마차를 한 대 탈취해서는 이슬람 상인 열아홉 명을 죽이는가 하면 이슬람의 성읍 여기저기를 돌아다니며 약탈을 일삼은 것이다. 이에 칼릴 술탄은 그리스도교 측에 배상금을 요구하였다. 하지만 그리스도교 측은 한 푼의 배상금도 내주지 않았고, 그러자 술탄은 군사를 이끌고 아크레를 치러 갔다. 당시 아크레는 팔레스타인 땅에서도 그리스도교 측의 가장 강력한 전초 기지였다. 칼릴 술탄은 53일간의 포위전을 펼친 끝에 아크레를 점령했고, 그곳에서 포로 6만 명을 사로잡아서는 병사들이 학살을 하거나 노예로 삼게 해 주었다.(1291년) 머지않아 티레, 시돈, 하이파, 베이루트도 술탄의 수중에 떨어졌다. 그 후에도 예루살렘 라틴 왕국은 허깨비로나마 계속 명맥을 이어 나가며 허울뿐인 통치자 자리도 대대로 계승시켜 나갔다. 또 200년 동안은 몇몇 호사가나 열정가들이 출정에 나섰다 무위에 그치기를 이따금 반복하면서 그리스도교 세계에는 "대논쟁"이 다시금 일어나기도 했다. 하지만 유럽은 이제 알고 있었다. 십자군의 명(命)은 이미 끝나 버렸다는 사실을.

9. 십자군 전쟁의 결과

십자군은 애초 여러 가지의 직접적이고 공개적 목표를 내걸고 출발했지만 그것들은 모두 실패로 돌아갔다. 일례로 십자군의 목표였던 예루살렘 땅은 200년간의 전쟁이 끝나고 나자 결국에는 잔혹하기로 이름난 맘루크조의 통치자들 손에 들어갔다. 그렇게 되자 예루살렘을 찾는 순례자들 발길은 더욱 뜸해 졌을 뿐 아니라 전보다도 한층 두려움에 떨게 되었다. 이슬람 권력자들 역시 예전만 해도 종교적 다양성에 관용을 보이는 편이었으나, 한번 십자군의 공격을 받고 나자 더 이상 관용을 보이지 않게 되었다. 더불어 한때 이탈리아가 교역을 위해 팔레스타인 및 시리아 연안에 차지하고 있던 항구 도시들도, 십자군 전쟁이 끝나자 어느 한 곳도 그들의 수중에 남아 있질 않았다. 뿐만 아니라 이참에 이슬람 문명은 교양, 편의, 교육, 전쟁의 다방면에 있어 자신들이 그리스도교 문명보다 한 수 위에 있음을 똑똑히 보여 주었다. 교황들로서는 십자군이라는 공동의 대의를 통해 유럽의 평화를 이룩하려 했었으나, 유럽 각국이 저마다의 민족적 야망에 매달리고 교황들 역시 황제들을 상대로 "성전"을 부추기는 통에 유럽 평화라는 원대한 포부는 산산이 깨지고 말았다.

유럽의 봉건제도 실패로 돌아간 십자군 전쟁의 여파에서 회복되느라 상당한 고초를 치러야 했다. 원래 봉건제란 것이 개인의 호기나 영웅주의와 잘 맞는 데다 그 영지도 협소한 지역에 한정되다 보니, 제후들은 십자군 원정에 나설 때 동방의 기후에 어떻게 적응해야 할지, 머나먼 타지에서 어떤 작전을 펼쳐야 할지 미처 알지 못했다. 여기에 병사들에서 제후에 이르기까지의 의사 전달 체계가 단출하지 못했던 까닭에, 봉건 제후로서는 군량 보급 문제를 해결하기가 여간 어려운 것이 아니었다. 더구나 이슬람령 예루살렘 대신 그리스도교령 비잔티움 제국을 정복하게 되자 봉건 제후들은 예루살렘에는 가지도 못한 채 가진 무기를 다 써버린 것은 물론 전쟁에 대한 사기까지 한풀 꺾여 버렸다. 기사들 중에는 동방으로 원정을 떠나기 위해 자신들의 재산을 저당 잡혀 지방 귀족, 고리대금업자, 왕 등에게 내준 이들이 한둘이 아니었다. 심지어는 자금 마련을 위해 자기 영지에 갖고 있던 수많은 성읍들에 대한 권리를 스스로 내놓지 않으면 안 되었고, 차후의 봉건세를 면제해 준다는 명목의 문서를 수많은 농부들에게 돈을 받고 팔기도 했다. 당시 이들 땅에는 십자군 참전의 특권을 이용해 한동안 농지를 떠난 농노들이 수없이 많았는데, 그 후 영영 장원에 발을 들이지 않은 농노들도 수두룩했다. 한편 봉건 제후들이 쌓아 놓은 재물과 무기가 예루살렘 탈환을 위해 동방으로 흘러든 사이, 프랑스의 군주제가 부를 쌓아 힘을 키우니 이 역시 십자군 전쟁의 주요 결과 중 하나였다. 십자군 전쟁으로 인해 힘이 약해지기는 서로마 제국이나 동로마 제국이나 마찬가지였다. 우선 서로마 제국 황제들이 전 같은 특권을 가지지 못하게 된 것은 성지 탈환에 몇 차례나 거듭 실패한 데다, 십자군 덕에 한창 격이 높아진 교황과 사사건건 갈등을 빚은 까닭이었다. 동로마 제국 역시, 1261년 들어서서 재탄생의 기회를 맞기는 하지만, 십자군 전쟁 이후로는 예전의 권력이나 명성을 결코 되찾지 못하였다. 그렇긴 해도 십자군 전쟁이 가져온 나름의 성과라 할 것도 있었으니, 만에하나 십자군 전쟁이 일어나지 않았다면 투르크족이 1453년보다도 훨씬 더 전에 콘스탄티노플을 점령해 버렸으리라는 것이다. 유럽도 그랬지만 십자군 전쟁을 치르며 힘이 쇠약해져 버리기는 이슬람도 마찬가지였고, 약해진 이슬람은 몽골족이 홍수처럼 밀려들자 그 앞에서 맥없이 주저앉아 버렸다.

한편 십자군 전쟁 때 조직되었던 무장 결사 몇몇은 이후 비극적 운명으로 고통을 당하게 된다. 우선 호스피탈 기사단의 경우, 아크레 학살에서 목숨을 건진이들이 있어 키프로스로 피신을 하였다. 1310년이 되자 이들은 이슬람교도로부터 로도스 섬을 빼앗아서는 호스피탈 기사단에서 로도스 기사단으로 이름을바꾸었고, 1522년까지 그곳을 자기들 손으로 다스렸다. 그러다 1522년 들면서투르족에게 밀려 섬에서 추방을 당하고, 그러자 말타로 근거지를 옮기게 된다. 말타에 터를 잡자 이들은 곧 말타의 기사단으로 이름을 바꾸었고, 이후로는 내내 이곳에서 지내다 1799년 들면서 해산하였다. 한편 아크레 함락 후 튜턴 기사단은 프러시아의 마리엔부르크라는 곳으로 본거지를 옮기게 되는데, 예전에 슬라브족으로부터 그 땅을 빼앗아 독일에게 준 적이 있기 때문이었다. 마지막으로 템플러 기사단은 프랑스에 들어와 조직을 재정비하기에 이른다. 이들은 유럽 전역에 토지를 제법 많이 보유하고 있던 터라, 이제는 자신들의 영지에 눌러앉아 거기서 나오는 토지세 덕으로 살아가게 된다. 더구나 세금을 내지 않아도 되었기 때문에 이들은 남는 돈을 롬바르드족이나 유대인에게 저리로 대출해 주었고, 거기서도 상당한 수익을 거두어들일 수 있었다. 호스피탈 기사단과는 달리, 이들 템플러 기사단은 병원 운영, 학교 건립, 빈민 구제 등의 사업과는 담을 쌓고 지냈다. 대신 이렇게 재물을 모아 수북이 쌓아 두는 한편, 프랑스 내에서도 계속 무장을 하고 지냈고, 또 왕실의 권력에도 순종할 줄 몰랐으니, 이들은 결국 미남 왕 필립 4세에게서 시기와 두려움과 노여움을 동시에 사게 된다. 그리하여 1310년 10월 12일, 필립 4세는 사전 경고도 없이 명을 내려, 프랑스에 거주 중인 모든 템플러 기사단을 잡아들이고, 그들의 소유 물품에도 모두 왕실의 인장을 찍으라 했다. 왕이 명시한 죄목에 따르면, 이들 기사단은 동성애에 탐닉하는 한편, 이슬람과 장기간 접촉하면서 그리스도 신앙을 잊은 지 오래고, 그리스도를 부정하면서 십자가에 침을 뱉는가 하면, 우상을 숭배하고, 이슬람교도들과 비밀리에 연합하였으며, 그리스도교의 대의를 저버리기를 벌써 몇 번이나 되풀이하였다는 것이었다. 그러자 왕에게 충직한 고위 성직자들 및 수도사들로 재판단이 구성되어 죄수들의 심문에 들어갔다. 심문에서 기사단은 왕실이 기소한 죄목들을 부인하였고, 그러자 죄를 자백받기 위한 고문이 가해졌다. 일부는 손목에 줄을 감아 수차례에 걸쳐 점점 높은 데로 올렸다 별안간 아래로 떨어뜨렸다. 어떤 이들은 맨발을 타오르는 불꽃 위에 올리게 했고, 어떤 이들은 손톱 밑에 날카로운 가시를 찔러 넣기도 했으며, 또 어떤 이들은 하루에 하나씩 이를 뽑아냈다. 또 생식기에 무거운 추를 매달고 있어야 했던 사람이 있었는가 하면, 어떤 이들은 서서히 굶겨 죽이는 고문을 당하기도 했다. 이 모든 수법이 한꺼번에 사용되는 경우가 많았기 때문에, 재심문을 받을 무렵 죄수들 대부분은 사경을 헤맬 정도로 몸이 쇠약해져 있었다. 그중 한 사람은 불에 발이 다 타버려 거기서 뼈가 떨어져 나오기까지 했다. 결국 이들 상당수는 왕이 기소한 죄목 일체를 인정하였다. 하지만 일부는 말하기를, 통치권에서 제기하는 죄목들을 자신들이 인정한다 한들, 과연 자신들에게 얼마큼의 삶과 자유가 보장될 수 있겠느냐고 했다. 결국 기사단은 일부는 옥에서 목숨을 잃고, 일부는 스스로 목숨을 끊었으며, 59명은 끝까지 결백을 주장하다 화형대에서 불에 타 죽었다.(1310년) 한편 템플러 기사단의 우두머리 단장이었던 두 몰레이의 경우, 옥에서 고문을 받는 동안에는 죄를 자백하였으나, 마지막으로 화형대에 끌려 올라가서는 자신의 자백을 철회하였다. 그러자 심문단에서는 그를 다시 재판할 것을 요청하였다. 하지만 필립은 더 이상의 지체는 안 된다고 몰아붙이면서 당장에 두 몰레이를 화형시킬 것을 명했고, 처형장까지 왕이 직접 내방하여 처형식을 빛내 주었다. 그 후 템플러 기사단이 프랑스 내에 가지고 있던 모든 재산이란 재산은 국가가 몰수해 갔다. 교황 클레멘스 5세가 프랑스의 이 일련의 과정에 항의하고 나섰지만, 프랑스의 성직자단은 왕을 편들고 나섰다. 당시 교황은 아비뇽에서 유수 생활을 하고 있던 터, 따라서 그쯤에서 항변을 멈추고 필립의 명에 따라 템플러 기사단을 완전히 해체시켜 버렸다.(1312년) 한편 잉글랜드의 에드워드 2세도 돈이 궁한 처지였으니, 그 역시 잉글랜드에 있던 템플러 기사단의 재산을 몰수하기에 이른다. 필립과 에드워드는 이렇게 착복한 재산 일부는 교회에 내주었다. 그리고 나머지 일부는 왕들을 비롯해 자신이 총애하는 가신들에게 하사하였다. 이들은 그렇게 하사받은 영지에 대규모 장원을 만들어서는 왕의 편에 서서 구(舊) 봉건 귀족 세력에 맞섰다.

십자군 일부는 동방에 갔을 때 변태 성욕이란 것을 접하고는 그것을 새로이 용인할 수 있게 된 듯하다. 이와 함께, 서양에 공공 목욕장 및 개인 변소가 다시 도입된 것 역시 십자군 전쟁에서 비롯된 결과로 손꼽을 수 있을 것이다. 유럽인들이 옛날의 로마 관습을 따라 다시 면도를 하게 된 것도 동방의 이슬람 문화를 접한 영향일 수 있다.[61] 십자군 전쟁이 끝날 즈음, 유럽어에는 많은 아랍어가 유입되어 함께 쓰였으며, 동방의 연애담도 유럽으로 흘러들었다. 사라센인이 만들어 낸 법랑 유리는 십자군에게도 참으로 인상 깊었던 바, 십자군은 그 제조 기법을 동방에서부터 비밀리에 들여왔을 테고, 이것이 후일 대성당의 고딕 양식이 발달했을 때 보다 발전한 형태의 스테인드글라스를 만들어 내는 데 일조했을 것으로 보인다.[62] 동방에서는 십자군 전쟁이 끝나기 전부터도 나침반, 화약, 인쇄술을 알고 있었던 만큼, 이것들도 십자군의 물결이 휩쓸고 간 뒤 그 여파로 유럽에 유입되었을 가능성이 있다. 한편 십자군의 경우에는 그들이 아랍어에 너무 문외한인지라 아랍의 시, 과학, 철학에는 관심을 가지지 못했을 것이다. 이들 분야에 있어서의 이슬람의 영향은 십자군 전쟁에서의 접촉보다는 스페인이나 시칠리아를 경유해 이루어졌다고 봐야 한다. 한편 서로마 제국은 콘스탄티노플 점령 후 비잔티움 문화의 영향력을 새삼 실감할 수 있었다. 그 일환으로 모에르베케의 윌리엄, 코린트의 플레미시 주교는 아리스토텔레스의 그리스어 원전을 직접 번역하여 그것을 토마스 아퀴나스에게 주기도 했다. 이번 전쟁을 통해 십자군은 (자기들보다는 못하더라도) 다른 신앙을 따르며 살아가는 이들도 얼마든 교양 있고, 인간적이고, 믿음직할 수 있다는 사실을 알게 되었다. 대체로 이런 사실은 일부 지성인들의 마음을 크게 동요시켰고, 나아가 13세기와 14세기 들어 전통 신앙에 대한 믿음이 약해지는 데도 필경 한몫을 했을 것이다. 티레의 대주교 윌리엄 같은 역사가들은 이슬람 문명을 논하면서 존경을(때로는 동경까지) 표하였으니, 예의라곤 몰랐던 제1차 십자군 전사들이 알았다면 충격을 받을 일이었다.[63]

한편 로마 교회의 권력과 위신은 제1차 십자군 전쟁 때 엄청나게 커졌다가 그 이후의 나머지 전쟁 때에는 차차 타격을 입는 양상을 띠었다. 교회가 선봉에 서서 하나의 종교적 대의를 내걸고, 그것을 다양한 민족들은 물론, 힘깨나 있는 귀족과 자존심 강한 왕, 때로는 황제와 왕들까지도 한마음으로 바라보니, 이로써 교황의 위상이 크게 높아졌다. 교황이 보낸 특사는 나라와 교구는 어디

건 드나들 수 있었고, 그 안에서 사람들을 선동하여 십자군을 위한 병사 및 자금을 모집할 수 있었다. 특사의 권위는 성직 품계를 침해할 정도로 컸고, 성직 서열을 무시한 채 월권이 이뤄지는 경우도 많았다. 더불어 신도들은 이들을 통해 교황에게 직접 물품을 바칠 수 있기도 했다. 이런 식의 모금은 결국 관례로 자리 잡아, 십자군 이외의 다른 목적에도 수없이 적용되기에 이른다. 여기에 교황이 자신의 신민들에게서 세금을 거둘 수 있는 권리까지 손에 넣게 되자, 각국의 왕들에게서는 격한 불만이 터져 나오지 않을 수 없었다. 교황은 그렇게 거둔 돈을 대거 로마로 가져오니, 원래대로라면 왕실의 국고나 지방의 부족한 재원을 메웠을 돈이었다. 교황의 면죄에 대해서도 말이 많았다. 팔레스타인에서 40일을 복무하면 갖가지 면죄를 준다는 원칙은 병법의 면에서 충분히 합당한 내용이었다. 직접 복무는 않되 십자군에 필요한 경비를 낸 사람, 그들에게도 비슷한 수준의 면죄를 주는 것까지도 용서할 수 있었다. 하지만 교황은 자신이 관리하는 자금에 돈줄을 대 주거나, 자신이 유럽에서 프레데리크, 만프레드, 콘라트를 상대로 벌이는 전쟁에 참전하는 사람들에게까지도 비슷한 면죄를 주니, 왕들로서는 더욱 부아가 치밀고 풍자가들로서는 조롱의 대상으로 삼지 않을 수 없었다. 일례로 그레고리우스 9세의 경우 자신의 특사 하나를 헝가리까지 보내서는 그곳 사람들의 십자군 참전 서약을 돈으로 대신 받아오게끔 했다. 그렇게 해서 걷힌 돈을 교황은 자신이 프레데리크 2세와 사활을 건 싸움을 벌이는데 하나의 자금줄로 활용했다.[64] 또 교황은 프랑스의 이단 알비파와 성전을 벌이는 데에도 똑같은 면죄를 주었던 바, 프로방스의 음유 시인들은 이를 두고 팔레스타인에 들어갈 원군을 엉뚱한 데로 빼내 오는 꼴이라고 비난하였다.[65] 매튜 패리스도 말하길, "똑같은 그리스도교도의 피를 부르는데도, 불경자의 피를 부를 때와 똑같이 완전한 면죄를 주니, 믿음을 가진 신도들로서는 무슨 영문인지 모르겠다."고 하였다.[66] 십자군 전쟁에 자금을 댈 때 상당수 지주들은 교회나 수도원에 자기들 땅을 팔거나 또는 저당 잡혀서 유동 자금을 마련한 것이었다. 이런 식이다 보니 일부 수도원에서는 십자군 전쟁 때에 광활한 규모의 사유지를 자기 것으로 만들어 둘 수 있었다. 그러다 십자군 전쟁이 실패로 돌아가면서 교회의 위신도 그만큼 땅에 떨어졌고, 그러자 기다렸다는 듯이 왕실의 시기와, 대중의 공분과, 비판가들의 독설이 이 교회의 자산을 향했다. 일각에서는 루이 9세가 십자군 원정에 실패한 것도 알고 보면 교회 탓이라는 의견이 일어, 인노켄티우스 4세가 루이 9세의 출정과 겹쳐 프레데리크 2세와 전쟁을 벌인 것이 문제라고 하였다. 회의주의자들 역시 대담해져서, 십자군 전쟁이 실패로 돌아갔다는 것은 곧 교황의 위상을(즉 교황이 이 지상에서 하느님의 대리인으로서 가지는 위치를) 부정하는 징표가 아니겠냐고 하였다. 유럽에는 십자군을 또 일으켜야 한다며 자금을 구하러 다니는 수도사들이 1250년 이후에도 있었다. 그 호소를 듣자 일부 사람들은 웃기려는 것이었는지 혹은 비통한 심정에서였는지, 거지를 몇몇 불러다가는 자선을 베풀면서 이것은 마호메트가 주는 것이라고 하였다. 그러면서 까닭을 설명하길, 이제는 그리스도보다도 마호메트가 더 강하다는 사실이 입증되었다는 것이었다.[67]

십자군 전쟁의 주된 결과로 우선 그리스도교에 대한 신앙심 약화를 꼽는다면, 그 다음으로는 이슬람의 상업 및 제조업을 접하면서 유럽의 세속 생활이 여러 가지로 자극받은 점을 들 수 있다. 전쟁은 정녕 할 것이 못 되지만 딱 한 가지 점에서는 좋으니, 바로 사람들에게 지리를 가르쳐 준다는 것이다. 이탈리아 상인들은 십자군 전쟁을 통해 부적 세를 키울 수 있었던 이때에, 어떻게 하면 지중해의 모습을 도표에 잘 담아낼 수 있는지를 배울 수 있었다. 또 십자군에 참전하는 기사들 곁에는 가끔 수도사 겸 연대기 작자들이 동행하기도 했으니, 이들은 동방이 얼마나 광활하고 또 다채로운 땅인지를 새로이 깨달아 사람들에게 그 지식을 전수해 주는 역할을 했다. 그러자 항간에는 탐험 및 여행을 떠나려는 사람들이 우후죽순 늘어났고, 시중에는 여행 안내서가 발간되어 성지로 가는 길과 거기서 둘러보아야 할 곳을 안내해 주기도 했다. 그리스도교도 의사들은 유대교도 및 이슬람교도인 의사들을 찾아 의술을 배웠고, 십자군 전쟁 중에는 외과 수술도 하나의 돈벌이가 되어 주었다.

당시 십자가가 가는 곳에는 장사도 뒤따라 다녔고, 때로는 교역이 이끄는 길을 뒤따라 십자가가 가기도 했을 것이다. 십자군 전쟁을 치르고서도 기사들은 팔레스타인 땅을 가지지 못하였지만, 이탈리아의 상인들은 선단을 발판으로 지중해의 제해권을 가져오니 이제는 이슬람뿐만이 아니라 비잔티움 제국도 거칠 것이 없었다. 사실 베네찌아, 제노바, 피사, 아말피, 마르세유, 바르셀로나 같은 도시들은 진작부터 이슬람령 동방, 보스포루스, 흑해 지방의 도시들과 교역을 해 오던 터였으나, 그 교역량이 엄청나게 늘어날 수 있었던 것은 십자군 전쟁 덕분이었다. 십자군 전쟁 덕에 베네찌아가 콘스탄티노플을 점령하게 된 데다, 팔레스타인 땅으로는 순례자 및 전사들의 행렬이 끊일 줄 몰랐으며, 동방에서는 그리스도교도를 비롯한 다른 세력들이 군량을 조달받아야 하는 상황이었고, 동방의 물품들이 갖가지로 유럽으로 수입되고 있었다. 따라서 고대에 로마 제국이 가장 융성했던 이래 지중해에 이 정도로 상업 활동 및 해상 운송이 활발했던 적은 일찍이 없었다. 비단, 설탕, 향신료(후추·생강·정향(丁香)·계피) 등 11세기에만 해도 유럽에서는 진귀한 사치품에 속하던 물품들도 이제는 교역을 통해 신나게 쏟아져 들어왔다. 유럽이 이슬람령 스페인을 통해 익히 알고 지내던 갖가지의 야채, 농작물, 나무들도 동방은 물론 서방에 이르기까지 보다 넓은 지역에 걸쳐 재배되기에 이르렀다. 그리하여 옥수수, 쌀, 참깨, 캐럽(carob, 초콜릿 맛이 나는 암갈색 열매가 달리는 유럽산 나무 – 옮긴이), 레몬, 멜론, 복숭아, 살구, 체리, 대추야자 등이 서양에 들어오게 되었고, 샬롯(shallot, 자줏빛에 단 맛이 많이 나는 작은 양파의 일종 – 옮긴이)과 파 같은 경우는 동방에서 서방으로 물품은 실어 날라 주던 아스칼론이라는 항구 도시에서 그 이름이 지어지기도 했다. 살구는 세간에 오랫동안 "다마스쿠스 자두"로 그 이름이 알려져 있었다.[68] 이 외에도 이슬람으로부터는 다마스크, 모슬린, 공단(貢緞), 벨벳, 태피스트리, 러그, 염료, 분가루, 향료, 보석 등이 들어왔고, 이것들을 가지고 유럽의 봉건 제후 및 중산층 지주들은 자신들의 집안이며 몸뚱이를 화사하고 달콤하게 꾸몄다.[69] 또 이슬람의 영향으로 이제는 표면을 반들반들 닦은 청동이나 강철 대신, 유리에 얇게 금속 막을 입힌 판을 거울로 사용하게 되었다. 유럽이 동방으로부터 설탕 정제하는 법을 배우고, 더불어 "베네찌아식" 유리를 제작하게 된 것도 이때였다.

이와 함께 동방에도 새롭게 시장이 형성되어, 이탈리아 및 플랑드르의 산업을 한층 발달시켜 주는 한편 곳곳의 성읍 및 중산층의 규모도 더욱 키워 주는 역할을 했다. 금융 기법 역시 비잔티움 제국 및 이슬람으로부터 더 나은 방식이 들어와 유럽에서 사용되기에 이르렀고, 융자에 있어서도 새로운 형식 및 방법들이 등장하였다. 이로써 세상을 돌아다니는 자금은 전보다 더 많아졌고, 더불어 세상을 돌아다니는 아이디어와 사람들도 전보다 더 많아졌다. 애초 십자군이 일어난 계기는 게르만족의 야만성이 농본주의식의 봉건 계급을 부추긴 것이 마침 당대의 종교적 열정과 맞물린 때문이었다. 하지만 마지막에 가서 십자군 전쟁은 제조업의 융성, 상업의 저변 확대, 경제적 혁명이라는 결과로 막을 내리니, 이는 앞으로 다가올 르네상스 시대에 대한 예고이자 그 시대를 가능하게 한 경제적 밑받침이 되었다.

24장

경제적 혁명
1066~1300

1. 상업의 부흥

어느 것이건 문화가 꽃필 때는 상업 및 제조업의 확장이 그 뿌리와 자양분이 돼 주는 법이다. 9세기와 10세기만 해도 경제적 면이나 정신적 면에서 유럽인 들의 삶은 나락까지 떨어진 상태였다. 지중해 곳곳의 항구며 교역을 이슬람교 도가 장악한 데다, 이슬람교도, 바이킹족, 마자르족이 수차례에 걸쳐 유럽을 습 격해 왔으며, 샤를마뉴가 세상을 떠난 이후 유럽 정국은 그 후계자들의 통치 속 에서 영 갈피를 잡지 못했기 때문이다. 그러다 12세기에 들면서 유럽은 다시금 회생의 기회와 자극을 얻게 된다. 유럽의 봉건제가 농업을 보호하고 재건하는 힘이 돼 준 한편, 노르웨이의 해적들은 야성의 기질을 버리고 노르만족 농부 및 상인으로 정착하였으며, 훈족 역시 유럽 땅에서 격퇴당하여 자신들의 옛날 땅으로 돌아간 덕분이었다. 더불어 지중해의 제해권도 이탈리아 교역상들이

다시 가져오게 되었고, 유럽에서 레반트(Levant, 역사적으로 근동의 팔레스타인과 시리아 부근을 가리키는 지리적 용어로서, 특정 지역을 가리키기보다는 문화적, 역사적 배경과 밀접한 관련을 가진다. - 옮긴이)로 가는 길도 십자군 전쟁 덕분에 다시 트였으며, 서유럽 문명으로서는 보다 발달된 이슬람 및 비잔티움의 문명을 접한 것이 새로운 세상에 눈을 뜨는 하나의 계기였다. 이 무렵 마련된 물질적 기반에 힘입어 12세기의 문화는 그 어느 때보다 활짝 꽃피웠으며, 13세기에는 중세 문명이 그 정점에 올랐다. 그러고 보면 개인에게도 마찬가지겠지만 사회에 있어서는 언제나 "철학보다는 밥이, 예술보다는 재물이 먼저이다."라는 라틴 말이 진리이다. 철학보다는 밥이, 예술보다는 재물이 먼저인 것이다.

이러한 경제적 부흥의 첫 단계로는 유럽 내륙 교역에 따라다니던 갖가지 규제가 사라진 것을 들 수 있다. 그 전만 해도 유럽의 각국들은 눈앞의 이익에만 급급해 상인들의 상품 수송 및 판매에 수십 가지의 세금을 물려 오던 터였다. 상인들은 항구에 들어올 때도, 다리를 건널 때도, 도로나 강, 또는 운하를 이용할 때도, 또 시장이나 풍물 장터에서 팔 물건을 내놓을 때도 일일이 돈을 내놓아야 했다. 오늘날 국가들이 으레 그러듯이, 당시의 봉건 제후들은 상인들 물품이 자기들 영지를 통과할 때는 돈을 내는 것이 당연하다고 여겼다. 일부 제후들은 그 대가로, 무장 호위병을 붙여 주고 안락한 숙박 시설을 지원하는 등 상인들에게 돈값에 걸맞은 신변 보호와 편의를 제공해 주기도 했다.* 하지만 유럽의 각국 국가며 봉건 제후들이 상인들의 장사에 이렇게 개입하다 보니 유럽 곳곳에는 요금 징수소가 수도 없이 생겨나, 라인 강을 따라난 장삿길에는 62개, 루아르 강에는 74개, 엘베 강에는 35개, 다뉴브 강에는 총 77개가 있을 정도였다.[1] 거기다 당시 봉건 제후들 사이에서는 전쟁이 끊이지 않았고, 통제 불능의 병사들은 제멋대로 횡포를 부리는 데다, 강과 바다에는 노상강도 귀족이며 해

---

* 이 시절 봉건 제후의 대저택에는 입구 위에 제후의 방패나 문장(紋章)이 내걸려 있기도 했는데, 훗날 여인숙 간판으로 '붉은 독수리(The Red Eagle)', '황금 사자(The Golden Lion)', '회색 곰(The Gray Bear)' 같은 이름들이 쓰이게 된 것도 이 시절의 풍습에서 연유한다.

적들이 들끓으니, 상인들이나 여행객들은 중무장을 하지 않고는 도로나 수로를 이용할 수 없는 형편이었다. 그러던 것이 "신의 평화 및 휴전 운동"이 일어나면서 특정 기간에는 여행자들이 길을 안전하게 오갈 수 있게 되었고, 이로써 육로를 통한 상업이 얼마간 활성화될 수 있었다. 여기에 각국의 왕들이 점차 큰 권력을 손에 넣게 되자 도둑질이 잦아든 것은 물론, 하나의 일관된 도량형 체계까지 확립되었다. 더불어 왕들은 갖가지 요금들을 제한하고 규제하는 한편, 대규모 장이 서는 기간에는 특정 도로 및 시장의 요금 일체를 상인들에게 면제해 주기도 했다.

당시의 풍물 장터는 중세 시대 교역의 활력소나 마찬가지였다. 물론 잡동사니 물건 같은 것들은 봇짐장수들이 등에 짊어지고 이집 저집을 돌며 팔기도 했고, 장인들도 자신들이 만들어 낸 물품을 직접 가게를 열어 팔기도 했으며, 장날이면 번화가에 사람들이 모여들어 서로 물건을 사고팔고는 했다. 귀족들은 자신의 성 근처에다 시장이 설 자리를 마련해 주었고, 교회에서는 사람들이 장터로 쓰게끔 자기 안뜰을 내주었는가 하면, 왕들도 할레(halle)라고 하여 수도 안에다 상인들을 위한 상점을 차려 주었다. 하지만 국제적 차원의 대규모 교역은 지방 도시에 섰던 커다란 풍물장을 중심으로 이루어졌다. 그리하여 유럽의 각 도시에서는 정기적으로 풍물장이 섰는데, 잉글랜드에서는 런던과 스타워브리지, 프랑스에서는 파리, 리옹, 랭스, 샹파뉴, 플랑드르에서는 릴, 이프르, 드외, 브뤼즈, 독일에서는 콜로뉴, 프랑크포르트, 라이프치히, 뤼베크, 스위스에서는 제네바, 러시아에서는 노브고로드 등등이 대표적 장터로 꼽혔다. 이 중에서도 유명세와 인기 면에서 제일을 자랑했던 곳은 1월이면 열렸던 라니 샹파뉴의 장(場), 사순절에 열렸던 바쉬르 오브의 장, 5월과 9월에 열렸던 프로뱅의 장, 그리고 9월과 11월에 열렸던 트루아 장을 들 수 있었다. 이들 여섯 개 장은 자기 차례가 올 때마다 6주 혹은 8주씩은 열렸기 때문에 당시 유럽에서는 거의 일 년 내내 국제적 장이 서는 것이나 다름없었다. 이들 도시는 그 입지가 장사하기에 여간 안성맞춤이 아니어서, 프랑스, 유럽 저지(低地), 라인 계곡의 상인 및 물품들이 이들 장으로 흘러들어 와 프로방스, 스페인, 이탈리아, 아프리카, 동방의 상인 및 물품들과 만나곤 했다. 나아가 이들 시장의 경제력은 한데 합쳐져, 12세기에 프랑스가 부와 힘을 키워 가는 주된 원천이 되기도 했다. 5세기에 트루아 지방에서 처음 생겨난 프랑스의 풍물장은 필립 5세의 치세에 (1285~1314년) 들자 쇠락해 가기 시작했다. 귀족들이 지각을 갖고 잘 운영해 오던 샹파뉴의 풍물장을, 왕이 자기 것으로 만들어 세금을 물리고 규제를 가하자 장이 궁색을 면치 못하게 된 것이었다. 그러다 13세기 들면서는 해상 교역과 연안의 항구 도시들에 밀려나는 신세가 되었다.

로마 시대 이래로, 조선술(造船術) 및 항해술은 더딘 속도로나마 발전해 오고 있었다. 이 시절 수백 개의 연안 도시에는 성능 좋은 등대들이 갖춰져 있었는가 하면, 콘스탄티노플, 베네찌아, 제노바, 마르세유, 바르셀로나 같은 도시들처럼 널찍하게 부두 시설을 갖추어 놓은 곳들도 많았다. 이 시절의 선박들은 대체로 소규모인 편이어서 갑판이 선체 절반만 차지하거나 아예 없는 식이었고, 약 30톤 정도의 무게를 실어 나를 수 있었다. 선체가 이렇게 작다 보니, 이들 선박은 강을 거슬러 올라가 내륙 깊숙이까지 들어갈 수 있었다. 그래서 이 시절에는 나르본, 보르도, 낭트, 루앙, 브뤼즈, 브레멘 같이 바다와 어느 정도 떨어진 도시들에도 대양을 누비는 선박들이 들어오곤 했고, 덕분에 이들 도시들도 항구 도시로 번영을 누릴 수 있었다. 지중해를 오가던 선박 중에는 규모가 보다 큰 것들도 있어서, 이런 선박들은 600톤의 무게에 승객을 1500명까지 실어 나를 수 있었다.[2] 당시에 베네찌아가 루이 9세에게 선물한 한 선박은 길이가 108피트에, 승무원만 110명에 달했다. 먼 옛날부터 쓰이던 갤리선은 옛날의 전형적인 틀을 여전히 간직하고 있었다. 선미루는 요란하게 장식돼 있었고, 돛대와 돛은 한두 개 정도였으며, 노 젓는 사람의 열을 2~3단으로 배치할 수 있게끔 선체가 낮은 구조였다.(노 젓는 사람의 인원이 총 200명에 달하는 수도 있었다.) 이 시절 배에 올라 노를 젓는 사람들은 대부분 나라에서 징집당한 자유민들이었으니, 중세 시대에는 갤리선 노예는 찾아보기 힘들었다.[3] 배가 돛으로 바람을 받아 앞으로 나가는 항해 기법은 6세기에 이미 알려져 있었다. 그 후에 이 기법은 느릿느릿 발전을 하여, 12세기에 들자 배들이 본래 달고 있던 사각 돛대에 앞뒤로 삭구(索具)를 갖다 붙이는 구조가 되었다.(이런 선박들은 대부분 이탈리아 선박들이었다.)[4] 하지만 이 시절 배를 움직이는 주된 동력은 여전히 노 젓기였다. 한편 그 기원이 미심쩍은 나침반은* 1200년경 그리스도교도들의 항해술에 등장을 하게 된다. 시칠리아의 항해사들은 거친 파도 속에서도 이 나침반을 이용할 수 있게 수를 짜냈는데, 어느 방향으로나 돌아가는 축을 만든 뒤 그 위에 자석 바늘을 올려놓는 식이었다.[5] 그럼에도 바다의 항해사들은 여전히 뭍을 등지고 너른 대양을 향해 곧장 항해해 가지 못했으니(노르웨이인들은 예외였다.), 그렇게 되는 데에는 백 년의 시간이 더 필요했다. 이 시절에는 11월 11일부터 2월 22일 사이에는 대양을 항해하는 배를 거의 찾아볼 수 없었다. 이 기간에는 한자 동맹에서 배들의 항해를 일괄적으로 금지시켰고, 지중해와 흑해에서도 선박 운송이 대부분 중지되었기 때문이다. 한편 바닷길 여행은 먼 옛날과 마찬가지로 여전히 속도가 더디기만 해서, 마르세유에서 아크레까지 가는 데에만 15일이 걸릴 정도였다. 뿐만 아니라 배 타는 일은 건강에도 권할 만한 일이 못 되었다. 배를 타고 바다를 건너다 보면 도중에 해적을 만나거나 난파를 당하기 일쑤였고, 제아무리 튼튼한 위장도 뱃멀미를 견디지 못하고 뒤집어지곤 했다. 일례로 프루아사르는 에르베 드 레옹 경이 잉글랜드의 사우샘프턴에서 프랑스의 아르플뢰르로 가는 데 통통거리는 배를 타고 꼬박 15일이 걸린 사연을 전했는데, 당시 "고생이 얼마나 막심하였던지 그때 해친 건강을 이후로는 다시 회복하지 못하였다."[6] 이러한 고생에 비하면 하잘것없는 보답이었지만 그래도 뱃삯은 싼 편이어서, 14세기에는 6펜스만 있으면 영국 해협을 한번 건넜다 올 수 있었다. 이 시절 화물 및 장거리 항해에는 무게 및 거리에 따라 운임이 책정되었기 때문에 사람들로서는 수로로 운송을 하는 편이 훨씬 유리해졌

---

* 나침반은 애초 유럽에서 만들어졌을 가능성도 있다. 《스펙쿨룸(Speculum)》 지, 1940년 4월호, 146쪽 참고.

고, 이것이 13세기에는 유럽의 정치 지도까지 뒤바꿔 놓는 역할을 하게 된다.

11세기에 들면서 그리스도교 세계는 사라센인으로부터 사르디니아(1022년), 시칠리아(1090년), 코르시카(1091년) 땅을 하나둘 되찾아왔고, 덕분에 유럽의 선박들은 이제 메시나 해협을 비롯해 중부 지중해의 바다까지도 드나들 수 있게 되었다. 더구나 제1차 십자군 전쟁의 결과, 지중해의 항구 도시들도 남부를 제외하고는 다시 모두 그리스도교의 수중에 들어올 수 있었다. 이렇듯 교역을 방해하던 족쇄가 풀어지자 유럽은 상업을 통해 하나로 묶여 나갔고, 다양한 교역로가 커다란 그물망처럼 서로 얽히고설켜 점차 그 영역을 확대해 갔다. 뿐만 아니라 이 시절 유럽은 다양한 지역과도 연결될 수 있었으니, 아시아의 그리스도교도들과 교역한 것은 물론, 이슬람령 아프리카와 아시아, 심지어는 저 멀리 인도 및 극동 지역과도 교류하였다. 중국이나 인도산(産) 물품들은 여러 경로를 거쳐 유럽 세계에 들어왔다. 투르케스탄, 페르시아, 시리아를 거쳐 시리아나 팔레스타인의 항구들로 들어오는 물품들이 있었는가 하면, 몽골 지역을 거쳐 카스피 해와 볼가 강으로 들어오는 물품들도 있었고, 일부 물품은 배를 타고 페르시아 만까지 들어오기도 했다. 페르시아 만으로 들어온 물품들은 다시 티그리스나 유프라테스 강을 타고 올라와서는 산을 넘고 사막을 건너 흑해, 카스피 해, 혹은 지중해에까지 전해졌다. 또 중국이나 인도의 물건들은 홍해를 타고 들어오기도 했는데 이는 운하나 대상(隊商)을 통해 카이로와 알렉산드리아에 전해지기도 했다. 한편 아프리카에 자리 잡은 이슬람 항구에서도 점차 교역이 발달하여(13세기에 이 지역 교역의 대부분은 그리스도교 측의 차지였다.) 이즈음에는 사방으로 세를 뻗어 나갔다. 그리하여 소아시아와 비잔티움 제국은 물론, 키프로스, 로도스, 크레타에까지 그 힘이 미쳤고, 살로니카, 피라이오스, 코린트, 파트라스와 함께, 시칠리아, 이탈리아, 프랑스, 스페인에도 이들의 물품이 전해졌다. 여기 더하여 콘스탄티노플까지도 사치품을 만들어 이 교역의 대열해 합류하였고, 이 사치품에 대한 수요로 인해 교역로는 저 다뉴브 강과 드니에페르 강을 거쳐 유럽 중앙부, 러시아, 그리고 발트 해 연안 국가들로까지 이어졌다. 비잔티움 제국이 터놓은 이 서쪽 교역로는 결국 베네찌아, 피사, 제노바가 차지하게 되고, 이들은 야만스럽게 싸움을 벌여 발트 해까지도 결국 그리스도교가 장악할 수 있도록 했다.

여기서 이탈리아의 입지를 살펴보면, 이곳은 동양과 서양의 사이에 끼어 있어 전략적 요충지였을 뿐 아니라, 항구 도시들이 동, 서, 남의 세 방향에 지중해를 바라보고 있었고, 북쪽의 도시들마저 알프스로 가는 통로를 장악하고 있었다. 지리적 위치가 이러하다 보니, 유럽이 비잔티움 제국, 팔레스타인, 이슬람과 교역하는 데 있어 가장 많은 이득을 챙기는 것이 바로 이탈리아였다. 이탈리아의 경우 아드리아 해에 버티고 있는 도시만 해도 베네찌아, 라벤나, 리미니, 안코나, 바리, 브린디시, 타란토 등이 있었고, 남쪽에는 크로토네가 있었다. 이탈리아의 서쪽 연안에는 레기오, 살레르노, 아말피, 나폴리, 오스티아, 피사, 루카 등의 도시들이 자리 잡고서 수많은 교역품을 실어 날랐고, 그 가운데에 피렌쩨는 금전적 면에서 막후 영향력을 행사하였다. 이탈리아의 아르노 강과 포 강도 내륙 교역에 한몫하여, 파두아, 페라라, 크레모나, 피아첸차, 파비아 등의 도시로 물건을 날라다 주었다. 로마에서 곳곳의 교회들은 유럽인들이 헌금 차원에서 바친 십일조며 통행세들을 거둬들였다. 시에나와 볼로냐는 이탈리아에서도 대규모의 내륙 도로들이 교차하여 벌이가 좋은 곳에 자리했다. 한편 알프스에서 다뉴브 강 및 라인 강을 오가며 나오는 교역의 결실은 밀라노, 코모, 브레시아, 베로나, 베네찌아 같은 도시들이 챙겨 갔다. 당시 베네찌아가 아드리아 해를 장악하고 있었다면, 티레니아 해를 장악한 것은 제노바였다. 제노바의 상인 선단은 배만 200척에, 승무원만 2만 명에 이르렀다. 제노바는 코르시카에서 트레비존드에 이르는 지역을 자신의 교역항으로 이용할 정도였다. 베네찌아와 피사도 그랬지만, 당시 제노바는 이슬람과 자유롭게 교역을 하였다. 엄밀히 말하면, 베네찌아는 이집트와, 피사는 투니시아와, 제노바는 무어인이 다스리던 아프리카 및 스페인과 교역을 하는 사이였다. 그리고 수차례에 걸쳐 십자군 전쟁이 치러지는 동안, 이들 중 상당수가 사라센인들에게 무기를 가져다 팔았다.

인노켄티우스 3세처럼 권력이 막강했던 교황들은 유럽이 이슬람과 일체 교역을 하지 말아야 한다고 맹비난하였으나, 황금을 얻고자 하는 염원은 신앙심이나 핏줄보다도 강하였으니, 유럽 세계의 "이 신성 모독적인 교역"은 이후에도 그치지 않고 계속되었다.[7]

이토록 강력하던 제노바였지만 베네찌아와의 전쟁이 여러 차례 이어지자 결국 힘이 약해져 버렸다. 그러자 프랑스 남부와 스페인 서부의 항구 도시들이 자신들도 교역에서 한몫 차지해 보겠다며 지중해 쪽으로 손길을 뻗어 왔다. 프랑스의 항구 도시 마르세유는 이슬람교도들이 득세할 때는 기를 못 펴고 있다가, 이 무렵에 접어들며 한동안이나마 찬란했던 옛 시절을 구가할 수 있었다. 하지만 영광의 시절을 누린 곳은 따로 있었으니, 마르세유 근처의 몽펠리에라는 도시였다. 갈리아인, 이슬람교도, 유대교도가 한데 뒤섞여 다인종, 다문화를 구성한 이곳 도시는 그 다양성을 활력으로 삼아 12세기에는 프랑스 남부의 관문으로서 마르세유와 어깨를 견줄 정도가 되었다. 한편 바르셀로나에는 예부터 대대로 유대인 상인들이 자리 잡고 있었는데, 이슬람으로부터의 수복 뒤에도 이들이 이 땅에 그대로 남아 도시의 곳간을 채워 주었다. 스페인은 피레네 산맥에 험준하게 가로막혀 있던 땅이라, 그리스도교령 스페인은 이곳 바르셀로나 및 발렌시아에서 지중해 세계와 접촉할 수 있었다. 카디즈, 라로셸, 낭트 같은 도시도 세가 성장하여 대서양 항로를 이용해 루앙, 런던, 브뤼즈로 선박을 띄워 보내곤 했다. 이에 질세라 제노바는 13세기에, 그리고 베네찌아는 1317년에, 지브롤터 해협을 통과하는 항로를 이용해 대서양의 이 모든 항구 도시들에 자신들의 선박을 보냈다. 그리하여 1300년에 이르자 알프스를 경유하는 교역은 점차 자취를 감추고 대신 대서양 교역이 활개를 펴기 시작한다. 이쯤부터 대서양 국가들의 위상이 한껏 높아지니, 후일 콜럼버스가 항해에 오르게 되는 것도 이들 국가의 힘을 믿고서였다.

이 시절 프랑스가 나날이 부유해질 수 있던 원동력은 곳곳의 강줄기가 실타래처럼 얽혀 하나의 상권을 이뤄 준 데에 있었다. 프랑스를 흐르는 론 강, 가론 강, 루아르 강, 손 강, 센 강, 우아즈 강, 모젤 강은 주변의 밭들에는 물론 주변 도시의 상업에도 풍성한 결실을 안겨 주었던 것이다. 당시 영국의 경제력은 아직 프랑스에 견줄 정도가 못되었다. 하지만 영국 해협 다섯 개 항도 외국 선박과 물품을 반갑게 맞아들이기는 마찬가지였고, 런던의 템스 강은 이미 12세기부터 강가를 따라 선착장이 줄줄이 늘어서 있었다. 이들 선착장들을 통해 영국은 천, 울, 주석 등을 수출하고 그 대가로 아라비아의 향신료, 중국의 비단, 러시아의 모피, 프랑스의 포도주 등을 수입해 들여왔다. 하지만 이곳보다 훨씬 바쁜 곳이 있었으니 바로 브뤼즈였다.(브뤼즈는 당시 북부 유럽의 항구 도시를 통틀어 가장 분주한 곳이기도 했다.) 플랑드르 지방의 상업에 그 중심지이자 직판로를 겸했던 브뤼즈는 농업과 상업 양면에 있어 왕성한 활동을 보여 주었다. 베네찌아와 제노바도 그렇지만, 이곳 브뤼즈도 유럽을 동서로 가르는 축과 남북으로 가르는 축이 교차하는 지점이었다. 북해 근방에 위치하여 잉글랜드를 정면으로 마주보고 있던 브뤼즈는 잉글랜드의 울을 들여와 플랑드르산 또는 프랑스산 직조기로 가공을 했다. 또 내륙으로 깊숙이 들어와 있어 배들이 안전하게 정박할 수 있었기에, 제노바, 베네찌아, 서부 프랑스의 함대는 이곳을 더없이 좋은 항구로 여겼다. 이곳 유럽의 선박들은 브뤼즈로 물품들을 가져올 경우 이곳에 난 수십 개의 뱃길을 따라 다른 소규모의 항구 도시에도 그 물품들을 내다 팔수 있었다. 이렇듯 대양을 이용한 수송이 보다 안전해지고 저렴해지자 육로를 통한 상업은 점차 자취를 감추었고, 그러면서 샹파뉴의 풍물장 대신 이곳 브뤼즈가 북부 유럽 교역의 핵심 거점으로 자리 잡기에 이른다. 브뤼즈에는 뫼즈 강, 스켈트 강, 라인 강의 엄청난 화물 운송력에 힘입어 독일 서부, 프랑스 동부의 물품들이 대거 흘러들어 왔고, 이것들은 러시아, 스칸디나비아, 잉글랜드, 스페인 등지로 수출되었다. 이 하천 교역을 통해 풍족해진 것은 비단 브뤼즈뿐만이 아니었다. 스켈트 강에서는 발랑시엔, 캉브레, 투르네, 겐트, 앤트워프가, 뫼즈 강에서는 디낭, 리에주, 마스트리히트 등이 함께 번영을 누렸다.

이곳 브뤼즈는 서유럽의 교역 중심지로서 한자 동맹의 주요 회원이기도 했다. 12세기 들자 북유럽의 상업 도시들은 갖가지 방식으로 연합을 구성하기 이르는데, 외부 경쟁에 대비해 국제적 차원의 협력을 강화하고, 본국을 떠나 타지에서 장사하는 상인들끼리의 친목과 화합을 도모하기 위함이었다. 더불어 바다의 해적, 육지의 노상강도, 요동치는 통화량, 지급 불능을 선언하는 채무자, 세금 징수원, 그리고 봉건 제후의 통행세로부터 스스로를 지켜 내려는 목적도 있었다. 상인들의 이런 동맹을 독일어로 "한자(hanse)"(엄밀히 말하면, 우리말의 '한자'라는 음역은 라틴어(hansa)에서 온 것이다. – 옮긴이)라 하였는데, 조합 혹은 길드라는 뜻이었다. 당시에는 런던, 브뤼즈, 이프르, 트루아를 위시해 스무 개 남짓의 도시가 연합하여 만든 "런던 한자"가 있었다. 그러다 뤼베크라는 곳에서(이 도시는 전쟁의 전초 기지 및 스칸디나비아와의 교역에 이용하기 위해 독일이 1158년에 세운 곳이었다.) 함부르크(1210년) 및 브뤼즈(1252년)와 비슷한 동맹을 맺기에 이른다.* 이 동맹에는 차츰차츰 다른 도시들도 가입을 하여, 단치히, 브레멘, 노브고로드, 도르파트, 마그데부르크, 토른, 베를린, 비스뷔, 스톡홀름, 베르겐, 런던이 회원이 되었고, 한자 동맹이 한참 세를 떨치던 14세기에는 총 52개의 도시가 가입해 있을 정도였다. 이 시절 유럽 중앙의 물품들을 북해 및 발트 해로 날라다 주는 역할은 대규모의 강들이 했는데(라인 강, 베저 강, 엘베 강, 오데르 강, 비스툴라 강), 이 강들의 하구는 모두 한자 동맹이 장악했고, 루앙에서 노브고로드에 이르는 북부 유럽의 교역 패권도 이들 한자 동맹의 차지였다. 발트 해에서 이루어지던 청어 양식도, 유럽 대륙과 잉글랜드 사이의 교역도, 오래도록 이 한자 동맹에서 독점하다시피 하였다. 나아가 한자 동맹은 회원끼리의 갈등을 조정하기 위해 법정을 세우는가 하면, 회원들이 비회원에게서 소송을 당하면 그에 맞서 방어를 해 주었고, 때로는 하나의 독립적 권력체로서 전쟁을 일으키기도 했다. 한자 동맹에서는 회원들의 상업 활동은 물론, 그에 속한 도시 및 시민들의 도덕적 품행까지 규제하는 법령을 만들었다. 이와 함께 동

---

* 한자 동맹의 탄생일은 이때로 볼 수 있겠으나, 한자 동맹이라는 이름이 쓰인 건 1370년이 되어서의 일이었다.

맹에 속한 상인들이 임의적 법령이나 세금, 벌금 등으로 피해를 보지 않게끔 보호를 해 주었고, 회원 도시가 동맹의 법령을 어길 시에는 그 도시를 상대로 불매 운동을 시행했으며, 채무를 불이행하거나, 상대방을 속이거나, 절도한 물품을 판매할 시에는 그에 상응하는 처벌을 가하였다. 또 동맹에 가입된 도시에는 어김없이 "공장"이라 불린 교역소를 세웠으며, 동맹에 속한 상인들은 어딜 가든 동맹에서 만든 독일 법령을 지키도록 하였으며, 외국인들과의 결혼도 금했다.

이 한자 동맹은 한 세기 동안 문명을 이끌어간 주된 힘이었다. 이들은 발트 해와 북해에서 해적을 말끔히 소탕하는가 하면, 새 수로를 준설하는 것은 물론 옛 수로를 직선으로 정비하였고, 조류와 조수의 흐름 및 시간을 표로 만들어 기록하였다. 또 바다에서는 해협의 위치를 알기 쉽게 표시해 두었고, 곳곳에 등대, 항구, 운하를 건설하였으며, 해상 법률의 내용을 성문화하는가 하면, 북유럽의 교역이 혼란에 빠질 시에는 그 질서를 다시 바로잡는 역할을 했다. 한자 동맹을 통해 상인 계급은 강력한 연합체로 뭉칠 수 있었고, 이것은 이 신흥 "부르주아"들이 귀족과의 알력 다툼에서 보호받는 길이기도 했다. 유럽 곳곳의 도시들이 봉건 지배에서 벗어나 자유를 추구하게 된 것도 이 한자 동맹의 덕이었다. 한번은 프랑스의 왕의 군대가 한자 동맹의 물품들을 못 쓰게 만든 일이 있었는데, 이 일로 동맹은 프랑스 왕을 고소하기도 했다. 뿐만 아니라 잉글랜드의 왕에게는 미사 집전비를 요구하기도 했는데, 일전에 잉글랜드인이 상인들을 익사시킨 일이 있으니 그들의 영혼을 지옥에서 구해 내려면 미사를 열어 주어야만 한다는 것이었다.[8] 이러한 한자 동맹에 힘입어 독일이 가진 상업, 언어, 문화는 동으로 동으로 길게 퍼져 나가 프러시아, 리보니아, 에스토니아까지 흘러들었고, 그것을 기반으로 쾨니히스베르크, 리바우, 메멜, 리가 같은 대규모 도시들이 생겨나기도 했다. 또 한자 동맹은 회원들이 거래하는 물품의 가격 및 품질도 직접 관리하였으며, 이 과정에서 매우 청렴하기로 정평이 났다. 그것이 어느 정도였는가는 이들이 언어에 남긴 흔적을 통해 알 수 있는데, 잉글랜드인이 그들에게 붙여 준 "이스털링(Easterling, '동쪽 나라 주민들'이라는 뜻)"이라는 말은 영어에 차용되어 "sterling worth"의 식으로 쓰였고 이는 "참된 값어치[眞價]"의 뜻이었다. 나아가 영국의 은(silver)이나 파운드(pound)에 스털링(sterling)이라는 말이 붙으면 믿고 통용할 수 있는 정화(正貨)라는 뜻이었다.

하지만 얼마 안 가 한자 동맹은 유럽을 수호하는 게 아니라 오히려 억압하는 단계로 나아갔다. 동맹에서는 잔혹한 폭정을 일삼아 도시의 독립성을 제약했는가 하면, 불매 운동이나 폭력을 동원하여 일부 도시들을 억지로 동맹에 가입시키기도 했다. 또 교역 경쟁에서 이기는 길이기만 하면 어떤 수단과 방법도 가리지 않았으니, 돈을 주고 해적을 고용해 경쟁처의 교역에 해를 끼치는 일도 서슴지 않았다. 또 독자적으로 군대를 조직해서는 수많은 국가들 틈에서 버젓이 하나의 나라로 행세를 하기도 했다. 한편 자신들에게 물품을 조달해 주는 장인 계급에 대해서는 가능한 모든 수를 써서 그들을 압박하고 짓눌렀다. 그러자 노동자들은 누구나, 더불어 노동자 이외의 수많은 사람들도, 이 한자 동맹을 두려워하고 또 증오하지 않는 이가 없었다. 이토록 막강한 권력을 휘둘러 가며 독점이란 독점은 모두 동원해 사람 사이의 교역을 억압한 곳은 이제까지 그 어디에도 없었다는 것이었다. 1381년에 들자 잉글랜드에서는 노동자 사이에 봉기가 일었는데, 이때 노동자들은 교회의 수도원을 뒤져 가면서까지 한자 동맹 사람들을 이 잡듯 찾아냈다. 그러고는 그중 순수한 잉글랜드 억양으로 "빵과 치즈(bread and cheese)"를 발음하지 못하는 이들은 한 사람도 남기지 않고 다 죽여 버렸다.[9]

1160년경 한자 동맹은 스웨덴의 섬 고틀란드를 점령하기에 이르고, 그곳의 도시 비스뷔를 개발하여 발트 해 교역의 기지 겸 요새로 삼았다. 그 후 10년, 20년, 시간이 흘러가자 한자 동맹의 지배력은 점차 먼 곳에까지 뻗어 나가, 덴마크, 폴란드, 노르웨이, 스웨덴, 핀란드, 러시아의 상업 및 정치에까지 미쳤다. 연대기 작자인 브레멘의 아담이 전해 주는 바에 따르면, 13세기 러시아에는 한자 동맹의 상인들이 "길거리의 똥처럼 어디에나 널려 있었고, 이들은 담비 가

죽이 영원한 구원의 수단이라도 되는 양 득달같이 그것을 얻으려 애썼다."[10] 그러다 한자 동맹은 러시아 볼호프의 노브고로드에 자리를 잡게 되는데, 그곳에서 상인들로 조직된 무장 수비대 형태로 생활하였다. 이들은 성 베드로 성당을 자신들의 물품 창고로 쓰는가 하면, 성당 안의 제단 주변에는 포도주 술통을 가져다 잔뜩 쌓아 놓았고, 도시 곳곳에 자리한 이러한 보관소들을 누가 손이라도 댈까 사나운 개들처럼 맹렬히 지켰다. 그러면서도 한편으로는 교회의 외적인 규칙들은 하나도 빠짐없이 준수하여 겉으로는 누구보다 신실한 신앙심을 가졌음을 내보였다.[11]

하지만 이 정도로는 성에 차지 않던 한자 동맹은 결국 라인 강의 교역을 장악해 보겠다는 데 생각이 미친다. 그리하여 전부터 독자적으로 길드를 구성하고 있던 도시 콜로뉴를 강제로 동맹 밑으로 편입시켰다. 하지만 콜로뉴보다 더 남으로 내려간 곳에 이 한자 동맹을 저지하는 세력이 있었으니, 바로 라인 동맹이었다. 라인 동맹은 1254년에 결성된 것으로, 콜로뉴, 마인츠, 슈파이어, 보름스, 스트라스부르, 바젤 등의 도시가 가입되어 있었다. 또 라인 동맹보다 훨씬 남쪽으로 내려간 곳에는 아우크스부르크, 울름, 뉘른베르크 등의 도시가 있었으니, 이탈리아에서부터 올라오는 교역은 이들의 소관이었다. 지금도 베네찌아에 가면 폰다코 데 테데스키(Fondaco de' Tedeschi)라 하여, 이 시절에 이들 도시들이 베네찌아의 대운하 위에 자신들의 창고용으로 지은 건물이 있다. 또 다뉴브 강의 커다란 강줄기 서쪽 끝에는 레겐스부르크와 비엔나가 자리 잡고서, 독일 내륙에서 나오는 물품을 관리하곤 했다. 이들 물품들은 살로니카를 거쳐 에게 해로 빠져나가거나, 혹은 흑해를 거쳐 콘스탄티노플, 러시아, 이슬람, 그리고 동방으로 빠져나갔다. 이런 식으로 해서 유럽의 교역은 서로 돌고 도는 체제를 갖추었고, 중세 시대에 짜인 상업의 그물망은 이로써 완성이 된 셈이었다.

이렇듯 당시의 상품들은 여러 나라와 도시들 땅을 돌고 돌았던 바, 그러다 보면 사람들의 의심어린 눈초리와, 낯설기만 한 타지 언어와, 시기심 어린 타종교 교리를 마주하기 일쑤였다. 이런 와중에서도 자기들 상품을 팔겠다고 이곳저곳을 누빈 사람들, 그들은 과연 어떤 이들이었을까? 이 시절 상인들은 수많은 민족과 국가 출신이었지만, 그중 대다수가 시리아인, 유대인, 아르메니아인, 아니면 그리스인이었다. 이들은 오늘날 우리가 아는 사업가처럼, 자기가 사는 도시에 사무실을 내고 그곳의 책상에 앉아 몸 편하게 장사하는 일이 좀처럼 없었다. 이 시절에는 상인이 물건을 직접 들고 이동하는 일이 예사였던 것이다. 장사를 위해 아득한 먼 길을 달려가는 경우도 많았다. 이들은 우선 자신이 원하는 물건이 많이 나는 곳에 가서 싼값에 물건을 사들인 후, 다시 그 물건이 귀한 곳을 찾아가 그것을 비싼 값에 되팔았다. 이들은 살 때나 팔 때나 보통 물건을 도매로 취급했는데, 이를 프랑스어로 "앙 그로(en gros)"라 했다. 잉글랜드인은 이 말을 "그로서(grosser, 큰 이익을 내는 상품)"이라 번역했고, 여기서 "그로서(grocer, 식료품 잡화상)"라는 말이 처음 파생돼 나와 양념류 등을 대량으로 매매하는 사람을 의미하게 되었다.[12] 상인들은 호사가이자, 탐험가이자, 대상(隊商)을 이끄는 기사(騎士)이기도 했다. 이들은 단도와 뇌물로 늘 무장을 하고 다녔으니, 노상강도와 해적과 수백 가지 시련이 언제 그들 앞에 닥칠지 모를 일이었기 때문이다.

상인들이 겪은 갖가지 고초 중 그들을 가장 괴롭혔던 것은 아마도, 가는 데마다 법률의 내용이 제각각이고 사법권 역시 여러 군데서 중복되어 행사됐다는 점일 것이다. 그래서 이 시절에는 상업 및 항해와 관련한 국제 법령이 진보적 방향으로 발달하게 되는데, 중세 시대의 상인들이 이룬 주된 공로 중 하나가 바로 이것일 것이다. 상인들은 육로를 이용할 경우, 저마다 다른 봉건 제후의 영지를 지날 때마다 새로운 법정의 관할에 들어가야 했다.(뿐만 아니라 영지마다 제각각의 법령을 적용받았던 것으로 보인다.) 만일에 상인들이 봉건 제후의 영지를 지나다 잘못하여 물건들이 도로 위로 쏟아지게 되면, 영주는 그 물건들에 대해 소유권을 주장할 수 있었다. 상인들이 몰던 배가 바다에서 암초를 만나 좌초되면, "난파법"에 따라 그 배는 좌초 지점 연안의 땅을 가진 영주가 가지도록 되어 있었다. 그래서 프랑스 브르타뉴 지방의 한 영주는 배가 잘 걸리는 자기 연안 땅의 암초가 자기에게는 가장 소중한 영지라고 자랑하듯 말하곤 했다.[13] 봉건 영주들의 이런 횡포에 상인들은 수 세기 동안 맞서 싸웠고, 12세기에 들면서는 이들 법령을 없애기 위한 노력을 시작하게 된다. 한편 국제적 차원에서 활동하던 유대인 상인들은 그 사이 자신들이 독자적으로 사용해 오던 상법 법전을 계속해서 모아 오던 터였다. 11세기에 두루 통용되던 상법은 바로 유대인들의 이 규정들을 기본 토대로 하여 나온 것이었다.[14] 이른바 이 "상법(ius mercatorum)"은 한 해 한 해 그 양이 늘어 갔으니, 왕이나 영주들이 외국에서 온 상인이나 내방객들을 보호할 목적으로 계속해서 법령을 발표했기 때문이다. 이 상법을 집행하기 위해 유럽에서는 따로 특별 법정이 서곤 했고, 이들 상법 법정에는 옛날과는 다른 두드러진 특징이 있었으니 더 이상 고문, 결투, 신성재판과 같은 증거나 재판 방식을 중요하게 생각지 않았다는 것이다.

먼 옛날 6세기 때부터 서고트족은 외국 상인들에게 특별한 권리를 부여할 것을 법령에 정해 둔 바 있었다. 그것은 바로 자국민은 상관없이 외국인들끼리의 사이에서만 분쟁이 발생하였을 때는 그들의 본국에서 사절을 오게 해 시시비비를 가리게 한 것이다. 교역 국가가 해외에 "영사(領事)"를 주재시키는 이른바 영사 제도는 이렇게 시작된 것으로, 영사는 고문 역할을 맡아 자국민들을 보호하고 도와주는 역할을 했다. 제노바가 이런 식의 영사관을 아크레에 세운 것이 1180년의 일이었고, 프랑스도 제노바의 선례에 따라 12세기에 영사관을 세우기에 이른다. 이 시절 서양 각국이 영사 제도에 대해 합의를 이룬 것은(심지어는 그리스도교 국가와 이슬람 국가 사이에도 합의가 이루어졌다.) 국제법의 발전에 있어 중세 시대가 이룩한 최고의 기여로 손꼽힌다.

한편 해상법 중에는 아득히 먼 옛날부터 명맥이 끊이지 않던 것들이 있었고, 이들 법령을 로도스 섬의 지각 있는 상인들을 한 시도 어기지 않고 지켜 오던 터였다. 그렇게 오랜 전통을 지닌 해상 법전 중 하나가 1167년 만들어진 로도스 법전이다. 이와 함께 12세기 말엽에는 프랑스 보르도 연안의 한 섬에서 올레롱

법(Lois d'Oléron)을 공표하기도 했는데, 애초 포도주 교역을 규제를 위해 만들어진 이 법령은 후일 프랑스, 플랑드르, 잉글랜드에서도 채택하여 쓰게 된다. 한자 동맹에서도 해상법 관련 규정을 상세하게 담은 법전을 펴내어 동맹 회원들이 지키게끔 했다. 이 책을 보면 승객 및 화물의 안전을 위해 지켜야 할 유의 사항과 함께, 구조 상황 발생 시 구조자와 피구조자가 이행해야 할 의무가 규정되어 있었다. 또 선장 및 승무원이 지켜야 할 갖가지 의무와 그들이 받아야 할 임금, 그리고 상선이 어떤 때에 해전에 참전해야 하는지 그 조건들을 밝히고 있었다. 이들 법전에 명시된 형벌은 가혹했던 것이 사실이나, 전통 및 관습을 확립해 선박 운행의 기강 및 신뢰성을 갖추기 위해서는 이 정도 가혹함은 불가피했던 것으로 보인다. 근대 들어 인류가 4세기가 지나도록 자유롭게 살고 있는 것도, 어쩌면 중세 사람들이 이를 악물고 견뎌 낸 10세기의 세월이 있었기 때문인지 모른다.

2. 제조업의 발전

이렇듯 상업이 점점 세를 넓혀 가자 그에 보조를 맞추듯 제조업도 점차 발전해 나갔다. 시장이 점점 커지면서 이에 자극받아 생산량이 늘었고, 생산량이 계속 늘어 가자 교역 역시 한층 풍성해졌다.

이 가운데에 교통은 발전이 그 어느 것보다 더뎠다. 중세 시대에는 공공 도로라 해도 대부분이 흙먼지 아니면 진흙투성이의 길이었다. 물이 빠지게끔 도로에 관정(管井, 둘레가 대롱 모양으로 된 우물 – 옮긴이)이나 지하 배수로를 설치한 경우는 어디에도 없었다. 따라서 도로에는 크고 작은 구멍과 웅덩이가 수도 없이 많았다. 또 길을 다니다 보면 군데군데 여울이 많았지만, 물을 건널 수 있게 다리를 놓은 경우는 찾기 힘들었다. 짐을 나를 때 사람들은 마차보다는 짐 나르는 노새나 말을 더 애용했는데, 도로의 움푹 팬 땅을 피하기가 마차로서는 쉬운 일이 아니었기 때문이다. 이 당시 이용되던 마차들은 덩치만 컸지 구조는 엉성해서, 쇠테 바퀴로 굴러가는 것이었음에도 용수철이 전혀 장착돼 있지 않았다.[15] 따라서 외관의 장식이 아무리 화려해도 사람들 대부분은 남녀 모두 마차보다 말을 타고 여행하기를 선호했으며, 이 시절에는 남녀 모두 양 다리를 벌린 채로 말을 탔다. 12세기까지만 해도 도로가 얼마나 잘 유지 보수되느냐는 도로 주변의 땅이 누구 소유냐에 달린 문제였다. 하지만 도로를 지나다니는 것이 주로 뜨내기들이었던 만큼, 땅 주인은 도로를 정비하는 데 아까운 자신의 돈을 쓸 까닭이 없다고 여겼다. 그러다 13세기 들면서 이슬람 세계와 비잔티움 제국의 모습에서 크게 감화를 받은 프레데리크 2세가 시칠리아 및 남부 이탈리아의 도로를 정비할 것을 명하게 된다. 또 이와 때를 거의 같이하여 프랑스에도 최초로 "왕실 도로"가 놓이기에 이르는데, 흙이나 모래로 된 푹푹한 바닥에 정육면체의 석재를 까는 식이었다. 피렌쩨, 파리, 런던 및 플랑드르 지방의 성읍에서는 도시 곳곳에다 근사한 다리들을 건설하기 시작했다. 12세기 들면서부터는 다리 보수 및 건설을 위해 교회에서 종교 조직을 결성하고 나섰으니, 이 작업에 참여하는 사람들에게는 여러 가지의 면죄가 주어졌다. "대사제 형제단"은 이러한 조직체 중 하나로 프랑스의 아비뇽에 다리를 건설하였는데, 이들 손에 건조된 아치 네 개가 그 모습 그대로 지금도 강에 남아 있다. 더러는 수도회 결사에서 나서서 도로 및 다리가 제 기능을 할 수 있게 땀 흘려 일하기도 했다.(이 방면에서는 시토 수도회의 활약이 특히 두드러졌다.) 1176년에서 1209년 사이에는 왕, 성직자, 시민들이 한뜻으로 자금과 노동력을 모아 런던교를 가설해 내기도 했다. 런던교 위에는 이윽고 줄줄이 주택들은 물론 예배당까지 한 곳 들어섰고, 20개의 석재 아치가 이 다리를 떠받치며 템스 강의 양편을 이어 주었다. 13세기 초반 들어서는 알프스의 생고타르 고개의 협곡에 인류 역사상 최초의 현수교가 가설되기도 했다.

이렇듯 도로는 이용하기가 여간 힘들지 않았던 만큼 당시의 인기 있는 교통로는 수로였으니, 결국에는 수로가 물품 수송에 있어서도 일등 공신의 역할을 했다. 일례로 당시 배 한 척에는 최대 500마리의 동물까지 실을 수 있었으며, 그러면서도 수송 비용은 도로보다 훨씬 저렴했다. 타구스 강부터 볼가 강에 이르기까지 유럽 곳곳에 자리 잡은 강들은 유럽을 이어 주는 간선 도로와 다름이 없었다. 따라서 강의 방향 및 하구의 위치에 따라 인구의 이동 경로와 도시의 성장세가 뒤바뀌곤 했고, 그것이 국가의 군사 정책에 영향을 끼치는 경우도 많았다. 따라서 이 시절에는 운하가 수없이 많이 생겨났으나, 수문에 대해서는 전해지는 사실이 없다.

하지만 배를 이용하든 육지를 거쳐 가든, 여정이 고되고 더디기는 마찬가지였다. 일례로 한 주교는 영국의 캔터베리에서 로마까지 가는 데 꼬박 29일이 걸리기도 했다. 급사(急使)들의 경우, 말을 바꿔 타 가며 하루 종일 달리면 하루에 100마일도 갈 수 있기는 했다. 그러나 개인적으로 급사를 부리려면 비용이 많이 들었을 뿐 아니라, 우편 제도 역시 정무(政務)에 한해서만 이용할 수 있었다.(이탈리아에서는 12세기에 들어서서야 우편 제도가 다시 마련되었다.) 한편 당시 유럽의 이곳저곳에는(런던에서 옥스퍼드 또는 런던에서 윈체스터 구간 등) 정기적으로 운행되는 합승 마차 제도가 있었다. 이 시절에는 사람들의 이동이 더딘 만큼이나 소식이 전해지는 속도도 느렸다. 일례로 바르바로사가 킬리키아에서 목숨을 잃었다는 소식은 독일까지 전해지는 데 꼬박 네 달이 걸릴 정도였다.[16] 따라서 중세 사람들은 아침 밥상머리에서부터 사람들이 부지런히 모아 온 세계의 갖가지 참사 소식을 전해들을 필요가 없었으며, 설령 용케 그들에게까지 날아드는 소식이 있다 해도 이미 너무 오래전 일이라 어떻게든 손써 보겠다 나설 필요가 없었다.

이 시절에는 자연력을 이용하는 기술에도 얼마간 발전이 이루어졌다. 둠즈데이 북(Domesday Book, 잉글랜드의 왕 윌리엄 1세가 1086년 통치상 목적으로, 특히 조세 징수를 위해 작성한 토지 조사부 - 옮긴이)의 기록에 따르면, 1086년 당시 잉글랜드에는 물방앗간이 총 5000개에 달했다. 또 1169년에 그려진 한 삽화에서는 당시 사람들이 느긋하게 돌아가던 수차에 크기가 점점 줄어드는 기어를 줄

지어 달아 수차의 속도를 몇 배 끌어올린 모습을 볼 수 있다.[17] 이런 식으로 속도가 증가하면서 수차는 중세의 제조업을 굴리는 기본적인 기구로 자리매김하였다. 또 1245년 들자 독일에서는 수력으로 움직이는 제재소가 등장하였는가 하면,[18] 프랑스의 드외 지방에서는 물방아의 힘을 빌려 날붙이 연장들을 만들어 내기도 했다. 1105년에 서유럽에 처음 등장했다고 전해지는 풍차는 이슬람 땅에 발인 들인 그리스도교도들이 그곳에서 풍차가 광범하게 사용된 것을 접하고부터 유럽에 급속도로 퍼지게 되었다.[19] 13세기에는 이프르라는 도시 한 곳에서만 풍차가 120개가 돌아갔다.

한편 연장의 발달과 함께 광물에 대한 수요가 다방면으로 늘면서, 이 시절에는 광물 채굴도 급격히 증가하는 양상을 띠었다. 상업 쪽에서는 실질 가치를 지닌 금화를 필요로 하고 있었고, 금은보석을 가지려 안달인 부자들은 점점 더 많은 경제력을 손에 넣고 있었다. 그러자 그 시류를 쫓아 강에서 사금을 채취하는 사람들이 다시 줄을 이은 것은 물론, 이탈리아, 프랑스, 잉글랜드, 헝가리, 특히 독일에서도 광물 채굴 활동이 활발히 일어났다. 1175년 무렵에는 독일의 에르츠 산맥에서(독일어 '에르츠(Erz)'는 '광석'이라는 뜻이다.) 구리, 은, 금이 잔뜩 묻힌 광맥이 여러 군데 발견되기도 했다. 그리하여 프라이베르크, 고슬라, 안나베르크 같은 도시들은 중세 시대 "골드러시"의 중심지로 통했다. 당시는 요아힘스탈이라는 한 작은 촌락에서 "요아힘스탈러(joachimsthaler)"라는 말이 생겨난 것으로도 유명하다. 요아힘스탈러라는 말은 이 마을에서 만들어진 동전을 뜻하는 것으로, 언어가 으레 그러듯 축약을 거쳐서는 독일의 "탈러(thaler, 독일의 옛 은화-옮긴이)"와 영어의 "달러(dollar)"로 탈바꿈하게 된다.[20] 유럽에 필요한 귀금속 대부분을 독일이 공급해 주게 되면서, 독일에 자리한 여러 광산들은 유럽이 정치력을 행사하는 데 있어 그 토대로(이와 함께 독일의 상업은 유럽 정치력에 있어 그 뼈대로) 자리 잡았다. 이 시절 철이 주로 채굴된 곳은 하르츠 산맥, 베스트팔렌, 유럽 저지(低地), 잉글랜드, 프랑스, 스페인, 시칠리아 등이었고, 고대의 엘바 섬에서도 철광석 채굴이 다시금 이루어졌다. 또 더비셔에서는 납이 채굴되었고, 데번, 콘월, 보헤미아 지방에서는 주석, 스페인에서는 수은과 은, 이탈리아에서는 황과 알루미늄이 채굴되었으며, 잘츠부르크(Salzburg)는 소금(salts) 산지로서의 명성에 힘입어 그 이름이 붙여졌다. 석탄은 로마 시절만 해도 잉글랜드에서 사용되었으나, 색슨 왕조 시대에는 그 가치가 무시됐던 것으로 보인다. 그러다 12세기 들면서 다시 채굴이 되기에 이르렀다. 이와 관련해 왕비 엘레아노르가 1237년에 자신이 살던 노팅엄 궁을 버리고 떠난 일이 있는데, 궁 아래편 마을에서 올라오는 석탄 태우는 연기를 더 이상 견딜 수 없어서였다. 이와 함께 1301년 런던에서는 연기 때문에 도시가 오염된다는 이유로 석탄 사용을 금한 바 있었다. 근대의 걱정거리로만 알았던 일들이 사실은 중세 시대에도 이미 있었던 것이다.[21] 하지만 이런 조치에도 불구하고 13세기 말엽에 이를 때까지 석탄은 뉴캐슬과 더럼 지방을 비롯한 잉글랜드 곳곳은 물론, 벨기에와 프랑스 등지에서도 활발하게 채굴이 이루어졌다.

이렇듯 광물 채굴이 활발해지자 땅 속에 매장된 광물이 누구 소유인지가 법적 분쟁의 소지가 되었다. 봉건 제후의 보유권이 강할 경우, 영주는 자신이 땅에 묻힌 광물은 모두 자기 소유임을 주장하면서 농노를 시켜 광물을 채굴토록 했다. 그러자 교회 쪽에서도 비슷한 주장을 하고 나오면서, 그들 역시 농노를 시키거나 광부를 고용하여 교회 땅에 묻힌 귀중한 광물을 파내도록 했다. 이에 프레데리크 바르바로사는 포고를 통해, 땅에 묻힌 모든 광물 자원을 이용할 수 있는 것은 오로지 군주뿐이며, 광물 채굴 역시 국가의 통제를 받는 회사에서만 할 수 있다고 선언하였다.[22] 로마 제국 황제들은 일찍이 이 "왕실의 권리"를 통상적으로 취하였던 바, 그 권리를 다시 가진다는 내용으로 중세 시대 독일의 법전 내용은 구성되게 된다. 한편 잉글랜드에서는 나라 안에 매장된 모든 금과 은에 대한 권리는 국왕이 갖되, 그 외의 하급 귀금속에 대해서는 지주가 왕에게 그야말로 "로열티(royal-ty)"를 지불하고 채굴해 갈 수 있게 했다.[23]

이렇게 채굴한 철광석 등은 숯을 이용해 제련을 했으며, 당시의 용광로가 여전히 원시적 수준이라 제련에는 상당량의 목재가 소모되었다. 하지만 그런 열악한 상황에서도 디낭의 구리 세공사들은 근사한 청동 물품들을 만들어 낼 줄 알았다. 또 리에주, 뉘른베르크, 밀라노, 바르셀로나, 톨레도의 철공들도 탁월한 수준의 무기와 연장들을 만들어 냈다. 13세기 말에 접어들면서 이 철공 분야는 연철(불을 800도로 가열에 무르게 만든 철) 대신 주철(1353도의 불을 가열해 녹여 낸 철)을 주로 사용하기에 이른다. 주철을 사용하기 전까지만 해도 철공이라 하면 망치질을 통해 이루어지는 작업이 거의 전부였다.(망치로 세게 내려치는 것을 영어로 '스미팅(smiting)'이라 하는데, 저 옛날 색슨족 일부가 '스미스(smith)'라는 이름을 갖게 된 것도 여기서 연유한 것이다.) 한편 이 시절에는 주종(鑄鐘)도 주요 제조업으로 꼽혔다. 유럽 곳곳의 성당이며 성읍의 종탑들이 더 무겁고, 더 맑고, 더 고운 음색을 가진 종을 두려고 서로 경쟁을 벌였기 때문이다. 사실 중세 시대에 소등(消燈) 종(curfew, 프랑스어로 'couvre-feus')을 친 것도 애초에는 구리 세공사들이었는데, 세공사들은 이 종소리에 맞춰 도가니의 불이 꺼지지 않게 덮어 두곤 했다. 세공과 관련해서는 독일 작센 지방이 청동 주조로 유명했고, 잉글랜드는 (구리, 비스무트, 안티몬, 주석을 섞어 만드는) 밀랍 제조로 유명했다. 주철은 그 쓰임새가 무척이나 다양해서, 아름다운 창살 무늬를 만드는 데 이용되는가 하면, 성당 성가대석을 구획 짓는 가림막에도 이용되었다. 또 다양한 형태의 문에 경첩으로 사용되기도 하니, 이렇게 주철이 들어간 문은 튼튼하기도 하려니와 장식의 효과도 있었다. 이 시절에는 금 세공사와 은 세공사도 쉽게 찾아볼 수 있었는데, 금 접시나 은 접시는 단순히 주인이 자신의 존재를 과시하거나 위장하는 용도로만 쓰이지는 않았기 때문이다. 즉 이들 물품은 통화 가치 급락 때의 든든한 대비책이었을 뿐 아니라, 비상시에는 식량이나 각종 물품과 맞바꿀 수 있는 이른바 전환 재산의 일종이었다.

13세기 들자 플랑드르 및 이탈리아의 직물 제조업은 대규모로 운영되는 것은 물론, 준(準)자본주의의 구조를 띠어 갔다. 수천 명의 일꾼들이 시장에 팔 물품을 만들어 내고, 물품을 팔아 생겨난 수익은 일꾼들로서는 얼굴도 보기 힘든 투자가들 손에 들어갔다. 일례로 이탈리아의 피렌쩨에는 "아르테 델라 라나

(Arte della Lana, 울 길드)"라는 조직이 있었는데, 이곳은 대규모의 공장식 건물들을(이를 당시 말로 '폰다치(fondachi)'라 했다.) 지어 놓고, 세탁부, 축융공(縮絨工), 방적공, 방직공, 감독관, 경리를 고용해서는 한 지붕 아래서 일하게 하는 것이었다. 이들 공장에 구비된 자재, 연장, 베틀 등에 대해서 일꾼들은 일체의 소유권이나 통제권을 갖지 못했다.[24] 직물을 대량으로 취급하는 상인의 경우, 그들은 공장을 지어서 장비를 구비한 후 노동력과 자본을 확보하는 방식을 썼다. 그렇게 해서 물품이 생산되면 유통과 판매를 조절하고, 여러 가지 위험을 무릅써 가며 사업을 지탱해 나갔고, 사업 성공을 성공시켜 얻은 수익을 자기 몫으로 챙겨 갔다.[25] 한편 이와 다른 방식을 선호하는 고용주들도 있었으니, 이들은 원료를 구해다 개인 노동자나 가정에 일을 맡겼다. 일을 맡는 개인 노동자나 가정은 필요한 장비를 그들 나름으로 갖추고서 집에서 물품 생산을 마쳤으며, 그걸 다시 상인에게 가져다주고 임금이나 물건 값을 셈해 받았다. 당시 이탈리아, 플랑드르, 프랑스에는 이런 방식에 따라 갖가지 제조업 분야에 종사하게 된 인원만 남녀를 합하여 수천 명에 이르렀다.[26] 이런 위탁 제조업이 우후죽순 몰려 있던 곳으로는 아미앵, 보베, 릴, 랑, 생캉탱, 프로뱅, 랭스, 트루아, 캉브레, 투르네, 리에주, 루뱅을 꼽을 수 있었고, 겐트, 브뤼즈, 이프르, 드외에서는 그 활동이 특히 더 활발하였다. 이들 도시는 기막힌 물품들이 만들어져 나오는 것과 함께, 노동자들이 봉기를 잘 일으키기로 유명했다. 이들 도시들이 언어에 남긴 흔적을 보면, 우선 (리넨 천의 일종인) 론(lawn)은 프랑스 도시 랑(Laon)에서 온 것이다. 케임브릭직(織, cambric)의 이름은 프랑스 도시 캉브레(Cambrai)에서 왔으며, 다이아퍼 패턴(diaper pattern, 마름모꼴 무늬)도 드이프르(d'Ypres, '이프르산(産)')에서 연유한 말이다.[27] 당시 겐트 지방에는 베틀에 앉아 일하는 방직공만 2300명에 달했으며, 13세기에 프로뱅 지방에는 3200명의 사람들이 방직공으로 일했다.[28] 이탈리아에서도 여남은 개 도시들에서 독자적으로 직물 제조업을 운영해 나갔다. 이를테면, 피렌쩨의 아르테 델라 라나(울 길드)는 염색한 울 제품 생산에 있어 특화된 기술을 자랑했다. 또 13세기 초에는

"아르테 디 칼리말라(Arte di Calimala, 직물 길드)"란 곳에서 광범위하게 사업체를 구성해, 울을 수입하고 완성된 직물을 수출하는 일을 했다. 1306년에 들자 피렌쩨에는 직물 공장만 300군데에 이르렀고, 1336년에 접어들자 직물 공장 노동자 수만 3만 명에 달했다.[29] 한편 제노바는 양질의 벨벳 및 금실이 수놓아진 비단을 만들 줄 아는 것이 특징이었다. 13세기 말 무렵에는 비엔나 지방이 플랑드르 지방에서 방직공들을 데려와서는 이내 그 지방의 직물 제조업을 독자적으로 번성시켜 나가기에 이르렀다. 북유럽의 울 생산에 있어서는 잉글랜드가 거의 독점적 위치를 점했다. 잉글랜드는 생산해 낸 제품 대부분을 플랑드르 지방으로 보냈던 바, 따라서 플랑드르와 잉글랜드는 이 직물 제조업을 중심으로 정책에서나 전쟁에서나 서로 공조하는 양상을 띠었다. 잉글랜드 노포크 지방의 워스테드(Worstead) 역시 직물로 유명했는데, 울 직물 중에는 이 지방의 이름을 따서 지어진 것들 많다. 스페인도 양질을 울을 생산해 내는 곳 중 하나였으며, 스페인에서 자라는 메리노 양은 나라에 국부를 쌓아 주는 주된 수입원이기도 했다.

스페인에 양잠 및 비단 제조 기술이 들어온 것은 8세기에 아랍인의 통치를 받으면서였고, 이 기술은 9세기에 시칠리아까지 전해졌다. 그 후 스페인이 그리스도교 땅이 된 뒤에도 발렌시아, 카르타헤나, 세빌리아, 리스본, 팔레르모 등의 도시에서는 이 기술을 계승해 계속 발전시켜 나갔다. 일례로 시칠리아의 왕 로제르 2세는 1147년에 코린트와 테베 출신의 양잠 기술자들을 팔레르모로 데려와 왕궁 한편에 거처를 마련해 주기도 했다. 후일 이탈리아에는 이들과 이들 자손들을 통해 전역에 양잠 기술을 보급되게 된다. 루카라는 이탈리아 도시에서는 자본주의를 방불케 하는 규모로 비단이 생산돼 나왔으며, 비단 생산에 있어 피렌쩨, 밀라노, 제노바, 모데나, 볼로냐, 베네쩨아 등의 도시와 각축을 벌였다. 당시의 양잠 기술은 알프스 산맥 너머로까지 전해졌으며, 취리히, 파리, 콜로뉴 등에서는 고도의 숙련된 기술자들이 양성돼 나오기도 했다.

이 밖에도 중세 시대에는 수십 가지 다른 기술들이 존재하여 제조업의 영역을 한결 풍성하게 만들어 주었다. 우선 이 시절 유럽의 도공들은 도기에 광택을 내는 기술을 구사할 줄 알았다. 도기 표면에 물을 바르고 그 위에 납을 펴 바른 후 그리 높지 않은 열에서 구워 내면 도기에 윤이 나는 식이었다. 이때 노란빛 대신 푸른빛의 광택을 내고 싶으면 납 위에다 구리나 청동을 덧바르면 되었다. 13세기 들면서 도시의 규모는 하루가 다르게 커져 갔고, 따라서 건물 값은 물론 건물이 화재를 당했을 때의 비용이 막대하게 컸다. 그리하여 이즈음부터는 지붕에다 짚 대신 기와를 얹게 되었고, 런던에서는 1212년의 대화재를 계기로 건물 건축 때 기와 사용을 법으로 규정하기도 했다. 이 시절의 건축업은 그 실력이 썩 괜찮았던 게 틀림없는데, 현존하는 유럽 건축물 중에서도 제일 튼튼하다고 꼽히는 것들은 더러 이 시절에 만들어지기도 했기 때문이다. 또 이때에는 산업용 유리도 제작되어 거울, 창문, 그릇에 사용되었으나, 규모는 비교적 작은 편이었다. 그래서 당시 유럽 곳곳의 성당에 끼워진 유리는 이제껏 인류가 구경한 적이 없을 정도로 아름다운 모습이었으나, 일반 주택 중에서는 유리라곤 찾아볼 수 없는 집들이 수두룩했다. 유리를 불어 만드는 공법은 아무리 늦어도 11세기부터는 서유럽에서 사용된 기술이었다. 추측건대 이 기술은 로마 제국 시대에 한참 전성기를 누린 것으로 보이며, 그 이후에도 이탈리아에서는 단한 번의 단절도 없이 내내 사용돼 왔던 것으로 보인다. 한편 종이는 12세기까지만 해도 이슬람령 동방이나 스페인에서 수입해 쓰던 형편이었다. 그러던 것이 1190년에 들자 독일의 라벤스부르크에 제지소가 운영되기에 이르고, 13세기 들면서부터는 유럽에서도 아마(亞麻)로 종이를 만들어 쓰기 시작했다. 가죽도 국제 교역에 있어 주요 품목으로 손꼽히는 것 중 하나였고, 그래서 제혁업도 어디에나 보편적으로 발달해 있었다. 당시의 제혁업은 장갑, 안장, 지갑, 구두, 수선 영역이 따로 나뉘어 있었고 각 영역의 기술공들은 질세라 자기 영역을 고수했다. 유럽 북부와 동부로부터는 모피도 들어와, 왕족, 귀족, 그리고 신흥 부자들의 차림새에 활용되었다. 이 시절에는 중앙난방을 대신해 포도주가 사람들 몸을 덥혀 주는 역할을 했고, 따라서 양조 사업을 독점으로 정하여 거기서 수익을 얻는 성읍들도 많았다. 고대부터 존재하던 양조 기술에서 독일은 이미 이때부터 세계 제일을 달리고 있었다. 일례로 14세기에는 함부르크에만 양조장이 500곳에 달했고, 이 시절 함부르크가 풍족하게 먹고 살 수 있던 것도 대부분은 그곳에서 나는 맥주 덕이었다.

하지만 직물 제조업을 제외하면, 이 시절 제조업은 여전히 수공 단계를 면치 못하는 수준이었다. 일꾼들은(제빵사, 구두 수선공, 대장장이, 목수 등) 지방마다 열리는 장을 매개로 일을 했고, 일에 필요한 장비 및 생산품을 독자적으로 조달하고 관리했으며, 따라서 개인적으로 활동하는 자유로운 몸이었다. 이 시절의 제조업 대부분은 여전히 일꾼들의 가정집, 아니면 가정집에 딸린 상점에서 이루어졌다. 더구나 오늘날에는 가게나 공장이 대신해 주는 일 상당수를 이 시절에는 가정집에서 스스로 알아서 처리하곤 했다. 즉 빵을 굽고, 옷을 짜 입고, 신발을 수선하는 일은 모두 다 집에서 해야 할 일이었다. 이러한 가내 수공업 체계다 보니 제조업 발전은 더딜 수밖에 없었다. 연장은 단순하기 짝이 없었고, 기계는 찾아보기도 힘들었다. 서로 경쟁하려는 의욕도, 이득을 취하려는 동기도 없었기에, 무언가를 발명해 내려는 창의성도 나오지 않았다. 즉 기계의 힘으로 인간의 기술력을 대체하려는 노력은 이루어지지 않은 것이다. 하지만 어쩌면 이 시절의 제조업이야말로 인류 역사에 존재한 가장 내실 있는 제조업 형태였는지 모른다. 생산성은 낮았을지언정, 일이 가져다주는 만족도는 아마 상대적으로 컸을 것이기 때문이다. 일꾼들은 일을 하면서도 가족들 곁에 머물 수 있었고, 작업 시간을 비롯해 자신이 일한 대가를 (어느 정도는) 스스로 결정할 수 있었다. 이 시절 일꾼들은 스스로의 기술력에 대한 자부심 속에서 자신의 품성은 물론 내면에 자신감까지 키워 갈 수 있었다. 그들은 기능공이면서 동시에 예술가이기도 했던 셈이다. 처음부터 끝까지 자신의 손끝에서 만들어져 나온 물건을 보면서 그들은 아마도 예술가가 느끼는 것과 똑같은 만족감을 느꼈으리라.

3. 돈

이렇듯 상업 및 제조업이 확장되자 자금 분야에도 일대 혁명이 일었다. 상업 발전은 물물 교환으로는 이루어질 수 없는 법이었다. 상업이 발전하는 데는 안정적으로 돌아가는 표준 가치 체계가 있어야 했고, 편리하게 이용할 수 있는 교환의 매개체가 필요했으며, 투자 자금을 손쉽게 구할 수 있는 길이 열려 있어야 했다.

유럽 대륙이 봉건 질서 속에서 다스려지던 때에는 큰 세력을 지닌 영주나 고위 성직자들이 조폐권을 가지고 실질적으로 행사했다. 그러니 만큼 당시의 통화 체계는 오늘날보다 더 어수선했고 이 때문에 유럽 경제는 적잖이 애를 먹어야 했다. 한편 이러한 통화 체계의 혼란을 더욱 가중시키는 이들이 있었으니, 위폐를 만들거나 동전을 깎아 내는 자들이었다. 이에 왕들이 명을 내리길, 그러한 무리는 사지를 절단하거나, 거세를 시키거나, 산 채로 끓는 물에 집어넣을 것이라 했다.[30] 그러나 수차례에 걸쳐 결국 자국 화폐의 가치를 떨어뜨린 장본인은 바로 왕 자신들이었다.* 야만족의 침략 이후 금은 유럽에서 무엇보다 귀한 물건으로 여겨지던 터였다. 그러다 이슬람이 동방을 점령하고 나서부터는 서유럽의 화폐에서 금은 아예 종적을 감추었다. 그리하여 8세기부터 13세기 사이에 만들어진 서유럽 화폐는 모두 은(銀) 아니면 그 이하의 하급 금속들로 만들어지게 되었다. 그리고 보면 금과 문명은 서로 흥망성쇠를 함께하는 사이인 셈이다.

그러나 비잔티움 제국에서만큼은 중세 시대에도 내내 금화가 주조돼 사용되었다. 전만 해도 갈라져 있던 서방과 동방은 이즈음 접촉이 차차 늘어 갔고, 그러자 서방에서 흔히 베잔트(bezant)로 불렸던 비잔티움 제국의 금화가 그리스도교 세계에서 가장 가치 높은 돈으로 여겨져 유럽 전역에 널리 통용되기에

---

* 『앵글로색슨족 연대기』에는 1125년도에 대한 기록으로 다음과 같은 내용이 전한다. "이 해에 들자 헨리 왕은 잉글랜드에서 활동하는 모든 조폐업자들을(위폐범) 상대로 명을 내렸다. …… 그런 일을 하는 자들은 한 사람도 빠짐없이 오른손은 물론 생식기에 달린 고환도 함께 잘라내 버리라는 내용이었다."[31]

이른다. 한편 프레데리크 2세는 안정적인 금화 통용이 경제에 긍정적 효과를 낸다는 사실을 동방을 통해 깨닫고는, 1228년에 서유럽 역사상 최초로 이탈리아 화폐를 금화로 주조해 내었다. 프레데리크 2세는 이 금화를 "아우구스탈레스(augustales)"라 이름 붙였는데, 아우구스투스 치세 때의 동전 그리고 그 시절의 명성을 그대로 본뜬다는 뜻이 숨김없이 드러나 있었다. 비록 모방작이긴 했으나, 이들 금화는 이름값만은 톡톡히 했다. 이때 만들어진 동전은 기품 있는 모양새를 갖추어 중세 시대 화폐 예술의 경지를 단숨에 최고의 경지까지 끌어올렸기 때문이다. 1252년에는 제노바와 피렌쩨 모두에서 금화가 발행되어 나왔다. 플로린(florin)이란 이름으로 불렸던 피렌쩨 금화는 은 1파운드와 똑같은 가치를 지녔다. 하지만 1파운드 은보다는 훨씬 아름답고 물감(物感)도 좋아서 유럽 전역에서 널리 사용되었다. 1284년에 이르자 잉글랜드만 제외하고는 유럽의 주요 국가들은 모두 신뢰성 높은 금화를 화폐로 사용하게 되었다. 이는 서유럽이 이룩해 낸 훌륭한 성과에 해당했으나, 이 금 본위제는 20세기의 혼란스러운 정세에 휘말려 안타깝게도 희생당하고 만다.

한편 13세기 말에 다다르면서 프랑스 왕들은 그때까지 영주들이 가지고 있던 화폐 주조권을 거의 하나도 남김없이 사들이거나 혹은 몰수하게 된다. 프랑스에서는 애초 화폐 명칭이 정해진 것이 옛날 샤를마뉴 치세 때였는데, 프랑스의 화폐 제도는 이 명칭을 1789년까지 그대로 유지하게 된다.(물론 가치에 있어서는 큰 차이가 났다.) 당시 프랑스어로 리브르(livre)는 은 1파운드의 가치를 가진 것이었고, 수(sou)는 리브르의 20분의 1, 그리고 드니에(denier)는 수의 12분의 1의 가치를 지녔다. 프랑스의 이 화폐 체계는 노르만족의 침공을 통해 잉글랜드에도 전해졌다. 그리하여 잉글랜드 역시 "파운드 스털링"(pound sterling, 영국 공식 통화의 명칭이다. ─옮긴이)을 20개로 쪼개어 실링(shilling)을 만들어 냈고, 다시 이 실링을 12개로 쪼개어 페니(penny)를 만들었다. 사실 영어의 파운드, 실링, 페니라는 말은 독일어 푼트(Pfund), 쉴링(Schilling), 페니히(Pfennig)에서 온 것이었다. 그러면서도 잉글랜드는 화폐 단위 표시는 라틴어에서 빌려 왔으니, 파운드를 뜻하는 £은 라틴어 리브라(libra)에서, 실링의 s.는 라틴어 솔리두스(solidus)에서, 페니의 d.는 라틴어 데나리우스(denarius)에서 따왔다. 잉글랜드에 본격적으로 금 본위제가 확립된 것은 1343년에나 들어서의 일이었다. 하지만 헨리 2세 치세에(1154~1189년) 확립된 잉글랜드의 은 본위 제도는 금 본위제가 들어서기 전까지 내내 유럽에서 가장 안정적인 통화로서의 자리를 지켰다. 독일의 경우는 10세기에 접어들면서 은화 마르크가 주조되었는데, 프랑스 혹은 영국 파운드의 절반에 해당하는 가치를 지니고 있었다.

그러나 이러한 여러 가지 발전에도 불구하고, 오르락내리락하는 가치 때문에 중세 시대 통화는 고충이 이만저만이 아니었고, 은과 금의 교환 비율도 일정치 못하고 들쑥날쑥했다. 뿐만 아니라 각국의 왕과 도시는(때로는 귀족들과 교회도) 통용 중인 화폐를 어느 때고 모두 한꺼번에 거두어들일 수 있었으며, 거기에 화폐 재주조시 수수료를 물릴 권리를 가진 데다, 화폐에 타 금속을 섞어 실질 가치를 떨어뜨리고 그것을 새 화폐로 발행할 수 있는 권리까지 가지고 있었다. 그러다보니 눈속임 식의 화폐 주조가 이루어지기 십상이었고, 시중에는 금의 유통량이 물품 유통량보다 더 빠르게 늘었으며, 나라에서는 화폐 가치 절하를 통해 나라가 진 빚을 손쉽게 갚아 버리는 방법을 쓰고는 했다. 이러한 통화 가치 절하는 중세는 물론 근대에까지 변칙적으로 계속되면서 유럽의 통화 체계에 적잖은 영향을 끼쳤다. 일례로 1789년 프랑스 리브르화는 샤를마뉴 치세의 통화가 지녔던 가치의 1.2퍼센트밖에 지니지 못했다.[32] 유럽의 화폐 가치가 얼마나 하락했는지는 통상적으로 거래되던 일부 품목의 가격 변화를 통해서도 판단해 볼 수 있다. 1268년 당시 라벤나에서는 달걀 12개들이 한 묶음을 사는 데 1페니면 되었다. 또 1328년 런던에서는 돼지 1마리의 값이 4실링이었으며, 소는 15실링에 살 수 있었다.[33] 13세기 프랑스에서는 3프랑크면 양 1마리를, 6프랑크면 돼지 1마리를 살 수 있었다.[34] 역사는 곧 인플레이션의 과정인 셈이다.*

---

* 쿨턴(Coulton)은 중세 시대 연구에 있어 선구적 학자로 손꼽히는데, 그가 계산한 바에 따르면 1200년의 잉글랜드 통화는 1930년의 잉글랜드 통화에 비해 40배 높은 가치를 지녔었다고 한다.[35] 이 책에서는, 중세 시대의 물가 변

그렇다면 과연 이 시절에는 어디서 돈이 나서 상업 및 제조업을 지원해 주고 그 영역을 확장시켜 주었던 것일까? 당시 가장 큰 자금줄은 뭐니 뭐니 해도 교회였다. 교회는 자금 모집력에 있어 타의 추종을 불허하는 조직체였을 뿐 아니라, 교회에 항시 마련된 유동 자금은 어떤 목표에든 가리지 않고 쓰일 수 있었다. 한 마디로, 그리스도교 왕국 안에서 가장 막강한 금전적 힘을 지닌 것은 다름 아닌 교회였다. 여기에다 당시에는 개인 소유의 자금을 안전한 보관을 위해 교회나 수도원에 예치해 두는 사람이 많았다. 교회는 이렇게 해서 쌓인 돈을 곤경에 처한 개인들이나 혹은 기관에 빌려 주곤 했다. 당시 교회의 대출자들은 주로 주변의 마을 사람들로, 이들은 돈을 빌려다 자신이 일구는 논밭을 더 잘 가꾸는 데 썼다. 결국 이 시절 교회는 부동산 저당 은행의 역할을 하면서, 자유 소작농의 여건이 개선되도록 일종의 선행을 베푼 것이었다.[36] 또 교회에서는 일찍이 1070년부터 주변의 영주들을 상대로 돈을 대출해 주었고, 그 대가로 영주들이 부동산에서 얻는 수입을 일정 부분 챙겨 받았다.[37] 이런 식의 부동산 담보 대출을 통해 수도원들은 중세 시대 최초로 본격적인 은행 사업체의 역할을 하였다. 프랑스의 성 앙드레 수도원 같은 곳은 이런 식의 은행 사업이 크게 번창해서, 유대인 대금업자를 따로 고용해 자금 운용을 맡길 정도였다.[38] 템플러 기사단의 경우에는 왕과 제후, 영주와 기사, 교회와 성직자들을 상대로 돈을 빌려 주고는 그들에게서 이자를 받는 식이었다. 13세기에 이뤄진 담보 대출 사업은 아마 이 템플러 기사단의 것이 최대 규모였던 듯하다.

그러나 교회 조직을 통해 이루어지는 이런 대출은 보통 돈을 지출하거나 아니면 정치적 용도를 위해 쓰였지, 제조업이나 교역의 자금줄로 쓰이는 일은 드물었다. 유럽에서 본격적으로 상업 신용 대출이 시작된 것은 라틴 그리스도교 세계에서 이른바 코멘다(commenda)라고 부르는 것이 행해지면서부터였다. 이는 한 개인이나 가문이 상인에게 자금을 위탁(commend)하여 그 자금을 토대로

동 폭은 무시하고, 중세 시대의 통화 가치가 1948년의 통화 혹은 귀금속에 비해 대략 50배 높은 가치를 갖는 것으로 계산하였다.

특정 목적지를 향해하고 오거나 특정 사업을 벌이게 한 뒤, 거기서 나온 수익 일정 부분은 자신들이 챙겨 가는 방식이었다. 서로 간의 교류 없이 조용히 혹은 "잠자듯" 이뤄지는 이러한 제휴 관계는 저 옛날 로마인들이 만들어 낸 사업 방식으로서, 동방의 비잔티움 제국에 잔존해 있던 것을 서방의 그리스도교 세계가 이즈음 다시 배워 온 것으로 보인다. 사실 이러한 제휴 관계는 당시에 무척 유용하여 유럽 전역에 널리 퍼져 나갔는데, 이러한 관계를 통해 수익을 나누는 것은 이자를 받지 못하게 한 교회의 금칙을 직접적으로 어기는 것이 아니기 때문이었다. 이런 식의 "동반(company)" 또는 가족 투자는 이윽고 소키에타스 (societas)로 발전해 나가기에 이르는데, 이는 반드시 혈족 관계가 아니더라도 여러 사람이 모여서 한 건에 그치지 않는 여러 건의 사업을 일괄적으로 지원하는 식이었다. 이런 금융 조직체들이 모습을 드러낸 것은 10세기 말엽의 제노바와 베네찌아에서였고, 12세기에 들어서는 고도의 발전을 이루며 이탈리아 교역의 급성장에 크게 한몫을 해 주었다. 이들 투자 집단은 종종 사업 실패의 위험성을 여러 군데로 분산시키는 방법을 쓰곤 했는데, 투자를 하되 여러 척의 선박 혹은 여러 건의 사업에 자금을 나누어 그 "일부(partes)"만을 사들이는 것이었다. 14세기 들자 제노바에서는 이런 식으로 확보한 지분을 타인에게 양도하는 것이 가능해졌고, 이로써 합자 회사라는 것이 탄생하게 되었다.

이 시절 사업 밑천을 마련하는 데 있어서는, 즉 사업 시행 이전의 발생 비용들을 충당하기 위해서는 그야말로 전문 재무가들의 힘을 빌리는 것이 가장 든든한 방편이었다. 아득한 옛날에 환전상에서 출발한 이들 전문 재무가들은 오랜 세월을 거쳐 대부업자로까지 발전을 해 온 것이었고, 자신의 돈은 물론 타인의 돈을 함께 모아 갖가지 사업에 투자를 하거나 아니면 교회, 수도원, 귀족, 왕을 상대로 대출을 해 주었다. 역사에 유대인들이 이런 대부업자로 활동이 컸다는 것은 사실 과장된 면이 없지 않다. 유대인이 대부업으로 막강한 세력을 떨친 것은 스페인 정도였고, 한때는 영국에서도 세를 자랑했다. 하지만 독일에서는 그 세력이 미약했고, 이탈리아와 프랑스에서는 그리스도교도 재무가들에게 밀려 세를 펴지 못했다.[39] 이들 국가에서 막강한 힘을 지녔던 대부업자들은 따로 있었으니, 잉글랜드에서는 윌리엄 케이드라는 자가 왕들을 상대로 주로 돈을 빌려 주었고, 13세기 프랑스와 플랑드르 지방에서는 아라스의 루샤르 가문 및 크레스팡 가문이 대부업자로 주로 활동하였다.[40] 프랑스의 연대기 작가 브레통의 기욤은 이 시절 아라스 지방을 두고 "어디를 가나 고리대금업자가 득실대는 곳"이라고 묘사할 정도였다.[41] 이외에도 브뤼즈의 금융 시장 역시 북유럽에서 주요한 금융 중심지로 손꼽히는 곳이었다.(금융 시장을 'bourse market'이라고도 하는데, 프랑스어 'bourse'는 'bursa'에서 나온 말로 '돈지갑'이라는 뜻이다.) 이와 함께 프랑스 남부의 카오르라는 마을에서는 훨씬 더 강력한 세력을 가진 그리스도교도 대부업자들이 배출돼 나오기도 했다. 이에 대해 매튜 패리스는 다음과 같은 글을 남겼다.

요즘 들어(1235년) 우리 주변에는 카오르에서 온 자들이 들끓으며 막심한 피해를 입히고 있으니, 잉글랜드에 사는 사람치고, 고위 성직자들은 더더욱, 이들의 올가미에 걸려들지 않은 이가 없을 정도이다. 왕들이 이들에게 진 빚만 해도 그 액수가 헤아릴 수 없을 만치 어마어마하다. 정말로 궁핍하여 그들의 도움이 절실한 사람들을 이들 대부업자는 거들떠보지도 않는다. 그러고는 겉으로 장사로 내세워 뒤로는 고리대금업을 일삼는다.[42]

한때는 교황까지도 잉글랜드에서 발생하는 재무 문제들을 이 카오르 출신의 은행업자들에게 맡기기도 했다. 하지만 자비라곤 모르는 이들의 태도는 잉글랜드인 사이에서 심한 공분을 불러일으켰고, 급기야는 카오르 출신 은행업자 하나가 옥스퍼드에서 살해당하는 일이 벌어지는가 하면, 런던의 로저 주교는 그들에 대해 파문을 선언하였고, 결국 헨리 3세가 그들을 잉글랜드에서 추방하기에 이르렀다. 링컨 지방의 주교였던 그로스테스트는 임종을 맞아서까지 이들의 강탈을 서글퍼했다. "그 자들은 우리 교황께서 부리시는 상인이고 환전상이지만, 지독하기가 유대인들보다도 더하다."[43]

13세기 들자 금융업은 전례가 없을 정도의 높은 수준으로 발전하게 되는데 발달의 주역은 다름 아닌 이탈리아인들이었다. 이즈음 이탈리아 곳곳에는 금융을 본업으로 하는 대규모 가문들이 속속 생겨나 이탈리아의 교역업이 쭉쭉 뻗어 가도록 튼튼한 힘줄 역할을 해 주었다. 그런 가문의 일례로, 시에나 지방에서는 부온시뇨리와 갈레리아 집안이 유명하였고, 피렌쩨에서는 프로스코발디, 바르디, 페루치, 베네찌아에서는 피사니와 티에폴리 가문이 유명하였다. 이들은 활동 분야를 넓혀 알프스 너머 지방에까지 진출했고, 잉글랜드와 프랑스에서는 돈이 절실했던 왕들은 물론, 그곳의 귀족, 주교, 수도원장, 성읍을 상대로도 대규모 대출을 해 주었다. 교황을 비롯해 각국의 왕들은 이들을 고용해 조세를 거두어들이는가 하면, 화폐 주조 및 재무 관리의 일을 맡기기도 하고, 교회 및 국가의 정책에 관하여 조언을 구하기도 하였다. 이들 금융업자들은 금융업을 하며 울, 향신료, 보석류, 비단을 도매금으로 사들이는가 하면, 유럽 대륙 전역에 걸쳐 선박과 숙박업소를 다수 소유하기도 했다.[44] 13세기 중반에 이르자 이 "롬바르드인들"은(북유럽에서는 이탈리아 금융업자들을 통칭하여 이렇게 불렀다.) 전 세계에서 가장 활발한 활동을 펼치는 것은 물론 세력도 가장 막강한 재무가가 되어 있었다. 사람들에게 돈을 빌려 주고 이것저것을 강제 징수해 가는 통에 이들은 본국에서나 외국에서나 미움을 받았으나, 한편으로는 그들이 가진 넉넉한 재물 덕에 사람들로부터 부러움을 한 몸에 사기도 했다. 어느 세대건 사람들은 돈이 궁해 남에게서 돈을 빌려 놓고는, 정작 그 돈을 빌려 준 사람들을 나쁜 놈이라며 욕하는 법이다. 한편 이렇듯 이탈리아 금융업자들의 세력이 커지자 세계를 무대로 활동하던 유대인들로서는 커다란 타격이 아닐 수 없었다. 더구나 끈기 있게 일하던 이들 유대인들과 경쟁하게 되자 이탈리아인들을 유대인들 추방시키도록 유럽 각국에 권고를 넣는 일도 서슴지 않았다.[45] "롬바르드인" 은행 중에서도 가장 막강한 세력을 자랑했던 곳은 피렌쩨의 금융 회사로, 1260년에서 1347년 사이에만 80곳이 활동했다고 기록되어 있다.[46] 이들은 교황이 벌이는 갖가지 정치적 및 군사적 작전에 자금을 대 주었고, 거기서 풍성한 수확을 거둬들였다. 뿐만 아니라 이자로 돈 버는 것을 교회에서 금했음에도 불구하고, 이들은 교황의 금융업자라는 지위를 이용해 그런 금칙을 어기는 행동도 웬만한 것은 다 묵인받았다. 이들이 거둬들이는 수익은 오늘날 금융가의 수익과 비교해도 손색이 없었다. 일례로, 1308년도에 페루치가(家)에서 지급한 배당금은 40퍼센트에 이를 정도였다.[47] 이들 이탈리아 금융가들이 탐욕적이었다고는 하나, 금융 서비스를 통해 상업 및 제조업에 활력을 불어넣었다는 점에서 그 죄는 거의 씻어졌다고 볼 수 있었다. 막강했던 이들 세력도 결국에는 썰물 빠지듯 역사 속으로 사라졌으나 그들이 썼던 일부 용어는 금융계에 그대로 남았다. 그리하여 banco(은행), credito(신용 보증), debito(채무), cassa(금고, 현금), conto(계산하다), disconto(할인하다), conto corrente(무통장 계좌), netto(순, '순이익' 등의 표현에서), bilanza(결산), banca rotta(파산) 같은 말들은 유럽의 거의 모든 언어에서 그 흔적을 찾아볼 수 있다.[48]

이 단어들만 봐도 짐작이 가겠지만, 베네찌아, 피렌쩨, 제노바 등지의 대규모 금융 회사들은 13세기를 전후해 이미 오늘날 은행들이 가진 기능들을 거의 다 발달시켜 놓고 있었다. 이들은 고객들로부터 예금을 받는가 하면, 돈거래가 끊이지 않는 고객들 사이에는 당좌 예금을 통해 자금 이월을 해 주었다. 부기(簿記) 작성만으로 고객 사이의 예금을 이월시켜 주는 방식은 베네찌아 은행에서는 일찍이 1171년부터 시행한 바 있었다.[49] 또 계좌 개설과 함께 고객을 상대로 대출을 해 주기도 했는데, 그 담보로 보석, 값비싼 무기, 국채를 받거나 세금을 걷거나 국고 세입을 관리할 권리를 넘겨받았다. 더러는 다른 나라에 보낼 양으로 보세 창고에 쌓여 있던 갖가지 물품을 담보로 받는 경우도 있었다. 또 이들은 이 나라 저 나라에서 맺은 연줄을 바탕으로 신용장을 발부할 수 있는 기능이 있었다. 이 신용장이 있으면 한 국가에 예치되어 있는 돈을 타국으로 보내 예금주가(혹은 예금주의 지명을 받은 다른 사람이) 다시 찾는 일이 가능했다. 이 금융 기법은 유대인, 이슬람교도, 템플러 기사단은 이미 오래전부터 알고 있던 것이었다.[50] 한편 이와는 정반대로, 은행이 환어음을 써 주는 방식도 있었다. 즉 어떤 상인이 물품이나 대출금을 먼저 받은 후, 약속 증서를 써서 그에 해당하는 대금을 정해진 일자에 풍물장이나 은행에 가서 갚겠다고 하는 것이다. 상인들은 자기들끼리 이런 식으로 오간 문서를 풍물장이나 은행에 가서 결산 처리했고, 그 결과 나온 최종 대금만을 돈으로 지불하면 되었다. 덕분에 상인들은 수백 건의 거래를 하면서도 그때마다 일일이 엄청난 양의 돈과 무거운 동전을 직접 들고 다니거나 교환할 필요가 없어졌다. 그러다 이윽고 금융 중심지가 어음 교환소의 구실을 하게 되면서, 은행업자들도 구태여 풍물장까지 먼 길을 가서 돈을 받아 올 필요가 없어졌다. 그리하여 유럽은 물론 레반트 지역의 상인들은 이제 이탈리아의 은행에 가서 돈을 찾아 쓰고, 은행 간 부기를 통해 결산을 맞추는 방식을 썼다.[51] 그 결과 자금 활용도 및 유동량은 전에 비해 열 배는 늘어났다. 사람 사이의 상호 신뢰를 통해 이룩된 이 "신용 체계"야말로, 인류가 이루어 낸 경제 혁명 중에서도 참으로 중요하고 또 고상한 면이 아닐 수 없다.

보험이 처음 생겨난 것도 이 13세기 들어서의 일이었다. 이 시절 조직된 상인 길드에서는 화재, 난파를 비롯한 각종 재난 혹은 상해에 대비해 회원들에게 보험금을 제공하였다. 심지어는 회원들이 범법 행위로 고소를 당했을 때에도, 그가 유죄든 무죄든 상관없이, 당사자에게 보험료를 지급해 주곤 했다.[52] 또 수도원 중에는 종신 연금을 지급하는 곳도 많았다. 정해진 얼마간의 금액을 수도원에 선금으로 내면, 수도원에서는 죽는 날까지 그 사람에게 먹을 것과 마실 것, 때로는 입을 것과 잘 곳까지 제공하겠다고 약속해 주었다.[53] 브뤼즈의 한 금융 회사는 일찌감치 12세기부터 물품에 대해서도 보험금을 지급하였고, 1310년에 들자 이곳 브뤼즈에는 나라의 허가를 받은 공인 보험 회사도 설립되었던 것으로 보인다.[54] 또 1318년 피렌쩨의 바르디가(家)에서는 육로를 이용한 직물 이송에 대해서도 사고 발생 때 보험금을 받을 수 있도록 인정해 주었다.

한편 국채가 처음으로 발행된 것은 1157년 베네찌아에서였다. 당시 베네찌아 공국은 무슨 수를 써서든 전쟁을 치르고자 하는 상황이었고, 그러려면 시민들에게서 강제로 돈을 빌리는 길밖에는 없었다. 그래서 별도로 특별 기구까지 신설해서 시민들을 상대로 돈을 빌리고, 대신 나라에서 반드시 돈을 갚아 주겠다는 징표로 납입자들에게 이자율이 적힌 증서를 발급해 주었다. 1206년 이후부터는 이런 식으로 발행된 국채를 유통 및 양도할 수 있게 되었고, 그러자 사람들은 이 증서를 매매 대상은 물론 대출 담보로까지 활용하게 되었다. 이런 유의 증서는 지방 도시의 채무 해결을 위해서도 발행되는데, 1250년 이탈리아의 코모에서는 이런 채권도 금속 화폐와 똑같은 가치를 지니는 것으로 받아들였다. 사실 지폐라는 것이 얼마의 돈을 추후 지불하겠다는 정부의 약속에 지나지 않는 만큼, 금화(金貨) 증권이 유통된 이때가 바로 유럽의 지폐 사용이 처음 이루어진 때라고 볼 수 있을 것이다.[55]

이 시절 금융가, 교황, 군주의 활동은 서로 복잡하게 뒤엉켜 있었고, 따라서 이를 잘 정리하기 위해서는 체계 잡힌 부기법(簿記法)이 있지 않으면 안 되었다. 그리하여 당시에 작성된 갖가지 고문서며 회계 장부에는 임대료, 세금, 수입, 지출, 신용 거래, 채무의 내역 등이 빼곡히 들어차 있었다. 원래 로마 제국 시절에는 여러 가지 회계 방식이 사용된 바 있었지만, 7세기 들면서부터 서유럽에서는 그 자취를 찾아볼 수 없게 되었다. 하지만 콘스탄티노플에서는 여전히 회계가 이용되고 있었고, 이를 아랍인들이 차용해 쓰기도 했다. 그러다 십자군 전쟁이 치러지는 동안 회계는 이탈리아에서 그 명맥이 다시 되살아나기에 이른다. 그리하여 1340년에 들자 제노바의 공동 계좌에서는 온전히 발달된 형태의 복식(複式) 부기법이 등장하게 된다. 하지만 1278년부터 1340년 사이의 문서 기록이 제노바 시(市)의 유실로 인해 사라지고 없는 만큼, 이 복식 부기법은 이때가 아닌 13세기에 발달했을 가능성도 있다.[56]

4. 이자

하지만 금융업이 발달하는 길은 결코 순탄치 않았으니, 무엇보다도 이자를 반대하는 교회의 교리가 가장 큰 걸림돌이었다. 교회가 그런 입장을 가지게 된 데에는 다음의 세 가지 까닭이 있었다. 우선, 일찍이 아리스토텔레스가 이자는 돈으로 돈을 불리는 부자연스러운 과정이라며 몹쓸 것으로 규정한 바 있었다.[57] 여기에 예수 그리스도 역시 이자를 나쁜 것으로 비난하였으며,[58] 교회의 교부들도 로마 시대에 있었던 상업주의 및 고리대금업을 반대하는 입장이었다. 사실 저 옛날 시행되었던 로마법에서는 이자 징수를 합법적 활동으로 인정해 주었고, 브루투스 같이 "덕망 높은 인사"도 돈을 빌려 주며 인정사정없이 높은 이자를 부과하곤 했다. 이렇듯 자기가 가진 것은 얼마든 자기가 마음대로 할 수 있다는 이론에 대해, 암브로시우스는 다음과 같은 맹공을 퍼부었다.

지금 "당신 것"이라 하였는가? 세상에 무엇이 당신 것이란 말인가? 어머니 자궁에서 나올 때, 당신과 함께 재물이라도 딸려 나왔다던가? 당신이 가진 것 중 분에 차고 남는 것은 결국 폭력으로 탈취한 것일지니. 이에 당신은 말할 것인가? 하느님은 원래 불공평하여 삶의 방편들을 모두에게 똑같이 나누어 주시지는 않는다고. 그래서 당신은 많은 것을 갖고 풍족하게 살아가는 한편 다른 이들은 가진 것 없이 빈곤하게 사는 것이 당연하다고. 아니면 또 이렇게 말할 것인가? 하느님이 소망하신 바 당신은 그분께서 베푸는 호의의 징표를 받은 것이고, 반면에 다른 이들은 그분이 내리신 인내라는 미덕의 왕관을 머리에 쓰게 된 것이라고? 그렇다면 하느님의 선물을 받은 그대여, 그대는 수많은 사람들이 먹고 살아갈 방편을 혼자 독차지해 놓고도 자신이 뭔가 부당한 일을 했다는 생각은 들지 않는가? 당신이 움켜쥐고 있는 그 빵으로는 굶주린 자를 먹일 수 있으며, 당신이 장롱에 넣어 둔 그 옷들로는 헐벗은 자들을 입힐 수 있으며, 당신이 땅에 묻어 둔 그 돈으로는 가난한 자를 구원할 수 있거늘.[59]

이외에도 거의 공산주의에 버금가는 관점을 가진 교부들도 있었다. 일례로, 알렉산드리아의 클레멘스는 이렇게 말하기도 했다. "세상에 존재하는 모든 것, 그것을 사용할 수 있는 권리는 모름지기 인간 모두에게 공통적으로 있다. 그러나 올바르지 못함으로 인하여, 어떤 이는 이것을 가져다 내 것이라 하였고, 또 다른 이는 저것을 가져다 내 것이라 하였다. 사람들 사이에 분열이 일기 시작한 것도 바로 여기서 비롯된 일이다."[60] 히에로니무스의 경우에는 수익은 종류를 막론하고 모두 부당한 것으로 보았으며, 아우구스티누스는 "장사"는 종류를 막론하고 모두 악이라 생각하였다. "인간에게 있어 진정한 안식처는 하느님이거늘", 장사라는 것을 하게 되면 "인간의 발길은 신을 찾지 않고 엉뚱한 곳을 향하게 된다."는 것이 그 이유였다.[61] 한편 교황 레오 1세는 이와 같은 극단적 교리는 거부하는 입장이었다. 그럼에도 교회의 기본적 태도는 쉽사리 바뀌지 않아서, 상업을 바라보는 교회의 입장은 여전히 매정했고, 투기와 수익 일체는 아니꼬운 것이었으며, "독점", "매점(買占)", "고리대금"이라면 기를 쓰고 반대했다.(참고로 중세 시대에는 어떤 식으로든 이자를 받는 것을 모두 '고리대금업'으로 보았다.) 암브로시우스의 말을 빌리면, "원래의 자본금 이외에 추가로 붙는 것은 모두 다 고리대금에 해당한다."[62] 암브로시우스가 내린 이 가차 없는 정의는 그라티아누스가 정리한 교회법에 그대로 담기게 된다.

일찍이 그리스도교에서는 니케아(325년), 오를레앙(538년), 마콩(585년), 클리시(626년)에서 열린 공의회를 통해 성직자들은 수익을 목적으로 사람들에게 돈을 빌려 주지 말 것을 금칙으로 정한 바 있었다. 성직자에게만 적용되던 이 금칙은 789년 샤를마뉴 치세에 열린 수차례의 참사 회의와, 9세기에 교회에서 열린 수차례의 공의회를 통해 일반 신도들에게까지 확대 적용되기에 이른다. 그러다 12세기 로마법이 다시금 부활을 맞자 이르네리우스(11~12세기에 활동한 볼로냐 태생의 이탈리아 법학자로, 유스티니아누스 법전을 연구하여 로마법을 부흥시키기 위해 노력하였다. ─옮긴이)를 비롯한 볼로냐의 주석가들의 견해가 힘을 받았다. 이들은 이자의 가치를 옹호하는 주장을 하면서 그 대표적인 전거로서 유스티니아누스 법전을 내세웠다. 하지만 그도 잠깐 제3차 라테라노 공의회를 거치고 나자 금칙은 다시 되살아났다. 공의회에서 발표된 결의 내용에 따르면, "앞으로 고리대금업을 공공연히 일삼는 자들은 그리스도교 공동체 안으로 받아들여질 수 없을 것이다. 뿐만 아니라 죄를 지은 채 죽는 자는 그리스도교의 무덤에도 묻힐 수 없을 것이다. 모든 성직자는 이들이 가져오는 자선금은 절대 받아서는 안 될 일이다."[63] 한편 인노켄티우스 3세의 경우에는 이보다는 한결 관대한 견해를 가졌던 게 틀림없다. 1206년 그가 했던 조언을 보면, 상황에 따라서는 "집안에 거액의 지참금을 준비돼 있다면, 그것을 믿을 만한 상인에게 맡겨 두는 것도 좋을 것"이라 말했기 때문이다. 상인이 "정직한 수익"을 창출하기만 한다면 거기서 가계에 보탬이 될 법한 수입이 나올 수 있다는 것이 그의 생각이었다.[64] 하지만 그레고리우스 9세 때 오자 교회는 다시 예전 입장으로 돌아가, 돈을 빌려 주고 거기서 어떤 형태로든 이득을 취하는 것은 고리대금과 다름없다 보았다.[65] 교회의 이런 입장은 로마 교회법에 내내 남아 있다가 1917년에 이르러서야 비로소 사라졌다.

이 당시 교회는 토지를 가지고 부를 쌓았지, 장사를 해서 부를 쌓지는 않았다. 중세의 봉건 제후들도 그랬지만, 교회에게 상인들이란 아주 못마땅한 존재였다. 당시 교회에서는 부와 가치를 이룩해 내는 진정한 힘으로서 단 두 가지, 즉 토지와 노동을(경영도 포함해서) 꼽았기 때문이다. 거기다 상인 계급은 봉건 지주에게도, 그렇다고 교회 쪽에도 그렇게 살가운 편이 아니었으니, 이들의 세력이 점점 커지고 거기에 부까지 넉넉해지자 교회로서는 부아가 치밀 수밖에 없는 노릇이었다. 더구나 앞서의 수백 년 동안 교회에서는 대금업자라 하면 모두 유대교도로만 생각해 오던 터였다. 따라서 대금업자들이 돈이 궁한 교회 기관들을 상대로 혹여 가혹한 조건을 강제하고 나서면, 그것이 도리에 어긋나는 짓이라 견책하는 것을 교회에서는 당연하게 여겼다. 대체적으로 봤을 때, 수익을 내려는 동기를 교회가 이런 식으로 제지하고 나선 것은 그리스도교의 도덕관을 적극적으로 주장하고 나선 영웅적인 일이었다. 교회의 이러한 태도는 채

무자를 옥에 가두거나 노예로 만들어 버리던 관습과는 건전한 대조를 이루었으니, 그리스인, 로마인, 그리고 여러 야만인들의 삶과 법률은 그에 비하면 한참 품위가 떨어졌다. 이쯤에서 우리는 이런 의문을 떠올리지 않을 수 없을 듯하다. 교회의 이런 관점이 당연한 듯 널리 받아들여졌던 중세 시대, 과연 오늘날 우리는 이 시절을 살았던 사람들보다 더 행복할까.

적지 않은 세월 동안 유럽 각국에서는 법령을 제정해 교회의 이런 입장을 같은 편에서 지지해 주었다. 세속의 법정 역시 교회가 천명하는 이자 금지의 원칙을 실효성을 있게 집행시키곤 했다.[66] 그러나 결국에는 옥에 갇히거나 지옥에 떨어질지 모른다는 두려움보다도 상업적인 필요성이 더 강했던 것으로 드러났다. 이 시절 교역과 제조업은 한참 확장을 이루어, 놀고 있는 돈은 그냥 두지 말고 활발한 사업을 통해 쓸 것을 요구했던 것이다. 한편 유럽 곳곳의 국가들로서는 전쟁이나 기타 비상 상황이 터질 시에는 시민들에게 세금을 물리는 것보다 돈을 빌리는 것이 더 수월하다는 걸 알게 되었다. 갖가지 길드 조직에서는 이자를 걸고 돈을 빌려 주는 것은 물론 이자를 내고 돈을 빌리기도 했다. 또 이 시절에는 지주들 역시 자신의 토지를 늘려 가는 중이거나 혹은 십자군 원정에 나서려던 참이라 돈을 빌려 준다는 사람이 있으면 쌍수를 들고 환영이었다. 심지어 교회 자신이나 수도원도 중대 위기를 맞거나 비용 상승 및 물자 부족의 문제에 시달릴 때는 롬바르드인, 카오르인, 유대인 대금업자들에게서 힘을 빌리지 않을 수 없었다.

사람들은 이자를 받지 말라는 교회의 법망을 기지를 발휘해 요리조리 피해 가기도 했다. 이를테면, 돈을 빌리는 사람이 돈을 빌려 주는 사람에게 싼값에 땅을 파는 방법이 있었다. 그렇게 해서 돈에 대한 이자인 셈 치고 땅의 용익권을 상대방에 넘겨주었다가, 나중에 그 땅을 다시 사들이는 식이었다. 그렇지 않으면 지주가 해마다 자기 땅에서 나오는 지대(地代)를, 돈을 빌려 주는 사람에게 일부 혹은 전부 파는 방법이 있었다. 예를 들어, A가 100달러를 받고는 B에게 자기 소유 땅에서 나오는 연 10달러의 지대를 팔았다 치자. 이럴 경우 B는 연 10퍼센트의 이자를 받고 A에게 돈 100달러를 빌려 준 셈이 된다. 상당수에 달하는 수도원에서도 자신들이 가진 자금을 투자할 때 이렇게 "지대 징수권"을 사들이는 방식을 썼다. 이런 경향은 유럽 어디보다도 독일에서 가장 두드러졌는데, 알고 보면 이자를 뜻하는 독일어 "진스(Zins)"도 지대를 뜻하는 라틴어 "켄수스(census)"에서 온 것이다.[67] 또 곳곳의 성읍들에서는 그 지역 세입을 일부 나누어 준다는 증서를 써 주고 대금업자에게서 돈을 빌려 쓰곤 했다.[68] 돈을 빌려 주는 일에는 개인은 물론 기관도(여기에는 수도원도 포함되었다.) 나섰고, 돈을 빌려 주는 대가로 이들은 비밀리에 선물을 받거나 허구로 판매 사실을 지어내었다.[69] 이에 교황 알렉산데르 3세는 1163년 불만을 토로하길, "상당수 성직자들이" (주로 수도원에서) "여차하면 세간의 비난을 받을까 저어하여 일반적 의미의 고리대금업은 꺼리고 있으나, 실질적으로는 다른 이들에게 돈을 빌려 주는 일을 하고 있다. 이들은 궁한 사람들을 상대로 돈을 빌려 주며 그들의 재산을 담보로 잡는데, 거기서 쌓이는 이득은 애초 빌려 준 원금을 웃돌 정도이다."라고 하였다.[70] 빌린 돈을 되갚는 날이 늦어지면 날마다 혹은 달마다 "손해"가 커지는 바, 일부 대출자들은 이 손해까지 자신이 갚겠다고 서약을 했다. 돈을 빌려 주는 사람들은 숨겨진 이 이자도 어떻게든 받아 낼 요량으로 턱없이 빠른 날짜를 상환일로 잡고는 했다.[71] 그리하여 카오르인들이 일부 수도원에게 빌려 준 돈은 연 이자가 60퍼센트에 달하는 것이나 다름없었다.[72] 뿐만 아니라 이 시절에는 상당수 금융 회사들이 돈을 빌려 주며 보란 듯 이자를 받고는 자신들은 잘못이 없다 주장했는데, 그들이 내세우는 이론에 따르면 이자를 금지하는 교회의 법령은 개인들에게만 적용되는 것이었다. 이탈리아에 자리한 여러 도시들 역시 자신들이 발행한 국채를 상환하면서 군말 없이 이자를 지급해 주었다. 또 1208년에는 교회의 대부업과 관련해 인노켄티우스 3세의 언급이 있기도 했다. 만일 교회법이 명하는 대로 고리대금업자가 모두 교회 밖으로 추방돼야 한다면, 그때는 교회 역시 하나도 남김없이 문을 닫아야 할 것이라고 그는 말하였다.[73]

하지만 교회도 마지못해나마 세상의 현실에 자신을 맞춰 가야 하는 날이 오기에 이른다. 그리하여 1250년경에는 토마스 아퀴나스가 의기 있게 나서서 이자에 관한 교회의 교리를 새로이 정립한다. 내용인즉슨, 어떤 사업의 투자자가 그 사업의 위험도나 손실을 사업가와 실질적으로 함께 떠안았다면, 그 사업의 수익을 함께 나누는 것이 법적으로 정당할 수 있다는 것이었다.[74] 여기서 손실이라 함은 대출금 상환을 제 날짜에 하지 못하고 기일을 넘기는 것도 포함된다고 해석되었다.[75] 보나벤투라와 교황 인노켄티우스 4세는 이자에 관한 아퀴나스의 이 원칙을 받아들인 것은 물론, 그 내용을 확대 적용하여 돈을 빌려 주는 사람은 일시적으로 자기 자본의 사용권을 잃게 되는 바 이에 대한 대금을 지불하는 것도 적법한 일로 규정하였다.[76] 15세기에는 일부 교회법학자들이 이자율이 붙은 채권을 국가가 발행할 권리가 있다고 인정해 주었고, 1425년에는 교황 마르티누스 5세가 지대 징수권 판매를 합법화시켰다. 뿐만 아니라 1400년이 지나고부터는 이자를 금하던 법률들이 유럽 대부분 국가에서 폐지되기에 이른다. 이자에 대한 그러한 금칙은 교회 법전에서만큼은 살아남을 수 있었으나, 그역시 사문화되어 모두들 그 법령은 무시하고 넘어가는 입장이었다. 그러면서도 교회는 이자에 대한 해결책을 찾으려 노력하였으니, 펠트레의 베르나르디노를 비롯한 여타 성직자로 하여금 이른바 "사랑의 언덕(montes pietatis)"이라는 곳을 여러 군데 설립하여 1251년부터 계속 운영시킨 것이다. 돈은 궁한데 신뢰성이 있는 사람은 이곳에 와서 자신의 물품을 한 가지 저당으로 잡히기만 하면 이자를 내지 않아도 돈을 빌려 갈 수 있었다. 이들 조직은 오늘날 우리가 아는 전당포의 전신 격이라 할 수 있는데, 취지는 훌륭했으나 대출 문제를 손보는 데는 미미한 구실밖에 하지 못하였다. 상업과 제조업은 여전히 돈을 필요로하고 있었고, 그 필요를 충족시켜 줄 수 있는 건 결국 불어난 자본이었다.

이 시절 전문 대부업자들이 무리로라도 높은 이율을 매긴 것은 그들이 양심이라곤 모르는 악마들이었기 때문은 아니다. 그보다는 그들이 짊어져야 했던 손실 및 위기의 위험이 그만큼 막대했기 때문이었다. 예를 들어, 대부업자들이 아무리 법에 호소를 해도 계약 내용이 항시 곧이곧대로 지켜지는 법은 없었다. 뿐만 아니라 이들이 거둔 수익은 얼마든 왕이나 황제가 징발해 갈 수 있는 것이었다. 또 이들은 언제든 추방을 당할 수 있는 위험이 있었고, 어딜 가더라도 항상 사람들로부터 욕을 얻어먹었다. 또 돈을 빌려 주고도 한 푼도 돌려받지 못하는 경우도 많았다. 파산한 채로 죽어 버리는 채무자만 한둘이 아니었고, 어떤 채무자들은 십자군에 참전한다는 명목으로 이자 지급을 면제받은 후 그 길로 영영 돌아오지 않기도 했다. 이렇듯 채무자가 지불 불능을 선언해 버리면 대부업자들로서는 다른 대출금의 이자율을 높여 그 손실을 메우는 수밖에 없었다. 다시 말해 좋은 대출로 나쁜 대출을 벌충하는 것이니, 우리가 어떤 물건을 살 때 그 물건 값에는 항상 팔기도 전에 못 쓰게 된 물건들의 비용이 반드시 포함되는 것과 같은 이치이다. 그리하여 12세기 프랑스와 잉글랜드에서는 이자율이 33과 3분의 1퍼센트에서 43과 3분의 1퍼센트 사이를 오갔고,[77] 때로는 그것이 하늘 높은 줄 모르고 치솟아 86퍼센트에 달하기도 했다. 이탈리아는 돈이 많았던 덕에 이자율을 12와 2분의 1퍼센트에서 20퍼센트 사이까지 낮출 수 있었다.[78] 이 이자율을 프레데리크 2세는 1240년경 10퍼센트까지 낮추려고 시도해 보았지만, 얼마 지나지 않아 그는 오히려 종전보다 높은 이자율로 그리스도교도 대부업자들에게 돈을 상환해야 했다.[79] 나폴리의 당국에서 이자율의 법정 한도를 최대 40퍼센트로 규제한 것은 이보다도 한참 뒤인 1409년의 일이었다. 그러다 대출의 안정성이 보다 높아지고, 대부업자 간에 서로 경쟁이 붙으면서부터 이자율은 떨어지는 양상을 보였다. 이제 경제는 점차 발달하여 갖가지의 금융 기법이 그 안에 새로 생겨났고 인류는 수백 번의 실험과 시행착오를 거쳐 그 사용법을 하나둘 배워 나가니, 이로써 신앙의 시대 안에서도 돈의 시대가 따로 막을 열기에 이른다.

5. 길드

먼 옛날 로마에는 콜레기움(collegium), 스콜라(schola), 소달리타(sodalita), 아르테(arte)라고 하여 갖가지 모임이 이루 헤아릴 수 없이 많았다. 이들 조직은 기능공, 상인, 도급업자의 모임이거나 정치 모임, 비밀 형제단, 남자들로 구성된 종교 결사의 성격을 띠었었다. 그렇다면 중세에 길드라는 것도 어느 식이든 이런 조직의 명맥이 이어져 오다가 탄생하게 된 것일까?

교황 그레고리우스 1세(590~604년)는 서한을 많이 남긴 것으로 유명한데, 그중 두 통을 보면 각각 나폴리의 비누 제조업자와 오트란토의 제빵사와 관련한 내용들이 담겨 있다. 또 롬바르드 왕 로타리(636~652년)의 법전에도 "마기스트리 코마키니(magistri Comacini)"라는 것이 등장하는데, 이탈리아의 도시 코모에서 일했던 숙련 석공들을 뜻하는 말로 보인다. 이들은 같은 "콜레기움(collegium, 회(會))"에서 일하는 동료라는 뜻으로 서로를 콜레간테(collegante)라 부르곤 했다.[80] 7세기의 로마, 그리고 10세기의 보름스에서는 운송업 노동자들이 협회를 구성해 활동했던 것으로 전해진다.[81] 한편 비잔티움 제국에서는 아득한 옛날에 결성된 길드 조직이 계속해서 활동하고 있었다. 일례로 이 시절 라벤나에는 스콜라, 즉 경제적 이득을 목적으로 한 조직이 다수 존재하였음을 여러 전거를 통해 확인할 수 있다. 6세기에는 제빵사들이 그런 조직을 구성해 활동했고, 9세기에는 공증인과 상인들이, 10세기에는 어부들이, 11세기에는 식료품 공급업자들이 그런 조직을 구성하였다. 또 9세기의 베네찌아에는 기능공들로 구성된 미니스테리아(ministeria)가 있었는가 하면, 11세기 로마에는 정원사들이 스콜라를 조직해 활동하기도 했다.[82] 이러한 고대의 길드는 서로마 제국에도 마찬가지로 있었겠지만 그 대부분은 야만족의 침략, 나아가 침략에 뒤이은 도시의 황폐화 및 빈곤에 휩쓸려 건재할 수가 없었다. 하지만 이런 와중에서도 롬바르디아에서만큼은 몇 개 조직이 살아남아 계속해서 명맥을 유지해 갔다. 그러다 11세기에 들면서 상업 및 제조업 활동이 다시금 기지개를 펴면서,

일찍이 콜레기움을 만들어 냈던 제 조건들이 갖가지 길드를 탄생시키기에 이른다.

옛날 로마식의 제도가 가장 잘 보존되어 있던 곳이 이탈리아였던 만큼, 길드 조직의 세력이 가장 막강했던 곳도 바로 이탈리아였다. 12세기에 들자 피렌쩨에는 아르티(arti, 수공 기술) 조합이 생겨나 활동을 펼쳤는데, 공증인, 의류상, 울 상인, 의사, 약제사, 비단 장수, 모피 장수, 무두장이, 무기 세공사, 여관 주인 조합 등 그 종류가 각양각색이었다.[83] 이들 길드 조직은 아마도 콘스탄티노플에 있던 조직들을 본떠서 생겨났던 것으로 보인다.[84] 한편 알프스 북쪽에서는 고대부터 조직돼 있던 콜레기움들이 이탈리아에서보다 더 철저하게 파괴를 당했던 듯하다. 그럼에도 불구하고 이들 조직에 대한 언급은 여러 군데 남아 전하는데, 다고베르트 1세의 법전(630년), 샤를마뉴의 참사 회의(779, 789년), 랭스 대주교 힝크마르의 법령(852년) 등이 그 실례에 해당한다. 12세기에 들어서면서부터는 프랑스 및 플랑드르 지방에도 이런 길드 조직이 다시 속속 나타나기 시작하더니, 샤리테(charité)나 프레리(freri, 형제회), 혹은 콤파니(compagnie)라는 이름으로 순식간에 우후죽순 늘어났다. 독일의 길드(한자, hanse)는 애초 마르크게노센샤프텐(Markgenossenshaften)이란 조직에서부터 생겨난 것이었다. 이 조직은 지방마다 자리를 잡고서 해당 지역에서 상호 부조, 종교적 계율 준수, 축일 행사 등을 담당해 오던 터였다. 그러던 것이 12세기에 이르자 어느덧 교역 조합 혹은 수공 기술 조합으로 탈바꿈하게 되고, 13세기에 이르면서는 그 세력이 무척이나 막강해져 경제적 힘은 물론 정치적 권력을 두고도 지방 협의회와 경쟁을 벌일 정도였다.[85] 독일의 그런 길드 중 하나가 바로 우리가 익히 아는 한자 동맹이다. 잉글랜드의 경우에는 이네 왕(688~726년)의 법령에서 길드에 대한 언급을 처음 찾아볼 수 있다. 바로 "게길단(gegildan)"이란 말이 그것인데, 이들 협회원들은 회원 중 누군가가 속죄금(특히 중세 시대에 지은 죄를 용서받기 위해 내놓은 돈을 말한다. - 옮긴이)을 내야 할 일이 생기면 십시일반으로 돈을 걷어 도와주곤 했다. 앵글로색슨족이 썼던 길드(gild, 독일어의 겔트(Geld, 돈), 영어의 골드(gold, 금)와 일드(yield, 총수익) 등의 말도 참고하기 바란다.)라는 말은 공공 자금을 위해 돈을 출자한다는 뜻이었고, 나중에는 그렇게 해서 모인 자금을 관리하는 협회의 뜻으로 쓰였다. 한편 상업적 목적의 잉글랜드 길드가 처음 언급된 것은 1093년의 일이었다.[86] 그러던 것이 13세기에 이르자 잉글랜드에는 주요 도시라면 거의 어김없이 이런 길드 조직이 하나 이상씩 생겨나게 되었고, 나아가 잉글랜드 및 독일에서는 지방 자치식의 이른바 "길드 사회주의"가 곳곳에서 위세를 떨쳤다.

11세기에 조직된 길드는 거의 백이면 백 상인 길드였다. 이들 상인 길드에는 독립적으로 활동하는 상인 아니면 대가급의 숙련된 기술을 지닌 직공만 들어갈 수 있었다. 타인의 힘에 의지하는 사람들은 일체 받아 주지 않는 것이 이들 길드의 특징이었다. 더불어 이들은 자신들이 교역을 속박하는 단체임을 노골적으로 드러내기도 했다. 높은 관세를 매기는 등의 방법을 동원해 경쟁 길드의 물품이 들어오지 못하게끔 자기네 도시를 설득하는 것은 예사였고, 타지의 그런 물품들이 어쩌다 자기네 도시에 들어오기라도 하면 그 때문에 타격을 받는 길드로 하여금 타지 물품의 값을 매기게 한 후 그 가격에 물건을 팔았다. 이러한 상인 길드들은 코뮌이나 왕으로부터, 그 지방 혹은 그 나라의 독점권을 따내는 일도 많았으니, 이들의 영역이나 농토에서 난 물건은 이들만 가져다 팔 수가 있었다. 그런 식으로 해서 파리 수로(水路) 상품 이송 관리회는 이 시절 센강을 거의 자기 것인 양 활용하기도 했다. 직공들은 정해진 하나의 길드를 위해서만 일하거나 혹은 길드의 허가를 받아 일하는 것이 보통이었는데 안 그랬다간 도시 법령의 제재를 받거나 경제적 압박이 가해졌기 때문이다. 그들이 만들어 낸 상품 역시 정해진 길드에게만 팔거나 그 길드를 통해서만 팔아야 했다.

길드 중에서도 보다 대규모의 것들은 점차 세력이 막강한 조합으로 변모해 갔다. 이들은 취급 물품도 각양각색이었을 뿐 아니라, 원자재를 도매가에 대량으로 사들이기도 했으며, 손실 발생 시 사람들에게 보험금을 지급해 주기도 했다. 또 자기들 성읍의 식량 공급 및 하수 처리 문제를 도맡아 체계적으로 정비하는가 하면, 도로를 포장하기도 하고, 도로 및 항만을 건설하기도 하였으며, 항만의 수심을 더 깊게 파기도 하고, 주(主)도로의 치안을 맡기도 했다. 또 시장이 원활히 돌아가게 감독을 하는 한편, 노동의 임금, 시간, 조건은 물론, 도제직(徒弟職)의 복무 조건을 일정하게 규제하였다. 물건의 생산 및 판매 방법, 원자재 및 완제품의 가격을 정하는 것도 이들 몫이었다.[87] 이들은 일 년에 네댓 번 "합당한 가격"을 골라 물건 값을 정했는데, 그들의 판단에 따라 모든 이해 당사자들이 충분한 자극과 보상을 받을 수 있는 선에서 값이 정해졌다. 이들은 자신의 업종 및 상권에서 사고팔리는 물건은 모두 가져다 일일이 무게를 재고, 검사를 하고, 헤아리는 일을 도맡았으며, 갖은 노력을 기울여서 질이 떨어지거나 정직하지 못한 물건들은 시장에 발을 들이지 못하게끔 했다.[88] 또 이들은 하나로 연대하여 여러 가지에 맞서기도 하였으니, 곳곳의 노상강도, 봉건 제후들과 그들이 매기는 요금, 제멋대로 뻗대는 일꾼들, 무엇이든 세금을 물리려 드는 당국이 늘 골칫거리였다. 정치 방면에서도 이들은 제일선에 나서서 상당수의 지방 협의회에서 힘을 과시하였다. 한때 이들은 귀족, 주교, 왕에 대항해 코뮌의 입장을 효과적으로 대변하는 역할을 하였으나, 나중에는 상인 및 재무가로 소수 집권층이 형성되어 이들 자신이 백성을 억압하는 형국을 이루게 된다.

각 길드에는 자기들만 쓰는 길드 회관이 하나씩 따로 있는 게 보통이었고, 중세 시대 후반에 들어서면 이들 건물은 건축적으로 화려한 외관을 자랑하게 된다. 이곳 회관에는 소속직도 복잡 다양하여, 운영 전반을 통솔하는 시(市) 의원들을 비롯해, 서기관, 회계관, 집달관, 경관 등등이 다 따로 있었다. 또 길드마다 법정이 다 따로 마련돼 있어 회원들의 재판을 담당하였고, 따라서 길드에 소속된 회원들은 지방 법원에 의지하기 전에 먼저 길드 법정에 쟁의서를 제출해야 했다. 또 길드에서는 소속 회원들에게 동료 회원에 대해 지켜야 할 도리도 규정하였으니, 병이나 고충에 시달리는 동료가 있으면 반드시 돕도록 했고, 적에게 공격을 당하거나 옥에 갇힌 동료가 있을 때는 반드시 그를 구하거나 보석금을 내 풀려나게 해야 했다.[89] 길드에서는 회원들의 윤리 도덕, 예의범절, 복식

(服飾)까지도 감독을 하였으며, 긴 양말을 신지 않고 회의에 나올 시에는 어떤 벌을 받는지까지도 정해 놓았다. 한번은 레스터 상인 길드에 속한 회원 둘이 보스턴 박람회에 갔다가 자기들끼리 주먹다짐을 벌인 일이 있었다. 동료들은 둘에게 맥주 한 통을 벌금으로 물렸고, 길드 사람들은 다 같이 모여 그들이 낸 술을 마시며 서로의 친목을 다졌다.[90] 또 각 길드에서는 해마다 축제일을 하나 정해서는 자기네들 수호성인을 기리곤 했는데, 식전(式前)의 짤막한 기도만 무사히 마치면 이날만큼은 하루 종일 흠뻑 취하도록 술을 마실 수 있었다. 도시가 교회나 대성당을 지을 때면 길드는 거기에 함께 자금을 대거나 장식을 도왔으며, 기적극(중세 유럽에서 유행한 종교극. 대부분 구약 성경의 내용을 간략히 극화한 것으로, 주로 예수와 성자들이 행한 기적이나 사적(事跡) 따위를 다루었다. - 옮긴이)을 준비하고 연출하는 데에도 한몫을 하였다. 이 기적극은 훗날 현대식 연극이 탄생하는 모태가 된다. 또 시(市)에서 기획하여 거리에서 가두 행진이라도 벌어질 때면 길드의 고관들은 보란 듯 화려하게 제복들을 차려입고 행차를 하였고 뒤로는 형형색색의 현수막을 내걸어 자기들이 종사하고 있는 업종을 알렸다. 또 길드에 속한 회원들은 길드로부터 화재, 수해, 절도, 징역, 장애, 노년 등에 대하여 각종 보험금을 지급받을 수 있었다.[91] 뿐만 아니라 병원, 빈민 구호소, 고아원, 학교도 길드에서 지어 주곤 했다. 회원 사망 시 장례식 비용을 내는 것도 길드였으며, 죽은 자의 영혼이 지옥에서 구원받을 수 있게끔 미사 집전비를 대 주는 것도 길드의 몫이었다. 부유하게 살다 죽은 길드 회원의 경우에는 자신이 죽은 후 반드시 미사를 집전해 달라는 부탁을 어김없이 유언장에 넣곤 했다.

물품을 만들어 내는 장본인인 기능공들은 이런 상인 길드에는 들어갈 수 없는 것이 상례였다. 그러면서도 상인들이 만들어 놓은 갖가지 경제적 규제와 그들이 행사하는 정치적 권력에는 예속을 당했으니, 그리하여 12세기 들면서부터는 각 제조업의 기능공들이 각자가 살고 있는 성읍에서 자기들끼리 독자적으로 기능공 길드를 조직하기에 이른다. 런던, 링컨, 옥스퍼드에는 1099년에 직공 길드가 있었다고 전해지며, 그로부터 얼마 지나지 않아서 축융공, 무두장이, 도살업자, 대장장이 등등의 길드도 속속 구성이 되었다. 13세기 들자 이런 직공 길드들은 "아르티(arti)", "준푸트(Zunfte)", "메치(métiers)", "콤파니(companies)", "미스테리(mysteries)" 등의 이름을 달고(이상의 명칭은 모두 특정 직종의 조합 혹은 회(會)를 뜻한다. — 옮긴이) 유럽 전역으로 퍼져 나갔다. 그 결과 베네찌아에는 이런 직공 길드 58개가 활동하게 되고, 제노바에서는 33개, 피렌쩨에서는 21개, 콜로뉴에서는 26개, 파리에서는 무려 100개가 활동하였다. 1254년경에는 루이 9세 밑에서 이른바 "상인 총수"직(오늘날 미국의 상무 장관에 해당한다.)을 맡았던 에티앙 부알로가 공식적인 『직업서(*Livre des Métiers*)』를 발간해 내기도 했는데, 파리에서 활동한 101개 길드의 규칙이며 규정이 일목요연하게 정리돼 있었다. 한편 이 목록에 들어 있는 당시의 노동 분화 정도를 보면 그 세세함에 입을 다물 수 없을 정도이다. 예를 들면 가죽 제조업만 해도, 탈피공(脫皮工), 무두장이, 구두장이, 마구(馬具) 제조업자, 안장 제조업자, 고급 가죽 제품 제조업자 길드가 다 따로 있을 정도였다. 목수업에서는 궤짝 제조업자, 찬장 제조업자, 선박 건조업자, 바퀴 제조업자, 통 제조업자, 노끈 제조업자가 다 따로 있었다. 각 직공 길드에서는 저마다 자신들 직종의 비밀을 철통같이 지켰고, 외부인들이 함부로 자기 업무 영역에 발을 들이지 못하도록 단단히 울타리를 쳤으며, 그러다가 사법 분쟁으로까지 일이 번져 한바탕 싸우는 경우도 잦았다.[92]

당대 시류가 그랬던지라 이들 직공 길드 역시 종교적 조직의 형태를 갖추었고, 자기들만의 수호성인을 다 따로 두었으며, 해당 분야를 독점하는 것을 간절한 최종 목표로 삼았다. 당시에는 해당 직종의 길드에 소속돼 있지 않으면 그 직공에게는 믿고 일을 맡기지 않는 것이 보통이었다.[93] 이들 직공 길드의 지도자는 직공 전원이 매년 한 차례씩 모여 선출하는 방식이었으나, 대체로는 나이와 재력이 많은 사람이 지도자로 결정되는 편이었다. 직공들이 어떤 조건에서 일을 해야 하고, 어느 정도의 임금을 받아야하며, 또 물건 값은 얼마로 매겨야 하는지도 직공 길드에서 결정하였다.(물론 그러기에 앞서 직공 길드에서는 먼저 상인 길드의 규정, 시의 법령, 경제 법칙을 따져 보아야 했다.) 길드의 규칙에 의해 이 시절에는 한 지역에서 활동할 수 있는 명인(名人) 직공들의 수는 물론, 명인이 둘 수 있는 도제(徒弟)의 수도 일정하게 제한되었다. 또 명인의 아내를 제외하고 여자들은 누구도 제조업 직종에 고용해 일을 시키지 못하게 했고, 남자라도 저녁 6시 이후에는 일을 시킬 수 없었다. 또 부당한 금액을 청구하거나, 부정직한 거래를 하거나, 어설프게 물건을 만들어 내는 회원들에게는 그에 상응하는 처벌을 가하였다. 또 길드에서는 직공들이 물건을 만들어 내면 품질을 보증하는 징표로서, 물품 위에다 "교역 상표(trademark)"나 "인증 각인(hallmark)"을 자랑스레 박아 주었다.[94] 브뤼즈에서는 한 직공이 그런 인장을 위조해서는 질이 떨어지는 물품 위에 갖다 찍기도 했는데, 그 사실이 적발되자 길드에서는 그를 도시에서 추방시켜 버렸다.[95] 한편 명인들은 물품 생산량 및 물품 가격을 두고 경쟁이 이뤄지는 것을 바람직하게 보지 않았다. 그런 식의 경쟁이 격화되었다 간 가장 영악하거나 가장 뼈 빠지게 일하는 명인들만 지나치게 부유해지고 나머지 명인들은 배를 주리게 될 것이었기 때문이다. 하지만 물품의 질을 두고 이루어지는 경쟁은 명인들이나 곳곳의 도시에서나 다 반기는 편이었다. 상인 길드가 그랬듯, 이곳 직공 길드에서도 도시 곳곳에 병원과 학교를 지어 주고, 회원들에게 각양각색의 보험을 제공해 주었으며, 형편이 어려운 회원들의 구호에 힘썼다. 딸 가진 부모들에게는 지참금을 마련해 주고, 사람이 죽으면 장사를 지내 주었으며, 과부가 된 이들도 살뜰히 돌봐 주었다. 곳곳에 대성당과 교회가 지어질 때는 자금은 물론 노동력도 대 주었으며, 그렇게 지어진 대성당의 유리창에다가는 자신들이 솜씨를 발휘하는 모습이며, 그 시절 사용했던 인장 등을 그림으로 담아 놓았다.

이 시절 명인들이 서로에 대한 형제애로 단단히 뭉쳐 있었다고는 하나 그렇다고 직공 길드에 엄격한 위계 및 권력 서열이 사라지는 것은 아니었다. 길드 조직의 맨 아래 서열은 열 살에서 열두 살 사이의 도제들 차지였다. 이 아이들은 어린 나이에 부모 손에 억지로 끌려와서는 짧게는 3년에서 길게는 12년까지 명인 기능공과 함께 생활하며 그의 가게나 집에서 하인 노릇을 해야 했다. 그렇게 종살이를 해 주는 대가로 도제는 자신에게 필요한 의식주와 함께 해당 업종의 일을 명인으로부터 배울 수 있었다. 그러다 도제 기간이 후반부에 접어들면 일에 대한 급료와 작업에 필요한 연장을 지급받을 수 있었다. 도제 생활이 무사히 끝날 때가 되면 명인들이 소정의 돈을 선물로 주기도 했고 도제는 이를 가지고 자기 가게를 열어 일을 시작할 수 있었다. 하지만 도제들이 명인 밑에서 일하다 중간에 도망치는 경우도 있었는데, 도망을 쳤더라도 명인에게 다시 돌아오면 벌을 받는 것으로 끝났다. 그러나 도망을 쳐서 끝까지 돌아오지 않을 시에는 해당 직공 분야에 영영 발을 들일 수 없는 신세가 되었다. 도제를 마친 사람은 장색(匠色, journeyman, '세르비테(serviteur)', '가르송(garçon)', '콩파뇽(compagnon)', '바를레(varlet)'라고도 한다.)으로 승격되어 이곳저곳의 명인들을 찾아다니며 일용직(이를 프랑스어로 '주르네(journée)'라고 한다.)으로 일했다. 그렇게 장색으로 2, 3년을 일하면 자기 가게를 열 수 있을 만큼 자본을 모으게 마련이었고, 이때쯤 길드 위원회로부터의 기술 심사가 있었다. 이 심사를 무사히 통과하면 비로소 명인이 될 수 있는 것이었다. 심사 후보자는 때로 길드 운영위원회에 자신의 솜씨를 유감없이 발휘한 견본을 내야 하기도 했는데(이는 중세 시대 후반에만 있었던 관행이었다.) 이런 작품을 일컬어 마스터피스(masterpiece, 걸작. 여기서는 명인(master)의 작품이란 의미가 된다. ─옮긴이)라 하였다.

이렇듯 일련의 과정을 마쳐 명인이 되면 직공들은 자기 소유의 연장을 갖출 수 있었다. 그러고는 보통 소비자로부터 직접 주문을 받아 물품을 제작하였다. 소비자는 상황에 따라 직공에게 자재를 구해다 주기도 했으며, 제품 의뢰 뒤에는 수시로 작업실에 들러 작업의 진척 상황을 살피곤 했다. 이런 체계에서는 중간 상인이 제품 제조업자와 소비자 사이에 끼어들어 둘 사이를 쥐락펴락할 여지가 없었다. 직공들의 얼마나 활동 영역이 넓어지느냐는 그들이 물건을 내다

파는 시장에 달려 있었고, 이때 시장이라 함은 보통 그가 사는 성읍이었다. 하지만 이 시절 직공들은 시장이 부침을 겪는다거나, 머나먼 타지의 투자자 및 구매자들의 기분이 뒤바뀐다고 해서 사는 형편이 달라지지는 않았다. 경기가 한창 좋았다가도 언제 그랬냐는 듯 침체될 때의 공포를 이 시절의 직공들은 알지 못했다. 직공들이 일하는 시간은 하루에 8~13시간으로 긴 편이었다. 하지만 오랜 시간을 작업하더라도 이들은 지혜를 짜내어 느긋하게 일할 줄 알았고, 심심찮게 찾아오는 종교의 축일도 빠지지 않고 즐겼다. 식사도 영양가 있는 것들로 챙겨 먹었으며, 집안에다가는 만듦새 좋은 튼튼한 가구들을 들여놓았고, 옷은 단출하지만 내구성 좋은 것들로 입었다. 이들은 오늘날의 장인들 못지않게 폭넓은 문화생활을 즐길 줄도 알았다. 글은 그다지 많이 보는 편이 아니어서, 말도 안 되는 헛소리에 공연히 넋 나가 있는 일은 별로 없었다. 하지만 지역 공동체에서 노래와 춤판이 벌어지거나, 연극이나 의례가 행해질 때는 한자리에 끼어 열심히 참여했다.

13세기를 거치고 나자 직공 길드는 그 숫자는 물론 세력도 부쩍 불어났고, 덕분에 소수 지배층 구실을 하던 상인 길드에 일종의 민주적 견제 장치가 돼 주었다. 그러나 머잖아 이들 직공 길드도 노동자에게는 귀족 계층과 다를 바 없어지게 된다. 명인의 아들에게만 명인 자격을 주는 경향이 차츰 직공 길드에서 나타나기 시작한 것이다. 더구나 장색을 부리면서 명인들은 임금을 제대로 쳐주지 않았으니, 14세기에는 장색들이 거듭 반란을 일으켜 직공 길드의 힘을 약화시키게 된다. 뿐만 아니라 직공 길드의 벽은 점점 높아지기만 해 길드 회원이 된다거나 길드가 있는 마을에 들어가기가 여간 어려운 일이 아니었다.[96] 사실 직공 길드는 이 시절의 제조업 운용에 있어서는 더할 나위 없이 훌륭한 조직체였다. 이때만 해도 교통수단이 여의치 않아 지방의 구매자들은 다닐 수 있는 시장이 몇 개 없는 경우가 많았고, 집적된 자본 역시 아직까지는 대규모의 작업을 뒷받침해 줄 만큼 충분히 풍족하지도 유동적이지도 않았기 때문이다. 마침내 그러한 자본이 모습을 드러내고 나자 길드들은(상인 길드, 직공 길드 할 것 없이) 이윽고 시장 장악력을 잃어 갔고, 나아가 작업 조건마저도 스스로 결정하지 못하게 되었다. 잉글랜드에서는 산업 혁명의 결과, 서서히 숨을 조여 오는 경제 변화 속에 길드들이 하나둘 파괴를 당해 갔다. 프랑스 혁명 역시도 그곳에 자리 잡고 있던 길드를 순식간에 해체시켜 버렸으니, 한창 잘 나가던 호시절 이들이 향유하던 자유와 품위가 혁명가들의 눈에는 영 못마땅한 까닭이었다.

6. 코뮌

18세기와 20세기에도 그랬지만, 12세기와 13세기에 일어난 경제 혁명은 사회 전반 및 통치 방식에도 일대 혁명을 불러왔다. 경제 혁명에 발맞추어 신진 계급들이 우르르 일어나 경제적 및 정치적 권력을 손에 쥐었고, 중세 도시들은 이참에 패기와 호전성으로 무장하고 독립을 주창하니 이러한 독립성은 르네상스 시대 들어 절정을 이룬다.

그렇다면 이 시절 유럽에 각종 길드를 비롯해 여러 도시들이 생겨난 것은 유전(遺傳)의 영향이었을까, 아니면 환경의 영향이었을까? 다시 말해 그것들은 로마 시대의 지방 자치가 대대로 이어져 내려온 후손이었을까, 아니면 경제적 변화의 물줄기가 한 차례 휩쓸고 지나가면서 생긴 새로운 응고물이었을까? 물론 당시에는 혼란, 궁핍, 쇠락의 세월을 수백 년 견뎌 내고 자신만의 영속성을 지켜 온 로마 시대 도시들도 많았다. 그러나 로마 시대의 구습을 그대로 지켜 온 곳은 이탈리아와 남동 프랑스의 몇몇 곳뿐이었고, 로마 시대의 법률을 지켜 온 곳은 그보다도 훨씬 더 적었다. 알프스 이북 지역에서는 이미 전부터 로마의 유산 위에 야만인의 법속(法俗)이 자리 잡고 있던 참이었다. 더구나 고대부터 존속해 온 지방 자치제에도, 게르만족 혹은 게르만 촌락의 정치 관습이 어느 정도는 스며들어 있던 터였다. 알프스 너머에서는 성읍들이 봉건 영지에 소속돼 있는 것이 일반적이었고, 이들은 봉건 영주들이 남긴 유언 및 그들이 정한 상속인의 지배를 받았다. 유럽 땅을 정복한 튜턴족에게도 봉건 제도가 자연스러웠지, 지방 자치는 낯설기만 한 제도였다. 이탈리아 땅을 제외한 그 바깥의 중세 도시들은 주로 상업적 중심지, 계급, 세력이 새로이 형성되면서 함께 일어난 것이었다.

예로부터 유럽에서 봉건 제후 성읍의 터라고 하면, 주변부보다 높은 고지나, 여러 개의 길이 교차하는 길목에 자리 잡는 게 보통이었다. 그렇지 않으면 배가 많이 다니는 주요 수로나 영토가 나뉘는 국경선을 따라 자리 잡고는 했다. 그렇게 해서 봉건 제후의 성이나 요새화한 수도원이 터를 잡아 성벽을 두르고 나면, 그 주변을 에워싸고 이른바 공민(公民, burgess, 여기에서는 자치 도시에서 살아가는 시민이라는 뜻으로 쓰였다. - 옮긴이)이라 불리는 마을 사람들이 자신들의 소박한 제조업과 장사를 서서히 꾸려 나가기 시작했다. 정신없이 퍼부어대던 노르만족과 마자르족의 공격이 잦아들면서, 이들 교외 지역은 활동 영역을 크게 늘릴 수 있었다. 그에 맞추어 상점의 수도 우후죽순 늘어났고, 전만 해도 뜨내기로 지나다니던 상인 및 직공들도 마을 주민이 되어 정착 생활을 하기 시작했다. 하지만 이윽고 전쟁이 터지자 예전의 불안이 또다시 찾아들었다. 이에 교외 지역 주민들은 봉건 제후가 파놓은 해자보다 둘레를 더 넓게 하여 2차 성벽을 둘렀다. 자신들의 신변은 물론, 그들의 가게, 그리고 그들의 물품을 지켜내기 위함이었다. 이렇게 해서 마을이 넓어지기는 했으나, 그 땅을 자기들 영지로 하여 소유하고 통치하는 건 여전히 봉건 제후나 주교들이었다. 하지만 하루하루 늘어 가는 성읍의 주민들은 이제 점차로 상업적이고 세속적인 경향을 띠어 가고 있었다. 이들은 봉건 영주들이 매기는 세금과 그들이 가하는 제약 때문에 늘 노심초사하지 않을 수 없었고, 결국에는 지방 자치의 자유를 얻어 내리라 마음먹고 모의를 꾀하기에 이른다.

과거로부터의 오랜 정치적 전통도 있어 왔고 또 행정 처리에 새로이 필요하기도 하여, 이즈음 구성된 것이 일단의 시민 모임과 관리(官吏) 단체였다. 이렇게 태어난 (정치적 구성체) "코뮌"은 이윽고 (지리적 구성체인) 도시의 정무를 점점 더 많은 부분 관할해 나가게 된다. 그리하여 11세기 말에 접어들자 상인층 지도자들이 봉건제 대영주들에게 자유를 요구하고 나서는데, 코뮌의 자유를 인정하는 인가장을 성읍에 발부해 달라는 것이었다. 상인들이란 본래 세상 물정에는 누구보다 훤하니 만큼, 이들은 대영주들 사이를 이간질시켜서는 싸움을 붙이곤 했다. 때로는 이들의 수에 놀아나 귀족과 주교, 기사와 귀족 사이에도 싸움이 붙었고, 왕 역시 이들 중 어느 하나 혹은 이들 모두와 싸움이 붙을 정도였다. 성읍민들은 지방 자치의 자유라는 목표를 이루기 위해 갖가지 방책을 동원하였다. 우선은 엄숙한 서약을 통해 앞으로 귀족이나 교회가 물리는 요금이나 세금은 일체 거부하고 무시하겠다고 맹세했다. 또 영주에게 한 번에 일정액, 혹은 해마다 연금을 납입하고 그 대가로 인가장을 받는 방법이 있었다. 또 성읍이 국왕 영지 소속일 경우에는 왕에게 기부금을 내거나 아니면 전쟁에 나가 함께 싸워 주고 자치권을 얻어 내기도 했다. 때로는 성읍 쪽에서 막무가내로 독립을 선언해 버리기도 했는데, 그럴 때면 곧 투쟁적인 폭력 혁명이 일어났다. 일례로 트루아 같은 도시는 그런 투쟁을 12회 거치고 나서야 비로소 자유를 얻어 낼 수 있었다. 한편 영주 중에서도 궁한 지경에 처하거나 채무를 떠안은 사람들은(특히 십자군 참전을 준비한 이들) 이른바 자치권 인가장이란 것을 만들어 자기 영지 안의 성읍에 돈을 받고 팔았다. 잉글랜드의 도시 상당수는 실제로 이런 방법을 통해 리처드 1세로부터 지방 자치권을 얻어 내기도 했다. 일부 영주들, 그중에서도 특히 플랑드르 지방 영주들은 인가장을 발급해 주되 도시의 자유에 제한을 두었으니, 도시의 상업 발달이 귀족들의 수입 증가와 바로 연결되었기 때문이다. 한편 도시들이 자치권을 확보하려는 이런 노력에 가장 오랫동안 저항한 것은 다름 아닌 수도원장과 주교들이었다. 이들의 경우 사제 서품 서약 시 수도원 혹은 교구의 수입을 떨어뜨리지 말 것을 의무로 부여받았던바, 교회에서 이루어지는 수많은 목회 활동의 자금이 거기서 나오는 까닭이었다. 따라서 성읍의 땅을 교회가 차지하고 있을 경우 둘 사이에는 언제 끝날지

모를 지지부진한 싸움이 어디에서보다도 치열하게 이어지곤 했다.

이런 코뮌이 스페인 왕들에게는 골칫덩어리 귀족들을 손볼 좋은 계책이었으니, 따라서 스페인 왕실에서는 선심 쓰듯 수많은 인가장이 발부돼 나왔다. 그렇게 해서 레온이라는 도시가 카스틸리아의 왕으로부터 인가장을 받은 것이 1020년의 일이었고, 부르고스는 1073년, 나헤라는 1076년, 톨레도는 1085년에 인가장을 받았다. 그리고 얼마 지나지 않아서는 콤포스텔라, 카디즈, 발렌시아, 바르셀로나 같은 도시들도 그 뒤를 이었다. 이 시절에는 성직 수임권과 관련해 신성로마제국 황제와 교황 사이에 알력 다툼이 심하였고, 국가와 교회 사이에도 그 외의 다른 문제로 인해 걸핏하면 갈등이 일곤 했는데, 덕분에 독일에서는 봉건제가 세를 더했고 이탈리아에서는 도시들이 힘을 키워 갔다. 이탈리아 북부의 경우에는 도시들에 이 정도로 정치적 패기가 넘친 것은 역사상 전무후무한 일이었다. 이 시절 알프스 산에서는 물줄기가 곳곳에서 흘러나와 롬바르디아와 투스카니에서 커다란 강들을 이루었으니, 이 강들은 상업을 원활히 해 주는 원동력인 한편 주변의 평원까지도 기름진 옥토로 만들어 주는 역할을 했다. 그 결과 알프스 너머의 유럽과 서아시아의 상업은 이탈리아 북부에서 한데 만날 수 있었고, 여기서 이른바 상인 출신의 "부르주아"(bourgeois, 중세 유럽의 도시에서, 성직자와 귀족에 대하여 제3 계급을 형성한 중산 계층의 시민을 가리키는 말이다. - 옮긴이)가 생겨나기에 이른다. 이 신흥 부자들은 자신들이 모은 재물로 오래된 도시를 재건하는가 하면, 새 도시를 건설해 내었고, 더불어 문학과 예술을 장려하였으며, 봉건 제후들이 자신들에게 씌워 놓았던 굴레는 보란 듯 내던져 버렸다. 코뮌 독립 운동이 일자 시골 영주들은 자기들 성에 틀어박혀 전쟁을 벌여 보았지만 이길 수 없는 싸움이었다. 그예 항복할 수밖에 없던 이들은 도시로 들어와 거처를 마련하였고 자신들 역시 코뮌에 충성할 것을 맹세하였다. 한편 롬바르디아에 자리한 여러 개 성읍, 그곳을 수백 년 간 다스려온 실질적이고 유능한 통치자인 주교들도 결국에는 두 손을 드는 도리밖에 없었다. 그들이 오랜 세월 힘을 무시해 왔던 교황이 도시의 편에 서서 시민들을 돕고 나선 것이다. 그리하여 1080년에 들자 도시 루카가 "집정관"의 다스림을 받게되었다고 전하며, 1084년에는 피사, 1098년에는 아레초, 1099년에는 제노바, 1105년에는 파비아, 1138년에는 피렌쩨에서도 마찬가지의 일이 있었다고 한다. 물론 이탈리아 북부 도시들에서는 그 후 15세기까지도 여전히 신성로마제국의 공식적 주권을 인정해 주어, 공공 문서 작성 시에는 신성로마제국의 이름을 빼놓지 않았다.[97] 그러나 실질적인 면에서 이들은 더 이상 제국의 예속을 받지 않는 자유로운 상태였다. 그러자 아득한 옛날에 존재했던 도시 국가 체제가 다시금 부활하더니, 도시 국가 특유의 혼란과 활력을 고스란히 재현해 보였다.

한편 프랑스에서는 도시들이 자유를 얻는 과정에서 장기간의 투쟁, 특히 폭력적인 투쟁이 동반될 때가 많았다. 이곳에서는 시민들이 코뮌을 세워 놓으면 해당 지역을 다스리는 주교들이 파문이나 무력의 방법을 동원하여 그것을 폐지시켜 버리곤 했다. 르망(1069년), 캉브레(1076년), 랭스(1139년) 등이 그렇게해서 코뮌이 폐지된 경우였다. 하지만 누아용처럼, 그 지역의 주교가 자발적으로 나서서 성읍에 인가장을 내준 경우도 있었다.(1108년) 이와 함께 도시들 중에는 스스로의 힘으로 자유로워진 곳들도 있었다. 생캉탱은 1080년, 보베는 1099년, 마르세유는 1100년, 아미앵은 1113년에 자기들 손으로 자유를 얻어 냈다. 랑이라는 도시에서는 1115년, 부패한 주교가 잠시 자리를 비우자 그 틈을 타 시민들이 얼른 코뮌을 설립하였다. 주교가 돌아오자 시민들은 그에게 뇌물을 쥐어 주었고, 이에 주교는 그들이 세운 코뮌을 보호하겠다고 서약해 주었다. 하지만 일 년 뒤 이 서약은 깨졌으니, 주교가 루이 6세를 부추겨서는 랑에 있는 코뮌을 폐지시키라 한 것이다. 그 다음에 벌어진 일들을 수도자 기베르 드 노장은 다음과 같이 기록해 놓았는데, 당시에 코뮌 혁명의 열기가 얼마나 가열했는지 가늠해 볼 수 있는 대목이다.

부활절 주간이 닷새째에 접어든 날이었다. …… 도시는 가는 곳마다 시끌벅적한 것이, "코뮌!"을 외쳐대는 사람들 소리가 곳곳에서 떠들썩하게 울려 퍼졌다. ……

이제 시민들은 칼이며, 도끼, 활, 손도끼, 곤봉, 창 등을 들고는 구름처럼 몰려들어 주교가 사는 궁궐에 들어섰다. …… 귀족들은 자기들 나름대로 사람들을 사방팔방에서 긁어모아서는 주교를 돕겠다고 달려왔다. …… 주교 곁에는 그를 돕겠다고 나선 이들이 몇몇 있었고, 그들과 함께 주교는 돌이며 화살을 날려 사람들에게 맞서 싸워 보았다. …… 결국 주교는 술통에까지 들어가 몸을 숨기지 않으면 안 되었다. …… 주교가 사람들에게 빌며 약속을 하는데 그 모습이 참으로 딱하였다. 내용인즉슨 지금까지 자기가 맡았던 주교직을 이제는 그만두겠으며, 그가 가진 재물은 사람들이 원하는 대로 얼마든 나누어 줄 것이고, 자기가 살고 있는 이 나라도 곧 떠나리라는 것이었다. 하지만 마음이 돌처럼 굳어 버린 사람들은 그런 주교를 보고 야유를 퍼부을 뿐이었다. 그때였다. 이름이 베르나르라고 불리던 한 남자가 자신의 도끼를 번쩍 쳐들더니, 죄를 짓긴 하였으나 성스러운 몸인 주교의 머리를 가차 없이 내리쳤다. 주교의 몸은 양 옆에서 그를 붙들고 있던 손을 주르륵 미끄러져 맥없이 무너져 내렸다. 땅바닥에 쓰러지기도 전에 그는 이미 숨이 끊어져 버렸건만, 또다시 한 방이 그의 안구 밑 콧등께로 날아들었다. 여기에 사람들은 그의 다리를 잘라 버리고 곳곳에 수많은 상해를 입히는 것으로 그를 완전히 끝장내 버렸다. 한편 티보는 주교의 손에 반지가 끼워진 걸 눈여겨보고 있다 그걸 빼내려 했다. 하지만 여의치 않자 서슴없이 그 손가락을 잘라 버렸다.[98]

성난 시민들은 대성당에도 불을 놓고 흔적조차 안 남게 산산이 부수어 놓았다. 여기에 약탈자들은 쇠뿔도 단김에 빼겠다는 듯 귀족들이 사는 대저택까지 찾아가 곳곳을 강탈하고 방화하기 시작했다. 이에 왕실 군대가 랑으로 물밀 듯 들어왔고, 이들이 귀족 및 성직자와 합세하여 군중에게 무차별 학살을 가하였다. 이때 코뮌은 폐지되었다. 그러다 코뮌이 재설립된 것이 그로부터 14년 뒤의 일이었다. 이때 시민들이 재건한 것은 코뮌만이 아니었다. 과거 자신들 혹은 자신들 아버지가 부수어 놓았던 대성당을 불타는 신심을 가지고 다시 땀 흘려 지어 올린 것이다.

코뮌을 둘러싼 이러한 싸움은 백 년이 지나도록 그칠 줄 몰랐다. 일례로 베즐레에서는(1106년) 코뮌을 세우기 위해 사람들이 아르노 수도원장을 죽이는 일이 발생하였다. 1137년에는 오를레앙에도 코뮌이 세워졌으나 이 코뮌은 계속 존속하는 데는 실패하였다. 1146년에는 루이 7세가 상스라는 도시에 인가장을 내주었다. 하지만 3년 후 왕은 인가장 발부를 철회하게 되는데, 그 도시를 영지로 소유하고 있던 수도원장이 왕에게 청원을 넣은 까닭이었다. 이에 군중들은 수도원장을 찾아가 그와 그의 조카까지 죽였지만, 끝내 코뮌을 설립하는 데는 실패했다. 투르네의 주교는 6년에 걸쳐 내전을 벌이면서까지(1190~1196년) 그곳에 세워져 있던 코뮌을 폐지시켜 버렸다. 당시 교황은 투르네의 시민 모두를 파문에 처하기도 했다. 1194년의 부활절 일요일에는 루앙의 시민들이 대성당 참사 회원들의 집을 찾아가 그곳을 약탈하는 일이 발생했다. 1235년에는 랭스에서 사건이 터졌다. 이 도시 한편에는 대성당을 지을 자재로 돌무더기가 쌓여 있었는데, 대중들이 그것을 싹 쓸어 가서는 갈리아 지역의 최고 성직자와 싸우는 데 탄환 및 차폐물로 이용한 것이다. 갈리아의 최고 성직자는 참사 회원들과 함께 갈리아를 빠져나갔다 2년 뒤에나 다시 돌아올 수 있었다. 이 소식에 교황은 루이 7세를 설득하여 랭스에 세워진 코뮌을 폐지하도록 했다. 이렇듯 프랑스의 도시 상당수는, 프랑스 혁명이 찾아오기 전까지는, 자유권을 확립하는 데 번번이 실패한 꼴이었다. 하지만 프랑스 북부의 경우에는 대부분 도시들이 1080년에서 1200년 사이에는 자유를 향유하며 지낼 수 있었다. 더불어 이들 도시들은 자유가 가져다준 활력 덕분에 그들 역사상 가장 위대한 시대를 구가하기도 했다. 그 유명한 고딕 양식의 대성당들을 지어 낸 것도 바로 이 시대의 프랑스 북부 코뮌들이었다.

한편 잉글랜드 왕들은 도시들이 지닌 힘을 귀족에 대한 견제 수단으로 삼았다. 즉 곳곳의 도시들이 일부 제한된 형태의 자치를 할 수 있게 인가장을 발부해 주고는 그들의 지지를 이용해 귀족들에게 대항한 것이다. 일례로 정복 왕 윌리엄이 런던에 발부해 준 인가장이 바로 그런 경우였다. 헨리 2세도 그와 비슷한 인가장을 링컨, 더럼, 칼라일, 브리스톨, 옥스퍼드, 솔즈베리, 사우샘프턴 등의 도시에 발부해 주었다. 케임브리지 같은 도시에서는 1201년 존 왕에게 돈을 주면서까지 코뮌의 권리를 사들이기도 했다. 플랑드르의 경우에는 그곳을 지배하던 백작들이 겐트, 브뤼즈, 드외, 투르네, 릴 등지의 도시에 상당한 재량권을 인정해 주는 편이었다. 그러면서도 백작들은 도시가 완벽한 자치 독립을 이루려 할 때는 하나도 남김없이 그 시도를 봉쇄시켰다. 네덜란드에는 라이덴, 하를렘, 로테르담, 도르드레흐트, 델프트 등의 도시들이 있었는데, 이들 도시도 13세기 들면서 왕으로부터 지방 자치 인가장을 얻어 냈다. 유럽 각국 중에서도 도시의 자유가 꽤 오래도록 보장되고 그 모습도 가장 평온했던 곳이 바로 독일이었다. 독일의 경우에는 신성로마제국 황제의 봉신 노릇을 하던 주교들이 그곳 도시들을 수백 년 동안 지배해 온 터였다. 그러다 이 무렵 들면서 주교들이 콜로뉴, 트리어, 메츠, 마인츠, 슈파이어, 스트라스부르, 보름스 등의 여타 도시들에 자치권을 내주니, 이로써 도시들은 자기들 나름대로 행정관을 선출하는 한편 자신들의 법도 독자적으로 제정할 수 있게 되었다.

서유럽에서 코뮌 혁명이 비로소 성공을 거둘 수 있었던 건 12세기 말엽에 들어서의 일이었다. 물론 당시에도 완벽한 자유를 누리는 도시는 찾아보기 힘들었다. 하지만 이제 서유럽 도시들은 확실히 봉건 지배자들에게 더 이상 구애받지 않았고, 봉건 제후가 매기는 요금도 거부하거나 혹은 덜 냈으며, 교회에서 행사하는 권리도 대폭 축소시켜 놓았다. 일례로 플랑드르 지방에서는 도시에서 나서서 새로 수도원을 설립하지 못하도록 금지시켰으며, 아울러 교회를 상대로 한 토지 증여도 금지시켰다. 또 성직자가 교회 법정에 가서 재판받을 권리도 제한하는 한편, 초등 교육 기관에 대한 감독을 교회가 맡는 데에도 이의를 제기하였다.[99] 이제 도시에서의 자치 생활 그리고 경제 생활을 영위하는 데 있어 지배적 위치를 차지한 것은 이른바 상인 출신 "부르주아"들이었다. 코뮌에서 상인 길드는 거의 어김없이 하나의 독립된 자치체로 인정을 받곤 했다. 어떤 경우에는 코뮌과 상인 길드가 따로 구별되지 않는 서로 같은 조직체일 때도 있었다. 물론 이 둘은 서로 별개의 조직을 이루는 게 상례였지만, 그런 상황에서도 코뮌이 상인 길드의 이익을 침해하는 경우란 거의 없었다. 런던 같은 경우에는 다름 아닌 도시의 길드들이 그곳의 시장(市長)을 선출할 정도였다. 바야흐로 천 년이라는 세월 만에 토지보다는 돈을 가져야 더 막강한 힘을 행사할 수 있는 시대가 온 것이다. 이제 금권(金權) 정치는 한껏 득세하여 귀족과 성직자 모두에게 도전을 가하고 있었다. 자신들이 가진 부, 에너지, 능력으로 정치적 힘을 얻어 내는 데 있어 이들 중세의 상인 "부르주아"들은 고대의 상인들보다도 더한 면모를 보였다. 일례로 대부분 도시에서 가난한 자들은 상인들의 힘에 억눌려 집회를 가지거나 관직에 오를 기회를 박탈당하였다. 뿐만 아니라 상인들은 육체 노동자 및 농부도 억압하였고, 상업에서 발생하는 이익은 자신들이 독점하였다. 또 지역 공동체에 과중한 세금을 매기는가 하면, 벌어들인 돈을 가지고는 내란이나 외전(外戰)을 일쑤였으니 그 목적은 물건을 팔 시장을 확보하는 한편 경쟁자들의 세력을 무너뜨리는 데 있었다. 더불어 이들은 직공들 조직에도 탄압을 일삼아 당시 직공들은 파업의 권리를 인정받지 못했다. 이를 어기는 직공은 상인 길드에게서 사형이나 추방 등의 형벌을 받아야 했다.[100] 프랑스 혁명 때에도 그랬지만, 이 시절 봉건 제후들이 안았던 패배는 결국 대체로 상인 계급의 승리로 돌아갔다.

그렇다고는 하나 당대의 코뮌은 역사에 인간의 자유를 다시금 부르짖은 하나의 장대한 울림이었다. 마을 종탑에서 뎅그렁뎅그렁 종소리가 울려 퍼지는 날이면, 시민들은 정해진 장소로 왁자지껄 몰려가서는 자기들 손으로 직접 도시의 관리들을 뽑았다. 뿐만 아니라 이 시절 도시들은 독자적으로 코뮌의 군대를 조직해 스스로를 힘껏 방어하기도 했다. 도시들은 레냐노 전투에서 신성로마제국 군대를 맞아 승리를 거두는가 하면(1176년), 더러는 자기들끼리도 피차 진이 빠질 때까지 싸워댔다. 이 시절 도시들에 생겨난 시 협의회는 곧 운영 위원회의 결정에 의해 상인층 귀족들만 들어갈 수 있는 곳이 되고 말기는 하지만, 티베리우스(서기 14~37년까지 재위한 로마 제국 제2대 황제이다. 아우구스투스 황제의 정복 사업을 도운 공이 있으며, 공화 정치의 전통을 존중하여 제국 통치를 잘 유지하다가 후에 공포 정치를 자행하였다. - 옮긴이) 이래로 인류 역사에 처음 선보인 대의(代議) 정치 제도라 할 수 있었다. 그 유명한 대헌장(Magna Carta)보다는 이 시절 만들어진 도시의 입법 기구들이 현대의 민주주의를 낳은 장본인인 셈이다.[101] 더불어 이제는 죄를 입증하는 데 있어서도 원시 시대의 유산과 다름없던 봉건 제후의 법령이나 부족의 법규는 힘을 잃게 되었다. 즉 면책 선서(피고가 자기의 무죄를 선서하고 일정수의 친구, 친지가 피고의 말이 진실임을 증언하면 석방되는 제도 - 옮긴이), 결투, 신성 재판의 등의 방식은 사라지고, 대신 증인의 진술을 법규에 따라 체계적으로 심문하는 방법이 행해졌다. 형벌 역시 속죄금이나 유혈 보상금을 지불하는 대신 벌금, 징역, 태형 등을 받는 형식으로 바뀌었다. 더불어 법 집행 지연이 줄어드는 동시에, 봉건 제후나 왕족으로서의 지위 대신 법적 계약이 더 효력을 지니게 되었다. 이윽고 유럽에는 전적으로 새로운 일군의 상법이 등장하니 이로써 유럽인의 삶에도 새로운 질서가 자리 잡게 된다.

이 시절 민주주의는 세상에 난 지 얼마 안 되고도 단숨에 준(準)사회주의의 국영경제 체제로 들어섰다. 코뮌에서는 독자적으로 자신들 화폐를 주조해 쓰는가 하면, 공공사업을 계획하고 감독하였고, 도로, 교량, 운하를 건설하였다. 또 더러는 시내의 도로를 포장하기도 했으며, 도시에 식량을 공급하는 일도 담당하였다. 코뮌에서는 선점, 매점, 재평가 등의 행위를 금하는 한편, 시장 및 박람회를 통해 판매자와 구매자를 직접 연결시켰다. 또 중량 및 도량형을 관리하고, 상품 심사를 엄격히 하였으며, 불순물이 발견될 시에는 처벌을 가하였다. 또 수출 및 수입을 조절하고, 흉년에 대비해 곡식을 비축하고, 비상시 공정한 가격에 곡식을 공급하는 것도 이들의 몫이었다. 더불어 이들은 주요 식량 및 맥주 값의 가격을 규제하는 일도 맡았다. 사람들이 살 만한 물건인데도 가격이 너무 낮게 책정된 탓에 생산이 이루어지지 않을 때에는 도매가를 풀고 경쟁을 붙여서 가격이 제 위치를 찾을 수 있도록 했다. 하지만 빵과 맥주에 대해서만큼은 순회 재판소를 두면서까지 소매가를 일정하게 유지시켰으니, 이들 필수품은 항상 밀이나 보리의 수확 비용과 조화를 이루어야 했기 때문이다.[102] 코뮌에서는 때에 맞춰 주기적으로 공정 가격 목록을 발간해 내기도 했다. 당시 코뮌에서는 모든 상품에는 "정당한 가격"이란 게 반드시 있고, 이는 재료 원가와 노동비용을 잘 결합시키면 나온다고 믿었다. 보다시피 이 이론에서는 수요와 공급의 법칙을 무시하는 건 물론, 화폐 가치의 변동도 고려하지 않았다. 또 도시마다의 입장도 제각각이어서 바젤이나 제노바 같은 도시에서는 소금 거래에 대해서만큼은 독점을 당연하게 여기기도 했다. 뉘른베르크를 비롯한 여타 도시들에서는 자신들이 마실 맥주는 반드시 직접 양조했는가 하면, 곡식의 경우도 도시의 식품 창고를 만들어 대량으로 저장하곤 했다.[103] 한편 이 시절에는 도시에서 보호 관세를 매기는 통에 상품 흐름이 원활치가 못했다.[104] 심지어 어떤 성읍에서는 그저 그곳을 거쳐 가는 경우에도, 상인이 내다 팔 상품을 일일이 검사하고 나서야 가던 길을 계속 가게 했다.[105] 지금 우리 시대도 그렇지만, 이런 규제가 있으면 어떻게든 잔꾀를 써서 그걸 피해 가는 사람이 있게 마련이었다. 뿐만 아니라 이 시절에도 "암시장"은 상당수에 달했다.[106] 하지만 사람들을 속박하는 이런 법령은 경제에 이롭기보다 해로울 때가 많았기에, 결국 얼마 지나지 않아 상당수가 더 이상 실행되지 않아 무용지물이 되었다.

하지만 이렇듯 폐해가 있었다고는 하나 중세의 코뮌들이 이 시절 성과를 이룰 수 있었던 것은 뭐니 뭐니 해도 그곳을 경영한 사업가들의 숙련된 기술과 대담한 용기 덕분이었다. 이들의 뛰어난 통솔에 힘입어 유럽은 12세기와 13세기를 지나는 동안 엄청난 번영을 경험할 수 있었으니, 로마 제국이 몰락한 후로는 역사에서 그만한 유례를 찾아볼 수 없을 정도였다. 이 시절 유럽은 갖가지 돌림병에 기근, 거기다 전쟁까지 겪었으나, 코뮌 체제하에서 인구는 급속도로 불어나 이전의 천년 세월은 감히 비교가 되지 않았다. 사실 2세기만 해도 유럽의 인구는 점점 감소되는 추세에 있었고, 9세기 들어서면서는 바닥을 찍었던 듯 보인다. 그러다 상업 및 제조업이 다시금 활개를 펴면서 11세기에서 흑사병 발발(1349년) 사이에 인구는 다시 부쩍 늘어나는 양상을 보였다. 그리하여 모젤 강과 라인 강 사이에서는 인구가 무려 열 배는 늘었던 것으로 보이며, 프랑스의 인구는 자그마치 2000만 명에 달했던 듯하다.(이는 18세기의 프랑스 인구와도 별반 차이가 나지 않는다.)[107] 더불어 이 시절에는 경제 혁명으로 인하여 시골에서 도시로의 인구 이동이 오늘날만큼 뚜렷하게 나타나기도 했다. 한편 콘스탄티노플은 당시 인구가 80만, 코르도바, 팔레르모는 각각 50만으로, 이곳들은 이미 오래전부터 사람들이 많이 살기로 유명했다. 하지만 알프스 이북은 사정이 달라서 1100년 이전만 해도 인구가 3000명이 넘는 곳을 손으로 꼽을 정도였다.[108] 그러던 것이 1200년에 이르면서 파리의 인구가 10만 명가량으로 급속히 늘었고, 드외, 릴, 이프르, 겐트, 브뤼즈의 인구는 각각 약 5만 명에 달했으며, 런던의 인구도 2만을 기록하였다. 1300년에 접어들어서는 파리의 인구가 15만 명에 달했고, 베네찌아, 밀라노, 피렌쩨의 인구는 10만 명에 이르렀다.[109] 또 시에나와 모데나의 인구는 각각 3만 명에 달했고,[110] 뤼베크, 뉘른베르크, 콜로뉴의 인구는 2만, 프랑크포르트, 바젤, 함부르크, 노리치, 요크의 인구는 1만 명에 이르렀다. 물론 이상의 수치들은 대강의 추정치이며 또한 어림짐작에서 나온 것임을 감안해야 할 것이다.

이러한 인구 증가는 경제 발전이 낳은 결과인 동시에 경제 발전을 일으킨 원인이기도 했다. 우선 이 시절 인구가 증가할 수 있었던 건 개인의 생명과 재산에 대한 보호가 전보다 한결 개선된 데다, 제조업을 통해 천연자원을 보다 효율적으로 이용할 수 있게 되었고, 부와 교역이 증가하면서 음식 및 각종 물품이 더 멀리로까지 보급된 덕분이었다. 또 뒤집어 생각해 보면 상업 및 제조업으로서는 인구 증가가 곧 시장 확대와 다름없는 일이었고, 이는 문학, 극, 음악, 미술에 있어서도 마찬가지였다. 당시 유럽의 코뮌들은 거기에 자부심이라도 걸린 듯 자기들이 모은 재산을 성당, 시청, 종탑, 분수대, 학교, 대학 등을 지어 올리는 데 쓰기 바빴다. 교역의 활약은 바다를 건너고 산맥을 넘어서까지 종횡무진 이어졌고, 그러자 문명도 질세라 그 뒤를 따랐다. 이슬람 세계와 비잔티움 제국에서 발을 뗀 문명은 곧 이탈리아와 스페인 땅 전역에까지 힘을 떨쳤고, 이어서는 알프스 산맥을 거뜬히 넘어 독일, 프랑스, 플랑드르, 영국에까지 힘을 행사하였다. 이로써 "암흑의 시대"는 어느덧 가물거리는 기억이 되고, 유럽에는 약동하는 젊음 속에 다시 한 번 활기가 넘쳐흘렀다.

그렇다고는 해도 우리가 중세 마을의 모습을 이상화시키는 일은 있어선 안될 것이다. 물론 당시의 풍경을 보면 언덕 위에는 사뿐히 성이 올라앉아 있고, 성곽 군데군데에는 탑들이 자리하고 있을 뿐 아니라, 대성당, 성채 혹은 공공 광장을 중심으로는 초가와 기와집, 오두막과 상점들이 옹기종기 모여 있었으니 그 모습은 (특히 오늘날 사람들 눈에는) 흡사 한 폭의 그림처럼 아름답게 보일 것이다. 그러나 이들 마을에서는 길거리만 해도 워낙 비좁은 데다 지나다니기가 여간 고역이 아니었다.(외부의 침입을 방어하고 햇빛을 가리기에는 이런 구조가 더없이 좋았겠지만 말이다.) 골목골목마다에는 대체로 사람들과 짐승들이 지나다니느라 말발굽 소리에 나막신 부딪는 소리, 그리고 사람들 수다 소리가 시끄럽게 울려 퍼지곤 했다. 뿐만 아니라 거리에는 기계도 일절 찾아볼 수 없었으니 당시는 느린 것이 미덕인 시대, 기계는 체력 소모는 덜어 줄지언정 신경을 피로하게 만드는 물건이었다. 도시의 주거지 주변에는 정원 같은 것도 자리했지만, 닭장, 돼지우리, 소목장, 퇴비더미도 즐비하였다. 런던 같은 경우는 성미가 까다롭기로 유명해서 "누구든 돼지를 키우고 싶은 사람은 반드시 자기 집안에 들여놓고 기를 것"을 명하기도 했다. 그러나 런던 이외 다른 지역에서는 돼지들이 공지에 쌓인 쓰레기더미 속에서 살면서 아무것이나 주워 먹고 자라는 형편이었다.[111] 뿐만 아니라 이 시절에는 때때로 큰 비가 내려 강물이 넘치기 일쑤였고, 그때마다 농토며 도시가 물에 잠겼다. 이렇게 물이 넘친 날에는 사람들이 배에 올라 노를 저어서 웨스트민스터 궁에 들어가곤 했다.[112] 비가 내리고 나면 도시의 길거리는 며칠씩 진흙으로 질척거렸다. 그럴 때면 남자들은 장화를 꺼내 신고 거리를 다녔고, 아름다운 자태의 귀부인들은 마차나 가마에 올라타 거리를 다녔으나, 움푹움푹 패인 웅덩이 때문에 몸이 들썩거리니 여간 불편한 것이 아니었다. 13세기 들자 몇몇 도시에서는 자갈을 가져다 주요 도로를 포장하는 작업을 했다. 하지만 대부분 도시에서는 도로가 여전히 비포장인 상태였고, 따라서 사람들은 길을 다니다 넘어져 발을 다치거나 코가 깨지기 십상이었다. 수도원과 궁궐의 경우에는 하수 시설이 잘 갖춰진 편이었다.[113] 하지만 시골의 작은 오두막에는 그런 시절이 전혀 갖춰지지 않은 게 상례였다. 한편 도시를 다니면 곳곳에서 잔디나 모래가 깔린 광장을 마주칠 수 있었다. 광장의 한 구석에 마련된 펌프는 사람들이 목을 축여 가는 곳이었고, 또 어딘가 마련된 여물통은 길을 가던 짐승들이 배를 채우는 자리였다.

이 시절 알프스 북쪽에 지어진 집들은 거의 어김없이 목재를 사용하고 있었다. 때로는 벽돌이나 석재를 사용하기도 했지만, 그런 집들은 최상류층의 귀족이나 상인들만 지을 수 있었다. 그래서 도시에서는 걸핏하면 화재가 일곤 했으며, 한번 일어난 불길이 잡히지 않아 화염이 온 마을을 집어삼키기도 했다. 1188년에는 루앙, 보베, 아라스, 트루아, 프로뱅, 푸아티에, 무아사크 모두가 화재로 막심한 피해를 입은 일이 있었고, 루앙의 경우 도시가 화재를 입어 잿더미로 변한 것이 1200년에서 1225년 사이에 무려 여섯 차례에 달했다.[114] 화재 방지책으로 도시에서는 지붕에 기와를 얹는 방식을 권하지만, 이 관습이 자리 잡은 것은 14세기에나 들어서의 일이었다. 불이 나면 사람들은 이른바 양동이 군단을 조직하여 각자 물 양동이를 하나씩 들고 일렬로 서서는 불길을 잡아 보았으나, 용기가 가상하긴 해도 그다지 효율적인 방법은 아니었다. 한편 한 밤중에 마을을 지키는 야경꾼들 손에는 늘 기다란 갈고리가 들려 있었는데, 어떤 집에 불이 나 다른 건물까지 위험할 경우 그 갈고리를 써서 불이 난 집을 주저앉힐 수 있었다. 이 시절 사람들은 신변 보호를 목적으로 너도나도 궁궐 주변에 살길 원했다. 따라서 성 주변에는 몇 층씩 올라가는 건물이 즐비하였고, 더러는 6층까지 올라가는 건물도 있었다. 이런 건물에서는 높은 층일수록 거리의 경관이 아름답고 신기하게 보이는 법이었다. 이에 도시에서는 법령을 발표해 특정 층수 이상으로는 건물을 올리지 못하도록 제한을 두었다.

이런 식으로 고충이 갖가지였어도(하지만 당시에는 거의 누구나 겪는 고충이어서 그것들을 고층으로 여기는 이가 거의 없었다.), 중세 시대 도시에서 산다는 건 꽤나 재미있는 일이었을 것으로 보인다. 시장에는 사람들이 발 디딜 틈 없이 북적였고, 그 틈에선 쉴 새 없이 입담이 오갔으며, 옷차림이며 물건은 형형색색의 색깔로 화사함을 자랑했다. 보따리장수들은 목이 터져라 물건을 사라고 외쳐 댔고, 직공들은 비지땀 흘려 가며 열심히 물건을 만들어 냈다. 놀이꾼들은 하릴없이 광장을 어슬렁거리다가 틈을 보아 기적극이나 신비극을 공연해 보였고, 때로는 거리를 가득 메운 종교 행렬이 꼬리에 꼬리를 물고 이어지기도 했다. 그럴 때면 상인들과 다부진 체격의 직공들은 여봐란 듯 거리를 행진하였고, 더불어 화려하게 치장한 꽃마차, 근엄함을 뽐내는 예복, 심금을 울리는 노래가 구경의 재미를 더해 주었다. 또 도시에서는 웅장한 모습의 교회가 지어지는 걸 곁에서 지켜볼 수 있기도 했고, 때로는 집 밖의 발코니에 기대 서 있는 아리따운 모습의 아가씨도 구경할 수 있었다. 마을의 종탑에서 울리는 종소리는 시민들에게 회의나 군대 소집을 알려 주는 신호였다. 한편 해가 기울 무렵 만종이 울리면 사람들은 서둘러 집으로 돌아가야 했다. 창문 곁에 놓아둔 촛불이나 예배당 앞에 드문드문 놓인 등불 말고는, 밤이 되면 도무지 빛이라곤 찾아볼 수 없었기 때문이다. 중산층들은 야밤에 다닐 때면 하인을 앞장세우되 손에 횃불이나 등불 혹은 무기를 들렸으니, 이때만 해도 도시에는 치안력이 거의 없었기 때문이다. 하지만 지혜로운 시민들은 앞도 보이지 않는 컴컴한 밤을 눈만 껌벅이며 보내느니 일찌감치 잠자리에 드는 편을 택했다. 이윽고 새벽은 밝아 와 닭이 홰를 치며 울 테고 그러면 또 남은 일을 마치러 부리나케 일터로 달려가야 할 것이었으므로.

7. 농업 혁명

이 무렵 이루어진 제조업 및 상업의 성장, 화폐 경제의 확산, 나아가 도시에서 일할 노동력의 수요 증가는 이제까지 지탱돼 왔던 농업의 구조에도 일대 변화를 일으키게 된다. 유럽 곳곳에 생겨난 지방 자치체들은 이른바 새로운 "일손"이 갈급한 실정이었다. 그래서 다음과 같은 내용으로 포고를 했는데, 누구든 도시에 들어와 366일을 살되 그 기간에 주인의 요구에 따라 농노로 확인되어 끌려가지만 않으면 자동적으로 자유민이 될 수 있으며, 자유민이 된 이후에는 코뮌이 확립한 법과 권력에 따라 보호를 받게 되리라는 것이었다. 1106년에 들자 피렌체에서는 인근의 촌락에 거주하는 모든 농민을 대상으로 도시에 들어와 자유민으로 살 것을 권하기도 했다. 볼로냐를 비롯한 여타 도시에서는 봉건 영주에게 우선 돈을 지불하고, 그 대가로 그들의 농노들이 도시에 들어와 사는 것을 허락받았다. 독일에서는 농노들이 탈출을 하거나 혹은 권고를 받고 대규모로 영지를 이탈하였는데, 엘베 강 동쪽 땅으로 들어가 그곳에서 새로 땅을 개간하면 자동적으로 자유민이 될 수 있었기 때문이었다.

한편 장원(莊園)에 남은 농노들은 오랜 세월 당연시해 오던 봉건 영주에 대한 공물을 이즈음 들어 호락호락 내놓지 않는 모습을 보였다. 농노들 중에는 도시의 길드를 본떠 농촌 조직을(조합과 비밀 결사) 결성하는 이들이 많았고, 그렇게 뭉친 사람들끼리는 앞으로 봉건 영주에게 공물을 바치지 않을 것임을 서약을 통해 맹세하였다. 또 영주들이 가진 명부에는 그들이 영주에 어떤 식으로 예속되고 어떤 의무를 가졌는지가 기록되어 있는 바, 그것을 훔쳐 오거나 손상을 시키는 일도 일어났다. 또 영주들이 고집불통으로 나올 때는 그 성에 불을 질러 잿더미로 만들어 버리는가 하면, 자신들 요구를 관철시켜 주지 않으면 영지를 버리고 떠나겠다고 으름장을 놓기도 했다. 1100년에 접어들어서는 생미셸드 보베의 농노들이 포고하고 나서길, 앞으로 자신들은 누구든 자기가 마음에 드는 여자와 결혼할 것이며, 그들의 딸 역시 누구든 딸이 좋아하는 남자와 결혼을 시킬 것이라 하였다. 1102년에는 생알놀 드 크레피의 농노들이 반발을 일으켜, 그간 자신들이 전통적으로 내오던 차지(借地) 상속세며 사망세, 혹은 딸을 외지로 시집보낼 때 내던 요금을 수도원장 영주에게 더 이상 낼 수 없다고 선언하였다. 이와 비슷한 반란이 일어나기는 플랑드르에서 스페인에 이르는 여남은 개 도시에서도 마찬가지였다. 이제 봉건 영주들로서는 농노의 노동력을 이용해 논밭에서 수익을 창출하기가 점점 더 어려워진 형편이었다. 날이 갈수록 반발이 심해지니 일이 있을 때마다 농노들을 감시하는 비용이 만만치 않게 들었던 것이다. 이는 장원에서 물품을 만들어 내는 상점의 경우에도 마찬가지여서, 오히려 도시에서 자유민이 비슷한 물품을 만들어 내는 것이 비용도 덜 들고 작업의 질도 한결 나았다.

이에 귀족들은 농부들을 땅에 붙잡아 둘 요량으로, 더불어 자신들 역시 가진 노동력에서 보다 많은 수익을 내기 위해, 옛날부터 받아 오던 봉건제의 공물 대신 돈을 받기로 하였다. 또 돈을 모아 둔 농노들에게는 돈을 받고 자유를 팔았으며, 자유민 농부들을 상대로는 임대료로 돈을 받고 자신의 영지 일부를 빌려주는 일이 많아졌다. 그리하여 이슬람과 비잔티움 제국이 보여 준 선례에 따라, 서유럽도 11세기에서 13세기의 기간에 차츰차츰 현물보다는 돈을 주된 지급 방식으로 치게 된다. 이제는 봉건 영주들도 돈에 무엇보다 눈독을 들이게 되었는데, 상인들이 가져다 놓는 완제품은 그들 눈에도 참으로 근사했던 바 그걸 사려면 돈이 필요했기 때문이었다. 십자군 전쟁을 떠나는 영주들 역시 식량이나 물품보다는 돈을 더 선호했고, 당국에서도 세금을 걷으며 현물보다는 돈을 요구했다. 그러자 지주들도 곧 이러한 흐름에 굴복하여, 남는 물품을 소진시키느라 수고스럽게 장원을 이곳저곳 돌 필요 없이 이제는 자신들 농지에서 생산된 물품은 사람들에게 돈을 받고 팔았다. 하지만 화폐 경제로의 이러한 전환은 봉건 영주들에게는 값비싼 대가였던 것으로 드러났다. 그들이 현물 대신 받는 돈이나 임대료는 중세의 관습에 따라 일정액으로 고정이 되었는데, 그러다 보니 화폐 가치가 떨어지더라도 쉽사리 세를 올리지 못했기 때문이다. 이에 귀족들 상당수는 자신들 땅을 어쩔 수 없이 처분해야 하는 처지가 되었고, 그 땅은 대체로 신흥 "부르주아"들에게 돌아갔다. 그리하여 1250년부터 벌써 땅뙈기 하나 없이 혹은 극빈에 찌든 채 죽는 귀족들이 나올 정도였다.[115] 프랑스의 미남 왕 필립은 14세기 초반에 이르자 왕실 영지의 농노를 자유민으로 풀어 주는 조치를 취하였고, 그의 아들 루이 10세에 이르러서는 "공평하고 적합한 조건에 있는" 농노들이 모두 자유민으로 해방되었다.[116] 그리하여 나라마다 시기는 다 달랐지만, 12세기에서 16세기 사이 엘베 강 서안에서는 차츰차츰 농노제가 사라지고 대신 소(小)자작농 제도가 자리를 잡기에 이르렀다. 봉건 영주들이 다스리던 영지는 하나둘 자잘한 구역으로 쪼개졌고, 더불어 13세기에는 농민층이 급성장해 이전의 천 년 동안에는 유례없던 자유와 번영을 누렸다. 영주 관할의 법정도 더 이상 농부들에게는 사법권을 행사하지 못하였다. 촌락 공동체에서는 그곳을 이끌어 갈 관료를 자신들이 직접 뽑았으며, 관료로 뽑힌 이도 이제는 지방 영주는 제쳐 두고 오로지 국왕에 대해서만 충성을 맹세하였다. 하지만 서유럽에서 일어난 이러한 해방이 제대로 구색을 갖추게 되는 건 1789년이나 되어서의 일이었다. 그 전까지는 상당수 제후들이 법에 들어 있는 자신들의 옛날 권리를 계속해서 주장했고, 더구나 14세기에는 봉건 제후들이 그 권리를 실질적으로 회복하려는 움직임을 보이기도 했다. 그럼에도 불구하고 시대는 점차 이동성 좋은 자유 노동력을 요구했으니, 제조업과 상업이 계속 커 가는 한 그 흐름은 멈출 수 없었다.

이 무렵 일어난 자유에 대한 새로운 요구는 광범한 규모의 농업 시장 확대 현상과 맞물렸고, 그러자 경작 방법과 경작 도구는 물론 경작 물품에 있어서도 한층 높은 수준의 발전이 이루어졌다. 당시 농촌 경제가 보다 확대되고 풍성해질 수 있던 데에는 도시 인구 및 부의 증가, 새로운 재무 및 교육 기법의 발전이 한몫을 하였다. 유럽 곳곳에서는 새로운 산업도 나타나 새로운 산업 작물에 대한 수요를 창출시켰고, 이로써 사탕수수, 아니스 씨(미나리과의 한해살이풀인 아니스의 종자를 말린 것으로 향신료 등으로 사용된다. ─옮긴이), 쿠민(파슬리와 유사한 한해살이로, 그 씨앗을 말려 양념 등으로 사용한다. ─옮긴이), 대마, 아마, 식물성 기름, 염료 등이 널리 생산되었다. 많은 인구가 사는 도시 주변에서는 그 수요에 힘입어 목축업, 낙농업, 채소 농원 등이 발달해 나갔다. 한편 테베레, 아르노,

포, 과달퀴비르, 타구스, 에브로, 론, 지롱드, 가론, 루아르, 센, 모젤, 뫼즈, 라인, 다뉴브 등 유럽에 자리한 수많은 강에서는 그 협곡에서 수천 개의 포도 농장을 찾아볼 수 있었다. 이들 땅에서 생산된 포도주는 강을 타고, 대륙을 지나고, 바다를 건너 유럽 곳곳으로 들어갔고, 논밭이며 가게, 회계실에서 뼈 빠지게 일하는 사람들의 노고를 달래 주었다. 심지어 11세기에서 16세기 사이에는 잉글랜드에서도 포도주가 생산되어 나올 정도였다. 한편 이 시절 유럽의 도시는 항상 허기졌으니, 단식일이 시시때때로 찾아오는 데다 고기 값은 어딜 가나 금값이었던 까닭이다. 이 허기를 채워 주려 바다에서는 대규모 선박들이 발트 해며 북해까지 나가서는 청어를 비롯해 각종 물고기를 잡아 오곤 했다. 야르머스는 그렇게 잡아들인 청어를 사고파는 것으로 도시의 명맥을 유지할 수 있던 경우였다. 청어의 공은 뤼베크에서도 인정을 받아 상인들은 교회 신도석을 제작하면서 거기에 청어 무늬를 새겨 넣기도 했다.[117] 거짓말할 줄 모르는 네덜란드인도 청어의 중요성을 인정하기는 마찬가지여서, 그들의 자랑스러운 도시 암스테르담을 "청어 없이는 건설할 수 없었다."고 말할 정도였다.[118]

농경 기술 역시 더디게나마 발전을 이루었다. 그리스도교도는 스페인, 시칠리아, 동방에 머물던 아랍인들로부터 농경 기술을 배웠고, 베네딕트 수도회나 시토 수도회에서도 고대 로마 및 새로운 이탈리아 땅에 전해지던 영농, 사육, 토양 보존의 요령들을 배워 와 알프스 북부의 도시들에 전해 주었다. 이 무렵부터는 새로 농지를 조성하면서 굳이 대상(帶狀) 농법을 택할 필요가 없었으며, 농사를 어떻게 짓느냐는 개별 농부들의 구상과 의지에 전적으로 맡겨졌다. 또 플랑드르 지방에는 늪지를 개간해 만든 농토가 있었는데, 13세기에 들자 농부들이 여기에 삼포식(三圃式) 농법을 실시하였다. 여기서의 삼포식 농법이란 한 해도 쉬지 않고 농토를 쓰되, 3년마다 한 번씩 꼴이나 콩과(科) 작물을 심어 지력을 회복시키는 방법을 말했다. 또 이때부터는 힘센 소 여러 마리에 철제 보습을 끌게 함으로써 밭도 전보다 더 깊이 갈게 되었다. 하지만 이때까지만 해도 (1300년) 쟁기 날은 여전히 나무로 만들어진 것이 대부분이었고, 농지에 거름을 쓸 줄 아는 지역도 몇 곳 안 되었으며, 마차 바퀴에 쇠테가 사용된 경우도 찾아보기 힘들었다. 또 가뭄이 한번 시작되면 잘 끝나지 않아 가축을 사육하기가 여간 어려운 일이 아니었다. 하지만 다양한 종(種)을 교배시키고 환경에 순응시키는 등의 실험이 처음 이루어진 것이 바로 이 13세기의 일이었다. 반면 낙농업은 이 시절에 전혀 발전을 이루지 못했다. 13세기에 길러지던 일반 소들은 우유를 거의 만들어 내지 못했고, 따라서 1주일에 버터 1파운드를 만들기가 버거웠다. (오늘날에는 소를 잘 사육하기만 하면 일주일에 버터를 10~30파운드까지 만들어 낼 수 있다.)

이 시절 유럽에서는 통치자 사이의 싸움도 끊이지 않았지만 농부들 역시 끝없는 싸움을 벌여야 했다. 아무도 그 업적을 기려 준 적 없지만 통치자들의 싸움보다 더 영웅적이고 위대했던 그 싸움은 바로 인간 대 자연의 싸움이었다. 11세기에서 13세기만 해도 유럽에서는 바닷물이 해안가 장벽을 순식간에 넘고 들어와 유럽 저지(低地)를 휩쓴 일이 무려 서른다섯 차례나 있었다. 한때 뭍이었던 곳이 순식간에 바닷물이 들어차 크고 작은 만으로 변하였고, 그 물에 익사당한 사람만 100년간 10만 명에 이르렀다. 그래서 나선 이들이 바로 유럽 저지의 농부들이었다. 그들은 자신들의 제후 및 수도원장의 지휘에 따라 스칸디나비아 및 독일에서부터 커다란 돌덩이를 날라 와서는 이것으로 이른바 "황금 성벽"을 쌓아 올리는 데 성공했다. 벨기에인과 네덜란드인들이 인류 역사상 가장 문명화된 나라 두 곳을 발달시킬 수 있던 것도 이 성벽이 든든한 방패막이가 되어 준 덕분이었다. 이로써 농부들은 수천 에이커의 땅을 바닷물로부터 지켜 낼 수 있었고, 13세기에 이르면서 이곳 저지대에는 수많은 운하가 격자처럼 섞이기에 이르렀다. 한편 이탈리아에서도 이에 버금가는 작업이 이루어지니, 1179년에서 1257년에 걸쳐 마조레 호수와 포 강 사이에 그 유명한 나비글리오 그란데(Naviglio Grande, 대운하)가 놓인 것이다. 이로써 8만 6485에이커에 이르는 땅이 비옥한 농토로 바뀔 수 있었다. 또 엘베 강과 오데르 강 사이의 축축한 늪지도 기름진 옥토로 바뀌기에 이르는데, 플랑드르, 프리지아, 작센, 라인 지방 출신 이주민들의 끈질긴 인내심 덕분이었다. 프랑스에서는 나무가 웅울한 산림 지대를 농부들이 농토로 개간해 내었고, 이곳은 후일 프랑스의 곡창 지대가 되어 수백 년 동안의 정치적 격변기에도 프랑스인들의 배를 주리지 않게 해 주었다. 지난 700년 간 유럽 문명은 수많은 업적과 개가를 이루었지만, 생각해 보면 그 밑바탕이 되었던 것은 그 어떤 전쟁에서의 승리도 그 어떤 교역에서의 성과도 아니었다. 문명을 떠받친 힘 그것은 오히려 우직하게 땅을 개간하고, 하수도를 만들고, 물길을 대고, 밭을 일군 수많은 대중들의 영웅적인 노력에 있었다.

8. 계층 간의 갈등

중세 시대 초반만 해도 서유럽에서 계층은 유럽을 정복한 게르만족, 그리고 그들에게 정복당한 원주민, 이 둘로 나뉠 뿐이었다. 후일 잉글랜드, 프랑스, 독일, 이탈리아 북부에서는 나름대로 귀족층이 형성되는데, 대체로 이들은 게르만족 정복자의 후손이었다. 따라서 유럽의 귀족들은 전쟁이 붙어 서로 싸우는 중에도 자신들이 한 핏줄에서 나왔다는 사실만큼은 잊지 않았다. 그러다 11세기 들면서 둘이었던 계층이 셋으로 나뉘기에 이른다. 그 하나는 우선 귀족 계층으로 이들이 주로 하는 일은 싸움이었고, 두 번째는 성직자 계층으로 이들은 주로 기도를 담당하였으며, 세 번째로 농부 계층은 주로 노동을 담당하였다. 이런 식의 계층 구분은 날이 갈수록 전통으로 단단히 굳어졌으니, 심지어 나중에는 대부분 사람들이 계층이란 하늘에서 하느님이 정해 주는 것이라 생각할 정도였다. 여기에 농부들은 대체로, 물론 귀족들도 마찬가지였지만, 사람이 어떤 계층으로 한번 태어나면 어떤 모진 일이 있어도 끝까지 그 계층 속에서 살아 나가는 것이 도리라고 믿었다.

그러다 12세기 들면서 경제 혁명이 일었고 이로써 새로이 계층 하나가 추가

되기에 이른다. 바로 은행업자, 상인, 성읍의 명인 직공들로 구성된 신흥 중산층, "부르주아"였다. 이 당시 부르주아에는 아직 전문직 종사자들은 끼지 못하였다. 프랑스에서는 사람 사이의 계층을 이르는 말로 "에타(état, 상태, 신분 등의 뜻을 지닌다.)"라는 단어를 썼는데, "부르주아"는 그중에서도 이른바 "체어 에타(tiers état, 제3신분)"로 통했다. 이들 제3신분은 이제 자치 도시에서 행정 업무를 장악하여 처리하게 된 것은 물론, 영국, 독일, 스페인 의회 그리고 프랑스의 삼부회(三部會, 프랑스 국회에 해당하지만 실제로 소집된 적은 거의 없다.)에 입성하는 데도 성공한 터였다. 그러나 이들은 18세기에 들어서기 전까지는 국가 정책에는 별 영향을 끼치지 못하였다. 비록 도시에서의 힘은 미미했지만, 나라를 통치하고 또 운영해 가는 것은 여전히 귀족들의 몫이었다. 당시 귀족들은 시골에 거처를 두고 살면서(이탈리아는 예외였다.) 도시 거주민들이나 도시의 상업을 천하다고 몰아붙였으며, 귀족층 누구라도 부르주아 출신과 결혼하는 사람은 당장 귀족 사회에서 추방시켜 버렸다. 나아가 이들은 대대로 내려오는 귀족 혈통만이 바람직한 정치를 구현할 수 있다고 확신했으니, 장사를 앞세우는 금권 정치나 신정(神政) 정치 그리고 무기를 앞세우는 전제 정치를 막아설 것은 자신들 뿐이라고 했다. 그럼에도 불구하고 이 무렵에 들자 상업 및 제조업이 창출하는 부가 토지 소유에서 나오는 부와 비등해지기 시작하였고, 급기야 18세기에 들면서는 전자가 후자를 앞지르게까지 되었다.

부자가 된 상인들은 귀족의 풍모를 따라잡으려 어지간히 애쓰는 한편, 직공 계층을 상대로는 조롱과 착취를 일삼았다. 이들이 사는 곳은 주로 으리으리한 대저택이었고, 집안에는 고품격의 가구들이 즐비하였다. 식탁에는 이국에서 들여온 갖가지 별미가 차려졌으며, 자신들 몸에는 웬만해서 구하기 힘든 값비싼 옷들을 갖다 걸쳤다. 상인들의 아내 역시 피둥피둥 불어 가는 몸집을 비단이며 모피, 벨벳이며 보석류로 덮어 가리곤 했다. 한번은 프랑스의 여왕 나바르의 잔느가 브뤼즈를 순방한 적이 있었는데, 여왕은 그 환영식에 자기만큼 요란하게 차려입은 부르주아 귀부인이 600명이나 되는 걸 보고 불편한 심기를 감추지 못했다. 이에 귀족층에서는 볼멘소리를 하며, 사람들이 분수에 넘치는 차림을 하지 못하게끔 비용 규제 법령을 제정할 것을 요구하였다. 그리하여 때가 되면 한 번씩 그런 취지의 법령들이 의회를 통과하고는 했다. 그러나 왕들로서는 부르주아들의 지원과 자금이 절실했던 터, 따라서 이러한 법령들은 가뭄에 콩 나듯 어쩌다 한 번 시행될 뿐이었다.

이 시절에 들자 도시의 인구는 재빠르게 늘어 갔고 그러자 부르주아들도 이에 발맞추어 도시의 부동산을 사들이기에 바빴다. 자연스레 도시에서는 실업 사태가 발생하였고 이로써 도시는 육체 노동자들을 부리기가 한결 쉬운 환경이 되었다. 하인, 도제, 장색으로 이루어진 이른바 프롤레타리아 계층은 당시 교육을 거의 받지 못한 데다 정치적인 힘도 전혀 갖지 못한 상태였다. 거기다 하루하루를 빈곤 속에서 살았으니 그 궁색함은 때로 농노의 삶보다도 더하였다. 일례로 13세기에 잉글랜드에서 살았던 일용직 노동자는 하루를 일하고서 2펜스 가량의 돈을 받았는데, 구매력으로 따지면 1948년 미국의 2달러에 해당한다. 목수는 하루를 일하고서 4와 8분의 1펜스를 받았으며(4.12달러), 석공은 3과 8분의 1펜스를 받았다. 건축가는 하루 12펜스를 받았는데 이동에 드는 여비와 함께 이따금 선물을 챙겨 받기도 했다.[119] 하지만 당시에는 품삯이 낮았던 만큼 물건 값도 쌌다. 일례로 1300년 잉글랜드에서는 소고기 1파운드를 1파딩(21센트)이면 살 수 있었고, 닭 한 마리는 1페니(84센트), 밀 1쿼터(약 11.3kg - 옮긴이)는 5실링에 9와 2분의 1펜스(57.90달러)면 살 수 있었다.[120] 일꾼들은 동이 트는 새벽에 일을 시작해 땅거미가 어둑어둑 깔릴 때쯤 일을 끝냈고, 일요일이나 축일을 앞둔 날에는 일이 좀 더 일찍 끝났다. 이때의 근무 환경이 열악했다고는 하나, 업무 시간은 약간 더 길었을지언정 18세기 혹은 19세기의 잉글랜드와 비교해 봤을 때 실질적 임금은 전혀 나쁘지 않은 수준이었다.(혹자는 이때의 임금 수준이 더 높았다고도 한다.)[121]

한편 13세기 말에 접어들자 계층 간에 일던 투쟁은 전쟁의 양상으로까지 번지게 되었다. 이때에는 30년이 멀다 하고 걸핏하면 농부들 사이에 반란이 일었는데, 다른 곳보다 특히 프랑스가 심하였다. 그러다 1251년 결국 억압을 견디다 못한 프랑스 및 플랑드르 지방의 농민들이 일반 봉건 영주 및 성직자 영주들을 상대로 대대적인 반란을 일으키기에 이른다. 이들은 스스로를 "파스투로 (Pastoureux, 양치기)"라 부르면서 일종의 혁명 십자군을 조직하였고, "헝가리의 스승"이라 하여 정식 인가를 받지 않은 한 전도사가 이들의 지휘를 맡았다. 행군은 플랑드르에서부터 시작되어 아미앵을 거쳐 파리로까지 이어졌다. 그러자 평상시에 울분에 차 있던 농민을 비롯해 비슷한 처지의 프롤레타리아 계층이 도중에 이 대열에 합류하니, 급기야 그 숫자는 10만 명에 육박했다. 겉으로 이들은 종교적 글귀가 적힌 현수막을 들고, 루이 9세를 위해(당시 이 프랑스 왕은 이슬람교도에 의해 이집트에 포로로 잡혀 있던 터였다.) 목숨 바쳐 싸울 것을 맹세하고 있었다. 하지만 정작 이들 몸은 곤봉, 단검, 도끼, 창, 장검 등으로 단단히 무장돼 있었으니, 앞으로 무슨 일이 있을지 그 조짐이 심상치 않았다. 가는 곳마다 그들은 나랏일이 부패에 찌들어 있고, 부자들은 빈자들을 폭정으로 억압하며, 성직자 및 수도승들은 탐욕스러운 위선에 물들어 있다고 맹비난하였다. 이들의 성토에 백성들은 열렬한 갈채로 화답해 주었다. 또 이들은 설교와 관련한 교회의 각종 권리를 자신들이 취하는가 하면, 사람들에게 스스럼없이 면죄를 내려 주고, 혼례까지 맡아 치러 주었다. 이에 일부 성직자들이 반발하고 나서자 양치기 십자군은 단칼에 그들 목숨을 앗아 버렸다. 이와 같은 횡포는 이후에도 계속되어 심지어 오를레앙을 지날 때에는 성직자를 비롯해 대학에 다니던 학생들 수십 명을 마구잡이로 학살하기까지 했다. 그러자 결국 치안대가 동원되어 오를레앙 및 보르도에서 이들을 제압하였고, 양치기 십자군을 이끌던 지도자들은 산 채로 잡히거나 처형을 당하였다. 살아남은 이들은 궁지에 몰린 채 행군을 계속했지만 다 소용없는 일이었다. 나라에서는 이 무리들을 이 잡듯 잡아들여 처단하였고, 이윽고 무리는 뿔뿔이 흩어져 사지(死地)와도 다름없는 궁벽한 곳으로 내몰렸다. 그 와중에도 일부는 탈출에 성공해 잉글랜드까지 들어가 소규모 난을 일으켰으나, 이 역시 얼마 안 가 진압을 당하고 말았다.[122]

이 시절 프랑스의 제조업 도시들은 한시도 조용할 날이 없었으니, 곳곳에 자리한 직공 길드에서 툭하면 파업이 일어나 가진 자들의 정치적 및 경제적 독점, 혹은 상인 길드의 일방적 명령에 반발하고 나섰기 때문이다. 보베에서는 도시를 이끌던 시장을 비롯해 은행업자 몇 사람이 1500명의 폭도들 무리에 휩싸여 한바탕 곤혹을 치르는 일이 발생했다.(1233년) 루앙에서는 직물업 종사 노동자들이 포목상에게 불만을 품고 봉기를 일으켰는데, 루앙의 시장은 둘의 싸움을 말리려 나섰다가 노동자들 손에 목숨을 잃었다.(1281년) 파리에서는 미남 왕 필립 4세가 노동자 조합을 해산시키기에 이르는데, 노동자들이 조합에 모여 나라를 뒤엎을 혁명을 꾀한다는 이유였다.(1295년, 1307년) 그러나 이런 와중에도 일부 도시에서는 직공 길드 회원들이 자치 도시 의원직이나 행정 장관직에 진출하는 등 세를 과시하니, 마르세유(1213년), 아비뇽, 아를(1225년), 아미앵, 몽펠리에, 님 등의 도시에서가 그랬다. 더러는 성직에 몸담은 사람들도 이들 반란군 편에 서서 그들의 투쟁 구호를 마련해 주기도 했다. 일례로 13세기의 한 주교는 다음과 같이 말다. "차고 넘치는 재물은 모두 남에게서 훔쳐 온 것이다. 따라서 부자들은 모두 도둑놈 아니면 도둑놈이 훔친 걸 물려받은 자이다."[123] 이와 비슷한 봉기가 일어나 도시가 뒤숭숭하기는 플랑드르 지방의 여러 성읍도 마찬가지였다. 이에 도시에서는 노동자들이 파업을 일으키면 그 주동자를 잡아다 사형이나 추방의 형벌에 처하였다. 그럼에도 불구하고 1255년에는 디낭에서 구리 세공사의 봉기가 이는가 하면, 1281년에는 투르네에서 직조공들의 반란이 있었다. 1274년에는 겐트 전역에서 봉기가 일었고, 1292년에는 하이놀트 지방이 노동자 봉기에 휩싸였다. 그러다 1302년에 들면서는 드외, 겐트, 릴, 브뤼즈에서 한꺼번에 반란이 일기에 이른다. 반란군은 이 기세를 몰아 코트라이에서 프랑스 군대를 격파하는가 하면, 자신들의 대표를 코뮌의 위원회 및 주요 관직에 입성시키는 데 성공하였다. 이들 직공들에게는 소수 상인 지배층이 만들어 놓은 억압적인 법령이 눈엣가시와도 같던 차 그 역시 철폐시켜 버렸다. 한동안이나마 권력을 잡게 되자 이들 직조공들은 당시 축융공들이 노동자를 버리고 부유한 상인층과 손잡은 데 대한 앙갚음으로, 어떻게든 그들의 임금을 일정 수준으로 못 박아 놓으려 애를 썼다.[124]

한편 1191년 도시 런던의 패권을 장악한 것은 상인 길드들이었다. 이들은 런던에서 세를 굳히기가 무섭게 존 왕에게 제의하고 나서길, 런던에 있는 직조공 길드를 왕의 힘으로 억눌러 준다면 매년 왕에게 일정액의 돈을 내어 주리라 했다. 왕은 그들의 제의에 선선히 따라 주었다.[125] 1194년에는 일명 윌리엄 피조버트, 혹은 긴 수염 윌리엄이라는 자가 나타나더니 런던의 빈민들을 찾아다니며 혁명의 필요성을 설교하고 다녔다. 런던에는 그의 설교에 열성으로 귀 기울이는 사람만 수천 명이었다. 그러자 두 명의 중산층 시민이 나서 그를 죽일 궁리를 했다. 이 소식을 들은 윌리엄 피조버트는 부리나케 교회로 피신했지만, 그를 쫓아 온 사람들이 연기를 피워대는 통에 결국 교회 밖으로 나오고야 말았다. 오도 가도 못하게 된 윌리엄은 급기야 들고 있던 칼로 자기 배를 찌르니, 비장하기가 저 일본 무사들의 자결에 버금갔다. 이윽고 윌리엄의 추종자들은 그를 순교자로 떠받들게 되었고, 그의 피가 흩뿌려진 땅도 두고두고 거룩한 성지로 고이 지켜졌다.[126] 또 이 시절 잉글랜드는 로빈 후드라 하여 대영주 및 성직자들의 집을 털면서도 가난한 이들에게는 후의를 베푼 인물이 있었는데, 당시에 그의 인기가 대단했던 걸 보면 12세기 영국을 지배한 계층 정서가 어떤 것이었는지 쉽게 짐작할 수 있다.

하지만 상인과 노동자 사이의 갈등이 가장 가열했던 곳은 다름 아닌 이탈리아였다. 이탈리아의 경우 애초 유혈 반란이 일어날 때만 해도 노동자 집단과 상인 길드가 하나로 합심해서 귀족들에 대항해 싸운 터였다. 귀족들에 대한 이 투쟁은 13세기 말엽에 접어들며 이들의 승리로 끝이 났다. 그리하여 한동안은 제조업계 종사자들이 골고루 뒤섞여 그들의 도시 피렌쩨를 다 같이 통치해 나갔다. 하지만 그것도 잠시, 피렌쩨의 정국은 곧 거물 상인 및 사업가들의 손에 넘어가게 된다. 나아가 이들은 피고용인들을 상대로 갖가지 규정을 부과했는데, 그 내용이 얼마나 가혹하고 임의적이었던지 결국 14세기에 들면서 투쟁은 제2단계 국면으로 접어든다. 이후 이탈리아에서는 부유한 사업가와 공장 노동자들 사이에 걸핏하면 싸움이 일곤 했다. 성 프란체스코가 가난의 복음을 들고 나온 것이 이탈리아에서 내전이 한창이던 바로 이 무렵이었다. 그는 이른 바 "벼락부자"가 된 이들을 일깨우려는 듯, 옛날 그리스도께서는 이 땅에 계실 때 자기 것이라 할 물건은 하나도 가지지 않았다고 말하였다.[127]

길드도 그랬지만, 14세기에 들면서 코뮌은 그 세가 점점 이우는 모습이었다. 당시는 자치 도시가 점점 커져 국가 단위의 경제 및 시장이 되어 가고 있었는데, 그러한 환경에서는 코뮌이 정한 갖가지 규정이나 독점 행위가 발명, 제조업, 교역 발달에 걸림돌만 되었기 때문이다. 코뮌을 애물단지로 전락시킨 건이런 측면만은 아니어서, 내부의 격한 갈등은 도시를 아비규환으로 만들었고, 인근 시골 지역에 대한 무자비한 착취도 결국엔 화를 불러왔다. 여기에 자기들 자치 도시만 생각하는 협소한 애국심이나, 서로 상충되는 정책 및 화폐 제도도 문제였다. 플랑드르 및 이탈리아 지방에서는 코뮌들끼리 옹졸한 싸움을 벌이기 일쑤였다. 점차 커져 가는 왕권에 맞서려면 자율적인 연맹을 구성하는 것이 자구책일 것이건만 코뮌들은 그런 힘을 가지지 못한 것으로 드러났다. 결국 1300년이 지나자 프랑스 코뮌들은 청원을 넣어 가면서까지 하나둘 자신들에 대한 통치권을 왕에게 넘겨주기에 이른다.

이런 상황이긴 했으나 13세기 들어 일어난 경제 혁명은 분명 근대의 유럽을 형성시켜 준 힘이었다. 그 전까지만 해도 유럽에서는 농업이 봉건주의 아래에서 보호를 받으며 단단히 자리를 잡은 터, 그것이 진취적인 사업 발전에는 커다란 걸림돌이 아닐 수 없었다. 이런 상황을 종국에 허물어뜨려 준 것이 바로 13세기의 경제 혁명이었다. 뿐만 아니라 봉건주의의 비유동 자산들이 유동 자원으로 탈바꿈해 전 세계 경제에 두루두루 이용될 수 있었던 것도 이 시절 일어난 경제 혁명 덕분이었다. 기계가 만들어지기 시작해 상업 및 제조업이 혁신적으로 발전할 수 있던 것도 이때부터였고, 그러자 유럽인들이 가지는 힘,

편의, 지식도 부쩍 늘어났다. 13세기의 경제 혁명으로 유럽은 200년에 이르는 번영을 구가하니, 이 사이에 지어진 수십 군데의 대성당은 어느 것 하나 풍성하고 다양한 자재 및 기술을 자랑하지 않는 것이 없었다. 또 이때 만들어져 나온 물품은 시장을 확대시키는 역할을 해 주었고, 덕분에 마련된 국가 단위의 경제 체제는 근대 국가 성장의 초석이 되었다. 심지어 이 무렵 봇물 터지듯 일었던 계층 간의 싸움도 어쩌면, 인간의 지성과 에너지가 쏟아져 나오게끔 물꼬를 틔워 준 또 하나의 자극제였는지 모른다. 이렇듯 요란했던 과도기는 어느 순간 폭풍이 지나간 듯 잠잠해졌고, 그러자 유럽의 경제 및 정치는 어느덧 전과는 전혀 다른 구조로 뒤바뀌어 있었다. 도처에 단단히 뿌리를 박고서 인간의 발전을 저해하던 수많은 장애물들은 물밀 듯 닥쳐오는 제조업과 상업의 흐름에 싹 쓸려 사라진 뒤였고, 이제 인류는 그 파도에 몸을 싣고 어딘가를 향해 가고 있었다. 영광이란 대성당에나 가야 찾을 수 있던 시대는 끝나고, 바야흐로 어딜 가나 환희가 넘쳐나는 르네상스의 시대가 오고 있었다.

25장

유럽의 부흥
1095~1300

1. 비잔티움

투르크 전쟁과 노르만 전쟁, 그리고 1차 십자군 원정을 거치며 동로마 제국을 성공적으로 이끈 알렉시우스 1세 콤네누스는 비잔티움 특유의 음모가 횡행하는 가운데 오랜 통치를 마감했다.(1081~1118년) 그의 장녀 안나 콤네나는 배움의 귀감이자 철학의 대가였다. 시인의 면모도 지닌 데다가 섬세한 정치가이자 세련된 허위의 역사학자이기도 했다. 안나 콤네나는 황제 미카엘 7세의 아들과 약혼했는데, 출생이나 아름다운 외모나 똑똑한 머리 등을 감안할 때 스스로를 타고난 제국의 적통이라 여겨 남동생 요하네스가 태어나 제위를 계승하는 것을 용서할 수 없었다. 안나 콤네나는 요하네스를 암살하려는 음모를 꾸몄다가 발각당하지만 용서를 받고 수녀원에 은거하며 아버지의 치세를 기록한 산문 『알렉시아스(*Alexiad*)』를 저술했다. 요하네스 콤네누스(1118~1143년)는 사적인 덕행과 행정 능력, 이교도와 이슬람교도 등 그리스도교의 적과 싸워 승리를 이끌어 낸 전적 등으로 유럽을 깜짝 놀라게 만들었다. 한동안은 요하네스의 존재 덕분에 제국이 과거의 영토와 영광을 되찾을 수 있을 듯 보였다. 그러나 그는 자신의 화살통에 들어 있던 독화살에 긁혀 목숨도, 꿈도 잃고 말았다.

요하네스 콤네누스의 아들 마누엘 1세(1143~1180년)는 인간의 모습을 한 마르스(Mars, 로마 신화에 등장하는 전쟁의 신 – 옮긴이)로, 평생을 전쟁에 바치고 그 안에서 즐거움을 느꼈다. 언제나 병력을 선두에서 이끌었고, 일대일 결투를 환영했으며, 마지막 전투를 제외한 모든 전투에서 승리했다. 그는 전장에서는 금욕적이었지만 궁에서는 향락을 즐겼다. 그리고 사치스러운 음식과 의복 등을 즐겼으며, 조카와의 근친상간 관계에서 행복을 느꼈다. 그의 아낌없는 후원 속에 문학과 학문은 다시 번성했다. 궁중 여인들은 작가를 독려하고 자신들도 시를 쓰며 거들먹거렸다. 조나라스는 방대한 역사서 『연대기』를 편찬했다. 마누엘은 골든혼(터키 이스탄불의 내항 – 옮긴이)의 끝 쪽 해변에 자신을 위한 궁전 블라케르나이를 지었다. 두이르이의 오도는 궁전에 대해 "세상에서 가장 아름다운 건축물로서 기둥과 벽의 절반은 금으로 덮여 있고, 아로새긴 보석들은 밤의 어둠 속에서도 빛이 났다."라고 적었다.[1] 12세기의 콘스탄티노플은 이탈리아의 르네상스를 준비하는 예행연습이었다.

이렇듯 수도가 영광을 누리고 노화한 제국이 사멸을 피하기 위해 많은 전쟁을 치르는 데는 과중한 세금이 필요했고, 사치품을 향유하는 자들은 필수품을 생산하는 자들에게 그 세금을 부과했다. 소작농들은 점점 더 빈곤해지다가 농노로 전락했다. 도시의 육체 노동자들은 악취 풍기는 빈민가에 거주했고, 그러한 빈민가의 어두운 쓰레기더미 속에서 무수한 범죄들이 숨어 자랐다. 반(半)공산주의적인 봉기의 움직임이 프롤레타리아적 변화의 흐름을 요동치게 했지만[2] 무심한 시간이 반복되며 잊혔다. 그러는 사이 십자군이 팔레스타인을 정복하면서 시리아가 라틴 국가와의 교역에 항구를 개방했고, 콘스탄티노플은 이탈리아의 신흥 도시들에 해상 교역의 3분의 1을 내주어야 했다. 그리스도교도와 이슬람교도는 모두 천년의 부(富)를 가져다줄 이 금괴를 손에 넣고 싶어 했다. 마누엘의 치세가 한창일 때 도시를 방문한 한 선량한 이슬람교도는 이렇게 기도했다. "신이시여, 아량과 은총을 베푸시어 콘스탄티노플을 이슬람의 수도로 삼게 하여 주소서!"³ 그리고 비잔티움의 딸 베네찌아는 유럽의 기사들을 불러들여 보스포루스의 여왕을 유린하는 데 동참케 했다.

4차 십자군 원정으로 탄생한 콘스탄티노플의 라틴 왕국은 단 57년(1204~1261년) 동안 존속했다. 혈통이나 종교, 국민의 풍습에서도 뿌리를 내리지 못한 왕국(로마에 강제 종속된 그리스 정교회의 미움을 샀다.)은 내부의 분열로 약화되어 독립국 흉내만 겨우 내는 봉건 공국(제조업 및 상업 경제를 체계화하고 규제하는 데 필요한 경험이 부족했다.)들로 전락했다. 이들 국가는 밖으로는 비잔티움 군대의 공격을 받고 안으로는 음모가 난무했으며, 적대적인 주민들에게서 군비 충당에 필요한 세입을 끌어내지도 못했다. 새로운 왕국은 비잔티움이 통일성을 회복하고 무기를 정비하여 복수를 시작하면서 곧 멸망했다.

정복자들이 가장 약진한 곳은 그리스였다. 베네찌아의 프랑크인과 그 밖의 이탈리아 귀족들은 이 역사의 땅을 서둘러 봉건 영지로 조각내고, 영지 안에 그림 같은 성들을 세우고, 무기력하고 부지런한 주민들을 군기와 권위로 다스렸다. 로마 가톨릭 교회의 고위 성직자들이 추방당한 그리스 정교회 주교들을 대신했다. 서방의 수도사들은 중세 예술의 보물이자 기념비인 고대 언덕의 수도원들을 차지했다. 한 오만한 프랑크인은 아테네 공작의 칭호를 차지했는데, 2000여 년이라는 가벼운 시간적 착오는 있었지만 셰익스피어는 비(非)경험론적으로 이 칭호를 테세우스(셰익스피어의 희극「한여름밤의 꿈」에 등장하는 아테네 공작이자 고대 아테네의 전설적인 왕 – 옮긴이)에게 부여했다. 그러나 이 작은 왕국들을 일어서게 했던 군기는 거꾸로 형제들의 갈등을 불러와 이 국가들을 파괴했다. 경쟁 파벌들은 모레아의 언덕과 보이오티아의 평원 위에서 자멸을 부르는 전쟁을 벌였다. 또한 카탈로니아 출신의 용병단인 "카탈로니아 동지회"가 그리스를 침략했을 때(1311년), 케피소스 강 부근에서 벌어진 전투에서 프랑크 기사단의 꽃들이 도륙을 당했고, 무기력한 헬라스(Hellas, 그리스의 옛 이름 - 옮긴이)는 에스파냐 해적들의 노리개가 되었다.

콘스탄티노플이 몰락하고 2년 후, 알렉시우스 3세의 사위 테오도르 라스카리스는 니케아 망명지에서 비잔티움 국가를 건립했다. 프루사와 필라델피아, 스미르나, 그리고 에페소스 등 부유한 도시들과 함께 아나톨리아 전역은 그의 통치를 환영했다. 그는 공정하고도 능력 있는 행정으로 이들 지역에 새로운 번영을 가져왔으며, 그리스 문자에 새로운 생명을 부여하고, 그리스 애국자들에게 새로운 희망을 불어넣었다. 더 멀리 동쪽의 트레비존드에서는 마누엘의 아들인 알렉시우스 콤네누스가 또 다른 비잔티움 국가를 세웠는데, 3분의 1은 미카엘 안겔루스 치하의 에피로스에서 형태를 갖추었다. 라스카리스의 사위이자 후계자였던 요하네스 바타체스(1222~1254년)는 니케아 제국을 에피로스 일부까지 확대했고, 프랑크에게서 살로니카를 탈환했다.(1246년) 만약 교황 인노켄티우스 4세가 그를 공격하기 위해 동방에서 세력을 키워 가던 몽골을 불러들였다는 소식을 듣고 소아시아로 회군하지 않았더라면(1248년) 콘스탄티노플까지 되찾았을지도 모른다. 몽골은 "그리스도교도들 간의 상호 혐오"를 부추기기 싫다는 아이러니한 평계를 대면서 교황의 계획을 거부했다.[4] 요하네스의 오랜 통치는 역사적으로도 손꼽힐 만큼 훌륭한 치세였다. 비잔티움을 다시 통일하려는 전쟁에 많은 비용이 들어갔음에도 불구하고, 그는 세금을 낮추고 농업을 장려하며 학교와 도서관, 교회, 수도원, 병원, 그리고 노인과 빈민들을 위한 주거 시설을 건축했다.[5] 그의 치세에서 문학과 예술이 번성했고, 니케아는 13세기 최고의 부와 힘을 지닌 도시 중 하나가 되었다.

그의 아들 테오도르 2세 라스카리스(1254~1258년)는 병약한 학자로서 학식에 조예가 깊지만 어리벙벙했다. 그가 짧은 재위 끝에 사망하자 불만을 품은 귀족들의 대표였던 미카엘 팔라이올로구스가 제위를 찬탈했다.(1259~1282년) 역사학자들의 말을 믿는다면 미카엘은 결점투성이 인물로, "이기적이고 위선적이며 …… 타고난 거짓말쟁이에다 허영심이 강하고 잔인하며 탐욕스러웠다."[6] 그러나 그는 영리한 전략가이자 크게 성공한 외교관이기도 했다. 한 차례의 전투로 에피로스에서 자신의 권력을 공고히 했으며, 제노바와 한 번 맺은 동맹으로 콘스탄티노플을 차지한 베네찌아와 프랑크 국가들에 대항하는 열정적인 원조를 얻었다. 미카엘은 부관인 스트라테고풀루스에게 서쪽으로부터 수도를 공격하는 시늉을 하라고 지시했다. 스트라테고풀루스는 1000명의 장정들만 이끌고 도시에 접근한 뒤 수비가 약한 곳을 발견하여 아무런 충돌 없이 도시를 점령했다. 보두앵 2세는 시종들과 함께 달아났고, 라틴 교회의 성직자들도 공포에 휩싸여 그 뒤를 쫓았다. 그 소식을 믿지 못하던 미카엘은 보스포루스 해협을 건너가 황제에 올랐다.(1261년) 모두가 죽었다고 생각하던 비잔티움 제국은 사후(死後)의 생명을 얻어 깨어났다. 그리스 정교회는 독립성을 되찾았다. 타락했지만 유능했던 비잔티움 제국은 2세기를 존속하며 고대 문자들의 보고이자 매개체 역할을 했고, 이슬람에 맞서는 노쇠하지만 귀한 대항자로 존재했다.

2. 아르메니아: 1060~1300년

1080년경 셀주크족의 통치에 분개하던 많은 아르메니아 가문들이 고국을 떠나 타우루스 산맥을 건너 킬리키아에 소(小)아르메니아 왕국을 건설했다. 투르크와 쿠르드, 몽골 등이 아르메니아를 지배하는 사이 새로운 국가는 3세기 동안 독립 국가로 존립했다. 레오 2세는 34년(1185~1219년)간 왕국을 통치하면서 알레포와 다마스쿠스 술탄들의 공격을 격퇴하고 시스(현재는 터키령)에 수도를 세웠다. 그는 십자군과 동맹을 맺고 유럽의 법을 채택했으며, 제조업과 상업을 장려하고 베네찌아와 제노바의 상인들에게 특혜를 주었다. 또한 고아원과 병원, 학교 등을 설립하고, 국민들에게 비할 데 없는 번영을 안겨 주어 위대한 왕이라는 칭호를 얻었다. 레오 2세는 중세 역사를 통틀어 가장 현명하고 자비로운 군주 중 하나였다. 그의 사위 헤툼 1세(1226~1270년)는 그리스도교도들을 믿을 수 없다고 여겨 몽골과 동맹을 맺었고, 아르메니아에서 셀주크가 쫓겨나자 크게 기뻐했다.(1240년) 그러나 몽골은 마호메트교로 개종하여 소아르메니아와의 전쟁을 시작했고, 결국 소아르메니아를 멸망에 이르게 했다. 1335년 아르메니아는 맘루크에 정복당하고 왕국은 봉건 군주의 영토들로 분할됐다. 이러한 격변의 세월이 지나는 동안에도 아르메니아인들은 독창적인 건축 기술과 뛰어난 세밀화 능력을 보여 주었으며, 모든 노력을 콘스탄티노플 또는 로마의 통치로 환원하는 가톨릭으로부터 단호한 독립성을 유지했다.

3. 러시아와 몽골: 1054~1315년

11세기 남러시아는 쿠만이나 불가르, 하자르, 폴로브치 또는 파치나크 등과 같은 반(半)미개 종족들에게 점령되어 있었다. 유럽러시아의 나머지 부분은 대표적으로 키예프와 볼리니아, 노브고로드, 수즈달, 스몰렌스크, 랴잔, 체르니고프, 그리고 페레야슬라블 등 64개 공국으로 나뉘었다. 대부분의 공국은 키예프의 종주권을 인정했다. 키예프의 대공 야로슬라프는 사망 당시(1054년) 공국들을 중요도로 나누어 아들들에게 서열에 따라 분배했다. 장남은 키예프를 받았다. 그리고 "로타(rota)"라는 독특한 제도에 따라 한 왕자가 죽으면 살아 있는 왕자들이 더 작은 지방에서 큰 지방으로 관할을 옮겨 갔다. 13세기에 몇몇 공국은 더 작은 "속령(屬領)"으로 분할됐다. 속령은 왕자들이 자신의 자식에게 양도하던 영토였다. 시간이 흐르면서 이들 속령은 세습 영토가 되었고, 수정 봉건주의의 근간을 형성했다. 이는 몽골 침략과 나란히, 서유럽이 진보하는 사이 러시아가 중세 사회에 머물 수밖에 없었던 요인으로 꼽힌다. 하지만 이 기간 동안 러시아의 작은 도시들에서는 활발한 수공예 산업이 발전했고, 이후 수 세기 동안 누려보지 못할 풍성한 교역이 이루어졌다.

왕자들의 권력은 대개 세습되기는 했지만 대중적인 "베체(veche)", 즉 민회

(民會)와 보야르스카야 뒤마(boyarskaya duma, 귀족 회의)에 의해 제한을 받았다. 행정과 사법은 대부분 성직자의 몫이었다. 성직자들은 소수 귀족과 상인, 대부업자들과 함께 문해(文解) 능력을 독점했다. 이들은 비잔티움의 문자나 그 이전의 문자들과 더불어 러시아의 문자와 법률에 종교성과 예술성을 부여했다. 그들의 노동을 통해 "루스카야 프라우다(Russkaya Pravda)", 즉 러시아 법전이 야로슬라프 치하에서 최초로 만들어졌고 수정을 거쳐 최종적으로 편찬되었다.(1160년경) 러시아 교회는 종교는 물론 성직자와 결혼, 도덕률, 그리고 유언 등에 대해서도 전면적인 사법권을 소유했다. 이들 교회는 노예나 광범위한 재산에 속한 인물들에 대해 규제받지 않는 권위를 지니고 있었다. 교회의 노력에 힘입어 러시아 노예들의 법적 지위는 적당히 상승했지만, 노예 밀거래는 계속 이어지다가 12세기에 절정에 도달했다.[7]

같은 세기에 키예프 왕국은 쇠락과 멸망에 이르렀다. 서쪽 제국들의 봉건적 무정부 상태에 필적하며 동쪽 제국들에서도 부족들과 대공들의 무정부 상태가 지속됐다. 1054년에서 1224년 사이에 러시아는 83번의 내전을 겪고 46번의 침략을 당했다. 러시아 국가들과 비(非)러시아 주민들 사이에서 16번의 전쟁이 일어났고, 293명의 왕자가 64개 공국의 왕좌를 놓고 다투었다.[8] 1113년 전쟁과 높은 이자, 착취, 그리고 실업 등으로 키예프 주민들이 궁핍해지자 혁명에 준하는 폭동이 발발했다. 격분한 대중은 고용주와 대부업자들의 집을 공격하고 약탈했으며, 한시적으로나마 관청을 장악했다. 자치 의회는 페레야슬라블의 왕자 모노마흐를 불러 키예프 대공에 오르게 했다. 모노마흐는 마지못해 응했지만 기원전 594년 아테네의 솔론과 같은 역할을 수행했다. 그는 대부 이자를 낮추었고, 파산한 채무자들이 자진하여 노예로 팔려 가는 것을 막았으며, 고용인들에 대한 고용주들의 권한에 제약을 두었다. 그리고 이러한 조치와 다른 방법들(부자들에게는 너무 심하다는 비난을 받고, 가난한 사람들에게는 부족하다는 항의를 받은)을 동원하여 혁명을 피하고 평화를 되찾았다.[9] 그는 왕자들 사이의 반목과 전쟁을 끝내기 위해 애썼고, 러시아에 정치적 통일성을 부여하기 위해 노력했다. 하지만 12년간의 통치 기간 동안 완수하기에는 너무 원대한 과업이었다.

모노마흐가 죽은 후 왕자들과 계급들 간의 갈등은 다시 시작됐다. 드니에스테르 강과 드니에페르 강, 그리고 돈 강 하류는 여전히 외계 부족들의 수중에 있었다. 그리고 콘스탄티노플과 흑해, 시리아 항구 등지에서 이탈리아의 상업이 꾸준히 성장하면서 과거 이슬람과 러시아 강의 상류 비잔티움 제국에서 발트 제국까지 오가던 교역의 상당수는 지중해 해협으로 방향을 틀었다. 키예프의 부는 하락했고, 전투력과 군기는 약해졌다. 일찍이 1096년에 이웃한 야만족들은 내륙과 외곽 지역의 습격을 시작하여 수도원을 약탈하고 포로로 잡은 소작농들을 노예로 내다 팔았다. 키예프의 인구는 위험한 수준으로까지 빠져나갔고, 노동력은 그보다 더 밑으로 떨어졌다. 1169년 안드레이 보골류프스키의 군대가 키예프를 철저히 약탈하고 수천 명의 주민들을 노예로 삼으면서, 3세기 동안 "러시아 도시들의 어머니"였던 왕국은 거의 역사의 뒤안길로 사라졌다. 1204년 베네찌아가 콘스탄티노플을 점령하고 베네찌아인들과 프랑크족이 교역을 독점하면서, 그리고 1229년부터 1240년까지 계속된 몽골의 침략을 받으면서 키예프는 끝내 몰락했다.

12세기 후반부에 러시아의 주도권은 우크라이나의 "소(小)러시아인"에게서 모스크바 주변과 볼가 강 상류를 따라 포진한, 더 난폭하고 강인한 "대(大)러시아인"에게로 넘어갔다. 1156년에 세워진 모스크바는 당시 블라디미르와 수즈달의 도시에서 키예프까지 이동하는 경로 중 수즈달(모스크바에서 북동쪽으로 이어진)의 국경 초소 역할을 하는 작은 마을이었다. 안드레이 보골류프스키(1157~1174년)는 수즈달 공국을 러시아 전역의 패권국으로 만들기 위해 싸웠다. 그러나 그는 키예프처럼 노브고로드를 자신의 수중에 넣기 위해 전투를 벌이다 암살범의 손에 살해당했다.

노브고로드는 러시아 북서쪽, 일멘 호(湖)로부터 볼호프 강이 발원하는 유역에 강을 끼고 양쪽으로 위치한 도시였다. 볼호프 강은 북쪽으로 라도가 호를 향해 흐르고, 일멘 호에서 발원한 다른 강들은 남쪽과 서쪽으로 흘렀다. 또한 라도가 호를 지나가는 발트 해 연안 도시들은 안전을 위협할 정도로 가깝지도, 또 교역이 어려울 만큼 멀지도 않았기 때문에 노브고로드는 대내외적으로 활기찬 상업 활동을 벌이며 한자 동맹의 동쪽 축으로 발전했다. 노브고로드는 드니에페르 강을 따라 키예프와 비잔티움과 교역했고, 볼가 강을 따라 이슬람과 교역했다. 러시아 모피 밀거래는 거의 독점하다시피 했으며, 그 세력은 서쪽의 프스코프에서 북극 지방까지, 그리고 동쪽으로 우랄 지역까지 뻗어 나갔다. 1196년이 지나면서 노브고로드의 정력적인 상인과 귀족들은 선출된 대공을 통해 공국을 통치하는 민회를 장악했다. 도시 국가는 자유 공화국이었고, 스스로를 "노브고로드 대(大)공국"이라고 칭했다. 대공이 마음에 들지 않으면 공민들은 대공에게 도시를 "떠나는 방법을 공손하게 알려 주었고", 대공이 이를 거부하면 그를 감옥에 가두었다. 키예프 대공 스비아토폴크가 자신의 아들을 대공으로 추대할 것을 강력히 희망하자(1015년), 노브고로드 공민들은 "목숨이 남아돌면 이곳으로 보내라."라고 말했다.[10] 그러나 공화국은 민주정이 아니었다. 노동자들과 영세 상인들은 통치 조직에 목소리를 낼 수 없었고, 그들이 정책에 영향을 끼칠 수 있는 방법은 거듭 봉기를 일으키는 것뿐이었다.

노브고로드는 알렉산드르 네프스키(1238~1263년) 대공 시절에 절정을 맞았다. 그리스 정교에서 라틴 그리스도교까지 러시아의 교화를 간절히 바라던 교황 그레고리우스 9세는 노브고로드에 맞선 십자군 전쟁을 설파했다. 네바 강변에 스웨덴 군대가 나타나자 알렉산드르는 현재의 레닌그라드에서 스웨덴 군대를 섬멸하고(1240년), 네바 강의 이름을 따서 자신의 성을 지었다. 이 승리로 인해 공화국이 그를 두려워할 정도로 위세가 커진 탓에 노브고로드를 떠나게 되지만, 독일이 십자군 전쟁을 계속하며 프스코프를 함락하고 노브고로드 인근 17마일 이내로 진군하자, 겁에 질린 민회는 알렉산드르에게 귀국할 것을 요청했다. 그는 노브고로드로 돌아와 프스코프를 탈환하고 꽁꽁 얼어붙은 페이푸스 호에서 리보니아 기사단을 격퇴했다.(1242년) 그러나 말년에는 몽골의 굴레 밑으로 공민을 이끄는 굴욕을 당했다.

몽골은 압도적인 힘으로 러시아에 진입했다. 그들은 투르케스탄에서 카프카즈를 지나면서 그루지야 군대를 진압하고 크리메아 반도를 약탈했다. 수 세기 동안 키예프와 전쟁을 벌인 쿠만은 "오늘은 우리 땅을 점령했지만, 내일은 당신들의 땅을 점령할 것이다."라는 말로 러시아의 원조를 요청했다.[11] 몇몇 러시아 왕자들은 그 말뜻을 이해하고 일부 군대를 이끌고 쿠만 방어에 합류했다. 몽골은 러시아에 사절단을 보내 쿠만에 맞선 동맹을 제안했으나 러시아는 사절단을 죽였다. 아조프 해 인근 칼카 강가에서 벌어진 전투에서 몽골은 러시아와 쿠만의 연합군을 격퇴하고 계략을 세워 몇몇 러시아 장군들을 생포한 후 그들을 포박하여 연단 밑에 가두었다. 몽골 족장들이 승리의 연회를 즐기는 동안 포로로 잡힌 귀족들은 연단 밑에서 질식사했다.(1223년)

몽골이 몽골국으로 돌아가 중국의 점령지에 매달리는 사이 러시아의 왕자들은 형제들 간의 전쟁을 재개했다. 1237년 몽골은 칭기즈 칸의 종손인 바투를 앞세워 돌아왔다. 그들은 50만 대군으로 거의 모두가 기마병이었다. 몽골군은 카스피 해를 돌아와 볼가 불가르족을 칼로 베어 죽였으며, 그들의 수도인 볼가를 파괴했다. 바투는 랴잔의 대공에게 "평화를 원한다면, 재물의 10분의 1을 달라."는 전갈을 보냈다. 대공은 "우리가 죽은 후에 전부 가져가라." 하고 대답했다.[12] 랴잔은 다른 공국에 도움을 요청했는데, 모든 공국이 원조를 거절했다. 랴잔은 용감하게 싸웠지만 모든 재물을 잃고 말았다. 몽골은 파죽지세로 랴잔의 모든 마을을 약탈하고 파괴하며 수즈달까지 휩쓸었다. 군대를 보내 모스크바를 불태우고 블라디미르를 포위했다. 귀족들은 스스로 삭발하고 수도사처럼 대성당 안으로 숨었다. 그리고 도시 전체가 화염에 휩싸이자 성당과 함께 목숨을 잃었다. 수즈달과 로스토프, 그리고 공국의 수많은 마을이 완전히 잿더미로 변했다.(1238년) 몽골은 노브고로드를 향해 이동했다. 그러나 울창한 숲과 불어난 개울로 인해 발길을 돌려야 했다. 그들은 체르니고프와 페레야슬라블을 짓밟고 키예프에 도착했다. 사절단을 보내 항복을 요구했지만 키예프 사람들은 사절단을 처형했다. 몽골은 드니에페르 강을 건넜다. 약한 저항들은 무시했지만 도시를 약탈하며 수천 명의 시민을 살해했다. 6년 후 조반니 데 피아노 카르피니는 키예프를 보고, 200채의 작은 집들이 있고 그 주변으로 해골들이 굴러다니는 마을이라고 묘사했다. 러시아의 상류 계급과 중산층은 감히 소작농이나 도시 서민들을 무장시키려는 생각은 하지 않았다. 몽골이 침략했을 때 대중은 스스로를 방어하지 못하는 무기력한 모습이었고, 정복자들의 마음이 내키는 대로 학살을 당하거나 노예로 끌려갔다.

몽골은 중앙 유럽으로 진군하여 이기고 지는 전투들을 치르면서 피폐한 러시아로 돌아갔고, 볼가 강 지류에 사라이라는 도시를 세워 황금 군단으로 알려진 독립적 군락의 수도로 삼았다. 그 후로 바투와 그 후계자들은 240년 동안 러시아 대부분을 지배했다. 러시아 왕자들은 자신의 영토를 보유할 수 있었지만, 매년 군단의 칸이나 몽골 카라코룸에 있는 대(大)칸에게 공물을 바쳐야 한다는 (또는 이따금 존경의 표시로 먼 거리를 방문해야 한다는) 조건이 뒤따랐다. 공물은 인두세로 왕자들이 징수했는데, 부자에게나 가난한 사람에게나 모두 가차 없이 동일한 금액을 부과했고, 세금을 납부하지 못하는 사람들은 노예로 팔려 갔다. 왕자들은 몽골의 지배를 받아들였다. 몽골이 사회적인 저항으로부터 그들을 보호해 주었기 때문이다. 또한 왕자들은 몽골의 다른 침략, 심지어 러시아 공국들을 공격하는 데까지 가담했다. 많은 러시아인이 몽골인과 결혼하여, 몽골의 얼굴 생김이나 성격 등의 특징이 러시아인의 후손에게도 남아 있을 것이다. 일부 러시아인들은 몽골의 언어나 의상을 받아들였다. 아시아의 하나의 강국에 의존하면서 러시아는 유럽 문명으로부터 크게 단절되었다. 칸과 비잔티움 황제들의 절대주의 체제가 결합하면서 뒷날 모스크바 대공국에서는 "제정 러시아의 전제 군주"가 탄생했다.

힘만으로는 러시아를 조용히 다스릴 수 없다는 사실을 깨달은 몽골 족장들은 러시아 정교와 화해하여 귀속 재산과 관련 인사들을 보호하고 세금을 면제해 주었으며, 신성 모독에 대해서는 죽음으로 벌하였다. 고마운 마음에서인지 강요에 못 이겨서인지 교회는 몽골 지배자들에게 복종할 것을 러시아에 권했고, 공공연히 그들의 안전을 위해 기도했다.[13] 불안과 공포 속에서 안전지대를 찾던 수천 명의 러시아인들은 수도사가 되었다. 종교 기관에 선물 공세가 쏟아졌고, 러시아 정교는 모두가 가난한 가운데 엄청난 부자가 되었다. 러시아 대중에게 순종적인 태도가 번져 나가면서 폭정의 시대로 향하는 길이 열렸다. 그렇다 해도 그곳은 러시아였다. 그들은 몽골이라는 회오리바람을 만나 몸을 웅크린 채, 깊고 넓은 도랑과 해자가 되어 아시아의 정복자로부터 유럽을 보호했다. 인간 폭풍은 맹위를 떨치며 슬라브족(러시아인, 보헤미아인, 모라비아인, 폴란드인)과 마자르족을 향해 움직였다. 서유럽은 몸을 떨었지만 거의 아무런 타격도 입지 않았다. 나머지 유럽 국가들이 정치적 자유와 정신적 자유를 향해, 부와 사치와 예술을 향해 나아갈 수 있었던 이유는 2세기 동안 러시아가 짓밟히고, 꺾이고, 정체되고, 빈곤한 채로 남아 있었기 때문일 것이다.

4. 발칸 반도의 변화

멀리 떨어진 곳에 위치한 발칸 반도는 정치적 불안과 음모, 교묘한 술수와 상업적 기교, 전쟁, 암살, 그리고 집단 학살 등의 문제가 뒤죽박죽으로 쌓여 있었다. 그러나 불가르나 루마니아, 헝가리, 유고슬라비아 원주민에게 그들 나라를 둘러싼 제국들로부터 독립을 쟁취하고, 독특하고 다채로운 문화를 유지하며, 제약 없는 건축술과 의상, 시, 음악, 노래 등으로 국가적 특징을 표현하기 위해 고군분투했던 1000년 역사의 산물이었다.

한때 크룸과 시메온 치하에서 강력한 힘을 누리던 불가리아는 168년 동안 비잔티움 제국에 정복당한 처지였다. 1186년 불가르족과 블라크족(왈라키아족)의 불만은 요한 아센과 페테르 아센이라는 두 형제를 통해 표출되었다. 아센 형제는 당시 상황이 요구하던, 또한 자국민들이 바라던 예리함과 용기를 모두 지니고 있었다. 형제는 트르노보 사람들을 성 데메트리오스 성당으로 불러 모아, 성인(聖人)께서 그리스 살로니카를 떠나 트르노보를 터전으로 삼았으며, 그의 이름 아래에서 불가리아는 자유를 되찾을 수 있다고 설득했다. 형제는 사람들을 설득하는 데 성공하고, 새로운 제국을 평화로이 나눠 요한은 트르노보를, 페테르는 프레슬라브를 통치했다. 아센 계보에서 가장 위대한 군주이자 불가리아 역사를 통틀어 가장 훌륭한 왕은 요한 아센 2세(1218~1241년)였다. 그는 트라키아와 마케도니아, 에피로스, 알바니아를 흡수했을 뿐 아니라, 공정성을 가지고 이들을 다스려 그의 치하에서 살아가던 그리스 국민들까지 그를 사랑할 정도였다. 또한 교회에 충성하고 많은 수도원을 건설하여 교황들을 기쁘게 했다. 그는 트르노보를 유럽에서 가장 아름다운 도시로 만들었으며, 불가리아의 문명과 문화를 당시 대다수 국가와 같은 수준으로 끌어올렸다. 아센 2세의 후계자들은 지혜에서 그를 따라잡지 못했다. 몽골 침략으로 나라는 엉망이 되고 약해졌으며(1292~1295년), 14세기에는 세르비아와 투르크에 차례로 무너졌다.

1159년 주판(Zhupan, 족장) 슈테판 네마냐는 다양한 세르비아의 씨족과 지역에 단일한 통칙을 적용하고, 사실상 세르비아 왕국을 창건하여 200년간 왕조를 유지했다. 그의 아들 사바는 대주교이자 정치가로서 국가에 봉직했고, 가장 존경받는 성인 중 한 명이 되었다. 나라는 여전히 가난했다. 왕궁은 목재로 건축되었다. 항구 라구사(현재의 두브로니크)가 번창했지만, 그곳은 독립적인 도시 국가였고, 그나마 1221년에는 베네찌아의 보호령이 되었다. 이 시기 비잔티움 문화에서 기원한 세르비아 예술은 나름의 양식을 갖추고 우수한 성과를 맺었다. 네레즈의 성 판텔레이몬 수도원(1164년경)에 그려진 벽화들은 비잔티움 회화에서는 흔치 않은 극적인 현실주의를 보여 주는데, 두치오(1255?~1318년?, 이탈리아의 화가)와 죠토(1266?~1337년, 이탈리아의 화가)가 창시했다고 여겨지던 일부 기법들을 한 세기가량 앞서 선보였다. 이러한 벽화와 12세기에서 13세기의 다른 세르비아 벽화에는 앞선 비잔티움의 초상화보다 개별화된 왕실 초상화들도 등장했다.[14] 중세 세르비아가 고도의 문명을 향해 나아가고 있을 때, 투르크의 진군을 이겨 내는 열쇠가 되었을 국가적 통일성은 종교적 이단과 박해로 인해 파괴되고 있었다. 보스니아 역시 반(Ban, 왕) 쿨린(1180~1204년) 치세에 중세 시대의 절정기를 맞은 후 종교 분쟁으로 힘이 약화되었고, 1254년에는 헝가리에 합병되었다.

슈테판 1세 사망(1038년) 후 헝가리는 가톨릭 왕들에 대한 이교도 마자르의 반란과 헝가리를 독일과 합병하려는 하인리히 3세의 시도 때문에 불안해졌다. 앤드류 1세는 하인리히 3세를 격퇴했다. 또한 황제 하인리히 4세가 다시 위협을 가했을 때, 게자(Geza) 왕은 교황 그레고리우스 7세에게 헝가리를 헌납했다가 교황의 봉지(封地)로 되돌려받음으로써(1076년) 그 시도를 무력화시켰다. 12세기의 왕위 다툼 속에 귀족들은 어느 한쪽에 지지를 표하는 대가로 넓은 면적의 영지를 손에 넣었고, 그 덕에 봉건 체제는 한층 무르익었다. 또한 귀족들의 힘이 커져 1222년에는 앤드류 2세로부터, 1215년 잉글랜드의 존 왕이 서명한 마그나 카르타 같은 "금인(金印) 칙서"를 받아 낼 수 있을 정도였다. 칙서는 봉토의 세습을 인정하지 않았지만, 매년 의회를 소집하기로 약속하고, "황제의 허가로 왕권을 행사하던 영주(팔라틴 백작(count palatine), 즉 황제령을 통치하던 백작)" 앞에서 재판을 받지 않고서는 그 어떤 귀족도 투옥당하지 않는다고 보장했다. 또한 귀족이나 교회 재산에 대해서는 일절 세금을 징수하지 않는다는 약속도 담고 있었다. 황금 봉투 또는 봉인에서 이름을 딴 이 국왕의 칙서는 7세기 동안 헝가리 귀족들의 자유 헌장으로 역할을 했고, 몽골로 인해 유럽이 사상 최대의 위기를 앞두고 있던 바로 그 시점에 헝가리의 군주 제도를 쇠약하게 만들었다.

1235년 대(大)칸 오고타이가 세 개 병력을 한국과 중국과 유럽에 출정시켰다는 점을 주목하면 당시 몽골 세력이 미치던 범위와 점령지의 규모를 짐작할 수 있다. 바투의 지휘 아래 진격을 거듭하던 세 번째 군대는 1237년 볼가 강을 건넜다. 몽골의 30만 대군은 철저한 훈련을 받고 일사분란하게 움직였다. 그들은 강력한 공성포(攻城砲, 중세 시대에 요새 등을 공격할 때 사용하던 무기 - 옮긴이)뿐 아니라 중국으로부터 사용 방법을 배워 온 새로운 화기도 갖추고 있었다. 이들 전사는 3년 만에 남러시아를 초토화시켰다. 그 후 바투는 패배는 상상도 할 수 없다는 듯이 군대를 둘로 나누어 그중 하나를 폴란드로 보냈다. 그리고 크라코프와 루블린을 점령하고 오데르 강을 건너 레그니츠에서 독일군을 섬멸했다.(1241년) 바투가 이끌던 또 다른 쪽 군대는 카르파티아 산맥을 넘어 헝가리를 침략했다. 그들은 모히에서 헝가리와 오스트리아 연합군을 마주쳤지만 몽골의 위세는 가히 압도적이었다. 중세 연대기 기록자들은 가감 없이 추산했을 때 사망한 그리스도교도들이 10만 명에 이를 것이라고 적었고, 황제 프레데리크 2세는 "왕국 군대의 거의 모든 병력"이 사상자였다고 말했다.[15] 여기에 피해 갈 수 없는 역사의 아이러니가 있다. 승자와 패자는 하나의 핏줄이었던 것이다. 전사한 헝가리 귀족들은 3세기 전 그 땅을 유린했던 몽골 마자르의 후손들이었다. 바투가 페스트와 에스테르곰을 점령한(1241년) 사이, 몽골군 본대는 다뉴브 강을 건너 아드리아 해 연안까지 헝가리 왕 벨라 4세를 뒤쫓았고, 추격하는 길마다 거침없는 방화와 파괴를 자행했다. 프레데리크 2세는 아시아 정복자의 위협에 맞서 유럽의 단결을 요청했지만 허사였다. 인노켄티우스 4세는 몽골에 그리스도교 전파와 평화를 헛되이 호소했다. 그리스도교와 유럽이 살아남을 수 있었던 건 순전히 오고타이 칸의 죽음과 그로 인해 새로운 칸을 선출하는 데 참여하기 위해 카라코룸으로 돌아간 바투의 회군 덕이었다. 태평양에서 아드리아 해, 그리고 발트 해에 이르기까지 역사상 그토록 대대적인 파괴가 자행된 적은 한번도 없었다.

벨라 4세는 황폐화한 페스트로 돌아와 그곳에 다시 독일인들을 거주하게 하고, 수도를 다뉴브 강 건너 부다(Buda)로 이전한 뒤(1247년), 산산이 부서진 국가 경제를 조금씩 일으켰다. 갓 형성된 귀족들은 커다란 목장과 농장을 다시 세웠고, 굽실거리는 목동과 농부들이 그곳에서 나라를 위해 먹을 것을 생산했다. 독일 광부들은 에르츠 산맥에서 내려와 트란실바니아의 풍부한 광석을 채굴했다. 생활과 관습은 여전히 거칠었고, 도구는 원시적이었으며, 집은 윗가지를 엮은 오두막이었다. 인종과 언어의 혼란을 겪는 와중에 계급과 신념 사이에 적대적인 분열이 일어났고, 사람들은 그날 먹을 빵과 하루 벌이 수입을 찾아다니며 경제를 다시 이어 문명의 토양을 복구했다.

5. 변경 지대 국가들

　무한한 우주에서는 어떤 점이든 중심이 될 수 있다. 마찬가지로 문명과 국가의 변화무쌍한 세계에서, 각각의 나라는 각각의 영혼처럼 자국의 역사나 생활의 드라마를 자기 나름의 역할과 성격이라는 관점에서 해석한다. 발칸 반도의 북쪽에는 보헤미아인과 폴란드인, 리투아니아인, 리보니아인, 그리고 핀족 등 또 다른 민족이 뒤섞여 살았다. 이들 모두는 자긍심을 생명처럼 여기며 자국의 역사를 중심으로 세계의 변화를 이해했다.

　중세 초기 마자르족과 훈족의 먼 친척뻘인 핀족은 볼가 강과 오카 강의 상류를 따라 거주했다. 8세기경 그들은 더 강하고 아름다운 땅으로 이주했다. 이 땅은 외부인들에게는 핀란드로, 핀족에게는 수오미(Suomi), 즉 호수의 나라로 알려진 곳이었다. 이들이 스칸디나비아 연안을 급습하자 스웨덴 국왕 에리크 9세는 1157년에 핀란드를 정복했다. 에리크 9세는 핀족을 문명화하기 위해 웁살라에 주교를 머물게 했다. 핀족은 헨리 주교를 살해한 뒤 그를 자신들의 수호성인으로 삼았다. 그들은 조용한 영웅이 되어 숲을 깎아 내고 습지의 물을 빼내며 "1만여 개 호수"에 수로를 냈고,[16] 모피를 모아 눈에 맞서 싸웠다.

　핀란드 만 남쪽에서도 같은 기초 작업을 수행하는 종족들이 있었다. 핀족과 유사한 보루시아(프로이센), 에스트(에스토니아), 리브(리보니아), 리트바(리투아니아), 그리고 라트비아(또는 레트)인들이었다. 이들은 수렵과 낚시를 하고 벌을 키우며 자신들보다 강하지 못했던 후대에 문자와 예술을 남겼다. 에스토니아를 제외한 모든 종족이 이교도를 신봉했으나, 12세기에 독일이 그들에게 불과 검과 함께 그리스도교와 문명을 전파했다. 독일이 그리스도교를 이용하여 자신들에게 침투하고 지배를 행사하려 한다는 사실을 깨달은 리보니아인들은 선교사들을 살해하고, 드비나 강에 뛰어들어 침례교의 얼룩을 씻어 낸 뒤 자신들의 토속 신에게 돌아갔다. 인노켄티우스 3세는 리보니아인들에 맞선 십자군 전쟁을 설파했다. 알베르트 주교는 23척의 군함을 끌고 드비나 강으로 들어가, 리가를 수도로 세우고 리보니아를 독일에 종속시켰다.(1201년) 두 개의 종교 기사단, 즉 리보니아 기사단과 튜턴 기사단은 독일을 위한 발트 제국 정복을 완수하여 막대한 재산을 챙겼고, 원주민들을 그리스도교로 개종시킨 뒤 농노로 신분을 떨어뜨렸다.[17] 이 승리에 용기를 얻은 튜턴 기사단은 최소한 서부 지방 정도는 독일과 라틴 그리스도교에 복속시킬 수 있다는 희망을 품고 러시아로 진격했다. 그러나 그들은 역사상 무수히 많은 결전지 중 하나인 페이푸스 호 위에서 패배했다.(1242년)

이러한 발트 제국 주변으로 슬라브족이 물밀 듯이 밀려들었다. 한 무리는 자신들을 폴라니에(Polanie), 즉 "들에 사는 사람들"이라고 부르며, 바르테 강과 오데르 강 계곡을 경작했다. 또 마주르족이라 일컫는 한 무리는 비스툴라 강을 따라 거주했으며, 포모르잔족(Pomorzanie, '바닷가에')은 포메라니아(Pomerania)라는 지역명의 기원이 되었다. 963년에 폴란드 왕자 미에슈코 1세는 독일에 점령당하는 것을 피하기 위해 폴란드를 교황의 보호 아래 두었다. 그때부터 폴란드는 비잔티움의 맥을 잇는 동쪽 슬라브 왕국을 저버리고, 서유럽과 로마 그리스도교와 운명을 함께했다. 미에슈코의 아들 볼레슬라프 1세(992~1025년)는 포메라니아를 정복하고 브레슬라우와 크라코프를 합병한 뒤 스스로 폴란드 최초의 국왕이 되었다. 볼레슬라프 3세(1102~1139년)는 왕국을 아들 넷에게 나누어 주었다. 왕정이 약해지자 귀족들은 땅을 갈라 봉건 공국의 영토로 만들었고, 폴란드는 독일이나 보헤미아에 종속되었다가 자유를 찾는 과정을 반복했다. 1241년에는 몽골이 밀고 들어와 수도 크라코프를 점령하여 철저하게 짓밟았다. 아시아로부터 불어닥친 폭풍이 물러가자 이번에는 독일에서 이민의 물결이 폴란드 서부를 휩쓸며 언어와 법률과 혈통에 깊은 흔적을 남겼다. 같은 시기(1246년) 볼레슬라프 5세는 독일의 집단 학살을 피해 달아난 유대인들을 기꺼이 받아들이고, 그들이 상업과 금융을 발달시킬 수 있도록 장려했다. 1310년에는 보헤미아의 국왕 바츨라프 2세가 폴란드의 왕으로 선출되어 두 나라를 하나의 왕좌 아래로 통일했다.

보헤미아와 모라비아에는 5세기와 6세기에 슬라브인이 정착했다. 623년 슬라브의 족장 사모는 아바르인들로부터 보헤미아를 해방시키고, 658년에 자신과 함께 수

명을 다한 군주국을 창건했다. 805년 샤를마뉴가 이들 영토를 침략했다. 보헤미아와 모라비아는 확인할 수 없는 일정 기간 동안 카롤링거 제국의 일부로 복속되었다. 894년 프레미슬 일가가 두 영토를 자신들의 불후의 왕조 아래로 합병시켰으나, 마자르가 모라비아를 반세기(907~957년) 동안 지배했고, 928년에는 하인리히 1세가 보헤미아를 독일에 합병했다. 공작 바츨라프 1세(928~935년)는 이렇듯 종속 관계가 되풀이되는 와중에도 보헤미아에 번영을 일구었다. 그는 어머니인 성 루드밀라로부터 철저한 그리스도교 교육을 받았으며 통치자가 된 후에도 신앙을 유지했다. 가난한 사람들에게 먹을 것과 입을 것을 주고, 고아와 과부들을 보호하며, 이방인을 환대하고, 노예들에게 자유를 주었다. 그의 동생은 바츨라프 1세가 왕으로서의 악덕이 부족하다는 이유로 암살을 꾀했다. 바츨라프 1세는 자신의 손으로 직접 동생을 제압하고 나서 그를 용서했다. 그러나 동생과 함께 음모를 꾸민 일파는 935년 9월 25일, 왕이 미사에 참석하러 가는 길에 그를 살해했다. 보헤미아는 그날을 수호성인 바츨라프의 축일로 삼아 매년 기리고 있다.

호전적인 공작들이 그 뒤를 계승했다. 볼레슬라프 1세(939~967년)와 2세(967~999년), 그리고 브라티슬라프 1세(1037~1055년)는 자신들의 전략적 성이 위치한 수도 프라하에서부터 모라비아와 실레지아, 폴란드를 점령했다. 그러나 하인리히 3세는 브라티슬라프를 강제로 폴란드에서 내쫓은 후 독일에 다시 공물을 바치게 했다. 오토카르 1세(1197~1230년)는 보헤미아를 해방시키고 첫 번째 왕좌에 올랐다. 오토카르 2세(1253~1278년)는 오스트리아와 스티리아, 카린티아 등을 점령했다. 반항적인 귀족들에 대한 균형추로서 중산층을 양성하고 제조업을 발달시키고자 했던 오토카르 2세는 독일인들의 이주를 장려하여 보헤미아와 모라비아는 마을 전체가 독일인들로 가득할 정도였다.[18] 쿠트나호라의 은광은 보헤미아가 번영을 이루는 토양이자 영토를 공격하는 많은 침략자들의 표적이 되기도 했다. 1274년 독일은 오토카르에 맞선 전쟁을 선포했다. 귀족들은 그에 대한 지원을 거절했다. 오토카르는 정복자에게 항복하고, 독일의 지배를 받는 신세가 되어 왕좌를 유지했다. 그러나 황제인 합스부르크 가(家)의 루돌프가 내정 간섭을 시작하자 오토카르는 새로이 군대를 일으켜 뒤른크루트에서 독일에 맞서 싸웠다. 귀족들로부터 재차 버림받은 그는 적들에게 겹겹이 둘러싸여 필사적인 전투를 벌이다 사망했다.

바츨라프 2세(1278~1305년)는 봉신의 위치를 새로이 하여 평화를 얻었고, 힘들게 질서와 번영을 회복했다. 그의 죽음과 함께 500년간 이어져 오던 프레미슬리드 왕조는 끝을 맺었다. 보헤미아와 모라비아 사람들, 그리고 폴란드인들은 한때 독일 동부에서 엘베 강까지를 가득 채웠던 슬라브족의 이동에서 살아남은 유일한 종족들로서, 현재는 독일의 세력 아래 들어가 있다.

6. 독일

역사적인 서임권(敍任權) 다툼에서 승자는 독일의 귀족들이었다. 공작과 영주, 주교, 수도원장들은 하인리히 4세를 물리친 뒤 약해진 왕권을 통제하고 봉건 제도를 확대했다. 덕분에 13세기 독일은 유럽에서 주도권을 잃게 된다.

하인리히 5세(1106~1125년)는 아버지를 폐하고 왕이 되고 나서 귀족과 교황들에 맞선 투쟁을 계속했다. 교황 파스칼리스 2세가 서임권의 권리를 포기하지 않으면 왕위를 인정할 수 없다고 주장하자 그는 교황과 추기경을 감금했다. 그가 사망하자 귀족들은 왕위 세습의 원칙을 내던지고 프랑코니아 왕조를 끝낸 뒤 작센공 로타르 3세를 국왕으로 내세웠다. 13년 후 슈바벤의 콘라트 3세를 시작으로 독일 역사상 가장 강력한 왕권을 누리는 호엔슈타우펜 왕조가 시작된 것이다.

바이에른의 하인리히 공은 선거인들의 선택을 거부했고, 이를 그의 숙부인 벨프(Welf, 또는 겔프(Guelf))가 지지했다. "겔프"와 "기벨린(Ghibelline)"의 갈등이 터져 나온 것이었다. 이 갈등은 12세기와 13세기에 대단히 많은 형태와 쟁점

을 가지고 불거졌다.* 호엔슈타우펜 군대는 도시이자 요새인 바인스베르크에
서 바이에른의 역당들을 포위했다. 전해지는 말에 따르면 그곳에서 두 적수가
"안녕, 벨프!", "안녕, 바이블링!"이라고 외친 데서 교전 중인 일파들의 이름이
정해졌다고 한다. 전해 내려오는 이야기에 따르면, 승리를 거둔 슈바벤이 여자
들은 다쳐서는 안 된다는 생각으로, 그리고 무엇이든 들고 갈 수 있는 것들을
가지고 나와도 된다는 이해심으로 도시의 항복을 받아들이자, 건장한 아내들
은 자신의 남편들을 등에 업고 행군했다고 한다.[19] 1142년 콘라트가 십자군 원
정에 나서면서 휴전이 찾아왔다. 하지만 콘라트는 원정에 실패하고 수치스럽
게 귀환했다. 호엔슈타우펜가는 첫 번째 걸출한 인물이 왕좌를 손에 넣은 시점
에서 불명예의 낙인이 찍히는 듯했다.

프리드리히(Friedrich, '평화의 주(主)'), 즉 프레데리크 1세(1152~1190년)는
서른 살에 왕위에 선출됐다. 그는 인상적인 외모는 아니었다. 피부가 희고 아담
한 체구에, 노란 머리와 붉은 턱수염을 갖고 있어 이탈리아에서는 그를 바르바
로사(Barbarossa)라고 불렀다. 하지만 그는 머리가 명석하고 의지력이 강했다.
그는 국가를 위해 고된 인생을 바쳤다. 또한 비록 많은 패배를 겪었지만 독일
을 다시 한 번 그리스도교 세계의 주도국으로 일으켜 세웠다. 호엔슈타우펜가
와 벨프가의 피를 모두 지닌 그는 란트 평화령(Landfried), 즉 영토의 평화를 선
언하고, 적들을 회유하고 친구들을 달래고 갈등과 무질서와 범죄를 단호히 진
압했다. 그의 동시대인들은 그가 온화하며, 사람의 마음을 끄는 미소를 지녔다
고 묘사한다. 하지만 그는 "악당들에게 공포"였다. 그가 정립한 야만적인 형법
은 독일의 문명을 앞당겼다. 그는 사생활에서도 품위를 지켜 찬사를 받았다. 그
러나 첫 번째 아내와는 혈통을 이유로 이혼하고 부르고뉴의 백작과 재혼하여
신부와 함께 왕국을 얻었다.

---

* '기벨린(Ghibelline)'은 '바이블링겐(Waiblingen)'에서 이름이 유래했다. 바이블링겐은 호엔슈타우펜가가 살던
성이었는데, 호엔슈타우펜가의 이름(High Staufen, 즉 고귀한 슈타우펜)은 슈바벤(Swabia)의 마을과 산성의 이름
을 딴 것이다.

프레데리크 1세는 황제 대관식을 앞두고 교황과의 관계가 우려됐다. 그는 황제의 권위에 대한 지지를 얻는 대가로 교황 에우게니우스 3세에게 로마 역당들과 골치 아픈 노르만족에 맞서는 원조를 약속했다. 로마 인근의 네피에 도착한 위풍당당한 젊은 왕은 새로운 교황 하드리아누스 4세를 만나는 자리에서, 세속의 왕이 교황이 탄 말의 고삐와 등자를 잡고 그가 말에서 내리도록 돕는 관례적인 의전을 생략했다. 아무런 도움도 받지 못하고 말에서 내린 하드리아누스는 프레데리크에게 "평화의 키스"를 거절하고, 전통적인 의례가 지켜질 때까지 황제 임관도 거부했다. 이틀 동안 교황과 왕의 수행들은 이 문제로 논쟁을 벌이며 제국의 외교 의례를 비난했다. 프레데리크는 한 발 양보했다. 교황은 밖으로 나가 다시 말을 타고 들어왔다. 프레데리크는 교황이 탄 말의 고삐와 등자를 잡았고, 그 후 온 세상이 교황뿐 아니라 황제 역시 신의 대리자라 여기기를 바라며 "신성"로마 제국의 존재를 증명했다.

그는 황제 작위를 얻으며 롬바르디아의 왕으로도 등극했다. 하인리히 4세 이후 어떠한 독일의 통치차도 그 자리를 정말로 받아들인 적이 없었다. 하지만 프레데리크는 이탈리아의 북부 도시에 행정관을 보내 자신의 이름으로 그곳을 통치했다. 이 생경한 군주를 어떤 도시들은 받아들였고 어떤 곳들은 거부했다. 자유보다는 질서를 사랑한 프레데리크는 독일과 동방의 교역에서 이탈리아라는 출구를 손에 넣고 싶은 갈망에 1158년, 질서보다 자유를 사랑하던 반항적인 도시들을 진압하기 시작했다. 그는 볼로냐에서 로마의 법률을 부활시키고 있던 법학자들을 론카글리아에 위치한 자신의 궁으로 소집했다. 프레데리크는 로마 법률에 의거하여 황제가 제국의 모든 도시에 대해 절대적인 권한을 지니며, 제국의 모든 재산을 소유하고, 국가를 위해 바람직하다고 여겨질 때는 언제든 개인의 권리를 조정하거나 폐지할 수 있다는 점을 법학자들로부터 기꺼이 받아들였다. 교황의 세속적 권한에 대해 염려하던 교황 알렉산데르 3세는 피핀과 샤를마뉴의 정복지 헌정 사례를 환기시키며 이러한 주장을 일축하고, 프레데리크가 계속 같은 주장을 펼치자 그를 그리스도교에서 파문했다.(1160년) 겔프와 기벨린의 외침은 이제 이탈리아로 번져 각각 교황권의 지지자와 황제권의 지지자를 의미했다. 프레데리크는 2년 동안 완강히 버티는 밀라노를 포위하고, 결국은 점령하여 완전히 불태웠다.(1162년) 이러한 무자비함에 분노하고 독일 행정관의 부당한 요구에 화가 난 베로나와 비센차, 파두아, 트레비소, 페라라, 만투아, 브레시아, 베르가모, 크레모나, 피아첸차, 파르마, 모데나, 볼로냐, 그리고 밀라노는 롬바르디아 동맹을 결성했다.(1167년) 1176년 동맹군은 레냐노에서 프레데리크의 독일군을 격파하고 6년간의 휴전을 끌어냈다. 1년 후 황제와 교황은 화해했다. 프레데리크는 콘스탄츠에서 이탈리아 도시들의 자치 정부를 부활시킨다는 조약에 서명했다.(1183년) 이 조약은 또한 제국의 형식적인 종주권을 인정하고, 프레데리크와 수행단이 롬바르디아를 방문할 때 편의를 제공한다는 것에 너그러이 동의했다.

이탈리아에서는 패배했지만 프레데리크는 그 외의 다른 곳에서는 모두 승리했다. 그는 폴란드와 보헤미아, 헝가리에 대해 제국의 권위를 확고히 했다. 독일의 성직자들에 대해 하인리히 4세가 주장하던 모든 임명권을 재차 천명하고, 교황에 반하는 입장에 대해서도 성직자들의 지지를 얻었다.[20] 독일은 프레데리크가 이탈리아와 멀어진 것을 반가워하며 그의 호화로운 권력을 누렸고, 그의 대관식과 결혼식, 그리고 그가 벌이는 축제 등의 화려한 기사단 행사들을 크게 기뻐했다. 1189년 늙은 황제는 10만 군사를 이끌고 3차 십자군 원정에 나섰다. 아마도 동로마와 서로마를 통일하여 신성 로마 제국을 고대의 규모로 회복하고자 하는 바람을 갖고 있었을 것이다. 1년 후 그는 킬리키아의 강에 빠져 익사했다.

샤를마뉴처럼 그도 로마의 전통에 너무 깊이 취해 있었다. 그는 죽어 버린 과거를 부활시키려는 노력으로 기진맥진했다. 군주제를 찬미하는 사람들은 그의 패배를 혼돈의 승리라며 애도했다. 민주주의를 열렬히 지지하는 사람들은 그 또한 자유가 성장하면서 거쳐야 할 단계라며 기뻐했다. 그의 제약된 시야 안에서 본다면 프레데리크는 정당했다. 독일과 이탈리아는 방종한 무질서 속으로 빠져들고 있었다. 오직 강력한 황제의 권위만이 봉건적인 불화와 도시 간의 전쟁을 끝낼 수 있었다. 질서는 합리적인 자유가 성장하기 전에 그 길을 닦아야 했다. 뒷날 독일의 힘이 약해질 때마다 프레데리크 1세를 둘러싼 애정 어린 전설들이 만들어졌다. 13세기에 그의 손자를 보며 생각했던 것들이 당시에는 바르바로사에게 적용됐다. 그는 정말 죽은 게 아니라 튀링겐의 키프하우저 산에 잠들어 있을 뿐이고, 그를 덮고 있는 대리석 틈으로 길게 자라는 수염을 볼 수 있다는, 언젠가 그가 깨어나서 어깨에 묻은 흙을 털어 내고 다시 한 번 독일을 질서 정연하고 강한 국가로 만들 것이라는 전설이었다. 비스마르크가 독일을 통일했을 때, 뿌듯한 독일 국민들은 그에게서 의기양양하게 무덤을 헤치고 일어서는 바르바로사를 목격했다.[21]

하인리히 6세(1190~1197년)는 아버지의 꿈을 거의 실현했다. 1194년 그는 제노바와 피사의 도움을 받아 이탈리아 남부와 시칠리아에서 노르만을 물리쳤다. 교황령을 제외한 이탈리아 전역이 그에게 항복했다. 프로방스와 도피네, 부르고뉴, 알자스, 로렌, 스위스, 네덜란드, 독일, 오스트리아, 보헤미아, 모라비아, 그리고 폴란드는 하인리히의 지배권 아래로 통일되었다. 잉글랜드는 스스로 그의 속국이라는 것을 인정했다. 아프리카의 알모하드 무어스는 그에게 공물을 보냈다. 안티오크와 킬리키아, 그리고 키프로스는 제국에 합병시켜 달라고 요청했다. 하인리히는 충족되지 않은 욕구를 가지고 프랑스와 스페인에 시선을 돌리며 비잔티움을 정복하겠다는 계획을 세웠다. 첫 번째 군대가 동방을 향해 출정했을 때, 33세의 하인리히는 시칠리아에서 이질에 무릎을 꿇었다.

점령지의 기후에 대해서 그는 아무런 준비가 되어 있지 않았다. 하인리히가 남긴 유일한 아들은 세 살배기 어린아이였다. 황제가 되려는 자들이 제위를 놓고 싸우는 사이 10여 년의 무질서가 뒤따랐다. 프레데리크 2세가 성년이 되면서 제국과 교황권의 전쟁이 다시 시작되었다. 전쟁이 벌어진 곳은 이탈리아였고, 전쟁을 벌인 사람은 이탈리아의 왕이 된 독일계 노르만 군주였으므로, 이 이야기는 이탈리아를 무대로 다시 조망하는 것이 더 나을 것이다. 프레데리크

2세의 죽음(1250년) 이후 또 한 차례의 혼란이 뒤따랐다. 실러(Schiller)는 이 시대를 두고 "주인 없는 끔찍한 시대"라고 일컬었고, 선출된 대공들은 자신들이 독립적인 힘을 자유롭게 키우도록 놔둘 아무 약골에게나 독일의 왕좌를 팔아넘겼다. 혼돈이 걷히면서 호엔슈타우펜 왕조도 막을 내렸다. 그리고 1273년 합스부르크의 루돌프는 비엔나를 수도로 삼으면서 새로운 왕조를 열었다. 황제의 자리에 오르기 위해 루돌프는 1279년 왕권이 교황권에 전적으로 예속된다고 인정하며 남이탈리아와 시칠리아에 대한 모든 권리에의 요구를 포기한다는 선언문에 서명했다. 루돌프는 황제가 되지 못했다. 그러나 그의 용기와 헌신, 열정은 독일에 질서와 번영을 되찾아 주었고, 그가 굳건히 세운 왕조는 1918년까지 오스트리아와 헝가리를 지배하였다.

하인리히 7세(1308~1313년)는 독일과 이탈리아를 통일시키기 위해 마지막 노력을 다했다. 독일 귀족들의 지지는 거의 받지 못한 채 하인리히 7세는 소수의 발론 기사단을 이끌고 알프스를 건넜다.(1310년) 계급 간의 전쟁과 도시 간의 불화에 지치고 교회의 정치적 권위를 못마땅하게 여기던 롬바르디아 도시들은 그를 환영했다. 단테는 『제정론(帝政論)』에서 침략자에 대해 서술하면서 종교 권력으로부터 세속의 자유라는 대담한 주장을 펼쳤고, 하인리히에게 교황의 지배로부터 이탈리아를 구해 달라고 호소를 보내기도 했다. 그러나 피렌쩨의 켈프 당원들이 우세하자 요동치던 도시들은 지지를 거두었다. 적들에게 둘러싸인 하인리히는 말라리아열로 사망했다.

지형과 인종, 언어라는 자연의 장벽으로 인해 남쪽에서 발걸음을 돌린 독일은 동쪽에서 출구와 보상이 될 만한 대상을 찾았다. 독일과 네덜란드는 이주와 정복, 식민지화 등을 통해 슬라브로부터 독일의 5분의 3을 되찾았다. 왕성하게 인구를 확장한 독일인들은 다뉴브 강을 따라 헝가리와 루마니아로 퍼져 나갔다. 독일의 상인들은 오데르와 브레슬라우, 프라하, 크라코프, 단치히, 리가, 도르파트, 그리고 레발의 프랑크포르트에 시장과 판로를 조직하고, 북해와 발트해에서 알프스와 흑해까지 모든 곳에 상품의 집산지를 설립했다. 점령은 잔혹했지만 결과는 변경 지대의 경제적, 문화적 삶에 어마어마한 진보를 가져다주었다.

한편 황제들은 이탈리아 문제에 골몰했다. 영주와 기사단의 지지를 구하거나, 지지를 구하는 대가로 땅이나 권력으로 보상할 필요성이 지속적으로 되풀이됐고, 교황과의 대립과 롬바르디아 반란 등으로 독일 왕권은 약화됐다. 이를 틈타 귀족들은 자유롭게 지방의 영지에 몰두하며 소작농들을 농노로 전락시켰다. 봉건 제도는 13세기 독일에서, 프랑스에서는 국왕의 권력에 무릎을 꿇은 바로 그 시점에 승리를 거두었다. 과거의 황제들이 귀족에 대한 보조 역할 정도로만 생각하던 주교들은 제2의 귀족이 되어 세속의 영주만큼이나 부유하고 독립적이며 강한 힘을 누렸다. 1263년경 일곱 명의 귀족(마인츠와 트리어, 콜로뉴의 대주교 및 작센과 바이에른의 대공, 팔라틴 백작, 그리고 브란덴부르크의 후작)이 봉건적 계급에 의거해 왕을 선출하는 권한을 부여받았다. 이들 선거인은 통치자의 권력을 빈틈없이 에워싸고 특권을 빼앗고 왕실 소유지들을 장악했다. 그들은 중앙 정부로 역할하면서 국가에 통일성을 부여했을 수도 있었지만 그렇게 하지 않았다. 선거가 없는 시기에 그들은 각자의 길을 갔다. 아직 독일 국가라는 것은 존재하지 않았다. 작센과 슈바벤, 바이에른, 프랑크 등이 있을 뿐이었다. 아직은 국회라는 것도 없고 영지에 속한 "신분제 의회(Landtage)"가 있을 뿐이었다. 1247년에 설립된 "제국 의회(Reichstag)"는 대공위(大空位) 시대(호엔슈타우펜 왕조 몰락 때부터 합스부르크 가의 루돌프 1세가 즉위할 때까지 명목상의 국왕만 있을 뿐 실질적인 지배자가 존재하지 않던 시기(1256~1273년) – 옮긴이) 기간 동안 허약하게 시들었고, 1338년에 이르러서야 두드러진 활동을 시작했다. "미니스테리알레(ministeriale, 왕이 지명했던 농노나 자유민들)"의 궁내직들은 느슨한 관료 체계를 만들고 통치 조직의 지속성을 제공했다. 어떠한 도시도 나라에 대한 충성이나 국가적 이익을 중심에 두지 않았고, 영토를 다스리는 단일한 법률 체계도 존재하지 않았다. 로마의 법률을 독일 전역에서 시행하려 했던 바르바로사의 노력에도 불구하고 각 지역은 각자의 관습과 법규를 유지했다. 1225년 작센의 법이 "작센슈피겔(Sachsen-spiegel, 작센 법전)"로 편찬됐다. 1275년에는 "슈바벤슈피겔(Schwabenspiegel, 슈바벤 법전)"을 통해 슈바벤의 법률과 관습이 성문화됐다. 이들 법규는 시민이 자신의 왕을 선택할 오랜 권리 및 소작농이 자신의 자유와 땅을 지킬 오랜 권리를 확고히 했다. 작센 법전에 따르면 농노 제도와 노예 제도는 자연과 신의 의지에 반대되며, 무력이나 사기에 기원을 둔 것이었다.[22] 하지만 그럼에도 불구하고 농노는 확산되었다.

호엔슈타우펜가의 시대(1138~1254년)는 비스마르크 이전의 독일에서 가장 위대한 시절이었다. 사람들의 생활 방식은 여전히 거칠었고, 법은 혼돈스러웠으며, 그리스도교의 도덕률과 토속 신앙의 도덕률이 공존했다. 그리스도교는 반쯤은 영토 강탈을 눈가림하는 수단이었다. 그들의 부와 안락함은 플랑드르나 이탈리아의 여느 도시와 비교도 되지 않았다. 하지만 소작농은 부지런하고 풍요했고, 상인은 진취적이고 패기가 넘쳤으며, 귀족은 유럽에서 가장 교화되고 힘이 있었다. 왕은 서부 세계 세속의 대표로서 라인 강에서 비스툴라 강까지, 론 강에서 발칸 반도까지, 발트 연안에서 다뉴브 강까지, 그리고 북해에서 시칠리아까지 지배했다. 정력적인 상업 활동 속에서 100여 개의 도시가 형태를 갖추었다. 그중 많은 도시에 자치 정부의 헌장이 있었다. 시대가 흐르면서 도시는 부유해지고 예술적으로도 풍요해졌으며, 르네상스를 맞아 독일의 자긍심이자 영광이 되었다. 그리고 오늘날 세상은 지구상에서 사라진 그 아름다움을 애도한다.

7. 스칸디나비아

행복한 망각의 한 세기를 지나 덴마크는 발데마르 1세(1157~1182년)와 함께 다시 세계사 안으로 들어왔다. 그는 룬드의 대주교인 대신 압살론의 도움으로 강력한 통치 조직을 만들었다. 근해의 해적들을 일소함으로써 교역을 보호하고 장려하여 덴마크를 부유하게 만들었다. 1167년 압살론은 코펜하겐을 설립하여 "시장의 안식처(Kjoebenhavn)"로 삼았다. 발데마르 2세(1202~1241년)는 독일의 공격에 홀스타인과 함부르크, 독일 북동부 엘베 강을 정복하는 것으로 응답했다. "성모 마리아의 뜻을 받들어" 발트슬라브족에 맞서 세 번의 십자군 원정에 나섰고, 에스토니아 북부를 점령하고 레발을 세웠다. 한번은 원정 중에 자신의 막사 안에서 공격을 받고도 죽음을 피한 사건이 있었는데, 전해지는 이야기로는 그의 용맹스러움 덕분이었다고 하기도 하고, 또 한편으로 때마침 하늘에서 내려온, 하얀 십자가가 그려진 붉은 현수막 덕분이었다고 하기도 한다. 이 "단네브로(Dannebrog)", 즉 덴마크의 기(旗)는 그 후로 덴마크가 벌이는 전투의 군기가 되었다. 1223년 발데마르 2세는 슈베린의 하인리히 백작에게 체포되었다가, 뤼겐을 제외한 독일과 슬라브 지방의 모든 점령지를 독일에 넘겨주는 조건으로 2년 반 뒤에야 풀려났다. 그는 비범한 삶의 나머지 기간 동안 내정을 개혁하고 덴마크 법률을 집대성하는 데 바쳤다. 그가 사망할 당시 덴마크는 스웨덴 남부를 포함하여 현재 면적의 두 배에 이르는 영토를 자랑했으며, 스웨덴(30만)과 노르웨이(20만)의 인구를 합한 것만큼의 인구를 보유하고 있었다. 발데마르 2세 이후 왕권은 기울었고, 1282년에는 귀족들이 에리크 글리핑으로부터 자신들의 집회인 "다네호프(Danehof)"를 국회로 인정하는 칙허장을 받아 냈다.

오직 위대한 작가의 창의적인 공감 능력을 통해서만 우리는 이 초기 스칸디나비아의 성과, 그리고 위험하고도 복잡한 반도가 하루하루, 조금씩 이루어 낸 영웅적인 정복기를 그려볼 수 있다. 생활은 여전히 원시적이었고, 농경뿐 아니라 수렵과 낚시도 생존의 주요 원천이었다. 방대한 숲은 벌목이 필요했고, 야생 동물들은 통제가 필요했다. 물의 생산적인 흐름을 위해서는 수로가 필요했고, 항구도 아직 건설되지 않았으며, 사람들은 인간의 침범에 성이 난 듯한 자연을 극복하기 위해 단호한 태도를 취해야 했다. 시토 수도회의 수도사들은 오랜 전쟁 기간 동안 귀족의 역할을 맡아 산림을 벌목하고 땅을 경작하고 소농들에게 더 나은 농법을 가르쳤다. 전쟁이 낳은 많은 영웅 중 하나인 비르예르는 1248년부터 1266년까지 스웨덴의 총리대신을 지낸 사람으로 농노 제도를 폐지하고 법치를 확립하였다. 그는 또한 스톡홀름을 건설하고(1255년경), 자신의 아들 발데마르를 왕좌에 앉히며 폴쿵 왕조의 시작을 알렸다. 베르겐은 노르웨이 교역의 출로로 부유해졌고, 고틀란드 섬에 위치한 비스뷔는 스웨덴과 한자 동맹의 접촉이 이루어지는 중심지가 되었다. 훌륭한 교회들이 지어졌고, 대성당과 수도원 학교들이 증가했으며, 시인들은 담시(譚詩)를 연주했다. 멀리 북극의 엷은 안개에 덮인 아이슬란드는 13세기에 스칸디나비아에서 가장 활발한 문학의 중심지가 되었다.

8. 잉글랜드

1. 정복자 윌리엄

정복자 윌리엄은 힘과 법, 신앙, 술수, 그리고 사기 등을 능수능란하게 구사하며 잉글랜드를 지배했다. 겁에 질린 국왕 자문 협의회에 의해 왕좌에 오른 그는 기존의 잉글랜드 법률을 준수하겠다고 맹세했다. 서부와 북부의 몇몇 종사(從士)들은 노르망디에서 그의 부재를 이용하여 반란을 꾀하였다.(1067년) 그는 돌아와 복수의 불꽃이 되어 영토를 휩쓸었고, 집과 외양간과 농작물과 소들을 파괴하고 살육하며 "북부를 못살게 굴었다." 잉글랜드 북부는 19세기가 될 때까지도 이때 입은 피해를 온전히 복구하지 못했다.[23] 그는 왕국의 가장 좋은 토지를 노르만의 측근들에게 사유지로 나누어 주고, 그곳에 성을 지어 적대적인 주민들을 막는 요새로 활용하도록 권했다.* 넓은 영토를 왕실 소유지로

---

*유명한 전설이지만 역사적으로는 모호한 로빈 후드는 노르만 정복자들에 대해 한 세기 동안 게릴라식 저항을 지속하던 앵글로색슨족 사람이었을지 모른다. 이 가난한 잉글랜드인은 한번도 진 적이 없는 저항 세력으로 셔우드 숲에 살며 어떠한 노르만 법도 인정하지 않았다. 귀족들의 재산을 훔쳐 농노들을 도왔고 성인들을 숭배했다.

남겨 두고, 길이가 30마일에 이르는 한 구획을 왕실 전용의 금렵지로 확보했다. 그 안에 있던 집과 교회와 학교 등은 말과 사냥개가 지나갈 길을 위해 모두 헐렸다. 이 뉴포레스트 안에서 수사슴이나 암사슴을 죽인 사람은 누구든 두 눈을 잃었다.[24]

그렇게 잉글랜드에 새로운 귀족이 만들어졌고, 그들의 후손은 아직도 간혹 프랑스식 이름을 물려받고 있다. 과거에는 비교적 약했던 봉건 제도가 영토를 뒤덮으며 점령당한 주민들의 대다수가 농노로 전락했다. 모든 땅은 왕에게 귀속되었지만 정복자에게 저항하지 않았다는 것을 증명할 수 있는 잉글랜드인은 국가로부터 땅을 되살 수 있었다. 전리품을 파악하고 목록을 작성하기 위해 윌리엄은 1085년 대리인들을 보내 전체 잉글랜드 땅의 소유권과 상태와 내용물을 구획별로 기록하게 했는데, 오래전 연대기에 적힌 바에 따르면 "몹시 꼼꼼하게 일을 진행하여, 땅 한 뼘, 아니 …… 황소 한 마리, 젖소 한 마리, 돼지 한 마리까지 그의 문서에 기입되지 않은 것이 없었다."[25] 그 결과 탄생한 것이 바로 "파멸" 또는 최후 심판이라는 불길한 이름으로 불리는 둠즈데이 북(Domesday Book)이다. 군사적 지원을 확인하고 봉신(封臣)들의 권력을 제한하기 위해, 윌리엄은 모든 영향력 있는 토지 소유주들(6만 명)을 솔즈베리로 대거 소환하여 (1086년) 다른 모든 것에 우선하는 충성 서약을 받아 냈다. 이것은 당시 프랑스를 조각냈던 "개인주의적 봉건 제도"에 대한 현명한 예방책이었다.

정복이 이루어지면 누구나 강력한 통치 조직이 들어설 것으로 생각한다. 윌리엄은 기사단과 백작, 주교, 대주교, 그리고 수도원장 등을 세우거나 퇴위시켰다. 망설임 없이 대귀족들을 감옥에 가두었고, 당시 카노사로 황제 하인리히 4세를 불렀던, 비슷한 힘을 지닌 그레고리우스 7세에 맞서 서임권에 대한 권리도 확고히 했다. 화재를 예방하기 위해 잉글랜드인들에 한하여 오후 여덟 시에 통행금지령(즉 생활 화재를 방지하거나 근절하자는 취지로 겨울에는 일찍 잠자리에 들라는)을 내렸다.[26] 불어나는 통치 조직에 자금을 조달하기 위해 모든 매출과 수입, 수출, 그리고 다리와 도로를 이용하는 경우에도 무거운 세금을 부과했다. 참회 왕 에드워드가 폐지한 국방세를 부활시켰고, 일부 잉글랜드인들이 그의 손아귀를 피해 수도원 보관실에 돈을 옮겨 놓았다는 사실을 알고 나서는 모든 수도원을 수색하여 발견된 귀중품들을 자신의 금고로 가져갔다. 궁에서는 뇌물을 기꺼이 받아 주었고, 그 내역을 공공 명부에 솔직하게 기록했다.[27] 터놓고 말하면 이 정복자들의 정부는 자신들의 기상으로 확보할 수 있는 이득이 그 위험 부담에 상응해야 한다고 믿었다.

노르만 성직자들도 승리를 나누어 가졌다. 능력 있고 순종적인 란프랑쿠스가 캉에서 불려와 캔터베리의 대주교이자 왕의 초대 대신으로 임명되었다. 그는 앵글로색슨계 성직자들이 사냥과 도박에 중독되고 결혼도 한다는 사실 알고,[28] 그들을 노르만의 사제와 주교, 그리고 수도원장 등으로 교체했다. 란프랑쿠스는 새로운 수도 헌법인 캔터베리 관습법을 만들고, 잉글랜드 성직자들의 정신적, 도덕적 수위를 끌어올렸다. 아마도 그의 제안이 있었기 때문에 윌리엄은 교회와 세속 재판소의 분리를 명하고, 모든 종교적인 문제는 교회의 법에 따라 정하도록 지시했으며, 교회 재판소가 정한 바에 따라 형벌을 집행할 것을 서약했을 것이다. 교회를 후원하기 위해 국민들에게 십일조 세금이 부과됐다. 그러나 윌리엄은 잉글랜드에서 그의 승인 없이는 어떠한 교황의 칙령이나 칙서도 유포되거나 힘을 가져서는 안 되고, 어떠한 교황 특사도 황실의 허락 없이 잉글랜드로 들어와서는 안 된다고 여겼다. 자문 협의회에 속했던 잉글랜드 주교들의 전국 회의는 이후 별개의 조직이 되었고, 그들이 만든 칙령은 왕이 공식화해 주는 경우를 제외하면 아무런 효력을 갖지 못하였다.[29]

대부분의 위인이 그렇듯, 윌리엄도 왕국을 통치하는 것보다 가정을 다스리는 것을 더 어려워했다. 그의 인생에서 마지막 11년은 아내인 왕비 마틸다와의 싸움으로 흐린 나날이었다. 아들 로베르는 노르망디에 대한 완전한 권한을 요구했고, 이를 거부하자 반란을 일으켰다. 윌리엄은 어물쩍거리는 태도로 그와 싸우다가 공작 영지를 물려준다는 약속을 하고 아들과 화해했다. 왕은 점점 뚱뚱해져 나중에는 말에 올라타기도 힘든 지경이 되었다. 그는 국경을 놓고 프랑스의 필립 1세와 전쟁을 벌였는데, 그가 루앙에 머무를 때 비만으로 거의 움직이지 못하자, 필립은 (전해지는 말에 따르면) 잉글랜드의 왕이 "분만 중"이라며 순산 감사식의 촛불로 볼거리가 풍성할 거라는 농담을 했다고 한다. 윌리엄은 그가 실제로 많은 양초에 불을 밝혔을 것으로 단언했다. 그는 망트와 그 주민들을 모조리 태워 버리고 모든 농작물과 수확물을 망가뜨리라고 군대에 명을 내렸고, 이 명령은 실행되었다. 윌리엄은 말에 올라 만족스럽게 폐허 위를 지나다가, 말이 발을 헛딛는 바람에 안장의 철제 머리 부분에 몸을 부딪쳤다. 그는 루앙 부근에 위치한 성 제르바시오의 작은 수도원으로 후송됐다. 윌리엄은 자신의 죄를 모두 고백하고 유언장을 작성했다. 죄를 회개하며 자신의 보물들은 가난한 사람들과 교회에 기부하고, 망트를 재건할 대책을 세우겠다는 내용이었다. 헨리를 제외한 그의 아들들은 모두 승계권 다툼 때문에 그의 임종을 지키지 않았다. 그의 중신들과 시종들은 챙길 수 있는 약탈품을 챙겨 달아났다. 시골의 봉신들은 남은 유품을 가지고 캉의 아베 오좀므 대성당으로 향했다.(1087년) 윌리엄을 위해 짠 관은 그의 시신이 들어가기에는 너무 작았다. 육중한 몸을 좁은 공간에 밀어 넣다가 시신이 터지는 바람에 교회는 국왕의 악취로 가득 찼다고 한다.[30]

노르만 정복이 가져온 결과는 끝이 없었다. 새로운 사람들과 새로운 계급이 데인족에 강요됐다. 데인족은 앵글로색슨족을 쫓아냈고, 앵글로색슨족은 로만브리튼족을 정복했으며, 로만브리튼족은 켈트족을 지배했다. 그리고 몇 세기가 지난 후에야 앵글로색슨과 켈트족의 요소들이 영국의 핏줄과 언어 안에서 다시 살아나기 시작했다. 노르만은 데인족과 비슷하지만, 롤로(Rollo, 초대 노르망디 공) 시대 이후부터는 프랑스인에 속했다. 그리고 그들이 들어오면서 3세기 동안 프랑스의 관습과 언어가 공식적인 잉글랜드의 관습과 언어가 되었다. 프랑스의 봉건 제도가 그 과시적인 요소와 기사도, 문장학(紋章學, 가문의 문장과 역사를 연구하는 학문 – 옮긴이), 그리고 어휘와 함께 잉글랜드로 들어왔다. 농노 제도는 그 어느 때보다 깊이, 그리고 무자비하게 잉글랜드에 도입됐다.[31] 윌리엄과 함께 잉글랜드로 들어온 유대인 대부업자들은 잉글랜드 교역과 제조업에 새로운 자극제가 되었다. 대륙과의 관계가 더 밀접해지면서 잉글랜드의 문학과 예술에 많은 사상들이 흘러들었다. 새로운 귀족들은 농업에 더 나은 체계를 적용하고 신선한 활력과 새로운 방식을 정착시켰다. 노르만 귀족과 주교들은 국가 행정을 개선했다. 통치 조직은 중앙집권화됐다. 비록 폭정에 따른 것이긴 했지만 나라가 통합되고, 생활과 재산은 더 안전해졌으며, 잉글랜드에 오랜 평화의 시대가 시작되었다. 다시는 외부의 침입에 무너지는 일도 없었다.

2. 토마스 아 베케트

잉글랜드 속담에 두 명의 강한 왕 사이에는 약한 왕 한 명이 끼어 있다는 말이 있다. 그러나 중간에 포함되는 약한 왕의 숫자가 정해져 있는 것은 아니다. 정복자의 죽음 뒤에 장남인 로베르는 노르망디를 독립된 왕국으로 물려받았다. 작은 아들인 윌리엄 루푸스(붉은 얼굴 윌리엄, 1087~1100년)는 자신의 머리에 기름을 부어 준 사람과 대신 란프랑쿠스에게 선행을 약속하고 잉글랜드의 왕위를 물려받았다. 그는 폭군이 되어 1093년까지 나라를 통치하다가 병이 들었다. 선행을 약속하고 병을 회복한 후에는 다시 폭군으로 돌아갔고, 사냥을 하던 중 누군지 모를 인물의 화살에 맞아 사망했다. 캔터베리 대주교로 란프랑쿠스의 뒤를 이은 성자 같은 안셀무스는 끈기 있게 그를 견뎌 내다 프랑스로 추방당했다.

정복자의 셋째 아들 헨리 1세(1100~1135년)는 안셀무스를 다시 불러들였다. 고위 성직자이자 철학자인 안셀무스는 국왕이 주교를 선출하는 것을 중단해 달라고 요구했다. 헨리는 이를 거절했다. 지루한 싸움 끝에 잉글랜드의 주교와 수도원장들은 왕의 참석하에 대성당의 사제단이나 수도사들이 주교를 선택하고, 선택된 자는 왕에게 봉건적 소유물과 권력에 대한 경의의 표시를 하는 것으로 합의를 보았다. 헨리는 돈을 매우 좋아하고 낭비를 혐오했다. 세금을 무겁게 부과했지만 신중하고 공정하게 통치했다. 그는 잉글랜드를 질서 정연하고 평화롭게 다스렸다. 예외적으로 한 번의 전투를 치른 적은 있었다. 1106년 탱슈브레에서 벌인 전투에서 그는 노르망디를 영국의 왕좌 아래로 되찾았다. 헨리 1세는 귀족들에게 "아랫사람의 아내와 아들, 딸들을 다루는 데 자제심을 가져라."라고 주문했다.[32] 그 자신도 여러 정부와의 사이에 사생아로 낳은 많은 아들과 딸들이 있었지만,[33] 체면을 위해 현명하게도 스코틀랜드 출신이자 전 노르만계 잉글랜드 국왕의 후손인 마우드와 결혼하여 새로운 왕가의 혈통에 오랜 왕실의 피를 더했다.

그는 죽기 전에 귀족과 주교들로 하여금 그의 딸 마틸다와 장차 헨리 2세가 될 마틸다의 어린 아들에게 충성을 서약하도록 시켰다. 그러나 왕이 세상을 떠나자 정복자의 손자인 블루아의 슈테판이 왕위를 찬탈했고, 잉글랜드는 14년간 가장 끔찍하고 잔혹한 내전 속에서 죽음과 세금의 고통을 겪어야 했다.[34] 한편 헨리 2세는 성장하여 아퀴텐의 엘레아노르와 결혼하고 그녀의 공작 영지를 손에 넣었다. 슈테판에게 자신의 왕위 계승권을 인정하게 만들었고, 슈테판이 죽은 뒤 왕이 되었다.(1154년) 이렇게 노르만의 시대가 끝나고 플란타지네트 왕조가 시작되었다.* 헨리 2세는 성격이 거칠고 야심이 크고 지략이 뛰어난 사람으로, 반쯤은 무신론으로 기울어져 있었다.[35] 명목상으로는 프랑스의 땅 절반을 포함하여 스코틀랜드에서 피레네에 이르는 영토의 주인이었지만, 그는 대귀족들이 용병으로 무장하고 요새 같은 성에 살며 국토를 귀족들의 영지로 조각낸 봉건 사회에서 스스로 무력하다는 사실을 깨달았다. 젊은 왕은 경탄할 만한 정력으로 돈과 사람들을 모아 귀족들을 한 명, 한 명 대응하고 진압하며 봉건적 성채를 파괴하고, 질서와 방위, 정의, 그리고 평화를 확립했다. 또한 힘과 비용을 능수능란하게 활용하여 웨일스 해적들에게 점령당하고 훼손됐던 아

---

* 헨리 2세의 아버지인 앙주의 조프루아는 모자에 금작화(金雀花, genêt) 가지를 꽂고 다녔다.

일랜드를 잉글랜드의 소유로 가져왔다. 하지만 잉글랜드 역사상 가장 위대한 왕 중 한 명으로 평가받는 이 강력한 인물은 자신만큼이나 완강한 의지를 지닌 토마스 아 베케트를 만나고, 웬만한 국가보다 더 강한 권력을 지녔던 종교와의 문제에 직면하면서 철저히 꺾이고 무너졌다.

토마스는 1118년경 노르만 혈통의 런던 중산층 가정에서 태어났다. 나이답지 않게 뛰어난 총기를 지닌 그는 캔터베리 대주교 테오발드의 시선을 끌었다. 테오발드는 토마스를 볼로냐와 오세르로 보내 민법과 교회법을 공부하게 했다. 잉글랜드로 돌아온 그는 성직에 들어가 금세 캔터베리 부주교가 되었다. 그러나 당시 많은 이들이 그랬듯 그 역시 성직자라기보다는 실무가에 가까웠다. 그는 행정과 외교에 관심도 많을 뿐 아니라 수완도 있었고, 서른일곱 살의 나이에 국가의 대법관이 되는 등 법률 분야에서의 능력도 보여 주었다. 한동안 토마스와 헨리는 잘 맞았다. 잘생긴 대신은 왕과 친밀감을 나누고 기사단의 경기도 함께했으며, 부와 권력까지 거의 공유했다. 그의 식탁은 잉글랜드에서 가장 호화로웠다. 가난한 사람들에게 베푸는 자선은 친구들을 환대하는 태도와도 같았다. 그는 전쟁에서 직접 700명의 기사단을 이끌었고, 일대일 결투들을 치렀으며, 전투를 계획했다. 임무를 띠고 파리로 떠났을 때 8대의 마차와 40마리의 말과 200명의 수행단으로 구성된 화려한 대열을 보고, 프랑스인들은 깜짝 놀라며 대신이 저렇게 호사스러우면 왕은 얼마나 부자일까 궁금해 했다고 한다.

1162년 토마스는 캔터베리 대주교로 임명됐다. 마치 마법의 주문에 걸리기라도 한 것처럼 그는 돌연 자신의 태도를 완전히 바꾸었다. 토마스는 호화로운 왕궁과 왕실 의상과 귀족 친구들을 포기했다. 대신 자리도 사임했다. 그는 올이 거친 옷을 입고, 마모직 내의를 걸쳤다. 채소와 곡물을 먹고 물을 마시며, 매일 밤 걸인 열세 명의 발을 닦아 주었다. 토마스는 이제 교회의 모든 권리와 특권과 세속적 소유물에 대한 고집 센 옹호자가 되었다. 그가 옹호한 것 중에는 성직자가 세속 법정의 재판을 면제받을 권리도 있었다. 모든 계급에게로 지배력을 확대하고 싶어 하던 헨리는 성직자들의 범죄가 흔히 교회법으로 처벌받지 않고 넘어간다는 사실에 격분했다. 그는 잉글랜드의 주교와 기사들을 클라렌던으로 불러(1164년) 성직자들의 많은 면책 특권을 없애는 클라렌던 헌장에 서명하도록 설득했다. 그러나 베케트는 대주교의 날인을 거부했다. 그럼에도 불구하고 헨리는 새로운 법령을 반포하고, 병약한 고위 성직자인 그를 국왕 재판소의 재판대 앞에 세웠다. 베케트는 재판에 참여하여 그가 종주인 국왕의 봉건적 질서에 불복종했다는 유죄 선고에 동참한 주교들을 묵묵히 지켜보며 참아냈다. 법정은 그를 체포하라고 명령했으나, 베케트는 교황에게 상소하겠다고 선언했다. 그러고는 감히 아무도 건드리지 못하는 대주교 예복을 입은 채 무사히 그곳을 걸어 나왔다. 그날 저녁 그는 런던의 자택에서 엄청난 수의 빈민들에게 먹을 것을 대접했다. 그리고 그날 밤 변장을 하고 길을 빙빙 돌아 영국 해협으로 달아났다. 부서질 듯한 배를 타고 사납게 요동치는 해협을 건넌 그는 프랑스 왕의 영토인 생오메르의 수도원에 피신했다. 베케트는 교황 알렉산데르 3세에게 대주교 사임서를 제출했다. 알렉산데르 3세는 베케트의 의견을 옹호하고 그를 자신의 관구 주교로 다시 봉직케 하였지만, 한동안은 소박한 시토회의 수도사로 살 수 있도록 퐁티니의 수도원으로 보냈다.

헨리는 나이와 성별을 불문하고 베케트의 친척 가운데 전부를 잉글랜드에서 추방했다. 헨리가 노르망디로 왔을 때, 토마스는 수도실을 나와 베즐레의 설교단에 서서 클라렌던 헌장을 인정한 잉글랜드 성직자들을 파문한다고 공표했다.(1166년) 헨리는 퐁티니 수도원과 연계하여 수도원장이 계속해서 베케트를 숨겨 주면 잉글랜드와 노르망디, 앙주, 그리고 아퀴텐의 모든 소(小)수도원의 재산을 몰수하겠다고 협박했다. 겁을 먹은 수도원장은 토마스에게 떠나 달라고 사정했고, 병든 반항아는 한동안 상스의 허름한 여인숙에서 구호품에 의지하여 생활했다. 프랑스 루이 7세의 재촉을 받은 알렉산데르 3세는 헨리에게 대주교를 그의 집무실로 복귀시키라고 지시하고, 그렇게 하지 않을 경우 잉글랜드가 통치하는 영토에서 행해지는 모든 종교 의식에 금지 제재를 가할 것이라고 통보했다. 헨리는 굴복했다. 그는 아브랑슈에서 베케트를 만나 그가 항의하던 모든 사항을 바로잡겠다고 약속하고, 의기양양한 대주교가 잉글랜드로 돌아가기 위해 말에 오를 때 그의 등자를 잡았다.(1169년) 캔터베리로 돌아온 토마스는 자신에게 반대하던 주교들을 계속해서 파문해 나갔다. 파문당한 주교 몇몇은 노르망디에 있는 헨리에게 건너가, 베케트의 행동을 과장하여 설명하며 왕의 분노를 부추겼다. 헨리는 외쳤다. "뭐라고! 나의 빵을 먹었던 자가 …… 국왕과 왕국을 모욕하는데, 나의 식탁에서 살을 찌운 태만한 시종들 중에 그런 모욕을 당한 나를 위해 옳은 일을 해 줄 사람이 없단 말인가?" 그의 말을 들은 네 명의 기사는 왕조차 모르게 잉글랜드로 건너갔다. 1170년 12월 30일 캔터베리 대성당의 제단에서 대주교를 발견한 기사들은 그를 칼로 베었다.

모든 그리스도교도들이 두려움으로 헨리에 맞서 일어나 그에게 자발적이고도 전 세계적인 파문의 낙인을 찍었다. 사흘 동안 침실에 틀어박혀 음식도 거부하던 왕은 암살범을 체포하라는 명령을 내렸고, 교황에게 사절단을 보내 자신의 무고함을 언명하는 한편 알렉산데르가 요구할 경우 어떤 속죄라도 하겠다고 약속했다. 그는 클라렌던 헌장을 폐기하고 자신의 영토 안에 있는 교회의 모든 과거 권리와 재산을 복원시켰다. 사람들이 베케트를 성인으로 추켜세우고 그의 무덤에서 많은 기적이 행해진다고 떠드는 사이, 교회는 공식적으로 그를 성인으로 시성(諡聖)했다.(1172년) 그리고 이내 수천 명의 순례자들이 그의 성지를 찾았다. 결국 헨리 2세도 참회하는 순례자가 되어 캔터베리를 찾았다. 그는 마지막 3마일의 차가운 길 위를 맨발로 피 흘리며 걸었다. 그리고 죽은 적의 무덤 앞에 엎드려 수도사들에게 채찍으로 때려 달라고 애원했고, 그들의 매질에 못 이겨 쓰러졌다. 왕의 강한 의지는 그의 영토 전역에서 쏟아져 나오는 비판과 점증하는 소란들의 무게로 인해 무너졌다. 불륜에 빠진 왕에 의해 추방당하고 감금당했던 그의 아내 엘레아노르는 아들들과 함께 왕을 폐위시킬 음모를 꾸몄다. 그의 맏아들 헨리는 1173년과 1183년에 아버지에 대항하는 봉건적 저항을 이끌다 봉기 중에 사망했다. 1189년 다른 아들들인 리처드와 존은 초조하게 왕의 죽음을 기다리다, 아버지에 맞선 전쟁에서 프랑스의 필립 오귀스트와 동맹을 맺었다. 르망에서 몰려난 헨리 2세는 그가 태어나고 사랑했던 마을을 앗아 간 신을 비난했다. 그리고 시농에서 눈을 감으며(1189년) 자신을 배신한 아들들과, 자신에게 권력과 영광, 부와 정부(情婦)들, 적과 모욕, 그리고 패배를 안겨 준 삶을 저주했다.

헨리 2세는 실패한 왕은 아니었다. 그는 베케트가 살아 있을 때 거절하던 것들을 베케트가 죽은 후에 넘겨주었다. 아직 격렬한 논쟁이 있기는 하지만 헨리는 당대의 찬사를 들었을 가능성이 높다. 헨리 이후로 통치가 이어질수록 세속 법정은 속인뿐 아니라 성직에 있는 왕의 신하에 이르기까지 사법권을 넓혀 갔다.[36] 그는 봉건 제도와 그리스도교적 한계로부터 잉글랜드의 법률을 해방시켰고, 로마 제국 이후 최고의 법적 위업이라 할 만한 발달을 이루는 길을 열었다. 증조부인 정복자 윌리엄처럼 저항적이고 무정부적인 귀족을 벌하고 정리하여 잉글랜드 통치 조직을 강화하고 통합했다. 그가 꽤 성공적으로 이룩한 업적이 두 가지 있다. 하나는 무책임하고 헤아리기 힘든 폭정의 경계에서 중앙 정부가 강해졌다는 것이다. 또 하나는 질서와 해방이 교변하는 역사의 전장에 귀족과 자유의 전쟁을 위한 무대가 마련되었다는 것이다.

3. 마그나 카르타

사자심(獅子心) 왕 리처드 1세는 난관 없이 아버지의 왕좌를 계승했다. 모험심 강하고 충동적이며 활력 넘치는 엘레아노르의 아들인 그는 차분하고 유능한 헨리보다는 어머니의 행적을 이었다. 1157년 옥스퍼드에서 태어난 리처드는 어머니에게서 위임을 받아 그녀의 지배하에 있던 아퀴텐을 관리했다. 그곳에서 그는 프로방스의 무신론적 문화를 흡수하고 음유 시인들의 "연애 문학"을 배웠으며, 그 후 잉글랜드인으로 돌아가지 못했다. 그는 정치와 행정보다 모험과 노래를 더 좋아했다. 세기의 로맨스를 42년이라는 삶 속에 가득 채웠고, 당대의 시인들을 모방하며 찬사를 보내고 후원하며 격려했다. 왕위에 오르고 처음 다섯 달 동안은 십자군 원정을 위한 자금을 모았다. 헨리 2세가 남긴 왕실 재정은 그 목적을 위해 모두 책정했다. 그는 수천 명의 관리들을 내보냈다가 돈을 받고 다시 임명했다. 그는 돈을 지불할 수 있는 도시에 한해 자유 헌장을 팔았고, 1만 5000마르크를 받고서는 스코틀랜드의 독립을 인정했다. 돈을 좋아하지 않았던 것이 아니라 모험을 더 좋아했던 것이다. 취임 후 반년 만에 리처드 1세는 팔레스타인으로 떠났다. 그는 자신의 안전을 돌보지 않았던 것만큼이나 다른 사람들의 권리에도 관심이 없었다. 나라에는 최대치의 세금을 부과하고, 세입은 사치와 연회, 놀이 등으로 낭비했다. 그러한 허세와 용기로 12세기의 마지막 10년을 질주했고, 그의 친구인 시인들은 그가 알렉산드로스나 아서 또는 샤를마뉴보다 한 수 위라고 평가했다.

리처드는 살라딘과 싸웠고, 그를 사랑했다. 완승을 거두지 못하고 고국으로 향하는 길에(1192년) 그는 아시아에서 모욕을 당했던 오스트리아의 레오폴트 공작에게 붙잡혔다. 1193년 초 레오폴트는 그를 황제인 하인리히 6세에게 넘겼다. 하인리히 6세는 헨리 2세와 리처드에게 원한을 품은 인물이었다. 십자군은 구금하지 못한다는 법이 유럽에서 보편적으로 인정을 받고 있었음에도 불구하고, 하인리히 6세는 잉글랜드의 국왕을 다뉴브 강변의 뒤른슈타인 성에 죄수로 붙잡아 두고 그에게 15만 마르크(1500만 달러)의 몸값을 요구했다. 이는 영국 왕궁에서 거두어들이는 연간 세입 총액의 두 배에 달하는 금액이었다. 리처드의 동생 존은 그 틈을 노려 왕권을 빼앗으려 하고 있었다. 존은 반대에 부딪히자 프랑스로 달아나 필립 오귀스트와 연합하여 잉글랜드를 공격했다. 필립은 평화 서약을 깨고 공격을 감행하여 프랑스 안의 잉글랜드 속령들을 점령하고, 리처드를 포로로 묶어 두기 위해 하인리히 6세에게 엄청난 뇌물을 건넸다. 리처드는 편안한 감금 생활에 조바심을 느끼며 고국에 몸값을 간청하는 뛰어난 연가(戀歌)를 작성했다.[37] 이 혼란스러운 시기 동안 엘레아노르는 캔터베리 대주교이자 대법관인 허버트 월터의 현명한 자문을 받으며 성공적으로 섭정을 펼쳤지만 몸값을 모으기가 쉽지 않았다. 마침내 석방된(1194년) 리처드는 서둘러 잉글랜드로 돌아가 세금을 징수하고 병력을 징집하여 군대를 이끌고 영국 해협을 건너 필립에 맞서 자신과 영국의 복수를 감행했다. 전해지는 말에 따르면, 그는 신뢰할 수 없는 적을 용서하라는 요구를 받을까 봐 몇 년 동안 성례식 조차 치르지 않았다고 한다. 리처드는 필립이 점령하던 영토를 모두 되찾고, 화의를 받아들여 필립을 살려 주었다. 그러던 중간에 봉신인 리모주의 자작 아드헤마르와 다툼이 벌어졌다. 아드헤마르는 자신의 땅에서 황금을 숨겨 둔 은닉처를 발견했다. 그리하여 그중 일부를 리처드에게 내놓았지만, 리처드는 전부를 요구하며 그를 포위했다. 아드헤마르의 성에서 날아온 화살 하나가 왕을 맞혔고, 사자심 왕 리처드는 황금을 둘러싼 다툼 끝에 마흔세 살의 나이로 세상을 떠났다.

그의 동생 존(1199~1216년)*은 약간의 반대와 불신 끝에 형의 자리를 계승했다. 대주교 월터는 그에게 국가(즉 귀족과 고위 성직자들)의 선택과 신의 은총에 따라 왕좌가 주어진 것이라는 대관식 선서를 하게 했다. 이미 아버지와 형, 아내에게 충실하지 못했던 존은 한 번 더 맹세를 하는 행위에 대해서 크게 구애받지 않았다. 헨리 2세와 리처드 1세처럼 존도 종교적 신념에 대해서는 확인할 만한 것이 거의 없다. 그는 성년식 후로, 심지어는 자신의 대관식 날에도 성찬(聖餐)을 절대 받지 않았다고 한다.[38] 수도사들은 그가 무신론자라고 공격하며, 살찐 수사슴을 잡았을 때 그가 이런 말을 했었다고 이야기했다. "이 동물은 잘 먹고 포동포동하기도 하군! 하지만 장담하건대 이놈은 미사라는 말을 들어 본 적도 없겠지." 수도사들은 이 말이 자신들의 비만을 빗댄 것이라며 분개했다.[39] 그는 똑똑하지만 양심의 가책은 별로 느끼지 않는, 한마디로 탁월한 행정가였다. 홀린셰드(Holinshed, 영국의 연대기 작가-옮긴이)는 "성직자들에게 썩 좋은 친구는 아니었고", 따라서 수도원 연대기 작가들에게는 약간 중상모략을 당했다고 말했다.[40] 항상 잘못만 한 것은 아니었지만 날카로운 성질과 기지, 거

---

* 존의 별명은 무지(無地) 왕이었는데, 그의 형과 달리 아버지에게서 대륙의 속지를 전혀 물려받지 못했기 때문이다.

북한 유머, 오만한 절대주의, 그리고 강제적인 세금 징수(그가 필립 오귀스트에 맞서 대륙의 잉글랜드 영토를 방어하려 애쓰던 이유) 등으로 인해 사람들은 그에게서 멀어졌다.

1199년 존은 교황 인노켄티우스 3세로부터 글로스터의 이사벨과 혈족이라는 이유로 이혼 허락을 받아 냈고, 그 직후 뤼지냥의 백작과 약혼한 앙굴렘의 이사벨라와 결혼했다. 양국의 귀족들은 분노했다. 백작은 필립에게 상황을 바로잡아 달라고 간청했다. 거의 같은 시기에 앙주와 투렌, 푸아투, 그리고 멘의 귀족들은 필립에게 존이 그들의 지방을 탄압하고 있다고 항의했다. 프랑스 영주이던 롤로에게 노르망디를 양도한 봉건적인 충성 서약에 따르면, 잉글랜드가 소유한 지방이라고 하더라도 프랑스 왕을 봉건 종주로 인정하고 있었다. 그리고 봉건주의 법에 따르면 노르망디공인 존은 프랑스 왕의 봉신이었다. 필립은 왕가의 봉신을 파리로 소환하여 온갖 비난과 간청으로부터 자신을 방어하려 하였다. 존은 이를 거절했다. 프랑스의 봉건 법정은 프랑스에 있는 존의 속지들을 몰수하고, 노르망디와 앙주, 푸아투를 헨리 2세의 손자인 브르타뉴 백작 아르튀르에게 수여한다고 선언했다. 아르튀르는 잉글랜드 왕위에 대한 권리를 주장하며 군사를 일으켰고, 미라보에서 왕비 엘레아노르를 포위했다. 엘레아노르는 여든의 나이에도 불구하고 제멋대로인 아들을 방어하기 위해 군대를 이끌었다. 존은 엘레아노르를 구하고 아르튀르를 붙잡아 사형시킬 것을 지시했다고 한다. 필립은 노르망디를 공격했다. 존은 루앙에서의 밀월로 인해 너무 바빠 군대를 지휘할 수 없어 결국 패배했다. 존은 잉글랜드로 도망쳤다. 노르망디와 멘, 앙주, 그리고 투렌은 프랑스 국왕의 손으로 넘어갔다.

필립과 불화를 겪던 교황 인노켄티우스 3세는 자신이 할 수 있는 방법을 모두 동원하여 존을 도왔지만, 이제 존은 인노켄티우스와 다투기 시작했다. 존은 허버트 월터가 죽자(1205년) 캔터베리의 늙은 수도사들을 설득하여 노리치의 주교인 존 드 그레이를 공석인 대주교의 직위로 선출했다. 일단의 젊은 수도사들은 부수도원장인 레지날드를 대주교로 선택했다. 두 경쟁자는 황급히 로마로 달려가 교황의 확인을 받고자 했다. 인노켄티우스는 두 사람을 모두 거부하고 슈테판 랭턴을 대주교로 임명했다. 랭턴은 잉글랜드의 고위 성직자로 25년 동안 파리에 거주하며 그곳의 학교에서 신학 교수로 일하고 있었다. 존은 정치적인 면뿐 아니라 교회의 의식과도 밀접한 자리인 잉글랜드 대주교의 집무를 보기에는 랭턴이 아무런 준비도 안 된 사람이라며 항의했다. 인노켄티우스는 존의 항변을 무시하고 이탈리아의 비테르보에서 랭턴을 캔터베리 대주교로 서임했다.(1207년) 존은, 랭턴이 잉글랜드에 발도 들이지 못하게 막았다. 그는 회랑에서 역적 같은 캔터베리 수도사들 앞에 불을 지르겠다며 협박했다. 그리고 "신이 반대한다 하더라도" 교황이 잉글랜드에 금지 제재를 가한다면 그는 모든 가톨릭 성직자를 영토에서 추방하고, 더 나아가 그중 일부의 눈을 파고 코를 도려낼 것이라고 맹세했다. 금지 제재가 공표되자(1208년) 잉글랜드에서는 세례식과 병자 성사(病者聖事)를 제외한, 성직자가 집행하는 모든 성무가 중단되었다. 성직자들은 교회 문을 닫았고 교회의 종소리는 그쳤다. 죽은 자들은 성별(聖別)되지 않은 땅에 묻혔다. 존은 주교나 수도원의 재산을 모두 몰수하여 속인들에게 나누어 주었다. 인노켄티우스는 왕을 파문했다. 존은 칙령을 무시하고 아일랜드와 스코틀랜드, 웨일스에서 계속 전투를 벌였다. 국민들은 금지 제재에 몸을 떨었지만, 귀족들은 자신들의 재산에서 일시적으로 눈을 돌린 왕이 교회 재산을 약탈하도록 묵인했다.

　분명한 승리에 의기양양해진 존은 많은 사람들을 지나치게 불쾌하게 만들었다. 두 번째 아내를 무시하여 조심성 없는 정부(情婦)들에게서 난 사생아를 돌보도록 했고, 유대인들을 감옥에 가둔 뒤 그들의 돈을 짜냈다. 또한 구금된 고위 성직자 가운데 일부가 곤궁으로 사망하도록 내버려 두었고, 세금에 모욕을 더하여 귀족들을 멀어지게 만들었다. 또한 인기 없던 삼림법을 엄격하게 집행했다. 1213년 인노켄티우스는 최후의 수단을 선택했다. 잉글랜드 국왕을 폐위한다는 칙령을 반포한 것이었다. 그는 존의 신하들을 충성 서약에서 풀어 주고, 신성을 더럽히는 왕의 손을 비틀어 재산을 빼앗아 올 수 있는 사람이 있다면 왕의 재산은 그 사람의 합법적인 전리품이 될 것이라고 선언했다. 필립 오귀스트는 유혹을 받아들였다. 그는 어마어마한 군대를 모집하여 영국 해협의 연안을 향해 행군했다. 존은 침략에 저항할 준비를 했다. 하지만 귀족들은 물리적으로 무장하고 종교적 힘까지 갖춘 교황에 맞선 전쟁에서 더 이상 그를 지지하지 않았다. 귀족들에게 몹시 화가 났지만 패배가 눈앞으로 다가왔음을 이해한 존은 교황 특사인 판덜프와 타협을 시도했다. 만약 인노켄티우스가 파문과 금지 제재, 폐위의 칙령을 철회할 수 있다면, 그리고 적에서 친구로 돌아설 수 있다면, 자신은 몰수했던 교회 재산을 모두 환원하고 교황의 봉신이 되어 왕좌와 왕국을 바치겠다는 내용이었다. 합의는 그대로 이루어졌다. 존은 잉글랜드를 전부 교황에게 내주었다. 그리고 닷새 뒤 영원한 충성과 공납을 서약하는 교황의 봉토로 다시 돌려받았다.(1213년)

존은 필립을 공격하기 위해 푸아투로 향하는 배에 오르면서, 잉글랜드의 귀족들에게 무기와 군사를 데리고 자신을 따르라고 명령했다. 귀족들은 거절했다. 부빈에서 필립이 승리를 거두자, 존은 팽창하는 프랑스에 맞서 원조를 기대하던 독일과 다른 동맹국들을 잃게 됐다. 잉글랜드로 돌아온 존은 분개한 귀족들과 대면했다. 귀족들은 참패한 전쟁을 위해 지나치게 많은 세금을 징수한 것, 그리고 법과 선례를 무시하는 그의 태도, 인노켄티우스의 용서와 지지를 얻기 위해 잉글랜드를 물건처럼 교환한 일 등에 분노했다. 상황을 밀어붙이기 위해 존은 귀족들에게 병역 면제세, 즉 군역 대신 내는 돈을 요구했다. 귀족들은 세금 대신 대표단을 보내 헨리 1세의 법령으로 돌아갈 것을 요구했다. 귀족들의 권리를 보호하고 왕의 권력을 제한하는 것을 내용으로 하는 법령이었다. 만족스러운 대답을 얻지 못한 귀족들은 스탬퍼드로 무장 병력을 결집시켰다. 존이 옥스퍼드에서 꾸물거리는 동안 그들은 런던으로 특사단을 보내 자문 회의와 대법원의 지지를 얻어 냈다. 귀족들의 병력은 윈저 인근, 템스 강변의 러니미드에서 진을 치고 국왕의 소수 지지자들과 대치했다. 이곳에서 존은 또 한 번 크게 물러서며 영국 역사상 가장 유명한 문서인 마그나 카르타에 서명했다.(1215년)

신의 은총에 연원한 잉글랜드의 국왕이자 …… 대주교, 주교, 수도원장, 백작, 남작, …… 그리고 모든 충성스러운 신민들에게 인사를 전한다. 본 헌장에 의하여 …… 후대에 이르기까지 영구히 이를 확인한다.

1. 잉글랜드의 교회는 자유로우며, 완전한 권리와 침해할 수 없는 특권을 갖는다. ……

2. 짐과 짐의 후대에 영원히, 왕국의 모든 자유민에게 아래에 적힌 권리들을 수여한다. ……

12. 병역면제세나 보조금 등은 …… 왕국의 일반 회의에 의하지 않는 한 부과되지 않는다. ……

14. 보조금과 병역 면제세의 사정과 관련하여 일반 회의를 개최하기 위해서는 …… 대주교와 주교, 수도원장, 백작, 그리고 대봉신* 및 …… 짐의 칙서를 소지한 이들을 소집한다. ……

15. 후일 어느 누구에게도 자유 소작인(노예가 아닌)으로부터 보조금을 징수할 권리를 부여하지 않는다. 다만, 자신의 몸값을 지불하는 경우와 장남이 되는 경우, 장녀를 처음 결혼시키는 경우는 예외로 하되, 이러한 경우라도 합리적인 정도의 보조금만을 징수한다. ……

17. 민사 소송은 짐의 궁정을 따르지 아니하고, 정해진 장소에서 개정한다. ……

36. 금후로 재판의 영장을 청구하기 위해 어떤 것도 주고받아서는 안 되며 …… 영장은 무료로 발부된다.(즉 어떤 사람도 재판 없이 장기간 구금되지 아니한다.) ……

39. 어떠한 자유민도 같은 신분의 동료나 국법에 의하지 않는 한 체포, 감금, 점유 침탈, 법익 박탈, 추방을 당하지 않으면 어떤 식으로든 침해를 당하지 아니한다.

40. 누구에게도 정의나 권리를 팔지 아니하며 이를 거부하지도 않는다.

41. 모든 상인은 매매를 목적으로 …… 부당한 관세 없이 안전하게 잉글랜드를 출입하고 체류할 수 있으며, 육로와 수로를 통행할 수 있다. ……

---

* 이곳에 호명된 다섯 집단은 뒷날 상원(上院)이 되었다.

60. 전술한 관습과 특권들은 …… 왕국의 모든 인민과, 성직자와 평신도 모두 준수하여야 하며, 그들의 자손에 이르기까지 준수될 것이다.

증인들 앞에서 짐의 서명 날인으로, 러니미드 초원에서 짐의 치세 17년 6월 15일.[41]

대헌장은 오늘날 영어권 세계에서 누리는 자유의 초석이라는 명성을 지닐 만하다. 사실 대헌장에는 한계가 있었다. 우선은 전체 인민보다 귀족과 성직자들의 권리를 훨씬 더 분명하게 밝히고 있다. 또 매우 윤리적인 60개 조항의 내용을 실현하기 위한 조치가 전혀 준비되지 않았다. 대헌장은 민주주의라기보다는 봉건 제도의 승리였다. 하지만 대헌장은 기본적인 권리들을 규정하고 옹호했다. 인신 보호 영장과 배심원단에 의한 재판 제도를 확립했다. 갓 태어난 의회에 장차 독재에 대항하여 국가를 무장할 자금력을 주었다. 덕분에 절대주의는 제한적이고 입헌적인 군주제로 바뀌었다.

그러나 존은 자신이 전제적인 권력이나 권한을 양도하여 후대에 불후의 이름을 남겼다는 사실을 알지 못했다. 그는 협박에 못 이겨 서명한 이튿날부터 대헌장을 무효화시킬 궁리에 들어갔다. 존은 교황에게 간청했다. 프랑스에 맞선 정책에서 잉글랜드의 지지가 필요했던 인노켄티우스 3세는 굴욕을 당한 봉신을 보호하기 위해 대헌장이 무효라고 선언하고, 존이 헌장의 조항을 준수하거나 귀족들이 그것을 강요하지 못하도록 금했다. 귀족들은 칙령을 무시했다. 인노켄티우스는 그들과 런던 및 5대 교역항의 시민들을 파문했다. 그러나 대헌장을 만드는 데 앞장선 슈테판 랭턴은 칙령 공포를 거부했다. 잉글랜드에 머물던 교황 사절단은 랭턴을 정직시키고 칙령을 반포한 뒤, 플랑드르와 프랑스에서 용병을 일으켜 잉글랜드의 귀족들을 불과 검으로 짓밟고 재산을 약탈하고 살인하고 강간했다. 확실히 귀족들은 대중적 지지를 기대하기에는 힘들어 보였다. 귀족들은 봉건적 세금으로 저항하는 대신 프랑스 국왕의 아들인 루이를 잉글랜드로 불러들였다. 잉글랜드에 들어와서 자신들을 보호하고 그 대가로 잉글랜드의 왕위를 가져가라는 뜻이었다. 만약 그 계획이 성공했다면 잉글랜드는 프랑스의 일부가 되었을 것이다. 교황 사절단은 루이에게 영국 해협을 건너지 못하도록 금하고, 루이가 고집을 꺾지 않자 그와 그의 추종자들을 모두 파문했다. 런던에 도착한 루이는 귀족들의 충성 서약을 받았다. 런던 상업 지구를 제외한 모든 곳에서 존은 승리했고 무자비했다. 그 후 존은 정력적이고 폭력적인 승리의 한가운데에서 이질에 걸려 쓰러졌고, 고통스럽게 수도원으로 향하던 중 뉴어크에서 49세의 나이로 눈을 감았다.

교황 사절단은 여섯 살 난 존의 아들 헨리 3세(1216~1272년)에게 왕위를 물려주었다. 펨브로크 백작을 필두로 한 섭정이 이루어졌고, 자신들과 같은 신분인 사람의 위치가 올라가자 다른 귀족들도 헨리에게 돌아서며 루이를 프랑스로 돌려보냈다. 헨리는 성장하여 예술가 왕이자 미의 감정가가 되었고, 웨스트민스터 대성당을 건설하기 위한 영감과 자금을 제공했다. 그는 대헌장이 파괴적인 권력이라고 생각하여 폐지하려고 노력했지만 실패했다. 혁명에 가담할 뻔했던 귀족들에게 세금을 물리며, 그때마다 이번이 마지막 세금 징수라고 맹세했다. 교황들도 돈이 필요했다. 그들은 국왕의 허락을 받고 잉글랜드 교구에서 십일조 세금을 걷어 프레데리크 2세에 맞선 전쟁에서 교황의 권한을 지지하는 데 사용했다. 이와 같이 부당한 세금 징수에 대한 기억으로 인해 위클리프와 헨리 8세의 반란이 움텄다.

에드워드 1세(1272~1307년)는 아버지보다는 학자적인 품성이 덜하고 더 국왕다웠다. 야심차고 의지가 강했으며, 전쟁에 집요하고 교묘한 정책을 펼쳤다. 책략에 능하고 성과도 많았지만, 절제력과 신중함을 잃지 않고 앞을 내다보는 결단력도 지니고 있어 잉글랜드 역사상 가장 성공적인 치세를 펼친 왕 중 하나가 되었다. 그는 군대를 재조직하여 장궁(長弓)을 쓰는 궁수들을 대규모로 훈련시켰고, 신체 건강한 모든 잉글랜드 남자에게 무기를 소지하고 사용 방법을 배우도록 지시하여 전국적인 민병대를 확립했다. 자신도 모르는 사이 민주주의를 위한 군사적 근간을 만든 것이었다. 그렇게 힘을 키워 그는 웨일스를 정복하고, 스코틀랜드를 점령했다가 다시 잃었다. 존 왕이 교황에게 약속한 공물 납부를 거절했으며, 잉글랜드에 대한 교황의 종주권을 폐지했다. 그러나 그의 치세에서 일어난 가장 커다란 사건은 의회의 발달이었다. 의도한 바는 아니었 겠지만 에드워드 1세는 정부와 개인에 있어 자유와 법률의 조화라는 잉글랜드 의 가장 훌륭한 성과에서 중심적인 인물이 되었다.

4. 법의 발달

이 시기(노르만 정복에서 에드워드 2세까지)에는 19세기까지 유지된 잉글랜드 의 법률과 정부 형태가 처음으로 만들어졌다. 노르만의 봉건 법규가 앵글로색 슨의 지방 법규와 합쳐지면서 잉글랜드 법은 처음으로 전국적인 성격을 띠었 다. 더 이상 에섹스의 법이나 메르키아의 법 또는 데인법이 아니라 "왕국의 법 률과 관습"이 되었던 것이다. 라널프 데 글랜빌(1190년 사망)이 사용한 "법의 혁명"이라는 표현에 어떤 의미가 내포되어 있었는지 우리는 완전히 이해하기 어렵다.[42] 헨리 2세가 자극하고, 궁정의 수석 판사 글랜빌이 지도하면서 잉글랜 드 법률과 법정은 신속함과 공정함이라는 명성(부패로 반감되었지만)을 얻었고, 적수 관계에 있던 스페인의 왕들은 논란이 발생하면 잉글랜드의 국왕 재판소 에 소를 제기했다.[43] 『영국의 법률과 관습에 관한 논고』는 전통적으로 알아 온 바대로 실제 글랜빌의 저작일 수도 있다. 그러나 그 진위 여부가 어쨌건 이 책 이 우리에게 영국의 법률을 가르쳐 주는 최초의 교본인 것만은 사실이다. 반세 기 후(1250~1256년) 헨리 드 브랙턴은 최초로 체계적인 정리를 담은 다섯 권 분량의 고전 『영국의 법과 관습에 대하여』를 집필했다.

돈과 병력이 점점 더 많이 필요해지면서, 확대되던 앵글로색슨 시대의 자 문 협의회는 잉글랜드 의회로 밀려들어 가지 않을 수 없었다. 귀족들이 의결 한 것보다 더 많은 자금을 모으지 못해 안달이 난 헨리 3세는 각 주(州)에서 기사단 두 곳을 소환하여 귀족과 고위 성직자들로 구성된 1254년 대회의 (Great Council)에 합류하게 했다. 유명한 알비파 십자군의 아들 시몬 드 몽포르는 1264년 헨리 3세에 맞선 귀족들의 반란을 주도하면서, 자신의 명분에 중산층을 끌어들이기 위해 각 주의 기사단 두 곳뿐 아니라 각각의 자치구나 마을의 유지 두 명씩을 초청하여 귀족들이 모이는 국민 의회에 합류해 달라고 요청했다. 마을들은 성장하고 있었고, 상인들에게는 돈이 있었다. 이들을 찾아가 대화를 하고 자금을 댈 수 있는지 알아보는 건 가치 있는 일이었다. 에드워드 1세는 시몬의 사례에서 교훈을 얻었다. 스코틀랜드와 웨일스, 그리고 프랑스와의 동시다발적인 전쟁으로 고역을 겪던 에드워드 1세는 어느 계급에서도 지지와 자금을 구할 수 없는 처지에 놓여 있었다. 1295년 그는 잉글랜드 역사에서 최초로 온전한 의회였던 "모범 의회(Model Parliament)"를 소집했다. 소집 영장에는 다음과 같이 적혀 있었다. "모두와 관련된 것은 모두의 동의가 있어야 하며 …… 공동의 위험에 대응하기 위해서는 공동이 합의한 수단에 따라야 한다."[44] 따라서 에드워드는 "모든 도시와 자치구, 주요 마을"에서 시민 두 명씩을 초청하여 웨스트민스터 대회의에 참석하게 했다. 이들 참석자를 고른 사람은 각 지역의 더 영향력 있는 시민들이었다. 오직 소수 집단만이 글을 읽을 줄 아는 사회에서 보편적 참정권은 꿈도 꿀 수 없는 일이었다. "모범 의회" 자체에서 "공동"은 한번도 귀족과 동등한 권력을 갖지 못했다. 정기 의회는 아직 존재하지 않았고, 회의는 법규의 유일한 근원지로서 자체적인 의지에 따라 개최됐다. 그러나 1295년경 의회에서 통과한 법규는 의회에 의하지 않고는 폐지할 수 없다는 원칙이 받아들여졌다. 그리고 1297년에는 더 나아가 의회의 승인 없이는 어떠한 세금도 징수할 수 없다는 동의가 이루어졌다. 이렇게 소소한 움직임을 시작으로 역사상 가장 민주적인 통치 조직이 성장했다.

성직자들은 이 확대 의회에 마지못해 참석할 뿐이었다. 그들은 따로 떨어져 앉아 자기 지역의 집회가 아니면 세출에 관한 투표도 하지 않았다. 교회 재판소는 계속해서 교회법과 관련된 모든 사건을 심리하려 했고, 이런 사건에는 대부분 성직자들이 관련되어 있었다. 중죄로 고발당한 성직자들은 세속 법정에서 재판을 받기도 했다. 하지만 반역죄보다 가벼운 범죄로 유죄 판결을 받은 죄인들은 "성직자라는 이점" 덕에 교회 재판소로 넘겨졌고, 교회 재판소는 단독으로 이들에게 형벌을 내렸다. 게다가 세속 법정의 판사 역시 대부분 성직자였다. 법학에 관한 교육이 주로 성직자에게 국한되었기 때문이다. 에드워드 1세 치하에서 세속 법정은 더욱 세속적으로 되었다. 성직자들이 세출 투표에 참여하기를 거부하자, 에드워드 1세는 국가의 보호를 받는 자들은 그 짐도 함께 나누어야 한다고 주장하며, 성직자가 원고인 사건은 다루지 말고 성직자가 피고인 소송은 최대한 모두 맡으라고 재판소에 명령했다.[45] 더 나아가 1279년 에드워드 1세가 소집한 대회의는 사수법(死手法, 양도 불능 재산에 관한 법)에 의거 교회 관련 단체에 국왕의 동의 없이 땅을 수여하는 것을 금지했다.

사법권이 분할되었음에도 불구하고 잉글랜드의 법률은 윌리엄 1세와 헨리 2세, 존 왕, 그리고 에드워드 1세를 거치며 빠른 속도로 발달했다. 잉글랜드 법률은 철저한 봉건적 법으로, 농노를 무겁게 짓눌렀다. 농노에 대한 자유민의 범죄는 대개 벌금형에 처해졌다. 여성에게는 재산을 소유하고 물려받고 물려줄 권리와 계약을 맺을 권리, 소송에 관한 권리가 주어졌다. 그리고 아내에게는 남편 유산 중 부동산의 3분의 1을 상속받을 권리가 허락되었다. 그러나 부동산 외의 재산은 여자가 결혼할 때 가져온 것이든 결혼 생활 중 습득한 것이든 간에, 모두 남편에게 귀속됐다.[46] 법적으로 모든 땅은 왕에게 속했고, 봉지의 형태로 배분됐다. 보통 봉건 귀족의 사유지는 장손에게 상속하여 온전히 보존했을 뿐 아니라, 세금과 전쟁에서 봉신의 책임이 분할되지 않도록 봉건적 종주권을 보호했다. 자유 소농에게는 그러한 장자 상속제가 존재하지 않았다.

이토록 봉건적인 관례 덕에 계약법은 미성숙한 채로 남아 있었다. 도량에 관한 조례(1197년)로 중량과 척도, 주화 등이 표준화되고, 표준화된 단위를 사용하는 데 국가적인 감시가 시작되었다. 잉글랜드의 개화된 상업 입법은 상인법(商人法, 1283년)과 상인 헌장(1303년)과 함께 시작되었는데, 이는 에드워드 1세의 창의적인 치세에서 이루어졌다.

법적 절차는 서서히 개선되었다. 법을 집행하기 위해 모든 구(區)마다 "경비대"가, 자치구에는 치안관이, 주(州)에는 주 행정관이나 주 장관이 존재했다. 이들은 모두 법 위반을 인지하면 "죄인 체포 포고령"을 내려 범죄자를 추적하는 데 동참해야 했다. 보석도 인정됐다. 잉글랜드 법의 큰 장점은 용의자를 심문하거나 목격자를 조사하는 데 고문을 사용하지 않았다는 점이다. 프랑스의 필립 4세가 에드워드 2세에게 잉글랜드의 템플러 기사단원을 체포하라고 청했을 때, 에드워드 2세는 그들에게 유죄를 선고할 만한 아무런 증거를 찾지 못했다. 그러자 교황 클레멘스 5세는 필립 4세의 강요에 못 이겨 에드워드에게 서한을 보냈다. "그대가 봉토의 법에 위배하여 고문을 금하였다 들었다. 그러나 어떠한 국가법도 교회법에 우선할 수 없다. 따라서 즉각 그 자들을 고문에 처하도록 명하노라."[47] 에드워드는 이에 굴복했다. 그러나 피의 메리('Bloody' Mary, 1553~1558년) 시대가 올 때까지 잉글랜드에서 고문을 합법적인 절차로 다시 사용하는 일은 없었다.

노르만족은 잉글랜드에 오랜 프랑크식 "종교 재판" 체계, 즉 선서를 한 지역민 집단인 "주라타(jurata)"에 의한 사법 심리 제도를 가져와 행정 구역의 재정 및 법무 체계에 녹여냈다. 클라렌던 조례(1166년경)는 소송 당사자에게 진실성을 묻는 질문에 대해 결투가 아닌 "국가"에 답하도록 허락함으로써 이 "배심" 제도를 발달시켰다. 즉 판사 배석하에 지역민들이 선택한 열두 명의 배심 기사들 앞에서 주 장관이 지명한 네 기사의 심문에 답하는 것이다. 이것이 대배심(大陪審)이었다. 평범한 사건을 재판하는 소배심(小陪審)의 경우는 주 장관이 직접 지역의 자유민 열두 명을 선택했다. 지금처럼 그때도 사람들은 배심원 지명을 피했다. 이 제도가 민주주의의 바탕이 될 것이라는 개념은 없었다. 3세기 말 무렵 배심원단에 의한 평결은 거의 잉글랜드 전역에서 미개한 법에 의한 낡은 시험을 대신했다.

5. 잉글랜드의 풍경

1300년대의 잉글랜드는 90퍼센트가 시골이었고, 100여 개의 소도시들이 근대로 들어오며 마을로 자리 잡았다. 그중 한 곳인 런던은 4만의 인구를 자랑했는데,[48] 잉글랜드의 다른 도시에 비하면 네 배 이상 뛰어났지만 콘스탄티노플이나 팔레르모, 로마는 말할 것도 없고, 파리나 브뤼즈, 베네찌아 또는 밀라노의 부와 아름다움에 비하면 한참 못 미쳤다. 집들은 나무로 만들었고, 2~3층 높이에 박공(博栱)지붕을 하고 있었다. 위층은 흔히 아래층보다 돌출되었다. 도시법에서는 부엌이나 욕실, 침실 등에서 나온 오물을 창밖으로 버리지 못하도록 금하고 있었는데, 위층에 들어온 세입자들은 종종 편의에 굴하곤 했다. 집에서 나온 오물들은 대부분 갓돌을 따라 흐르는 빗물에 씻겨 내려갔다. 배설물을 내다 버리는 건 금지되었지만, 소변 통을 이러한 배수로에 흘려보내는 건 괜찮았다.[49] 시 의회는 위생 관리를 개선하기 위해 할 수 있는 조치를 취했다. 시민들에게 집 앞 거리를 청소하게 하고, 태만 행위에 대하여 벌금을 징수했다. 수거인을 고용하여 쓰레기와 오물을 템스 강 위의 오물 운반선으로 운반하게 했다. 말과 소, 돼지, 그리고 가금류를 키우는 사람들도 많았는데, 이런 게 큰 폐해는 아니었다. 공터가 많았고 거의 모든 집에 정원이 있었기 때문이다. 여기저기에 템플 교회나 웨스트민스터 대성당 또는 런던 타워 같은 석조 건조물이 일어섰다. 런던 타워는 정복자 윌리엄이 수도를 방어하고 명망 있는 죄수들을 보호하기 위해 지은 성채였다. 런던 사람들은 이미 이 도시를 자랑스러워하고 있었다. 프루아사르는 "런던은 잉글랜드의 나머지를 모두 합한 것보다 더 무겁다. 그곳은 부와 사람에 있어 가장 강력하기 때문이다."라고 말했고, 수도사 월싱엄의 토마스는 영국인들에 대해 "모든 사람들 중 가장 자존심 강하고, 오만하고, 탐욕스러우며, 고대의 관습을 불신하고, 신을 믿지 않는 사람들"이라고 묘사했다.[50]

이 시대에 노르만과 앵글로색슨, 덴마크, 그리고 켈트족의 혈통, 언어, 생활 방식 등이 뒤섞여 잉글랜드라는 나라와 언어와 성격을 만들어 냈다. 잉글랜드에서 노르망디가 떨어져 나가면서 영국에 남은 노르만 가문들은 노르망디를 잊고 새로운 땅을 사랑하는 방법을 배웠다. 켈트족의 신비롭고 시적인 특징이 특히 하류층을 중심으로 여전히 남아 있었지만, 노르만족의 특유의 활력과 세속성이 이를 곧 누그러뜨렸다. 국가와 계급 간의 갈등 속에서, 그리고 기근과 역병의 충격 속에서 태어난 영국은 여전히 헌팅던의 헨리(1084?~1155년)가 "즐거운 잉글랜드(Merry England)"라고 말하던 특징을 갖춘, 즉 넘치는 활력과 저속한 익살, 떠들썩한 유희, 끈끈한 유대감, 춤에 대한 사랑, 음유 시인, 그리고 에일 맥주의 나라라고 할 수 있다. 이 정력적인 세대로부터 초서(Chaucer)의 순례자들의 따뜻하고 관능적인 이야기가 탄생했고, 엘리자베스 여왕 시대의 교양 있는 허세꾼들의 당당한 허풍도 태어났다.

9. 아일랜드, 스코틀랜드, 웨일스: 1066~1318년

1154년에 헨리 2세는 잉글랜드 국왕이 되었고, 잉글랜드 남자 니콜라스 브릭스피어는 교황 하드리아누스 4세가 되었다. 1년 후 헨리 2세는 솔즈베리의 요하네스 편에 로마로 영리한 전갈을 보냈다. 아일랜드는 정치적 혼돈과 문학적 쇠퇴, 도덕적 타락, 종교적 독립과 부패의 상태에 있다는 내용이었다. 교황은 헨리 2세에게 이 이기적인 섬의 소유를 허락하여, 사회적 질서와 교황에 대한 순종을 되찾으려고 하지 않았을까? 기랄두스 캄프렌시스(영국 웨일스의 성직자이자 역사가. 헨리 2세 당시 궁정 사제 등을 역임했다.-옮긴이)의 말을 믿는다면, 교황은 이에 동의하고 교서 "라우다빌리테르(Laudabiliter)"에 의거하여 헨리 2세에게 아일랜드의 소유권을 허락했다. 여기에는 그곳에 평화로운 통치 조직을 회복하고, 아일랜드 성직자들을 로마에 더 협조적으로 만들며, 아일랜드의 모든 가구가 매년 교황청에 1페니(83센트)를 납부한다는 조건이 포함됐다.[51] 당시 헨리 2세는 너무 바빠서 이 "허가증"을 이용하지 못했다. 그러나 그는 허가증에 대하여 수용적인 분위기를 유지했다.

1166년 렌스터(고대 아일랜드 5부족 왕국의 하나 - 옮긴이)의 국왕 더모트 맥머로우는 자신이 그 아내를 유혹했던 브레프니의 왕 티어난 오루크와의 전쟁에서 패배했다. 국민들에게 추방당한 더모트는 아름다운 딸 에바와 함께 잉글랜드와 프랑스로 달아났고, 헨리 2세로부터 렌스터의 왕권을 되찾도록 더모트를 돕는 국민에게 국왕이 호의를 베풀 것을 약속하는 편지를 받아 냈다. 그는 브리스톨에서 웨일스의 펨브로크 백작 리처드 피츠길버트로부터 에바와 결혼하여 더모트의 왕국을 물려받는다는 조건으로 군사적 지원을 약속받았다. 1169년 리처드는 웨일스인으로 구성된 소규모 병력을 이끌고 아일랜드로 들어갔고, 렌스터 성직자들의 도움을 받아 더모트를 왕위로 복권시켰다. 그리고 더모트가 세상을 떠난 후(1171년) 왕국을 이어받았다. 아일랜드의 로리 오코너는 군대를 이끌고 더블린에서 웨일스 침략자들을 포위했다. 포위된 병사들은 용감하게 돌격했다. 제대로 훈련을 받지 못하고 무기마저 볼품없는 아일랜드 군대는 달아났다. 헨리 2세의 부름을 받은 피츠길버트는 웨일스를 건너 국왕을 만나 왕에게 더블린과 다른 아일랜드 항구들을 양도하며, 렌스터의 나머지 영토는 잉글랜드 국왕의 봉지로 돌려받는다는 합의를 보았다. 헨리 2세는 4000여 명의 군사와 함께 워터퍼드 인근에 도착하여(1171년) 아일랜드 성직자들의 지지를 얻어 내고 코노트와 얼스터를 제외한 아일랜드 전체의 충성 맹세를 받았다. 웨일스의 점령지는 단 한 차례의 전투도 없이 노르만 잉글랜드의 점령지로 전환됐다. 아일랜드 고위 성직자들의 종교 회의는 교황에게 완전히 항복한다고 선언하고, 그 뒤로 아일랜드 교회의 의례는 잉글랜드와 로마의 의례를 따른다고 결정했다. 아일랜드의 왕 대부분은 잉글랜드 국왕에 대한 봉건적 충성 서약과 정기적인 공물을 조건으로 왕권 유지를 허락받았다.

헨리 2세는 자금력과 기술로 목적을 달성했지만, 뒤에 남기고 온 군대가 평화와 질서를 유지할 수 있을 것으로 믿는 과오를 저질렀다. 왕이 지명한 대표들은 전리품을 차지하기 위해 싸웠고, 무관들과 병력들은 거의 아무런 통제도 받지 않고 나라를 약탈했다. 정복자들은 온갖 힘을 동원하여 아일랜드인을 농노로 전락시켰다. 아일랜드인들은 유격전으로 저항했고, 그 결과 한 세기 동안 혼란과 파괴가 이어졌다. 1315년 일부 아일랜드 부족장들은 나라를 스코틀랜드에 바쳤다. 스코틀랜드의 로버트 브루스가 배넉번에서 잉글랜드를 격퇴시킨 직후였다. 로버트의 동생 에드워드는 6000여 군사를 이끌고 아일랜드에 도착했다. 교황 요한 22세는 스코틀랜드를 돕는 세력은 모두 파문하겠다고 선언했다. 그러나 거의 모든 아일랜드인들이 에드워드의 부름에 응했고, 1316년에는 그를 국왕에 앉혔다. 2년 후 그는 던도크 부근에서 전투에 패하고 살해당했으며, 봉기는 빈곤과 절망 속에서 실패로 돌아갔다.

14세기의 영국인 라널프 히그던은 스코틀랜드에 대해 이렇게 말했다. "쾌활하고 강하며 거친 이들이여. 잉글랜드인과 어울려 크게 변하였구나. 적들에게 잔인하고 속박을 혐오하며, 침대에서 죽은 자는 악취 나는 태만이라 하고, 전장에서 죽은 자는 열렬히 숭배하는구나."[52]

아일랜드는 아일랜드로 남았지만 자유를 잃었다. 스코틀랜드는 영국령이 되었지만 자유를 지켰다. 앵글족과 색슨족, 노르만족은 이 저지대에서 수를 늘리며 봉건적 전망 아래 농업을 다시 일으켰다. 말콤 3세(1058~1093년)는 거듭해서 잉글랜드를 침략한 전사였다. 그러나 왕비 마가렛은 앵글로색슨 왕조의 공주로서 스코틀랜드 궁정의 언어를 영어로 바꾸고, 영어를 사용하는 성직자들을 데려왔으며, 아들들을 잉글랜드의 방식으로 교육했다. 마지막 왕이자 가장 강력한 왕이었던 데이비드 1세(1124~1153년)는 교회를 통치 수단으로 선택하였는데, 켈소와 드리버그, 멜로즈, 그리고 홀리루드에 영어를 사용하는 수도원들을 설립하고 십일조 세금을 징수(스코틀랜드에서는 최초로)하여 교회를 부양하였다. 주교와 수도원장들에게는 아낌없이 베풀어 사람들이 그를 성인으로 오인할 정도였다. 데이비드 1세 치하의 스코틀랜드는 산악 지대를 제외한 모든 지역이 잉글랜드의 주가 되었다.[53]

그러나 그럼에도 불구하고 스코틀랜드는 독립적이었다. 잉글랜드 이민자들은 스코틀랜드의 애국자로 변모했고, 그들 안에서 스튜어트 왕가와 브루스 왕가 등이 탄생했다. 데이비드 1세는 노섬벌랜드를 침략하여 점령했다. 말콤 4세(1153~1165년)는 그 땅을 빼앗겼다. 사자 왕 윌리엄(1165~1214년)은 빼앗긴 땅을 되찾으려고 노력했지만, 헨리 2세에게 포로로 잡혀 잉글랜드의 국왕에게 스코틀랜드의 왕위를 놓고 충성 서약을 한 뒤에야 풀려날 수 있었다.(1174년) 15년 후 윌리엄은 3차 십자군 원정에서 리처드 1세에게 자금을 대고 충성 맹세로부터 해방되기 위한 거래를 시도했다. 하지만 잉글랜드의 왕들은 계속해서 스코틀랜드에 대한 봉건적 종주권을 주장했다. 알렉산더 3세(1249~1286년)는 노르웨이로부터 헤브리디스를 되찾고 잉글랜드와 우호적인 관계를 유지하며 스코틀랜드에 번영과 평화의 황금시대를 가져왔다.

알렉산더 3세가 사망하자 데이비드 1세의 후손인 로버트 브루스와 존 발리올이 후계권을 놓고 경쟁했다. 잉글랜드의 에드워드 1세는 이 기회를 놓치지 않았다. 그의 지지를 받은 발리올은 왕위에 올랐으나 잉글랜드를 대군주로 인정했다.(1292년) 하지만 에드워드가 프랑스에서 군대를 일으켜 잉글랜드를 위해 싸우라고 명령하자, 스코틀랜드의 귀족과 주교들이 반기를 들고 일어나 발리올에게 프랑스와 동맹을 맺고 잉글랜드에 맞서라고 주문했다.(1295년) 에드워드는 던바에서 스코틀랜드를 격퇴하고(1296년) 귀족들의 항복을 받아 낸 뒤 발리올을 퇴위시켰다. 그리고 잉글랜드인 세 명을 지목하여 스코틀랜드를 통치하게 한 다음 잉글랜드로 돌아갔다.

많은 스코틀랜드 귀족들은 잉글랜드에 땅을 소유하고 있었고, 그 땅 때문에라도 복종을 하지 않을 수 없었다. 그러나 나이 든 게일계 스코틀랜드인들은 굴복에 거세게 분노했다. 그중에서 윌리엄 월러스 경은 "스코틀랜드 민병대"를 조직하여 잉글랜드 주둔군 요새로 보냈고, 1년여 동안 발리올에 대한 섭정의 형태로 스코틀랜드를 통치했다. 에드워드는 스코틀랜드로 돌아와 폴커크에서 월러스를 진압했다.(1298년) 1305년 그는 잉글랜드의 반역죄에 관한 법에 따라

월러스의 내장을 꺼내고 시신을 4등분했다.

1년 뒤 또 다른 방위군이 전장에 뛰어들었다. 1286년에 왕권을 다투던 브루스의 손자 로버트 브루스는 스코틀랜드에서 에드워드 1세를 대변하던 존 코민과 다투고 그를 살해했다. 그렇게 반란을 이끈 브루스는 자신을 지지하는 소수 귀족들의 동의를 얻어 왕위에 오르고, 교황은 그 죄를 물어 브루스를 파문했다. 에드워드는 다시 북쪽으로 진군했지만 도중에 사망했다.(1307년) 에드워드 2세의 무능은 브루스에게는 축복이었다. 스코틀랜드의 귀족과 성직자들은 범법자의 깃발 아래로 결집했다. 동생인 에드워드 브루스와 부관 제임스 더글러스가 용맹하게 이끌던 그의 군대는 한층 더 강력해진 힘으로 에든버러를 점령하고 노섬벌랜드를 공격하여 더럼을 장악했다. 1314년 에드워드 2세는 일찍이 이 땅에서는 본 적이 없을 정도의 대규모 병력을 이끌고 스코틀랜드로 진격하여 배넉번에서 적군과 마주쳤다. 브루스는 병사들에게 각자의 위치 앞쪽에 구덩이와 함정을 파게 했다. 많은 잉글랜드 병사들은 돌격하다 늪으로 떨어졌고, 잉글랜드군은 거의 완전히 궤멸했다. 1328년 에드워드 3세의 섭정단은 프랑스와의 전쟁에 휘말려 노샘프턴 조약에 서명함으로써 다시 한 번 스코틀랜드에 독립을 선사했다.

한편 같은 전투로 웨일스에는 다른 문제가 발생했다. 윌리엄 1세가 전투에서 패배한 해롤드의 영토 중 일부로 웨일스에 대한 종주권을 주장한 것이었다. 윌리엄에게는 웨일스까지 정복할 시간이 없었다. 그는 동쪽 국경에 백작 세 명을 배치시켜, 그들에게 속한 영주들로 하여금 웨일스 쪽으로 영지를 넓혀 가도록 부추겼다. 당시 남(南)웨일스에는 노르만 해적이 들끓고 있었는데, 이들은 몇몇 웨일스인의 이름 앞에 피츠(Fitz, '~의 아들')라는 글자를 남겼다. 1094년 카드완 압 블레딘은 이들 노르만인을 진압했다. 1165년에 웨일스군은 코웬에서 잉글랜드를 물리쳤고, 베케트와의 싸움으로 바빴던 헨리 2세는 남웨일스가 총명한 국왕 리스 압 그루피드 아래에서 독립을 맞았다는 것을 인정했다.(1171년) 두 번의 전쟁에서 능력과 정치력을 보여 준 르웰린 대왕은 거의 국가 전역으로 치세를 넓혀 나갔다. 그의 아들들은 서로 다투고 나라를 엉망으로 만들었지만, 손자 르웰린 압 그루피드(1282년 사망)는 다시 나라를 통일하고 헨리 3세와 화해했으며, 스스로 웨일스공의 직위를 자처했다. 웨드워드 1세는 웨일스와 스코틀랜드를 잉글랜드에 합병시키려는 목적으로 엄청난 규모의 병력과 함대로 웨일스를 침략했다.(1282년) 르웰린은 우연히 소규모 국경 수비대와 마주쳐 사망했다. 르웰린의 동생 데이비드는 에드워드에게 붙잡혔다. 참수당한 그의 머리는 르웰린의 머리와 함께 런던 타워에 내걸렸고, 햇볕과 바람과 비에 빛이 바래도록 방치되었다. 웨일스는 잉글랜드에 합병되었고(1284년), 에드워드는 1301년에 잉글랜드의 왕세자에게 웨일스공이라는 작위를 주었다.

이러한 환희와 고통을 겪으며 웨일스인들은 언어와 오랜 관습을 지켜 냈고, 불굴의 용기로 척박한 땅을 일구었으며, 전설과 시가와 음악과 노래로 자신들의 낮과 밤을 어루만졌다. 웨일스 시인들은 『마비노기온(*Mabinogion*)』(웨일스의 중세 기사도 이야기집 - 옮긴이)의 틀을 만들어 웨일스인 특유의 신비로운 음악적 부드러움으로 문학을 풍요롭게 발전시켰다. 시인과 음악가들은 매년 전국적인 아이스테드포드(eisteddfod, 웨일스에서 개최되는 시와 음악의 경연 대회 - 옮긴이) 행사에 모여들었다. 거슬러 올라가면 1176년부터 이 대회의 자취를 찾을 수 있는데, 웅변과 시, 노래, 악기 등의 부문에서 경연이 펼쳐졌다. 웨일스인들은 용감하게 싸우기는 해도 오래 지속하지는 못했다. 그들은 어서 돌아가 자신의 여자와 아이들과 집을 간절히 지키고 싶어 했다. 웨일스의 속담 중에는 "모든 햇살이 단검이 되어 전쟁의 친구들을 찌르기를" 바란다는 말도 있다.[54]

10. 라인란트: 1066~1315년

라인 강 하류와 어귀에 옹기종기 모여 있는 국가들은 중세에서도 가장 부유한 지역에 속했다. 라인 강 남쪽에 위치한 플랑드르는 칼레에서 오늘날의 벨기에를 거쳐 스켈트 강까지 이어졌다. 공식적으로 이곳은 프랑스 왕이 하사한 봉지였다. 그러나 실제로는 개화한 백작 가문들의 통치를 받았으며, 자부심 높은 도시들은 자치권에 의해서만 스스로를 지배했다. 라인 강 근처에는 저지(低地) 독일 출신인 플랑드르 사람들이 거주했고, 이들은 독일 방언을 사용했다. 리스 강 서쪽에 사는 왈론인들은 켈트족의 혈통에 독일과 프랑스의 피가 섞인 사람들로 프랑스 방언을 썼다. 상업과 제조업이 번창하여 플랑드르 북동쪽으로 겐트와 아우데나르데, 코트라이, 이프르, 그리고 카셀까지, 왈론 남서쪽으로 브뤼즈와 릴, 그리고 드외까지 뻗어 나갔다. 이들 도시에는 알프스 이북의 유럽 어느 지역보다 인구가 밀집했다. 1300년에는 도시가 백작들 위에 군림했다. 더 큰 지역의 치안 판사들은 해당 자치주를 위한 대법원을 구성하고, 외부 도시 및 당국들과 자신들의 권한을 협상했다.[55] 대개 백작들은 도시와 협력하여 제조업과 교역을 장려하고, 통화의 흐름을 안정적으로 유지했으며, 일찍이 1100년(잉글랜드보다 2세기 앞서)부터 모든 지역의 도량을 단일화했다.

계층 사이의 싸움은 궁극적으로 도시와 백작, 양측의 자유를 모두 파괴했다. 무산 계층이 수적으로 증가하고 그들의 울분과 힘이 증가하면서, 그리고 백작들이 건방진 부르주아에 대한 반(反)편향으로 노동자들의 편에 서면서, 상인들은 프랑스의 필립 오귀스트에게 지원을 구했고 필립 오귀스트는 플랑드르를 실질적인 프랑스 치하로 가져오고자 하는 바람으로 상인들에게 지원을 약속했다. 자국 양모 산업의 주요 시장을 프랑스의 통제 아래에 두고 싶지 않았던 잉글랜드는 플랑드르와 하이놀트의 백작들과 브라반트 공작, 그리고 독일의 오토 4세 등과 동맹을 맺었다. 필립은 부빈에서 이 연합군을 물리치고(1214년) 백작들을 진압하고, 자신의 과두 정치 체제하에서 상인들을 보호했다. 세력과 계층 간의 충돌은 계속됐다. 1297년 백작 귀 드 당피에르는 다시 한 번 플랑드르와 잉글랜드의 동맹을 시도했다. 공정 왕 필립은 플랑드르를 공격하여 당피에르를 감금하고 그에게 나라를 프랑스에 양도할 것을 강요했다. 그러나 프랑스

군이 브뤼즈로 이동하여 그곳을 점령하자 민병대가 일어나 병력을 제압하고 부유한 상인들을 학살한 뒤 도시의 재산을 손에 넣었다. 필립은 이 모욕을 되갚기 위해 대규모 병력을 파견했다. 도시의 노동자들은 즉석에서 군대를 형성하여, 코트라이 전투에서 프랑스 용병들과 기사단을 물리쳤다.(1302년) 나이 든 당피에르는 석방되어 자신의 위치로 돌아갔고, 봉건 백작들과 혁명적 무산 계층의 이 이상한 동맹은 10여 년 간의 승리를 누렸다.

현재 우리가 네덜란드라고 부르는 곳은 3세기부터 9세기까지 프랑크 왕국의 일부였다. 843년 이곳은 베르됭 조약에 의거해 만들어진 로렌이라는 완충국의 최북단 영토가 되었다. 9세기와 10세기에는 노르웨이의 습격에 좀 더 효과적으로 저항하기 위한 봉건 영지들로 분할되었다. 라인 강 북쪽, 나무가 울창한 지역을 정리하고 정착한 독일인들은 이곳을 홀트랜드, 즉 나무가 우거진 땅이라고 불렀다. 사람들은 대부분 제방에 막히거나 물이 흐르는 땅에서 생계를 위해 발버둥 치다 농노로 전락한 이들이었다. 네덜란드 땅의 절반은 바다와 싸워 만들어진 곳이다. 물론 이곳에도 도시들이 있었다. 플랑드르의 작은 도시처럼 부유하거나 역동적이지는 않았지만, 안정된 제조업과 평화로운 교역에 기반을 두고 견실하게 자리 잡은 도시들이었다. 가장 번창한 도시는 도르드레흐트였다. 위트레흐트는 배움의 중심지였다. 하를렘은 홀랜드 백작의 영지였다. 델프트는 한동안 수도로서 역할을 했지만, 그 후 1250년 무렵에는 헤이그가 수도가 되었다.* 암스테르담은 1204년에 처음 등장했다. 도시 이름은 당시 봉건 영주가 암스텔 강에 요새 같은 성을 지은 데서 비롯됐다. 주이데르 해에 둑을 쌓아 부지를 만들고, 그곳에 운하가 흐르면서 상업이 발달했다. 1297년에 도시는 자유 교역항이 되어 상품을 관세 없이 하역하거나 다른 배에 옮겨 실을 수 있었다. 그리고 그때부터 작은 네덜란드는 경제 세계에서 커다란 역할을 수행했다.

* 이곳은 과거부터 백작들이 사냥할 때 모이는 장소로 이용되었다. 그로부터 백작의 산장을 뜻하는 스흐라벤하허('s Graven Haag)라는 이름을 얻게 되었고 현재는 헤이그(Haag)로 불린다.

다른 곳들과 마찬가지로 네덜란드에서도 상업에서부터 문화가 꽃피었다. 13세기에 네덜란드 시인 마를란트는 성직자들의 사치스러운 생활을 신랄하게 풍자했다. 그리고 수도원에서 볼 수 있는 네덜란드의 예술 작품, 즉 조각상과 도예품, 그림, 조명 등에서 독특하고 비범한 문화적 유산이 자라났다.

네덜란드 남쪽에는 브라반트 공국이 있었는데, 당시에는 앤트워프와 브뤼셀, 루뱅 같은 도시 들이 속해 있었다. 리에주는 주교들이 독립적으로 통치했는데, 주교들은 광범위한 방법으로 도시에 자치권을 허락했다. 더 남쪽으로 내려가면 하이놀트와 나무르, 림부르크, 그리고 룩셈부르크 등의 자치주가 있었다. 로렌 공국의 트리어와 낭시, 메츠 같은 도시들도 이쪽에 위치했다. 몇몇 다른 공국도 있었다. 이들 공국은 명목상 독일 황제에게 종속되었지만 대부분은 통치 백작들의 땅으로 남았다. 이들 지역은 모두 나름의 정치와 사랑, 그리고 전쟁의 생생한 역사를 갖고 있다. 우선 경의를 표하고 다음으로 넘어가자. 이들 지역의 남쪽과 서쪽에는 현재 프랑스 중앙 동부에 속한 부르고뉴가 위치했다. 이 지역은 경계의 변화가 다양하여 쉽게 정의할 수 없다. 지역의 정치적 흥망성쇠를 다루자면 두꺼운 책 한 권도 거뜬히 채울 것이다. 888년 루돌프 1세 치하에서 독립 국가가 되었다. 1032년에 루돌프 3세는 나라를 독일에 넘겨주었는데, 같은 해에 일부 지역은 프랑스에 공국으로 합병되었다. 부르고뉴의 공작들은 앞선 왕들처럼 지성으로 영토를 다스렸으며, 대부분은 평화를 매우 사랑했다. 이들의 전성기는 15세기에 찾아왔다.

고대 스위스는 헬베티족, 라에티족, 레폰티족 등 켈트계 혼혈과 튜턴, 이탈리아 출신 등 다양한 부족의 본거지였다. 3세기에 알레만니족은 북부 고원을 점령하여 독일식 생활을 정착시켰다. 카롤링거 왕조의 제국이 무너진 뒤 이 땅은 봉건 영지로 나뉘어 신성 로마 제국 밑으로 들어갔다. 그러나 산에 사는 사람들을 노예로 만들기는 쉽지 않았다. 스위스인들은 봉건적 의무를 어느 정도 인정하긴 했지만 곧 노예 제도에서 스스로 해방됐다. 민주적 의회를 갖춘 마을은 관리를 직접 선출했고, 알레만니족이나 부르고뉴인들의 고대 게르만 법률로 자신들을 통치했다. 서로를 지키기 위해 루체른 호에 인접한 소농들은 스스로 "숲 주(州)"를 결성했다. 우리(Uri)와 니트발덴 등이 여기에 속했고, 특히 슈비츠는 뒷날 나라의 이름이 되기도 했다. 알프스 산길을 따라 성장한 마을(제네바와 콘스탄츠, 프리부르, 베르네, 바젤)의 강인한 주민들은 직접 관리를 선출하고 자신들의 법을 집행했다. 그들의 봉건 지배자들은 봉건적으로 부과된 기본 세금만 걷히면 아무런 이의도 제기하지 않았다.[56]

1173년부터 북부 지역을 소유해 오던 합스부르크 백작들은 이러한 규칙에서 예외였다. 그들은 온갖 혹독한 봉건적 의무들을 짊어지우려 하다가 슈비츠 주민들의 미움을 샀다. 1291년 세 곳의 주는 "영원한 동맹"을 결성하고, 외부의 공격이나 내부의 소요에 대해 서로 돕고, 모든 불화를 중재하며, 계곡의 원주민이 아니거나 관리직을 매수한 판사는 어떠한 경우에도 인정하지 않는다는 맹약을 맺었다. 루체른과 취리히, 콘스탄츠도 곧 이 동맹에 합류했다. 1315년 합스부르크 공작들은 스위스로 두 차례 병력을 보내 모든 봉건적 의무를 집행하려 했다. 슈비츠와 우리(Uri)의 보병대는 미늘창으로 무장하고 모르가르텐의 길목에 있다가, 이른바 "스위스의 마라톤 전투"라 할 일전에서 오스트리아 기병대를 격파했다. 오스트리아 병력은 철수했다. 세 주는 상호 지원의 맹세를 새로이 다듬어(1315년 12월 9일) 스위스 연맹을 건설했다. 연맹은 아직 독립 국가는 아니었다. 자유민들은 아직 일부 봉건적 의무와 신성 로마 제국의 종주권을 인정했다. 하지만 봉건 영주들과 신성 제국의 황제들은 스위스 주와 도시의 무기와 자유를 존중하는 방법을 배웠다. 또한 모르가르텐 전투의 승리는 역사상 가장 안정적이고 합리적인 민주 국가로 가는 길을 열어 주었다.*

---

* 윌리엄 텔(William Tell)이 실존했다는 역사적인 근거는 존재하지 않는다.[57]

11. 프랑스: 1060~1328년

1. 필립 오귀스트

필립 2세 오귀스트가 즉위할 즈음 프랑스는 괴롭힘을 당하는 작은 나라로, 어떠한 위용을 갖출 거라고는 생각할 수 없는 상태였다. 잉글랜드는 노르망디와 브르타뉴, 앙주, 투렌, 그리고 아퀴텐을 보유하고 있었는데, 이는 프랑스 왕이 직접 통제하던 영토의 세 배에 이르는 규모였다. 부르고뉴 대부분은 독일에 속해 있었고, 번영을 이룬 플랑드르 주는 사실상 독립 공국이었다. 리옹과 사보이, 샹베리도 마찬가지였다. 포도주와 오일, 과일이 풍부하고 시인들이 많은 아를과 아비뇽, 엑스와 마르세유 등의 도시가 있는 프랑스 남동부의 프로방스도 그러했다. 비엔의 중심을 이루던 도피네는 부르고뉴의 일부로 독일에 넘어갔다가 다시 프랑스 황태자(dauphin)에 의해 독립적으로 통치되었는데, "dauphin"이라는 이름은 가문을 나타내는 상징물인 돌고래(dolphin)에서 가져온 것이었다.

프랑스 본토는 공국과 자치주, 봉건 영지, 왕실 관리 관할구, 그리고 재판소 관할구 등으로 나누어져(왕에 대한 독립성이 큰 순서대로), 각각 공작과 백작, 봉건 영주, 왕실 집사, 그리고 지방 판관의 지배를 받았다. 9세기에 이미 프랑키아(Francia)라고 불리던 이 느슨한 집합체는 생활 수준의 상태가 다양했고, 많은 한계를 지니고 있었으며, 프랑스 왕에 귀속되어 있었다. 수도 파리는 1180년에 목조 건물과 진흙투성이 거리로 이루어진 도시였다. 로마인들이 부르던 이름 루테티아(Lutetia)에는 진흙 마을이라는 뜻이 있었다. 센 강 옆으로 뻗은 길에서 나는 냄새에 충격을 받은 필립 오귀스트는 파리의 모든 거리를 단단한 돌로 포장하라고 지시했다.[58]

그는 이 시대에 프랑스를 유럽의 지적, 도덕적, 정치적 대표자로 일으켜 세운 세 명의 강력한 통치자 중 첫 번째 가는 인물이었다. 그 이전에도 강한 왕들은 있었다. 필립 1세(1060~1108년)는 마흔 살에 아내와 이혼하고 앙주 백작 풀크에게 백작 부인인 베르트라드를 자신에게 양보하라고 설득함으로써, 역사 안에 안전하게 자신의 이름을 새겼다. 이들은 엄숙한 결혼식으로 간통을 포장하기 위해 한 신부를 찾았으나, 1차 십자군 원정을 설파하기 위해 프랑스를 찾은 교황 우르바누스 2세는 왕을 파문했다. 필립 1세는 12년 동안 불륜 행위를 계속하다, 결국 베르트라드와 헤어지고 고해 끝에 죄를 용서받았다. 하지만 그는 얼마 뒤 회개한 것을 후회하고 자신의 왕비에게 돌아갔다. 베르트라드는 그와 함께 앙주를 여행하면서 두 남편에게 서로 사이좋게 지내는 방법을 가르쳤으며, 자신의 매력을 다해 두 사람 모두의 아내로 살았던 것으로 보인다.[59]

45세가 되어 점점 뚱뚱해진 필립 1세는 주요 국정을 아들 루이 6세 (1108~1137년)에게 넘겼는데, 루이 6세 역시 뚱보 왕 루이로 알려져 있다. 그러나 그는 그보다 더 나은 별명을 가질 만한 왕이었다. 그는 24년 동안 길에서 여행객을 약탈하던 노상강도 귀족들과 싸워 끝내 승리했다. 유능한 군대를 조직하여 왕정을 강화했으며, 소농과 장인, 그리고 코뮌 등을 보호하기 위해 최선을 다했다. 또한 수도원장 쉬제르를 총리대신으로 삼을 만큼 감각도 있었다. 생드니의 쉬제르(1081~1151년)는 12세기의 리슐리외(Richelieu)였다. 그는 지혜와 공정성, 선견지명을 갖고 프랑스 내정을 처리했다. 농경을 장려하고 발달시켰으며, 가장 세련된 초창기 고딕 양식의 걸작 중 하나를 설계하고 건축했다. 그리고 자신의 직책과 업무에 관한 이해를 돕는 주해서를 집필했다. 쉬제르는 루이 6세가 아들에게 남긴 가장 가치 있는 유산이었다. 그리고 쉬제르는 죽는 순간까지 왕실에 봉직했다.

루이 7세(1137~1180년)를 가리켜, 아퀴텐의 엘레아노르는 왕과 결혼하였는데 알고 보니 수도승이더라 하는 말을 남겼다. 루이 7세는 왕이 해야 할 일에 성실하게 매달렸지만 그러한 장점은 그를 망가뜨렸다. 그가 정치에 헌신하는 행동이 엘레아노르에게는 결혼 생활을 등한시하는 것으로 비친 것이었다. 아내의 통정 행위를 참아 내는 루이 7세의 행동은 부부 생활에 대한 태만에 덧붙여 모욕감까지 더하였다. 엘레아노르는 그와 이혼하고 잉글랜드의 헨리 2세와 결혼했다. 아퀴텐의 영지도 헨리에게 넘어갔다. 삶에 환멸을 느낀 루이 7세는 종교에 빠져들었고, 강력한 프랑스를 건설하는 과업은 아들에게 물려주었다.

필립 2세 오귀스트는 뒤에 왕이 된 필리프(Philippe)처럼 왕좌에 오른 "평민 귀족"이었다. 다시 말해 뛰어난 실무가였고, 스스로 취미가 없어도 배움을 양성하는 후원자이자 빈틈없는 주의력과 신중한 용기를 지닌 사람이었다. 성을 잘 내지만 쉽게 풀렸고, 뻔뻔스럽지만 물욕을 부리는 데 자제심을 갖추었으며, 적당한 신앙심을 지니고 있어 교회에 관대하면서도 교회 때문에 자신의 정치적 견해를 포기하지는 않았다. 또한 인내심 강한 끈기의 소유자로, 저돌적인 모험가였다면 이루지 못했을 것들을 얻었다. 속인인 동시에 존엄 왕*으로서 사근사근하게 완고하고 무자비하게 현명했던 이 인물은 헨리 2세의 잉글랜드와 바르바로사의 독일 사이에서 프랑스가 존립의 위기에 놓여 있던 바로 그때, 국가가 필요로 하던 왕이었다.

그의 결혼은 유럽을 불안에 떨게 했다. 첫 번째 아내 이사벨라는 1189년에 사망했다. 4년 뒤 그는 덴마크 공주 잉게보르그와 결혼했다. 이들 결혼은 모두 정략적으로 이루어졌고, 그에게 사랑보다는 재산을 안겨 주었다. 잉게보르그는 필립의 이상형이 아니었다. 그는 결혼식 이튿날부터 그녀를 무시했고, 그해가 다 가기도 전에 이혼을 허락해 달라고 주교 회의를 설득했다. 교황 켈레스티누스 3세는 공식적인 칙령 발표를 거절했다. 1196년 그는 교황의 뜻을 거역하고 메라노의 아그네스와 결혼했다. 켈레스티누스는 그를 파면했지만 필립은 완강했다. 그는 사랑에 빠져 있던 순간에 "아그네스와 헤어지느니 영토의 절반을 잃는 편이 낫다."라고 말했다. 인노켄티우스 3세는 그에게 잉게보르그를 다시 받아들이라고 명령했다. 필립이 이를 거절하자, 막강한 권력을 지니고 있던 인노켄티우스는 필립의 영토 내의 모든 교회 의례를 금지했다. 필립은 이에 격분하여 금지 명령을 따르는 모든 주교를 면직했다. 그는 "살라딘은 행복했겠

---

* 그의 사제가 사용한 이 명칭은 중세에는 통용된 흔적이 없지만 근대 프랑스 역사학자들에 의해 쓰이기 시작했다.

지! 그 위에 교황이 없었으니."라며 애통해 했다. 필립은 마호메트교로 개종하겠다는 협박을 하기도 했다.[60] 이러한 종교 전쟁이 있고 4년 뒤, 사람들은 지옥에 떨어질 것을 두려워하며 불평을 하기 시작했다. 필립은 사랑하는 아그네스를 내보냈다.(1202년) 그러나 잉게보르그는 좁고 답답한 에탕프에 계속 잡아두었다가, 1213년이 되어서야 다시 자신의 침대로 불러들였다.

이러한 환희와 고난의 와중에 필립은 잉글랜드로부터 노르망디를 재정복했고(1204년), 그 뒤 2년 동안 브르타뉴와 앙주, 멘, 투렌, 그리고 푸아투를 자신이 직접 지배하는 영토로 합병했다. 그는 자신의 영토 안에 들어온 모든 공작과 백작, 영주 위에 군림할 만큼 강해졌다. 그의 지방 판관과 집사들은 지역 관청을 관리했다. 필립의 왕국은 센 강을 따라 뻗은 작은 땅덩이가 아닌 국제적인 권력이 되었다. 잉글랜드의 존 왕은 기세가 꺾였지만 자리에서 물러나지 않았다. 그는 독일의 오토 4세와 불로뉴, 플랑드르의 백작들에게 팽창하는 프랑스에 맞서 자신과 함께 싸우자고 설득했다. 존 왕은 아퀴텐(아직 잉글랜드의 영토였던)을 통해, 그리고 지원군들은 북동부에서 공격을 감행할 계획이었다. 필립은 이렇게 양분된 공격에 대응하기 위해 자신의 병력을 둘로 나누는 대신 존의 동맹군들을 진압하는 방향으로 주력 부대를 파견하여 릴 부근의 부빈에서 그들을 격퇴했다.(1214년) 이 전투로 많은 문제들의 향방이 결정됐다. 오토 4세가 퇴위하고 프레데리크 2세가 왕권을 잡았으며, 독일의 패권이 종식되고, 신성 로마 제국의 쇠락이 가속화했다. 플랑드르의 백작들은 프랑스에 복종하는 처지가 되었고, 아미앵과 드와, 릴, 생캉탱이 프랑스 왕권 밑으로 들어갔으며, 프랑스의 북동부 경계가 사실상 라인 강까지 확대되었다. 이로 인해 존 왕은 귀족에 맞설 힘을 잃었고, 어쩔 수 없이 마그나 카르타에 서명했다. 잉글랜드와 독일에서는 왕권이 약화되고 봉건제가 강화된 데 반해, 프랑스에서는 왕권이 강화되고 봉건제가 약화됐다. 프랑스 코뮌과 중산층의 성장을 촉진했고, 새로이 성장한 이 계층은 전시에나 평시에나 필립을 열렬히 지지했다.

국토가 세 배로 넓어지면서 필립은 수완을 발휘하여 영토를 지배하는 데 전

넘했다. 빈번히 교회와 불화를 일으키던 그는 자문단과 행정부 내의 성직자들을 새로이 떠오르는 법학자 계층의 인물들로 교체했다. 많은 도시에 자치 헌장을 수여하고, 상인들에게 특혜를 주어 교역을 장려했으며, 유대인들을 보호하거나 약탈하기를 반복했다. 또한 봉건 노역을 화폐 납부로 대체하여 왕실 재정을 늘렸다. 왕실의 세입은 하루에 600리브르에서 1200리브르(24만 달러)로 두 배 증가했다. 그의 치하에서 노트르담의 정면이 완공되었고, 센 강을 수비하는 요새로 루브르가 건설됐다.[61] 필립의 사망(1223년)과 함께 오늘날의 프랑스가 탄생했다.

2. 생루이

필립의 아들 루이 8세(1223~1226년)는 재위 기간이 짧아 많은 업적을 남기지 못했다. 역사는 그에 대해 훌륭한 여성 카스틸리아의 블랑쉬와 결혼하고 그녀와의 사이에서 인도의 아소카 왕처럼 사실상 성인이자 왕이 된 중세 시대 유일의 인물을 낳았다고 간략히 설명한다. 루이 8세가 사망했을 때 루이 9세는 12세, 그의 모친은 38세였다. 카스틸리아의 알폰소 9세의 딸이자, 헨리 2세와 아퀴텐의 엘레아노르 사이의 손녀인 블랑쉬는 자신의 혈통에 부끄럽지 않은 삶을 살았다. 그녀는 아름답고 매력적이며 정력적인 여성이었고, 기개와 수완을 지닌 인물이었다. 동시에 아내와 미망인으로서 흠잡을 데 없는 미덕으로, 열한 살 어린아이의 어머니로서 보여 준 헌신으로 당시 사람들에게 깊은 감명을 주었다. 프랑스는 "좋은 왕비 블랑쉬"라는 영예뿐 아니라 "성모 블랑쉬"라는 칭호까지 주며 그녀를 찬미했다. 블랑쉬는 왕실 소유지에 매인 많은 농노를 해방시켰고, 자선과 구호에 많은 돈을 들였으며, 가난 때문에 사랑을 이룰 수 없는 젊은 여성들을 위해 지참금을 내주었다. 샤르트르 대성당을 건축하는 데 필요한 재정도 지원했는데, 성당의 스테인드글라스에 그려진 성모 마리아가 동정녀가 아닌 왕비로 보이는 것은 그녀의 영향이었다.[62] 블랑쉬는 아들을 지나치게 사랑하여 질투심까지 느꼈기 때문에 아들의 아내에게는 인색했다. 아들에게 정성을 쏟아 그리스도교 윤리를 가르쳤고, 그가 대죄를 짓느니 죽는 모습을 보는 게 더 낫다고 말했다.[63] 그러나 그가 헌신적인 신자가 된 것은 어머니의 덕이 아니었다. 블랑쉬 자신은 감정을 내세워 정책을 희생시키는 일이 거의 없었다. 그녀는 잔인한 알비파 십자군에 동참하여 프랑스 남부에서 왕권을 확대했다. 루이가 성장하는 9년(1226~1235년) 동안 그 지역을 지배했다. 그녀는 그 어느 시대보다 훌륭하게 프랑스를 통치했다. 블랑쉬가 처음 섭정을 시작했을 때, 귀족들은 필립 2세에게 빼앗긴 권력을 여인의 손에서 탈환하겠다는 생각으로 반란을 일으켰다. 그녀는 현명하고도 끈기 있는 외교 수완으로 그들을 이겨 냈다. 잉글랜드에 능숙하게 저항하고 공정한 조건으로 휴전을 맺었다. 루이 9세가 성년이 되어 정치를 맡게 되었을 때, 그가 물려받은 왕국은 강력하고 평화로우며 풍요했다.

루이 9세는 잘생긴 청년으로 대부분의 기사들보다 머리 하나는 더 컸고, 섬세한 조각상 같은 외모에 깨끗한 피부, 풍성한 금발 머리를 갖고 있었다. 취향이 우아하고 사치스러운 가구와 화려한 옷을 좋아했다. 책벌레는 아니었지만 사냥과 매 훈련을 곧잘 했고 놀이와 운동을 즐겼다. 아직 성인은 아니었지만 왕실의 연애 놀음에 대해 블랑쉬에게 불평을 해댈 정도로 수도사 같은 면모가 있었다. 블랑쉬는 아들에게 아내를 찾아 주었고, 아들은 아내에게 정착했다. 루이는 부부간 신의와 부모로서의 정력을 보여 주는 본보기가 되었다. 그는 열한 명의 자녀를 두었고 아이들의 교육을 적극적으로 분담했다. 점차 사치를 접고, 점점 더 소박한 생활을 누렸으며, 정치와 자선, 신앙에 빠져들었다. 그는 왕권이 국가적 통일성과 지속성을 위한 기관이자, 소수 재산가나 권력가로부터 빈자와 약자를 보호하는 기관이라는 왕다운 개념을 지니고 있었다.

그는 귀족들의 권리를 존중하고 그들에게 농노와 봉신과 종주(宗主)에 대한 의무를 다하라고 다독였지만, 새로운 왕권에 대한 어떠한 봉건적 침해도 용납하지 않았다. 아랫사람들을 부당하게 취급하는 영주들의 행위에는 단호히 개입했고, 몇몇 경우에는 적절한 재판 없이 사람을 처형한 귀족들에게 혹독한 벌을 주기도 했다. 엥게랑 드 쿠시가 자기 소유지의 토끼 몇 마리를 죽였다는 이유로 플랑드르의 학생 세 명을 교수형에 처했을 때, 루이는 그를 루브르 탑에 감금하고서 교수형에 처하겠다고 위협한 뒤에 예배당 세 개를 세워 희생자의 명복을 비는 미사를 연다는 조건으로 석방했다. 엥게랑은 젊은 학생들이 토끼를 잡던 숲을 성 니콜라스 수도원에 기증해야 했고, 자기 땅에서 재판할 권리와 사냥할 권리마저 잃었다. 또한 팔레스타인에서 3년 동안 복무하고, 왕에게 1만 2500파운드의 벌금을 내야 했다.[64] 루이는 반목에 대한 보복과 사사로운 봉건 전쟁을 금지하고 결투 재판을 비난했다. 증거에 기초한 재판이 결투에 의거한 재판을 대신하면서, 귀족 재판소는 계속해서 왕의 법관이 각 지역 부근에 설립한 국왕 재판소로 대체됐고, 귀족 판사가 국왕 재판소에 청원할 수 있는 권리가 확립됐다. 그리고 13세기 프랑스에서도 잉글랜드에서처럼 봉건 법률이 왕국의 관습법에 자리를 내주었다. 로마 제국 이후로 프랑스는 가장 커다란 안정과 번영을 누리고 있었다. 이 기간 동안 프랑스가 쌓은 부는 고딕 건축 양식을 가장 풍부하고 완벽하게 발전시키는 데 부족함이 없었다.

루이는 정부가 위신이나 권력을 잃지 않고도 외교 관계에서 공정하고 관대한 입장을 지닐 수 있다고 믿었고, 그렇게 실천했다. 전쟁은 최대한 피했지만, 공격의 위협을 받을 때면 효율적으로 군대를 조직하고 군사 작전을 계획하여 정력적이고도 능숙하게 실행에 옮겼고(유럽에서) 영광된 평화를 정착시켜 복수의 의지마저 잠재웠다. 프랑스의 안전이 확보되자마자 그는 반대 세력의 권리를 타협하여 받아들이는 회유책을 쓰는 한편, 부당한 요구를 수용하는 유화책은 거부했다. 선왕들이 정복했던 잉글랜드와 스페인 영토도 되찾았다. 왕의 자문 위원들은 애통해 했지만 오래도록 평화가 지속됐고, 프랑스는 루이 9세가 십자군 원정으로 장기간 자리를 비운 동안에도 침략으로부터 자유로울 수 있었다. 샤르트르의 윌리엄은 이렇게 말했다. "사람들은 그를 두려워했다. 그가 공명정대하다는 것을 알고 있었기 때문이다."[65] 1243년부터 1270년까지 프랑스는 그리스도교의 적에 대한 전쟁을 일절 벌이지 않았다. 이웃 국가들이 서로 싸울 때 루이는 그러한 다툼이 미래의 적이 될 수도 있는 세력의 힘을 약화시킬 거라는 자문단의 의견을 무시하고 화해를 조성하기 위해 노력했다.[66] 외국의 왕들은 루이의 중재를 받아들여 분쟁을 종식했다. 사람들은 그토록 훌륭한 인물이 훌륭한 왕의 자질까지 갖추었다는 데 감탄을 금치 못했다.

루이 9세는 "세상에 전무후무한 완벽한 괴물", 즉 전혀 흠잡을 데 없는 사람은 아니었다. 때로는 짜증도 부렸는데, 아마도 건강이 좋지 못했기 때문이었을 것이다. 단순한 성격은 이따금 죄악과도 같은 무지나 맹신을 불렀다. 잘못된 계획으로 움직였던 이집트와 투니시아의 십자군 원정과 서투른 전쟁 등은 루이 자신뿐 아니라 많은 병사들의 목숨을 앗아 갔다. 또한 비록 이슬람 적들과 정직하게 교류하긴 하였지만, 그리스도교의 적들에게 보여 주던 관대한 아량을 똑같이 베풀지는 못했다. 순진한 맹신 때문에 종교적으로 편협해져 프랑스 종교 재판이 활성화되었으며, 그러한 종교 재판은 알비파 십자군에 대해 그가 천부적으로 가지고 있던 동정심을 희석시켰다. 유죄 선고를 받은 이교도들의 재산을 몰수하여 재정을 불렸으며,[67] 평소의 쾌활함은 프랑스 유대인들에게는 발휘되지 않았다.

그러나 이러한 감점 요소에도 불구하고 그는 당당히 그리스도교적 이상에 다가섰다. 주앵빌(Joinville, 프랑스의 연대기 작가 – 옮긴이)은 이렇게 말했다. "나는 살아생전 단 한번도 왕이 누군가를 비방하는 소리를 들어 본 적이 없다."[68] 한번은 이슬람에 포로로 잡혀 있을 때 적들이 실수로 약속한 몸값보다 적은 1만 리브르(200만 달러)를 받고 그를 풀어 준 적이 있었다. 안전하게 풀려난 루이 9세는 사라센인들에게 나머지 몸값을 보내 자문단을 진저리 치게 만들었다.[69] 첫 번째 십자군 원정을 떠나기 전 루이 9세는 프랑스 전역의 관리들에게 "짐이나 짐의 선조들에 대해 제기될 수 있는 불만을 서면으로 받아 검토하고, 지방 판관이나 사제, 삼림 감독관, 병장 또는 그 하급자들에게 부당 행위나 강제 징수 혐의의 책임이 있는 경우에 대해서도 조사하라."고 지시했다.[70] 주앵빌은 이렇게 말한다. "종종 왕은 미사가 끝난 후 뱅센 숲으로 가서 나무에 기대어 앉아 우리도 그 옆에 앉혔다. 현재 직면한 사유가 있는 사람은 누구나 와서 허심탄회하게 왕에게 이야기할 수 있었다." 루이 9세는 어떤 문제는 직접 해결했고, 어떤 문제는 옆에 앉은 자문 위원들에게 넘겼지만, 모든 탄원인들에게 왕에게 호소할 권리를 주었다.[71] 병원과 요양 시설, 수도원, 말기 환자용 병원, 시각 장애인들을 위한 시설, 그리고 매춘부의 갱생을 위한 시설 등을 설립하고 돈을 기부했다. 각 주의 행정관에게는 노인과 가난한 이들을 찾아 국고로 지원을 하라고 명령했다. 어디를 가든 매일 열두 명의 빈민들에게 먹을 것을 준다는 원칙을 가지고 있었다. 그중 세 명은 저녁 식사에 초대하여 직접 대접하고 발을 씻겨 주었다.[72] 잉글랜드의 헨리 3세처럼 루이 9세도 나환자들을 시중들고 자신의 손으로 먹을 것을 주었다. 노르망디에 기근이 덮쳤을 때는 어마어마한 돈으로 식량을 구입하여 현지의 궁핍한 주민들을 구제했다. 병자와 빈민, 미망인, 아이를 낳은 여자, 매춘부, 장애를 가진 노동자들에게 일상적인 구호를 베풀어, "구호금의 액수를 세는 것은 거의 불가능했다."[73] 그의 자선 행위는 선전 도구가 되어 빛이 바라는 일도 없었다. 발을 씻겨 줄 빈민들은 시각 장애인 중에서 선택했다. 이런 일은 사적으로 이루어졌고, 구호를 받는 이들에게는 그 상대가 왕이라는 사실을 알려 주지 않았다. 왕의 금욕적인 고행은 그가 세상을 뜬 후에야 부풀려져 사람들에게 알려졌다.[74]

1242년 전쟁 중 그는 생통주의 늪지대에서 말라리아에 걸렸다. 그 때문에 치명적인 빈혈 증상이 서서히 나타나고 1244년에는 죽을 뻔한 위기까지 맞았다. 아마도 그러한 경험 때문에 그는 점점 더 종교에 빠져들었는지도 모른다. 실제로 그가 십자군 맹세를 한 것도 병에서 호전되던 때의 일이었다. 그는 금욕적인 고행으로 쇠약해졌다. 첫 번째 십자군 원정에서 돌아왔을 때는 고작 38세의 나이에도 불구하고 이미 허리가 굽고 머리가 벗겨졌으며, 단순한 신앙과 선의에서 나오는 빛나는 품위를 제외하고는 젊음의 아름다움을 전혀 찾아볼 수 없었다. 루이 9세는 수도사들이 입는 갈색 예복 밑에 말의 털로 만든 옷을 입고 작은 쇠사슬로 자신을 채찍질했다. 새로운 수도회 체계인 프란체스코회와 도미니크회를 대단히 좋아하여 그들에게 아낌없이 베풀었는데, 그 스스로 프란체스코회 신자가 되려는 것을 가까스로 만류해야 했을 정도였다. 그는 매일 두 번의 미사에 참석하고, 3시과(課)와 6시과, 9시과, 만과(晩課), 그리고 종과(終課)에 정본 기도문을 암송하며, 50번의 아베 마리아를 읊조리고, 자정에 일어나 신부들과 함께 예배당의 아침 기도회에 참석했다.[75] 재림절과 사순절에는 부부 관계를 삼갔다. 그의 신하들은 대부분 이러한 헌신적인 신앙심에 미소를 지었고, 그를 "루이 형제"라고 불렀다. 한 용감한 여인은 왕에게 이렇게 말했다. "왕좌를 다른 사람에게 맡기는 게 더 나았을 것입니다. 당신은 프란체스코회와 도미니크회의 왕일 뿐이니까요. …… 당신이 프랑스의 왕이라는 것은 격분할 일입니다. 사람들이 당신을 내쫓지 않는 것이 놀라울 따름입니다." 루이는 이렇게 대답했다. "당신 말이 맞습니다. …… 나는 왕이 될 만큼 훌륭한 사람은 아닙니다. 만약 구세주께서 그게 더 만족스러우셨다면 왕국을 다스리는 방법을 더 잘 아는 다른 사람이 내 자리에 있었을 것입니다."[76]

그는 당시 횡행하던 미신을 열렬히 신봉했다. 생드니 수도원은 예수가 못 박힌 십자가의 못을 가지고 있다고 주장했다. 그러던 어느 날 예식에 전시한 뒤 못을 제자리에 돌려놓지 않고 분실하는 바람에 일대 소동이 일어났다. 마침내 못을 찾은 후 왕은 매우 안도하며 "내 왕국의 최고 도시가 사라지는 편이 더 낫겠다."라고 말했다고 한다.[77] 1236년 콘스탄티노플의 보두앵 2세는 병든 국가를 구제할 자금을 간청하며 예수의 수난 시기에 썼던 가시 면류관을 루이에게 1만 1000리브르(220만 달러)에 팔았다. 5년 뒤 그는 다시 보두앵 2세에게서 예수가 못 박혔던 십자가의 조각을 사들였다. 이런 물건들을 매입한 것은 고통에 빠진 그리스도교 국가를 원조하려는 목적이었을 것이다. 유물들을 안치하기 위해 루이는 몽트레유의 페테르에게 생샤펠 성당을 세우라고 주문했다.

비록 독실한 신앙을 가지고 있었지만, 루이는 성직자들의 꼭두각시는 아니었다. 그는 성직자들에게 인간적 결함이 있음을 인정했고, 모범을 보이거나 공개적인 질책을 하며 그들을 꾸짖었다.[78] 종교 재판소의 힘을 제한하고, 법의 권위가 모든 시민과 속인이나 성직자보다 우위에 있다고 주장했다. 1268에는 최초의 국본 조칙(國本詔勅)을 공표하여 프랑스 교회의 임명권과 과세 체계에서 교황의 권한을 제한했다. "누구를 막론하고 어떤 방법으로든 세금 사정액을 올리거나 강제 징수할 수 없다. 세금은 로마 재판소에 의해 부과되며 …… 합리적이고 종교적이며 긴급을 다투는 사유가 있을 경우에만 …… 우리의 자발적인 동의와 표현으로, 또한 우리 왕국 교회의 동의가 있을 때에만 인정된다."[*]

수도사 같은 성향이 있었지만 루이는 항상 왕으로서의 면모를 잃지 않았고 왕으로서의 위엄을 지켰다. 프라 살림베네(Fra Salimbene)가 묘사했듯이 "마르고 여윈 몸에 천사 같은 얼굴과 품위로 가득한 표정을 하고",[80] 순례자의 습관대로, 그리고 순례자의 동행들과 함께 걸어서 첫 번째 십자군 원정에 나섰을 때(1248년)도 그러했다. 궁에 남은 왕비 블랑쉬는 60대의 나이에도 불구하고 정력적으로 섭정에 나섰지만, 아들과 헤어질 때는 눈물을 흘렸다. "가장 사랑스럽고 어여쁜 아들아, 어여쁘고 다정한 아들아, 다시는 너를 보지 못하리라."[81] 아들이 이집트에서 포로로 잡혀 억류당해 있는 동안 블랑쉬는 간신히 몸값을 만들어 지불했다. 그러나 루이가 패하여 프랑스로 돌아왔을 때(1252년) 그녀는 이미 세상을 뜬 후였다. 1270년 병으로 쇠약해진 루이 9세는 다시 원정에 착수했다. 이번에는 투니시아였다. 투니시아 원정은 그 실패로 짐작되는 것만큼 비현실적인 계획은 아니었다. 루이는 그의 형제인 앙주의 샤를에게 프랑스 군대를 이끌고 이탈리아로 들어가 그곳의 독일 통치령들을 확인하게 했고, 그러면서 어쩌면 시칠리아가 투니시아를 공격하는 프랑스의 근거지가 될 수도 있을 거라는 희망을 품었다. 투니시아에 도착한 직후 나이가 들어 노쇠해진 이 위대한 십자군은 이질로 사망했다. 27년 뒤에 교회는 그를 성인으로 공표했다. 몇 세대가 지나고 몇 세기가 흐르는 동안, 그의 치세는 프랑스의 황금기로 회고됐

[*] 밀먼(Milman), 「라틴 그리스도교의 역사」, VI, 119. 이 칙령은 일반적으로 진본으로 받아들여지지만,[79] 필립 4세가 보니파키우스 8세에 대항하는 무기로 법학자들을 시켜 위조한 것일 수도 있다. 「가톨릭 백과사전」의 루이 9세 편을 참고하라.

다. 사람들은 영묘한 신의 섭리가 왜 그러한 인물을 다시 보내주지 않는 것인지 궁금해 했다. 그는 그리스도교의 왕이었다.

3. 공정 왕 필립

프랑스는 주도적인 역할을 수행하던 십자군 원정을 통해 더 강해졌다. 필립 오귀스트와 루이 9세의 오랜 통치는 프랑스 정치 체제에 지속성과 안정성을 부여했다. 반면 잉글랜드는 태평스러운 리처드 1세와 무모한 존 왕, 그리고 무능력한 헨리 3세의 시대를 지나고 있었고, 독일은 황제와 교황들 사이의 전쟁으로 해체되고 있었다. 1300년 무렵 프랑스는 유럽 최고의 강대국이 되었다.

필립 4세(1285~1314년)가 미남 왕이라고 불린 것은 잘생긴 외모와 얼굴 때문이지, 영리한 국정 운영 기술이나 인정사정없는 뻔뻔함 때문이 아니었다. 그는 목표가 광대했다. 시민과 농노뿐 아니라 귀족과 성직자에 이르기까지 모든 계급을 직접적인 법과 왕의 통제하에 두는 것, 프랑스의 성장 기반을 농경이 아닌 상업과 제조업에 마련하는 것, 프랑스 국경을 대서양과 피레네 산맥, 지중해, 알프스, 라인 강까지 확대하는 것 등이 그가 지닌 목표였다. 필립 4세는 지난 4세기 동안 프랑스 왕들을 위해 일해 온 교회와 귀족이 아니라, 그에게 로마법의 제국에 관한 사상을 가득 불어넣어 준 법률가 중에서 자문단과 평의원을 선택했다. 피에르 플로트와 기욤 드 노가레는 뛰어난 지식인으로서 도덕률과 관례 등을 개의치 않았다. 그들의 안내에 따라 필립 4세는 프랑스의 법적 구조를 재건하고, 봉건법을 왕법으로 바꾸었으며, 기민한 외교 정책으로 적들을 물리쳤다. 끝내 교황의 권력을 약화시켰으며, 교황을 사실상 프랑스의 포로로 만들었다. 기엔느를 잉글랜드에서 분리하려고 애썼지만, 그가 상대하기에는 에드워드 1세가 너무 강하다는 사실을 깨달았다. 결혼을 통해 샹파뉴와 브리, 나바르를 얻었고, 현금으로 샤르트르와 프랑슈콩테, 리요네, 그리고 로렌 일부 지역을 사들였다.

항상 돈이 필요했던 그는 주어진 지혜와 시간의 절반을 세금을 만들어 내고 자금을 조달하는 데 사용했다. 왕권을 위한 귀족들의 군역은 돈으로 대체했다. 거듭해서 통화의 가치를 떨어뜨리고, 세금을 징수할 때는 금괴나 은괴 또는 순수 경화를 고집했다. 유대인과 롬바르디아인을 추방하고 템플러 기사단을 해산시켰으며 그들의 재산을 몰수했다. 자신의 영토에서 나온 귀금속은 수출을 금지했다. 수출과 수입, 매매에 중과세를 부과했고, 프랑스 내 모든 사유 재산에 1리브르당 1페니의 전쟁세를 책정했다. 급기야는 교황과 상의도 없이 교회의 재산에도 세금을 매겼다. 당시 교회는 프랑스 영토의 4분의 1을 소유하고 있었다. 그 결과는 보니파키우스 8세의 이야기로 넘어간다. 이 늙은 교황이 다툼에서 패하고 사망하자 필립은 총신들과 돈을 앞세워 선거를 치르고 프랑스인을 클레멘스 5세로 선출한 뒤 교황청을 아비뇽으로 옮겼다. 평신도가 교회를 상대로 싸워서 이토록 크게 이겨 본 사례는 일찍이 없었다. 그 이후로 프랑스에서는 법률가가 성직자들을 지배했다.

템플러 기사단의 기사단장은 화형대로 향하며 필립이 1년 안에 자신의 뒤를 따를 것이라고 예언했다. 그의 말은 현실이 되었다. 필립뿐 아니라 클레멘스도 1314년에 사망했다. 위풍당당하던 국왕의 나이는 고작 46세였다. 프랑스 국민들은 왕의 끈기와 용기를 존경했고, 보니파키우스에 맞선 그를 옹호했었다. 그러나 역사상 가장 욕심 많은 군주로, 그에 대한 기억을 저주했다. 왕의 승리는 프랑스를 붕괴 일보 직전까지 내몰았다. 통화 가치가 떨어져 국가 경제는 엉망이 되었고, 높은 소작료와 물가 때문에 국민들은 빈곤에 찌들었다. 세금 탓에 제조업은 성장이 지체되었고, 유대인과 롬바르디아인을 추방한 결과 상업의 힘줄이 손상되고 대규모 시장들이 망가졌다. 성인 루이 9세 치하에서 이루어 놓은 번영은 모든 법적 기교와 외교적 수완에 통달했던 왕의 치하에서 쇠락했다.[82]

필립의 세 아들들은 그의 사후 14년 동안 모두 왕좌에 앉았다가 사망했다. 그들에게는 권력을 물려줄 아들이 없었다. 샤를 4세(1328년 사망)에게는 딸이 있었지만, 오랜 살리카 법 때문에 왕위를 계승할 수 없었다. 왕실의 가장 가까운 남자 상속인은 발루아의 필립으로 공정 왕 필립의 조카였다. 그가 왕위에 오르면서 카페 왕조 직계 후손의 시대는 막을 내리고, 발루아 왕조의 통치가 시작되었다.

이 시대의 프랑스는 경제와 법률, 교육, 문학, 그리고 예술에서 놀라운 진전을 보여 준다. 성장하는 도시 제조업이 농가의 남성들을 유혹하면서 농노 제도는 급속히 사라졌다. 1314년 파리의 거주자는 약 20만 명에 달했는데, 당시 프랑스 인구는 약 2200만 명이었다.[83] 피렌쩨의 격렬한 정치 상황으로부터 도망친 브루네토 라티니는 루이 9세 시절 평화와 안정이 가득한 파리 거리에, 마을의 분주한 수공업과 상업의 광경에, 도시를 둘러싼 쾌적한 시골길의 풍성한 밭과 포도농장들에 경이로워했다.[84]

부의 규모에서 거의 귀족과 맞먹는 제조업 및 전문직 계층이 성장하자, 삼부회(三部會) 내에 그들의 대표자가 들어섰다. 삼부회는 필립 4세가 보니파키우스와의 갈등에서 윤리적, 재정적 지지를 얻기 위해 1302년 파리에서 처음 소집한 회의였다. 귀족과 사제, 평민들의 세 계급으로 구성된 이러한 의회는 비상시(1302, 1308, 1314년 등 ……)에만 소집되었으며, 왕의 최고 행정 법률 자문으로 일하던 법률가들에 의해 영리하게 운영되었다. 루이 9세 때 형태를 갖춘 파리 고등 법원은 의회는 아니었지만, 왕이 지명한 성직자와 법률가 약 94명이 모인 집단으로 1년에 한두 번 회의를 여는 최고 재판소의 역할을 했다. 고등 법원의 법령은 프랑크 제국의 법규보다는 로마법에 기초를 둔 국법의 틀을 잡는 데 기여했고, 군주제에 고전적인 법적 전통의 전적인 지지를 보냈다.

필립 4세 시대의 지적 열광이 잘 보존된 정치적 작품들은 현재에도 존재한다. 그의 지지자 중 한 명으로, 1302년 소집된 삼부회에서 쿠탕스 지역을 대표한 법률가 피에르 뒤부아(1255~1312년)의 작품들이 그것이다. 「교황 보니파키우스에 대해 국왕에게 보내는 프랑스 국민들의 청원」(1304년)이라는 소론과 「성지 회복에 관하여」(1306년)라는 글에서 뒤부아는 오늘날 프랑스의 종교적 사고와 법률을 분리했던 날카로운 경계를 밝히는 제안을 던졌다. 뒤부아는 교회는 기부받은 재산을 몰수당해야 하고, 더 이상 국가로부터 재정적 지원을 받아서는 안 되며, 프랑스 교회는 로마로부터 분리되어야 한다고 말했다. 또한 교황의 권한은 모든 세속의 권력과 단절되어야 하고, 국가의 권위가 최고의 위치에 올라야 한다고 강조했다. 뒤부아에 따르면 필립 4세는 통일 유럽의 황제로 취임하여 콘스탄티노플을 수도로 삼아야 했다. 또한 국제 재판소가 설립되어 국가 간 분쟁을 판결하고, 서로 전쟁을 벌이는 그리스도교 국가들에 대해 경제적 봉쇄를 선언해야 했다. 로마에 동양학 학교를 설립하고, 여성에게 남성과 동등한 교육의 기회와 정치적 권리를 주어야 한다는 주장도 제기했다.[85]

이 시기는 프로방스 음유 시인과 북부 프랑스 음유 시인의 시대였고, 롤랑의 노래와 무훈의 노래의 시대였으며, 「오카생과 니콜레트(Aucassin et Nicolette)」와 「장미 설화(Roman de la Rose)」의 시대이자 걸출한 프랑스 역사학자 1세대인 빌라르두앵과 주앵빌의 시대였다. 이 시기에 파리와 오를레앙, 앙제, 툴루즈, 그리고 몽펠리에 훌륭한 대학이 세워졌다. 이 시대는 로스켈리누스와 아벨라르와 함께 시작되어, 스콜라 철학의 정점에서 끝이 났다. 고딕 양식이 황홀경을 이루던 시기였고, 생드니와 샤르트르, 노트르담, 아미앵, 랭스 등 장엄한 대성당의 시대였으며, 고딕 양식의 조각상이 가장 종교적인 완결성을 드러내던 시대였다. 프랑스인들은 마땅히 자신들의 국가와 수도와 문화를 자랑스러워했다. 국가 통합적인 애국심이 봉건 시대의 편협성을 대신했고, "롤랑의 노래"에서처럼 사람들은 이미 애정을 담아 "달콤한 프랑스"에 대해 이야기했다. 이탈리아에서처럼 프랑스에도 그리스도교 문명이 절정을 이루었다.

12. 스페인: 1096~1285년

그리스도교의 스페인 재정복은 스페인 왕들이 벌인 형제간의 혼돈 덕에 빠르게 진행됐다. 교황들은 스페인에서 무어인을 물리치는 데 공을 세운 그리스도교도에게 십자군의 특권과 이름을 부여했다. 일부 템플러 기사단은 프랑스에서 건너와 대의에 일조했다. 그리고 스페인 병력의 세 개 교파, 즉 칼라트라바 기사단과 산티아고 기사단, 그리고 알칸타라 기사단이 12세기에 형성됐다. 1118년 아라곤 왕국의 알폰소 1세는 사라고사를 점령했다. 그리스도교도는 1195년 알라르코스에서 패배했지만, 1212년 라스 나바스 드 톨로사 전투에서는 알모하드 왕의 군대를 거의 전멸시켰다. 승리는 결정적이었다. 무어인의 저항은 실패로 돌아갔고, 이슬람 요새는 하나둘 함락됐다. 코르도바(1236년)와 발렌시아(1238년), 세빌리아(1248년), 그리고 카디즈(1250년)가 차례로 무너졌다. 그 후 "레콩키스타(reconquista, 국토 회복 운동)"는 2세기 동안 중단되어 전쟁의 왕들을 위한 시간이 펼쳐졌다.

카스틸리아 왕국의 알폰소 8세가 알라르코스 전투에서 패배하자 그를 돕겠다고 약속했던 레온과 나바르의 왕들은 그의 왕국을 공격했다. 알폰소는 불충한 그리스도교도로부터 스스로를 보호하기 위해 불충한 자들과 화해해야 했다.[86] 페르난도 3세(1217~1252년)는 레온과 카스틸리아 왕국을 재통일하고, 가톨릭의 국경을 그라나다로 넓혀 세빌리아를 수도로, 웅장한 이슬람교 사원을 성당으로, 알카자르를 성으로 삼았다. 교회는 그가 태어났을 때는 서자라고 여겼고, 사후에는 성인으로 추대했다. 그의 아들인 알폰소 10세(1252~1284년)는 뛰어난 학자이며 우유부단한 왕이었다. 세빌리아에서 무어인의 학식에 매료된 현명 왕 알폰소는 이슬람 작품을 라틴어로 번역하여 유럽을 가르치려는 목적으로 편견을 무릅쓰고 아랍인과 유대인, 그리스도교도 학자들까지 중용했다. 그는 천문학 학교를 세웠는데, 천체와 행성의 이동을 담은 알폰소 표(表)는 그리스도교 천문학자들에게 기준으로 활용되었다. 알폰소 10세는 자신의 이름으로 스페인과 세계의 방대한 역사 전반을 기록하는 역사학자들의 위원회를 조직했다. 약 450편의 시를 쓰기도 했는데 일부는 카스틸리아어로, 일부는 갈리시아 포르투갈어로 적었다. 많은 시가 음악으로 엮였으며, 중세 시대의 노래를 보여 주는 가장 중요한 기념물 중 하나로 전해진다. 그는 흘러넘치는 문학적 열정으로 체스, 주사위, 돌, 음악, 항해, 연금술, 그리고 철학 등에 대한 책을 직접 쓰거나 주문했다. 성경도 히브리어에서 카스틸리아어로 직접 번역하도록 지시했다고 한다. 알폰소 10세 치하에서 발군의 빛을 발한 카스틸리아어는 그 후로 스페인의 문학적 생명을 지배했다. 그는 사실상 스페인과 포르투갈 문학의 창시자이며, 스페인의 역사 기록학과 전문적 학술 용어를 만든 사람이었다. 그의 총명한 왕정은 신성 로마 제국의 왕좌를 얻으려는 음모로 더럽혀졌다. 그는 그러한 시도를 위해 많은 스페인의 보물을 소비했고, 다시 금고를 채우기 위해 세금을 올리고 통화 가치를 떨어뜨렸다. 아들을 위해 자리에서 물러난 뒤 2년간 몰락을 견뎌 내다 평탄치 못한 인생을 마감했다.

아라곤 왕국은 여왕 페트로닐라가 바르셀로나의 백작 라몬 베렝게르와 결혼하면서(1137년) 두각을 나타냈다. 아라곤은 그 결혼을 통해 카탈로니아와 함께 스페인 최대의 항구를 얻었다. 페드로 2세(1196~1213년)는 강력한 법 집행으로 항구와 시장, 도로의 안전을 방어하여 새로운 왕국에 번영을 가져왔다. 그는 바르셀로나의 궁을 스페인 기사단과 음유 시인들의 동성애와 육욕의 중심지로 만들었고, 인노켄티우스 3세에게 아라곤을 봉지로 헌납함으로써 자신의 영혼을 구제하고 자리도 보존했다. 그의 아들인 하이메 또는 하메스 1세(1213~1276년)는 페드로가 전투에 나가 사망할 당시 다섯 살이었다. 아라곤의 귀족들은 이 기회를 잡아 왕국의 봉건적 독립을 되찾으려고 하였지만 하메스는 열 살에 지배권을 잡고 곧 귀족들 위에 국왕의 질서를 세웠다. 그는 아직 어린 스무 살의 나이에 무어인들로부터 상업상의 전략적 요충지인 발레아레스 제도를 빼앗았고(1229~1235년), 발렌시아와 알리칸테도 되찾았다. 1265년 그는 스페인 통일의 기사도 정신을 발휘하여 무어인들로부터 빼앗은 무르시아를 카스틸리아의 왕에게 선물했다. 현명 왕 알폰소보다 더 현명했던 하메스는 당대의 가장 강력한 스페인 군주로, 프레데리크 2세와 루이 9세의 경쟁자로 자리매김했다.

기민한 지성과 거리낌 없는 용기는 프레데리크에 비유되지만, 문란한 도덕성과 수많은 이혼, 무자비한 전쟁, 그리고 이따금 드러나는 잔혹성은 생루이와의 비교를 불가하게 만든다. 그는 프랑스 남서부를 점령하려는 모의를 꾸몄지만, 참을성 많은 루이는 비록 몽펠리에를 내주기는 했지만 그를 압도했다. 노년에 하메스는 시칠리아를 정복하여 상업의 안식처이자 전략적 요새로 삼고 지중해 서쪽을 스페인 해역으로 만들 궁리를 세웠다. 그러나 이 꿈을 실현할 책임은 그의 아들에게 넘어갔다. 페드로 3세(1276~1285년)는 프레데리크의 아들이자 시칠리아의 왕인 만프레드의 딸과 결혼하여, 앙주의 샤를이 교황의 축복 속에 장악한 시칠리아 섬에 대해 자신에게 권리가 있다고 여겼다. 페드로는 아라곤에 대한 교황의 종주권이 끝났음을 선언하고 파문을 받아들이고는 전투를 벌이기 위해 시칠리아로 항해했다.

잉글랜드와 프랑스처럼 이 시기의 스페인 역시 봉건주의의 발달과 쇠퇴를 경험했다. 처음에 귀족들은 중앙 권력을 거의 무시했다. 귀족과 성직자들은 세금을 면제받았는데, 그 때문에 도시민과 상인에게는 세금이 더욱 무겁게 떨어졌다. 그러나 귀족들은 결국 군대로 무장하고 마을 민병대와 세입의 원조를 받는 왕들에게 항복했다. 왕들은 소생한 로마법에 따라 천부적인 위신까지 부여받고 있었다. 로마법은 절대 군주를 정치권력의 자명한 이치로 상정하고 있었다. 이 시대가 출발할 당시에는 스페인 법이 존재하지 않았다. 각 나라나 나라별로 각 계급의 개별적인 법과 규정이 있을 뿐이었다. 페르난도 3세가 시작하고, 알폰소 10세가 완성한 새로운 카스틸리아 법체계는 일곱 개 부분으로 나뉜 데에서 칠부전서(七部全書 또는 칠부법전(七部法典))로 알려졌는데(1260~1265년), 법률 역사상 가장 완벽하고 중요한 법전 중 하나가 되었다. 스페인 서고트족의 법에 기초했으나 유스티니아누스의 법전에 부합하도록 개정한 칠부전서는 당시 시대에 비해 월등히 진보한 것이었다. 70여 년 동안은 대체로 무시당했지만 1338년에는 카스틸리아의 실질적인 법이 되었고, 1492년에는 스페인 전체의 법으로 정착했다. 유사한 법전은 하메스 1세에 의해 아라곤에도 도입됐다. 1283년 아라곤은 상업과 해양법에 관한 유력한 법전을 반포하고, 발렌시아와 뒷날에는 바르셀로나와 마요르카에도 해상 영사관(領事館) 재판소를 설립했다.

스페인은 자유 도시와 대표 기관들의 발달에서 중세 시대를 선도했다. 왕들은 귀족에 맞서 도시의 지지를 구하면서 많은 마을에 자치 정부 헌장을 수여했다. 자치 도시들의 독립은 스페인의 열병이 되었다. 작은 마을은 더 큰 도시나 귀족, 교회, 왕으로부터 자유를 요구했다. 독립을 얻은 소도시는 자유의 상징으로 장터에 자신들의 교수대를 세웠다. 1258년 바르셀로나는 200명의 의원으로 구성된 평의회의 지배를 받았으며, 평의회의 대다수는 제조업이나 교역 부문을 대표했다.[87] 도시들은 무어인이나 서로를 상대로 독립적인 전쟁을 벌일 정도로 한동안 자주성을 유지했다. 물론 상호적인 조치나 방위를 위해 도시 동맹을 맺기도 했다. 1295년 귀족들이 자치주들을 진압하려 했을 때, 34개 마을이 "카스틸리아의 도시 동맹"을 결성하고 공동 방위를 맹세하고는 연합 군대를 일으켰다. 귀족들을 제압한 이러한 동맹은 왕의 관료들을 감시하고 살폈으며, 가입된 마을이 공동으로 지켜야 할 법률을 만들었다. 한 동맹에 가입한 마을의 수는 때로 100여 곳에 달하기도 했다.

때때로 스페인 왕이 귀족과 성직자의 집회를 소집하는 것은 오랜 관례였다. 1137년 그런 관례 중 하나이던 집회는 궁정이라는 뜻의 "코르테스(Cortes)"라는 이름을 최초로 수여받았다. 1188년 레온 코르테스에는 도시 출신의 사업가들이 포함되었는데, 유럽 그리스도교 국가 사회에서 대의 정치 기구의 가장 초기 사례였을 것이다. 이 역사적인 자리에서 왕은 코르테스의 동의 없이 전쟁을 벌이거나 화해를 맺거나 칙령을 반포하지 않는다고 약속했다.[88] 카스틸리아에서 이러한 귀족과 성직자, 그리고 "부르주아"의 코르테스가 처음 열린 해는

1250년으로 에드워드 1세의 "모범 의회"보다 45년 더 빨랐다. 코르테스는 직접 법을 제정하지는 않았지만 왕에게 "청원"을 할 수 있었다. 그리고 돈의 힘으로 왕의 승인을 받아 내기도 했다. 아라곤의 왕이 받아들인 1283년 카탈로니아 코르테스의 법령은 이후로 어떠한 국가적 입법도 시민들의 동의 없이 공포되어서는 안 된다고 선을 그었다. 왕은 코르테스를 매년 소집해야 한다고 정한 조항도 있다. 이러한 법령은 사반세기 후에 유사한 법률을 공포(1311, 1322년)한 잉글랜드 의회의 선택을 예고하는 것이었다. 나아가 코르테스는 각 사회 계층에서 위원회(Junta)에 이르기까지 회원을 지목하여, 코르테스가 개회하지 않는 시기 동안 자신들이 가결했던 법이나 기금의 집행을 감시하기도 했다.[89]

스페인 정치의 문제점은 영토를 가르는 산맥들로, 보통법의 광범위한 집행이 어렵다는 점 때문에 더 복잡해졌다. 고르지 못한 지형과 건조한 고원, 주기적인 전쟁으로 인한 대대적인 파괴 등은 농업을 피폐화시켰고, 스페인을 주로 소와 양의 방목지로 만들었다. 건강한 양 떼는 도시의 직공들 수천 명을 먹여 살렸고, 스페인은 양모의 품질에 대해 예로부터 내려오던 명성을 유지했다. 국내 교역은 수송의 어려움과 도량과 측량, 통화의 다양성 때문에 곤란을 겪었다. 그러나 국외 교역은 바르셀로나와 타라고나, 발렌시아, 세빌리아, 그리고 카디즈 등의 항구에서 성장했다. 카탈로니아 상인들을 어디에서나 볼 수 있었다. 1282년 브뤼즈에서 입지를 점한 카스틸리아의 상인들에 필적할 상대는 한자 동맹 정도밖에 없었다.[90] 상인들과 제조업자들은 왕의 주된 재정 지원자가 되었다. 도시 노동자들은 길드로 스스로를 조직했지만 왕의 엄격한 통제를 받았고, 노동 계급은 정치적 발언권 없이 경제적 착취를 감내해야 했다.

제조업 노동자 대부분은 유대인이거나 무데하르(Mudejares), 즉 그리스도교 스페인의 이슬람교도였다. 유대인은 아라곤과 카스틸리아에서 번창했다. 그들은 두 왕국의 지적 생활을 적극적으로 교류했다. 그들 다수는 부유한 상인이었다. 그러나 이 시대의 말기쯤, 그들은 점점 증가하는 규제에 종속됐다. 무데하르들은 예배의 자유를 누렸고 상당히 많은 자치 정부도 꾸렸다. 그들 역시 다수가 부유한 상인이었고 소수는 국왕 재판소에도 출입했다. 무데하르의 장인들은 스페인의 건축과 나무 공예, 금속 공예 등에 강한 영향을 미쳐, 그리스도교 예술에 이슬람의 형태와 주제를 사용하는 무데하르 양식을 남겼다. 가톨릭 시대에 알폰소 6세는 자신을 "두 종교의 황제"라고 칭했다.[91] 그러나 무데하르들은 일반적으로 뚜렷하게 구별이 되는 옷을 입고, 각 도시의 정해진 구역에 거주하며, 특히 무거운 세금을 견뎌야 했다. 궁극적으로 그들이 제조업과 상업에서 쌓은 부는 다수 민족의 질투심을 자극했다. 1247년 하메스 1세는 아라곤에서 그들을 추방할 것을 명령했다. 10만여 명이 넘는 무데하르가 왕국을 떠났고, 그들이 보유하고 있던 기술도 그와 함께 사라졌다. 그 후 아라곤의 제조업은 쇠퇴했다.

부분적으로 스페인 문명 속으로 들어온 이슬람 문화와 고래의 적에게 승리했다는 도취감, 제조업과 부의 성장, 그리고 생활 양식과 감각의 발달은 스페인의 영적인 삶을 뒤흔들었다. 13세기 스페인에는 여섯 개의 대학이 설립됐다. 아라곤의 알폰소 2세(1162~1196년)는 스페인 최초의 음유 시인이었고, 그 후로 곧 수백 명의 시인들이 등장했다. 그들은 시만 쓴 것이 아니라 교회의 의식을 세속적인 놀이 속으로 집어넣어, 로페 드 베가(Lope de Vega, 스페인 극작가)와 칼데론(Calderon, 스페인 극작가)의 승리를 위한 길을 열었다. 이 시대 최고의 걸작은 스페인의 국가 서사시 「시드(Cid)」였다. 이 모든 것보다 더 뛰어난 것은 집과 거리에서 사람들의 마음으로부터 흘러나온, 그리고 궁정의 화려한 행사 속으로 흘러들어 간 음악과 노래, 춤이었다. 근대 양식의 투우는 1107년 아빌라에서 결혼 축하연을 장식하는 행사로 처음 기록되어 있다. 1300년경 투우는 스페인 도시에서 흔히 볼 수 있는 경기가 되었다. 동시에 무어인과의 전쟁을 돕기 위해 들어온 프랑스 기사단은 기사도의 사상과 대결을 정착시켰다. 여성에 대한 존중, 또는 여성에 관한 남성들의 독점적 소유에 대한 존중 의식이 남성의 용기와 온전함을 보여 주는 필수적인 자존심이자 명예로 여겨졌다. 명예를 건 결투는 스페인의 삶의 한 부분으로 자리 잡았다. 유럽인과 아프리카셈족의 혼혈, 서구 문화와 동양 문화의 혼합, 시리아와 페르시아의 사상과 고딕 예술의 결합, 로마의 준엄함과 동양적 정서의 조화 등은 스페인의 개성을 만들어 냈고, 13세기 스페인 문명을 유럽의 독특하고 화려한 요소로 발전시켰다.

13. 포르투갈: 1095년

1095년 십자군 원정에 나선 스페인 기사 부르고뉴 백작 헨리는 카스틸리아와 레온의 왕 알폰소 6세의 비위를 맞춰 왕의 딸 테레사와 결혼하고, 신부의 지참금인 레온의 주(州) 포르투갈을 영지로 받았다.* 이 영토는 이슬람 시절의 스페인으로부터 불과 31년 전에 점령한 곳이었다. 몬데고 강 남쪽은 아직 무어인이 지배하고 있었다. 헨리 백작은 자신이 왕이 아니라는 데 불만을 품었다. 결혼을 통해 그는 아내와 함께 영지를 독립 국가로 만들려는 계획을 세웠다. 헨리가 사망(1112년)한 후에도 테레사는 독립을 위한 노력을 계속했다. 귀족과 봉신들에게 국가의 해방에 관해 생각하도록 가르쳤고, 각 도시에 스스로를 요새화하고 전쟁의 기술을 익히도록 권장했다. 직접 군대를 이끌고 거듭 전투에 나섰으며, 전쟁이 없는 시기에는 음악가와 시인, 그리고 애인들을 불러들였다.[92] 테레사는 패배하여 포로로 잡혔다가 석방되어 자신의 영지로 돌아갔다. 그녀는 부적절한 연애에 거액의 돈을 쏟아부었고, 폐위를 당한 후 정부(情夫)와 함께 추방당했으며, 빈곤에 못 이겨 사망했다.(1130년)

독립의 목표를 이룬 인물은 테레사로부터 영감을 받고 그녀의 준비를 이어받은 아들 아퐁수 1세 엔리케스(1128~1185년)였다. 카스틸리아의 알폰소 7세는 그에게 도우로 강 하류의 무어인에게서 정복한 땅에 대해서는 그를 독립적인 군주로 인정한다고 약속했다. 아버지에게서 물려받은 무모한 용기와 어머

---

* 항구 도시라는 데서 비롯하여 로마인들은 이곳을 포르투스 칼레(Portus Cale)라고 불렀고, 오늘날은 '항구'라는 뜻의 오포르토(Oporto)라고 불린다.

니가 지닌 불굴의 의지와 정신력으로, 아퐁수 엔리케스는 무어인들을 공격하여 오리크에서 승리를 거두고(1139년) 자신을 포르투갈의 왕으로 선포했다. 사회 지배층은 두 왕을 설득하여 교황 인노켄티우스 2세에게 문제를 제기하라고 권유했다. 교황은 카스틸리아에 유리한 결정을 내렸다. 아퐁수 엔리케스는 이 결정을 번복하기 위해 새로운 왕국을 교황에게 봉지로 바쳤다. 알렉산데르 3세는 이를 받아들였고, 매년 로마 교황에게 공물을 바치는 조건으로 그를 포르투갈의 왕으로 인정했다.[93] 아퐁수 엔리케스는 무어인들과의 전쟁을 재개하여 산타렘과 리스본을 점령하고 타구스 강까지 영토를 확대했다. 아퐁수 3세(1248~1279년) 치하에서 포르투갈은 현재의 본토 경계에 이르렀고, 타구스 강어귀에 전략적 입지를 점한 리스본은 나라의 항구이자 수도가 되었다.(1263년) 오랜 전설에 따르면 오디세우스, 즉 율리시스가 이 도시를 건설하고 율리시포(Ulyssipo)라는 고대의 이름을 붙였다고 한다. 이 이름은 발음을 잘못하여 올리시포(Olisipo)와 리스보아(Lisboa)로 바뀌었다.

아퐁수 2세는 말년에 아들 디니즈와의 내전으로 쓰라린 아픔을 겪었다. 디니즈는 자신의 아버지가 왜 그토록 끈질기게 살아 있는지 의아해 했다고 한다. 이렇게 출발이 미심쩍었던 디니즈는 길고도 어진 치세를 이어갔다.(1279~1325년) 결혼을 통한 동맹으로 레온과 카스틸리아와 평화를 이루었다. 다른 왕권 후계자와의 갈등은 디니즈의 성녀 같은 왕비 이사벨의 중재로 피할 수 있었다. 전쟁의 영광을 포기한 디니즈는 왕국의 경제적, 문화적 발전에 온 힘을 쏟았다. 농업 학교를 세워 학생들에게 개선된 농법을 가르쳤으며, 나무를 심어 침식을 방지하고, 상업을 지원하고, 배를 건조하고 도시를 세웠으며, 포르투갈 해군을 조직했고, 잉글랜드와 상업 조약들을 협상했다. 덕분에 그는 국민들이 애정을 담아 붙여 준 "노동 왕"이라는 별명을 얻었다. 그는 성실한 행정가이자 공정한 재판관이었다. 시인과 학자들을 지원하고, 그 자신도 당시 국내 최고에 속하는 시를 창작했다. 디니즈를 통해 포르투갈어는 갈리시아 방언에서 벗어나 문학 언어가 되었다. 그는 자신이 지은 「전원곡(田園曲)」을 통해 민요에 문학적 형태를 부여했다. 궁정 음유 시인에게 사랑의 즐거움과 고통을 노래하게 했다. 디니즈 자신도 여자에 일가견이 있었는데, 한 명의 적자보다 서자들을 더 좋아했다. 이 유일한 적자가 아버지를 권좌에서 끌어내리고자 반란을 꾸며 군대를 일으켰을 때, 왕의 즐거운 궁정에서 나와 생활하던 성녀 이사벨은 폭도들의 첫 번째 희생자가 될 작정으로 적군들 사이로 들어갔다. 그리고 그녀는 자신의 남편과 아들을 수치스러워하며 영면했다.(1323년)

26장	르네상스 전의 이탈리아
	1057~1308

1. 노르만의 시칠리아: 1090~1194년

스코틀랜드에서 시칠리아까지, 노르만족이 얼마나 많은 다른 환경에 스스로 적응했는지를 들여다보면 아마 놀랄 것이다. 어떠한 격렬한 에너지로 잠든 지역과 사람들을 일깨웠는지, 몇 세기 만에 얼마나 완벽하게 자신들의 국민 속으로 스며들어 역사의 뒤안길로 사라졌는지 놀라울 따름이다.

격동의 시대에 그들은 비잔티움 제국의 후계자로 이탈리아 남부를 지배했고, 사라센의 계승자로 시칠리아를 통치했다. 1060년 로제르 기스카르는 작은 해적단과 함께 섬을 공격하기 시작했고, 1091년 무렵 섬을 완전히 정복했다. 1085년 노르만 이탈리아는 로제르를 섬의 통치자로 받아들였다. 그가 세상을 떠났을 때(1101년) 두 개의 시칠리아(섬과 남이탈리아)는 이미 유럽 정치의 강대국이 되어 있었다. 메시나 해협과, 시칠리아와 아프리카 사이의 50마일 지역에 통제권을 가지면서 노르만은 상업적, 군사적으로 결정적인 이점을 챙겼다. 아말피와 살레르노, 그리고 팔레르모는 투니시아와 스페인의 이슬람 중심지를 포함한 모든 지중해 항구와 적극적인 교역을 수행하는 데 중추가 되었다. 교황의 봉지가 된 시칠리아에서는 마호메트교의 사원이 눈부시게 빛나는 그리스도교 교회로 대체되었고, 남이탈리아의 그리스 성직자들은 로마 가톨릭 사제들에게 자리를 내주었다.

로제르 2세(1101~1154년)는 팔레르모를 수도로 삼고 나폴리와 카푸아까지 이탈리아 내에서의 지배권을 확대했다. 1130년에는 자신의 작위를 백작에서 왕으로 승격시켰다. 그는 백부인 로베르 기스카르가 지녔던 야망과 용기, 지략과 책략까지 모두 갖춘 인물이었다. 생각이 기민하고 행동이 부지런하여 그의 이슬람 전기 작가 이드리시는 그에 대해 자면서도 깨어 있는 다른 사람보다 더 많은 일을 한다고 말했다.[1] 교황들은 그가 교황령을 침해한다며 반대편에 섰고, 독일 황제들은 그가 아브르초를 합병한 것에 분개했다. 남이탈리아를 되찾을 꿈에 젖어 있던 비잔티움 제국도, 시칠리아 재정복을 갈망하던 아프리카 이슬람교도도 그를 반대했다. 그는 이들에 맞서 싸웠고 때로는 한 번에 여러 적수를 상대하기도 했지만 그의 왕국은 점점 더 넓어졌다. 또한 투니스와 스팍스, 본, 그리고 트리폴리 등 새로운 땅도 점령했다. 로제르 2세는 시칠리아의 사라센인과 그리스인, 그리고 유대인 지식인들을 이용하여 당시 유럽 어느 국가보다 더 나은 관료 조직과 행정 체계를 만들었다. 시칠리아의 봉건적 농업 구조를 허용했지만, 모든 계급을 아우르는 국왕 재판소의 법률로써 귀족들을 감시했다. 그리스에서 견사 방직공들을 들여와 시칠리아의 경제를 풍요하게 만들고, 일상과 여행과 재산을 보호하여 상업을 발전시켰다. 이슬람과 유대인, 그리스 정교회 교도에게 종교의 자유와 문화적 자주성을 허용했고, 재능이 있는 모든 사람에게 일터를 개방했으며, 그 자신은 이슬람 의복을 입고 이슬람의 도덕률을 좋아하며 동양의 궁에서 라틴의 왕으로 생활했다. 그의 왕국은 한 세대 동안 "유럽에서 가장 부유하고 문명화된 국가"였고,[2] 그는 "당대의 가장 개화된 통치자"였다.[3] 그가 없었다면 역시 위대한 왕이었던 프레데리크 2세도 없었을 것이다.

이드리시의 『로제르 왕 전기』를 보면 노르만 시칠리아의 번영을 짐작할 수 있다. 강인한 소농들은 작물과 함께 풍요로운 땅 위를 분주히 움직이며 도시에 식량을 공급했다. 농민들은 가축우리 같은 곳에 살았고 약삭빠른 사람들에게 착취를 당했지만, 그들의 삶은 다채로운 신앙으로 위엄을 품었고 축제와 노래로 밝게 빛났다. 농사 절기마다 춤과 성가가 존재했다. 이들은 수확기가 되면 고대 농신제와 근대의 카니발을 잇는 축제를 벌여 흥청망청 취했다. 가장 가난한 사람들에게도 연심은 존재했고, 자유시와 풍자시에서부터 순수한 애정에 대한 서정시에 이르기까지 다양한 민요가 만들어졌다. 이드리시는 산 마르코라는 작은 도시에서 "공기는 여기저기에서 자라는 제비꽃의 향으로 가득했다."라고 적었다. 메시나와 카타니아, 시라쿠사는 카르타고나 그리스, 로마 시대처럼 다시 한 번 번영을 이루었다. 이드리시에게 팔레르모는 세상에서 가장 멋진 도시로 보였다. "도시는 보는 사람마다 고개를 돌리게 만들었다. …… 건물들은 무척 아름다워 여행객들이 무리를 지어 몰려들었고, 경이로운 건축물과 정교한 기술, 예술에 대한 감탄스러운 착상 등이 사람들을 불러 모았다." 중심지는 "우뚝 솟은 저택들과 고급스럽고 훌륭한 숙박 시설, 교회, …… 대중 목욕장, 대형 상인들의 상점 등이 전경을 이루었다. …… 여행객들은 어디에도 팔레르모보다 더 훌륭한 건물들은 존재하지 않으며, 어떤 경관도 팔레르모의 유쾌한 정원보다 더 아름답지 않다고 대놓고 말했다." 이슬람 여행객 이븐 주바이르는 1184년 팔레르모를 보고 이렇게 말했다. "참으로 거대한 도시이다! …… 왕의 궁정은 가슴 풍만한 아가씨의 목에 두른 목걸이 고리처럼 도시를 둘러싸고 있다."[4] 방문객들은 팔레르모에서 사용하는 갖가지 언어와 평화롭게 뒤섞인 민족과 신앙, 우호적으로 혼재하는 교회와 유대교 회당과 이슬람 사원, 우아한 차림의 시민들, 분주한 거리, 조용한 정원, 그리고 편안한 주택 등에 깊은 감명을 받았다.

이러한 주택과 궁정에서 볼 수 있는 동양의 예술 작품은 서양에서 온 정복자들을 즐겁게 했다. 팔레르모의 직기(織機)는 비단과 금으로 된 천과 의복을 만들어 냈다. 상아 노동자들은 섬세하거나 기발한 도안으로 조각하고 모양을 낸 작은 장식함을 만들었다. 모자이크 기술자들은 동양풍의 무늬로 바닥과 벽, 천장 등을 뒤덮었다. 그리스와 사라센의 건축가와 장인들은 교회와 수도원, 궁정 등을 지었는데, 노르만 양식의 흔적을 전혀 찾아볼 수 없는 설계도와 장식품들은 1000년 동안 비잔티움과 아랍이 남긴 영향을 총집합시킨 것이었다. 1143년 그리스 예술가들은 로제르의 해군 사령관 조르지오에게서 자금을 받아 그리스 수녀들을 위한 수녀원을 지었다. 수녀원은 산타 마리아 델람미랄리오로 봉헌되었는데, 지금은 건립자의 이름을 따서 마르토라나 교회로 알려져 있다. 교회는 매우 잦은 복원을 거쳐 12세기의 요소가 거의 사라졌다. 특징적으로 내부의 둥근 지붕에는 그리스 그리스도교 찬송가에서 발췌한 아랍 문자들이 적혀 있다. 바닥은 울긋불긋하게 빛나는 대리석으로 치장되어 있으며, 검은 반암 기둥 여덟 개가 세 개의 후진(後陣, 교회(성당) 건축에서 가장 깊숙이 위치해 있는 부분으로서 내진(內陣) 뒤에, 주 복도에 둘러싸인 반원형 공간 – 옮긴이)을 만들어 내는데, 기둥머리는 매우 우아하게 조각되어 있다. 벽과 스팬드럴(spandrel, 인접한 아치가 천장, 기둥과 이루는 세모꼴 면 – 옮긴이), 아치 천장은 반짝이는 황금 모자이크로 이루어졌는데, 그중에는 유명한 "만국의 왕"도 포함되어 있다. 더욱 멋진 궁정 예배당은 1132년 로제르 2세가 짓기 시작했다. 이곳은 모든 것이 매우 아름답다. 대리석으로 포장된 길은 설계가 단순하고, 날씬한 기둥과 다양한 기둥머리들은 완벽하며, 282개의 모자이크가 도처에서 눈길을 잡아끈다. 제단 위에는 세계를 표현한 독립적인 모자이크 그림 안에 엄숙한 그리스도상이 그려져 있고, 전체적으로 벌집 모양의 거대한 목재 천장은 동양풍의 코끼리와 영양, 가젤, 그리고 마호메트가 꿈꾸었다는 천국에 나왔을 법한 천사의 상들이 조각이나 금박 또는 그림으로 펼쳐진다. 중세와 근대의 모든 예술 작품을 통틀어 노르만 시칠리아의 이 보석과 견줄 궁정 예배당은 존재하지 않는다.

로제르는 1154년 59세의 나이로 사망했다. 그의 아들 굴리엘모 1세 (1154~1166년)는 "악한 왕"이라는 별명을 얻었는데, 한편으로는 그의 일대기를 기록한 사람들이 그의 적이었기 때문이고, 또 한편으로는 동양의 안락함 속에서 환관과 첩들에게 둘러싸여 다른 사람들의 손에 정치를 내맡겼기 때문이다. 그가 통치하는 동안 투니시아의 이슬람 세력이 그리스도교에 맞서 들고 일어났고, 노르만 세력은 아프리카에서 힘을 잃었다. 굴리엘모 2세 (1166~1189년)는 "악한 왕"과 거의 같은 삶을 살았다. 그가 "선한 왕"이라고 불린 이유는 단지 혼동을 피하려는 전기 작가들의 애교 섞인 작명 감각 때문이었다. 그는 자신의 방만한 도덕성을 용서받기 위해 1176년에 돈을 들여 몬레알레에 수도원과 대성당을 짓게 했는데, 몬레알레는 "왕의 산"이라는 뜻으로 팔레르모에서 5마일 떨어진 곳에 위치한다. 외관은 서로 얽힌 기둥과 수직굴로 당혹스러울 만큼 엄숙하다. 회랑은 장엄한 힘과 아름다움이 깃든 작품이다. 내부의 모자이크는 유명하지만 투박하다. 하지만 기둥머리는 술에 취해 잠든 노아(Noah)나 돼지를 보살피는 목동, 물구나무를 선 곡예사 등 현실적인 생활의 모습으로 화려하게 조각되어 있다.

노르만 시칠리아의 왕들이 지녔던 동양적 도덕률은 그들의 체질을 약화시키고 혈통을 단명시키는 데 일조했을 것이다. 로제르 2세가 사망한 지 40년이 지나 왕조도 불명예스럽게 끝이 났다. 굴리엘모 2세는 후손이 없었고, 로제르 2세의 아들에게서 서자로 태어난 탕크레드가 왕으로 선출되었다.(1189년) 독일 황제 하인리히 6세는 굴리엘모 2세의 고모인 콘스탄츠와 결혼하고 나서 이탈리아 전역을 제국의 영토로 합병하기를 갈망하며 시칠리아의 왕위 계승권을 주장했다. 그는 노르만족이 중앙 지중해 지역을 통제하면서 상업에 곤란을 겪게 된 피사와 제노바의 적극적인 동맹을 확보했다. 1194년 하인리히 6세는 저항하기 힘든 병력을 이끌고 팔레르모 앞에 나타나서는, 자신에게 도시의 문을 열라고 설득했다. 그리고 시칠리아의 왕좌에 앉았다. 하인리히는 사망(1197년) 후에 세 살 난 아들 프레데리크에게 왕위를 넘겨주었다. 프레데리크는 막강한 왕들이 넘쳐 나던 13세기에 가장 강력하고 개화된 군주로 성장했다.

2. 교황령

노르만 이탈리아 북쪽에는 베네벤토라는 도시 국가가 있는데, 이곳은 롬바르디아 출신의 공작들이 통치했다. 이 도시 너머로는 교황들의 직접적이고 세속적인 권한 아래 놓인 땅 "베드로 세습령"이 있었는데, 아나니와 티부르, 로마, 그리고 페루자까지가 포함되어 있었다.

로마는 라틴 그리스도교의 중심지이기는 했으나 본보기라고 하기는 힘들었다. 이미 기득의 이해관계가 있는 경우를 제외하면 로마는 전 세계 그리스도교 국가의 어떠한 도시보다도 종교에 대해 불손했다. 이탈리아는 십자군 원정에서 차지하는 위치가 미약했다. 베네찌아는 4차 원정에 참여했지만 콘스탄티노플을 차지하는 것으로 끝났다. 이탈리아의 도시들은 십자군 원정에 대해 단순히 근동 지역에 항구나 시장을 만들고 교역을 성사할 기회로만 생각했다. 프레데리크 2세는 최대한 원정을 늦추다가 최소한의 종교적 신념만으로 합류했다. 로마에도 종교 정신이 있었고, 순례자들을 도와 성지를 지키는 온후한 영혼들이 있었다. 그러나 그들의 목소리는 좀처럼 정치적 소음을 뚫고 나오지 못했다.

이 시기의 로마는 교황권이라는 것 외에는 가난한 도시였다. 1084년 노르만 족의 약탈은 6세기 동안의 파괴와 방치로 이어졌다. 고대에 100만에 이르던 인구는 약 4만 명 정도로 줄어들었다. 상업이나 제조업의 중심지도 아니었다. 북부 이탈리아 도시가 경제 혁명을 이끄는 동안 교황령 지역은 소박한 농업 사회에 머물렀다. 상품용 채소 농지와 포도밭, 소 방목지 등이 집과 폐허와 함께 아우렐리아 성벽 안에 뒤섞여 있었다. 도시 하층민은 절반은 수공업으로, 절반은 교회의 자선으로 생계를 유지했다. 중산층은 상인이나 법률가, 교사, 은행 직원, 학생 또는 상주 신부나 원정 신부 등으로 다양했고, 상류층은 고위 성직자와 대토지를 소유한 귀족들이었다. 시골에 땅을 소유하고 도시에 거주하는 로마의 오랜 관행은 여전히 만연했다. 국방을 위해 단결심을 고취하던 보편적인 애국심이 사라진 뒤 오랫동안 로마의 귀족들은 부유한 권세가가 이끄는 파벌로 나뉘어 있었다. 프란지파니와 오르시니, 콜론나, 피에를레오니, 카에타니, 사벨리, 코르시, 콘티, 그리고 안니발디 등 각각의 가문은 로마의 주택을 요새와 같은 성곽으로 만들어 가족과 하인을 무장시켰고, 가끔 내전이 있을 때면 거리에서 빈번히 싸움판도 벌였다. 로마에서는 거의 위협이 되지 않는 종교적 무기밖에 갖지 못한 교황들은 도시의 질서를 유지하기 위해 헛된 노력을 펼쳤다. 그러다가 거듭 모욕을 당하고 때로는 폭력에 휘말리기도 했다. 많은 교황들이 평화나 안전을 찾아 아나니나 비테르보, 페루자, 심지어 리옹과 아비뇽까지 도망치기도 했다.

교황들은 신권 국가를 꿈꾸었고, 교회에 의해 해석되는 하느님의 말씀이면 법으로서 충분하다고 생각했다. 교황들은 황제의 독재와 귀족 과두제, 시민의 민주주의 등에 에워싸여 자신들이 탄압을 당한다고 여겼다. 많은 로마의 유적 중에서도 포룸과 카피톨은 고대 로마 공화정의 기억을 되살렸다. 그리고 과거의 자주성과 관례를 되찾으려는 노력을 주기적으로 펼쳤다. 유력 귀족들은 여전히 원로원 의원이라고 불렸지만 원로원은 사라지고 없었다. 자문 위원은 선출되거나 지명되었지만 아무런 힘도 행사하지 못했다. 반쯤 잊힌 로마법의 포고령이 보존된 낡은 원고들도 있었다. 북이탈리아 자유 도시들의 성장에 고무된 12세기 로마 시민들은 세속의 자치 정부를 요구하기 시작했다. 1143년 그들은 56명으로 구성된 원로원을 선출하고, 그 뒤로 몇 년 동안 매년 새로운 원로의원들을 선거로 뽑았다.

시대적 분위기는 발언권을 요구했고, 브레시아의 아르놀트는 그 역할에 적임이었다. 전해지는 말에 따르면 그는 프랑스의 아벨라르 밑에서 수학했다. 수도사가 되어 브레시아로 돌아온 그는 엄격히 금욕을 수행하여, 베르나르가 "먹지도, 마시지도 않는" 사람이라고 묘사할 정도였다. 그는 교리에 상당한 정통파였지만, 죄악에 빠진 신부가 집행하는 성례의 유효성은 부정했다. 사제가 재산을 소유하는 것은 비도덕적인 일이라 여기며, 성직자에게 사도적 청빈으로 돌아가라고 요구했고, 교회에는 모든 물적 재산과 정치권력을 국가에 양도하라고 조언했다. 1139년 라테라노 공의회에서 인노켄티우스 2세는 그를 비난하며 그에게 침묵하라고 명령했다. 그러나 교황 에우게니우스 3세는 로마의 다양한 교회들을 순례하는 조건으로 그를 용서하겠다고 선언했다. 그것은 친절한 실수였다. 오랜 공화국의 건물들은 아르놀트의 상상력에 불을 지폈다. 유적들의 한가운데에 서서 그는 로마인들에게 성직자들의 법을 거부하고 로마 공화국을 재건하자고 호소했다.(1145년) 그의 열정에 매료된 시민들은 집정관과 호민관을 실제 통치자로 선출하고 기병대 체계를 확립하여 새로운 의용 방위군의 수장으로 삼았다. 영광스러운 혁명이 이토록 쉽게 성공하자 이에 도취된 아르놀트의 추종자들은 교황의 세속적 권력뿐 아니라, 신성 로마 제국의 독일 황제가 이탈리아에 대해 갖는 권한마저 폐기했다. 사실상 그들은 로마 공화국이야말로 이탈리아뿐 아니라 옛날처럼 "전 세계"를 지배해야 한다고 주장했다.[5] 그들은 카피톨을 재건하고 요새화하였으며, 성 베드로 성당을 점령하여 성으로 바꾸어 놓았고, 바티칸을 손에 넣은 후 순례자에게 세금을 징수했다. 에우게니우스 3세는 비테르보와 피사로 달아났지만(1146년), 클레르보 수도원의 성 베르나르는 로마 시민들에게 맹렬한 비난을 퍼붓고, 그들에게 그나마 입에 풀칠이라도 할 수 있는 것은 교황권의 존재 덕분이라고 환기시켰다. 10년 동안 로마 평의회는 카이사르와 교황들의 도시를 지배했다.

1148년 에우게니우스는 용기를 내어 로마로 돌아왔다. 그는 한동안 영적 활동에 전념하고 자선을 베풀며 대중의 애정을 얻었다. 그의 두 번째 후계자인 하드리아누스 4세는 대중 폭동의 와중에 추기경이 살해를 당하자 충격을 받고 수도에 금지 제재를 가했다.(1155년) 귀족들이 감당할 수 없는 수준의 심각한 혁명을 두려워한 원로원은 공화국을 폐지하고 교황에게 항복했다. 파문당한 아르놀트는 캄파니아로 몸을 숨겼다. 프레데리크 바르바로사가 로마로 건너왔을 때 하드리아누스는 황제에게 역도를 잡아 달라고 청했다. 아르놀트는 발각되어 체포당했다. 그리고 황제에 의해 교황 직속 로마 행정관에게 넘겨져 교수형에 처해졌다.(1155년) 동시대인들의 말에 따르면 아르놀트의 시신은 불태워졌고, 재는 "시민들이 긁어모아 순교자의 재로 찬양할 것을 두려워하여" 테베레 강에 뿌려졌다고 한다.[6] 아르놀트의 사상은 그의 사후에도 살아남아 롬바르디아의 파테린과 발도파(派) 이단자들과 프랑스 알비파(派), 파두아의 마르실리우스, 그리고 종교 개혁 지도자들에게서 다시 나타났다. 원로원은 1216년까지 존속하다가, 인노켄티우스 3세가 교황의 이상에 맞는 원로 의원 한두 명으로 대신하면서 사라졌다. 교황들의 세속적 권력은 1870년까지 이어졌다.

어떤 때에는 교황령에 움브리아의 스폴레토와 페루자가 함께 들어오기도 했다. 아드리아 해 연안의 안코나 마치, 즉 안코나 변경 지대도 교황령에 속했다. 로마의 통치를 받던 로마냐의 리미니와 이몰라, 라벤나, 볼로냐, 그리고 페라라 등도 교황령에 속했던 도시들이다. 이 시기의 라벤나는 계속 쇠퇴했지만, 페라라는 에스테가(家)의 현명한 지도 아래 두각을 나타내며 성장했다. 지역 대학에서 배출한 위대한 법률가들의 지도 아래, 볼로냐에서는 정력적인 코뮌 생활이 발달했다. 볼로냐는 포데스타(podesta, 도시 장관)를 선출하여 코뮌의 내무를 처리하고, 카피타노(capitano, 대장)로 하여금 외교 관계를 맡도록 한 최초의 도시 중 하나였다. 포데스타나 권력자를 선출하는 데는 몇 가지 이상한 자격 요건이 있었다. 우선 귀족이어야 하고, 도시 밖에 거주하는 사람이어야 했다. 서른여섯 살 이상에, 해당 코뮌 안에 어떠한 재산도 소유해서는 안 되며, 선거인 중에 친척이 있으면 안 되었다. 또한 전임 포데스타와 친척이거나 같은 지역 출신이어서도 안 됐다. 공정한 행정을 위해 채택된 이 이상한 원칙은 많은 이탈리아 코뮌에 적용됐다. "인민의 대장"은 코뮌의 의회뿐 아니라 대중 당파에 의해서도 선출되었는데, 그중 가장 두드러진 집단은 상인 길드였다. 카피타노는 빈민이 아니라 상업 계층을 대변했다. 뒷날 부르주아가 귀족을 뛰어넘는 부와 영향력을 지니게 되면서, 카피타노는 포데스타의 영역 안쪽까지 권한을 확대했다.

3. 베네찌아의 승리: 1096~1311년

포 지방과 페라라 북부에는 베네찌아와 트레비소, 파두아, 비첸차, 그리고 베로나 같은 도시를 자랑하는 베네토 주가 있었다.

베네찌아의 힘이 성숙한 것은 이 시기였다. 베네찌아는 비잔티움과의 동맹 덕에 에게 해와 흑해의 항구를 출입했다. 12세기 콘스탄티노플에서는 베네찌아 시민이 10만 명을 넘고, 그들의 방자함과 난폭함 때문에 그들의 거주구는 두려움의 대상이었다고 전해진다. 질투에 휩싸인 제노바 사람들의 성화에 비잔티움의 황제 마누엘은 갑자기 자신의 수도 안에 있던 베네찌아인들에게 적대적으로 돌아서서, 많은 사람들을 체포하고 그들이 지닌 재화를 대거 압수하라고 명령했다.(1171년) 베네찌아는 전쟁을 선포했다. 시민들은 밤낮으로 함대를 건조했다. 1171년 도제(Doge, 약 1000여 년 동안 베네찌아 공화국을 통치한 최고 지도자를 일컫는다. - 옮긴이) 비탈레 미키엘리 2세는 130척의 함선을 이끌고 해협을 건너 첫 번째 전략적 목표인 에우보이아 섬을 향해 떠났다. 그러나 에우보이아 섬의 해변에서 베네찌아의 군대에 병이 돌았다. 전해지는 말로는 비잔티움 군이 상수도에 독을 풀었다고 한다. 수천 명의 병사들이 죽는 바람에 전쟁을 수행하기 위해 배마다 배치할 병력도 모자랐다. 도제는 함대를 이끌고 베네찌아로 돌아갔으나, 그곳에 역병이 퍼져 수많은 주민들이 죽음에 이르렀다. 의회의 회의에서 이와 같이 불운한 사건으로 비난을 받은 도제는 칼에 찔려 죽었다.(1172년)[7] 우리는 이러한 사건을 배경으로 4차 십자군 원정과 베네찌아의 헌법을 변화시킨 과두 혁명을 이해해야 한다.

그러한 패배가 계속되어 자신들의 상업 제국이 무너질까 두려웠던 대상(大商)들은 총회에서 도제 선거를 실시하고 공공 정책을 결정하기로 하는 한편,

보다 고급 의회, 즉 국정을 더 적절히 숙고하고 취급하며 시민들의 격정이나 도제의 독재를 두루 점검하는 기능을 갖춘 의회를 설립하기로 의결했다. 그들은 공화국의 최고위 판사 세 명을 설득하여 새로운 헌법을 만들 위원회를 지명하게 했다. 세 판사는 보고서를 통해 도시 국가의 여섯 개 구에 각각 두 명의 지도자를 선출하고, 선출된 지도자가 각각 40명의 유능한 인재를 선택하도록 권했다. 이렇게 뽑힌 480명의 대표단은 국가의 일반 입법 기관인 "대평의회"를 구성했다. 대평의회는 다시 60명의 의원을 원로원으로 선출하여 상업과 금융, 외교를 통제했다. 민회인 "아렌고(arrengo)" 회의는 단지 전쟁이나 화해에 대한 제의를 비준하거나 거부하는 기능만 있었다. 각각 여섯 개 구에서 선출된 추밀원(樞密院)의 여섯 위원은 최고 지도자가 자리를 비운 기간 동안 도시를 다스렸다. 도제의 정치적 행동이 합법화되기 위해서는 추밀원의 허가가 필요했다. 이러한 절차로 구성된 첫 번째 대평의회는 의원 34명을 선택하고 이들 의원 중 다시 11명을 뽑아 산 마르코 대성당에서 공개적인 숙의를 거친 뒤 그중 한 명을 도제로 선출했다.(1173년) 도시의 수장을 지명할 권리를 잃은 사람들에게서 저항의 함성이 터져 나왔다. 그러나 새로운 도제는 군중 사이에 동전을 뿌려 소요의 관심을 다른 데로 돌렸다.[8] 1192년 대평의회는 엔리코 단돌로를 도제로 선출하고, 도제의 대관식 서약에서 국가의 모든 법률에 복종한다는 맹세를 요구했다. 이제 상업 독재가 최고의 권력으로 거듭났다.

이미 84세의 단돌로는 베네찌아 역사에서 가장 강한 지도자 중 한 명이었다. 1204년 베네찌아는 그의 마키아벨리적 외교술과 영웅적 행동 덕에 콘스탄티노플을 점령하고 차지함으로써 1171년의 재앙을 되갚았다. 이렇게 하여 베네찌아는 지중해 동부와 흑해에서 지배적 세력이 되고, 비잔티움에서 이탈리아에 이르는 유럽 지역 상업의 대표로 떠올랐다. 1261년 제노바는 비잔티움을 원조하여 콘스탄티노플을 되찾도록 돕고 그곳에서 상업적 특혜를 얻는 보상을 받았다. 그러나 3년 뒤 베네찌아 함대가 시칠리아 인근에서 제노바인들을 격퇴하자, 비잔티움 황제는 어쩔 수 없이 수도 내에서 베네찌아의 특권적 입지를 회복시켰다.

의기양양해진 과두제 집권층은 이러한 대외적 승리에 다른 헌법적 색채를 덧입혔다. 1297년 도제 피에트로 그라데니고는 1293년 이후 대평의회에 들어온 시민들과 그들의 남자 후손에게만 대평의회에 참가할 자격을 부여한다는 입법안을 강행 통과시켰다.[9] 절대 다수의 시민들은 "대평의회 폐쇄"로 인해 공직을 차단당했다. 폐쇄적 카스트 제도가 만들어졌다. 이 귀족 계급 내의 결혼과 출생을 정리한 "황금의 책(Libro d'oro)"은 순수한 혈통과 권력의 독점을 보장해 주었다. 상업 독재의 집권층은 스스로를 귀족 혈통으로 결정했다. 대중이 새로운 헌법에 반대하여 반란을 계획했을 때, 허락을 받고 대평의회 회의장으로 들어간 반란군 지도부는 그 자리에서 교수형에 처해졌다.(1300년)

이 노골적이고 무자비한 과두 정부가 정치를 잘했다는 점만은 인정을 해야 한다. 중세 이탈리아의 어떤 사회보다도 공공질서가 잘 유지되고 공공 정책은 빈틈없이 관리되었으며, 법률은 안정적이고 효율적이었다. 의사와 약제상을 규제하는 베네찌아 법률은 피렌쩨의 유사한 법규보다 반세기 정도 앞서 있었다. 1301년에는 주택 구역에서 유해 제조업을 금지했고, 해로운 매연을 내뿜는 제조업을 베네찌아에서 차단했다. 항해법은 엄격하고도 꼼꼼했다. 모든 수입과 수출은 국가의 감독과 통제 아래 놓였다. 외교 기록은 정치보다 교역을 더 많이 다루었고, 경제 통계도 최초로 행정의 한 부분으로 등장했다.[10]

베네찌아의 농업에 대해서는 거의 알려진 바가 없지만 수공업은 고도로 발달했다. 서부에서는 정치적 격변으로 반쯤 수장된 예술 작품과 공예품을 동부 지중해의 옛 도시로부터 들여왔기 때문이다. 금속과 청동, 유리, 금사, 비단 등의 베네찌아 상품은 세 개 대륙에서 명성을 얻었다. 유흥이나 상업 또는 전쟁을 위한 조선업은 베네찌아에서 가장 규모가 큰 제조업이었을 것이다. 대규모 노동과 기업 자금 측면에서는 자본주의의 단계까지 이르렀고, 최대 고객인 국가의 통제를 받는다는 점에서 사회주의 단계까지 나아갔다. 높이 솟은 뱃머리와 그림을 그린 돛, 그리고 180개에 달하는 노를 지닌 그림 같은 갤리선이 베네찌아와 콘스탄티노플, 티레, 알렉산드리아, 리스본, 런던, 그리고 항구와 교역의 황금 사슬로 엮인 다른 많은 도시를 연결했다. 포 계곡에서 건너온 재화는 베네찌아에서 다른 배에 실렸다. 라인 강 유역 도시들이 배출한 상품은 알프스 산맥을 건너와 베네찌아의 부두에서 지중해 지역으로 퍼졌다. 리알토는 유럽에서 가장 왕래가 빈번한 거리가 되어, 100여 개 지역에서 온 상인과 선원, 은행업자로 북적였다. 북부의 부는 모든 것이 상업과 금융을 위해 움직이는 이 도시에, 그리고 알렉산드리아로 건너간 배가 1000퍼센트의 투자금을 싣고 돌아오는(적군이나 해적, 가공할 폭풍우를 만나지 않을 경우) 이 도시의 풍요에 비할 바가 못 되었다.[11] 13세기 베네찌아는 유럽에서 가장 부유한 도시였다. 이 도시에 필적할 상대는 베네찌아 상인 마르코 폴로가 묘사한 중국의 놀라운 도시들뿐이었을 것이다.

부가 상승하면서 신앙은 쇠퇴했다. 베네찌아 정부는 종교를 크게 이용하여 투표권을 박탈당한 시민들을 의식 행렬과 천국으로 위로했다. 그러나 지배 계급은 그리스도교나 파문 같은 종교적 요소가 상업이나 전쟁에 개입되는 것을 좀처럼 용납하지 않았다. 그들은 "우리는 베네찌아인, 그리스도교도는 그 다음"이라는 모토를 내걸었다.[12] 성직자들은 정부의 어떤 자리에서도 제외됐다.[13] 베네찌아 상인들은 그리스도교군과 전쟁 중인 이슬람군에게 무기와 노예를 팔고, 때로는 정보도 건넸다.[14] 돈으로 매수된 너그러움과 어느 정도의 자유 의지 같은 것이 뒤섞였다. 이슬람교도들은 안전하게 베네찌아로 들어왔을 것이고, 특히 슈피나룽가 섬의 주데카에 거주하는 유대인들은 평화롭게 회당에 모여 예배를 보았을 것이다.

단테는 베네찌아인들의 "방종한 음탕함"에 대해 맹렬히 비난했지만[15] 이렇듯 초교파적인 저주를 퍼부은 인물의 비난은 믿을 것이 못 된다. 그보다 더 중요한 것은 베네찌아의 법이 자식에게 매춘을 시킨 부모에게 가혹한 형벌을 가하거나, 효과가 없었지만 부정 선거를 감시하기 위한 법을 계속해서 만들어 냈다는 점이다.[16] 우리가 받는 인상은 엄격하고 총명한 귀족들이 대중의 빈곤을 냉정하게 체념하고, 대중은 숨김없는 사랑의 환희로 가난을 위로했다는 것이다. 이미 1094년에 카니발이 열렸다고 한다. 1228년에는 가면이 최초로 언급되었다. 1296년 원로원은 사순절의 하루 전 날(프랑스어로 마디그라(mardi gras), 즉 참회 화요일)을 공휴일로 지정했다. 이런 경우에 남성과 여성은 자신이 가지고 있는 가장 값비싼 옷과 보석을 과시했다. 부유한 여성들은 보석으로 장식한 작은 왕관이나 두건을 쓰거나 금사로 짠 터번을 둘렀다. 여성들은 금이나 은으로 짠 망사 베일을 통해 눈을 반짝였고 목에는 진주 목걸이를 걸었다. 손에는 부드러운 섀미 가죽(chamois)이나 비단으로 만든 장갑을 꼈고, 발에는 가죽이나 나무, 코르크 등의 소재에 붉은색이나 금색으로 수를 놓은 샌들이나 구두를 신었다. 고운 리넨이나 비단, 양단 등에 보석이 흩뿌려진 드레스는 목 부분이 깊게 패여 그 시대에 일었던 추문이나 과시되던 매력이 어떤 것인지 보여 준다. 사람들은 가발을 쓰고, 색조 화장을 하고 분을 칠했으며, 호리호리해 보이도록 허리를 조이고 끈을 동여맸다.[17] 그들은 언제든 대중 앞을 자유로이 활보했고, 유쾌한 파티나 곤돌라에서의 연애 행각에 수줍은 매력으로 동참했으며, 영원한 사랑의 테마를 위해 프로방스에 노래의 음계를 들여온 음유 시인들에게 기꺼이 귀를 내주었다.

이 시대의 베네찌아인들은 문화에 관심이 없었다. 훌륭한 공공 도서관을 가지고 있었으나 이용은 거의 없었던 것으로 보인다. 교육에 대한 어떠한 투자도, 시대를 초월하는 어떠한 시도, 이 독주하는 부의 시대에는 나타나지 않았다. 13세기에도 학교는 많았고 가난한 학생들을 위한 민간과 국가의 장학금도 있었다고 한다. 그러나 14세기까지도 베네찌아에는 문맹인 판사가 존재했다.[18] 음악은 큰 찬사를 받았다. 예술은 아직 후에 등장한 것처럼 화려하지 않았다. 하지만 부로 인해 많은 나라의 예술 작품이 베네찌아로 들어오면서 감각이 발달하고 기초가 마련됐다. 무엇보다도 유리 공예에서 오랜 로마의 기술이 남아 있었다.

이 시대의 베네찌아는 19세기에 바그너나 니체가 그린 것처럼 사랑스러운 풍경이 아니었다. 집들은 목재 가옥이었고 거리는 소박한 흙길이었다. 하지만 산 마르코 광장은 1172년에 벽돌로 포장되었고, 1256년에 벌써 비둘기들이 날아다녔다. 예쁜 다리들이 운하 위로 놓이기 시작했고, 대운하에서는 곤돌라 트라게티가 이미 많은 승객을 수송했다. 운하 옆에서는 지금보다 악취가 덜 났을 것이다. 무엇이든 완전히 숙성하는 데는 시간이 필요하기 때문이다. 하지만 거리나 개울이 아무리 초라해도 수 세기를 지나며 석호의 습지와 안개 위로 스스로 떠오른 도시의 위엄을 향한 마음을 막을 수는 없었다. 아니면 고적함과 고립감을 박차고 일어서 배로 바다를 뒤덮고 세계 절반으로부터 부와 미의 공물을 징수하는 사람들의 경이로움을 감소시키지 못했다.

베네찌아와 알프스 산맥 사이에는 도시와 트레비소 변경 지대가 있는데, 이곳을 언급하는 이유는 이곳 사람들이 삶을 매우 사랑하여 마르카 아모로사(Marca amorosa) 또는 조이오사(gioiosa)라는 이름을 얻었기 때문이다. 1214년에는 이 도시에서 "사랑의 카스텔로"라는 축제를 열었다고 한다. 나무로 성을 짓고 카펫과 휘장과 화환을 걸면, 향수와 과일과 꽃으로 치장한 예쁜 트레비소 여인들이 그 성을 지켰다. 베네찌아의 젊은 기사들이 파두아 출신의 늠름한 검술사들과 겨루며 여인들을 둘러싸고 그들에게 무기 비슷한 것을 겨누었다. 베네찌아 기사들은 여인들이 치장한 꽃에 두카트(ducat, 중세 유럽 대륙에서 사용하던 화폐 – 옮긴이)를 뒤섞어 경기에서 이겼다고 한다. 어떤 경우든 성과 성을 지키는 예쁜 수비군들은 패배했다.[19]

4. 만투아에서 제노바까지

베네토 서쪽에는 롬바르디아의 유명한 도시, 즉 만투아와 크레모나, 브레시아, 베르가모, 코모, 밀라노, 파비아 등이 포 강과 알프스 산악 지대 사이의 평원을 지배했다. 포 강 남쪽, 현재의 에밀리아 안쪽에는 모데나와 레기오, 파르마, 피아첸차 등이 있었다. 이탈리아를 사랑하는 사람이라면 이렇게 장황한 나열을 지루해 하지 않을 것이다. 롬바르디아와 프랑스 사이의 피에몬트 주는 베르첼리와 투린(토리노)을 둘러싸고 있다. 피에몬트 남쪽으로는 리구리아 주가 제노바 만과 도시를 감싸며 휘어진다. 이 지역의 부는 서쪽에서 동쪽으로 가로지르며 상업을 이동시키고, 운하를 채우며 들판에 물을 공급하는 포 강의 선물이었다. 제조업과 교역이 성장하면서 이들 도시는 부와 자긍심을 키웠고, 덕분에 대개 이름만 남아 있던 군주인 독일 황제를 무시하고 봉건적 색채를 지닌 내륙의 귀족들을 억누를 수 있었다.

흔히 이러한 이탈리아 도시의 중심에는 대성당이 세워져 극적인 헌신과 희망의 원동력으로 생활을 이끌었다. 근처에는 세례장이 있어 아이들이 그리스도교 시민으로서의 특권과 책임을 지니게 되는 순간을 기념했고, 종탑에서는 예배나 집회, 전투를 알리는 소리가 울려 퍼졌다. 이웃한 광장에서 소농과 장인은 물건을 내다 팔고, 배우와 곡예사, 음유 시인 등은 공연을 펼쳤다. 전령은 포고문을 읽고 시민들은 주일 미사를 마친 뒤 담소를 나누었으며 젊은이나 기사들은 운동을 하거나 마상 시합을 벌였다. 마을 공회당이나 몇몇 상점, 일부 주택 또는 공동 주택들은 광장 주변으로 벽돌 방호물을 형성했다. 이 중앙 광장에서부터 구불구불 이어진 오르막길은 폭이 매우 좁아서 우마차나 말을 탄 기수가 지나갈 때면 보행자들이 주택 출입로로 재빨리 피하거나 벽에 몸을 바짝 붙여야 했다. 13세기가 무르익고 부가 성장하면서 치장 벽토에 빨간 타일로 지붕을 덮은 집들이 등장하여, 악취와 진창을 잊어도 좋을 만큼 그림 같은 양식을 만들어 냈다. 포장된 곳은 오직 소수의 몇몇 거리와 중앙 광장뿐이었다. 전쟁이 빈번했기 때문에 도시 주변에는 몸을 숨기고 총을 쏠 수 있는 높은 벽이 있었고, 남자들은 수도사가 될 생각이 없다면 싸움의 기술을 배워야 했다.

이들 도시 중에 가장 큰 곳은 제노바와 밀라노였다. "라 수페르바(la superba, 위대한 도시)"라는 애칭을 지닌 제노바는 상업과 유희를 위한 최적의 입지를 지니고 있었다. 교역이 쉬운 바다 앞 언덕에 위치하고, 동쪽으로는 라팔로까지, 서쪽으로는 산레모까지 뻗은 리비에라의 온난한 기후를 함께 나누었다. 고대 로마 시대부터 이미 활기찬 항구 도시였던 제노바의 인구는 상인과 제조업자, 은행업자, 조선공, 선원, 군인, 그리고 정치인 등으로 다양했다. 제노바의 기술 자들은 리구리아 알프스에서 고대 로마의 것과 같은 수도관을 통해 맑은 물을 공급했고, 항만에 거대한 방파제를 쌓아 도시의 위대한 항구를 폭풍과 전쟁으로부터 보호했다. 동시대의 베네찌아인들처럼 제노바 사람들도 문자나 예술에는 거의 관심이 없었다. 그들은 경쟁자를 이기고 이욕을 찾아 새로운 거리를 탐험하곤 했다. 제노바 은행은 거의 국가와 같았다. 은행은 도시 세입을 거두어들이는 조건으로 도시에 돈을 빌려 주었고, 이러한 권한을 통해 정치를 지배했다. 공직에 나서는 모든 당파는 은행에 충성을 서약해야 했다.[20] 하지만 제노바인들은 물욕만큼이나 용기도 대단했다. 그들은 피사와 협력하여 서부 지중해 지역에서 사라센인들을 내몰았고(1015~1113년), 그런 다음 간간히 피사와 전투를 벌이다 멜로리아 해전에서 적수의 힘을 산산이 부수었다.(1284년) 마지막 전투에서 피사는 20세에서 60세 사이의 모든 남자를, 제노바는 18세에서 70세 사이의 모든 남자를 징집했다. 이 사례를 통해 우리는 당시의 열정과 시대정신을 알 수 있다. 수도사 살림베네는 이렇게 말했다. "인간과 뱀 사이에 선천적인 혐오가 존재하듯이, 피사인과 제노바인 사이에도, 피사인과 루카 시민 사이에도 그러한 혐오가 존재한다."[21] 코르시카 앞바다에서 벌어진 이 교전에서 병사들은 전투원의 절반이 사망할 때까지 백병전을 치렀다. "그리고 제노바와 피사에는 이들 도시가 건설된 뒤 오늘날까지도 들어 본 바 없는 통곡이 흘러넘쳤다."[22] 피사에 닥친 재난을 듣게 된 루카와 피렌쩨의 선인들은 이때야말로 그 불운한 도시에 원정대를 보낼 훌륭한 기회라고 생각했다. 그러나 교황 마르티누스 4세는 그들에게 행동을 자제하라고 명령했다. 그러는 사이 제노바인들은 동부로 진출하여 베네찌아인들과 경쟁했다. 두 도시민 사이에 무엇보다 격한 증오심이 싹텄다. 1255년 그들은 아크레의 소유권을 두고 다투었다. 호스피탈 기사단은 제노바의 편에서 싸웠고, 템플러 기사단은 베네찌아의 편에 섰다. 이 전투에서만 2만여 명의 병사가 사망했다.[23] 이 전투는 시리아 그리스도교의 통일성을 파괴했고, 십자군 원정의 실패에도 결정적인 역할을 했다. 제노바는 1379년까지 베네찌아와 계속 갈등을 겪다가 1세기 전 피사인들이 그러했던 것처럼 키오자에서 결정적인 패배를 맛보았다.

롬바르디아 도시 중에서는 밀라노가 가장 강하고 부유했다. 한때 고대 로마 제국의 도시였던 밀라노는 역사와 전통에 대한 자부심이 높았다. 밀라노 공화국의 집정관들은 황제를 거역했고, 주교들은 교황에 저항했으며, 국민들은 그리스도교에 도전하는 그러한 이단을 함께 받아들이거나 보호했다. 13세기 밀라노에는 20만 인구가 거주하고 1만 3000여 채의 주택이 있었으며, 1000여 개의 주점이 존재했다.[24] 이 도시는 스스로 자유를 사랑했지만 다른 이들에 대해서는 흔쾌히 자유를 내주지 않았다. 밀라노 군대는 거리 순찰을 돌며 어디로 향하는 대상 행렬이든 먼저 밀라노를 들르도록 강제했다. 코모와 로디를 폐허로 만들고, 피사와 크레모나, 파비아 등을 손에 넣기 위해 싸웠다. 밀라노는 포 강의 모든 상업을 통제하에 둘 때까지 가만히 있지 못했다.[25] 1154년 콘스탄츠 의회에 로디 시민 두 명이 프레데리크 바르바로사 앞에 나타나 자신들의 도시를 보호해 달라고 간청했다. 황제는 밀라노에 로디를 정복하려는 시도를 중단하라고 경고했다. 황제의 전언은 멸시 속에 퇴짜를 맞고 짓밟혔다. 롬바르디아를 황제에 순종하도록 진압하고 싶었던 프레데리크는 밀라노를 파멸시킬 기회를 놓치지 않았다.(1162년) 5년 후 밀라노의 생존자와 후원자들은 도시를 재건했고, 롬바르디아 전체는 독일 국왕의 지배에 예속되지 않는 이탈리아의 의지에 대한 상징으로 도시의 부활을 크게 기뻐했다. 프레데리크는 포기했다. 그러나 그는 세상을 뜨기 전에 아들인 하인리히 6세를 시칠리아 국왕 로제르 2세의 딸 콘스탄체와 결혼시켰다. 하인리히의 아들은 롬바르디아 동맹에 더 악몽 같은 프레데리크가 되었다.

5. 프레데리크 2세: 1194~1250년

1. 파문당한 십자군

콘스탄체는 서른 살에 하인리히와 결혼하여 마흔두 살에 유일한 자식을 낳았다. 임신에 대한 의혹과 아들의 적통 여부에 대한 의심이 두려웠던 콘스탄체는 이에시(안코나 부근)의 시장에 천막을 세우고 모두가 보는 앞에서 중세가 절정에 이른 시대에 가장 매력적인 인물이 될 아들을 출산했다. 아이의 핏줄에는 이탈리아의 노르만 국왕들과 독일 호엔슈타우펜 왕조 황제들의 피가 섞여 흘렀다.

그는 네 살이 되던 해에 팔레르모에서 시칠리아 왕위에 올랐다.(1198년) 아버지는 1년 전 사망했고 어머니는 그로부터 1년 뒤 죽었다. 콘스탄체는 유언을 통해 교황 인노켄티우스 3세에게 아들에 대한 후견과 교육, 정치적 보호를 약속해 달라고 간청했다. 그리고 그에 대한 보답으로 후한 보수를 지급함은 물론 섭정의 권리와 시칠리아에 대한 새로운 종주권을 인정하겠다고 제안했다. 교황은 기꺼이 제안을 받아들이고, 자신의 위치를 이용하여 프레데리크의 부친이 막 이루어 놓은 시칠리아와 독일의 통합을 끝장냈다. 교황들이 사방에서 교황령을 에워싸고 사실상 교황권을 구속하고 지배하는 제국을 두려워하는 것은 당연했다. 인노켄티우스는 프레데리크를 교육시켰지만 독일 왕위의 후계자로는 오토 4세를 지지했다. 프레데리크는 방치된 채 때로는 가난 속에 성장했다. 연민을 느낀 팔레르모의 시민들은 이따금 왕실의 부랑아에게 먹을 것을 가져다주기도 했다.[26] 프레데리크는 다국어를 사용하는 수도의 거리와 시장을 마음껏 활보할 수 있었고, 어디든 원하는 곳에서 어울릴 상대를 고를 수 있었다. 체계적인 교육은 받지 못했지만 열렬한 마음으로 듣고 보는 모든 것을 배웠다. 뒷날 세계는 그가 지닌 지식의 범위와 세세함에 경탄한다. 이러한 시절, 이러한 방법들을 통해 그는 아랍어와 그리스어를 습득하고 유대교의 상당한 구전 지식을 익혔다. 각양각색의 사람들과 의복, 풍습, 그리고 신념과 친숙하게 성장했고, 어린 시절 몸에 밴 관용을 결코 잃지 않았다. 그는 많은 역사서를 읽었다. 승마와 검술에 능했고, 말과 사냥을 무척 좋아했다. 키가 작았지만 강했고, "공정하고 자비로운 얼굴"과[27] 길고 붉고 곱슬거리는 머리를 갖고 있었다. 영리하고 긍정적이며 자존심이 강했다. 열두 살이 되던 해에 그는 인노켄티우스의 대리 섭정을 중단하고 국정을 인수했다. 열네 살에 성년이 되었으며, 열다섯 살에는 아라곤의 콘스탄체와 결혼하고 제위를 되찾는 일에 착수했다.

상당한 대가를 요하긴 했지만 행운은 그의 편이었다. 오토 4세가 교황령에서 교황의 봉토 주권을 존중한다는 약속을 어기자 인노켄티우스는 그를 파문했다. 그리고 제국의 귀족과 주교들에게 "나이는 어리지만 지혜는 원숙한" 자신의 피후견인 프레데리크를 황제로 선출하라고 명령했다.[28] 그러나 인노켄티우스는 프레데리크를 향해 마음을 급속도로 선회한 것만큼 교황권을 보호하려는 자신의 목표를 일거에 뒤집지는 않았다. 그는 프레데리크에게 지지의 대가로 시칠리아가 교황들에게 계속 공물을 바치고 충성 서약을 유지한다는 맹세를 요구했다.(1212년) 교황령에 대한 불가침권을 보호할 것과, "두 개의 시칠리아(노르만족의 남이탈리아와 섬)"를 영구히 제국으로부터 분리할 것, 그리고 황제로서 독일에 거주하며 시칠리아는 젖먹이 아들 하인리히를 왕위에 올려 인노켄티우스가 임명한 자의 섭정에 맡길 것 등도 요구했다. 나아가 프레데리크는 그의 영토 안에 있는 성직자들의 권한을 모두 유지하고, 이단을 처벌하며, 십자군에 참가한다는 조건에도 동의했다. 교황에게서 자금을 지원받은 프레데리크는 수행단과 함께 여전히 오토 4세의 군대가 장악하고 있는 독일로 들어갔다. 하지만 오토 4세는 부빈에서 필립 오귀스트에게 패배했다. 그의 저항은 진압되었다. 프레데리크는 아헨에서 화려한 대관식을 치르며 황제의 자리에 올랐다.(1215년) 그곳에서 프레데리크는 십자군에 참가하기로 했던 맹세를 엄숙히 연장했다. 그리고 의기양양한 젊음의 열정으로 가득 차서 다른 왕자들에게서도 같은 맹세를 받아 냈다. 잠깐 동안 독일인들에게 그는 살라딘의 후예로부터 예루살렘을 해방시키기 위해 하늘이 보낸 다윗 왕처럼 보였다.

그러나 출정은 계속 연장됐다. 오토의 동생 하인리히는 프레데리크를 폐위시키기 위해 군사를 일으켰다. 새 교황 호노리우스 3세는 젊은 황제가 제위를 방어해야 한다는 데 동의했다. 프레데리크는 하인리히를 진압했지만, 그러는 동안 제국의 정치적 문제에 휘말렸다. 이미 그는 고향 이탈리아를 그리워하고 있었다. 남부의 열기와 피가 그의 기질 안에 흘렀고, 독인은 그를 짜증스럽게 했다. 56년의 세월 중 그가 독일에 머문 것은 고작 8년에 불과했다. 그는 귀족들에게 많은 봉건적 권한을 주었고, 몇몇 도시에는 자치 정부 헌장을 수여했으며, 독일의 국정은 대주교인 콜로뉴의 엥겔베르트와 튜턴 기사단장 잘차의 헤르만에게 맡겼다. 프레데리크는 명백히 국정에 태만했지만 독일은 그의 치세 35년 동안 번영과 평화를 누렸다. 귀족과 주교들은 자리를 비워 두는 주인에 대해 무척이나 만족한 나머지, 그의 비위를 맞추기 위해 황제의 일곱 살 난 아들 하인리히에게 "로마인의 왕"이라는, 즉 제위의 후계자라는 왕관을 씌웠다. 동시에 프레데리크는 스스로 독일에 남은 하인리히를 대신하여 시칠리아 섭정을 결정했다. 이는 인노켄티우스의 계획을 뒤집는 결정이었지만 인노켄티우스는 이미 죽고 없었다. 호노리우스는 단념했다. 뿐만 아니라 로마에서 프레데리크를 황제의 자리에 앉혔다. 그가 십자군을 구하기 위해 즉시 이집트로 떠나기를 간절히 바랐기 때문이다. 그러나 남이탈리아의 귀족들과 시칠리아의 사라센인들이 반란을 일으켰다. 프레데리크는 장기간 자리를 비우기 전에 이탈리아 영토의 질서를 되찾아야 한다고 주장했다. 그 즈음(1222년) 그의 왕비가 사망했다. 호노리우스는 맹세를 지키도록 프레데리크를 재촉해 주기를 바라면서, 잃어버린 예루살렘 왕국의 상속녀인 이사벨라와 결혼하라고 설득했다. 프레데리크는 그 지시에 따랐고(1225년), 시칠리아 국왕이자 신성 로마 제국의 황제라는 이름에 예루살렘의 왕이라는 칭호를 하나 더 얻었다. 롬바르디아 도시들의 문제로 그의 출정은 다시 지연됐다. 1227년 호노리우스가 사망하자 완고한 그레고리우스 9세가 교황에 올랐다. 프레데리크는 이제 본격적인 준비에 들어가 브린디시에서 대규모 함대를 만들고 4만 명의 십자군을 모았다. 그러나 그의 군대에 끔찍한 전염병이 돌았다. 수천 명의 병사가 사망하고 더 많은 군사들이 탈영했다. 황제 자신과 그의 제독인 튀링겐의 루이도 감염됐다. 그럼에도 불구하고 프레데리크는 출항을 명령했다. 루이는 사망했고 프레데리크의 병세도 점점 악화됐다. 의사도, 그와 함께 머물던 고위 성직자도 프레데리크에게 이탈리아로 돌아가라고 충고했다. 그는 고국으로 돌아와 포추올리에서 치료책을 찾았다. 인내심이 바닥난 교황 그레고리우스는 프레데리크가 보낸 사절의 해명마저 듣기를 거부하고 황제의 파문을 세상에 발표했다.

일곱 달 후 여전히 파문당한 처지의 프레데리크는 팔레스타인으로 출항했다.(1228년) 시리아에서 프레데리크의 출정 소식을 들은 그레고리우스는 프레데리크의 신하들과 그의 아들 하인리히에게 충성 서약의 책임이 없음을 선언하고 황제를 폐위시키기 위한 협의에 들어갔다. 이러한 움직임을 전쟁 선포로 받아들인 프레데리크의 이탈리아 섭정관은 교황령들을 공격했다. 그레고리우스는 군대를 보내 시칠리아를 공격하는 것으로 보복했다. 수도사들은 프레데리크가 죽었다는 유언비어를 퍼뜨렸다. 곧 시칠리아의 적지 않은 영토 일부와 남이탈리아가 교황의 수중에 떨어졌다. 프레데리크가 아크레에 도착한 직후 교황의 위임장을 지닌 프란체스코회 사제 두 명이 따라와 지위 고하를 막론하고 그리스도교도는 파문당한 자의 지시에 복종해서는 안 된다는 금지령을 전달했다. 사라센의 술탄 알 카밀은 아랍어를 이해하고 아랍의 문학과 과학, 철학을 높이 평가하는 유럽 지도자가 있다는 사실에 놀라 프레데리크와 순조로운 화의를 맺었다. 프레데리크는 무혈의 정복자가 되어 예루살렘으로 진입했다. 성직자들은 아무도 그를 예루살렘의 왕으로 인정하지 않았기 때문에, 그는 성묘(聖墓) 교회에서 직접 대관식을 치렀다. 카이사레아 주교는 프레데리크 때문에 성지와 도시가 훼손되었다고 주장하며 예루살렘과 아크레에 종교 의례의 금지를 명했다. 몇몇 템플러 기사단의 기사들은 프레데리크가 요르단의 그리스도 세례지로 알려진 곳을 방문할 계획이 있다는 소식을 듣고, 알 카밀에게 밀서를 보내 술탄에게 황제를 생포할 기회가 왔다는 사실을 알렸다. 이슬람 술탄은 프레데리크에게 서한을 보냈다. 예루살렘의 금지 제재를 풀기 위해 황제는 사흘째 되는 날 도시를 떠나 아크레로 건너갔다. 그곳에서 배를 타기 위해 걸어가는 그에게 그리스도교도 주민들은 오물을 퍼부었다.[29]

브린디시에 도착한 프레데리크는 즉석에서 군대를 조직하여 교황에게 넘어간 도시들을 되찾기 위한 진군에 나섰다. 교황의 군대는 달아나고 도시들은 문을 열었다. 오직 소라만이 저항하며 포위 공격을 견뎠다. 소라는 점령되어 잿더미가 되었다. 교황령 경계에서 프레데리크는 공격을 멈추고 교황에게 화해를 청하는 전갈을 보냈다. 교황은 동의했다. 산제르마노 조약이 체결됐다.(1230년) 파문은 철회되고 잠시 평화가 찾아왔다.

2. 세상의 경이

프레데리크는 정치로 돌아갔고 아풀리아 주의 포기아에 위치한 궁정에서 너무 넓은 영토의 문제로 골머리를 썩었다. 1231년 독일을 방문한 그는 "왕자의 은혜법"을 통해, 자신과 자신의 아들이 귀족들에게 확대해 준 권한과 특혜를 확정지었다. 프레데리크는 그렇게 해서 이탈리아에 대한 고민을 진척시킬 수 있는 평화만 얻는다면 독일을 기꺼이 봉건 정치에 넘겨줄 생각이었다. 아마도 그는 부빈 전투로 유럽에서 독일의 패권이 종식되고, 13세기는 프랑스와 이탈리아의 주도하에 전개될 것이라는 사실을 알았던 것 같다. 그는 독일을 방치한 대가로 아들의 반란과 자살이라는 시련을 맛보았다.

여러 언어 집단으로 이루어진 시칠리아의 열정을 안고 그는 전제적인 손길로 로제르 2세 시대의 광영을 연상케 하는 질서와 번영을 구축했다. 산속의 사라센인 저항 세력은 생포되어 이탈리아로 송환됐고, 용병 훈련을 거친 뒤 프레데리크 군대에서 가장 믿음직스러운 병사가 되었다. 그리스도교도 황제의 지휘 아래 교황의 군대에 맞서 싸우는 이슬람 전사들의 광경에 분노한 교황들의 모습이 그려질 것이다. 팔레르모는 법적으로 왕국, 즉 두 시칠리아의 수도로 남았다. 그러나 진짜 수도는 포기아였다. 프레데리크는 대다수 이탈리아인들보다 더 열렬히 이탈리아를 사랑했다. 이탈리아가 존재하는 마당에 야훼가 그토록 팔레스타인을 아꼈다는 사실을 놀라워할 정도였다. 프레데리크는 자신의 남쪽 왕국에 대해 눈에 넣어도 아프지 않은 존재라며, "홍수 속의 안식처요, 가시나무 황무지 속의 즐거운 정원"이라고 불렀다.[30] 1223년 그는 포기아에 으리으리한 궁성을 짓기 시작했는데, 현재는 입구만이 남아 있다. 곧 왕의 관리들이 거처할 주택이 들어서며 성들의 도시가 세워졌다. 프레데리크는 이탈리아의 귀족들을 초대하여 궁에서 견습 기사로 일하게 했다. 그곳에서 귀족들은 역할을 넓혀 행정을 운영하면서 직위를 높여 갔다. 그중 수반은 피에로 델레 비니에로서, 볼로냐에서 법학교를 졸업한 인물이었다. 프레데리크는 그를 장관 격인 로고테테(logothete)에 임명하고 형제나 아들처럼 총애했다. 70년 후의 파리처럼 포기아에서도 법학자들이 성직자들을 대신하여 행정을 맡았다. 이곳, 교황청에서 가장 가까운 국가에서 정부는 완벽하게 세속화되었다.

혼돈의 시대에 성장하며 동양의 사상을 익힌 프레데리크는 국가라고 불리는 질서에 대해 군주의 힘에 의하지 않고는 절대 유지될 수 없다고 생각했다. 강력한 중앙 권력이 없다면 인류는 범죄와 무지와 전쟁을 통해 자멸하거나 빈곤을 되풀이할 수밖에 없다고 진심으로 믿었던 것 같다. 그는 바르바로사처럼 대중의 자유보다 사회적 질서를 더 높이 평가했고, 유능하게 질서를 유지하는 통치자가 모든 화려한 생활을 누릴 수 있다고 생각했다. 그는 자신의 통치 체제 내에 어느 정도 대중을 위한 대의제를 허락했다. 1년에 두 번, "왕국"의 다섯 장소에서 민회가 모여 지역의 문제와 불만 사항, 그리고 범죄에 관한 안건을 처리했다. 이러한 민회가 있을 때면 왕은 해당 지역의 귀족과 고위 성직자뿐 아니라 각 대도시의 대리인 네 명과 각 소도시의 대리인 두 명을 함께 소집했다. 이 경우를 제외하면 프레데리크는 절대 군주였다. 그는 로마 민법의 기본 원칙을 자명한 이치로 수용했다. 이 원칙은 시민들이 황제에게 법률 제정의 독점적 권리를 양도한다는 것이었다. 1231년 멜피에서 왕은 피에로 델레 비니에의 법률적 수완과 자문을 받아 "황제의 문서"를 발행했다. 이것은 유스티니아누스 이래 과학적으로 체계화된 최초의 성문법이며, 법률 역사상 가장 완벽한 법전 중 하나였다. 어떤 면에서 황제의 문서는 보수적인 법전이었다. 법전은 봉건 제도의 계급 차별을 모두 인정했고, 농노에 대한 영주의 오랜 권리를 유지했다. 그러나 많은 면에서 진보적인 법전이기도 했다. 법전은 귀족의 입법권과 사법권, 조폐권 등을 박탈하고, 이러한 권한을 국가로 중앙 집중화했다. 결투 재판이나 신성 재판 등을 폐지했으며, 지금까지 시민들이 항의하지 않으면 처벌받지 않던 범죄에 대해 국가 공인 검찰관으로 하여금 추적하도록 했다. 또한 법적 지연을 비난하고, 재판관에게는 장황한 연설을 줄이라고 충고했으며, 국가 재판소는 휴일을 제외하고 공석이 되어서는 안 된다고 못을 박았다.

중세 시대의 대다수 통치자들처럼 프레데리크도 국가 경제를 신중히 규제했다. 갖가지 용역과 재화에 대해 "공정 가격"이 확립되었다. 소금과 금속, 철강, 대마, 타르, 염직물, 그리고 비단의 생산은 국영화했다.[31] 사라센인 노예인 여성 노동자들과 거세당한 남성 감독들을 두고 직물 공장도 가동했다.[32] 도축장과 공중 목욕장도 국영으로 운영했다. 표본 농장을 만들고, 목화와 사탕수수를 경작하게 하고, 숲과 들에서 해로운 동물들을 내쫓았다. 도로와 다리를 건설하고, 우물을 파서 수도 공급을 늘렸다.[33] 대외 교역은 주로 국가의 관리를 받았고, 상품은 국가 소유의 선박으로 수송되었다. 이런 선박 중에는 선원이 300명에 이르는 배도 있었다.[34] 국내 교통 통행료는 최소치로 감소됐고, 수출과 수입에 대한 관세가 국가의 주 세입이 되었다. 다른 시대와 마찬가지로 프레데리크 시대에도 많은 세금이 있었고, 언제든 돈을 쓸 곳을 찾을 수 있었다. 프레데리크 치하의 통화는 그답게 건전하고 양심적이었다.

이 획일적인 국가를 자신에게 적대적인 그리스도교에 의존하지 않고 위풍당당하고 신성한 곳으로 만들기 위해, 프레데리크는 로마 황제를 에워쌌던 모든 경외감과 영광을 개인 자격으로 되찾기 위해 노력했다. 그는 아름다운 주화에 어떠한 그리스도교적 단어나 상징도 배제하고, 둥근 명각으로 "IMP", "ROM", "Cesar", "Aug" 등의 문자를 넣었다. 뒷면에는 "프리데리쿠스(Fridericus)"라는 이름이 둥글게 감싼 로마 시대의 독수리 무늬를 새겼다. 대중에게 황제는 어떻게 보면 하느님의 아들이라고 가르쳤다. 황제의 법은 성문화된 신의 법이며, "유스티티아(Iustitia)", 즉 정의라고 칭해졌다. 한마디로 새로운 삼위일체의 세 번째 인격과도 같았다. 역사관과 미술관에서 옛 로마의 황제들과 어깨를 나란히 하고 싶었던 프레데리크는 조각가들에게 자신과 닮은 석상을 만들라고 주문했다. 볼투르노 강 다리의 교두보, 그러니까 카푸아 입구에는 고대 양식의 돋을새김으로 황제와 수행원들의 모습이 장식되어 있다. 현재는 매우 아름다운 여인의 두상 외에는 아무것도 남아 있지 않다.[35] 고전 예술을 소생시키고자 했던 이 르네상스 이전의 시도는 실패했고, 고딕 양식의 물결에 밀려 멀리 떠내려갔다.

신성에 가까운 위치와 국왕으로서의 근면함에도 불구하고 프레데리크는 포기아의 궁정에서 모든 것을 누릴 수 있었다. 사라센인이 다수를 차지하는 노예 부대는 그가 원하는 것을 시중들고 관료 체계를 감독했다. 1235년 두 번째 아내가 사망하자 그는 한 번 더 결혼했다. 그러나 잉글랜드의 이사벨라는 그의 사고방식이나 도덕성을 이해하지 못했다. 프레데리크가 정부(情婦)들과 어울리고 사생아들을 만들어 내는 동안 그녀는 뒤로 물러나 두문불출했다. 그의 적들은 왕이 하렘을 유지하고 있다고 공격했고, 그레고리우스 9세는 왕이 남색이라며 비난했다.[36] 프레데리크는 그 모든 백인과 흑인 남녀들은 노래나 춤, 곡예 등 궁중 전통의 여흥에 재주를 가지고 있는 경우에만 쓰고 있다고 설명했다. 그 외에 그는 야생 동물들도 사육했다. 때로는 사라센인 노예들에게 표범이나 스라소니, 사자, 검은 표범, 유인원, 곰 등을 사슬로 묶게 하여 함께 여행을 다니기도 했다. 프레데리크는 짐승이나 매사냥을 매우 좋아했고, 희귀한 새들을 모았으며, 매사냥을 나간 자리에서 아들 만프레드를 위해 체계적이고도 감탄할 만한 조약문을 작성하기도 했다.

사냥 다음으로 그가 즐기던 것은 교양 있고 품위를 갖춘 대화, 즉 "델리카토 파를라레(delicato parlare)"였다. 그는 무장한 마상 창 시합보다 진실한 사람들과의 만남을 더 좋아했다. 그 자신도 당대의 가장 교양 있는 "달변가"로서, 재치와 재담으로 주목을 받았다. 프레데리크는 그 나름의 볼테르(Voltaire)였다.[37] 그는 아홉 개 언어를 말하고 일곱 개 언어를 쓸 줄 알았다. 아들 다음으로 사랑하는 친구라고 부르던 알 카밀과는 아랍어로 서한을 주고받았다. 사위인 비잔티움 황제 요하네스 바타체스와는 그리스어로, 서구 세계와는 라틴어로 서신을 왕래했다. 그의 동료들, 특히 피에로 델레 비니에는 로마 제국의 고전에 훌륭한 라틴 양식을 만들어 냈다. 그들은 고전 정신을 치밀하게 생각하고 모방하여 르네상스 시대의 인문주의자들을 거의 넘어섰다. 프레데리크 자신도 시인이었다. 이탈리아어로 지은 시는 단테의 칭찬을 받았다. 프로방스와 이슬람의 연애 시가가 궁 안으로 들어와 그곳에서 일하던 젊은 귀족들에 의해 불렸다. 그리고 황제는 바그다드의 독재자처럼 국정을 보거나 사냥을 하거나 전쟁을 치른 다음 예쁜 여자들에게 둘러싸여 느긋하게 쉬면서 자신의 영광과 여자들의 매력을 노래하는 시를 읊조렸다.

나이가 들면서 그는 점점 더 과학과 철학에 빠져들었다. 그를 가장 많이 흔드는 것은 시칠리아에 남은 이슬람의 유산이었다. 그는 많은 아랍 걸작을 직접 읽었고, 이슬람과 유대교의 과학자와 철학자를 궁정으로 불러들였으며, 학자들에게 보수를 주어 그리스와 이슬람의 학술 고전을 라틴어로 번역하게 했다. 수학을 몹시 좋아한 나머지 이집트 술탄을 설득하여 유명한 수학자 알 하니피를 이탈리아로 보내게 했다. 당대의 유명한 그리스도교도 수학자 레오나르도 피보나치와도 친분이 있었다. 당시 떠돌던 미신도 어느 정도 믿어 점성술과 연금술을 파고들었다. 박식한 미카엘 스코트를 궁으로 끌어들여 함께 주술학을 연구했고, 화학과 야금학, 철학 등도 공부했다. 프레데리크의 호기심은 전 세계로 뻗어 나갔다. 과학과 철학에 대해 알고 싶은 것이 있으면 궁에 있는 학자들뿐 아니라 멀리 이집트와 아라비아, 시리아, 이라크에 있는 학자들에게까지 질문을 던졌다. 재미보다는 공부를 위해 동물들의 정원을 가꾸었고, 가금류와 비둘기, 말, 낙타, 강아지 등을 사육하며 체계적인 실험을 실시했다. 사냥철을 제한한 법은 짝짓기와 사육 시기를 면밀히 조사한 기록에 근거하여 정해진 것이었다. 이런 이유로 아폴리아의 동물들이 그에게 감사의 편지를 적어 보냈다는 이야기도 있다. 그가 제정한 법률에는 의료 행위와 수술, 약물 판매 등을 계몽된 방식으로 규제하는 내용도 있었다. 시체 해부에는 호의적이었다. 이슬람 의사들은 그가 지닌 해부학 지식에 감탄했다. 철학에서 그가 지닌 학식의 범위는 세계의 영원성에 대해 아리스토텔레스와 아프로디시아스의 알렉산드로스 사이에 있었던 견해 차이를 해결하기 위해 그가 이슬람의 석학들에게 던진 요구에서 잘 드러난다. 미카엘 스코트는 이렇게 외쳤다. "오 복되신 황제여! 배움을 통해 죽음을 피할 사람이 있다면, 당신이 바로 그분임을 진심으로 믿습니다."[38]

자신이 불러들인 학자들의 지식이 주인과 함께 땅에 묻힐 것을 걱정하여 프레데리크는 1224년 나폴리 대학교를 설립했다. 중세 시대에 교회의 승인 없이 대학이 설립된 것은 매우 드문 경우였다. 그는 인문과 과학 분야의 모든 교수단을 불러 모아 높은 급료를 지급했다. 그리고 가난하지만 입학 자격이 있는 학생들의 수학을 위해 장학금을 배정했다. "왕국"의 젊은이들이 더 수준 높은 교육을 받기 위해 나라 밖으로 나가는 것은 금지했다. 그는 나폴리가 법학 대학으로 볼로냐와 경쟁할 수 있기를, 그리고 행정을 위해 인재를 훈련할 수 있기를 희망했다.

프레데리크는 무신론자였을까? 어린 시절 그는 독실한 신자였고, 아마도 십자군 원정에 나설 때까지도 기본적인 그리스도교의 교리는 간직하고 있었을 것이다. 이슬람의 지도자, 사상가들과 친밀하게 교류하면서 그의 그리스도교적 신념도 사라진 것으로 보인다. 그는 이슬람의 지식에 매료되었으며, 그것이 당시 그리스도교의 사상과 지식보다 훨씬 더 우월하다고 생각했다. 프리울리에서 열린 독일 왕자들의 공식 회합(1232년)에서 그는 이슬람 사절단을 다정하게 맞았고, 나중에는 마호메트교의 종교 축제를 기념하는 연회에 주교와 왕자들이 보는 앞에서 이 사라센인들과 동석했다.[39] 매튜 패리스(잉글랜드의 사료 편찬관)는 이렇게 적었다. "그의 적들이 하는 말에 따르면, 황제는 예수 그리스도의 율법보다 마호메트의 율법을 더 동조하고 믿었으며 …… 그리스도교도보다 사라센인에게 더 가까운 친구였다."[40] 그레고리우스 9세는 프레데리크가 "세 명의 마술사가 교활하게도 동시대인들을 유인하여 세상을 지배하려 하였으니, 모세와 예수와 마호메트가 그들이다."라고 말하여 비난을 받았다는 풍문을 믿었다고 한다.[41] 유럽 전체가 이 신성 모독에 웅성거렸다. 프레데리크는 혐의를 부인했지만, 소문은 그의 삶에 찾아온 마지막 위기의 순간에 여론을 등 돌리게 하는 데 일조했다. 그는 의심의 여지없는 자유사상가였다. 시간에 맞춘 세계 창조와 인격적 불멸성, 동정 잉태, 그리고 그리스도교 신앙의 다른 교리에 대해서도 의구심을 갖고 있었다.[42] 신성 재판을 거부하며 그는 물었다. "벌겋게 단 쇠의 자연열이 적절한 이유도 없이 차가워질 거라거나, 단지 양심이 마비되었다는 이유로 물의 요소들이 죄인을 받아들이지(잠기게 하지) 않을 거라는 말을 어떻게 믿을 수 있단 말인가?"[43] 그가 통치 기간을 통틀어 건설한 그리스도교 교회는 한 곳이었다.

프레데리크는 정해진 범위 내에서 왕국 안의 다양한 신앙에 대해 예배의 자유를 주었다. 그리스 정교회와 마호메트교, 유대교 등은 아무런 공격이나 방해도 받지 않고 종교 의례를 치를 수 있었지만, 한 경우를 제외하고는 대학교 강단에 서거나 국가 공직에 나설 수 없었다. 모든 이슬람인과 히브리인은 그리스도교도와 구별되는 의복을 입어야 했다. 이슬람에서 그리스도교도에게 부과하던 인두세가 이곳에서는 유대인과 사라센인에게 군역 대신으로 부과됐다. 그리스도교에서 유대교나 이슬람교로 개종하는 행위는 프레데리크의 법률로 엄격하게 처벌됐다. 그러나 1235년 풀다의 유대인이 "제의(祭儀) 살인", 즉 유월절(逾越節, 기원전 13세기 이스라엘 사람들의 조상이 이집트에서 탈출한 것을 기념하는 유대인의 축제일 – 옮긴이) 축제에 피를 바치기 위해 그리스도교도 어린아이를 살해한 혐의로 고발당했을 때, 프레데리크는 그들을 구제하고, 그들의 역사를 잔인한 전설이라며 맹렬히 비난했다. 프레데리크의 궁에는 유대인 학자도 몇 명 들어와 있었다.[44]

이 합리주의자의 치세에서 가장 이례적인 사건은 이단을 박해한 것이었다. 프레데리크는 사상과 언어의 자유를, 심지어 자신이 설립한 대학의 교수들에게도 허용치 않았다. 그러한 자유는 자기 자신과 자신의 동료들에게만 한정된 특권이었다. 그 역시 대부분의 다른 통치자들처럼 사회적 질서를 위해 종교가 필요하다는 점을 인정했고, 학자들이 그것을 약화시키도록 허락할 수 없었다. 게다가 이단을 억압하는 것은 교황과 간헐적인 평화를 유지하는 데에도 유용했다. 13세기의 다른 군주들이 종교 재판을 이용하기를 꺼리던 것과 달리, 프레데리크는 그러한 재판에 전적인 지지를 보냈다. 교황들과 그 최대의 적은 이 문제 하나에서만큼은 일치를 이루었다.

3. 제국 대(對) 교황권

포기아에서 나라를 다스리면서 프레데리크의 원대한 목표도 점점 더 뚜렷해졌다. 그는 이탈리아 전역에 대한 지배권을 확립하고, 이탈리아와 독일을 통일하여 신성 로마 제국을 재건하며, 로마를 다시 한 번 서구 세계의 정치적, 종교적 수도로 만들고 싶어 했다. 1226년 크레모나 의회에 이탈리아 도시들과 귀족들을 초청하면서 프레데리크는 당시 교황령이던 스폴레토의 공작을 함께 초대하고 교황의 영지들로 군대를 행진시켜 자신의 계획을 드러내 보였다. 교황은 스폴레토 귀족들의 참석을 금지했다. 롬바르디아의 도시들은 프레데리크가 제국에 대한 명목상의 복종이 아니라 실질적인 항복을 받아 내려 한다는 의구심을 품고 대표단 파견을 거부했다. 그리고는 2차 롬바르디아 동맹을 결성하여 밀라노와 투린, 베르가모, 브레시아, 만투아, 볼로냐, 비센차, 베로나, 파두아, 트레비소 등이 24년 동안의 연합 방어와 공격에 함께하기로 맹세했다. 의회는 끝내 열리지 못했다.

1234년 프레데리크의 아들 하인리히는 다시 한 번 아버지에게 반기를 들고 롬바르디아 동맹과 연합을 맺었다. 프레데리크는 군대 대신 현금 다발을 들고 남이탈리아에서 보름스까지 올라갔다. 반란군은 그가 올라왔다는 소식에, 또는 그가 내민 약간의 금화 앞에 무너졌다. 하인리히는 감옥에 갇혀 7년을 보내다가 다른 구금 장소로 이송되던 중에 말에 탄 채 절벽 아래로 떨어져 사망했다. 황제는 계속해서 마인츠까지 진격했다. 그리고 그곳에서 의회를 주관하여 모여든 귀족들에게 롬바르디아에서 제국의 힘을 회복하는 전쟁에 동참하라고 설득했다. 귀족들의 원조를 얻은 프레데리크는 코르테누오바에서 동맹을 격퇴했다.(1237년) 밀라노와 브레시아를 제외한 모든 도시가 항복했다. 그레고리우스 9세가 중재에 나섰지만 통일을 향한 프레데리크의 꿈은 자유를 향한 이탈리아인들의 사랑과 조화를 이룰 수 없었다.

이 시점에서 그레고리우스는 90세의 나이로 노쇠한 건강에도 불구하고 동맹과 운명을 같이하기로 결심하고, 교황의 세속적 권력 전부를 전쟁의 승패에 거는 모험을 감행했다. 그레고리우스는 롬바르디아 도시들에 전혀 애정이 없었다. 그도 프레데리크와 마찬가지로 그들이 누리는 자유는 곧 혼돈과 갈등의 지름길이라고 여겼다. 또한 이들 도시가 교회의 부와 세속적 권력에 공공연히 적대감을 드러내는 이단들을 숨겨 준다는 사실도 알고 있었다. 바로 그 시점에도, 포위된 밀라노 내의 이단들은 제단을 더럽히고 십자가를 거꾸로 세워들고 있었다.[45] 그러나 프레데리크가 이들 도시를 점령한다면, 교황령은 그리스도교와 교회의 적이 지배하는 통일된 제국과 통일된 이탈리아에 에워싸이게 될 터였다. 1238년 그레고리우스는 베네찌아와 제노바를 설득하여 자신의 편에서 프레데리크에 맞선 전쟁에 동참하게 만들었다. 교황은 강력한 회칙(回勅)을 보내 황제를 무신론과 신성 모독과 폭정의 혐의로 고발하고, 교회의 권위를 무너뜨리려는 욕망을 지녔다고 공격했다. 1239년에 교황은 프레데리크를 파문하고, 모든 로마 가톨릭 고위 성직자들에게 명령하여 그를 추방하게 하였으며, 그의 신하들은 충성 서약으로부터 해방되었음을 선언했다. 프레데리크는 이에 대한 대답으로 유럽의 왕들에게 회람장을 보내 이단의 혐의를 부인하고, 교황이 제국을 파괴하여 모든 왕들을 교황권 아래 복종시키려 한다고 비난했다. 제국과 교황권 사이의 마지막 전투가 시작됐다.

유럽의 왕들은 프레데리크를 지지했지만, 도와 달라는 그의 간청에는 크게 귀를 기울이지 않았다. 독일과 이탈리아의 귀족들은 봉건 질서에 순종하는 도시들을 되찾기를 희망하며 프레데리크의 편에 섰다. 그 도시들 내에서도 중산층과 하층민은 일반적으로 교황의 편이었다. 옛 독일식 표현인 바이블링(Waibling)과 벨프(Welf)가 기벨린과 겔프의 형태로 소생했는데, 이것은 제국의 지지자와 교황권의 옹호자를 각각 의미한다. 로마에서조차 이러한 구분이 생겨나기는 했지만, 그곳에는 프레데리크의 지지자가 많았다. 그가 소규모 군대를 이끌고 로마에 가까워지면서 도시들이 잇따라 문을 열며 제2의 카이사르처럼 그를 맞이했다. 그레고리우스는 잡혀갈 것을 예상하고 사제들의 애절한 행렬을 만들어 수도를 행진했다. 늙은 교황의 용기와 허약함은 로마 시민들의 마음을 움직여, 많은 이들이 무기를 들고 그를 보호했다. 이 문제에 무력을 행사하기가 꺼려진 프레데리크는 로마를 우회하여 포기아에서 겨울을 보냈다.

프레데리크는 독일 왕자들을 설득하여 아들 콘라트를 로마인의 왕에 앉혔다.(1237년) 유능하지만 잔인한 사위 에첼리노 다 로마노는 비센차와 파두아, 트레비소로 보냈다. 다른 항복 도시들은 그가 총애하는 아들 엔지오에게 양도했다. 엔지오는 "용모와 풍채에서 우리가 상상하는 그대로", 잘생기고 자존심 강하며 쾌활했다. 그리고 전투에 임할 때는 용감하고, 시에 재주가 뛰어났다. 1240년 봄 황제는 라벤나와 파엔차를 점령하고, 1241년에는 교황 세력의 중심인 베네벤토를 괴멸했다. 그의 함대는 프랑스와 스페인, 이탈리아의 추기경과 주교, 수도원장, 사제 등을 로마로 수송하던 제노바 수송 부대를 가로챘다. 프레데리크는 그들을 인질 삼아 흥정할 생각으로 아폴리아에 억류했다. 프랑스 사제들은 곧 석방했지만 나머지 인질들은 장기간 구금했다. 그중 몇 명이 사망하자 성직자는 신성불가침이라는 관념에 익숙한 유럽은 충격을 받았다. 그리고 많은 이들이 프레데리크에 대해 몇 년 전 신비한 인물인 플로라의 요아킴이 예언하던 적(敵)그리스도라고 믿게 되었다. 프레데리크는 그레고리우스가 화해에 임한다면 고위 성직자들을 석방하겠다고 제안했지만, 늙은 교황은 죽음

에 이를 때까지도 단호한 태도를 꺾지 않았다.(1241년)

인노켄티우스 4세는 다소 유화적이었다. 생루이가 재촉하자 그는 화해의 조건에 합의했다.(1244년) 그러나 롬바르디아 도시들은 이 합의문의 비준을 거부하고 그레고리우스가 교황권을 걸고 단독 강화를 약속했음을 인노켄티우스에게 상기시켰다. 인노켄티우스는 비밀리에 로마를 떠나 리옹으로 달아났다. 프레데리크는 전쟁을 재개했다. 이제 교황령을 정복하고 흡수하며 로마에 권력을 확립하려는 그의 힘을 막을 세력은 아무도 없어 보였다. 인노켄티우스는 교회의 고위 성직자들을 리옹 공의회로 소집했다. 공의회는 황제의 파문을 다시 확인하고, 그를 자신이 인정한 종주 교황에 대해 비도덕적이고 불경하며 불충한 봉신으로 규정하여 폐위시켰다.(1245년) 교황의 성화에 일단의 독일 귀족들과 주교들은 하인리히 라스페를 대립 왕으로 선출했다. 대립 왕이 사망한 후에는 홀란드의 윌리엄을 지명하여 그 뒤를 잇게 했다. 프레데리크를 지지하는 모든 사람에 대해 파문이 선언되고, 그에게 충성하는 모든 지역에서 종교 의례가 금지됐다. 그와 엔지오에 맞선 십자군 전쟁이 선포되었다. 그리고 팔레스타인 구원의 십자가를 진 사람들 중 이단아 황제에 맞서 전쟁에 동참하는 자에게는 십자군의 모든 특권이 주어졌다.

증오와 복수심에 격분한 프레데리크는 자신이 지나온 다리를 모조리 불태웠다. 그는 "개혁 선언문"을 발표하고, 성직자들에 대해 "방종에 취한 세상의 노예들이로다. 늘어만 가는 그 부의 행렬이 신앙심을 질식시켰다."라고 맹렬히 비난했다.[46] "왕국"에서 교회의 재물을 몰수하여 전쟁 자금으로 삼았다. 아풀리아의 한 작은 도시에서 프레데리크를 진압하려는 모의를 주도하자, 그 우두머리들의 눈을 멀게 하고 사지를 잘라 불구로 만든 다음 처형했다. 아들 콘라트에게서 도와 달라는 요청을 받은 그는 독일을 향해 출발했다. 투린에 도착한 황제는 파르마에서 주둔군이 진압당하여 엔지오가 위험에 처했다는 소식을 듣고, 북이탈리아 전역은 물론 시칠리아에서까지 반란이 일어났다는 사실을 알게 됐다. 그는 도시마다 들어가 반란을 진압했다. 그리고 각 도시에서 인질을 잡아, 해당 도시가 반란을 일으키면 인질을 처형했다. 교황의 전령들은 손과 발이 잘린 채 포로가 되었다. 그리스도교도의 눈물과 협박에 면역이 된 사라센인 병사들은 사형 집행인으로 이용됐다.[47]

파르마가 포위되어 있는 동안 마땅한 대책이 없어 초조해진 프레데리크는 엔지오와 기사 50명과 함께 가까운 습지로 물새 사냥을 나갔다. 그들이 떠나 있는 동안 파르마의 남녀 시민들은 필사적인 공격을 감행하여 수장을 잃고 무질서한 황제의 군대를 진압하고, 황제의 금고와 "하렘", 그가 키우던 야생 동물들을 탈취했다. 황제는 무거운 세금을 징수하고 새로 군대를 일으켜 전투를 재개했다. 그가 믿고 의지하던 대신 피에로 델레 비니에가 그를 배신하려는 음모를 꾸미고 있다는 증거가 나타났다. 프레데리크는 비니에를 체포하여 눈을 멀게 만들었다. 비니에는 자신이 갇힌 감옥 벽에 머리를 찧어 죽었다.(1249년) 같은 해 엔지오가 포살타 전투에서 볼로냐 병사들에게 생포되었다는 소식이 날아들었다. 비슷한 시기에 프레데리크의 주치의는 황제를 독살하려 하고 있었다. 일련의 타격이 정신없이 이어지자 황제의 정신은 무너져 내렸다. 그는 아풀리아로 후퇴하고 나서 더 이상 전쟁에 관여하지 않았다. 1250년 그의 장수들은 많은 승리를 거두었고, 판세는 뒤집히는 듯 보였다. 이집트에서 이슬람 병사들에게 붙잡힌 생루이는 인노켄티우스 4세에게 전쟁을 끝내라고 요구했다. 그리고 그는 전쟁 종식을 통해 프레데리크가 십자군을 원조할 수도 있을 것으로 기대했다. 그러나 희망은 되살아났을지 몰라도 몸은 무너졌다. 중세의 왕이라면 겸허히 받아들이지 않을 수 없는 형벌인 이질은 위풍당당한 황제를 쓰러뜨렸다. 그는 용서를 구했고, 면죄를 받았다. 자유사상가로 살던 황제는 시토 수도회의 수사복을 입고 1250년 12월 13일 피오렌티노에서 눈을 감았다. 사람들은 악마가 에트나 산의 분화구를 통해 지옥으로 그의 혼을 데리고 갔다고 소곤댔다.

그는 뚜렷한 영향을 끼치지는 못했다. 그의 제국은 곧 무너졌고, 그가 제위에 오를 때보다 더 큰 혼돈이 제국을 지배했다. 그가 전쟁을 불사하며 추구하던 통일성은 독일 내에서조차 사라졌다. 프레데리크에게서 부도덕함과 지적 자유로움을 물려받고 그처럼 문자와 예술을 후원했던 "콘도티에리(condottieri, 중세 이탈리아의 용병 – 옮긴이)"와 공작들은 간간이 폭압을 행사했지만, 이탈리아의 도시들은 어수선한 혼란의 와중에 자유와 창조적 자극을 추구했다. 르네상스 시대 폭군들의 능력 또는 남성적이고 부도덕한 지성은 프레데리크의 품위와 매력은 없이 그의 기질과 사고만을 되풀이한 메아리였다. 성경 대신 고전을, 신념 대신 이성을, 신 대신 자연을, 섭리 대신 필요성을 사고하는 경향은 프레데리크의 사상과 법정에도 나타났고, 막간의 정통파 시대를 지나 르네상스 시대의 인본주의자들과 철학자들을 사로잡았다. 프레데리크는 르네상스보다 한 세기 앞서 등장한 "르네상스 인물"이었다. 마키아벨리의 『군주론』은 체사레 보르자를 모델로 삼고 있지만, 그 철학을 마련한 인물은 프레데리크였다. 니체의 심중에 있던 인물은 비스마르크와 나폴레옹이었지만, 그 역시 "나의 입맛에 따르면 유럽인 중 으뜸"이라는 말로 프레데리크에게서 영향을 받았음을 인정했다.[48] 그의 도덕성에 충격을 받고, 그의 정신에 매료되고, 그가 지녔던 장대한 제국의 전망을 어렴풋이나마 이해하는 후손들은 매튜 패리스가 처음 사용한 표현을 따라 거듭 그에게 "불가사의한 개혁가이자 세상의 경이"라는 별칭을 붙여 주었다.

6. 이탈리아의 분할

프레데리크의 유언에 따라 그의 아들 콘라트 4세가 제국을 물려받고, 서자인 만프레드가 이탈리아 섭정을 시작했다. 이탈리아 거의 전역에서 만프레드에 반대하는 봉기가 일어났다. 나폴리와 스폴레토, 안코나, 피렌쩨가 교황 특사에게 항복했다. "하늘과 땅 모두 즐거워하라!" 인노켄티우스 4세는 외쳤다. 승리를 거둔 교황은 이탈리아로 돌아와 나폴리를 군사 본부로 삼고, "왕국"을 교황령에 합병하기 위한 움직임과 함께 북이탈리아 도시들에 대해 다소 간접적인 종주권을 확립하기 위한 계획을 세웠다. 그러나 "찬송"에서는 교황과 함께하던 이 도시들이 독립에서는 황제뿐 아니라 교황에 대해서도 스스로를 방어하기로 결의했다. 그동안 에첼리노와 우베르토 팔라비치노는 몇몇 도시와 접촉하며 콘라트에 대한 충성 서약을 받았다. 이들은 모두 종교에 대한 경외감이 없었다. 이들이 통치하는 곳에서는 이단이 횡행했다. 북이탈리아 전체가 교회로부터 등을 돌릴 위험도 있었다. 젊은 콘라트는 돌연 새로 조직한 독일군과 함께 알프스를 넘어 불만을 품은 도시들을 재정복했고, 의기양양하게 "왕국"으로 들어갔지만 말라리아로 사망했다.(1254년 5월) 만프레드는 제국군에 대한 책임을 맡고, 교황군을 가까운 포기아까지 추격했다.(12월 2일) 이 패배의 소식이 도착했을 때 인노켄티우스는 임종을 맞고 있었다. 그는 절망에 쌓여 죽어 가며(12월 7일) 넋두리했다. "주여, 그의 죄악으로 말미암아 당신은 인간을 타락시켰나이다."

그 후로 명백한 혼돈이 이어졌다. 교황 알렉산데르 4세(1254~1256년)는 에첼리노에 맞서 십자군을 조직했다. 폭군은 부상을 당한 채 포로로 잡혔다. 그는 의사도, 신부도, 음식도 거부하고, 고해 성사 없이 죄를 뉘우치지도 않고 굶어 죽었다.(1259년) 마찬가지로 야만성과 범죄의 책임이 있는 그의 형제 알베리고도 붙잡혔다. 그는 자신의 가족이 고문을 당하는 모습을 지켜봐야 했다. 그런 다음 집게로 살이 찢기고, 산 채로 말에 매달려 끌려가다 죽었다.[49] 그리스도교도나 무신론자나 흉포하기로는 마찬가지였다. 그중 쾌활하고 매력적인 서자 만프레드는 예외였다. 몬타페르토에서 다시 한 번 교황군을 격퇴(1260년)한 그는 그 후 6년 동안 남이탈리아의 주인이 되었다. 그는 사냥하고 노래하고 시를 쓰는 시간을 가졌으며, "현악기를 가지고 노느라 자신과 비슷한 존재는 세상에 만들어 내지 않았다."라고 단테는 말했다.[50] 이탈리아에서 만프레드를 교정할 수단을 찾기를 체념한 교황 우르바누스 4세(1261~1264년)는 교황권을 방어하기 위해서는 프랑스에 기대야 한다고 생각하고 루이 9세에게 두 개의 시칠리아를 봉토로 받아 달라고 간청했다. 루이는 이를 거절했지만 자신의 동생인 앙주의 샤를이 우르바누스로부터 "나폴리와 시칠리아의 왕국"을 봉납받는 것은 허락했다.(1264년) 샤를은 3만 프랑스 군대를 이끌고 이탈리아를 행진하여 그보다 적은 만프레드의 병력을 내몰았다. 적진 한복판으로 뛰어든 만프레드는 자신의 부친보다 고귀한 죽음을 맞았다. 이듬해 콘라트의 아들인 15세 소년 콘라딘은 독일에서 건너와 샤를에게 대항했다. 그러나 타글리아코초 전투에서 패배하고 1268년 나폴리의 시장 광장에서 공개 참수형을 당했다. 콘라딘이 죽고 4년 뒤 오랜 시간 포로로 잡혀 있던 엔지오도 사망하면서 호엔슈타우펜 왕조는 비참한 종말을 맞았다. 신성 로마 제국은 허울뿐인 유령이 되었고, 유럽의 주도권은 프랑스로 넘어갔다.

샤를은 나폴리를 수도로 삼고, 두 개의 시칠리아에 프랑스 귀족 및 관료 체계를 확립하는 한편 프랑스 군대와 수도사 체계를 조직했다. 그가 모욕적인 절대주의 체제로 지역을 지배하고 세금을 부과하자 지역민들은 프레데리크의 부활을 갈망하고, 교황 클레멘스 4세는 교황권의 승리를 한탄했다. 1282년 부활주일 이튿날 월요일, 샤를이 함대를 이끌고 콘스탄티노플을 공격하기 위해 준비하고 있을 때, 시칠리아의 신부에게 모욕적일 정도로 치근대는 프랑스 치안관에게 증오심이 폭발한 팔레르모 대중은 격렬한 봉기를 일으켜 도시 안의 모든 프랑스인을 살해했다. 이들의 비통함이 얼마나 쌓이고 또 쌓였는지는, 프랑스인들이 시칠리아 남자들을 검으로 찢어 죽이고, 프랑스 군인이나 관료들이 시칠리아 여성들을 임신시키고는 그 태아를 발로 밟아 죽였던 잔인무도함을 보면 알 수 있다.[51] 다른 도시들은 팔레르모의 뒤를 따랐고, 시칠리아에 거주하는 프랑스인 3000여 명이 살육당했다. 이 대학살은 저녁 기도 시간에 시작되어 "시칠리아의 만종(晩鐘)"이라고 알려져 있다. 섬에 있던 프랑스 성직자들도 해를 피하지 못했다. 교회와 수녀원을 공격한 이들은 평소 독실하던 시칠리아인들이었는데, 수도사와 사제들은 성직자라는 이름도 소용없이 살해당했다. 앙주의 샤를은 "천년(千年)"의 복수를 맹세하며 시칠리아를 "사람이 살지 못하는 척박하고 황량한 바위섬"으로 만들겠다고 다짐했다.[52] 교황 마르티누스 4세는 반란자들을 파문하고 시칠리아에 대한 십자군 전쟁을 선언했다. 스스로를 방어하기 힘들었던 시칠리아 국민들은 아라곤의 페드로 3세에게 섬을 바쳤다. 페드로는 군대와 함대를 이끌고 들어와 시칠리아의 왕위에 올라 아라곤 왕조를 세웠다.(1282년) 샤를은 섬을 다시 정복하기 위해 헛되이 노력했다. 그의 함대는 격파당했고, 그는 탈진과 원통함을 이기지 못하고 포기아에서 사망했다.(1285년) 가망 없는 전투를 치르고 17년 후 그의 후계자들은 나폴리 왕국에 만족해야 했다.

로마 북쪽의 이탈리아 도시는 제국과 교황을 겨루게 하며 황홀한 자유를 유지했다. 밀라노에서는 델라 토레 일가가 20년 동안 대체로 만족스러운 지배를 행사했다. 오토 비스콘티 아래에서 귀족들의 연립 정부가 1277년 정권을 잡았고, 비스콘티가(家)는 "집정관(capitani)"이나 "공작(duci)"으로서 170년 동안 밀라노에 유능한 과두 정부를 유지했다. 아레초, 피렌쩨, 시에나, 피사, 루카 등을 포함한 투스카니는 백작 부인 마틸다에 의해 교황권으로 유증되었지만(1107년), 이 이론상 존재하는 교황의 재임권은 도시의 자치권, 다시 말해서 스스로 다른 폭군을 찾을 권리를 거의 간섭하지 않았다.

다른 많은 투스카니 도시처럼 시에나에도 자랑스러운 과거, 즉 에트루리아족의 시대가 있었다. 이방인의 공격으로 멸망했던 도시는 8세기 피렌쩨와 로마를 오가는 순례와 상업의 경로에서 중간 기착지로 되살아났다. 1192년에는 상인 길드가, 다음에는 직공 길드가, 그리고 또 그 다음에는 은행업자 길드가 있었다고 한다. 1209년에 일어선 부온시뇨리 가문은 유럽의 유력 상업 및 금융 기관 중 하나가 되었다. 대리점도 어디에서나 볼 수 있었다. 그들이 상인과 도시, 왕, 그리고 교황들에게 빌려 준 대부금의 합계 액수는 어마어마했다. 피렌쩨와 시에나는 두 도시를 잇는 프란체사 도로에 대한 지배권을 두고 다투었다. 두 상업 도시는 1207년부터 1270년까지 진 빠지는 간헐적인 전쟁을 벌였다. 제국과 교황권의 다툼에서 피렌쩨가 교황을 지지하자 시에나는 황제의 편에 섰다. 몬타페르토 전투에서 만프레드의 승리(1260년)는 한마디로 피렌쩨에 대한 시에나의 승리였다. 시에나 사람들은 비록 교황의 반대편에서 싸웠지만 자신들이 전투에서 승리한 공을 수호성인인 성모 마리아에게로 돌렸다. 그들은 시에나를 마리아의 봉토로 바치고, 자랑스러운 전설 "성모의 도시"를 동전에 새겼으며, 그녀의 이름 앞에 봉헌한 대성당 성모 마리아상의 발 앞에 도시의 열쇠들을 놓았다. 시에나 주민들은 매년 엄숙하고도 신나는 행사를 벌여 성모 승천의 축일을 기념했다. 축제 하루 전날 밤은 18세에서 70세까지의 모든 시민들이 각자 촛불을 들고 자신들의 교구에 따라 사제와 지사들의 뒤로 행렬을 이루어 "두오모(duomo, 성당)"까지 행진하고, 성모에 대한 충성을 새로이 서약했다. 축제 당일에도 행렬이 만들어졌는데, 여기에는 정복당하거나 종속된 도시와 마을, 수도원 등의 대표들이 참여했다. 이들 대표도 성당까지 행진하여 선물을 전달하고 시에나 자치 도시와 그들의 여왕에 대한 충성 맹세를 거듭 확인했다. 이날 도시 광장에는 일 캄포(Il Campo)라는 대규모 장이 열렸다. 이 장에서는 백 개 도시에서 모여든 상품이 거래됐고, 곡예사와 가수, 음악가 등이 공연을 벌였다. 도박을 위해 마련된 공간은 마리아의 성지 다음으로 사람들이 북적였다.

1260년에서 1360년에 이르는 시기는 시에나의 절정기였다. 이 100여 년의 시간 동안 도시는 성당(1245~1339년)과 거대한 "푸블리코 궁전(1310~1320년)", 그리고 아름다운 종탑(1325~1344년)을 지었다. 니콜로 피사노는 1266년 성당을 위해 장대한 분수를 조각했고, 1311년경 두치오 디 부오닌세냐는 르네상스 회화의 초기 걸작들을 내놓으며 시에나의 교회들을 장식했다. 그러나 이 위풍당당한 도시는 스스로 재원을 마련할 수 있는 것보다 더 많은 일을 벌였다. 몬타페르토 전투에서의 승리는 시에나에 치명적인 사태를 초래했다. 패배한 교황은 도시에 금지 제재를 선포하고, 상품 반입이나 채무 상환 등을 금지했다. 많은 시에나 은행이 파산했다. 1270년 앙주의 샤를은 잘못을 뉘우치는 도시를 겔프 동맹(또는 교황 동맹)으로 합병했다. 그 후 시에나는 무자비한 북쪽의 경쟁자들에게 지배당하며 그들의 추월을 허락했다.

7. 떠오르는 피렌쩨: 1095~1308년

도시의 꽃에서 이름이 비롯된 플로렌시아는 기원전 약 2세기경 아르노 강이 무뇨네 강과 만나는 곳에서 교역 거점으로 형성되기 시작했다. 이방인들의 침략을 받아 무너졌던 도시는 8세기 프랑스와 로마 사이의 프란체사 도로의 교차 지점으로 다시 살아났다. 지중해 지역에 쉽게 접근할 수 있는 조건 덕에 해상 교역이 발달했다. 피렌쩨는 대규모 교역 선단을 보유하고 아시아로부터 염료와 명주를, 잉글랜드와 스페인으로부터 양모를 들여와 직물 완제품을 세계 절반에 수출했다. 열성적으로 보호된 교역의 비밀 덕에 명주와 모직을 아름다운 빛으로 염색하는 피렌쩨 염색업자들의 솜씨는 오랜 기간 숙련된 동양의 기술에도 뒤지지 않았다. 대규모 양모 조합인 "아르테 델라 라나(Arte della Lana)"와 "아르테 데 칼리말라(Arte de' Calimala)"*는 자신들이 쓸 원료를 수입한 후 완제품으로 만들어 막대한 수익을 벌어들였다. 대부분의 작업은 공장에서 이루어졌는데, 공장은 도시에도 있었고 시골 가택의 형태로 존재하기도 했다. 상인들은 원료를 공급하고 시장에 내다 팔 수 있는 상품을 수집하며 일정 분량에 따른 대금을 지불했다. 가내 작업을 하는 노동자들(주로 여성)의 경쟁으로 공장 임금은 낮았다. 방직공은 임금을 올리거나 작업 환경을 개선하기 위한 단체 행동을 금지 당했고 이민도 가지 못했다. 더욱 규율을 고취하기 위해 고용주들은 주교들을 설득하여 교서를 발행하게 하고, 이 교서를 1년에 네 번 설교단에서 읽게 함으로써 되풀이하여 양모를 낭비하는 노동자들에게 종교적 비난, 심지어 파문 등의 위협까지 가했다.[53]

이러한 제조업과 교역에는 투자 자본이 손쉽게 제공되어야 했다. 곧 은행업자들은 피렌쩨의 일상에 대한 지배권을 놓고 상인들과 경쟁을 벌였다. 은행업자들은 담보물을 압류하여 많은 토지를 취득했고, 자신들에게 저당 잡힌 교회

---

* 이 길드에 '칼리말라(Calimala)'라는 이름이 붙게 된 것은, 한때 창녀촌이 즐비하던 그야말로 '몹쓸 길(callis malis)'에 이 길드가 주로 상품을 진열해 놓고 팔았기 때문이다.

재산에 재정적 통제를 가함으로써 교황에게 없어서는 안 될 존재가 되었다. 그리고 13세기에는 이탈리아 교황권의 금융을 거의 독점했다.[54] 피렌쩨와 교황들이 대체로 동맹 관계를 맺은 것은 한편으로는 이러한 금융의 결합 관계 때문이기도 했고, 또 한편으로는 도시 자치와 상업의 자유에 대한 제국과 귀족들의 침해를 두려워했기 때문이기도 했다. 그 때문에 은행업자들은 피렌쩨에서 교황 편을 옹호하는 주요 지지자였다. 교황 우르바누스 4세에게 14만 8000리브르(2960만 달러)를 융자하여 앙주의 샤를이 이탈리아를 침략할 수 있는 자금을 마련해 준 것도 그들이었다. 샤를은 나폴리를 점령했을 때 돈을 상환하기 위해 피렌쩨의 은행업자들에게 화폐 주조와 새로운 왕국에 대한 세금 징수를 허락했고, 갑옷과 비단, 밀랍, 곡물 등의 교역뿐 아니라 병력에 대한 무기와 식량의 보급까지 독점케 했다.[55] 단테의 주장대로라면 피렌쩨의 은행업자들은 우리 시대처럼 세련된 조종자가 아니라 거칠고 탐욕스러운 해적처럼 돈을 쫓고, 담보물 압류로 재산을 모으고 대부금에 터무니없는 이자를 매겼다. 단테가 사랑한 베아트리체의 아버지인 은행업자 폴코 포르티나리와 다르지 않은 모습이었다.[56] 그들은 넓은 지역으로 사업을 확장했다. 1277년경에는 두 피렌쩨 은행업체인 브루넬레스키와 메디치가 프랑스 남부 님 지방의 금융을 좌지우지했다. 피렌쩨의 프란체시가(家)는 전쟁에 자금을 대고 필립 4세가 꾸민 모의도 지원했다. 그가 통치하던 시기부터 이탈리아의 은행업자들은 17세기까지 프랑스 금융을 지배했다. 잉글랜드의 에드워드 1세는 1295년 피렌쩨의 프레스코발디에게서 20만 플로린 금화(216만 달러)를 빌렸다. 그러한 융자는 위험 부담이 있어서, 피렌쩨의 경제적 부침을 전혀 상관없는 사건들의 영향 아래 놓이도록 만들었다. 정치적 투자와 정부의 채무 불이행이 증가하고, 이것이 보니파키우스 8세의 패배와 교황청의 아비뇽 유수(1307년)로 최고조에 이르면서 이탈리아는 연쇄적인 은행 파산과 전반적인 경기 침체를 맞고 격렬한 계층 간의 싸움에 휩싸였다.

피렌쩨의 세속 사회는 세 개의 계급으로 나뉘어 있었다. "포폴로 미누토(popolo minuto)"는 "작은 사람들"이라는 뜻으로 장사꾼과 직공이고, "포폴로 그라소(popolo grasso)"는 "살찐 사람들"이라는 뜻으로 고용주나 사업가를 가리켰다. "그란디(grandi)"는 귀족이었다. "아르티 미노리(arti minori)", 즉 소(小)길드로 묶인 장인들은 "아르티 마조리(arti maggiori)", 즉 대(大)길드를 형성하고 있는 주인이나 상인, 금융업자 등에 의해 정치적으로 널리 조종당했다. 정치를 좌우하려는 다툼 속에 "작은" 사람들과 "살찐" 사람들은 한때 귀족에 맞서 "포폴라니(popolani, 서민)"로 단결했다. 당시 귀족은 도시에 고대의 봉건적 의무를 요구하며 자치 도시의 자유에 맞서 최우선적으로 황제를, 그 다음으로 교황을 지지했다. "포폴라니"는 민병대를 조직하여 도시의 모든 건장한 시민들을 의무적으로 복무케 하고 전쟁 기술도 배우게 했다. 이러한 준비를 마친 "포폴라니"는 전원 지역에 위치한 귀족들의 성을 점령하고 무너뜨린 후, 귀족들에게 강제로 도시 안에 거주하며 도시의 자치 법령을 따르도록 만들었다. 시골에서 벌어들이는 소작료로 여전히 부유하던 귀족들은 도시 안에 궁전 같은 성을 짓고 여러 파벌로 나뉘어 거리에서 다툼을 벌였으며, 어떤 당파가 피렌쩨의 제한적 민주주의를 타도하고 귀족 헌정을 건립하는지를 두고 경쟁을 벌였다. 1247년 우베르티파(派)가 기벨린당의 반란을 주도하여 피렌쩨에 프레데리크에 우호적인 정부를 세웠다. "포폴라니"는 용감하게 저항했지만 독일 기사단이 파견되어 그들의 뒤를 쫓았고 피렌쩨의 민주주의는 무너졌다. 겔프당의 지도부는 도시에서 달아났다. 그들의 집은 한 세기 전 전원 지역의 봉건적 성을 무너뜨렸던 것에 대한 처참한 보복으로 파괴됐다. 그 후로 계급이나 당파 간의 전쟁에서 이긴 쪽은 패배한 쪽의 지도부를 추방하고 그들의 재산을 몰수하거나 파괴하는 것으로 승리를 자축했다.[57] 독일 주둔군을 등에 업은 기벨린당의 귀족들은 3년 동안 도시를 지배했다. 그 뒤 프레데리크의 사망 여파로 중산층과 하층민으로 이루어진 겔프당이 반란을 일으켜 정부를 점령하고(1250년), "시민 대표"를 정하여 고대 호민관이 로마의 집정관을 감시하던 것처럼 도시 장관을 감시하게 했다. 추방당한 겔프 당원들은 소환됐고, 승리를 거둔 "부르주아" 계급은 국내에서의 성공을 피사 및 시에나와의 전쟁과 결부시켜 피렌쩨의 상업이 해상과 로마로 이어지는 길을 지배했다. 더 부유한 상인은 신흥 귀족이 되어 국가 공직을 자신들의 계급에 한정시키려고 노력했다. 피렌쩨가 몬타페르토에서 시에나와 만프레드에게 패배하자 겔프 지도자들은 또다시 도피할 수밖에 없었다. 그리고 6년 동안 피렌쩨는 만프레드가 보낸 대표자의 지배를 받았다. 1268년 제국의 대의가 무너지자 겔프는 다시 권력을 잡았고, 명목상 앙주의 샤를 밑으로 들어갔다. 샤를이 임명한 도시 장관을 통제하기 위해 그들은 열두 명의 "안치아니(anziani, 원로)"로 구성된 조직을 설립하여 장관에게 "자문"을 하도록 하고, 백인(百人) 위원회를 만들어 "이 조직의 승인 없이는 어떠한 주요 조치나 지출도 실현되지 못하도록" 했다.[58] 샤를이 시칠리아 만종에 정신을 빼앗긴 틈을 이용하여 1282년 부르주아 계급은 헌법 개정을 통과시켰고, 대(大)길드들이 선출한 "배심원(priori)" 여섯 명으로 구성된 "기술 수도회(Priory of Arts)"가 사실상 도시 정부의 통치 집단이 되었다. 이러한 변화 속에서도 도시 행정관 자리는 유지되었으나 힘을 잃었고, 상인과 은행업자들은 최고 권력을 잡았다.

완패한 구(舊) 귀족 당파는 잘생기고 거만한 코르소 도나티 밑으로 스스로를 재조직했는데, 이유는 알 수 없지만 "네리(Neri)", 즉 흑당(黑黨)이라는 이름을 얻었다. 체르키가(家)가 이끌던 은행업자와 상인의 신흥 귀족들은 "비안키(Bianchi)", 즉 백당(白黨)으로 불렸다. 파괴된 제국에서 원조를 기대할 수 없게 된 구 귀족들은 크게 성공한 부르주아 계급에게서 도움을 받기 위해 교황 쪽으로 돌아섰다. 도나티는 로마에 있는 자신의 피렌쩨 중개상 스피니가(家)를 통해 보니파키우스 8세와 함께 피렌쩨에 대한 지배권을 장악하기 위한 계획을 세웠다. 교황령에는 투스카니 당파가 침투해 있었고, 보니파키우스는 투스카니의 자치 정부 내에 결정적인 발언권을 확보하지 않는 이상 교황령의 질서를 회복하기 어렵다고 체념한 상태였다.[59] 한 피렌쩨의 변호사는 이 협상 소식을 듣고 로마 스피니가의 중개상 세 명을 피렌쩨에 대한 반역죄로 고발했다. "배심원"은 세 사람에게 유죄를 선고했는데(1300년 4월), 교황은 이에 대해 그들을 고발한 사람들을 파문하겠다며 위협했다. 무장한 도나티 당파의 귀족 일당이 길드 사무소 몇 곳을 공격했다. 그 뒤 단테도 회원으로 들어가 있던 수도회는 교황에 대한 저항의 뜻으로 귀족 몇 명을 추방했다.(1300년 6월) 보니파키우스는 발루아의 샤를에게 이탈리아로 들어가 피렌쩨를 진압하고 시칠리아를 아라곤으로부터 되찾아 달라고 간청했다.

샤를은 1301년 11월 피렌쩨에 도착하여 자신은 질서와 평화를 확립하기 위해 왔을 뿐이라고 선언했다. 그러나 곧이어 코르소 도나티가 일단의 무장 병력을 이끌고 도시로 들어와 자신을 추방한 배심원들의 집을 약탈하고, 감옥 문을 열어 자신의 동료들뿐 아니라 탈주하려고 애쓰던 수감자들까지 모두 풀어 주었다. 여기저기에서 폭동이 일어나고 귀족과 범죄자들이 한데 섞여 도둑질과 납치와 살인을 저질렀다. 창고도 강탈당했다. 재산을 물려받는 상속녀들은 구혼자와 강제로 결혼해야 했고, 그녀의 아버지들은 거액의 계약서에 서명을 하도록 강요받았다. 마침내 코르소는 배심원들과 도시 장관들을 쫓아냈다. 흑당은 새로운 수도회를 선출하고, 새로 뽑힌 배심원들은 제출된 정책을 모두 흑당의 지도부에게 넘겨주었다. 7년 동안 코르소는 피렌쩨의 늠름한 독재자였다. 단테를 비롯하여 쫓겨난 배심원들은 재판에서 유죄를 선고받고 추방당했다.(1302년) 359명의 백당 당원들은 사형을 선고받았지만 대부분은 탈출과 망명이 가능했다. 발루아의 샤를은 이러한 일련의 사건을 품위 있게 받아들이고 자신이 처한 곤란의 대가로 2만 4000플로린(480만 달러)을 챙겨 남쪽으로 떠났다. 1304년 방치된 흑당 당원들은 적들의 집에 불을 질렀다. 1400채의 주택이 파괴되어 피렌쩨의 중심지는 잿더미가 되었다. 흑당은 그 뒤에 새로운 파벌로 나뉘었고, 코르소 도나티는 온갖 폭동을 일으키고 다니던 중 칼에 찔려 사망했다.(1308년)

역사학자 역시 저널리스트처럼 언제나 극적인 사건을 앞세워 평범한 사건을 희생시키려는 유혹에 시달리고, 어느 시대에 대해서건 충분한 상을 보여 주지 않는다는 점을 명심해야 한다. 교황과 황제, 겔프와 기벨린, 흑당과 백당이 충돌하던 이 시기 동안 이탈리아를 지탱한 것은 고되게 일하는 소작농들이었다. 그리고 그 다음은 지금처럼 이탈리아에 예술과 제조업이 발달하고, 살을 찌우고 눈을 즐겁게 하는 분야가 나뉘고 자리 잡았을 것이다. 언덕과 바위와 산이 깎여 포도밭이나 과일, 견과 과수원과 올리브 나무 등이 계단처럼 들어섰다. 정원에는 힘들게 담을 둘러 침식을 방지하고 귀한 빗물을 받았다. 도시에서는 100여 개 제조업이 인구의 절대다수를 빨아들였고, 말이나 투표, 칼이나 검의 다툼에 신경 쓸 여력은 거의 사라졌다. 상인과 은행업자가 모두 인정사정없는 악귀이기만 한 것은 아니었다. 그들 역시 물욕이라는 열병에 의한 것이긴 했지만 도시를 활기차게 성장시켰다. 코르소 도나티나 귀도 카발칸티, 칸 그란데 델라 스칼라 같은 귀족들은 비록 주장을 펼치기 위해 때때로 검을 들었지만 교양 있는 사람들이었을 것이다. 여성들은 이 활기찬 사회에서 생기 넘치는 자유를 갖고 행동했다. 그들에게 사랑은 음유 시인의 장황한 속임수도, 땀 흘리는 소작농들의 엄숙한 결합도, 인색한 여신에 대한 기사들의 봉사도 아니었다. 사랑은 무모하게 뛰어들었다가 철저하게 버림받고 계획에 없던 모성으로 이어지는 용감하고 열정적인 육욕이었다. 이러한 소요 속 여기저기에서 선생들은 필사적인 인내심을 갖고 주저하는 젊은이들에게 가르침을 전달했다. 창녀들은 상상력 풍부한 남자들의 발기를 달래 주었다. 시인들은 좌절한 열망을 증류하여 보정된 운문으로 농축했다. 예술가들은 완벽을 추구하며 굶주렸다. 사제들은 정치에 뛰어들어 가족을 잃은 사람들과 가난한 이들을 위로했다. 철학자들은 신화의 미로를 지나 환한 신기루 같은 진실을 향해 나아가기 위해 발버둥 쳤다. 당시 사회에는 흥분과 경쟁이 존재하여 인간의 지혜와 언어를 벼리고 더 많은 지혜와 언어, 그리고 예상치 못한 힘을 낳았으며, 스스로 파괴되는 것도 불사하고 그 힘을 유인하여 르네상스를 위한 길을 닦고 무대를 설치했다. 많은 고통과 출혈을 통해 위대한 부활은 탄생했다.

27장

로마 가톨릭 교회
1095~1294

1. 사람과 종교

많은 면에서 종교는 인간이 가는 길 중 가장 흥미롭다. 삶에 대한 궁극의 해석이자, 죽음에 대한 유일한 방어 수단이기 때문이다. 중세사에서 가장 인상적인 것은 거의 전능하다고까지 할 수 있는 종교의 무소부재(無所不在)이다. 안락함과 풍요로움 속에 살고 있는 현대인들은 중세의 신앙을 만들어 낸 혼돈과 궁핍을 진심으로 이해하기 어렵다. 그러나 중세 그리스도교도와 이슬람교도, 유대인이 받아들인 미신과 세계 종말, 우상 숭배, 그리고 맹신 등을 바라볼 때, 우리는 그들의 곤경과 빈곤, 비탄을 생각할 때와 똑같은 연민을 가져야 한다. 수천 명의 사람들이 "세상과 육신, 그리고 악마"로부터 도피하여 수도원과 수녀원을 찾은 것은 그들이 겁쟁이였음을 의미하기보다는 중세 사회의 극심한 무질서와 불안과 폭력을 반증한다. 인간의 미개한 충동은 초자연적 힘이 허락한 도덕적 법규에 의해서만 통제가 가능해 보였다. 또한 무엇보다 세상에는 교리가 필요했다. 그 교리를 통해 시련과 희망의 균형을 이루고, 가족의 죽음을 위로하며, 고난의 산문을 믿음의 시가로 구원하고, 덧없는 삶에 지속성의 소인을 찍을 필요가 있었다. 또 차례차례 발부리에 걸려 사멸할 운명에 처한 인간과 종, 별들의 무의미하고 견딜 수 없는 행진에 불과했을 우주의 드라마에 고상하고 고무적인 의미를 부여해야 했다.

그리스도교는 창조와 인간의 죄라는, 성모와 고난에 처한 신이라는, 성체(聖體) 의식을 통해 구세주의 죽음으로 얻은 신의 은총을 집행하는 교회에 의해 영원한 지복을 누리거나 최후의 심판을 받고 영원한 지옥에 떨어지는 불멸의 영혼이라는 엄청나고 장대한 구상으로 이러한 요구에 부응하려 했다. 대다수 그리스도교도는 이렇게 총괄적인 시야 안에서 의미를 찾고 이해했다. 중세 종교의 가장 위대한 재능은 옳은 것이 끝내 승리한다는, 외견상 악의 승리로 보이는 모든 것은 선의 보편적 승리하에 결국 바람직한 방향으로 승화한다는 굳은 확신이었다.

최후의 심판은 유대교와 이슬람교에서 그러하듯 그리스도교 신앙에서도 중심축을 이루었다. 그리스도의 재림과 세상의 종말이 최후의 심판에 앞선 서곡이라는 믿음은 사도들의 낙심을 뚫고 40세대의 두려움과 희망 속에서도 천 년의 세월을 이기고 유지되었다. 그러한 믿음은 예전처럼 강하거나 보편적이지 않지만 아직 사라지지 않았다. 1271년 로저 베이컨(Roger Bacon)은 현자(賢者)는 세계 종말이 멀지 않았다고 여긴다고 말했다.[1] 모든 대대적인 전염병이나 재해, 모든 지진이나 혜성, 기타 놀라운 사건은 세계 종말의 전조로 간주됐다. 그러나 세상이 지속된다 하더라도 죽은 자의 영혼과 육신은 함께 부활하여* 최후의 심판을 받게 된다고 여겨졌다.

천국에 대한 기대는 모호했지만 지옥에 대한 두려움은 사무치게 생생했다.

---

* 모든 사자(死者)에 대한 심판은 세상이 끝나는 '최후의 심판일'까지 유예된다는 초기 그리스도교 이론은, 모든 인간은 자신의 사후에 즉각적인 심판을 받는다는 교리로 대체되었다.[2]

중세 그리스도교는 역사상 어느 종교보다 유연했지만, 초기 프로테스탄트 같은 가톨릭 신학과 설교는 지옥의 공포를 강조하기 위해 마련된 것만 같았다.*
이 시대까지 그리스도는 "온유하고 온화하신 예수님"이 아니라 모든 인간의 죄에 가혹하게 복수하는 존재였다. 거의 모든 교회에 심판자 그리스도를 묘사한 작품이 존재했다. 많은 교회에 최후의 심판을 그린 그림이 있었고, 이들 그림에는 구원받은 이들의 행복보다 지옥에 떨어져 고문 같은 형벌을 받는 사람들이 더 두드러지게 묘사되었다. 성 메토디우스는 궁전의 벽화로 지옥의 모습을 그려 불가리아 국왕 보리스를 개종시켰다고 한다.[4] 많은 신비주의자들이 지옥의 환영을 보았다고 주장하며 그 위치와 공포스러움에 대해 묘사했다.[5] 12세기에 수도사 툰데일은 지옥의 모습을 매우 정교하게 기록했다. 그에 따르면 지옥 한가운데는 악마가 뜨겁게 달구어진 쇠사슬로 불타는 철골에 묶여 있다. 악마는 극한의 고통으로 멈추지 않는 비명을 내지른다. 두 손은 자유롭기 때문에 팔을 뻗어 지옥에 떨어진 사람들을 붙잡고, 이로 그 사람들을 포도 알처럼 으깬 후 뜨거운 숨결에 불타는 목구멍 안으로 넘긴다. 쇠갈고리를 가진 보조 악령들은 지옥에 떨어진 사람들의 몸을 불과 얼음물에 번갈아 가며 담그거나 혀를 잡고 몸을 들거나 톱으로 자르거나 모루 위에서 납작하게 두들겨 패거나 끓이거나 천에다 거른다고 한다. 불에는 유황이 섞여 지옥에 떨어진 사람들의 불편함에 참기 힘든 악취까지 더하고, 불에는 빛이 없어 헤아릴 수 없이 다양한 고통이 무시무시한 어둠에 뒤덮인다.[6] 교회 자체에서는 공식적인 지옥의 위치나 형상을 언급하지 않았다. 교리는 완화되어 그 목적이 충족되지 못했을 것이다. 성 토마스 아퀴나스는 "지옥에 떨어진 자들의 몸에 고통을 주는 불에는 형체가 있고", 지옥의 위치는 "땅속 가장 깊은 곳"이라고 생각했다.[7]

중세 시대의 보편적인 생각으로나 그레고리우스 대(大)교황 같은 사람들이 볼 때 악마는 설교 속의 형상이 아니라, 생명과 피를 지닌 현실이자 도처에 어

---

* "공포만큼 사람을 움직이게 하는 것도 없다. 눈앞에서 지옥 불이 번쩍이지 않는 이상 사람들은 움직이지 않을 것이다."라고 말한 윌리엄 부스 장군(General William Booth, 1829~1912년)의 구세군 전도사의 설교법을 참조하라.[3]

슬렁거리며 온갖 악을 만들어 내고 유혹하는 존재였다. 대개 약간의 성수를 뒤집어쓰거나 십자가 모양을 보여 주면 쫓아낼 수 있었지만, 떠난 자리에 불타는 유황의 지독한 악취를 남겼다. 악마는 여자를 열렬히 예찬하고 자신들의 미소와 매력을 미끼로 희생양을 유인하며, 이따금 여성들의 환심을 사기도 했다. 그 여성들이 신자인 경우도 있었다. 그렇게 해서 툴루즈의 한 여성은 자신이 종종 사탄과 잠자리를 가졌으며, 53세의 나이에 그의 의식하에 아기를 낳았는데 늑대 머리에 뱀 꼬리를 지닌 괴물이었다고 고백했다.[8] 악마에게는 엄청난 수의 보조 악령이 있는데, 이들 악령은 모든 영혼의 곁을 맴돌며 죄악으로 끌어들이기 위해 집요하게 그 영혼들을 조종한다. 악령들도 "인큐부스(incubus, 잠자는 여자를 덮친다고 여겨지던 악령 – 옮긴이)"처럼 경솔하거나 혼자이거나 독실한 여성들에게 거짓말하기를 좋아했다.[9] 수도사 리칼무스는 그러한 악령이 "온 세상을 가득 채우고 있다. 대기는 자욱한 악마들의 무리에 다름 아니고, 그들은 언제 어디에서든 우리를 기다린다. …… 우리가 살아 있다는 사실이 놀라울 따름이다. 하느님의 은총이 아니었다면 그 누구도 벗어나지 못했을 것이다."라고 말했다.[10] 사실상 철학자를 비롯해 모든 사람이 이 수많은 악마의 존재를 믿었다. 그러나 유머 감각 덕에 이러한 악마론은 누그러졌다. 가장 건전한 정신을 가진 남자들은 작은 악마들을 공포의 대상이 아니라, 나쁜 짓을 벌이고 다니는 시끄러운 유령으로 이해했다. 그러한 유령들은 눈에 보이지는 않지만 소리를 내어 인간의 대화를 방해하고, 사람의 옷에 구멍을 내며, 지나가는 사람에게 오물을 던진다고 믿겨졌다. 한 피곤한 유령은 무심결에 상추 위에 앉았다가 수녀에게 먹혔다고도 한다.[11]

더 놀라운 사실은 "청함을 받은 자는 많으나 택함을 입은 자는 적은"(마태복음 22:14) 교리였다. 정통 신학자들(그리스도교도뿐 아니라 마호메트교도까지)은 인류 대다수가 지옥에 갈 것으로 여겼다.[12] 대부분의 그리스도교 신학자들은 "믿고 세례를 받는 사람은 구원을 얻을 것이요, 믿지 않는 사람은 정죄를 받으리라."(누가복음 16:16) 하는 구절을 말 그대로 그리스도의 말로 받아들였다.

성 아우구스티누스는 내키지 않았지만 세례를 받기 전에 죽은 유아들은 지옥으로 간다는 데 동의했다.[13] 성 안셀무스는 세례를 받지 않은 유아들(아담과 이브의 죄를 통해 간접적인 죄를 지은)의 지옥행은 전혀 불합리한 일이 아니며, 그것은 노예로 태어난 아이들이 노예 신분을 얻는 것만큼이나 합리적인 일이라고 생각했다.[14] 교회는 교리를 완화하여 세례를 받지 않은 유아들은 지옥이 아니라 지옥의 변방, 즉 아이들의 지옥으로 가며, 그곳에서 아이들이 느끼는 유일한 고통은 천국을 상실한 고통뿐이라고 말했다.[15] 대다수 그리스도교도는 모든 이슬람교도(마호메트교를 제외한)가 지옥에 간다고 믿었다.(대다수 이슬람교도는 그리스도교도가 지옥에 간다고 믿었다.) 또한 모든 "비종교인"은 지옥에 떨어진다는 생각도 보편적으로 존재했다.[16] 4차 라테라노 공의회(1215년)는 어떠한 인간도 보편 교회(Universal Church, 전 세계 로마 가톨릭 교회의 총칭 – 옮긴이)의 밖에서 구원을 얻을 수 없다고 선언했다.[17] 교황 그레고리우스 9세는 "하느님은 대부분의 인류를 구원하실 만큼 당신의 백성을 사랑하신다. 구원받는 사람보다 지옥에 가는 사람이 더 많다면 그리스도의 자비가 큰 사랑을 결여한 것이기 때문이다."라는 라이몬드 룰리의 바람을 이단이라고 비난했다.[18] 그 외의 다른 유명한 신자들은 지옥에 떨어진 사람보다 구원받는 사람이 더 많다고 믿지도 않고 말하지도 않았다.[19] 13세기의 가장 유명하고 대중적인 설교자인 레겐스부르크의 베르톨트는 지옥에 간 사람과 구원받은 사람의 비율이 10만 명 대 1명이라고 추산했다.[20] 성 토마스 아퀴나스는 "여기에서도 역시 하느님의 자비가 드러난다. 하느님은 소수를 모아 구원으로 인도하시나 대다수가 그 구원을 얻지 못한다."라고 여겼다.[21] 많은 사람이 화산을 지옥의 문이라고 생각했다. 화산이 으르렁거리는 소리는 지옥에 떨어진 자들이 내뱉는 희미한 신음의 메아리였다.[22] 그레고리우스 대교황은 에트나 산의 분화구가 지옥에 갈 운명에 처한 엄청난 수의 영혼을 받아들이기 위해 매일 넓어지고 있다고 주장했다.[23] 땅속 깊은 곳은 지구에 태어난 모든 인간의 절대다수를 가두고 억누르느라 복잡한 상태였다. 그리고 영겁이 지나도록 그러한 지옥에서 한숨 돌리거나 도망칠 수 있는 기회는 없었다. 베르톨트는 말했다. "해변의 모래알이나 아담 이래 태어난 인간이나 짐승의 털을 세어 보아라. 한 알의 모래 또는 한 올의 털이 1년의 고통을 의미한다고 해도, 그러한 시간의 길이로는 구제받을 길 없는 고통의 털끝조차 표현할 수 없다."[24] 삶의 마지막 순간은 영원을 결정했다. 사람들은 그 마지막 순간에 용서받지 못한 죄악이 영혼 위로 무겁게 드리워져 있다는 사실을 깨닫게 될까 두려워했다.

이러한 공포는 연옥이라는 교리로 조심스럽게 완화되었다. 죽은 자를 위한 기도는 교회의 역사만큼이나 오래된 관습이었다. 속죄가 이루어지고 명복을 비는 미사가 열려 죽은 자들을 도와주던 사례는 이미 250년부터 찾아볼 수 있다.[25] 아우구스티누스는 죽기 전에 용서받았지만 완전히 속죄되지는 않은 죄에 대해 그 값을 치르는 장소가 있을지도 모른다고 논했다. 그레고리우스 1세는 그 발상에 동의하고, 생존해 있는 친구들의 기도로 연옥에 갇힌 영혼들의 고통이 단축되고 완화될 것이라고 말했다.[26] 이 이론은 대중적으로 온전한 믿음을 사지 못하다가 1070년경 베드로 다미아누스가 열띤 설교로 영감을 불어넣으며 생명력을 얻었다. 그리고 12세기에 한 전설적인 이야기가 퍼지면서 앞으로 더 나아갔다. 성 패트릭이 의심하는 자들을 납득시키기 위해 아일랜드에 구덩이를 파게 하여 그 안으로 수도사 몇 명을 내려보냈는데, 내려갔다가 돌아온 사람들이 연옥과 지옥의 모습을 기가 찰 정도로 생생하게 묘사하더라는 이야기였다. 아일랜드 기사 오언도 1153년에 그 구덩이를 통해 내려가 보았다고 주장했다. 그리고 그의 지하 세계 경험담은 엄청난 성공을 거두었다.[27] 머나먼 지역에서 이 구덩이를 구경하기 위해 관광객들이 찾아왔고, 재정이 남용되기 시작했다. 1497년 교황 알렉산데르 6세는 사기 행위라는 명목으로 구덩이를 폐쇄할 것을 명령했다.[28]

중세 그리스도교 국가에서 그리스도교 교리를 받아들인 사람들의 비율은 얼마나 될까? 이단이 많았다고는 하지만 당시에는 이단도 대부분 그리스도교 신조의 기본 교리는 인정했다. 1017년 오를레앙에서는 "혈통과 학식에서 가장 뛰어난" 두 남자가 천지 창조와 삼위일체, 천국과 지옥을 "순전한 헛소리"라며 부정했다.[29] 12세기에 솔즈베리의 요하네스는 "믿을 도리밖에"라는 말을 많은 사람들에게서 들었다고 전한다.[30] 빌라니는 같은 시대에 피렌쩨에 하느님과 성인들을 조롱하고 육체의 향락을 쫓아 살던 쾌락주의자들이 있다고 말했다.[31] 기랄두스 캄브렌시스(1146?~1220년)는 미사에서 경솔한 의식을 진행하여 다른 사제의 책망을 받은 어떤 사제에 대한 이야기를 전하며, 그가 자신을 책망한 사제에게 화체설(化體說, 성례식에서 빵과 포도주가 예수의 몸과 피로 변한다는 이론 – 옮긴이)과 성육신(成肉身, 예수가 인류 구원을 위하여 성령에 의해 마리아의 태내에서 사람으로 잉태된 일 – 옮긴이), 동정설(童貞說), 그리스도의 부활 등을 정말로 믿느냐며, 더 나아가 그 모든 설은 교활한 고대인이 인간을 공포와 통제 안에 가두기 위해 지어낸 것이고, 현재는 위선자들에 의해 계승되고 있다고 말했다고 이야기했다.[32] 웨일스의 제랄드라고도 알려진 캄브렌시스는 어느 날 "전능하신 신이시여! 이 미신을 믿는 그리스도교 종파와 급조된 이야기들이 얼마나 오래 가겠나이까?" 하고 외쳤다는 학자 투르네의 시몬(1201년경)의 말을 인용했다.[33] 이 시몬에 관한 일화가 있다. 한 강의에서 그는 기발한 논거로 삼위일체에 관한 교리를 입증한 다음, 학생들의 박수갈채에 우쭐해져서는 같은 교리를 더 유력한 논거로 반증할 수도 있다고 자랑했다. 그 결과 갑자기 몸이 마비되고 백치가 되었다고 한다.[34] 1200년경 런던 올드게이트 성(聖) 삼위일체 수도원의 피터는 이렇게 적었다. "어떤 사람들은 하느님은 존재하지 않으며 세상은 우연에 의해 지배된다고 믿는다. …… 많은 사람들이 선한 천사나 악한 천사도, 사후 세계도, 보이지 않는 영적인 존재도 없다고 믿는다."[35] 보베의 뱅상(1200?~1264년)은 "많은 이들이 (성인의) 선견지명이나 이야기들을 천박한 우화나 날조된 거짓말로 조롱한다."라며 한탄하고, "지옥을 믿지 않는 사람들의 말만 듣고 그런 이야기의 신빙성을 의심할 필요는 없다."라고 덧붙여 말했다.[36]

많은 사람들이 지옥에 관한 교리를 입 밖으로 내어 말하는 것을 어려워했다. 어수룩한 사람들은 "하느님이 사탄의 죄와 타락을 예견했다면 왜 악마를 만드셨을까?"라고 묻기도 했다.[37] 회의론자들은 유한한 죄를 무한한 고통으로 벌한다는 점에서 하느님은 더없이 잔인한 존재라고 주장했고, 신학자들은 이에 대해 대죄(大罪)는 하느님에 대한 공격이므로 무한한 죄악에 놓인 것이라고 대답했다. 1247년 툴루즈의 한 직공은 여전히 납득하지 못한 채 이렇게 말했다. "만약 1000명의 인간을 만들어서 한 명을 구원하고 나머지는 지옥에 떨어뜨리는 하느님을 붙잡을 수 있다면, 나는 배척자가 되어 그를 찢어발기고 그 얼굴에 침을 뱉을 것이다."[38] 또 다른 회의론자는 그보다 부드러운 투로, 지옥 불은 때가 되면 몸과 마음을 태워서 재로 만들어 무감각하게 만들 것이고, 그러면 "그곳에 익숙해진 사람은 다른 곳에 있을 때처럼 편안해질 것이다."라고 말했다. 지옥에는 천국보다 더 재미있는 친구들이 있다는 오랜 우스갯소리는 「오카생과 니콜레트(Aucassin et Nicolette)」(1230년경)라는 프랑스 목가에도 나온다.[39] 사제들은 대부분의 사람들이 임종 직전까지도 지옥에 대한 생각을 하지 않으며, 아무리 죄를 많이 짓고 살았어도 "세 단어(너의 죄를 사하노라.(ego te absolvo.))가 나를 구원할 것"이라는 확신을 갖고 있다고 불평했다.[40]

확실히 지금처럼 그때도 골방 무신론자들이 있었다. 그러나 골방 무신론자들은 이렇다 할 기록을 별로 남기지 않았고, 중세 시대에서 전해져 내려온 문헌의 대부분은 성직자들이 작성한 것이거나 교회가 선별하여 걸러진 것이었다. 우리는 신성 모독적 시를 쓰는 "방랑하는 학자"나 몹시도 불경한 맹세를 하는 난폭한 시민, 교회에서 자고 코를 골며,[41] 심지어는 춤을 추고[42] 매춘을 하는[43] 사람도 볼 수 있고, (한 수사가 말하기를) "일요일에는 일주일을 모두 합친 것보다 색정이나 폭식, 살인, 강도 등이 더 많았다."라는 사실도 알 수 있다.[44] 진실한 믿음이 부족하다는 것을 보여 주는 이러한 사건은 100여 개 나라에서 1000여 세월 동안 취합한 사례를 한 지면에 담다 보면 더 많아질 것이다. 그리고 그 내용은 우리에게 중세의 경건함이 과장된 것임을 알려 준다. 그러나 여전히 중세를 공부하는 학생들에게 그 시대가 보여 주는 것은 종교적 관례와 믿음이 만연한 분위기다. 유럽에서는 전부 그리스도교를 국가적 보호 아래 두고 교회에 대한 복종을 법으로 강요했다. 거의 모든 왕이 교회에 선물을 가득 안겨 주었다. 역사적으로 일어난 거의 모든 사건은 종교적인 측면에서 해석되었다. 구약 성서의 모든 사건은 신약 성서에서 등장하는 일을 예시했다. 아우구스티누스는 "신약이 구약에 예시되어 있고, 구약이 신약에서 드러난다."라고 말했다. 이 위대한 주교가 말하기를, 예를 들어 다윗이 목욕하는 밧세바를 지켜보는 것은 그리스도가 세속의 오염으로부터 스스로 자정하는 당신의 교회를 바라보는 것을 상징했다.[45] 자연의 모든 것은 초자연적인 징후였다. 멘데의 주교 기욤 뒤랑(1237?~1296년)은 교회의 모든 요소가 종교적 의미를 지닌다고 말했다. 정문은 그리스도이고, 인간은 그를 통해 천국에 들어간다. 기둥은 주교와 박사로 교회를 지탱한다. 사제가 제의를 보관하는 성구(聖具) 보관실은 마리아의 자궁으로 그리스도가 인간의 육신을 얻은 곳이다.[46] 마찬가지로 모든 짐승이 신학적 의미를 갖고 있었다. 중세 시대에 흔히 볼 수 있던 우화집에는 "암사자가 새끼를 낳은 뒤 그 새끼가 죽은 것을 보고 사흘 동안 보살폈다. 사흘째 되던 날 아비 사자가 와서 죽은 새끼의 얼굴 위로 숨을 뱉어 생명을 불어넣었다. 그리하여 전지전능하신 하느님은 당신의 아들이신 우리 주 예수 그리스도를 죽음으로부터 소생시켰다."라는 이야기가 있다.[47]

사람들은 수십만 가지의 초자연적인 사건과 권능과 치유에 관한 이야기를 환영했고, 그런 이야기의 대부분을 만들어 내기도 했다. 한 영국의 부랑아는 어린 비둘기 새끼 몇 마리를 둥지에서 훔치려다가 자신이 기대어 선 돌에 기적처럼 손이 들러붙고 말았다. 사흘 동안 기도를 드린 뒤에야 그는 그 동네를 벗어날 수 있었다고 한다.[48] 또 한 아이가 그리스도 탄생 성지의 아기 조각상에게 빵을 건넸더니 아기 그리스도가 고마워하며 아이를 천국으로 초대했고 사흘 후 그 아이가 죽었다는 이야기도 있다.[49] "색을 밝히는 한 신부가 어떤 여자에게 구애했다. 여자가 넘어오지 않자 신부는 미사가 끝난 뒤 입 속에 가장 순수한 주(主)의 몸을 머금고는 여자에게 키스할 때 성체의 힘으로 그녀가 자신의 욕망에 넘어오기를 기대했다. …… 그러나 교회를 나서려고 하자 자신의 몸이 크게 자라 머리가 천장에 부딪혔다." 신부는 성체인 제병(祭餠)을 교회 한 구석에 묻고, 나중에 다른 신부에게 고백했다. 두 사람이 제병을 묻은 곳을 팠더니, 제병은 피에 얼룩져 십자가에 묶인 남자의 형상으로 변해 있었다.[50] 한 여자가 성체를 입안에 머금은 채 교회에서 집으로 가서는 벌들의 폐사율을 줄이기 위해 그 성체를 벌집 안에 넣었다. 그러자 성체는 "가장 달콤한 방문객을 위해 다디단 벌집으로 경이로운 솜씨의 작은 예배당을 세웠다."[51] 교황 그레고리우스 1세는 자신의 작품을 이런 종류의 이야기로 채워 넣었다. 아마도 사람들은, 적어도 그중 글을 읽을 줄 아는 사람들은 그러한 이야기를 걸러서 들었을 것이다. 또는 고위 관리나 왕들이 무거운 머리를 식히기 위해 듣는 신기한 이야기 같은 유쾌한 소설쯤으로 이해했을 것이다. 맹신이 있었다면 이야기는 한 주제 안에서 범위를 넓히기보다 주제 바깥으로 규모를 키웠을 것이다. 이러한 중세의 전설적인 이야기에는 감동적인 신앙심이 존재한다. 많은 존경을 받던 교황 레오 9세가 프랑스와 독일에서 교회 개혁을 위한 순회를 마치고 이탈리아로 돌아왔을 때 아니에네 강이 홍해처럼 갈라져 그에게 길을 열어 주었다고 한다.[52]

그리스도교의 힘은 사람들에게 지식보다는 믿음을, 과학보다는 예술을, 진실보다는 아름다움을 전달하는 데 놓여 있다. 사람들은 그런 것을 더 좋아했다. 사람들은 아무도 자신들이 품은 의문에 답하지 못할 것으로 생각했다. 신앙을 택하여 마음을 달래는 교회의 권위를 통해 대답을 얻는 것이 신중한 행동이라 여겼다. 만약 교회가 자신의 오류 가능성을 조금이라도 인정했다면 사람들은 교회에 대한 신뢰를 잃었을 것이다. 지식은 금지된 나무에 달린 쓸쓸한 열매처럼, 단순하고 의문 없는 삶이라는 에덴동산에서 인간을 꾀어내는 신기루에 불과했고, 사람들은 현명하게도 그러한 지식을 불신했을 것이다. 그렇게 중세 시대 사람들은 대부분 신앙 앞에 무릎을 꿇었고, 오늘날 우리가 과학과 국가를 믿듯이 하느님과 교회를 믿었다. 필립 오귀스트는 한밤중 폭풍을 만난 자신의 선원들에게 "그대들은 죽을 리 없다. 이 순간 수천의 수도사들이 잠자리에서 일어나고 있고, 곧 우리를 위해 기도할 것이기 때문이다."라고 말했다.[53] 사람들은 인간의 지식이 허락하는 것보다 더 큰 권력의 손 안에 자신들이 놓여 있다고 믿었다. 이슬람 세계에서처럼 그리스도교 국가에서도 사람들은 하느님 앞에 복종했다. 그리고 신성 모독과 폭력, 색욕의 한가운데에서도 하느님과 구원을 찾았다. 당시는 신에 취한 시대였다.

2. 성례(聖禮)

민음이라는 결정적 요인 다음으로 교회가 지닌 가장 큰 힘은 성례, 즉 신의 은총을 상징하는 의식을 집행하는 데 있었다. 성 아우구스티누스는 "눈에 보이는 상징이나 성례를 통해 일종의 유대감으로 단결되지 않으면 어떤 종교도 신도들을 뭉치게 만들 수 없다."라고 말했다.[54] "사크라멘툼(sacramentum, 성사(聖事))"은 4세기에 세례나 십자가, 기도 등 성스러운 것이면 거의 무엇에든 적용되었다. 5세기에 아우구스티누스는 부활절 기념식에 성례를 적용했다. 7세기에 세빌리아의 이시도르는 성례를 세례 성사와 견진 성사, 그리고 성체 성사로 제한했다. 12세기에 마침내 성례는 일곱 가지, 즉 세례(洗禮) 성사와 견진(堅振) 성사, 고해(告解) 성사, 성체(聖體) 성사, 혼인(婚姻) 성사, 신품(神品) 성사, 그리고 병자(病者) 성사로 확정되었다. 은총을 내리는 작은 의례들(성수를 뿌리거나 십자 성호를 긋는 의식 등)은 "준(準)성사"로 구분되었다.

가장 중요한 성례는 세례 성사였다. 세례에는 두 가지 기능이 있었는데, 하나는 원죄의 흔적을 지우는 것이고, 또 하나는 이 새로운 탄생을 통해 개인을 그리스도교 울타리 안으로 받아들이는 것이었다. 세례식에서 부모는 아이에게 수호자나 귀감 또는 보호자가 될 성인의 이름을 골라 주었다. 그것이 아이의 "세례명"이었다. 9세기경 전신(全身) 침례였던 초기 그리스도교의 세례법은 점차 살수례(撒水禮, 성수를 뿌림)로 대체되었다. 북방 지역의 기후에서는 살수례가 건강에 좀 더 안전한 방법이었기 때문이다. 신부라면 누구나(또는 비상시에는 그리스도교도 누구나) 세례를 수여할 수 있었다. 노년까지 세례를 미루던 오랜 관습은 유아 세례로 바뀌었다. 특히 이탈리아의 일부 신자들은 이 성례를 위해 세례당인 부속 예배당을 짓기도 했다.

동방 교회에서는 견진 성사와 성체 성사를 세례 직후 수여했다. 서방 교회에서는 견진 성사를 받는 나이가 점차 뒤로 밀려나 7살이 되었다. 그래야 아이가 그리스도교 신앙의 기초 교리를 배울 수 있었기 때문이다. 이 성례는 주교만이 집행할 수 있었는데, 주교가 "손을 얹고" 신자가 성령을 받도록 기도하며 그 이마에 성유(聖油)를 바르고 뺨에 가볍게 바람을 불어넣는 방식이었다. 이렇게 기사 작위를 내리면 어린 그리스도교도는 믿음을 확인받고 그리스도교도의 모든 권리와 의무를 받아들였음을 선서했다.

더 중요한 것은 고해 성사였다. 교회의 교리가 죄의식을 심어 준다면, 교회는 신부에게 죄를 고백하고 정해진 속죄를 수행하게 하여 영혼을 정화할 수 있는 방법을 주기적으로 제공했다. 복음서(마태복음 16:19, 18:18)에 따르면 그리스도는 죄를 용서하고 사도들에게 "매고 풀" 수 있는 비슷한 권한을 베풀었다. 교회는 이 권한이 사도전승(使徒傳承)에 의해 사도들에게서 주교들에게로, 베드로에게서 교황들에게로 전해져 내려왔다고 말했다. 그리고 12세기에 "천국의 문을 열 수 있는 권한"은 주교들에 의해 사제들에게로 확대되었다. 초기 그리스도교에서 행해지던 공개 고해는 고관대작들이 곤혹스러운 상황에 처하는 것을 막기 위해 4세기에 비공개 고해로 바뀌었지만, 몇몇 이단 종파 안에서 계속 유지되었다. 공개적인 고해 성사는 테살로니카 대학살이나 베케트 살해 같은 극악한 범죄에 대해 강제되었던 것 같다. 4차 라테라노 공의회(1215년)는 판공성사와 성찬식을 엄숙한 의무로 만들고, 이를 소홀이 한 사람은 예배식과 교회장(教會葬)에서 제외하기로 결정했다. 속죄를 장려하고 고해자를 보호하기 위해 모든 비공개 고해는 "봉인"되었다. 즉 어떠한 신부도 고해받은 내용을 누설하면 안 되었다. 8세기 이후로는 "참회 규정서"를 발간하여 각각의 죄에 대해 교회법(교회가 인정한 방법)에 따른 속죄, 즉 금식이나 순례, 구호 활동, 기타 신앙 활동이나 자선 활동 등을 처방했다.

라이프니츠가 고해 성사를 두고 말한 것처럼[55] "이 경이로운 제도"는 좋은 결과를 많이 낳았다. 사람들은 남모르는 초조함과 말 못할 회환을 참회로 덜 수 있었다. 신부는 조언과 경고를 통해 신도들의 도덕적, 육체적 건강을 증진시킬 수 있었다. 죄인은 개선에의 희망으로 위안을 받았고, 회의론자 볼테르의 말에 따르면 범죄를 억제하는 효과도 있었다.[56] 괴테는 "인류에게서 비밀 고해를 빼앗으면 안 되었다."라고 말했다.[57] 일부 좋지 않은 영향도 있었다. 때로는 이 제도가 정치적 목적으로 이용되기도 했던 것이다. 예컨대 황제의 편에 서서 교황에 맞서는 사람들에게 신부가 면죄 선언을 해 주지 않는 경우가 그러했다.[58] 가끔은 종교 재판의 도구로도 이용됐다. 밀라노의 대주교 성 카를로 보로메오(1538~1584년)는 고해하는 사람들에게 아는 이교도나 수상쩍은 사람의 이름을 대게 하라고 신부들에게 지시했다.[59] 단순한 사람들은 면죄 선언을 다시 죄를 지어도 된다는 면허증으로 착각했다. 열정적인 믿음이 식으면서 교회법에 따른 가혹한 속죄 방식 때문에 참회자들은 거짓말을 하려는 유혹에 시달렸고, 신부들은 일반적으로 교회가 인정한 명분의 자선적 기부를 하도록 하는 등 좀 더 가벼운 형벌로 대체해 줄 수 있게 되었다. 이러한 "감형"에서 면죄부가 발달했다.

면죄부는 죄를 저질러도 좋다는 면허증이 아니었지만, 세속적인 죄에 상응하는 정죄(淨罪)적 형벌의 일부 또는 전부를 면제받을 수 있도록 교회가 수여하는 부분적인 또는 전면적인 허가증이었다. 고해에서의 면죄 선언은 지옥행을 선고받을 죄로부터 죄책감을 덜어 주었지만, 그 죄에 대한 "세속"의 형벌에서까지 무죄 방면해 주는 것은 아니었다. 이승에서 완전한 죗값을 치르는 그리스도교도는 극소수에 불과했다. 속죄하지 못한 나머지 죗값은 연옥에서 치러도 되었다. 교회는 규정된 신앙 활동이나 자선 활동을 수행한 그리스도교의 속죄인들에게 그리스도의 수난과 죽음으로 얻은, 그리고 죄를 능가하는 가치를 지닌 성인들을 통해 얻은 은총이라는 풍요한 보물을 전도함으로써 그러한 형벌을 면제해 줄 권리가 있다고 주장했다. 면죄부가 발행된 역사는 9세기까지 거슬러 올라간다. 11세기에는 성지를 방문하는 순례자들에게 면죄부를 주기도 했다. 최초의 전대사(全大赦, 잠벌(暫罰)을 모두 없애 주는 사면 – 옮긴이)는 1095년 우르바누스 2세가 1차 십자군 원정에 참여한 사람들에게 주던 면죄부였다. 면죄부를 이런 식으로 이용하면서 특정한 기도를 계속하거나, 특별한 종교 의식에 참여하거나, 다리와 도로, 교회, 병원 등을 짓거나, 숲을 청소하고 늪을 말리거나, 십자군과 종교 기관, 교회 기념일, 그리스도교 전쟁 등에 기여하는 대가로 면죄부를 발행하는 관행이 생겨났다. 이러한 제도는 좋게 활용되기도 했지만 인간의 탐욕을 부추기는 문을 열었다. 교회는 흔히 수사 같은 성직자들에게 "재무관"이 되어 기부나 회개, 기도에 대한 답례로 면죄부를 제공하여 자금을 끌어오라고 주문했다. 면죄부를 파는 이 판촉 사원들은 경쟁적으로 열성을 다해 많은 그리스도교도를 분개하게 만들었다. 그들은 진짜든 가짜든 성유물(聖遺物)을 내세워 기부자를 자극했고, 기부받은 것에서 정해진 몫이나 그 이상의 몫을 챙겨 갔다. 교회는 이러한 오남용을 줄이기 위해 몇 가지 노력을 시도했다. 4차 라테라노 공의회는 주교들을 통해 가짜 유물이나 위조된 신임장 등에 대해 신도들을 주의시켰다. 또 수도원장들에게서 면죄부 발행 권한을 빼앗고, 주교들에게도 제한을 가했다. 모든 성직자에게 새로운 제도나 계획을 세우는 열정적인 노력을 자제할 것을 주문했다. 1261년 마인츠 공의회는 많은 "재무관"들이 사악한 거짓말쟁이라고 맹비난했다. 누구의 것인지 알 수 없는 인간이나 짐승의 뼈를 성인의 유골이라며 전시하고, 그것들을 판매할 때 우는 연기까지 하며, 최고 가격으로 최소한의 기도를 해 주는 속죄의 흥정을 한다는 것이었다.[60] 비엔(1311년)과 라벤나(1317년)에서 열린 신도 대표단 회의에서도 비슷한 비난이 쏟아졌다.[61] 그러나 그러한 횡포는 계속되었다.

세례 성사 다음으로 중요한 성례는 성체 성사 또는 영성체(領聖體)였다. 교회는 그리스도가 최후의 만찬에서 했다는 말, 즉 빵을 들며 "이것은 나의 살이요."라 하고, 포도주를 들며 "이것은 나의 피다."라고 했던 것을 말 그대로 받아들였다. 미사성제(聖祭)의 커다란 특징은 빵 제병과 성배에 든 포도주가 사제의 기적 같은 힘으로 그리스도의 살과 피로 변한다는 "화체설(化體說)"이다. 미사성제의 본래 목적은 성별(聖別)한 빵을 먹고 성별한 포도주를 마심으로써 삼위일체 신 중 제2위격, 즉 성자의 "살과 피, 혼과 신성"을 먹고 마시게 하는 것이었다. 성변화(聖變化)한 포도주를 마시면 그리스도의 피를 엎지를 위험이 있기 때문에 12세기에는 빵만 먹으며 성찬하는 관습이 생겨났다. 그리고 일부 보수파들(이들의 견해는 뒷날 보헤미아의 후스파에 의해 채택되었다.)이 주의 살과 피를 모두 받기 위해 두 가지 형식의 성찬을 모두 요구하자, 신학자들은 그리스도의 피는 빵 안에서 그의 살에 "수반"되고, 그의 살은 포도주 안에서 그의 피에 "수반"된다고 설명했다.[62] 악마를 내쫓고 질병을 치료하며 불을 끄고 목멘 거짓말쟁이의 위증을 간파하는 등, 성별된 빵의 수천 가지 경이로운 능력에 관한 이야기가 회자됐다.[63] 모든 그리스도교도는 적어도 1년에 한 번은 성찬에 참여해야 했고, 어린 그리스도교도는 엄숙한 의식이나 즐거운 기념일을 맞아 첫 번째 성찬식을 치렀다.

그리스도의 실재(實在)에 관한 교리는 서서히 발달했다. 처음 공식적으로 교리가 만들어진 것은 787년 니케아 공의회였다. 855년 프랑스 베네딕트회 수도사 라트람누스는 성별화된 빵과 포도주가 실재적인 것은 아니고 단지 영적으로만 그리스도의 살과 피라고 가르쳤다. 1045년경 투르의 부주교 베렝가르는 화체설의 현실성에 의문을 표했다가 파문당했다. 베크의 수도원장 란프랑쿠스는 그에게 보내는 답신(1063년)을 통해 정통 교리를 명시했다.

우리는 지상의 물질에 …… 형언하기 어렵고 불가해한 하늘의 힘이 작용하여 주의 살이라는 본질로 전환되는 한편, 동일한 실체의 겉모습과 특정한 다른 성질들이 남아 인간이 날것의 살과 피를 보는 데서 오는 충격을 피하고, 신자들은 한층 더 충만한 믿음의 보상을 얻는다고 믿습니다. 그러나 동시에 주의 살은 천국에도 …… 훼손되거나 오염되지 않고 온전한 모습으로 존재합니다.[64]

1215년 라테라노 공의회는 이 교리를 교회의 근본적인 신조로 선포하고, 1560년 트리엔트 공의회는 제병이 어떤 모양으로 부서지든 그 모든 조각이 예수 그리스도의 온전한 살과 피, 그리고 영혼을 담고 있다고 덧붙였다. 이렇게 하여 오늘날 유럽과 미국 문명에서는 원시 종교의 가장 오래된 의식(신을 먹는 것)을 널리 실천하고 숭배하게 되었다.

결혼을 성례, 즉 신성한 서약으로 만듦으로써 교회는 결혼을 통한 결합의 존엄성과 영원성을 엄청나게 승격시켰다. 신품 성사에서 주교는 사도에게서 전해져 내려온, 그리고 짐작건대 그리스도의 형상으로 하느님 자신이 직접 이들에게 주던 영적인 힘을 새로운 사제에게 부여했다. 마지막 성례, 즉 병자 성사에서는 사제가 임종을 맞는 그리스도교도의 고해를 듣고 그를 지옥에서 구한다는 면죄 선언을 한 뒤, 그의 가족들에게 성유를 발라 심판에 앞서 죄를 정화하고 부활을 준비했다. 유족들은 이교도식 화장 대신 교회장을 치렀다. 교회에서는 시신 역시 죽음으로부터 소생한다고 여겼기 때문이다. 그들은 죽은 사람을 수의로 감싸고 카론의 뱃삯[64a]으로 관 안에 동전을 넣고 나서 엄숙하고도 값비싼 의식을 치르며 망자를 무덤에 묻었다. 문상객을 고용하여 눈물을 흘리거나 통곡하게 하기도 했다. 친척들은 1년 동안 검은 옷을 입었다. 회환에 찬 유족들과 장례를 집행한 신부가 그렇게 장시간 애도한 끝에 고인에게 천국에의 약속이 주어졌는지는 알 수 없는 일이었다.

3. 기도문

모든 위대한 종교에서 의식은 교리만큼이나 필수적이다. 의식은 믿음을 전하고 키우며 종종 믿음 자체를 낳기도 한다. 믿는 자는 의식을 통해 자신이 믿는 신을 만나 위로를 받기도 한다. 의식은 극적인 장면과 시, 예술로써 감각과 영혼을 사로잡는다. 같은 의례와 같은 노래, 같은 기도, 그리하여 결국 같은 생각을 공유하게 함으로써 개개인을 유대감과 공동체 의식으로 묶는다.

가장 오래된 그리스도교 기도문은 "주기도문(主祈禱文, Pater noster)"과 "사도 신경(使徒信經, Credo)"이었다. 12세기 말로 가면서 쉽고 친숙한 "아베마리아(Ave Maria)"가 형태를 갖추기 시작했고, 찬양하고 축원하는 시적 호칭 기도도 등장했다. 일부 중세 기도문은 기적을 끌어내는 마법의 주문에 가까웠다. 어떤 기도는 집요한 반복으로 이루어져 중언부언하지 말라는 그리스도의 말씀을 절망스럽게도 뒤엎었다.[65] 수도사와 수녀, 그리고 나중에는 일반 신도에 이르기까지 십자군이 전해 준 동양의 풍습을 따라[66] 점차 묵주를 사용하기 시작했다. 이러한 관행을 널리 퍼뜨린 이들이 도미니크회의 수도사들이었다면, 프란체스코회 수도사들은 "십자가의 길(Via Crucis)"을 대중화했다. 참배객은 그리스도의 수난 현장을 상징하는 열네 개의 그림 또는 각각의 장면 앞에서 기도문을 암송했다. 사제와 수도사, 수녀, 그리고 일부 평신도는 "정시과(定時課, 하루일곱 번의 기도 시간 - 옮긴이) 예배"에 참석하여 베네딕트 같은 수도사들이 만든 기도문을 읽거나 성경을 암송하거나 찬송가를 불렀고, 알퀸과 그레고리우스 7세가 만든 "성무 일과(聖務日課)" 예배를 드렸다. 매일 밤낮 세 시간 간격으로 백만여 곳의 예배당과 가정에서 합심한 기도가 하늘을 뒤덮었다. 그 음악은 들리는 곳에 있는 집집마다 즐거움을 가져다주었을 것이다. 오르데리쿠스 비탈리스는 이렇게 말했다. "신을 경배하는 음악은 감미로워, 믿음을 가진 자들의 마음을 위로하고 기쁘게 만드는구나."[67]

교회의 공식 기도문에서는 종종 하느님을 아버지라고 칭했다. 소수 몇몇 성

신의 이름으로 기도하기도 했지만, 사람들이 올리는 기도는 대부분 예수와 마리아, 그리고 성인들을 향한 것이었다. 신은 공포의 대상이었다. 사람들의 머릿속에 신은 여전히 야훼로부터 전해 내려온 가혹한 처사를 행하는 존재였다. 한낱 죄인이 어떻게 감히 그토록 무섭고 까마득한 왕에게 기도를 올릴 수 있었겠는가? 예수는 그보다는 가까웠지만 그 역시 신이었다. 그의 행복을 그렇게 철저히 무시하던 인간이 그에게 직접 말을 걸기란 무척 조심스러운 일이었다. 시성(諡聖)되어 천국에 존재하는 성인에게 기도를 드리고, 그러한 성인의 개입을 통해 그리스도에게 간청을 올리는 게 더 현명한 행동으로 여겨졌다. 명맥을 유지하던 과거로부터 시적이고 대중적인 다신교가 되살아나 그리스도교 예배를 고무적인 영적 교감으로 채웠고, 하늘과 땅 사이에 형제애와도 같은 밀접함을 불어넣으며 어두운 요소들로부터 신앙을 구원했다. 모든 나라와 도시, 수도원, 교회, 기술, 영혼, 그리고 삶의 위기 순간마다 이교(異敎) 로마에 신이 있었던 것처럼 수호성인이 존재했다. 잉글랜드에는 성 게오르기우스가, 프랑스에는 생드니가 있었다. 성 바르톨로메오는 무두장이들의 수호자였다. 산 채로 살갗을 벗겨 내는 형벌을 당했기 때문이다. 성 요한은 기름이 끓는 가마솥에 던져졌다는 이유로 양초 기술자들의 수호성인이 되었고, 성 크리스토페르는 그리스도를 어깨에 지고 강을 건넜다는 이유로 짐꾼들의 수호성인이 되었다. 향수 상인들은 구세주의 발에 향유를 발랐던 마리아 막달레나에게 기원을 올렸다. 긴급한 상황에 처한 사람도, 아픈 사람도 하늘에 친구가 있었다. 성 세바스찬과 성 로츠는 역병이 도는 시기에 힘을 발휘했다. 사형 집행자의 손에 턱이 깨져 버린 성 아폴리니아는 치통을 치료하는 성인이 되었고, 성 블라이세는 따가운 목을 치료했다. 성 코르네유는 황소 떼를 보호했고, 성 안토니우스는 돼지들을 보호했다. 성 메다르두스는 프랑스에서 비를 간청할 때 가장 자주 등장하는 성인이었다. 간청을 했는데도 비를 내리지 않으면 성질 급한 예배자들은 그의 동상을 물속에 던져 암시적인 마법을 기대하기도 했다.[68]

교회는 매일 성인의 축일을 표시한 교회력을 정리했지만, 10세기까지 시성된 성인 2만 5000명을 1년 안에 담기에는 날이 부족했다. 이 성인력은 사람들에게 꽤 친숙해서 성인들의 이름으로 농업 절기를 나눌 정도였다. 프랑스에서는 성 게오르기우스 축일이 파종일이었다. 잉글랜드에서는 성 발렌티누스 축일을 겨울이 끝나는 기점으로 보았다. 그 행복한 날에 (그들의 말에 따르면) 새들은 숲에서 열렬히 짝을 맺고, 젊은이들은 사랑하는 소녀의 창턱에 꽃을 올렸다. 많은 사람들 또는 지역민들은 때로 교회의 반대에도 불구하고 많은 성인들을 기억하고 지속적으로 예배하며 시성했다. 성인의 상이 교회와 공공 광장, 건물과 도로에 건립되었다. 사람들은 이에 자발적인 예배 의례를 표하여 일부 철학자와 우상 파괴자들을 분개하게 만들었다. 주교인 투린의 클라우디우스는 많은 사람들이 "성인의 상에 예배를 올리고 있다. …… 그들은 우상을 버린 것이 아니라, 그 이름을 바꾼 것뿐이다."라고 불평했다.[69] 적어도 이 문제에서 사람들의 의지와 욕구는 숭배의 형태를 띠었다.

이토록 많은 성인이 존재했으니 그들의 유골이나 머리카락, 의복 또는 그들이 사용하던 물건 등 유물도 그만큼 많을 수밖에 없었다. 제단마다 그런 성스러운 유물을 한두 개 이상은 가지고 있어야 했다. 성 베드로의 바실리카는 베드로와 바울의 시신을 안치한 곳으로 유명하여 로마는 유럽 순례자들에게 가장 중요한 목적지가 되었다. 생오메르의 한 교회는 예수가 못 박힌 십자가 조각과 그리스도를 찌른 창의 일부, 예수의 요람과 무덤의 잔재, 하늘에서 쏟아진 만나(manna, 여호와가 이스라엘 민족에게 내려 주었다고 하는 양식 – 옮긴이), 아론의 지팡이, 성 베드로가 미사를 올리던 제단, 토마스 아 베케트의 머리카락과 두건, 마모직 옷, 면도 부스러기, 그리고 하느님이 손으로 직접 자취를 남기며 십계명을 적은 돌판 진품의 조각 등을 가지고 있다고 주장했다.[70] 아미앵 대성당은 세례자 성 요한의 두개골을 은배(銀杯) 안에 모셔 두고 있었다.[71] 생드니 수도원은 아레오파고스의 디오니시오스의 유해와 가시 면류관을 보관하고 있었다. 서로 다른 프랑스의 교회 세 곳은 각각 자신들이 마리아 막달레나의 온전한 유해를 보관하고 있다고 주장했다.[72] 그리고 다섯 개 프랑스 교회는 그리스도의 할례 유물 진품을 갖고 있다고 단언했다.[73] 엑서터 성당은 주(主)의 천사가 예수의 무덤을 밝히기 위해 사용했다는 양초 조각과 모세가 하느님의 음성을 들었다던 떨기나무 파편을 전시했다.[74] 웨스트민스터 대성당에는 그리스도의 피와 그의 발자국이 담긴 대리석 조각이 있었다.[75] 더럼의 한 수도원에서는 성 로렌스의 관절 뼈와 그를 화형할 때 불태운 석탄, 세례 요한의 머리를 받쳐 헤롯에게 건네진 쟁반, 성모의 옷, 성모의 젖이 얼룩진 바위 등을 전시했다.[76] 1204년 이전 콘스탄티노플의 교회에는 특히 유물이 많았다. 그리스도를 찌른 창이 여전히 그의 피로 붉게 물든 채 남아 있었고, 그를 채찍질할 때 사용한 막대와 예수가 못 박힌 십자가 조각 다수도 금궤 안에 소중히 보관되었다. 그 외에도 최후의 만찬에서 유다에게 준 "적신 빵"과 주의 턱수염 몇 올, 세례 요한의 왼쪽 팔 등 이루 헤아릴 수 없었다.[77] 콘스탄티노플이 약탈당하면서 이러한 유물 가운데 다수를 도둑맞았고, 일부는 팔려 나가 더 높은 가격을 부르는 응찰자를 찾아 서방 세계의 교회들을 전전했다. 유물은 모두 초자연적인 힘을 지니고 있다고 믿어졌고, 유물이 일으킨 기적에 대한 10만여 가지 이야기가 널리 회자됐다. 남녀노소 할 것 없이 유물의 작은 파편, 하다못해 성인이 입던 예복의 실오라기나 성유물 함에서 떨어진 먼지, 성지를 밝히는 램프에서 떨어진 기름 방울 같은 유물이라도 찾아 마법의 부적처럼 지니고 싶어 했다. 수도원은 앞다투어 성유물을 수집하고 인심 후한 참배자들 앞에 전시했으며, 자신들을 부자로 만들어 줄 유명한 유물의 소유권을 차지하기 위해 서로 경쟁했다. 토마스 아 베케트의 유골을 캔터베리 대성당의 새로운 예배당으로 이전(1220년)한다는 이유로 예배에 참석한 사람들의 주머니에서 오늘날 30만 달러에 상당하는 재화를 끌어낸 일화도 있었다.[78] 이토록 큰 수익이 따라오다 보니 많은 "꾼"들이 모여들었다. 수천여 점의 가짜 유물이 교회와 개인에게 팔렸다. 수도원은 자금이 필요할 때면 새 유물을 "발견"하고 싶은 유혹에 시달렸다. 이러한 유물의 오남용은 몇몇 곳에서 죽은 성인의 시신을 해체하여 그의 후원과 힘을 누리는

사건들이 발생하면서 절정을 이루었다.[79]

　　일반 성직자와 대다수 수도원은 진짜 성유물의 기적 같은 효험을 전적으로 믿었지만, 이렇게 과잉된 물신 숭배에 대해서는 불편해 했고 종종 맹비난을 쏟기도 했다. 기도할 수 있는 개인 시간을 바라던 일부 수도사들은 유물이 일으킨 기적에 대해 분개했다. 그라몽의 수도원장은 성 스테파노의 유골을 향해 떠들썩한 관중을 끌어모으는 경이로운 일을 그만 벌여 달라고 호소했다. "그렇지 않으면 당신의 뼈들을 강에 던져 버리겠다."라고 협박도 했다고 한다.[80] 유물의 기적이라는 신화를 먼저 부풀리거나 만들어 내는 것은 교회가 아니라 사람들이었다. 교회는 대개 사람들에게 그러한 이야기를 믿지 말라고 주의를 주었다.[81] 386년에는 황제가 칙령으로 "순교자들"의 유물을 "내돌리거나 파는 행위"를 금지해 달라고 교회에 요청한 듯했다. 성 아우구스티누스는 "순교자들을 거래한(그들이 순교자가 맞다면.) 수도사복을 입은 위선자들"에 대해 불평했다. 유스티니아누스는 386년의 칙령을 거듭 반포했다.[82] 1119년경 수도원장 기베르 드 노장은 「성유물에 대하여」라는 글을 통해 유물의 열풍을 멈추라고 요구했다. 그에 따르면 유물의 다수는 "무가치한 기록에 기초해 축성된 성인의 것"이었다. 일부 "수도원장들은 쏟아져 들어오는 기부금의 유혹에 빠져 가짜 기적이라는 거짓에 현혹됐다." 또한 "나이 든 부인들과 천박한 젊은 여자들은 베틀에 앉아 수호성인을 둘러싼 거짓 신화를 들먹이며 수다를 떨었다. …… 그러다가 남자들이 그 말에 반박하면 …… 실패로 그를 공격하곤 했다." 그는 성직자들도 반박할 마음이나 용기가 거의 없다고 말하며, 자신 역시 유물 장수가 신자들에게 "우리 주께서 친히 베어 물었던 빵 조각"을 팔 때 잠자코 있었다고 고백했다. "그 미치광이와 언쟁을 벌였다가는 나도 미치광이로 비난을 받을 게 뻔했기 때문"이었다.[83] 그는 교회 몇 군데에서 세례자 성 요한의 온전한 머리를 보관하고 있는 것도 보았다며 성인의 머리가 히드라처럼 베어져 곳곳에 존재하는 상황에 감탄했다.[84] 교황 알렉산데르 3세(1179년)는 수도원들이 유물을 들고 다니며 기부금을 모으지 못하도록 금지령을 내렸다. 1215년 라테라노 공의회는 성지 밖에 유물을 전시하지 못하도록 금지했다.[85] 2차 리옹 공의회(1274년)에서는 유물과 성상의 가치를 타락시키는 행위에 대해 비난했다.[86]

일반적으로 교회는 지중해 지역의 전통이나 사람들의 상상력 속에 존재하던 미신을 크게 부추기지 않았다. 기적을 일으키는 물건과 행운을 가져다주거나 액을 막아 주는 부적, 주문 등에 대한 믿음은 그리스도교에서만큼 이슬람교에서도 사랑받았는데, 이러한 믿음은 고대의 토속 신앙으로부터 두 종교로 전해져 내려온 것이었다. 남근 숭배는 중세 시대에 훨씬 더 오래 지속되었지만 교회에 의해 차츰 폐지되었다.[87] 하느님을 만군(萬軍)의 주(主)이자 왕 중의 왕으로 숭배하는 것은 셈족과 로마 제국의 방식으로 접근하고 숭상하며 호칭하는 방법이었다. 성직자나 제단 앞에서 향을 피우는 것은 제물을 불태우던 오랜 관습을 연상시킨다. 생수를 뿌리는 행위는 고대의 악령을 쫓는 의식의 한 형태였다. 줄을 이루어 행진하고 성수를 뿌려 정화 의식을 하는 것은 태곳적부터 계속된 의례였다. 성직자의 제의(祭衣)와 "폰티펙스 막시무스(pontifex maximus, 최고 제사장)"의 교황 작위는 이교 로마에서 전해진 유산이었다. 교회는 시골 지방의 개종한 그리스도교도가 여전히 특정한 샘이나 우물, 나무 또는 돌 등을 숭배한다는 사실을 알고 있었다. 그리고 그러한 정서에 너무 급격한 제재를 가하기보다 그 대상들을 신성한 것으로 축성하는 편이 그리스도교적으로 더 현명하게 이용하는 방식이라고 생각했다. 그렇게 플루아르의 고인돌은 일곱 성인을 모신 예배당으로 축성되었고, 오크 나무에 대한 숭배는 나무에 그리스도교 성인들의 그림을 거는 것으로 정화되었다.[88] 사람들에게 친근하거나 도덕률을 유예하는 카타르시스로 필요한 이교도적 축제는 그리스도교의 축제로 다시 등장했고, 초목과 관련된 이교도적 의식은 그리스도교식 예배로 변형됐다. 사람들은 성 요한 축일 전야에 계속해서 불을 밝혔고, 그리스도의 부활을 기념하는 날(Easter, 부활절)은 튜턴족의 봄의 여신인 에오스트레(Eostre)에서 유래한 이교의 명칭을 갖게 되었다. 그리스도교의 성인력은 로마의 "파스티(fasti,

표(表))"로 대체되었고, 사람들에게 친근한 고대의 신들은 그리스도교 성인의 이름을 달고 부활했다. 바스잘프(Basses-Alpes)의 여신 빅토리아(Dea Victoria)는 생빅투아르(St. Victoire)가 되었고, 카스토르(Castor)와 폴룩스(Pollux)는 성 코스마스(St. Cosmas)와 성 다미아누스(St. Damian)가 되었다.

이렇듯 관대한 각색에서 가장 성공을 거둔 사례는 이교의 지모신(地母神) 숭배를 마리아에 대한 경배로 승화시킨 것이었다. 이때 역시 앞장선 주체는 대중이었다. 431년 알렉산드리아의 대주교 키릴로스는 에페소스에서 행한 유명한 설교에서 에페소스의 이교도들이 그들의 "대여신(大女神)"인 아르테미스(디아나)에게 붙여 준 허황된 표현 가운데 다수를 마리아에게 적용했다. 그리고 그해 에페소스 공의회는 네스토리우스의 반대를 물리치고 마리아에게 "신의 어머니"라는 칭호를 승인했다. 아스타르테(Astarte, 고대 페니키아의 풍요와 생식의 여신)와 키벨레(Cybele, 그리스 신화에서 풍요와 자연의 여신), 아르테미스(Artemis, 그리스 신화에서 수렵의 여신), 디아나(Diana, 로마 신화에서 수렵의 여신), 그리고 이시스(Isis, 고대 이집트의 풍요의 여신) 등이 지닌 가장 상냥하고 자상한 특징이 마리아에 대한 예배 안에 점차 하나로 모아졌다. 6세기 교회는 성모 승천 대축일을 확립하고, 고대 이시스와 아르테미스의 축일이던 8월 13일을 그 기념일로 지정했다.[89] 마리아는 콘스탄티노플과 황실 가문의 수호성인이 되었다. 대대적인 행렬이 있을 때마다 마리아의 그림을 앞세웠고, 그리스 그리스도교 교회와 가정에서도 마리아의 그림을 내걸었으며 지금도 그렇게 하고 있다. 아마도 동방에서 서방으로 마리아에 대해 좀 더 친숙하고 다채로운 예배 방식을 들여온 계기는 십자군 원정이었을 것이다.[90]

교회 자체는 성모 숭배를 장려하지 않았다. 신부들은 마리아를 이브에 대한 해소 수단 정도로 권장했다. 그러나 신부들에게는, 여자는 "약한 그릇"이자 대부분의 죄를 유혹하는 원천이라는 적대감이 보편적으로 존재했다. 수도사들은 여성들로부터 소심한 도피를 반복했으며, 설교자들은 성의 매력과 특징 등에 악의적이고 장황한 비난을 일삼았다. 덕분에 마리아에 대한 범그리스도교적이고 열렬한 경배는 불가능한 일일 수도 있었다. 중세인의 마음에 가장 아름다운 꽃을 피우고 마리아를 역사상 가장 사랑받는 인물로 만든 것은 대중이었다. 부흥하는 유럽의 시민들은 더 이상 자신의 피조물 다수를 지옥으로 떨어뜨리는 가혹한 신의 모습을 받아들일 수 없었다. 사람들은 나름의 합의에 따라 신학자들이 주는 공포를 그리스도의 어머니에 대한 연민으로 완화했다. 그리고 여전히 지나치게 지고하고 공정한 예수를, 어느 누구도 거절하지 않았던 마리아, 그리고 그녀의 아들이 거부할 수 없는 마리아라는 인물을 통해 이해했다. 하이스터바흐의 카이사리우스(1230년)에 따르면, 한 젊은이는 부귀영화를 약속하는 사탄의 꾐을 받았지만 마리아를 부정할 수 없었다고 한다. 젊은이가 회개하자 성모는 그리스도를 설득하여 그를 용서하게 했다. 카이사리우스는 또한 시토회의 한 평수사가 그리스도에게 "주여, 저를 이 유혹에서 구해 주지 않으신다면 당신의 어머니께 호소하겠나이다."라고 기도하는 소리를 들었다고 말했다.[91] 성모 마리아에게 기도하는 사람들이 어찌나 많았는지, 통속적인 대중의 상상력은 질투하는 예수의 모습을 그려 내기도 했다. 전해 내려오는 한 이야기에 따르면 어떤 남자가 성모 마리아에게 기도를 올리며 천국을 향해 가는데, 예수가 나타나 그를 점잖게 책망하며 "내 어머니가 너의 감사 기도를 고맙게 여기시나 나에 대한 기도도 잊어서는 안 되노라."라고 말했다고 한다.[92] 야훼의 엄격함이 그리스도를 필요로 했듯이, 그리스도의 공정성은 그것을 누그러뜨릴 마리아의 자비를 필요로 했다. 종교적 예배에서 가장 오래된 인물인 지모신은, 마호메트가 오해의 여지가 많은 예언을 한 것처럼 사실상 새로운 삼위일체의 세 번째 위격이 되었다. 모든 사람이 마리아에 대한 사랑과 칭송으로 하나가 되었고, 아벨라르 같은 반항아들도 그녀 앞에 머리를 숙였다. 뤼트뵈프 같은 풍자 시인이나 방랑하는 학자 같은 회의론자들도 마리아에 대해서는 단 한마디 불경한 말도 내뱉지 않았다. 기사들은 마리아를 예배하며 스스로 고개를 숙였고, 도시들은 마리아에게 그들의 열쇠를 바쳤다. 신흥 부르주아들은 그녀에게서 가족과 어머니의 신성함을 목격했고, 길드의 거친 사내들은 물론 불경한 발언을 일삼는 군대와 전장의 영웅들까지도 마리아의 발 앞에 기도와 선물을 전달하기 위해 시골 아가씨들이나 자식을 여읜 여자들과 경쟁했다.[93] 중세 시대의 가장 열정적인 시가는 호칭 기도였다. 사람들은 열정적으로 고조되는 호칭 기도를 통해 마리아를 찬양하고 그녀의 도움을 간청했다. 길모퉁이와 교차로, 들판 등 장소를 가리지 않고 마리아상이 세워졌다. 마침내 12세기와 13세기, 역사상 가장 고귀한 종교적 분위기가 형성되며 가난한 자나 부자나, 미천한 자나 위대한 자나, 성직자나 평신도나, 예술가나 장인이나 할 것 없이 마리아의 이름으로 봉헌된 1000여 개의 성당에서 그녀를 찬미하기 위해 돈과 기술을 바쳤다. 또는 마리아 제실(祭室)을 마리아 신전처럼 따로 두는 것을 큰 영광으로 삼았다.

새로운 종교가 창조되었다. 그리고 가톨릭교가 그것을 흡수하며 살아남았다. 마리아의 복음이 형성되었다. 마리아 복음은 정통을 벗어나 형언할 수 없을 만큼 매력적이었다. 사람들은 전설을 만들었고, 수도사들은 그 전설을 기록했다. 이렇게 「황금 전설」에 기록된 이야기에 따르면 한 과부의 젊은 아들이 나라의 부름을 받았다. 아들은 적의 포로로 잡혔고, 과부는 아들을 구해 달라며 매일 성모 마리아에게 기도를 올렸다. 아무런 응답 없이 몇 주가 지나가자, 여인은 성모 마리아 동상에서 팔에 안겨 있던 아이 상을 훔쳐 자신의 집 안에 숨겼다. 이에 성모는 감옥 문을 열고 젊은이를 풀어 준 후 그에게 요구했다. "아들아, 네 어머니에게 그대의 아들을 돌려보내니 나의 아들을 돌려 달라고 전하거라."[94] 1230년경 프랑스인 수도원장 고티에 드 코앵시는 마리아에 관한 이야기를 모아 3만 행에 달하는 엄청난 시를 만들었다. 그 안에는 성모가 한 수도사를 치료하기 위해 자신의 "달콤한 젖"을 빨게 하는 이야기가 있다. 절도 행각을 벌이기 전에 늘 마리아에게 기도를 올리던 강도가 붙잡힌 뒤 마리아의 보이지 않는 보호를 받다가 풀려났다는 이야기도 있다. 한 수녀가 수녀원을 죄악에 가득 찬 채로 방치하다가 몇 년 후 건성으로 회개하며 돌아왔더니(그동안 마리아에 대한 기도는 단 하루도 빼먹지 않았다.) 마리아가 내내 성구(聖具) 관리인을 두어 아무도 그녀의 부재를 알아채지 못하게 했더라는 이야기도 있다.[95] 교회는 이러한 이야기를 모두 인정할 수는 없었지만 수태 고지나 성모 방문 축일, 성모 정화의 축일, 성모 승천일 등 마리아의 일생과 관련된 사건을 성대한 축일로 삼았다. 그리고 마침내 몇 세대에 걸친 평신도들과 프란체스코회 수도사들의 간청에 못 이겨 원죄 없는 잉태, 즉 마리아가 그리스도교 신학에서 아담과 이브 이후로 모든 여자와 남자 사이에서 태어난 아이들에게 부여하는 원죄로부터 오염되지 않은 임신을 했다는 점을 믿어도 좋다고 승인하고, 1854년에는 그러한 믿음을 명령했다.

마리아에 대한 숭배는 가톨릭교를 공포의 종교(암흑시대에 필수적이었을)에서 사랑과 자비의 종교로 탈바꿈시켰다. 가톨릭 예배의 아름다움의 절반, 그리고 눈부신 가톨릭 예술과 노래의 다수는 모두 이 여인의 헌신과 온화함, 심지어 육체적 아름다움과 기품에 대한 열렬한 신념에서 나온다. 이브의 딸들은 성당으로 들어가 그 정신을 완전히 바꾸어 놓았다. 한편으로 그 때문에 가톨릭 봉건 제도는 단련되어 기사도 정신을 발달시켰고, 남성 중심의 사회에서 여성의 지위는 적절히 상승했다. 그로 인해 중세와 르네상스 시대의 조각과 회화 작품에는 그리스 시대라면 거의 볼 수 없었던 깊이와 유연함이 더해졌다. 그것만으로도 마리아와 그녀의 이름을 단 성당들을 창조해 낸 종교와 시대의 많은 부분을 용서할 수 있을 것이다.

4. 의식

예술과 찬송가와 예배 의식을 통해 교회는 지혜롭게도 동정녀에 대한 숭배의 여지를 만들었다. 그러나 보다 오래된 예배와 의식의 요소에서는 더욱 엄격하고 엄숙한 믿음의 측면을 고집했다. 고대의 풍습에 따라 교회는 정기적인 금식을 명령했는데, 여기에는 한편으로 건강상의 이유도 작용했을 것이다. 금요일이 되면 사람들은 고기를 먹지 않았다. 사순절의 40일 동안에는 고기나 달걀,

치즈 등을 금했고, 이러한 금식은 9시과(오후 3시)까지 이어졌다. 뿐만 아니라 이 기간 동안에는 결혼이나 경사, 사냥, 재판, 성교 등도 행하면 안 되었다.[96] 이는 좋기는 하나 따르기는 불가능한 덕행으로 철저히 지켜지거나 강요되지 않았지만, 사람들의 무분별한 식욕과 성욕을 다스리고 의지를 다지는 데 도움이 되었다.

교회의 예배 의식 역시 고대로부터 전해진 유산이 감동적이고 숭엄한 종교적 드라마와 음악, 예술의 형태로 개조된 것이었다. 구약 성서의 시편, 예루살렘 성전의 기도와 설교, 신약 성서 통독, 성체 성사 등이 초기 그리스도교 예배를 구성하는 요소였다. 교회가 동방과 서방으로 나누어지면서 의식도 분리되었다. 그리고 그 권한을 중앙 이탈리아 너머로 확대할 수 없었던 초기 교황들의 무능 덕에 라틴 교회 내에서조차 의식은 제각각으로 다양해졌다. 밀라노에서 확립된 의식은 스페인과 갈리아, 아일랜드, 잉글랜드 북부 지역으로 퍼졌고, 664년까지 로마 양식에 물들지 않았다. 교황 하드리아누스 1세는 그레고리우스 1세가 시작한 과업을 완수하려는 노력으로, 8세기가 끝날 무렵 샤를마뉴에게 보낸 "성사집(聖事集)"에서 예배식을 개선했다. 기욤 뒤랑은 자신의 저서 『성무 일과에 대한 이성적 해석』(1286년)에서 로마 예배식에 관한 중세 고전을 남겼다. 이 책이 성경 이후에 인쇄된 최초의 책이라는 사실을 볼 때 그 내용이 널리 받아들여졌을 것으로 짐작할 수 있다.

그리스도교 예배의 중심이자 절정은 미사였다. 첫 4세기 동안 이 의식은 성체 성사 또는 감사 예배라고 불렸고, 최후의 만찬 성체 의식은 예배의 정수가 되었다. 12세기라는 세월이 지나면서 그와 관련된 일련의 복잡한 기도와 노래가 더해져 날과 계절과 미사의 목적 등에 따라 달리 불렸고, 사제들의 편의대로 미사 전서(典書)에 기록되었다. 그리스 의식과 때로는 라틴 의식에서도 신도는 성별대로 분리되었다. 의자는 없었다. 모두 서 있거나 가장 엄숙한 순간에는 무릎을 꿇었다. 노약자와 장시간 의식을 치르는 동안 서 있어야 하는 수도사나 수사는 예외였는데, 성가대 자리에 작은 선반 같은 것이 튀어나와 척추 밑부분을 받쳐 주었다. 이러한 받침대는 목공들이 가장 훌륭히 솜씨를 발휘하는 부분이 되었다. 집도 신부는 장백의(長白衣)와 제의(祭衣), 수대(手帶), 그리고 영대(領帶) 등 형형색색의 의상으로 덮인 토가를 입고 입장했다. 이들 의상에는 상징적인 장식이 있었는데, 가장 많이 쓰이던 상징은 대개 "IHS", 즉 "하느님의 아들, 구세주 예수(Iesos Huios Soter)"였다. 미사 자체는 제단 밑에서 "내가 하느님의 제단 앞에 나아가리다."라는 소박한 입당송(入堂頌)과 함께 시작되었고, 여기에 사제의 시중을 드는 복사(服事)가 "내 청춘의 기쁨이신 하느님께 이르리이다."라고 이어 불렀다. 신부는 제단에 올라 성유물들의 성스러운 보고인 그곳에 입을 맞추었다. 그리고 "키리에 엘레이손(Kyrie eleison, 주여, 우리를 불쌍히 여기소서.)"을 읊조렸다. 이는 라틴 미사에 남은 그리스 의식의 요소였다. "송영가(頌咏歌, 지고하신 주께 영광을.)"와 "사도 신경"도 암송했다. 신부는 성찬용 빵과 포도주가 담긴 성배를 "이것은 나의 몸이다."와 "이것은 나의 피다."라는 말과 함께 그리스도의 살과 피로 성별했다. 그리고 성변화한 빵과 포도주(즉 주의 아들)를 십자가 위에서 희생된 예수의 기념식에서 화목 제물(和睦祭物, propitiatory sacrifice)로 하느님께 바쳤는데, 이는 살아 있는 생물을 제물로 바치던 고대 제식의 흔적이었다. 신부가 예배 참가자들을 향해 "마음을 드높이 주를 향하여."라고 외치면 복사는 신도들을 대표하여 "주님께 올립니다."라고 대답했다. 그런 다음 신부는 "거룩하시도다."와 "신의 어린 양", "주기도문"의 세 가지 찬송가를 암송했다. 그리고 성변화한 빵과 포도주를 먹고 영성체를 받는 사람들에게 성체 성사를 집행했다. 몇 가지 기도를 더 하고 나서 신부는 마무리 선언으로 "가라, 끝났도다.(Ite, missa est)"라고 선언했는데, 아마도 이 표현에서 미사(Mass, missa)라는 명칭이 유래한 것으로 보인다.[97] 후기 미사 형식에서도 신부는 신도들에게 축복을 내리고 또 다른 복음서, 흔히 요한복음의 신플라톤주의적 서두를 암송했다. 주교가 집도할 때를 제외하고, 또는 12세기 이후 수사가 설교를 하게 되기 전까지 대개 설교는 이루어지지 않았다.

처음에는 모든 미사가 노래였고 신도들도 함께 노래를 불렀다. 4세기부터 신도들의 노래 참여는 줄어들었고, "교회 성가대"가 미사 집전 신부의 성가에 노래로 화답했다.* 다양한 교회 예배에서 불리던 찬송가는 중세 시대를 말해 주는 정서와 예술 중에서도 가장 감동적인 성과에 속한다. 우리가 알고 있는 라틴 찬송가의 역사는 주교 푸아티에의 힐라리우스(367년 사망)와 함께 시작되었다. 시리아 유배 생활에서 갈리아로 돌아온 힐라리우스는 그리스와 동양의 찬송가 몇 곡을 고향으로 가져와 라틴어로 번역하고 직접 작곡을 하기도 하였는데, 이들 노래는 모두 유실되었다. 밀라노의 암브로시우스는 새로이 작업에 착수하였다. 그가 만든 중후한 찬송가는 열여덟 곡이 전해지는데, 그 억눌린 열정은 아우구스티누스에게 강한 충격을 주었다. 믿음과 감사의 웅장한 찬송가 「주를 찬양합니다」는 처음에는 암브로시우스의 곡으로 알려졌지만 4세기 말 무렵 루마니아 주교 레미시아나의 니케타스가 만들었을 가능성도 있다. 후세기 라틴 찬송가들은 이슬람과 프로방스 연시의 영향으로 섬세한 감성과 형식을 갖게 된 것일 수 있다.[98] 일부 찬송가(예컨대 아랍의 시처럼)는 압운(押韻) 과잉의 엉터리 노래에 가깝다. 하지만 중세 개화기인 12세기와 13세기, 더 나은 찬송가들은 탄탄한 악구(樂句)와 압운이 잦은 아름다운 선율, 우아하고 부드러운 사상 등으로 미묘하게 방향을 전환하여 문학사상 가장 위대한 서정시의 반열에 오르게 되었다.

1130년경 파리 외곽에 위치한 생빅토르 수도원으로 생빅토르의 아담이라고만 알려진 브르타뉴의 젊은이가 찾아왔다. 그는 그곳에서 조용히 60여 년의 삶을 보내면서 유명한 신비주의자인 후고와 리카르드의 혼을 흡수하고 그 정신을 소박하고 아름다우며 힘찬 찬송가로 표현했다. 이들 찬송가는 대개 미사용 구성을 지니고 있었다. 그로부터 한 세기 후 프란체스코회 수도사 야코포네 다 토디(1228?~1306년)는 최고의 중세 서정시 「슬픔의 성모」를 작사했다. 야코포네는 페루자 인근 토디의 성공한 변호사였다. 그의 아내는 착하고 예쁘기로

---

* 미사의 음악에 대해서는 33장 참조.

유명했다. 그러나 어느 축제일에 연단에서 떨어져 처참히 죽고 말았다. 비통에 빠진 야코포네는 광포한 부랑자가 되어 자신의 죄와 슬픔을 토해 내며 움브리아의 거리를 배회했다. 그는 몸에 타르와 깃털 등을 치대고 네 발로 걷다가 프란체스코회 제3회원들을 만나, 그 시대의 연약한 신앙심을 응축한 시를 만들었다.

비탄에 잠긴 어머니 서 계셨네
눈물의 십자가 가까이
아드님이 거기 매달려 계실 때에
탄식하는 어머니의 마음
어두워지고 아프신 마음을
칼이 뚫고 지나갔네.

오 그토록 고통하며 상처 입은
그 여인은 복되신 분,
독생자의 어머니
근심하며 비탄에 잠겨
그분은 떠셨네,
귀하신 아드님의 처형을 보면서.

울지 않을 사람이 있을까
그토록 애원하시는
그리스도의 어머니를 보았다면
슬퍼지지 않을 사람이 있을까
아들과 함께 고통하며
아파하시는 어머니를 보면서

아, 어머니 사랑의 샘이여,

나로 비탄의 길을 깨닫게,

그대와 함께 슬퍼하게 하소서

나의 심장을 타오르게 하소서

하느님 그리스도를 향한 사랑 안에서

그리고 그분의 마음에 들게 하소서

거룩하신 어머니,

십자가에 박히신 그 상처들을

나의 심장에 깊이 담그소서

상처 입은 당신의 아드님은

그토록 낮추시어 나를 위해 수난하시고

내가 받을 형벌들을 나눠 지셨습니다.

당신과 함께 진실되이 울게 하소서.

살아 있는 동안

십자가에 달리신 그분을 함께 아파하게 하소서

십자가에 가까이 당신과 함께 서 있게,

기꺼이 당신과 동행하게,

가슴 치며 애통하게 하소서.

십자가로 내가 보호받게 하시고

그리스도의 죽음이 보루가 되어

은총이 나를 감싸게 하소서

이 몸이 죽을 때에

나의 영혼에,

낙원의 영광이 허락되게 하소서.

중세 그리스도교 찬송가 중 이 노래와 견줄 곡은 오직 두 편뿐이다. 하나는 성
토마스 아퀴나스가 성체 축일을 위해 만든 「입을 열어 찬미하세」이고, 다른 하
나는 1250년경 첼라노의 토마스가 쓴 소름끼치는 곡 「진노(震怒)의 날」인데, 이
노래는 고인을 위한 미사에서도 불렸다. 최후의 심판이 주는 공포심이 단테의
고통스러운 꿈들만큼이나 어둡고 완벽한 시를 탄생시킨 것이다.[99]

　기도와 찬송가, 미사 등의 감동적인 의식에 더하여 교회는 인상적인 기념
행사와 행진 등의 종교 축제를 만들었다. 북부 지역에서는 튜턴 이교에서 동
지(冬至)에 깊어 가는 밤을 이긴 태양의 승리를 축하하던 유쾌한 의식 대신 예
수 탄신일 축제가 열렸다. 그 뒤로 독일과 북프랑스, 잉글랜드, 스칸디나비아의
가정에서는 "크리스마스" 장작을 태웠고, 크리스마스트리에 선물을 매달았으
며, 주현절(主顯節) 전야제가 될 때까지 배가 터지도록 먹고 마시는 잔치를 벌
였다. 그 밖에도 할례 축일, 종려 주일, 부활절, 예수 승천일, 오순절(五旬節) 등
등 수없이 많은 축일이나 성일(聖日)이 있었다. 그런 날은 중세인의 삶에서 흥
미진진한 사건이었다.(물론 일요일은 비교적 차분했다.) 부활절이 되면 사람들은
자신이 기억하는 죄를 고백하고 목욕을 했으며, 수염이나 머리를 잘랐다. 그리
고 가장 좋고 가장 불편한 옷을 입고 성체 성사에서 하느님을 영접했으며, 자신
이 참여하고 있던 그 어떤 중요한 그리스도교 드라마에서보다 더 심오한 감명
을 받았다. 성주간(聖週間)의 마지막 3일이 되면 여러 마을의 교회에서 대화식
성가와 일반 성가로 된 종교극을 만들어 예수의 수난 사건을 재연했다. 교회 역
년(曆年)에서 몇몇 다른 행사도 그러한 신비주의가 두드러졌다. 1240년경 리에
주 인근 수녀원의 원장 율리아나는 엄숙한 기념제를 열어 성체 성사로 성변화
한 그리스도의 살을 예배하라고 절실히 권고하는 초자연적 환영을 보았다며
마을의 신부에게 보고했다. 1262년 교황 우르바누스 4세는 그러한 행사를 열도
록 허가하고 성 토마스 아퀴나스에게 기념제를 위한 "의식"의 구성, 즉 적절한

찬송가와 기도문 작성을 위임했다. 임무를 맡은 이 철학자는 훌륭히 실력을 발휘하여 과제를 완수했다. 그리고 1311년 마침내 성체 축일이 확정되었고, 오순절이 지난 첫 번째 목요일에 교회 역년 중에서도 가장 인상적인 행렬과 함께 축일 행사가 거행되었다. 이러한 기념식은 어마어마한 군중을 끌어모았고 수없이 많은 참가자들을 미화했다. 이와 같은 기념식은 중세 세속극의 길을 열었다. 길드의 화려한 행사와 기사단 조직과 마상 시합, 왕의 대관식 등, 질서와 평화에 경도되도록 타고나지 않은 인간들에게 모처럼의 여가가 주어져 경건한 소동과 고상한 장관이 가득했다. 교회는 신앙을 통한 교화의 기법을 이성에 호소하는 논쟁에 두지 않고 극적인 사건과 음악, 그림, 조각, 건축, 소설, 그리고 시 등을 통한 감성에의 호소에 두었다. 물론 개인주의적이고 변하기 쉬운 지성에 맞서는 것보다 보편적 감성에 호소하는 쪽이(선과 악을 불문하고) 더 효과적이었다. 그러한 호소를 통해 교회는 중세 예술을 창조했다.

절정에 이른 야외 행렬의 목표에는 성지 순례가 있었다. 중세 시대 사람들은 순례를 하며 속죄나 서약을 했고, 기적의 치료법을 찾거나 면죄부를 얻기도 했다. 또한 현대의 관광객처럼 낯선 땅이나 풍경을 관람하고 모험을 추구하면서 늘 똑같은 생활을 벗어나 기분 전환을 했다. 13세기 말 그리스도교 순례의 목적지는 허가된 곳만 약 1만 개가 있었다. 가장 용감한 순례자는 멀리 팔레스타인까지 떠나기도 했는데, 때로는 맨발이거나 셔츠 한 장만 걸치고 대개 신부가 제공한 십자가와 지팡이, 자금을 지닌 것이 전부였다. 1054년에는 주교인 캉브레의 리드베르트가 3000여 명의 순례자를 이끌고 예루살렘을 향했다. 1064년에는 콜로뉴와 마인츠의 대주교들, 슈파이어와 밤베르크, 그리고 위트레흐트의 주교들이 그 뒤를 따라 1만여 명의 그리스도교도와 함께 예루살렘으로 출발했다. 그중 3000명은 도중에 횡사했다. 고향 땅으로 안전하게 돌아온 순례자는 2000명에 불과했다. 어떤 순례자들은 피레네 산맥을 넘거나 대서양을 건너는 위험을 감수하며 스페인 콤포스텔라에 있다는 사도 야고보의 유해를 찾아갔다. 잉글랜드 순례자들은 더럼에 묻힌 성(聖) 커스버트나 웨스트민스터의 참회 왕 에드워드 또는 베리의 성 에드먼드의 무덤을 찾아갔고, 아리마데의 요셉이 지은 것으로 추정되는 글래스턴베리의 교회, 그리고 특히 캔터베리에 위치한 토마스 아 베케트의 성지를 찾았다. 프랑스는 투르의 생마르탱 교회와 샤르트르의 노트르담 대성당, 르퓌앙벌레이의 노트르담 대성당 등으로 순례자들을 이끌었다. 이탈리아는 아시시에 성 프란체스코의 유골과 교회가 있었고, 로레토에 산타 카사(Santa Casa), 즉 성채(聖砦)가 있었는데 신자들은 이곳이 마리아와 예수가 살던 나사렛의 집이라고 믿었다. 이 집은 투르크족이 팔레스타인에서 마지막 십자군 원정을 이끌 때 천사들이 하늘로 들어 올려 달마티아까지 옮겼고(1291년), 그 뒤 아드리아 해를 건너 안코나 숲(라우레툼(lauretum)), 즉 월계수의 숲이라는 이름에서 이 영광스러운 마을의 이름이 유래하였다.)에 도달했다고 한다.

결국 그리스도교 세계의 모든 길은 순례자들을 로마로, 그리고 베드로와 바울의 무덤을 관람하도록 이끌었다. 또한 경유지나 유명한 교회를 방문하여 면죄부를 얻도록, 그리스도교 역사의 기념일이나 축일을 기리도록 인도했다. 1299년 교황 보니파키우스 8세는 1300년을 기념의 해로 선포하여 그해에 성 베드로 성당을 찾아 예배하는 사람들 모두에게 면죄부를 제공했다. 그해에는 로마 시내 방문객이 20만 명 밑으로 내려간 날이 열두 달 동안 단 하루도 없었던 것으로 추산되었다. 또한 모두 합쳐 200만 명의 방문객이 성 베드로의 무덤 앞에 바친 소소한 기부 덕에 신부들은 손마다 갈퀴를 들고 돈을 긁어모으느라 밤낮 없이 바쁜 시간을 보냈다.[100] 안내서에는 순례자가 여행해야 할 길과 경유하거나 도달해야 할 장소가 어디인지 적혀 있었다. 피로와 먼지로 뒤덮인 채 마침내 영원한 도시(로마)를 만난 순례자들이 지복에 겨워 기쁨과 찬양을 노래하는 순례자들의 합창을 열창하는 모습이 희미하게나마 그려진다.

오, 고귀한 로마여, 이 땅의 여왕이여, 모든 도시 중에 가장 훌륭한 도시여! 오, 순교자의 장밋빛 피로 루비처럼 붉지만, 동정녀의 백합 같은 순수함으로 하얗구나. 시간이 흘러도 그대를 예배하노라. 대대손손 그대를 축복하노라.

교회는 이와 같이 다양한 종교 행사에 더하여 사회봉사에도 눈을 돌렸다. 노동의 존엄성을 가르쳤고, 수도사들은 농업과 제조업에 참여함으로써 이를 실천했다. 노동자들이 길드로 조직되는 것을 신성시했고, 종교 길드들을 만들어 자선 활동 등을 벌였다.[101] 모든 교회는 도피처가 될 수 있는 성소여서, 쫓기는 사람은 추격자가 격분을 가라앉히고 법적인 절차를 밟을 때까지 교회에서 조마조마한 안식을 얻을 수 있었다. 성소에서 사람을 끌어내는 행위는 파문까지도 당할 수 있는 신성 모독이었다. 교회나 성당은 한 도시나 마을의 종교적 중심일 뿐 아니라 사회적 중심지이기도 했다. 때로는 성소나 교회 자체가 친절한 성직자의 동의하에 곡식이나 건초, 포도주 등을 저장하고 옥수수를 빻거나 맥주를 양조하는 곳으로 이용되었다.[102] 마을 주민 대부분은 세례를 받았고, 대부분 땅에 매장되었다. 노인들은 일요일에 모여 수다를 떨거나 토론을 벌였고, 젊은 남녀들도 교회로 모여 눈길을 주고받았다. 거지들도 모여들어 교회는 구호품을 제공했다. 마을에 있는 거의 모든 예술품을 긁어모아 하느님의 집을 아름답게 꾸몄다. 가난한 수천 가구는 그러한 교회의 영광으로 밝아졌다. 사람들은 그 교회를 자신들의 돈과 손으로 직접 지었고, 그곳을 자신들의 공동의 집이자 영혼의 집이라고 여겼다. 교회 종탑의 종은 매일 시간마다 울렸고, 예배와 기도 시간을 알릴 때도 울렸다. 종들이 내는 음악 소리는 그 무엇보다 듣기 좋았다. 그 소리를 능가하는 것은 미사 때마다 목소리와 가슴을 하나로 묶는, 또는 식어 버린 믿음을 데우는 찬송가 소리뿐이었다. 노브고로드에서 카디즈까지, 예루살렘에서 헤브리디스까지, 첨탑과 첨탑들이 하늘 높이 위태롭게 올라간 이유는 인간이 희망 없이 살 수 없기 때문이며, 죽음에 수긍하지 않을 것이기 때문이다.

5. 교회법

이 복잡하고 다양한 예배 의식과 나란히 교회에서 제정한 더 복잡한 법도 발달되었다. 이들 법은 당시 그 어떤 제국보다 더 넓고 다양한 영역을 지배하던 교회의 행동과 결정 사항 등을 규제했다. 교회법, 즉 교회의 "통치법"은 오랜 종교적 관습과 성경 구절, 신부들의 의견, 로마나 야만족의 법률, 교회 공의회의 칙령, 그리고 교황들의 결정과 의견 등이 서서히 덧붙여진 것이었다. 유스티니아누스 법전의 일부가 성직자들의 행동을 통제하기 위해 채택되었고, 어떤 부분은 결혼이나 이혼, 유언 등에 대한 교회의 관점에 부합하도록 재구성되었다. 교회법을 집대성하는 일은 6세기와 8세기 서방에서 이루어졌고, 동방의 비잔티움 황제들도 정기적으로 작업을 수행했다. 1148년경 로마 교회의 여러 법에 최종적인 중세의 틀을 부여한 사람은 그라티아누스였다.

볼로냐의 수도사 그라티아누스는 그곳의 학교에서 이르네리우스의 제자로 수학한 것 같다. 확실히 관련 자료를 보면 그는 로마법과 중세 철학에 모두 해박했다. 그는 자신의 저서에 『불일치한 규제들 간의 조화』라는 제목을 붙였다. 후대 사람들은 그 책을 "데크레툼(Decretum)"이라고 불렀다. 이 책은 1139년까지 교회의 교리와 의식, 조직, 그리고 행정에 관해 만들어진 법과 관습, 공의회와 교황의 칙령, 교회의 청빈, 교회 재판소의 절차와 판례, 수도 생활의 규제, 결혼 계약, 유산 상속의 원칙 등에 질서와 맥락을 부여했다. 이 책의 논법은 아벨라르의 "긍정과 부정"에서 유래하여, 아마도 그라티아누스 이후 스콜라 철학의 방법론에 어느 정도 영향을 끼쳤을 것이다. 즉 권위 있는 명제로 시작하여 그 명제를 반박하는 진술이나 전례를 인용하고, 반박 논리를 해결한 뒤 해설을 덧붙이는 것이다. 비록 이 책은 중세 교회에 결정적인 권위로 받아들여지지 않았지만, 그 안에서 다루고 있는 기간에 대하여는 필수적이고 신성하기까지 한 교재가 되었다. 그레고리우스 9세(1234년)와 보니파키우스 8세(1294년), 그리고 클레멘스 5세(1313년)는 여기에 내용을 추가했다. 이 책과 사소한 내용이 더

첨가된 증보판은 1582년 그라티아누스의 『불일치한 규제들 간의 조화』와 함께 『교회법 대전』으로 출간되어 유스티니아누스의 『로마 대법전』에 필적하는 중요한 교회법(교회의 규제법)이 되었다.*

실제로 교회법의 관장 영역은 당시 그 어떤 민법의 영역보다 더 넓었다. 교회법은 교회의 구조와 신조, 운영 등뿐 아니라 그리스도교 영토에 있는 비그리스도교도를 대하는 원칙까지 포괄했다. 이교도를 수사하고 진압하는 절차와 십자군 조직, 결혼, 상속, 간통, 이혼, 유서, 매장, 과부, 고아에 관한 법들, 서약과 위증죄, 신성 모독, 성물 매매, 명예 훼손, 고리대금업, 공정 가격에 관한 법률도 다루었다. 학교와 대학에 관한 규제, 일시적 사투(私鬪) 중지령과 전쟁을 제한하는 기타 수단, 평화를 정착하기 위한 방법 등도 포함하였고, 주교 궁과 교황청의 행동, 제명과 파문, 금지 제재의 사용, 종교 처형의 관리, 민간 재판소와 교회 재판소의 관계, 국가와 교회의 관계까지 모두 교회법의 대상이었다. 교회는 이 광범위한 법률이 모든 그리스도교도에 대해 법적 구속력을 지니도록 하며 어떠한 위법 행위에 대해서도 정신적, 육체적인 형벌을 가할 권리를 갖고 있었는데, 다만 교회 재판소들은 "피의 판결", 즉 사형을 선고해서는 안 되었다.

대개 종교 재판 이전에 교회는 정신적 공포에 의지했다. 소(小)파문으로 그리스도교도를 교회의 의식과 성례에서 제외시키기도 했는데, 신부는 누구나 이 형벌을 선고할 수 있었다. 교회는 범죄자가 면죄 선언을 받기 전에 죽음에 이르면 곧 헤어날 수 없는 지옥에 빠진다고 믿게 만들었다. 대(大)파문(현재 교회가 사용하는 파문은 이것뿐이다.)을 선고할 수 있는 자격은 공의회나 신부보다 높은 고위 성직자들에게만 있었고, 오직 자신들의 관할 재판권 아래에 있는 사람들에 대해서만 벌을 줄 수 있었다. 대파문을 당한 희생자는 그리스도교 사회의 모든 법적, 정신적 연계로부터 제외됐다. 그 사람은 소송도, 상속도, 법적으

---

*1918년 5월 20일, 개정된 『교회법 대전』은 공식 교회법이 되었다.

로 유효한 어떠한 행위도 할 수 없었지만 소송을 당할 수는 있었다. 그리스도교도는 그들과 식사를 하거나 대화를 나누어서는 안 되었고, 이를 어길 경우 소파문에 처해질 수 있다는 위협이 따랐다. 프랑스 국왕 로베르가 사촌과 결혼했다는 이유로 파문당했을 때(998년), 그는 거의 모든 조신(朝臣)과 종복들로부터 버림받았다. 남아 있던 가정부 두 명은 그가 식사 후 남긴 음식을 불에 던져 넣었다. 그 음식에 자신들이 오염되는 것을 피하기 위해서였다. 극단적인 경우 교회는 파문에 저주를 더하였다. 같은 말에 또 말을 더하여 구체적으로 악담을 퍼부었던 것이다. 최후의 수단으로 교황은 어떤 그리스도교 국가에 대해서도 금지 제재를 가할 수 있었다. 즉 거의 또는 모든 종교 의식을 중단시키는 것이었다. 성례가 필요하다고 생각하는 사람이나 용서받을 수 없는 죄로 인한 죽음이 두려운 사람들은 이내 파문당한 사람에게 교회와의 화해를 종용했다. 프랑스는 998년에, 독인은 1102년에, 잉글랜드는 1208년에, 그리고 로마는 1155년에 이러한 금지 제재를 당했다.

파문과 금지 제재가 남발되면서 11세기 후로는 그 효과가 약해졌다.[103] 교황들은 가끔 정치적인 목적으로 금지 제재를 휘둘렀다. 인노켄티우스 2세도 투스카니 동맹에 가입하지 않은 피사를 금지 제재로 위협했다.[104] 대규모 파문(이를테면 교회 십일조 세금을 부정 신고했을 경우)도 꽤 많아서 법 밖으로 추방된 그리스도교 집단이 많았고, 심지어 파문당했다는 사실조차 모르는 경우도 있었다. 그리고 그 사실을 아는 사람들은 저주를 무시하거나 웃어넘겼다.[105] 밀라노와 볼로냐, 그리고 피렌쩨는 13세기와 14세기에 세 번씩 대규모 파문을 당했다. 밀라노는 세 번째 칙령을 22년 동안 무시했다. 1311년 주교 기욤 르메르는 이렇게 말했다. "가끔은 단일 교구에서 300에서 400명이 파문되는 것을 내 눈으로 목격했고, 심지어는 700명에 이른 적도 있었다. …… 교황권을 경시하거나 교회와 성직자에 대해 불경하고 가증스러운 말을 한 사람들이었다."[106] 필립 오귀스트와 공정 왕 필립은 자신들을 파문한 칙령을 거의 신경 쓰지 않았다.

때때로 나타나는 그러한 무관심은 유럽 평신도들에게 교회법의 권위가 떨어지기 시작했음을 보여 주는 것이었다. 그리스도 탄생 후 첫 1000년 동안 세속의 권력이 허물어진 사이 교회는 인간 생활의 매우 광범위한 영역을 자신의 법 아래로 가져왔다. 하지만 13세기와 14세기 세속의 정부가 힘을 키우면서 인간사도 교회법으로부터 민법으로 하나하나 옮겨 갔다. 그리스도교와 관련된 일은 당연히 교회의 몫이었지만, 교육과 결혼, 도덕, 경제, 전쟁 등 다른 대부분의 영역에서는 교회의 권위가 기울어지기 시작했다. 교회가 창조한 사회적 질서의 보호와 승인 아래 성장해 온 국가들은 스스로 성인이 되었다고 선언하며 오늘날 절정에 이른 세속화의 기나긴 과정에 돌입했다. 그러나 가장 창조적으로 활동하던 교회법 학자들의 업적은 사라지지 않았다. 그들은 교회의 가장 위대한 정치인들을 준비하고 훈련시켰다. 교회법은 로마법을 근대 사회로 전달하며 그 안에 녹아들었고, 과부와 아이들의 법적 권리를 신장시켰으며, 서유럽 민법에서 과부 상속의 원칙을 확립했다.[107] 그리고 스콜라 철학의 형태와 용어를 형성하는 데 일조했다. 교회법은 중세인들이 남긴 커다란 성과 중 하나였다.

6. 성직자

중세 시대의 언어는 모든 인간을 두 부류로 구분했다. 바로 종교적 지배 아래에서 생활하는 사람들과 속세에서 생활하는 사람들이었다. 수도사는 종교적 삶을 사는 사람이었다. 수녀도 마찬가지였다. 일부 수도사들은 신부이기도 했고, 수사, 즉 수도원의 규칙을 따르며 사는 성직 수사이기도 했다. 그 밖의 성직자들은 모두 속세에서 생활하는 재속 신부(在俗神父)라고 불렸다. 성직자의 계급은 모두 삭발, 즉 면도한 머리 정수리로 구별했다. 성직자는 모두 긴 예복을 입었는데, 예복은 빨간색과 초록색을 제외한 단색이면 어떤 색이든 괜찮았고 머리끝부터 발끝까지 단추가 달려 있었다. "성직자(clergy)"라는 말은 하급 성직자, 즉 교회 문지기나 성서 낭독자, 퇴마사, 복사뿐 아니라 대학교 학생과 교수, 그리고 학생 시절에 삭발하고 나중에 의사나 변호사, 예술가, 작가 등이 된 모든 사람, 회계사나 문학과 관련된 보조로 일하는 사람까지 포함했다. 여기에서 뒷날 "사무직(clerical)"이나 "점원(clerk)"으로 협소해진 단어가 탄생했다. 상위 성품을 받지 않은 성직자는 결혼이 가능했고, 괜찮은 직업을 유지할 수 있었으며, 삭발을 계속해야 할 의무도 지지 않았다.

세 가지 "상위 성품", 즉 차부제(次副祭)와 부제, 사제는 되돌릴 수 없는 자리였고, 일반적으로 11세기 후로는 결혼이 금지되었다. 7세기의 그레고리우스 7세 이후로 라틴 사제 중에 결혼과 축첩을 한 사례가 있지만,[108] 그런 경우는 점점 더 이례적인 것이 되었다.* 교구의 사제는 정신적인 즐거움에 만족해야 했다. 보통 교구는 영지나 마을과 경계가 동일했기 때문에 일반적으로 사제는 주교와 결탁한 해당 영지[109]의 영주가 지명했다. 사제는 대개 교육 수준이 높지 않았다. 학교 교육에는 많은 비용이 들었고 책은 흔치 않았기 때문이다. 사제는 성무일도서(聖務日禱書)와 미사 전서를 읽을 수 있고, 성례를 집행하며, 교구 내의 예배와 자선을 조직할 수 있을 정도면 충분했다. 많은 경우 사제는 그저 유급 성직자가 얻는 수입의 4분의 1만 받으면서 종교 업무를 수행하기 위해 교구 성직자에게 고용된 "대리인"에 불과했다. 이런 식으로 한 명의 교구 성직자가 너덧 명의 유급 성직자를 두고 있을 때, 교구 사제는 세례나 결혼, 매장,

---

* 1215년 이후 수도사와 사제, 수녀의 보편적 금욕주의는 유전학적 문제를 선사한다. 유럽은 매우 많은 유능한 인물들이 부모 되기를 기권하면서 적지 않은 생물학적 손실을 입었을지 모른다. 그러나 우리는 우월한 능력이 어느 정도까지 유전되는지 알 수 없다. 수도사와 사제가 결혼을 하지 않음으로써 양성 평신도들 사이에 초래된 수적 불균형 효과는 이론적으로 의미가 작다. 상업이나 다른 이유로 인한 이동, 전쟁과 십자군 원정, 여성보다 남성의 사망률을 높이는 갈등이나 기타 위험 요소 덕에 상당수의 여성들이 미혼이거나 난혼(亂婚)인 상태로 남았다. 교회는 수녀원에 들어올 마음만 있다면 모든 여성을 환영했지만, 수도사와 사제를 합한 수는 수녀의 수를 훨씬 웃돌았다. 귀족의 미혼 여식은 종종 수녀원에 넘겨지기도 했지만, 그 밖의 다른 계급에 속한 넘쳐나는 여성들은 물레를 돌리거나 인내심 많은 아주머니가 되어 친척과 함께 생활하거나 수치심과 공포를 느끼며 명망 있는 남자들의 요구를 만족시키는 데 일신을 바쳤다.

장례 미사 등의 "성례 수수료"로 수입을 보충하며 가난하게 생활했다.[110] 때로는 계층 간의 싸움에서 존 볼(John Ball)처럼 가난한 자들의 편이 되기도 했다.[111] 그 당시 사제의 도덕성은 현대 사회의 사제와는 비교도 안 되었다. 오늘날의 사제들은 종교적 경쟁 때문에 좋은 행실에 힘쓰는 반면에, 중세의 사제들은 대체로 인내와 양심, 그리고 온정을 가지고 자신의 일에 임했다. 이들은 병자를 방문하고, 사별한 가족을 위로하며, 젊은이들을 가르쳤다. 성무일도서를 낭송하고, 거칠고 활기찬 시민에게 도덕률과 교화의 변화를 불어넣었다. 그들에게 가장 혹독한 비평가들조차 많은 교구 사제들이 "세상의 소금"이라고 말했다.[112] 자유사상가 리키는 "다른 어떤 인간 집단도 이보다 더 외곬일 수 없다. 이들은 물욕 없는 열의를 지녔고, 사적인 이해에 굴하지 않으며, 세속적인 욕망에 의무를 저버리거나, 불굴의 영웅주의로 모든 형태의 역경과 고통과 죽음에 맞서려 하지도 않는다."라고 말했다.[113]

사제직과 주교직은 "교권(敎權)"을 구성했다. 주교는 몇 개의 소(小)교구와 사제들을 하나의 주교구(主敎區)로 편성하기 위해 선택된 사제였다. 원래 이론적으로 주교는 사제와 신도들에 의해 선출되었다. 대개 그레고리우스 7세 이전에는 귀족이나 왕이 지명했다. 1215년 이후에는 성당 사제단이 교황과의 협조하에 주교를 선출했다. 주교는 교회 업무뿐 아니라 많은 세속의 일까지 관장했고, 주교 재판소에서는 모든 등급의 성직자와 관련된 사건뿐 아니라 많은 민사 사례까지 심리했다. 주교는 사제들을 임명하고 퇴임시킬 권한이 있었다. 그러나 이 시기 교구 내 수도원과 수도원장에 대한 주교의 권위는 그의 권력을 두려워한 교황이 수도회를 교황권의 직접적인 통제 밑으로 가져가면서 축소되었다. 주교의 수입은 주로 자신의 교구에서, 대부분은 관할 교구에 소속된 사유지에서 나왔는데, 이따금 자신이 교구로부터 받은 것보다 더 많은 것을 교구에 돌려주었다. 주교직에 오르는 후보들은 대부분 자신이 지명되는 것에 대한 입후보비를 납부(처음에는 왕에게, 나중에는 교황에게)하는 데 동의했고, 세속의 지배자로서 가끔은 수지맞는 좋은 직책에 친척들을 임명하는 약한 모습을 보이기도 했다. 교황 알렉산데르 3세는 "신이 주교에게서 아들을 빼앗았지만 악마는 주교에게 조카를 주었다."라고 투덜댔다.[114] 많은 주교들이 봉건 영주가 된 것처럼 사치스럽게 생활했지만, 영적인 과업과 행정 업무에 전념하는 주교도 많았다. 레오 9세가 주교직을 개혁한 이후 유럽의 주교들은 정신적으로나 도덕적으로 중세사에서 가장 훌륭한 집단이 되었다.

지방의 주교 위에는 대주교가 있었다. 이들은 독자적으로 관구의 교회 공의회를 소집하거나 주재할 수 있었다. 일부 대주교는 성격이나 부의 정도에 따라 관구의 생활사를 거의 모두 지배했다. 독일 함부르크와 브레멘, 콜로뉴, 트리어, 마인츠, 마그데부르크, 그리고 잘츠부르크의 대주교는 힘센 봉건 영주였다. 어떤 경우에는 황제가 이들을 직접 선택하여 제국의 행정을 집행하거나 대사 또는 왕실 고문관 역할을 수행하게 하였다. 랭스와 루앙, 그리고 캔터베리의 대주교들도 프랑스와 노르망디와 잉글랜드에서 비슷한 역할을 수행했다. 어떤 대주교들(톨레도, 리옹, 나르본, 랭스, 콜로뉴, 캔터베리)은 "총대주교"가 되어 해당 지역의 모든 성직자에 대해 논란 많은 권위를 행사했다.

주기적으로 공의회에 모인 주교들은 교회의 대리 정부를 구성했다. 후세기에 이들 공의회는 교황을 넘어서는 권력을 주장했다. 그러나 그 와중에도 서유럽의 그 누구도 위대한 교황의 시대에 로마 주교의 우월한 종교적, 영적 권위에 의문을 제기하지 않았다. 10세기의 추문들은 레오 9세와 힐데브란트(그레고리우스 7세)의 선행 덕에 속죄를 받았다. 요동치고 몸부림치던 12세기 교황의 권력은 점점 성장하여 인노켄티우스 3세 때에는 세상을 뒤덮으려 하기에 이르렀다. 왕과 황제들은 말의 등자를 잡고 하얀 예복을 입은 "하느님의 종들 가운데 종"의 발에 입을 맞추었다. 이제 교황권은 인간의 야망이 도달할 수 있는 가장 높은 곳까지 올라가 있었다. 엄격한 신학교와 법학교에서는 당대 최고의 지성들이 교회 체계 안으로 들어갈 준비를 하고 있었다. 그리고 그 정상에 올라선 자들은 대륙을 지배하는 과업에 간이 오그라들지 않을 용기와 지성을 갖춘 사람들이었다. 교황 개인의 죽음은 그들 자신이나 공의회가 만든 정책을 추구하는 데 거의 아무런 장애도 되지 않았다. 그레고리우스 7세가 남기고 떠난 과제를 인노켄티우스 3세가 완성했고, 인노켄티우스 4세와 알렉산데르 4세는 인노켄티우스 3세와 그레고리우스 9세가 교황권을 포위한 제국과 벌이던 투쟁을 승리로 이끌었다.

이론적으로 교황의 권위는 그리스도가 사도들에게 부여한 권한을 계승한 데서 비롯되었다. 이런 점에서 교회의 정부는 신권 정치, 즉 세속에 속한 하느님의 주교가 종교를 통해 벌이는 인간의 정치였다. 다른 시각으로 보면 교회는 민주주의였다. 정신적, 육체적 결함이 있는 사람과 유죄 확정된 범죄자, 파문된 자, 그리고 노예를 제외하고는 그리스도교 세계에 속한 모든 사람이 사제직과 교황권에 오를 권리를 지니고 있었다. 모든 체제가 그렇듯이 부자는 높은 계급에 오르는 데 더 유리한 기회를 가졌다. 하지만 올라갈 수 있는 기회는 누구에게나 열려 있었고, 성공을 결정하는 주된 요소는 혈통이 아닌 재능이었다. 수백 명의 주교와 몇몇 교황은 가난한 집안 출신이었다.[115] 계급으로부터 위계질서 내로 들어오는 신선한 피의 흐름은 계속해서 성직자들에게 양분이 되었다. 이는 "오랜 세월 동안 실질적으로 인간의 평등을 인정한 유일한 경우였다."*

1059년, 이처럼 교황을 선출할 권리는 로마 인근에 배치된 "주교 추기경"들에게 국한되었다. 이들 7명의 추기경은, 교황이 여러 나라에서 새로 임명하여 점차 그 수가 증가하면서 70명으로 구성된 추기경회(樞機卿會)에 이르렀다. 이들은 붉은색 모자와 자주색 예복을 입었고, 교황 다음으로 높은 위치에서 새로운 계급을 형성했다.

---

* James Westfall Thompson, *Economic and Social History of the Middle Ages*, N.Y., 1928, p.601. 볼테르(Voltaire), "로마 교회는 다른 정부에서 이제 막 탄생한 가치를 제시해 왔다는 장점을 지니고 있었다." ("Essay on the Manners and Morals of Europe", in *Works*, N.Y., 1927, XIII b, 30.) 히틀러는 "이것은 오래된 제도 안에 들어앉은 놀라울 만큼 생생한 권력의 기원이다. 이 거대한 고위 성직자 집단은 나라의 최하층에서 끊임없이 스스로를 보충하며 인간의 감성 세계와 본능적인 결합을 유지할 뿐 아니라, 그러한 형태에서 광범위한 대중 안에서만 끊임없이 주어지는 활력과 왕성한 힘임을 확인한다."라고 말했다.(*Mein Kampf*, N.Y., 1939, p.643)

이러한 사람들과 많은 성직자, 그리고 로마 교황청의 다른 관리와 재판소 등의 도움을 받아 교황은 13세기에 최고조에 달했던 영적 제국을 지배했다. 교황은 독자적으로 주교들의 교무 총회를 소집할 수 있었고, 총회에서 제정한 법률은 교황의 칙령으로 확인받지 못할 경우 아무런 힘을 갖지 못했다. 교황은 교회법을 자유로이 해석하고 개정하며 확대했고, 법의 원칙에서 특별한 시혜를 승인할 수도 있었다. 또한 교황은 주교 재판소의 결정을 항소할 수 있는 최종 재판소이기도 했다. 교황의 독단으로 특정한 중죄를 용서할 수도, 면죄부를 발행할 수도, 성인으로 시성할 수도 있었다. 1059년 이후에는 모든 주교가 교황에 대한 복종을 서약하고 교황 특사에게 성무 감시를 받아야 했다. 사르디니아나 시칠리아 같은 섬과 잉글랜드와 헝가리, 스페인 같은 나라는 교황을 봉건 영주로 인정하고 공물을 보냈다. 교황은 주교와 사제, 수도사를 통해 영토 안의 어디에든 눈과 손을 가지고 있었다. 이들 성직자는 어떤 국가와도 비교될 수 없는 정보 기관이자 행정 기관을 이루었다. 점차 로마는 깜짝 놀랄 만한 "말씀의 힘"으로 알게 모르게 유럽에 대한 지배를 다시 회복하고 있었다.

7. 최고의 교황권: 1085~1294년

그레고리우스 7세가 세상을 뜨고 제국의 승리가 명백해졌지만 평신도 서임권을 둘러싼 교회와 국가의 갈등은 끝나지 않았다. 갈등은 몇 명의 교황 임기가 지나고 한 세대가 다할 때까지 계속됐고, 교황 칼릭스투스 2세와 황제 하인리히 5세 사이의 보름스 협약(1122년)에서 타협에 이르렀다. 하인리히는 교회에 "모든 주교 서임권"을 양보하고 주교와 수도원장 선출은 "교회법이 정한 대로", 즉 성직자나 수도사들에게 맡기는 것, 그리고 성직 매매와 "모든 간섭을 하지 않을 것"에 합의했다. 칼릭스투스는 독일에서 왕실의 땅을 보유하는 주교나 수도원장에 대한 선출은 왕이 있는 곳에서 이루어져야 한다는 것을 인정했다. 선거에 분쟁이 발생할 시에 왕이 해당 지역의 주교와 상의한 뒤 경쟁 후보 중에서 선택한다는 것과 왕으로부터 받은 땅을 보유한 수도원장이나 주교는 봉신이 종주에게 해야 할 모든 봉건적 의무를 다한다는 데에도 동의했다.[116] 비슷한 협정서가 잉글랜드와 프랑스 사이에서 이미 조인된 상태였다. 양측은 서로 승리라고 주장했다. 교회는 상당한 자치를 이루었지만 봉건적 연결 고리로 인해 여전히 유럽 전역에서 주교를 선택하는 데 왕들의 목소리가 우세했다.[117]

1130년 추기경회는 파벌로 나뉘었다. 한쪽은 인노켄티우스 2세를 선택했고, 다른 한쪽은 아나클레투스 2세를 선택했다. 아나클레투스는 귀족인 피에를레오니 가문 출신이긴 했지만 조부가 유대교에서 그리스도교로 개종한 자였다. 그의 적들은 그를 "유대인 교황"이라고 불렀다. 다른 곳에서는 유대인에게 친절한 성 베르나르가 황제 로타르 2세에게 "그리스도께 수치스럽게도 유대인 출신인 자가 나타나 성 베드로의 권좌에 앉으려 합니다."라며 베드로의 출신을 망각한 서한을 보내기도 했다. 대다수 성직자들과 단 한 명을 제외한 유럽의 왕들은 인노켄티우스를 지지했다. 유럽 대중은 아나클레투스가 근친상간을 했다거나 그리스도교 교회를 약탈하여 유대인 친구들의 부를 축적해 주었다고 비방하며 희희낙락했다. 그러나 로마 시민들은 아나클레투스가 죽을 때(1138년)까지 그를 지지했다. 아마도 14세기 "유대인 교황" 안드레아의 전설을 낳은 것은 아나클레투스의 이야기였을 것이다.[117a]

하드리아누스 4세(1154~1159년)는 그리스도교에서 "재능만 있으면 어떠한 길이든 추구할 수 있다."라는 점을 다시 한 번 증명했다. 잉글랜드에서 미천한 신분으로 태어나 거지로 수도원에 들어간 니콜라스 브릭스피어는 온전히 재능만으로 스스로 수도원장과 추기경, 그리고 교황이 되었다. 그는 잉글랜드의 헨리 2세에게 아일랜드를 주었고, 바르바로사로 하여금 자신의 발에 입을 맞추게 하였으며, 이 위대한 황제를 조종하여 교황의 왕위 배치권을 거의 인정하게끔 만들었다. 하드리아누스가 눈을 감자 대다수 추기경은 알렉산데르 3세(1159~1181년)를 선택했고, 소수는 빅토르 4세를 선택했다. 한때 독일의 황제들이 교황보다 우월한 자리에서 손에 쥔 권력을 되찾고자 애쓰던 바르바로사는 두 사람을 모두 초청하여 그들의 주장을 들어 보려 하였다. 알렉산데르는 거절하고 빅토르는 동의했다. 그리고 파비아에서 열린 자문 회의(1160년)에서 바르바로사는 빅토르를 교황으로 인정했다. 알렉산데르는 프레데리크를 파문하고, 황제의 종신들을 민간의 복종 의무에서 해방시켰으며, 롬바르디아에서의 반란을 지원했다. 레냐노에서 롬바르디아 동맹이 승리하자(1176년) 프레데리크의 위세는 꺾였다. 그는 베네찌아에서 알렉산데르와 화해하고 다시 한 번 교황의 발에 입을 맞추었다. 이 교황은 잉글랜드의 헨리 2세를 베케트의 무덤까지 맨발로 걸어가게 만든 뒤에, 그곳에서 캔터베리의 참사회 회원들에게 벌을 받게 했다. 가장 위대한 교황의 반열에 오른 알렉산데르가 자신의 길을 걸을 수 있었던 것은 그의 지난한 투쟁과 완벽한 승리 덕분이었다.

인노켄티우스 3세는 1161년 로마 인근의 아나니에서 태어났다. 세니 공작의 아들 로타리오 데이 콘티였던 그는 귀족으로 태어난 모든 이점을 지닌 데다가 좋은 교육을 받으며 성장했다. 그는 파리에서 철학과 신학을 공부하고 볼로냐에서 교회법과 민법을 공부했다. 로마로 돌아와서는 능숙한 외교술과 교리에 대한 해박한 지식, 영향력 있는 인맥 덕에 교회의 사다리를 빠르게 올라갔다. 서른 살에는 부제 추기경이 되었고, 서른일곱 살에는 아직 사제가 아니었는데도 만장일치로 교황에 선출되었다.(1198년) 어느 날 교황으로 임명되고 그 이튿날 사제로 서임된 것이었다. 남이탈리아와 시칠리아에 대한 지배권을 손에 넣은 황제 하인리히 6세가 1198년 세상을 떠나며 세 살 난 프레데리크 2세에게 왕위를 넘겨준 것은 그에게 행운이었다. 인노켄티우스는 그 기회를 놓치지 않았다. 로마의 독일 장관을 퇴임시키고 스폴레토와 페루자에서 독일의 봉건 가신을 내쫓았다. 그리고 투스카니로부터 항복을 받아 내고 교황령에서 교황권의 지배를 재확립했으며, 죽은 하인리히의 왕비로부터 두 개의 시칠리아에 대한 지배권을 인정받고 그 아들의 후견인이 된다는 데 합의했다. 열 달 만에 인노켄티우스는 이탈리아의 주인으로 우뚝 섰다.

현존하는 증거에 따르면 인노켄티우스는 당대 최고의 지성이었다. 30대 초반에 신학에 관한 저서를 네 권 집필했는데, 이 책들은 내용이 깊이 있고 생생하지만 그의 눈부신 정치적 명성 뒤에 가려졌다. 교황이 되면서 낭독한 선언문은 사상이 논리적이고 명확하며, 문장이 힘차면서도 신랄해서 그를 총명한 아퀴나스 또는 정통파의 아벨라르라고 할 수도 있을 정도였다. 비록 키는 작았지만 날카로운 눈과 단호한 검은 얼굴에서 위엄 있는 풍채를 느낄 수 있었다. 유머 감각도 있었다. 노래를 잘했고 시도 썼다. 부드러운 면모와 함께 친절하고 끈기 있고 사적으로는 관대한 면도 있었다. 그러나 교리와 도덕에서는 교회의 신조와 윤리에서 조금의 일탈도 허락하지 않았다. 그리스도교적 믿음과 희망의 세계는 그가 보호해야 한다고 일컬어 오던 제국이었다. 그리고 여느 왕처럼 그 역시 말로 충분치 않을 때는 칼을 들어 자신의 영토를 지킬 각오가 되어 있었다. 그는 부유하게 태어났지만 철학적 소박함 속에서 생활했다. 부정부패가 허다하던 시대에도 강직함을 잃지 않았다.[118] 그는 서임되자마자 교황청 내의 관리들에게 예배에 따른 대가를 청구하지 못하도록 금했다. 세상의 부가 교황청을 부유하게 만드는 것을 반겼지만, 교황청의 자금은 상당히 정직하게 집행했다. 그는 능숙한 외교관이었고, 훌륭한 거래에 어쩔 수 없이 존재하는 부도덕성은 적당히 받아들이기도 했다.[119] 마치 11세기의 세월이 사라진 것과도 같이 그는 로마의 황제였고 그리스도교도라기보다 금욕주의자였으며, 세계를 지배할 자신의 권리를 조금도 의심하지 않았다.

많은 강력한 교황들이 로마에 생생한 발자취를 남겼듯이, 인노켄티우스 역시 당연히 자신의 직무가 성스럽고 고귀한 사명을 지녔다는 믿음으로 정책을 수립했다. 그는 교황청 의식의 장엄함과 화려함을 조심스레 유지했다. 대중 앞에서는 황제의 위엄을 지켜 결코 몸을 굽히지 않았다. 인노켄티우스는 하느님의 아들이 교회와 사도에게 부여했다고 보편적으로 인정받던 권력의 계승자가 바로 자신이라고 진심으로 믿었다. 따라서 그 어떠한 권위도 자신의 권위와 동등하다고 인정할 수 없었다. 그는 "하느님은 베드로에게 모든 교회의 정부뿐 아니라 온 세상의 정부를 남기셨다."라고 말했다.[120] 교황령 외의 지역에서는 전적으로 세속적인 문제에 대한 최고 권력을 지니고 있다고 주장하지 않았지만,[121] 종교 권력이 세속의 권력과 충돌할 때는 해가 달을 이기듯 종교 권력이 더 우세해야 한다고 여겼다. 그는 모든 정부는 세계 국가에서 교황이 수장이 되며 공정성과 도덕성, 그리고 믿음 등의 모든 문제에 대해 최고의 권위를 지니는 공간을 수용해야 한다는 그레고리우스 7세의 이상을 함께했다. 그리고 잠깐 동안은 그 꿈을 거의 실현했다.

1204년 십자군의 콘스탄티노플 정복을 통해 그는 계획의 일부를 달성했다. 그리스 정교는 로마의 주교에게 항복했고, 인노켄티우스는 "그리스도의 통옷(seamless garment)"에 대해 기쁘게 이야기할 수 있었다. 그는 세르비아와 멀리 아르메니아까지 로마 교황청의 통치하에 두었다. 점차 성직 서임권에 대한 지배권을 확보하고, 강력한 주교 제도를 교황권의 기관이자 종복으로 만들었다. 놀랄 만큼 계속된 충돌과 갈등을 통해 그는 유럽의 강한 통치자들로 하여금 자신의 통치권을 인정하게 했다. 그의 정책적인 성과가 가장 미흡한 곳은 이탈리아였다. 그는 이탈리아 도시 국가의 전쟁을 종식하기 위해 거듭 노력했지만 실패했다. 그리고 로마에서는 그의 정치적 적들 때문에 생명을 위협받자 한동안 자신의 수도에서 피해 있어야 했다. 노르웨이 국왕 스베레(1184~1202년)는 파문과 금지 제재에도 불구하고 그에게 항거했다.[122] 프랑스의 필립 2세는 잉글랜드와 화해하라는 그의 명령을 무시했지만 자신이 버린 아내를 다시 받아들이라는 교황의 고집에는 항복했다. 레온 왕국의 알폰소 9세는 혼인할 수 없는 친족 관계임에도 불구하고 아내로 맞은 베렝가리아와 이혼하도록 종용받았다. 포르투갈과 아라곤, 헝가리, 그리고 불가리아는 스스로 교황권의 봉건 영지임을 인정하고 일찌감치 교황에게 공물을 보냈다. 존 왕이 랭턴의 캔터베리 대주교 임명을 거부하자, 인노켄티우스는 금지 제재를 가하고 재빠른 외교 수완으로 잉글랜드를 교황의 영지 목록에 추가했다. 그는 슈바벤의 필립에 맞서 오토 4세를 지지했다가, 오토에 맞서 필립을 지지하고, 다시 프레데리크 2세에 맞서 오토를, 그리고 오토에 맞서 프레데리크를 지지하는 방식으로 독일에서 힘을 넓혔다. 그리고 그때마다 지지를 보내는 대가로 교황령을 양보받았고, 고립화의 위협으로부터 교황령을 구제했다. 그는 황제들에게 "절대권", 즉 황제의 권력을 비잔티움에서 프랑크족에게로 옮긴 것이 교황임을 상기시켰다. 또한 샤를마뉴도 교황의 도유식(塗油式)과 대관식을 거치고 나서 황제에 오른 사실과 교황은 자신이 하사한 것을 거둘 수도 있다는 사실을 주지시켰다. 로마를 찾은 비잔티움 방문객은 인노켄티우스를 "베드로가 아닌 콘스탄티누스의 계승자"라고 묘사했다.[123]

그는 교황의 동의 없이 그리스도교 성직자들에게 세금을 부과하려는 모든 세속의 시도를 물리쳤다. 또한 가난한 사제를 위해 교황청의 자금을 제공하는 한편, 성직자의 교육 환경을 개선하기 위해 힘썼다. 교회를 모든 그리스도교 신자가 아닌 그리스도교 성직자로 한정하여 성직자의 사회적 지위를 향상시켰다. 그는 주교나 수도사가 교구 사제를 희생시켜 십일조를 축적하는 행위를 비난했다.[124] 수도사들의 방종을 개선하기 위해 수도원과 수녀원을 정기적으로 감시하고 사찰할 것을 지시했다. 그는 성직자와 평신도, 사제와 주교, 주교와 교황의 복잡한 관계를 정리하는 문제까지 법으로 만들었다. 로마 교황청을 효율적인 상담과 행정, 재판을 위한 법정으로 발전시켰다. 그 뒤로 교황청은 당대의 가장 믿을 만한 지배 기구가 되었고, 그곳에서 사용하던 체계와 용어는 외교의 기술과 수완을 형성하는 데 일조했다. 인노켄티우스 자신도 당대 최고의 법률가였는데, 자신이 내린 모든 결정에 대해 판례나 타당성 문제에 대해 법적 지지를 구할 수 있었다. 법률가와 학자들은 "추기경 회의"를 자주 방문했다. 그곳에서 교회 재판소의 더 우월한 지위로 회의를 진행하면서 민법이나 교회법의 논점을 유리하게 토론하고 결정했다. 어떤 사람들은 그를 "법의 아버지"라고 불렀고,[125] 어떤 이들은 익살에 애정을 담아 솔로몬 3세라고 불렀다.[126]

그가 교황이자 입법자로서 마지막 승리를 거둔 것은 1215년 로마의 성 요한 라테라노 대성당에서 열린 4차 라테라노 공의회에서였다. 열두 번째로 열린 이 범그리스도교적 공의회에는 1500명의 수도원장과 주교, 대주교, 기타 고위 성직자들이 모여들었고, 주요 통합 그리스도교 국가의 전권대사들도 참석했다. 교황의 개회 연설은 대담한 인정과 도전에 관한 것이었다. "인류 타락의 주요 온상은 성직자들입니다. 여기에서부터 그리스도교 국가의 악이 자라나고, 믿음이 죽어 가며, 종교는 훼손되고 …… 정의는 짓밟혔습니다. 이단자가 급증하고, 분리 분파는 대담해지며, 불신이 강해지고, 사라센인이 승리하는 것입니다."[127] 공의회로 모인 교회의 권력자와 식자들은 스스로 한 사람의 완전한 지배 밑으로 들어갔다. 그의 판단은 공의회의 칙령이 되었다. 그는 교회의 기초 신조를 재정립할 수 있었다. 이제 최초로 성변화(聖變化) 교리가 공식적으로 정의되었다. 공의회는 그리스도교 영토 내의 비그리스도교도에게 표지를 달게 해야 한다는 그의 칙령을 받아들였다. 알비파 이교도들에 맞서 전쟁을 소집해야 한다는 그의 요구에도 열렬히 응답했다. 하지만 교회의 결점을 인정해야 한다는 그의 주장도 따랐다. 그는 가짜 유물로 행상을 벌이는 행위를 맹렬히 비난했다. "무분별하고 불필요하게 발행되는 면죄부"에 대해 "일부 고위 성직자들이 겁 없이 수여하여 교회의 열쇠는 하찮은 것이 되었고, 속죄로 얻을 수 있는 만족감은 힘을 잃었다."라며 거세게 질책했다.[128] 공의회는 수도원 생활을 광범위하게 개혁하고자 했다. 성직자들의 취태와 부도덕, 그리고 암암리에 이루어지는 결혼 생활을 강하게 비난하고, 이를 규제할 적극적인 방안을 통과시켰다. 하지만 모든 성행위는 죄악이라는 알비파의 주장에는 비판적이었다. 4차 라테라노 공의회는 참석자의 수나 규모, 결과 등에서 니케아 공의회 이후 가장 중요한 교회 집회였다.

활동의 정점에 있던 인노켄티우스는 급격한 사양길을 걷다 일찍 생을 마감했다. 행정 업무와 직무 확장에 끊임없이 스스로를 내몬 나머지 쉰다섯 살의 나이에 기력을 모두 잃은 것이었다. 그는 이렇게 한탄했다. "나는 현세 밖의 일들을 중재할 시간이 없어. 간신히 숨만 쉬고 있지. 다른 사람들을 위해 살아야 하는 만큼 나 자신에게는 이방인이나 마찬가지야."[129] 아마도 말년에 자신의 업적을 되돌아보면서 그는 들끓는 갈등의 한가운데에 있었을 때보다 더 객관적으로 판단을 할 수 있었을 것이다. 그가 팔레스타인을 재정복하기 위해 조직한 십자군 원정들은 실패했다. 그가 죽고 뒤이어 일어난 십자군은 남프랑스에서 알비파를 흉포하게 몰살시켰다. 그는 동시대인들의 존경을 받았지만 그레고리우스 1세나 레오 9세처럼 사람들의 사랑을 얻지는 못했다. 일부 성직자는, 그가 사제답다기보다 왕에 가까웠다고 불평했다. 성 루갈다는 그가 간발의 차로 지옥을 면할 수 있을 거라고 생각했다.[130] 교회 자체도 그의 특별한 재능을 자랑스러워하고 그의 노고를 고마워했지만, 그보다 더 또는 덜 양심적인 사람들에게도 시성했던 성인의 지위는 허락하지 않았다.

하지만 우리는 교회에 절정의 극치를 선사하고 자신이 꿈꾸던 도덕적 세계 국가의 이상에 아주 가까이 다가갔던 그의 업적을 부인해서는 안 된다. 인노켄티우스는 그 시대의 가장 재능 있는 정치인이었다. 그는 선견지명과 헌신성, 유연한 고집, 그리고 믿기 힘든 정열을 갖고 자신의 목표를 추구했다. 그가 눈을 감았을 때(1216년) 교회는 체계와 위풍, 명성, 권력 면에서 전에 없던, 그리고 앞으로도 쉽게 만나지 못할 절정에 도달해 있었다.

호노리우스 3세(1216~1227년)는 가차 없는 역사의 기록에서 중요한 지위를 차지하지 않는다. 너무 점잖아서 제국과 교황권 간의 전쟁을 박력 있게 수행하지 못했기 때문이다. 그레고리우스 9세(1227~1241년)는 여든 살의 나이로 교황직에 올랐지만 거의 광적인 집요함으로 전쟁을 지속했다. 프레데리크 2세와의 싸움은 꽤 성공적이어서 르네상스가 백 년은 뒤로 미루어졌다. 그는 종교 재판을 조직하기도 했다. 그래도 그 역시 의심할 바 없이 진실하고 영웅적인 헌신성을 지닌 사람으로, 자신이 생각하는 인류 최고의 귀중한 자산, 즉 그리스도에 대한 믿음을 방어하고자 했다. 추기경으로서 이단의 가능성이 있던 프란체스코를 보호하고 현명하게 인도한 것을 보면 그는 가혹한 사람은 아니었다. 인노켄티우스 4세(1243~1254년)는 프레데리크 2세를 폐위시키고 종교 재판에서 고문의 사용을 허락했다.[131] 그는 철학의 훌륭한 후원자로서 학교들을 지원하고 법학교를 설립했다. 알렉산데르 4세(1254~1261년)는 온화하고 친절하며 자비롭고 공정한 사람으로 "폭정과는 거리가 먼 행실로 세계를 놀라게" 하였다.[132] 그는 전임자들의 호전적 성격을 비난하고,[133] 정책보다는 신앙을 선호했으며, "매일 그리스도교도 사이에 점증하는 끔찍한 충돌에 대해 고민하다 비탄에 잠겨 죽었다."라고 프란체스코회 연대기 편찬자는 말했다.[134] 클레멘스 4세(1265~1268년)는 전쟁으로 복귀했다. 그는 만프레드를 파문하고 호엔슈타우펜 왕조와 독일 제국을 몰락시켰다. 그리스의 콘스탄티노플 탈환은 그리스와 로마 교회 사이에 맺은 합의를 위협했다. 그러나 그레고리우스 10세(1271~1276년)는 비잔티움을 정복하려는 앙주의 샤를이 품은 야망에 반대했고, 미카엘 팔라이올로구스는 이에 고마움을 표했다. 이 부활한 비잔티움 황제는 동방 교회를 로마에 기탁했고, 교황권은 다시 최고의 지위를 얻었다.

8. 교회의 재정

대륙 절반 인구의 예배와 도덕, 교육, 결혼, 전쟁, 십자군 원정, 죽음, 그리고 유서 등을 처리하고, 세속적 공무의 행정에 적극적으로 참여하며, 중세 역사상 가장 값비싼 건축물을 세우는 등 사실상 유럽의 초국가(超國家)였던 교회가 계속 기능하기 위해서는 수십 가지의 수입원을 개척해야 했다.

가장 큰 수입원은 십일조 세금이었다. 샤를마뉴 이후 라틴 그리스도교 국가 내의 모든 세속 영토는 국가법에 의거 총 생산량의 10분의 1을 현물이나 현금으로 지역 교회에 납부해야 했다. 10세기 후로는 모든 교구에서 십일조의 일부를 해당 교구의 주교에게 보내야 했다. 봉건사상 아래에서 교구의 십일조는 다른 재산이나 수입처럼 하사되거나 융자될 수 있었고, 유증되거나 팔릴 수도 있었다. 그렇다 보니 12세기경에는 금융 관계가 거미줄처럼 엮여 지역 교회나 사제들이 십일조의 소비자가 아닌 징수원으로 역할을 했다. 사제들은 잉글랜드에서 회자되듯이 "자신이 받는 십일조를 위해 저주를 내려야" 했다. 다시 말해서 수입을 조작하거나 회피하는 사람들을 파문해야 했다. 당시에도 사람들은 오늘날 국가에 세금을 낼 때 그렇듯이 구원을 받는 데 결정적이라고 여기던 십일조를 마지못해 교회에 납부했기 때문이다. 십일조 세납자들은 이따금 봉기를 일으켰다고 한다. 프라 살림베네는 1280년 레기오 에밀리아에서 파문과 금지 제재에 저항하는 시민들이 "어느 누구도 성직자에게 십일조를 서약하거나 …… 그들과 함께 식탁에 앉거나 …… 그들에게 먹을 것이나 마실 것을 주어서는 안 된다."라며 역(逆)파문을 서로에게 약속했고, 주교는 그들과 타협하지 않을 수 없었다고 말한다.[135] 교회의 기본 세입은 교회가 소유한 땅에서 나왔다. 이들 땅은 기부나 유산으로 받기도 하고, 구매하거나 체납된 융자의 저당물로 얻기도 하고, 수도원이나 기타 성직자 집단이 버려진 땅을 개간하여 갖기도 하였다. 봉건 체제하에서 각각의 땅 소유주나 소작인은 죽을 때 교회에 무언가를 남겨야 했다. 그렇게 하지 않는 사람은 이단으로 의심받았고, 축성된 땅에 매장되는 것을 거부당할 수도 있었다.[136] 평신도들은 거의 글을 쓸 줄 몰랐기 때문에 유서를 작성할 때 사제를 불렀다. 교황 알렉산데르 3세는 1170년 사제가 동석하지 않은 가운데 작성된 유서는 유효하지 않다고 선언했다. 이러한 절차를 무시하고 유서를 작성한 세속의 공증인은 파문당했고,[137] 교회는 유서 공증에 독점적인 권한을 보유했다. 교회에 기부하거나 유산을 남기는 것은 연옥의 고통을 단축시켜 줄 가장 믿을 만한 수단으로 여겨졌다. 교회에 유산을 남길 때, 특히 1000년 이전에는 "세상의 저녁이 가까워졌으므로"라는 문구로 글을 시작했다.[138] 이와 같이 일부 재산 소유자들은 재산을 "가점유" 상태로 상해 보험처럼 교회에 넘겼다. 교회는 기부자에게 질병과 노령에 대한 연금과 치료를 제공하고, 기부자가 사망하면 해당 재산을 최우선적으로 취득했다.[139] 몇몇 수도원은 수도사들의 선행이나 기도로 얻은 속죄적 성격의 공제금이나 공적을 후원자들과 함께 나누었다.[140] 십자군은 싼값으로 교회에 땅을 팔아 현금을 만들었을 뿐 아니라 재산을 담보로 교회에서 융자를 받기도 했는데, 이런 경우 대개 채무 불이행으로 해당 재산을 몰수당했다. 친상속인 없이 죽음을 맞는 사람들은 전 재산을 교회에 내놓기도 했다. 투스카니의 백작 부인 마틸다는 이탈리아의 거의 4분의 1을 교회에 유증하기 위해 노력했다.

교회의 재산은 양도가 불가능했고, 1200년 전에는 대개 세속의 세금으로부터 자유로웠기 때문에[141] 시간이 지날수록 불어났다. 성당이나 수도원 또는 수녀원이 몇천 채의 저택과 마을 10여 곳, 심지어 대도시 한두 개를 소유하는 것도 드문 일이 아니었다.[142] 랑그르의 주교는 주 하나를 온전히 소유했고, 투르의 생마르탱의 수도원장은 2만 명의 농노를 거느렸다. 볼로냐의 주교는 2000채의 대저택을 소유했고, 로르슈의 수도원장도 그랬다. 스페인 라스우엘가스의 수도원장은 64개의 군구(郡區)를 갖고 있었다.[143] 1200년경 카스틸리아의 교회는 영토의 4분의 1을 보유했다. 잉글랜드에서는 5분의 1, 독일에서는 3분의 1, 리보니아에서는 2분의 1이 교회의 소유였다.[144] 하지만 이러한 추산은 정확하지 않고 불확실하다. 이렇게 축적된 재산은 국가의 선망의 대상이자 표적이 되었다. 카를 마르텔은 교회 재산을 몰수하여 전쟁 자금으로 사용했다. 루도비쿠스 경건 왕은 교회에 이로운 유언을 한 유언자의 자손에게서 상속권을 박탈하는 법률을 제정했다.[145] 독일의 하인리히 2세는 수도사들이 청빈의 서약을 해야 한다며 많은 수도원의 땅을 박탈했다. 잉글랜드에서는 영구 양도에 관한 몇 가지 법령으로 재산 관련 행위에 대한 규제를 교회 단체들에 제안했다. 에드워드 1세는 1291년 잉글랜드 교회에 재산의 10분의 1에 이르는 세금을 부과하고, 1294년에는 연간 세입의 절반에 달하는 세금을 징수했다. 프랑스에서는 필립 2세가 처음 교회 재산에 세금을 부과하고 성인 루이가 그 뒤를 이었으며, 필립 4세가 이를 공고히 확립했다. 제조업과 상업이 발달하면서, 그리고 화폐가 증가하고 물가가 오르면서, 낮게 책정되어 인상하기도 힘든 봉건적 세금에서 나오던 수도원장과 주교직의 수입은 사치를 즐기거나 생활을 유지하는 데에도 부족해졌다.[146] 1270년경 프랑스 대성당과 수도원 대다수는 무거운 빚을 떠안고 있었다. 왕들이 부과한 과도한 징수금을 납부하기 위해 고리로 은행 돈을 빌렸기 때문이다. 부분적으로는 이런 이유 때문에 13세기 말 무렵 프랑스의 건축 활동도 쇠퇴했다.

교황들이 처음에는 십자군 원정을 지원하기 위해, 나중에는 증가하는 교황청의 지출 비용을 충당하기 위해 교회 재산과 세입에 세금을 매기면서 주교들은 더 궁핍해졌다. 교황권의 역할이 복잡해지고 분야도 확대되면서 새로운 주 수입원이 필요해졌다. 인노켄티우스 3세(1199년)는 모든 주교에게 매년 수입의 40분의 1을 교황청으로 보내도록 지시했다. 교황의 직속으로 보호받고 있는 모든 수도원과 수녀원, 그리고 교회에 "토지세" 같은 세금이 부과됐다. 교황의 주교 임명을 확정짓기 위해 새로 선출된 주교는 "성직 취득 헌납금", 즉 임기 첫 해 수입 중 원칙적으로는 전부를, 실제로는 절반의 금액을 납부해야 했다. 대주교가 영대(領帶)를 받는 데에도 큰 비용이 요구됐다. 모든 그리스도교 가정은 "베드로 헌금" 명목으로 매년 소정의 돈(약 90센트)을 로마 교황청으로 보내야 했다. 대개 교회 재판소에 배정된 소송에도 세금이 청구됐다. 교황들은 특정 사건을 교회법으로부터 면제해 줄 수 있는 권한을 주장했다. 예컨대 적절한 정치적 목적으로 정당화할 수 있다면 근친결혼도 허용할 수 있다는 것이었다. 물론 그러한 특별 허가와 관련된 법적 절차에도 세금이 부과됐다. 교황의 면죄부를 받는 사람들과 로마를 방문하는 순례자들도 교회에게 상당한 돈을 건넸다. 1250년경 교황청의 총수입은 유럽 세속 군주의 수입을 모두 합한 것보다 더 많았다.[147] 1252년 잉글랜드는 왕실 세입을 세 차례에 걸쳐 교황권에 납부했다.[148]

교회가 가진 부는 당시 교회가 수행하던 역할의 규모에 아무리 비례해도 이단의 주요 근원일 수밖에 없었다. 브레시아의 아르놀트는 죽을 때 재산을 소유하고 있는 사제나 수도사는 십중팔구 지옥에 떨어질 것이라고 주장했다.[149] 보고밀파(派)와 발도파(派), 파테린파(派), 카타리파(派)는 그리스도의 신봉자들이 축적한 부를 맹렬히 비난하며 세를 넓혔다. 13세기에 인기를 끌던 풍자 문학 중 「은(銀)의 마가복음」이 있었는데, 다음과 같이 시작된다. "그때는 교황이 로마 시민들에게 말했다. '인자께서 왕좌에 오르시어 가장 먼저 말씀하셨다. "친구여, 그대는 왜 왔는가?" 그리고 그자가 아무것도 바치지 않으면, 그를 밖의 어둠 속으로 내치셨다.'"[150] 당시의 문학 작품, 즉 우화와 무훈시, 장미 설화, 방랑하는 학자들의 시, 음유 시인, 단테, 심지어 수도원 연대기 편찬자들의 작품에 이르기까지, 우리는 그 안에서 성직자의 탐욕이나 부에 대한 불만을 읽을 수 있다.[151] 잉글랜드 수도사 매튜 패리스는 "그리스도의 유산 위에서 우아하게 살아가는" 잉글랜드와 로마 고위 성직자들의 무절제를 맹비난했다.[152] 도미니크회의 수장인 위베르 드 로망은 "교회 재판소에서 뇌물로 고위 성직자들을 타락시키는 면죄부 장사꾼들"에 대한 글을 남겼다.[153] 신부인 페트루스 칸토르는 미사와 저녁 기도를 파는 사람들에 대해 이야기했다.[154] 캔터베리 대주교 베케트는 교황청 상서원을 성직 매매로 강도 높게 비난하고, 자신의 보수로 추기경회 전체를 두고 있다고 자랑하던 헨리 2세의 말을 인용했다.[155] 타락을 비난한 사람들은 역사상 모든 정부와 적대 관계에 놓였다. 그들의 이야기는 거의 어느 정도 사실이고, 또 어느 정도 부풀려진다. 그러나 가끔 그들은 혁명적 분노로 일어난다. 자신의 돈을 들여 마리아를 위한 성당을 짓던 교구 주민이 교회의 집단적 성향에 노하여 항의하기도 하고, 때로는 이에 아랑곳하지 않는 신부를 살해하기도 했던 것이다.[156]

교회 자체는 돈을 쫓는 성직자들을 비판하는 데 동참했고, 그들의 사치와 물욕을 통제하기 위해 많은 노력을 기울였다. 성 베드로 다미아누스와 성 베르나르, 성 프란체스코, 그리고 비트리 추기경부터 평범한 수도사들에 이르기까지 수백 명의 성직자들이 이러한 자연 발생적 악폐를 완화하기 위해 노력했다. 우리가 이러한 악폐에 대해 알게 된 것도 주로 그러한 교회 개혁가들이 남긴 글을 통해서이다. 수도회 10여 곳도 스스로 귀감이 되어 개혁을 설교했다. 교황 알렉산데르 3세와 1179년 라테라노 공의회는 세례나 도유 성사를 집행할 때, 또는 결혼식을 거행할 때 받는 과도한 세금 징수를 비난했다. 그리고 그레고리우스 10세는 1274년 리옹 세계 공의회를 소집하여, 특히 교회 개혁을 위한 방법을 강구했다. 당시의 교황들도 사치에는 취미가 없었다. 그들은 고단한 직무에 전념하며 고되게 생활비를 벌었다. 조직되지 않으면 약해지고, 조직되면 그 물질적 요구 때문에 타락하는 것이 영적 과업의 비극이다.

28장

초기 종교 재판
1000~1300

1. 알비파 이단

12세기 말에는 반(反)교권주의가 물밀 듯이 일어났다. 신앙의 시대에는 조직된 성직자들의 그리스도교로부터 달아나고, 그에 분개한 종교적 신비주의와 종교적 감성의 휴지기가 있었다. 십자군을 따라 시작되었을 것으로 추정되는 동양 신비주의의 새로운 물결이 서양으로 흘러들었다. 페르시아로부터 소아시아와 발칸 지역을 통해 마니교의 이원론과 마즈다크교의 공산주의가 들어와 반향을 일으켰다. 이슬람에서는 우상에 대한 반감과 모호한 숙명론, 그리고 사제들에 대한 혐오감 등이 들어왔고, 십자군 원정이 실패하면서 신성의 기원과 그리스도교 교회에 대한 지지에 관해 은밀한 의혹이 퍼져 나갔다. 비잔티움의 박해로 인해 서쪽으로 내몰린 바울파(派)는 발칸 반도를 통해 이탈리아와 프로방스로 우상과 성례, 성직자에 대항 경멸을 전파했다. 그들은 신이 창조한 영적 세계와 사탄이 창조한 물적 세계로 우주를 양분했다. 그리고 사탄을 구약 성서의 야훼와 동일시했다. 보고밀파(派)(하느님의 친구들)는 불가리아에서 형성되어 그 이름을 얻었고, 특히 보스니아에서 널리 확산됐다. 그들은 13세기 내내 불과 칼로 공격을 받았는데, 스스로를 완강히 방어하다가 결국 그리스도교가 아닌 이슬람교에 항복했다.(1463년)

1000년경 툴루즈와 오를레앙에 기적의 존재와 세례의 재생적 의미, 성체 안 그리스도의 현존, 그리고 성인에 대한 기도의 효험 등을 부정하는 한 분파가 등장했다. 그들은 한동안 무시되었고, 나중에는 비난받았다. 그리고 1023년 그중 열세 명이 화형에 처해졌다. 비슷한 이단들이 성장하여 캉브레와 리에주(1025년), 고슬라(1052년), 수아송(1114년), 콜로뉴(1146년) 등지에서 출현했다. 레겐스부르크의 베르톨트는 13세기에 150여 개의 이교 분파가 있었다고 추산했다.[1] 몇몇 분파는 무해한 집단으로 사제 없이 서로에게 토착어로 성서를 읽어 주고 논란이 되는 구절에 자기들 나름의 해석을 다는 모임이었다. 이탈리아의 겸손파와 유럽 북해 연안 저지대 지역의 베긴회(會), 베가르드회(會)와 같은 몇몇 분파는, 사제는 가난하게 살아야 한다는 당혹스러운 주장을 제외하면 정통 교파에 속했다. 프란체스코회 운동은 분파처럼 일어났지만 이단으로 분류되는 것을 가까스로 면했다.

발도파(派)는 이단으로 분류되었다. 1170년경 리옹의 부유한 상인 페트뤼스 발데스는 학자들을 고용하여 성서를 남프랑스의 "오크 말"로 번역하게 했다. 그는 번역된 성서를 열성적으로 공부했는데, 그리스도교도는 사도들처럼, 즉 개인의 재산을 소유하지 않고 살아야 한다는 결론에 이르렀다. 그는 자신의 재산 일부를 아내에게 주고 나머지를 가난한 사람들에게 나누어 준 뒤 사도적 청빈을 설교하기 시작했다. 페트뤼스는 자신을 중심으로 작은 모임인 "리옹의 빈자"를 만들어 수도사처럼 옷을 입고, 정조를 지키고, 맨발로 다니거나 샌들을 신고, 각자의 수입은 공산주의적으로 모았다.[2] 한동안 성직자들은 그들을 반대하지 않고 교회에 나와 성서를 읽고 찬송가를 부르도록 허락했다.[3] 그러나 페트뤼스가 복음을 지나치게 곧이곧대로 이행하여 다른 사람의 수확물에 낫을 들이대자, 리옹의 대주교는 오직 주교들만이 설교를 할 수 있음을 그에게 또렷하게 상기시켰다. 페트뤼스는 로마로 건너가(1179년) 알렉산데르 3세에게 설교 자격증을 달라고 요청했다. 그의 요청은 지역 성직자들의 동의와 감시를 조건으로 승인되었다. 페트뤼스는 전제된 지역의 동의 없이 다시 설교를 시작했다. 그의 추종자들은 열렬한 성서 신봉자가 되었고, 성서의 많은 부분을 외워서 기억했다. 이 운동은 점차 반(反)교권주의 색채를 띠었다. 모든 사제직을 거부하고 죄 많은 사제가 집행하는 성례의 유효성을 부인했으며, 성스러운 상태의 모든 신자에게 죄를 용서할 권한이 있다고 여겼다. 일부 회원은 면죄부와 연옥, 화체설, 그리고 성인에게 바치는 기도를 부정했다. 한 집단은 "모든 것이 공유되어야 한다."라고 설교했다.[4] 또 어떤 집단은 교회를 종말을 계시하는 "붉은 옷의 여자"와 동일시했다.[5] 분파는 1184년에 유죄 판결을 받았다. 분파의 일부인 "가난한 가톨릭 신자들"은 1206년 인노켄티우스 3세에 의해 교회에 받아들여졌다. 다수는 계속 이단으로 남아 프랑스를 통해 스페인과 독일로 퍼져 나갔다. 그들의 증가를 억제할 목적으로 1229년 툴루즈 공의회는 어떠한 평신도도 시편과 기도서(주로 찬송가로 구성된)를 제외한 성서를 소유할 수 없다고 선언했다. 평신도는 라틴어를 제외하고는 교회가 검토하고 보증하지 않은 어떠한 토착어로 된 성서도 읽어서는 안 되었다.[6] 알비파를 탄압하는 과정에서 발도파 신도 수천 명이 화형대에 올랐다. 페트뤼스는 1217년 보헤미아에서 사망했는데, 자연사한 것으로 전해진다.

12세기 중반쯤 서유럽의 소도시는 이교 분파들로 벌집이 되었다. 1190년 한 주교는 이렇게 말했다. "도시들은 가짜 예언자로 가득하다."[7] 밀라노에만 열일곱 개의 신흥 종교가 존재했다. 그중 가장 우세한 이들은 파타리아파였는데, 교파의 이름은 도시의 빈민 지구인 파타리아(Pataria)에서 유래했다. 이 운동은 부자들에 대한 항의에서 시작되었던 것으로 보인다. 그러다가 반교권주의로 전환되어 성직자들의 성직 매매와 축재, 결혼, 그리고 축첩 등을 맹비난했고,

한 지도자는 "성직자의 부를 몰수하고, 재산은 경매에 붙이자."라고 제안했다. "그들이 저항하면 집을 약탈하고, 그들과 그들의 사생아들을 괴롭혀 도시 밖으로 내쫓아야 한다."라는 것이었다.[8] 비슷한 반교권주의 교파가 비테르보와 오르비에토, 베로나, 페라라, 파르마, 피아첸차, 리미니 등지에서도 일어났다.[9] 그들은 때때로 대중 집회를 이끌고 도시 정부를 장악하는가 하면, 도시의 사업을 진행하기 위해 성직자들에게 세금을 징수하기도 했다.[10] 인노켄티우스 3세는 롬바르디아에 있는 교황 특사에게 모든 도시 관리들로부터 이단자를 공직에 임명하지 않거나 인정하지 않는다는 서약을 받아오라고 지시했다. 1237년 "신성 모독과 욕설을 자행하는" 밀라노 군중은 "입에 담기도 민망한 오물들"로 교회를 오염시켰다.[11]

가장 힘이 컸던 이단 교파는 여러 이름으로 불리던 카타리파(派)였는데, 카타리(Cathari)는 "순수"를 뜻하는 그리스어에서 유래한 이름이었다. 이들은 발칸 지역에서는 불가리(Bulgari, 남색자(男色者), bugger)라는 모욕적인 호칭에서 유래로, 특히 그 수가 많았던 프랑스 알비라는 도시에서는 알비파로 불렸다. 몽펠리에와 나르본, 그리고 마르세유는 프랑스에서 이단의 제일 중심지였는데, 아마도 이슬람과 유대교와의 잦은 접촉을 통해, 그리고 보스니아와 불가리아, 이탈리아 등 이단의 중심지로부터 빈번히 왕래하던 상인들을 통해 그렇게 되었을 것이다. 상인들은 툴루즈와 오를레앙, 수아송, 아라스, 그리고 랭스에서 이 운동을 확산시켰지만 랑그도크와 프로방스가 그 중심지로 남았다. 그곳에서 프랑스 중세 문명은 절정을 이루었다. 위대한 종교들이 친교를 이루며 세련되게 섞였고, 여인들은 오만한 아름다움을 뽐냈다. 도덕률은 느슨해졌고 음유 시인들은 방탕한 사상을 퍼트렸다. 프레데리크 치하의 이탈리아에서처럼 르네상스가 움틀 준비를 하고 있었다. 남프랑스는 당시(1200년) 실질적인 독립 공국들로 이루어져 있었다. 이들 공국은 프랑스 국왕에게 형식적인 충성을 바치며 느슨하게 묶여 있었다. 이 지역에서는 툴루즈의 백작들이 가장 높은 귀족으로, 그들은 왕에게 직속된 것보다 더 넓은 영토를 소유했다. 카타리파의 교리와 의식은 한편으로 원시 그리스도교적 믿음과 방식으로의 회귀였고, 다른 한편으로 서고트족 치하의 남프랑스에서 만연하던 아리우스 이교의 희미한 흔적이었으며, 또 한편으로 마니교와 그 밖의 동양 사상의 산물이었다. 아리우스파의 성직자들은 검은 예복을 입었고 "페르펙티(perfecti, 완전자)"라고 불리던 주교와 사제들로 구성됐다. 이들은 성직 서임 때 부모와 배우자, 자식과 헤어지고 "신과 복음에 헌신할 것을 맹세했으며, 여자와 접촉하지도 않고 동물을 죽이지도 않고, 고기나 달걀, 유제품 등 생선과 채소를 제외하고 어떠한 음식도 먹지 않겠다고 서약했다."* 신자들은 나중에 이러한 서약을 하기로 약속한 추종자들이었다. 그 전까지는 고기를 먹고 결혼을 하는 것이 허락되었지만 "완벽한" 삶을 위해, 그리고 "페르펙티"를 만났을 때 무릎 꿇고 숭배하기 위해 가톨릭교회는 포기해야 했다.

카타리 신학은 우주를 마니교처럼 선, 신, 영혼, 천국과 악, 사탄, 물질, 물질 세계로 구분했다. 눈에 보이는 세계를 창조한 것은 신이 아니라 사탄이었다. 모든 물질을 악으로 간주했는데, 그리스도가 못 박혀 죽은 십자가나 성체 성사의 축성된 빵도 예외가 아니었다. 빵을 두고 "이것은 나의 살이요."라고 했던 그리스도의 말은 단지 비유일 뿐이라는 것이었다.[13] 모든 살은 악이고, 악과의 접촉은 전부 불결하다고 여겼다. 모든 성교는 죄악이었다. 아담과 이브의 죄도 성교에 있었다.[14] 반대파들은 알비파가 성체와 미사, 성상 숭배, 삼위일체, 그리고 처녀 잉태를 부정한다고 설명한다. 그리스도는 천사였지만 하느님의 천사는 아니었다. 그들은 사유 재산 제도를 거부하고(그랬다고 전해진다.) 재화의 균등을 열망했다.[15] 산상 수훈(山上垂訓)을 필수적 윤리로 삼았다. 적을 사랑하고, 병자와 빈자를 돌보며, 절대 욕을 하지 말며, 항상 평화를 유지하라는 가르침을 받았다. 이교를 대할 때조차 힘은 결코 도덕적인 것이 아니었다. 사형은 으뜸가는 범죄였고, 결국에는 신이 악한 수단 없이도 악에 대해 승리할 것을 조용히

---

* 종교 재판관 사코니(Sacchoni)의 기록 중.[12] 우리가 아는 카타리파의 교리와 예식은 그들의 적들이 남긴 자료를 통해 알려진 내용이다. 그들에게서 직접 나온 문헌은 유실되었거나 파괴당했다.

믿어야 했다.[16] 이들의 신학에는 지옥이나 연옥 같은 것은 없었다. 모든 영혼은 정죄하는 환생을 거듭한 뒤에 구원받는다고 믿었다. 천국에 가기 위해서는 순결한 상태로 죽기만 하면 되었다. 그러려면 카타리 사제에게서 "순결 의식", 즉 죄 지은 영혼을 완벽하게 정화하는 마지막 성례를 받아야 했다. 카타리 신자들은(초기 그리스도교도가 세례식을 뒤로 미룬 것처럼) 더 이상 회생하기 힘든 병에 걸렸다는 판단이 들 때까지 이 성사를 미루었다. 병을 회복한 사람들은 다시 불순한 상태가 되어 순결 의식 없이 죽어야 할 위험이 있었다. 그렇기 때문에 의식을 치르고 나서 병이 낫는 것은 엄청난 불행이었다. 알비파 사제들은 이러한 재앙을 피하도록 병이 나은 많은 환자들에게 굶어 죽어 천국에 가라고 설득하는 책임을 지곤 했다. 확언컨대 때로는 문제를 확실히 매듭짓기 위해 환자의 동의를 받아 질식사시키기도 했을 것이다.[17]

교회는 이 종파가 교회를 적극적으로 비판하지만 않았어도 스스로 자멸하도록 놔두었을 것이다. 그들은, 교회가 그리스도의 교회라는 것을 부정했다. 그들에 따르면 성 베드로는 로마에 간 적이 없으며 교황권을 세운 바도 없다는 것이었다. 교황들은 사도가 아니라 황제들의 계승자였다. 그리스도는 머리를 뉘일 곳도 없었는데 교황은 궁전에서 생활하고 있고, 그리스도는 재산이라고는 한 푼도 없었는데 그리스도교 고위 성직자들은 부자라고 주장했다. 카타리파는 확실히 이러한 귀족 같은 대주교와 주교, 세속적인 사제, 살찐 수도사들이 다시 생을 얻은 고대 바리사이인들이라고 말했다! 그들은 로마 교회가 바빌론의 음녀(淫女)이고, 성직자들은 사탄의 모임이며, 교황은 적(敵)그리스도라고 확신했다.[18] 십자군 원정을 설파하는 자들에 대해서는 살인자라며 맹렬히 비난했다.[19] 교파의 많은 이들이 면죄부와 성유물을 비웃었다. 한 집단은 동정녀의 상(像)을 외눈박이의 추한 기형으로 만들어 그것으로 기적을 행하는 흉내를 내며 사기 행위로 널리 믿음을 얻은 다음 모두 거짓이었다고 밝혔다고 한다.[20] 카타리파의 많은 견해는 새로운 교파를 전적으로 수용하지 않는 그리스도의 윤리에 분개한 음유 시인들에 의해 노래를 타고 널리 확산되었다. 뛰어난 음유 시인들은 두 명을 제외하고 모두 알비파의 편인 것으로 여겨졌다. 이들 음유 시인은 순례자와 고해, 성수, 십자가 등을 웃음거리로 만들었다. 그들은 교회를 "도둑 소굴"이라고 불렀고, 가톨릭 신부들을 "배신자이자 거짓말쟁이이며 위선자"들이라고 생각했다.[21]

한동안 남프랑스의 교회와 세속의 권력은 카타리파를 널리 용인했다. 확실히 사람들은 오래된 종교와 새로운 종교 사이에서 자유로이 선택할 수 있었다.[22] 가톨릭과 카타리 신학자들은 공개적인 토론을 벌였다. 한번은 카르카손에서 교황 특사와 아라곤의 왕 페드로 2세가 참석한 가운데 그러한 토론회가 개최된 적도 있었다.(1204년) 1167년 카타리파의 다양한 분파가 성직자 회의를 열었다. 몇 개 나라에서 대표를 참석시킨 이 회의에서는 카타리파의 교리와 규율, 운영 등에 대해 토론하고 규제 방법을 모색했으며, 아무런 방해도 받지 않고 정회하였다.[23] 게다가 귀족들은 이들이 랑그도크의 교회를 약화시킬 수 있는 달가운 존재라는 것을 깨달았다. 교회는 부유했고, 많은 땅을 소유하고 있었다. 상대적으로 가난하던 귀족들은 교회의 재산을 몰수하기 시작했다. 1171년 베지에의 자작 로제르 2세는 한 수도원을 빼앗아 알비파 주교를 감옥에 구금하고 이단자 한 명을 세워 그를 감시하게 했다. 알레의 수도사들이 자신의 마음에 들지 않는 수도원장을 선택하자 자작은 수도원을 불사르고 수도원장을 감옥에 수감했다. 수도원장이 죽자 기분이 좋아진 자작은 그의 시체를 설교단에 묶어 놓고 수도사들에게 마음에 드는 대체 인물을 선택하라고 설득했다. 푸아의 백작 레이몽 로제르는 파미에 수도원의 수도원장과 수도사들을 휘둘렀다. 그의 말은 제단에서 귀리를 먹었고, 그의 병사들은 십자가를 절굿공이 삼아 곡물을 빻고 그리스도 상 위에서 사격 훈련을 하였다. 툴루즈의 백작 레이몽 6세는 몇몇 교회를 부수고 무아사크의 수도사들을 박해하다가 파문당했다.(1196년) 그러나 남프랑스의 귀족들은 파문을 사소한 일로 여기게 되었다. 많은 귀족들이 공공연히 카타리 이단이라고 공언하거나 그들을 보호했다.[24]

1198년에 교황직에 오른 인노켄티우스 3세는 이러한 상황 전개가 교회와 국가에 위협이 된다고 생각했다. 그는 교회가 비난받는 이유 가운데 일부에 대해서는 인정했다. 그러나 그 자신이 그토록 숭고한 계획과 희망을 품고 있는, 또한 인간의 폭력성과 사회적 혼란, 왕가의 죄악 등을 막아 줄 최고의 방어벽이라고 믿던 위대한 그리스도교 조직이 근간에서부터 공격당하고 소유물과 존엄성을 약탈당하며 불경한 모조품으로 조롱당하는 상황을 손 놓고 바라보아서는 안 된다고 생각했다. 국가 역시 죄를 짓고 부정부패를 저지르고 자격 없는 공직자들이 있었지만 바보가 아닌 이상 국가가 파괴되는 것을 바랄 사람은 없었다. 어떻게 한 사회가 혈통을 가르고 자살을 권유하는 원칙 위에 건설될 수 있겠는가? 가난을 숭배하고 부를 장려하지 않으면서 어떻게 경제적 번영을 이룰 것인가? 남녀 관계와 아이 양육이 결혼 같은 제도에 따르지 않고 야생적 무질서를 벗어날 수 있을 것인가? 인노켄티우스의 눈에 카타리파는 허튼 주장을 펴는 문제 덩어리였고, 순박한 사람들에게 독과 같은 유해 집단이었다. 알비파 이단이 그리스도교 세계의 심장에서 급증하는 마당에 팔레스타인의 이단에 맞선 십자군 원정이라니, 이 무슨 말도 안 되는 상황이란 말인가?

인노켄티우스는 교황에 오르고 두 달 뒤 가스코뉴 지방에 위치한 오슈의 대주교에게 서한을 보냈다.

성 베드로의 작은 배가 많은 폭풍에 시달리며 바다 위에서 흔들리고 있습니다. 하지만 내가 가장 비통한 것은 …… 근래에 어느 때보다 우후죽순처럼 생겨나는 극악무도한 성직자들이 순박한 영혼을 함정에 빠뜨리고 있다는 점입니다. 그들은 미신과 지어낸 거짓 이야기로 성서의 의미를 왜곡하고 가톨릭교회의 통일성을 깨뜨리려 하고 있습니다. 이 역병 같은 과오가 가스코뉴와 인근 지역에서 확산되고 있기에, 우리는 그대와 그대의 동료 주교들이 온 힘을 다하여 그에 저항해 주기를 바랍니다. …… 엄준히 명하노니 수단과 방법을 가리지 말고 이러한 이단을 모두 처단하고 그대의 교구에서 그들에게 오염된 모든 자를 내보내십시오. …… 필요하다면 대공과 시민들이 검으로 그들을 진압하도록 해도 좋습니다.[25]

자타에 모두 관대한 오슈의 대주교는 이 편지를 받고도 아무런 조치를 취하지 않은 것 같다. 나르본의 대주교와 베지에의 주교도 인노켄티우스가 칙령을 집행하기 위해 보낸 교황 특사를 받아들이지 않았다. 이 즈음 푸아 백작의 누이의 주도하에 여섯 명의 귀족 부인들이 많은 귀족들이 참석한 공개 의식을 벌이며 카타리파로 개종했다. 인노켄티우스는 임무에 실패한 교황 특사를 좀 더 단호한 인물인 시토회 수장 아르노로 교체했다.(1204년) 그는 아르노에게 전에 없던 권한을 주어 프랑스 전역에서 종교 재판을 열 수 있게 했고, 카타리 이단을 진압하는 데 도움을 준 프랑스 왕과 귀족들에게 제한 없는 면죄부를 발행하라고 주문했다. 교황은 그러한 도움에 대한 보답으로 필립 오귀스트에게, 알비파에 맞선 십자군 원정에 참여하지 않은 모든 자들의 땅을 주었다.[26] 필립은 이제 막 노르망디를 점령하여 그곳을 소화할 시간이 필요하다며 이의를 제기했다. 툴루즈의 레이몽 6세는 이단들을 설득해 보겠다는 데에는 동의했지만, 그들을 상대로 전쟁을 벌이지는 않겠다며 거절했다. 인노켄티우스는 그를 파문했다. 그는 교황의 말을 따르겠다고 약속하고 용서받았지만 역시 약속에 태만했다. "어떻게 그럴 수 있습니까?" 교황 특사로부터 카타리파 신자를 자신의 영토에서 추방하라는 명령을 받은 한 기사가 물었다. "우리는 그 사람들과 함께 자랐습니다. 그들 중에는 우리의 친척도 있고, 또 그들은 올바르게 살고 있습니다."[27] 성 도미니크는 스페인에서 이러한 상황을 맞아 이단들을 상대로 평화롭게 설교하고, 자신이 살아온 생애의 신성함으로 그들을 정통파로 개종시켰다.[28] 어쩌면 이 문제는 한편으로 성직을 개혁하면서 이런 식으로 해결할 수도 있었을 것이다. 교황 특사인 피에르 드 카스텔노가 한 기사에게 살해당하고, 레이몽이 그 기사를 보호하는 일만 없었어도 말이다.[29] 인노켄티우스는 천성적으로 참을성이 많았지만, 이단을 상대로 10여 년에 이르는 노력이 좌절되자 다시 극단적인 방법으로 되돌아갔다. 그는 레이몽과 교사자들을 모두 파문하고, 그들에게 속한 영토 전역에 금지 제재를 선포했다. 그리고 그들을 붙잡아오는 그리스도교도에게 해당 지역의 토지를 수여했다. 교황은 모든 나라의 그리스도교도를 소집하여 알비파와 그들을 보호해 주는 사람들에 대한 십자군을 일으켰다. 필립 오귀스트는 자기 영토에서 귀족들을 대거 징집할 수 있도록 승인했고, 독일과 이탈리아에서도 군대를 파견했다. 참가자 전원은 팔레스타인 원정에 참여한 십자군들과 똑같이 무조건적인 면죄부를 약속받았다. 레이몽은 용서를 구하고 공개 속죄를 하였으며(생질(St. Gilles)의 교회에서 반나체로 채찍을 맞았다.) 다시 한 번 죄를 용서받고 성전에 참여했다.(1209년)

랑그도크의 주민 대부분은 귀족이나 평민이나 하나같이 십자군에 저항했다. 그들은 재산을 약탈하는 북부 귀족들과 군인들의 공격을 종교적 열의를 가장한 영토 점령으로 받아들였다. 남부의 정통 그리스도교도조차 북부의 침략에 맞서 싸웠다.[30] 베지에에 나타난 십자군들은 사람들에게 주교가 명단에 이름을 올린 이단자들을 넘겨줄 경우 전쟁의 공포를 피할 수 있게 해 주겠다고 제안했다. 도시의 지도자들은 제안을 거절하며, 차라리 수세에 몰려 자기 아이들을 잡아먹어야 할 때가 올지라도 포위를 버티겠다고 말했다. 십자군은 벽을 타고 올라 마을을 점령했고, 남녀노소를 가리지 않고 교회 안으로 피신한 사람들까지 2만여 명의 주민을 무참히 학살했다.[31] 시토회 수도사인 하이스터바흐의 카이사리우스가 20년 뒤에 남긴 글 가운데 한 일화를 보면, 가톨릭 신자들이 해를 입어서는 안 된다는 요청을 받은 교황 특사 아르노는 "모두 죽여라. 그러면 신께서 알아보실 것이다."라고 대답했다고 한다.[32] 아마도 그는 박해받은 사람들이 모두 정통파라고 주장할 것을 두려워했을 것이다. 베지에가 완전히 불타 버리자, 레이몽이 이끌던 십자군은 카르카손의 요새를 공격하기 위해 진군했다. 그곳에서 레이몽의 조카인 베지에의 백작 로제르는 최후의 저항을 하며 버티었다. 결국 요새는 무너지고, 로제르는 이질로 사망했다.

이 포위 작전에서 가장 용감했던 지도자는 시몬 드 몽포르였다. 1170년경 프랑스에서 태어난 그는 파리 부근 몽포르 영주의 장남이었다. 그는 잉글랜드인 모친 덕에 레스터의 백작이 되었다. 허세가 심한 다른 또래 남자처럼 그 역시 독실한 신앙과 위대한 전쟁을 다르지 않은 것으로 받아들일 수 있었다. 그는 매일 미사를 들었고, 순결을 지키기로 유명했으며, 팔레스타인에서 영예로운 복무도 하였다. 교황 특사에게 설득된 그는 4500명으로 구성된 소규모 군을 이끌고 마을들을 연달아 공격하며 모든 저항을 이겨 냈다. 그리고 사람들에게 로마의 종교에 충성 서약을 할 것인지, 아니면 이단으로 죽을 것인지를 선택하게 했다. 수천 명이 그에게 서약했고, 수백 명은 죽음을 택했다.[33] 4년 동안 시몬은 전투를 계속하며 툴루즈를 제외한 레이몽 백작의 영토를 거의 전부 파괴했다. 툴루즈는 1215년에 스스로 그에게 항복했다. 레이몽 백작은 몽펠리에에서 개최된 고위 성직자들의 집회에서 폐위당했고, 시몬은 그의 작위와 땅의 대부분을 물려받았다.

인노켄티우스 3세는 이러한 일련의 행위를 선뜻 승인하지 않았다. 그는 십자군이 이단의 죄를 지은 적 없는 사람들의 재산을 전용하고, 야만적인 해적처럼 강도와 살인을 저질렀다는 사실을 알고는 충격을 받았다.[34] 그는 레이몽에게 자비를 베풀어 연금을 배정하고, 그의 땅 일부를 레이몽의 아들을 위해 교회의 관리 아래 맡겼다. 성인이 된 레이몽 7세는 툴루즈를 탈환했다. 시몬은 2차 도시 포위 작전 중에 사망했다.(1218년) 인노켄티우스가 세상을 뜨면서 십자군 원정은 중단됐다. 살아남은 열성 알비파 신도들은 새로운 툴루즈 백작의 관대한 지배하에 다시 밖으로 나와 설교하고 활동했다.

1223년 프랑스의 루이 8세는 호노리우스 3세가 왕국에 영토를 복속해도 좋다고 허락한다면 레이몽 7세를 끌어내리고 레이몽의 땅에서 모든 이단을 몰아내겠다고 제안했다. 교황이 어떤 답을 했는지는 알 수 없다. 어쨌든 새로운 십자군 전쟁이 시작됐고, 루이는 승리를 눈앞에 두고 몽펭지에에서 사망했다.(1226년) 루이 9세의 섭정인 카스틸리아의 블랑쉬와 화해의 기회를 잡은 레이몽은 자신의 딸 잔느를 루이의 형제인 알퐁스와 결혼시키는 조건으로 자신이 죽으면 레이몽가(家)의 땅을 잔느와 그녀의 남편에게 돌려 달라고 제안했다. 귀족들의 반란에 골치를 앓던 블랑쉬는 그 제안을 받아들이고, 교황 그레고리우스 9세는 모든 이단을 진압하겠다는 레이몽의 서약을 수락했다. 1229년 파리에서 평화 조약이 조인되었다. 그리고 알비파 전쟁은 30년에 걸친 갈등과 파괴 끝에 종결되었다. 정통파가 승리하자 관용도 끝이 났다. 나르본 공의회 (1229년)에서는 평신도가 성서의 어떤 일부도 소지하는 것을 금지했다.[35] 남프랑스에서 봉건주의가 확산되고 지역의 자유는 위축되었으며, 음유 시인들의 유쾌한 나날은 사라졌다. 1271년 레이몽의 재산을 상속받은 잔느와 알퐁스가 후손 없이 사망하자 널찍한 툴루즈 주는 루이 9세와 프랑스 왕가의 수중에 떨어졌다. 프랑스 중앙부는 이제 지중해 지역의 상업적 출구가 되었고, 프랑스는 통일을 향한 커다란 전진을 이루었다. 이러한 상황과 종교 재판은 알비파 십자군 전쟁이 낳은 중요한 결과였다.

2. 종교 재판의 배경

구약 성서는 이단에 대처하는 간단한 규칙을 정해 놓고 있었다. 그들을 자세히 조사하여, 명망 있는 증인 셋이 "그들이 다른 신을 섬겼다."라는 것을 증언하면 그 이단을 도시에서 끌어내 "돌로 쳐 죽여"야 했다.(신명기 17:25)

> 너희 중에 선지자나 꿈꾸는 자가 일어나서 …… 다른 신들을 우리가 따라 섬기자고 말할지라도 …… 그런 선지자나 꿈꾸는 자는 죽이라. …… 네 형제나 …… 네 자녀나, 네 품의 아내나 너와 생명을 함께하는 친구가 가만히 너를 꾀어 이르기를 다른 신들을 가서 섬기자 할지라도 …… 너는 그를 따르지 말며 듣지 말며, 용서 없이 그를 죽여라.(신명기 13:1~9) …… 너는 무당을 살려 두지 말라.(출애굽기 22:18)

성 요한의 복음서(요한복음 15:6)에 따르면 예수는 이러한 전통을 받아들였다. "사람이 내 안에 거하지 아니하면 가지처럼 밖에 버려져 마르나니." 중세 유대인 사회는 이단에 대한 성서의 법을 간직하고 있었지만 그것을 실행에 옮기는

일은 드물었다. 마이모니데스는 그 법을 주저 없이 채택했다.[36]

그리스의 법은 "신성 모독", 즉 정통 그리스 신전의 신들을 숭배하지 않는 행위를 최악의 범죄로 삼았다. 소크라테스를 죽음에 처하게 한 것도 그러한 법이었다. 신들이 국가와 밀접하게 화합하며 협력하던 고대 로마에서 이단과 신성 모독은 반역죄로 분류됐고, 죽음으로 벌할 수 있었다. 고발자가 범죄자를 고발하지 않아도 로마의 판사들은 용의자를 불러 심문했다. 이러한 절차에서 중세의 종교 재판이라는 명칭과 틀이 형성되었다. 비잔티움 세계에 로마법을 도입한 동방의 황제들은 마니교와 그 밖의 이단자들을 사형에 처했다. 서방의 암흑시대에는 그리스도교가 그 파생 종교들의 도전을 받는 일이 거의 없었기 때문에 아량도 넓어졌다. 레오 9세는 이교에 대해 오직 파문으로만 벌해야 한다는 생각을 갖고 있었다.[37] 12세기에 이교가 확산되면서 일부 성직자들은 교회가 파문한 이단자들을 국가가 추방하거나 수감해야 한다고 주장했다.[38] 12세기 볼로냐에서 부활한 로마법은 종교 재판에 용어와 체계를 부여하고 자극제가 되었다. 교회법 중 이단에 관한 부분은 유스티니아누스 법전의 "이단을 처단하기 위한 법령"의 제5법을 베낀 것이었다.[39] 결국 13세기 교회는 그 최대의 적 프레데리크 2세의 법을 이어받아 이단의 사형을 인정했다.

그리스도교도는(심지어 많은 이단들도) 일반적으로 교회가 하느님의 아들에 의해 세워졌다고 여겼다. 이러한 추측 아래에서는 가톨릭교회에 대한 어떠한 공격도 하느님에 대한 공격으로 간주됐다. 이에 반하는 이단은 그리스도의 과업을 망치기 위해 사탄이 보낸 대리인으로 보일 수밖에 없었다. 이단에게 관용적인 사람이나 정부 역시 루시퍼의 종이었다. 스스로를 유럽의 도덕적, 정치적 체제의 불가분한 일부라고 여기던 교회는 국가가 반역죄를 대하는 것과 똑같이 이단을 대했다. 즉 이단은 사회적 질서의 근간을 흔드는 범법이었다. 인노켄티우스 3세는 이렇게 말했다. "시민법은 반역자를 재산 몰수와 사형으로 벌한다. …… 그렇다면 우리는 더 나아가 예수 그리스도에 대한 믿음을 저버린 반역자들을 파문하고 그들의 재산을 몰수해야 한다. 왕권에 대한 공격보다 신권에 대한 공격이 지극히 더 큰 죄악이기 때문이다."[40] 인노켄티우스 같은 그리스도교 정치인에게 이단자는 이슬람 신도나 유대인보다 더 나빠 보였다. 사람들은 그리스도교 세계의 밖에 살거나 그 세계 안에 질서 정연하게(또한 그만큼 엄격하게) 살았다. 야전에서 대면하는 군인은 외부의 적이었다. 이단자는 내부의 반역자로, 이슬람과 거대한 갈등을 겪고 있는 그리스도교 세계의 통일성을 훼손하는 자들이었다. 나아가 신학자들은 모든 사람이 자기 나름의 주관으로 성경을 해석하고 자기만의 그리스도교 유형을 만든다면, 깨질 듯 허약한 유럽의 도덕률을 떠받치는 종교는 곧 수백 개의 교리로 산산조각 나고, 야만성을 타고난 인류를 사회와 문명으로 묶는 사회적 접합제로서의 종교적 효험은 사라질 것이라고 말했다.

이러한 견해를 표현하지는 않았어도 공유하고 있어서였는지, 아니면 본래 다른 것이나 낯선 것을 두려워하는 단순한 마음 때문이었는지, 그것도 아니면 평소라면 개개인의 책임감 아래 억눌려 있을 본능을 군중의 익명성 안에서는 쉽게 방출해 버리는 인간의 성향 때문인지, 남프랑스와 북이탈리아를 제외한 시민들 자체가 이단을 가장 극심히 박해했다. "교회가 이단을 박해하기 훨씬 이전부터 군중은 그들에게 린치를 가했다."[41] 정교회 신자들은 교회가 이단자에게 지나치게 관대하다며 불평했다.[42] 때때로 사람들은 "종파의 신도들을, 그들을 보호하는 사제들의 손에서 낚아채기도 했다."[43] 프랑스 북부의 한 신부는 인노켄티우스 3세에게 이런 글을 보냈다. "이 지역 사람들은 신앙심이 너무 대단하여 자인한 이단자들뿐 아니라 단지 이단의 혐의를 받을 뿐인 사람들조차 쉽게 화형대로 보냅니다."[44] 1114년 수아송의 주교는 몇몇 이단을 감옥에 수감했다. 그가 자리를 비운 사이 대중은 "성직자들이 너무 관대한 것을 염려하여" 감옥을 부수고 들어와서는 이단자들을 끌어내어 화형에 처했다.[45] 1144년 리에주의 군중은 아달베로 주교가 개종시키고자 했던 몇몇 이단자들을 화형시켰다.[46] 피에르 드 브뤼이가 "사제들이 (성체 성사에서) 그리스도의 살로 성변화(聖變化)한다고 하는 것은 거짓말이다."[47]라고 말하고 성 금요일에 십자가들을

불태우자, 사람들은 그를 그 자리에서 살해했다.[48]

국가에서는 마지못해 이단자 박해에 동참했다. 단일한 종교적 믿음을 심어 주는 교회의 도움 없이는 통치가 불가능할 것을 염려했기 때문이다. 더욱이 국가는, 이단이 종교를 가장한 정치적 급진주의는 아닌지 의심했는데, 그러한 의심이 틀리기만 한 것은 아니었다.[49] 물질적인 부분에 대한 고려도 한몫했다. 종교적 또는 정치적 이단은 교회와 정부의 재산을 위협하기도 했기 때문이다. 상류 계급(여기에서도 역시 랑그도크는 예외였다.)의 여론은 무슨 일이 있어도 이단을 근절해야 한다는 것이었다.[50] 독일의 하인리히 6세(1194년)는 이단자들을 엄격히 처벌하고 그들의 재산을 몰수하라고 지시했다. 오토 4세(1210년)와 프랑스 루이 8세(1226년)도 비슷한 칙령을 발표했다. 피렌체(1227년)와 밀라노(1228년)도 마찬가지였다. 이단을 억압하는 가장 엄격한 법령이 제정된 것은 1220년에서 1239년까지 프레데리크 2세 치하에서였다. 교회에서 유죄를 선고받은 이단자들은 "속권(俗權)", 즉 지방 당국으로 보내져 그곳에서 화형에 처해졌다. 신념을 철회하는 이단자는 종신 수감으로 형벌이 가벼워졌다. 그들의 재산은 모두 몰수되었고, 상속권자들은 그 권리를 박탈당했다. 이단자들의 후손은 보수가 높거나 존경받는 자리에 오를 자격을 빼앗겼고, 다른 이단자를 고발하여 부모의 죄를 속죄하지 않는 이상 복권되지 못했다. 이단자들의 집은 철거되어 다시 지어지지 못했다.[51] 온화한 루이 9세도 프랑스 법률에 비슷한 법령을 추가했다. 사실상 이단자에 대한 박해를 두고 대중과 주도권을 다툰 것은 왕들이었다. 프랑스 국왕 로베르는 1022년 오를레앙에서 열세 명의 이단자를 화형에 처했다. 이 사건은 385년 프리스킬리아누스가 세속 재판에서 사형에 처해진 뒤 이단을 사형시킨 첫 번째 사례로 알려져 있다. 1051년 독일의 하인리히 3세는 파문이면 충분하다고 주장하던 주교 리에주의 와조의 항의에도 불구하고 고슬라에서 마니교도 또는 카타리파 신자 몇 명을 교수형에 처했다.[52] 1183년 플랑드르의 백작 필립은 랭스 대주교와의 협력을 통해 "많은 귀족과 성직자, 기사, 소농, 어린 소녀, 기혼녀, 그리고 미망인들을 화형대로 보내고 그들의 재산을 몰수하여 나누어 가졌다."[53]

보통 13세기 전까지 이단을 다루는 종교 재판은 주교 몫이었다. 그러나 그들은 거의 재판관 역할을 하지 못했다. 그들은 사람들 사이에 풍문이나 소란이 일어 이단자가 적발될 때까지 기다렸다. 용의자를 소환해도 심문으로 자백을 끌어내기는 어려웠다. 고문 사용을 꺼려 신성 재판에 의지하곤 했는데, 그 안에는 하느님이 무고한 자를 보호하는 기적을 행할 거라는 신실한 믿음이 있었다. 성 베르나르는 이러한 방법을 승인하고, 랭스에서 열린 주교 공의회(1157년)에서는 이것을 이단 재판의 정규적인 절차로 규정했다. 그러나 인노켄티우스 3세는 이를 금지했다. 1885년 교황 루키우스 3세는 주교들이 이단을 쫓는 데 태만하다는 불만을 갖고 그들에게 각자의 교구를 최소한 1년에 한 번은 방문하여 모든 용의자를 체포할 것과, 교회에 완전한 충성을 맹세하지 않는 자들은 유죄로 간주할 것(카타리파 신자들은 어떠한 맹세도 거부했다.), 그리고 그렇게 저항하는 인물은 세속의 재판소로 양도할 것을 지시했다. 교황 특사들은 이단을 몰아내는 데 태만한 주교들을 자리에서 물러나게 할 수 있는 권한을 부여받았다.[54] 1215년 인노켄티우스 3세는 모든 민간 정부에 대해 그 스스로 이단으로 기소될 각오가 아니라면 "교회로부터 '응분의 처벌'을 받도록 지명된 모든 이단자들을 그들에게 속한 땅에서 절멸할 것"을 공개적으로 맹세하도록 요구했다. 이 의무를 무시한 대공들은 폐위될 것이고, 교황은 그 신하들을 충성 맹세로부터 풀어 준다는 것이었다.[55] "응분의 처벌"이란 아직까지는 추방과 재산 몰수에 불과했다.[56]

교황에 오른 그레고리우스 9세(1227년)는 대중과 당국과 교회의 박해를 당하면서도 이단이 증가하고 있다는 현실을 깨달았다. 발칸 전역과 이탈리아의 대부분, 프랑스의 많은 지역이 이단으로 뒤덮여 인노켄티우스의 화려한 권력을 이제 막 떠나 보낸 교회는 마치 나뉘고 붕괴될 운명에 처한 것처럼 보였다. 노회한 교황의 눈에 프레데리크와 이단을 상대로 동시에 싸우는 교회는 생존을 위한 투쟁에 뛰어든 것이어서, 전시 상황의 도덕률과 방법론을 채택하는 것이 타당해 보였다. 피사에서 아레초까지 교구를 넓힌 주교 필리포 파테르논이 카타리파로 개종했다는 소식에 충격을 받은 그레고리우스는 도미니크회 수도사가 이끄는 재판단을 지명하고 피렌쩨로 보내 이단들을 재판에 회부하도록 했다.(1227년) 비록 재판관들이 공식적으로는 교구 주교들에게 속해 있긴 하였지만, 이것이 사실상 교황의 종교 재판의 시작이었다. 1231년 그레고리우스는 교회법에 1224년 프레데리크의 법령을 채택했다. 이후로 교회와 국가는 뉘우침 없는 이단이 반역죄이며 죽음으로 처단되어야 한다는 데 의견을 같이했다. 마침내 교황의 통제하에 종교 재판이 공식적으로 확립되었다.

3. 종교 재판의 재판관

1227년 이후 그레고리우스와 그 후임자들은 점점 더 많은 특별 재판관들을 보내 이단을 추적했다. 그는 이 과제를 위해 새로운 탁발 수도회들을 장려했는데, 한편으로는 그들 수도회 생활의 소박함과 헌신이 교회의 사치와 관련된 추문을 제어해 줄 것이었기 때문이고, 또 한편으로는 주교들에게만 의지할 수 없었기 때문이다. 하지만 재판관들은 주교의 동의 없이는 이단자에게 무거운 형벌을 선고할 수 없었다. 이 일에 도미니크회 수도사가 꽤 많이 고용되었기 때문에, 그들에게는 "신의 경비견(警備犬)"이라는 별명이 붙었다.[57] 그들 대부분은 엄격한 도덕성을 지녔지만 극소수는 자비심도 갖추고 있었다. 그들은 스스로를 공명정대하게 증거를 따지는 판사로 생각하기보다 그리스도의 적들을 추적하는 전사로 여겼다. 몇몇은 베르나르 기(Gui)처럼 신중하고 양심적이었다. 또 몇몇은 파타리아 이단이었다가 개종한 도미니크 수도사 로베르 같은 사디스트(sadist)였는데, 로베르는 1239년 어느 날 180명의 죄수를 화형대로 보낸 인물이었다. 그 죄수 중에는 이단자들에게 너무 많은 자유를 주었다는 판결을 받은 주교도 있었다. 그레고리우스는 로베르를 직무 정지하고 종신 수감했다.[58]

종교 재판관들의 사법권은 그리스도교도에게만 해당됐다. 유대인과 이슬람 교도는 그리스도교에서 다시 개종한 것이 아니라면 소환되지 않았다.[59] 도미니크 수도회는 특히 유대인을 개종시키기 위해 노력했지만 오직 평화적인 수단만 사용했다. 1256년 일부 유대인이 의식용 살인으로 고발당했을 때, 도미니크회와 프란체스코회의 수도사들은 자신들의 목숨을 걸고 그들을 군중으로부터 구출했다.[60] 종교 재판의 목적과 범위는 니콜라스 3세의 칙령(1280년)에 가장 잘 드러나 있다.

이로써 우리는 카타리와 파타리아, 리옹의 빈자, …… 기타 등등 이름 여하를 불문하고 모든 이단자를 파문하고 저주한다. 교회에서 유죄를 선고받은 자들은 세속 법정으로 이양되어 처벌될 것이며 …… 체포된 뒤 뉘우침의 기미를 보이며 속죄를 원할 경우 종신 수감형에 처해질 것이다. …… 이단을 받아들이거나 변호하거나 도운 자들은 모두 파문한다. 1년 넘도록 파문 상태로 있는 자는 추방한다. …… 이단의 혐의를 받는 자가 스스로 무고함을 증명하지 못하면 파문한다. 1년 동안 파문으로 공시된 자는 이단의 죄를 확정한다. 이 경우 항소의 권리를 박탈한다. …… 이들에게 그리스도교 매장을 허하는 자는 적절한 사죄를 할 때까지 파문한다. 이들은 자신의 손으로 땅을 파서 시체를 꺼내어 버리기 전까지 그 죄를 용서받을 수 없다. …… 모든 평신도는 가톨릭 신앙에 관하여 논하는 것을 금한다. 만약 신앙을 논하는 자가 있다면 파문한다. 누구든 이단자를 알거나, 또는 비밀 회합을 여는 자들, 정통 신앙에 경의를 갖고 따르지 않는 자들을 아는 사람은 고해 신부에게 이를 알리거나 주교 또는 재판관에게 전달할 수 있는 사람에게 정보를 제공한다. 이를 위반하는 자는 파문한다. 이단자와 그들을 인정하거나 옹호하거나 돕는 자들, 그리고 그들의 2세는 모두 교회의 관직에 오르지 못한다. …… 이로써 우리는 그들에게서 유급 성직자의 직책을 영원히 박탈한다.[61]

종교 재판의 절차는 모든 이단자, 때로는 모두 혐의뿐인 자들을 약식 체포하면서 시작되었다. 또는 방문 재판관이 인근 지역의 모든 성인 주민을 소환하여 예비 조사를 하는 것으로 시작되기도 했다. 첫 30일 정도의 유예 기간에 이단을 자백하는 사람들은 잠깐 수감되거나 약간의 신앙 활동 또는 자선 활동을 하는 것으로 형벌이 경감되었다.[62] 이 기간 동안 자백하지 않은 사람이나 초기 취조 또는 종교 재판 첩자 등을 통해 발각된 자들은[63] 종교 재판소에 소환됐다. 대개 이러한 재판소는 주교나 종교 재판관의 추천을 받아 세속의 통치자가 고른 열두 명의 사람들로 구성됐다. 여기에 두 명의 공증인과 종자(從者) 몇이 추가됐다. 고발당한 자가 이 두 번째 기회를 놓치지 않고 자백할 경우 범죄의 정도에 따라 다양한 처벌을 받았다. 죄를 부인하면 수감되었다. 고발당한 사람들은 궐석으로 또는 사후에 재판을 받기도 했다. 죄를 자백한 이단자는 다른 이단자들에 대한 증인으로 인정되었다. 아내와 아이들은 남편과 아버지에 대해 불리한 증언을 할 수 있었지만 유리한 증언은 하지 못했다.[64] 한 지역에서 고발당한 사람들은 요구만 있으면 모든 고발자들의 명단을 볼 수 있었다. 그리고 리(Lea)에 따르면 "사실상 많은 증인들이 단순한 의심만으로 살해당했다."[65] 대개는 고발당한 사람들에게 적대 관계에 있는 자들의 이름을 물었고, 그런 자들에게서 나온 불리한 증거는 채택되지 않았다.[66] 거짓 고발자들은 엄히 처벌받았다.[67] 1300년대 이전 피고발자들은 법적 지원을 받을 수 없었다.[68] 1254년 이후 재판관들은 교황 칙령에 의거하여 주교뿐 아니라 지역 명망가에게도 증거를 제출해야 했고, 그들의 투표로 합의된 바에 따라 판결을 내려야 했다.[69] 때로는 전문가 위원회가 소집되어 증거들을 판정했다. 일반적으로 재판관들은 무고한 사람을 벌하는 것보다 죄인이 도망가도록 놔두는 게 더 낫다는 가르침을 받았고, 명백한 증거나 자백 중 한 가지는 가지고 있어야 한다고 배웠다.

로마법은 고문으로 자백을 끌어내는 행위를 허용했다. 이 방법은 주교 재판소나 교황 재판소의 첫 12년 동안은 사용되지 않았다. 그러나 인노켄티우스 4세(1252년)는 재판관이 피고발자의 유죄를 확신할 경우 차후에 교황의 용서를 얻는 조건으로 이를 인가했다.[70] 교황들은 고문이 최후의 수단이 되어야 하고 단 한 번만 사용되어야 하며 "팔다리를 잃거나 죽음의 위험이 닥치기 전에" 멈추어야 한다고 충고했다. 재판관들은 "단 한 번"을 각 심문 때마다 한 번으로 해석했다. 때때로 그들은 고문을 중단하고 심문을 재개하였으며, 다시 거리낌 없이 고문했다. 몇몇 경우에 고문은 증인에게서 강제로 증언을 끌어내기 위해, 아니면 자백한 이단자에게서 다른 이단의 이름을 끌어내기 위해 사용됐다.[71] 고문은 태형이나 화상 입히기, 형틀에 매달아 비틀기, 좁고 어두운 지하 독방에 감금하기 등이 있었다. 피고발자는 불타는 석탄 위에서 천천히 발이 익어 가거나 삼각형 틀에 묶여 윈치에 매인 노끈에 팔다리가 당겨지기도 했다. 때로는 음식을 통해 수감자의 몸과 의지를 약화시키고, 달콤한 회유와 죽음의 협박을 오가는 심리적 고문에 무너지도록 만들었다.[72] 고문으로 끌어낸 자백은 재판소에서 거의 주목받지 못했지만, 이러한 난점은 피고발자로 하여금 고문으로 시인한 혐의를 세 시간 후 다시 인정하게 함으로써 해결됐다. 시인했던 혐의를 인정하지 않으면 고문이 다시 시작될 수도 있었다. 1286년 카르카손의 관리들은 프랑스의 필립 4세와 교황 니콜라스 4세에게 서한을 보내 재판관 장 갈랑의 고문이 너무 가혹하다며 항의했다. 장 갈랑이 재판한 어떤 죄수들은 칠흑같이 어두운 독방에 장기간 홀로 구금됐다. 어떤 죄수들은 옴짝달싹 못하도록 족쇄를 차고 있어서 자신의 배설물을 깔고 앉아야 했고, 차가운 땅바닥에 맨살의 등을 대고 누울 수밖에 없었다.[73] 어떤 사람들은 형틀에서 심하게 비틀린 나머지 팔다리를 못 쓰게 되는 경우도 있었다. 어떤 이들은 고문 때문에 목숨을 잃었다.[74] 필립은 이러한 야만성을 맹비난했고, 교황 클레멘스 5세(1312년)는 종교 재판관들이 고문에 덜 의존하도록 하기 위해 노력했다. 그러나 그의 경고는 금방 무시되었다.[75]

두 번의 자백 기회를 거부하고 나중에 유죄 판결을 받은 죄수와 과오를 회개했다가 다시 이단으로 돌아간 죄수는 종신 수감되거나 사형에 처해졌다. 종신 수감형은 특정한 이동이나 방문, 운동 등의 자유를 통해 경감될 수도 있었고, 금식이나 족쇄로 더 강화될 수도 있었다.[76] 자백을 거부하고 나서 유죄 선고를 받을 경우에는 재산 몰수의 형벌이 추가됐다. 대개 몰수 재산의 일부는 그 지역 세속의 통치자에게 건네졌고, 일부는 교회로 들어갔다. 이탈리아에서는 3분의 1이 정보 제공자에게 주어졌고, 프랑스에서는 왕이 전부 가져갔다. 이러한 보상 덕에 개인과 국가는 이단 사냥에 더 열을 올렸고, 이미 죽은 사람을 재판에 세우기도 했다. 무고한 사람의 재산도 유증자가 이단이었다면 언제든 몰수될 수 있었다. 이는 교황들이 부질없이 비난하던 수많은 재판 악용 사례 중 하나였다.[77] 로데즈의 주교는 자신의 교구에서 이단자들을 단 한 차례 단죄하여 10만 솔(sol)을 얻었다고 자랑했다.[78]

재판관들은 정기적으로 무시무시한 의식을 열어 유죄와 형벌을 선고했다. 회개하는 사람은 교회 중앙에 마련된 무대 위로 올라갔다. 그들이 자백한 내용이 낭독된 뒤 죄인에게 그 내용에 틀림이 없는지 묻고 이단을 포기하겠다는 공식적인 표명을 요구했다. 그리고 의식을 집전하던 재판관이 회개자를 파면으로부터 방면하고 다양한 형량의 벌을 발표했다. "여유"를 부리던 사람, 또는 속권으로 인도된 사람에게는 하루 더 개종의 기회가 주어졌다. 화형대 앞에서라도 죄를 자백하고 회개한 이들은 종신형에 처해졌다. 고집스러운 사람들은 공공 광장에서 불에 타 죽었다. 교회는 절대 사형을 선고하지 않았다. 교회의 오랜 기치는 "교회는 피를 피한다."라는 것이었다. 성직자들은 피를 흘리는 것도 금지되어 있었다. 그렇기 때문에 유죄를 선고한 죄인을 속권으로 인도할 때 교회는 세속의 당국에 "응분의 처벌"을 할 것을 당부하며 "모든 유혈 사태와 죽음의 위험"은 피하라고 경고하는 데 스스로를 국한했다. 그레고리우스 9세 이후로 정부와 교회는 이 경고를 말 그대로 지켜야 하는 것이 아니라 유죄 선고를 받은 자를 유혈 사태 없이 죽이는 것, 즉 화형시켜야 한다는 데 합의했다.[79]

공식 종교 재판에서 사형을 선고받은 사람들의 수는 한때 역사학자들이 생각하던 것보다는 적었다.[80] 열성적인 종교 재판관 베르나르 드 코(Caux)는 자신이 심리를 맡은 사건의 긴 명부를 남겼는데, 만만한 사건은 단 한 건도 없었다.[81] 17년 동안 종교 재판관 베르나르 기(Gui)가 유죄를 선고한 이단은 930명이었는데, 그중 목숨을 잃은 사람은 45명이었다.[82] 종교 재판 최악의 비극은 화형대 위에서 드러나기보다 지하 감옥에 감추어져 있었다.

4. 결론

중세 시대의 종교 재판은 당면 목적을 달성했다. 프랑스에서 카타리파를 근절했고, 발도파를 뿔뿔이 흩어진 광신자들 정도로 만들었으며, 남이탈리아에서 정교회를 복원시켰고, 서방의 그리스도교가 분할되는 것을 3년간 유예시켰다. 프랑스는 유럽의 문화적 주도권을 이탈리아로 넘겨주었다. 그러나 랑그도크를 얻으며 강화된 프랑스 군주제는 점점 힘을 키워 보니파키우스 8세 치하의 교황권을 꺾고 클레멘스 5세 밑에 묶어 둘 정도가 되었다.

스페인 종교 재판은 1300년 이전에는 별다른 역할을 하지 못했다. 도미니크회 고해 신부인 페냐포르트의 라이몬드는 1232년 아라곤의 하메스 1세를 설득하여 종교 재판을 인정하도록 하였다. 종교 재판에 대한 열의를 억제하기 위해서였는지 1233년에는 국가를 이단자의 재산 몰수에서 가장 큰 수혜자로 삼는 법령이 만들어졌다. 하지만 세월이 흐른 후 이는 종교 재판과 재산 취득이 바늘과 실이나 같다는 것을 깨달은 군주들에게 황홀한 자극제가 되었다.

북이탈리아에서는 여전히 이단자가 득실거렸다. 다수인 정교회는 그저 무관심하여 이단 사냥에 적극적으로 뛰어들지 않았고, 비센차의 에첼리노와 크레모나의 팔라비치노 같은 독립국의 독재자들, 그리고 밀라노는 은밀하게 또는 공공연하게 이단자들을 보호했다. 피렌쩨에서는 수도사 루지에리가 정교회 귀족들로 구성된 종교 기사단을 조직하여 종교 재판을 지지했다. 파타리아파는 종교 기사단과 거리에서 유혈 낭자한 전투를 벌이다 패배했다.(1245년) 그 뒤로 피렌쩨에서 이단은 모습을 감추었다. 1252년 종교 재판관 프라 피에로 다베로나는 밀라노에서 이단자에게 암살당했다. 그리고 그를 순교자 베드로로 시성하는 의식은 가혹한 종교 재판관들을 벌하지도 않고, 북이탈리아의 이단을 억압하지도 않았다. 교황권은 에첼리노와 팔라비치노에 맞선 십자군을 조직했다. 한 명은 1259년에, 다른 한 명은 1268년에 타도되었다. 이탈리아에서 교회의 승리는 표면상으로는 완벽했다.

잉글랜드에서는 종교 재판이 한 차례도 열리지 않았다. 베케트와의 논란 속에서 자신의 정통성을 입증하기를 간절히 원하던 헨리 2세는 옥스퍼드에서 스물아홉 명의 이단자들을 박해하고 낙인찍었다.(1166년)[83] 그 밖에 위클리프 이전의 잉글랜드에는 이단이 거의 없었다. 독일의 종교 재판은 짧은 광기와 함께 융성하다가 서서히 사라졌다. 1212년 스트라스부르의 주교 앙리는 이단자 여든 명을 하루 만에 불태웠다. 그들 대부분은 발도파였다. 그들의 지도자 사제 요한은 그들이 면죄부와 연옥, 성직자들의 독신 생활을 믿지 않는다고 선언하고 성직자들은 재산을 소유해서는 안 된다고 주장했다. 1227년 그레고리우스 9세는 마르부르크의 사제인 콘라트를 독일 종교 재판의 수장으로 세우고, 이단 절멸뿐 아니라 성직자의 개혁까지 지시했다. 교황이 성직자들의 부도덕을 맹비난하며 약해지는 신앙심의 주요 원인으로 꼽았기 때문이다. 콘라트는 두 가지 과제에 두드러지게 잔혹성을 보이며 접근했다. 그는 기소된 이단자 모두에게 간단한 선택권을 주었다. 자백하고 벌을 받을 것인지, 아니면 부정하고 화형대에서 죽음을 맞을 것인지였다. 그가 비슷한 기세로 성직자 개혁에 나서자, 정교회와 이단이 함께 그를 반대했다. 그는 자신에게 희생된 사람의 친구에 의해 살해됐다.(1233년) 독일의 주교들은 종교 재판을 인수받아 좀 더 공정한 절차로 순화시켰다. 많은 종파와 일부 이단, 몇몇 신비주의자들까지 보헤미아와 독일에서 살아남았고, 후스(Huss)와 루터(Luther)에게로 가는 길을 마련했다.

종교 재판을 판단할 때, 우리는 야만성에 익숙한 시대적 배경을 반드시 함께 이해해야 한다. 우리 시대의 전쟁에서 죽은 사람들, 그리고 죽음으로 가는 법적인 절차 없이도 파탄 나는 무고한 생명들이 카이사르 시대부터 나폴레옹 시대까지 존재했던 모든 전쟁과 모든 박해에서 죽은 사람의 수보다 더 많다고 하면 이해가 쉬울 것이다.

불관용은 강한 믿음에 수반되는 자연스러운 현상이다. 관용은 믿음이 확실성을 잃을 때에만 커진다. 확실성은 살인적이다. 플라톤은 『법률』에서 불관용을 승인했다. 개혁파는 16세기에 불관용을 인정했다. 그리고 종교 재판을 비판하던 몇몇 사람들은 근대 국가가 이를 실행하자 그 방법론을 옹호했다. 고문을 포함한 종교 재판관들의 방법론은 많은 정부의 법전에 채택되었다. 그리고 아마도 현대의 은밀한 용의자 고문은 로마법보다도 종교 재판에서 더 많은 본보기를 찾을 수 있을 것이다. 1227년부터 1492년까지 유럽에서 벌어진 이단 박해와 비교하면 그리스도 이래 첫 3세기 동안 로마인들의 그리스도교 박해는 가볍고 인도적이었다. 역사학자와 같은 아량을 갖고 그리스도교도와 같은 관용을 갖고 보더라도, 종교 재판은 우리 시대의 전쟁과 박해와 나란히 인류의 기록에 남은 가장 어두운 얼룩 중 하나로 존재하며, 어떠한 짐승에게서도 볼 수 없던 흉포함을 지니고 있다.

29장　　　　　　　　　　　　수도사와 수사
　　　　　　　　　　　　　　　1095~1300

1. 수도원 생활

　　교회를 구제한 것은 종교 재판의 고문이 아니라 새로 떠오르는 수도회들이
었을 것이다. 이들 수도회는 이단자들의 입에서 사도적 청빈이라는 복음을 차
용하여 한 세기 동안 오래된 수도회들과 세속의 성직자들에게 신실함의 사례
를 제시했다.

　　수도원은 암흑시대에 급증하여 바닥을 치던 10세기에 정점에 도달했다. 그
리고 그 뒤 세속 교단과 재산이 증가하면서 수적으로 감소했다. 1100년경 프랑
스의 수도원은 543개였고, 1250년경에는 287개였다.[1] 이러한 수도원의 수적 감
소는 평균적인 신도 수의 증가로 이어졌겠지만 100명 이상의 수도사가 있는 수
도원은 극히 드물었다.[2] 13세기에도 신앙이 독실하거나 생활이 어려운 부모들
이 일곱 살 이상 된 아이들을 수도원에 "봉헌"하는, 즉 하느님에게 "제물로 바

치는" 풍습이 남아 있었다. 성 토마스 아퀴나스도 그렇게 수도원 생활을 시작했다. 베네딕트회는 부모가 봉헌을 위해 내건 맹세는 철회할 수 없는 것으로 간주했다.[3] 성 베르나르와 새로운 수도회들은 아이가 봉헌되었다 하더라도 성인이 되어 세상으로 돌아가는 데 대해 비난받을 필요가 없다고 생각했다.[4] 일반적으로 성인인 수도사는 죄를 저지르지 않은 상황에서 서약을 포기하고 싶을 경우 교황의 특별 허가가 있어야 했다.

1098년 이전에는 대부분의 서방 수도원이 정도의 차이는 있었지만 일정한 형태로 베네딕트회의 원칙을 따랐다. 수도사가 되는 데는 1년 동안의 수련 기간이 주어졌고, 이 기간 동안에는 마음대로 수련을 중단할 수 있었다. 수도사 하이스터바흐의 카이사리우스는 한 기사가 수련을 그만둘 때 "수도사복의 기생충이 무섭다는 겁쟁이 같은 사유를 들었다. 우리가 입는 모직 예복에는 해충이 많이 산다."라고 말했다.[5] 기도는 수도사의 하루 중 약 네 시간을 차지했다. 식사 시간은 짧았고 대개는 채식이었다. 나머지 하루 일과는 노동과 독서, 가르침, 병자 돌보기, 구호 활동, 그리고 휴식 등이었다. 카이사리우스는 1197년 기근을 겪을 때 자신의 수도원이 어떻게 1500명이나 되는 사람들에게 매일 식량을 조금씩 나누어 주고, "우리를 찾아온 빈민들이 수확 시기까지 생존할 수 있었는지"에 대해 말한다.[6] 같은 위기의 기간 중 베스트팔렌 시토회 수도원은 기르던 가축을 모두 도축하고 책 등을 전당포에 맡겨 빈민들에게 식량을 나누어 주었다.[7] 자신들과 소속 농노들의 노동을 통해 수도사들은 수도원과 교회와 대성당을 짓고, 넓은 영지에 농사를 지으며 습지와 밀림을 경작지로 가꾸고, 수백 개의 수공예품을 만들었다. 또 뛰어난 포도주와 에일 맥주를 양조했다. 수도원은 비록 세상의 착하고 능력 있는 인재들을 데려와 이기적인 신성 안에 묻으려는 것처럼 보였지만, 사실은 수천 명을 정신적, 도덕적 규율로 단련시킨 다음 다시 그들을 세상으로 돌려보내 주교와 교황, 그리고 국왕의 고문관과 행정관으로 일하게 했다.*

---

* 평소 교회의 과오에 너그럽지 않던 한 위대한 학자는 이렇게 말했다. "중세 수도사들은 탐욕스럽고 낭비벽 심하며 사치스럽다는 속세의 비난은 그들이 보존해 둔, 그리고 그들의 섬세하고 지능적이고 정직한 관리 능력을 보여 주

시간이 흐르면서 성장한 사회의 부는 수도원으로 흘러들어 갔고, 사람들은 너그럽게도 수도사들이 이따금 즐기는 사치를 부조(扶助)했다. 생리퀴에 수도원은 부가 넘치는 곳은 아니었다. 하지만 117명의 봉신을 거느리고 있었고, 수도원이 위치한 마을에 2500채의 집을 소유하고 있었으며, 소작인들에게서 매년 1만 마리의 닭과 1만 마리의 수탉, 7만 5000개의 달걀 등을 봉납받았다. 개별적으로 보면 적당하지만 모이면 엄청난 금액의 소작료도 받았다.[8] 몬테 카시노와 클뤼니, 풀다, 생갈, 생드니 등의 수도원은 훨씬 더 부유했다. 생드니의 쉬제르나 클뤼니의 가경자(可敬者) 베드로 같은 수도원장은 엄청난 물질적 부와 사회적, 정치적 권력을 행사하는 강력한 귀족이었다. 쉬제르는 자신의 수도사들을 먹이고 웅장한 대성당을 지은 후에도 십자군 원정 자금의 절반을 지원할 정도의 재산을 갖고 있었다.[9] 성 베르나르가 "60필 이상의 말을 끌고 가는 수도원장을 본 적이 없다고 하면 거짓말이다."라고 한 것은 아마도 쉬제르를 두고 한 말일 것이다.[10] 하지만 쉬제르는 재상이었고, 대중에게 깊은 인상을 주기 위해 화려한 옷을 입어야 했다. 그 자신은 초라한 수도실에서 금욕적이고 수수한 생활을 하며 자신의 공적 책무가 허락하는 한에서 수도회의 규칙을 준수했다. 가경자 베드로는 선량한 사람이었다. 그러나 거듭된 노력에도 불구하고 한때는 개혁의 선도자이던 클뤼니파 수도원들이 기업형 부를 축적하여 무소유의 수도사들이 퇴행성 나태함 속에서 생활하는 것을 막지는 못했다.

부가 증가하면 도덕은 추락하고, 인간의 재력에 따라 본성도 드러난다. 어떤 규모의 집단에서든 본능이 맹세를 이기는 인물은 있기 마련이다. 다수의 수도사는 자신의 규칙에 꽤 충실했지만, 소수는 세상과 육신에 대해 좀 더 안이한 태도를 취했다. 많은 경우에 수도원장은 귀족이나 왕에 의해 임명되었는데, 대

는 수백 개의 특허장 또는 물품 목록과 배치된다. 수도사들이 이룬 중세 유럽의 막대한 경제적 향상을 보면 그들이 전체적으로 지적인 임대주이자 농사꾼이었다는 것을 알 수 있다." Thompson, *Economic and Social History of the Middle Ages*, 630. 회의론자 르낭(Renan)은 말한다. "그리스도교가 이룬 가장 완벽하고 효과적인 업적은 수도회들이 이루어 낸 성과이다."

개는 안락함에 익숙한 계급 출신이었다. 그러한 수도원장은 수도원의 규칙보다 위에 존재했다. 사냥과 매사냥, 마상 시합을 즐기고 정치에 관심이 많았다. 그리고 그들의 그러한 본보기는 수도사들에게 영향을 끼쳤다. 기랄두스 캄브렌시스는 이브샴의 수도원장을 "그의 욕정으로부터 안전한 사람은 아무도 없다."라는 유쾌한 그림으로 그렸다. 이웃 주민들은 그의 자식이 열여덟 살이라고 생각했다. 결국 그는 자리에서 물러났다.[11] 살찌고 부유하고 힘 있는 세속적 수도원장은 대중의 해학과 문학적 비판의 표적이 되었다. 중세 문학에서 가장 가차 없고 놀라운 풍자는 월터 맵(Walter Map)이 쓴 어느 수도원장에 대한 글이었다.[12] 어떤 수도원들은 질 좋은 포도주와 음식을 즐기기로 유명했다. 우리는 수도사들이 맛 좋은 음식을 먹는다고 분개해서는 안 된다. 또 그들이 채식에 얼마나 질렸을지, 고기가 얼마나 먹고 싶었을지도 이해할 수 있다. 그들이 때때로 쑥덕공론을 벌이고 다투고 미사 중 잠을 자는 것도 측은히 여길 수 있다.[13]

금욕 서약을 하는 수도사들은 세속에서 보고 접하면서 거듭하여 마음을 휘젓는 성적 본능의 힘을 과소평가했다. 하이스터바흐의 카이사리우스는 중세 시대에 종종 거론되던 한 수도원장과 동승한 젊은 수도사에 관한 이야기를 들려준다. 젊은 수도사가 난생처음으로 여인들을 보았다. "저들은 무엇입니까?" 그가 물었다. "그들은 악마다." 수도원장이 대답했다. 수도사는 이렇게 말했다. "저는 지금까지 본 것 중 저들이 가장 어여쁘다고 생각했습니다."[14] 성스럽지만 가혹했던 생의 마지막 순간이 다가왔을 때 금욕적인 베드로 다미아누스는 말했다.

이제 노인이 된 나는 시들고 주름진 얼굴에 눈이 침침한 노파를 마음 놓고 쳐다볼 수 있다. 그러나 더 예쁘게 꾸민 사람들 앞에서 나는 불 앞에 선 소년처럼 내 눈을 보호한다. 아아, 나의 가련한 심장아! 이 심장은 수백 번 읽은 성경의 신비도 간직하지 못하고, 단 한 번 보았던 형체에 대한 기억을 잃지 못하는구나.[15]

어떤 수도사에게 덕목이란 여인과 그리스도 사이에서 자신의 영혼을 위해 벌이는 시합 같은 것이었다. 여성을 맹비난한 것은 그 매력에 대한 감정을 억누르기 위한 노력이었다. 그들의 경건한 꿈은 때때로 욕망의 이슬로 무디어졌다. 그리고 그들의 성스러운 통찰력은 인간애의 표현 방식을 차용했다.[16] 오비디우스는 몇몇 수도원들이 반기는 친구였고, 특히 사랑의 기교에 관한 저서는 크게 환영받았다.[17] 어떤 대성당의 조각상, 가구에 새겨진 조각품, 심지어 미사 전서(典書)에 그려진 그림조차 방종한 수도사와 수녀들을 묘사했다. 돼지들이 수도사 복장을 하고, 수도복은 발기한 남근으로 불룩하며, 수녀들은 악마와 놀아나는 그림들이었다.[18] 랭스에 있는 최후의 심판의 문 돋을새김 조각은, 악마가 유죄 선고를 받은 인간들을 지옥으로 끌고 가는 모습을 보여 준다. 그중에는 주교도 있었다. 중세 성직자들(아마도 수도회에 매인 수도사들을 부러워한 세속의 성직자들)은 그러한 캐리커처를 허용했다. 근대 성직자들은 그러한 작품 대부분을 없애는 편이 더 낫다고 생각했다. 교회 자체는 죄를 짓는 성직자를 가장 가혹하게 비판하는 존재였다. 뒤를 이은 교회 개혁가들은 수도사와 수도원장을 그리스도의 이상으로 되돌리기 위해 노력했다.

2. 성 베르나르

11세기 말 교황권의 정화, 1차 십자군 원정에 대한 열의와 더불어 자기 개혁 운동이 그리스도교 세계를 휩쓸면서 수도원에 들어가지 않는 성직자가 크게 증가하고, 아우구스티누스나 베네딕트회의 규칙을 엄격히 지키는 데 전념하는 새로운 수도회들이 만들어졌다. 1039년 이전의 어느 날, 성 요한 구알베르투스[19]는 이탈리아 발롬브로사의 "그늘진 계곡"에 발롬브로사 수도회를 건립하고 평수사들의 단체를 선언했는데, 이는 후일 탁발(托鉢) 수도회로 발전했다. 1059년 로마 자문 회의는 참사회 회원(대성당의 노역과 세입을 함께 나누는 성직자)들에게 사도처럼 공동체를 이루어 생활하고 재산을 공유할 것을 촉구했다. 일부는 망설이다 "세속의 성직자"로 남았다. 하지만 많은 이들이 이에 응답했고, 성 아우구스티누스의 것이라고 여기던 수도회의 규율을 채택하여 수도원적 색채를 지닌 공동체를 형성했다. 이는 통칭 아우구스티누스 수도회 또는 오스틴 수도회로 알려졌다.* 1084년 랭스 대주교 자리를 정중히 사양한 콜로뉴의 성 브루노는 그르노블 인근 알프스의 샤르트뢰즈라는 황량한 지역에 수도원을 세워 카르투지오 수도회를 건립했다. 세속적인 다툼과 성직자들의 방종에 신물이 난 다른 독실한 사람들은 고립된 장소에 그와 유사한 카르투지오회 지회들을 형성했다. 각 수도사들은 자신의 독립된 수도실에서 일하고 먹고 잠을 잤으며, 빵과 우유를 먹고 말 털로 만든 옷을 입으며 거의 끊임없는 고요 속에서 수련했다. 일주일에 세 번, 미사와 저녁 기도, 그리고 자정 기도를 위해 모였다. 그리고 일요일과 성일(聖日)에는 마음껏 대화하고 함께 식사했다. 이들은 모든 수도회를 통틀어 가장 금욕적이었고, 8세기 동안 본래의 규율을 가장 충실히 지켰다.

1098년 각양각색의 베네딕트회 수도원을 개혁하는 데 지친 몰레므의 로베르는 디종 인근 시토라는 척박한 곳에 새로운 수도원을 세웠다. 그리고 샤르트뢰즈에서 카르투지오라는 이름을 지은 것처럼, 시토에서 시토회 수도사들의 이름이 지어졌다. 시토의 세 번째 수도원장 도르셋셔의 스테파노 하딩은 수도원을 재편성하고 확대하여 지회들을 개설하고, "사랑의 헌장"을 만들어 지회가 시토의 수도원과 평화적인 연방 체제로 협동하도록 하였다. 베네딕트회의 규율은 최대한 엄격하게 복원되었다. 완전한 청빈은 근본이었고, 모든 육식 음식을 피했으며, 배움을 막고 작시(作詩)를 금지했다. 화려한 종교 의식이나 그릇, 건물 등은 전부 피했다. 신체적으로 건강한 수도사는 모두 작업장이나 정원에서의 육체노동에 동참해야 했으며, 이를 통해 수도원을 바깥 세계로부터 독

---

* 1256년 은자(隱者)들이 투스카니에 설립한 아우구스티누스 수사회(Augustinian Friar) 또는 오스틴 수사회(Austin Friar)와 혼동하지 말 것.

립적으로 유지하는 한편 수도사들이 수도원을 나갈 구실을 차단했다. 시토 수도회는 농업 기술이나 활력 면에서 수도회나 세속을 불문하고 모든 집단 중 가장 뛰어났다. 그들은 어지러운 지역에 그들 수도회의 새로운 중심을 건립하고 습지와 정글, 삼림 등을 개간하여 경작하였으며, 동부 독일을 식민지로 만드는 데 중심적인 역할을 하였다. 또한 정복자 윌리엄이 북부 잉글랜드에 가한 피해를 복구하는 데에도 앞장섰다. 시토 수도회 수도사들이 이렇게 대단한 문명 사업을 벌이는 데에는 평수사들의 도움이 컸다. 이들 평수사는 금욕과 정숙, 문맹을 맹세하고[20] 의식주를 얻는 대가로 농부나 종처럼 일했다.[21]

이러한 금욕 생활은 수련 수사가 되려는 사람들에게 겁을 주었다. 신선한 열의가 성 베르나르의 모습으로 나타나지 않았다면, 이 작은 모임은 느릿느릿 성장하고 새로운 수도회는 초기 단계를 벗어나지 못한 채 사장되었을 것이다. 디종 근교의 기사 가문에서 태어난(1091년) 베르나르는 수줍음 많고 독실한 젊은이로 성장했으며 고독을 사랑했다. 세속의 세상이 불편하다고 생각한 그는 수도원에 들어가기로 결심했다. 하지만 고독 안에서 동지애를 갈구하는 사람처럼 친척과 친구들에게 시토회에 함께 들어갈 것을 설득력 있게 선전했다. 어머니들과 나이 찬 아가씨들은 그가 자신의 아들이나 연인에게 순결 서약을 받아 낼까 염려하여 그가 다가오면 벌벌 떨었다고 한다. 뒷날 그는 "속죄하지 않으면 영원히 불탈 것이며 …… 연기와 악취 속으로 보내질 것입니다."라며 자신의 어머니와 누이들을 설득하여 수녀로 만들고 아버지를 수도사로 만들었다.[22]

스테파노 하딩은 곧 베르나르의 신앙심과 열정에 감탄하여, 수도사 열두 명과 함께 수도원장으로 보내 새로운 시토회 교단을 만들게 했다.(1115년) 베르나르는 시토에서 90마일 떨어진, 나무가 우거진 곳을 선택했다. "밝은 계곡"이라는 뜻의 클레르보였다. 그곳에는 주거지도, 사람도 없었다. 이 형제단이 가장 먼저 한 일은 자신들의 첫 번째 수도원을 손수 짓는 것이었다. 수도원은 하나의 지붕 아래 예배당과 식당, 그리고 사다리로 올라가는 다락 침실로 구성된 목조 건물이었다. 침대는 나뭇잎을 흩뿌려 놓은 통이었고, 창은 사람 머리만 했다. 바닥은 흙이었다. 식사는 가끔 먹는 물고기를 제외하고는 채식이었다. 흰 방도, 향신료도, 포도주 한 방울도 없었다. 천국을 간절히 바라는 이 수도사들은 장수를 열망하는 철학자들처럼 먹었다. 그들은 직접 식사를 준비하고 돌아가며 요리사처럼 음식을 날랐다. 베르나르가 작성한 규율에 의거하여 수도원은 재산을 구매할 수 없었다. 그들은 오직 주어진 것만 소유할 수 있었다. 베르나르는 수도사들이 단순한 도구로 손수 작업할 수 있는 규모 이상의 땅을 갖지 않기를 바랐다. 고요한 계곡에서 베르나르와 점점 성장하는 그의 조직은 침묵과 만족 속에서 일하면서 세상의 풍파로부터 자유롭게 숲을 청소하고, 작물을 심고 수확하며, 필요한 가구를 직접 만들고, 정시과(定時課)에 함께 모여 오르간 없이 그날 불러야 할 찬송가를 부르고 기도를 암송했다. 성 티에리의 윌리엄은 "그들을 주의 깊게 지켜볼수록 그들이 완벽한 그리스도의 추종자들이라는 믿음이 깊어졌다. …… 천사의 경지에는 조금 부족하지만 인간의 경지는 훌쩍 넘어섰다."라고 말했다.[23] 이 그리스도교적 평화와 자기 충족에 관한 소식은 널리 퍼졌다. 베르나르가 세상을 뜨기 전에 클레르보에는 700명의 수도사가 함께하고 있었다. 그들은 그곳에서 행복했을 것이다. 공산주의적 소집단에서 수도원장과 주교, 고문관 등의 직책으로 인해 나오게 된 거의 모두가 다시 돌아가기를 고대했기 때문이다. 베르나르 자신도 교회에서 가장 높고 존엄한 자리에서 봉사하면서 교회의 명령에 따라 많은 지역을 돌아다녔지만, 항상 클레르보의 작은 수도실로 돌아가기를 갈망하며 말했다. "나의 눈은 내 자녀들의 손으로 감길 것이고, 나의 몸은 클레르보에 빈자들의 몸과 나란히 뉘일 것이다."[24]

그는 보통 수준의 지력에 강한 신념과 엄청난 힘, 통합적 인격을 갖춘 사람이었다. 베르나르는 과학이나 철학에 아무런 관심이 없었다. 인간의 마음은 우주에 비해 너무 미미한 존재라 그것을 평가하거나 이해하는 척도 할 수 없다고 생각했다. 그는 자연과 근원, 그리고 우주의 운명에 대해 주절대는 철학자들의 어리석은 자만심을 놀라워했다. 믿음이 이성을 따라야 한다는 아벨라르의 제안에 충격을 받았고, 합리주의를 파렴치한 신성 모독이라 여기며 싸웠다. 그는 우주를 이해하려고 애쓰는 대신 아무런 의심 없이 계시의 기적 안에서 감사하며 거닐기를 더 좋아했다. 성서는 하느님의 말씀으로 받아들였다. 그렇지 않으면 삶은 어두운 불확실성으로 가득한 사막 같았기 때문이다. 아이 같은 믿음을 설교하면 할수록 그는 점점 더 "길"에 다가가고 있다고 느꼈다. 어느 날 그의 수도사 하나가 두려워하며 자신은 성체 성사에서 빵을 그리스도의 살과 피로 바꾸는 사제들의 힘을 믿을 수 없다고 고백했다. 베르나르는 그를 꾸짖지 않았다. 그는 그럼에도 불구하고 그에게 성체 성사를 받으라고 명령했다. "가서 나의 믿음과 소통하라." 그리고 장담하건대 베르나르의 믿음은 이 의심을 품은 수도사에게 넘쳐흘러 그의 영혼을 구원했을 것이다.[25] 베르나르는 아벨라르나 브레시아의 아르놀트 같은 이단을 거의 죽을힘을 다해 미워하고 추적했을 수도 있다. 이들은 그 모든 잘못에도 불구하고 베르나르에게는 그리스도를 향한 매개로 여겨지던 교회를 약화시켰다. 베르나르는 자기 자신이 그토록 열렬히 숭배하던 성모의 다정함으로 그들을 사랑했을 수도 있다. 그는 교수대로 가는 도둑을 보고는 샹파뉴의 백작에게 그를 위해 간청하며, 자신이 순간적인 죽음보다 더 혹독한 속죄를 하도록 만들겠노라고 약속했다.[26] 그는 왕과 교황들에게 설교했지만, 자신이 머무는 계곡의 소농과 양치기들에게 설교하는 것을 더 흡족해 했다. 베르나르는 그들의 잘못에 관대했다. 본보기를 보여 사람들을 변화시키고 그들에게 준 사랑과 믿음의 대가로 묵묵한 사랑을 얻었다. 독실한 신앙심으로 힘든 고행의 길을 갔고, 너무 극심하게 금식하여 시토의 높은 사람들이 그에게 식사를 명령할 정도였다. 그는 38년 동안 클레르보의 비좁은 수도실에서 생활했는데, 그곳은 지푸라기로 만든 침대와 깎아 낸 벽이 의자를 대신하였다.[27] 세상의 모든 편의 시설과 재화는 그리스도의 사상과 약속에 견줄 것이 못 되었다. 그는 이러한 생각을 적어 겸손하고 소박하며 감동적으로 온유한 찬송가 몇 곡을 만들었다.

감미로운 예수님을 생각하면

내 마음은 기쁨에 넘치네.

오, 꿀보다도 그 무엇보다도

그분의 존재는 달콤하네.

그 어떤 노래보다 아름답고

그 어떤 소리보다 즐거우며

그 어떤 생각보다 달콤한

하느님의 아들 예수님

모든 회개하는 마음의 희망이시여.

청하는 이들에게는 온유하시며,

찾는 이들에게는 기쁨이어라.

그들이 찾는 당신은 무엇이리까?[28]

우아한 언변을 가졌음에도 베르나르는 영적인 아름다움 외에는 거의 신경을 쓰지 않았다. 그는 스위스 호수에서 너무 감각적인 즐거움을 맛보지 않기 위해 두 눈을 감았다.[29] 그의 수도원에는 십자가에 못 박힌 그리스도상(像) 외에는 장식품이 없었다. 그는 클뤼니의 수도원이 건축과 장식에 너무 많은 낭비를 했다고 질책했다. 그는 이렇게 말했다. "그 교회는 그 담 안에서 눈부시게 빛나고 청빈을 완전히 잃었다. 돌들은 매끄럽고 아이들은 헐벗었다. 가증한 은화로 부자들의 눈을 사로잡는구나."[30] 생드니의 대수도원은 단순한 예배자 대신 갑옷을 차려입은 오만한 기사들로 붐빈다고 불평했다. 그는 그들을 "주둔군, 사탄의 무리, 도둑 소굴" 등으로 불렀다.[31] 이러한 비난에 마음이 움직인 쉬제르는 자신의 교회와 수도사들의 관습을 개선하고 끝내 베르나르의 칭찬을 얻었다.

클레르보에서 퍼져 나간 수도원 개혁과 베르나르의 수도사들이 주교직과 대주교로 승격되며 개선된 조직 체제는, 이 놀라운 남자가 끼친 영향의 일부에 불과했다. 그는 오직 빵을 대가로 반세기 동안 모든 계급을 지도했다. 왕의 형제인 프랑스의 앙리는 그를 만나러 온 적이 있었다. 베르나르는 그와 이야기를 나누었다. 그날 앙리는 수도사가 되어 클레르보에서 접시를 닦았다.[32] 감각적이고 웅변적이어서 시에 가까운 설교를 통해 그는 그 설교를 듣는 이들 모두를 감동시켰다. 격정적인 간청의 걸작과도 같은 편지를 통해 공의회와 주교, 교황, 왕들의 마음을 움직였다. 직접 사람들과 만나 교회와 국가의 정책을 빚어내기도 했다. 그는 수도원장보다 높은 자리는 거절했지만 교황들을 자리에 올리거나 물러나게도 했고, 그 어떤 교황보다도 더 큰 존경과 숭배를 받았다. 그는 대개 교회의 부름을 받고 고위급 외교를 10여 차례 처리해 주기 위해 수도실을 나섰다. 서로 맞붙은 세력들이 아나클레투스 2세와 인노켄티우스 2세를 대립 교황으로 선출했을 때(1130년), 베르나르는 인노켄티우스를 지지했다. 아나클레투스가 로마를 장악하자 베르나르는 이탈리아로 들어가 순수하게 자신의 인격과 연설만으로 롬바르디아의 도시들이 인노켄티우스를 위해 들고 일어나게 만들었다. 베르나르의 웅변과 존엄함에 취한 군중은 그의 발에 입을 맞추고 그의 예복을 갈기갈기 찢어 후대에 남길 성유물로 가져갔다. 밀라노에서는 병든 자들이 그를 찾아왔는데, 간질과 마비 등의 병으로 고생하던 신도들이 그의 손길에 치유되었다고 선전했다. 그가 외교 문제를 성공적으로 마무리하고 클레르보로 돌아가는 길에는 소농들이 밭에서 뛰어나오고 목동들이 언덕에서 내려와 그의 축복을 구했다. 그리고 그에게서 축복을 받은 이들은 만족하고 행복해하며 원래 하던 일로 돌아갔다.

1153년 베르나르가 사망할 당시 시토회 수도원의 수는 1134년(스테파노 하딩이 사망한 해)의 30개에서 343개로 증가해 있었다. 그가 권능과 성스러움으로 명성을 떨치자 많은 이들이 새로운 수도회로 개종했다. 1300년경 시토회는 693개 수도원에 6만 명의 수도사를 거느리고 있었다. 다른 수도회들도 12세기에 형성되었다. 1100년경 아르브리솔의 로베르는 앙주에 퐁트브로 수도원을 건립했다. 1120년에는 성 노르베르트가 막대한 상속을 포기하고 랑(Laon) 인근 프레몽트레에 수도 참사 회원들을 중심으로 한 프레몽트레 수도회를 설립했다. 1131년 성 길베르트는 셈프링햄에 퐁트브로 수도원을 본보기로 한 잉글랜드 수도회인 길베르트 수도회를 건립했다. 1150년경 몇몇 팔레스타인의 은자들은 성 바실리우스의 은둔자의 규율을 채택하고 팔레스타인 전역에 퍼뜨렸다. 이슬람교도가 성지를 점령했을 때 이들 "카르멜회(會)"는 키프로스와 시칠리아, 프랑스, 잉글랜드로 이주했다. 1198년 인노켄티우스 3세는 삼위일체 수도회의 회칙을 인준하고, 사라센인들에게 생포된 그리스도교도를 구출하는 데 봉헌하게 했다. 이들 새로운 수도회는 그리스도교 교회를 구원하고 희망을 키운 효모였다.

수도원 개혁의 파도는 12세기 중반 베르나르가 사망하면서 절정을 이루었다. 신생 수도회들은 혹독한 규율을 두고 꽤 엄히 지켰다. 그러나 이 역동의 시기에 그토록 엄격한 식단을 견디는 사람들이 흔하지는 않았다. 결국 베르나르가 있던 클레르보를 포함하여 시토 수도회도 무언가를 바라는 기부를 받으며 부유해졌다. 쥐꼬리만한 기부금 덕에 수도사들은 식탁에 고기를 올리고 포도주를 가득히 따를 수 있게 되었다.[33] 수도사들은 육체노동을 모두 평수사들에게 위임했다. 베르나르가 죽고 4년 뒤 그들은 사라센인 노예를 사들였다.[34] 사회주의적 제조업으로 만든 상품을 이용해 수익성 좋은 대규모 교역을 진전시켰고, 수송 요금을 면제받아 길드의 반감을 샀다.[35] 십자군 원정의 실패로 믿음이 줄어들자 수련 수사들의 수도 감소하고 모든 수도회의 사기도 저하됐다. 그러나 소유가 없는 공산주의적 사도의 삶과 같은 오랜 이상은 사라지지 않았다. 진정한 그리스도교도는 부와 권력을 피해야 한다는, 그리고 어떠한 상황에서도 평온을 잃지 않는 사람이어야 한다는 신념은 수천의 마음속에 머물렀다. 13세기가 시작되면서 이탈리아 움브리아의 산속에서 한 남자가 등장했다. 이 오랜 이상에 다시 한 번 생기를 불어넣은 그는 소박하고 정결하며 신실하고 사랑을 베푸는 삶으로 그리스도가 다시 태어난 것이 아니냐는 세간의 경탄을 불러일으켰다.

3. 성 프란체스코*

조반니 데 베르나도네는 1182년 아시시에서 프로방스와 활발히 교역하던 부유한 상인 세르 피에트로 데 베르나도네의 아들로 태어났다. 프로방스에서 프랑스 소녀 피카와 사랑에 빠진 피에트로는 그녀를 아내로 맞아 아시시로 데려왔다. 다시 프로방스를 다녀왔을 때 아들이 태어나 있었다. 피에트로는 아들의 이름을 프란체스코로 바꾸었는데, 이는 누가 보아도 피카에게 바치는 일종의 헌사였다. 소년은 이탈리아에서 가장 아름다운 도시 중 한 곳에서 자라났고, 움브리아의 풍경과 하늘에 대한 애정을 한번도 잃은 적이 없었다. 그는 부모에게서 이탈리아어와 프랑스어를, 교구 신부에게서 라틴어를 배웠다. 그 이상의 교육은 받은 적이 없지만 곧 아버지가 운영하던 사업에 합류했다. 프란체스코는 돈을 버는 것보다 돈을 쓰는 데 더 재능을 보여 세르 피에트로를 실망시켰다. 그는 마을에서 가장 부자였고 가장 인심이 후했다. 그는 주변으로 모여든 친구들과 함께 먹고 마시고, 음유 시인의 노래를 불렀다. 프란체스코는 때때로 얼룩덜룩한 음유 시인 의상을 걸쳤다.[36] 그는 잘생긴 소년이었다. 두 눈과 머리는 검었고, 다정한 얼굴에 듣기 좋은 목소리를 갖고 있었다. 그의 초기 전기 작가들은 그가 이성과 어떤 관계도 맺은 적이 없다고 항변하는데, 실제로 그가 얼굴을 알고 지낸 여성은 단 두 명이었다.[37] 하지만 이는 확실히 프란체스코를 오해하는 것이다. 아마도 자라면서 그는 아버지로부터 남프랑스의 알비파와 발도파 이단자들에 대해 듣고, 새로 포장된 사도적 청빈의 복음에 대해서도 알게 되었을 것이다.

1202년 그는 아시시 군대에 들어가 페루자에 맞서 싸웠는데, 포로로 잡혀 1년 동안 억류되어 지내면서 많은 생각을 했다. 1204년 그는 교황 인노켄티우

---

* 프란체스코에 대한 문헌은 일부는 사료이고 일부는 야화이다. 야화는 중세 문학이 남긴 걸작에 속하기 때문에 그 일부를 본문에 포함시키고, 각 사례에 주를 달았다. 「작은 꽃(성 프란체스코의 작은 꽃)」과 「완전한 거울」은 야화이다. 또한 이들 작품에서 발췌한 인용문 역시 야화로서 이해되어야 한다.

스 3세의 군대에 자원했다. 스폴레토에서 열병으로 병상에 누워 있는 동안 그는 자신에게 묻는 목소리를 들었다고 한다. "어째서 종 때문에 주를, 신하 때문에 군주를 버리느냐?" 그는 물었다. "주님, 제가 무엇을 하기를 바라시나이까?" 목소리는 대답했다. "집으로 돌아가라. 그곳에서 네가 해야 할 일을 듣게 될 것이다."[38] 그는 군대를 나와 아시시로 돌아갔다. 고향으로 돌아온 그는 이전보다 더 아버지의 사업에 흥미를 잃고, 종교에 더 큰 관심을 가졌다. 아시시 근교에는 성 다미아누스의 초라한 예배당이 있었다. 1207년 2월 그곳에서 기도를 올리던 프란체스코는 제단에서 그리스도의 음성이 들렸다고 생각했다. 그의 목숨과 영혼을 봉납물로 받아들인다는 내용이었다. 그 순간부터 그는 자신이 새로운 삶에 바쳐졌다고 느꼈다. 그는 예배당 신부에게 가진 돈을 모두 주고 집으로 돌아갔다. 어느 날 나환자를 만난 그는 혐오감에 고개를 돌렸다. 그러고는 스스로 그리스도에 대한 믿음이 부족하다고 질책하며 나환자에게 돌아가 지갑에 있던 것들을 털어 주고 그의 손에 입을 맞추었다. 프란체스코는 이것이 그의 영적 삶에 한 획을 긋는 행동이었다고 말한다.[39] 그 뒤로 그는 나환자촌을 종종 방문하며 구호품을 전달했다.

이런 경험을 한 직후 예배당 안에서 또는 그 근처에서 거의 먹지도 않으며 며칠을 보냈다. 다시 아시시에 나타났을 때 그는 몹시 야위고 초췌하며 창백한 모습이었다. 옷은 너덜너덜하고 마음은 너무도 혼란스러웠다. 공공 광장에 있던 부랑자가 "미치광이다! 미치광이야!" 하며 외칠 정도였다. 그 모습을 본 아버지는 그를 얼간이라고 부르며 집으로 끌고 가 벽장에 가두었다. 어머니가 벽장에서 꺼내 주자 프란체스코는 다시 예배당으로 달려갔다. 화가 난 아버지는 그를 쫓아와 가족을 세간의 놀림거리로 만들었다며 호되게 꾸짖었다. 또 그를 기르느라 들인 돈에 조금도 보답하지 못한다고 비난하며 마을을 떠나라고 명령했다. 프란체스코는 가지고 있던 물건을 팔아 예배당을 부양했다. 그는 아버지에게 돈을 주었고, 아버지는 그 돈을 받았다. 하지만 이제는 그리스도에게 속한 자신에게 명령을 하려는 아버지의 권위는 인정하지 않았다. 산타 마리아 마조레 교회 광장에서 열린 주교 재판소에 소환되자 프란체스코는 초라한 모습으로 참석했다. 군중은 죠토의 붓으로 회고된 이 현장을 구경했다. 주교는 그의 말을 곧이곧대로 받아들여 그에게 모든 소유를 포기할 것을 명령했다. 프란체스코는 주교 궁 안쪽으로 들어갔다가 벌거벗은 채로 돌아왔다. 그는 옷 뭉치와 남아 있던 동전 몇 푼을 주교 앞에 내려놓으며 말했다. "이 시간까지 저는 피에트로 베르나도네를 저의 아버지라고 불렀습니다. 하지만 이제 저는 하느님의 종이 되고자 합니다. 그런 연유로 이 돈과 …… 옷, 그리고 그에게서 받은 모든 것을 다시 돌려드립니다. 이후로 제가 '우리 아버지'라고 부를 분은 오직 하늘에 계신 그분뿐이기 때문입니다."[40] 베르나도네는 아들의 옷을 가져갔지만, 주교는 망토를 벗어 떨고 있는 프란체스코를 덮어 주었다. 프란체스코는 성 다미아누스의 예배당으로 돌아가 은둔자의 예복을 만들어 입고는 집집마다 다니며 먹을 것을 구했다. 그리고 자신의 손으로 허물어지고 있는 예배당을 다시 지었다. 몇몇 마을 사람들이 와서 그를 도왔다. 그들은 일하며 함께 노래했다.

1209년 2월 미사에 참여하던 중, 예수가 사도들을 가르치는 부분을 낭독하던 사제의 말이 프란체스코의 귀에 꽂혔다.

가면서 전파하여 말하되, "천국이 가까이 왔다." 하라. 병든 자를 고치며 죽은 자를 고치며 나병 환자를 깨끗하게 하며 귀신을 쫓아내되 너희가 거저 받았으니 거저 주어라. 너희 전대에 금이나 은이나 동을 가지지 말고, 여행을 위하여 배낭이나 두 벌 옷이나 신이나 지팡이를 가지지 말라.(마태복음 10:7~10)

프란체스코는 그리스도가 직접, 자신에게 곧장 말하고 있다는 느낌을 받았다. 그는 그 말씀들을 글자 그대로 따르기로 결심했다. 천국을 설교하며 아무것도 소유하지 않기로 다짐한 것이다. 그는 그리스도의 형상을 모호하게 만들었던 1200년의 시간을 거슬러 올라가, 하느님을 귀감으로 자신의 삶을 새로 세우고자 했다.

그렇게 그해 봄, 그는 온갖 조롱에 맞서 마을 인근 아시시의 광장에 서서 청빈과 그리스도의 복음을 설교했다. 현자들의 특징인 부도덕한 부의 추구에 반감을 갖고, 일부 성직자들의 사치와 화려함에 충격을 받은 프란체스코는 돈 자체를 악마이자 저주인 것처럼 비난하고, 자신의 추종자들에게도 돈을 배설물처럼 경멸하라고 명령하며,[41] 남녀를 불문하고 가진 것을 모두 팔아 가난한 사람들에게 주라고 부탁했다. 소수의 사람들이 감탄과 경의를 품고 그의 말을 경청했다. 그러나 대다수는 "그리스도 안의 바보"를 보듯 그를 지나쳤다. 아시시의 친절한 주교는 "아무것도 소유하지 않는 그대의 삶의 방식은 너무 가혹하고 힘들어 보이네."라고 이의를 제기했다. 프란체스코는 대답했다. "주교님, 만약 재산을 소유한다면 우리에게는 그것을 지킬 무기가 필요해질 것입니다."[42] 몇몇 사람들의 마음이 움직였다. 열두 명의 신자가 그의 교리와 자세를 따르겠다고 나섰다. 프란체스코는 그들을 환영하고 그들에게 위에 인용한 그리스도의 말씀을 명령이자 규율로 들려주었다. 그들은 스스로 갈색 예복을 지어 입고 나뭇가지로 오두막을 만들었다. 프란체스코와 그 추종자들은 수도원에 고립되는 낡은 방식을 거부하고 매일 밖으로 나가 맨발에 무일푼으로 설교했다. 이따금 그들은 몇날 며칠 안 보이기도 했다. 그럴 때면 그들은 건초 다락이나 나환자 병동이나 교회 현관 밑에서 잠을 잤다. 그들이 돌아오면 프란체스코는 그 발을 씻겨 주고 먹을 것을 주었다.

그들은 서로 인사를 나누고, 거리에서 만나는 사람들에게도 모두 "신께서 평화를 내리시길"이라며 고대 동양의 방식으로 인사했다. 아직은 이들을 프란체스코 수도회라고 부르지 않았다. 그들은 스스로를 "작은 형제회" 또는 "작은 이들"이라고 불렀다. 사제보다는 형제라는 뜻에 가까운 수사(修士, friar)로 스스로를 칭하고, 그리스도의 종 중에서 가장 작은 사람들이라는 의미를 이름에 담은 이들은 결코 누구를 지도하려 하지 않고 언제나 더 높은 권능 아래 머물렀다. 그들은 스스로를 가장 계급이 낮은 신부보다도 더 아래에 있다고 여기고, 사제들을 만날 때마다 그 손에 입을 맞추었다. 수도회의 초창기에는 성직에 임명된 사람이 극소수였다. 프란체스코 자신도 부제에 불과했다. 그들은 자신들만의 작은 공동체에서 서로에게 봉사하고 육체노동을 했다. 게으름뱅이는 집단 안에서 오래 견디지 못했다. 공부를 많이 하는 것은 막았다. 프란체스코는 세속의 지식이 부를 축적하거나 권력을 추구하는 것 외에 득 될 것이 없다고 여겼다. "배움을 갈망하는 교우들은 고난의 그날에 두 손이 비어 있음을 깨달을 것이다."[43] 그는 역사학자들을 경멸했다. 그들은 스스로 위대한 행동을 하는 것이 아니라 다른 사람들의 위대한 행동을 기록하는 것으로 명예를 얻는다고 생각했다.[44] 행동으로 이어지지 않는 지식은 공허하고 유해하다는 괴테의 격언에 한 발 앞서, 프란체스코는 "사람은 자신이 일하는 만큼의 지식만 있으면 된다."라고 말했다.[45] 수사들은 책 한 권, 심지어 시편도 가질 수 없었다. 그들은 설교할 때 연설과 함께 노래도 사용했다. 프란체스코는 수사들에게 방랑 시인을 모방해도 좋으며 "하느님의 음유 시인"이 되라고 말했다.[46]

때때로 수사들은 조롱당하고 두들겨 맞고 하나밖에 없는 예복을 강탈당했다. 프란체스코는 수사들에게 저항하지 말라고 명령했다. 많은 경우 악한들은 자존심과 소유물에 초인적으로 무관심해 보이는 그들에게 놀라 용서를 구하고 절도한 물건을 돌려주었다.[47] 「성 프란체스코의 작은 꽃」에 나오는 다음의 사례가 사실인지 야화인지는 알 수 없지만, 우리가 알고 있는 성인에 대한 이야기를 관통하는 황홀한 신앙심을 읽을 수 있다.

어느 겨울날, 프란체스코는 살을 에는 혹독한 추위 속에 페루자를 떠나며 말했다. "레오 수사, 작은 형제회가 신성과 교화의 좋은 본보기가 된다 하더라도, 부지런히 적으시오. 완벽한 기쁨은 그 안에서 찾을 수 없다고." 프란체스코는 조금 더 걷다가 말을 이었다. "오, 레오 수사, 작은 형제회가 맹인의 눈을 뜨게 하고 굽은 것을 똑바로 펴고 악마를 몰아내고 귀머거리를 듣게 하며 절름발이를 걷게 하더라도 …… 그리고 무덤 속에 나흘 동안 누워 있던 자들을 살릴지라도 …… 적으시오. 완벽한 기쁨은 그 안에 있는 게 아니라고." 프란체스코는 잠시 길을 걷다가 큰소리로 외쳤다. "오, 레오 수사, 작은 형제회가 모든 국민과 학문과 모든 성서를 알고, 그리하여 미래뿐 아니라 양심과 영혼의 비밀까지 예언하고 누설할 수 있다 하더라도, 적으시오. 완벽한 기쁨은 그 안에 없다고." 프란체스코는 이번에도 조금 더 걷다가 다시 한 번 크게 외쳤다. "오, 레오 수사, 작은 형제회가 설교에 능숙하여 모든 불신자들을 그리스도 앞으로 데려갈 수 있다 하더라도, 적으시오. 완벽함은 그 안에서 찾을 수 없다고." 이와 같은 식의 이야기가 2마일가량 걸으며 이어지자 레오 수사는 물었다. …… "신부님, 그렇다면 완벽한 기쁨은 도대체 어디에서 찾을 수 있습니까?" 프란체스코가 대답했다. "우리가 비에 젖고 추위에 얼어붙고 진창에 더럽혀지고 굶주림에 고통스러워하며 산타 마리아 델리 안젤리(당시 아시시에 있던 프란체스코회 예배당)에 도착할 때, 문을 두드려서 문지기가 불같이 화를 내며 나와 '누구시오?'라고 물으면 '우리 두 사람은 이곳의 수사요.'라고 답하고 다시 그가 '거짓말 마시오. 당신들은 세상을 속이고 빈민들의 구호품을 도둑질하는 악당들처럼 보이오. 썩 꺼지시오!'라고 말하면서 문을 열어 주지 않고 우리를 비와 눈이 내리는 거리에서 밤새 추위와 굶주림에 떨게 했을 때, 그리고 우리가 그 잔인한 밤을 불평이나 신세타령 없이 끈기 있게 견디고, 문지기가 우리에게 화를 내도록 만드신 분도 신임을 겸허히, 너그러이 믿을 때 그러하오. 오, 레오 수사, 적으시오. 그 안에 완벽한 기쁨이 있소! 우리가 끈질기게 문을 두드려 밖으로 나온 문지기가 성을 내며 우리를 밀치고 뺨을 때리면서 '죽어 버려, 이 더러운 도둑놈들아!'라고 말할 때, 우리가 이 일을 사랑과 기쁨으로 인내심을 갖고 견딘다면, 적으시오, 오, 레오 수사. 이것이 완벽한 기쁨이오! 또한 추위와 배고픔에 어쩔 수 없이 다시 한 번 문을 두드리면서 그가 하느님의 사랑을 베풀기 위해 문을 열기를 눈물 쏟으며 기도하는데, 그가 …… 마디가 있는 커다란 몽둥이를 들고 나와 우리의 두건을 잡고 땅바닥에 내팽개치고 우리를 눈 위에 굴리며 뼈 마디마디를 그 육중한 곤봉으로 내려칠 때, 그리고 우리가 복되신 그리스도가 받던 극도의 고통을 생각하며 이 모든 일을 끈기 있게, 그분의 사랑을 크게 기뻐하며 견딜 때, 적으시오, 오, 레오 수사, 바로 그 안에 완벽한 기쁨이 있는 것이오."[48]

젊은 시절의 방탕했던 기억은 그에게 잊을 수 없는 죄책감을 주었다. 그리고 「작은 꽃」의 이야기대로라면 그는 때때로 신이 자신을 용서하긴 했는지 의문을 가졌다고 한다. 수도회 초기, 성무 일과를 낭독할 성무일도서가 한 권도 없었다는 한 감동적인 이야기에 따르면, 프란체스코는 회개의 호칭 기도를 즉흥적으로 암송하고, 레오 수사에게 죄 지은 프란체스코를 비난하는 말들을 따라서 반복하라고 지시했다. 레오는 각 문장마다 비난의 말을 반복하려고 애썼지만, 결국 "하느님의 자비는 무한하나이다."라고 말하고 말았다.[49] 또 어떤 이야기를 보면, 이제 막 사일열(四日熱)에서 회복기에 있던 프란체스코는 벌거벗은 몸을 끌고 아시시의 시장 사람들 앞에 서서 자신에게 접시에 가득한 재를 던지라고 한 수사에게 명령했다. 그러고는 군중 앞에서 이렇게 말했다. "사람들은 나를 성자라고 믿지만, 하느님과 그대들 앞에서 고백하건대 나는 이런 질병에 걸려 고기를 먹고 고기로 만든 수프를 먹었습니다."[50] 사람들은 더욱더 그의 성스러움을 확신했다. 사람들은 그가 그리스도와 성모 마리아와 대화를 나누는 모습을 보았다는 어느 젊은 수사의 목격담에 대해 이야기했다. 그들은 그가 많은 기적을 일으켰다고 믿었고, 병에 걸리거나 "악령이 들렸을 때" 그를 찾아가 치유를 받고자 했다. 그의 너그러움은 전설이 되었다. 그는 자신보다 가난한 사람을 그냥 지나치지 못했다. 지나가는 빈민을 보면 입고 있던 옷을 벗어 주곤 했기 때문에 그의 제자들은 옷을 입고 있는 프란체스코의 모습을 보기가 힘들었다. 「완전한 거울」에는 아마도 야화일 듯한 이야기가 실려 있다.[51]

시에나에서 돌아오던 길에 한 빈민을 만난 프란체스코는 동료 수도사에게 말했다. "우리는 이 망토를 주인에게 돌려주어야 합니다. 이 옷은 우리보다 더 가난한 사람들을 만날 때까지만 빌려 입은 것이기 때문입니다. …… 이 옷을 더 필요한 사람에게 주지 않으면 그것은 절도가 될 것입니다."

그의 사랑은 인간에서 동물과 식물, 심지어 무생물에까지 흘러넘쳤다. 「완전한 거울」은 입증된 바는 없지만 그가 뒷날 완성한 「태양의 찬가」의 일종의 초벌 작업이었다.

아침 태양이 떠오를 때, 모든 이는 하느님을 찬양해야 한다. 하느님이 우리를 위해 그 태양을 만드셨으니 …… 밤이 되면 모든 이는 불 형제를 주신 것을 찬양해야 한다. 불로 말미암아 우리의 눈은 빛을 얻는다. 말하자면 우리는 모두 장님이기 때문이다. 형제들이여, 주께서는 이 두 가지로 우리의 눈을 밝히신다.

그는 불을 존경한 나머지 촛불도 잘 끄지 않았다. 불이 꺼지기 싫어할 수도 있다고 생각했기 때문이다. 그는 모든 생물과 감성적인 연대감을 느꼈다. 그는 "황제(위대한 새 사냥꾼 프레데리크 2세)에게 제발 어떠한 인간도 우리의 종달새 자매를 잡거나 죽여서는 안 되며 어떠한 해도 끼쳐서는 안 된다는 특별법을 만들어 달라고 간청"하고 싶어 했다. "더불어 행정관과 도시 장관, 성주들은 사람을 고용하여 매년 성탄절에 도시와 성 밖으로 곡물을 던져 우리의 종달새 자매와 다른 새들이 먹이를 얻도록 하는 법"도 만들기를 바랐다.[52] 덫으로 멧비둘기를 잡아 시장으로 가지고 가던 한 소년을 만난 프란체스코는 그 새를 자신에게 달라고 소년을 설득했다. 성인들이 새를 위해 둥지를 지었으니 "너희들은 번식하고 크게 수를 늘려도 좋다." 새들은 그 말에 복종하여 수도원 근처에서 수도사들과 행복한 우정을 나누고 살면서 이따금 먹이를 먹다가 식탁에서 음식을 채 가기도 했다.[53] 이런 내용에서는 수많은 전설적인 이야기가 존재한다. 프란체스코가 칸노라와 베바냐 중간의 길 위에서 "나의 작은 새 자매들"에게 설교했다는 이야기도 있다. "나무 위에 있던 새 자매들이 밑으로 날아내려 그의 설교를 들었고, 성 프란체스코의 이야기가 끝날 때까지 얌전히 앉아 있었다."

나의 새 자매들이여, 너희들은 너희를 지으신 창조주 하느님에게 한없는 은총을 입고 있다. 너희들은 언제, 어느 곳에서든 주 하느님을 칭송해야 한다. 하느님은 너희들에게 두 배, 세 배의 옷을 주시었다. 어디에든 갈 수 있는 자유를 주시고 …… 더욱이 너희는 씨를 뿌리지도 않았고 거두지도 않았으나 하느님은 너희를 먹이시고 강과 샘을 너희의 마실 것으로 주신다. 하느님은 너희에게 산과 골짜기를 숨을 곳으로 주시고, 키 큰 나무에 둥지를 틀게 하셨으며, 실을 잣지도 뜨지도 않는 너희와 너희의 어린 것에게 옷을 입혀 주신다. …… 그러므로 나의 작은 자매들이여, 은혜를 잊는 죄를 범하지 말고 항상 하느님을 칭송하도록 하라.[54]

수사 제임스와 마세오는 새들이 프란체스코에게 존경을 표하며 인사하고, 그에게서 축복을 받을 때까지 날아가지 않으려 하였다고 확언했다. 이 이야기가 실린 「작은 꽃」은 라틴어본 「복되신 프란체스코의 행적」(1323년)의 확장판이다. 그 내용은 사실에 기반한 역사라기보다 문학에 속하지만, 신앙의 시대가 낳은 가장 매력적인 작품의 반열에 올라 있다고 할 수 있다.

새로운 수도회를 건립하려면 교황의 인가를 받아야 한다는 조언을 들은 프란체스코는 열두 제자와 함께 1210년 로마로 향했고, 인노켄티우스 3세에게 자신들의 규율과 함께 요구 사항을 제시했다. 위대한 교황은 역사가 새로운 규율의 실행 가능성을 검증할 때까지 새로운 수도회를 공식적으로 구성하는 것은 미루라고 점잖게 충고했다. "나의 아들들아, 너희의 삶은 너무 가혹해 보이는구나. 실로 너희들의 열정이 크다는 것을 알겠다. …… 그러나 나는 너희의 뒤를 이을 이들도 고려해야 한다. 너희의 삶의 방식이 그들이 견딜힘을 초월하지 않도록 말이다."[55] 프란체스코는 끈질기게 청했고, 결국 교황은 힘을 갖추어 신념을 구현하도록 뜻을 양보했다. 수사들은 삭발을 하고 교회 체계에 복종했고, 아시시 인근 수바시오 산에 있는 베네딕트회로부터 산타 마리아 델리 안젤리의 예배당을 받았다. 이 예배당은 매우 작았으며 수사들은 예배당 근처에 직접 오두막을 지었다. 이들 오두막은 프란체스코회 제1교단의 최초의 수도원을 형성했다.

새로운 회원들이 수도회에 가입했지만, 성자를 기쁘게 해 준 것은 열여덟 살의 부유한 소녀 클라라 데이 시피가 여성들을 위한 프란체스코 수도회 제2교단을 만들고자 그의 허락을 구했을 때였다.(1212년) 클라라는 집을 나오면서 청빈과 순결과 순종을 맹세하고, 성 다미아누스 예배당 부근에 지은 프란체스코회 수녀원의 수녀원장이 되었다. 1221년 프란체스코 수도회 제3교단이 평신도들을 중심으로 건설되었다. 이들은 프란체스코회 규율에 엄격히 매이지는 않지만, 세속에서 생활하면서 가능한 한 그 규율에 순종하기를 바라며 자신들의 노역과 구호 활동으로 1교단과 2교단을 돕고 싶어 하는 사람들이었다.

이전보다 더 많은 프란체스코회 회원들(1211년)이 그들의 복음을 움브리아의 마을로, 나중에는 이탈리아의 다른 교구로 전달했다. 그들은 이설을 퍼뜨리지는 않았지만 신학에 대해서도 거의 말하지 않았다. 설교를 듣는 이들에게 구호나 청빈, 순종 등 자신들이 맹세한 것을 요구하지도 않았다. "하느님을 두려워하고 찬미하라. 그분을 찬양하고 축복하라. …… 회개하라. …… 우리는 곧 죽으니 …… 악을 멀리하고 꾸준히 선행하라." 그들은 이렇게 말했다. 이탈리아에서 이런 설교를 하던 사람은 이전에도 있었지만, 그토록 분명한 신실함을 보여 주는 사람들은 없었다. 그들이 설교하는 곳이면 군중이 모여들었고, 프란체스코가 온다는 사실을 안 움브리아의 마을 사람들은 일제히 밖으로 나가 꽃과 휘장과 노래로 그를 맞았다.[56] 시에나의 한 도시는 내전 중이었다. 그 사실을 들은 프란체스코는 두 파벌을 불러 세워 설교했고, 그의 촉구에 도시 사람들은 한동안 싸움을 멈추었다.[57] 이탈리아를 순회한 이 선교 여행에서 그는 이른 죽음의 원인이 된 말라리아에 걸렸다.

그럼에도 불구하고 이탈리아에서 거둔 성공에 고무되고 이슬람에 대해서는 거의 모르던 프란체스코는 시리아로 가서 이슬람교도, 심지어 술탄까지 개종시키기로 결심했다. 1212년 그는 이탈리아 항구에서 배를 탔지만 폭풍 때문에 달마티아 해변으로 밀려갔는데, 그곳에서 이탈리아로 강제 송환되었다. 하지만 전해지는 이야기에 따르면 "성 프란체스코는 바빌론의 술탄을 개종시켰다."[58] 역시 가공된 것으로 추측되는 또 다른 이야기에 따르면, 같은 해 그는 스페인으로 건너가 무어인들을 개종시켰다. 그러나 그곳에 도착했을 때 그의 상태가 좋지 않아 제자들이 그를 아시시로 데리고 와야 했다. 또 다른 비슷한 이야기 속에서 그는 이집트로 간다. 그는 다미에타에서 십자군에 저항하던 이슬람 군대 속으로 무사히 들어갔다고 한다. 프란체스코는 자신이 불속을 멀쩡히 통과하면 술탄이 그의 군대를 이끌고 그리스도교로 개종한다는 약속을 할 수 있는지 물었다. 술탄은 거절했지만 프란체스코는 안전하게 호위를 받으며 그리스도교 진영까지 넘어왔다. 다미에타 점령지에서 이슬람 주민들을 학살한 그리스도의 군대가 보여 준 격렬한 분노에 몸서리치며[59] 이탈리아로 돌아온 프란체스코는 슬프고 아팠다. 으스스한 말라리아에 덧붙여 이집트에서 눈병까지 얻은 프란체스코는 말년에 시력을 거의 완전히 잃었다고 전해진다.

성인이 오랫동안 자리를 비운 사이 그의 추종자는 규율로써 통제가 안 될 만큼 급증했다. 그의 명성은 심사숙고 없이 순종을 서약하는 신참자들을 양산했다. 어떤 이들은 자신들의 성급한 결정을 후회했다. 많은 이들이 규율에 대해 너무 혹독하다고 불평했다. 프란체스코는 마지못해 규율을 완화했다. 규모가 커진 수도회는 자연히 몇 개의 교단으로 나뉘어 움브리아 전역에 퍼졌다. 그로 인해 프란체스코에게도 행정 기술과 요령 등이 요구되었지만, 신비주의적으로 몰두한 그는 그러한 요구를 거의 따라갈 수 없었다. 한번은 한 수도사가 다른 수도사의 악행에 대해 말하자, 프란체스코는 그 수도사에게 당나귀의 똥을 먹으라고 명령하여 그의 혀가 더 이상 악을 즐기지 못하도록 만들었다고 한다. 수도사는 순종했다. 그러나 동료 수도사들은 그가 저지른 죄보다 그가 받은 벌에 더 큰 충격을 받았다.[60] 1220년 프란체스코는 수장의 자리를 사임하고, 동료들에게 다른 수도회 총회장을 선출하고 이후로는 자신을 그저 수도사로 여겨 달라고 지시했다. 하지만 1년 뒤 본래의 규율(1210년)이 더 느슨해지자 불안해진 그는 청빈의 서약을 완전히 준수할 것을 목표로, 수도사들이 오두막을 떠나 마을 주민들이 그들을 위해 지어 준 살기 좋은 지구로 옮기지 못하도록 금하는 규율(그의 유명한 '유언(遺言)')을 새로 만들었다. 그는 이 규율을 호노리우스 3세에게 제출하고, 교황은 고위 성직자 위원회에 검토를 맡겼다. 규율이 그들의 손에서 돌아왔을 때는 10여 군데에 프란체스코에 대한 존경의 표시가 적혀 있었으며, 그만큼 규율도 완화되어 있었다. 인노켄티우스 3세의 예측이 정확히 확인되었던 것이다.

마지못해, 그러나 겸허히 이를 받아들인 프란체스코는 이번에는 홀로 명상과 금욕, 기도의 나날로 들어갔다. 그는 격렬한 몰두와 상상 끝에 이따금 그리스도, 마리아, 사도들의 환영을 보곤 했다. 1224년 세 명의 제자들과 함께 아시시를 떠난 프란체스코는 말을 타고 산과 평원을 건너 키우시 부근 베르나 산에서 은둔처를 찾았다. 그는 깊은 골짜기 너머 외로운 오두막에 스스로를 고립시키고, 레오 수사 외에는 방문을 허락하지 않았다. 또 레오 수사에게도 하루에 단 두 번만 올 것과 방문을 알리는 연락에 응답이 없으면 오지 말 것을 명령했다. 1224년 9월 14일 오랜 단식과 철야 기도를 마친 뒤 성 십자가 현양(顯揚) 축일에 프란체스코는 치품(熾品)천사가 십자가에 못 박힌 그리스도의 상을 품고 하늘에서 내려오는 모습을 보았다고 생각했다. 환영이 사라지면서 이상한 통증을 느낀 그는 손바닥과 손등, 발바닥과 발등, 그리고 몸에 새로 생긴 이상한 상처를 발견했다. 그 상처(성흔(聖痕))는 위치와 색깔이 예수를 십자가에 매단 못과 예수의 옆구리를 찌른 창에 의한 상처와 비슷해 보였다.*

프란체스코는 은둔처를 거쳐 다시 아시시로 돌아갔다. 성흔이 나타난 지 1년이 지나고 그는 시력을 잃기 시작했다. 성 클라라의 수녀원을 방문했을 때 그에게 완전한 암흑이 찾아왔다. 클라라는 그가 시력을 되찾도록 간호하며 그를 성 다미아누스 성당에 한 달 정도 머물게 했다. 1224년의 어느 날, 아마도 회복의 기쁨을 누리고 있었을 그는 이탈리아식 산문시로 「태양의 찬가」를 작곡했다.[62]

---

* 이들 부종은 악성 말라리아에 의한 것일 수도 있다고 한다. 말라리아가 피부에 자줏빛 출혈을 발생시킨 것으로 알려졌다.[61]

지극히 높고 전능하고 자비로우신 주여

찬미와 영광과 영예와 온갖 축복이 당신의 것이요

오직 지존이신 당신께만 드려져야 마땅하오니

사람은 누구든 당신을 입에 올리기조차 어렵나이다.

내 주여, 당신의 모든 피조물과

그중에서도 해 형제의 찬미를 받으시오니

그로 인해 우리에게 낮을 주고 우리를 밝게 비추나이다.

아름답고 장엄한 광휘로 환히 빛나니

지존이시여, 바로 당신의 모습을 지녔나이다.

내 주여, 달과 별 자매의 찬양을 받으시오니

맑고 귀하고 어여쁜 그들을 당신께서 하늘에 만드셨나이다.

내 주여, 바람과 공기와 구름과 맑은 날과

모든 날씨의 찬미를 받으시오니

그로 인해 당신의 피조물들이 생명을 부지하나이다.

내 주여, 물 자매의 찬양을 받으시오니

그는 쓰임 많고 겸손하고 값지고 순수하나이다.

내 주여, 불 형제의 찬양을 받으시오니

그로 인해 당신께서 밤을 밝히사

그는 아름답고 명랑하고 강건하나이다.

내 주여, 자매이고 어머니인 땅의 찬양을 받으시오니
그는 우리를 기르고 다스리며
울긋불긋한 꽃들과 풀들과 갖가지 과일들을 낳아 주나이다.

내 주여, 당신의 사랑을 구하는 이들과
병과 고난을 견디는 이들의 찬양을 받으소서.

평화로이 견디는 이들에게 축복이 있으리니
지존이신 당신께서 그들에게 면류관을 씌우나이다.

1225년 리에티의 몇몇 의사들은 "숫총각의 소변"을 그의 눈에 바르고도 별다른 효과가 없자, 백열 상태로 달군 쇠막대로 그의 이마를 긋는 방법에 기댔다. 프란체스코는 "불 형제"에게 호소했다고 한다. "너희의 아름다움은 모든 창조물 중 으뜸이라. 이 시간 내게 선처를 베푸는구나. 내가 줄곧 너희를 얼마나 사랑했는지 알리라." 나중에 그는 전혀 고통을 느끼지 못했다고 말했다. 그는 다시 한 번 설교 순회를 떠날 만큼 시력을 회복했다. 하지만 곧 고단한 여행의 와중에 건강이 악화됐다. 말라리아와 부종으로 몸이 망가진 그는 아시시로 돌아갔다.

그는 항변했지만 사람들은 그를 주교 궁의 침대에 눕혔다. 프란체스코는 의사에게 사실대로 말해 달라고 부탁했고, 자신이 가을을 넘기기 힘들 것이라는 대답을 들었다. 그는 노래를 부르기 시작하여 모두를 깜짝 놀라게 했다. 그러고는 자신이 지은 태양의 찬가에 연을 하나 덧붙였다.

내 주여, 우리 자매인 육신의 죽음의 찬양을 받으시오니
누구도 그를 벗어나지 못하나이다.
아아 당신의 거룩한 뜻 안에 거하는 자들이여

두 번째 죽음이 그들을 해하지 못할지나니.[63]

전해지는 이야기에 따르면 그는 말년에 자신의 금욕주의를 회개했다고 한다. "몸 형제를 힘들게 했기 때문"이었다.[64] 주교가 다른 일로 자리를 비운 사이 프란체스코는 수도사들을 설득하여 산타 마리아 델리 안젤리의 예배당으로 돌아갔다. 그곳에서 유언장을 구술했다. 유언장은 평범한 동시에 위엄 있었다. 그는 추종자들에게 "가난과 버려진 교회"에 만족하며, 청빈의 서약과 어울리지 않는 주거 시설은 받아들이지 말라고 지시했다. 또한 수도회 내의 이단이나 비겁한 수도사는 주교에게 넘겨줄 것과 절대로 규율을 고치지 말 것을 명령했다.[65]

1226년 10월 3일 프란체스코는 45세의 나이로 시편을 암송하며 눈을 감았다. 2년 뒤 교회는 그를 성인으로 시성했다. 이 역동의 시대를 주도하던 인물로는 둘이 더 있었다. 인노켄티우스 3세와 프레데리크 2세가 그들이었다. 인노켄티우스 3세 치하에서 교회는 최고의 전성기를 맞았고 그로부터 1세기가 지나 기울기 시작했다. 프레데리크는 제국을 그 정점에 올려놓았고 제국은 그로부터 10여 년 뒤에 쇠락했다. 프란체스코는 청빈과 무지의 미덕을 과장했지만 그리스도교를 그리스도의 정신으로 되돌려 새로운 활기를 불어넣었다. 오늘날 교황과 황제에 대해 아는 것은 학자뿐이지만, 이 소박한 성인은 수백만의 가슴 속에 남아 있다.

프란체스코가 건립한 수도회는 그가 사망할 당시 5000명의 회원 수를 보유하고, 헝가리와 독일, 잉글랜드, 프랑스, 스페인까지 뻗어 나갔다. 프란체스코회는 이단이 활개 치던 북이탈리아를 가톨릭으로 되찾으며 교회의 보호벽으로서의 존재를 입증했다. 청빈과 무학(無學)의 복음은 소수에 의해서만 받아들여졌다. 유럽은 부와 과학, 철학, 그리고 의심의 흥미로운 포물선을 계속해서 횡단했다. 한편 프란체스코가 그토록 꺼림칙하게 수용한 완화된 규율은 더욱더 느슨해졌다.(1230년) 프란체스코의 수명을 단축시킨, 거의 정신이 혼미해질 정도의 금욕주의가 최고조에 달한 시점에 사람들은 오래 머무를 수도 없었고 필요한 수만큼 유지될 수도 없었다. 규율이 약해진 작은 형제회의 수도원은 8000여 개까지, 수도사는 1280명에서 20만 명까지 증가했다. 그들은 훌륭한 설교자이자 본보기가 되어 세속의 성직자들로 하여금 이전까지는 주교에게 국한되어 있던 설교의 관행을 이어가게 만들었다. 그들은 시에나의 성 베르나르디노와 파두아의 성 안토니우스 같은 성인, 로저 베이컨 같은 과학자, 둔스 스코투스 같은 철학자, 헤일즈의 알렉산데르 같은 교사를 배출했다. 어떤 이들은 종교 재판의 대리인이 되었고, 어떤 이들은 주교와 대주교와 교황이 되었다. 많은 이들이 먼 이국땅에서 위험한 선교 사업에 임했다. 독실한 신자들에게서 기부가 쏟아져 들어왔다. 엘리아스 수사 같은 몇몇 지도자들은 사치에 빠졌다. 프란체스코가 부유한 교회를 금했음에도, 엘리아스는 그를 기념하여 오늘날에도 아시시의 언덕 꼭대기를 차지하고 있는 화려한 바실리카를 세웠다. 그곳에 걸린 치마부에와 죠토의 그림들은 성 프란체스코와 그의 생애, 그의 전설이 이탈리아 예술에 끼친 엄청나고도 막대한 영향력이 낳은 첫 번째 작품들이었다.

많은 "작은 이들"은 프란체스코회 규율의 완화에 반대했다. "영성(靈性)주의자들"이나 "열성파"처럼 그들은 아펜니노 산악 지대의 작은 수녀원이나 은둔처에서 생활했다. 반면 대다수 프란체스코회 회원들은 널찍한 수도원을 더 좋아했다. 영성주의자들은 그리스도와 그의 사도들이 아무런 재산도 소유하지 않았다고 주장했다. 성 보나벤투라도 이에 동의했다. 교황 니콜라스 3세는 1279년 그들의 주장을 승인했다. 1323년 교황 요한 22세는 그들의 주장이 거짓이라고 표명했다. 그리고 그 뒤, 설교에서 계속해서 이를 주장하던 영성주의자들은 이단으로 억압당했다. 프란체스코가 사망한 지 1세기가 흐르고 나서 가장 열렬히 그를 따르던 추종자들은 종교 재판의 화형대 위에서 화형당했다.

4. 성 도미니크

그의 이름에서 종교 재판을 떠올린다면 도미니크에게는 부당한 일일 것이다. 그는 종교 재판의 창시자도, 종교 재판이 주는 공포심을 만든 사람도 아니었다. 그 자신이 한 일은 본보기를 보이고 설교하여 사람들을 개종시키는 것이었다. 도미니크는 프란체스코보다 더 엄격한 사람이었지만, 그를 성인보다 더 성인 같은 성인으로 숭배했다. 프란체스코도 도미니크를 사랑했다. 본질적으로 그들의 과업은 동일했다. 두 사람은 혼자서 스스로 구원받고자 하는 사람들이 아닌, 그리스도교도와 불신자들 사이에서 선교 활동에 헌신하는 사람들의 위대한 수도회를 조직했다. 그들은 이단자들의 가장 설득력 있는 무기, 즉 청빈을 칭송하고 설교를 실천하는 행동을 가져왔다. 그들은 함께 교회를 구원했다.

도밍고 데 구즈만은 카스틸리아의 칼라루에가에서 태어났다.(1170년) 친척 사제의 손에서 자란 그는 당시 그리스도교를 신실하게 받아들인 수많은 신자 중 한 명이었다. 팔렌시아에 기근이 불어닥쳤을 때 그는 자신이 가진 진귀한 서책까지 모두 팔아 빈민에게 식량을 제공했다고 한다. 그는 오스마 대성당에서 일반적이었던 아우구스티누스회의 참사 회원이 되었고, 1201년 주교와 동행하여 당시 알비파 이단의 중심지인 툴루즈로 전도의 길에 나섰다. 그들을 후원해 준 사람도 알비파였다. 야화에 따르면 도미니크가 하룻밤 사이에 그를 개종시켰다고 한다. 주교의 충고와 몇몇 이단자의 사례에서 영감을 얻은 도미니크는 자발적으로 가난한 삶을 선택하고 맨발로 돌아다니며 사람들이 교회를 다시 찾아오도록 하기 위해 평화적으로 노력했다. 몽펠리에에서 그는 세 명의 교황 특사, 즉 아르놀트와 라울, 그리고 피에르 드 카스텔노를 만났다. 그는 교황 특사들이 입은 값비싼 옷과 화려함에 충격을 받고, 이단을 억제하는 데 진척이 없다는 그들의 말에 그러한 사치가 바로 원인이라고 생각했다. 그는 히브리인 선지자의 대담함으로 그들을 꾸짖었다. "이단을 개종시키는 것은 힘과 위용도, 하인들의 행렬과 배불리 성체를 받은 승용마도, 멋들어진 옷도 아닙니다. 열정적인 설교가, 사도적 겸손이, 금욕과 신성함이 있어야 하는 것입니다."[66] 부끄러움을 느낀 특사들은 타고 있던 마차를 버리고 신발을 벗었다고 한다.

10년 동안(1205~1216년) 도미니크는 랑그도크에 머물며 열성적으로 설교했다. 물리적 박해와 관련하여 그에 대해 유일하게 전해지는 이야기에 따르면, 그는 화형에 처해진 이단자 한 명을 화염으로부터 구했다고 한다.[67] 그의 사후에 일부 수도회 회원들은 자랑스레 그를 "이단의 박해자"라고 불렀는데, 꼭 박해자라고는 할 수 없고 이단을 추적하는 사람에 가까웠다. 그는 함께 설교할 사람들을 모았는데, 그 효과는 교황 호노리우스 3세(1216년)가 "설교자 형제들"을 새로운 수도회로 인정하고 도미니크가 만든 규율을 승인할 정도였다. 로마에 본부를 둔 도미니크는 지원자를 모집하여 그들을 가르치고 거의 광적인 열정으로 그들에게 영감을 주었다. 그리고 그들을 유럽 전역과 키예프 같은 극동 지방, 다른 외국으로 보내 그리스도교 국가와 이교도들을 그리스도교로 개종시켰다. 1220년 볼로냐에서 열린 첫 번째 일반 사제단 모임에서 도미니크는 추종자들을 설득하여 절대 빈곤의 규율을 만장일치로 채택하게 했다. 그로부터 1년 뒤 그는 세상을 떠났다.

프란체스코 수도회처럼 도미니크 수도회 역시 방랑하는 탁발 수사들이 도처로 뻗어 나갔다. 매튜 패리스는 1240년 잉글랜드에 있던 그들에 대해 다음과 같이 서술했다.

> 옷과 음식을 매우 아끼고, 금도 은도 그 무엇도 소유하지 않는 그들은 도시와 마을, 부락들을 다니며 복음을 전한다. …… 일곱 명에서 열 명 정도가 함께 생활하며 …… 내일을 생각하지도, 내일 아침을 위해 무언가를 남겨 두지도 않는다. …… 식탁 위에 구호품으로 받은 무언가가 남아 있으면 그들은 이것을 당장 빈민에게 준다. 그들은 오직 복음의 신을 신고, 옷을 깔개 삼아 자며, 돌을 베개 삼아 머리를 눕힌다.[68]

그들이 늘 온화하기만 한 것은 아니었고, 종교 재판에서 맡은 직무에도 능동적으로 참여했다. 교황에게 고용되어 높은 자리와 외교적 사명을 맡기도 했다. 그들은 학교로 들어가 스콜라 철학의 두 거장 알베르투스 마그누스와 토마스 아퀴나스를 배출했다. 아리스토텔레스를 그리스도교로 개종시켜 교회를 구한 사람도 그들이었다. 프란체스코 수도회나 카르멜회, 오스틴 수사회 등과 함께 그들은 일상의 목회 활동으로 일반 사람들과 어울리며 수도사 생활에 혁신을 불러왔으며, 13세기 수도원 생활을 전례 없는 힘과 아름다움의 경지로 끌어올렸다.

수도원 역사의 넓은 관점에서 보면 도덕주의자들의 과장도, 풍자꾼들의 희화화도 정당하지는 않다. 수도원들의 비행 사례는 적지 않다. 그들이 주목을 끄는 이유는 정확히 말해서 예외적이었기 때문이다. 그리고 우리 중 어느 누가 그토록 성인 같은 면모를 지녀서 어느 계층의 사람에게든 더럽지 않은 전력을 요구할 수 있을까? 스스로의 서약에 충실한 수도사들, 즉 알려지지 않은 청빈과 순결, 신앙심을 지키며 살던 사람들은 소문에도, 역사에도 오르지 않았다. 미덕은 이야깃거리가 되지 않으며, 독자뿐 아니라 역사학자들도 지루하게 만든다. 우리는 일찍이 1249년에 프란체스코회 수도사들이 소유한 "호화로운 건물들"에 대한 이야기를 듣는다. 종종 그 과장법 때문에 설득력을 잃고 마는 로저 베이컨은 1271년 교황에게 "현재 새로운 수도회들은 원래 지녔던 품위를 처참히 잃었습니다."라고 알려 주었다.[69] 그러나 이는 프라 살림베네의 솔직하고 조예 깊은 『연대기』(1288년?)에서 얻을 수 있는 그림이 결코 아니다. 이 책에 등장하는 프란체스코회 수도사는 우리를 역사의 뒤안길로, 그들 수도회의 일상적 생활 속으로 우리를 안내한다. 그 안에는 곳곳에 사소한 잘못도 있고, 다툼과 질투도 있다. 그러나 전체적으로 억압된 고된 생활 위로 겸손과 소박함, 형제애, 그리고 평화의 기운이 맴돌았다.[70] 이따금 이야기 속으로 여인이 들어오기는 하지만, 여인의 역할은 협소하고 외로운 일상에 주어진 가벼운 특전이자 친절에 불과했다. 프라 살림베네의 정직한 수다 한 편을 들어 보자.

볼로냐의 수도원에는 귀도 수사라는 젊은이가 있었다. 그는 잠을 잘 때 코를 심하게 고는 버릇이 있어서 한집에서는 아무도 그와 함께 휴식을 취할 수 없었다. 그런 이유로 그는 나무와 짚으로 둘러싸인 오두막에서 잠을 자기 시작했다. 그런데도 교우들은 여전히 그를 벗어날 수 없었다. 그의 저주받은 코골이 소리는 수도원 전체에 드르렁거리며 울려 퍼졌기 때문이다. 그 때문에 모든 사제와 신중한 교우들이 한자리에 모였는데 …… 그를 어머니에게 돌려보내야 한다는 공식 형벌이 결정되었다. 그의 어머니는 우리가 그를 받아들이기 전부터 자신의 아들에 관한 이 모든 일을 알고 있었으므로, 수도회를 속인 셈이다. 그러나 그는 당장 쫓겨나지는 않았는데, 그것은 주께서 하신 일이었다. …… 한 젊은이가 타고난 결점 때문에 아무런 죄도 짓지 않은 채 쫓겨나야 한다는 점을 곰곰이 숙고한 니콜라스 수사는 매일 새벽녘에 그 청년을 불러 미사에서 자신을 돕도록 만들었다. 그리고 미사가 끝날 때면 청년은 제단 뒤에서 그의 명에 따라 무릎을 꿇으며 그의 은총을 받을 수 있기를 청했다. 그러면 니콜라스 수사는 청년의 얼굴과 코를 손으로 만지며 신이 그에게 건강이라는 은혜를 선물로 내려 주시기를 바랐다. 간추려 말하면, 청년은 어느 날 갑자기 완전히 치유되어 더 이상 교우들에게 폐를 끼치지 않았다. 그때부터 그는 겨울잠쥐처럼 평화와 고요 속에 잠을 잘 수 있었다.[71]

5. 수녀들

일찍이 성 바울의 시대부터 그리스도교 사회에는 과부나 독신녀, 독실한 여성 등이 시간이나 재산의 일부 또는 전부를 할애하여 자선 활동에 나서는 관습이 있었다. 4세기에 일부 여성들은 수도사를 모방하여 속세를 등지고 홀로 또는 공동체를 이루어 청빈과 순결, 그리고 순종을 서약하고 종교적 삶을 살았다.

530년경 성 베네딕트의 쌍둥이 여동생 스콜라스티카는 몬테 카시노 부근에 스스로 지도하고 규율을 정한 수녀원을 건립했다. 이때부터 베네딕트회 수녀원은 유럽 전역으로 확대됐고, 베네딕트회 수녀들의 숫자도 거의 베네딕트회 수도사만큼 많아졌다. 시토 수도회 최초의 수녀원은 1125년에 문을 열었는데, 그중 가장 유명한 포르루아얄은 1204년에 세워졌다. 1300년경 유럽에는 700여 개의 시토회 수녀원이 있었다.[72] 이 오래전 수도회에서는 수녀들 대다수가 상류계급 출신이었고,[73] 수녀원은 남자 친척이 묵을 방이 없거나 마음에 들어 하지 않는 여성들이 모여들기 일쑤였다. 458년 마요리아누스 황제는, 부모들이 필요 이상으로 많은 딸을 억지로 수녀원에 보내는 것을 금지해야 했다.[74] 베네딕트회 수녀원에 들어가는 데는 대개 기부금이 필요했다. 물론 교회는 자발적인 기부 외에는 모두 금지했다.[75] 이런 이유로 초서(Chaucer)의 책에 등장하는 것처럼 소(小)수녀원장은 자부심 강하게 성장하여 커다란 책임을 맡고, 수녀원의 수입을 위해 넓은 영토를 관리하는 여성으로 인식됐다. 당시 수녀들은 대개 자매가 아니라 부인(Madame)이라고 불렸다.

성 프란체스코는 수도원 제도뿐 아니라 수녀원도 혁신했다. 1212년 성 클라라가 찾아와 남자들을 위해 세운 것과 같은 수도회를 여성들을 위해 만들고 싶다는 바람을 표하자, 그는 교회법의 규제를 눈감아 주고, 자신도 부제에 불과하지만 그녀의 서약을 받았으며, 그녀를 프란체스코 수도회로 받아들이고 "가난한 클라라회(會)"의 조직을 위임했다. 인노켄티우스 3세는 평소 내용을 우선하여 형식을 위반해도 용서해 주었듯이 이 위임 건도 확정해 주었다.(1216년) 성 클라라는 신앙심 깊은 여성들을 모아 공동의 빈곤 속에서 생활하며, 실을 잣고 아픈 사람을 간호하고 자선 활동을 넓혀 나갔다. 성 클라라를 둘러싸고 프란체스코만큼이나 허황된 전설적 이야기들이 만들어졌다.

한번은 교황이 성 클라라의 수녀원에 가서 신과 천사들에 관한 그녀의 이야기를 들었다. …… 성 클라라는 식탁을 놓고 그 위에 빵 덩어리를 올려놓아 교황의 축복을 받고자 하였다. 그녀는 깊은 숭배를 표하며 무릎을 꿇고는 교황에게 기꺼이 빵을 축복해 달라고 간청했다. …… 교황은 대답했다. "누구보다 신실한 클라라 자매여, 나는 그대가 이 빵을 축복하기를 바라네. 그리고 그 위에 가장 신성한 그리스도의 성호를 그리게. 그대는 지금까지 그 십자가에 온전히 헌신하였네." 성 클라라는 말했다. "교황 성하, 죄송하지만 만약 그리스도의 대리인이 계신 자리에서 가난하고 불결한 여인인 제가 주제넘게도 그러한 축복을 빌게 된다면 호된 질책을 들어 마땅할 것입니다." 교황이 답했다. "마지막까지도 책임은 그대의 주제넘음이 아니라 순종의 공적에 있네. 그대에게 명령하니, 신성한 순종의 서약을 지켜 그대는 하느님의 이름으로 이 빵을 축복하라." 이에 성 클라라는 순종하는 딸처럼 성호를 그으며 경건하게 빵을 축복했다. 놀랍게도 그 즉시 모든 빵 덩어리 위에 십자가 모양이 나타나 지극히 아름다운 형상을 이루었다. 교황은 이 기적을 보며 빵을 먹었다. 그리고 그곳을 떠나며 신께 감사하고 성 클라라를 축복했다.[76]

그녀는 1253년에 사망했는데, 사후에 곧 시성되었다. 다양한 지역의 프란체스코회 수도사들이 비슷비슷한 "클라리시(Clarissi)", 즉 "가난한 클라라회"를 만들었다. 도미니크회나 아우구스티누스회, 카르멜회 같은 다른 탁발 수도회역시 수녀들의 제2교단을 건립했다. 1300년경 유럽에는 많은 수녀와 수도사가존재했다. 독일 수녀원들은 열렬한 신비주의의 안식처가 되는 경향이 있었다. 프랑스와 잉글랜드에서는 세속으로부터 개종하거나 버림받거나 낙담하거나사별한 귀족 여성들의 도피처가 되곤 했다. 『수녀의 계율』이라는 산문집에는 13세기 잉글랜드 수녀들의 분위기가 잘 드러나 있다. 이 책은 푸어 주교가 도르셋셔의 타란트에 있는 수녀원을 위해 썼던 것 같다. 책은 죄와 지옥에 대한 이야기를 많이 다루고 여성의 몸을 불경스럽게 학대하는 내용도 포함하고 있어어두운 분위기이지만,[77] 깊은 신실함이 그러한 분위기를 보완한다. 또한 이 책은 가장 오래 되고 가장 고귀한 잉글랜드 산문집의 표본이다.[78]

10세기 수녀원에서 흥미로운 부도덕 행위의 사례를 찾아내는 것은 어려운 일이 아니다. 많은 수녀들이 자신의 의지와 상관없이 세속으로부터 격리되었고,[79] 성인이 된다는 것이 쉽지 않다는 점을 깨달았다. 캔터베리 대주교 테오도르와 요크 주교 에그버트는 수도원장과 사제, 그리고 주교가 수녀를 유혹하지 못하도록 금해야 한다고 생각했다.[80] 주교 샤르트르의 이보(1035~1115년)는 성 파라 수녀원의 수녀들이 매춘을 하고 있다고 기록했다. 아벨라르(1079~1142년) 역시 당시 프랑스의 몇몇 수녀원을 비슷하게 묘사했다. 교황 인노켄티우스 3세는 성 아가타 수녀원에 대해, 그 악행과 사악한 명성으로 주변 국가들을 전부 물들이는 매춘굴이라고 묘사했다.[81] 주교 루앙의 리고(1249년)는 자신의 교구 내의 종교 집단에 대해 대체로 호의적인 기록을 남겼지만, 33명의 수녀와 3명의 평수녀가 있는 한 수녀원에 대해서는 8명이 간음의 죄를 지었거나 혐의가 있고 "수녀원장은 거의 매일 밤 술을 마신다."라고 말했다.[82] 보니파키우스 8세(1300년)는 수녀원의 기강을 바로잡기 위해 세속으로부터 엄격한 유폐나 은둔을 결정하여 명했다. 그러나 이 칙령은 집행되지 못했다.[83] 링컨 교구의 한 수녀원에서는 이 칙령을 전달하기 위해 주교가 찾아오자 수녀들이 그의 머리에 문서를 집어던지고 절대 그 내용에 복종하지 않겠다고 맹세했다.[84] 그렇게 고립된 생활을 서약한 적은 없었기 때문이다. 초서의 『캔터베리 이야기』에 등장하는 수녀원장은 그곳과는 아무런 관련도 없었다. 교회가 수녀들의 성지 순례를 금지했기 때문이었다.[85]

역사가 규율에 순종하던 수녀원의 사례를 범죄의 기록만큼이나 세심하게 기억했다면, 아마도 죄가 되는 각각의 과실에 대해 수천 가지 신실함을 예로 들며 반박할 수 있었을 것이다. 많은 경우 계율은 비인간적일 만큼 혹독했고 위반할 수밖에 없는 부분도 있었다. 카르투지오회와 시토회 수녀들은 말을 하지 않으면 안 되는 때를 제외하면 침묵을 지켜야 했는데, 이는 여성에게 매우 부적합한 명령이었다. 대개 수녀들은 자신들의 필요에 따라 청소나 요리, 빨래, 바느질 등을 수행했다. 수도사와 빈민을 위해 옷을 만들고 제단을 덮는 테이블보와 사제가 입는 제의도 만들었다. 장식용 천과 태피스트리를 만들어 수를 놓고, 날랜 손과 인내심 많은 영혼으로 그 위에 세계사의 대부분을 그렸다. 원고에 불을 비추고 필사했으며, 아이들을 받아 재우고 글자와 위생과 가사 기술 등을 가르쳤다. 수 세기 동안 그들은 여자아이들에게 허락된 수준보다 조금 더 높은 교육만을 받았다. 많은 수녀들은 병원에서 간호사로 일했다. 기도를 위해 자정에 일어나고, 다시 동트기 전에 기상하여 정시과의 기도를 암송했다. 많은 날이 단식일이었고, 그런 날은 저녁 식사가 나올 때까지 아무것도 먹지 않았다.

이와 같이 혹독한 계율을 때로는 위반하기도 했을 것이다. 19세기의 그리스도교와 당시 등장한 온갖 영웅, 왕, 성인을 되돌아보면, 수녀들만큼 그리스도인의 완전함에 가까웠던 남성들을 그리 많이 찾아볼 수 없을 것이다. 조용한 헌신과 발랄한 목회의 삶은 축복받은 세대를 많이 만들어 냈다. 역사의 모든 죄악을 저울에 달아도 이 여성들의 선행 덕에 눈금은 반대로 기울어지고 인류는 구원받을 것이다.

6. 신비주의자

그렇듯 많은 여성이 성인이 될 수 있었던 이유는, 신은 손발보다 더 가까이 있다고 그들이 생각했기 때문이다. 중세에는 온갖 말과 그림, 조각상, 의식, 심지어 색깔과 빛의 양 등이 지닌 힘이 상상력을 자극했기 때문에 감각과는 무관한 환영이 쉽게 등장했고, 신자들은 스스로 자연의 경계를 넘어 초자연을 경험했다고 느꼈다. 신비한 힘을 지닌 인간의 마음은 초자연적이고 기이한 것으로 여겨졌고, 확실히 세상을 이룬 물질의 배후에, 그리고 그 내면에 존재하는 어떠한 정신(의 흐릿한 심상이자 극미한 일부)처럼 느껴졌다. 그렇게 마음의 꼭대기는 신의 발끝과 닿아 있다고 여겼다. 야심찬 겸양을 지닌 신비주의자들은 죄의 짐을 지지 않고 기도로 승천한 영혼은 은총의 날개를 타고 천국에서 하느님을 직접 보거나 신적 동반 관계에 이를 수 있다는 희망에 불탔다. 그러한 환영은 감각이나 이성, 과학, 철학으로는 결코 다다를 수 없는데, 이들 영역은 시간과 다양성, 세상에 매여 있으며 우주의 핵심과 권능, 그리고 합일점에 도달할 수 없다. 신비주의자에게 중요한 문제는 영적 자각의 내적 기관으로서 영혼을 청소하고, 이기적인 개성과 환상에 불과한 다양성이라는 얼룩을 지워 없애며, 그 손길과 사랑을 최대한 널리 뻗치는 것, 그리고 육체에서 분리된 또렷한 시각으로 우주와 영원, 신성을 보는 것이었다. 그로 인하여 긴 유배 생활을 마치듯 탄생이라는 형벌적 단절로부터 신과의 결합으로 돌아가는 것이었다. 마음이 순수한 사람은 신을 만나게 될 것이라고 예수님이 약속하지 않았던가?

그런 고로 신비주의자들은 어느 시대에나, 어느 종교에나, 그리고 어느 지역에나 등장했다. 그리스 그리스도교에는 이성이라는 그리스적 유산에도 불구하고 신비주의가 넘쳐났다. 성 아우구스티누스는 서방 신비주의의 원천이었다. 그의 『고백록』은 피조물에서 신에게로 돌아가는 영혼의 이야기를 담고 있다. 어떠한 인간도 신과 그토록 긴 대화를 나눈 적은 없었다. 정치가 성 안셀무스와 조직가 성 베르나르는 로스켈리누스와 아벨라르의 합리주의에 맞서 신비주의적 접근을 옹호했다. 샹포의 기욤은 아벨라르의 논리에 밀려 파리를 떠나 근교에 아우구스티누스회의 생빅토르 수도원을 신학교로 설립했다. 그리고 휴(Hugh)와 리처드 등 그의 계승자들은 신생 철학의 위험한 모험을 무시한 채, 논거가 아닌 신의 현존에 대한 신비주의적 경험에 종교의 토대를 놓았다. 휴(1141년 사망)는 모든 세상 만물의 모습에서 초자연적 신성의 상징을 볼 수 있었다. 리처드(1173년 사망)는 논리와 학습을 거부하고, 파스칼(Pascal)과 같은 "머리"보다 "마음"을 더 중시했으며, 학술적인 논리로 신을 향한 신비로운 영(靈)의 승천을 묘사했다.

이탈리아의 열정은 신비주의의 불을 지펴 혁신의 복음을 전파했다. 칼라브리아의 귀족 플로라의 요아킴은 팔레스타인을 보고 싶다는 열망을 키웠다. 여정에서 사람들이 받는 고통을 깊이 마음에 새긴 그는 수행원들을 돌려보내고 검소한 순례를 이어 나갔다. 전해지는 이야기에 따르면 타보르 산의 한 오래된 우물 안에서 사순절 기간을 보낸 뒤 부활절 일요일에 그의 앞에 눈부신 광채가 나타났는데, 그 성스러운 빛이 그를 가득 채우자 한순간에 성서의 모든 내용을, 미래와 과거 전부를 이해하게 되었다고 한다. 칼라브리아로 돌아온 요아킴은 시토회 수도사이자 사제가 되어 금욕 생활을 갈망하며 은둔처로 들어갔다. 제자들이 모여들자, 그는 새로이 플로라 수도회를 건립하고 켈레스티누스 3세에게서 청빈과 기도의 계율을 인가받았다. 1200년 그는 인노켄티우스 3세에게 이른바 신이 내린 영감으로 썼다는 일련의 작품을 보냈지만 교황의 검열에 순종했다. 2년 뒤 그는 세상을 떠났다.

그의 글은 정교회에서 널리 수용되는 아우구스티누스회의 신학에 근거를 두고 있어서, 그리스도 탄생부터 지상의 천국 건설까지 그리스도교 국가들의 역사와 구약 성서의 사건 사이에 상징적인 유사성이 존재했다. 요아킴은 인류의 역사를 세 단계로 나누었다. 첫 번째로 성부(聖父)의 계율 아래 있던 시기는 예수의 탄생으로 끝이 났다. 두 번째 단계는 성자(聖子)가 다스리던 시기로, 종말론적 추정에 따르면 1260년 동안 지속된다. 세 번째 단계는 성령(聖靈)의 지배가 있는 시기로서 전쟁과 가난과 교회의 타락 등 환난의 시대 뒤에 나타나며, 교회를 정화하는 새로운 수도회의 등장과 함께 시작되어 평화롭고 공정하고 행복한 전 세계적 유토피아를 실현한다고 한다.[86]

교회의 고위 성직자를 포함한 수천 명의 그리스도교도는 요아킴의 주장을 신의 영감에서 나온 것으로 받아들였고, 1260년이 재림의 해가 되기를 바랐다. 자신들이 그 새로운 수도회라고 확신한 영성적 프란체스코회는 요아킴의 가르침에서 용기를 얻었다. 그리고 교회가 그들을 불법으로 규정하자 요아킴의 이름으로 나오는 글들을 통해 선전을 계속했다. 1254년 요아킴의 주요 작품이 "영원한 복음"이라는 제목을 달고 등장했는데, 성직 매매로 부패한 교황이 두 번째 시대의 끝을 알릴 것이고, 세 번째 시대에는 성례나 사제의 필요성이 보편적 사랑의 권세하에서 사라질 것이라고 천명하는 주석을 담고 있었다. 책은 교회의 위법 판정을 받았고, 저자로 추정되는 프란체스코회 수도사 게라르도 다 보르고는 종신 수감되었다. 하지만 책은 계속해서 은밀하게 유포되어 성 프란체스코에서부터 요아킴을 천국에 입성시킨 단테에 이르기까지 이탈리아와 프랑스의 신비주의와 이단의 사상에 깊은 영향을 끼쳤다.

도래하는 천국에 대한 흥분 어린 기대 때문이었는지, 종교적 참회의 열기가 1259년 페루자 일대에서 타오르고 북이탈리아를 휩쓸었다. 세대와 계층을 가릴 것 없이 수천 명의 회개자들이 무질서한 행렬을 만들며 행진했다. 이들은 원시적인 허리옷 하나만 걸치고 눈물을 흘리며 신께 자비를 구하는 기도를 올리고 가죽 끈으로 자신을 채찍질했다. 도둑들과 고리대금업자들도 대열에 합류하고 불법으로 취득한 물건을 돌려주었다. 회개라는 전염병에 걸린 살인자들은 피해자의 친척들 앞에 무릎 꿇고 자신을 죽여 달라고 애원했다. 죄수들은 풀려났고 추방된 자들은 소환됐으며 원한의 골은 메워졌다. 이러한 움직임은 독일 전역으로 퍼져 보헤미아로 흘러들었다. 한동안 교회를 무시하는 이 새로운 신비주의적 믿음이 유럽을 침수시키는 것처럼 보였다. 그러나 얼마 지나지 않아 인간의 본성은 다시 드러났다. 새로운 원한 관계가 만들어지고, 죄악과 살인도 다시 시작되었다. 그리고 채찍 고행의 대유행은 그것을 처음 배태한 심령의 깊은 계곡 속으로 사라졌다.[87]

신비주의의 불꽃은 플랑드르에서는 덜 변덕스러웠다. 리에주의 사제 람베르 르 베그(말더듬이)는 1184년 뢰즈에 여성들을 위한 교단을 설립했다. 이곳의 여성들은 수도회의 서약을 하지 않고 작은 반(半)공산주의적 집단에서 함께 생활하며 양털을 짜고 레이스를 만들어 생계를 이어 나가기를 바라는 이들이었다. 이와 비슷하게 남성들을 위한 "메종 뒤(maisons-Dieu)", 즉 하느님의 집도 있었다. 남성들은 스스로를 베가르드회(會)로, 여성들은 베긴회(會)로 불렀다. 이들 공동체는 발도파처럼 재산을 소유한 교회의 죄를 인정하고 자발적 빈곤을 실천했다. 1262년 자유 심령 형제단이라는 비슷한 교파가 아우크스부르크에도 나타났고, 라인 강을 따라 형성된 도시로 확산됐다. 두 운동은 모두 신비주의적 영감을 내세우며, 그로 인해 교회의 통제로부터, 심지어는 국가나 도덕률로부터도 자유롭다고 주장했다.[88] 국가와 교회는 힘을 합쳐 그들을 탄압했다. 그들은 지하로 숨어들었다가 새로운 이름을 달고 나타나기를 되풀이했고, 재(再)세례파 및 종교 개혁에서의 다른 급진 분파들의 형성과 열정적인 활동에 기여했다.

독일은 신비주의가 서방에서 가장 좋아하는 땅이 되었다. "라인 강의 주술사" 빙엔의 힐데가르트(1099~1179년)는 여든두 해 동안의 삶에서 거의 8년을 베네딕트회 수녀로 살았고, 루페르츠베르크 수녀원의 수녀원장까지 지냈다. 그녀는 드물게도 행정가이자 예지자였고, 독실한 신자이자 급진주의자였으며, 시인이자 과학자였고, 의사이자 성인이었다. 그녀는 항상 탁월한 권위와 남성적 힘을 지닌 라틴 산문체로 교황과 왕들과 서신을 주고받았다. 예지력에 관한 책을 몇 권 펴냈는데, 그 내용은 신과 협력한 결과물이라고 주장했다. 성직자들은 그 말에 분개했다. 책에 나오는 계시가 교회의 부와 타락에 대해 매우 비판적이었기 때문이다. 힐데가르트는 희망을 버리지 않는 어조로 말했다.

신의 재판이 우리를 기다리고 있다. …… 하느님의 심판이 곧 완료될 것이다. 불경에 빠진 제국과 교황은 함께 무너질 것이다. …… 그러나 그 폐허 위에 새로운 국가가 등장할 것이다. …… 이교도와 유대인, 속인, 그리고 불신자들은 함께 개종할 것이다. 봄날과 평화가 재건된 세계를 지배하고, 천사들은 신뢰를 갖고 돌아와 사람들 사이에서 거할 것이다.[89]

한 세기 뒤에 튀링겐의 엘리자베스(1207~1231년)는 자신의 짧은 생애로 헝가리에 금욕의 신성함을 불러일으켰다. 앤드류 국왕의 딸인 그녀는 열세 살에 독일의 대공과 결혼하고 열네 살에 어머니가 되었으며, 스무 살에 과부가 되었다. 엘리자베스의 시동생은 그녀에게서 모든 것을 빼앗고 무일푼으로 내쫓았다. 그녀는 방랑하는 수도자가 되어 빈민을 위해 헌신했다. 나병에 걸린 여자들에게 잘 곳을 내주고 그들의 상처를 씻어 주었다. 그녀 역시 하늘에서 내린 예지력이 있었지만, 그것을 공개적으로 알리지도 않고 초자연적 힘이 있다고 주장하지도 않았다. 불같은 종교 재판장 마르부르크의 콘라트를 만난 엘리자베스는 인정사정없이 정교회에 헌신하는 그에게 병적으로 매혹당했다. 그녀는 그의 순종적인 노예가 되었다. 콘라트는 자신이 생각하는 신성함에서 조금만 벗어나도 그녀를 때렸다. 엘리자베스는 겸허히 복종하며 더욱더 금욕적인 생활에 매진하다 그로 인해 스물네 살의 나이로 요절했다.[90] 그녀의 숭고한 행적은 워낙 평판이 자자하여, 장례식장에서 반광란 상태인 추종자들은 그녀의 머리카락과 귀, 젖꼭지 등을 성유물로 베어 갔다.[91] 또 한 명의 엘리자베스도 열두 살의 나이로 빙엔 인근 쇼나우의 베네딕트회 수녀원에 들어와(1141년) 1165년 사망할 때까지 그곳에서 생활했다. 몸이 병약하고 극단적인 금욕 생활을 실천한 덕에 혼수상태에 빠지곤 했던 그녀는 세상을 뜬 여러 성인들에게서 하늘의 계시를 받았는데, 그 성인들은 거의 모두 반(反)교권주의자들이었다. 그녀의 수호천사는 이렇게 말했다고 한다. "주의 포도나무가 시들었으니 교회의 머리는 병들고 그 신자들은 죽었다. …… 지상의 왕들이여! 그대들이 지은 죄악의 울음소리가 나에게까지 들리는구나."[92]

이 시기가 끝나 가면서 독일 신비주의의 물결은 고조됐다. 1260년경 태어난 마이스터 에크하르트는 1326년 자신의 교리를 완성시키고, 1327년 재판을 받은 뒤 사망했다. 에크하르트의 제자 수소(Suso)와 타울러는 그의 신비주의적 범신론을 계속 발전시켰다. 그리고 이러한 비그리스도교적 신앙의 전통으로부터 종교 개혁의 물길 하나가 만들어졌다.

대개 교회는 신비주의를 자신의 울타리 안에 두고 끈기 있게 견뎠다. 공식적인 방침을 심각하게 벗어난 교리의 변형이나 일부 교파의 무정부주의적 개인주의는 봐주지 않았다. 그러나 교회는 신과 직접 접촉한다는 신비주의자들의 주장은 인정했고, 교회의 인간적인 결함을 성인인 듯 맹렬히 비난하는 말들도 흔쾌히 경청했다. 고위직을 포함하여 많은 성직자들도 그러한 비판을 지지하고 교회의 약점을 인정했다. 또한 그들 역시 세계 정치라는 오염 가득한 과제와 도구를 내려놓고 사람들의 신앙심으로 유지되고 교회의 권세에 의해 보호받는 수도원에서 그 평화와 안도를 누리고 싶어 했다. 아마도 그러한 참을성 많은 성직자들이 있었기에, 주기적으로 중세인의 마음을 위협하던 어지러운 폭로 속에서도 그리스도교가 흔들림 없이 유지될 수 있었을 것이다. 12세기와 13세기 신비주의자들에 관한 이야기를 읽다 보면 정교회는 종종 전염성 강한 미신에 대한 장벽이었으며, 어떤 점에서 교회는 인간을 온전히 지키기 위해 혼돈에서 질서로 조직된 신념(국가가 물리력이듯이)이었다는 생각이 든다.

7. 비운의 교황

1271년 그레고리우스 10세가 교황 임기를 시작했을 때 교회는 다시 한 번 권력의 정점에 올라 있었다. 그는 교황일 뿐 아니라 그리스도교도였다. 다시 말해 승리보다는 정의를 추구하는 평화적이고 우호적인 인물이었다는 뜻이다. 그는 단합된 노력으로 팔레스타인을 되찾기를 바라며 베네찌아와 제노바, 볼로냐에 전쟁을 끝내라고 설득했다. 그는 합스부르크 가의 루돌프가 황제로 선출되도록 만들었지만, 고배를 마신 다른 후보들을 정중하고 다정하게 위로했다. 또한 당쟁이 심하던 피렌쩨와 시에나에서 겔프당과 기벨린당을 화해시키며 겔프당 지지자들에게 이렇게 말했다. "그대들의 적은 기벨린당이나, 그들 역시 사람이고 시민이며 그리스도교도이다."[93] 그는 교회의 고위 성직자들을 리옹 공의회(1274년)로 소집했다. 1570명의 주요 성직자들이 모여들었다. 큰 국가에서 대표를 파견했다. 비잔티움 황제는 그리스 정교회의 수장들을 보내 로마 교황청에 대한 복종을 재차 확인시켰다. 라틴 성직자들과 비잔티움 성직자들은 함께 환희의 "테데움(Te Deum)"을 노래했다. 교회 개혁에 필요한 악폐를 검토하기 위해 주교들도 초대되었다. 그들은 깜짝 놀랄 만한 솔직함으로 화답했다.[94] 이들 악폐를 완화할 입법안이 통과되었다. 유럽 전체가 사라센인에 대항하는 군건한 노력으로 위풍당당하게 결속했다. 그러나 로마로 돌아오는 길에 그레고리우스는 숨을 거두었다.(1276년) 그의 뒤를 이은 이들은 이탈리아의 정치 문제로 너무 바빠서 그의 계획을 이행할 수 없었다.

그럼에도 불구하고 보니파키우스 8세가 교황으로 선출된 1294년에는 아직 교황권이 유럽 최강의 정치권력으로, 가장 잘 조직되고 가장 잘 관리됐으며 수입에서도 가장 부유했다. 정력적이고 혁신적인 한 세기가 저물어 갈 무렵인 이 시기에, 그처럼 그리스도교 국가에서 가장 강력한 왕이었으며 교회를 사랑하고 목적의식이 순수했던 자가 도덕성이 결여되고 개인적으로 오만하며 권력을 향해 요령 없이 의지만 세우는 인간으로 추락한 것은 교회의 불행이었다. 그는 매력이 없는 사람은 아니었다. 그는 배움을 사랑했고, 법률 교육과 다양한 문화에서 인노켄티우스 3세에 필적하는 인물이었다. 로마 대학교를 세우고 바티칸 도서관을 더 확대하여 복원시키기도 했다. 죠토와 아르놀포 디 캄비오에게 의뢰하고 자금을 지원하여 오르비에토 대성당의 놀라운 정면도 만들었다.

그는 스스로 입신을 준비하기 위해 성인다웠지만 무능했던 켈레스티누스 5세를 설득하여 교황 임기 5개월 만에 사임하도록 만들었다. 보니파키우스가 처음부터 악의에 둘러싸일 수밖에 없었던 전례 없는 행동이었다. 복권과 관련된 모든 시도를 방지하기 위해 그는 여든 살이던 켈레스티누스에게 로마 구금을 명령했다. 켈레스티누스는 탈출했다가 붙잡혔다. 다시 탈출한 그는 몇 주 동안 아풀리아를 헤맨 끝에 아드리아 해에 도착했다. 달마티아를 건너려다 난파당하여 이탈리아 해안으로 밀려온 켈레스티누스는 보니파키우스 앞으로 잡혀 갔다. 교황은 그에게 죄를 물어 페렌티노의 비좁은 감옥에 투옥했다. 열 달 뒤 켈레스티누스는 그곳에서 사망했다.(1296년)[95]

새 교황은 연이은 외교적 실패와 대가가 큰 승리 등으로 기분이 날카로워졌다. 그는 아라곤의 프레데리크가 시칠리아의 왕위를 수락하지 않도록 만류했다. 프레데리크가 고집을 꺾지 않자 보니파키우스는 그를 파문하고 섬에 금지 제재를 선포했다.(1296년) 왕도 국민도 이러한 견책에 별 신경을 쓰지 않왔다.[96] 그리고 결국 보니파키우스는 프레데리크를 인정했다. 십자군 원정을 준비하기 위해 그는 베네찌아와 제노바에 휴전 협정을 명령했다. 그들은 전쟁을 3년이나 더 끌었고, 화해하라는 그의 간섭을 거부했다. 피렌쩨에서 유리한 질서를 확보하는 데 실패한 그는 도시를 금지 제재하에 놓고 발루아의 샤를을 이탈리아로 초청하여 그곳을 평정하게 하였다.(1300년) 샤를은 아무런 성과도 내지 못한 채 그 자신과 교황에 대한 피렌쩨 사람들의 증오만 키웠다. 자신의 교황령에서 평화를 추구하던 보니파키우스는 권세가인 콜론나 가문 사람들 사이의 싸움을 수습하려 했다. 추기경 피에트로 콜론나와 야코포 콜론나는 그의 제의를 거부했다. 보니파키우스는 두 사람을 퇴임시키고 파문했다.(1297년) 그러자 성난 귀족들은 교황에 불복하여 일반 공의회를 요구하는 성명서를 로마 교회의 문 앞에 붙이고 성 베드로 성당의 제단 위에 놔두었다. 보니파키우스는 파문을 되풀이하며 다른 다섯 명의 반대자들에게까지 확대하고 그들의 재산 몰수를 명령했으며, 교황군을 이끌고 콜론나가(家)의 영토를 침략하여 그 요새를 점령했다. 그리고 팔레스타인을 쑥대밭으로 만들고 그 폐허 위에 소금을 뿌렸다. 반대자들은 항복하여 용서를 받았고, 다시 반란을 일으켰다가 전사 교황에게 패하여 교황령으로부터 달아나 복수를 다짐했다.

보니파키우스가 이탈리아 내에서 이러한 수난을 겪는 와중에 프랑스에서도 돌연 중대한 위기가 찾아왔다. 자신의 영토를 통일하기로 결심한 필립 4세가 잉글랜드령인 가스코뉴 지역을 점령한 것이었다. 에드워드 1세는 전쟁을 선포했다.(1294년) 전쟁 자금을 대기 위해 두 왕은 교회의 재산과 성직자에게 세금을 부과하기로 결정했다. 교황들은 십자군 원정을 위해 그러한 세금을 부과한 적은 있지만 순전히 세속적인 전쟁 때문에 세금을 허락한 적은 없었다. 프랑스 성직자들은 자신들의 재산을 보호해 주는 나라를 방어하는 데 자신들도 기여해야 할 의무가 있다는 것을 인정했지만, 세금을 징수하는 권력이 견제받지 않을 경우 그 권력은 파괴적으로 변할 수도 있음을 우려했다. 필립은 이미 프랑스에서 성직자의 역할을 축소하고 있었다. 성직자들은 영주 재판소와 국왕 재판소, 그리고 정부 행정직과 국왕 자문위의 오랜 직위에서도 내몰렸다. 이러한 추세에 불안해진 시토 수도회는 잉글랜드와의 전쟁을 위해 필립에게 수입의 5분의 1을 보내라는 요청을 거절했다. 그리고 수도회 대표는 교황에게 청원서를 보냈다. 보니파키우스는 신중하게 움직여야 했다. 프랑스는 독일과 제국과의 싸움에서 교황권의 오랜 지지자였기 때문이다. 그러나 그는 교황의 동의 없이 교회 재산에 국가의 세금을 붙여 수입을 토막 낸다면 교회가 지닌 힘과 자유의 경제적 기반을 금세 잃을 것으로 생각했다. 1296년 2월 그는 교회 역사상 가장 유명한 칙령 중 하나를 공표했다. 첫 단어 "클레리키스 라이코스(Clericis laicos, 성직자와 평신도)"에서 이름 붙인 이 칙령은 첫 문장에서 어리석은 고백을 하는데, 그 어조는 우레와 같던 교황 그레고리우스 7세를 연상시켰다.

> 고대인들은 평신도가 성직자를 극도로 적대시한다고 전한다. 그리고 우리의 경험에 비추어 이 말은 지금도 확실히 유효함을 알 수 있다. …… 우리 교우들의 충고로, 그리고 사도의 권위로 명하니, 어떠한 성직자도 …… 평신도에게 …… 교황의 승인 없이 …… 수입이나 재산의 어떠한 일부라도 납부한다면, 그 사람은 파문에 처한다. …… 또한 명하니 권력과 계급의 여하를 막론하고 그러한 세금을 요구하거나 징수한 자, 교회나 성직자의 재산을 몰수하거나 몰수를 야기한 자는 파문에 처한다.[97]

필립으로서는 프랑스의 교회가 막대한 재산으로 국가에 발생하는 비용을 분담해야 한다고 확신했다. 그는 금이나 은, 보석, 식품 등의 수출을 금지하고 외국의 상인이나 사절들이 프랑스에 머물지 못하게 금함으로써 교황의 칙령에 대응했다. 이와 같은 정책으로 교황청의 주요 수입원이 차단당했고, 프랑스에서 동방 십자군 원정을 위한 자금을 모으던 교황의 대사들은 추방됐다. "말할 수 없는 자"라는 칙령(1296년 9월)에서 보니파키우스는 후퇴했다. 그는 성직자 중 국가에 필요한 방어를 위한 자발적 기여를 승인하고, 그러한 필요성에 대한 판단은 왕의 권리임을 인정했다. 필립은 보복적인 법령을 철회했다. 그와 에드워드는 그들 싸움의 중재자로 보니파키우스를(교황으로서가 아니라 개인으로) 받아들였다. 보니파키우스는 거의 모든 문제를 필립에게 유리한 쪽으로 결정했다. 잉글랜드는 잠깐 항복했고, 세 전사는 지나가는 평화를 만끽했다.

잉글랜드에서 들어오는 수입이 줄어들자 교황의 금고를 보충하기 위해서였는지, 시칠리아를 교황의 봉지로 되찾는 전쟁과 교황령을 투스카니로 넓히는 전쟁 등에 들어갈 자금을 구하기 위해서였는지,[98] 보니파키우스는 1300년을 기념의 해로 선포했다. 계획은 완벽히 성공적이었다. 로마는 도시가 세워진 이래 그렇게 많은 군중이 모인 적이 없었다. 아마도 사상 처음으로 사람들의 이동을 통제하기 위한 교통법규가 시행되었다.[99] 보니파키우스와 조력자들은 용케도 직무를 잘 처리했다. 음식은 대량으로 수송되어 교황이 통제하는 적정 가격으로 팔렸다. 그렇게 모인 거액이 특별한 목적에 예정되어 있는 것이 아니라 그의 결정에 따라 사용된다는 것은 교황에게 이점이었다. 절반의 성공과 심각한 패배에도 불구하고 보니파키우스는 인생 굴곡의 정점에 서 있었다.

하지만 그러는 사이 콜론나가(家)의 유배자들은 교황의 탐욕과 부당함, 그리고 은밀한 이교에 대한 이야기로 필립을 즐겁게 해 주고 있었다. 필립의 신하들과 교황 특사 베르나르 세세(Saisset) 사이에 다툼이 일어났다. 특사는 반란을 선동한 혐의로 체포되었다. 그는 국왕 재판소에서 재판받고 유죄를 선고받아 나르본의 대주교 밑에 구금되었다.(1301년) 보니파키우스는 자신의 특사가 즉결 처리된 데에 충격을 받고 세세의 즉각적인 석방을 요구하고, 프랑스 성직자들에게 더 이상 국가에 교회 수입을 납부하지 말라고 지시했다. "들어라 아들아."(1301년 12월)라는 칙령에서 그는 모든 지상 왕의 영적 군주로서 그리스도의 대리자의 말을 경청하라고 호소했다. 민간 법정에서 성직자를 재판하고 세속적인 목적으로 계속 교회의 자금을 사용한 것에 대해 항의했다. 그러고는 프랑스의 주교와 수도원장들을 소집하여 "교회의 자유 보호와 왕국의 개혁, 그리고 국왕의 개심(改心)"을 위한 조치를 취하겠다고 선언했다.[100] 칙령을 필립에게 전달하려는 순간 아르투아의 백작은 교황 특사의 손에서 칙령을 낚아채 불속으로 집어던졌다. 프랑스 성직자가 발표하려던 필사본도 제재를 당했다. 두 개의 거짓 문서가 돌면서 양측의 격분이 걷잡을 수 없이 커졌다. 하나는 필립에게 세속의 일에서까지 복종을 요구한다는 보니파키우스의 문서였고, 다른 하나는 보니파키우스에게 "참으로 어리석은 일입니다. 우리는 속세의 일에서는 그 누구의 지배도 받지 않습니다."라고 말했다는 필립의 문서였다. 많은 사람들이 이들 위조문서 진짜라고 여겼다.[101]

1302년 2월 11일 칙령 "들어라 아들아."는 파리에서 국왕과 많은 사람들이 보는 앞에서 공식적으로 불태워졌다. 보니파키우스가 제의한 교회의 공의회가 소집되는 것을 미연에 방지하기 위해, 필립은 4월에 영토 내의 세 계급을 파리로 소환했다. 프랑스 역사상 최초였던 이 삼부회(三部會)에서 세 계급, 즉 귀족, 성직자, 평민은 각각 왕과 그의 세속의 권력을 보호해 달라는 편지를 로마에 보냈다. 약 마흔다섯 명의 프랑스 고위 성직자는 필립의 금지와 재산 몰수에도 불구하고 1302년 10월 로마에서 열린 공의회에 참석했다. 이 공의회에서는 칙령 "단 하나의 성스러움"이 공표됐는데, 이 칙령에는 교황권의 주장이 눈에 띄게 구체화되어 있었다. 칙령은 진정한 교회는 단 하나이며, 그 교회의 밖에서는 구원을 기대할 수 없다고 말한다. 또한 그리스도는 단 한 분이니 머리도 둘이 아닌 하나요, 머리는 곧 그리스도와 그의 대리자인 로마 교황이라고 적는다. 두 개의 칼 또는 힘이 있는데, 그 하나는 종교의 것이고 다른 하나는 세속의 것이다. 전자는 교회가 맡고, 후자는 교회를 위해 왕이 맡지만 사제의 의지와 용인이 있어야 한다. 종교의 권력은 세속의 권력 위에 존재하며, 가장 고귀한 목표에 관하여 속권을 가르칠 권리와 속권이 악을 행할 때 그것을 심판할 권리를 지닌다. 칙령은 다음과 같이 끝을 맺는다. "구원을 받기 위해서는 모든 인간이 로마 교황의 권한 아래 있어야 한다고 선언하고 규정하며 공표한다."[102]

필립은 이에 대한 화답으로 두 차례의 집회를 소집(1303년 3월, 6월)하여, 보니파키우스를 폭군이자 마술사, 횡령범, 난봉꾼, 남색자, 성직 매매자, 우상 숭배자, 그리고 이단자 등으로 정식 고발하고,[103] 교회의 일반 공의회를 통한 그의 퇴임을 요구했다. 왕은 수석 법률가인 노가레의 윌리엄을 로마로 보내 국왕의 일반 공의회 소집 청원을 통고하게 했다. 당시 아나니의 교황 궁에 머물던 보니파키우스는 오직 교황만이 일반 공의회를 소집할 수 있다고 천명하고, 필립을 파문한 뒤 프랑스에 금지 제재를 가할 칙령을 준비했다. 그러나 칙령을 반포하기도 전에 노가레의 윌리엄과 스키아라 콜론나가 이끄는 2000여 용병이 교황 궁으로 쳐들어와 필립의 전갈을 건네고 교황의 사임을 요구했다.(1303년 9월 7일) 보니파키우스는 거절했다. "상당히 믿을 만한"[104] 이야기에 따르면 스키아라는 교황의 얼굴을 가격했는데, 노가레가 가로막지 않았다면 교황을 죽였을 것이라고 한다. 보니파키우스는 일흔다섯 살로 늙고 몸도 약했지만 여전히 기세등등했다. 사흘 동안 그는 자신의 궁에 포로로 잡혀 있었고, 용병들은 교황 궁을 약탈했다. 오르시니가(家) 출신의 기병 400명으로 보강된 아나니 사람들이 용병 안에 흩어져 들어가 교황을 풀어 주었다. 그를 가둔 교도관은 사흘 동안 그에게 쌀 한 톨도 주지 않은 것이 분명했다. 시장에 서 있는 동안 그는 이렇게 간청했다. "내게 포도주와 빵의 자선을 베풀 마음씨 고운 여인이 있다면, 나는 그에게 신의 축복과 나의 축복을 내릴 것이다." 오르시니는 그를 데리고 로마 바티칸으로 향했다. 교황은 그곳에서 극심한 열병을 앓다가 며칠 만에 눈을 감았다.(1303년 10월 11일)

그의 뒤를 이은 베네딕트 11세(1303~1304년)는 노가레와 스키아라 콜론나 외에 아나니의 궁을 침입한 다른 열세 명을 파문했다. 한 달 뒤 베네딕트는 페루자에서 숨을 거두었는데, 이탈리아 기벨린 당원에 의해 독살되었다고 한다.[105] 필립은 보르도의 대주교 베르트랑 드 고(Got)를 교황의 자리에 지지하는 대가로 회유 정책을 채택할 것과 보니파키우스를 공격하여 파문당한 이들을 복권시킬 것, 프랑스 성직자에게 부과된 연중 수입 10퍼센트의 세금을 5년 동안 허락할 것, 콜론나가(家)의 사람들을 공직에 복권하고 재산을 돌려줄 것, 그리고 보니파키우스에 대한 추모를 범죄로 간주할 것 등의 조건을 내걸었다.[106] 베르트랑이 어디까지 수용했는지는 알 수 없다. 그는 교황으로 선출되었고, 클레멘스 5세라는 이름을 얻었다.(1305년) 추기경들은 교황에게 로마에 머물면 목숨이 위태로운 것이라고 경고했다. 조금 망설인 끝에 필립의 날 선 제안까지 들었을 클레멘스는 교황청을 떠나 프랑스 남동쪽 국경 바로 외곽의 론 강 동안에 위치한 아비뇽으로 거처를 옮겼다.(1309년) 이렇게 68년간 교황의 "바빌론 유수(幽囚)"가 시작되었다. 교황권은 독일로부터 떨어져 나와 프랑스로 넘어갔다.

클레멘스는 자신의 약한 의지에 반하여 만족할 줄 모르는 필립의 굴욕적인 도구가 되었다. 그는 왕의 죄를 무효로 하고 콜론나가를 복권시켰으며, 칙령 "성직자와 평신도"를 철회하고 템플러 기사단원들에 대한 약탈을 허락했다. 그리고 마침내(1310년) 아비뇽 인근 그로소에서 열린 종교 재판에서 보니파키우스의 사후 재판을 여는 데 동의했다. 교황과 그의 위원단 앞에서 열린 예비 심문에서, 보니파키우스가 교황직에 오르기 1년 전에 "모든 신의 계율이라고 하는 것은 지옥에 대한 공포를 통해 인류에게 선행을 심어 주기 위해 만들어 낸 발명품이다."라고 말한 것을 들었다는 성직자 여섯 명의 증언이 있었다. 또한 신이 하나인 동시에 셋이라거나, 처녀가 아이를 낳았다거나, 신이 인간이 되었다거나, 빵이 그리스도의 살로 변한다거나, 영계(靈界)가 있다거나 하는 이야기 등을 믿는 것은 얼빠진 짓이라고 말했다는 진술도 있었다. "이처럼 나는 모든 교양 있는 사람들처럼 믿고 생각한다. 일반인들이나 달리 믿을 것이다. 우리는 일반인들처럼 말하지만, 소수처럼 생각하고 믿어야 한다." 이렇게 여섯 명이 보니파키우스의 말을 인용했고, 그중 셋은 나중에 열린 재심문에서도 같은 진술을 반복했다. 산 제미노 생질(St. Giles)의 소(小)수도원장은 가에타니 추기경일 때의 보니파키우스가 몸이든 영이든 부활을 부정했다고 진술했고, 다른 몇몇 성직자도 이 증언을 사실이라고 확인했다. 한 성직자는 보니파키우스가 성체를 "그냥 밀가루 반죽"이라고 했다고 증언했다. 한때 보니파키우스의 가신에 속한 사람들은 동성이든 이성이든 그의 거듭된 성 범죄에 대해 고발했고, 어떤 이들은 "어둠의 힘들"과 주술적 의사소통을 시도했던 무신론의 혐의에 대해 비난했다.[107]

실제 재판이 열리기 전에, 클레멘스는 필립에게 보니파키우스의 죄에 대한 문제는 다가오는 범그리스도교 비엔 공의회로 미루어 두자고 설득했다. 공의회가 열리자(1311년), 세 명의 추기경이 나와 죽은 교황의 정통성과 도덕성에 대해 증언했다. 기사 두 명이 도전장을 내어 장갑을 던지며 그의 결백을 주장하고 결투 재판을 신청했지만, 아무도 이 요구를 받아들이지 않았다. 공의회는 이 문제가 종결되었다고 선언했다.

8. 회고

보니파키우스에게 불리한 증언은 참이든 아니든 암암리에 신앙의 시대의 종식을 준비하는 회의주의의 물결이 흐르고 있었다는 것을 알려 준다. 마찬가지로 보니파키우스 8세가 아나니에서 받은 물리적, 정치적 타격은 어떤 면에서는 "근대"의 시작을 알리는 징표였다. 그것은 초자연주의에 대한 국가주의의 승리이자 교회에 대한 국가의 승리였고, 말이 지닌 마법에 대한 칼이 지닌 권력의 승리였다. 교황권은 호엔슈타우펜 왕조에 맞선 싸움과 십자군 원정의 패배로 약화되었다. 프랑스와 잉글랜드는 제국의 붕괴로 강해졌고, 프랑스는 교회의 도움으로 랑그도크를 손에 넣으며 부유해졌다. 어쩌면 보니파키우스 8세에 맞서 필립 4세가 받은 대중적인 지지는 과도한 종교 재판과 알비파 십자군 원정에 대한 대중의 분노였을지도 모른다. 노가레의 일부 선조들도 종교 재판에서 화형을 당했다고 전해진다.[108] 보니파키우스는 그렇게 숱하게 충돌하면서도 교황권의 무기가 남용으로 무디어졌다는 사실을 깨닫지 못했다. 상업과 제조업은 소농들보다 신앙심이 약한 계급을 만들어 냈다. 생활과 사고방식은 세속화하고 있었다. 평신도들은 그 나름의 명성을 얻었다. 이제 70년에 걸쳐 국가는 교회를 흡수하기 시작했다.

라틴 그리스도교의 파노라마를 되돌아보면 우리는 무엇보다도 다양한 사람들이 비교적 한결같은 종교적 신념을 지녔다는 점과, 널리 퍼져 있던 로마 교회의 체계와 권력이 슬라브나 비잔티움 유럽이 아닌 서유럽에 전대미문의 일치된 사고와 도덕성을 심어 주었다는 점에 깊은 인상을 받는다. 역사상 어떠한 시대에도 그토록 오랫동안 그토록 많은 사람에게 그토록 심오한 영향을 끼친 조직은 없었다. 로마 공화국과 제국이 그 광대한 영토에 행사한 권위는 폼페이 시대부터 알라리크 시대까지 480년 동안 지속되었다. 몽골 제국이나 대영 제국의 권력은 약 200년 정도였다. 그러나 로마 가톨릭 교회는 샤를마뉴가 죽은 시점(814년)부터 보니파키우스 8세가 숨을 거둔 시점(1303년)까지 489년 동안 유럽을 지배한 권력이었다. 교회의 조직이나 행정은 로마 제국의 그것보다 우월해 보이지 않고, 성직자들은 카이사르 시대의 지방과 도시를 통치하던 인물들처럼 유능하거나 교양 있어 보이지 않지만, 교회는 야만적인 아수라장을 물려받아 질서와 교육으로 돌아가는 힘든 길을 찾아야만 했다. 그래도 교회의 성직자들은 당대 최고의 교육을 받은 인재들이었고, 교회가 패권을 지닌 다섯 세기 동안 서유럽에서 받을 수 있는 유일한 교육을 제공하던 이들도 그들이었다. 교회 재판소는 당시 가장 공정한 정의를 실현했다. 로마 교황청은 때로는 부패했지만 때로는 청렴했고, 어느 정도는 세속의 법정에 들어가 국제 분쟁을 중재하고 전쟁을 억제했다. 그리고 그러한 법정에는 항상 이탈리아인들이 너무 많긴 했지만 이탈리아 사람들은 가장 많은 교육을 받은 당대의 지성이었고, 라틴 그리스도교 사회 내의 어떤 나라, 어떤 계급 출신이든 출세하여 법정에 들어갈 수 있었다.

보통 집합적인 인간 권력에 수반되는 교묘한 속임수에도 불구하고, 유럽의 왕과 국가 위에서 그들의 불화의 원인을 해명하게 하고 그 불화를 누그러뜨리도록 할 수도 있는 권위가 있다는 건 좋은 일이었다. 만약 세계 국가라는 것이 존재한다면 베드로의 왕좌보다 더 적합한 것은 없을 것이다. 그리고 사람들은 아무리 제약이 따른다 해도 그곳에서 수 세기의 배경과 대륙을 아우르는 눈으로 세상을 이해할 수 있을 것이다. 거의 모든 서유럽 국가가 신의 대리자로 숭배하는 교황의 결정보다 더 평화로이 받아들여질 수 있는, 또는 더 쉽게 집행될 수 있는 결정이 있겠는가? 1248년 루이 9세가 십자군 원정에 나설 때, 잉글랜드의 헨리 3세는 프랑스에 무리한 요구를 하며 침략을 준비했다. 교황 인노켄티우스 4세는 헨리의 고집을 꺾기 위해 금지 제재로 잉글랜드를 위협했다. 그리고 헨리의 고집을 꺾었다. 회의론자 흄(Hume)은 교회의 권력이 왕들의 폭압과 부당함을 피할 수 있는 피난처의 성벽이었다고 말했다.[109] 교회가 만약 그 영향력을 물질적 목적이 아닌 영적, 도덕적 목적으로만 사용했다면 그레고리우스의 높은 구상, 즉 교회의 도덕적 권력이 국가들의 물리적 힘보다 우월한 세상을 실현할 수 있었을지도 모른다. 우르바누스 2세가 투르크에 맞서 그리스도교 국가들을 통일했을 대(大)그레고레우스의 꿈은 거의 실현될 뻔했다. 그러나 인노켄티우스 3세와 그레고리우스 9세, 알렉산데르 4세, 그리고 보니파키우스 8세가 알비파와 프레데리크 2세, 그리고 콜론나가(家)에 맞서 자신들이 벌인 전쟁에 십자군 원정이라는 신성한 이름을 붙였을 때 위대한 이상은 그리스도교도의 피로 얼룩진 교황들의 손 안에서 산산조각 났다.

위협이 없는 곳에서 교회는 다양성과 심지어 이교적 관점에까지 상당한 관용을 보이며 화답했다. 12세기와 13세기 철학자들, 심지어 교회가 인가하고 감독하는 대학의 교수들 사이에서조차 기대치 못한 사상의 자유를 발견할 수 있다. 교회가 요구하는 것은 그러한 논의가 지식인에게 국한되고 또 지식인만이 이해할 수 있는 것이어야 하며, 대중에게 교리나 교회를 버리라는 혁명적인 호소의 형태를 취해서는 안 된다는 것이었다.[110] 가장 부지런한 근대의 평론가는 이렇게 말했다. "교회는 모든 주민을 포용했던 것처럼, 극단적 미신에서부터 극단적 불가지론까지 모든 유형의 지성을 포용했다. 그리고 이러한 많은 이단적 요소는 표면상의 순종이라는 외피 밑에서 일반적으로 추측할 수 있는 것보다 훨씬 더 자유롭게 작용했다."[111]

　대체로 우리가 중세 라틴 교회에 대해 떠올리는 그림은 그 신자들과 지도자들의 인간적인 약점에도 불구하고 오랜 문명의 잔해와 청년기에 이른 사회의 열정 안에서 희망과 위안이 되는 믿음을 퍼뜨리기 위해, 그리고 도덕적, 사회적 질서를 확립하기 위해 최선을 다하는 복잡한 조직이다. 6세기 교회 앞의 유럽은 이주 야만인들이 표류하고 언어와 교리가 혼란스러웠으며, 불문법과 헤아릴 수 없는 법 등으로 혼돈했다. 교회는 그러한 유럽에 도덕적 규칙을 심었고, 그러한 규칙은 난폭한 인간들의 비사회적 충동을 억제할 만큼 강력한 초자연적 제재로 힘을 얻었다. 교회는 남성과 여성, 그리고 고전 필사본이 침거할 수 있는 수도원 생활을 제공했다. 또한 주교 재판소로 유럽을 지배하고, 학교와 대학교로 유럽을 교육했으며 지상의 왕들이 도덕적 책임과 평화의 과제를 다하도록 길들였다. 교회는 시와 극, 노래로 신자들의 삶을 밝혔고, 역사상 가장 고귀한 예술 작품을 만들어 내도록 영감을 주었다. 능력이 불평등한 사람들의 평등이라는 유토피아를 건설할 수 없었던 교회는 자선 단체와 구호 단체 등을 조직하고 어느 정도는 강자로부터 약자를 보호했다. 교회는 의심할 여지없이 중세 유럽사에서 가장 위대하게 문명화된 힘이었다.

30장　　　　　그리스도교 사회의
　　　　　　　　윤리와 관습 700~1300

1. 그리스도교 윤리

　밀림에서 사냥하던 시절의 인간은 열심히 식량을 찾거나 음식을 많이 먹는 등 탐욕을 부릴 수밖에 없었다. 언제 또다시 식량을 구할 수 있을지 알 수 없었기 때문이다. 성적으로 민감해야 하고 종종 난잡하기까지 했다. 사망률이 높아 출생률도 높여야 했기 때문이다. 모든 여성은 가능한 연령만 되면 엄마가 되어야 했고, 남자는 항상 발정기여야 했다. 남자는 호전적인 자세로 언제든 식량이나 짝을 구하기 위해 싸울 수 있어야 했다. 악덕도 한때는 생존을 위해 필수 불가결한 미덕이었다.

　그러나 개인에게나 종(種) 전체에나 가장 좋은 생존 방법은 사회 조직이라는 것을 알면서부터 사람들은 사냥꾼 무리를 사회적 질서라는 체계 안으로 확장하였고, 한때 사냥 무대에서 무척 유용했던 본능은 사회를 존재시키기 위해 언제 어디에서나 억제되어야 했다. 윤리적으로 모든 문명은 인간의 밀림 본능과 그것을 억압하는 도덕률 사이의 균형과 긴장이다. 억압되지 않은 본능은 문명을 종식시킬 것이다. 본능 없는 억압은 삶을 마감시킬 것이다. 도덕이 풀어야 할 문제는 본능을 조절하여 문명을 보호하면서도 삶을 약화시키지 않는 것이다.

인간의 폭력성과 문란함, 그리고 탐욕을 완화시키는 과제에서는 특정 본능, 주로 사회적 본능이 앞장을 서며 문명의 생물학적 토대를 마련했다. 짐승이나 사람이나 부모의 사랑은 가족이라는 자연스러운 사회적 질서를 창조하며 훈육과 상호 협력을 제공했다. 반은 고통스러운 사랑이고 반은 행복한 독재인 부모의 권위는 이기주의적인 아이에게 사회적 행동이라는 생명의 규칙을 알려 주었다. 족장이나 귀족, 도시, 국가가 행사하는 조직적 힘은 개인들의 조직되지 않은 힘을 억압하거나 피해 갔다. 인정받고 싶은 욕구는 자아로 하여금 집단의 의지를 따르게 했다. 예나 지금이나 관습과 모방은 종족의 시행착오 경험을 통해 허락된 길로 청소년들을 인도했다. 법은 처벌이라는 요괴로 본능을 겁먹게 했다. 양심은 끝없이 이어지는 금지의 물결로 젊은이들을 길들였다.

교회는 이러한 도덕의 자연적, 세속적 근원이 밀림에서는 생명을 지키지만 사회의 질서를 파괴하는 충동을 통제하는 것만으로는 부족하다고 믿었다. 그러한 충동은 너무 강해서 무서운 치안관을 동반한 채 동시에 모든 곳에 존재할 수 없는 인간의 권위로는 저지할 수 없다. 육체와는 도저히 어울리지 않는 도덕률은 그에 따르게 하고자 하려면 초자연적 기원이라는 인장을 지녀야 했다. 무력이 없어도, 또 가장 은밀한 순간에도 마음으로부터 존경받을 수 있고 인생을 전환시킬 수 있는 신의 승인과 위엄을 지니고 있어야 했다. 도덕적, 사회적 질서를 확립하는 데 필수적인 부모의 권위조차 어릴 때 심어 준 종교적 믿음으로 뒷받침되지 않는다면 원시적 본능 앞에 힘을 잃고 만다. 사회에 기여하고 사회를 구원하기 위해 종교는 반론의 여지가 있는 인간의 지시가 아니라, 재론의 여지가 없고 무조건적인 신 자체의 명령으로 끈질긴 본능과 겨루어야 한다. 그리고 그러한 신의 명령은 순종하는 행위에 찬사와 명예로써, 위배되는 행위에 불명예와 처벌로써, 그리고 대가를 바라지 않는 선행에 대해 천국의 희망과 처벌받지 않은 죄에 대해 지옥의 공포로써 뒷받침되어야 한다. 이러한 명령, 즉 계명은 모세가 아닌 신의 것이어야 한다.

문명에는 적합하지 않은 인간의 원시적 본능이라는 생물학 이론은 그리스도교 신학에서는 원죄라는 교리로 상징되었다. 힌두교에서 말하는 카르마(karma)처럼, 원죄는 부당해 보이는 고통을 설명하기 위한 시도였다. 선조들의 죄 때문에 오늘날 선이 악을 견디어야 한다는 논리다. 그리스도교 이론에서는 인류 전체가 아담과 이브의 죄로 더럽혀져 있다. 교회가 교리로 비공식적으로 수용한 그라티아누스의 『불일치한 규제들 간의 조화』(1150년경)에서는 "남자와 여자의 성교로 임신된 모든 인간은 원죄를 가지고 태어나 불경과 죽음, 그리하여 분노의 씨앗을 배태한다."라고 말했다.[1] 그리고 신의 은총과 그리스도의 속죄적 죽음만이 인간을 악과 지옥으로부터 구원한다고 한다.(그리스도의 희생으로 인류가 폭력과 성욕, 탐욕으로부터 구원받고 인간과 사회가 파괴되지 않을 수 있다는 것을 보여 주는 가벼운 일례일 뿐이다.) 죄에 대한 벌이라고 이해할 수밖에 없는 자연재해와 결부된 이러한 교리는 많은 중세 그리스도교도에게 태생적인 불결함과 타락, 죄의식 등을 심어 주었다. 그리고 이러한 의식은 1200년 이전의 여러 문학에 영향을 끼쳤다. 그 후 죄의식과 지옥에 대한 공포는 종교 개혁을 맞을 때까지 계속 줄어들었고, 청교도 사이에서 새로운 공포로 다시 등장했다.

그레고리우스 1세와 이후 신학자들은 죽음에 이르는 일곱 가지 죄, 즉 교만, 탐욕, 시기, 분노, 음욕, 탐식, 나태와 이와 반대되는 일곱 가지 기본 덕목에 대하여 이야기했다. 기본 덕목은 피타고라스와 플라톤이 칭송한 네 가지 "자연" 덕목 또는 이교적 덕목인 지혜, 용기, 정의, 절제와, 세 가지 "신학적" 덕목인 믿음, 소망, 사랑으로 이루어진다. 그러나 이교의 덕을 받아들인다 하더라도 그리스도교는 결코 그들에 동화되지 않았다. 그들은 지혜보다는 믿음을, 용기보다는 인내를, 정의보다는 사랑과 자비를, 절제보다는 순수와 자제를 더 선호했다.

그리스도교는 겸손을 칭송하고, 자만(아리스토텔레스의 이상적 인간에게 자존감이 매우 중요한 것에 비해)은 7대 죄악 중에서도 가장 치명적인 것으로 여겼다. 이따금 인간의 권리에 대해 말했지만, 자기 자신과 동료, 교회, 신에 대한 인간의 의무를 더 강조했다. "온화하고 온유하신 예수님"을 설교할 때 교회는 아무 두려움 없이 남자를 여성처럼 만들었다. 이와 반대로 중세 라틴 그리스도교 국가에서의 남자는 현대의 그들보다 더 남성적이 된다.(더 큰 고난을 만나기 때문에.) 인간과 국가처럼 신학과 철학이 현재의 모습인 것은 그들 시대와 장소 안에서 그들이 그래야 하기 때문이다.

2. 혼전 도덕률

중세의 도덕률은 중세의 윤리학설을 어디까지 반영하거나 정당화할까? 먼저 입증해야 할 논지 없이 그림을 살펴보자.

그리스도교도의 삶의 첫 번째 도덕적 사건은 세례였다. 어린아이는 공동체와 교회 안으로 엄숙히 입회되었고, 그들 법에 간접적으로 종속되었다. 모든 아이들은 "그리스도교 이름", 즉 대개는 그리스도교 성인의 이름을 받았다. 성(姓, 즉 추가된 이름)은 가지각색의 기원을 갖고 있었는데, 몇 세대를 거슬러 올라가 친족이나 직업, 지역, 몸이나 성격의 특징, 심지어는 교회 의식까지 성이 되곤 했다. 시슬리 윌킨스도터(Cicely Wilkinsdoughter)나 제임스 스미스(James Smith), 마가렛 페리우먼(Margaret Ferrywoman), 매튜 패리스(Matthew Paris), 애그니스 레드헤드(Agnes Redhead), 존 메리먼(John Merriman), 로버트 리터니(Robert Litany), 로버트 베너디서티(Robert Benedicite), 또는 베네딕트(Benedict) 등이 모두 그런 예이다.[2]

그레고리우스 대(大)교황은 루소(Rousseau)처럼 어머니들에게 자신의 아기를 직접 돌보라고 권고했다.[3] 가난한 계층의 여성들은 대부분 그렇게 했지만 상류층 여성들은 그렇지 않았다.[4] 아이들은 지금처럼 사랑받았지만 매를 더 많이 맞기도 했다. 유아와 청소년의 사망률이 높았음에도 불구하고 아이들의 수는 많았다. 아이들은 나이에 따라 서로를 훈육하고 지속적인 공격을 받으며 교화되었다. 친척과 놀이 친구들로부터 도시나 시골의 수백 가지 기술을 배웠고, 지식과 못된 버릇을 가지고 금세 성장했다. 13세기 첼라노의 토마스는 말했다. "남자아이들은 옹알이를 시작하자마자 나쁜 짓부터 배운다. 그리고 성장하며 이름뿐인 그리스도교도가 될 때까지 꾸준히 더 나빠진다."[5] 그러나 도덕주의 자들은 나쁜 역사가들이다. 남자아이는 열두 살에 노동 연령이 되었고, 열여섯 살에 법적 성인이 되었다.

그리스도교 윤리학은 청소년의 성 문제에 대해 침묵하는 정책을 따랐다. 경제적 성숙, 즉 가족을 부양하는 능력은 생물학적 성숙, 즉 재생산 능력보다 뒤늦었다. 성교육을 했다면 이 중간 기간 동안 금욕의 고통은 더 악화되었을 것이다. 그리고 교회는 부부간 정절과 사회적 질서, 그리고 공중 보건에 대한 지원으로 혼전 금욕을 요구했다. 그럼에도 불구하고 열여섯 살이 되면 중세의 젊은 이들은 아마 다양한 성적 경험을 맛보았을 것이다. 고대 말기 그리스도교가 사실상 공격했던 남색은 십자군 원정과 동양 사상의 유입, 그리고 수도사와 수녀의 격리 등과 함께 다시 나타났다.[6] 1177년 클레르보의 수도원장 앙리는 프랑스에 대해 "고대의 소돔이 잿더미 위에서 다시 솟아올랐다."라고 말했다.[7] 공정 왕 필립은 동성애의 관습이 템플러 기사단원 사이에 널리 퍼져 있다고 비난했다. 죄악에 상응하는 속죄 방법을 규정한 교회 수기인 참회 규정서는 수간을 포함하여 흔한 범죄 행위에 대해 언급하는데, 놀라울 만큼 다양한 짐승이 그러한 주목을 받았다.[8] 이런 종류의 정사가 발각되면 양쪽 모두 죽음으로 벌할 수 있었다. 영국 의회 기록을 보면 개와 염소, 소, 돼지, 거위 등이 인간 상대와 함께 불에 타 죽은 사례를 많이 볼 수 있다. 근친상간의 사례도 다수 존재한다.

혼전 관계와 혼외 관계는 고대에서부터 12세기까지 어느 시점에서나 널리 횡행했을 것이다. 인간의 문란한 본성은 세속적 교회가 제정한 법의 수로를 넘처흘렀다. 어떤 여성들은 복부의 흥겨움이 매주 한 번의 경건한 행위로 속죄될 수 있다고 생각했다. 가장 혹독하게 처벌했음에도 불구하고 강간은 흔했다.[9] 상류층 부인과 처녀의 입맞춤이나 손길 한 번에 시중을 들던 기사들은 부인의 하녀들로 스스로를 달랬다. 어떤 부인들은 이런 친절을 주선해 주고 난 다음에야 양심에 거리낌 없이 잠들 수 있었다고 한다.[10] 라 투르 랑드리의 기사는 귀족 젊은이들 사이에 간음이 널리 퍼진 현실을 한탄했다. 그의 말을 믿는다면, 그와 같은 계급의 일부 남자들은 교회에서, 아니 "제단 위에서" 간음을 했다고 한다. 또 그는 "두 동성애자가 사순절과 성목요일에 …… 예배식 중에 역겨운 즐거움과 향락을 맛보았다."라고 말했다.[11] 맘스베리의 윌리엄은 노르만 귀족을 "탐식과 색욕에 몰두하고", 정절을 지키다 절약 정신이 무디어질까 봐 서로서로 첩을 맞바꾸었다[12]라고 묘사했다. 사생아들이 그리스도교 국가 여기저기에서 태어나고 수천 가지 이야기의 줄거리가 되었다. 몇몇 중세의 영웅담에 나오는 영웅들은 사생아였다. 쿠쿨린과 아서, 가와인, 롤랑, 정복자 윌리엄, 그리고 프루아사르의 『연대기』에 등장하는 많은 기사들이 그랬다.

매춘은 그 시대에 맞게 적응했다. 주교 보니파키우스에 따르면 어떤 여자들은 순례 중에 지나가는 마을에서 자기 몸을 팔아 통행 허가를 얻었다고 한다.[13] 모든 군대 뒤에는 적만큼 위험한 또 다른 군대가 따랐다. 엑스의 알베르는 "십자군 대열 안에는 남자 의복 차림을 한 일단의 여자들이 있었다. 이들은 성 구별 없이 함께 이동하며 끔찍한 난교의 기회를 기대했다."[14] 아랍 역사학자 에마드 에딘은 아크레를 포위할 때(1189년) "300명의 예쁜 프랑스 여자들이 …… 프랑스 병사들을 위로하기 위해 찾아왔다. …… 여자들이 없었다면 이들은 전투에 돌입하지 않았을 것이다."라고 말했다. 이를 본 이슬람 병사들은 비슷한 자극제를 요구했다.[15] 주앵빌에 따르면 성인 루이의 첫 번째 십자군 원정에서 그의 귀족들은 "국왕 막사 옆 여기저기에 매춘굴을 만들었다."[16] 대학생, 특히 파리의 대학생들은 급한 욕구 또는 모방 욕구가 생겼고, 매춘부들은 종합 숙박 시설을 세웠다.[17]

일부 소도시, 예컨대 툴루즈와 아비뇽, 몽펠리에, 뉘른베르크 같은 곳은 지방 정부의 감시 아래 매춘을 합법화했다. 그러한 매음굴 없이는 선량한 여성들이 안전하게 거리를 다닐 수 없다는 이유에서였다.[18] 성 아우구스티누스는 다음과 같이 적었다. "매춘부를 없애면 세상은 욕정으로 부글부글 끓을 것이다."[19] 성 토마스 아퀴나스도 이에 동의했다.[20] 12세기 런던에는 런던교 부근의 매음굴 또는 유곽이 즐비했다. 최초에는 윈체스터 주교의 허가를 받던 이들은 이후 의회의 승인을 받았다.[21] 1161년 의회는 매춘굴의 책임자들에게 여자들이 "화끈거리는 매우 위험한 질병"에 걸리지 못하도록 하는 법을 통과시켰다. 이는 성병 확산을 막으려는 최초의 규제법으로 알려져 있다.[22] 1254년 루이 9세는 프랑스의 모든 매춘부들을 추방한다는 칙령을 반포했다. 칙령은 집행되었고, 곧 은밀한 사창이 출입이 자유롭던 이전의 매춘굴을 대체했다. 부르주아 계급의 신사들은 아내와 딸들의 미덕을 군인과 학생들의 유혹으로부터 지키는 것이 거의 불가능하다고 불평했다. 마침내 법령은 비판이 전면적으로 확산되면서 폐지되었다.(1256년) 새로운 칙령은 매춘부가 법적으로 생활하고 영업할 수 있는 구역을 명시하고 그들의 의상과 장신구를 단속하였으며, 포주와 거지, 부랑자들의 왕이라고 더 잘 알려진 즉결 재판 판사의 감시를 받게 했다.[23] 루이 9세는 임종을 맞으며 그의 아들에게 추방을 선언했던 칙령을 다시 시행하라고 조언했다. 필립은 그의 말에 따랐고, 많은 부분이 이전과 같아졌다. 법은 여전히 규정으로 남아 있었지만 집행되지 않았다.[24] 멘데의 뒤랑 2세 주교 (1311년)에 따르면, 로마 바티칸 근처에도 사창가가 있었으며 교황의 총독들은 그들이 보수를 받도록 허락했다.[25] 교회는 매춘을 대하는 인간의 태도를 보여 주었다. 교회는 개심한 여자들을 위해 보호 시설을 운영하고, 개종한 창녀들에게서 받은 기부는 가난한 사람들에게 나누어 주었다.[26]

3. 결혼

신앙의 시대에는 유년은 짧고 결혼은 빨랐다. 일곱 살이면 약혼을 합의할 수 있었고, 그러한 약혼은 때때로 재산을 더 쉽게 이전하거나 보호할 수 있게 해주었다. 네 살의 그레이스 드 살비는 높은 귀족과 결혼하여 부유한 재산을 지킬 수 있었다. 그레이스는 남편이 죽자 여섯 살에 다른 귀족과 재혼했고, 열한 살에 세 번째 결혼을 했다.[27] 이러한 결혼은 부부 관계가 가능해지는 나이가 되기 전에는 언제든 무효화할 수 있었는데, 그 나이는 여자의 경우 열두 살, 남자의 경우 열네 살 정도였다.[28] 교회는 당사자들이 성년에 이르면 부모나 후견인의 동의가 없어도 법적으로 유효한 결혼이 성립된다고 간주했다. 교회는 열다섯 살 미만 여자아이들의 결혼을 금했지만 많은 예외가 허락되었다. 이런 문제에서는 재산권이 변덕스러운 사랑보다 우선이고, 결혼은 재정이 결부된 사건이었기 때문이다. 신랑은 신부의 부모에게 선물이나 돈을 주고, 신부에게는 "아침 선물"을 주며 자신의 재산에 대한 미망인 상속권을 약속했다. 잉글랜드에서는 과부가 남편의 상속 토지 3분의 1을 종신 소유했다. 신부의 가족은 신랑의 가족에게 선물을 주고, 신부에게는 옷과 리넨 천, 살림 도구, 그리고 가구 등으로 이루어진 지참금을 주었는데 때로는 여기에 재산이 포함되기도 하였다. 약혼은 저당물이나 맹세의 교환이었다. 결혼 자체는 맹세였다.(앵글로색슨의 '경마에 돈을 건다.(weddian)', 약속) 배우자는 "네, 맹세합니다.(I will.)"라고 대답하는 사람이었다.

국가와 교회는 모두 법적 의식이나 그리스도교적 의식 없이도 당사자 간 구두 약속을 교환하고 첫날밤을 치르면 유효한 결혼으로 인정했다.[29] 교회는 이런 방법으로 여성들이 바람둥이로부터 버림받지 않도록 보호했고, 그러한 결합을 간음이나 축첩보다 선호했다. 그러나 12세기 이후 교회는 그리스도교적 승인 없이 맺어진 결혼의 적법성을 인정하지 않았고, 트리엔트 공의회(1563년) 이후에는 결혼식에 사제가 참석하도록 요구했다. 세속의 법은 교회가 결혼을 규제하는 것을 환영했다. 브랙턴(1268년 사망)은 적법한 결혼에 필수적인 종교 의식을 열었다. 교회는 결혼을 성례로 승격하고, 남자와 여자, 신 사이의 신성한 계약으로 만들었다. 점차 교회는 부부간의 침실에서부터 배우자의 유언장에 이르기까지 결혼 생활의 매 국면마다 자신의 법을 적용했다. 교회는 "결혼생활의 장애" 목록을 길게 작성했다. 양측 결혼 당사자는 과거의 결혼 관계에 구속되지 아니한 상태여야 했고, 순결의 맹세로부터 벗어나야 했다. 비(非)그리스도교도와의 결혼은 금지되었다. 그럼에도 불구하고 그리스도교도와 유대인이 결혼한 사례는 많았다.[30] 노예 간의 결혼이나 노예와 자유민의 결혼, 정교회와 이단의 결혼, 심지어 독실한 신자와 파문당한 사람의 결혼은 유효한 것으로 인정되었다.[31] 양 당사자는 4대 이내의 친족 관계여서는 안 되었다. 즉 네 세대 안에 같은 조상이 있으면 불가능했다. 이 부분에서 교회는 로마법을 거부하고 혈족 결혼으로 인한 타락을 두려워한 원시 족외혼(族外婚)을 수용했다. 한정된 일가 내의 연합을 통해 부가 집중되는 현상을 막으려는 의도도 있었을 것이다. 시골 마을에서는 그러한 혈족 결혼을 피하기 힘들었고, 교회는 법과 현실 사이의 다른 많은 괴리에 대해 그랬던 것처럼 그에 대해 눈감아 주어야 했다.

결혼식이 끝나면 요란한 음악을 틀고 화려한 비단옷을 입고 교회에서 신랑의 집까지 결혼 행진이 있었다. 온종일 밤늦게까지 축제 분위기가 뒤따랐다. 결혼은 첫날밤을 지내기 전까지는 유효하지 않았다. 피임은 금지되었다. 아퀴나스는 피임을 살인 다음가는 범죄로 간주했다.[32] 그럼에도 불구하고 피임을 위해 다양한 방법(기계적, 화학적, 주술적)이 사용되었는데, 가장 많은 사람들이 의지하던 방법은 질외 사정이었다.[33] 낙태나 불임, 성욕 감퇴를 유발하는 약물도 널리 팔렸다. 라바누스 마우루스의 참회 공식에서는 3년 동안 속죄하며 "남편의 사랑을 더 잘 받아들일 수 있도록 그의 정액을 밥에 섞어 먹을 것"을 정했다.[34] 영아 살해는 드물었다. 그리스도교 구호 단체는 6세기 이후로 여러 도시에 기아 보호소를 설립했다. 8세기 루앙 공의회는 몰래 아기를 낳아 교회 문 앞에 두고 온 여성들을 초대했다. 교회는 그런 아이들을 보육하기로 합의가 된 곳이었는데, 그러한 고아들은 교회 토지에서 일하는 농노로 길러졌다. 샤를마뉴의 법은 버려진 아이들에 대해 그들을 구하고 양육한 사람들의 노예가 되어야 한다고 정하고 있었다. 1190년경 몽펠리에의 한 수도사는 고아들을 보호하고 교육하는 데 헌신하는 "성령의 형제의 집"을 설립했다.

간통에 대한 처벌은 가혹했다. 예를 들어 작센 법은 신의를 버린 아내의 경우 최소한 코와 귀를 베는 형을 선고하고, 남편에게는 아내를 죽일 수 있는 권한을 주었다. 그럼에도 불구하고 간통은 흔한 일이었는데,[35] 중산층에서 가장 적었고 귀족들 사이에서 가장 많았다. 봉건 지주들은 소작료를 조금 깎아 주는 대가로 여성 농노들을 유혹했다. "당사자의 사의 없이", 즉 그 의지에 반하여 농노를 "품은" 남자는 법원에 3실링을 납부했다.[36] 프리먼(Freeman)은 11세기가 "난봉의 시대"였으며, 결혼 생활의 정절을 정복자 윌리엄이 지킨 것으로 알려진 데 대해 경탄했다고 말했다.[37] 물론 윌리엄도 아버지에 대해서는 할 말이 없을 것이다. 박식하고 신중한 토마스 라이트(Thomas Wright)는 "중세 사회는 극심히 부도덕하고 음란한 사회였다."라고 말했다.[38]

교회는 간통이나 배교, 심각한 학대 등에 대하여 헤어지는 것을 허락했다. 이를 "디보르티움(divortium, 이혼)"이라고 일컬었지만, 결혼을 무효화한다는 개념은 아니었다. 혼인의 무효화는 결혼 생활이 교회법에서 정한 장애 조항 중 하나를 위반한 것으로 볼 수 있을 때에만 인정되었다. 결혼을 무효화하는 데 요구되는 상당한 세금과 비용을 감당할 수 있는 사람들에게 이혼의 사유를 제공해 주기 위해 장애 조항을 의도적으로 늘렸을 가능성은 거의 없다. 교회는, 이혼이 자녀가 없는 왕에게 후계자를 보장해 줄 때나 그 밖에 공공 정책이나 평화에 보탬이 될 때와 같은 예외적 경우를 융통성 있게 판단하기 위해 이러한 장애 조항을 사용했다. 게르만법은 간통에 대해, 때로는 상호 동의로 이루어진 경우라 하더라도 이혼을 허락했다.[39] 왕들은 엄격한 교회법보다 선조들의 법을 더 좋아했다. 조상들의 법규로 돌아간 봉건 귀족과 부인들은 때로 교회의 허가 없이 이혼했다. 인노켄티우스 3세가 프랑스의 강력한 왕 필립 오귀스트의 이혼을 거절했을 즈음 되어서야 교회의 권위와 양심은 스스로 정한 칙령을 용감하게 지킬 만큼 강해졌다.

4. 여성

성직자들의 견해는 일반적으로 여성에 적대적이었다. 어떤 교회법은 여성의 종속성을 강화했다. 그리스도교의 많은 신조와 관행은 여성의 지위를 향상시켰다. 사제와 신학자에게 여성은 여전히 "필요악이자 당연한 유혹이고 바람직한 재앙이며, 집 안에 머무는 위험이고 치명적인 매혹이며, 겉치장한 해악"이라는 크리소스토무스의 관점에 머물러 있었다.[40] 여성은 여전히 인류에게서 에덴을 앗아 간, 도처에 존재하는 이브의 환생이고 남자를 지옥으로 인도하기 위해 사탄이 즐겨 찾는 도구였다. 대체로 친절한 마음씨를 지닌 성 토마스 아퀴나스도 수도사의 한계를 보이며 여성을 노예보다 못한 지위로 위치 지었다.

여성은 몸과 마음의 타고난 약점 때문에 남성에게 종속된다.[41] …… 남성이 여성의 시작이자 끝인 것은, 신이 모든 피조물의 시작이자 끝인 것과 같다.[42] …… 여성은 자연법에 따라 복종해야 하지만 노예는 그렇지 않다.[43] …… 아이들은 어머니보다 아버지를 더 사랑해야 한다.[44]

교회법은 남편에게는 아내를 보호할 의무를, 아내에게는 남편에게 복종할 의무를 부여했다. 그러나 남자는 신의 형상을 따서 만들어졌지만 여자는 아니었다. 교회법 학자는 "이로써 아내가 남편에게 종속되며, 종과 다름없다는 점이 분명해진다."라고 주장했다. 이러한 법 규정에는 아쉬운 바람이 담겨 있다. 한편 교회는 일부일처제를 시행하며 남녀 모두에게 단일한 도덕적 기준을 주장했고, 마리아에 대한 숭배로 여성을 존중했으며, 여성의 재산 상속권을 옹호했다.

민법은 교회법보다 여성에 적대적이었다. 두 법 모두 아내에 대한 구타를 허용했는데,[45] 13세기 『보베의 법과 관습』에서 남성에게 "합당할 때에만" 아내를 때리라고 규정한 것은 상당한 진일보였다.[46] 민법은 여성과 관련된 일은 "여성의 약점 때문에" 법정에 들어와서는 안 된다고 정했다.[47] 여성을 공격한 죄에 대한 벌금은 남성을 공격했을 때 부과되는 벌금의 절반이면 되었다.[48] 최상류층의 부인이라 하더라도 잉글랜드 의회나 프랑스 삼부회에서 자신의 사유지를 대표할 수 없었다. 남편은 결혼을 통해 아내가 결혼 당시에 소유해 온 모든 재산의 사용권과 용역권에 대해 전적인 권한을 얻었다.[49] 여성들은 의사 자격증도 소지할 수 없었다.

여성의 경제생활은 남성만큼 다양했다. 여성들은 경이롭지만 인정받지 못하는 가내 기술을 배우고 행했다. 그들은 빵과 푸딩과 파이를 굽고, 고기를 훈연하고, 비누와 양초, 크림과 치즈를 만들었다. 맥주를 양조하고 허브로 가정상비약을 만들었고, 양모로 실을 잣고 천을 짰으며, 아마로 리넨을 만들었다. 그리고 가족을 위해 옷을 만들고, 커튼과 휘장, 침대보와 태피스트리를 만들었다. 집을 꾸미고 남자 동거인이 허락하는 수준에서 깨끗이 유지했다. 또 아이들을 양육했다. 작은 농가 밖에서는 힘과 인내가 필요한 농사일에 동참했다. 씨를 뿌리고 재배하고 수확했으며, 닭을 먹이고 소젖을 짜고 양털을 밀고 집을 짓고 칠하고 수리하는 일을 도왔다. 마을에서는 집에서건 상점에서건 여성이 직물 길드를 위해 실을 잣고 옷감을 짜는 일을 대부분 도맡았다. 잉글랜드에 실을 잣고 꼬아 비단을 짜는 기술을 처음 확립한 이들도 "여성 직물공" 단체였다.[50] 잉글랜드 길드에는 대부분 여성도 남성만큼 많았는데, 이는 주로 공예가들이 아내와 딸들을 고용하여 그들의 이름을 길드에 올릴 수 있도록 허용되었기 때문이다. 여성 제품을 전문으로 만드는 몇몇 길드는 전부 여성으로 구성되었다. 13세기 말 파리에는 그러한 길드가 열다섯 곳 있었다.[51] 하지만 남녀가 함께 일하는 길드에서 여성이 장인이 되는 일은 극히 드물었고, 여성은 동일한 노동에 대해서도 남성에 비해 급료가 적었다. 중산층 여성들은 옷으로 남편의 부를 드러냈고, 마을의 종교 축제나 사교 축제에서 흥을 돋우는 역할을 맡았다. 남편의 책임을 함께 나누고 품위와 자제로써 거창하고 색정적인 직업인 기사와 음유 시인을 받아들이면서, 봉건 귀족 부인들은 여성이 과거에는 좀처럼 이르지 못하던 지위를 얻었다.

늘 그렇듯이, 법과 신학에도 불구하고 중세 시대 여성은 자신의 매력으로 장애물을 치우는 방법을 발견했다. 이 시대의 문학은 남성을 지배했던 여성에 대한 기록으로 풍부하다.[52] 몇 가지 점에서 여성은 더 우월하다고 인정됐다. 귀족들 사이에서 여성은 글과 예술, 교양 등을 조금씩 습득했고, 그러는 동안 문맹인 남편은 일하고 싸웠다. 여성들은 18세기 사교계의 온갖 품위를 뽐내며 리처드슨의 소설 속 여주인공처럼 황홀해 할 수 있었다. 동시에 행동과 언어의 활기찬 자유 속에서 남성과 경쟁하고, 남자들과 야한 이야기를 나누며, 종종 부끄럼 없이 사랑을 주도했다.[53] 모든 계급 내에서 여성은 보호자 없이 완전한 자유를 누렸다. 장터에서 군중 안에 섞이고 축제를 좌우했다. 성지 순례에 동참하고, 위안부로서뿐 아니라 갑옷과 투구를 갖추어 입은 군인으로서도 십자군 원정에 참여했다. 소심한 수도사들은 여성이 열등하다고 확신했지만, 기사들은 여성 편에서 싸웠고, 시인들은 스스로 여성의 노예라고 주장했다. 남성은 여성을 순종하는 종이라고 말하면서 여신과 같은 여성을 꿈꾸었다. 남자들은 마리아를 향해 기도했지만 아퀴텐의 엘레아노르로 만족해야 했을 것이다.

엘레아노르 외에도 중세에는 갈라 플라키디아, 테오도라, 이레네, 안나 콤네나, 투스카니 백작 부인 마틸다, 잉글랜드 여왕 마틸다, 나바르의 블랑쉬, 카스틸리아의 블랑쉬, 엘로이즈 등등, 수많은 훌륭한 여성들이 존재했다. 엘레아노르의 조부는 대공이자 시인인 아퀴텐의 윌리엄 10세로, 그는 음유 시인들의 후원자이자 지도자이기도 했다. 그의 보르도 궁정에는 남서부 프랑스의 멋진 청년들과 최고의 재치꾼들과 미인들이 모여들었다. 그리고 그 궁정 안에서 엘레아노르는 명실상부한 여왕으로 교육받았다. 그녀는 자유롭고 화창한 나라의 특징과 문화를 모두 흡수했다.'그들은 신체 건장하고, 움직임은 시적이며, 영혼과 육신이 열정적이고, 정신과 태도와 말이 자유롭고, 서정적인 상상과 반짝이는 재치를 지녔으며, 사랑과 전쟁과 모든 즐거움을, 목숨까지 걸 정도로 끝없이 사랑했다. 엘레아노르가 열다섯 살이 되었을 때(1137년) 프랑스 국왕은 그녀에게 결혼을 신청하며, 아퀴텐 공국과 대(大)항구 도시 보르도가 자신의 세입과 왕권에 덤으로 따라오기를 간절히 바랐다. 엘레아노르는 루이 7세가 무신경하고 신앙심이 깊으며, 국정을 살피는 데 몰두해 있는 사람이라는 것을 알지 못했다. 쾌활하고 사랑스러우며 분방한 엘레아노르는 그와 결혼했다. 그는 그녀의 화려함에 끌리지 않았고, 그녀의 후원에 찬사와 각운(脚韻)으로 보답하기 위해 파리까지 쫓아온 시인들도 신경 쓰지 않았다.

살아 있는 연애에 굶주린 엘레아노르는 남편을 따라 팔레스타인 2차 십자군 원정(1147년)에 동행하기로 결심했다. 엘레아노르와 그녀를 수행한 부인들은 남자 옷을 입고 군인처럼 치장하고는 자신들의 실패를 집에 남은 기사들에게 경멸의 의미로 보냈다. 그러고는 군대의 선두에 서서 음유 시인들을 뒤에 달고 빛나는 현수막을 휘날렸다.[54] 왕이 무관심하고 꾸짖기까지 하자 그녀는 안티오크와 다른 도시에서 몇 차례 사통하였다. 엘레아노르의 애인이 그녀의 삼촌인 푸아티에의 레이몽이라는 둥, 잘생긴 사라센인 노예라는 둥, (무지한 소문에 따르면) 독실한 살라딘이라는 둥 하는 소문이 돌았다.[55] 루이는 이러한 연애 놀음도, 그녀의 신랄한 말씨도 인내심을 갖고 견뎠다. 그러나 그리스도교 국가의 감시인인 클레르보의 성 베르나르는 그녀를 맹렬히 비난했다. 1152년 왕이 자신과 이혼할 것으로 생각한 엘레아노르는 자신들이 6대 이내의 친족 관계라는 사유로 그에게 소송을 제기했다. 교회는 그녀가 내건 구실에 일소했지만 이혼을 허락했다. 엘레아노르는 보르도로 돌아가 아퀴텐에서의 자신의 지위를 되찾았다. 그곳에는 그녀의 환심을 사려는 구혼자가 득실거렸다. 그녀는 잉글랜드 왕좌의 계승자인 헨리 플란타지네트를 선택했다. 2년 뒤 그는 헨리 2세가 되었고, 엘레아노르는 다시 왕비가 되었다.(1154년) 그녀를 두고 "신의 진노가 만든 잉글랜드의 왕비"라는 말이 회자됐다.

엘레아노르는 남방의 취향을 잉글랜드까지 가져왔는데, 런던에서도 계속 음유 시인들의 최고 입법자이자 후원자이자 우상으로 행동했다. 그녀는 이제 나이가 들어 정절을 지켰고, 헨리도 그녀에 대한 추문은 듣지 못했다. 그러나 형세는 역전됐다. 엘레아노르보다 열한 살 어린 헨리는 그녀와 똑같은 기질과 열정을 지니고 있었다. 얼마 지나지 않아 헨리는 궁정의 여자들에게 사랑을 뿌리고 다녔다. 한때 질투하는 남편을 경멸하던 엘레아노르는 조바심을 내며 질투로 씩씩댔다. 헨리에게 폐위당한 엘레아노르는 잉글랜드에서 도망쳐 아퀴텐을 보호할 방법을 찾았다. 헨리는 그녀를 추격하여 체포하고 수감했다. 그렇게 16년 동안 갇혀 지냈지만 엘레아노르의 의지는 무너지지 않았다. 음유 시인들은 왕에 반하는 정서를 유럽에 불러일으켰다. 엘레아노르의 명령을 받은 그의 아들들은 왕을 퇴위시키려는 음모를 꾸몄지만, 왕은 죽는 순간까지 그들을 싸워 물리쳤다.(1189년) 사자심(獅子心) 왕 리처드는 아버지의 자리를 이어받아 어머니를 석방하고 자신이 살라딘에 맞서 십자군 전쟁에 참여하는 동안 그녀를 잉글랜드의 섭정으로 세웠다. 아들 존이 왕위에 오르자 그녀는 자리에서 물러나 프랑스의 수녀원에 들어가, 그곳에서 여든두 살의 나이로 "비통함과 괴로움을 겪다가" 세상을 떠났다. 엘레아노르는 "나쁜 아내이자 나쁜 엄마였고 나쁜 왕비였다."[56] 그러나 어느 누가 그녀를 종속된 성(性)에 속했던 사람으로 생각하겠는가?

5. 대중의 도덕성

어느 시대든 나라의 법률과 도덕률은 고질적인 인류의 부정성을 없애기 위해 분투했다. 중세 시대 사람들은(선인이든 악인이든 다른 시대보다 더하거나 덜하다고 볼 수는 없지만) 아이들과 배우자, 신자, 적, 친구, 통치 조직, 그리고 신에게 거짓말을 했다. 중세 시대의 사람들은 문서 위조를 유난히 좋아했다. 그들은 출처가 불분명한 복음을 위조했는데, 아마도 그런 복음을 매력적인 이야기 이상으로 받아들이게 하려는 의도는 없었을 것이다. 또한 교황의 교령을 그리스도교 정책에서의 무기로 위조했다. 신실한 수도사들은 수도원에 대한 국왕의 승인을 얻기 위해 인가서를 위조했다.[57] 로마 교황청에 따르면 캔터베리 대주교 란프랑쿠스는 교구의 유물을 증명하기 위해 인가서를 위조했다.[58] 학교 교사들은 캠브리지의 일부 대학에 가짜 유물을 기부하기 위해 인가서를 위조했다. 그리고 "독실한 사기꾼들"은 성서의 내용을 바꿔 수천 가지의 계도적 기적을 발명해 냈다. 교육과 교역, 전쟁, 종교, 정부, 법률 등의 분야에서 뇌물 수수는 보편적이었다.[59] 남학생들은 시험관에게 파이를 보냈다.[60] 정치인들은 공직에 임명되기 위한 대가를 지불했으며, 필요한 금액의 돈은 지지자들에게서 모았다.[61] 증인들은 뇌물을 받고 어떤 맹세든 할 수 있었다. 소송 당사자들은 배심원과 판사들에게 선물을 주었다.[62] 1289년 잉글랜드의 에드워드 1세는 휘하의 판사와 대신 대부분을 부패 문제로 해고해야 했다.[63] 법은 엄숙한 맹세가 필요한 모든 상황을 적시하였다. 사람들은 성서나 가장 성스러운 유물을 걸고 맹세했다. 때로는 이제 막 하려는 맹세를 잘 지키겠다는 맹세도 했다.[64] 하지만 위증죄도 매우 많아서, 이따금 신께서 더 큰 거짓말쟁이를 알아봐 주실 것을 바라며 결투 재판에 의지하기도 하였다.[65]

수천 개의 길드와 지역 법규와 처벌 등이 있었음에도 불구하고, 중세의 공예가들은 질 낮은 제품을 팔거나 양을 속이거나 물건을 교활하게 바꿔치기 하는 등의 수법으로 구매자들을 속였다. 제빵사들은 밀가루 반죽 판자 밑에 내리닫이 창을 만들어 고객의 눈을 속이고 반죽을 조금씩 빼돌렸다. 좋은 옷을 만들어 주기로 약속하고 대금을 받아 놓고는 몰래 싸구려 옷을 내놓기도 했다. 질낮은 가죽이 최상의 제품처럼 조작되는 일도 있었다.[66] 무게를 달아 파는 건초나 양모 안에 돌을 감추는가 하면,[67] 노리치의 한 정육업자는 "홍역에 걸린 되지를 사서 인체에 부적합한 소시지와 푸딩을 만든" 혐의로 고발을 당하기도 했다.[68] 레겐스부르크의 베르톨트(1220년경)는 다양한 교역에서 사용된 여러 형태의 사기 수법과 시장에서 상인들이 마을 사람들을 상대로 쓴 속임수에 대해 묘사했다.[69] 문필가와 설교자들은 부를 추구하는 행태를 비난했지만, 중세 독일 속담에도 있듯이 "돈이면 안 되는 게 없다." 그리고 일부 중세 도덕주의자들은 이욕에 대한 욕구가 성 충동보다 더 강하다고 여겼다.[70] 봉건 시대 기사의 명예는 흔히 진정성이 있었다. 그러나 13세기도 여느 시대 못지않게 물질주의가 팽배했다. 교묘한 속임수의 사례는 위대한 시대와 지역에서 발견된다. 이러한 사례는 다수 존재하긴 하지만 아마도 예외적인 사건이었을 것이다. 그러한 사건들 때문에 신앙의 시대에 살던 사람들이 우리 의심의 시대보다 나을 게 없다거나, 인간은 태생적으로 법을 준수하는 시민이 되기 힘든 개인주의를 타고나는데, 세대를 막론하고 법과 도덕률은 그러한 개인주의를 억누를 수 있는 사회적 질서를 유지하는 데 거의 효과가 없었다는 결론 이상으로 확대 해석할 필요는 없다.

대부분의 국가는 심각한 절도를 사형에 처해야 할 범죄로 규정했고, 교회는 도둑들을 파문했다. 그래도 거리의 소매치기에서 라인 강 유역의 노상강도 귀족들까지 도둑과 강도는 흔했다. 굶주린 용병과 도피 중인 범죄자, 몰락한 기사 등은 거리를 불안하게 만들었다. 그리고 해가 진 뒤의 도시 거리에서는 싸움과 강도, 강간, 살인 등이 빈번했다.[71] 13세기 "즐거운 잉글랜드"의 검시관들이 남긴 기록을 보면 "살인 사건의 상당 부분은 현대라면 추하게 여겨질 것들이었다."[72] 살인으로 인한 사망은 사고에 의한 사망보다 거의 두 배 정도 많았고, 가해자가 붙잡히는 경우는 거의 없었다.[73] 교회는 봉건 전쟁을 억제하기 위해 끈질기게 노력했지만, 그 보잘것없는 성공 사례 등은 사람들과 그 호전성을 십자군 원정으로 돌려서 얻은 결과였다. 십자군 전쟁은 어떻게 보면 영토와 상권을 얻기 위한 제국주의 전쟁이었다. 일단 전쟁에 임한 그리스도교도는 다른 시대나 다른 신앙에 속한 사람들과 다름없이 패배자들을 점잖게 대하지 않았고, 맹세와 조약에도 충실하지 않았다.

잔혹성과 야만성은 우리 이전의 어떤 문명에서보다 중세 시대에 더 흔했을 것이다. 야만인들은 그리스도교도가 되었다고 해서 갑자기 야만인이기를 그만 두지 않았다. 귀족 남자들과 부인들은 하인이나 서로서로를 학대하고 괴롭혔다. 형법은 잔인할 정도로 가혹했지만 잔학 행위와 범죄를 억제하지는 못했다. 바퀴나 큰 가마솥에 든 끓는 기름, 화형대, 가죽 벗기기, 야생 짐승에 매달아 사지를 찢는 것 등이 흔히 형벌로 사용됐다. 앵글로색슨족의 법은 도둑질로 유죄 판결을 받은 80명의 여성 노예들에게 각각 벌금을 물리고 장작을 세 개씩 가져오게 하여 불태워 죽였다.[74] 당시 이탈리아의 수도사 살림베네가 쓴 연대기에 따르면, 13세기 말 중앙 이탈리아에서 벌어진 전쟁에서는 우리가 더 어렸다면 믿기 힘들었을 잔혹 행위로 죄수들을 대했다고 한다.

어떤 이들은 지렛대에 매인 노끈으로 머리를 묶은 뒤 어마어마한 힘으로 잡아당겨 제자리에 있던 눈 끝이 뺨까지 늘어질 정도였다. 어떤 이들은 오른손이나 왼손의 엄지손가락만 묶은 채 몸이 땅에서 떨어지도록 들어 올려졌다. 또 어떤 이들은 이야기하기도 부끄러운 무시무시하고 소름끼치는 고통을 당해 온몸이 뒤틀렸다. 어떤 이들은 양손을 등 뒤로 묶인 채 불타는 석탄이 든 통 안에 넣어졌고 …… 어떤 이들은 손발을 같이 묶어 쇠꼬챙이에 매단(정육점으로 옮겨지는 새끼 양처럼) 채 하루 종일 음식이나 마실 것을 주지 않았다. 또 거친 나무토막으로 뼈가 드러날 때까지 정강이를 비비고 문지르는데, 보는 것만으로도 고통스럽고 애처로웠다.[75]

중세 사람들은 용감하게 고통을 견뎠고, 아마도 오늘날의 서유럽 사람들보다 민감하지 않았던 것 같다. 계층과 남녀를 불문하고 사람들은 다정다감하고 감각적이었다. 그들의 축제는 술과 도박과 춤과 성적 휴식의 향연이었다. 그들의 농담은 오늘날과는 비교도 안 될 만큼 솔직했다.[76] 그들의 말은 더 자유롭고, 그들의 맹세는 더 방대하고 수많았다.[77] 주앵빌은 프랑스 사람은 거의 입을 열 때마다 악마에 관한 이야기가 들어갔다고 말한다.[78] 중세 사람들은 우리보다도 더 비위가 좋아, 눈도 깜짝하지 않고 강한 라블레(Rabelais)풍의 세세한 묘사를 견디었다. 초서의 수녀들은 아무런 동요 없이 『방앗간 주인의 이야기』에 나오는 분뇨 이야기를 경청했다. 선량한 수도사 살림베네의 연대기에는 가끔 번역하기 어려울 정도로 폭력적인 이야기가 등장한다.[79] 여관도 많았는데, 어떤 곳에서는 현대식으로 말하면 에일 맥주와 함께 창녀를 공급했다.[80] 교회는 일요일에는 여관 문을 열지 않도록 하려고 애썼지만 성과는 미미했다.[81] 술에 취하는 것은 모든 계급이 누리는 특권이었다. 뤼베크를 찾은 한 방문객은 귀족 부인들이 포도주 저장고에서 베일을 쓴 채 폭음하는 모습을 목격했다.[82] 콜로뉴에는 포도주를 마시기 위해 만나는 모임이 있었는데, 이들은 "행복할 때 마셔라."라는 좌우명을 내세웠다. 하지만 이 모임은 회원들에게 절제된 행동과 단정한 말을 실천하도록 요구했다.[83]

중세 사람들은 다른 시대와 마찬가지로 욕정과 낭만, 겸손과 자만, 잔인함과 다정함, 신앙심과 탐욕을 한 몸에 지닌 이들이었다. 술을 마시고 실컷 악담을 하던 남녀들도 감동적인 친절과 수천 가지 관용을 베풀 수 있었다. 그때나 지금이나 고양이와 강아지는 애완동물이었다. 강아지들은 맹인을 인도하도록 훈련을 받았다.[84] 12세기와 13세기에는 자선 활동이 새로운 절정을 맞았다. 개인과 길드, 정부, 그리고 교회가 불행을 덜어 주는 활동에 동참했다. 구호 활동은 보편적이었다. 천국을 꿈꾸는 사람들은 유산을 자선 활동에 쓰도록 하였다. 부자는 가난한 소녀들에게 기부했고, 매일 수많은 빈민에게 먹을 것을 주었으며, 주요 축제에 거액을 기증했다. 귀족가의 문 앞에서는 줄을 선 사람 모두에게 매주 세 번의 구호 식량을 나누어 주었다.[85] 거의 모든 훌륭한 부인들은 자선 활동을 나누는 것이 도덕적인 가치는 아니어도 사회적으로 필요한 일이라고 생각했다. 13세기 로저 베이컨은 빈민과 병자, 그리고 노인을 구제할 수 있는 국가 기금을 지지했다.[86] 그러나 이런 사업의 대부분은 교회에 돌아갔다. 어떤 면에서 교회는 자선을 지원할 수 있는 범대륙적 조직이었다. 그레고리우스 대교황과 샤를마뉴 등은 어느 교구든 십일조의 4분의 1을 빈민과 노약자에 대한 원조

에 사용해야 한다고 요구했다.[87] 이들의 요구는 한동안 실현되었다. 그러나 속
인과 상급 교회가 교구 세입을 징발하면서 12세기의 이러한 교구 행정은 혼란
을 맞았고, 자선 사업은 점점 더 주교와 수도사, 수녀, 사제의 몫으로 떨어졌다.
소수 죄인을 제외한 모든 수녀는 교육과 간호, 자선 등에 헌신했다. 점점 더 외
연을 확장하는 그들의 봉사 활동은 중세와 현대 역사를 통틀어 가장 밝고 희망
적인 모습이다. 기부금과 구호 물품, 교회의 세입 등을 공급받는 수도원들은 빈
민에게 먹을 것을 주고 병자를 돌보며 포로를 위해 몸값을 지불했다. 수천 명
의 수도사들이 젊은이들을 가르치고 고아를 돌보고 병원에서 봉사했다. 클뤼
니 대수도원은 자신의 부를 속죄하는 의미로서 구호품을 풍족하게 나누어 주
었다. 사제들은 로마의 빈민을 위해 도움이 될 수 있는 일을 하고, 나름의 방식
으로 고대 제국의 구제 수당을 계속 지급했다.

이러한 자선 활동에도 불구하고 구걸이 횡행했다. 병원과 빈민 구호소는 지
원자 모두에게 음식과 숙소를 제공하기 위해 노력했다. 이런 곳은 곧 "피난소
를 찾아 배회하고 빵과 고기를 훔치는" 누더기를 걸친 부랑자와 절름발이, 노
인, 장애인, 맹인으로 문전성시를 이루었다.[88] 중세 그리스도교 국가와 이슬람
지역에서의 구걸은 오늘날 극동 지역의 최빈 국가들이 아니면 견주기 힘든 범
위까지 끈질기게 이어졌다.

6. 중세 시대의 의복

중세 유럽의 시민은 어떤 사람들이었을까? 우리는 그들을 인종으로 나눌 수
없다. 흑인 노예를 제외하면 그들은 모두 백인이었다. 그러나 각양각색의 사람
들을 분류할 수 없다니 얼마나 당혹스러운 일인가! 이들은 비잔티움과 헬라스
의 그리스인, 남이탈리아의 그리스계 이탈리아인, 시칠리아의 그리스, 무어, 유
대계 혼혈민, 이탈리아의 로마인, 움브리아인, 투스카니인, 롬바르디아인, 제노

바인, 베네찌아인 등등 무척 다양해서 그 기원에도 불구하고 의복과 머리 모양과 언어 등이 모두 다르다. 스페인에는 베르베르족과 아랍인, 유대인, 그리스도교도가 거주했고, 프랑스에는 가스코뉴 사람들과 프로방스인, 부르고뉴인, 파리인, 노르만족이 살았다. 잉글랜드에는 켈트족과 앵글족, 색슨족, 덴마크인, 노르만족의 후손들이 살았다. 웨일스와 아일랜드, 스코틀랜드에는 켈트족이 거주했고, 노르웨이인, 스웨덴인, 데인족도 있었다. 독일에는 100여 종족이 거주했다. 핀족과 마자르족, 불가르족 등이 있었다. 폴란드와 보헤미아, 발트 제국, 발칸 지역, 그리고 러시아에는 슬라브족이 살았다. 이렇게 혈통과 전형, 코, 수염, 의복 등이 잡다하게 뒤섞여 그들이 자랑스러워하는 다양성을 한마디로는 표현할 수 없다.

이주와 정복의 1000년을 보내면서 독일인들은 중앙 이탈리아와 남이탈리아, 그리고 스페인을 제외한 서유럽 전역의 상류층에 자신들의 전형을 퍼뜨렸다. 금발 유형의 머리와 눈은 확실히 감탄의 대상이었기 때문에 성 베르나르는 설교 전체를 할애하여 사람들의 이러한 기호와 「아가(雅歌)」의 "나는 검지만 아름답다."라는 부분을 중재하기 위해 고투했다. 이상적인 기사의 상은 키가 크고 금발에 턱수염을 기른 모습이었다. 서사시나 연애의 주인공으로 이상적인 여성은 날씬하고 우아한 모습에 긴 금발 머리와 파란 눈동자를 지니고 있었다. 9세기 상류층에서 유행하던 프랑크족의 긴 머리칼은 뒷머리를 짧게 치고 정수리에만 머리카락을 남기는 머리 모양으로 대체되었고, 12세기 유럽 상류층 신사 사이에서는 턱수염이 사라졌다. 하지만 남성 소농 사이에서는 길고 텁수룩한 턱수염이 계속 유행했는데, 풍성한 털을 하나로 땋아 내리기도 하였다.[89] 잉글랜드에서는 모든 계층에서 긴 머리 스타일이 지속되었고, 13세기 남성들은 머리를 염색하고 고데기로 곱슬머리를 만들거나 리본으로 묶기도 했다.[90] 같은 시대 잉글랜드의 결혼한 여성들은 금실로 만든 망사로 머리를 묶었고, 상류층 아가씨들은 등 뒤로 머리를 풀어 내렸는데, 이따금 곱슬머리 몇 가닥이 앞으로 넘어와 가슴 위로 얌전히 드리워져 있었다.[91]

중세 시대 서유럽 사람들은 그 어느 시대보다 더 풍성하고 매력적인 옷을 입었다. 그리고 대개 남자들은 화려함이나 색채감에서 여성들을 능가했다. 5세기 로마의 느슨한 토가와 튜닉은 갈리아의 반바지와 벨트에 자리를 내주었다. 기후가 더 추웠고 군사 점령지였던 북부에는 남부의 따뜻하고 편안한 옷보다 더 두껍고 조이는 옷이 필요했다. 그리고 알프스를 가로질러 권력이 이동하면서 의복에도 혁명이 일어났다. 일반 시민은 몸에 꼭 맞는 판탈롱에 튜닉이나 블라우스를 입었는데, 모두 가죽이거나 질긴 천이었다. 벨트에는 칼이나 지갑, 열쇠, 때로는 일할 때 필요한 연장 등을 매달았다. 어깨는 길거나 짧은 망토로 덮었다. 머리에는 양모나 펠트, 가죽 등으로 만든 모자나 챙이 달린 모자를 썼다. 다리에는 긴 스타킹을 신었고 발에는 발목이 길게 올라오는 가죽신을 신었는데, 신은 발가락이 차이는 것을 방지하기 위해 앞코가 위로 올라와 있었다. 소농이나 사냥꾼이 입던 일부 가죽 옷을 제외하면 거의 모든 옷이 양모로 만들어졌다. 옷은 거의 모두 집에서 실을 잣고 재단하고 바느질했다. 부자들은 전문 재단사를 고용했는데, 잉글랜드에서는 이들을 "가위(scissor)"라고 불렀다. 이따금 고대에 사용되던 단추는 13세기 전에는 기피했지만, 나중에는 아무런 기능 없는 장식용으로 등장했다. 여기에서 "단추만도 못하다.(not worth a button)"라는 표현이 유래됐다.[92] 12세기에는 딱 붙는 게르만식 의상 위에 남녀 모두 긴 겉옷을 둘러 입었다.

부자들은 이러한 기본 의상을 수백 가지 화려한 방식으로 장식했다. 옷단과 옷깃 부분에는 털 장식이 달렸다. 실크나 새틴, 벨벳 등이 날씨에 맞게 리넨이나 양모를 대체했다. 벨벳 모자가 머리를 덮고, 화려한 색상의 천으로 된 신발이 발 모양에 점점 더 들어맞는 형태를 갖추었다. 가장 질 좋은 털은 러시아산이었다. 특상품은 흰색 담비 털이었는데, 귀족들은 아내를 위해 땅을 저당 잡혀이를 구했다고 한다. 부자들은 흰색의 고운 리넨으로 만든 속바지를 입었다. 하얀 리넨으로 만든 셔츠는 깃과 소맷동을 요란하게 장식했다. 이 위에 튜닉을 입고, 날이 춥거나 비가 오면 그 위에 망토나 샤프롱, 즉 머리에 쓸 수 있는 고깔이 달린 망토를 걸쳤다. 어떤 모자들은 정수리 부분이 평평한 사각형이었다. 이들 사각모는 중세 시대 말기 법률가와 의사들의 영향을 받은 것인데, 지금까지 남아 대학의 위엄을 상징한다. 멋쟁이들은 날씨와 상관없이 장갑을 꼈고, (수도사 오르데리쿠스 비탈리스가 불평하기를) "펄럭이는 망토와 예복 자락으로 더러운 바닥을 휩쓸고 다녔다."[93]

보석을 걸친 부류는 남성들이었는데, 몸뿐 아니라 모자나 예복, 신발 등 옷에도 장신구를 달았다. 어떤 옷에는 진주로 신성한 또는 세속적인 글을 수놓았다.[94] 어떤 이들은 금이나 은으로 된 레이스로 옷을 장식했고, 어떤 이들은 금 직물을 걸쳤다. 왕들은 화려한 옷과 보석을 더 많이 달아 스스로를 돋보이게 해야 했다. 참회 왕 에드워드는 재주 많은 아내 에지타가 금으로 휘황찬란하게 수놓아 준 예복을 입었고, 부르고뉴의 용맹공(公) 샤를은 20만 두카트 (108만 2000달러) 상당의 진귀한 보석으로 두툼하게 장식을 달아 호화로운 예복을 입었다. 가난한 사람들을 제외한 거의 모두가 반지를 끼었다. 또 이유를 불문하고 모든 사람이 개인의 인장을 새긴 인장 반지를 지녔다. 이 인장으로 찍은 표지는 그 사람의 서명으로 받아들여졌다.

의복은 지위나 부를 알려 주는 지표였다. 모든 계급은 자신보다 낮은 계급의 사람들이 의상을 모방한다며 항의했다. 1294년과 1306년 프랑스에서도 그랬지만, 사람들이 재산과 계급에 따라 의복에 지출하는 행동을 규제하려는 사치 금지법이 무의미하게 통과되었다. 높은 귀족의 하인이나 기사들은 공식 행사에서 주인이 좋아하는 색이나 차별화된 색으로 염색된 예복을 지급받아 입었다. 이런 예복은 리브레(livrée)라고 불렸는데, 1년에 두 번 지급되었다. 하지만 중세의 잘 만든 옷들은 평생 입을 수 있었으며 어떤 이들은 유언으로 조심스럽게 물려주기도 하였다.

명문가 여자들은 리넨 슈미즈 드레스를 입었다. 그 위에는 털 장식이 달린 펠리송(pelisson), 즉 발까지 내려오는 예복을 입고, 다시 그 위에 블리오(bliaut)를 입었다. 블리오는 평소에는 느슨한 블라우스처럼 입었지만, 손님이 올 경우에는 끈으로 꽉 조여 맬 수 있었다. 세련된 아가씨들은 모두 날씬해지기를 갈망했기 때문이다. 여자들은 장신구가 달린 거들을 입고 실크로 만든 지갑을 들고 새미로 만든 장갑도 끼었다. 머리에는 꽃을 꽂거나 보석이 달린 실크로 만든 머리띠를 묶었을 것이다. 어떤 부인들은 성직자를 자극했고, 틀림없이 뿔이 달린 긴 고깔모자를 쓰고는 남편을 근심케 했을 것이다. 한때는 뿔이 없는 여성은 참기 힘든 조롱을 받아야 했다.[95] 중세 시대 말기에는 굽 높은 구두가 유행했다. 도덕주의자들은 여성들이 옷을 들어 올려 장식을 단 발목과 앙증맞은 신발을 빈번히 노출시킬 기회를 찾았다고 불평했다. 하지만 여성들의 다리는 은밀하고도 대가가 큰 노출이었다. 단테는 "가슴과 젖무덤까지 드러내는" 공공연한 데콜테(décolleté) 차림에 대해 피렌쩨의 부인들을 맹비난했다.[96] 마상 시합에서 부인들의 옷차림은 성직자들에게 흥미진진한 이야깃거리를 제공했다. 추기경들은 여성들이 입는 예복의 길이를 법으로 정했다. 성직자들이 베일을 필수적인 도덕률로 정하자, 여성들은 "금실을 짜 넣은 실크와 고운 모슬린으로 베일을 만들면서 이전보다 열 배는 더 예뻐 보였고, 보는 이들의 눈을 오히려 더 음란하게 잡아끌었다."[97] 수도사 프로뱅의 기요는, 여자들이 얼굴에 너무 칠을 해대서 교회의 성상을 칠할 것이 남아나지 않는다고 불평했다. 그는 가짜 머리를 붙이거나 낯빛을 좋아 보이게 하려고 으깬 콩이나 말 젖을 얼굴에 바르면 연옥에 감금되는 시간이 몇 세기는 더 늘어난다고 여자들에게 경고했다.[98] 1220년경 레겐스부르크의 베르톨트는 무의미한 웅변으로 여자들을 질책했다.

너희 여자들에게 고하니, 너희는 가장 깊은 연민을 품고, 너희는 남자들보다 더 기꺼이 교회에 가며 …… 그리고 너희는 하나의 덫을 피하면 많은 이가 구원을 받을 것이다. …… 너희는 남자들의 찬사를 얻기 위해 옷에 모든 노력을 쏟아붓는다. …… 많은 여자들이 재봉사에게 옷값만큼의 돈을 지불한다. 어깨에는 방패꼴 문장(紋章)이 달리고 옷단을 빙 둘러 온통 주름이 잡혀 있다. 단추 구멍으로 자존심을 표하는 것만으로는 충분치 않아, 너희는 발에 특별한 고통을 주어 지옥을 경험하게 한다.

…… 너희는 베일에 매달린다. 이쪽을 잡아당기고 저쪽을 잡아당기고, 여기저기에 금실을 장식하고, 그러는 데 온 수고를 들인다. 너희는 족히 여섯 달은 들여 가며 베일 하나를 만든다. 이는 벌 받을 엄청난 고역이다. 모두가 옷에 대한 남자들의 찬사를 받기 위해서다. "오, 맙소사! 정말 예쁘군요! 옷이 이렇게 예쁘다니!" "베르톨트 수사, 이 옷은 남편을 위해 만든 거예요. 남편이 다른 여자들을 쳐다보지 못하게요." 내 말을 들어라. 그가 정말 좋은 남편이라면 너희의 꾸민 겉모습이 아니라 너희의 순결한 대화에 훨씬 더 귀를 기울일 것이다. …… 너희 남자들은 이 상황을 중단시켜 보아라. 이런 일들과 용맹하게 맞서 싸워라. 처음에는 좋은 말로, 그들이 계속 고집을 부리면 용감히 나아가 …… 머리끝에서부터 찢어 버려라. 설령 머리카락 몇 가닥이 뽑혀 나온다 해도 개의치 마라. 그 찢은 것을 불속에 던져라! 그렇게 서너 번 하는 것으로 끝내지 말라. 머지않아 여지들은 삼갈 것이다.[99]

이따금 여자들은 이런 설교를 마음에 새겨, (사보나롤라보다 두 세기 전에) 베일과 장식품들을 불속에 던져 버렸다.[100] 다행히 그러한 회개는 잠깐 동안, 드물게 일어났다.

7. 가정의 도덕률

중세의 집은 그리 편하지 않았다. 창문은 거의 없었고, 있더라도 거의 유리를 끼우지 않았다. 대신 나무 덧문을 닫아 눈부신 빛이나 추위를 막았다. 난방은 벽난로를 한두 개 만들어 해결했다. 찬바람은 벽에 난 수많은 틈을 통해 들어왔는데, 등이 긴 의자가 요긴하게 쓰였다. 겨울에는 실내에서 따뜻한 모자와 털옷을 입는 것이 일반적이었다. 가구는 별로 없었지만 튼튼했다. 의자는 극히 드물었고, 대부분은 등받이가 없었지만, 문장(紋章)이 새겨진 조각 장식을 우아하게 새겨 넣고, 진귀한 돌로 상감 세공하기도 했다. 앉는 자리는 대개 돌로 된 벽을 깎아 내거나 벽감(壁龕) 윗부분을 활용했다. 카펫은 13세기 전에는 드물었다. 이탈리아와 스페인에는 카펫이 있었다. 카스틸리아의 엘레아노르가 1254년 미래의 에드워드 1세의 신부가 되기 위해 잉글랜드로 갔을 때, 그녀의 하인들은 스페인의 풍습을 따라 그녀가 묵을 웨스트민스터의 저택 바닥에 카펫을 깔았다. 그 뒤로 잉글랜드에도 카펫이 널리 퍼졌다. 보통 바닥에는 골풀이나 밀짚을 흩뿌렸는데, 이 때문에 어떤 집들은 악취가 너무 심해 교구 사제가 방문을 거부할 정도였다. 벽에는 태피스트리를 걸었는데, 한편으로는 장식으로, 또 한편으로는 찬바람을 막거나 방과 거실 등을 구분하는 역할 등도 하였다. 이탈리아와 프로방스의 집에는 여전히 로마의 화려함이 남아 있었고, 북부의 집들보다 좀 더 편안하고 위생적이었다. 13세기 독일 부르주아 계급의 가정에는 우물에서 부엌으로 연결되는 수도관이 있었다.[101]

중세 시대에는 청결이 별로 중요하지 않았다. 초기 그리스도교는 로마의 대중 목욕장을 난잡하고 변태적인 우물이라고 맹비난했고, 대체로 육신에 반감을 지니고 있었기 때문에 위생은 전혀 중요하게 여기지 않았다. 요즘과 같은 용도로 쓰는 손수건의 존재는 알려진 바 없다.[102] 청결은 돈과 비슷한 위치였고, 수입에 따라 각양각색이었다. 봉건 귀족들과 부유한 부르주아들은 커다란 나무 욕조에서 적절히 자주 목욕했다. 12세기에는 부가 확산되면서 개인의 청결도 확산됐다. 13세기 독일과 프랑스, 잉글랜드의 많은 도시에는 대중 목욕장이 있었다. 한 학생은 파리 사람들이 12세기보다 1292년에 목욕을 더 자주 했다고 추정했다.[103] 십자군 원정이 가져온 결과로서 유럽에 이슬람 양식의 대중 증기 목욕장이 들어왔다.[104] 교회는 대중 목욕장이 부도덕성을 퍼뜨린다며 눈살을 찌푸렸는데, 일부 목욕장의 경우 그러한 걱정이 기우만은 아니었다. 어떤 마을에서는 대중 광천 목욕장을 만들었다.

수도원과 봉건 성채, 그리고 부유한 가정집에는 오수 구덩이로 배설물을 비워 내는 형식의 화장실이 있었지만, 대부분의 가정에서는 옥외 변소에서 볼일을 해결했다. 그리고 많은 경우 옥외 변소 한 곳이 10여 곳의 가구를 책임졌다.[105] 오물을 버리는 관은 에드워드 1세(1271~1307년) 치하의 잉글랜드에 도입된 위생 개혁 중 하나였다. 13세기 파리에서 쓰던 요강은 창문을 통해 마음대로 비워 냈는데, "물 조심" 정도의 경고문만 붙여 놓고는 처리했다. 이러한 언쟁거리는 뒷날 몰리에르(Molière) 시대의 희극 작품에 상투적 문구로 많이 등장했다. 공중화장실은 호화로웠다. 1255년 산 지미냐노에는 이러한 화장실이 몇 군데 있었지만 피렌쩨에는 아직 없었다.[106] 사람들은 계단이나 발코니에 둘러싸인 마당이나 심지어 루브르 궁 안에 있는 뜰에서도 볼일을 해결했다. 1531년 역병이 돌고 나서 파리의 지주들에게 가정마다 변소를 제공하라는 칙령이 반포되었지만 법에 구멍이 많아 별로 이행되지 못했다.[107]

상류층과 중산층은 식사 전후로 몸을 씻었다. 식사가 대부분 손으로 이루어졌기 때문이다. 정규 식사는 하루에 두 번이었는데, 한번은 10시에, 또 한번은 4시였다. 그러나 아침이든 저녁이든 식사는 몇 시간씩 계속되기도 하였다. 대저택에서는 수렵 나팔을 불어 식사 시간을 알렸다. 식탁은 대충 만든 널빤지를 버팀 다리로 받친 것이었는데, 비싼 나무와 감탄스러운 조각으로 튼튼하게 만든 탁자도 있었다. 식탁 주위로는 등받이 없는 의자나 긴 의자 등을 놓았는데, 식사 준비가 다 되면 아래층이나 위층에서 들고 올라가거나 내려오고, 식사가 끝나면 치우곤 하였다.[108] 하인들은 식사하는 사람들 각각에게 물 단지를 가져다주고, 사람들이 거기에 손을 씻고 냅킨으로 닦으면 다시 물 단지를 치웠다. 13세기에는 식사 시간 동안 냅킨을 사용하지 않았는데, 식사하는 사람은 식탁보에 손을 닦았다.[109] 여러 사람이 모이면 부부가 같이 앉았고, 신사들은 숙녀와 한 쌍으로 앉았다. 대개 연인이나 부부는 한 접시로 음식을 먹고 컵 하나로 음료를 마셨다.[110] 스푼은 개인별로 받았다. 포크는 13세기에도 있었다고 하지만 거의 식탁에 내놓지는 않았다. 칼은 개인마다 자신의 것을 사용했다. 컵과 받침대, 접시 등은 대개 나무였다.[111] 그러나 봉건 귀족들과 부유한 부르주아들은 도기나 백랍(白鑞)으로 만든 접시를 사용했고, 어떤 이들은 은이나 심지어 금으로 된 식기 세트를 여기저기 진열해 놓기도 했다.[112] 여기에 유리를 조각하여 만든 접시도 놓고 배 모양을 한 커다란 은그릇에 갖가지 향신료를 담았으며, 주최자의 칼과 스푼도 추가됐다. 부부는 접시 대신 둥글고 두껍고 평평한 큰 빵 조각을 받았다. 사람들은 이 "트랑슈아(tranchoir, 도마)" 위에, 자신에게 건네진 접시에서 빵과 고기 등을 손가락으로 집어 가져다 놓았다. 식사가 끝나면 이 트랑슈아는 식사를 한 사람이 먹거나, 근처에 돌아다니는 개와 고양이에게 주거나, 가난한 이웃들에게 보냈다. 훌륭한 식사는 향신료와 달콤한 디저트, 그리고 마지막으로 마시는 포도주와 함께 완성됐다.

음식은 풍성하고 다양하고 준비도 훌륭했다. 다만 냉장 방법이 따로 없어 고기가 상하기 십상이었고, 음식을 보존하거나 장식하는 데 유용한 향신료도 중요하게 여겨졌다. 일부 향신료는 동양에서 수입이 되었지만 이런 향신료는 값이 비쌌기 때문에 다른 향신료를 가내 정원에서 재배했다. 파슬리와 머스터드, 샐비어, 세이버리(savory), 아니스, 마늘, 딜(dill) 등이 이렇게 재배되었다. 요리책도 많고 복잡했다. 높은 기관에서 요리사는 중요한 인물이었는데, 양 어깨에 그 기관의 명성과 위엄을 지고 있었다. 요리사는 구리로 만든 가마솥과 주전자, 팬 등이 있는 반짝이는 주방을 구비하고, 미각뿐 아니라 시각까지 즐겁게 해 주는 음식을 자랑스레 날랐다. 고기와 가금류, 달걀은 가격이 쌌지만[113] 그렇게까지 싼 것은 아니어서 빈민들 대다수는 어쩔 수 없이 채식을 해야 했다.[114] 소작농들은 보리나 귀리, 호밀 등으로 집에서 직접 구운 거친 통곡 빵을 먹으며 지냈다. 도시민들은 제빵사들이 구운 흰 빵을 더 선호했는데, 이는 계급의 표지로 여겨졌다. 감자나 커피, 차는 없었다. 하지만 장어와 개구리, 달팽이 등 오늘날 유럽에서 먹는 채소와 고기는 거의 전부 중세 시대에도 식용되었다.[115] 샤를마뉴 시대에는 아시아의 과일과 견과가 유럽의 기후에 적응하는 과정이 거의 완료되었다. 하지만 오렌지는 13세기 알프스와 피레네 북쪽 지역에서 여전히 진귀한 과일이었다. 가장 흔한 고기는 돼지고기였다. 돼지는 길거리의 쓰레기를 먹었고, 사람들은 돼지를 먹었다. 많은 사람들이 돼지고기가 나병을 유발한다고 믿었지만 돼지고기를 좋아하는 입맛은 달라지지 않았다. 귀족 같은 사람들은 통으로 구운 돼지를 식탁에 낸 다음, 입이 떡 벌어진 손님들 앞에서 고기를 잘랐다. 돼지고기는 거의 꿩이나 메추라기, 개똥지빠귀, 공작, 두루미만큼 싸게 즐길 수 있는 진미였다. 생선은 중요한 식품이었다. 청어는 군인과 선원과 빈민들의 주요 식량이었다. 유제품은 오늘날만큼 많이 먹지 않았지만, 브리(Brie) 치즈는 이미 유명했다.[116] 샐러드에 대해서는 알려진 바 없고, 당과(糖菓) 제품은 드물었다. 설탕은 여전히 수입되었으며, 아직 감미료로 꿀 대신 쓰이지 않았다. 디저트는 대개 과일과 견과였다. 가루 반죽 케이크는 셀 수 없이 많았다. 솜씨 좋은 쾌활한 요리사들은 상상력을 총동원하여 가장 재미있는 모양의(일종의 여성이나 남성 생식기 같은) 케이크와 둥근 빵 등을 만들었다.[117] 식후 담배를 태우지 않은 점은 놀라워 보인다. 대신 남녀 모두 술을 마셨다.

끓이지 않은 물은 대부분 안전하지 않았기 때문에 계층을 불문하고 맥주와 포도주로 물을 대신했다. "드링크워터(Drinkwater)"와 "부알로(Boileau)" 같은 이름은 흔치 않았고, 취향이 평범치 않다는 것을 보여 주었다. 사과즙이나 배즙은 사과나 배로 만들었는데, 소작농들이 싼값에 취할 수 있는 음료였다. 취하는 것은 중세 시대 모든 계급과 남녀 사이에 인기 있는 악덕이었다. 여관은 많고, 에일 맥주는 저렴했다. 맥주는 빈민들이 아침에도 즐겨 마시던 음료였다. 알프스 북쪽의 수도원과 병원에서는 사람들에게 하루 평균 1갤런의 에일 맥주를 허용했다.[118] 많은 수도원과 성채, 그리고 부유한 집들은 양조장을 소유하고 있었다. 북부 지역에서는 맥주가 생활하는 데 빵 버금가도록 중요한 식료품이었기 때문이다. 모든 나라의 부자와 라틴 유럽의 모든 계층은 포도주를 더 선호했다. 프랑스는 가장 유명한 포도주를 양조했고, 수천 곡의 유행가로 그 영광을 노래했다. 포도 수확기가 되면 소작농들은 평소보다 더 열심히 일을 했고, 마음씨 좋은 수도원장들에게 도덕적 일탈로 보상을 받았다. 블랙포리스트 내 성 베드로 수도원의 관례집에는 다음과 같은 친절한 부분도 있었다.

소작농들이 포도주를 실어와 내리면, 그들을 수도원 안으로 안내하여 고기와 마실 것을 풍족하게 대접하였다. 그 곳에 커다란 통을 가져다 놓고 포도주를 가득 채우면 …… 소작농들은 모두 그 포도주를 마셨고 …… 그들이 점점 취해 저장고지기나 요리사를 폭행한다 하더라도 그 행위에 대한 벌금을 물지 않았다. 그들은 술에 취해 두 사람이 한 사람을 이기지 못하였다.[119]

연회가 끝나면 주최자는 대개 마술사나 공중제비를 하는 사람, 배우, 음악가, 어릿광대 등을 불러 여흥을 제공했다. 일부 대저택에는 그러한 재주를 부리는 이들을 집에 두었다. 어떤 부자들은 집에 어릿광대를 두었는데, 이들은 유쾌한 뻔뻔함과 야한 농담 등을 내뱉는 데 주저함이 없었고 비난받지도 않았다. 식사하는 사람들은 직접 놀 거리를 원할 경우 이야기를 하거나 연주하는 것을 들었고, 춤을 추며 이성을 유혹했다. 또 주사위 놀이나 체스 등의 실내 놀이를 하기도 했다. 귀족과 귀족 부인들도 "몰수 경기"와 "장님 놀이"를 하며 즐겁게 뛰놀았다. 아직 카드놀이는 하지 않았다. 1256년과 1291년 프랑스의 법은 주사위를 만들거나 게임하는 것을 금지하였지만, 그럼에도 불구하고 주사위 도박은 널리 횡행했고 도덕주의자들은 도박으로 재산을 잃고 지옥에 떨어진 사람들의 이야기를 들려주었다. 모든 도박을 법으로 금지한 것은 아니었다. 시에나에서는 공공 광장에 도박장을 설치했다.[120] 체스는 파리 공의회(1213년)에서, 그리고 다시 루이 9세의 칙령(1254년)으로 금지되었다. 이러한 금지령에 귀를 기울이는 사람은 아무도 없었다. 도박은 귀족 사이에 열렬한 취미 활동이 되었고, 여기에서 왕실 재무부의 명칭이 생기기도 하였다. 국가 세입을 체커 테이블 또는 체스 판에서 추산하였던 것이다.[121] 단테가 어린 시절에 어느 사라센인 도박꾼은 피렌체 최고의 도박꾼들과 한 번에 세 판의 체스 게임을 동시에 하여 시민들을 놀라게 했다. 그는 한 체스 판을 보면서 다른 두 사람과의 게임을 머릿속으로 계산했다. 그는 세 게임 중 두 게임을 이기고, 나머지 한 게임은 비겼다.[122]

춤은 전도사들에게 비난받았지만, 종교에 몸을 바친 사람들을 제외하고는 거의 모두가 즐겼다. 성격이 온후한 성 토마스 아퀴나스는 결혼식이나 외국에 나간 친구가 돌아올 때, 또는 나라가 어떤 싸움에서 승리를 거두는 경우 등에 한해 춤추는 것을 허락했다. 이 다정한 성인은 예의만 지킨다면 춤은 매우 건강한 운동이라고까지 말했다.[123] 알베르투스 마그누스도 비슷한 관대함을 보였지만, 중세의 도덕주의자들은 일반적으로 악마의 발명품이라며 춤을 배척했다.[124] 교회는 부도덕한 행위를 부추긴다며 춤을 못마땅하게 여겼다.[125] 중세 시대의 멋쟁이 젊은이들은 교회가 품은 의심을 사실로 만들어 주기 위해 최선을 다했다.[126] 특히 프랑스인과 독일인은 춤을 좋아했고, 많은 민속 무용을 만들어 농사와 관련된 축일 등을 기념하거나 승리를 축하했고, 이를 이용해 불경기 때나 역병이 돌 때 애국심을 유지시키기도 했다. 기사 작위가 수여되면 인근의 모든 기사가 완전 무장을 하고 모여 말을 타거나 걸어서 행진했는데, 주민들은 그들 주위에서 군악에 맞춰 춤을 추었다. 춤이 유행병이 되기도 했다. 1237년 한 무리의 독일 어린이들이 에르푸르트에서 아른슈타트까지 내내 춤을 추며 이동했다. 그 여정 중에 많은 아이들이 사망했고, 일부 생존자들은 평생을 무도병(舞蹈病)이나 다른 신경 질환으로 고통받았다.[127]

대부분은 낮 동안 야외에서 춤을 추었다. 밤에는 집집마다 조명 사정이 좋지 않았다. 심지가 든 기름등잔을 세우거나 걸고, 양고기 기름을 이용하여 희미한 횃불을 켰는데, 이러한 기름은 모두 비쌌기 때문에 해가 진 뒤에는 독서나 작업이 거의 이루어지지 않았다. 어두워지면 손님들은 바로 흩어지고, 가족들은 잠자리에 들었다. 침실도 충분치 않았다. 거실이나 응접실에 여분의 침대가 있는 경우는 드물었다. 가난한 사람들은 밀짚 침대에서도 잘 잤고, 부자들은 향기로운 베개를 베고 깃털 매트리스를 깔고도 잠을 설쳤다. 귀족들의 침대에는 모기장이나 캐노피가 드리워져 있었는데, 의자를 밟고서야 침대에 올라갈 수 있었다. 나이나 성별과 상관없이 몇 명은 한방에서 잠을 잤다. 잉글랜드와 프랑스에서는 모든 계층의 사람들이 나체로 잠자리에 들었다.[128]

8. 사회와 오락

일반적으로 거칠었던 중세 시대 사람들의 생활 태도는 예의 바른 봉건적 행동 덕에 매끄러워졌다. 남자들은 만나면 손을 흔들었는데, 이는 칼을 꺼낼 수 없다는 사실을 보여 주면서 평화를 약속하는 행동이었다. 작위는 매우 많아서 품위도 수백 가지 등급별로 존재했다. 그리고 멋진 풍습에 따라 각각의 관리들은 그 사람의 작위와 그리스도교 이름 또는 토지의 이름을 호칭으로 불렀다. 예의 바른 사회를 만들기 위해 작성된 예절 규정은 모든 상황을 포괄했는데, 춤을 출 때나 집과 거리에서, 마상 시합, 궁정 등에서 지켜야 할 예의를 수록했다. 부인들은 걷는 법과 공손한 행동, 말 타는 법, 놀이하는 법, 매를 손목에 앉혀 우아하게 움직이는 법 등을 배워야 했다. 이 모든 내용과 비슷하게 만들어진 남성용 규정집은 "쿠르투아지(courtoisie)", 즉 궁정 예절을 형성했다. 13세기에는 예의와 관련된 지침서가 많이 출간되었다.[129]

여행을 하는 사람들은 같은 계급의 사람들이 정중히 맞거나 환대해 주기를 기대했다. 여행길에 자리한 수녀원이나 수도원은 가난한 사람에게는 자선으로, 부자에게는 수수료나 선물을 받고 숙소를 제공했다. 일찍이 8세기에 수도사들은 알프스 산길에 호스피스(hospice, 순례자들의 숙박소)를 세웠다. 어떤 수도원은 훌륭한 여행자용 숙소를 보유했는데, 여행객 300명을 재우고 그들의 말까지 수용할 수 있었다.[130] 그러나 대부분의 여행객은 길가 여인숙에 투숙했다. 지갑만 잘 지킬 수 있다면, 그런 곳이 요금도 쌌고 적당한 가격에 젊은 여자도 부를 수 있었다. 그러한 편의를 제공받으면서 상인이나 은행업자, 사제, 외교관, 순례자, 학생, 수도사, 관광객, 부랑자들까지 많은 이들이 여행의 위험에 용감히 대면했다. 중세 시대의 도로는 비록 열악했지만 자신들이 다른 곳에 있는 사람들보다 더 행복하다고 생각하는, 호기심 많고 희망 가득한 사람들로 생기가 넘쳤다.

오락에서도 계급 간 차이는 여행에서만큼 확실했다. 힘 있는 자들과 신분이 낮은 자들은 때때로 함께 어울렸다. 왕이 봉신들을 모아 공공 집회를 열고 군중에게 먹을 것을 나누어 줄 때나 귀족 출신 기사가 군사 작전을 수행할 때, 왕자나 공주, 왕이나 왕비가 위용을 자랑하며 도시로 입성하고 군중이 길가에 줄지어서 화려한 행사를 구경할 때, 또는 마상 시합이나 결투 재판이 세간의 주목을 받으며 열렸을 때 그랬다. 계획된 구경거리는 중세 시대 일상의 필수적인 부분이었다. 교회 행렬과 가두 행진, 길드 기념행사 등은 거리를 현수막과 꽃수레, 밀랍 성인상(聖人像), 뚱뚱한 상인, 활보하는 기사, 그리고 군악대 등으로 가득 메웠다. 순회하는 무언극 배우는 마을이나 도시 광장에서 짧은 극을 무대에 올렸다. 음유 시인은 낭만적인 이야기를 노래하고 악기를 연주했다. 곡예사들은 공중제비를 돌고 남자들과 여자들은 깊은 골을 가로지르는 줄 위를 걷거나 춤을 추었다. 눈을 가린 남자 둘이 서로를 막대기로 공격하기도 했다. 서커스가 마을로 들어와 낯선 동물들과 더 낯선 사람들을 늘어놓고, 동물들을 죽을 때까지 서로 맞붙였다.

귀족 사이에서 사냥은 귀족 오락으로서, 마상 시합에 견줄 만했다. 수렵법에서는 사냥철을 짧은 기간으로 제한했고, 밀렵법에서는 귀족을 위한 사냥 금지 구역을 정하였다. 유럽의 숲에서는 아직 영역 싸움에 인간의 승리를 인정하지 않는 짐승들이 서식하고 있었다. 예컨대 중세의 파리는 몇 차례나 늑대의 침입을 받아야 했다. 어떻게 보면 사냥꾼은 인간의 위태로운 지배력을 유지하는 전투를 벌이는 것이었다. 또 어떻게 보면 그는 식량 보급을 늘리는 것이기도 했다. 그리고 무엇보다도 위험과 전투, 출혈 등에 대해 스스로 심신을 단련시킴으로써 불가피한 전쟁에 대비하는 것이기도 했다. 동시에 그는 사냥을 야외극으로도 만들었다. 커다란 뿔피리는 부인과 신사와 강아지 등을 불러 모았다. 여자들은 껑충거리는 말의 곁안장에 우아하게 앉았다. 남자들은 형형색색의 옷을 입고, 활과 화살, 작은 도끼, 창, 그리고 칼 등 다양한 무기를 들었다. 그레이하운드와 스태그하운드, 블러드하운드 등은 가죽 끈을 팽팽하게 잡아당겼다. 추격전을 벌이다 소농의 밭을 지나야 할 때면, 귀족과 봉신, 그리고 초대된 손님들은 파종에서 수확까지 얼마의 대가를 치르든 그 밭을 유유히 지나갔다. 그러면 무모한 성격이 아닌 이상 소농도 항의하지 않았다.[131] 프랑스 귀족들은 사냥을 지배 체제 안으로 구조화하고 "샤스(chasse)"라는 이름을 붙였으며, 사냥을 위해 복잡한 의식과 예절을 만들어 냈다.

부인들은 가장 귀족적인 게임인 매 훈련에 특별한 재주를 가지고 참여했다. 거의 모든 대 토지에는 갖가지 새들이 든 큰 새장이 있었는데, 그중 매는 가장 귀하게 여겨졌다. 매는 언제든 영주나 부인의 손목에 앉도록 훈련받았다. 일부 부인들은 매를 팔에 앉힌 채 미사에 참석했다. 황제 프레데리크 2세는 매 훈련에 관해 589쪽에 달하는 훌륭한 책을 저술하고, 신경 예민하고 호기심 많은 이 새에 두건을 씌워 통제하는 풍습을 이슬람에서 유럽으로 처음 들여왔다. 다양한 품종의 매들이 훈련을 받고 하늘로 날아올라 갖가지 새들을 공격하고 죽이거나 상처를 입힌 다음 사냥꾼의 손목 위로 돌아왔다. 손목 위에서 약간의 고기로 꾀고 보상을 주면 매들은 다음 사냥감이 나타날 때까지 다리에 끈을 묶어 두도록 얌전히 있었다. 잘 훈련된 매는 귀족이나 왕에게 줄 수 있는 거의 가장 훌륭한 선물이었다. 부르고뉴 공작은 자신의 아들을 잡아 둔 술탄 바야지트에게 흰 매 열두 마리를 보내는 것으로 몸값을 지불했다. 프랑스에서 매를 관리하는 관직은 왕국 전체에서 가장 높고 보수가 센 자리 중 하나였다.

많은 경기 덕에 여름의 열기와 겨울 추위를 견딜 수 있었고, 젊은이들은 혈기와 기운을 필수적인 기술을 습득하는 데로 돌릴 수 있었다. 실제로 청년은 모두 수영을 배웠고, 북부에서는 스케이트를 배웠다. 경마는 특히 이탈리아에서 대중적인 인기를 끌었다. 모든 계층이 활쏘기를 배웠다. 하지만 낚시는 노동 계층만이 여가로 즐겼다. 볼링과 하키, 고리 던지기, 레슬링, 권투, 테니스, 풋볼 등 여러 게임이 있었다. 테니스는 프랑스에서 발달했는데, 아마도 앞서 이슬람에서 들어왔을 것이다. 게임의 이름은 "트네(tenez)", 즉 선수가 공을 서브 넣을 때 외친 "자, 받아!"라는 말에서 유래된 것으로 보인다.[132] 테니스는 프랑스와 잉글랜드에서 매우 인기를 끌어서, 이따금 극장이나 야외의 많은 관중 앞에서 경기가 펼쳐지곤 했다.[133] 아일랜드에서는 2세기부터 이미 하키를 시작했다. 그리고 12세기의 비잔티움 역사학자들은 라크로스처럼 줄을 맨 라켓을 쓰던 폴로 경기에 대해서도 생생하게 묘사했다.[134] 한 중세 연대기 작가는 풋볼에 대해 충격에 빠진 어조로 "젊은이들이 커다란 공을 앞으로 전진시키는 끔찍한 경기로, 공을 허공에 던지는 것이 아니라 땅으로 던지고 굴리며, 손이 아닌 발을 이용한다."라고 설명했다.[135] 풋볼은 중국에서 이탈리아로,[136] 그리고 잉글랜드로 온 것이 분명한데, 13세기 잉글랜드에서 몹시 인기를 끌면서 난폭해져 에드워드 2세는 평화를 파괴한다는 이유로 이 운동을 금지했다.(1314년)

당시의 생활은 후대보다 더 사회적이었다. 집단 활동이 수도원과 수녀원, 대학, 마을, 길드 등을 휘저었다. 특히 일요일과 엄숙한 축제일이면 더 재미있었다. 소작농과 상인, 그리고 귀족은 제일 좋은 옷을 차려입고, 어느 때보다 긴 기도를 하고 많은 술을 마셨다.[137] 오월제(五月祭)가 되면 잉글랜드 사람들은 기념 기둥(Maypole)을 세우고 모닥불을 피운 뒤 기억도 희미한 풍요의 토속 축제처럼 그 둘레를 돌며 춤췄다. 성탄절에는 많은 마을과 샤토(châteaux, 성)들이 크리스마스 연회의 사회자를 지목하여 주민들을 위한 놀이와 구경거리를 계획하게 했다. 가면과 턱수염을 달고 발랄한 의상을 입은 무언극 배우는 거리극을 펼치거나 장난을 치거나 크리스마스 캐럴을 불렀다. 가정집과 교회들은 호랑가시나무와 담쟁이덩굴, 그리고 "무엇이든 그 계절에 나는 푸른 잎"으로 장식했다.[138] 길드들의 축제도 있었다. 그리고 그런 날 술을 잔뜩 마시지 않는 사람은 드물었다. 교회는 13세기에 이러한 축제를 비난했으나, 15세기에는 받아들였다.[139]

어떤 축제는 교회의 기념식을 개조하여 떠들썩한 놀잇감으로 만들었는데, 단순한 유머에서 추문을 담은 풍자까지 포괄했다. 보베와 상스, 그 외의 프랑스 마을은 여러 해 동안 1월 14일에 "당나귀 축제"를 열었다. 이 축제에서는 예쁜 소녀 하나가 당나귀를 타는데, 이는 이집트로 피신하는 성모 마리아를 표현한 것이었다. 당나귀는 교회로 인도되어 제단 옆에 무릎을 꿇게 하였다. 미사가 시작되고 그를 찬양하는 찬송가를 부르고 나서 마지막으로 사제와 신도들은 주의 어머니를 구하고 예수를 예루살렘으로 태워 모셔간 이 동물에 경의를 표하는 의미로 세 번 당나귀 울음소리를 냈다.[140] 프랑스의 도시 10여 곳은 매년, 대개는 할례 축일에 "바보제"를 열었다. 그날이 되면 지위가 낮은 성직자들은 교회와 의식을 인계받아 1년 동안 사제와 주교에게 복종해야 했던 관계에 대해 복수할 수 있었다. 그들은 여성스러운 옷을 입거나 그리스도교 제의를 뒤집어 입었다. 그리고 그들 무리 안에서 한 명을 골라 "바보 주교"로 선정했다. 그들은 야한 찬송가를 부르고 제단 위에서 소시지를 먹으며 제단 밑에서 주사위 도박을 했다. 그리고 낡은 신발들을 향로에 넣어 태우고 우스운 이야기들로 설교를 했다.[141] 13세기와 14세기 잉글랜드와 독일, 그리고 프랑스의 많은 마을들은 "소년 주교"를 선출하여 그 친구들을 데리고 그리스도교 의식을 재미있게 흉내 내게 하였다.[142] 지역 성직자들은 이러한 대중의 익살을 웃어넘겼다. 교회는 한동안 그런 모습에 눈감아 주었다. 그러나 그러한 축제가 점점 불경하고 무례해지면서 교회는 그들에게 죄를 물을 수밖에 없었고, 결국 16세기에 그러한 축제는 자취를 감추었다.*

일반적으로 교회는 신앙의 시대에 유행하던 호색적인 익살에 관대했다. 교회는 인간에게 때때로 도덕적 일탈이 있어야 하고, 보통 문명사회에 필수인 비자연적 도덕적 규제를 유예해야 할 필요가 있다는 점을 알고 있었다. 성 요한 크리소스토무스 같은 일부 과격 청교도들은 "그리스도는 십자가에 못 박혔는데, 너희는 웃고 있구나!"라며 울부짖을지 모른다. 그러나 사람들은 계속 "케이크와 맥주"를 먹고 마셨고, 포도주는 입속에서 뜨겁게 흘렀다. 성 베르나르는 즐거운 웃음과 아름다움을 불신했다. 하지만 13세기 대부분의 성직자들은 양심에 거리낌 없이 고기와 술을 즐기고, 고상한 농담이나 미끈한 발목에 기분 상하지 않는 마음 따뜻한 생활인이었다. 어쨌든 신앙의 시대는 그렇게 근엄한

---

* 하지만 잉글랜드 서리의 애들스톤에서는 아직도 소년 주교를 뽑고 있다.[143]

시대가 아니었다. 오히려 활력과 떠들썩한 유쾌함과 풍성하고 섬세한 감성이 존재하고 세상의 축복 안에 소박한 기쁨이 넘치는 시대였다. 어떤 학생은 중세 어휘 사전의 뒤쪽에, 애석해 하며 우리 모두에 대해 이런 바람을 적었다.

그리고 나는 항상 4월과 5월이었으면 좋겠다. 매달 모든 과일이 다시 열리고, 매일 어디서든 백합 문장과 카네이션과 제비꽃과 장미가 피어나며, 수풀은 잎이 무성하고 목초지는 푸르렀으면 좋겠다. 모든 연인이 사랑하는 사람과 맺어지기를, 서로 진실하고 확실한 마음으로 사랑하기를, 모든 사람들의 마음에 즐거움과 유쾌함이 깃들기를.[144]

9. 도덕과 종교

중세 유럽의 개괄적인 그림은 종교가 도덕성에 기여한다는 믿음을 뒷받침할까? 전반적인 한 가지 감회는 중세 시대의 도덕 이론과 실천 사이에 여느 문명 시대 때보다 더 큰 괴리가 존재한다는 것이다. 중세 그리스도교 사회에서는 분명 육욕과 폭력성, 음주, 잔인함, 음탕함, 불경함, 탐욕, 강도, 부정직, 그리고 사기 등이 우리 비(非)종교의 시대만큼이나 넘쳐났다. 개인의 노예 상태는 우리 시대를 능가하지만, 식민지나 패전국의 경제적 노예 상태는 현재와 비할 바가 못 되는 것 같다. 여성의 종속성은 우리를 능가하지만, 천박함과 간음이나 간통 또는 전쟁의 방대함이나 살육성은 우리에게 견줄 수 없다. 네르바에서 아우렐리우스까지 로마 제국과 비교하면, 중세 그리스도교 국가들은 도덕적 후퇴였다. 하지만 네르바 시대 제국의 많은 부분은 수 세기의 문명을 누렸고, 반면 중세 시대는 그 대부분의 기간 동안 그리스도교적 도덕성과 정력적인 야만성 사이의 투쟁을 보여 주었다. 야만은 그리스도교 신학이 무심히 받아들인 종교적 윤리를 대부분 무시했다. 이방인들은 그들이 행한 몇몇 악덕을 시대에 필요한 미덕이라 여겼을 것이다. 그들의 폭력성은 용기의 다른 이름이었고, 그들의 관능은 동물적 건강의 이면이었다. 자연스러운 행위에 대한 그들의 거칠고 직접적인 언어와 수치심 없는 말들이 우리 시대 젊은이의 내향성이나 내숭보다 나쁠 게 없다고 할 것이다.

중세 그리스도교 사회에 그 시대의 도덕주의자들의 입을 빌려 유죄 선고를 내리는 것은 어려운 일이 아닐 것이다. 성 프란체스코는 13세기를 "과다한 악의와 부정의 이 시대"라며 한탄했다.[145] 인노켄티우스 3세와 성 보나벤투라, 보베의 뱅상, 그리고 단테는 이 "경이로운 세기"의 도덕성을 총체적으로 실망스럽다고 여겼다. 또 당대의 가장 신중한 고위 성직자 중 하나인 그로스테스트 주교는 교황에게 "전체로서의 그리스도교도는 악마와 뒤섞였다."라고 말했다.[146] 로저 베이컨(1214?~1294년)은 특유의 과장법으로 그가 살던 시대를 평가했다.

> 이토록 무지가 넘친 적은 없었다. …… 오늘날에는 과거 그 어느 시대보다 훨씬 더 많은 죄악이 지배한다. …… 끝이 없는 부패 …… 색욕 …… 식탐 …… 그러나 우리에게는 그리스도의 계시와 세례가 있다. …… 사람들은 이를 진실로 믿거나 숭배하지 않는다. 그렇지 않다면 이렇게까지 타락하도록 스스로 허락하지 않았을 것이다. …… 그러므로 많은 현자들은 적(敵)그리스도와 세상의 종말이 가까이에 있다고 믿는다.[147]

이러한 구절은 물론 개혁가들에게 필수적인 과장이며 어느 시대에든 맞아떨어질 수 있다.

지옥에 대한 공포는 도덕적 수준을 끌어올리는 데 오늘날 여론이나 법에 대한 두려움보다도 영향력이 적었던 것이 분명하고, 당시의 여론과 법보다도 힘이 약했을 것이다. 하지만 여론은, 그리고 어느 정도는 법도 그리스도교에 의해 형성되었다. 어쩌면 침략과 전쟁, 파괴로 점철된 1000년의 세월 안에서 태어난 도덕적 혼돈은 그것을 완화시키려는 그리스도교 윤리의 노력이 없었다면 훨씬 더 악화되었을 것이다. 이 장에서 소개한 사례들은 부지불식간에 편향되어 있었을지 모른다. 기껏해야 이들 사례는 단편적이다. 통계는 부족하거나 신뢰하기 힘들다. 그리고 역사는 항상 평범한 사람들을 배제한다. 중세 그리스도교 국가에도 프라 살림베네의 어머니처럼 선량하고 소박한 수천 명의 시민이 살았을 것이다. 살림베네의 묘사에 따르면 그의 어머니는 "겸손한 부인이었고, 독실하며 금식을 많이 했다. 그리고 기꺼이 가난한 사람들에게 구호품을 나누어 주었다."[148] 그러나 이런 여성들은 얼마나 종종 역사의 한 페이지를 장식할까?

그리스도교는 한편으로는 도덕적 퇴보를, 또 한편으로는 도덕적 진보를 가져왔다. 지(知)의 미덕은 신앙의 시대에 자연히 빛을 잃었다. 지적 양심(사실에 대한 공정함)과 진리 탐구는 신성에 대한 열의와 존경으로 대체되었고, 때로는 무원칙한 신앙심에도 자리를 내주었다. 문서를 조작하는 "독실한 사기꾼"과 문서 위조에 대한 죄는 무시해도 좋을 만큼 가벼운 것이었다. 공민(公民)도덕은 내세에 대한 집중으로 고통을 받았지만, 그보다는 국가의 분해 때문에 더 크게 훼손됐다. 그럼에도 불구하고 그 많은 대성당과 몇몇 위풍당당한 공회당을 건설한 사람들에게, 지엽적이라 할지라도 어느 정도 애국심은 있었을 것이다. 문명에 없어서는 안 될 위선은 고대의 솔직한 세속주의나 우리 시대 뻔뻔스러운 기업들의 무자비함에 비하면 중세 시대에 더 늘어났다.

이러저러한 차변(借邊)에 비하여 인정할 부분도 있다. 그리스도교는 영웅적인 고집으로 쇄도하는 야만에 맞서 싸웠다. 전쟁과 불화, 결투 재판이나 신성 재판 등을 줄이기 위해 노력했다. 휴전과 평화의 시간을 확대하고, 봉건적 폭력성과 공격성을 헌신과 기사도로 전환했다. 검투 대회를 억제하고 죄수의 노예화를 비난했으며 그리스도교도의 노예화를 금지했다. 수많은 포로의 몸값을 지불하고 농노의 해방을 장려했다.(실천은 그에 미치지 못했다.) 인간적인 생활과 노동을 새로이 존중하는 방법을 가르쳤다. 영아 살해 풍습을 중단하고, 낙태를 감소시켰으며, 로마법과 이방인들의 법에서 가하던 형벌들을 완화했다. 성도덕에서는 이중 잣대를 확고부동하게 거절했다. 자선 활동의 규모와 단체를 엄청나게 확대시키기도 했다. 과학과 철학을 저해하는 대가를 치르기는 했지만 이해할 수 없는 우주의 수수께끼에 대해 인간의 마음에 평화를 가져다주었다. 마지막으로 인간에게 더 높은 충성심으로 억제되지 않는 애국심은 대중의 탐욕과 범죄를 실현하는 도구라는 점을 가르쳤다. 유럽의 모든 옹졸한 국가와 경쟁하는 도시들 위로 하나의 도덕률을 확립하고 유지했다. 그 지침 아래, 그리고 어느 정도 불가피한 자유의 희생으로, 한 세기 동안 유럽은 오늘날 간절히 바라며 얻고자 애쓰는 규범을 달성했다. 그 규범은 나라들을 밀림의 규칙에서 구제하며 인간에게 평화를 위해 싸우고 승리할 에너지를 만들어 주는 국제도덕이었다.

31장　　　　　　　예술의 부활
　　　　　　　　　　1095~1300

1. 미적 자각

12세기와 13세기의 서유럽이 페리클레스 시대의 아테네와 아우구스티누스의 로마에 견줄 만한 예술의 절정에 도달할 수 있었던 이유는 무엇일까?

스칸디나비아와 사라센인들은 격퇴당했고 마자르는 순해졌다. 십자군 원정은 창조적 에너지의 열기를 불러일으키며 동방의 비잔티움과 이슬람으로부터 수천 가지 사상과 예술 양식을 유럽으로 들여왔다. 지중해가 그리스도교 상업에 다시 문을 열고 대서양도 문호를 개방하면서, 프랑스와 독일의 강줄기와 북해 바다를 따라 안정적이고 체계적인 교역이 이루어지면서, 그리고 제조업과 금융이 확장되면서 콘스탄티누스 이래 누리지 못하던 부가 형성되었고, 예술을 향유할 수 있는 새로운 계급이 등장하였으며, 과거보다 더 세련된 대성당을 지으려고 하는 부유한 지역이 발달했다. 수도원장과 주교, 그리고 교황의 금고는 신도들이 낸 십일조 세금과 상인들의 기부금, 귀족과 왕들의 보조금 등으로 점점 불어나고 있었다. 우상 파괴자들은 패배했고 예술을 우상 숭배로 낙인찍는 목소리는 더 이상 없었다. 예술을 두려워하던 교회는 예술이 문맹자들에게 교회의 믿음과 이상을 심어 준다는 사실을, 사람들의 영혼을 흔들고 헌신을 이끌어 내어 하늘을 향해 간청하는 호칭 기도처럼 첨탑을 쌓아 올릴 좋은 매개체라는 사실을 깨달았다. 그리고 마음으로부터 마리아를 섬기는 새로운 종교가 자연스럽게 자라나 성모에 대한 사랑과 믿음을 으리으리한 사원에 쏟아부었고, 수천의 신도들은 순식간에 그 사원으로 모여들어 경의를 표하고 도움의 손길을 간청했다. 이러한 온갖 영향이 대륙의 절반으로 흘러들어 전에 없던 수많은 예술의 흐름을 만들어 냈다.

고대의 기법은 여기저기에서 야만적 파괴와 도시의 쇠락을 이겨 내고 이어졌다. 동로마 제국도 오래전 기술을 잃지 않았다. 부활한 서방의 일상 속으로 들어간 예술가와 예술의 주제는, 특히 동방의 그리스와 비잔티움 이탈리아에 뿌리를 두고 있었다. 샤를마뉴는 우상 파괴자들을 피해 달아나던 그리스 예술가들을 자신의 밑으로 불러들였다. 그 덕분에 아헨의 예술은 비잔티움의 섬세함과 신비주의에 독일의 견고함과 속악함이 더해진 형식을 취했다. 클뤼니의 수도사 예술가들은 비잔티움의 사례를 모방하며 10세기 서부 건축과 장식의 새로운 시대를 열었다. 몬테 카시노에서 수도원장 데시데리우스(1072년)에 의해 발달한 수도회 예술 유파를 가르친 이들은 비잔티움계 그리스 교사들이었다. 호노리우스 3세(1218년)는 산 파올로 푸오리 레 무라 성당을 장식하기 위해 베네찌아로 사람을 보내 모자이크 기술자를 불렀다. 이때 불려온 사람들은 비잔티움의 전통에 심취해 있었다. 비잔티움 예술가들은 서방에 수많은 식민 도시를 거느렸다. 두치오와 치마부에, 그리고 초기 죠토를 만들어 낸 것 역시 비잔티움의 회화 양식이었다. 종려 잎 무늬나 아칸서스 잎 무늬, 큰 메달 장식 안의 동물무늬 등 비잔티움의 모티브 또는 동양의 모티브는 직물과 상아, 그리고 채색 필사본 등의 형태로 서방에 들어왔고, 로마네스크 양식의 장식품 위에서 수백 년의 세월을 보냈다. 시리아와 아나톨리아, 페르시아 형식의 건축(반원형 천장, 반구형 지붕, 양옆으로 탑을 세운 파사드(façade, 건물의 주된 출입구가 있는 정면부 - 옮긴이), 합성 기둥, 가장자리 아치 밑으로 두세 개가 이어진 창문 등)도 서방의 건축물에 다시 등장했다. 역사는 비약하지도, 무언가를 빼지도 않는다.

생명이 발달하는 데 유전뿐 아니라 변이도 필요한 것처럼, 그리고 사회가 발달하는 데 안정된 관습뿐 아니라 실험적 혁신도 필요한 것처럼, 서유럽의 예술이 발달하는 데에도 기술적, 형식적으로 지속된 전통이나 비잔티움과 이슬람 예술이 주는 자극뿐 아니라 양식에서 자연으로, 관념에서 물질로, 과거에서 현재로, 모방에서 자기표현으로 예술가들의 방향 전환이 있었다. 비잔티움 예술에는 어둡고 정적인 면이 있고 아랍 장식 요소에는 섬세하고 여성적인 면이 있어서 야만의 상태로 돌아가 새로운 활기를 찾은 서방의 역동적이고 남성적인 활력을 대표할 수 없었다. 암흑시대를 벗어나 13세기의 중반으로 접어들고 있던 나라들은 테오도라의 것과 같은 딱딱한 비잔티움 모자이크보다 죠토의 여인과 같은 귀족적 우아함을 더 좋아했고, 셈족처럼 성상(聖像)에 대해 갖는 공포를 비웃으며 단순한 장식들을 랭스 대성당의 미소 짓는 천사와 아미앵 대성당의 황금 성모상 등으로 탈바꿈시켰다. 고딕 예술에서 삶의 기쁨이 죽음에 대한 두려움을 정복한 것이다.

수도사들은 고전 문학을 보전했던 것처럼 로마와 그리스, 동양의 예술 기법을 유지하고 퍼뜨렸다. 수도원들은 자급자족을 추구하며 수도하는 사람들에게 실용 공예뿐 아니라 장식 공예도 가르쳤다. 대수도원 교회는 제단과 성단소(聖壇所) 가구, 성배와 성체(聖體) 용기, 성유물함과 성골함, 미사 전서(典書), 나뭇가지 모양의 촛대, 모자이크, 벽화와 성상 등으로 신앙심을 북돋고 고취시킬 필요가 있었다. 수도사들은 이러한 것을 대부분 손수 만들었다. 실제로 오늘날 베네딕트회의 노동으로 완성된 몬테 카시노 수도원처럼, 대개는 수도원 자체가 수도사들에 의해 설계되고 건설되었다. 대부분의 수도원에는 널찍한 작업장이 있었다. 예를 들어 베르나르 드 티롱은 샤르트르에 수도원을 세우고, "나무 공예와 금속 공예 기술자, 조각가와 금세공사, 화가와 석공 …… 그리고 모든 정교한 작업에 숙련된 다른 예술가들"을 그곳으로 불렀다고 한다.[1] 중세 시대의 채색 필사본은 거의 전부 수도사들의 작품이었다. 가장 세련된 직물을 만들어 내는 주체도 수도사와 수녀들이었다. 초기 로마네스크 양식의 대성당을 건축한 사람들 역시 수도사들이었다.[2] 11세기와 12세기 초 클뤼니 수도원은 서유럽에 필요한 건축가 대부분을 공급했고, 화가와 조각가도 다수 배출했다.[3] 13세기 생드니 수도원은 다양한 예술이 번성하는 중심지였다. 경계심 많은 베르나르가 장식을 금하던 시절의 시토회 수도원들조차 곧 색채의 자극과 형식의 유혹을 이기지 못하고 클뤼니나 생드니만큼 장식적으로 화려한 수도원을 건축하기 시작했다. 잉글랜드 성당들은 대개 수도원 대성당이었기 때문에, 성직 수사나 수도 사제(修道司祭)가 13세기 말까지 계속해서 잉글랜드의 그리스도교 건축을 지배했다.

하지만 아무리 훌륭한 영혼의 쉼터이자 학교라 해도 수도원은 고립이라는 특성상 일상의 실험을 올리는 극장이기보다는 전통의 보고가 될 운명을 타고났다. 수도원은 창조보다는 보존에 더 어울린다. 부유한 일반 신도의 수요가 늘어나 세속의 예술가들이 성장하면서 비로소 중세 시대의 고딕 예술은 독창적 형식 안에서 생동감 넘치는 표현을 만들어 내며 풍요해졌다. 처음에는 이탈리아에서, 대부분은 프랑스에서, 어느 정도는 잉글랜드에서도 해방되고 전문화된 12세기의 평신도들은 길드로 뭉쳐 수도원의 스승으로부터, 그리고 그들의 독점으로부터 예술을 가져왔고 위대한 대성당들을 건축했다.

2. 생활의 장식

그래도 역시 중세의 예술과 공예를 가장 완벽하고 흥미롭게 축약하여 보여 주는 것은 수도사들이었다. 파더본 인근 헬머스하우젠 수도원의 "하느님께 사랑받는 자" 테오필루스는 1190년경 『공예 개설』을 저술했다.

미천한 사제 테오필루스가 …… 말하노니 손수 몸을 움직여, 그리고 새로운 것에 대한 즐거운 명상을 통해 나태한 마음과 방황하는 영혼을 떨치고 싶어 하는 모든 사람들은 …… 그리스에 있는 모든 색이라 할 만한 것들과 투스카니에서 볼 수 있는 모든 법랑 공예 …… 아라비아가 가진 유연하고 잘 녹고 무늬가 새겨진 것들, 이탈리아가 금으로 장식한 그 많은 꽃병과 조각된 보석과 상아, 프랑스가 귀하게 여기는 값비싼 각양각색의 창(窓), 금이나 은, 구리 또는 쇠로 만들거나, 정교하게 작업한 나무나 돌로 만들어 극찬받는 모든 것들(을 이곳에서 발견하게 될 것이다.)[4]

이 글에서 우리는 신앙의 시대가 지닌 이면을 보게 된다. 남자와 여자, 특히 수도사와 수녀들이 표현에의 충동을 채우고 싶어 하고, 균형과 조화, 형식에서 즐거움을 얻으며, 실용적인 것을 아름답게 만들기를 갈망한다는 점이다. 중세 시대는 아무리 종교가 널리 퍼져 있었어도 무엇보다 일하는 남녀를 빼놓고 말할 수 없다. 그리고 그들 예술의 첫 번째 근본 목적은 일터와 몸, 집을 꾸미는 것이었다. 수천 명의 목공들은 칼과 드릴, 끌, 광택제 등을 이용하여 테이블과 의자, 벤치, 궤, 장식함, 캐비닛, 계단 기둥, 징두리 벽판, 침대, 찬장, 식당, 성상, 제단, 성가대석 등등을 조각했다. 이들은 깊거나 낮은 돋을새김으로 놀라울 정도로 다양한 형태와 주제를 표현하기도 하고 종종 신성함과 불경함을 넘나드는 짓궂은 유머를 드러내기도 했다. 특면실(特免室)에서는 구두쇠와 대식가, 수다쟁이, 기괴한 짐승, 그리고 인간의 머리를 한 새들의 형상도 볼 수 있었다. 베네찌아의 나무 조각가는 이따금 장식해야 할 그림보다 더 아름답고 값비싼 액자를 만들기도 했다. 독일에서는 12세기에 인상적인 나무 조각이 시작되었는데, 이들 조각품은 16세기에 이르러 주요 예술 작품이 되었다.*

* 할버슈타트의 리프프라우엔 교회에 있는 「십자가에 못 박힌 예수상」이나 뉴욕 메트로폴리탄 미술관에 전시된 「작은 야고보」의 동상들.

금속 공예가도 나무 공예가 못지않았다. 쇠는 우아한 창살로 바뀌어 창과 뜰, 문에 달렸다. 육중한 문을 수놓는 꽃 모양의 튼튼한 경첩(파리 노트르담 대성당에 있는 것처럼)이 되기도 했다. 성당 성가대석에서 쇠처럼 강하고 레이스처럼 섬세한 안전망도 되었다. 쇠나 청동이나 구리는 녹이거나 두드려서 멋진 꽃병과 손잡이 없는 술잔, 가마솥, 큰 단지, 나뭇가지 모양의 촛대, 향로, 장식함, 그리고 램프 등으로 만들었다. 청동 판은 많은 대성당의 문을 장식했다. 병기 제조자는 칼과 칼집, 투구, 흉갑, 그리고 방패 등에 마무리 장식을 즐겨 했다. 프레데리크 바르바로사가 아헨 대성당에 선물한 멋진 청동 촛대는 독일 금속 공예가들의 능력을 입증하는 것이었다. 또 글로스터(1100년경)에서 출토되어 현재 빅토리아앨버트 미술관에 소장된 큰 청동 촛대 역시 잉글랜드 금속 공예의 기술을 보여 주는 유사한 증거이다. 지극히 소박한 사물을 예술로 이해하는 중세인들의 취향은 빗장과 자물쇠, 열쇠 등의 장식에서도 볼 수 있다. 심지어 풍향계에까지 망원경으로나 볼 수 있는 장식들이 세심하게 달려 있으니 말이다.

귀금속과 보석으로 만든 예술품은 보편적 빈곤의 한가운데에서 꽃을 피웠다. 메로빙거 왕가의 왕들은 금 접시를 갖고 있었고, 샤를마뉴는 아헨에서 금세공사가 만든 보물을 수집했다. 금과 은이 귀족과 은행업자들의 식탁을 환히 밝혀 주는 마당에, 교회가 왕 중의 왕을 예배할 때에도 그러한 보석을 사용해야 한다고 생각한 것은 어쩌면 당연했다. 밀라노의 성 암브로시우스 교회나 피스토이아와 바젤의 대성당에서처럼 어떤 곳은 제단을 무늬 새긴 은으로, 또 금으로 만들기도 했다. 금은 성체를 담는 그릇인 성합(聖盒)이나 성체를 담아 예배하는 신도들 앞에 내보이는 성체 안치기, 성찬식 포도주를 담던 성배, 또는 성인들의 유물을 보존하던 성유물함 등을 만드는 재료로 흔히 사용됐다. 이러한 용기는 대개 오늘날 상패로 받는 값비싼 컵보다 더 아름다웠다. 스페인의 금세공사는 거리 행진 중에 성체를 담는 휘황찬란한 이동식 예배소를 만들었다. 파리의 금세공사 보나르(1212년)는 은 1544온스와 금 60온스를 사용하여 생주네비에브의 유골을 모시는 성골함을 만들었다. 테오필루스가 일흔아홉 개 장을 할애하여 다룬 것으로 미루어 보아 금세공 작품의 범위를 짐작할 수 있다. 그 내용을 보면 우리는 모든 중세의 금세공인들이 제련사인 동시에 조각가이자 법랑 기술자이며, 보석 장식가이자 상감 세공사였다는 사실을 알 수 있다. 13세기 파리에는 금세공인과 보석 세공인의 강력한 길드가 있었다. 파리의 보석 재단사들은 이미 인조 보석을 만드는 것으로 명성을 얻었다.[5] 부자들이 편지지나 봉투에 밀랍으로 날인하는 데 사용하던 인장은 섬세하게 설계되고 조각되었다. 고위 성직자들은 모두 성무(聖務) 반지를 갖고 있었고, 자칭 타칭 신사(紳士)들은 손에 반지 한 개씩은 과시하듯 끼고 있었다. 그렇게 인간의 허영심에 부응하는 사람들은 배를 굶는 일이 거의 없다.

카메오(cameo), 즉 귀금속에 새긴 작은 돋을새김은 부자들 사이에 인기가 많았다. 잉글랜드의 헨리 3세는 200파운드(4만 달러) 상당의 엄청난 카메오를 갖고 있었고, 보두앵 2세는 콘스탄티노플에서 더 유명한 카메오를 가져와 파리의 생샤펠에 전시했다. 상아는 중세 시대 내내 정성스럽게 조각되었다. 빗과 상자, 손잡이, 뿔잔, 성상, 책 표지, 목판 성상화, 그리고 세 폭 성상화, 주교장(杖), 성유물함, 그리고 성골함 등에 모두 상아 장식이 두루 이용되었다. 루브르에 보관된, 십자가로부터의 강하(降下)를 묘사한 13세기 상아 조각상들은 놀라우리만치 완벽에 가깝다. 13세기 말로 가면서 경건함 위에 낭만이나 유머가 더해지고, 때로는 매우 정교한 장면을 섬세하게 작업한 조각이 시종일관 경건하기 힘든 여성들을 위해 거울함과 변기 등에 등장했다.

상아는 상감 세공에 사용되는 많은 재료 중 하나로, 이탈리아인들은 인타르시아(intarsia, 라틴어로 '삽입한다'는 뜻의 'interserere'에서 유래)라고 불렀고, 프랑스에서는 마르케트리(marquetry, '표시한다'는 뜻의 'marquer')라고 하였다. 나무는 다른 나무에 상감 세공을 하는 재료로 사용되었다. 나무를 끌로 깎아 무늬를 새기고, 다른 나무를 그 위에 눌러 붙였다. 잘 알려지지 않은 또 다른 중세예술 작품으로 니엘로(niello, 라틴어로 검은색을 뜻하는 'nigellus'에서 유래)가 있는데, 은과 구리, 유황, 납 등을 합금한 검은 납유리의 금속 표면에 무늬를 상감

한 것이다. 세공 재료가 굳으면 표면은 합금된 은이 반짝일 때까지 줄로 다듬었다. 이 기술을 바탕으로 15세기 피니게라가 동판화를 만들어 냈을 것이다.

도자기 예술은 돌아온 십자군들이 유럽을 암흑시대로부터 깨어나게 하면서 다시 발달했다. 칠보(七寶)는 8세기에 비잔티움에서 유럽으로 들어왔다. 12세기에는 최후의 심판을 상징하는 명판이 샹르베 칠보의 훌륭한 사례가 되었다. 샹르베 칠보란 구리를 바탕으로 무늬를 만드는 선 사이의 공간이 안으로 파이고, 들어간 그곳을 에나멜 반죽으로 채우는 방식의 칠보를 말한다. 프랑스 리모주는 3세기부터 에나멜 도기를 만들었는데, 12세기에는 서방에서 칠보와 샹르베 칠보의 중심지가 되었다. 13세기 그리스도교 스페인의 무어인 도공들은 채색 장식을 주로 한 점토 꽃병에 불투명한 주석 유약이나 에나멜을 입혔다. 15세기 이탈리아 상인들은 스페인에서 그러한 도기를 마요르카 교역선에 실어 수입했고, 그 이름에서 "r"을 "l"로 바꿔 듣기 좋게 마욜리카(majolica)라고 불렀다.

고대 로마 당시에 완벽에 가까웠던 유리 예술은 이집트와 비잔티움에서 베네찌아로 돌아왔다. 1024년에 이미 그곳에는 열두 명의 "피올라리(phiolarii)"가 있었는데, 그들의 제품은 매우 다양해서 당국에서 해당 제조업을 보호하고 유리 생산자들에게 "신사(gentleman)"라는 칭호를 주는 데 동의했다고 한다. 1278년 유리 기술자들은 무라노라는 섬의 특별 구역으로 이주했다. 한편으로는 안전을 위해, 또 한편으로는 비밀 유지를 위해서였다. 베네찌아의 유리 생산자들이 해외로 나가거나 유리 제조의 비전(秘傳) 기법을 유출하는 것을 막기 위해 엄격한 법이 통과되었다. 그 땅 기슭에서 베네찌아인은 4세기 동안 서부 세계의 유리 예술과 제조업을 지배했다. 유리에 에나멜 도료를 바르고 금박을 입히는 기술이 고도로 발달되었다. 올리보 데 베네찌아는 유리로 직물을 만들었다. 무라노는 유리 모자이크와 유리구슬, 유리병, 비커, 식기, 심지어 유리 거울까지 쏟아 냈고, 이 거울은 13세기부터 윤을 낸 철제 거울을 대체하기 시작했다. 프랑스와 잉글랜드, 그리고 독일도 이 시기에 유리를 만들었지만 거의 전적으로 산업적 용도에 전용되었다. 대성당의 스테인드글라스는 눈부신 예외였다고 할 수 있다.

여성은 항상 예술의 역사에서 과소평가되었다. 사람과 집을 꾸미는 것은 생활 예술에서 귀중한 요소이다. 또한 의상 설계와 내부 장식, 자수, 휘장, 그리고 태피스트리에서 여성의 역할은 아름다운 것들이 조용하고 친밀하게 존재할 때 얻을 수 있는 무의식적 즐거움에 다른 대부분의 예술보다 더 많은 부분을 기여했다. 정교하게 짠 우아한 직물은 보거나 만지기에도 좋았지만 신앙의 시대에 매우 귀하게 여겨졌다. 그러한 직물은 제단과 성유물, 성기(聖器) 등을 감싸고 사제들과 지체 높은 남녀들의 옷이 되었다. 또 그러한 천 자체를 얇고 부드러운 종이로 포장했는데, 여기에서 "화장지(tissue paper)"라는 이름이 유래했다. 13세기 프랑스와 잉글랜드는 콘스탄티노플을 예술적 자수의 주요 생산 도시라는 자리에서 끌어내렸다. 1258년 파리에는 자수업자들의 길드가 있었다고 한다. 그리고 매튜 패리스는, 1246년 로마를 방문한 잉글랜드 고위 성직자들이 금실로 수를 놓은 제의(祭衣)를 입고 있는 것에 충격을 받은 교황 인노켄티우스 4세가 자신의 사제복과 제의복에 그러한 영국 자수를 수놓도록 지시했다고 전한다. 어떤 종교 의상은 보석과 금실, 그리고 작은 에나멜 명판들 때문에 너무 무거워서 사제들이 걷기도 힘들 정도였다.[6] 한 미국인 백만장자는 아스콜리의 사제복이라고 알려진 그리스도교 제의를 사기 위해 6만 달러를 내놓았다고 한다.* 중세 시대에 가장 유명한 자수는 "샤를마뉴의 달마티카"였다. 이 옷은 달마티아 지방의 것으로 알려졌지만 12세기 비잔티움의 작품일 가능성도 있다. 달마티카는 현재 바티칸의 금고에서 가장 귀중한 물건 중 하나이다.

프랑스와 잉글랜드에서는 자수 벽걸이나 태피스트리가 특히 공공건물의 그림을 대신했다. 이들 자수 작품은 축제일이면 가득히 내걸렸다. 교회 내민 창(窓)의 아치 밑에, 거리에, 거리 행진의 꽃수레에도 걸렸다. 대개 모직과 실

---

*그는 그 제의가 장물이었음을 알고 이탈리아에 되찾아 주고는 정직의 훈장을 받는 데 만족했다.[7]

크로 짠 이러한 작품은 여주인의 감시하에 봉건 성채의 시녀나 몸종들이 만들었다. 수녀들도 많은 작품을 만들었고, 일부는 수도사들도 만들었다. 태피스트리에는 정교한 그림 특유의 겉치레가 없었다. 태피스트리는 어느 정도 거리를 두고 보아야 했고, 뚜렷한 형체와 환하고 영구적인 색채를 위해 섬세한 선과 음영은 양보해야 했다. 태피스트리는 역사적 사건이나 유명한 설화를 기리거나, 풍경이나 꽃, 바다를 묘사하여 우중충한 실내를 밝히는 역할을 하였다. 10세기에 이미 프랑스에서 태피스트리에 관한 언급이 있었지만, 완전한 형태로 현존하는 가장 오래된 작품은 거의 14세기 이후의 것들이다. 이탈리아의 피렌쩨, 스페인의 친칠라, 프랑스의 푸아티에와 아라스, 릴 등은 태피스트리와 양탄자 분야에서 서방 세계를 선도했다. 세계적으로 유명한 바이외 태피스트리는 엄밀히 말하면 그런 위치에 미치지 못했다. 무늬가 직물의 일부로 함께 짜인 것이 아니라 직물 위로 수놓아져 있기 때문이다. 바이외 태피스트리의 이름은 오랫동안 그것을 보관했던 바이외의 대성당에서 유래했다. 전해지는 설에 따르면 이들 태피스트리를 만든 사람은 정복자 윌리엄의 여왕 마틸다와 그녀의 노르만 궁정에 있던 부인들이라고 한다. 그러나 여성에게 인색한 학계에서는 그보다 뒤늦은 시기에 익명의 누군가가 만들었다는 설을 더 선호한다.[8] 이들 태피스트리는 노르만 정복을 연대기만큼이나 구체적으로 보여 준다. 19인치 폭과 71야드 길이의 긴 갈색 리넨 위에 침략을 준비하는 모습과 무늬가 장식된 높은 이물로 영국 해협을 가르는 노르웨이 선박, 격렬한 헤이스팅스 전투, 두려움에 떨며 죽음을 맞이하는 해롤드, 앵글로색슨 부대의 궤멸, 신성한 군대의 승리 등 예순 가지의 장면이 일렬로 펼쳐진다. 이것들은 바느질에 인내심을 발휘한 인상적인 사례이지만, 이런 종류의 제품 중 좋은 편에 속하지는 않는다. 1803년 나폴레옹은 프랑스를 각성시켜 잉글랜드를 침략하는 선전 도구로 이들 태피스트리를 이용했다.[9] 하지만 그는 신의 축복을 받아야 한다는 점을 간과했다.

3. 그림

1. 모자이크

신앙의 시대에서 회화 예술은 모자이크와 세밀화, 벽화, 그리고 스테인드글라스 등의 네 가지 형식을 취했다.

모자이크는 노년기를 맞고 있었지만 2000년의 세월 동안 많은 세밀함을 습득했다. 모자이크 기술자들은 자신들이 그토록 좋아하는 금을 바탕에 놓기 위해 정육면체 유리를 금박으로 감싼 뒤 다시 얇은 유리 막을 덮어 변색을 방지했다. 그러고는 표면 반사광을 피하기 위해 금박을 입힌 정육면체를 약간 울퉁불퉁한 평면에 놓아두었다. 빛은 정육면체에 다양한 각도로 반사되어 전체적으로 거의 살아 있는 것과 같은 질감을 만들었다.

11세기 베네찌아 인근에 위치한 섬 토르첼로의 대성당 동쪽 후진(後陣)과 서쪽 벽을 중세 역사상 가장 인상적인 모자이크로 뒤덮은 주인공은 아마도 비잔티움의 예술가들이었을 것이다.[10] 성 마르코 성당의 모자이크는 제작자와 양식이 일곱 세기에 걸쳐 있다. 도제(Doge, 약 1000여 년 동안 베네찌아 공화국을 통치한 최고 지도자를 일컫는다. - 옮긴이) 도메니코 셀보는 1071년 최초의 실내 모자이크를, 짐작건대 비잔티움의 예술가들에게 의뢰했다. 1153년 모자이크는 여전히 비잔티움의 관할 아래 있었다. 1450년이 되어서야 이탈리아의 예술가들은 성 마르코 성당의 모자이크 장식에서 지배적인 역할을 하기 시작했다. 12세기 중앙 둥근 지붕의 예수 승천 모자이크는 작품의 정점을 이루었는데, 돔형 통로의 요셉 모자이크도 이와 막상막하를 겨룬다. 보도의 대리석 모자이크는 700년 동안 인간의 발길을 견뎌 냈다.

이탈리아의 다른 쪽 끝에서는 그리스와 사라센인 노동자들이 힘을 모아 노르만 시칠리아의 걸작 모자이크를 제작했다. 이들 작품은 팔레르모의 카펠라 팔라티나와 마르토라나 교회, 몬레알레의 수도원, 체팔루 대성당을 장식하고 있다.(1148년) 13세기에는 교황권의 전쟁으로 로마 예술의 발달이 지연되었다.

하지만 이 시기에도 산타 마리아 마조레, 산타 마리아 인 트라스테베레, 성 요한 라테라노, 그리고 성 바울 대성당 등의 교회에서는 멋진 모자이크 작품들이 만들어졌다. 이탈리아인 안드레아 타피(1213~1294년)는 피렌쩨의 세례당을 장식할 모자이크를 설계했지만, 이 작품은 베네찌아나 시칠리아의 그리스 예술가들이 만든 작품에 미치지 못했다. 쉬제르의 생드니 수도원(1150년)에는 매우 웅장하고 화려한 모자이크 바닥이 있었는데, 일부는 클뤼니 박물관에서 소장하고 있다. 또 웨스트민스터 대성당의 바닥(1268년경)에는 여러 모자이크 색조가 감탄스럽게 어우러져 있다. 그러나 모자이크 예술은 알프스 이북에서는 발달하지 못했다. 그보다는 스테인드글라스가 더 뛰어났고, 두치오와 치마부에, 그리고 죠토가 등장하면서 이탈리아에서도 벽화에 밀려났다.

2. 세밀화

세밀화와 함께 필사본 채색, 금과 은 용액 및 컬러 잉크 장식 등은 계속해서 각광받는 예술 양식이었고, 점차 수도원의 고요함과 경건함에 어울리는 형식을 갖추었다. 다른 여러 중세 문명처럼 서방의 세밀화도 13세기에 절정을 이루었다. 이때의 작품은 그 후로 다시없을 섬세함과 독창성을 보여 준다. 11세기의 경직된 조각상과 휘장, 짙은 초록과 빨강 등은 점차 우아하고 부드러운 형태와 청색이나 금색 바탕의 더 풍부한 색깔로 대체되었다. 성모 마리아는 성당을 점령하는 순간부터 세밀화도 장악했다.

암흑시대를 지나는 동안 많은 책이 파괴됐다. 남은 책들은, 말하자면 글과 작품 안에 그 시대의 문명을 보존하는 가느다란 구명 밧줄로 여겨졌다.[11] 시편과 복음, 성사집, 미사 전서, 성무일도서(聖務日禱書), 기도서 등은 신의 계시를 전하는 살아 있는 매개체로 소중히 간직되었다. 이들 책을 꾸미는 데는 아무리 공을 들여도 지나침이 없었다. 머리글자 하나에 하루를 온전히 소비하고, 속표지 한 장에 일주일을 들여도 무리가 아니었다. 생갈의 수도사 하케르는 아마도 그 세기를 마지막으로 세상에 종말이 올 것이라고 생각하여 986년 세속에서 남은 삶을 네 벽에 둘러싸여 지내겠다고 맹세한 것 같다. 그는 15년 뒤 세상을 뜰 때까지 작은 독방에서 생활했다. 그리고 그곳에서 그림과 장신구로『생갈의 교 송(交誦) 성가집』을 밝게 채색했다.[12]

원근법과 입체감 표현은 카롤링거 시대보다 완성도가 떨어졌다. 프랑스에 서는 세밀화가를 "알리미네르(enlumineur)"라고 불렀다. 이들은 색채의 깊이와 화려함을 추구했고, 3차원 공간에 환각을 불러일으키기보다는 빈틈없이 채우 고 활기찬 묘사로 표현하는 것을 더 선호했다. 그들이 가장 흔히 선택하는 주제 는 성경이나 출처 미상의 복음 또는 성인에 관한 설화였다. 그러나 때로는 식물 이나 동물 우화집에도 삽화를 실었고, 화가들은 현실 세계나 상상 속에 등장하 는 동식물을 그리면서 희희낙락했다. 종교 서적에서도 서방은 주제나 표현법 에 대한 교회의 율법이 동방보다 덜 제한적이어서, 화가는 자신의 좁은 공간 안 에서 마음껏 뛰어놀 수 있었다. 동물의 몸을 한 사람 머리, 사람의 몸을 한 동물 머리, 수도사로 변장한 원숭이, 작은 병에 든 소변을 의학적으로 진지하게 검사 하는 원숭이, 당나귀 턱뼈를 긁는 소리로 연주회를 여는 음악가 등이『성모 마 리아의 기도서』를 장식하는 주제였다.[13] 신성 모독적인 동시에 성스러운 다른 책들은 사냥이나 마상 시합, 전쟁 등의 장면을 통해 생생하게 살아났다. 13세기 한 시편서(詩篇書)의 그림에는 이탈리아 은행의 내부가 묘사되었다. 영원에 대 한 공포에서 벗어난 속세는 종교의 영역을 침범하고 있었다.

잉글랜드 수도원은 이 평화적인 예술의 산실이었다. 이스트앵글리아 학교 에서는 유명한 시편서를 만들었는데, 브뤼셀 도서관에 한 권, 옥스퍼드에 한 권, 영국 박물관에 한 권이 소중히 보관되어 있다. 그러나 그 시대의 가장 뛰어 난 채색 작품은 프랑스의 것이었다. 루이 9세를 위해 그려진 시편서는 그림이 중앙에 배치되는 양식의 시작을 알렸다. 또 이때부터 원형 틀을 등분한 모양이 널리 퍼졌는데, 이는 대성당의 스테인드글라스에서 형식을 취한 것이었다. 유 럽 저지(低地)도 이러한 움직임에 동참했다. 리에주와 겐트의 수도사들은 세밀 화를 통해 아미앵과 랭스의 조각상이 풍기던 따뜻한 느낌과 우아함에 도달했다. 스페인은 성모를 위한 찬송집인 『현명 왕(알폰소 10세)의 찬송가』(1280년경)에서 13세기 유일의 위대한 걸작 삽화를 만들었다. 책 속 1226점의 세밀화들은 중세가 책에 쏟아부어 온 노력과 충성심을 보여 준다. 물론 그러한 책은 그림 작품뿐 아니라 필사(筆寫)의 예술도 담고 있다. 때로는 한 예술가가 책을 필사하거나, 글을 쓰고 삽화를 그리고 구성까지 하기도 했다. 어떤 원고들은 장식과 글 중 어느 것이 더 아름다운지 선뜻 선택하기 어려울 정도다. 인쇄 활자에 그만큼 대가가 따른 셈이다.

3. 벽화

세밀화가 주제와 도안에서 벽화와 판화, 성화, 도자기 회화, 돋을새김 조형, 그리고 스테인드글라스에 어느 정도까지 영향을 끼쳤는지, 역으로 이런 예술 분야가 삽화에 얼마만큼의 영향을 끼쳤는지는 구분하기 어렵다. 이들 예술은 지속적으로 상호 작용하면서 주제와 양식을 자유로이 교류했다. 그리고 때로는 한 예술가가 모든 예술 분야를 섭렵하기도 했다. 어떤 예술 분야를 다른 분야와 너무 딱 잘라 구분하거나, 예술을 그 시대의 생활에서 동떨어진 것으로 간주한다면 예술이나 예술가를 부당하게 대우하는 것이다. 언제나 현실은 연대기에서 보는 것보다 더 유기적이다. 역사학자들은 하나의 물줄기처럼 흐르는 문명의 요소들을 편의를 위해 분리시킨다. 우리는 한 예술가를 문화적 집합체와 따로 떨어뜨려 생각하지 않기 위해 노력해야 한다. 이 집합체는 그 예술가를 키우고 가르치며, 그에게 전통과 화두를 심어 주고, 그를 칭찬하거나 괴롭히며, 그를 소진시키고 매장한다. 물론 종종 그의 이름을 망각하기도 한다.

중세 시대는 여느 신앙의 시대에서와 같이 개인주의를 불경한 것으로 여겨 배척했고, 천재라 할지라도 그의 자아가 시대의 작용과 흐름 안에 잠겨야 한다고 명령했다. 교회와 국가, 지역 공동체, 길드는 영속하는 현실이었다. 이들 집단은 예술가요, 개인은 집단의 손이었다. 형태를 갖춘 대성당의 영과 육은 그 설계와 건축과 장식이 축성하고 소모한 모든 영과 육을 상징했다. 그렇게 역사는 13세기 이전 중세 건축물의 벽에 그림을 그린 사람들의 이름을 거의 전부 집어삼켰고, 전쟁과 혁명과 시대의 안개는 그들의 작품을 거의 모두 집어삼켰다. 벽화가들이 택한 기법에 문제가 있었을까? 그들은 고대의 프레스코화와 템페라화의 처리법을 사용하여, 새로 바른 벽에 색을 칠하거나 끈기가 있는 재료로 만든 접착성 안료를 이용해 마른 벽에 그림을 그렸다. 두 기법 모두 목표는 결합이나 침투를 통한 영구성이었다. 그래도 시간이 지나면 색이 떨어져 나오는 경향이 있어 14세기 이전의 벽화는 거의 남아 있지 않다. 테오필루스(1190년)는 유화 물감을 만드는 방법에 대해 서술했지만, 이것은 르네상스 때에 이르러서야 개발되었다.

전형적인 고대 로마 회화의 전통은 이민족의 침략으로 완전히 파괴되었고, 그 뒤로 수 세기의 빈곤이 뒤따랐다. 이탈리아의 벽화가 활기를 되찾았을 때, 그것을 주도한 것은 고대의 화풍이 아니라 그리스와 동양의 것이 혼재된 비잔티움의 화풍이었다. 13세기 초 우리는 베네찌아의 테오파네스나 피렌쩨의 아폴로니오스, 시에나의 멜로르무스 등 이탈리아에서 활동하던 그리스 화가를 볼 수 있다. 이 시기 이탈리아 예술 작품 중 최초로 서명 장식이 들어간 그림들은 그리스 화가들의 작품이었다. 이들은 종교적 신비주의를 상징하는 인물들을 그리면서 자연스러운 자세와 장면 등은 묘사하지 않는 비잔티움의 주제와 양식을 함께 들여왔다.

13세기 이탈리아에 점차 부(富)와 기호(嗜好)가 발달하면서, 그리고 예술 활동에 대한 보상이 커져 더 많은 재능이 발휘되면서, 피사의 준타 피사노와 피스토이아의 라포, 시에나의 귀도, 그리고 아시시와 로마의 피에트로 카발리니 등 이탈리아 화가들은 꿈같은 비잔티움의 화법을 포기하고 이탈리아의 색채와 열정을 그림에 불어넣기 시작했다. 시에나의 산 도메니코 교회에서 귀도(1271년)는 성모 마리아를 그렸는데 그 "순결하고 다정한 얼굴"은 당시 비잔티움 회화의 노쇠하고 생기 없는 형식을 훨씬 앞서 있었다.[14] 이탈리아의 르네상스는 거의 이 그림으로 시작된다.

한 세대 뒤에 두치오 디 부오닌세냐(1273~1319년)는 성모 마리아가 옥좌에 앉은 모습을 그린 「마에스타(Maestà)」로 도시에 일종의 미적 열광을 불러일으켰다. 부유한 시민들은 성모, 즉 자신들의 봉건 왕후를 최고 실력의 가장 위대한 화가에게 맡겨 인상적인 규모의 그림으로 남겨야 한다고 생각했다. 그들은 기꺼이 같은 시민인 두치오를 선택했다. 그리고 그에게 금을 약속하고, 먹을 것과 시간을 주었으며, 작품의 모든 단계를 지켜보았다. 3년 뒤 작품이 완성되고(1311년) 두치오가 감동적인 서명("성모여, 시에나에 평화를, 두치오에게 생을 내리소서. 그가 당신을 이와 같이 그렸나이다.")을 마치자, 나팔과 종이 요란하게 울리는 가운데 주교와 사제, 수도사, 관리, 그리고 도시 인구의 절반이 행렬을 이루어 대성당까지 그림(길이 14피트, 너비 7피트)을 호위했다. 그림은 여전히 절반이 비잔티움 양식이어서 사실적인 초상화법보다는 종교적 표현을 목표에 두고 있었다. 성모의 코는 너무 곧고 길었고, 눈은 음울했다. 그러나 성모를 둘러싼 인물들은 품위와 개성이 있었다. 마리아와 그리스도 생애의 장면을 제단과 첨탑에 그린 그림은 새롭고 생생한 매력을 지니고 있었다. 전체적으로 이 작품은 죠토 이전의 가장 위대한 그림이었다.*

한편 피렌쩨에서는 조반니 치마부에(1240?~1302년)가 거의 3세기 동안 이탈리아 예술을 지배할 화가 왕조의 문을 열었다. 귀족 가문에서 태어난 조반니는 틀림없이 가족들을 슬프게 하며 법을 버리고 예술을 택했을 것이다. 그는 자존심이 강하여 자신이나 다른 사람의 눈에 결함이 발견되면 그 작품은 내다 버리곤 했다. 두치오처럼 이탈리아계 비잔티움 화파에서 가지를 뻗었지만, 그는 자신의 작품에 자부심과 정력을 쏟아부어 혁명적 결과를 만들어 냈다. 그는 위대한 예술가 두치오보다 더 많은 비잔티움 양식을 대체하고 새로운 진보의 길을 닦았다. 또한 선조들의 딱딱한 선을 구부려 부드럽게 하고 영혼에 살을 붙였으며, 살에 색채와 온기를 주었고, 신과 성인들에게 인간의 다정함을 부여했다.

* 가장 중요한 그림은 현재 시에나 대성당의 오페라 극장 또는 미술관에 있다.

천에 밝은 적색과 분홍색, 그리고 청색을 사용한 그는 자신의 그림에 그 이전의 중세 이탈리아에서는 보지 못하던 빛과 생명이 있다고 믿었다. 하지만 이 모든 사실은 그의 시대가 남긴 증거에 기초해서 받아들여야 한다. 그가 그린 것으로 전해지는 그림은 어느 하나도 그의 것이 확실한 작품이 없다. 피렌쩨 산타 마리아 노벨라의 루첼라이 예배당에 템페라화로 그린 「천사들과 함께 있는 성모자(母子)」는 오히려 두치오의 것으로 보인다.[15] 아시시의 성 프란체스코 교회에 있는 「네 천사와 함께 있는 성 모자」는 논란의 여지는 있지만 치마부에의 작품이라는 주장이 아마도 맞을 것이다. 대개 1296년 작품으로 추정되고 19세기에 복원된 이 거대한 프레스코화는 현존하는 이탈리아 회화 가운데 최초의 걸작이다. 성 프란체스코의 모습은 대담하리만치 사실적이어서, 그리스도의 환시에 놀라 수척해진 남자를 보여 준다. 네 천사는 종교적 소재가 여성적 아름다움과 결합하는 르네상스의 시작을 알린다.

생을 마감하던 해에 치마부에는 피사 대성당 모자이크의 "카포마에스트로 (capomaestro, 건축 장인)"에 임명되었다. 그리고 그곳에서 후진(後陣)을 장식할 모자이크 「성모와 성 요한 사이에 있는 영광의 그리스도」를 설계했다고 한다. 바사리가 전하는 한 아름다운 이야기에 따르면, 치마부에는 열 살짜리 목동 죠토 디 본도네가 석탄 조각으로 석판 위에 양을 그리는 모습을 보고는 그 아이를 피렌쩨로 데리고 가 제자로 삼았다고 한다.[16] 확실히 죠토는 치마부에의 화실에서 일했고, 치마부에가 죽고 나서 스승의 집에서 살았다. 그렇게 미술 역사상 가장 위대한 화가들의 계보가 시작되었다.

4. 스테인드글라스

이탈리아는 벽화와 모자이크에서 북부보다 한 세기 앞서 있었고, 건축술과 스테인드글라스 분야에서는 한 세기 뒤져 있었다. 유리에 그림을 그리는 미술은 고대 때부터 알려져 있었지만, 당시에는 주로 유리 모자이크 형식이었다. 투르의 그레고리우스(538?~593년)는 생마르탱 성당의 창을 다양한 색깔의 유리로 채웠다. 같은 세기에 파울루스 실렌티아리우스는 빛나는 햇살이 들어오는 콘스탄티노플 성 소피아 성당의 다양하게 채색된 창에 대해 언급했다. 우리가 아는 한 유리로 그림을 그리려는 시도는 없었다. 하지만 980년경 랭스의 대주교 아달베로는 자신의 성당을 "역사를 담은" 창으로 장식했다.[17] 그리고 1052년 성 베니뉴스는 연대기에서 디종의 한 교회에 있는 성 파스카시우스를 상징하는 "아주 오래전 채색된 유리창"에 대해 서술했다.[18] 그곳에도 그림으로 장식된 유리가 있었다. 하지만 이 그림은 유리 안으로 안료가 융합되지 않고 유리 위에 그려진 것이었다. 고딕 양식의 건축물이 벽의 하중을 줄이고 더 넓은 창을 내기 위한 공간을 만들자 그곳을 통해 풍부한 빛이 교회 안으로 들어와 판유리에 색을 칠할 수 있게 되었다.(사실 색을 칠하지 않을 수 없었다.) 모든 자극은 유리에 더 영구적인 그림을 그릴 방법을 찾는 계기가 되었다.

색이 융화된 유리는 아마도 에나멜 유리 예술의 파생물이었을 것이다. 1190년 테오필루스는 새로운 기법에 대해 설명했다. 밑그림이나 도안을 탁자 위에 놓고, 작게 구획을 나눈 뒤 각각에 원하는 색을 표기해 둔다. 유리를 밑그림의 구획에 맞게 조각으로 자르는데, 이때 한 조각의 길이나 너비는 대개 1인치를 넘지 않는다. 다양한 금속 산화물(청색에는 코발트, 적색이나 녹색에는 구리, 자주색에는 망간 등)을 섞은 가루 유리로 구성된 안료를 이용해 각 유리 조각에 정해진 색을 칠한다. 색을 칠한 유리를 불에 구워 에나멜 산화물을 유리와 융화시킨다. 식힌 유리 조각을 도안 위에 올리고, 가는 납 조각으로 땜질한다. 그렇게 모자이크된 유리창은, 육안으로 납은 잘 보이지 않고 색을 입힌 유리 조각의 표면이 이어져 보이는 효과가 난다. 예술가는 무엇보다도 색에 흥미를 느꼈고, 색조의 융화를 목표로 삼았다. 그는 사실주의도, 원근법도 추구하지 않고, 녹색 낙타나 분홍색 사자, 파란 얼굴의 기사 등 자신의 그림에 등장하는 대상을 가장 기묘한 색깔로 칠했다.[19] 그러나 선명하고 영구적인 그림과 부드럽고 다채로운 색으로 교회에 쏟아지는 빛, 그리고 참배자의 지시와 지복(至福) 등 자신이 목표로 삼은 효과는 달성했다.

창은(거대한 장미창(薔薇窓)조차) 대개 사각의 판이나 원형, 마름모 또는 정사각형 등으로 구획되는데, 그런 형태를 통해 하나의 창은 어떤 주제나 전기(傳記) 안의 몇 가지 장면을 보여 준다. 구약 성서의 선지자들은 신약 성서의 유사 인물이나 예언이 성취된 장면의 반대편에 그려졌다. 그리고 신약 성서는 출처가 불분명한 복음을 통해 구체적으로 묘사되었는데, 중세 사람들은 그러한 복음의 생생한 우화를 매우 좋아했다. 성인들의 이야기는 성서의 일화보다 더 자주 창에 등장했다. 성 에우스타체의 모험은 그렇게 샤르트르 대성당의 창에 그려졌으며, 상스, 오세르, 르망, 투르의 성당에도 등장했다. 세속의 역사 속 사건은 스테인드글라스에 거의 오르지 않았다.

프랑스에서 최초로 그 존재가 알려진 지 반세기 만에 스테인드글라스는 샤르트르 대성당에서 완벽에 도달했다. 이 대성당의 창은 상스와 랑, 보르주, 그리고 루앙의 본보기이자 목표로 기능했다. 그곳에서 이 예술 형태는 잉글랜드로 건너가서 캔터베리와 링컨의 유리 공예를 발달시켰다. 프랑스와 잉글랜드가 맺은 조약에는 루이 7세(1137~1180년)의 유리 화가 중 한 명을 잉글랜드로 보낸다는 조항이 명시됐다.[20] 13세기에는 판유리를 구성하는 부분이 더 넓게 만들어지고, 색채에서 초기 작품에 드러나던 미묘한 울림은 어느 정도 사라졌다. 13세기 말로 넘어가면서 그리자유(grisaille, 회색의 단색 바탕에 적색이나 청색의 얇은 선을 지닌 장식 격자) 기법으로 그려진 그림이 대성당의 조화로운 색채를 대체했고, 중간 문설주들은 더 복잡해진 무늬를 자랑하며 그림에서 큰 역할을 했다. 그리고 그러한 창의 장식 격자는 아름다운 예술 작품이 되었지만, 결국 유리 화가의 기술은 퇴보했다. 스테인드글라스의 광휘는 고딕 양식의 대성당과 함께 시작되었고, 고딕의 영광이 희미해지면서 색채의 황홀경도 사라졌다.

4. 조소

로마의 많은 조각품은 승리한 야만인들의 전리품이 되거나 초기 그리스도교에 의해 터무니없는 우상 숭배로 치부되어 파괴되었다. 특히 프랑스에 남아 있는 몇몇 작품은 교화된 야만인과 성숙한 그리스도교 문화의 상상력을 자극했다. 이 분야의 작품도 다른 예술 작품처럼 동로마 제국이 오랜 모형과 기술을 보존했고, 그 위에 아시아의 전통과 신비주의를 덧입혔으며, 로마에서 건너온 그 씨앗을 서방 세계에 재분배했다. 그리스 조각가들은 테오파노가 오토 2세와 결혼(972년)한 뒤 독일로 건너갔다. 그들은 베네찌아와 라벤나, 로마, 나폴리, 시칠리아를 향했으며, 아마도 바르셀로나와 마르세유로도 갔을 것이다. 그들을 통해, 그리고 왕국의 이슬람 예술가들을 통해 프레데리크 2세의 조각가들은 그들의 일을 배웠을 것이다. 부유해진 야만족은 다른 예술처럼 조각도 자신들의 교리와 의식의 일부로 가져갔다. 결국 이렇게 이집트와 아시아, 그리스와 로마에서 주요 예술이 발달했다. 위대한 예술은 승리한 종교의 후손이다.

벽화와 모자이크, 스테인드글라스처럼 조각도 독립적인 것이 아니라 어떠한 언어로도 명칭을 찾지 못하는 통합적 예술, 즉 예배를 위한 장식의 일면으로 여겨졌다. 조각가의 우선적 역할은 하느님의 집을 조각과 돋을새김 세공으로 아름답게 만드는 것이었다. 두 번째 역할은 가정에서 신앙심을 고취시킬 성상이나 그림을 만드는 것이었다. 그러고 나서 돈이나 시간이 남으면 세속의 인물을 닮은 상을 조각하거나 세속적인 것들을 장식했을 것이다. 교회 조소품을 만들 때 선호하던 재료는 돌이나 대리석, 설화 석고, 청동같이 내구성 있는 물질이었다. 그러나 조각상의 재료로는 목재를 선호했다. 목재 조각상은 그리스도교도가 화려한 종교 행사를 벌이며 행진할 때 고생스럽지 않게 무게를 견딜 수 있었다. 조각상은 고대의 종교 예술에서처럼 색을 칠했는데, 그 형상은 흔히 이상화되기보다는 사실적이었다. 예배자들은 성상을 통해 성인의 존재를 느끼려고 했다. 이러한 목적은 매우 훌륭히 이루어져서, 그리스도교도는 고대 종교의 열성 신도들이 그랬던 것처럼 조각상에 기적을 기대했다. 따라서 축도 예배 중 그리스도가 움직였다거나 성모 마리아 목각상의 유방에서 젖이 흘렀다는 말을 들어도 거의 의심을 하지 않았다.

　중세의 조소품에 대해 연구하려면 먼저 회개해야 할 일이 있다. 잉글랜드에 있던 중세의 조소품은 열성 청교도 신자들에 의해, 때로는 의회의 법률 때문에 파괴되었다. 프랑스에서는 혁명 당시의 예술 파괴 행위가 있었다. 잉글랜드에 새로 등장한 우상 파괴자들은 그리스도교 성지를 장식한 이교도의 조소품으로 보이는 것들을 파괴했다. 프랑스에서는 미움을 산 귀족들의 무덤과 조각상, 소장품 등을 공격했다. 이들 나라 곳곳에서 머리가 없는 조각상과 코가 깨진 두상, 난타당한 석관, 박살 난 유물, 산산조각 난 처마 띠와 기둥머리 등을 볼 수 있다. 그리스도교나 봉건적 폭압에 대한 원한이 쌓이고 쌓여 불어난 분노는 마침내 사탄과 같은 파괴력으로 폭발했다. 마치 파멸의 음모에 가담이라도 한 것처럼, 시간과 시간에 수반되는 요소들은 조각의 표면을 닳아 없애고, 돌을 녹이고, 글자들을 지우고, 인간의 작품에 반대하여 휴전을 허락하지 않는 차갑고 조용한 전쟁을 수행했다. 인간들도 수천 번의 전투에서 승리를 쫓으며 경쟁적으로 파괴에 가담했다. 우리는 그 살풍경을 통해서만 중세의 조소품들을 알 수 있다.

　파괴에 이어 몰이해가 올 수밖에 없는 것은 이들 작품이 박물관에 드문드문 흩어져 있기 때문이다. 그 작품들은 고립적으로 관람하도록 만든 것이 아니었다. 그것은 하나의 신학적 주제와 건축학적 전체의 일부였다. 또한 따로 떨어져 조잡하고 어색해 보이는 조형은 전후 맥락을 지닌 석조상 안에 솜씨 좋게 어울리던 작품이었을 수도 있다. 대성당의 조각상은 하나의 작품을 이루는 한 요소였다. 이러한 조각상은 위치에 맞게 다듬어지고, 성당의 수직선에 생명을 주는 구도의 연장선상에 위치하는 경향이 있다. 이들 조각은 다리를 한데 오므리고, 두 팔은 몸에 딱 붙어 있는 모양인데, 때로는 성인이 문 입구의 문설주 길이만큼 가늘고 길게 늘어나 있기도 하다. 수평 효과가 강조되는 경우는 그보다 드물었는데, 문에 위치한 형상은 샤르트르 대성당의 정문 입구를 덮은 조형처럼 더 뚱뚱하거나 납작한 모양이 되기도 했다. 또는 박공벽(博栱壁)의 구석에 구겨 넣어진 그리스 신처럼 사람이나 짐승이 기둥머리에 일그러져 새겨지는 경우도 있었다. 고딕 양식의 조소품은 그것이 장식하고 있는 건축물과 비할 데 없는 통일체로 융화되어 있다.

조소품이 구조적 체계와 목표에 종속되는 경향은 특히 12세기 예술의 특징이다. 13세기의 조각가들은 활기찬 반란을 일으키며 용감하게도 형식주의를 벗어나 사실주의로, 또 신앙을 벗어나 인간과 풍자와 세속적 삶의 열정 속으로 들어갔다. 12세기 샤르트르의 조각상은 음침하고 경직되어 있었다. 13세기 랭스의 조각상은 자연스러운 대화나 행동을 취하고 그 형체도 각각이며 자세가 우아했다. 샤르트르와 랭스의 대성당에 있는 많은 조각상은 지금도 프랑스의 마을에서 마주치는 턱수염 난 농부들과 닮아 있다. 아미앵 대성당의 서쪽 정문에 조각된 불을 쬐는 목동은 오늘날 노르만이나 가스페의 들판에서도 만날 것만 같다. 역사상 어떠한 조소품도 고딕 양식으로 건축된 대성당의 돋을새김 조각만큼 기발한 진실성을 지니지 못한다. 루앙 대성당의 작은 4엽 장식을 가득 채운 돋을새김 조각 중에는 돼지 머리를 하고 명상하는 철학자도 있다. 반은 사람이고 반은 거위인 한 의사는 소변이 든 물병을 살핀다. 역시 반은 사람이고 반은 수탉인 음악 교사는 켄타우로스에게 오르간 강의를 한다. 마법사로 인해 개로 변한 사람은 여전히 발에 부츠를 신고 있다.[21] 작고 재미있는 조각상들은 샤르트르와 아미앵, 랭스의 조각상 밑에도 쪼그리고 앉아 있다. 개혁 이후 스트라스부르 대성당의 기둥머리에서는 여우 레이나드의 장례 장면을 볼 수 있다. 수퇘지와 염소가 레이나드의 관을 이고, 늑대가 십자가를 졌으며, 토끼는 양초로 길을 비춘다. 곰은 성수를 뿌리고, 수사슴은 미사곡을 부르며, 나귀는 고양이 머리에 놓인 책을 보며 영결 예배의 기도문을 읊조린다.[22] 비벌리 민스터에서는 수도사처럼 두건을 쓴 여우가 연단에서 독실한 거위 신도들에게 설교한다.[23]

대성당의 조각상은 뭐니 뭐니 해도 석조로 새겨진 야생 동물들이다. 세상에 알려진 거의 모든 동물과 중세 시대의 상상 속에만 존재했던 많은 동물은 그 방대한 작품들 속 어딘가에 자리를 차지하고 있다. 랑에는 황소 열여섯 마리가 대성당의 탑 아래쪽에 새겨져 있다. 이들 황소는 숱한 세월 동안 채석장에서 언덕 꼭대기 교회까지 돌덩이를 나르던 힘 센 짐승들을 상징한다고 한다. 한 전설에 따르면 어느 날 위로 올라가려고 애쓰던 황소 한 마리가 지쳐 쓰러졌다. 짐이 비탈면에 위태롭게 걸쳐 있을 때 기적과 같이 황소가 나타나 순식간에 마구를 쓰더니 수레를 끌고 산꼭대기까지 올라간 뒤 초자연적인 기운 속으로 사라졌다.[24] 사람들은 그런 소설 같은 이야기에 미소를 짓고는 예의 그 성(性)과 범죄에 관한 이야기로 돌아간다.

성당은 식물을 위한 공간도 마련했다. 성모 마리아와 천사, 성인들 다음으로, 하느님의 집을 꾸미는 데 프랑스나 잉글랜드나 독일 전원의 초목과 열매와 꽃보다 더 나은 게 있겠는가? 로마네스크 양식의 건축물(800~1200년)에는 오랜 로마의 꽃 그림 모티브인 아칸서스 잎과 포도나무가 계속 등장했다. 고딕 양식에서는 이렇게 형식적인 모티브 대신 감탄사가 나올 정도로 만발한 토착 식물이 기둥 기저부와 기둥머리, 스팬드럴, 장식 홍예 창 도리, 처마 돌림띠, 기둥, 설교단, 성가대석, 문설주 등에 새겨졌다. 이러한 형식은 전통과는 거리가 있다. 이들 식물은 흔히 지역마다 사랑받던 각양각색의 개체였고, 생생한 실물의 모양을 그대로 따라갔다. 때로는 합성 식물도 등장했다. 합성 식물은 고딕 양식의 또 다른 상상의 산물이지만 여전히 자연의 향을 물씬 풍겼다. 나무와 줄기, 잔가지, 잎, 싹, 꽃, 열매, 양치식물, 미나리아재비, 질경이, 애기똥풀, 장미 덤불, 딸기, 엉겅퀴와 샐비어(salvia), 파슬리와 치커리, 양배추, 그리고 셀러리 등, 절대로 비어지지 않는 성당이라는 풍요의 뿔에서 떨어진 모든 식물이 조소로 표현되었다. 조각가들은 봄에 대한 도취를 마음에 품었고, 그런 마음으로 끌을 들어 돌을 깎았다. 봄뿐만이 아니었다. 한 해의 모든 계절이 이러한 조각품 안에 있어서, 씨 뿌리고 수확하며 그렇게 만든 포도주에 쏟아붓는 노력과 그로부터 받는 위로 등이 모두 조각되었다. 그리고 전체 조소의 역사를 통틀어 이런 종류의 작품 중에서 랭스 대성당의 「포도 잎 장식 기둥머리」보다 더 멋진 조각 작품은 없다.[25]

　그러나 이러한 초목과 꽃, 새, 그리고 동물의 세계는 인간의 삶과 죽음이라는 중세 조소품의 중심 주제에 보조적인 작품이었다. 샤르트르와 랑, 리옹, 오세르, 보르주 등에서 일부 입구 돋을새김 조각은 창조의 이야기를 들려준다. 랑에서 창조주는 손가락으로 자신의 과업을 위해 남은 날들을 센다. 뒤의 장면에서 우리는 엄청난 노고에 지쳐 지팡이에 기대서고, 앉아서 쉬며, 잠자리에 드는 창조주를 볼 수 있다. 이는 어느 농부라도 이해할 수 있는 신의 모습이다. 다른 성당의 돋을새김 세공에서는 한 해의 몇 개월을 보여 주는데, 각 장면은 독특한 표현과 즐거움을 담고 있다. 또 다른 성당에서는 사람들의 직업을 보여 주는데, 들판이나 포도즙 짜는 기구 앞에 농부가 있다. 어떤 이들은 말이나 황소를 끌고 고랑을 파거나 수레를 끈다. 또 어떤 이들은 양의 털을 깎거나 소젖을 짠다. 방앗간 주인이나 목수, 짐꾼, 상인, 예술가, 학자, 심지어 철학자도 한두 명 눈에 띈다. 조각가들은 전형을 통해 추상적 개념을 묘사하기도 한다. 도나투스는 문법이고 키케로는 웅변이며 아리스토텔레스는 변증법이다. 프톨레마이오스는 천문학이다. 철학은 머리에 구름을 쓰고, 오른손에는 책을, 왼손에는 홀(笏)을 들고 앉아 있다. 철학은 "학문의 여왕"이기 때문이다. 짝을 이룬 조각들은 믿음과 우상 숭배, 희망과 절망, 관용과 탐욕, 순결과 색욕, 평화와 반목을 의인화한 것이다. 랑의 정문 입구에는 악덕과 미덕의 전투 장면이 있다. 그리고 파리 노트르담 대성당의 서쪽 정면에는 두 눈에 붕대를 감은 우아한 인물이 유대교 회당을 상징하며 조각되어 있고, 그 맞은편에는 더 예쁜 여자가 우아한 망토를 걸치고 위엄을 풍기는 모습이 새겨져 있는데, 여자는 그리스도의 신부인 교회를 표현한 것이다. 그리스도는 때로는 다정한 모습으로, 때로는 끔찍한 모습으로 등장한다. 어머니에 의해 십자가에서 강하하기도 하고 무덤에서 부활하기도 하는데, 이때 그 가까이에서 새끼에게 생명의 숨결을 불어넣는 사자의 모습이 함께 그려지기도 한다. 또는 산 자와 죽은 자를 엄격히 심판하는 모습도 등장한다. 최후의 심판은 교회의 조소품이나 회화 작품으로 어디에서나 볼 수 있다. 인간은 최후의 심판을 잊어서는 안 되며, 죄를 짓고 용서를 구할 때 의지할 수 있는 단 한 명의 중재가 있다는 사실도 기억해야 했다. 그리하여 조소품에서도 호칭 기도처럼 마리아는 주된 위치를 차지했다. 마리아, 즉 무한히 자비로운 어머니는 그녀의 아들로 하여금, 많은 이들이 간청하나 소수만이 선택받는다는 그 끔찍한 말들을 너무 곧이듣지 않도록 하는 존재였기 때문이다.

고딕 양식의 조소품에는 깊이 있는 감성이 있다. 다양하고 활력 넘치는 생명, 모든 형태의 식물과 동물 세계에 대한 온정, 부드러움과 온화함과 우아함, 육(肉)이 아닌 영(靈)을 드러내는 돌의 기적과 품위가 우리에게 감동과 만족을 선사할 때, 그리스 조각상의 탁월한 육체미는 아마도 인간의 노화로 인해 그 전통적인 유인을 상실했다. 중세 종교 건축의 살아 있는 형상들 옆에 서면, 파르테논 신전의 박공벽에 새겨진 엄격한 신들은 차갑고 생명력이 없어 보인다. 고딕 양식의 조소품은 기술적으로 부족하다. 완벽한 파르테논 신전의 프리즈(frieze)나 프락시텔레스가 조각한 잘생긴 남신과 관능적인 여신, 또는 로마 아라파키스에 새겨진 노부인들과 원로원 의원들과 비교하면 필적하는 부분이 없다. 게다가 의심의 여지없이 이 잘생긴 청년들과 얌전한 아프로디테들도 한때는 건강한 삶과 사랑의 기쁨을 의미했다. 그러나 우리는 토착 교리의 사랑스러움은 기억하면서 공포에 대해서는 망각한 채 거듭 대성당으로 회귀하고, 아미앵 대성당의 아름다운 하느님과 랭스 대성당의 천사상, 샤르트르 대성당의 성모 마리아상에 그 결과를 남겼다.

중세 조각가들은 기술이 좋아지자 건축과 별개인 작품을 만들고 싶어 했고, 점차 세속화되어 가는 대공과 고위 성직자, 귀족과 부르주아 등의 기호를 만족시켜 줄 작품을 조각했다. 13세기 잉글랜드에서는 도르셋셔 해안 지대에서 채굴한 우수한 재료를 사용한 퍼베크의 대리석이 기성품의 기둥머리나 부자가 죽었을 때 석관에 새기는 와상(臥像)을 만들 때 높은 평가를 얻었다. 1292년경 런던의 금세공사 윌리엄 토렐은 청동으로 헨리 3세와 그의 며느리인 카스틸리아의 엘레아노르의 상을 만들어 웨스트민스터 대성당에 있는 그들의 대리석 무덤을 장식했다. 이들 조각상은 당시의 여느 청동 작품만큼 뛰어났다. 이 시기 리에주와 힐데스하임, 그리고 나움부르크에 주목할 만한 조각 유파가 형성됐다. 그리고 1240년경 몇몇 이름 없는 장인들은 브룬슈비크의 대성당에 하인리히 사자공(公)과 그의 아내를 강하고 소박한 형상으로(멋진 휘장과 함께) 제작했다. 프랑스는 로마네스크 양식(12세기)과 고딕 양식(13세기)의 우수한 조각상들로 유럽을 선도했다. 하지만 작품 대부분은 성당과 통합적으로 존재하고, 그 안에서 이해되는 것이 가장 바람직하다.

이탈리아의 조소품은 프랑스에서처럼 건축물이나 지역, 길드 등과 그다지 긴밀하게 연결되어 있지 않다. 그리고 13세기 이탈리아에서는 개인의 개성이 작품을 지배하고 그 작품을 통해 이름을 남기는 개별 예술가들이 활동하기 시작한다. 니콜로 피사노는 다양한 영향을 받아 독특하게 융합시킨 종합적 결과를 구현했다. 1225년경 아풀리아에서 태어난 그는 프레데리크 2세 치하의 활기찬 분위기를 즐기면서, 그 안에서 고전 예술의 보존과 복원에 관해 연구했을 것이다.[26] 피사로 이주한 그는 로마네스크의 전통을 물려받았는데, 당시 프랑스에서 정점에 있던 고딕 양식에 대해 알게 되었다. 피사의 세례당에 놓을 설교단을 조각할 때 그는 하드리아누스 시대의 로마식 석관을 본으로 삼았다. 니콜로는 고전 형식의 단호하고도 우아한 선에 깊은 감명을 받았다. 하지만 그가 만든 설교단은 로마네스크와 고딕 양식의 곡선을 지녔고, 그 안에 조각된 인물들은 로마의 특징과 의복을 갖추고 있었다. 벽판에 새긴 성모 마리아의 봉헌 속 성모의 얼굴과 옷은 로마 부인들의 것이었다. 그리고 한쪽 모퉁이에 있는 나체의 운동선수는 고대 그리스의 정신을 분명히 보여 주었다. 이 걸작에 질투를 느낀 시에나(1265년)는 니콜로와 그의 아들 조반니, 그리고 그의 제자 아르놀포 디 캄비오를 고용하여 성당을 위해 더 멋진 설교단을 조각하게 했다. 그리고 그들은 요구를 성공적으로 수행했다. 머리 부분에 고딕 양식의 꽃 그림이 새겨진 기둥으로 받친 이 흰 대리석 설교단은 피사에서 만든 설교단과 주제에서 일맥 상통하는데, 여기에서는 그리스도의 책형(磔刑)을 복잡한 벽판에 새겨 넣었다. 이 작품에서는 고딕 양식의 영향이 고전의 영향보다 우세했다. 하지만 기둥에 복잡하게 새겨진 여성상에 넘치는 건강미를 노골적으로 묘사한 데서 고전의 냄새를 풍겼다. 마치 자신의 고전적 정서를 강조라도 하는 듯, 니콜로는 금욕적 인 볼로냐의 성 도미니크의 무덤을 삶의 환희로 가득 찬, 이교도 양식의 남성 적 형식으로 조각했다. 1271년 그는 페루자의 공공 광장에 서 있는 대리석 세례 반(洗禮盤)을 조각하는 작업에 아들과 아르놀포를 참여시켰다. 니콜로는 7년 뒤 비교적 젊은 나이에 세상을 떠났다. 하지만 그 한 번의 생으로 그는 도나텔 로와 르네상스 고전 조소품의 부활을 위한 길을 열었다.

니콜로의 아들 조반니 피사노(1240년경~1320년경)는 영향력 측면에서 그 에 필적했고, 기술적 수완에서는 그를 능가했다. 1271년 피사는 당시 서부 지중 해를 제노바와 나누어 갖고 있던 사람들에게 어울리는 묘지를 지어 달라고 조 반니에게 의뢰했다. 갈보리 산에서 캄포 산토, 즉 신성한 들판으로 성스러운 흙이 옮겨졌다. 직사각형 잔디밭 둘레로, 이 예술가는 로마네스크 양식과 고 딕 양식이 어우러진 우아한 아치를 세웠다. 걸작 조각품으로 회랑이 장식된 캄포 산토는 조반니 피사노의 기념비적 작품으로 남아 있다가, 2차 세계 대전 당시 아치들이 반파되어 폐허가 된 채 방치되었다.* 제노바에 패배한 피사인들 (1284년)은 더 이상 조반니를 고용할 형편이 안 되었다. 그는 시에나로 가서 대 성당 파사드의 조소품을 설계하고 조각하는 일을 도왔다. 1290년에는 오르비 에토 대성당의 기이한 외면에 돋을새김 조각상을 깎았다. 그곳에서 북쪽의 피 스토이아로 돌아가 성 안드레아의 교회를 위해 아버지가 남긴 피사의 작품보 다는 덜 남성적이지만 자연스러움과 우아함에서는 그것을 능가하는 설교단을

----

* 캄포 산토는 복원 중에 있다.

조각했는데, 이는 사실상 이탈리아 고딕 양식의 조소품 중 가장 아름다운 작품이다.

아르놀포 디 캄비오(1232~1300년경)는 교황들의 후원 아래 고딕 양식의 작품 활동을 지속했는데, 이들 교황 중 일부는 프랑스 출신이었다. 오르비에토에서 그는 성당 파사드를 조각하는 작업에 동참했고, 드 브라예 추기경을 위해 멋진 석관을 만들었다. 1296년에는 다재다능한 르네상스 예술가들과 함께 피렌째의 세 명물, 즉 산타 마리아 델피오레 대성당과 산타 크로체 성당, 그리고 베키오 궁전을 설계하고 작업에 착수했다.

그러나 아르놀포와 이들 작품을 통해 우리는 조소에서 건축으로 넘어간다. 모든 예술은 이제 삶과 건강에 관한 것으로 돌아갔다. 오랜 기술이 부활하여 거의 무모할 정도의 파급력을 갖고 새로운 모험과 기법을 낳고 있었다. 예술도 같은 모험을 시도하며 같은 사람 안에서 전무후무한 수준으로 통합되었다. 중세 예술의 절정을 이끌어 모든 분야를 완벽한 협력 안으로 결합시킬, 그리고 한 시대와 양식에 그 이름을 부여할 모든 준비가 완료되었다.

32장	고딕 양식의 개화기
	1095~1300

1. 대성당

왜 서유럽에서는 1000년 후의 3세기 동안 그토록 많은 교회를 건축했을까? 규모가 너무 커서 이제는 가장 성스러운 축일조차 신도로 가득 차는 법이 없는 교회당이, 현재 인구의 5분의 1도 채 되지 않던 당시 유럽에 어떤 필요가 있었을까? 어떻게 한낱 농경 사회에서, 부유한 산업 사회에서도 간신히 유지해 가는 그런 값비싼 건축물을 짓고 관리할 수 있었을까?

인구는 작았지만 그들에게는 신앙이 있었다. 가난했지만 그들은 가진 것을 기꺼이 내주었다. 축일 때나 순례 교회에서는 예배자가 매우 많아, 생드니의 쉬제르 말을 빌리면 "여성들은 제단으로 나아가려면 남자들의 머리를 땅처럼 밟고 지나가야 했다."[1] 이 위대한 수도원장은 기금을 모아 자신의 걸작을 지어 올리는 중이었으므로 약간의 과장은 이해하기로 하자. 피렌쩨나 피사, 샤르트르,

요크 같은 마을에서는 때에 따라서 전체 주민이 교회 안으로 모여야 했다. 사람이 많은 수도원에서는 대수도원 교회에서 수도사와 수녀, 평신도 등을 수용해야 했다. 성유물을 보관하려면 특별한 성물함과 함께 중심으로 기도할 수 있는 방이 있어야 했고, 중요한 의식을 치르기 위해서는 널찍한 성소가 필요했다. 많은 신부들이 매일 미사에서 설교해야 하는 대성당과 수도원에는 측면 제단도 있어야 했다.

건축 비용은 주로 주교구에서 모아 둔 자금으로 충당했다. 덧붙여서 주교가 왕과 귀족, 지역 사회, 길드, 교구, 그리고 개인들에게 기부를 부탁했다. 지역 사회에 선의의 경쟁을 자극하기도 했는데, 대성당은 그 지역이 지닌 부와 힘의 상징이자 시험대였다. 기부자에게는 면죄부를 발행했다. 기부를 자극하기 위해 성유물을 들고 교구를 돌아다니기도 했다. 그러면 이따금 기적처럼 후한 인심이 발동되기도 했다.[2] 건축 자금을 마련하기 위한 경쟁은 치열했다. 다른 지역을 위한 공사의 경우, 주교들은 자신의 교구에서 자금을 마련하는 것에 반대했다. 하지만 여러 교구의 주교들은 물론, 외국에서까지 특정한 공사를 위해 원조를 보내기도 했다. 샤르트르가 바로 그런 경우였다. 비록 이러한 청원 가운데 일부는 거의 압력에 가까웠지만, 그것은 근대 전쟁에 공공의 재정을 마련하기 위해 행사되어 온 강한 영향력에 비하면 아무것도 아니었다. 고딕 양식의 황홀경 안에서 대성당 사제단은 자신들의 재정을 모두 소진했고, 프랑스 교회도 거의 파산 직전이었다. 시민들은 기부를 하면서 그것이 착취라고는 생각하지 않았다. 그들은 제각기 내주던 얼마 안 되는 돈을 별로 아까워하지 않았다. 그리고 그 소액의 성금으로 집단적 성취감이자 자긍심인 예배의 전당을, 지역 사회의 만남의 장을, 아이들이 글자를 배울 학교를, 길드가 기술과 공예를 익힐 학교를 얻었다. 그리고 그들 신앙의 역사를 조소와 회화로 바라볼 수 있는 돌로 지은 성서를 갖게 되었다. 사람들의 집은 곧 하느님의 집이었다.

대성당을 설계한 사람들은 누구일까? 건축술이 건물을 설계하고 꾸미며 그 건설을 지휘하는 기술이라면, 우리는 고딕 양식의 건축가가 사제나 수도사들이라는 오랜 견해를 거부해야 한다. 그들의 역할은 요구를 만들어 내고 대체적인 계획을 구상하며 위치를 확보하고 재정을 모으는 것이었다. 1050년 전의 성직자, 특히 클뤼니파 수도사들은 대체로 구상뿐 아니라 설계와 감독까지 맡았다. 그러나 1050년 이후에 지어진 대성당의 경우 거의 예외 없이 수도사도, 사제도 아닌 전문 건축가에게 의뢰해야 할 필요성이 대두됐다. 건축가라는 이름은 1563년까지 쓰이지 않았다. 중세에는 그들을 "건설 장인" 또는 "석조 장인"이라고 불렀다. 이러한 명칭에는 그 직업의 기원이 들어 있다. 건축가는 자신이 감독하는 일에 육체적으로 관여하는 기능공으로 출발했다. 13세기 부의 발달로 더 큰 건물을 짓고 기술도 전문화되면서, 건설 장인은 더 이상 육체적 노동에 참여하지 않았다. 설계도와 경쟁력 있는 가격을 제시하고, 계약을 수락하고, 평면도와 시공도를 만들고, 자재를 구입하고, 기술자와 기능공을 고용하고 보수를 주며, 착공부터 완공까지 공사를 감독하는 것이 그들의 역할이었다. 1050년 후로 그런 건축가들 다수가 이름을 남겼는데, 중세 스페인에만 고딕 양식 건축가가 137명 존재했다. 그중 몇몇은 건물에 자신의 이름을 새겼고, 소수는 자신의 기술에 관한 책을 저술했다. 빌라르 드 온쿠르(1250년경)는 랑과 랭스에서 로잔과 헝가리까지 업무차 다니면서 기록한 건축학적 주석과 개요를 앨범으로 남겼다.

더 섬세한 작업을 하던 예술가, 즉 조소품과 돋을새김을 조각하거나, 창이나 벽에 그림을 그리거나, 성가대 제단을 꾸미는 사람들에게는 특별한 명칭으로 기능공과 구별 짓지 않았다. 예술가들은 기능을 보유한 장인이었고, 모든 제조업은 예술 작품이 되기 위해 분투했다. 예술가와 기능공이 함께 속한 길드는 많은 작업을 계약에 의해 분배했다. 특별한 기술이 필요 없는 노동에는 농노나 이주 노동자를 고용하였다. 시간이 촉박할 때는 당국에서 사람들(숙련된 기능공을 포함)을 모집하여 일을 완성했다.[3] 노동 시간은 겨울에는 일출에서 일몰까지, 여름에는 일출 후에서 일몰 전까지였고, 정오에는 넉넉한 식사 시간이 허락되었다. 1275년 잉글랜드의 건축가들은 하루 12펜스(12달러)의 보수에 이동 경비를 따로 받았고, 이따금 선물도 받았다.

성당 평면도는 본질적으로 여전히 로마 바실리카의 평면도와 같았다. 종대로 늘어선 네이브(nave, 교회 입구에서 안쪽까지 통하는 중앙의 주요한 부분 - 옮긴이)는 성단소와 애프스(apse)까지 이어졌고, 두 측면 복도 사이에서 벽과 줄기둥이 받치고 있는 천장을 향해 솟아 있었다. 복잡하지만 매력적인 진화를 거치면서 이 소박한 바실리카는 처음에는 로마네스크 양식의, 그 다음에는 고딕 양식의 대성당이 되었다. 네이브와 측면 복도를 트랜셉트(transept, 십자형 교회의 좌우 날개 부분 - 옮긴이)가 가로지르는 평면도는 라틴 십자가 모양을 이루었다. 면적은 경쟁적으로 넓어져 파리의 노트르담 대성당은 6만 3000제곱피트에 이르렀고, 샤르트르나 랭스 대성당은 6만 5000제곱피트, 아미앵 대성당은 7만 제곱피트, 콜로뉴 대성당은 9만 제곱피트, 성 베드로 대성당은 10만 제곱피트를 기록했다. 그리스도교 교회는 거의 항상 예루살렘을 지향하여, 건물의 머리 부분 또는 애프스는 동쪽을 가리켰다.

이런 이유로 정문 입구가 서쪽 파사드에 위치하여 그곳의 특별한 장식은 석양빛을 받았다. 대성당의 각 정문은 "단층 열(列)"이 있는 아치 모양이었다. 즉 가장 안쪽의 아치 위로 더 큰 아치가 덮고, 다시 그 위를 더 큰 아치가 덮는 식으로 해서 최대 여덟 개의 층 또는 열(列)이 전체적으로 커지는 조개껍데기 형상을 만들었다. 이와 비슷한 "열(列)에의 순종", 또는 부분들의 점증적인 변화는 네이브의 아치와 창문의 세로 기둥에도 아름다움을 더해 주었다. 복합적인 아치의 각 열 또는 돌 띠들은 조각상이나 기타 조각 장식을 새길 수 있어서, 특히 서쪽 파사드의 정문은 그리스도교 구비 설화를 적은 석조 서적의 여러 장(章)으로서 역할을 했다.

서쪽 파사드는 두 개의 탑이 측면을 장식하며 위엄을 드높였다. 탑의 역사는 기록된 역사 자체만큼 오래됐다. 로마네스크와 고딕 양식에서 탑은 종을 수용하는 용도뿐 아니라 파사드의 측압(側壓)과 측면 복도의 수직압을 지지하는 용도로도 이용됐다. 노르망디와 잉글랜드에서는 제3의 탑에 창이 많이 나 있거나 그 기저부가 넓게 뚫려 있어 교회 중앙에 자연광을 주는 전등의 역할을 하였다. 수직성에 매료된 고딕 건축가들은 탑마다 첨탑을 더하는 것을 목표로 하였지만, 재정이나 기술 또는 기백이 부족했다. 보베 대성당의 경우처럼 무너지는 첨탑도 있었다. 노트르담과 아미앵, 랭스 대성당 등은 첨탑이 없었고, 샤르트르는 원래 계획된 세 개의 첨탑 중 두 개만을, 랑은 다섯 개 중 한 개만을 세웠다. 그리고 그 하나의 첨탑도 프랑스 혁명 와중에 파괴되었다. 북방의 풍경에 첨탑이 솟아올라 있었듯이, 이탈리아의 도시들은 종탑이 지배했다. 종탑은 피렌쩨에 있는 죠토의 종탑이나 피사의 사탑처럼 대개 교회와는 별개로 지어졌다. 아마도 이들 종탑은 이슬람교 사원의 뾰족탑에서 어느 정도 단서를 얻었을 것이다. 그러고는 역으로 그 양식을 팔레스타인과 시리아로 퍼뜨렸다.

측면에 늘어선 줄기둥이 곡선을 그리며 둥근 천장을 가로질러 만나는 아치들을 받치고 있는 경우 교회 내부의 중앙 통로는 마치 뒤집어진 선체의 속껍데기처럼 보인다. 그리고 거기에서 네이브라는 명칭이 유래했다. 대리석이나 쇠로 아름답게 깎이거나 주조된 창살이 특히 잉글랜드에서는 예배 중 무단 침입하는 평신도를 막기 위해 성단소를 보호하고 있어 전체적인 길이감은 반감되었다. 성단소 안에 있는 성가대석은 언제 보아도 예술 작품이다. 두 개의 설교단은 때로는 "양쪽"을 의미하는 라틴어 "암보스(ambos)"로 불렸다. 집전 중인 사제를 위한 좌석과 중앙 제단도 있었는데, 이 제단은 흔히 배후에 칸막이나 장식 벽을 진열했다. 성단소 둘레로는 측면 복도가 애프스로 연결되면서 보행용 복도와 이어지는데, 이는 건물을 한 바퀴 돌 수 있는 구조로 설계되었다. 몇몇 교회는 제단 밑에 로마 지하 묘지의 묘실을 회고하는 것처럼, 수호성인의 유물이나 유명인의 유골을 보관하기 위한 지하실을 만들었다.

로마네스크와 고딕 건축물의 중점적인 문제는 어떻게 지붕을 떠받칠 것인가였다. 초기 로마네스크 교회들은 천장을 나무로 만들었는데, 주로 잘 건조된 오크 나무를 재료로 사용했다. 그런 목재는 적절히 통풍을 시키고 습기만 막아 주면 무한히 유지되었다. 이렇게 해서 윈체스터 대성당의 남쪽 트랜셉트는 아직도 11세기에 만들어진 나무 천장을 이고 있다. 이러한 구조물의 단점은 화재의 위험이 있다는 것이었다. 한 번 불이 붙으면 거의 손을 쓸 수 없었다. 12세기 무렵에는 거의 모든 대형 교회가 석재로 천장을 올렸다. 석조 지붕의 무게는 중세 유럽 건축물의 진화에 결정적인 역할을 하였다. 이 무게의 많은 부분은 네이브 측면에 늘어선 기둥들이 지탱했다. 따라서 기둥을 강하게 만들거나 수를 늘려야 했다. 이 작업은 몇 개의 기둥을 연결하여 다발로 묶거나 육중한 석조의 네모진 기둥으로 교체하는 방법으로 해결됐다. 기둥이나 기둥 다발 또는 네모진 기둥 꼭대기에는 기둥머리를 얹었고, 또 대개는 그 위에 홍예 굽을 올려 위로부터 누르는 압력을 더 넓은 면적으로 지탱하게끔 하였다. 각각의 네모진 기둥이나 기둥 다발에서부터 석조 아치는 부채 모양으로 올라갔다. 횡단 아치는 네이브를 가로질러 맞은편 네모진 기둥으로 이어졌다. 또 다른 횡단 아치는 측면 복도를 가로질러 벽에 맞닿은 네모진 기둥과 연결됐다. 두 개의 종단(縱斷) 아치는 앞쪽 네모진 기둥과 뒤쪽 네모진 기둥으로 연결된다. 두 개의 사선 아치는 네이브를 가로질러 대각선으로 위치한 네모진 기둥을 연결한다. 그리고 또 두 개의 사선 아치는 측면 복도를 가로질러 대각선으로 위치한 네모진 기둥을 연결한다. 대개 각각의 아치에는 그 아치를 받치는 홍예 굽이나 기둥머리가 존재했다. 나아가 각각의 아치는 끊이지 않고 연속된 선으로 기둥 다발을 타고 바닥까지 내려왔다. 이렇게 만들어진 수직 효과는 로마네스크와 고딕 양식이 지닌 가장 매력적인 특징 중 하나였다. 네이브나 측면 복도 안에 네모진 기둥으로 만들어진 사각형은 경간(徑間)을 이루고, 그곳에서부터 아치는 안쪽으로 우아하게 곡선을 그리며 궁륭(穹窿)의 일부를 만들어 냈다. 이 천장은 바깥쪽으로 목재 박공지붕으로 덮였고, 지붕은 다시 슬레이트나 기와로 감추어 보호했다.

궁륭은 중세 건축물 최고의 성과가 되었다. 아치의 원리는 목재 천장이나 창틀로 만들 수 있는 것보다 더 넓은 공간을 창출했다. 네이브는 더 길어진 길이에 비례하여 넓어졌다. 넓어진 네이브는 비율상 높이도 더 높아져야 했다. 그로인해 네모진 기둥이나 벽에서 안쪽으로 올라가는 아치의 높이도 더 높아졌다.

이렇게 길어진 곧은 주신(柱身)은 성당의 선들이 만드는 숨이 멎을 듯한 수직성을 한층 더 강조했다. 궁륭은 석조 아치들이 만나는 교차점에 벽돌이나 돌 등의 늑재(肋材)로 테두리를 만들 때 더 확실한 조화를 이루었다. 이러한 늑재는 역으로 구조와 양식에서 중대한 발달을 이끌어 냈다. 석공들은 쉽게 이동할 수 있는 홍예 틀 또는 나무틀 위에 한 번에 하나씩 늑재를 세워 궁륭을 착공하는 기법을 습득했다. 석공들은 한 쌍의 늑재 사이에 만들어진 삼각형 공간을 가벼운 석재로 한 번에 한 곳씩 채웠다. 이 가는 석재 거미줄은 오목한 면으로 만들어져 무게의 대부분을 늑재로 분산했다. 그리고 늑재는 강하하도록 설계되어 밑으로 내리누르는 압력을 특정한 지점, 즉 네이브나 벽의 네모진 기둥으로 보냈다. 교차하는 늑재 궁륭은 정점에 달한 중세 건축물의 독특한 특징을 이루었다.

상부 구조를 지탱하는 문제는 네이브를 측면 복도보다 높게 만들면서 한층 더 보강되었다. 측면 복도의 지붕은 외벽과 함께 그렇게 네이브의 궁륭을 받치는 버팀벽 역할을 했다. 그리고 측면 복도 자체도 둥근 천장을 달 경우, 늑재가 있는 그 아치들은 무게의 절반을 안으로 전달하여 네이브 지지대의 가장 약한 지점에 가해지는 궁륭 중앙의 외부 압력을 지탱했다. 동시에 측면 복도의 지붕보다 높이 올라간 네이브는 고측창이 되어, 훤히 뚫린 그 창을 통해 들어온 빛이 네이브를 비추었다. 측면 복도는 흔히 두세 개 층으로 나뉘었다. 가장 위의 층은 회랑(回廊)을 이루었고, 두 번째 층은 트리포리움(triforium, 교회 입구의 아치와 지붕과의 사이 – 옮긴이)이라고 하였는데, 이곳에서 네이브와 접하는 아치 장식 공간이 보통 두 개의 기둥에 의해 "세 개의 문"으로 나뉜 데서 그 이름이 유래했다. 동방 교회에서는 여성들이 이곳에서 예배를 보았으며, 네이브는 남성 신도들을 위한 자리가 되었다.

이렇게 층층이 우뚝 선 대성당은 10년, 12년, 아니 100여 년의 세월 동안 중력을 버티며 신을 찬미했다. 그리고 모든 준비를 갖추었을 때, 그곳은 격식을 갖춘 의식에 전용되어 고위 성직자와 고위 관리, 참배객과 관광객, 그리고 골방 무신론자를 제외한 모든 도시민을 한자리에 모이게 만들었다. 내장 공사와 외장 공사를 마무리하고 수백 가지 장식을 추가하는 데 몇 해는 더 걸렸을 것이다. 수 세기 동안 사람들은 정문과 창, 기둥머리, 그리고 벽 등에 조각되거나 그려진 신앙의 역사와 설화를 보고 읽었다. 천지 창조와 인간의 타락, 최후의 심판, 예언자와 총대주교들의 생애, 성인들의 수난과 기적, 동물 세계로 풍자한 도덕적 우화, 신학자의 신조, 심지어 철학자의 관념에 이르기까지 모든 것이 그 안에, 그리스도교의 거대한 석조 백과사전 안에 있었다. 선량한 그리스도교도는 죽은 뒤에 악령들이 꺼려 하는 교회 벽 근처에 매장되기를 원했다. 세대를 거듭하며 사람들은 성당에서 기도했다. 세대를 거듭하며 사람들은 죽는 순간까지 교회에 갔다. 잿빛 성당은 돌의 묵묵함과 차분함으로 그들이 오가는 것을 지켜보면서 종국에는 더없이 위대한 죽음을 맞아 그 교의도 죽을 터였고, 성벽(聖壁)들도 잡식(雜食)의 시대에 무릎을 꿇거나 새로운 신을 모시는 새로운 신전으로 일어설 터였다.

2. 대륙의 로마네스크: 1066~1200년

앞에서 약술한 성당 구조를 모든 라틴 그리스도교 국가에 유효한 것으로 믿는다면, 그것은 12세기와 13세기 서방 건축 양식의 다양성을 오판하는 것이다. 베네찌아에서는 비잔티움의 영향이 지속됐다. 성 마르코 성당은 전혀 새로운 장식과 작은 첨탑, 전리품 등을 더했지만 언제나 바그다드의 것과 결합된 콘스탄티노플의 건축 방식을 유지했다. 어쩌면 베네찌아를 통해 또는 제노바나 마르세유를 통해, 십자형 바닥에 삼각 궁륭이 위치한 비잔티움 양식의 반구형 지붕이 프랑스에 들어와 페리괴의 생프롱 성당과 생테티엔 성당에 나타났고, 카오르와 앙굴렘의 대성당에도 등장했다. 1172년 총독 궁을 복원, 확장하기로 결정한 베네찌아는 로마와 롬바르디아, 비잔티움, 아랍 등 잡다한 양식을 취하고 그 양식을 통합하여 하나의 걸작을 만들었는데, 빌라르두앵은 1202년 이를 두고 "무척 아름답다."라고 하였다.

건축 양식에 대한 규정은 예외 없는 경우가 없었다. 사람이 하는 일은 자연의 일과 같아서, 일반화에 분개하고 모든 규칙에도 불구하고 각자의 개성을 과시한다. 둥근 아치, 두꺼운 벽과 네모진 기둥, 좁은 창, 버팀벽이 부착되거나 아닌 것, 대부분 수평인 선 등을 로마네스크의 특징으로 기억하되, 일탈이 있을 수 있다는 점을 염두에 두자.

"두오모(성당)"를 건립하고 거의 1세기가 지난 뒤에 피사는 디오티살비에게 성당에서 광장을 가로질러 세례당을 세울 것을 의뢰했다.(1152년) 그는 원형 도면을 채택하고 구조물을 대리석으로 씌운 뒤 장식 없이 회랑을 설계하여 외관을 해쳤다. 그리고 회랑 가장자리를 줄기둥으로 둘러싸고 그 위로 원뿔 모양의 둥근 지붕만 없다면 완벽했을 돔으로 덮었다. 성당 뒤로는 피사의 보난노와 인스브루크의 윌리엄이 종탑으로 세운 사탑(斜塔)이 있다.(1174년) 사탑도 성당 파사드의 양식을 되풀이하여, 연속적으로 층을 이룬 로마네스크 양식의 회랑이 있고 종은 8층에 위치한다. 불과 10피트 깊이의 기반 위로 3층까지 건축된 뒤에 탑의 남쪽 지반이 가라앉자, 건축가들은 그 위의 층들을 북쪽으로 기울게 하여 경사를 상쇄하려고 노력했다. 탑은 현재 179피트 높이로 직각에서 16.5피트 기울어져 있는데, 이는 1828년에서 1910년 사이에 1피트 정도가 더해진 수치다.

프랑스와 독일, 잉글랜드로 이주한 이탈리아 수도사들은 자신들의 행렬에 로마네스크 양식을 함께 가져갔다. 아마도 그들 때문에 대부분의 프랑스 수도원은 로마네스크 양식을 지니게 되었을 것이고, 프랑스 로마네스크는 수도원 양식이라는 또 다른 이름을 갖게 되었을 것이다. 클뤼니의 베네딕트회 수도사들은 그곳에 매우 아름다운 수도원을 지었는데(1089~1131년), 그 안에는 네 면의 측면 복도와 일곱 개의 탑이 있고, 동물 조각상이 늘어서 성 베르나르를 진노케 했다.

회랑의 이 우스꽝스러운 괴물들은 수련하는 수도사들의 눈앞에서 무엇을 하려는 것인가? 이 불결한 원숭이들은 무엇을 뜻하며, 이 용들, 켄타우로스들, 호랑이들, 사자들, …… 싸우는 군인들, 이런 사냥 장면은 무엇을 뜻하는가? …… 반인반수의 이들 피조물이 이곳과 무슨 관계가 있단 말인가? …… 몸통은 여러 개인데 머리는 하나인 형상도, 몸통은 하나인데 머리가 여러 개인 형상도 보인다. 뱀 머리를 한 네발짐승도, 네발짐승의 머리를 한 물고기도 있다. 어떤 짐승은 앞에서 보면 말이고, 뒤에서 보면 염소다.[4]

클뤼니 수도원은 혁명적인 "자크리의 난"이 발발한 와중에 파괴당했지만, 그 건축학적 영향력은 2000여 연계 수도원으로 확산됐다. 프랑스 남부에는 아직도 로마네스크 양식의 교회가 많이 존재한다. 로마의 전통은 법률에서처럼 예술에서도 그곳을 강하게 지배했고, 북부에서 내려온 야만족의 고딕 양식에 오랫동안 저항했다. 프랑스에서는 대리석이 희귀하여, 대성당들은 초라한 겉모습을 수많은 조각상으로 속죄했다. 놀랍게도 남프랑스의 교회는 조각상의 표현주의를 표방했다. 즉 어떤 장면을 복제하는 것이 아니라 느낌을 전달하려 했는데, 무아사크 수도원(1150년) 정문에 있는 성 베드로상은 고통스러워하는 얼굴에 거미 같은 다리로 구조상의 선을 강조하기보다는 상상력을 자극하고 겁을 주기 위한 의도로 제작되었을 것이다. 조각가들이 그러한 형상을 의도적으로 왜곡하였다는 사실은 무아사크 기둥머리에 새긴 나뭇잎의 극사실주의에서 드러난다. 프랑스 로마네스크 양식의 파사드 중 최고의 작품은 아를에 위치한 생트로핌 성당(1152년)의 서쪽 정문으로, 동물과 성인들의 상이 빽빽하게 들어서 있다.

스페인은 산티아고 데 콤포스텔라 대성당(1078~1211년)에 위풍당당한 로마네스크 양식의 성당을 세웠는데, 그 영광의 문에는 유럽에서 가장 멋진 로마네스크 조각상이 새겨져 있다. 곧 포르투갈의 대학 도시가 된 코임브라는 12세기에 수려한 로마네스크 양식의 대성당을 지었다. 그러나 로마네스크가 절정에 달했던 곳은 더 북쪽에 위치한 지역이었다. 일 드 프랑스(Île de France)는 이 양식을 거부했지만 노르망디는 환영했다. 그 거친 힘은 최근까지 바이킹이었고 여전히 해적인 사람들과 딱 들어맞았다. 일찍이 1048년 루앙 인근 쥐미에주의 베네딕트회 수도사들은 콘스탄티누스 시대 이후 서유럽에 건립된 어떤 건물보다 더 컸다는 수도원을 건설했다. 중세 시대에도 규모는 자부심이었다. 수도원은 혁명의 광신도들에게 반파당했지만 광풍을 피한 파사드와 탑에는 대담하고 남성적인 형태가 잘 보존되어 있다. 그곳에서 사실상 로마네스크의 노르만 양식이 형성되었는데, 장식보다는 구조적 형태가 더 깊은 인상을 심어 준다.

1066년 정복자 윌리엄은 플랑드르의 마틸다와 결혼한 죄를 속죄하기 위해 캉의 생테티엔 성당을 짓는 재원을 제공했다. 이곳은 캉 남자 수도원으로 알려져 있다. 윌리엄과 비슷한 이유에서 마틸다 역시 성 삼위일체 교회를 짓는 데 자금을 제공했는데, 이곳은 여자 수도원으로 알려져 있다. 1135년경 남자 수도원을 복원할 때 네이브의 측면에 기둥을 세워 경간을 더 나누고 여기에 횡단 아치를 연결했다. 이렇게 해서 보통 4분할이던 궁륭은 6분할 궁륭이 되어 12세기 내내 인기를 끌었다.

로마네스크 양식은 프랑스에서 플랑드르로 들어가 투르네에 멋진 대성당(1066년)을 세웠다. 그리고 플랑드르와 프랑스, 이탈리아에서 독일로 들어갔다. 마인츠는 1009년에, 트리어는 1016년에, 슈파이어는 1030년에 성당을 짓기 시작했다. 이들 성당은 1300년 이전에 다시 둥근 양식으로 재건되었다. 콜로뉴는 이 시기에 내부 장식으로 유명한 성 마리아 임 카피톨 성당과 탑들로 유명한 성모 마리아 성당을 건축했다. 두 성당은 모두 2차 세계 대전 중에 파괴됐다. 1171년 헌당되고 19세기에 복원된 보름스 대성당은 여전히 라인 강 유역 로마네스크 양식의 기념비다. 이들 성당은 끄트머리마다 애프스가 있고, 파사드 조각에 대해서는 별로 신경 쓰지 않았다. 그리고 외부는 줄기둥과 매우 앙증맞게 생긴 버팀벽식 탑으로 장식되었다. 비(非)독일인인 비평가는 애국적 절제를 통해 이 라인 강 유역의 성당들을 찬양하지만, 이들 성당은 라인 강의 사랑스러운 매력과 꽤 잘 어울리는 매혹적이고 정취 있는 아름다움을 지니고 있다.

3. 잉글랜드의 노르만 양식: 1066~1200년

1042년 참회 왕 에드워드는 왕좌에 오를 때 어린 시절을 보낸 노르망디에서 많은 친구와 사상을 함께 들여왔다. 웨스트민스터 대성당은 그의 재임 기간 동안 둥근 아치와 육중한 벽을 지닌 노르만 양식의 교회로 착공되었다. 이 구조물은 1245년 고딕 양식의 수도원 아래 묻혔지만 건축 혁명의 시작을 알린 것은 틀림없다. 노르만 주교들이 색슨이나 데인족의 주교들을 빠르게 대신하면서 노르만 양식도 잉글랜드를 지배했다. 정복자와 그의 후계자들은 정복을 인정하지 않는 잉글랜드 사람들의 재산을 몰수하여 그 상당 부분을 주교들에게 물 쓰듯 썼다. 교회는 정신적 강화(講和)의 수단이 되었다. 곧 노르만 잉글랜드의 주교들은 노르만 잉글랜드의 귀족들과 비슷한 부를 갖게 되었다. 또한 대성당과 성은 정복된 땅의 협력자 수만큼 증가했다. "거의 모두가 서로 경쟁하듯 노르만 양식의 호화로운 건물을 세웠다. 귀족들은 어떤 일을 대대적으로 거행하지 않았을 때 패배감을 느끼기 때문이다."라고 맘스베리의 윌리엄은 적었다.[5] 그러한 건물의 광풍은 잉글랜드에서는 일찍이 없었다.

노르만 잉글랜드의 건축 양식은 로마네스크적 주제의 변주곡이었다. 이들 건축물은 프랑스의 전형을 따라 육중한 벽이나 두툼한 네모진 기둥 위로 연결된 둥근 아치로 지붕을 받쳤는데, 천장은 대개 목재였다. 궁륭을 석재로 지을 경우 벽은 8피트에서 10피트까지 두꺼워졌다. 주로 수도원이었던 이런 건물은 도시보다는 벽지에 세워졌다. 외부 조각상은 습한 기후로 인해 거의 없었고, 기둥머리도 단순하거나 조악하게 조각되었다. 조소에서 잉글랜드는 대륙을 따라잡지 못했다. 하지만 노르만 성을 지배하던, 또는 노르만 교회의 파사드를 지키던(또는 트랜셉트를 덮었던) 웅장한 구조물에 필적할 탑은 많지 않다.

잉글랜드의 교회 건축물 중 현재까지 순수 로마네스크 양식인 것은 거의 없다. 대부분의 성당은 13세기에 아치와 궁륭이 고딕식으로 높아져, 아주 기본적인 노르만 양식만이 남아 있다. 1067년 화재로 캔터베리의 구(舊) 성당이 파괴되자 란프랑쿠스는 캉의 남자 수도원이 가졌던 선을 따라 이 성당을 재건했다.(1070~1077년) 란프랑쿠스가 재건한 성당은, 베케트가 쓰러졌던 석조 구조물 일부를 제외하고는 전혀 남아 있지 않다. 1096년에서 1110년 사이에 소(小)수도원장 에르눌프와 콘라트는 성가대석과 지하 제실을 새로 지었다. 이곳은 둥근 아치를 그대로 채택했지만 외부 버팀벽이 지탱하는 지점으로 압력을 전달했다. 고딕 양식으로의 이행기가 시작된 것이다.

1075년에 노르만식 설계로 건설된 요크 민스터(York Minster)*는 1291년 고딕 양식의 건물 속으로 사라졌다. 원래 노르만 양식이었던(1075년) 링컨 대성당은 1185년 지진 이후에 고딕 양식으로 재건되었다. 하지만 두 개의 탑과 호화스럽게 조각된 서쪽 파사드의 정문들은 노르만 교회의 것이 남아 오래전 양식의 기술과 힘을 보여 준다. 윈체스터에는 1081년에서 1103년 사이 노르만 대성당의 트랜셉트와 지하 제실이 남아 있다. 주교 월켈린은 그곳을 성 스위딘**의 묘를 줄지어 찾는 참배객을 수용할 수 있도록 지었다. 월켈린은 사촌인 정복자 윌리엄에게 거대한 네이브의 지붕을 덮을 목재를 달라고 간청했다. 윌리엄은 헴파게 숲에서 사흘 동안 벨 수 있는 나무를 모두 가져가도 좋다고 승낙했다. 월켈린 일행은 나무를 베어 72시간 만에 숲 전체를 초토화시켰다. 성당 공사가 마감되자 잉글랜드의 거의 모든 수도원장과 주교들이 헌당식에 참석했다. 그 엄청난 건물이 그들의 경쟁심을 얼마나 자극시켰을지 쉽게 상상할 수 있다.

---

* 민스터(minster)라는 단어는 수도원(monastery)의 약어로, 대수도원 교회에만 사용되어야 하지만, '요크 민스터'라는 표현은 관습으로 굳어져 있다. 물론 이 성당은 수도원이 아니었다.
** 9세기 윈체스터의 주교. 전해 내려오는 이야기에 따르면, 971년 큰 비가 계속되어 그의 시신을 준비된 성지로 운구하는 데 40일이 지체되었다고 한다. 여기에서 성 스위딘 축일(7월 15일)에 내리는 비는 40일 동안 계속 비가 내릴 것을 말해 주는 전조라는 말이 나왔다.

성 알바누스 수도원이 1075년 세워지기 시작했고, 엘리 대성당이 1081년, 로체스터 대성당이 1083년, 우스터 대성당이 1084년, 글로스터 대성당이 1089년, 더럼 대성당이 1093년, 노리치 성당이 1096년, 치체스터 성당이 1100년, 투크스베리 수도원이 1103년, 엑서터 대성당이 1112년, 피터버러 대성당이 1116년, 롬지 수도원이 1120년, 파운틴스 수도원이 1140년에 착공된 것을 보면, 노르만 건축물의 여운이 닿았던 범위를 알 수 있다. 이들 성당은 유명하지는 않지만 모두가 걸작이다. 이 건물들을 몇 시간 둘러보고 돌아서거나, 모두 비슷비슷한 건물로 치부하는 것은 부끄러워 마땅한 일이다. 한 곳을 제외한 나머지는 모두 뒷날 고딕 양식으로 재건되거나 재단장되었다. 더럼 성당은 아직 대부분이 노르만식이고, 유럽에서 가장 인상적인 로마네스크 양식의 건축물로 남아 있다.

더럼은 약 2만여 명이 거주하는 작은 광산 도시이다. 위어 강이 굽이치는 곳에 바위 곶이 솟아 있다. 높이 솟은 그 전략적 요충지 위에 엄청나게 큰 성당이 서 있는데, "반은 하느님의 교회요, 반은 스코틀랜드 사람들을 막기 위한 성이었다."[6] 데인족의 침입을 피해 도망친 린디스판 섬 출신의 수도사들이 995년 그곳에 석조 교회를 건설했다. 1093년 그곳의 두 번째 노르만 주교가 된 윌리엄은 이 건물을 철거하고 놀라운 용기와 불가사의한 재력으로 현재의 건물을 지어 올렸다. 공사는 1195년까지 계속되었고, 대성당은 그렇게 100여 년의 염원과 노고를 웅변한다. 우뚝 솟은 네이브는 노르만식인데, 두 개의 회랑이 통통하고 네모진 기둥과 조각이 없는 기둥머리에 얹힌 둥근 아치와 연결되어 있다. 더럼의 궁륭은 잉글랜드에 필수적이고도 획기적인 혁신을 도입했다. 궁륭 교차점에는 늑재가 있어 압력을 받아 내는 데 한몫했다. 횡단 아치는 뾰족한 반면 사선 아치는 둥글다. 만약 횡단 아치가 둥근 모양이었다면 꼭대기 부분이 더 길쭉한 사선 아치와 같은 높이에 이르지 못했을 것이고, 궁륭의 정점 부분은 고르지 못하고 불안한 선을 갖게 되었을 것이다. 횡단 아치는 정점을 뾰족하게 높임으로써 바람직한 높이에 도달할 수 있었다. 미학적 고려가 아닌, 이러한 구조에 대한 고심 끝에 고딕 양식의 가장 중요한 특징이 탄생한 셈이다.

1175년 주교 퍼지는 더럼 대성당의 서쪽 끝에 매력적인 현관을 추가했다. 이 나르텍스(narthex, 성당 정면 입구와 본당 사이에 꾸며 놓은 좁고 긴 현관 – 옮긴이)는 알 수 없는 이유로 "갈릴리"라는 이름으로 불렸다. 가경자(可敬者) 베다의 묘가 있는 이곳의 아치는 둥글지만 기둥이 날씬하여 고딕 양식에 가까이 다가간다. 13세기 초에는 성가대석의 궁륭이 붕괴되었다. 이 궁륭을 재건하면서 건축가들은 네이브 회랑을 트리포리움 안에 감추어진 공중 버팀벽으로 지지했다. 1240년에서 1270년 사이에는 아홉 제단의 예배당이 추가되어 그곳에 성 커스버트의 유해를 안장했다. 예배당 안쪽 아치는 뾰족했고 고딕 양식으로의 이행이 완료되었다.

4. 고딕 양식의 진화

고딕 건축물은 구조상 압력의 분산과 균형, 수직선에 대한 강조, 늑재 궁륭, 그리고 뾰족한 형식으로 규정할 수 있을 것이다. 고딕 양식은 교회의 요구와 예술적 영감을 충족하기 위한 기계적인 문제에 대하여 해답을 찾으며 진화했다. 화재에 대한 두려움은 돌이나 벽돌 소재의 궁륭을 만들게 했다. 천장이 무거워지자 벽도 두꺼워지고 네모진 기둥은 투박해졌다. 전체적으로 내리누르는 압력 탓에 창을 위한 공간은 제한되었고, 두꺼운 벽은 좁은 창에 그늘을 드리워 실내는 북방의 기후에 비해 지나치게 어두워졌다. 늑재 궁륭의 발명으로 천장 무게가 가벼워지면서 기둥이 가늘어지고 압력이 분산되었다. 압력이 모여 균형 있게 분산되자 육중함을 키우지 않아도 건물의 안정성을 찾을 수 있었다. 버팀벽을 통해 지지력이 분산되면서 벽은 더 얇아지고 창은 더 길어졌다. 그러한 창 덕에 이미 존재하던 스테인드글라스 작품은 매력을 더하였다. 그리고 복잡한 창문을 둘러싼 석조 틀은 투각(透刻) 무늬 또는 장식 격자라는 새로운 예술 작품을 만들어 냈다. 궁륭의 아치는 뾰족해져 길이가 다른 아치들이 고른 높이를 가질 수 있었다. 다른 아치과 창문의 모양도 뾰족해져 궁륭의 아치와 조화를 이루었다. 압력을 지탱하는 더 좋은 방법이 나타나자 네이브도 더 높아졌다. 탑과 첨탑, 그리고 선단이 뾰족한 첨두(尖頭)아치는 선의 수직성을 강조하며 고딕 양식의 활기 넘치는 우아함과 수직 상승하는 비행 효과를 만들어 냈다. 이 모든 요소가 어우러져 고딕 성당은 인간의 영혼에 대한 최고의 성취이자 표현이 되었다.

그러나 건축학적 진화를 이루어 낸 한 세기를 한 단락의 글로 요약하는 것은 오만일 것이다. 그러한 발달의 어떤 단계들은 철저한 검토를 요한다. 경쾌한 우아함을 안정된 힘과 조화시키는 문제는 우리 시대 이전의 어떤 건축물보다 고딕 양식 안에서 더 적절히 해결되었다. 그리고 우리는 중력에 맞서는 우리의 대담한 도전이 이를 무너뜨리려는 지구의 질투를 얼마나 오래 버틸 수 있을지 알지 못한다. 고딕 건축물이 항상 성공적인 것은 아니었다. 샤르트르 대성당은 아직도 금 하나 간 곳이 없지만, 보베 대성당의 성가대석은 건설된 지 12년 만에 무너졌다. 고딕 양식의 본질적인 특징은 실용적인 늑재였다. 네이브의 각 경간에서 이어진 횡단 아치와 사선 아치의 늑재는 그 위에 얇은 석조 궁륭을 얹을 수 있는 경쾌하고 우아한 거미줄을 형성했다. 네이브의 각 경간은 구조적 단위가 되어, 그 기둥에 연결된 아치를 타고 전달된 무게와 누르는 힘을 지탱했다. 측면 복도의 해당 경간으로부터 나오는 반대 압력과 각 횡단 아치 안쪽 시작 지점의 벽을 외부에서 지지하는 버팀벽도 이 무게와 힘을 지탱했다.

버팀벽은 오랜 장치였다. 고딕 이전의 많은 교회에서도 특수한 압력이 가해지는 지점의 외부에 추가로 석조 기둥을 설치하였다. 하지만 공중 버팀벽은 압력을 공중에서 기저 지지부와 바닥으로 전달한다. 일부 노르만 대성당은 트리포리움 안에 반(半)아치를 사용하여 네이브의 아치를 받치게 하였다. 그러나 그러한 내부 버팀벽은 네이브 벽의 너무 낮은 지점과 맞닿아 궁륭의 폭발적인 압력이 가장 강한 채광층에 아무런 힘도 되지 않았다. 이렇게 높은 지점에 지지력을 주기 위해서는 숨어 있던 버팀벽을 밖으로 꺼내야 했다. 즉 단단한 바닥에서부터 공중을 타고 측면 복도 지붕 위로 올라가 채광층 벽을 직접 지탱하게 해야 했다. 이러한 외측 공중 버팀벽이 사용된 것으로 알려진 가장 이른 사례는 1150년경 누아용 대성당이었다.[7] 12세기 말 무렵 공중 버팀벽은 건축에서 선호되는 장치가 되었다. 공중 버팀벽에는 심각한 단점이 있었다. 때로는 주의 소홀로 치우다 만 비계(飛階)처럼 보이기도 하고 건물이 기울어진 것을 안 설계자가 뒤늦게 덧댄 임시변통의 골조로 보이기도 한다는 점이다. 미슐레(Michelet)는 "성당이 목발을 짚었다."라고 말했다. 르네상스는 공중 버팀벽을 보기 흉한 장애물이라며 거부했고, 성 베드로 성당의 돔처럼 다른 방법으로 그러한 무게를 지탱했다. 고딕 건축가들은 생각이 달랐다. 그들은 작품의 선과 메커니즘을 드러내고 싶어 했다. 그들은 버팀벽을 좋아했고, 따라서 아마도 필요 이상으로 많은 부분에 버팀벽을 늘린 것 같다. 버팀벽을 서로 이어 한두 곳 이상의 지점이나 서로서로를 지탱하게 했다. 작은 뾰족탑을 올려 구조물에 안정을 주는 기둥을 아름답게 장식했다. 그리고 때로는 랭스에서처럼 뾰족탑의 끝 부분마다 천사가 적어도 한 명은 서 있는 모습을 볼 수 있다.

고딕 건축물에서 압력의 균형을 잡는 것은 끝이 뾰족한 아치, 즉 첨두아치보다 더 중요했지만, 이는 내적인 우아함을 보여 주는 외적이고 가시적인 신호가 되었다. 첨두아치는 매우 오래된 아치였다. 터키 디야르베키르의 로마 줄기둥 위에서는 날짜를 확인할 수 없는 시기부터 첨두아치가 등장했다. 그보다 오래된 사례는 561년 시리아의 카스르 이븐 와르단에 있었다.[8] 그 형태는 7세기 예루살렘의 엘 아크사 사원과 바위 사원에서도 찾아볼 수 있다. 861년 이집트의 나일로미터(Nilometer)나 879년 카이로의 이븐 툴룬 모스크에서도 발견된다. 첨두아치는 11세기 후반기 서유럽에 처음 등장하기 이전까지 페르시아와 아랍, 콥트, 그리고 무어인들 사이에서 흔히 사용되었다.[9] 아마도 이슬람 스페인 또는 동방에서 돌아오는 참배객들을 통해서 남프랑스로 들어왔던 것 같다. 건축 설계의 역학적 문제를 보완하기 위해 서방에서 자연스럽게 발생한 것일 수도 있다. 하지만 길이가 고르지 않은 아치들의 정점을 고르게 맞추는 문제는 첨두아치 없이도 더 짧은 아치들을 지주화(支柱化)함으로써, 즉 안쪽 정점을 기둥이나 벽에서 솟아오르게 함으로써 해결할 수 있었다는 점은 눈여겨보아야 한다. 이 방법은 수직선을 강조하는 심미적 효과도 갖고 있었다. 그리고 첨두아치의 대체물로서가 아니라 대개는 유용한 부속물로서 널리 채택되었다. 첨두아치는 더 심각한 문제도 해결했다. 측면 복도는 네이브보다 좁아 측면 복도의 경간은 너비보다 길이가 더 길었고, 횡단 아치의 정점이 사선 아치의 정점에 훨씬 못 미쳤기 때문에 사선 아치의 조화로운 안쪽 흐름을 방해할 정도로 횡단 아치의 정점을 높이 올려 뾰족하게 하거나 지주화해야 했다. 첨두아치는 보행용 복도에 정점이 고른 아치들로 둥근 천장을 만드는 까다로운 작업에 비슷한 해법을 제시했다. 많은 건축가들이 같은 문제를 보완하기 위해 첨두아치를 사용한 반면, 창과 정문에는 반원 아치를 꾸준히 사용한 점을 볼 때, 첨두아치가 처음부터 우아한 외양을 위해 선택된 것은 아니라는 사실을 알 수 있다. 첨두아치는 점차 형태가 수직 상승하고, 아마도 조화로운 형태에 대한 열망이 보태지면서 승리를 거두었을 것이다. 90여 년에 걸친 반원 아치와 첨두아치의 싸움(더럼 로마네스크 성당에 나타난 첨두아치(1104년)에서 샤르트르의 마지막 건물(1194년)까지)은 프랑스 고딕에서 과도기 양식을 이루었다.

첨두아치를 창에 적용하면서 새로운 문제와 새로운 해법이 등장했고, 새로운 매력이 발견됐다. 궁륭에서 네모진 기둥으로, 그리고 네모진 기둥에서 버팀벽이 지탱하는 특정 지점으로 늑재를 통해 압력을 전달하면서 두꺼운 벽의 필요성이 사라졌다. 각 지탱 지점과 다음 지점 사이의 공간은 상대적으로 작은 압력을 받았다. 벽은 더 얇아져도 괜찮았고, 심지어 완전히 사라지기도 했다. 유일한 문제는 뚫린 공간이 너무 커서 판유리 한 장을 안전하게 설치할 수 없다는 것이었다. 그 때문에 공간은 두 개 이상의 위가 뾰족한 창으로 나뉘고, 그 위에 석조 아치가 자리를 잡았다. 사실상 그러한 외벽은 네이브의 외벽과 같이 아치가 연속적으로 연결된 회랑이 되었다. 쌍을 이룬 뾰족한 창의 위쪽과 창 위에 얹힌 석조 아치의 정점 아래쪽 공간에 남겨진 사각의 방패 꼴 돌벽은 보기

흉한 여백을 만들며 장식을 절실히 필요로 하였다. 1170년경 프랑스의 건축가들은 판금 장식 격자로 이에 화답했다. 즉 이들은 돌로 된 빗장이나, 원형, 끝이 뾰족한 타원, 나뭇잎 무늬 등의 장식 도안이 있는 중간 문설주를 남기는 방식으로 이 방패 부분을 갈랐다. 그리고 창뿐 아니라 작은 틈도 스테인드글라스로 메웠다. 13세기 조각가들은 돌을 더 깎고 잘라 뾰족한 타원형이나 기타 모양으로 만든 작은 돌 막대를 빈틈에 집어넣었다. 막대 장식 격자는 무늬가 더 복잡했는데, 그 탁월한 선들은 고딕 건축의 양식과 기간 중에 뾰족한 창과 기하학적 창살, 곡선 창살, 수직 양식, 그리고 불꽃무늬 양식 등의 이름을 부여했다. 정문 위 벽 표면에도 비슷한 과정이 적용되어 거대한 장미창이 만들어졌다. 그 방사형 장식 격자에서 이름이 유래한 레오낭(rayonnant) 양식은 1230년 노트르담에서 시작되어 랭스와 생샤펠에서 완벽한 형태에 도달했다. 고딕 양식 성당 중에서 이 "장미"의 아름다움을 능가하는 것은 날아오를 듯 치솟는 궁륭뿐이다.

석조 장식 격자는 벽에서 고딕 성당의 다른 부분, 즉 버팀벽 첨탑과 정문 위의 박공, 아치의 안쪽 면과 스팬드럴, 트리포리움 회랑, 성단소 칸막이벽, 설교단과 제단 뒤쪽의 장식 벽 등으로 옮겨졌다. 자기 작품의 환희에 찬 고딕 조각가들은 장식할 때 외에는 거의 그 작품에 손도 대지 않았다. 그들은 파사드와 코니스(cornice, 고전 건축에서 기둥머리가 받치고 있는 세 부분 중 맨 위 – 옮긴이), 그리고 탑을 사도와 악마, 성인들로, 구원받은 이들과 지옥에 떨어진 사람들로 가득 채웠다. 자신의 상상을 기둥머리와 들보, 조형 띠, 상인방(上引枋), 번개무늬, 문설주 등으로 깎아 냈다. 그리고 벽이 비로 얼룩지는 것을 막기 위해, 아니면 빗물이 버팀벽을 타고 땅으로 떨어지도록 하기 위해 괴물(작은 홈통)처럼 만들어 낸 기발하거나 무서운 동물 석상들과 함께 웃었다. 다른 어디에서도 부와 기술이, 종교와 활기찬 익살이 결합되어 고딕 성당에서처럼 장식의 축연(祝宴)을 만들어 내지는 못했다. 분명 때때로 장식은 과할 정도로 많았고, 장식 격자는 덧없는 과잉을 불러왔으며, 조각상과 기둥머리는 지금은 세월에 지워져 없어진 그림으로 너무 경박해 보였을 것이다. 하지만 이는 충만한 생기의 신호로서, 그 앞에서는 거의 어떤 잘못이든 용서받을 수 있다. 이러한 돌의 밀림과 정원을 거닐다 보면, 하늘을 찌를 듯한 선과 첨탑에도 불구하고 고딕 예술품들은 땅을 사랑한 작품이라는 생각이 머리를 스친다. 허영심의 헛됨과 곧 닥칠 최후의 심판에 대한 두려움을 웅변하는 이들 성인 사이에서 우리는 보이지 않지만 모든 곳에 존재하는 중세의 장인들을 느낄 수 있고, 자신의 기술에 자부심을 지닌, 자신의 힘을 즐기고 신학과 철학을 비웃는, 부글부글 끓어 넘쳐흐르는 치명적인 생명의 잔을 마지막 한 방울까지 즐겁게 마시는 그들을 지각할 수 있다.

5. 프랑스의 고딕: 1133~1300년

고딕 혁명은 왜 프랑스에서 시작되어 프랑스에서 막을 내렸을까?

고딕 양식은 처녀 잉태로 탄생한 것이 아니었다. 고딕 양식의 잉태 과정에는 백여 가지의 전통이 동참했다. 로마의 바실리카와 아치, 궁륭, 채광층이, 비잔티움의 장식 테마가, 아르메니아와 시리아, 페르시아, 이집트, 아랍의 첨두아치와 교차 궁륭, 다발식 네모진 기둥이, 무어인들의 모티브와 아라베스크 무늬가, 롬바르디아의 늑재 궁륭과 파사드의 탑들이, 게르만족의 익살스럽고 괴기스러운 재주 등등이 합쳐진 결과였다. 하지만 이러한 일련의 영향은 왜 프랑스로 모여들었을까? 부와 전통에서 서유럽 최고의 수혜국이었던 이탈리아는 고딕 양식의 개화기를 선도할 수도 있었다. 하지만 이탈리아는 그 자신의 고전 유산 안에 간힌 포로였다. 이탈리아를 제외하면, 프랑스는 12세기 서방 국가 중 가장 부유하고 가장 진보한 나라였다. 프랑스는 무엇보다도 십자군 원정의 인력과 재정을 책임졌고, 그들이 가져다준 문화적 자극의 덕을 보았다. 교육과 문학, 철학에서 유럽을 주도했고, 그 공예가들은 비잔티움 이전 최고의 실력자로 인정받았다. 필립 오귀스트(1180~1223년) 시대까지 왕권은 봉건적 분열을 이겨냈고, 프랑스의 부와 권력, 지적 재원은 왕의 직속 영토 안으로 모여들고 있었다. 그렇게 일 드 프랑스는 센 강 중류 지방으로 느슨히 한정될 수 있었다. 센 강과 우아즈 강, 마른 강, 그리고 앤 강을 따라 생산적인 상업이 이동하며 부를 남겼고, 그 부는 파리와 생드니, 상리스, 망트, 누아용, 수아송, 랑, 아미앵, 그리고 랭스에서 대성당의 석재로 전화했다. 돈이라는 거름이 예술의 성장을 위한 토양을 준비해 준 셈이다.

과도기 양식의 첫 번째 걸작은 같은 이름의 파리 근교에 세워진 매우 아름다운 생드니 대수도원 교회였다. 이 성당은 프랑스 역사에서 가장 완벽하고 성공적인 개성을 지닌 작품 중 하나였다. 베네딕트회 수도원장이자 프랑스 섭정인 쉬제르(1081?~1151년)는 취향이 세련된 사람으로서 소박한 삶을 살면서도 아름다운 것을 사랑하고 그것들을 수집하여 교회를 장식하는 것은 전혀 죄가 되지 않는다고 생각하는 인물이었다. 그는 성 베르나르의 비판에 이렇게 대답했다. "고대의 법이 신주(神酒)를 올리고 양의 피를 받을 때 금잔을 사용하도록 명했다면, 우리 주의 피를 담기 위해 만들어진 그릇에는 얼마나 많은 금과 귀금속, 진귀한 자원을 봉납해야 하겠습니까?"[10] 그렇게 그는 금은보석과 에나멜, 모자이크와 스테인드글라스 창, 풍성한 제의와 그릇 등, 자신이 교회를 위해 모으거나 만든 것의 값과 아름다움에 대해 자랑스레 이야기한다. 1133년 쉬제르는 각국의 예술가들과 장인들을 모아 프랑스의 수호자인 생드니를 위한 집을 새로 짓고 장식했으며, 그 안에 프랑스 국왕들의 묘를 수용했다. 쉬제르는 국왕 루이 7세와 왕궁을 설득하여 필요한 자금을 기부토록 했다. "우리를 본보기 삼아 그들도 손가락에서 반지를 빼서" 그의 고가의 설계도를 위해 비용을 보탰다.[11] 아침 일찍 일어나 자신이 목재로 고른 나무들을 베어 넘어뜨리는 것부터 직접 주제를 선정하고 명문을 지은 스테인드글라스를 설치하는 것까지, 공사를 지휘하는 그의 모습이 눈에 보이는 듯하다. 1144년 그가 건물을 헌당했을 때 스무 명의 주교들이 식을 집전했다. 왕과 두 여왕, 그리고 수백 명의 기사들도 참석했다. 쉬제르는 아마도 왕보다 더 영광스러운 면류관을 쓴 기분이었을 것이다.

그가 세운 교회는 일부만이 현재의 건물에 남아 있다. 서쪽 파사드와 네이브의 두 경간, 그리고 지하 제실 등이 그것이다. 내부 대부분은 1231년에서 1281년 사이에 피에르 드 몽트로에 의해 재건된 것이다. 지하 제실은 로마네스크 양식이다. 서쪽 파사드는 반원 아치와 첨두아치가 섞여 있다. 대부분 쉬제르 시대에 만들어진 조각품은 100여 가지 형상을 선보이는데, 다수가 그 자체로도 훌륭하며 모두 중세 예술 작품을 통틀어 최고의 기획 중 하나인 심판자 그리스도 위주로 집중되어 있다.

쉬제르가 세상을 뜨고 12년이 지나 주교 모리스 드 쉴리는 그에게 경의를 표하여 그의 가르침을 한층 앞질렀고, 파리 노트르담 대성당이 센 강의 섬 위에 세워졌다. 파리 노트르담의 건설 작업은 연대표를 보면 그 방대함을 알 수 있다. 성가대석과 트랜셉트는 1163년에서 1182년 사이에 만들어졌고, 네이브는 1182년에서 1196년, 서쪽 끝의 경간과 탑은 1218년에서 1223년 사이에 건설되었다. 성당은 1235년에 완성되었다. 원래의 설계도상 트리포리움은 로마네스크 양식으로 만들어질 계획이었지만, 완성된 성당의 전체적인 구조는 고딕 양식을 채택했다. 서쪽 파사드는 고딕 성당으로는 드물게 수평선이 눈에 띄는데, 이는 탑 위를 장식해야 할 첨탑을 만들지 않았기 때문이다. 아마도 그래서인지 이 파사드에는 단호하고 단순한 위엄이 있어, 재능 있는 학생들은 이곳을 두고 "인간이 할 수 있는 가장 고귀한 건축학적 구상"이라고 평가했다.[12] 파리 성모 마리아 성당의 장미창은 막대 장식 격자와 색채의 걸작이지만 말로는 다 설명할 수 없다. 조각상들은 세월과 혁명으로 손상을 입었어도 콘스탄티누스 시대에서 랭스 대성당 건설기까지 해당 분야에서 가장 세련된 예술 작품이다. 정문 위의 팀파눔(tympanum, 박공지붕 윗부분의 벽 ─ 옮긴이)에는 지극히 흔한 테마였던 최후의 심판이 최근까지의 어떤 작품보다도 훨씬 더 차분하게 조각되어 있다. 그리스도는 조용한 왕의 형상이고, 그 오른쪽에 있는 천사는 고딕 양식의 조소가 이루어 낸 쾌거 중 하나이다. 북쪽 정문에 있는 기둥 위의 성모는 더 뛰어난 작품이다. 이 조각은 섬세한 처리나 표면 마감, 자연스러운 직물 표현 등에서 새로운 경지를 보여 준다. 자세도 한결 편하고 우아하며 한쪽 발에 무게를 실어 몸 전체가 뻣뻣한 수직성을 벗어나 있다. 이 사랑스러운 형상을 통해 고딕 조각은 건축으로부터 사실상의 독립을 선언하였고, 전체 작품의 맥락에서 따로 떼어 내어 홀로 우뚝 설 수 있는 걸작을 탄생시켰다. 파리 노트르담 성당에서 과도기는 끝이 났고 고딕 양식은 성년을 맞았다.

샤르트르의 이야기는 중세의 풍경과 특징을 분명하게 보여 준다. 샤르트르는 파리 남서쪽 55마일 거리에 있는 왕실 영지 근교에 위치한 작은 마을로서 프랑스의 곡창인 보스 평원을 위한 시장이었다. 하지만 성모 마리아가 이 지역을 몸소 다녀갔다고 전해지면서, 이곳은 독실한 절름발이나 맹인, 병자, 가족을 잃은 사람 등이 성지 순례를 위해 방문하는 지역이 되었다. 어떤 이들은 성모 성당에서 치유나 위로를 얻었다. 샤르트르는 루르드와 같은 곳이 되었다. 나아가 선량하고 지성적이고 신실했던 이곳의 주교 풀베르투스는 11세기에 샤르트르를 고등 교육의 성지로, 초기 스콜라 철학에서 가장 뛰어난 몇몇 인물의 모교로 만들었다. 9세기에 세워진 풀베르투스의 성당이 1020년 화재로 소실되자 그는 지체 없이 성당 재건에 돌입했는데, 장수하며 공사가 끝나는 것을 지켜보았다. 이 성당은 1134년에 다시 화재로 파괴되었다. 주교 테오도리크는 새 성당을 건축하여 진정한 의미의 십자군 원정을 조직했다. 그는 이 과업에 재정적으로나 육체적으로나 헌신을 일깨웠고, 1144년 노르망디의 하이몽은 목격자가 되어 이렇게 설명했다.

왕들, 대공들, 세상의 힘 있는 자들, 부와 명예로 가득한 자들, 귀족 출신의 남자와 여자들이 오만하고 불룩한 목에 굴레를 매고 우마차 앞에 몸을 숙여 난폭한 짐승들이 하는 식으로 포도주와 곡식, 기름, 석회, 돌, 기둥, 그리고 목숨을 부지하거나 교회를 짓는 데 필요한 여러 물건으로 가득한 짐을 끌었다. …… 게다가 마차를 끌 때 우리 앞에 기적이 펼쳐지니, 1000여 명의 남자와 여자가 …… 가죽 끈에 매여서도 …… 목소리 하나, 속삭임 하나 들리지 않는 정적 속에 앞으로 나아간다는 사실이다. …… 길을 가다 멈출 때도 아무 말이 없다. …… 사제들은 평화를 설교하고, 증오는 누그러지며, 불화는 멀리 가 버리고, 빚은 용서받으며, 일체감이 회복된다.[13]

주교 테오도리크의 이 성당은 완공되자마자(1180년) 1194년 화재가 발생하여 네이브가 파괴되고 궁륭과 벽이 무너져 내렸으며, 지하 제실과 서쪽 파사드, 그곳의 두 탑과 첨탑만이 상처 입은 채로 남아 있다. 당시 이 끔찍한 대화재로 마을의 집도 모두 타 버렸다고 하는데, 그 흔적은 오늘날 성당에도 남아 있다. 낙담한 주민들은 한동안 성모 마리아에 대한 믿음을 잃고 마을을 버리고 싶어 했다. 그러나 불굴의 교황 특사 멜리오르는 화재의 재앙은 신께서 그들의 죄를 벌하기 위해 보낸 것이라고 말했다. 그는 주민들에게 교회와 집을 재건하라고 명했다. 교구의 성직자들은 3년 동안 자신들의 수입을 거의 전부 기부했다. 새로운 기적이 샤르트르의 성모 마리아 성당에 피어났다. 믿음은 다시 불붙었다. 1144년 당시처럼 많은 사람들이 돌아와 수레를 끌고 돌을 세우는 유급 노동자들을 도왔다. 유럽의 모든 성당이 재정을 기부했다.[14] 그리고 1224년에 노역과 희망으로 성당이 완성되고 샤르트르는 다시 한 번 성지 순례의 목적지가 되었다.

한 무명의 건축가는 서쪽 파사드의 측면뿐 아니라 트랜셉트 정문과 애프스까지 그 위로 탑을 올릴 계획을 세웠다. 하지만 그중 파사드 탑 두 개만이 건축되었다. 구(舊) 종루(1145~1170년)는 파사드의 남쪽 끝에 첨탑과 함께 351피트 높이로 세워졌다. 이 탑은 장식 없이 단순한데, 전문 건축가들은 이 모습을 선호한다.[15] 북쪽에서 그와 짝을 이루던 신(新) 종루는 화재로 나무 첨탑이 두 번 소실되었다. 첨탑은 장 르 텍시에가 석재를 이용하여 섬세한 장식이 빼곡히 들어선 불꽃무늬 고딕 양식으로 재건(1506~1512년)하였다. 퍼거슨(Fergusson)은 이를 두고 "유럽 대륙에서 가장 아름답게 설계된 첨탑"이라고 여겼다.[16] 그러나 지나치게 화려하게 장식된 첨탑 때문에 소박한 파사드의 통일성이 손상되었다는 게 일반적인 의견이다.[17]

샤르트르에 명성을 안겨 준 것은 그곳의 조소 작품과 유리다. 이 성모 마리아의 왕궁에는 1만여 명의 조각되거나 그려진 수많은 인물들, 즉 남녀노소를 비롯하여 성인과 악마, 천사, 그리고 삼위일체의 위격(位格)이 살고 있다. 정문에만 2000여 점의 조각상이 있다.[18] 실내 기둥에는 그 밖의 조각들이 더 있다. 312개의 계단을 지나 지붕으로 올라간 사람들은 호기심 많은 사람들이나 알아챌 수 있는 위치에 세심하게 조각된 실물 크기의 형상들을 보고 깜짝 놀라게 된다. 중앙 정문 위에는 아름다운 그리스도의 모습이 있는데, 나중에 만든 파사드에 있는 것처럼 죽은 자들을 단호히 심판하는 모습이 아니라 행복해 보이는 군중 사이에 차분한 위엄을 풍기며 앉아 있는 모습이다. 그는 예배자들을 축복하려는 것처럼 손을 내밀고 있다. 정문 아치의 단층 열(列)에는 열아홉 명의 예언자들과 왕, 여왕들이 부속되어 있는데, 이들은 말 그대로 교회의 기둥이라는 위치에 걸맞게 날씬하고 뻣뻣하다. 많은 부분이 조악하고 미완성인 모습인데, 아마도 손상되거나 닳아 없어졌을 것이다. 하지만 일부 얼굴은 철학적 깊이나 온화한 표정 또는 소녀 같은 우아함을 갖고 있는데, 이러한 표현은 랭스에서 더욱 완벽해졌다.

트랜셉트 파사드와 주랑 현관은 유럽에서 가장 아름답다. 각 파사드에는 세 개의 정문이 있는데, 이들 정문은 양 옆에 아름답게 조각된 기둥과 문설주가 설치되어 서로 구분되며 대부분이 조각상으로 덮여 있다. 이들 조각상은 하나하나가 개성을 갖추고 있어 어떤 것들은 샤르트르 주민의 이름으로 불렸다. 남쪽 주랑 현관을 중심으로 그 주변에는 783개의 형상이 심판대에 앉은 그리스도를 둘러싸고 있다. 이곳 샤르트르의 노트르담(성모)은 그 아들보다 경시된다. 하지만 그 대신 알베르투스 마그누스의 경우처럼 온갖 과학과 철학을 타고났고, 그 정문에는 자유 7과(自由七科), 즉 음악의 피타고라스, 변증법의 아리스토텔레스, 수사학의 키케로, 기하학의 유클리드, 산술의 니코마코스, 문법의 프리스키아누스, 천문학의 프톨레마이오스 등이 새겨져 있다. 1259년 발표한 헌장에서 생루이는 "샤르트르의 성모 마리아 성당에 대한 짐의 특별한 헌신으로 말미

암아, 그리고 짐과 짐의 선조들의 영혼을 구원하기 위해" 북쪽 주랑 현관을 완공하게 하였다.[19]

1793년 프랑스의 혁명 의회는 철학과 공화국의 이름으로 샤르트르 대성당의 조각상을 파괴하려는 행위들을 가까스로 막아 냈다. "철학"은 일부 손들을 잘라 내는 것으로 타협했다.[20] 이 북쪽 주랑 현관은 성모의 것으로, 그녀의 이야기를 경건한 애정으로 들려준다. 이곳의 조각상은 완전히 무르익은 조각 작품으로 사방 어디에서 보아도 빼어나다. 직물의 표현은 여느 그리스 조각품처럼 우아하고 자연스럽다. "정숙"의 인물은 가장 활짝 피어난 프랑스 소녀의 모습으로, 정숙함이 아름다움을 두 배는 더 돋보이게 만든다. 조각의 역사를 통틀어 이보다 더 멋진 작품은 없다.

성당으로 들어가면 네 가지 인상이 교차한다. 네이브와 궁륭의 단순한 선은 규모나 아름다움 면에서 아미앵이나 윈체스터의 네이브에 견주기 어렵다. 화려하게 장식된 성가대 칸막이는 1514년 대담한 장 르 텍시에가 만들기 시작했다. 남쪽 트랜셉트의 기둥에는 그리스도가 평화로운 모습으로 새겨져 있고, 부드러운 색채로 완성된 스테인드글라스는 필적할 것이 없다. 이곳 174개의 창에는 신발 수선공에서 왕에 이르기까지 전설과 역사 속 인물 3884명이 담겨 있다. 이곳은 암적색과 연청색, 에메랄드 빛 녹색, 진노랑, 노란색, 갈색, 흰색 등 전에 없이 다채로운 색상을 통해 바라보는 중세 프랑스다. 어디에도 비할 수 없는 샤르트르의 영광이다. 이들 창은 사실주의적 초상화법으로 바라보아서는 안 된다. 인물들은 부자연스럽고, 어떤 것은 우스꽝스럽기까지 하다. 낙원 추방의 원형 안에 든 아담의 머리는 고통스러울 정도로 비뚤어져 있고, 이브가 지닌 한 쌍의 매력은 예배자들의 욕정을 자극하는 것과는 거리가 있다. 이 작품을 만든 예술가들은 그림을 통해 이야기만 전달하고, 색채가 보는 사람들의 눈에, 그리고 다채로운 성당의 분위기에 녹아들면 된다고 생각했던 것 같다. 도안이 뛰어난 작품은 「탕아(蕩兒)의 창」이다. 상징적인 이새(Jesse)의 나무를 그린 창은 색과 선으로 유명하다. 하지만 무엇보다 뛰어난 작품은 「아름다운 창 위의 성모」

다. 전해지는 이야기에 따르면 이 아름다운 창은 1194년 화재에서 소실을 면하였다고 한다.[21]

트랜셉트와 네이브가 교차하는 곳에 서면 샤르트르의 커다란 장미들이 보일 것이다. 주(主) 파사드의 중앙 장미는 너비 44피트로, 창이 조망하는 네이브의 너비와 거의 같다. 어떤 이들은 이 장미창이 역사상 알려진 가장 아름다운 유리 작품이라고 일컫는다.[22] 북쪽 트랜셉트는 프랑스 장미로 가득 차 있는데, 이는 루이 9세와 카스틸리아의 블랑쉬가 헌정하고 성모에게 헌당된 것이다. 교회를 가로질러 남쪽 트랜셉트 파사드에서 이곳을 마주보고 있는 드뢰의 장미는 블랑쉬의 적인 드뢰의 피에르 모클레르가 헌정한 것인데, 마리아의 아들이 블랑쉬의 성모와 대치하듯 서 있다. 작은 장미 서른다섯 송이와 이보다 더 작은 열두 송이 장미가 샤르트르의 둥근 유리창을 완성한다. 끈기 있고 차분하게 완성도 높은 일을 마무리 짓기에는 너무 급하고 과민한 현대인들은, 천재적이고 뛰어난 개인들이 아닌 높은 기상의 부지런한 사람들과 공동체, 한 시대, 그리고 하나의 신앙이 만들어 냈을 작품 앞에서 경이를 느끼게 된다.

우리는 샤르트르를 전형적으로 성숙한, 또는 레오닝 고딕의 예로 살펴보았다. 랭스와 아미앵, 그리고 보베 대성당은 그처럼 자세히 다루지는 않을 것이다. 하지만 그 누가 랭스 대성당의 서쪽 정면을 서둘러 지나갈 수 있을까? 만약 원래의 첨탑들이 탑 위로 올라서 있다면, 그 파사드는 인간이 남긴 가장 장려한 작품이 되었을 것이다. 놀라운 것은 여섯 세대에 걸쳐 세워진 구조물의 각 부분과 양식이 이루어 낸 통일성과 조화다. 841년 힝크마르가 완성한 이 대성당은 1210년 화재로 소실되었다. 화재가 난 지 1주기가 되던 날, 로베르 드 쿠시와 장 도르베가 프랑스 국왕의 대관식에 적합하도록 설계한 새 성당이 건축되기 시작했다. 40년간 이어진 공사 끝에 재정이 바닥났다. 작업은 중단됐고 (1251년) 대성당의 완공은 1427년까지 미루어졌다. 1480년의 화재는 첨탑을 파괴했다. 성당이 모아 놓은 재정은 주요 구조물을 보수하는 데 소진되었고 첨탑은 재건되지 않았다. 1차 세계 대전 중 포탄으로 인해 몇몇 버팀벽이 무너지고 지붕과 궁륭에 커다란 틈이 생겼다. 바깥쪽 지붕은 불에 타 붕괴되고 많은 조각상이 파괴됐다. 다른 조각상도 광신도들 손에 훼손되거나 세월에 침식되었다. 역사는 예술과 시간의 다툼이다.

랭스 조각 작품은 파사드와 같이 고딕 예술의 정점을 이룬다. 어떤 것은 예스럽고 조잡하다. 중앙 출입구에 있는 조각상은 무엇과 견주어도 뒤지지 않는다. 정문과 첨탑, 실내 등의 여러 지점에서 우리는 거의 페리클레스 시대 조각상의 끝자락을 품은 조각품을 만날 수 있다. 어떤 작품은 중앙 정문에 있는 기둥 위의 성모처럼 지극히 우아하여 고딕 양식의 힘이 약해졌음을 보여 준다. 그러나 같은 정문 왼쪽의 성모 취결례(取潔禮)를 표현한 작품과 오른쪽의 성모 방문을 묘사한 조각은 고딕 양식의 개념과 솜씨를 탁월하게 구현하고 있어, 그 앞에 서면 말도, 글도 표현할 길을 잃는다. 이 파사드의 수태 고지(受胎告知) 작품에 등장하는 미소 짓는 천사들은 더 유명하긴 하지만 그렇게 완벽하다고 할 수는 없다. 이들의 환희에 찬 얼굴은 북쪽 정문에 있는 성 바울의 것과 얼마나 다른가! 성 바울 조각은 그 자체로 석조 작품 중 가장 위대한 묘사에 속한다.

아미앵 대성당의 조각은 우아함과 마무리 면에서 랭스 대성당의 조각보다 뛰어나지만 계시적 깊이와 구상의 위엄 면에서는 그에 미치지 못한다. 이곳 서쪽 주랑 현관에는 유명한 "보 디유" 상이 있는데, 랭스의 생생한 조각에 비하면 다소 양식적이고 생기도 없다. 이곳에는 겁먹은 금욕주의자가 아닌, 정의가 승리할 것을 조금도 의심하지 않는 단호하고 평온한 성 피르민도 있다. 어린 모성의 자애로움으로 자신의 아이를 두 팔에 안은 성모도 있다. 남쪽 주랑 현관에는 공을 가지고 노는 자신의 아이를 지켜보며 미소 짓는 황금 성모상이 있다. 성모는 약간 겉치레를 하긴 했지만 무척 우아하여 러스킨(Ruskin)이 심술궂게 붙인 "피카르디의 시녀"라는 별칭은 어울리지 않는다. 고딕 조각가들이 한 세기 동안 신학에 봉사한 끝에 남자와 여자를 발견하고 교회 파사드에 삶의 기쁨을 조각했다는 것은 유쾌한 사실이다. 역시 속세의 즐거움을 배운 교회는 이러한 발견을 눈감아 주었지만, 중앙 파사드에는 최후의 심판을 조각하는 것이 현명한 일이라고 생각했다.

아미앵 대성당은 1220년에서 1288년 사이에 건축가들이 대를 이어 작업을 하다. 로베르 드 뤼자르슈와 토마 드 코르몽, 그리고 그의 아들 르뇨가 그들이다. 탑들은 1402년이 되어서야 완공되었다. 실내는 고딕 양식의 네이브 중 가장 훌륭한 성공작이다. 이곳 네이브는 궁륭을 향해 140피트 높이로 솟아올라 있고, 무게를 지탱하기보다는 교회를 위로 끌어올리는 것처럼 보인다. 지상에서 궁륭으로 이어지는 주신(柱身)은 3층에 달하는 네이브의 회랑을 장엄히 통일시킨다. 애프스의 궁륭은 이해하기 힘든 변칙성 위로 조화를 이룬 설계의 승리였다. 그리고 아직도 채광층의 여러 창과 트랜셉트와 파사드의 장미를 보면 심장이 멎는 기분이다. 하지만 네이브는 높이에 비해 너무 좁고, 벽은 지붕에 비해 너무 약해 보인다. 불안정의 요소가, 이 부상하는 돌이 일으키는 경외감 속에 스며든다.

보베 대성당에서 이러한 고딕의 부푼 야심은 스스로 비약했다가 운명처럼 추락한다. 아미앵 대성당의 웅장함은 보베 시민들에게 질투를 일으켰다. 1227년 이들은 성당을 짓기 시작했는데, 성당의 궁륭을 아미앵보다 13피트 더 높이 올리겠다고 다짐했다. 그들은 성가대석을 마음먹은 높이로 지어 올렸지만 지붕을 덮기도 전에 붕괴했다. 1272년 이를 만회하고자 보베 시민들은 다시 예전과 같은 높이로 성가대석을 지었고, 1284년 다시 한 번 붕괴를 경험했다. 그들은 한 번 더 성가대석을 건축했는데, 이번에는 지상에서 157피트 올린 높이였다. 그러고는 재정이 바닥났다. 사람들은 2세기 동안 트랜셉트나 네이브 없이 교회를 내버려 두었다. 1500년 프랑스가 마침내 백 년 전쟁의 상처로부터 회복되었을 때, 거대한 트랜셉트를 짓는 공사가 시작되었다. 그리고 1552년(로마 성 베드로 성당의 첨탑을 마무리하기 위해) 트랜셉트 위로 채광 탑이 500피트 높이로 솟아올라 세워졌다. 1573년 이 탑은 무너졌고, 그와 함께 트랜셉트와 성가대석도 크게 훼손됐다. 용감한 보베 시민들은 결국 타협했다. 그들은 성가대석을 위태로운 높이까지 복원했지만 네이브를 추가하지는 않았다. 보베 대성당은 따라서 머리만 있고 몸통이 없다. 외부로는 두 개의 호화로운 트랜셉트 파사드와 버팀벽에 에워싸인 애프스가 있고, 내부로는 웅장한 스테인드글라스로 환히 빛나는 휑뎅그렁한 성가대석이 있다. 프랑스 사람들은 보베의 성가대석과 아미앵의 네이브, 랭스의 파사드, 그리고 샤르트르의 첨탑을 합칠 수 있다면, 완벽한 고딕 성당이 탄생할 것이라고 말했다.

후세대의 사람들은 13세기를 회고하면서 어떠한 부와 신앙의 원천이 지상에 그러한 영광을 쏟아 냈는지 경탄했을 것이다. 노트르담과 샤르트르와 랭스와 아미앵과 보베 등, 글에서는 이름뿐일 수 있는 고딕의 대담무쌍함이 잇따라 등장하는 현장에 몸소 서 보지 않고서는 누구든 그 시대의 프랑스가 무엇을 성취했는지(대학과 시인, 철학자, 십자군 원정 등을 제외하고) 알 수 없기 때문이다. 보르주 대성당(1195~1390년)에는 거대한 네이브와 네 개의 측면 복도, 유명한 스테인드글라스와 아름답게 조각된 저울을 든 천사가 있다. 몽생미셸의 경이로운 수도원 메르베유(1204~1250년)는 노르망디 해안에서 떨어진 바위섬에 우뚝 솟은 요새처럼 지어졌다. 쿠탕스(1208~1386년)에는 웅장한 첨탑이 있다. 루앙(1201~1500년)에는 화려하게 장식된 리브레르 문(門)이 있고, 파리에는 생샤펠이 있다. 생샤펠은 피에르 드 몽트로가 생루이 궁의 부속 예배당으로 지은(1245~1248년) 고딕 유리 건축의 "보석 상자"로, 왕이 동방으로부터 사들인 유물을 보관하기 위한 목적이었다. 파괴의 시대라 하더라도 사람은 하고자 하는 의지만 있다면 한때 프랑스에 지어 올린 것과 같은 작품을 건설할 수 있다.

6. 잉글랜드의 고딕: 1175~1280년

고딕 양식은 샤르트르와 일 드 프랑스에서 프랑스의 지방 지역으로 급속히 퍼졌다. 그리고 국경을 건너 잉글랜드와 스웨덴, 독일, 스페인, 종국에는 이탈리아까지 확산됐다. 프랑스 건축가들과 공예가들은 외국의 의뢰를 받아들였고, 어디에서든 새로운 예술 작품은 "프랑스에서 탄생한 작품"이라고 불렸다. 잉글랜드는 이를 환영했다. 12세기의 잉글랜드는 절반이 프랑스였기 때문이다. 영국 해협은 프랑스의 절반을 포함한 영국 영토를 양쪽으로 나누는 강에 불과했다. 그리고 그 영토 안에서 루앙은 문화적 수도였다. 잉글랜드의 고딕은 일드 프랑스보다는 노르망디에서 파생되어, 고딕의 틀 안에서 노르만의 묵직함을 유지했다. 로마네스크에서 고딕으로의 이행은 잉글랜드와 프랑스에서 거의 동시에 일어났다. 첨두아치는 생드니(1140년)에 사용되던 때와 거의 같은 시기에 더럼과 글로스터 대성당에도 등장했고, 파운틴스 수도원과 맘스베리에도 나타났다.[23] 헨리 3세(1216~1272년)는 프랑스의 모든 것을 동경하고 생루이 치세하에 이룬 건축학적 성과를 질투하여, 국민들을 곤궁에 몰아넣을 정도의 세금을 부과하면서까지 웨스트민스터 대성당을 재건했다. 또한 건축가와 조각가, 화가, 조명 전문가, 금세공인 등 자신의 계획을 실행에 옮기기 위해 불러들인 예술가들에게 보수를 지급했다.

잉글랜드 고딕이 분화된 세 시기, 즉 초기 영국 양식(1175~1280년), 장식 양식(1280~1380년), 그리고 수직 양식(1380~1450년)의 시기 중 우리는 첫 번째 시기에 한하여 검토할 것이다. 초기 영국 양식 창과 아치의 길고 뾰족한 형태는 이 양식에 예첨(銳尖)이라는 또 다른 이름을 부여했다. 파사드와 정문은 프랑스의 것보다 단순했다. 링컨과 로체스터에는 약간의 조각상이 있고, 웰스에는 그보다 더 많은 조각이 있다. 하지만 이들은 극히 예외적인 경우이고, 질적으로나 양적으로나 샤르트르와 아미앵, 랭스 등의 정문 조각 작품과는 비교가 되지 않는다. 탑들은 높다기보다는 거대하다. 하지만 솔즈베리와 노리치, 리치필드의 첨탑은 잉글랜드의 건축가들이 위풍과 크기보다 우아함과 높이를 선호할 때 어떤 작품을 만들 수 있는지 보여 준다. 잉글랜드의 건축가들은 실내의 높이에도 관심이 없었다. 때로는 웨스트민스터와 솔즈베리에서처럼 높은 실내를 시도하기도 했다. 하지만 대개는 글로스터와 엑서터에서처럼 궁륭을 답답할 정도로 낮게 만들었다. 잉글랜드의 성당은 엄청나게 길어서, 높이로 비례를 맞추려는 노력이 무용했다. 윈체스터 성당의 길이는 556피트이고, 엘리는 517피트, 캔터베리는 514피트, 웨스트민스터 대성당은 511피트이다. 아미앵은 435피트, 랭스는 430피트, 밀라노도 475피트에 불과하다. 그러나 윈체스터의 내부 높이는 불과 78피트이고, 캔터베리는 80피트, 링컨은 82피트, 그리고 웨스트민스터는 103피트인 반면, 아미앵은 140피트로 높다.

잉글랜드 고딕 교회의 동쪽 끝부분은 앵글로색슨 양식인 정사각의 애프스를 유지하며, 편리하게 진화한 프랑스의 다각형이나 반원형 애프스는 외면했다. 많은 경우 동쪽 끝은 마리아 제실로 확대되어 성모에 대한 특별 예배를 위해 사용했다. 하지만 잉글랜드에서 마리아에 대한 숭배는 프랑스에서처럼 열광적으로 이루어지지 않았다. 종종 잉글랜드에서는 성당 참사회의 사제단 회의실과 주교 궁이 교회에 붙어 있고, 그러한 단위로 대개 벽에 둘러싸인 "성당 경내(境內)"를 형성했다. 잉글랜드와 스코틀랜드의 고딕 수도원, 예컨대 파운틴스나 드리버그, 멜로즈, 틴턴 수도원 등에 펼쳐진 숙사와 식당, 교당, 그리고 속세와 격리된 산책로 등은 한 울타리 안에서 인상적인 하나의 예술 작품을 만들어 낸다.

잉글랜드에서는 고딕 건축의 본질적인 원리(압력을 균형 잡고 분산하여 볼품 없이 큰 지지 구조를 축소하는 것)가 온전히 수용된 경우가 없는 듯 보인다. 옛 로마네스크 양식에서의 벽 두께는 잉글랜드 고딕에서 아주 살짝만 조정되었는데, 솔즈베리에서처럼 로마네스크의 바탕에 맞출 필요가 없는 경우에도 그러했다. 잉글랜드 건축가들은 이탈리아 건축가들처럼 공중 버팀벽을 혐오했다. 그들은 여기저기에 공중 버팀벽을 설치했지만 그것을 썩 내켜 하지 않았다. 잉글랜드 건축가들은 건물의 지지력은 외부로 튀어나온 혹이 아니라 그 구조물 안에 포함되어 있어야 한다고 생각했다. 어쩌면 그들의 생각이 맞았을 것이다. 그리고 프랑스 걸작들의 여성스러운 우아함은 지니지 못했을지 모르지만, 잉글랜드의 성당들은 단호하고 남성적인 힘을 지니고 있어, 아름다움을 넘어서 숭고한 미를 간직한다.

베케트가 캔터베리에서 살해당한 지 4년이 뒤 성당의 성가대석은 화재로 소실되었다.(1174년) 마을 주민들은 이미 종교적 참배의 장소가 된 그곳 성지에 신이 그러한 재앙을 허락했다는 당혹감과 분노에 못 이겨 벽에 머리를 찧었다.[24] 수도사들은 성가대석을 재건하는 책임을 상스의 기욤에게 맡겼다. 그는 프랑스 건축가로 고향에서 이미 성당을 건축하여 이름을 떨친 인물이었다. 기욤은 1175년에서 1178년까지 캔터베리에서 작업했다. 그가 비계에서 추락하여 장애를 얻자, 잉글랜드인 윌리엄이 이어받아 공사를 계속했다. 수도사 제르바시오는 윌리엄을 두고 "체격은 작지만 다방면에서 기량이 뛰어나고 곧은 사람"이라고 말했다.[25] 1096년에 로마네스크 양식으로 건축되었던 성당의 많은 부분들은 유지되었다. 대체로 고딕 양식으로 수정된 가운데 반원 아치도 형태를 유지했다. 하지만 성가대석의 낡은 나무 천장은 석조 늑재 궁륭으로 대체되고, 기둥은 더 길어져 우아함을 더했다. 기둥머리는 매우 정교하게 조각되었고, 창은 멋진 스테인드글라스로 채워졌다. 성당 경내로 모인, 그리고 여전히 고아하고 아름다운 마을 위로 우뚝 솟은 캔터베리 대성당은 오늘날 지구상에서 가장 가슴 설레는 풍경 중 하나가 되었다.

수많은 고위 성직자들과 순례자들이 목격한 이 성당의 사례는 고딕 양식을 영국 전역으로 퍼뜨렸다. 1177년 피터버러에서는 그곳 대성당의 서쪽 트랜셉트를 아름다운 고딕 양식의 주랑 현관 쪽으로 향하게 했다. 1189년 주교 휴 드 레이시는 윈체스터 대성당의 성가대석 뒤쪽을 아름답게 건축했다. 1186년 일어난 지진은 링컨 대성당을 남김 없이 무너뜨렸다. 6년 뒤 휴 주교는 제프리 드 누아예르의 고딕 설계도를 바탕으로 성당을 재건하기 시작했다. 귀족 출신의 그로스테스트는 1240년에 이 작업을 완공했다. 링컨 대성당은 잉글랜드의 여느 전원처럼 아름다운 시골 마을을 내려다보며 언덕 위에 우뚝 서 있다. 부피의 웅장함이 세부 양식의 섬세함과 그토록 뛰어난 조화를 이룬 경우는 거의 없었다. 세 개의 거대한 탑과 조각 정문 및 복합 회랑이 있는 넓은 파사드, 그 규모와 너비에도 불구하고 무겁게 느껴지지 않는 위풍당당한 네이브, 우아한 주신과 네모진 기둥의 조각, 장미창, 사제단 회의장의 손바닥 같은 궁륭, 회랑의 웅장한 아치 등은 모두 인류로 하여금 "천사 성가대석"이 없었어도 링컨 대성당에 대해 경탄하게 만들었을 요소이다. 1239년 한 노르만 탑이 휴 주교의 성가대석 위로 무너져 내렸다. 새로운 성가대석은 1256년에서 1280년 사이에 태동기에 있던 장식 양식으로 재건되었는데, 장식은 화려하면서도 매우 아름다웠다. 전해지는 이야기에 따르면 성가대석의 이름을 그렇게 붙인 이유는 그곳을 지은 이들이 천사라는 말이 나돌았기 때문이다. 사람의 손으로는 그토록 완벽한 작품을 만들어 낼 수 없다고 믿겨졌던 것이다. 하지만 아마도 그 명칭은 트리포리움의 스팬드럴(spandrel) 위에 조각된 미소 짓는 천사 악사들에게서 유래했을 것이다. 이 성가대석의 남쪽 정문을 보면, 잉글랜드 조각가들의 솜씨도 랭스와 아미앵의 조각가들에 필적한다. 그곳에 있는 네 개의 조각상은 목이 베이거나 청교도들에 의해 다른 부분이 훼손되었어도 그런 비교가 가능하다. 유대교 회당을 상징하는 작품과 교회를 상징하는 또 다른 작품은 13세기 잉글랜드 조각상 중 가장 근사하다. 위대한 과학자 윌리엄 오슬러 경(Sir William Osler)은 이 천사 성가대석이 인간이 남긴 예술품 중 가장 아름다운 작품이라고 생각했다.[26]

1220년 푸어 주교는 엘리아스 드 더럼을 고용하여 솔즈베리 대성당을 설계하고 건축하게 하였다. 성당은 25년이라는 매우 짧은 기간 안에 완공되었다. 전체적으로 초기 영국 양식으로, 잉글랜드의 성당은 몇 개의 양식을 뒤섞는다는 규칙을 벗어나 있다. 통일된 설계와 조화를 이룬 규모와 선, 소박한 위엄을 지닌 트랜셉트 탑과 첨탑, 우아한 마리아 제실의 궁륭, 그리고 아름다운 사제단 회의장의 창 등은 무겁게 내려앉은 네이브의 네모진 기둥과 숨 막힐 듯 얇은 궁륭을 보완한다. 엘리 대성당은 아직도 나무 천장을 이고 있지만 멋이 있다. 목재에는 석조 건축에서는 맛볼 수 없는 따뜻함과 생동감이 있다. 고딕 건축가들은 엘리의 세련된 노르만식 네이브에 아름다운 서쪽 주랑 현관, 즉 갈릴리(galilee)를 더하였다.(1205년경) 사제석에는 퍼베크(Purbeck) 대리석의 멋진 기둥 다발을 세웠고, 13세기 장식 고딕으로 마리아 제실과 성가대석, 그리고 트랜셉트 위를 가로지르는 근사한 채광창인 "엘리 팔각탑"도 만들었다. 웰스 대성당(1174~1191년)은 전형적인 초창기 잉글랜드 고딕 건축 중 하나이다. 네이브 설계는 썩 훌륭한 편은 아니다. 하지만 주교 조슬린이 추가한 서쪽 정면은 "잉글랜드에서 가장 아름다운 작품이 될 뻔했다."[27] 이 파사드의 벽감 안에는 340개의 조각상이 있었다. 그중 106개는 청교도주의 운동이나 반달리즘(vandalism)에 의해, 그리고 세월에 의해 파괴되고 사라졌다. 남아 있는 것들은 영국에서 가장 규모 있는 인물 조각 전시장을 이루고 있다. 작품의 질이 뛰어나다고는 할 수 없다.

초기 영국 양식의 고딕이 절정에 달한 것은 웨스트민스터 대성당이었다. 참회 왕 에드워드를 자신의 수호성인으로 삼은 헨리 3세는 에드워드가 지은 (1050년) 노르만 교회가 에드워드의 유골을 보관할 곳이 못 된다고 생각했다. 그는 예술가들에게 그 건물을 프랑스 양식의 고딕 건물로 다시 지으라고 명령했다. 그리고 이를 위해 세금으로 75만 파운드를 거두어들였는데, 정확하지는 않으나 오늘날 9000만 달러에 상당할 것으로 추정된다. 공사는 1245년에 시작되어 1272년 헨리가 세상을 뜰 때까지 계속됐다. 설계는 랭스와 아미앵의 것을 따라 하여 대륙풍의 다각형 애프스까지 도입했다. 최후의 심판을 묘사한 북쪽 주랑 현관의 조각상은 아미앵의 서쪽 정면에서 영향을 받았다. 트랜셉트 트리포리움의 스팬드럴 안에는 인상적인 천사의 돋을새김 조각들이 있다. 남쪽 트랜셉트의 한 천사는 랭스의 아기 천사에 견줄 만큼 우아하고 자비로운 얼굴을 하고 있다. 사제단 회의장 입구 위에는 두 개의 인물상이 있어, 수태 고지를 상징하고 매혹적인 자태로 정숙하게 애원하는 성모를 보여 준다. 성당 안의 초기 왕릉은 더 아름다운데, 그중에서도 압권은 헨리 3세 자신의 묘이다. 그의 묘는 통통하고 왜소한 왕을 완벽하게 잘생기고 비율도 좋은 인물로 바꾸어 놓았다. 20여 통치자들의 죄는 이 화려한 무덤 속에 봉인된 채 망각되었고, 대부분은 이 군주의 석묘에 묻혀 누워 있는 잉글랜드의 천재에 의해 구원받을 수 있었다.

7. 독일의 고딕: 1200~1300년

플랑드르는 일찍이 프랑스로부터 고딕 양식을 들여왔다. 브뤼셀 언덕 위에 위풍당당하게 서 있는 성 구둘라 대성당은 1220년에 기공에 들어갔다. 가장 아름다운 작품은 스테인드글라스이다. 겐트에 있는 성 바본 대성당은 1274년 고딕 양식의 성가대석을 지었고, 메클린의 성 롬바우트 대성당의 거대한 탑은 완공되지 않았지만 이미 지나치게 장식적인 외양으로 시골 지대를 내려다보고 있었다. 플랑드르는 신학보다 섬유 제조업에 더 관심이 있었기 때문에, 이 지역 건축술의 특징은 민간 건축에 있었다. 그리고 초창기 고딕 양식이 크게 부각된 곳은 이프르와 브뤼즈, 겐트의 직물 회관이었다. 이프르의 직물 회관(1200~1304년)은 가장 웅장하다. 파사드는 450피트 길이에 3층의 회랑을 지녔고, 줄기둥으로 이루어진 모서리의 작은 첨탑과 우아한 중앙 탑이 서 있다. 이곳은 점점 허물어지다 1차 세계 대전 때 붕괴했다. 브뤼즈의 직물 회관은 더할 나위 없이 아름답고 세계적으로도 유명한 종탑으로 여전히 광장을 지배한다. 이들 멋진 건물과 겐트의 건물은 플랑드르 길드의 번영과 그에 따른 자부심을 보여 주며, 이제는 한산하고 쾌적한 이들 마을의 매력을 더해 준다.

고딕 양식은 동쪽으로 퍼져 네덜란드와 독일로 들어가면서 점점 더 큰 저항에 부딪혔다. 일반적으로 고딕 양식의 우아함은 게르만의 틀과 정신이 지닌 단호한 힘과 조화를 이루지 못했다. 로마네스크는 그보다 융화가 잘 되어서, 독일은 13세기까지 이 양식을 널리 유지했다. 밤베르크의 대성당(1185~1237년)은 과도기적 형태이다. 창은 작고 반원 아치이며, 공중 버팀벽은 없다. 하지만 궁륭은 늑재가 있고 뾰족한 형태를 이룬다. 여기 독일 고딕의 시발점에서 우리는 인상적인 조각상의 진화를 발견하게 된다. 처음에는 프랑스의 것을 모방했지만, 곧 아름다운 자연주의의 양식과 힘을 표현한다. 실제로 밤베르크 교회에 있는 유대교 회당 조각은 그와 비슷한 랭스의 조각상보다 더 만족스럽다.[28] 성가대석에 새겨진 엘리자베스와 마리아는 비슷한 주제의 프랑스 작품을 모사한 것과 거리가 멀다. 엘리자베스는 토가를 입은 로마 원로원 의원의 얼굴과 모습을 하고 있고, 마리아는 실체적이고 생동감 있는 모습을 하고 있는데, 독일인들은 예나 지금이나 그러한 특징을 사랑했다.

이 시기의 독일 성당 중 현존하는 곳은 거의 대부분 뛰어난 조각 작품을 갖고 있다. 그중 최고의 것은 나움부르크 대성당(1250년경)에 있다. 서쪽 성가대석에는 지역 고관들을 묘사한 열두 개의 조각상이 나열되어 있는데, 인정사정 없는 사실주의적 표현을 볼 때 조각가들이 제대로 대우를 받지 못했던 것 같다. 이를 보상이라도 하듯, 변경백(邊境伯)의 아내인 우타의 초상은 독일인이 아쉬워하는 이상적인 여성상을 보여 준다. 성가대석 칸막이 위의 프리즈에는 돈을 받고 그리스도를 파는 유다가 있다. 이들 인물상은 대담한 구도 안에 혼잡하게 모여 있지만 개성은 그대로 살아 숨 쉰다. 유다를 묘사한 상에서는 다소 동정심이 엿보이고, 바리사이인들은 강한 분위기를 풍긴다. 이 작품은 13세기 독일 조각의 걸작이다.

1248년 콜로뉴의 대주교인 호호슈타덴의 콘라트는 가장 유명하면서 독일색은 적은 독일 성당의 초석을 놓았다. 작업은 프레데리크 2세 사후의 혼돈 속에서 느리게 진행되었다. 성당은 1322년까지 축성되지 않았다. 성당의 많은 부분은 14세기부터 건설되기 시작해 15세기의 설계도로 1880년에 건설되었다. 아미앵을 본뜬 콜로뉴는 프랑스의 양식과 기법을 바짝 뒤따랐다. 파사드의 선은 너무 곧고 딱딱하지만 길고 날씬한 네이브의 기둥과 멋진 창, 그리고 성가대석 네모진 기둥 위의 열네 개 조각이 매력적인 실내를 이룬다. 이곳은 기적적으로 2차 세계 대전의 피해를 면했다.

스트라스부르 대성당은 더 큰 만족감을 준다. 콜로뉴처럼 프랑스와 지리적으로 가까운 덕에 오늘날의 스트라스부르(1949년)가 그러하듯 프랑스 양식을 이국적인 것으로 여기지 않게 되었다. 외부에는 프랑스의 우아함이, 내부에는 독일의 힘이 느껴진다. 성당으로 가는 길에는 박공으로 만든 집이 그림처럼 즐비하다. 조각이 파사드를 장식하고 있지만, 그보다 빛나는 것은 거대하고 화려한 장미창이다. 정면 모퉁이에 있는 단일 탑은 구조물에 짓다 만 것 같은 인상을 준다. 하지만 위엄과 장식의 결합은 완벽하게 성공적이다. 이 파사드를 "동결된 음악"이라고 칭한 괴테의 표현도 이해할 수 있지만, 그보다는 더 따뜻한 문구를 사용해도 좋을 것이다. 괴테는 이렇게 말했다. "자라면서 고딕 건축은 무시해도 좋다고 배웠고, 나도 그것을 얕보았다. 하지만 그 안으로 들어갔을 때 감탄을 금할 수 없었고, 그 아름다움에 매료되었다."[29] 이곳의 스테인드글라스는 매우 오래되었는데, 아마도 프랑스에 있는 어느 작품보다 더 오래전에 만들어졌을 것이다. 남쪽 트랜셉트 정문의 조각(1230~1240년)은 보기 드물게 뛰어나다. 문 위의 팀파눔은 성모의 죽음을 깊은 돋을새김으로 표현했다. 마리아의 옆에 모여든 사도들은 적절치 못하게 개별화되어 있다. 그러나 그리스도의 상은 구도가 좋고 조각 솜씨도 빼어나다. 이 정문과 나란히 두 개의 탁월한 조각이 서 있다. 하나는 교회를 상징하는 통통한 독일 왕비이고, 다른 하나는 날씬하고 우아한 인물상으로 눈을 가리고 있지만 아름다우며 유대교 회당을 상징한다. 눈가리개를 걷으면 회당이 다툼에서 승리할 것이다. 1793년 프랑스 혁명위원회는 성당의 조각들을 부수도록 명령하여 이곳을 "이성(理性)의 신전"으로 개조하려 했다. 헤르만(Hermann)이라고만 알려진 한 박물학자는 교회와 회당 조각을 자신의 식물원 안에 숨겨 지켜 냈고, 팀파눔 돋을새김은 "자유, 평등, 박애"라는 프랑스 명문(銘文)이 새겨진 명판으로 덮어 구했다.[30]

8. 이탈리아의 고딕: 1200~1300년

중세 이탈리아인들은 고딕을 "테데스코 양식"이라고 불렀다. 마찬가지로 그 기원을 오해한 르네상스 시대의 이탈리아인들은 그 양식을 위해 고딕이라는 명칭을 만들어 냈다. 알프스 저편의 야만인들이나 그토록 사치스러운 예술을 발달시킬 수 있었을 것이라는 이유에서였다. 장식이 넘치고 대담한 양식은 취향이 고전적이고 오랜 시간 정화된 이탈리아인들을 불쾌하게 만들었다. 이탈리아가 결국 고딕을 채택했다 하더라도 거의 치욕스러워 할 정도로 마지못한 선택이었다. 그리고 자신의 요구와 분위기에 맞게 양식을 변형시키고 난 후에야, 이탈리아는 이국적이고 뛰어난 밀라노 대성당뿐 아니라 오르비에토와 시에나, 아시시, 그리고 피렌쩨 등 생경한 비잔티움 로마네스크풍의 고딕 건축물을 지어낼 수 있었다. 이탈리아에는 땅이나 유적마다 대리석이 풍부했고, 그것으로 성당에 다양한 색조의 평판을 씌울 수 있었다. 하지만 어떻게 대리석 파사드를 조각하여, 무른 암석을 깎아 복잡한 장식을 만든 북부의 정문을 따라갈 수 있었을까? 이탈리아는 날씨가 흐리고 추운 북부에서 빛과 온기를 끌어들이기 위해 필요로 하던 수많은 창을 만들 이유가 없었다. 이들이 선호하는 것은 햇빛을 막아 성당을 서늘한 성역으로 만들어 줄 작은 창이었다. 이들은 두꺼운 벽도, 심지어 철제 버팀대도 위로 떠받친 버팀벽이나 마찬가지로 흉하지 않다고 생각했다. 작은 첨탑이나 첨두아치 같은 지지 구조가 필요 없던 이탈리아는 이런 장치를 장식으로 사용했고, 고딕 양식의 건축 논리를 절대 인정하지 않았다.

1300년 이전의 북부는 거의 전부가 그리스도교적 양식의 영향 아래 있었고, 이프르와 브뤼즈, 겐트 같은 상업 도시만 소수의 예외로 존재했다. 제조업과 교역을 통해 부유해진 북이탈리아와 중앙 이탈리아에서는 도시 건축물이 고딕의 발달에 커다란 역할을 하였다. 시(市) 청사와 성곽, 성문, 탑, 봉건 성(城)과 상인의 대저택 등도 고딕 형식이나 장식을 취했다. 페루자는 1281년에 무니치피오 궁전을 짓기 시작했고, 시에나는 1289년에 푸블리코 궁전을, 볼로냐는 1290년에 코무날레 궁전을, 피렌쩨는 1298년에 독특하고 우아한 베키오 궁전을 짓기 시작했는데, 모두 투스카니 고딕 양식이었다.

1228년 아시시의 엘리아스 수사는 성 프란체스코의 무덤으로 참배를 오는 점증하는 인파와 수많은 프란체스코회 수도사들을 수용하기 위해 널찍한 성 프란체스코 교회와 수녀원의 건립을 지시했다. 이는 이탈리아 최초의 고딕 양식 교회였다. 이 작업은 야코포 달레만니아라는 이탈리아 이름을 지닌 독일의 건축 장인에게 맡겨졌다. 아마도 이런 이유로 고딕 양식이 이탈리아에 "독일 양식"으로 알려졌을 것이다. 교회와 수녀원은 전체적으로 인상적인 광경을 만들어 내지만, 그보다 흥미로운 것은 치마부에와 죠토, 죠토의 제자들이 남긴 프레스코화나, 이탈리아가 좋아하지만 가장 무심하기도 한 성인의 성지로 수십 곳의 마을에서 매일 몰려드는 참배객과 관광객이다.

시에나는 여전히 중세 도시이다. 공공 광장에는 시 청사가 들어서 있고 시장에는 노점이 즐비하며, 서로 접한 소박한 상점은 사람들의 시선을 끌기 위해 아무런 노력도 하지 않는다. 이 중심지에서 시작되는 10여 개의 골목은 열 발자국도 채 안 떨어진 컴컴하고 오래된 공동 주택 사이로 그늘지고 위험한 길을 만들고 있다. 이 공동 주택을 가득 채운 사람들에게는 물이 포도주보다 더 귀한 사치품이자 더 위험한 음료이다. 공동 주택 뒤쪽 언덕 위로 재미없는 흑백의 대리석 줄무늬가 있는 라 메트로폴리타나(La Metropolitana, 도시의 대성당)가 서 있다. 1229년에 공사가 시작된 이 건물은 1348년에 완성이 되었다. 1380년 조반니 피사노가 남긴 구상에 따라 근사한 새 파사드가 추가됐는데, 전체적으로 빨간색이나 검정색, 흰색의 대리석이고, 세 개의 로마네스크 양식 정문 옆에는 아름다운 조각이 있는 문설주가 있고, 커다란 장미창이 석양을 거른다. 정면을 따라 늘어선 회랑과 줄기둥은 조각상의 행렬을 만들어 낸다. 하얀 대리석 탑과 첨탑은 모퉁이를 완만하게 만들고, 높은 박공벽 안의 커다란 모자이크는 승천하는 성모의 모습을 보여 준다. 이 이탈리아 조각가는 밝고 다채로운 겉모습에 관심이 많았다. 프랑스의 것처럼 정문의 단층이나 조각이 깊은 파사드 위로 빛과 음영을 미세하게 표현하는 데는 흥미가 없었다. 이곳에는 버팀벽이 없다. 성가대석 위에는 비잔티움의 반구형 지붕이 얹혀 있다. 무게를 지탱하는 것은 두꺼운 벽과 대리석 기둥 다발에서 둥글고 뾰족한 늑재가 있는 궁륭까지 가로지르는 거대한 반원 아치들이다. 이곳은 여전히 대부분이 로마네스크 양식인 투스카니 고딕으로, 아미앵과 콜로뉴처럼 육중한 기적의 세계와는 거리가 멀다. 이 안에는 니콜로와 조반니 피사노의 하얀 대리석 설교단과 도나텔로가 만든 청동 세례당(1457년), 핀투리키오의 프레스코화, 발다사레 페루치(1532년)의 제단, 그리고 바르톨로메오 네로니(1567년)가 화려하게 조각한 성가대석 등이 있다. 그렇게 이탈리아 교회는 끝없이 이어지는 이탈리아의 천재들을 통해 세기를 거듭하여 성장할 수 있었다.

시에나의 성당과 종탑이 모습을 갖추어 가는 동안 볼세나 마을에 기적 같은 건축학적 결실이 찾아왔다. 화체설 교리를 의심하던 한 사제는 성별(聖別)된 성찬식 빵 위에서 피를 본 뒤 믿음을 굳히게 되었다. 이 경이로운 사건을 기념하는 행사에서 교황 우르바누스 4세는 성체 축일(1264년)을 도입했을 뿐 아니라 이웃한 오르비에토에 성당을 건립할 것도 명령했다. 아르놀포 디 캄비오와 로렌쪼 마이타니는 그 성당을 설계하고 시에나와 피렌쩨에서 건축가와 조각가, 화가 등을 40명 고용했다. 이들은 1290년부터 작업에 착수하여 1330년에 성당을 완성했다. 파사드는 시에나의 양식을 따랐지만 마감 솜씨가 더 세련되고 비율과 균형도 더 잘 맞았다. 성당은 대리석으로 만든 거대한 한 폭의 그림이고, 그 모든 요소는 그 자체가 고된 노력이 들어간 걸작이다. 정문 사이의 넓은 벽기둥에는 놀랍도록 세세하면서도 정교한 돋을새김 조각이 있어 천지 창조와 그리스도의 생애, 구속(救贖), 그리고 최후의 심판에 관한 이야기를 한 번 더 들려준다. 이들 돋을새김 중 성모 방문은 이미 르네상스 시대 조각의 완벽함에 도달해 있었다. 섬세하게 조각된 줄기둥은 높은 파사드를 세 개의 장면으로 나누고, 예언자와 사도, 신부, 성인들을 보여 준다. 모호하긴 하나 오르카냐(1359년)의 작품으로 추정되는 장미창은 이 모든 복잡한 구성의 중심에 위치한다. 그리고 그 위에는 휘황찬란한 모자이크(지금은 제거되었다.)로 성모 대관식을 묘사했다. 낯선 줄이 있는 내부는 단순한 바실리카식 회랑과 그 위의 낮은 나무 천장으로 구성된다. 채광이 빈약하여, 프라 안젤리코와 베노초 고촐리, 그리고 루카 시뇨렐리의 프레스코화를 제대로 감상하기 어렵다.

하지만 13세기 이탈리아를 휩쓸던 맹렬한 건축 열풍이 가장 위대한 경이를 남긴 곳은 부가 넘치는 피렌쩨였다. 1294년 아르놀포 디 캄비오는 산타 크로체 교회를 짓기 시작했다. 그는 전통적인 바실리카식 구상을 유지하여 트랜셉트를 없애고 평평한 나무 천장을 계획했지만, 창을 위한 첨두아치와 네이브 회랑, 그리고 대리석 파사드를 차용했다. 교회의 아름다움은 건축물 자체에서가 아니라, 성숙한 이탈리아 예술의 모든 기술을 보여 주는 그 안의 많은 조각과 프레스코화에서 찾을 수 있다. 1298년 아르놀포는 세례당을 무미건조한 흑백 대리석의 층으로 재개장했다. 이 줄무늬는 수평선의 과잉으로 수직의 상승감을 훼손하여 투스카니 양식의 많은 부분을 망가뜨렸다. 그러나 의기양양한 시대(르네상스의 또 다른 새벽)의 정신은 시뇨리아가 아르놀포에게 대성당 건축을 의뢰한 칙령(1294년)에서도 엿볼 수 있다.

> 지체 높은 이들에게 군주의 신중함이란 일을 진행할 때 그 절차의 지혜와 관대함이 눈으로 확인될 수 있는 작업 안에서 널리 빛나는 것이므로, 명하노니 우리 지역의 건축 장인 아르놀포는 산타 마리아 레파라타(대성당)를 복원하기 위한 견본이나 설계도를 준비하되, 최고의 고귀함과 넘치는 웅장함을 기하여 인간의 힘이나 근면함으로는 무엇이든지 더 이상 크고 아름다운 것을 창조하거나 계획할 수 없어야 한다. 가장 현명한 우리 시민들이 공공연히, 그리고 은밀히 선언하고 조언한 바에 따라, 하나의 의지로 결속한 시민 모두가 만들어 낸 숭고한 영혼에 부합하는 목적이 아니고서는 어느 누구도 시민의 작업에 손을 댈 수 없다.[31]

이 포괄적인 선포는 의심의 여지가 없이 드러나 보이는 의도대로 대중의 기부를 자극했다. 도시의 길드들은 해당 사업에 자금을 대는 데 동참했다. 그리고 뒷날 다른 길드들이 뜸해지자 양모 길드가 전체 비용을 인수받아 많게는 한 해에 금화 5만 1500리라(927만 달러)까지 기부했다.[32] 그에 맞춰 아르놀포는 거창한 규모로 건물을 설계하여 제시했다. 석조 궁륭은 150피트 높이로 보베의 것과 같았고, 네이브는 260피트에 55피트 너비였다. 무게는 두꺼운 벽과 철제 버팀대, 그리고 4개라는 적은 수와 65피트 너비에 90피트 높이라는 거대한 규모가 눈에 띄는 네이브 첨두아치가 지탱했다. 아르놀포는 1301년에 사망했다. 작업은 죠토와 안드레아 피사노, 브루넬레스키 등을 거치며 계획에 상당한 변화를 맞은 채로 계속됐다. 이 흉한 건물은 1436년이 되어 축성되었는데 엄청나게 크고 특이하다. 건축에만 6세기가 걸렸고, 8만 4000제곱피트에 걸쳐 있어 사보나롤라의 신도들에게는 부적절한 곳이었다.

9. 스페인의 고딕: 1091~1300년

11세기 프랑스 수도사들이 스페인에 로마네스크 건축을 들여온 것처럼, 12세기에 그들은 고딕 건축을 피레네 산맥 너머로 옮겨 갔다. 그림 같은 소도시 아빌라의 산살바도르 성당은 반원 아치와 고딕식 정문, 그리고 애프스에서 첨두형 늑재 궁륭으로 솟은 우아한 기둥 등으로 과도기의 시작을 알렸다. 살라망카에서는 신앙심 덕에 12세기의 과도기적 성당이 16세기의 새로운 성당 옆에 보존되었다. 나란히 선 두 성당은 스페인에서 가장 인상적인 건축학적 앙상블 중 하나를 만들어 낸다. 타라고나에서는 재정적 어려움 때문에 주교좌성당의 건설이 1089년에서 1375년까지 연장되었다. 더 오래된 요소들의 단순한 견고함은 고딕과 무어식(式) 장식에 탄탄한 배경을 형성한다. 그리고 회랑, 즉 고딕 궁륭 아래의 로마네스크 줄기둥은 중세 예술품 중에서도 가장 아름다운 작품에 속한다.

타라고나는 의심할 나위 없이 스페인이다. 부르고스와 톨레도, 그리고 레온은 점점 더 프랑스화하고 있다. 카스틸리아의 블랑쉬가 프랑스의 루이 8세와 결혼(1200년)하면서 이주 수도사들에 의해 이미 시작된 교류의 길은 더 넓어졌다. 그녀의 조카 카스틸리아의 페르난도 3세는 1221년 부르고스 대성당을 위한 초석을 놓았다. 건물을 설계한 사람은 무명의 프랑스 건축가였다. 콜로뉴의 독일인 콜로니아는 첨탑을 세웠다.(1442년) 부르고뉴 사람 펠리페 데 보르고냐는 트랜셉트 교차점 위의 커다란 등탑을 만들었다.(1539~1543년) 그리고 마침내 그의 제자 스페인인 후안 데 바예호는 1567년에 건물을 완성했다. 화려하게 장식된 격자가 있는 첨탑과 이들 첨탑을 받치는 개방 탑, 그리고 조각된 회랑은 산타 마리아 라 마요르의 서쪽 정면에 쉽게 잊을 수 없는 화려한 위엄을 부여한다. 원래 이 석조 파사드는 전체적으로 칠이 되어 있었다. 칠해진 색은 오래 전에 닳아 없어졌다. 우리는 한때 이곳에서 태양과도 겨룰 정도였을 그 눈부신 풍모를 상상으로만 만날 수 있다.

페르난도 3세는 그보다 더 웅장한 톨레도 대성당을 위해 자금도 제공했다. 내륙 도시 중에는 그보다 경치가 좋은 곳이 거의 없었다. 이곳은 타구스 강의 활 모양으로 굽은 부분 안에 포근히 얹혀 요새와 같은 언덕으로 가려져 있었다. 오늘날 빈곤한 그 지역을 보면서, 한때 서고트족의 왕들이, 그 다음에는 무어족의 왕들이, 그리고 레온과 카스틸리아의 그리스도교 군주들이 그곳을 수도로 삼았다는 사실을 추측해 내기란 어려울 것이다. 1227년에 공사가 시작된 성당은 한 부분씩 조금씩 만들어졌고, 1493년까지도 거의 완공되지 않았다. 오직 탑 하나만이 원래의 계획대로 만들어졌다. 이 탑은 세빌리아의 히랄다 탑 양식에 절반은 무어식인데, 거의 그만큼 우아하다. 17세기, 다른 탑에 반구형 지붕을 덮은 사람은 가장 유명한 톨레도 시민 도메니스코 테오토코폴로스, 즉 엘 그레코였다. 395피트 길이에 178피트 너비인 내부에는 키가 크고 네모진 기둥이 다섯 개의 통로로 만들어 낸 미로가 있고, 화려하게 장식된 예배당, 금욕적인 석조 성인, 철창살, 그리고 750개의 스테인드글라스 창 등이 있다. 스페인 특유의 활력과 스페인식 신앙의 음울함과 격정, 스페인식 기법의 우아함, 그리고 약간의 이슬람식 기교로 만들어 낸 장식이 엄청나게 큰 성당 안에서 형태를 갖추고 목소리를 낸다.

스페인에는 "톨레도에는 가장 부유한 성당이, 오비에도에는 가장 성스러운 성당이, 살라망카에는 가장 튼튼한 성당이, 레온에는 가장 아름다운 성당이 있다."라는 말이 있다.[33] 1205년 주교 만리케가 짓기 시작한 레온 대성당은 면죄부를 보상으로 발부하며 받은 소소한 기부로 재정을 마련하여 1303년에 완공되었다. 레온 대성당은 특히 성당의 창을 짓는 설계에서 프랑스 고딕 양식을 채택했다. 이 성당의 스테인드글라스는 같은 분야의 걸작 중에서도 수준급에 속한다. 평면도는 랭스의 것을, 서쪽 정면은 샤르트르의 것을, 남쪽 정문은 부르고스의 것을 가져왔다고 해도 과언이 아니다. 결과적으로 이 성당은 프랑스 대성당의 명작들을 추려 만든 매력적인 작품이 되었고, 탑과 첨탑이 추가되며 완성되었다.

스페인을 재점령한 그리스도교는 이를 축하하듯 많은 성당을 세웠다. 자모라에는 1174년에, 투델라에는 1188년에, 레리다에는 1203년에, 팔마에는 1229년에, 발렌시아에는 1262년에, 바르셀로나에는 1298년에 성당이 들어섰다. 그러나 레온을 제외하면 이 시대 스페인 성당을 고딕이라고 표현하기에는 다소 무리가 있다. 이들 성당은 큰 창과 공중 버팀벽을 선택하지 않았고, 무게를 육중한 벽과 네모진 기둥 위로 실었다. 바닥에서 천장까지 이어지는 아치 늑재 대신 네모진 기둥이 궁륭까지 올라선다. 그리고 마치 거대한 네이브 동굴 안의 돌멩이 거인 같은 이 높은 기둥들은 스페인 성당의 내부에 음울한 위엄을 드리워 영혼을 공포로 짓누른다. 반면 북쪽의 고딕 성당은 밝은 빛으로 영혼을 들어 올린다. 스페인 고딕에서 정문과 창은 로마네스크 아치를 갖는 경우가 많다. 고딕 양식의 장식에 둘러싸인 와중에 다양한 층과 양식의 다채로운 벽돌은 무어식 요소를 간직하고 있다. 다각형 바닥에서 삼각 궁륭으로 비율을 맞춘 반구형 지붕에는 비잔티움의 영향이 남아 있다. 이와 같이 다양한 요소 덕분에 스페인은 독특한 양식을 발달시켜 유럽에서 가장 아름다운 성당을 만들 수 있었다.

중세 건축물 중 가장 알려지지 않은 분야는 시골의 성과 요새나 작은 도시의 성벽과 성문이다. 아빌라의 벽은 여전히 건재하며 중세인의 구성 감각을 보여준다. 톨레도의 푸에르토 데 솔(Sol) 같은 문은 대체로 실용성보다는 아름다움을 선택했다. 로마 카스텔룸(castellum, 요새)을 기억하며, 그리고 아마도 이슬람 요새를 관찰하며,[34] 십자군은 근동 지역에 케라크(1121년)의 것과 같은 웅장한 요새를, 그 호전적 시대에 어느 요새보다도 월등한 규모와 형태로 건설했을 것이다. 몽골에 맞선 유럽의 보루 헝가리는 13세기에 아름다운 성채 요새를 지어 올렸다. 이들 작품은 서쪽으로 흘러가 이탈리아에 볼테라의 요새 탑 같은 군대 예술의 걸작을 남겼고, 프랑스에는 13세기의 쿠시 성과 피에르퐁 성을, 그리고 사자심 왕 리처드가 팔레스타인에서 돌아오는 길에 건축한(1197년) 유명한 샤토 가이야르를 남겼다. 스페인의 성은 화려한 장식은 없지만 튼튼하고 육중한 석조 구조물로써 무어인을 막아 내고 카스틸리아라는 명칭도 만들어 냈다. 카스틸리아의 알폰소 6세(1073~1108년)는 이슬람으로부터 세고비아를 점령한 뒤 그곳에 톨레도의 알카자르가 만든 도면에 기초한 성채 요새를 건축했다. 이탈리아에서는 성이 귀족을 위한 도시의 요새로 세워졌다. 투스카니와 롬바르디아 같은 소도시에는 아직도 그런 성들이 남아 있다. 2차 세계 대전 이전에는 산 지미냐노에만 열세 채가 있었다. 일찍이 10세기 프랑스는 샤토됭에 뒷날 르네상스 시대 프랑스 예술의 귀족적 특징을 이룰 성을 건설했다. 석조 성을 세우는 기술은 참회 왕 에드워드의 노르만식 취향과 함께 잉글랜드로 건너가서 정복자 윌리엄의 공격적, 방어적 정책 안에서 진화했다. 그의 엄혹한 치세 아래에서 런던 타워와 윈저 성, 그리고 더럼 성 등이 최초의 형태를 갖추었다. 성 건축의 흐름은 프랑스에서 다시 독일로 건너가, 그곳에서 무법적인 귀족과 전사 왕, 그리고 전승 성인들 사이에 열풍을 일으켰다.

10. 고찰

고딕 건축은 중세의 정신이 남긴 가장 큰 성과였다. 몇 개의 돌기둥 위에 용감히 궁륭을 매단 사람들은 여느 중세 철학자들이 남긴 백과전서보다 훨씬 더 빈틈없이 자신들의 학문을 연구하고 표현하여 더 큰 영향을 끼쳤으며, 노트르담의 선과 선들이 만들어 낸 조화는 『신곡』보다 더 위대한 시를 만들어 낸다. 고딕 건축과 고전 건축을 비교하려면 전체보다는 구체적인 항목이 있어야 한다. 중세 유럽의 어떤 도시도 아테네나 로마의 건축학적 결과물에 필적하지 못하고, 어떠한 고딕 성당도 파르테논의 순수한 아름다움을 지니지 못했다. 그러나 우리가 알고 있는 어떤 고전 건축물도 랭스 파사드의 복합적인 장엄함이나 아미앵 궁륭의 고귀한 영감을 간직하지 못했다. 고전 양식의 절제와 안정감은 그리스가 기운 넘치는 그리스에 설교하던 합리성과 절제를 표현했다. 프랑스 고딕의 낭만적인 황홀경과 부르고스나 톨레도의 음울한 방대함은 부지불식간에 중세 정신의 온유함과 열망을, 종교적 신념에 따르는 공포와 신화와 신비를 상징했다. 고전 건축과 철학은 안정의 과학이었다. 파르테논의 기둥을 연결한 문틀은 델포이 신전에 적힌 경구 "과욕을 부리지 마라."의 현신으로, 지고한 기쁨을 무거운 손으로 누르고 끈기를 조언하며 사람들의 생각을 이승과 현세로 돌려보냈다. 북방의 정신은 응당 고딕 양식을 찾았다. 그들은 야만의 정복자들의 들썩이는 대담함을 물려받았기 때문이다. 그들은 만족할 줄 모르고 승리를 탐했다. 그리고 마침내 공중 버팀벽과 날아오르는 아치로 하늘을 포위했다. 하지만 그것은 그리스도교 정신이기도 했다. 그리스도교는 야만으로 인해 땅에서 멀어진 평화를 하늘에 간청했다. 이렇게 모순된 동기에서 모든 예술사를 통틀어 내용에 대한 형식의 가장 위대한 승리가 찾아왔다.

고딕 건축은 왜 쇠퇴했을까? 한편으로 모든 양식은 감정과 같이 완전히 표현된 뒤에 저절로 소진되며 반응이나 변화를 불러오기 때문이다. 고딕 양식은 잉글랜드에서는 수직 양식으로, 프랑스에서는 불꽃무늬 양식으로 발전하여 과장되거나 퇴락하는 것 말고는 승산이 없는 형식을 남겼다. 십자군 운동이 붕괴하고, 종교적 신념이 쇠퇴하며, 성모에게서 부(富)의 신으로, 교회에서 국가로 재정이 넘어가면서 고딕 시대의 정신은 부서졌다. 루이 9세 이후 성직자들에게 부과된 세금은 성당의 금고를 대폭 감소시켰다. 영광과 비용을 함께 나누던 지역 공동체와 길드는 독립성도, 부도, 자부심도 잃었다. 흑사병과 백 년 전쟁은 프랑스와 잉글랜드를 모두 녹초로 만들었다. 14세기에는 새로운 건축이 줄어들었을 뿐 아니라, 12세기와 13세기에 짓기 시작한 대성당도 대부분 미완으로 남게 되었다. 결국 인본주의자들이 고전 문명을 재발견하고, 이탈리아에서 완전히 수그러들지 않던 고전 건축이 부활하면서, 고딕 양식은 새로운 윤택함으로 대체되었다. 16세기부터 19세기까지 르네상스 건축은 바로크와 로코코를 통해서까지 서유럽을 지배했다. 결국 고전의 기운이 옅어지자 19세기 초 낭만주의 운동은 상상력을 이상화하며 중세를 재창조했고, 고딕 건축도 다시 돌아왔다. 고전 양식과 고딕 양식의 싸움은 지금도 교회에서, 학교에서, 시장과 도시에서 맹위를 떨치고 있으며, 고딕보다 더 대담한 새로운 건축물과 토종 건물은 하늘을 날고 있다.

중세인들은 진리는 이미 자신 앞에 있고, 그리하여 자신은 그러한 진리를 맹렬히 쫓을 필요가 없다고 생각했다. 우리가 진리를 찾기 위해 투여하는 무모한 에너지는 그 시절에 아름다움을 창조하는 것으로 전용되었다. 그렇게 빈곤과 역병, 기근, 전쟁의 한가운데에서 사람들은 이름 머리글자에서부터 대성당에 이르기까지 수백 가지 대상을 아름답게 만드는 데 시간과 정신을 할애했다. 어떤 중세 필사본 앞에서는 숨이 멎고, 노트르담 앞에서는 겸손해지며, 윈체스터의 네이브 앞에서는 원시감(遠視感)을 느끼면서, 우리는 신앙의 시대를 관통하는 미신과 불결함, 옹졸한 전쟁과 가공할 범죄를 망각한다. 우리는 중세의 선조들이 보여 준 인내심과 감각, 헌신에 한 번 더 경탄한다. 그리고 예술이라는 성체로 역사가 흘린 피를 구원한 수십만의 망각된 사람들에게 감사를 전한다.

33장

중세 음악
326~1300

1. 교회 음악

우리는 성당을 오해해 왔다. 성당은 오늘날 관광객이 드나드는 차갑고 텅 빈 무덤이 아니었다. 그곳은 살아 움직이는 곳이었다. 예배자는 그 안에서 예술 작품을 보았을 뿐 아니라 마리아와 그 아들의 존재로부터 위안과 힘을 얻었다. 성당은 매일 몇 차례씩 성가대석에 서서 정시과 기도를 암송하는 수도사나 참사회 회원 등을 받았다. 신의 자비와 도움을 구하는 신도들이 끈덕지게 이어 부르는 호칭 기도도 들렸다. 네이브와 측면 복도는 사람들 앞에서 성모상이나 신의 살과 피를 나르는 행렬을 인도했다. 그 넓은 공간에는 미사 음악이 장엄하게 울려 퍼졌다. 그리고 음악은 교회 건물 자체만큼이나 필수적이었고, 유리나 돌이 만들어 낸 그 모든 영광보다 더 깊이 마음을 흔들었다. 교리를 의심스러워하는 많은 금욕주의자들도 음악에 감정을 누그러뜨렸고, 어떤 단어로도 설명할 수 없는 신비 앞에 무릎을 꿇었다.

중세 음악의 진화는 건축 양식의 발달과 인상적인 동행을 이루었다. 초기 교회가 8세기 고대 돔이나 바실리카 형식에서 단순하고 남성적인 로마네스크 형식으로 변화하고, 13세기에는 복잡하고 수직 상승하며 장식이 많은 고딕 양식으로 발전한 것처럼, 그리스도교 음악은 그레고리우스 1세(540~604년) 시대까지 그리스와 근동 지방의 고대 단성(單聲) 음악풍을 유지하다가, 7세기에는 그레고리우스 성가 또는 단성 성가로 변화했고, 13세기에는 압력을 분산하는 고딕 성당에 필적할 만큼 대담한 다성(多聲) 성가가 꽃을 피웠다.

서방 세계의 야만족 침략과 근동 지역에서 부활한 오리엔탈리즘이 서로 결합되어, 단어 위에 문자를 표기하는 전통적인 그리스 기보법(記譜法)이 무너졌다. 하지만 네 가지 그리스 선법(旋法), 즉 도리아 선법과 프리기아 선법, 리디아 선법, 그리고 믹솔리디아 선법은 존속되어, "8선법", 즉 음악적 구성의 여덟 가지 양태(명상, 절제, 엄숙, 장엄, 발랄, 환희, 생기, 황홀)로 분할되었다. 그리스 언어는 그리스도 사후 3세기 동안 서방의 교회 음악 안에 존재했고, 지금도 「주여, 우리를 불쌍히 여기소서.」라는 미사곡에 남아 있다. 비잔티움 음악은 성 바실리우스 밑에서 형성되어 그리스 및 시리아 성가들과 뒤섞이며 로마누스(495년경)와 세르기우스(620년경)의 찬송가에 이르러 절정에 달했다. 그리고 러시아에서 가장 널리 불렸다.

일부 초기 그리스도교도는 종교에 음악을 사용하는 행위에 반대했지만, 곧 음악이 없는 종교는 노래로 인간의 감성을 두드리는 교리들과의 경쟁에서 살아남을 수 없다는 점이 드러났다. 사제들은 미사에서 노래하는 법을 배우고, 히브리인 성가 선창자(先唱者)들의 음악 일부를 물려받았다. 부제(副祭)와 복사(服事)들은 성가를 응창(應唱)하는 법을 배웠다. 어떤 이들은 "스콜라 렉토룸(schola lectorum, 독서 학교)"에서 기술적 훈련을 받았는데, 스콜라 렉토룸은 교황 켈레스티누스 1세(422~432년) 때 "스콜라 칸토룸(schola cantorum, 성가대 학교)"이 되었다. 그렇게 훈련된 가수들은 뛰어난 성가대를 형성했다. 성 소피아

성당의 성가대에는 선창자 25명과 독서자(讀書者) 111명이 있었는데, 대부분 남자아이들이었다.[1] 회중(會衆) 성가는 동방에서 서방으로 확산됐다. 남자들은 여자들과 서로 노래를 교환하는 응답 송가를 부르고 함께 "알렐루야(Alleluia)"를 합창했다. 이들이 부르는 찬송가은 천국의 천사와 성인들이 하느님 앞에서 부르는 찬양의 노래를 지상에서 따라하는 것이라고 여겨졌다. 여자들은 교회에서 잠자코 있어야 한다는 사도의 충고에도 불구하고, 성 암브로시우스는 자신의 교구에 응답 송가를 도입했다. 이 현명한 행정가는 이렇게 말했다. "찬송가는 모든 세대에게 감미로우며, 양성(兩性) 모두에게 어울린다. 모든 사람이 한 성가대 안에서 목소리를 드높일 때 찬송가는 일체의 유대감을 준다."[2] 아우구스티누스는 밀라노 회중이 암브로시우스의 찬송가 소리를 듣고 눈물을 흘렸고, 음악의 쾌감에 항복한 청자는 종교적 정서와 신앙심에 이끌릴 것이라던 성 바실리우스의 금언을 확인했다.[3] "암브로시오 성가"는 오늘날 밀라노 교회 안에서 여전히 사용된다.

중세 시대에는 보편적으로 받아들여졌고, 지금은 오랜 의구심 끝에 일반적으로 수용되고 있는 설에 따르면[4] 로마 가톨릭 음악을 개혁하고 교회법상 확정지어 결과적으로 6세기 동안 교회의 공식 음악으로 사용된 "그레고리오 성가"를 확립한 것은 그레고리우스 대교황과 그의 보좌진이라고 한다. 그리스와 비잔티움의 음악은 신전 또는 유대교 회당의 히브리 선율과 결합되어 이 로마 성가 또는 단성 성가를 만들어 냈다. 이 성가는 단선율로서 아무리 많은 사람들이 합창을 해도 모두 한 음을 노래했는데, 여성과 소년의 경우 남성보다 한 옥타브 높은 음을 내기도 했다. 또한 이 성가는 음역이 넓지 않은 사람들이 쉽게 부를 수 있는 단순한 음악이었고, 때때로 다소 복잡한 "멜리스마(melisma)", 즉 음절이나 악구에 장식적인 선율을 가미하는 기법도 허용했다. 또 자유롭게 끊임없이 이어지는 리듬이어서 규칙적인 시간 단위로 구분되지 않았다.

11세기 전 그레고리오 성가에서 사용하던 유일한 기보법은 그리스 악센트 부호에서 파생되고 가사 위에 첨부되는 작은 기호였다. 이러한 "네우마

(neumes, 호흡)"는 음조의 오르내림을 나타냈지만 오르내림의 크기나 음의 길이는 보여 주지 않았다. 그런 문제는 구전으로 익히고 어마어마하게 많은 전례(典禮) 음악을 기억함으로써 배워야 했다. 악기 반주는 허용되지 않았다. 이러한 제약이 있었음에도 불구하고(어쩌면 그러한 제약 덕분에), 그레고리오 성가는 그리스도교 의식에서 가장 인상 깊은 특징이 되었다. 복잡한 화음에 익숙한 현대인의 귀에는 이러한 구식 성가가 단조롭고 심심하게 들린다. 이들 성가는 그리스와 시리아, 히브리, 아랍에서 단성 음악의 전통을 이어가 오늘날 동양인들만이 그 진가를 알아들을 수 있다. 그렇다 해도 성주간(聖週間)에 로마 가톨릭 성당에서 불리는 성가들은 영혼을 감동시키는 대신 귀를 즐겁게 하는 복잡한 음악에는 허용되지 않는 단순 명쾌함과 기묘한 힘으로 심장을 두드린다.

그레고리오 성가는 또 다른 그리스도교 개종처럼 서유럽에 확산되었다. 밀라노는 교황의 권위에 저항하던 것처럼 성가를 거부했다. 스페인 남부에서는 모사라베 성가가 오랫동안 보존되었는데, 이 성가는 이슬람 지배하의 그리스도교도에 의해 형성된 것으로 톨레도 대성당에서는 일부가 아직 이 성가를 사용한다. 지배자답게 통일을 사랑한 샤를마뉴는 갈리아에서 갈리아 성가를 그레고리오 성가로 대체하고, 메츠와 수아송에 로마 교회 음악 학교를 설립했다. 하지만 이탈리아와는 상당히 다른 기후와 필요에 따라 다듬어진 성대를 지닌 독일인들은 더 섬세해진 성가의 선율을 따라가기 어려웠다. 부제 요한은 이렇게 말했다. "천둥처럼 울리는 그들의 거친 목소리는 부드러운 조음(調音)을 낼 수 없다. 지나친 음주로 목이 쉬었기 때문이다."[5]

아마도 독일인들은 8세기 이후부터 그레고리오 성가를 회음(回音)과 부속가(附續歌)로 장식한 "피오리투라(fioritura)"에 강력히 반대했을 것이다. 회음은 멜리스마를 위한 가사의 한 요소로 시작되어 이 기법을 더 기억하기 쉽게 만들었다. 뒷날 회음은 신부가 "주여, 우리를 불쌍히 여기소서."가 아니라 "주여, (자비의 샘이시여, 그 안에서 모든 선한 것들이 자라나이다.) 우리를 불쌍히 여기소서."라고 노래할 때 그레고리오 성가 속에 들어가는 가사와 음이 되었다. 교회는 그러한 장식을 허용했지만 공식적인 예배식에 사용하는 것은 받아들이지 않았다. 종교극 음악은 이러한 회음에서부터 발달했다. 부속가는 미사의 알렐루야를 따라가도록 만들어진 회음이었다. 이 관습은 "이우빌루스(iubilus)", 즉 환희의 성가로 알려진 긴 곡 안에서 이 단어, 즉 알렐루야의 마지막 모음을 길게 늘이는 것으로 발달했다. 8세기에는 이렇게 삽입되는 선율을 위해 다양한 교재가 만들어졌다. 회음과 부속가 작곡은 고도로 발달된 예술이 되었고, 그레고리오 성가를 점차 본래의 정신과 "소박한" 의도에 맞지 않는 장식적 형태로 변화시켰다.* 이러한 진화는 서방의 건축 양식이 로마네스크에서 고딕으로 이행하던 12세기에 그레고리오 성가의 순수성과 지배적 위치를 잠식시켰다.

복잡한 작곡법이 급증하자 이들 노래를 전파하기 위해 단성 성가가 사용하던 것보다 더 나은 표기법이 요구됐다. 10세기 클뤼니 수도원장 오도와 생갈의 수도사 노트케르 발불루스는 문자로 음표를 정하는 그리스의 방법을 되살렸다. 11세기 익명의 한 작가는 라틴 알파벳의 첫 일곱 개 대문자를 음계의 1옥타브로, 이에 상응하는 알파벳 소문자를 2옥타브로, 그리고 그리스 문자들을 3옥타브로 사용하던 사례를 서술했다.[6] 1040년경 폼포사(페라라 부근)의 수도사 아레초의 귀도는 세례자 요한 찬가 가사에서 각 행의 첫 음절을 택하여 음계의 첫 여섯 음표에 오늘날 사용하는 낯선 명칭을 부여했다.

Ut queant laxis *re*sonare floris

*Mi*ra gestorum *fa*muli tuorum,

*Sol*ve polluti *la*bii reatum.

위대한 당신 업적 기묘하노니

---

* 교회가 예배식에 허용하던 부속가는 불과 다섯 곡으로, 위포의 「파스카의 희생에 찬미를」과 인노켄티우스 3세의 것으로 알려진 「성령이여 오소서」, 토마스 아퀴나스의 「시온이여 찬양하라」, 야코포네 다 토디의 「슬픔의 성모」, 그리고 첼라노의 토마스의 「진노(震怒)의 날」이 그것이다.

목소리 가다듬어 찬양하도록

때 묻은 우리 입술 씻어 주소서.

이 계명창법(階名唱法), 즉 악음(樂音)을 "우트(ut, 또는 도(do)), 레(re), 미(mi),
파(fa), 솔(sol), 라(la)"라는 음절로 부르는 기법은 서방의 청년들에게는 바뀔 수
없는 유산 중 하나가 되었다.

더 중요한 것은 귀도의 보표(譜表) 개발이었다. 1000년경 지금은 에프(F)에
해당하는 음표를 나타내기 위해 빨간 선을 사용하는 관행이 생겨났다. 나중에
노란색이나 초록색의 두 번째 선이 더해지며 시(C)를 표현했다. 귀도인지, 귀
도 직전의 다른 누구인지가 이 두 선을 확장하여 네 선의 보표를 만들었고, 여
기에 후대의 교사들이 다섯 번째 선을 추가했다. 이 새로운 보표와 "우트, 레,
미"를 가지고 귀도는 자신의 성가대 소년들이 예전이었다면 몇 주씩 걸렸을 노
래들을 단 며칠 만에 배울 수 있었다고 기록했다. 이는 단순하지만 획기적인 진
보로서 이로 인해 귀도는 "음악의 발명자"라는 칭호를 얻었으며, 지금도 아레
초의 공공 광장에서 볼 수 있는 멋진 동상을 갖게 되었다. 결과는 혁명적이었
다. 가수들은 예배식 음악을 통째로 외워야 하는 숙제에서 해방되었고, 음악을
작곡하고, 전파하고, 보존하기도 더 쉬워졌다. 이제 연주자들은 음악을 보면서
읽고 눈으로 들을 수 있었다. 작곡가들은 더 이상 가수들이 자신의 곡 암기를
거부할까 염려하여 전통적인 가락들을 유사하게 유지할 필요가 없어져 수백
가지 실험을 해볼 수 있었다. 무엇보다도 두세 명 이상들이 동시에 서로 다른
음을 노래하거나 연주해도 선율의 조화를 이루는 다성(多聲) 음악을 만들 수
있었다.

근대 음악을 가능하게 해 준 발명에 대해 우리가 중세의 선조들에게 감사해
야 할 일이 한 가지 더 있다. 이제 음조(音調)는 보표의 선 위나 선 사이에 위치
한 점들로 결정되었지만, 이러한 기호는 그 음을 얼마나 오래 유지해야 하는지
에 대해서는 말해 주지 않았다. 다성 음악, 즉 두 가지 이상의 독립적인 선율이

동시에 조화를 이루며 진행하는 음악이 발달하면서 각 음의 지속 시간을 정하거나 보여 주는 일정한 체계가 반드시 필요해졌다. 아마도 알 킨디와 알 파라비, 아비켄나, 그리고 계량(計量) 음악, 또는 정량(定量) 기보법에 대해 다루던 다른 이슬람인들이 쓴 아랍 작품의 영향으로 스페인으로부터 어느 정도의 지식이 흘러들어 왔는지도 모른다.[7] 11세기의 언젠가 사제이자 수학자 콜로뉴의 프랑코는 「정량 음악의 기법」이라는 글을 통해 초기 이론과 관례에 대한 의견을 요약하고 본질적으로 음표의 지속 시간을 지시하는 현재의 체계를 정하였다. 과거 네우마로 사용되던 사각 머리 "비르가(virga)" 또는 막대는 긴 음을 나타냈다. 다른 네우마인 "푼크툼(punctum)" 또는 점(point)은 마름모꼴로 확대되어 짧은 음을 나타냈다. 이런 기호는 시간이 지나면서 바뀌고, 꼬리도 추가됐다. 시행착오를 겪고 수십 가지 터무니없는 시도를 거쳐 지금의 단순한 정량 기보법이 발달했다.

이 중대한 발달은 다성 음악으로 가는 문을 활짝 열었다. 그런 음악은 프랑코 이전에도 만들어진 적이 있었지만 조악했다. 9세기가 저물어 갈 무렵에는 여러 성부(聲部)가 같은 목소리로 조화로운 음을 노래하는 "체계화"라는 음악적 관행이 눈에 띈다. 그 뒤로 그러한 형식은 거의 찾아보기 어려운데, 10세기 말쯤 두 성부가 부르는 그러한 구성의 음악을 지칭하는 "오르가눔(organum)"과 "심포니아(symphonia)"라는 명칭을 들을 수 있다. 오르가눔은 전례의 한 부분이었는데, 이전의 단성 음악 선율을 테너(tenor, 그리하여 이러한 명칭을 얻은)가 "유지"하고 있으면, 다른 성부가 거기에 조화로운 선율을 더하였다. 이 형식의 한 변형으로 "콘둑투스(conductus)"는 테너에게 새로운 곡이나 잘 알려진 선율을 주고 다른 성부를 한 화음 같은 소리로 따라가게 했다. 11세기 작곡가들은 추력(推力)의 균형을 잡는 고딕 건축만큼이나 대담한 조치를 취하였다. "따라가는" 성부가 선율의 오르내림에서 테너를 맹목적으로 따르지 않고, 테너의 "정선율(定旋律)"에 평행 진행 외의 흐름도 갖는 음표들로 다른 화음을 시도해 보는 화성을 만든 것이었다. 이 독립 선언은 2성부가 테너의 상승 선율을 하강 선율로 따라가면서 거의 반란에 가까워졌다. 대조에 의한 이러한 화음과 순간 적인 불협화음의 능숙한 해결은 작곡가들 사이에서는 열풍이자 거의 법과도 같았다. 그리하여 1100년경 코턴은 이렇게 적었다. "주성부(主聲部)가 올라가 면 같이 진행되던 성부는 약간 내려간다."[8] 마침내 "모테트(motet, 낱말이나 구 문을 뜻하는 프랑스어 '모(mot)'의 지소사(指小辭)로 보인다.)"에 세 번째, 네 번째, 다섯 번째, 심지어 여섯 번째까지의 서로 다른 성부가 만들어져 복잡한 짜임새 를 지닌 개별의 선율을 노래하게 되었고, 이러한 선율은 다양하지만 조화로운 음이 서로 교차하고 합쳐져, 고딕 궁륭으로 모아지는 아치처럼 섬세하고 우아 한 씨실과 날실의 거미줄 화음을 만들어 냈다. 13세기 무렵 이 다성 음악의 "낡 은 예술"은 근대 음악 구조의 토대를 확립했다.

이 흥미진진한 세기에 음악에 대한 열의는 건축과 철학에 대한 관심에 맞먹 을 정도였다. 교회는 다성 음악을 미심쩍은 눈으로 바라보았다. 교회는 음악의 종교적 효과를 미끼 정도에 국한된 것으로 불신했다. 주교이자 철학자 솔즈베 리의 요하네스는 복잡한 작곡을 중단하라고 요구했다. 주교 기욤 뒤랑은 모테 트를 "무질서한 음악"으로 낙인찍었다. 과학의 반란자 로저 베이컨은 장엄한 그레고리오 성가가 사라지고 있다며 개탄했다. 리옹 공의회(1274년)는 새로운 음악을 정죄했다. 그리고 교황 요한 22세(1324년)는 "다성 음악에 대해 혁신적 인 작곡가들이 선율을 토막 내어 …… 이들 음이 쉼 없이 날뛰고, 귀를 진정시 키는 것이 아니라 취하게 하며, 신앙심을 환기시키는 것이 아니라 방해"한다는 이유로 교황의 저주를 공표했다.[9] 하지만 혁명은 계속되었다. 한 교회 요새(파 리 노트르담)에서는 성가대 지휘자 레오니누스가 1180년경 당대의 가장 아름다 운 오르가눔 곡집을 작곡했다. 그의 뒤를 이은 페로티누스는 3성부 또는 4성부 의 곡을 작곡하는 "죄"를 범했다. 다성 음악은 고딕 건축처럼 프랑스에서 잉글 랜드와 스페인으로 확산되었다. 기랄두스 캄브렌시스(1146?~1220년)는 아이 슬란드에서 불리던 2성부 곡에 대해 기록하며, 자신의 고국인 웨일스에 대해 오늘날이라면 다음과 같았을 말을 했다.

그들은 노래를 부를 때 균일하지 않고 …… 다양한 소리를, 여러 방식과 여러 음으로 낸다. 그리하여 한데 모이는 것이 이 사람들의 풍습인 것처럼 아주 많은 사람들이 노래하는 가운데, 눈에 보이는 사람의 수만큼 많은 노래가 들리고, 각양각색의 다양한 성부가 마침내 하나의 화음과 유기적인 선율 속으로 합쳐진다.[10]

결국 교회는 "시대정신"의 절대 확실성을 인정하고 다성 음악을 받아들여 신앙의 강력한 종으로 삼았으며, 르네상스 시대 다성 음악의 번영을 위한 길을 닦았다.

2. 민간의 음악

리듬에 대한 충동은 수십 가지 형태의 세속적 음악과 춤으로 표현되었다. 교회가 이 통제되지 않는 본능을 두려워한 데에는 나름의 이유가 있었다. 이 본능은 노래의 원천으로 종교의 호적수이던 사랑과 자연스럽게 연결되었다. 그리고 중세인들의 속악한 마음은 사제들이 눈앞에 보이지 않을 때면 자유로운, 때로는 외설스러운 내용에 빠져 사제들을 충격에 빠뜨렸고, 교회 회의를 화나게 해 소용없는 칙령들을 선포하게 만들었다. 골리아드(goliard)라고 불리던 방랑 시인들은 여자와 포도주를 찬미하는 노래나 종교 의식을 낯부끄럽게 모방하는 음악을 만들거나 찾아냈다. 이들 노래와 음악은 "술고래들의 미사"와 "주정뱅이를 위한 기도서" 등 우스운 표현에 비해 근엄한 음악을 담은 채 돌고 돌았다.[11] 사랑 노래는 오늘날만큼 인기 있었다. 어떤 노래는 정령의 기도처럼 부드러웠지만, 어떤 노래는 섬세한 반주에 유혹적인 대화가 주를 이루었다. 물론 군가도 있었다. 군가는 한목소리로 제창하면서 통일성을 드높이거나 리듬을 통해 최면에 걸린 듯 영광을 쫓도록 계산되었다. 민요도 있었다. 민요는 이름 모를 천재들에 의해 작곡되어 대개는 변형을 거쳐 사람들 사이에 불렸다. 다른 통속 음악은 교회 전례에서 배운 다성 음악의 온갖 기술을 동원하여 전문적인 솜씨로 만든 것이었다. 잉글랜드에서 인기를 끌던 복잡한 형식의 음악은 일종의 윤창(輪唱)이었는데, 윤창은 한 성부가 곡을 시작하고 한 지점에 도달하면 두 번째 성부가 같은 선율이나 화음을 이루는 선율을 시작하며, 두 번째 성부가 진행되는 중에 세 번째 성부가 시작되는 식으로 이루어진 곡으로서, 대위법에 의한 이 생생한 푸가(fugue)가 연주되는 동안 최대한 여섯 개 성부까지 이어졌다.

가장 오래된 윤창곡 중 알려진 작품으로는 유명한 「여름이 왔도다」가 있는데, 1240년경 한 낭독 수도사가 작곡한 곡이라고 전해진다. 6성부로 구성된 복잡한 이 작품은 다성 음악이 이미 민간에 깊이 자리 잡았음을 보여 준다. 지금도 가사에는 모든 중세 문명이 꽃을 피우려는 시대의 정신이 살아 있다.

여름이 왔다.
뻐꾸기야 크게 노래하라.
씨앗이 자라고, 초원 위로 바람이 불고
숲은 활짝 피어나고 있네.
뻐꾸기야 노래하라!

암양은 새끼 양을 찾아 울고
암소는 송아지를 찾아 음매 우네.
어린 수소는 팔짝 뛰고, 수사슴도 껑충 뛰네.
뻐꾸기는 즐겁게 노래한다!

뻐꾹, 뻐꾹, 뻐꾸기야 잘도 우는구나.
절대로 멈추지 말아라.
지금 노래하라 뻐꾹, 노래하라 뻐꾹,

노래하라 뻐꾹, 지금 노래하라 뻐꾹!

이런 노래는 분명 마을과 마을을, 궁과 궁을, 심지어 나라와 나라를 돌아다 니는 방랑 시인과 음유 시인들에게 어울렸을 것이다. 콘스탄티노플 출신의 음유 시인이 프랑스에서 노래하고 잉글랜드의 방랑 시인이 스페인에서 노래 했다는 말도 있다. 정규 축제 행사에서 음유 시인들이 꾸미는 공연은 흔히 볼 수 있는 풍경이었다. 잉글랜드의 에드워드 1세도 딸 마가렛의 결혼식에 가수 426명을 고용했다.[12] 이들 음유 시인 무리는 종종 합창곡을 노래했는데, 가끔 유별나게 복잡한 곡을 노래하기도 했다. 대개 노래를 만드는(곡과 가사) 사람들 은 프랑스 음유 시인인 트루바두르(troubadour)와 이탈리아의 음유 시인인 트 로바토레(trovatore), 그리고 독일의 음유 시인인 민네징어(minnesinger)들이었 다. 13세기 이전 중세 시의 대부분은 노래 가사로 작시된 것이었다. 음유 시인 폴케는 "음악이 없는 시는 물 없는 방앗간이다."라고 말했다.[13] 현존하는 음유 시인의 노래 2600곡 중 우리가 알고 있는 264곡은 대개 4선이나 5선의 보표 위 에 그려진 네우마와 리가투라(ligature) 형식의 작품이다. 아일랜드와 웨일스의 시인들은 악기를 연주하며 노래를 했던 것으로 보인다.

카스틸리아의 알폰소 10세가 수집한 찬송가를 담고 있는 작품의 몇몇 삽화 에는 아랍 복장을 하고 아랍 악기를 연주하는 음악가들의 모습이 보인다. 노래 중 다수의 양식도 아랍 풍이다.[14] 음유 시인들의 음악(초기 주제와 시적 형식뿐 아 니라)은 그리스도교 스페인을 거쳐 남프랑스로 들어간 이슬람 노래와 선율에 서 파생된 것일지 모른다. 회군하는 십자군이 동방에서 아랍의 음악 형식을 가 지고 돌아왔을 수도 있다. 음유 시인들이 등장한 시기가 1100년경으로 1차 십 자군 원정과 같은 시대라는 점을 주목해야 한다.

놀랍게도 중세에는 다양한 악기가 존재했다. 타악기로 종과 심벌즈, 탬버린, 트라이앵글, 드럼 등이 있었고, 현악기로는 리라와 키타라, 하프, 프살테리움 (psaltery), 오르가니스트룸(organistrum), 류트, 기타, 비엘(vielle), 비올라, 모노코

드(monochord), 지그(gigue)가 있었다. 관악기로는 파이프와 플루트, 오보에, 백 파이프, 클라리온, 플라지올레토, 트럼펫, 호른, 오르간 등이 있었다. 이외에도 수백 가지 악기가 더 있다. 모든 악기는 손이나 손가락, 발이나 활로 연주했다. 이중 몇몇은 그리스에서 전해 내려왔고, 또 다른 몇몇은 레베크(rebec)나 류트, 기타처럼 이슬람에서 형태와 이름을 유지한 채 전해졌다. 많은 악기가 금속이나 상아, 나무 등에 대한 중세 시대 예술가적 기교를 확인할 수 있는 귀중한 표본으로 평가받는다. 음유 시인들이 흔히 사용하던 악기는 비엘이었는데, 비엘은 등이 굽은 활로 연주하던 짧은 바이올린이었다. 8세기 전에 오르간은 대부분 유압식이었다. 하지만 4세기 히에로니무스는 공기압을 이용한 오르간에 대해 묘사했고,[15] 베다(673~735년)는 풀무로 바람을 가득 채운 "황동 파이프 오르간이 웅장하고 더없이 감미로운 선율을 연주했다."라고 기록했다.[16] 성 둔스탄(925년경~988년)은 벽에 틈이 있으면 울리는 아이올리아 하프를 만든 뒤 사술(邪術)의 혐의로 피소당했다.[17] 950년경 윈체스터 대성당에는 26개의 풀무와 52개의 풀무질 장치, 그리고 400개의 파이프로 이루어진 오르간이 설치되었다. 이 오르간은 건반이 엄청나게 커서 오르간 연주자가 두껍게 덧댄 장갑을 끼고 주먹으로 내리쳐야 했다.[18] 밀라노에서는 은 파이프로 된 오르간이 있었고, 베네찌아에는 금 파이프로 된 오르간이 있었다.[19]

중세가 지옥에 떨어진 듯 음울하다는 생각은 중세의 악기 앞에서 모두 사라진다. 그리고 역시 그 자리에 남은 것은 적어도 우리만큼 행복한, 삶의 활기와 욕망으로 가득 찬 사람들이고, 역사가 다하기 전에 문명이 파괴되지 않을까 우리가 의구심을 품지 않는 것처럼, 더 이상 세상의 종말에 대한 두려움으로 억압받지 않는 사람들이다.

34장

지식의 전파
1000~1300

1. 토착어의 출현

교회가 로마 제국이 이룬 서유럽의 정치적 통일성을 어느 정도 지켜 온 것처럼, 교회의 의식과 설교, 그리고 학교는 지금은 잃어버린 로마 제국의 유산을 보호했다. 이 유산은 이탈리아, 스페인, 프랑스, 잉글랜드, 스칸디나비아, 유럽 저지(低地), 독일, 폴란드, 헝가리, 그리고 발칸 지역 서부 주민 중 글을 읽고 쓸 줄 아는 사람은 모두 이해할 수 있는 국제어였다. 이들 나라의 학식 있는 사람들은 서신과 사업 기록, 외교, 법률, 정부, 과학, 철학, 그리고 13세기 이전의 거의 모든 문학에서 라틴어를 사용했다. 이들은 라틴어를 생활 언어로 사용했는데, 생활의 새로운, 또는 변화하는 현실이나 사상 등을 표현하기 위해 거의 매일 새로운 단어나 구문이 만들어졌다. 가장 단순한 연애편지에서 엘로이즈와 아벨라르의 고전적 서한에 이르기까지 연서에서도 라틴어를 사용했다. 책은 한 나라가 아닌 대륙을 위해 만들어졌다. 번역은 필요하지 않았고, 현대 사회에서는 따라갈 수 없는 속도로 자유로이 각 나라로 전파되었다. 학생들은 언어 때문에 고민하지 않고 한 대학에서 다른 대학으로 학적을 옮겼다. 학자들은 볼로냐와 살라망카, 파리, 옥스퍼드, 웁살라, 그리고 콜로뉴에서 같은 언어로 강의할 수 있었다. 그들은 새로운 단어를 주저 없이 라틴어에 도입했고, 때로는 페트라르카와 키케로 숭배자들의 귀에 경악스럽게 들릴 만한 말들도 만들었다. 이런 식으로 마그나 카르타는 어떠한 자유민도 "점유 침탈"이나 "감금"을 당하지 않는다고 규정했다. 이런 단어들은 우리를 움찔하게 만들지만, 이들 단어 덕에 라틴어가 존속했다. 현대 영단어 중 다수, 예컨대 "instance(사례), substantive(실질적인), essence(본질), entity(개체)" 등과 같은 단어가 중세 시대에 라틴어에 추가된 표현으로부터 비롯되었다.

그럼에도 불구하고 로마가 무너지면서 국제적 교류가 단절되고, 빈곤이 암흑시대를 파고들며, 도로가 퇴화하고 상업이 쇠퇴하자 언어가 다양하게 변형되어 분리가 빠르게 확산되었다. 라틴어는 한창 사용되던 시기에도 기후와 구강 생리의 다양성 탓에 나라마다 변형되어 있었다. 이 오랜 언어는 본토에서도 변화를 겪었다. 문학이 쇠퇴하면서 일반인들의 어휘와 문장 구조가 그 자리를 채웠는데, 이들의 언어는 시인이나 웅변가들의 언어와는 줄곧 달랐다. 독일인과 갈리아인, 그리스인, 그리고 아시아인들이 밀려들어 오면서 이탈리아는 발음이 다양해졌고, 타고난 심신의 게으름 때문에 언어를 주의 깊고 정확하게 굴절하고 끝맺기를 포기했다. "H"는 후기 라틴어에서 묵음이 되었다. 고전적으로 영어의 "W"로 발음되던 "V"는 영어 "V"의 소리를 갖게 되었다. "S" 앞에 오는 "N"은 생략되어, 일례로 "mensa(식탁)"는 "mesa(메사)"로 발음되었다. 고대에는 영어의 "I" 및 "OI"와 비슷하게 발음되던 이중모음 "Æ"와 "Œ"는 이제 장음의 영어 "A"나 프랑스어 "E"와 비슷한 발음을 냈다. 마지막 자음의 발음이 불분명해지고 생략됨에 따라(portus/porto/porte, rex/re/roi, coelum/cielo/ciel) 격 어미는 전치사로, 활용 어미는 조동사로 대체되어야 했다. 오래된 지시대명사 "ille(저것)"와 "illa(저것, 여성형)"는 정관사 "il, el, lo, le, la"가 되었다. 또 라틴어 "unus(하나)"는 짧아져 부정 관사 "un"이 되었다. 격 변화가 사라지면서 가끔 명사가 술부 앞에 오는 주어인지, 뒤에 오는 목적어인지 알기 힘든 경우가 생겼다. 20세기에 걸친 끊임없는 변화의 과정을 살펴보다 보면, 라틴어는 아직도 이탈리아와 프랑스, 스페인에서 사용되는 언어이자 문학적 언어인 것 같고, 키케로의 언어가 로물루스의 언어로부터, 우리의 언어가 초서(Chaucer)의 언어로부터 변하지 않은 것처럼, 키케로의 언어로부터 더는 변형을 겪지 않은 살아 있는 언어처럼 여겨진다.

스페인은 기원전 200년에 이미 라틴어를 사용하기 시작했다. 키케로의 시대 무렵부터 로마의 용법에서 너무 동떨어진 방언들이 분기하자, 그것을 코르도바의 야만스러움으로 여긴 키케로는 충격을 받았다. 이베리아 반도의 방언과 만난 라틴어는 스페인에 들어가 자음이 부드러워졌다. "T"는 "D"가, "P"는 "B"가, "K"는 "G"가 되었고, "totum(토툼, 모든)"은 "todo(토도)"로, "operam(오페람, 작업)"은 "obra(오브라)"로, "ecclesia(에클레시아, 교회)"는 "iglesia(이글레시아)"로 변했다. 프랑스어에서도 라틴 자음은 부드러워졌다. 그리고 "tout(투, 전체)"나 "oeuvre(에브르, 작업)", "église(에글리즈, 교회)", "est(에스트, 동쪽)" 등처럼 문자에서는 표기를 유지했지만 말에서는 생략되는 경우도 빈번했다. 842년 루도비쿠스 독일 왕과 샤를 대머리 왕이 스트라스부르에서 맺은 맹세는 독일어와 프랑스어의 두 언어로 이루어졌는데, 프랑스어는 여전히 라틴어와 매우 유사하여 "로망스어(lingua romana)"로 불렸는데, 10세기까지는 "갈리아어(lingua gallica)"로 불릴 만큼 뚜렷이 구별되지 않았다. "로망스어"는 다시 루아르 강 남부 프랑스 지역의 "오크어(langue d'oc)"와 북부 프랑스의 "오일어(langue d'oïl)"로 나누어졌다. "예스(yes)"라고 대답하는 방식으로 방언을 구별하는 것은 중세의 관습이었다. 남프랑스에서는 "이것(this)"을 뜻하는 라틴어 "호크(hoc)"에서 파생된 "오크(oc)"를 "예스"의 의미로 사용했고, 북프랑스에서는 이것저것을 뜻하는 라틴어 "호크 일레(hoc ille)"를 결합시킨 "오일(oïl)"을 사용했다. 프랑스 남동부에는 프로방스어라고 하는 오크어 방언이 있었다. 이 방언은 알비파 십자군에 의해 완전히 파괴됐다.

　이탈리아의 토착어는 스페인이나 프랑스에서보다 더 천천히 형성됐다. 라틴어는 이탈리아의 토박이말이었다. 라틴어를 사용하는 성직자들은 특히 이탈리아에 매우 많았다. 또 이탈리아에서 문화와 학교의 연관성은 전통이 파괴된 지역에서처럼 언어가 멋대로 변하지 않도록 막았다. 1230년에도 파두아의 성 안토니우스는 일반 민중에게 라틴어로 설교했다. 하지만 1189년 고위의 방문 성직자들이 파두아에서 행한 라틴어 설교는 지역 주교가 대중적인 언어로 번역해야만 했다.[1] 13세기 초 이탈리아어는 거의 언어로 존재하지 않았다. 고대의 장터 라틴어에서 다양하게 변질되어 이어지고 있는 방언은 약 열네 개뿐이었는데, 각 방언을 쓰는 사람들은 다른 방언을 거의 알아듣지 못했고, 그 차이점은 열렬한 원자(原子)주의 덕에 소중히 여겨졌다. 때로는 볼로냐에서처럼 한 도시의 서로 다른 지구들이 다른 방언을 쓰기도 했다. 단테의 선배들은 문학뿐 아니라 언어도 창조해야 했다. 이 시인은 투스카니의 음유 시인들이 이탈리아어를 표현 수단으로 선택한 이유에 대해, 그들이 사랑의 시를 썼고 그 시를 바치던 여자들은 라틴어를 몰랐기 때문이라는 즐거운 상상을 했다.[2] 그렇기는 하지만 1300년경 그는 라틴어와 투스카니 방언 중 어떤 언어로 『신곡』을 써야 할지 망설였다. 간발의 차로 그는 잊히는 것을 피할 수 있었다.

　라틴어가 로망스어로 재생 분열되는 사이, 고(古)독일어는 중세 독일어와 프리지아어, 네덜란드어, 플랑드르어, 잉글랜드어, 덴마크어, 스웨덴어, 노르웨이어, 그리고 아이슬란드어로 갈라졌다. "고(古)독일어"는 단지 1050년 이전 독일의 각 부족이나 지역에서 독립적으로 사용되던 많은 방언을 통칭하기 위한 편의상의 표현이다. 그러한 방언에는 플랑드르어, 네덜란드어, 베스트팔리아어, 이스트팔리아어, 알라만어, 바이에른어, 프랑코니아어, 튀링겐어, 작센어, 실레지아어 등등이 있었다. 한편으로 그리스도교와 함께 새로운 단어들이 쏟아져 들어오면서 구(舊) 독일어는 중세 독일어(1050~1500년)가 되었다. 아일랜드와 잉글랜드, 프랑스, 그리고 이탈리아의 수도사들은 라틴어를 번역할 용어를 만들어 내느라 애썼다. 가끔은 라틴 단어를 통째로 독일어로 가져오기도 했다. "Kaiser(황제)"와 "Prinz(왕자)" "Legende(신화)" 등도 그런 단어였다. 이는 정당한 도둑질이었다. 하지만 이로 인해 동사를 끝에 놓는 라틴 문장 구조가 한때는 단순했던 독일인들의 구문론을 딱딱하고 순서가 뒤바뀌고 숨 막힐 듯한 후기 독일어 양식의 시대로 변화시키는 데 영향을 끼치는 비극이 발생했다.[3] 아마도 가장 세련된 독일어는 13세기의 위대한 시인 발터 폰 포겔바이데와 하르트만 폰 아우에, 고트프리트 폰 스트라스부르, 그리고 볼프람 폰 에셴바흐가 남긴 중세 고지(高地) 독일어였을 것이다. 하이네와 젊은 시절의 괴테를 제외하면 그렇게 단순하고 유연하며 직설적이고 명쾌한 독일어는 두 번 다시 나오지 않았다.

앵글족과 색슨족, 그리고 주트족이 쓰던 게르만 민족의 언어는 5세기에 그들과 함께 잉글랜드로 건너갔고, 그곳에서 영어의 토대를 놓으며 짧고 톡톡 튀는 단어들을 거의 고스란히 넘겨주었다. 프랑스어는 노르만족과 함께 쏟아져 들어와 1066년부터 1362년까지 궁중과 법정, 그리고 귀족 사회를 지배했다. 한편 라틴어는 계속해서 종교와 교육 쪽을 주도하며 공식 문서상의 필수어로 남았다.(1731년까지) 수천 개의 프랑스 단어가 영어로, 특히 복장과 요리, 법률과 관련된 표현으로 자리를 잡았다. 잉글랜드 법률 용어의 절반은 프랑스어이다.[4] 3세기 동안 프랑스와 잉글랜드의 문학은 하나였다. 그리고 초서(1340~1400년) 시대까지도 영문자의 정신과 표현은 절반이 프랑스의 것이었다. 프랑스 점령지에서 벗어난 이후 잉글랜드는 스스로에게 의지할 수밖에 없었고, 영어 안에 있던 앵글로색슨의 요소들은 승리했다. 프랑스의 통치가 지나간 뒤 영어는 헤아릴 수 없이 풍요해졌다. 독일어의 토대에 프랑스어와 라틴어가 추가되면서, 영어는 수천 가지 개념을 세 배의 언어(왕의 형용사격인 'kingly', 'royal', 'regal', 이중을 의미하는 'twofold', 'double', 'duplex', 일간지를 뜻하는 'daily', 'journal', 'diurnal' 등)로 표현할 수 있었다. 뿐만 아니라 미묘한 차이를 지닌 표현과 동의어도 풍부해졌다. 말의 역사를 아는 사람은 전체 역사도 알게 될 것이다.

2. 책의 세계

이렇게 다양한 언어들은 어떻게 쓰였을까? 476년 로마 멸망 이후 승리한 야만족들은 라틴 문자를 채택하고 이 문자들을 "필기체"로 사용했다. 필기체는 문자를 서로 연결하고 대부분의 문자에 직선 대신 곡선 형태를 부여하여 돌이나 나무처럼 딱딱한 표면에 쓰기가 편리했다. 이 시대의 교회는 미사 전서(典書)와 기도서를 읽는 데 용이한 "대문자" 필기를 선호했다. 많은 고전을 필사하여 라틴 문학을 보존한 샤를마뉴 시대의 필경자들은 "소문자"를 사용하여 값비싼 양피지를 절약했다. 이들은 정해진 형태의 문자에 동의하고 "일군의 소문자"를 창조했다. 이 문자는 4세기 동안 중세 서적의 통상적 표현 수단이 되었다. 12세기에는 고딕 건축에서 장식이 활발해지던 것에 부응하듯 문자에도 장식과 가는 선, 갈고리 모양 등이 나타났고, 유럽에서는 르네상스 시대까지 유행했고 독일에서는 현재까지도 널리 쓰이는 고딕체가 되었다. 중세 시대 원고에는 구두점이 찍힌 것이 거의 없었다. 헬레니즘 시대 그리스인들에게 알려진 이 호흡 지시 장치는 야만족의 봉기를 겪으며 사라졌다. 구두점은 13세기에 다시 나타났지만, 15세기에 인쇄술로 확고히 정립되기 전까지는 보편적으로 사용되지 못했다. 인쇄술은 1147년 라인 강 지방의 수도원들이 직물에 머리글자나 무늬를 인쇄하기 위해 목판을 사용하면서 어느 정도는 준비 단계에 있었다.[5] 여러 형태의 속기가 쓰이기도 했는데, 키케로의 노예가 개발한 "티론의 부호"에 비해 훨씬 조악했다.

글을 쓸 때는 양피지나 파피루스, 모조 피지 또는 종이 위에 흑색이나 채색 잉크를 묻힌 깃펜 또는 갈대 펜을 사용했다. 파피루스는 이슬람의 이집트 점령

이후 유럽에서 일반적인 쓰임이 사라졌다. 어린 양의 가죽으로 만드는 모조 피지는 비쌌고, 호화로운 원고용으로 사용되었다. 거친 양가죽으로 만드는 양피지는 중세 글쓰기에서 보통 사용하는 도구였다. 종이는 12세기까지 이슬람에서 비싼 가격으로 수입했지만, 1190년에는 독일과 프랑스에 제지 공장이 세워졌고, 13세기 유럽은 리넨으로 종이를 만들기 시작했다.

많은 양피지에 원래 있던 필사본을 긁어내고 두 번째 글을 적었다. 오래된 작품은 그렇게 지워 버리거나 원고를 제자리에 두지 않아서, 전쟁과 약탈 또는 화재나 부식 때문에 사라졌다. 바이에른에서는 훈족이, 프랑스에서는 스칸디나비아인들이, 이탈리아에서는 사라센인들이 수도원 장서관을 약탈했다. 많은 그리스 고전은 1204년 콘스탄티노플 약탈 당시 파괴됐다. 교회는 처음에는 이교의 고전을 읽는 것을 승인하지 않았다. 거의 매 세기마다 그러한 작품에 반대하는 우려의 목소리(그레고리우스 1세, 세빌리아의 이시도르, 베드로 다미아누스)가 높이 올라갔다. 알렉산드리아의 대주교 테오필루스는 자신이 손에 넣을 수 있는 이교의 필사본을 모두 파괴했다. 그리고 비잔티움 사제들은 데메트리오스 칼콘딜라스[6]를 따라 사포와 아나크레온을 포함해 사랑을 노래하는 그리스 시인들의 작품 전부를 불태워야 한다고 그리스 황제들을 설득했다. 그러나 늙은 이교도들에 대한 자애를 소중히 여기며, 그들의 작품을 보존하기 위해 애쓰던 동시대의 그리스도교 성직자들도 있었다. 이들은 경우에 따라서는 비난을 누그러뜨리기 위해 이교도들의 시에 가장 그리스도교적인 감성을 부여했고, 친절한 풍자를 통해 오비디우스의 색욕적 작품조차 도덕적인 시로 바꾸었다. 고전 문학의 풍부한 유산을 보전한 이들은 수도원의 필경자들이었다.[7] 지친 수도사들은 신께서 자신들이 필사하는 시구 한 줄마다 하나의 죄를 용서해 주신다는 말을 들었다. 오르데리쿠스 비탈리스는 우리에게 단 한 글자 차이로 지옥을 비껴갔다는 수도사의 이야기를 들려준다.[8] 수도사에 버금가는 필경자들로는 사적인 또는 전문적인 필경사들이 있었다. 이들은 부자나 서적상이나 수도원에 고용되었다. 그들은 고달픈 노동이 끝나면 마지막 페이지에 별난 요구 사항을 적었다.

이로써 모두 끝났습니다.

부디 나에게 술 한잔 주십시오.[9]

어떤 필경사는 그보다 더한 것도 받을 만하다고 생각했는지, 책 끝에 이렇게 적었다. "펜(으로 하는 일) 대신 나에게 아름다운 소녀를 주십시오."[10]

중세 교회는 책을 펴내는 데 정규적인 검열을 하지 않았다. 만약 아벨라르의 『삼위일체에 대하여』처럼 책이 이단인 동시에 영향력이 크다고 판명되면, 그 책은 교회 회의에서 정죄되었다. 하지만 당시에는 책이 거의 없어 가장 위험한 요소로 여겨지지 않았다. 심지어 성서도 수도원이 아니면 거의 찾아볼 수 없었다. 성서 한 권을 필사하는 데 1년이 걸렸고, 한 권을 구입하는 데는 교구 사제의 1년치 수입이 들었다. 필사본 완본을 갖고 있는 성직자는 극히 드물었다.[11] 신약 성서와 구약 특판은 더 널리 읽혔다. 12세기에는 화려하게 장식된 커다란 크기의 성서들이 만들어졌다. 이런 성서는 대개 수도원 장서관에 있는 독서대에서나 읽을 수 있었는데, 보관을 위해 사슬로 독서대와 연결해 놓기도 했다. 교회는 발도파와 알비파가 그들 나름대로 성서를 번역하여 책을 만들고 펴뜨리자 이를 두려워했다. 그리하여 교회의 나르본 공의회(1227년)는 이미 살펴본 대로 평신도가 성서의 일부라도 소지하는 것을 금지했다.[12] 하지만 일반적으로 14세기 이전의 교회는 평신도들의 성서 읽기를 반대하지 않았다. 물론 성서를 읽도록 장려하지도 않았는데, 그것은 성서의 신비주의에 대한 대중의 해석을 신뢰하지 못했기 때문이다.

책의 크기와 쪽수는 구할 수 있는 가죽의 크기에 따라 결정되었다. 가죽을 접으면 책의 "한 면"이 되었다. 5세기 이후로 책은 더 이상 고대처럼 두루마리로 나오지 않았다.* 가죽은 "4절판", "8절판", "12절판" 또는 "16절판"이 한 면이 되는 크기의 직사각형 모양으로 잘랐다. "섬세한 이탈리아인의 손"으로 글

---

* 정부의 많은 기록물은 계속 두루마리로 남겨졌다. 파이프 롤(pipe rolls, 재무부 회계 감사 기록)은 잉글랜드에서 1131년부터 1833년까지 사용되었다. 이러한 기록 보관소를 지키는 관리자는 "Master of the Rolls"라고 한다.

을 쓰는 일부 16절판은 긴 글을 작은 종이 위에 빽빽하게 적어 주머니에 딱 맞는 또는 편리한 설명서 용도의 책이 되었다. 표지는 두꺼운 양피지나 천, 가죽, 판자였다. 가죽 표지는 뜨거운 금속 틀로 무색의 도안을 가죽 위에 새기는 "민누름" 방식으로 장식하기도 하였다. 베네찌아에 정착한 이슬람 예술가들은 그렇게 눌린 부분에 금색을 채우는 기법을 유럽에 도입했다. 나무 표지는 법랑이나 조각한 상아로 장식하거나 금은, 보석 등으로 상감 세공을 했다. 성 히에로니무스는 로마인들을 꾸짖었다. "그대들의 책은 보석으로 조각되는데, 그리스도는 벌거벗은 채 돌아가셨구나!"[13] 오늘날에도 중세 책의 호화로운 표지를 따라갈 책은 거의 없다.

평범한 책도 화려하기는 마찬가지였다. 보통 책은 한 권에 1949년 미국 통화로 160달러에서 200달러까지 나갔다.[14] 12세기 고대 고전을 부활시키는 데 주도적 역할을 한 샤르트르의 베르나르는 단 스물네 권의 책이 있는 도서관을 남겼다. 이탈리아는 프랑스보다는 부자였다. 유명한 법학자 대(大)아쿠르시우스는 예순세 권의 책을 소장했다. 크기가 큰 성서는 10탈렌트(최소 1만 달러)에 팔렸다고 한다. 미사 전서는 포도밭과 교환되었고, 5세기 문법학자 프리스키아누스의 책 두 권은 가옥과 대지로 값을 받았다.[15] 책 가격 때문에 서적상 사업은 12세기까지 발전하지 못했다. 그 뒤 대학 주변 마을들은 "스타치오나리(stationarii)"와 "리브라리(librarii)"로 사람들을 고용하여 교사와 학생들을 위해 책을 필사할 필경사 집단을 만들었다. 이들은 돈을 지불하겠다는 사람이면 누구에게든 책을 팔았다. 당시 사람들은 생존해 있는 작가에게 돈을 줄 생각은 꿈에도 없었던 것 같다. 어떤 사람이 새로운 책을 쓰겠다고 고집할 경우, 그는 그 비용을 지불하거나, 왕이나 귀족이나 거물을 찾아가 뇌물을 주고 헌사나 찬사를 받아야 했다. 홍보는 구두로만 가능했다. 책을 펴내려면 학교에서 사용하게 하거나, 어떤 청중이든 모아 그 앞에서 낭독되게 하는 방법뿐이었다. 그렇게 1200년 아일랜드에서 돌아온 웨일스의 제랄드는 그 나라의 지형학을 옥스퍼드에 모인 청중 앞에서 낭독했다.

값비싼 책과 학교를 위한 재정 부족 덕에 고대 그리스나 로마에서는 수치스러워했을 문맹이 양산됐다. 1100년 이전 알프스 이북에서 읽기와 쓰기 능력은 성직자들과 계리사(計理士), 필경사, 관리, 그리고 전문 직종 남성에게 국한되었다. 12세기 상업 계급은 장부를 정교하게 관리했던 것을 보면 글을 읽고 쓸 줄 알았을 것이다. 가정에서 책은 귀중품이었다. 한 사람이 책을 큰소리로 읽으면 몇 명의 독자들이 함께 들었다. 뒷날 많은 구두법과 문법은 음독상의 편의에 따라 결정되었다. 책은 가정에서 가정으로, 수도원에서 수도원으로, 또 나라에서 나라로 조심스럽게 거래되었다.

비록 규모는 작아도 도서관은 매우 많았다. 성 베네딕트는 모든 베네딕트회 수도원들이 도서관을 구비해야 한다고 정했다. 성 베르나르가 배움을 혐오했음에도 불구하고 카르투지오회와 시토회 교단들은 부지런한 책 수집가가 되었다. 톨레도와 바르셀로나, 밤베르크, 힐데스하임 등 많은 대성당들은 상당한 규모의 도서관을 보유했다. 1300년 캔터베리 대성당에는 5000권의 책이 있었다. 하지만 이는 이례적인 경우였다.[16] 대부분의 도서관은 100여 권의 책도 소장하지 못했다. 최고의 도서관에 속하던 클뤼니 수도원 도서관에는 570권의 책이 있었다.[17] 시칠리아의 왕 만프레드는 귀중한 책을 소장했는데, 이들 책은 교황권에 상속되어 바티칸이 보유한 그리스 장서의 핵심이 되었다. 교황청 도서관은 교황 다마수스(366~384년)의 재임과 함께 시작되었다. 그곳의 귀중한 필사본과 고문서 들은 대부분 혼란스럽던 13세기에 유실되었다. 현 바티칸 도서관의 유래는 15세기로 거슬러 올라간다. 대학교 내지는 그 대학 건물에는 12세기에 도서관이 들어서기 시작했다. 생루이는 파리 생샤펠에 도서관을 짓고 100여 곳의 수도원이 그를 위해 필사해 준 책으로 가득 채워 넣었다. 노트르담과 생제르맹 데 프레, 그리고 소르본의 도서관처럼 많은 도서관이 신뢰할 수 있는 학생들에게 개방되었고, 책은 적절한 보안 속에 반출되었다. 요즘에는 도시와 대학의 도서관이 자신들의 코앞에 대가 없이 갖다 바치는 문학적 부에 대해 진심으로 감사히 여기는 학생들이 거의 없다.

여기저기에 개인 도서관도 있었다. 10세기 암흑 속에서도 제르베르는 애서가의 열정으로 책을 수집했다. 솔즈베리의 요하네스 같은 일부 성직자들은 자기만의 장서를 갖고 있었고, 소수 귀족들은 자신의 성 안에 작은 도서관을 만들었다. 프레데리크 바르바로사와 프레데리크 2세는 상당한 양의 장서를 보유했다. 스페인 비예나의 영주 아라곤의 헨리는 엄청난 규모의 도서관을 만들었는데, 이 도서관은 그가 악마와 내통했다는 혐의를 받으며 공개적으로 불태워졌다.[18] 몰리의 다니엘은 스페인에서 잉글랜드로 귀중한 책을 많이 들여왔다.[19] 12세기 유럽에서 스페인은 많은 책을 갖고 있었다. 학자들은 톨레도와 코르도바, 그리고 세빌리아로 몰려들었고, 새로운 배움의 물결이 피레네 산맥을 뒤덮어 한창때를 맞은 북방의 지적 생활에 일대 혁신을 일으켰다.

3. 번역가

공통 언어로 어느 정도 통일되어 있던 중세 유럽은 아직 라틴권과 그리스권으로 양분되어 있었고, 두 집단은 적대적이며 서로에 대해 무지했다. 법을 제외한 라틴의 유산은 동방 그리스권에서 잊혔다. 시칠리아 섬을 제외한 그리스의 유산은 서방에서 잊혔다. 그리스 유산의 일부는 그리스도교 세계의 담 너머 이슬람 예루살렘, 알렉산드리아, 카이로, 투니스, 시칠리아, 그리고 스페인 안에 감추어졌다. 인도와 중국, 일본 등 멀고도 광활한 세계는 오랫동안 풍요한 문학과 철학, 예술을 누렸고, 13세기 이전의 그리스도교도는 거의 아무것도 알지 못했다.

다양한 문화를 연결하는 데 일조하던 유대인들은 그 안에서 비옥한 지하 천(地下川)처럼 움직였다. 점점 더 많은 유대인이 이슬람권에서 그리스도교 국가로 이주하고 아랍어에 관한 지식을 잃으면서, 유대인 학자들은 아랍어 작품(다수는 유대인이 집필한)을 뿔뿔이 흩어진 민족의 석학들이 보편적으로 이해하는 유일한 언어인 히브리어로 번역하는 것이 좋겠다고 생각했다. 그리하여 요셉 킴히(1105년 경~1170년경)는 나르본에서 유대인 철학자 바야의 『마음의 책임으로의 안내서』 를 번역했다. 요셉에게는 명석한 아들들이 있었지만, 번역가로서 더 중요한 인물은 유다 벤 사울 이븐 티본(1120년경~1190년경)의 후손이었다. 그는 킴히처럼 이슬 람 스페인에서 남프랑스로 이주했다. 그리고 당대의 가장 성공한 의사 중 한 명이었 음에도 불구하고 사아디아 가온과 이븐 가비롤, 그리고 예후다 할레비 등의 유대 아 랍어 작품을 히브리어로 번역하는 데 의욕을 가졌다. 그의 아들 사무엘(1150년 경~1232년경)은 마이모니데스의 『당황스러운 것으로의 안내서』를 히브리어로 번역하여 유대인 사회를 뒤흔들었다. 사무엘의 아들 모세 이븐 티본은 아랍어로 씌어진 유클리드의 『원론』과 아비켄나의 『의학 정전』 축약본, 알 라지의 『해독』, 마이모니데스의 작품 세 권, 그리고 아베로이스의 아리스토텔레스에 대한 짧은 주 해들을 번역했다. 사무엘의 손자인 야곱 이븐 티본은 몽펠리에에서 마이모니데스 를 위한 싸움을 주도하였을 뿐 아니라 천문학자로도 명성을 떨쳤는데, 몇 편의 아 랍어 작품을 히브리어로 번역하고 또 몇 편은 라틴어로 번역했다. 사무엘의 딸은 더 유명한 학자인 야곱 아나톨리와 결혼했다. 1194년 마르세유에서 태어난 야곱 은 프레데리크 2세의 초대를 받아 나폴리의 학교에서 히브리어를 가르쳤다. 그곳 에서 그는 아베로이스의 장편 주해서들을 히브리어로 번역했고, 이 작업은 유대인 들의 철학에 깊은 영향을 끼쳤다. 의사이자 철학자인 마르세유의 셈 토브는 알 라 지의 『키탑 알 만수리(*Kitab al-Mansuri*)』('알 만수르에게 바치는 책'이라는 뜻)를 번 역하여(1264년) 히브리 의학에 비슷한 자극을 던졌다.

아랍어를 번역한 많은 히브리어 원고들은 라틴어로도 옮겨졌다. 그렇게 아벤조 아르의 『식이 요법에 관한 참고서』는 파두아에서 라틴어로 번역되었다.(1280년) 13세기 초 한 유대인은 구약 성서 전체를 그대로 라틴어로 직접 번역했다. 문화의 우회적 이행의 전형은 『비드파이(Bidpai)의 우화들』에서 나타난다. 이 글은 원래 산 스크리트어였던 것으로 추정되는 언어에서 팔라비어로 번역되고, 팔라비어에서 아랍어로, 아랍어에서 히브리어로, 히브리어에서 라틴어로, 라틴어에서 스페인어로, 스페인어에서 다시 영어로 번역되었다.[20]

풍요한 이슬람 사상이 서방 그리스도교 세계로 쏟아져 들어오게 된 주요 흐름은 아랍어를 라틴어로 옮긴 번역에 의한 것이었다. 1060년경 아프리카의 콘스탄티누스는 알 라지의 『실험집』과 이삭 유다이우스의 아랍어 의학 작품, 그리고 후나인이 옮긴 히포크라테스의 『잠언집』 및 갈레노스의 『주해서(註解書)』를 라틴어로 번역했다. 무어인들에게서 톨레도를 정복한 직후, 총명하고 관대한 대주교 라이몬드(1130년경)는 도미니코 군디살비를 필두로 한 번역가 조합을 조직하고, 그들에게 아랍어로 된 과학 문헌과 철학 작품의 번역을 주문했다. 번역가 대부분은 유대인으로 아랍어와 히브리어, 스페인어를 이해했으며 어떤 이들은 라틴어에도 익숙했다. 조합 내에서 가장 바쁜 사람은 개종한 유대인 스페인의 요한(또는 세빌리아의 요한)으로, 아버지의 이름을 딴 그의 아랍 이름 이븐 다우드(ibn Daud, 다윗의 자손)는 신학 교수들에 의해 아벤데스(Avendeath)로 바뀌어 불리었다. 요한은 아비켄나와 알 가잘리, 알 파라비, 그리고 알 흐와리즈미 등등 아랍어와 유대어로 된 진정한 장서들을 번역했다. 특히 알 흐와리즈미의 문헌 번역을 통해 그는 서방에 힌두, 아라비아 숫자를 소개했다.[21] 거의 그만큼의 영향을 끼친 번역으로, 가짜 아리스토텔레스의 철학 및 신비학 서적 『비밀 중의 비밀』이 있다. 이 책이 널리 읽혔다는 사실은 현재까지 남아 있는 200여 편의 원고가 말해 준다. 이들 번역 작업 중 일부는 아랍어에서 라틴어로 곧장 이루어졌다. 일부 다른 책은 군디살비가 카스틸리아어로 옮긴 후 다시 라틴어로 번역했다.

작은 지류들이 아랍과 라틴을 잇는 흐름에 양분을 제공했다. 안티오크와 타르수스, 그리고 톨레도에서 아랍어를 배운 베스의 아델라드는 아랍어를 번역한 최초의 유클리드 라틴어 번역본(1120년)을 만들고, 알 흐와리즈미의 천문학 표를 번역하여(1126년) 서방 세계에 이슬람 삼각법을 소개했다.[22] 1141년 클뤼니 수도원장 가경자(可敬者) 베드로는 세 명의 그리스도교 학자와 한 명의 아랍 학자의 도움을 받아 코란을 라틴어로 번역했다. 이슬람의 연금술과 화학은 1144년 체스터의 로버트가 아랍 문헌을 번역하면서 라틴 사회에 소개됐다. 1년 뒤 이탈리아인 티볼리의 플라톤은 유대인 수학자 아브라함 바르 히야의 신기원적 작품『측량과 계산에 관한 소론』을 번역했다.

가장 훌륭한 번역가는 크레모나의 게라르드였다. 1165년경 톨레도로 건너간 그는 아랍어로 된 과학 및 철학 문헌이 풍성한 데 깊은 감명을 받았다. 그는 그중 가장 뛰어난 문헌들을 라틴어로 번역하기로 결심하고, 남은 9년의 생애를 그 작업에 몰두했다. 게라르드는 아랍어를 배웠는데, 아마도 그리스도교도 원주민과 유대인의 도움을 받은 것으로 보인다.[23] 71편의 번역 작업을 아무 도움 없이 해냈다는 것은 믿기 힘든 일이기 때문이다. 그의 눈에 서방 세계는 아랍어본 아리스토텔레스의『후(後) 분석론』,『천체론』,『생성 소멸론』, 그리고『기상론(氣象論)』의 라틴어 번역본에 빚을 지고 있었다. 아프로디시아스의 알렉산드로스의 주해서 몇 편과 유클리드의『기하학 원론』및『자료』, 아르키메데스의『원의 측정』, 페르가의 아폴로니오스의『원뿔 곡선론』, 갈레노스의 것으로 여겨지는 7권의 문헌, 몇몇 그리스 천문학 문헌, 그리스 아랍 물리학 책 4권, 알 라지 및 아비켄나의 가장 방대한 작품을 포함한 아랍 의학 서적 7권, 알 파라비의『삼단 논법론』, 알 킨디의 작품 3권과 이삭 이스라엘리의 작품 3권, 아랍 수학과 천문학 문헌 14편, 천문학 표 3개, 그리고 풍수학과 점성술에 관한 아랍 문헌 7편 등도 마찬가지였다. 역사상 어떤 인물도 그토록 많은 작업을 하여 한 문화로 다른 문화를 풍요하게 만든 적이 없었다. 게라르드의 열심에 견줄 수 있는 것은 후나인 이븐 이샤크의 노력과 알 마문의『지혜의 집』정도인데, 이들은 9세기 아랍의 토양에 그리스 과학과 철학의 비를 뿌렸다.

이런 문화적 수혈의 기증자로 스페인에 버금가는 곳이 시칠리아의 노르만 왕국이었다. 노르만 통치자들은 섬을 정복한 직후(1091년) 번역가들을 고용하여 당시 팔레르모에서 통용되던 아랍어나 그리스어 수학 및 천문학 문헌을 라틴어로 옮겼다. 프레데리크 2세는 포기아에서 이 작업을 계속 이어갔고, 부분적으로는 이러한 목적 때문에 13세기 초의 가장 낯설고도 활동적인 지성들을 자신의 궁으로 불러들였다. 미카엘 스코트의 성은 그의 고국인 스코틀랜드에서 유래했다. 그는 1217년에는 톨레도에, 1220년에는 볼로냐에, 1224년에서 1227년까지는 로마에 있었고, 그 후로는 포기아나 나폴리에 머물렀다. 아리스토텔레스 사상의 범위와 자유로움을 발견하는 데 매료된 스코트는 『동물의 각 부분에 관하여』와 『동물의 발생에 관하여』를 포함한 『동물의 역사』 아랍어본을 라틴어로 번역했다. 그리고 확인된 바는 없지만 그가 번역했다는 작품으로는 『형이상학』, 『물리학』, 『영혼에 관하여』, 『천체에 관하여』, 그리고 『윤리학』이 있다. 미카엘의 아리스토텔레스 번역본은 알베르투스 마그누스와 로저 베이컨의 손에 들어가 13세기 과학의 발달을 자극했다. 앙주의 샤를은 남이탈리아에서 번역가들에 대한 왕실의 지원을 계속 이어 나갔다. 유대인 석학 살레르노의 모세스가 그의 밑에서 일했고, 유대인 학자 기르겐티의 파라지 벤 살림으로 하여금 알 라지의 의학 대작 『의학 총서』를 라틴어로 번역하도록 재정을 지원한 것도 샤를이었을 것이다.

　지금까지 언급한 라틴어로 번역된 그리스 과학과 철학 문헌은 전부 원본부터 이미 불명확했던 아랍어본(때로는 시리아어본)이었다. 로저 베이컨이 공격했던 것만큼 부정확하지는 않았지만 좀 더 직접적인 번역이 필요한 것은 분명했다. 그러한 초기 번역서 중에는 "베네찌아의 봉직자"라고만 알려진 제임스가 1128년 이전에 옮긴 아리스토텔레스의 『변증론』과 『궤변론』, 그리고 『후(後) 분석론』이 있다. 1154년 팔레르모의 왕 에우게네는 프톨레마이오스의 『광학』을 번역하고, 1160년에는 『알마게스트(Almagest)』를 그리스어에서 라틴어로 직접 번역하는 작업에 참여했다. 한편 카타니아의 아리스티포스는 디오게네스 라이르티오스의 『철학자들의 생애』를 번역하고(1156년경), 플라톤의 『메논(Menon)』과 『파이돈(Phaedon)』도 번역했다. 십자군의 콘스탄티노플 점령은 생각보다 많은 번역을 야기하지는 않았다. 아리스토텔레스의 『형이상학』이 불완전한 번역본으로 전해질 뿐이다.(1209년) 잠깐의 휴지기가 뒤따랐다. 그러고는 1260년경 코린트의 플랑드르인 대주교 뫼어베크의 윌리엄은 다른 사람들의 도움을 받아 그리스어 문헌들을 직접 번역하는 작업을 시작했는데, 작업의 양과 중요도로는 문화 이동의 영웅 중에서도 크레모나의 게라르드에 버금갔다. 그는 부분적으로는 친구이자 동료인 도미니크회의 토마스 아퀴나스의 부탁을 받아 아리스토텔레스의 작품 가운데 다수를 번역했다. 그 작품으로는 『동물의 역사』, 『동물의 발생에 관하여』, 『정치학』, 그리고 『수사학』 등이 있는데, 일찍이 작업해 오던 『형이상학』과 『기상학』, 그리고 『영혼에 관하여』의 직접 번역본을 완성하거나 수정했다. 성 토마스를 위해 그는 아리스토텔레스나 플라톤에 대한 그리스어 주해서 몇 권을 번역했다. 나아가 히포크라테스의 『예후(豫後)』와 갈레노스의 『음식에 대하여』, 그리고 알렉산드리아의 헤로와 아르키메데스가 저술한 다양한 물리학 작품도 추가했다. 어쩌면 이전에는 로버트 그로스테스트의 것으로 여겨지던 아리스토텔레스의 『윤리학』 번역도 그의 작품인지 모른다. 이러한 번역서가 부분적으로 제시하는 내용과 자료를 통해 성 토마스는 자신의 권위 있는 『신학대전』을 만들어 냈다. 1280년경 아리스토텔레스는 서방 지식인들에게 거의 완전히 전달되었다.

이 모든 번역서가 라틴 유럽에 끼친 영향은 혁명적이었다. 이슬람과 그리스에서 쏟아져 들어온 문헌은 다시 깨어나는 학문 세계에 심오한 자극을 주고 문법과 철학에 새로운 발달을 불러왔으며, 학교의 교육 과정을 넓혔고, 12세기와 13세기의 학교들이 눈부신 성장을 이루는 데에도 일조했다. 번역가들의 무능 탓에 상응하는 번역어를 찾지 못해 많은 아랍 단어가 유럽의 언어 속에 전해진 것은 단지 우발적인 사건이었다. 더 중요한 것은 대수학과 영(零), 그리고 십진법이 이러한 번역본을 통해 서방 그리스도교 사회에 들어왔다는 점이다. 또 의학 이론과 실제 의술이 그리스와 라틴, 아랍, 그리고 유대인 대가들의 번역으로 대폭 진보했으며, 그리스와 아랍 천문학 도입으로 신학이 확대되고 신의 개념이 재정립되어 코페르니쿠스 이후 세계의 더 큰 변화를 위한 서문을 열었다는 점도 중요하다. 로저 베이컨이 아베로이스와 아비켄나, 그리고 알파라비우스를 자주 언급한 것도 새로운 영향력과 자극의 한 단면을 보여 준다. 베이컨은 이렇게 말했다. "철학은 아랍으로부터 우리에게 이르렀다."[24] 그리고 토마스 아퀴나스가 『신학 대전』을 집필하게 된 이유도 아리스토텔레스에 대한 아랍식

해석 때문에 그리스도교 신학이 사라질 위협을 막기 위한 것이었다. 이슬람은 그렇게 시리아를 통해 그리스로부터 빌려 온 학식을 유럽에 되갚았다. 그리고 그 학식이 아랍 과학과 철학의 위대한 시대를 불러일으킨 것처럼, 이제 유럽의 지성을 연구와 추론에 들뜨게 하고, 스콜라 철학이라는 지식의 성당을 건설하게 하며, 그 웅장한 건물의 돌들을 깨고 부수어 14세기 중세의 체제를 붕괴에 이르게 할 터였다. 그리고 르네상스의 열기 속에 근대 철학의 시작을 불러오게 된다.

4. 학교

세대에서 세대로 문화를 전달하는 주체는 가족과 교회와 학교였다. 오늘날 도덕률을 훼손해 가며 지식 교육을 강조하는 것처럼, 중세 시대에는 도덕 교육을 강조하며 지적 깨달음을 희생시켰다. 잉글랜드 중산층과 상류층에서는 일곱 살 전후의 남자아이들을 잠시 다른 집에 보내 한편으로 가족 간에 우애로 결속하고, 또 한편으로 부모애의 방종함을 해소하는 경우도 드문 일이 아니었다.[25] 로마 제국의 인상적인 학교 체계는 침략과 도시 인구 감소 등의 혼란을 겪으며 퇴락했다. 6세기, 걷잡을 수 없는 이주의 해일이 가라앉은 뒤 이탈리아에 잔존한 평신도 학교는 얼마 되지 않았다. 나머지 학교는 대부분 개종자와 장래의 사제를 교육하는 곳이었다. 한동안(500~800년) 교회는 도덕적 훈련에만 온 신경을 쏟고, 세속적 지식의 전파는 자신의 역할로 여기지 않았다. 그러나 샤를마뉴의 촉구에 따라 성당과 수도원, 교구 교회, 수녀원 등은 남녀 아이들의 보통 교육을 위한 학교를 개설했다.

처음에 수도원 학교들은 거의 모든 부담을 감당했다. "내교(內敎, schola interior)"에서는 수련 수사와 노동 수사들에게 강의를 제공했고, "외교(外敎, schola exterior)"에서는 수업료 없이 남자아이들을 가르쳤다고 한다.[26] 독일에서 이들 수도원 학교는 9세기의 혼란을 이기고 살아남아 오토 왕조의 르네상스에 생산적으로 참여했다. 9세기와 10세기 독일은 지성의 은총에서 프랑스를 이끌었다. 프랑스는 카롤링거 왕조의 붕괴와 스칸디나비아인들의 침략으로 수도원 학교에 지독한 타격을 입었다. 샤를마뉴가 프랑크 왕국의 궁에 설립한 궁정 학교는 샤를 대머리 왕(877년 사망) 시대를 넘기지 못했다. 프랑스 주교들의 힘은 왕들의 힘이 약해지면서 점점 더 강해졌다. 스칸디나비아의 습격이 진정되었을 때 주교와 재속 성직자들은 수도원장이나 수도원보다 더 부자가 되어 있었다. 그리고 10세기 수도원 학교들이 위축되는 동안 파리와 샤르트르, 오를레앙, 투르, 랑, 랭스, 리에주, 그리고 콜로뉴 등에는 성당 학교가 증가했다. 선량하고 훌륭한 풀베르투스가 샤르트르에서 사망한 뒤에는 주교 이보(1040?~1116년)가 고전 학습 영역에서 성당 학교의 명성과 수준을 유지했다. 이 훌륭한 전통을 이어받은 사람은 이보의 후계자 샤르트르의 베르나르로, 12세기에 솔즈베리의 요하네스는 그를 "현 시대 갈리아에서 가장 놀라운 학문의 샘이다."라고 묘사했다.[27] 잉글랜드에서 성당 노동 학교는 샤를마뉴에게 알퀸을 보내기 전부터 이미 유명했다. 캔터베리 학교는 거의 대학교가 되었다. 이곳에는 넉넉한 도서관과 중세 시대의 가장 분별 있는 학자이자 철학자 솔즈베리의 요하네스가 있었다. 이런 학교에서 사제직을 준비하는 학생들은 성당 재정으로 후원을 받았다고 한다. 다른 학생들은 소액의 수업료를 납부했다. 3차 라테라노 공의회(1179년)는 가난한 아이들이 "글을 읽을 기회와 성장의 기회를 박탈당하지 않도록 …… 성당마다 충분한 수의 유급 성직자들을 선생으로 지정하여 같은 성당의 성직자들과 가난한 학자들을 무료로 교수하게 하라."라고 결정했다.[28] 4차 라테라노 공의회(1215년)는 그리스도교 국가의 모든 성당에 문법 강좌 개설을 요구하고, 각 대주교들에게 철학과 교회법 강의도 계속 유지하라고 지시했다.[29] 교황 그레고리우스 9세(1227~1241년)의 교령집은 모든 교구 교회에 초등 교육을 위한 학교를 세우라고 명했다. 최근 연구 결과에 따르면 그러한 교구 학교들(주로 종교 교육에 집중하는)은 그리스도교 사회 전반에 흔히 존재했던

것으로 보인다.[30]

청소년 인구 중 어느 정도가 학교에 갔을까? 여자아이들은 부유한 가정에서만 학교에 보냈던 것 같다. 수녀원은 대부분 여자아이들을 위한 학교를 운영했다. 엘로이즈(1110년경)도 아르장퇴우에서 그런 뛰어난 고전 교육을 받았다. 그러나 이런 학교는 소수의 여학생에게만 문이 열렸을 것이다. 일부 성당 학교도 여학생의 입학을 허락했다. 아벨라르는 "귀족 출신 여성들"이 1114년 자신이 나가던 파리 노트르담 학교에 출석했다고 이야기했다.[31] 남자에게는 기회가더 많았지만, 짐작건대 농노의 아들은 교육을 받기가 어려웠다.[32] 하지만 아들을 가까스로 옥스퍼드로 보낸 농노들에 관한 이야기도 들을 수 있다.[33] 지금은학교에서 배우는 많은 지식을 당시에는 집에서, 아니면 상점의 견습직을 통해배웠다. 확실히 중세 예술이 뛰어나고도 널리 퍼져 있다는 것은 기술과 공예를배울 수 있는 기회가 많았다는 의미이다. 한 추정에 따르면 1530년 잉글랜드에서 초등학교에 다니던 남학생 수는 약 500만 인구 중 2만 6000명에 달했다. 이는 1931년 학생 수의 30분의 1에 해당하는 수치이다.[34] 그러나 최근 연구 결과에 따르면 "13세기는 16세기보다 대중적이고 사회적인 교육에 더 가깝게 접근했다."[35]

보통 성당 학교는 "아르키스콜라(archiscola)"나 "스콜라리우스(scolarius)" 또는 "스콜라스티쿠스(scholasticus)" 등 다양하게 불리는 성당 사제단 회원들의감독을 받았다. 교사들은 하급 성직자였다. 강의는 모두 라틴어로 이루어졌다. 규율은 엄했다. 종교에 지옥이 꼭 필요한 것처럼 교육에는 태형이 필수적이라고 여겨졌다. 윈체스터 학교는 솔직한 6보격 문구 "배움이 싫으면 떠나라. 그것도 싫으면 맞아라."로 입학하는 학생들을 맞이했다.[36] 교육 과정은 "트리비움(trivium, 문법, 수사학, 논리학)"으로 시작하여 "쿠아드리비움(quadrivium, 산수, 기하학, 음악, 천문학)"으로 넘어갔다. 이들 학문을 통칭하여 "7자유 학과"라고 하였다. 이들 용어는 오늘날 부여받은 의미를 갖고 있지 않았다. 물론 트리비움은세 과목을 의미했다. 자유 학과는 아리스토텔레스가 실용적인 기술(견습생들의 몫이었다.)이 아니라 뛰어난 지성과 도덕성을 추구하는 자유민들에게 적절한 교과목이라고 규정한 학문이었다.[37] 바로(Varro, 기원전 116~27년)는 그리스 로마 교육 과정을 구성하는 9가지 학문을 나열한 『9학문집』을 저술했다. 5세기의 북아프리카 학자 마르티아누스 카펠라는 널리 활용되는 교육학 우화 『문헌학과 수학의 결혼에 대하여』를 통해 이들 9학문 중 의학과 건축학을 너무 실용적인 학문이라며 배제했다. 그 결과 유명한 7학문이 남게 됐다. 문법은 언어의 뼈대를 연구하느라 그 혼을 놓치는 따분한 학문이 아니었다. 문법은 쓰기(그라포(grapho), 그람마(gramma))의 학문이었다. 카시오도루스는 문법이 정확하고 우아하게 글을 쓸 수 있게 해 주는 위대한 시와 수사의 학문이라고 정의했다. 중세 학교들은 시편으로 시작하여 성서의 다른 편으로 넘어가고, 그 다음 라틴 교부, 그리고 라틴 고전, 즉 키케로와 베르길리우스, 호라티우스, 스타티우스, 오비디우스 등으로 넘어갔다. 수사학은 계속 말하기의 학문을 뜻했지만 그 밖에 상당한 문학 연구도 포함됐다. 논리학은 트리비움에 비해 다소 진보한 학문이었던 것 같지만, 학생들이 논쟁을 즐겨야 할 시기에 일찍이 추론하는 법을 배우는 것은 좋은 일이었다.

경제 혁명은 교육 현장에 많은 변화를 가져왔다. 상업과 제조업으로 생활하던 도시들은 실용 교육을 받은 고용인의 필요성을 느꼈다. 이들 도시는 많은 종교적 반대를 무릅쓰고 세속 학교를 설립하여 교사로 하여금 강의를 하는 대가로 학생들의 부모로부터 수업료를 받게 했다. 1300년 옥스퍼드 민영 문법 학교의 연간 수업료는 4펜스에서 5펜스(4.50달러)였다. 1283년 빌라니는 피렌쩨 교회 학교에 9000명, 학생들을 상업인으로 육성하는 6개의 주산(珠算) 학교에는 1100명, 중등학교에는 575명의 남녀 학생들이 있는 것으로 추산했다. 세속 학교는 12세기 플랑드르에 등장했는데, 13세기 후반에는 뤼베크와 발트 해 연안 도시로 확산됐다. 1292년에는 파리에서 민영 학교를 운영하는 여교사가 등장했고, 그 수는 금방 증가했다.[38] 교육의 세속화가 이루어지고 있었다.

5. 남부의 대학교들

세속 학교는 특히 이탈리아에 많았다. 교사는 대개 성직자가 아니라 알프스 너머처럼 평신도였다. 일반적으로 이탈리아는 문화와 기질상 다른 곳보다 종교성이 떨어졌다. 실제로 약 970년경 빌가르두스라는 사람은 라벤나에서 토속 신앙의 복원을 위한 운동을 조직하기도 하였다.[39] 물론 성당 학교는 많이 있었다. 밀라노, 파비아, 아오스타, 그리고 파르마의 성당 학교는 란프랑쿠스와 안셀무스 같은 졸업생들을 볼 때 특히 뛰어났다. 그리고 데시데리우스 지도하의 몬테 카시노 성당 학교는 거의 대학교였다. 시립 기관들이 존속하고, 롬바르디아 도시들이 바르바로사에게 성공적으로 저항하며, 법률적, 상업적 지식에 대한 요구가 높아지는 등 다양한 요소가 함께 작용하여 이탈리아는 최초의 중세 대학교를 설립하는 영예를 차지했다.

1925년 파비아 대학교는 로타르 1세가 설립한 이후 개교 1100주년을 기념하는 행사를 치렀다. 이 학교는 대학교라기보다는 법률 학교였을 것이다. 1361년이 되어서야 이 학교는 "스투디움 게네랄레(studium generale)"로 인가를 받았다. 스투디움 게네랄레는 여러 학부를 통합한 대학교를 가리키던 중세 시대의 명칭이다. 파비아 대학교는 9세기 이후로 로마법 연구를 소생시킨 많은 학교 가운데 하나였다. 9세기에는 로마와 라벤나와 오를레앙이, 10세기에는 밀라노와 나르본과 리옹이, 11세기에는 베로나와 만투아와 앙제가 이 대열에 합류했다. 볼로냐는 서유럽 도시 중에서는 최초로 학교를 스투디움 게네랄레로 확대시켰다. 1076년 연대기 작자 오도프레두스는 "페포라는 한 선생이 자신의 권한으로 …… 볼로냐에서 법을 강의하기 시작했는데, 그는 매우 대단한 명성을 지닌 사람이었다."라고 말했다.[40] 다른 교사들도 그에게 합류했다. 그리고 이르네리우스가 강의하던 무렵 볼로냐 법률 학교가 유럽 최고의 학교였다는 데에는 이견이 없었다.

이르네리우스가 볼로냐에서 법학을 가르치기 시작한 것은 1088년이었다.

로마법 연구 중 권력에 관한 역사적이고도 실질적인 논쟁에서 교회에 대한 황제의 우위를 인정하게 되었던 것인지, 아니면 황제에 대한 봉사의 대가가 그를 매료했던 것인지, 이르네리우스는 겔프당에서 기벨린당으로 돌아섰고 부활한 법을 황제 쪽의 주장에 유리하게 해석했다. 이를 고마워한 황제들은 학교에 재정을 기부했고, 독일 학생들이 무리를 지어 볼로냐로 몰려들었다. 이르네리우스는 유스티니아누스의 『로마법 대전』에 대한 주해서를 저술하고, 과학적 방법론을 적용하여 법을 체계화하였다. 이르네리우스의 견해 또는 그의 강의 내용에 따라 집필된 『이르네리우스 법대전』은 해설과 논쟁을 제공하는 걸작이다.

이르네리우스와 함께 중세는 법학의 황금시대를 맞았다. 모든 라틴 유럽 국가의 시민들이 볼로냐로 몰려들어 소생한 법학을 배웠다. 이르네리우스의 제자 그라티아누스는 그리스도교 입법에 새로운 방법론을 적용하여 최초의 교회 법전을 펴냈다.(1139년) 이르네리우스 이후 "볼로냐의 네 박사", 즉 불가루스, 마르티누스, 야코부스, 그리고 후고는 유명해진 주해 총서를 통해 유스티니아누스 법전을 12세기의 법률 문제에 적용하고, 더 확대된 영역 안에 로마법을 채택했다. 13세기 초 가장 위대한 주해자 대(大)아쿠르시우스(1185?∼1260년)는 이들과 자기 자신의 작업을 『표준 주해』 안에 집약했는데, 이 책은 왕과 지방 행정관들이 봉건법의 영향을 꺾고 교황의 권력과 싸우는 표준 권위서가 되었다. 교황권은 종교를 국가의 한 기능이자 종복으로 만드는 이러한 법전의 발굴을 멈추도록 하기 위해 가능한 모든 일을 했다. 그러나 새로운 학문은 12세기와 13세기에 대담한 합리주의와 세속화를 표명, 발달시켰고, 정부 내에서 교회의 역할은 축소하고 국가의 권위는 확대하기 위해 노력하는 법률가 계층을 급성장시켰다. 성 베르나르는 유럽의 법정에는 유스티니아누스의 법으로 가득하고 더 이상 신의 법은 들리지 않는다고 불평했다.[41] 새로운 법학의 확산은 스콜라 철학을 낳고 동시에 괴롭히기도 했던 이성에 대한 경의와 열정을 양산하는 데 아랍과 그리스의 번역서만큼이나 강력한 자극제가 되었다.

학부, 즉 7자유 학과가 볼로냐에 언제 생겼는지, 그 유명한 의학 대학은 언제 설립되었는지 우리는 알 수 없다. 우리가 아는 바와 같이 세 학교들 사이의 유일한 연관성은 졸업생이 어느 대학을 나오든 볼로냐의 부주교로부터 학위를 받았다는 사실이다. 교수들은 스스로를 "콜레기움(collegium)", 즉 길드로 조직했다. 1215년경 학부를 막론하고 학생들은 두 개의 집단으로 뭉쳤다. 하나는 "유니베르시타스 키트라몬타노룸(universitas citramontanorum)", 즉 알프스 이남 출신 학생들의 대학 조합이고, 다른 하나는 "유니베르시타스 울트라몬타노룸(universitas ultramontanorum)", 즉 알프스 이북 출신 학생들의 대학 조합이었다. 13세기 초입부터 이들 대학교에서 여자들이 수업을 들었고, 14세기에 볼로냐 학부에서는 여자들이 강의를 하였다.[42]

상호 보호와 자치를 제공하는 데에서 유래된 학생 조합은 13세기에 교수단에 대해 엄청난 권력을 행사하게 됐다. 불만족스러운 강사들에게 조직적인 수업 거부를 벌임으로써, 학생들은 볼로냐에서 누구든 교직 생활을 마감시킬 수 있었다. 많은 경우 교수는 학생들의 대학교, 즉 학생 조합에 의해 봉급을 받았고, 대학교의 회장, 즉 학생 길드의 대표에게 복종을 맹세하도록 강요받았다.[43] 하루라도 휴가를 바라는 강사는 회장들을 통해 학생들의 허락을 얻어야 했고, "자기 임의로 휴가를 내는 것"은 명백히 금지되었다.[44] 학생 길드는 규정을 확립하여, 교사가 몇 시 몇 분에 수업을 시작하고 끝내야 하는지, 이러한 규칙을 어기면 어떤 불이익을 감수해야 하는지 등을 결정했다. 만약 교사가 자신에게 할당된 시간을 넘겨 강의를 계속하면 길드의 규정은 학생들에게 자리를 뜨라고 지시했다. 교사가 법에 대해 설명할 때 어느 한 장이나 교령을 건너뛰면 그에게 벌금을 물리거나, 교재의 각 부분마다 강의가 얼마만큼 진행되어야 하는지 정해 둔 길드 규정도 있었다. 매 학년도를 시작할 때 교수들은 볼로냐 은행에 10파운드를 예치하여, 회장들이 그에게 부과한 벌금을 예치금에서 공제하게 하였다. 남은 돈은 그 해가 끝날 때 회장의 지시에 따라 교사에게 환급되었다. 임명을 받은 학생 위원회는 교사들의 행동을 주시하다 이상이나 결함이 보이면 회장에게 보고했다.[45] 현대의 학생들에게 이런 식의 일처리가 너무 실용본위처럼 보인다면, 볼로냐 법학도들의 나이가 열일곱에서 마흔 살까지로, 충분히 스스로 규율을 확립할 수 있는 연령이었다는 점을 기억하자. 그들은 놀러온 것이 아니라 공부를 하러 왔으며, 교수는 신탁 관리자에게 고용된 것이 아니라 사실상 학생들에게 고용된 자유계약 강사 신분이라는 점도 상기하자. 볼로냐 교사들의 급여는 수업을 듣는 학생들의 동의를 얻어 정해지고 그들이 낸 수업료로 지급되었다. 이러한 급여 체계는 13세기 말 무렵 자체 대학을 세우고 싶어 하는 이탈리아 도시가 볼로냐 대학의 특정 교수들에게 시(市)에서 제공하는 급여를 주면서 변화를 맞았다. 그러자 볼로냐 시는 매년 두 명의 교수에게 봉급을 지급하겠다고 약속했다.(1289년) 그런데도 교수들은 학생을 떠나는 쪽을 선택했다. 점차 이러한 시 봉급자들의 수는 증가했다. 그리고 14세기 교수 선발권은 그들의 봉급과 함께 도시로 넘어갔다. 1506년 볼로냐가 교황령이 되었을 때, 교사 임명은 교회 당국의 역할이 되었다.

하지만 13세기의 볼로냐 대학교와 정도는 덜하지만 이탈리아의 다른 대학교는 평신도, 아니 거의 반(反)교권주의가 특색을 이루었는데, 이는 유럽의 다른 교육 중심지에서는 거의 찾아볼 수 없는 특징이었다. 이들 다른 대학의 주요 학과는 신학인 데 반해, 1364년 이전의 볼로냐 대학교에는 신학부가 아예 없었다. 신학은 교회법으로 대신되었다. 수사학조차 법학의 형태를 취했다. 글쓰기 기법은 "작문법", 즉 법 문서나 사업 문서, 공문서 등의 작성법이 되었다.(볼로냐 대학교, 파리 대학교, 오를레앙 대학교, 몽펠리에 대학교, 투르 대학교 등.) 이들 학부에는 특별 학위가 주어졌다.[46] 가장 현실적인 교육은 볼로냐에서 받을 수 있다는 말이 있었다. 파리의 교사가 볼로냐에 가면 자신이 가르치던 것을 잊고, 다시 파리로 돌아가면 자신이 가르치던 내용을 잊게 한다는 재미있는 이야기도 있다.[47] 12세기 볼로냐는 유럽 지성의 움직임을 주도했다. 13세기에는 법에 대해 침체된 스콜라 철학으로 그 가르침이 경직됐다. 아쿠르시우스의 주해는 성스럽고 거의 절대 불변인 교과서가 되어 끊임없이 변하는 삶에 맞추어 진보하는 법의 개정을 방해했다. 탐구의 정신은 더 자유로운 땅으로 달아났다.

12세기와 13세기 이탈리아에는 대학교가 여기저기 생겨났다. 그중 어떤 곳은 볼로냐 대학교에서 교수나 학생이 이주하면서 설립되었다. 1182년 필리우스 역시 그렇게 모데나에 학교를 세웠다. 1188년 야코부스 데 만드라는 자신의 제자들을 데리고 레기오 에밀리아로 갔고, 1204년에도 볼로냐 출신으로 보이는 누군가의 이주로 비첸차에 스투디움 게네랄레, 즉 몇 개 학부를 조합한 학교가 설립되었다. 1215년에는 로프레두스가 볼로냐 대학교를 떠나 아레초에서 법학교를 열었으며, 1222년에는 볼로냐 출신의 교사와 학생들이 대거 독립하면서 파두아에 전통적인 학교가 확대됐다. 의학부 및 인문학부가 파두아의 법학교에 추가되었다. 베네찌아의 학생들이 파두아로 건너가 시에서 지급하는 교수단의 급여에 일조했다. 그리고 14세기 파두아는 가장 활기찬 유럽의 사상적 중심지 중 한 곳이 되었다. 1224년 프레데리크 2세는 나폴리 대학교를 설립하여 남이탈리아의 학생들이 북쪽으로 몰려가는 것을 막았다. 아마도 비슷한 이유에서, 뿐만 아니라 그리스도교 외교를 위한 인재를 육성하기 위하여, 인노켄티우스 4세는 로마 궁중 대학교(1244년)를 설립했는데, 이 학교는 교황 궁을 따라 아비뇽까지 이전한 바 있다. 1303년 보니파키우스 8세는 로마 대학교를 창립했다. 로마 대학교는 니콜라스 5세와 레오 10세 밑에서 영광의 자리에 올랐으며, 바울 3세 밑에서 "사피엔차(Sapienza, 지혜)"라는 이름을 얻었다. 시에나는 1246년에, 피아첸차는 1248년에 시립 대학교를 개교했다. 13세기 말 무렵에는 법학교와 인문학부를 비롯하여 일부 의학부까지 이탈리아 주요 도시 곳곳에 문을 열었다.

스페인 대학교는 왕이 설립하고 인가했다는 점에서, 그리고 왕에게 기여하고 정부 통제에 복종했다는 점에서 독특했다. 카스틸리아는 팔렌시아(1208년)에, 그리고 나중에는 발라돌리드(1304년)에 왕립 대학교를 세웠다. 레온은 살라망카(1227년)에 대학교를 설립했고, 발레아레스는 팔마(1280년)에, 카탈로니아는 레리다(1300년)에 학교를 세웠다. 이러한 왕권과의 연관성에도 불구하고 스페인 대학교는 교회의 감독과 재정을 받아들였다. 또한 일부 학교는 팔렌시아처럼 성당 학교와는 걸맞지 않을 정도로 성장했다. 살라망카 대학교는 13세기에 산 페르난도와 현명 왕 알폰소에게서 후한 기부를 받고, 곧 볼로냐와 파리의 명성과 학식에 동등한 위치까지 올라섰다. 이러한 학교는 대부분 라틴어, 수학, 천문학, 신학, 법학을 강의했다. 어떤 학교는 의학이나 히브리어 또는 그리스어를 가르쳤다. 동방학 학교는 1250년 도미니크회 수도사들에 의해 톨레도에서 문을 열어 아랍어와 히브리어를 가르쳤다. 이곳의 교육은 꽤 훌륭했던 것 같다. 그 졸업생 중 라이몬드 마르티누스는(1260년경) 이슬람의 모든 주요 철학자와 신학자에게 친밀감을 보였다. 아랍 학문은 1254년 현명 왕 알폰소가 창립한 세빌리아 대학교에서도 두드러진 요소였다. 1290년 시인 왕 디니즈는 포르투갈에 대학교를 선사했다.

6. 프랑스의 대학교

12세기와 13세기 중세의 정점에 유럽 지성을 이끈 의심할 수 없는 지도자는 프랑스였다. 프랑스의 성당 학교는 11세기 초부터 국제적 명성을 얻고 있었다. 이들 학교가 샤르트르나 랑 또는 랭스가 아닌 파리에서 우수한 대학교로 꽃을 피운 것은 아마도 센 강 유역의 상업과 도시의 제조업이 번성하면서 부가 성장하여 지식인을 유인하고, 과학과 철학과 인문학을 위한 재원을 제공했기 때문일 것이다.

노트르담 성당 학교에서 처음 이름을 알린 학자는 샹포의 기욤(1070?~1121년)이었다. 노트르담의 회랑 안에서 이루어진 그의 강의는 파리 대학교를 성장시킨 지식인 운동을 일으켰다. 아벨라르가 브르타뉴를 나와 삼단 논법으로 기욤에게 강한 영향을 끼치고 프랑스 역사상 가장 유명한 강의를 시작하자

(1103년경), 학생들은 그의 강의를 듣기 위해 몰려들었다. 파리의 학교는 그 수가 늘었고 교사도 급증했다. 12세기 파리의 교육계에서 교사는 노트르담 대성당의 학무관(學務官)에게 교육 자격증을 받은 사람이었다. 파리 대학교는 이제 도시의 교회 학교들로부터 헤아리기 힘든 거리만큼 떨어져 있었고, 교육 자격증이라는 이 하나의 원천으로 그 최초의 통일성을 끌어냈다. 보통 자격증은 인가받은 교사의 제자로 충분한 기간 동안 수학하고, 그 제자의 지원을 스승이 인정할 경우 누구에게든 무료로 주어졌다. 아벨라르가 비난을 받은 이유 중 하나는 그러한 제자 생활이 입증된 바도 없이 스스로 교사가 되었기 때문이다.

스승과 견습생이라는 관점에서 이 교수 기법의 개념은 대학교의 사상과 기원에 한 부분을 차지하고 있다. 교사가 급증하자 그들은 자연스레 길드를 형성했다. "유니베르시타스"라는 말은 수 세기 동안 길드를 포함한 모종의 집단을 지칭했다. 1214년 매튜 패리스는 파리의 "선임 교사 조합"을 오랜 역사를 가진 기관으로 서술했다. 추측일 뿐 입증은 할 수 없지만, 대학교는 1170년에 가까워지면서 교사들의 길드로서가 아니라 학부들의 통합체로서 형태를 갖추었다. 1210년경 그 자신도 파리 대학교 졸업생인 인노켄티우스 3세는 칙령으로 이 교사 길드의 성문 규정을 인정하고 승인했다. 그는 또 다른 칙령을 통해 길드에 대해 교황 궁에서 스스로를 대변할 대의원 선출 권한을 주었다.

13세기 중반쯤 파리의 교사들은 신학, 교회법, 의학, 그리고 인문의 네 학부 또는 네 세력으로 나뉘었다. 볼로냐와 달리 파리 대학교에서 민법은 1219년 이후 사라졌다. 교육 과정은 7학과로 시작하여 철학으로 발전했고 신학으로 끝이 났다. 인문학 학생들(이들은 아티스테(artistae), 즉 아티스트(art-ists)로 불렸다.)은 오늘날의 학부생에 해당됐다. 이들은 파리의 학계에서 단연 많은 수를 차지했지만, 아마도 상호 원조와 사교, 그리고 규율 등의 이유로 출생지나 출신에 따라 네 개의 국가, 즉 프랑스(프랑스 국왕에게 직속된 협의의 영토)와 피카르디, 노르망디, 그리고 잉글랜드로 나뉘었다. 남프랑스와 이탈리아, 그리고 스페인 출신 학생은 프랑스 국가에 포함됐다. 저지대 출신 학생은 피카르디에, 중앙 유럽과 동유럽 학생은 잉글랜드에 들어갔다. 독일에서는 매우 많은 학생들이 찾아와 자신들의 대학교를 세우는 작업이 1347년까지 지체됐다. 각 국가는 대리인 또는 대의원의 지배를 받았고, 각 학부는 학장(學長)의 통제를 받았다. 인문학부의 학생은 물론, 아마도 교사까지도 회장을 자신들의 대표로 선출했다. 회장은 1255년 무렵까지 역할이 점점 확대되어 대학교의 총장이 되었다.

특정한 대학교 건물이 있었던 흔적은 없다. 확실히 12세기의 강의는 노트르담이나 주네비에브, 생빅토르 등 여타 교회 건축물의 회랑에서 이루어졌다. 그러나 13세기에는 교사들이 개인 공간에서 수업을 했다는 기록이 있다. "주창자(主唱者)"라고도 불리게 된 교사들은 삭발한 성직자로, 15세기 이전에는 결혼과 동시에 지위를 잃었다. 가르치는 방법은 강연에 의거했다. 왜냐하면 대개는 모든 학생이 필요한 교재를 전부 구입할 형편이 되는 것도 아니었고, 도서관에서 항상 필사본을 얻을 수 있는 것도 아니었기 때문이다. 학생들은 노면이나 바닥에 앉아 열심히 귀를 기울였다. 외워야 할 내용이 지독하리만큼 많아서 다양한 암기 장치가 고안되었는데, 대개 의미를 담은 불쾌한 형식의 시 형태였다. 대학교 규정에 의거하여 낭독 형식의 강의는 금지되었다. 교사들은 즉흥적으로 연설을 해야 했다. 말을 느릿느릿 하는 것조차 금지되었다.[48] 학생들은 친절하게도 신입생들에게 강의를 세 번 들을 때까지 수업료를 내지 말라고 주의를 주었다. 12세기에 기욤 드 콩슈는, 교사들이 쉬운 강의를 해서 인기를 얻고 학생도 모으고 수업료를 챙기려 한다고 불평했다. 게다가 학생들이 교사와 학과목에 대해 폭넓은 선택권을 갖는 선거 체계는 교육 수준을 낮춘다고 불만을 토로했다.[49]

수업은 가끔 교사와 상급 학생, 그리고 유명한 방문자들 사이의 공개 논쟁으로 더 재미있어졌다. 흔히 논쟁은 "학구적 논쟁"이라는 정해진 틀을 따랐다. 문제가 주어지면 부정의 대답을 먼저 제시하고, 성서와 교부에 대한 인용 및 이의 형식의 추론으로 답변을 옹호했다. 그 다음 긍정의 대답을 제시하고, 성서와 교부에 대한 인용 및 이의에 대한 조리 있는 답변 등으로 주장을 옹호했다. 이 학구적 논쟁은 성 토마스 아퀴나스의 스콜라 철학에 있어 최종 형식을 결정했다. 이러한 공식적인 학구적 논쟁 외에도 비공식적인 토론인 "쿠오들리베타(quodlibeta, 당신 마음대로)"가 있었는데, 토론자들이 그때그때 제기되는 문제를 받아서 논쟁하는 자리였다. 다소 느슨한 이러한 토론도 성 토마스의 자질구레한 저서에서처럼 문학적인 형식을 갖추었다. 공식적이든 비공식적이든 이런 논쟁은 중세의 지성을 갈고 닦았으며, 더 많은 사상과 언론의 자유를 위한 공간을 만들었다. 하지만 어떤 사람들에게는 무엇이든 증명할 수 있는 영리함을, 또는 사소한 논점으로 논쟁의 산을 쌓는 다변증(多辯症)을 일으키기도 했다.

학생들은 대부분 호스피키아(hospicia), 즉 조직적인 학생 단체들이 빌린 숙소에서 생활했다. 이따금 성당 구료(救療) 시설(hospital)에서 형식적인 숙박료만 받고 가난한 학생들을 재워 주기도 했다. 노트르담에 인접한 오텔디외 병원도 가난한 성직자들을 위한 방을 따로 비워 두었다. 1180년 런던의 조시우스는 이 방을 사서 병원과 함께 열여덟 명의 학생들에게 숙식을 제공했다. 1231년 무렵 이 학생 단체는 더 많은 구역을 보유하고 있었는데, 여전히 스스로를 "18인 조합"이라고 불렀다. 다른 호스피키아나 기숙사는 수도회나 교회 또는 독지가가 기부나 학생들의 생활비를 줄여 주는 연금을 통해 지원했다. 1257년 생루이의 성직자 로베르 드 소르본은 열여섯 명의 신학부 학생들을 위해 "소르본 학사"를 기부했다. 여기에 루이 왕과 다른 이들이 추가로 기부하여 숙박 시설이 증가했고, 수용 인원 숫자도 서른두 명으로 늘어났다. 이 학사에서 발전한 것이 소르본 대학이다.* 나아가 과거에는 협회라는 뜻을 지닌 "콜레기아(collegia)", 즉 "칼리지(college)"는 13세기 이후에 설립되었다. 교사들은 그 안에서 생활했고, 개인 교사 역할을 하였으며, 학생들과 함께 교재를 낭독하고 낭독을 듣기도 하였다. 15세기에 교사들은 기숙사에서 강의했는데, 그런 강의가 증가하고 야외 강의는 감소했다. 칼리지는 학생들의 거주 공간일 뿐 아니라 교육의 장이 되

---

* 16세기에 소르본 대학은 대학교의 신학부가 되었다. 1792년에는 혁명으로 폐교했다가 나폴레옹에 의해 다시 문을 열었고, 지금은 파리 대학교에서 문리학 교양 강좌를 개설하는 곳이 되었다.

었다. 호스피키아에서 칼리지로 진화한 비슷한 사례는 옥스퍼드와 몽펠리에, 그리고 툴루즈에서도 존재했다. 대학교는 학생 조합에 대처하기 위해 결성된 교사 조합으로 시작되어, 학부와 칼리지 조합이 되었다.

파리의 기숙사 중에는 학생이나 도미니크회 또는 프란체스코회 수련 수사를 위해 만들어진 곳이 두 곳 있었다. 도미니크회는 출발 때부터 이단과 싸우는 수단으로 교육을 강조했다. 그들은 나름의 학교 체계를 확립했는데, 그중 콜로뉴의 도미니크회 스투디움 게네랄레가 가장 유명했다. 볼로냐와 옥스퍼드에도 비슷한 기관이 있었다. 많은 수사들이 교사가 되어 그들 수도회의 숙사에서 수업을 진행했다. 1232년 파리에서 가장 유능한 교사 중 한 명인 헤일즈의 알렉산데르는 프란체스코회에 입회한 뒤 코르들리에 수녀원에서 교양 강의를 계속했다. 해를 거듭할수록 파리에서 교수하는 수사의 수는 증가했고, 그들의 수업을 듣는 비(非)수도회원 수강생의 수도 많아졌다. 세속의 교사들은 자신들이 "지붕 위에 앉은 외로운 참새"처럼 책상머리나 지키게 되었다고 한탄했다. 이에 수사들은 세속의 교사들이 과음과 과식을 하며 게으르고 우둔해졌다고 대답했다.[50] 1253년 한 학생이 길거리 싸움판에서 살해당했다. 시 당국은 몇몇 학생을 체포하고 나서 대학교 교사들이나 주교들의 재판을 받겠다는 학생들의 요구와 권리를 무시했다. 교사들은 이에 항의하며 강의 중단을 명령했다. 교사 조합 소속인 도미니크회 교사 두 명과 프란체스코회 교사 한 명은 강의를 멈추라는 명령을 거부했다. 조합은 그들의 회원 자격을 정지시켰다. 세 교사는 알렉산데르 4세에게 항소했는데, 알렉산데르 4세는(1255년) 교사 조합에 그들을 재입회시킬 것을 명령했다. 교황의 명령에 따르지 않기 위해 교사들이 조합을 해산하자 교황은 그들을 파문했다. 학생들과 시민들은 거리에서 수사들을 공격했다. 논란이 자자한 6년이 지난 뒤 이들은 타협점에 도달했다. 재조직된 교사들은 이후로 교사 조합의 규정에 절대 복종한다는 맹세를 한 수도회 교사들의 입회를 허락했다. 그러나 인문학부는 모든 수도사들을 회원에서 영구 제명했다. 한때 교황들이 총애하던 파리 대학교는 교황에 맞서 왕권을 지지했고, 뒷날 로마와 프랑스 교회의 분리를 추구한 갈리아주의 운동의 중심지가 되었다.

아리스토텔레스 이후 어떤 교육 기관도 파리 대학교가 끼친 영향에 필적하지 못한다. 3세기 동안 파리 대학교는 가장 많은 학생 수를 자랑했을 뿐 아니라 뛰어난 지성을 배출하는 가장 위대한 시대를 만끽했다. 아벨라르와 솔즈베리의 요하네스, 알베르투스 마그누스, 브라반트의 시제르, 토마스 아퀴나스, 보나벤투라, 로저 베이컨, 둔스 스코투스, 오캄 등은 1100년부터 1400년까지 거의 철학의 역사 그 자체였다. 파리 대학교에는 자신들보다 더 뛰어난 인재를 배출하는 뛰어난 교사가 있었던 게 틀림없고, 인류 역사가 정점에 달했을 때에만 찾아오는 고양된 공기가 흘렀던 게 분명하다. 뿐만 아니라 이 시대의 파리 대학교는 교회와 국가 양쪽의 실세였다. 여론에 영향력 있는 기관이었고, 14세기에는 자유로운 추론의 온상이었다. 15세기에는 정통적 신념과 보수주의의 요새였다. 잔 다르크를 처형하는 데 "상당한 역할"을 했음은 말할 필요도 없다.

다른 대학교도 프랑스를 유럽의 문화적 지도자로 끌어올리는 데 동참했다. 오를레앙에는 이미 9세기에 법학교가 있었다. 이 학교는 12세기가 되면서 고전학과 문학의 중심지로 샤르트르와 겨루었다. 13세기에는 민법과 교회법 교수에서 볼로냐에 버금갔다. 거의 같은 수준으로 유명한 곳이 앙제의 법학교였다. 이곳은 1432년 프랑스 주요 대학교의 반열에 올랐다. 툴루즈에 대학교가 설립된 것은 이단(異端) 덕분이었다. 1229년 그레고리우스 9세는 레이몽 백작에게 신학과 교회법, 인문학에 속한 교수 열네 명의 급여를 지불한다는 맹세를 강요했다. 이들 교수는 아퀴텐 젊은이들에게 미치는 영향력을 이용하여 알비파 이단과 싸우기 위해 파리에서 툴루즈로 파견된 것이었다.

파리를 제외한 프랑스에서 가장 유명한 대학교는 몽펠리에에 있었다. 지중해 연안 마르세유와 스페인의 중간 지점에 위치한 몽펠리에는 프랑스와 그리스, 스페인, 유대인의 핏줄과 문화가 뒤섞여 있고, 간간이 이탈리아 상인이 오갔으며, 한때는 식민지 이민으로 도시를 점유한 무어인도 몇몇 존재했다. 이곳은 상업이 활기를 띠었다. 살레르노로 또는 아랍이나 유대의 의학으로부터 영향을 받은 듯 몽펠리에는 어느 시점에 의학 대학을 설립했는데, 이 학교는 곧 살레르노를 능가했다. 법학교와 신학교, 그리고 인문 대학도 추가됐다. 그리고 비록 이들 대학은 독립적이기는 하였지만 서로 위치가 근접하고 협력이 잘 이루어져 몽펠리에에 높은 명성을 안겨 주었다. 대학교는 14세기에 쇠퇴했지만 의학 대학은 르네상스와 함께 활기를 되찾았다. 그리고 1537년 프랑수아 라블레(François Rabelais)라는 인물이 그곳에서 히포크라테스에 대한 강의를 그리스어로 진행했다.

7. 잉글랜드의 대학교

옥스퍼드(Oxford)라는 명칭은 비슷한 유래를 지닌 보스포루스처럼 소가 건넌 길이라는 뜻으로 만들어졌다. 템스 강은 그 지점에서 좁고 얕아진다. 912년 그곳에 요새가 세워지고 시장이 형성되었으며, 대학교가 들어서기 훨씬 이전에 크누트 왕과 해롤드 왕이 그곳에서 입법 집회를 열었다. 크누트 왕 시대에도 옥스퍼드에 학교가 있었을 것으로 추정되지만 성당 학교와 관련된 기록은 없다. 1117년경에는 "옥센퍼드(Oxenford)의 교사"에 대한 언급이 있었다. 1133년에는 신학자 로버트 풀렌이 파리에서 건너와 옥스퍼드에서 신학을 강의했다.[51] 점차 역사 속으로 사라졌지만 옥스퍼드의 학교들은 12세기에 스투디움 게네랄레, 즉 대학교가 되었는데, "그 시기가 언제였는지는 알 수 없다."[52] 오늘날 추정으로는 1209년 옥스퍼드의 학생과 교사는 3000명 정도였다.[53] 파리처럼 이곳에도 인문학과 신학, 의학, 그리고 교회법의 네 학부가 있었다. 잉글랜드에서 민법 수업은 대학교를 벗어나 런던의 법학원(Inns of Court)에서 이루어졌다. 링컨스인 법학원(Lincoln's Inn), 그레이즈인 법학원(Gray's Inn), 이너템플 법학원(Inner Temple), 그리고 미들템플 법학원(Middle Temple)은 12세기와 13세기에 판사와 법학 교사들이 학생들을 제자로 받던 기숙사 또는 그러한 방이 14세기로 이어진 형태였다.

파리와 케임브리지처럼 옥스퍼드의 칼리지도 가난한 학생을 위해 기부된 기숙사에서 시작되었다. 초기에는 그곳을 강의실로도 사용했다. 교사들은 그곳에서 학생들과 함께 거주했다. 그러다가 13세기 말 무렵 "강의실(aulae)" 은 대학교의 물리적이고 교육적인 구성 요소가 되었다. 1260년경 스코틀랜드 의 존 드 발리올 경(1292년 스코틀랜드 국왕의 아버지)은 어떤 범죄에 대한 속죄 로 옥스퍼드에 "발리올 학사"를 설립하고, 이곳에서 매주 8펜스(8달러)의 보조 금으로 "소키(socii)", 즉 "교우(fellows)"라고 불리던 가난한 학자들을 부양했 다. 3년 뒤 월터 드 머턴은 처음에는 몰던에, 곧이어 옥스퍼드에 "머턴 학자들 의 집"을 설립하고 기부하여 그 수입으로 최대한의 학생들을 보살폈다. 이러한 수입은 땅값이 상승하면서 거듭해서 두 배로 증가했다. 그 때문에 1284년 대주 교 페캄은 "가난한 학자들"이 "우아한 생활"을 위한 가외의 용돈을 받고 있다 고 불평했다.[54] 일반적으로 잉글랜드의 칼리지들은 장학금 보조와 기타 기부금 뿐 아니라 기부받은 토지의 가치 상승으로 점점 더 부유해졌다. 1280년경 루 앙의 대주교는 유산으로 대학 강당을 짓게 했는데, 이 강당은 오늘날 대학교 부속 단과 대학이 되었다. 유명한 칼리지들도 출발은 소박했다는 사실은 설 립 시기를 보면 알 수 있는데, 네 명의 교사에게 숙소를 제공하고 가난한 학 자들이 같이 머물도록 배려한 것이었다. 교사들은 그 집단에서 한 명을 상급 교우(senior fellow)로 선출하여 대학을 관리하게 하였다. 뒷날 후임자들은 마스 터(master)나 프린서플(principal)이라는 직함을 쓰게 되었고, 이 직함은 오늘날 교장 또는 총장의 의미로 잉글랜드 대학의 책임자들이 그대로 사용하고 있다. 13세기 옥스퍼드 대학교는 "대학교", 즉 교사 길드 밑에 있던 이러한 칼리지의 조합으로서 직접 선출한 학무관의 통제를 받았는데, 이들 학무관은 링컨의 주 교와 왕에게 종속되어 있었다.

1300년 옥스퍼드는 파리 다음가는 지적 활동과 영향력의 중심지였다. 가장 유명한 졸업생은 로저 베이컨이었다. 아담 마시와 요크의 토마스, 페캄을 포함하여 다른 프란체스코회 수도사들도 베이컨과 함께 걸출한 학자 집단을 형성했다. 그들의 지도자이자 영감을 불어넣은 버트 그로스테스트(1175?~1253년)는 13세기 옥스퍼드에서 가장 훌륭한 인물이었다. 그는 그곳에서 법학과 의학과 자연 과학을 공부했는데, 1179년 졸업하고 나서 1189년에는 신학 학위를 받았다. 그리고 그 직후 학무관의 초기 직함인 "옥스퍼드 대학교의 마스터"로 선출되었다. 1235년에는 옥스퍼드의 총장직을 유지한 채로 링컨의 주교가 되었고 대성당의 완공을 지휘했다. 그는 그리스어와 아리스토텔레스에 대한 연구를 정력적으로 고취하였고, 13세기의 지식인들에게 아리스토텔레스의 철학과 그리스도교 신념을 조화시키는 영웅적 노력에 일조하였다. 아리스토텔레스의 『후(後)분석론』의 주해서를 저술하였고, 그 시대의 학문을 『학문 개요』로 요약하였으며, 역법 개혁을 위해 노력했다. 현미경과 망원경의 원리를 이해했고, 수학과 물리학에서 로저 베이컨을 위한 많은 길을 열었다. 렌즈가 지닌 확대의 속성을 베이컨이 숙지한 것도 아마 그 덕분이었을 것이다.[55] 우리가 베이컨의 것으로 알고 있는 많은 개념, 즉 투시도, 조수(潮水), 역법, 실험의 바람직한 역할 등은 확실히 그로스테스트가 그에게 제언한 것이었다. 무엇보다 모든 힘은 공간을 통해 움직일 때 기하학적 형식과 규칙을 따르기 때문에 모든 과학은 수학에 기반을 두어야 한다는 개념도 그러하다.[56] 그는 프랑스어로 농사에 관한 시와 글을 썼고, 신학자이자 과학자였을 뿐 아니라 법률가이자 의사이기도 했다. 유대인을 개종시킬 목적으로 히브리어 공부를 장려했다. 한편으로 그는 유대인에게 이례적으로 그리스도교적인 태도를 취했지만 군중의 가학증으로부터 최대한 그들을 보호하기도 하였다. 그는 적극적인 사회 개혁가였고 언제나 교회에 충성스러웠지만, 용감하게도 교회의 결점을 교황청의 행태 탓이라고 적은 청원서를 교황 인노켄티우스 4세 앞에 제출했다.[57] 옥스퍼드에서 그는 학자들에게 무상으로 대출해 줄 자금를 최초로 설립했다.[58] 그는 각자의 업적으로 교육계와 지식인 사회에서 옥스퍼드에 뛰어난 명망을 안겨 준 수많은 빛나는 지성 중에서도 최초의 인물이다.

오늘날 옥스퍼드는 대학 도시일 뿐 아니라 제조업의 중심지이고, 교수를 배출할 뿐 아니라 자동차도 만든다. 그러나 케임브리지는 여전히 칼리지의 도시이고, 현대의 부와 영국인들의 안목으로 빛을 발하는 중세의 보석이다. 도시 안의 모든 것이 칼리지와 연관되고 중세 지성의 평화로움이 지금도 더없이 아름다운 이 대학 도시 안에 살아 있다. 이곳의 지적 고취는 옥스퍼드의 살인 사건에서부터 시작되었을 것이다. 1209년 옥스퍼드에서 한 여자가 한 학생에 의해 살해당했다. 도시민들은 기숙사로 쳐들어가 학생 두세 명의 목을 매달았다. 대학교, 즉 교사 조합은 도시민들의 행동에 대한 항의로 활동을 중단했다. 대체로 신빙성 있는 매튜 패리스의 말을 이번에도 믿는다면, 3000명의 학생들과 추정컨대 많은 교사들이 옥스퍼드를 떠났다. 그중 다수는 케임브리지로 갔다고 전해지며, 그곳에서 기숙사와 학부들을 세웠다고 한다. 이것이 케임브리지에 초등학교 이상 되는 모든 교육 기관에 대한 언급 중 우리가 볼 수 있는 최초의 기록이다. 두 번째 이동, 즉 1228년 파리 학생들의 이주로 학생 조직의 회원 수는 증가했다. 탁발 수도회와 베네딕트회 수도사들도 들어와 칼리지를 설립했다. 1281년 엘리의 주교는 케임브리지에 최초의 세속 칼리지인 세인트피터스 칼리지, 오늘날의 피터하우스(Peterhouse)를 설립했다. 14세기와 15세기, 16세기에는 몇 개의 칼리지가 더 들어서고 장식도 달았는데, 그중 몇 곳은 중세 건축의 걸작에 속한다. 이 모든 대학은 평온하고 구불구불한 케임브리지에 안겨, 그 교정과 함께 인간이 만든 가장 아름다운 작품 중 하나가 되었다.

8. 학생들의 생활

중세 학생들은 연령층이 다양했다. 부사제도 있었고, 소(小)수도원 원장이나 수도원장, 상인, 기혼남 등도 있었다. 그맘때의 갑작스러운 자존감으로 힘들어 하는 열세 살 남자아이도 있었다. 학생들은 볼로냐나 오를레앙, 몽펠리에로

가서 법률가나 의사가 되었고, 다른 대학교로 가서 공직을 준비하거나 흔히 교회 성무(聖務)를 공부하기도 했다. 입학시험은 없었다. 유일한 자격 요건은 라틴어 지식과 자신이 강의를 듣는 교사에게 지불할 소액의 수업료뿐이었다. 가난할 경우 장학금 지원을 받거나, 출신 마을이나 친구, 교구 교회, 주교의 도움을 받을 수 있었다. 그런 경우는 수백 건도 더 있었다.[59] 조슬린의 『연대기』와 칼라일의 『과거와 현재』에 등장하는 영웅 수도원장 삼손은 수업료를 계속 마련하기 위해 성수(聖水)를 팔던 가난한 신부 덕에 교육을 받을 수 있었다.[60] 대학교를 오가는 학생들은 대개 무료 교통편을 제공받았고, 도중에 위치한 수도원에서 무료로 숙식을 해결했다.[61]

옥스퍼드나 파리, 볼로냐에 도착한 많은 학생들은 행복하고 쑥스러운 기분과 간절한 마음으로 열정적인 지식의 파도에 올라타 전쟁만큼 흥미진진한 철학을 (약간의 이설(異說)과 함께) 연구하고 마상 시합만큼 매력적인 논쟁을 벌였다. 1300년 파리에는 약 7000명, 볼로냐에는 6000명, 옥스퍼드에는 3000여 명의 학생이 있었다.*

대체로 13세기의 파리와 옥스퍼드, 볼로냐 대학교에는 그 후보다 학생 수가 더 많았는데, 아마도 당시에는 경쟁 상대가 적었기 때문이었을 것이다. 신입생은 지역별로 받았고, 거주할 곳을 배정받을 때는 가난한 가족과 함께 묵기도 했다. 적절한 연줄이 있으면 호스피키아나 기숙사에서 방과 침대를 나누어 쓸 수 있어서 지출이 줄어들었다. 1374년 옥스퍼드의 학생 한 명이 숙식을 위해 1년에 지불하는 돈은 104실링(1040달러)이었고, 수업료로는 20실링(200달러), 의복 비용은 40실링이었다.[64]

---

* 이 수치는 줄잡아 계산한 라시달(Rashdall)의 추정값이다.[62] 법학자 오도프레두스는 1250년에 대해 서술하면서, 1200년 볼로냐의 학생 수가 1만 명이었다고 기록했다. 네스토리우스 교파의 수도사 라바누스 가우마는 1287년 파리의 학생 수를 3만 명이라고 적었다. 1360년경 아마(Armagh)의 대주교 피츠랄프는 옥스퍼드에 한때 3만 명의 학생들이 있었다고 추산했다. 1380년 위클리프는 그 두 배의 수치를 추정했다. 1450년 옥스퍼드의 학무관 주교 가스코인은 다시 3만 명으로 추산했다.[63] 이들 추정값은 분명히 추측과 과장에 따른 수치이지만 그것이 거짓이라는 증거도 없다.

특정한 교복을 정하지는 않았지만, 예복 단추는 잠그고 예복이 발을 덮지 않을 경우 신발도 꼭 신어야 한다는 요구가 있었다.[65] 교사들은 구별을 위해 "카파(cappa)", 즉 가장자리에 흰 모피가 달리고 두건이 있는 붉은색 또는 자주색 사제복을 입었다. 때로는 술 대신 실뭉치가 달린 네모난 사각모자를 썼다. 파리의 대학생은 성직자의 지위와 종교적 면제권을 갖고 있어, 군역이나 국세 또는 세속 재판을 면제받았다. 엄격히 강요한 것은 아니었지만 삭발을 당연히 여겼다. 결혼을 하면 학생 신분은 유지할 수 있었지만 성직자로서의 특권은 상실했고 학위도 받을 수 없었다. 하지만 조심스러운 난교 행위는 아무런 벌칙도 받지 않았다. 1230년경 수도사 자크 드 비트리는 파리 학생들을 다음과 같이 묘사했다.

> 파리의 학생은 일반인보다 더 방종했다. 그들은 간음이 죄가 아니라고 생각했다. 매춘부들은 지나가는 성직자들을 거의 강제로, 그것도 길거리에서 공공연히 사창가로 끌고 갔다. 성직자가 들어가기를 거부하면 창녀들은 그들을 남색자로 여겼다. …… 그 가증할 부도덕(남색)이 도시를 가득 메운 나머지, 첩 한두 명을 갖는 것이 명예의 표지가 될 정도였다. 한 집의 위층에는 교실이, 아래층에는 매춘굴이 있었다. 위층에는 교사들이 강의를 하고 아래층에는 창녀들이 부도덕한 작업을 계속했다. 한집 안에서 철학자들의 논쟁 소리가 창녀와 포주들의 다툼 소리와 함께 들렸다.[66]

이 글에는 전형적인 과장의 표현이 가득하다. 우리가 내릴 수 있는 결론은 파리의 성직자가 성인(聖人)의 동의어는 아니라는 것뿐이다.* 자크는 계속해서 각 지역별 학생 집단이 다른 집단에게 즐겨 붙이는 수식어가 있었다고 말한다. 잉글랜드 학생들은 술고래에 꼬리가 달렸고, 프랑스 학생들은 거만하고 여자

---

* 하지만 라시달의 글과 비교해 보자. "당시 학자들의 생활에 대한 비트리의 묘사는 과장이 있다 하더라도 근본적으로 거짓을 말하는 것은 아니라는 증거가 아주 많다."[67]

같았다. 독일 학생들은 다혈질에 취하면 음탕했다. 플랑드르 학생들은 뚱뚱하고 탐욕스러웠으며 "버터처럼 물렀다." 그리고 이들 학생의 경우 모두 "이런 험담 때문에 말싸움이 주먹 다툼으로 번지곤 했다."[68] 파리의 학생들은 처음에는 노트르담이 있는 섬으로 몰려들었다. 이곳은 원조 라틴 구역이었다. 이렇게 불린 이유는 그곳에서는 학문에 관한 대화가 아니어도 라틴어를 써야 했기 때문이었는데, 규칙은 종종 깨졌다. 라틴 구역이 센 강 남쪽 교외의 서쪽 끝까지 확대되었을 때조차 학생의 수가 너무 많아 감시가 어려웠다. 학생끼리, 학생과 교사 사이에, 학생과 도시민, 세속인과 수도사 사이에도 언쟁이 잦았다. 옥스퍼드에서는 학생과 주민 사이에 간간이 시빗거리가 생겨 다툴 때 성 마리아 성당의 종소리가 학생들을 호출하고 성 마르티누스 교회의 종소리가 주민들을 불러 모았다. 옥스퍼드에서 일어난 한 폭동(1298년)은 3000파운드(15만 달러) 상당의 재산 피해를 일으켰다.[69] 파리의 한 관리는 성명서를 발표하여 학자들이 "밤낮 없이 극악무도하게도 사람들을 다치게 하고 살해하며 여자들을 납치하고 처녀들을 강간하고 가택에 난입"했으며, "거듭 반복하여 강도 및 극악한 범죄"를 저지른다고 밝혔다.[70] 옥스퍼드의 남학생은 파리의 학생보다는 색욕을 즐기지 않았지만, 옥스퍼드에서도 살인은 빈번했고 이에 대한 처형은 드물었다. 살인자가 도시를 떠날 경우 추적당하는 일은 거의 없었다. 게다가 옥스퍼드의 학생들은 케임브리지로 살인범이 쫓겨나는 것만으로도 충분한 처벌이라고 생각했다.[71]

물은 식수로서 그다지 안전하지 않았다. 차나 커피나 담배도 아직 유럽에 들어오지 않은 때여서 학생들은 포도주와 맥주를 마시며 아리스토텔레스를 논하고 온기 없는 방을 견뎠다. 학생들의 대학교를 조직한 주요 이유 가운데 하나는 남성미 넘치는 음주와 함께 종교 축제나 학술 축제 등을 기념하기 위해서였다. 학년의 매 단계는 "유쾌한 도래(到來)"로 포도주가 함께했다. 많은 경우 학생들은 자신들의 시험관을 위해 그러한 다과를 준비했다. 도박은 또 하나의 위안거리였다. 어떤 학생들은 노트르담의 제단 위에서 주사위 놀이를 하다가 파문을 당했다.[72] 보다 건전하게는 강아지나 매를 부리거나 음악, 춤, 체스, 이야기 또는 신입생 신고식 등을 하며 즐겼다. 신입생은 멋을 낸 "검둥오리"로서 괴롭힘이나 장난질을 당하고, 1년 먼저 들어온 선배들에게 연회를 제공해야 했다. 규율은 대체로 각 기숙사에서 확립한 규정을 따랐다. 규정 위반은 벌금이나 "술 마시기" 등의 벌을 받았다. 술 마시기는 규정을 위반한 학생에게 많은 양의 포도주를 할당하여 단체로 마시게 하는 벌이었다. 태형은 중등학교에서 흔한 벌이었지만 15세기까지 대학교의 규율로 언급된 내용은 없다. 그 밖에 대학교 당국은 매년 시작할 때마다 학생들에게 규정에 복종하겠다는 엄숙한 맹세를 요구했다. 파리에서 요구한 맹세 중에는 자신을 낙제시킨 시험관에게 보복을 가하지 않겠다는 내용도 있었다.[73] 학생들은 성급하게 맹세하고 느긋하게 죄를 저질렀다. 위증죄가 만연하여, 지옥에 젊은 신학자들이 발 디딜 틈이 없을 정도였다.

그럼에도 불구하고 학생들은 짬을 내어 강의를 들었다. 그들 중에는 게으름뱅이도 있었다. 이름을 얻기보다는 여가를 더 좋아한 일부 학생들은 교회법 강의를 선호했다. 교회법 강의는 3교시에 시작되어, 아침잠을 실컷 잘 수 있었기 때문이다.[74] 3교시가 오전 9시였음을 보면, 대부분의 수업은 동이 튼 직후, 아마도 7시에 시작된 것이 분명하다. 13세기 초입, 학기는 11달 동안 지속됐다. 14세기 말 무렵에는 추수기 젊은 일꾼들의 손이 필요한 데서 비롯된 여름 방학이 6월 28일부터 8월 25일이나 9월 15일까지 지속되었다. 옥스퍼드와 파리에서는 성탄절과 부활절에 단 며칠간 자유 시간이 주어졌는데, 학생들의 나이나 재력이 월등히 많고 아마도 출신지도 훨씬 더 멀었을 볼로냐에서는 성탄절에 10일, 부활절에 14일, 사순절 전날 축제에 21일이 허락되었다.

학과 과정 중에는 시험이 없었던 것 같다. 암송과 논쟁 수업이 있었고, 무능한 학생은 도중에 낙제를 당했다. 13세기 중반이 가까워지면서 거학 5년이 지난 학생들에게 지역 위원회에서 치르는 예비 시험을 통과하게 하는 관행이 생겼다. 이 관행은 처음에는 비공개 시험으로 질문에 대한 대답 형태를 취했고,

그 다음에는 응시자가 다른 도전자들과 붙어 이 대답을 옹호한 뒤 총체적인 결론(규정)을 내리는 공개 논쟁 형태를 띠었다. 이러한 예비 시험을 통과한 학생들은 "학사(baccalarii)"로 불리었고, 보조 교사나 "임의" 강사 등의 교사 역할이 허락되었다. 학사는 3년 더 기숙하며 공부할 수 있었다. 그 뒤에 교사가 그 학생에 대해 시련을 견딜 준비가 되었다고 생각하면, 그를 학무관이 임명한 시험관에게 보냈다. 교사들은 분명하게 준비되지 않은 학생은 시험에 응하게 하지 않았고, 예외가 있다면 부자이거나 관록이 있는 경우 정도였다. 이런 경우 공개 시험은 응시자의 능력에 맞추어 조절되거나 아예 생략되었다.[75] 품성도 시험 대상 중 하나였다. 대학교 재학 4년이나 7년 동안 도덕적 죄를 범한 경우 응시자는 학위를 얻을 기회를 박탈당했다. 학위는 지적 준비뿐 아니라 도덕적 적합도까지 증명하는 것이기 때문이었다. 1449년 비엔나에서는 마흔세 명의 응시자 중 열일곱 명이 시험에서 낙제했는데, 낙제 사유는 모두 지식이 아닌 도덕성 부족 때문이었다.

이 공개 시험과 최종 시험을 통과한 학생은 교사 또는 박사가 되었고, 자동적으로 그리스도교 국가 어디에서든 교수할 수 있도록 교회에서 인가한 자격증을 받았다. 학사일 때는 학생을 가르칠 때 머리에 아무것도 쓰지 않았지만, 박사는 각모를 쓰고 자신의 교사로부터 입맞춤과 축복을 받았으며, 웅장한 의자에 앉아 첫 강의를 하거나 첫 논쟁을 펼쳤다. 이것이 그의 "학위 수여식"이었다. 케임브리지에서는 이것을 교사로서의 "시작"이라고 불렀다. 이러한 졸업식에서 학위 수여자는 반드시 연회를 열어 대학교의 모든 교사 또는 많은 교사들을 접대하고 선물을 해야 했다. 이런 절차와 여러 의식을 치르며 그는 권위 있는 길드의 일원이 되었다.

중세의 교육 체계에도 오늘날 교육 체계만큼 고질적인 결함이 있었음을 보게 되면 위로가 된다. 대학 지원자 중 졸업을 위해 필요한 5년을 견디는 사람은 소수에 불과했다. 교회의 명백한 교리가 모두 신념의 문제라고 상정하면 머리는 일하지 않고 쉬게 된다. 이러한 신념을 입증하기 위한 논쟁을 추구하고, 그러한 논쟁을 옹호하기 위해 성서나 교부(教父)를 인용하며, 신념과 공존할 수 있도록 아리스토텔레스를 해석하는 것 등은 지식인의 양심이 아닌 지식인의 예민함을 단련시켰다. 우리도 어떠한 추정을 바탕에 놓고 그에 대한 독단을 가질 수 있다는 점을 고려한다면, 이러한 오류를 더 쉽게 용서할 수 있을 것이다. 그렇게 오늘날 우리는 선조들의 종교적 신념에 대해 자유롭게 의심을 품지만 정치적 신념에 대해서는 그러하지 않는다. 신앙의 시대에 신학적 이단이 파문으로 벌을 받았듯이, 정치적 이단은 사회적 배척으로 벌을 받는다. 지금은 경찰관들이 신을 대리하기 위해 노력하고 있으므로, 교회에 의문을 품는 것보다 국가를 의심하는 행위가 더 위험해진다. 어떠한 체제도 그 공리에 제기되는 의문에 미소로 답하지 않는다.

지식의 전파와 비평 훈련은 분명히 중세 시대보다 더 광범위하고 더 풍부해 보인다. 그러나 품성 교육에 대해서는 섣불리 그렇게 말할 수 없다. 실용 기술은 중세의 대학 졸업생들도 뒤지지 않았다. 대학교는 프랑스 군주제를 만든 능력 있는 행정가와 법률가를, 그리스도교를 이성의 공해(公海)로 이끈 철학자를, 용감하게도 유럽식으로 사고하던 교황 등을 배출했다. 대학교는 서방인들의 지성을 갈고 닦았고, 철학을 위한 언어를 창조했으며, 배움을 존경할 수 있게 만들었고, 승리를 거둔 야만족들의 정신적 청소년기를 마감시켰다.

중세 시대의 다른 많은 업적은 시간이라는 불가항력 앞에 허물어졌지만, 신앙의 시대가 그들 조직의 온갖 요소와 함께 우리에게 물려준 대학교는 피할 수 없는 변화에 적응하고, 자신의 낡은 거죽을 떨쳐 새로운 삶을 살고, 우리를 통해 정부와 융합되기를 기다린다.

35장

아벨라르
1079~1142

1. 신학

아벨라르에 대하여는 별도의 지면을 할애하여 살펴보자. 그는 철학자일 뿐 아니라 파리 대학교의 창립 일원이자 12세기 라틴 유럽의 사상을 자극한 불꽃이었으며, 엘로이즈와 함께 당대의 도덕과 문학, 그리고 가장 고결한 매력의 일부이자 화신이었다.

아벨라르는 낭트 근교 브르타뉴의 르 팔레에서 태어났다. 베랑제라고만 알려진 그의 아버지는 조그만 땅을 가진 영주로, 아들 셋과 딸 한 명에게 교양 교육을 받게 할 여유가 있었다. 피에르(Pierre, 그의 성이 아벨라르가 된 유래는 알 수 없다.)는 장남이었기 때문에 장자 상속의 권리를 주장할 수 있었다. 그러나 그는 학문과 사상에 강한 흥미를 느껴 성인이 되어 자신이 받게 될 재산을 형제들에게 양보하고, 철학 논쟁이 불붙은 곳이나 유명한 교사의 가르침을 받을 수 있는 곳이라면 어디든 찾아다니며 철학에 다가가기 시작했다. 그가 첫 번째 스승으로 로스켈리누스(1050년경~1120년경)를 만난 것은 그에게 의미가 큰 사건이었다. 로스켈리누스는 교회의 비난을 받으며 아벨라르의 앞날을 예시한 반란자였다.

로스켈리누스가 일으킨 논란은 지극히 악의 없어 보이는 딱딱한 논리, 즉 "보편의 실재"에서 비롯되었다. 그리스와 중세 철학에서 보편은 사물의 종류(책, 돌, 행성, 사람, 인류, 프랑스인, 가톨릭교회 등)나 행위(잔학 행위, 공정 행위 등) 또는 특질(아름다움, 진실)을 의미하는 일반적 개념이었다. 플라톤은 개별 유기체와 사물의 일시성을 보면서 보편은 그것이 지시하는 개별자들보다 더 지속적이고, 따라서 더 실재적이라고 말했다. 아름다움은 프리네(Phryne)보다 더 실재적이고, 공정성은 아리스티데스(Aristides)보다 더 실재적이며, 인간은 소크라테스보다 더 실재적이라는 것이었다. 이것이 바로 중세 시대의 "실재론(實在論)"이 의미하는 바였다. 아리스토텔레스는 보편이란 비슷한 대상을 묶는 한 종류를 나타내는, 의식에 의해 형성된 개념에 불과하다고 반박했다. 그는 종류라는 것 자체는 그것을 구성하는 요소들에 의해서만 존재한다고 생각했다. 우리 시대는 집단을 구성하는 개인들의 욕망과 관념, 느낌과 별개인 "집단의식"이 존재하는지 여부를 논쟁했다. 흄(Hume)은 개인의 "의식" 자체가 한 유기체 내의 감각과 관념, 그리고 의지 작용 등을 묶은 집합의 추상적 명칭에 불과하다고 말했다. 그리스인들은 이 문제를 진지하게 받아들이지 않았다. 마지막 이교 철학자 중 한 명인 포르피리우스(232년경~304년경)는 이 문제를 해법 없이 표현만 하였다. 그러나 중세 시대에는 이 문제가 극히 중요했다. 교회는 개별 신자들의 총합에 추가되는 영적 실체를 표방했다. 전체가 지닌 특질과 힘은 부분의 특질과 힘을 초월한다고 여겼다. 자신을 구성하는 신도들에게 그 스스로가 추상적 개념이라는 것을, 그리고 교회라는 용어가 암시하는 무한한 관념과 관계가 그저 관념과 생각일 뿐이라는 것을 인정하지 못했다. 교회는 살아 있는 "그리스도의 신부(新婦)"였다. 게다가 만약 개별 인간과 사물, 행동, 관념만 존재한다면, 삼위일체는 어떻게 되겠는가? 세 위격의 일체성은 단지 관념일 뿐이었을까? 세 위격은 개개의 세 신(神)일 뿐이었을까? 로스켈리누스의 운명을 이해하기 위해 우리는 그가 처한 신학적 환경을 돌아보아야 한다.

그의 견해를 알 수 있는 자료는 오직 그의 반대자들이 남긴 기록뿐이다. 그는 보편 또는 일반 개념은 그저 단어, 단순한 음성의 바람 소리로 간주했다고 한다. 개별 사물과 개인은 존재하지만 그 밖의 모든 것은 "명칭"일 뿐이라는 것이다. 속(屬)과 종(種), 그리고 특질에는 독립적인 존재성이 없다. 사람은 존재하지 않는다. 오직 사람들만 존재할 뿐이다. 색은 색칠된 사물로만 존재한다. 로스켈리누스가 이 "유명론(唯名論)"을 삼위일체에 적용하지 않았다면 교회는 당연히 그를 내버려 두었을 것이다. 기록에 따르면 그는 "사람"이 많은 "사람들"에 적용되는 한 단어인 것처럼, "신"도 삼위일체의 세 위격에 적용되는 하나의 단어일 뿐이라고 말했다. 즉 실재하는 것은 세 위격, 정확히 말하면 세 신뿐이다. 이 말은 다원론을 인정하는 것이고, 암암리에 이슬람교도가 뾰족탑 안에서 하루 다섯 번씩 그리스도를 비난하는 빌미가 되었다. 교회는 콩피에뉴 성당 참사 회원의 그러한 가르침을 용인할 수 없었다. 로스켈리누스는 수아송 주교 회의(1092년)에 소환되었고, 학설을 철회할 것인지 파문당할 것인지 선택의 기로에 놓였다. 그는 학설을 철회했다. 그리고 잉글랜드로 달아났다가 그곳 성직자들의 축첩 행위를 비난하며[1] 프랑스로 돌아와서 투르와 로슈에서 강의했다. 아마 아벨라르가 안달하며 그의 가르침을 받던 곳이 로슈였을 것이다.[2] 아벨라르는 유명론을 거부했지만, 그것은 자신이 두 번이나 정죄받은 삼위일체설에 대한 의심 때문이었다. 12세기에는 실재론이 "고대의 교리"라고 불렸고, 실재론에 반대하는 사람들은 "현대파(moderni)"라는 이름을 갖고 있었다는 점도 짚고 넘어가자.[3]

안셀무스(1033~1109년)는 몇 편의 작품으로 교회를 능숙하게 방어했고, 아벨라르는 반대의 입장에서 그의 작품에 깊은 감명을 받은 듯했다. 안셀무스는 이탈리아의 귀족 가문 출신이었다. 1078년에는 노르망디에서 베크의 수도원장에 올랐고, 그의 지배하에서 베크는 란프랑쿠스 밑에 있을 때처럼 서방의 주요 학습 터전 중 한 곳이 되었다. 동료 수도사 에아드머가 애정 어린 전기에서 더할 나위 없이 완벽하게 묘사한 것처럼, 안셀무스는 온화하고 금욕적인 사람으로 오직 명상하고 기도하기만을 소망하였으며, 자신의 수도실을 마지못한 마음으로 나와 수도원과 학교를 운영했다. 신앙이 곧 삶인 그런 사람에게 의심은 불가능한 일이었다. 믿음은 이해보다 훨씬 앞서 찾아오는 것이었다. 게다가 유한한 인간의 머리가 어떻게 신을 조금이라도 이해할 수 있단 말인가? 그는 아우구스티누스를 이어 이렇게 말했다. "나는 믿음을 갖기 위해 이해하려고 하지 않는다. 이해하기 위해 믿음을 가질 뿐이다." 하지만 제자들은 이단을 상대할 때를 대비하기 위해 그에게 논쟁을 요청했다. 안셀무스 자신도 "확고부동한 믿음을 가진 연후에 자신이 믿은 것을 이해하려 하지 않는 것은 태만이다."라고 생각했다.[4] 그는 "이해를 추구하는 신앙"이라는 좌우명을 갖고 있었고, 엄청난 영향을 끼친 몇 편의 작품을 통해 그리스도교 신앙을 합리적으로 옹호하려는 시도를 함으로써 스콜라 철학의 포문을 열었다.

소론 「모놀로기온(Monologion, 독어록(獨語錄))」에서 안셀무스는 보편의 실재에 찬성론을 폈다. 즉 우리가 지닌 선과 정의, 진리라는 관념은 상대적이고, 어떠한 절대적 선과 정의, 진리와의 대조에 의해서만 의미를 지닌다는 것이었다. 또한 이 절대자가 존재하지 않을 경우 우리는 특정한 판단의 기준을 가질 수 없으며, 학문이나 도덕률이나 마찬가지로 근거를 잃고 공허해질 것이라고 말했다. 객관적인 선이자 정의이고 진리인 신은 이 하나의 절대자이며, 우리 삶의 필수적인 추정이라는 게 그의 주장이었다. 이 실재론을 극단으로 밀어붙이려는 듯, 안셀무스는 계속해서 「프로슬로기온(Proslogion, 대어록(對語錄))」 (1074년경)을 통해 그 유명한 신의 존재에 대한 존재론적 증명으로까지 나아간다. 신은 우리가 상정할 수 있는 가장 완전한 존재이다. 그러나 신이 단지 우리 머릿속의 관념에 불과하다면, 신은 완전함의 한 가지 요소, 즉 존재성을 결여하는 것이다. 그러므로 가장 완전한 존재인 신은 존재한다. 이것이 안셀무스의 논거였다. 스스로 "바보"라는 명칭으로 서명하는 겸손한 수도사 가우닐로는 안셀무스에게 서한을 보내 그의 견해에 반대하며, 개념에서 존재로 그렇게 마술처럼 넘어갈 수 없으며, 똑같은 논거를 들면 완전한 섬의 존재도 증명할 수 있을 것이라고 말했다. 토마스 아퀴나스는 가우닐로의 생각에 동의했다.[5] 역시 명석하지만 설득력은 떨어지는 저서 『왜 신은 인간이 되었는가』에서 안셀무스는, 신이 인간이 되었다는 근본적인 그리스도교 믿음에 합리적인 근거를 탐색했다. 이 성육신(成肉身)은 왜 필요했을까? 암브로시우스와 교황 레오 1세, 그리고 몇몇 교부들이 옹호하는 견해에 따르면,[6] 아담과 이브는 금지된 과일을 먹음으로써 자신들과 그 자손들을 악마에게 팔았고, 인간이 된 신의 죽음만이 사탄과 지옥으로부터 인류를 구해 낼 수 있다. 안셀무스는 더 절묘한 주장을 제시했다. 아담과 이브의 불복종은 무한한 범죄인데, 왜냐하면 그들이 죄를 지은 상대가 무한한 존재이며, 그들이 세상의 도덕적 질서를 불안하게 만들었기 때문이라는 것이다. 그리고 오직 무한한 존재만이 그러한 무한한 속죄를 구할 수 있기 때문에, 신은 인간이 되어 세상의 도덕적 균형을 회복하였다는 것이 그의 주장이었다.

안셀무스의 실재론을 발전시킨 사람은 로스켈리누스의 제자 샹포의 기욤(1070?~1121년)이었다. 1103년 기욤은 파리 노트르담 성당 학교에서 변증법을 가르치기 시작했다. 훌륭한 역사가라고 하기에는 너무 훌륭한 전사인 아벨라르의 말을 믿는다면, 기욤은 플라톤의 사상을 플라톤보다 더 밀고 나간 사람이었다. 그는 보편자가 객관적으로 실재할 뿐 아니라, 개별자는 그 포괄적 실재의 부차적 변형물로써 오로지 보편자에 동참할 때에만 그 존재가 가능하다고 주장했다. 따라서 진정한 존재는 인간됨이며, 이것이 소크라테스 안에 들어감으로 인해 소크라테스는 그 존재를 부여받는다. (기욤의 가르침으로 전해지는 바에 따르면) 그는 한발 더 나아가, 보편자는 해당 범주의 개별자 각각에 온전히 다 존재한다고 보았다. 즉 인간됨의 모든 것은 소크라테스 안에도 존재하고, 알렉산드로스 안에도 존재한다.

아벨라르가 기욤의 학교에 들어간 것은 오랜 학구적 방황을 마치고 나서 (1103?년) 스물너덧 살이 되었을 때였다. 그는 겉모습이 뛰어나고 태도가 오만한 데다 얼굴이 잘생기고[7] 이마도 훤칠했다. 심성이 쾌활하여 행동과 말이 생기 있고 매력적이었다. 작곡 능력도 갖추어, 자신이 만든 노래를 직접 부르기도 하였다. 그의 호방한 익살은 변증법 강당의 거미줄까지 뒤흔들었다. 그는 파리와 철학을 동시에 발견한 명랑하고 유쾌한 젊은이였다. 아벨라르의 결점은 바로 그의 그러한 특징이었다. 그는 자만하고 허세를 부렸으며, 무례하고 자기중심적이었다. 그리고 자신의 재능을 믿고 들떠, 그의 스승들과 시대가 지닌 교조와 감성 위에서 무분별한 치기를 갖게 되었다. 철학의 "진정한 기쁨"에 취해 있었다. 이 유명한 연인은 자신이 사랑한 엘로이즈보다 변증법을 더 사랑했다.

그는 자신을 가르친 교사의 과장된 실재론을 재미있어 했는데, 공개 수업 시간에 그에게 도전장을 내밀었다. 전체 인류가 소크라테스 안에 존재한다고 했던가? 그러면 전체 인류가 알렉산드로스 안에 존재할 때, 소크라테스(전체 인류가 내재된)는 알렉산드로스 안에 존재해야 한다. 아마도 기욤의 견해가 의미하는 바는 인류의 모든 본질적 요소가 각 개별 인간 안에 존재한다는 뜻이었을 것이다. 물론 기욤 쪽의 주장을 들어본 바는 없다. 그의 주장이 무엇이든 아벨라르는 받아들이지 않았을 것이다. 기욤의 실재론에서도, 로스켈리누스의 유명론에서도 그는 뒷날 개념론이라 불리게 된 것을 반대했다. 종류(사람, 돌멩이)는 오직 그것을 구성하는 인자들(사람들, 돌멩이들)의 형태로만 존재한다. 특질(순백, 선, 진리)은 오직 그 특질에 적합한 사물이나 행위 또는 관념으로만 존재한다. 그러나 종류와 특질은 그저 명칭에 지나지 않는 것이 아니다. 그것들은 어떤 개체나 사물, 행위 또는 관념의 집단에 대해 공통적으로 관찰되는 특징 또는 요소로 인해 우리 의식 속에 형성된 개념이다. 이들 공통된 요소는 비록 개별적 형태로만 존재한다 하더라도 실재한다. 우리가 공통의 요소들에 대해 갖는 개념, 즉 동류의 대상들이 속한 어떤 집단에 상응하는 포괄적 또는 보편적 관념은 "바람 소리"가 아니라 지극히 유용하고 필수적인 사고의 도구들이다. 이들 개념이 없다면 과학과 철학은 불가능할 것이다.

아벨라르는 기욤 곁에 얼마 동안 남았다. 그 뒤 그 자신도 처음에는 믈룅에서, 그 다음에는 코르베유에서 강의를 시작했는데, 믈룅은 파리로부터 40마일, 코르베유는 25마일 떨어진 곳이었다. 어떤 이들은 아벨라르가 제자로서 너무 짧은 시간을 보내고 자신의 강의를 시작했다며 비난했지만, 상당수의 학생들이 그를 따르며 그의 명석한 두뇌와 빠른 언변을 좋아했다. 한편 기욤은 생빅토르 수도원에서 수도사가 되었고, "요청에 의해" 그곳에서 강의를 계속했다. "지독한 아픔"이 지나간 뒤 아벨라르는 그에게 학생으로 돌아갔다. 확실히 기욤의 철학이라는 뼈에는 아벨라르의 짧은 자서전을 훑어보면 알 수 있는 것보다 더 많은 살점들이 붙어 있었다. 그러나 곧 그들의 해묵은 논쟁이 다시 시작되었다. 아벨라르는(아벨라르의 기록에 의거) 기욤이 자신의 실재론을 수정하지 않을 수 없게 만들었고, 기욤의 위신은 땅에 떨어졌다. 기욤이 강의하던 노트르담 성당 학교의 후진과 선임은 아벨라르에게 자리를 양도하라고 제안했지만 (1109?년) 기욤은 거절했다. 아벨라르는 믈룅에서 강의를 재개했고, 그 뒤에는 파리 바로 옆의 몽 생주네비에브에서 학생들을 가르쳤다. 아벨라르와 기욤 사이에, 그리고 그들의 학생들 간에 장황한 논전이 몇 년 동안 이어졌고, 아벨라르는 유명론을 거부했음에도 불구하고 "현대파"의 지도자이자 영웅이 되어, "현대파" 학교의 열정적이고 젊은 반란자로 성장하였다.

아벨라르가 한창 전투태세를 취하는 동안, 그의 아버지와 어머니는 노자 성체(路資聖體)를 위해 수도회에 들어갔다. 그리고 그는 부모에게 신의 가호를 빌기 위해, 또 재산상의 문제를 정리하기 위해 르 팔레로 돌아가야 했다. 1115년 그는 랑에서 한 학기 동안 신학을 공부하고서 파리로 돌아갔고, 확실히 아무런 반대에도 부딪히지 않고 자신의 학교, 즉 강의 과정을 개설했다. 약 12년 전 자신이 학생 신분으로 쪼그려 앉아 수업을 듣던 노트르담의 바로 그 회랑 안이었다. 그는 성당 참사회 회원이 되었다.[8] 아직 사제는 아니었지만, 입만 다물고 있을 수 있다면 고위 성직자의 자리를 기대해 볼 수도 있었을 것이다. 하지만 그것은 너무 어려운 일이었다. 그는 철학뿐 아니라 문학도 공부했고, 명쾌하고 품위 있게 설명하는 선생이었다. 그는 여느 프랑스인처럼 도덕적 의무를 명확히 인정했고, 무거운 연설의 부담을 덜어 내기 위해 유머를 구사하는 것을 두려워하지 않았다. 10여 나라의 학생들이 그의 강의를 들으러 찾아왔다. 그의 수업은 규모가 매우 커서, 그에게 국제적 명성뿐 아니라 상당한 수입도 가져다주었다.[9] 몇 년 뒤 수도원장 풀크가 그에게 편지를 보내 목격담을 전했다.

로마는 자신의 아이들을 그대에게 보내 가르침을 받게 했습니다. …… 먼 거리도 산도 계곡도 도둑이 우글거리는 길도 그대를 찾아가는 세계의 젊은이들을 막지 못했습니다. 잉글랜드의 청년들은 위험한 바다를 건너 당신의 수업을 가득 메웠습니다. 스페인과 플랑드르, 독일 전역에서 당신의 학생들이 건너옵니다. 그리고 그 학생들은 지치지도 않고 당신이 지닌 지성의 힘을 찬양합니다. 파리와 프랑스 벽지의 주민들 역시 말할 것도 없이 당신의 가르침에 목말라 하고 있습니다. 마치 당신이 가르치지 못할 학문은 존재하지 않는 것처럼 말이지요.[10]

이렇게 드높고 눈부신 성공과 명성을 거머쥔 그가 주교가 되고(기욤이 그러했듯이) 대주교에 오르지 못할 이유가 무엇이란 말인가? 교황인들 불가능했을까?

2. 엘로이즈

이 시기(1117?년)까지 그는 이견을 제시하면서도 "최대한 자제"했고 "지나침이 없도록 끊임없이 삼갔다."[11] 그러나 성당 참사 회원 풀베르투스의 질녀 엘로이즈는 예쁜 용모와 학자적 재능으로 아벨라르에게 남자로서의 감성과 지성에 대한 경의를 불러일으켰다. 아벨라르가 기욤과 보편 전쟁을 벌이느라 정신없이 바쁘게 살던 몇 년 동안 엘로이즈는 부모의 행방을 알 길 없는 고아로 유년기를 보내고 아가씨로 성장했다. 엘로이즈의 삼촌은 그녀를 아르장퇴우의 수녀원으로 보내 여러 해를 나게 했다. 그곳의 조그마한 장서관에서 책과 사랑에 빠진 엘로이즈는 지금껏 수녀원에서 공부해 온 그 누구보다 총명한 학생이 되었다. 그녀가 라틴어로 프랑스어만큼이나 쉽게 대화하고, 심지어 히브리어도 공부하고 있다는 사실을 알게 된 풀베르투스는 새삼 그녀를 자랑스레 여기며 성당 근처 자신의 집으로 데리고 와 함께 생활했다.[12]

아벨라르가 그녀의 삶 속으로 들어온 것은 그녀가 열여섯 살 때의 일이었다.(1117년) 엘로이즈는 오래전부터 그의 명성을 알고 있었을 것이다. 또 그의 강의를 듣기 위해 수도원 회랑과 강의실을 가득 메운 수백 명의 학생들을 목격한 것이 틀림없다. 어쩌면 지적 열정이 대단했던 그녀도 파리 학자들의 우상이자 귀감인 그의 강의를 보고 듣기 위해 남몰래 또는 당당히 찾아갔을 것이다. 풀베르투스가 그녀에게 아벨라르와 함께 생활하게 될 것이고, 그의 개인 지도를 받게 될 것이라고 말했을 때 그녀가 느꼈을 가벼운 떨림이 머릿속에 그려진다. 철학자 자신도 이때의 일에 대해 솔직하게 설명했다.

> 나는 이 어린 소녀와 …… 사랑의 결속을 맺기로 결심했다. 그리고 사실 나에게 그건 매우 쉬운 일로 보였다. 내 이름은 꽤 유명했고, 내게는 어떤 여성에게 사랑의 호의를 보여도 거절당할 걱정이 없을 만큼 젊고 잘생겼다는 이점이 있었다. …… 이리하여 이 아가씨를 향해 활활 타오르는 열정으로, 나는 그녀와 매일 스스럼없이 대화할 수 있는, 그래서 좀 더 쉽게 그녀의 승낙을 받을 수 있는 방법을 모색했다. 이런 목적으로 나는 그녀의 삼촌을 설득하여 …… 나를 집으로 데려가게 하고 …… 소액의 보수만 받기로 하였다. 그는 탐욕이 많은 남자였고 …… 나의 가르침이 자신의 질녀에게 대단히 유익할 것으로 믿었다. …… 그 남자의 단순함은 경악스러울 정도였다. 나는 그가 굶주린 늑대에게 연약한 어린 양을 돌보도록 맡긴다 해도 이보다 놀라지는 않았을 것이다. ……
>
> 더 무슨 말을 하겠는가? 우리는 우리의 사랑을 보호해 줄 집 안에서, 그리고 우리

안에서 타오르는 마음으로, 하나가 되었다. 공부를 핑계로 우리는 사랑의 충만함 속에서 나날을 보냈다. …… 키스의 횟수가 조리 정연한 말의 수보다 많았다. 우리의 손은 책보다 서로의 가슴을 더 많이 찾았다. 사랑은 서로의 눈을 마주하게 했다.[13]

단순한 육체적 욕구에서 시작된 이 일은 엘로이즈의 섬세한 아름다움을 통해 "가장 향기로운 향유(香油)보다 더 달콤한 애정"이 되었다. 그러한 감정은 그에게도 새로운 경험이었고 그를 철학으로부터 멀어지게 했다. 그는 강의에 쏟던 열정을 사랑을 위해 쏟아부었고, 강의는 부진한 채로 내버려 두었다. 그의 학생들은 변증법 학자에 대해서는 애도했지만 사랑에 빠진 남자는 환영했다. 그리고 소크라테스조차 죄를 지을 수 있다는 것을 배우고는 매우 반가워했다. 학생들은 논쟁의 장을 잃어버리고는 아벨라르가 작곡한 사랑의 노래를 부르며 스스로를 위로했다. 창가에 선 엘로이즈는 학생들의 시끌벅적한 목소리로 그가 부린 마법의 메아리를 들을 수 있었다.[14]

오래 지나지 않아 엘로이즈는 그에게 아이를 가졌다고 알렸다. 밤을 이용하여 아벨라르는 삼촌의 집에서 그녀를 몰래 빼내 자신의 누이가 있는 브르타뉴의 집으로 보냈다.[15] 두려움과 동정심이 뒤섞인 채로 그는 풀베르투스에게 비밀을 유지한다는 전제하에 그녀와 결혼하겠다고 제안했다. 풀베르투스는 이에 동의했고, 아벨라르는 수업을 중단한 뒤 여전히 다정하지만 꺼려 하는 신부를 데려오기 위해 브르타뉴로 갔다. 그가 브르타뉴에 도착한 것은 두 사람의 아들 아스트롤라베가 태어난 지 사흘째 되는 날이었다. 엘로이즈는 한참 동안 그와의 결혼을 거부했다. 한 세대 전 레오 9세와 그레고리우스 7세가 단행한 개혁으로 인해 기혼남은 아내가 수녀가 되지 않는 이상 사제직에 오를 수 없었다. 그녀는 자신의 남편과 자식을 그런 식으로 포기할 준비가 되어 있지 않았다. 엘로이즈는 그에게 정부(情婦)로 남겠다고 제안했다. 그런 관계는 신중하게 비밀만 유지하면 결혼과 달리 교회 내에서 그의 출셋길을 막지 않을 것이라는 이유에서였다.[16] 아벨라르는 『나의 불행한 이야기』에서 긴 구절을 할애하여 엘로이즈의 주장을 전하며 철학자의 결혼에 불리한 학술적이고 권위 있는 사례들과 함께 "교회로부터 그토록 밝은 빛을 빼앗아 가는 것"에 반대하는 웅변적인 항변을 내놓았다. "잊지 마라. 소크라테스는 결혼을 했고, 그것이 얼마나 추악한 사건이기에 그는 차라리 철학에서 그 오점을 지워 버렸다. 명심하라. 다른 남자들도 더 신중을 기해야 할 것이다." 그는 다음과 같은 글로 엘로이즈를 언급했다. "그녀에게는 나의 아내로 알려지는 것보다 나의 정부라고 불리는 편이 훨씬 더 달콤했을 것이다. 아니, 나에게도 더 명예로운 일이었을 것이다."[17] 아벨라르는 가까운 몇몇 사람들에게만 알릴 것이라고 약속하며 엘로이즈에게 결혼을 설득했다.

두 사람은 아스트롤라베를 누이에게 남겨 두고 파리로 돌아와 풀베르투스의 참석하에 결혼식을 올렸다. 결혼 생활을 비밀에 부치기 위해 아벨라르는 자신이 묵던 학사 기숙사로 돌아가고 엘로이즈는 다시 삼촌과 생활했다. 두 연인은 이제 어쩌다 한 차례씩 비밀리에 만났다. 그러나 명성을 되찾기 위해 애쓰던 풀베르투스는 아벨라르와의 약속을 깨고 결혼 사실을 누설했다. 엘로이즈는 이를 부인했고, 풀베르투스는 "몇 번이고 그녀를 찾아가 못살게 굴었다." 아벨라르는 다시 그녀를 집에서 빼내었다. 하지만 이번에는 자신의 의사에 반하여 그녀를 아르장퇴우의 수녀원에 보냈고, 수녀복을 입되 맹세를 하거나 수녀의 두건을 쓰지는 말라고 명령했다. 풀베르투스와 그의 일가친척이 이 소식을 들었을 때, 아벨라르는 다음과 같이 말했다.

이제 그들은 내가 자신들을 철저히 기만했고, 엘로이즈를 영원히 떼어 내기 위해 강제로 그녀를 수녀로 만들었다고 확신했다. 그들은 격분하여 나에 대한 음모를 꾀했다. 어느 날 밤, 내가 …… 숙소 밀실에서 자고 있을 때, 미리 매수해 둔 하인의 도움으로 내 방에 쳐들어 왔다. 그곳에서 그들은 나에 대한 보복으로 극도로 잔인하고 수치스러운 형벌을 내렸는데 …… 그들을 슬프게 만든 원인을 제공한 내 몸의 일부를 자른 것이었다. 목적을 이루고 그들은 달아났다. 하지만 그중 두 명이 붙잡혀 눈과 생식기를 잃었다.[18]

그의 적들은 더 교묘한 복수는 할 수 없었다. 이 사건으로 그가 당장 수치를 겪은 것은 아니었다. 성직자들을 포함한 파리 전체가 그를 동정했다.[19] 학생들은 떼를 지어 몰려와 그를 위로했다. 풀베르투스는 위축되어 숨었다가 곧 잊혔고, 주교는 그의 재산을 몰수했다. 하지만 아벨라르는 자신이 몰락했다는 것을, 그리고 "이 놀라운 분노에 관한 이야기가 지구 끝까지 퍼져 나가리라는 것"을 깨달았다. 그는 더 이상 교회의 등용을 생각할 수 없었다. 자신의 명성이 "완전히 사라졌다."고, 다음 세대들의 웃음거리가 될 거라고 생각했다. 그는 자신의 몰락에서 어떠한 범속한 공정성을 느꼈다. 죄를 지은 육신은 불구가 되었고, 자신이 배신한 사람으로부터 배신을 당한 것이었다. 그는 엘로이즈에게 수녀의 두건을 쓰라고 제안하고, 자신도 생드니에서 수도 서약을 하였다.

3. 합리주의자

1년 뒤(1120년) 학생들과 수도원장의 재촉으로 그는 메송셀르의 베네딕트회 소수도원 수도실에서 강의를 재개했다. 아마 우리는 그의 저서를 통해 그 강좌의 요지를 알 수 있을 것이다. 하지만 그의 책은 복잡한 장치 안에 잠자고 있고, 그가 정신적으로 무너진 말년의 언제쯤 그 내용이 수정되었는지, 흐르는 시간 속에 그 젊음의 불길이 언제쯤 수그러들었는지, 우리는 알 길이 없다. 네 권의 범상한 논리학 저서가 보편의 문제에 접근하고 있는데, 굳이 들추어 볼 필요는 없다. 하지만 『변증론』은 아리스토텔레스의 철학적 논리가 바탕이 된 375쪽 분량의 저술로, 연설의 일부와 생각의 범주(물질, 양, 공간, 위치, 시간, 관계, 질, 소유, 행위, 열정), 명제의 형태, 그리고 추론의 원칙 등에 대한 합리적 분석을 시도했다. 부활하는 서유럽의 지식인들은 읽기를 배우는 아이처럼 스스로의 힘으로 이러한 기본 관념을 명확히 이해해야 했다. 변증법은 아벨라르 시대의 주된 철학적 관심사였는데, 한편으로는 새로운 철학이 아리스토텔레스로부터 보에티우스와 포르피리우스를 통해 가지를 뻗었고, 아리스토텔레스의 논리학 글만이(그중에서도 일부만) 이 스콜라 철학의 1세대들에게 알려져 있었기 때문이다. 따라서 『변증론』은 대단히 흥미로운 책은 아니다. 하지만 그 지면 안에서 우리는 신앙과 이성이 맞붙은 200년 전쟁을 알리는 최초의 총성 한두 발이 울리는 소리를 들을 수 있다. 엄연히 지성에 대한 의구심이 존재하던 시대에, 우리는 어떻게 "이토록 위대한 지식의 신비"를 발견하기 시작한 시기를 회상할 수 있을까?[20] 진리와 진리는 통한다고 아벨라르는 주장한다. 성서의 진리는 이성의 발견과 일치할 수밖에 없는데, 그렇지 않다면 우리에게 두 가지를 모두 선물한 신이 둘 중 하나를 가지고 우리를 기만하고 있는 셈이라는 것이었다.[21]

아마도 그는 일찍이(비극을 맛보기 전)『철학자, 유대인, 그리스도교도 사이의 대화』를 쓴 것 같다. 그는 "밤에 나타난 환영 속에서" 세 남자가 유명한 교사인 그를 찾아와 자신들이 벌이던 논쟁에 대하여 그의 판단을 물었다고 말한다. 세 남자는 모두 한 신을 믿는다. 그중 두 사람은 구약 성서를 인정한다. 철학자는 구약 성서를 거부하고 삶과 도덕률의 바탕은 이성과 자연법칙이 되어야 한다고 제안한다. 철학자는 어린 시절의 믿음에 매달려서 군중이 미신을 공유하고, 이 유치한 믿음을 인정하지 않는 사람들에게 지옥행을 선고하는 것이 얼마나 우스꽝스러운 짓인지 설파한다.[22] 그는 유대인을 바보로, 그리스도교도를 미치광이로 칭하는 비철학적 언사로 주장을 끝맺는다. 유대인은 인간은 법 없이는 살 수 없다고 믿는다. 신은 훌륭한 왕처럼 인간에게 행동 규정을 주며, 모세 오경의 계율은 수 세기 동안 비극을 겪으며 흩어져 있는 유대인에게 용기와 도덕률을 잃지 않게 해 주었다고 믿는다. 철학자는 묻는다. 그렇다면 그대의 원로들은 모세와 그 계율이 등장하기 훨씬 이전부터 어떻게 그토록 고귀한 삶을 살았는가? 또한 그대들에게 세속적인 번영을 약속한 계시를, 게다가 그토록 고통스러운 빈곤과 비참함을 겪게 했던 계시를 어떻게 믿을 수 있단 말인가? 그리스도교도는 철학자와 유대인의 말 중 많은 부분을 인정하지만, 철학자가 말하는 자연법칙도, 유대인이 말하는 모세의 율법도 그리스도교가 발전시키고 완성했다고 주장하며 그리스도교는 그 어느 때보다 인류의 도덕적 이상을 드높였다고 말한다. 철학도, 성서주의에 입각한 유대교도 인간에게 영원한 행복을 제공하지 못했지만, 그리스도교는 괴로움을 받는 인간에게 그러한 희망을 주고, 따라서 한없이 귀하다는 것이다. 이 미완의 대화는 1120년 파리의 성당 참사 회원의 것이라고 하기에는 놀라운 결과물이다.

가장 유명한 아벨라르의 저서 『긍정과 부정』(1120?년)에서도 이와 비슷한 자유 토론이 진행된다. 이 책에 대해 우리가 알 수 있는 최초의 언급이 등장한 것은 성 티에리의 윌리엄이 성 베르나르에게 보낸 서한에서였는데(1140년), 그는 이 책을 아벨라르의 신봉자들과 학생들이 몰래 회람하는 수상쩍은 책이라고 묘사했다.[23] 그 뒤로 이 책은 역사에서 사라졌다가 1836년, 빅토르 쿠쟁이 아브랑슈의 도서관에서 그 원고를 발견했다. 당시 원고의 양식은 틀림없이 주교들을 비통하게 했을 것이다. 경건한 도입부가 지나면 책은 157개의 질문으로 나뉘는데, 그중에는 그들 신앙의 가장 근본적인 교조도 포함된다. 각 질문에는 두 종류의 인용문이 반대 지면에 실렸다. 한 인용문은 긍정을 지지하고, 다른 인용문은 부정을 지지했다. 각 인용문은 성서와 교부, 이교의 고전, 심지어는 오비디우스의 『사랑의 기술』까지도 출처로 삼았다. 이 책은 학구적 논쟁을 위해 참고할 수 있는 무기고 정도로 의도되었을지 모른다. 그러나 책의 도입부는 고의든 아니든 간에, 교부들이 서로서로 또는 스스로 모순되는 부분을 보여 줌으로써 그들의 권위에 의문을 제기했다. 아벨라르는 성서의 권위를 의심하지 않았지만, 성서의 언어는 글을 읽지 못하는 사람들을 위한 것이므로 반드시 이성에 의해 해석되어야 한다고 주장했다. 또 성서는 이따금 부주의한 필사나 첨언으로 변질되기도 하고, 성서나 교부의 구절이 서로 모순되기도 하므로 이성은 반드시 그 내용을 조화시키기 위한 시도를 해야 한다고 말했다. "데카르트적 회의"를 400년 앞질러, 그는 해당 도입부에 다음과 같이 적었다. "지혜로 가는 첫 번째 열쇠는 성실하고 빈번한 문제 제기다. …… 우리는 의심을 통해 탐구를 할 수 있고, 탐구를 통해 진리에 도달할 수 있기 때문이다."[24] 그는 예수 자신도 성전에서 박사들을 만났을 때 질문할 것을 계속 권했다고 지적했다. 책의 첫 번째 토론은 거의 철학을 위한 독립 선언문이다. "그 믿음은 인간의 이성 안에 세워져야 하는데, 그와는 반대이다." 그는 암브로시우스와 아우구스티누스, 그레고리우스 1세를 신앙에 대한 옹호자로, 힐라리우스와 히에로니무스, 아우구스티누스를 이성으로 신앙을 증명할 수 있는 인물들이라는 취지로 인용했다. 아벨라르는 자신의 정통성을 거듭 강조하는 한편으로 신의 섭리와 자유 의지, 선하고 전능한 존재가 창조한 세계 안의 죄와 악의 존재 같은 문제를 논쟁에 올리기 위한 길을 열었다. 그러한 문제에 대한 그의 자유로운 추론은 토론에 매료된 젊은 학생들의 신앙을 뒤흔들었을 것이다. 그럼에도 불구하고 지극히 자유로운 토론을 이용한 이러한 교육 방법론은 아마도 아벨라르의 사례를 통해[25] 프랑스 대학교와 철학 및 신학 작문에서 정규 과정이 되었다. 성 토마스도 어떠한 두려움이나 비난 없이 이 방법론을 택했다. 스콜라 철학의 탄생 자체가 바로 합리주의의 신호탄이었다.

『긍정과 부정』이 회람을 제약당해 소수에게만 불쾌감을 주고 말았다 하더라도, 삼위일체의 신비에 이성을 적용하려는 아벨라르의 시도는 그렇게 협소한 영향력을 끼치고 불안감을 주는 데 국한되지 않았을 것이다. 이 부분은 1120년 그의 강의 주제였고, 그의 책『신의 통일성과 삼위일체성에 관하여』의 주제이기도 했기 때문이다. 그는 이 책을 쓴 이유에 대해 다음과 같이 말한다.

이 책을 쓰는 이유는 나의 학생들을 위해서이다. 그들은 언제나 합리적이고 철학적인 설명을 추구하고, 그저 말이 아니라 자신들이 이해할 수 있는 이성을 간구하며, 지성이 따라잡을 수 없는 말을 하는 것은 무의미하다고, 그리고 이해가 선행되지 않으면 아무것도 믿을 수 없으며 누구든 그 자신도, 가르치려는 상대도 이해할 수 없는 일을 남에게 설교하는 것은 부조리한 일이라고 말하기 때문이다.[26]

그는 이 책이 "대단한 인기를 얻었고", 사람들은 자신의 예리함에 경탄했다고 말한다. 그는 신의 통일성은 가장 위대한 종교와 가장 위대한 철학자들이 동의하는 한 지점이라고 지적했다. 하나의 신 안에서 우리는 그의 권능을 제1위격으로 간주한다. 그의 지혜를 제2위격으로, 그의 은총과 관용과 사랑을 제3위격으로 간주한다. 이들은 신성의 한 모습 또는 양상이다. 하지만 신의 모든 작용은 그의 권능과 지혜와 사랑으로 간주되며 동시에 그 안에서 일체가 된다.[27] 많은 신학자들은 이러한 유추가 허용된다고 생각했다. 파리 주교는 아벨라르를 이단으로 기소하라는, 이제 노인이 된 정통파 로스켈리누스의 간청을 거절했다. 주교 샤르트르의 조프루아는 무모한 철학자를 습격한 온갖 격분 앞에서 아벨라르를 옹호했다. 그러나 1113년 랑에서 아벨라르와 다투던 랭스의 두 교사, 알베리쿠스와 로툴프는 대주교를 부추겨 삼위일체에 관한 그의 책과 함께 아벨라르를 수아송으로 소환하고, 이단의 혐의로부터 벗어나기 위해 스스로 변호하게 만들었다. 수아송에 도착한 아벨라르는(1121년) 대중들이 자신에게 반감을 갖고 "다가와 돌을 던지며 …… 내가 삼신론(三神論)을 설교했다고 믿고 있다."라는 것을 깨달았다.[28] 샤르트르의 주교는 아벨라르가 자기변호를 위해 공의회에 참석하여 발언해야 한다고 강력히 요구했다. 알베리쿠스와 다른 사람들은 설득과 논쟁에서 아벨라르를 당해 낼 수 없다는 이유로 이에 반대했다. 공의회는 그를 참석시키지 않은 채로 그에게 유죄를 선고하고 그에게 자신의 책을 불속에 집어던지도록 강요했으며, 생메다르의 수도원장에게 그를 1년 동안 수도원에 가두어 두라고 명령했다. 하지만 그 직후 교황 특사는 그를 풀어 주고 생드니로 돌려보냈다.

그곳에서 제멋대로인 수도사들과 폭풍우 같은 1년을 보낸 뒤 아벨라르는 새로 부임한 수도원장인 쉬제르로부터 가까스로 승낙을 얻어 퐁텐블로와 트루아 중간의 외떨어진 장소에 스스로 은둔처를 지었다.(1122년) 그곳에서 그는 몇몇 소품(小品) 성직자들과 함께 갈대와 풀줄기로 작은 기도실을 짓고, 그곳을 성 삼위일체의 이름으로 불렀다. 학생들은 그가 다시 마음대로 학생들을 가르친다는 소식을 듣고 그를 찾아와 즉석에서 학교를 만들었다. 그들은 황무지에 움막을 짓고 지푸라기를 깔고 잠을 잤으며, "거친 빵과 들판의 풀"을 먹고 살았다.[29] 지식에 대한 갈증은 곧 학생들로 붐비는 대학교로 이어졌다. 실제로 암흑시대는 이제 거의 잊힌 악몽이었다. 그의 강의에 대한 보답으로 학생들은 밭을 갈고 건물을 짓고 그에게 목재와 석재로 만든 새로운 기도실을 세워 주었는데, 그는 이 기도실을 파라클레(Paraclete)라고 불렀다. 마치 그가 인간 사회로부터 달아나 고독과 절망을 파고들려 할 때 그의 삶에 날아든 성령처럼 제자들의 보살핌이 찾아왔다고 말해 주는 듯한 이름이었다.

그곳에서 보낸 3년은 세상의 그 누구 못지않게 행복했다. 그가 이 열정적인 학생들을 상대로 진행해 온 강의는 두 권의 책, 『그리스도교 신학』과 『신학』에 새로운 형식으로 보존되어 있다. 그들의 교리는 정교(正敎)였지만, 아직 그리스 철학의 대부분이 낯선 시대에 이교의 사상가에 대해 감탄하는 그토록 많은 언급이나 플라톤도 어느 정도는 종교적 영감을 갖고 있었다는 암시 등은 충격적인 것이었다.[30] 그는 그리스도 이전의 이 모든 경이로운 지성들이 구원받지 못했다는 사실을 믿기 힘들었다.[31] 그는 신이 모든 사람들에게, 유대인과 이교도에게까지 당신의 사랑을 주셨다고 주장했다.[32] 아벨라르는 뉘우침 없이 다시 신학 안에서 이성을 옹호하는 입장으로 돌아섰고, 이단은 무력이 아닌 이성으로 눌러야 한다고 주장했다.[33] 이해를 배제하고 믿음을 권하는 사람들은 많은 경우 알기 쉽게 믿음을 가르치지 못하는 자신들의 무능력을 가리고자 하는 것이었다.[34] 이러한 말에 돋친 가시들은 틀림없이 어떤 사람들의 살갗을 찔러댔을 것이다! 그리스도교의 이성적 근거를 구하려고 시도하면서 아벨라르가 용기 내어 한 일은 그의 뒤를 이어 헤일즈의 알렉산데르와 알베르투스 마그누스, 그리고 토마스 아퀴나스도 시도한 일이었다. 그러나 용감한 토마스조차 삼위일체나 천지 창조를 이성을 초월한 것으로 남겨 놓은 데 반해, 아벨라르는 교회의 가장 신비한 교리까지 이성으로 이해하고 포용하기 위해 노력했다.

그 뻔뻔스러운 기상과 예리하게 되찾은 재치 덕에 그에게는 새로운 적들이 나타났다. 클레르보의 베르나르와 프레몽트레 수도회의 창시자인 노르베르트를 가리키는 듯한 글을 통해 그는 다음과 같이 말한다.

> 세상 사람들이 위대하다며 믿고 따르는 몇몇 새로운 사도들이 여기저기 돌아다
> 니며 …… 뻔뻔스럽게도 온갖 수단을 동원하여 나를 비난하고, 마침내 권위 있는 많
> 은 이들이 점잔 빼며 나를 경멸하기에 이르렀다. …… 신은 나의 증인이시니, 새로
> 운 성직자들의 모임이 소집되었다는 소식이 들릴 때마다 나는 그 모임이 나에 대한
> 비난을 표명할 목적으로 이루어졌다고 믿었다.[35]

그러한 비난을 잠재우기 위해서였는지, 그는 강의를 그만두고 브르타뉴 생길
다스 수도원의 수도원장 자리에 대한 권유를 수락했다.(1125?년) 아마도 폭풍
을 가라앉히고자 하는 희망으로 현명한 쉬제르가 그러한 환승을 주선했을 것
이다. 그것은 승격인 동시에 구속이었다. 철학자는 자신이 "잔혹하고 이해할
수 없는" 사람들에게, 공공연히 첩을 거느리고 사는 "부도덕하고 길들일 수 없
는" 수도사들에게 둘러싸여 있다는 것을 깨달았다.[36] 그의 개혁 활동에 분개한
수도사들은 미사 중 그가 마시는 성배에 독을 풀었다. 모사가 실패로 돌아가자
이들은 다시 아벨라르의 종을 매수하여 그의 음식에 독을 타게 했는데, 다른 수
도사가 이 음식을 먹고는 "그 자리에서 즉사했다."[37] 하지만 아벨라르는 이런
일에 독보적인 권위가 있었다. 그는 이 전투에서 충분히 용감하게 싸웠다. 모종
의 방해는 있었지만, 이 외로운 자리를 11년 동안 지킨 것을 보면 말이다.

4. 엘로이즈의 서한들

쉬제르가 아르장퇴우의 교단을 수녀원이 아닌 다른 목적으로 사용하기로
결심했을 때 아벨라르는 막간의 소박한 행복을 누렸다. 아벨라르와 헤어진 뒤
로 엘로이즈는 그곳의 수녀로서 소임을 다하여 수녀원 부원장이 되어 있었고,

"모든 사람의 총애를 받아 …… 주교들은 딸로서, 수도원장들은 자매로서, 그리고 평신도들은 어머니로서 그녀를 사랑했다." 엘로이즈와 수녀원이 새로운 지역을 물색하고 있다는 소식을 듣게 된 아벨라르는 "파라클레"의 기도실과 건물들을 내주었다. 그는 직접 그곳으로 가서 수도원 건립을 돕는 한편, 그곳을 자주 방문하여 수녀와 인근의 주민을 상대로 설교했다. 회자되는 말에 따르면 그는 "나이가 들어 사랑했던 그녀와 떨어져 지내야 하는 것은 견디기 힘들지만, 아직도 세속의 욕정이 주는 즐거움에 흔들렸다."[38]

생길다스에서 힘들게 대주교직을 맡고 있을 때 저술한 자서전이 바로 『나의 불행한 이야기』(1133?년)였다. 책을 쓰게 된 동기는 알 수 없지만, 수필의 형식을 빌려 불행에 처한 사람들에게 위로를 전하며 "그러니 내가 겪은 슬픔에 비하면 당신의 슬픔은 사실 아무것도 아니다."라는 말을 하고자 했던 것으로 추정된다. 하지만 분명히 이 책은 세상을 향한 도덕적 고해이자 신학적 변론을 의도했다. 입증할 수는 없지만 오래도록 전해져 내려오는 이야기에 따르면 책의 필사본이 엘로이즈에게 전해졌고, 그녀는 다음과 같이 놀라운 답장을 보냈다고 한다.

그 주인, 아니 그 아버지인, 그 남편, 아니 그 형제인 아벨라르에게, 그의 여종, 아니 그의 딸인, 그의 아내, 아니 그의 자매인 엘로이즈로부터. 당신이 친구를 위로하기 위해 보낸 편지가 최근 우연히 나에게 전해졌습니다. …… 그 누구도 눈물 없이는 이 편지를 읽지도, 듣지도 못하리라 생각합니다. 이 이야기들은 나의 슬픔을 더 아프게 되살리기 때문입니다. …… 여전히 당신을 보호하시는 그분의 이름으로 …… 그리스도의 이름으로, 그분의 여종이자 당신의 여종인 우리는 당신께 간청합니다. 자주 편지하시어 여전히 난파선 위에서 요동치는 당신의 소식을 전해 주세요. 최소한 당신이 슬플 때나 기쁠 때나 동반자로서 당신 곁에 남은 유일한 우리들입니다. ……

당신도 알고 누구나 아는 것처럼 나는 당신에게 빠져들었습니다. …… 당신의 명령에 복종하여 나의 의복과 나의 마음을 바꾸었습니다. 그렇게 나는 당신이 나의 몸과 나의 마음을 전부 가진 주인임을 증명하였습니다. …… 결혼의 서약도, 지참금도, 나는 바라지 않았습니다. …… 또한 아내라는 이름이 더 성스럽고 정당해 보인다 하더라도, 나에게는 친구라는, 아니 당신이 수치스러워하지 않는다면 첩이나 창부라는 말이 그보다 더 감미롭습니다. …… 하느님께 증언을 청하노니, 천하를 지배하는 아우구스투스 황제가 나를 결혼의 영광을 누리기에 어울린다 하여 나에게 영원히 천하를 지배하게 해 주겠노라 확약한다 하더라도, 그의 황후가 되는 것보다 나에게 더 소중하고 훨씬 더 존엄한 일은 당신의 창부로 불리는 것입니다. ……

어떤 왕이, 어떤 철학자가 당신의 명성에 범접하겠습니까? 당신을 만나기 위해 혈안이 되지 않은 왕국이, 도시가, 마을이 있습니까? 묻노니 당신이 대중 앞에 나타났을 때 안달하여 당신에게 눈길을 주지 않은 사람이 있었나요? …… 어떤 아내가, 어떤 여종이, 당신이 없는 사이 당신을 그리워하지 않았을까요? 당신 앞에서 불타지 않을 수 있었을까요? 어떠한 여왕이, 어떤 권세가의 부인이 나와 나의 환희와 나의 침대를 부러워하지 않았을까요? …… 할 수 있다면 한 가지만 말해 주세요. 오직 당신이 결정하신 대로 우리가(종교적 삶으로) 귀의한 뒤, 왜 내가 당신으로부터 방치되고 망각되어 당신과 당신의 말로써도 생기를 찾지 못하고 당신이 멀리서 보낸 편지로도 위로를 받지 못하는 것인지요? 할 수 있다면 그것 하나만 말해 주세요. 아니면 내 말을 들어주세요. 내 기분을, 아니 의문스러운 모든 것을 말하게 해 주세요. 애정이 아닌 욕정 때문에 당신은 나와 하나가 되었습니다. …… 그런고로 욕정이 멈추자 당신이 보여 준 모든 것도 동시에 시들었습니다. 비단 나만이 아니라 모든 이들이 그렇게 추측합니다. …… 원컨대 이것이 오직 나만의 생각이기를, 그리고 당신이 사랑으로 다른 이들을 찾아 이 일을 변명해 주기를, 그로써 나의 비애가 조금은 잠잠해질 수 있기를 바랍니다.

청하나니 나의 물음을 경청하여 주세요. …… 나는 당신에게 그 정도밖에 안 되는 사람이 아닙니다. 내가 한 모든 일은 당신을 위한 것이었으니까요. 내가 가혹한 수도회에 귀의한 것은 …… 종교적 헌신이 아니라 오직 당신의 명령에 따른 것이었습니다. …… 이렇다 하여 나는 신에게 아무런 대가도 바랄 수 없고, 그분의 사랑을 위해 내가 아무것도 행한 바 없다는 것은 잘 알려진 일입니다. ……

그리고 당신이 일신을 바쳤던 그분의 이름 안에서, 신 앞에서 당신에게 간청합니다. 할 수 있다면 어떤 방법으로든 나에게 위로의 글을 보내 당신의 존재를 돌려주세요. …… 안녕. 나의 전부여.[39]

아벨라르는 그러한 열정에 똑같이 답하기에는 생리적으로 정상적인 활동이 불가능했다. 그의 것이라고 전해지는 답장에서 그는 종교적 서약을 상기시킨다. "그리스도 안에서 사랑하는 자매 엘로이즈에게, 그 형제이기도 한 아벨라르로부터." 그는 엘로이즈에게 그들의 불행을 겸허히 받아들이고, 신께서 그들의 죄를 씻고 구원하기 위해 내린 벌로 여기라고 조언한다. 그리고 그녀에게 기도를 청하고 천국에서의 재회를 희망하며 슬픔을 달래라고 명령했다. 그리고 자신이 죽으면 파라클레에 묻어 달라고 간청했다. 엘로이즈는 두 번째 편지에서도 불경한 애정을 거듭 드러냈다. "나는 지금껏 신이 아니라 당신을 노엽게 하는 것을 더 두려워했고, 신이 아니라 당신을 기쁘게 하기 위해 더 노력하였습니다. …… 내가 얼마나 불행한 삶을 살아야 하는지 보십시오. 뒷날 아무런 보상도 기대하지 못한 채 헛되이 이 모든 일을 견뎌야 한다면 말입니다. 긴 세월 동안 당신은 다른 많은 사람들처럼 나의 가면에 속고, 위선을 신앙으로 착각한 것입니다."[40] 그는 자신이 아니라 그리스도야말로 진실로 그녀를 사랑한다고 답장했다. "나의 사랑은 사랑이 아니라 욕정이었습니다. 나는 당신에게서 나의 가증한 욕구를 만족시켰고, 나의 사랑은 그것이 전부였습니다. …… 당신을 꾀어내는 사람이 아니라 당신의 구세주를 위해, 당신을 더럽히는 사람이 아니라 당신을 구원하시는 분을 위해 눈물을 흘려야 합니다."[41] 그리고 그는 감동적인 기도문을 만들어 엘로이즈에게 자신을 위해 암송해 달라고 부탁했다. 엘로이즈는 세 번째 편지에서 아벨라르의 사랑이 세속적으로 죽었다는 것을 받아들이는 모습을 보여 준다. 이 편지에서 그녀는 그에게 단지 자신과 수녀들이 온당한 신앙생활을 이어갈 수 있도록 새로운 규정을 보내 달라고 요청할 뿐이다. 아벨라르는 요청에 응하여 그들에게 적당히 완화된 규정집을 만들었다. 그는 수녀들의 교화를 위해 설교문을 작성하고, "주 안에서 안녕하소서. 한때 세속에서 사랑하였고, 지금은 그리스도 안에서 더욱 사랑하는 신의 종에게"라는 애정 어린 서명과 함께 엘로이즈에게 이들 문서를 보냈다. 그는 비탄에 잠긴 채 여전히 그녀를 사랑하고 있었다.

이 유명한 편지들은 진필일까? 쉽지 않은 문제점이 금세 눈에 띈다. 엘로이즈의 첫 번째 편지는 아벨라르의 『나의 불행한 이야기』보다 뒤에 전달되었다고 하는데, 이 책에는 아벨라르가 파라클레로 몇 차례 엘로이즈를 찾아갔다고 기록되어 있다. 그러나 엘로이즈는 그가 자신을 못 본 체했다고 불평한다. 아마도 『나의 불행한 이야기』는 분책으로 발간되었을 것이고, 앞부분 몇 장만 발간되었을 때 엘로이즈가 편지를 보냈을 것이다. 어떤 구절에서 보이는 대담한 육욕은 14년 동안의 종교적 헌신으로 이미 보편적이고도 대단한 존경을 받고 있는, 아벨라르뿐 아니라 가경자 베드로도 증언하는 그러한 여인의 표현이라고 하기에는 매우 놀라워 보인다. 이들 편지는 미사여구의 기교를 부리고 고전이나 교부들을 현학적으로 인용하고 있는데, 진실한 사랑이나 신앙심, 회한을 느끼는 사람의 머리에서 이러한 글이 나왔을 것 같지는 않다. 가장 오래된 편지는 13세기의 것이었다. 장 드 묑은 1285년에 이 편지들을 라틴어에서 프랑스어로 번역한 것 같다.[42] 우리는 이 두 사람의 편지가 역사상 가장 훌륭한 위조품에 속하며, 사실로서 믿기는 어렵지만 프랑스 낭만주의 문학에서 불멸의 한 조각을 차지하고 있다는 잠정적 결론을 내릴 수 있다.

5. 유죄 선고

아벨라르가 언제, 어떻게 수도원장직을 내려놓고 그 골치 아픈 자리로부터 도망쳤는지는 알 수 없다. 솔즈베리의 요하네스는 1136년 몽 생주네비에브에서 아벨라르의 강의에 참석했다는 기록을 남겼다. 그가 어떤 자격증으로 강의를 다시 시작했는지도 우리는 모른다. 아마 그는 아무런 허락도 구하지 않았을 것이다. 그리고 교회의 규율을 무시하는 그런 행동 때문에 아마도 성직자들이 그에게서 등을 돌렸고, 그는 도의를 벗어난 길을 걷다 끝내 몰락하고 말았을 것이다.

거세로 인해 그가 남성성을 잃었다 하더라도 그의 강의 요지를 보여 주는 여러 작품에는 그러한 흔적이 조금도 없다. 작품 안에서 노골적인 이단성을 발견하기는 어렵지만, 성직자들을 속 타게 만들었을 구절은 쉽게 찾을 수 있다. 『너 자신을 알라』라는 도덕 철학에 관한 책에서 그는 죄는 행위가 아니라 의도 안에 있다고 주장했다. 그 어떤 행위도, 심지어 살인조차 그 자체로는 죄가 되지 않는다는 말이었다. 이런 맥락에서 옷이 없어 아기를 따뜻하게 해 주지 못하는 엄마가 아기를 가슴에 꼭 안다가 자신도 모르는 사이에 질식시켜 죽였다고 하자. 엄마는 사랑하는 대상을 죽였고, 대부분의 여성들을 더 조심하게 만드는 법에 의해 적절한 벌을 받는다. 하지만 신의 눈에 그녀는 무죄이다. 나아가 죄가 되려면, 행위자는 타인의 양심이 아닌 자기 자신의 도덕적 양심을 어겨야 한다. 따라서 고대 로마 제국에서 그리스도교 순교자들을 살해한 것은 죄가 아니었다. 로마인들은 자신의 왕국 또는 자신이 진리라고 믿는 종교를 지키기 위해 그러한 박해가 필요하다고 여겼기 때문이다. 아니, "심지어 자신들의 의무라고 여겨 그리스도나 그 추종자들을 박해한 사람들에 대해 죄를 짓는 행위를 하였다고 말하지만, 만약 그들이 자신들의 양심에 반하여 그리스도와 추종자들을 살려 주었다면 더 심각한 잘못을 범한 셈이었을 것이다."[43] 이러한 주장은 거슬리기도 하지만 모두 논리적이다. 하지만 그러한 이론에서 신의 율법에 대한 위반과 관련된 죄에 관한 모든 교리는 의도에 관한 결의론(決疑論)의 안개 속으로 들어갈 염려가 있었다. 몇몇 바울 같은 사람들을 제외하면 어느 누가 자신의 양심에 반하는 행동을 했다고 시인하겠는가? 1141년 아벨라르에게 유죄를 선고하기 위해 인용한 열여섯 개 발췌문 중, 여섯 개가 이 책의 것이었다.

아벨라르가 다른 분명한 이단들보다 더 교회를 불안하게 만든 것은 신앙에 종교적 신비는 존재하지 않으며 모든 신조는 이성적으로 설명될 수 있어야 한다고 상정한 부분이었다. 그는 아직 논리의 앙금에 만취하지 않아 로고스(Logos), 즉 하느님의 말씀을 용감히도 논리와 연관 지은 것처럼 과학을 신성시하지는 않았다고 할 수 있을까?[44] 이 매혹적인 교사는 정통이 아닌 방법론으로 정통적인 결론에 도달했다고 치자. 하지만 그로 인해 논리 병에 걸린, 성숙하지 못한 수많은 지성들은 그의 허울 좋은 찬부 양론을 따라가며 같은 결론에 안착하지 못했다! 만약 아벨라르 같은 사람이 아벨라르 혼자였다면, 교회는 그저 그의 수명이 너무 길지 않기만을 바라며 내버려 두었을 것이다. 하지만 그에게는 수백 명의 열렬한 추종자들이 있었고, 기욤 드 콩슈와 질베르 드 라 포레, 투르의 베랑제 등과 같이 신앙을 이성의 법정 앞에 소환한 다른 교사들도 존재했다. 이러한 상황에서 교회는 유럽의 도덕적, 사회적 질서를 지탱해 주는 종교적 믿음의 일체감과 열정을 얼마나 오래 지속할 수 있을 것인가? 이미 아벨라르의 제자 중 한 명인 브레시아의 아르놀트는 이탈리아에서 혁명의 분위기를 조성하고 있었다.

아마도 이와 같은 상황을 고려하여 마침내 성 베르나르는 아벨라르와의 전쟁을 시작했을 것이다. 이 열정적인 신앙의 감시인은 신도들 사이에서 늑대의 냄새를 맡고, 무리를 이끌어 사냥에 나섰다. 그는 살금살금 침입하는 이 대담한 식자를 오랜 기간 불신의 눈으로 지켜보았다. 신성에 도움이 되지 않는 지식을 추구하는 것은 그의 눈에 분명한 이교로 보였다. 신성한 종교의 신비를 이성으로 설명하려는 시도는 불경이자 어리석은 행동이었다. 그리고 그러한 신비를 설명함으로써 시작된 합리주의는 결국 신성을 훼손할 터였다. 성인은 공격적이지는 않았다. 문제를 촉발시킨 사람은 아벨라르 자신이었다. 그는 상스의 대주교에게 편지를 보내, 자신과 관련하여 유포되고 있는 이단의 혐의에 대해 다가오는 공의회에서 자신에게 변론의 기회를 달라고 한다고 요청했다. 대주교는 그리스도교 사회의 관심이 자신의 주교구로 집중되는 것도 마다 않고 이를 수락했다. 그리고 공정한 싸움을 위해 이 자리에 베르나르를 초청했다. 베르나르는 변증법적 방식으로 진행되는 논쟁에서, 40년 동안 논리로 다져진 아벨라르에 비하면 자신은 "어린아이에 불과하다."라고 말하며 거절했다. 하지만 베르나르는 몇몇 주교에게 서한을 보내, 공의회에 참석하여 신앙을 옹호하라고 촉구했다.

> 피에르 아벨라르는 그리스도교적 믿음의 가치를 끌어내리고, 자신이 인간의 이성으로서 신을 완전히 이해할 수 있다고 여기고 있습니다. 그는 천국으로 올랐다가 지옥의 나락으로까지 내려갑니다. 그 어디든 그는 이성이 닿지 못할 곳은 없다고 합니다! …… 그는 유리를 통해 어렴풋이 바라보는 데 만족하지 못하고, 무엇이든 얼굴을 맞대고 보아야 합니다. …… 그가 삼위일체에 대해 말할 때는 아리우스(Arius)의 냄새가, 은총에 대해 이야기할 때면 펠라기우스(Pelagius)의 냄새가, 그리스도의 인격을 말할 때면 네스토리우스(Nestorius)의 냄새가 납니다. …… 의인의 신앙은 믿는 것이며, 거기에는 다툼이 없습니다. 하지만 이 자에게는 이성으로 우선 논증하지 않은 것을 믿을 마음이 없습니다.[45]

베르나르의 편에 선 사람들은 자신들은 힘이 없다는 구실로 그에게 공의회에 참석할 것을 설득했다. 아벨라르가 상스에 도착했을 때(1140년 6월) 그곳 사람들의 분위기는 단지 베르나르가 참석하고 반감을 갖고 있다는 것만으로도 19년 전 수아송에서처럼 그에게 적대적이어서, 그는 감히 거리에 나서지도 못할 정도였다. 대주교는 자신의 꿈을 실현했다. 일주일 동안 상스는 세상의 중심처럼 보였다. 프랑스의 왕이 야단스러운 궁중 전례(典禮)와 함께 참석했고, 수많은 고위 성직자들도 자리했다. 그리고 류머티즘으로 몸이 불편했지만 성스러운 단호함을 풍기는 베르나르는 모두를 위압했다. 이들 고위 성직자 중 몇몇은 아벨라르가 성직자들의 약점이나 사제와 수도사들의 부도덕, 면죄부 매매, 가짜 기적의 날조 등을 공격할 때 개인적으로 또는 단체로 가책을 느꼈다. 공의회가 자신에게 유죄를 선고할 것이라고 확신한 아벨라르는 첫 회의 자리에 나타나서 교황이 아니면 판사로 인정할 수 없다고 선언하고는 회의장을 나와서 그 마을을 떠났다. 불복 선언을 들은 공의회는 스스로 적법하게 아벨라르를 심판할 수 있을지 확신을 갖지 못했다. 베르나르는 참석자들을 안심시켰다. 공의회는 회의를 속개하여, 아벨라르의 책에서 열여섯 개의 서술 부분을 유죄로 판결했다. 그중에는 죄에 대한 정의와 하나의 신의 권능과 지혜, 사랑으로서의 삼위일체에 관한 그의 이론 부분도 포함되어 있었다.

아벨라르는 교황 앞에서 자신의 사건을 진술하기 위해 거의 무일푼으로 로마로 출발했다. 늙고 병든 몸 때문에 걸음은 더디기만 했다. 부르고뉴의 클뤼니 수도원에 도착한 그는 가경자 베드로로부터 측은함과 배려가 깃든 환대를 받으며 그곳에서 며칠간 쉬었다. 그러는 사이 인노켄티우스 2세는 공의회의 선고를 확정하는 칙령을 공표하며, 아벨라르에게 영원한 침묵의 형을 부과하고 그를 수도원에 감금할 것을 명령했다. 하지만 아벨라르는 순례를 계속하고자 했다. 베드로는 교황이 결코 베르나르에게 반하는 결정을 내리지 않을 것이라며 그를 만류했다. 몹시 지쳐 심신이 탈진한 아벨라르는 무릎을 꿇었다. 그는 클뤼니에서 수도사가 되었고, 수도원의 담과 의례 안으로 은둔했다. 그는 신앙심과 침묵과 기도로 다른 수도사들의 믿음을 북돋았다. 아벨라르는 다시는 만나지 못한 엘로이즈에게 교회의 가르침 안에서 믿음을 천명하는 감동적인 서한을 보냈다. 아마도 엘로이즈를 위한 것이었을, 중세 문학 사상 더없이 아름다운 찬송가들도 작곡했다. 그의 것으로 알려진 「비탄」이라는 시는 공식적으로는 다윗의 애가(哀歌)이지만, 누구든 그 안에 함축된 애정을 읽어 낼 수 있다.

당신과 한 무덤에 누울 수 있다면

나는 행복하게 죽을 것입니다.

속된 사랑이 주는 모든 선물 중에

그대보다 더 큰 은혜를 나는 모르기 때문입니다.

당신이 춥고 죽어 갈 때 내가 살아 있어야 한다면

그것은 멈추지 않는 죽음입니다.

나의 생령(生靈)은 반쪽짜리 영혼으로,

아니 반쪽짜리 숨으로는 살지 못합니다.

나는 하프를 가만히 내버려 둡니다.

나의 눈물과 비탄도 그렇게

고요히 잠재울 수 있다면!

나의 두 손은 매를 맞아 화끈거리고

나의 목구멍은 슬픔으로

따끔거립니다. 정신이 혼미합니다.[46]

그 직후 아벨라르는 병들었고, 친절한 수도원장은 그를 샬롱 인근 생마르셀소(小)수도원으로 요양차 보냈다. 1142년 4월 21일, 그곳에서 그는 63세의 나이로 눈을 감았다. 그는 수도원 예배당에 매장되었다. 하지만 엘로이즈는 아벨라르가 파라클레에 묻히고 싶어 했다는 사실을 가경자 베드로에게 상기시켰다. 선량한 수도원장은 그의 시신을 직접 엘로이즈에게 가져다주었고, 그녀의 죽은 연인을 당대의 소크라테스이자 플라톤, 아리스토텔레스라고 칭하며 엘로이즈를 위로했다. 그리고 그녀에게 그리스도교적 애정이 가득한 편지를 남겼다.

그러므로 신 안에서 존경하는 자매여, 그대는 그와 함께하였고, 이승에서 유대를 맺은 뒤 하느님의 사랑이라는 더 높고 더 강한 유대로 말미암아, 또한 그로 인하여

…… 그대는 주를 섬겼고, 그는 이제 그대를 대신하여, 아니 또 다른 그대로서 주를 택하고, 그분의 품에서 온기를 찾나니. 그분이 오실 날, 대천사의 목소리와 나팔 소리가 천국에서 내려올 그날을 위해, 그분은 신의 은총으로 그대 안에 그를 계속 부활하게 하신다네.[47]

1164년 엘로이즈는 죽은 연인의 곁으로 갔다. 그녀는 아벨라르와 같은 나이에 죽었고, 얼굴도 거의 그와 닮아 있었다. 엘로이즈는 파라클레 정원에 잠든 아벨라르 옆에 묻혔다. 이곳 기도실은 혁명으로 파괴되었고, 이들의 무덤은 혼란 속에 아마도 구별이 힘들게 되었을 것이다. 아벨라르와 엘로이즈의 것이 확실한 유골은 1817년 파리 페르 라셰즈 공동묘지로 이장되었다. 그곳에서는 지금까지도 여름날 일요일이면 꽃으로 무덤을 꾸미는 사람들을 볼 수 있다.

36장

이성의 모험
1120~1308

1. 샤르트르 학파

이 시절 철학은 안셀무스, 로스켈리누스, 아벨라르를 필두로 시작되어 알베르투스 마그누스와 성 토마스 아퀴나스에 이르러 절정을 이루니, 이 무렵 철학이 갑자기 봇물 터지듯 쏟아져 나온 까닭을 우리는 어떻게 설명해야 할까? 이런 현상이 으레 그렇듯, 그것은 수많은 원인이 공모한 결과였다. 우선 첫 번째 원인은 동방의 그리스가 고전 시대의 유산을 단 한 차례도 내팽개치지 않고 고이 간직해 온 데 있었다. 콘스탄티노플, 안티오크, 알렉산드리아에서는 세기가 아무리 바뀌어도 고대 철학자들에 대한 연구가 늘 끊이지 않았다. 미카엘 프셀루스, 니케포루스 블레미데스(1197?~1272년), 게오르기우스 파키메레스(1242?~1310년), 시리아인 바르 헤브라이우스(1226?~1282년) 같은 학자들은 플라톤과 아리스토텔레스의 저작을 원문 그대로 직접 접할 정도였다. 더불어

이 무렵부터는 그리스인 교사들과 함께 다양한 내용의 그리스어 필사본이 차츰차츰 서유럽 세계에 발을 들이기에 이른다. 심지어 야만인들이 유럽 대륙을 폭풍처럼 휩쓰는 와중에도 일부 그리스의 유산은 파편으로나마 용케 살아남아 후대에 전해졌다. 아리스토텔레스의 논리학 저서 『오르가논(*Organon*)』은 그렇게 해서 대부분이 남아 있는 상태였고, 이는 플라톤의 『메논(*Meno*)』이나 『티마이오스(*Timaeus*)』의 경우에도 마찬가지였다. 『티마이오스』에서는 티마이오스의 입을 통해 에르(Er) 신화(전사 에르는 전쟁에서 목숨을 잃은 뒤 하늘로 올라가 저승에서 일어나는 일을 두 눈으로 목격하게 된다. 사람들이 그의 시체를 화장하려는 찰나 그는 깨어나 자신이 본 것을 사람들에게 들려준다. - 옮긴이)가 생생히 그려지는데, 이 대목은 일찍이 그리스도교가 지옥의 모습을 그려 내는 데 영향을 준 바 있었다. 뿐만 아니라 12세기와 13세기에는 아랍어 및 그리스어 원전을 번역해 내려는 움직임이 줄지어 일었다. 이로써 서유럽은 그리스 및 이슬람 철학이 그리스도교의 철학과는 전혀 다르다는 것을 깨닫고 위기의식을 느꼈으니, 만에 하나 그리스도교 신앙이 그에 대적할 철학을 건설해 내지 못하는 날엔 이 두 철학이 그리스도 왕국의 신학을 통째로 집어삼킬 기세였다. 하지만 이런 영향이 갖가지로 있었다고는 해도, 만일 서유럽이 전과 다름없이 가난을 면치 못했다면 그리스도교 철학의 탄생도 힘든 일이었을 것이다. 앞에서 열거한 요인들이 실질적 힘을 가질 수 있던 것은 농업이 유럽 대륙을 완전히 장악하고, 상업 및 제조업이 더 멀리까지 확대되고, 사람들이 누적된 자본을 더 편리하게 이용하게 된 덕분이었기 때문이다. 이러한 경제적 부흥에 보조를 맞추듯, 유럽 곳곳에서는 코뮌들이 해방을 맞고, 대학들은 급성장했으며, 라틴 문학과 로마법은 재탄생의 기회를 맞았다. 또 교회법이 성문화되고, 고딕 양식은 영광의 시절을 누렸으며, 낭만주의가 꽃을 피우고, 음유 시인은 "연애시"를 지어 불렀으며, 과학이 눈을 뜨고, 철학이 부활을 하니, 실로 "12세기의 르네상스"라 할 만했다.

이렇듯 부가 쌓이자 거기에서부터 여가 생활, 학문 연구, 학교가 발전해 나왔다. 그리스어 "스콜레(scholê)"는 원래 "여가"라는 뜻을 가진 말이었다. 한편 당시 말로 "스콜라스티쿠스(scholasticus)"라 하면 학교를 책임지는 총장 또는 학생들을 가르치는 교수였다. 또 "스콜라 철학"은 중세 시대의 2차 교육 기관 또는 중세 시대 대학에서 가르치던 철학을 말했으니, 스콜라 철학에 담긴 내용은 대부분 이들 기관에서부터 발전해 나왔다. "스콜라 논법"이란 이런 유의 학교에서 철학적 논쟁을 벌이거나 철학을 해설할 때 사용하던 방법을 말한다. 12세기를 놓고 봤을 때(파리 시내 또는 인근에서 이루어지던 아벨라르의 수업은 제외하고) 중세의 이런 학교 중에서도 그 이름이 가장 높고 활동 역시 가장 왕성했던 곳을 꼽으라면 단연 샤르트르였다. 이곳 샤르트르에서는 철학과 문학이 어우러져 한 몸을 이룬 것이 특징이었다. 샤르트르 학교의 졸업생들은 갖가지 난해한 문제를 명료하고도 우아한 필치로 써내는 재주가 있었는데, 이윽고 이는 프랑스 학계의 훌륭한 전통으로 자리 잡는다. 플라톤 역시 철학을 알기 쉬운 것으로 만드는 재주가 남달랐던 만큼, 샤르트르에서 제일 인기몰이를 한 것도 플라톤이었다. 당시 학계에는 실재론자(實在論者)와 유명론자(唯名論者)가 맞붙어 설전을 벌이기 일쑤였는데, 이 싸움을 중재시켜 준 것도 플라톤이었다. 사람들은 "실재적인" 보편자를 곧 플라톤의 형상, 즉 신의 마음에 깃들어 있는 창조적 원형(原形)으로 보자는 입장을 택하였던 것이다. 샤르트르의 베르나르(1117년경), 그리고 동생 샤르트르의 티에리(1140년경) 대에 이르면서 샤르트르 학파의 영향력은 절정에 달하였다. 아벨라르가 세상을 떠난 뒤, 반세기 동안 서유럽의 철학계를 주름잡은 이들도 바로 이 샤르트르 학파 출신이었으니, 콩슈의 기욤, 질베르 드 라 포레, 솔즈베리의 요하네스가 바로 그 주인공이다.

콩슈의 기욤은 이 무렵 스콜라 철학의 시야가 더 멀리로까지 확대되었음을 한눈에 보여 주는 인물이었다. 그는 당대인으로서는 드물게 히포크라테스, 루크레티우스, 후나인 이븐 이샤크, 아프리카의 콘스탄티누스, 데모크리토스의 저작을 잘 알고 있었다.[1] 원자설의 경우에는 그 내용에 심취하여, 자연이 빚어내는 모든 작품은 알고 보면 원자의 결합에서 비롯되는 것이라고 결론을 내릴 정도였다. 심지어 인체에서 일어나는 가장 고차원의 생명 활동에도 이러한 원리가 적용된다고 그는 보았다.[2] 한편 영혼이란 것은 개인의 생명적 요소가 우주의 영혼과(즉 이 세계에 생명을 불어넣는 요소와) 하나가 된 것이었다.[3] 기욤은 아벨라르의 전철을 밟아 자칫 위험할 수도 있는 신비주의로 나아갔고, 그 맥락에서 다음과 같은 글을 남기기도 했다. "하느님 안에는 권능, 지혜, 의지 이 세 가지 것이 존재한다. 성인들이 말하는 하느님의 삼위(三位)란 다름 아닌 이것을 일컫는다."[4] 뿐만 아니라 애초에 이브가 아담의 갈비뼈로 만들어졌다는 이야기 역시 다분히 알레고리의 성격을 갖는다고 여겼다. 또 그는 먼 옛날 코르니피키우스라는 작자를 비롯해 이른바 "반(反)인문주의자들(코르니피키우스파)"이 인간에겐 소박한 신앙이면 족하다며 과학 및 철학을 못마땅하게 여기는 데 대해 다음과 같이 격한 반응을 내놓기도 했다.

그들은 자연이 어떤 힘으로 운행되는지 모를뿐더러, 무식한 사람들끼리 모여 어떻게든 한패를 이룰 작정이다. 따라서 올바른 이치를 따져 보는 일은 남의 일인 양 맡겨 놓고도, 나아가 그가 와서 하는 말을 일자무식 촌뜨기처럼 일언반구 없이 믿으면서도 전혀 거리낄 것 없다고 여긴다. …… 그러나 이르노니 모든 것에는 반드시 이유란 것이 규명되어야 하는 법이다. 어떤 수를 써도 이유가 찾아지지 않거든, 그제야 우리는 …… 성령이나 신앙을 찾아 호소할 일이다. ……[5] (그들은 말하길) "이것이 어찌하여 이런지는 알 수 없지만, 우리도 한 가지 아는 것이 있다. 이것을 이렇게 만드시는 힘은 하느님께서 가지고 계시다는 것이다." 아, 불쌍한 바보들이여! 나무에 젖소를 열리게 하는 힘을 하느님께서 가지고 계시다 한들, 그런 일이 실제로 일어난 적이 과연 있었는가? 그러니 이제 무엇이 이러이러하다고 주장하려거든 그에 대한 이유를 대야 할지니, 이유를 대지 못하겠거든 더 이상 무엇이 어떻다 이야기하지 마라. ……[6] 진정한 기쁨이란 모름지기 수많은 사람들이 모인 데가 아닌, 세상을 바로 보는 몇몇 사람들 틈에 있나니, 진리 오로지 그것을 알기 위해 우리는 애쓸 뿐이노라.[7]

기욤의 이런 견해는 생티에리의 기욤이 보기에는 여간 거슬리는 내용이 아닐 수 없었다. 생티에리의 기욤은 일찍이 성 베르나르를 시켜 아벨라르가 꼼짝도 못하게 괴롭힌 전력이 있었다. 기욤이 새로운 합리주의자로 등장하자 그는 기다렸다는 듯 맹공을 퍼부었고, 이윽고 클레르보의 대수도원장이 기욤을 예의 주시하는 상황까지 갔다. 이에 콩슈의 기욤은 자신이 내놓은 갖가지 이단적 견해를 철회하는 한편, 이브가 아담의 갈비뼈로 만들어졌다는 것도 사실로 인정하였다.[8] 뿐만 아니라 감당해야 하는 위험에 비해 얻는 것이 너무 적다는 판단하에 그 로 철학을 그만두고, 대신 잉글랜드 플란타지네트 가(家)로 들어가 헨리를 가르치는 일을 맡았다. 그 뒤 기욤은 다시는 역사에 모습을 드러내지 않았다.

이렇듯 철학이 위험한 일이었음에도 더 큰 성을 거둔 이가 있었으니, 질베르드 라 포레였다. 그는 샤르트르와 파리에서 공부한 뒤 푸아티에 지방에서 주교직을 지낸 인물이었다. 『여섯 원칙에 대하여』는 그가 써낸 저작으로서, 논리학 분야에서 수백 년 동안 표준 교과서로서의 지위를 잃지 않았다. 하지만 그가 내놓은 『보에티우스 주석서』가 항간에 문제가 되었다. 이 책에서는 신의 본성은 인간이 이해하기에 너무 먼 곳에 있다 했고, 따라서 신의 본성에 관한 모든 진술은 반드시 비유로 받아들여야 한다는 입장을 취했기 때문이다. 거기에 덧붙여 하느님의 단일성을 너무도 강조한 나머지 삼위일체를 순전히 비유적 표현으로만 본다는 인상을 풍겼다.[9] 그리하여 1148년, 72세의 고령에도 불구하고 그는 성 베르나르에 의해 이단의 혐의를 뒤집어쓰기에 이른다. 하지만 오세르에서 열린 재판에서 그는 말뜻의 미묘한 차를 살려 상대편을 혼란에 빠뜨려 유죄 판결을 받지 않고 무사히 집으로 돌아올 수 있었다. 1년 뒤 재판이 또 한 차례 열렸다. 여기에서 질베르는 자신의 책에서 몇 쪽을 뜯어내 불사를 것을 약속하기는 했으나, 이번에도 어김없이 자유의 몸이 되어 자기 교구로 돌아올 수 있었다. 상황이 이렇게 되자 일각에서는 그의 견해를 쟁점으로 하여 베르나르와 논쟁을 벌여야 한다는 이야기가 흘러나왔다. 하지만 질베르는 이를 거절하였는데, 이유인즉슨 성인 베르나르는 신학자로서의 기량이 너무도 딸려 자신의 견해를 이해하지 못한다는 것이었다.[10] 솔즈베리의 요하네스는 이러한 질베르를 두고, "자유주의적 문화에서 그는 누구보다 완숙한 경지에 도달했으니, 감히 그 뒤를 따를 자는 아무도 없었다."라고 말했다.[11]

하지만 이런 언급은 사실 요하네스 그 자신에게 했어도 무방할 말이었다. 솔즈베리의 요하네스야말로 스콜라 철학자를 통틀어 가장 폭넓은 교양, 가장 세련된 영혼, 가장 우아한 필치를 갖춘 것으로 유명했기 때문이다. 그는 1117년경 솔즈베리에서 태어났다. 이후 성장해서는 몽 생주네비에브에 머물면서 아벨라르에게서 가르침을 얻고, 다시 샤르트르에 머물면서는 콩슈의 기욤에게서, 이후 파리에서는 질베르 드 라 포레에게서 가르침을 얻었다. 공부를 마친 그는 다시 잉글랜드로 돌아와 캔터베리의 대주교 밑에서 비서로 일하였는데, 이때 그가 모신 두 명의 대주교가 테오발드와 토마스 아 베케트였다. 요하네스는 이 둘을 위해 다방면으로 일하였으니, 갖가지 외교 임무를 수행하는가 하면, 이탈리아를 여섯 차례 방문하고, 교황청에도 8년간을 머물렀다. 특히 토마스 아 베케트를 위해서는 그가 프랑스에 망명해 있는 동안 함께 지내기도 했는데, 대성당으로 돌아온 베케트는 요하네스가 보는 앞에서 그만 기사의 칼에 찔려 목숨을 잃었다. 1176년 요하네스는 샤르트르의 주교 자리에 올랐는데, 그로부터 얼마 뒤인 1180년에 세상을 떠났다. 한마디로 요하네스는 빡빡하고도 다채로운 생을 살다 간 인물이었다. 하지만 그 속에서 요하네스는 삶을 통해 논리의 진정성을 확인하는 방법을 배울 수 있었고, 나아가 형이상학이란 것도 원자 하나가 우주를 바라보는 심정으로 겸허하게 받아들일 줄 알았다. 말년에 이르러 그는 자신이 다니던 학교를 다시 찾아가 보게 되는데, 유명론과 실재론 사이의 논쟁이 아직도 사그라지지 않은 걸 알고는 즐거워하며 다음과 같이 말하였다.

인간이 이 질문에서 헤어날 방도는 앞으로도 영영 없으리라. 이제 세상은 충분히 나이 들어 이 문제를 꺼내들지 않을 수 없다. 더구나 이 문제를 따지는 일에 소요된 시간은 저 옛날 로마 황제들이 세상을 점령하고 다스린 시간을 훌쩍 넘어서 버리지 않았나. …… 논의란 것은 한번 시작되면 그 출발점이 어디건 반드시 이 문제로 다시 돌아와 여기에 천착하게 되어 있다. 마치 루푸스가 사랑에 미쳐 자신의 연인 나이비아밖에 몰랐던 것처럼. "그의 머릿속은 온통 그녀 생각뿐, 그의 말은 온통 그녀 이야기뿐. 나이비아 그녀가 세상에 없었다면, 루푸스 그는 말 못하는 벙어리였겠네."[12]

그러나 정작 요하네스 자신은 이 문제를 간단한 방법으로 해결했다. 보편자란 결국 정신적 개념으로서, 여러 개별 존재에 들어 있는 공통된 성질을 편의에 맞게 결합시킨 것에 지나지 않는다고 그는 생각했다. 이른바 "개념론"이란 것을 내놓은 사람은 알고 보면 아벨라르가 아니라 요하네스였던 셈이다.

요하네스는 그리스와 로마의 철학사를 주제로도 글을 써냈는데, 알퀸(중세 초기 잉글랜드 출신의 색슨계 신학자이자 교육가이다. 중세 대학의 교양 학부 체계를 편성하는 등 유럽 대륙의 학예 진흥에 크게 기여하였다. ─ 옮긴이)의 서한 이래 가장 훌륭한 솜씨로 씌어진 라틴어 저술로 손꼽힌다. 더불어 이 저작은 중세 시대의 지평이 얼마만큼 넓어졌는지를 한눈에 보여 주는 증거이기도 하다. 또 『메탈로기카온(Metalogicaon)』이란 책은 그가 자신의 자전적 이야기를 통해 논리학 분야를 조명한 작품이며, 『폴리크라티쿠스(Polycraticus)』(1159년)라는 책에는 "궁정 대신의 어리석음과 철학자들의 특권에 대하여"라는 다소 아리송한 내용의 부제가 붙어 있다. 그런데 정치 철학 분야의 소론으로서 그리스도 왕국 문학사에서 처음으로 그 가치를 인정받은 책이 바로 이 『폴리크라티쿠스』이다. 여기에서 요하네스는 당대 통치층이 저지르던 갖가지 실책과 악덕을 드러냄과 동시에, 이상적인 국가, 나아가 이상적인 인간이란 어떤 것인지 그 모습을 그려 내고 있다. 한편 다음과 같은 대목은 현대를 사는 우리에게 다소 위안을 준다. "오늘날에는 팔려는 사람이 마음만 먹으면 무엇이든 공공연히 돈으로 살 수 있는 시대이다. 이 정결치 못한 탐욕의 불길은 성스러운 제단마저도 위협하고 있으니 …… 심지어는 교황께서 보내신 특사마저도 들어오는 선물을 뿌리칠 줄 모른다. 뿐만 아니라 툭하면 지방 곳곳을 돌아다니면서 정신이 나가도록 흥청망청 마셔대기를 주저하지 않는다."[13] 요하네스의 이야기를 그대로 믿어도 된다면(이 내용은 앞에서도 인용한 바 있다.), 한번은 그가 교황 하드리아누스 4세를 만난 자리에서 말하길, 지금 이 세상은 부패에 찌들어 있는데, 거기에는 교회도 단단히 한몫을 하고 있다 했다. 그러자 교황은 얼마나 근엄한 법복을 몸에 걸치든 인간은 어디까지나 인간일 수밖에 없다는 취지의 답변을 하였다. 이에 요하네스는 지혜를 발휘해 다음과 같이 덧붙이는 것을 잊지 않았다. "하느님이 꾸리신 집(즉 교회)에는 수많은 관직이 자리하는데, 일부 자격 미달인 사람도 있는 한편, 자신의 맡은 바 직무에 성실히 매달리는 사람도 저는 어딜 가나 보았습니다. 부제(副祭)와 부주교, 주교와 특사 사이에서도 그 누구보다 열심히 땀흘리며 하느님의 밭을 가꾸는 이들이 있었습니다. 그들의 신앙심은 얼마나 돈독하고 마음씨는 또 얼마나 착한지, 하느님의 포도밭이 그들의 보살핌 속에서 무럭무럭 자라고 있다는 생각이 절로 들었습니다."[14] 성직자들도 부패에 찌들긴 했지만, 그의 생각에 부패에 물들기는 민간 통치층이 훨씬 더 심하였다. 따라서 교회가 도덕적 사법권을 행사해, 세상의 모든 왕 및 세상의 모든 나라를 다스리는 것이 세상 사람들을 지켜 주는 길이라고 그는 믿었다.[15]

요하네스가 쓴 『폴리크라티쿠스』에서도 가장 유명한 부분을 꼽자면 폭군 살해를 다룬 다음과 같은 대목이다.

만일에 제후들이 정도(正道)를 벗어나 차츰차츰 순리를 벗어난다 치자. 제후들이 아무리 그런다 해도 단번에 그들을 권좌에서 내치는 것은 바람직하지 못한 일일지니, 그보다는 인내심을 가지고 끈질기게 질책하여 더 이상 부정의를 저지르지 못하도록 막아야 할 것이다. 하지만 무슨 수를 써도 그들이 기어코 악행을 저지를 것이 명백한 사실로 굳어지는 날이 종국에 올지니 …… 만일에 통치자가 권력을 이용해 하느님의 신성한 계명을 거스르고 나선다면, 나아가 나를 부추겨 신의 뜻을 거역하는 그 전쟁에 동참하기를 바란다면, 그를 향해 나는 한 치의 망설임도 없이 답하리라. 이 세상에 하느님의 총애를 받을 사람이 어디 당신뿐이겠는가. …… 독재자를 죽이는 것은 법에 어긋나는 일이 아니다. 그것은 올바르고 정의로운 일이기까지 하다.[16]

요하네스가 이렇게까지 열변을 토해 가며 말하는 예는 여간해서는 찾아보기 힘든데, 그러면서 그는 『폴리크라티쿠스』 후반부에 다음과 같은 내용을 덧붙여 놓았다. "단 이때 폭군을 살해하는 자는 그 폭군에게 충성 서약을 하지 않은 상태여야 한다."[17] 이는 곧 하나의 유보 조항이나 다름없었는데, 당시의 통치자들은 누구나 자신의 신하를 상대로 충성 서약을 받아 냈기 때문이다. 15세기에 프랑스에서 오를레앙의 루이가 암살당하는 일이 발생하자, 장 프티라는 인물이 『폴리크라티쿠스』의 이 구절을 인용해 살해를 옹호하였다. 그럼에도 교회는 콘스탄츠 공의회에서 프티의 견해를 비난하고 나섰는데, 누군가에게 죄를 선고하면서 법정 소환과 재판의 절차를 거치치 않는 것은 감히 왕도 할 수 없는 일이라는 판단에서였다.

우리가 현대인이긴 하나, 이른바 12세기의 "현대파"로 불리던 요하네스의 견해에 일일이 고개를 주억거릴 수 있는 건 아니다. 그의 글을 읽어 가다 보면 우리로서는 터무니없게 여겨지는 말들도 이따금 등장하기 때문이다. 하지만 그런 터무니없는 내용까지도 그는 너그럽고 우아한 멋진 표현으로 담아낼 줄 알았으니, 이렇게까지 멋들어진 글은 훗날 에라스무스가 나타나기 전까지는 만나 보기 힘들다. 더구나 요하네스는 인문주의자이기도 해서, 영원성보다는 삶을, 신앙의 독단적 교리보다는 아름다움과 따뜻한 마음을 더 사랑한 인물이었다. 그에게는 신성한 경전 구절보다는 고대의 고전문학을 줄줄 외는 편이 더 즐거운 일이었다. 또 그는 생전에 "두비타빌리아(dubitabilia)"라고 하여, "지혜로운 사람이라면 응당 의심을 가질 만한 것들"의 목록을 길게 작성해 놓기도 했는데, 영혼의 본성과 기원, 세계 창조, 하느님의 예지가 인간의 자유 의지와 가지는 관계성 등이 그런 문제에 해당했다. 그러면서도 그는 누구보다 꾀바른 사람이어서 스스로에게 이단의 낙인을 찍는 우를 범하진 않았다. 당대의 여러 가지 논쟁에 참여하면서도 그는 외교관만이 가지는 면책 특권 및 매력을 이용한 것이었다. 나아가 전쟁 벌이듯 치고받고 싸우는 게 철학이 아니라, 향유처럼 마음을 평화롭게 다스려 주는 것이 철학이라고 그는 믿었다. 그에게 철학은 어떤 것에 대해서든 중재의 힘을 발휘하는 것이었다. "철학을 통해 요하네스는 카리타스(caritas, 너그러운 덕)의 경지에 이르렀으니, 이로써 그는 철학이 가진 진정한 목표를 이룬 셈이었다."[18]

2. 파리로 유입된 아리스토텔레스 사상

1150년 무렵 페트루스 롬바르두스라는 아벨라르의 제자 하나가 책을 한 권 펴냈다. 이 책은 아벨라르의 사상을 이단성을 말끔히 걷어 내 정리한 모음집이자, 동시에 스콜라 철학의 공식적 시작을 알리는 신호탄이었다. 안셀무스, 브레시아의 아르놀트, 보나벤투라, 토마스 아퀴나스처럼 페트루스 역시 본래는 이탈리아 태생이었지만, 신학 및 철학을 더 공부하기 위해 프랑스로 건너온 경우였다. 그는 아벨라르를 무척이나 따라서, 아벨라르가 쓴 『긍정과 부정』을 자신의 성무일도서라 부를 정도였다. 하지만 그럼에도 그의 마음 한편에는 꼭 주교가 되고 싶다는 소망도 있었다. 그가 『신학 명제집』을 써내면서 택한 방식은 『긍정과 부정』의 방법론을 가져오되 그 수위를 적절히 조절하는 것이었다. 즉 신학에 등장하는 논쟁점을 죽 열거한 뒤 그 문제와 관련한 성경 및 교부들의 찬반 입장을 항목마다 일일이 나열한 것이다. 하지만 그러면서도 대립되는 의견 사이에서 절충점을 찾아내기 위해 각고의 노력을 기울였고, 결국에는 정교 교리에 부합하는 쪽으로 결론을 내놓았다. 이윽고 그는 파리의 주교로 임명되고, 400년 동안 그가 써낸 책은 신학 강좌 교과서로서 엄청난 인기를 누렸다. 그 인기가 얼마나 대단했는지 훗날 로저 베이컨은 이 책 때문에 성경마저도 자기 설 자리를 잃고 말았다고 했다. 이『명제집』에 대해서는 알베르투스 마그누스와 토마스 아퀴나스를 비롯해, 주석서를 쓴 신학자만 무려 4000명이 넘는 것으로 전해진다.

이 책의 성과가 결국에는 개인의 이성에 대한 요구를 물리치고 대신 교회 및 성경이 지닌 권위를 확립한 것이었던 만큼, 이후 반세기 동안은 신학에 밀려들던 합리주의의 물결도 잠시 주춤하는 듯했다. 그런데 바로 이 50년 사이에 신학을 전에 없던 모습으로 탈바꿈시켜 놓는 기이한 일이 발생하게 된다. 일찍이 9세기, 아리스토텔레스의 과학 및 형이상학 저작이 아랍어로 번역되었을 때 이슬람 사상가들은 무엇에라도 홀린 듯 이 그리스의 철학을 이슬람교 교리와 조화시키려는 노력을 하지 않을 수 없었다. 이는 스페인의 유대인 사상가들도 마찬가지여서, 12세기에 아리스토텔레스를 맞닥뜨리게 되자 이븐 다우드와 마이모니데스는 유대교와 그리스 사상을 어떻게든 조화시키려 애를 썼다. 이와 똑같은 일이 1150~1250년의 유럽에서도 일어난 것이니, 아리스토텔레스의 저작이 라틴어의 옷을 입고 발을 들이자 그리스도교 신학자들은 그리스도교의 신학을 그리스의 형이상학과 어떻게든 하나로 종합해 내려는 시도를 하지 않을 수 없었다. 나아가 아리스토텔레스란 인물은 성서의 권위를 내세워 봤자 꿈쩍도 하지 않으리라 여겨진 만큼, 결국에는 신학자들도 이성의 말과 무기를 손에 들지 않을 수 없었다. 이는 세상을 주름잡은 수많은 신앙이 아리스토텔레스의 사상에 경의를 표했다는 이야기였으니, 만일에 이 사실을 그 그리스 철학자가 안다면 마음이 얼마나 뿌듯할까?

그렇다고는 해도 마치 그리스 사상에만 자극을 받아 이 시절 철학이 활짝 꽃피운 것으로 과장해서는 안 될 것이다. 당시에는 유럽 곳곳에 교육이 널리 보급되는 상황이었고, 12세기에 세워진 여러 학교 및 대학에서는 갖가지 논의와 지적 활동이 활발히 일어나고 있었다. 또 로스켈리누스, 샹포의 기욤, 아벨라르, 콩슈의 기욤, 솔즈베리의 요하네스도 지성에 충분한 자극제가 되어 주었고, 십자군 전쟁은 지성의 지평을 큰 폭으로 넓혀 주는 계기였으며, 더욱이 이 무렵 유럽은 이슬람교의 생활을 비롯해 동방 및 서유럽의 사상에도 익숙해져 가고 있었다. 따라서 유럽이 이후에도 줄곧 아리스토텔레스를 몰랐다 하더라도, 이 모든 요인으로 인해 유럽에서는 아퀴나스만한 사상가가 얼마든 배출되어 나올 수 있었을 것이다. 더불어 아퀴나스가 이 시절 학문 연구에 매진한 것도, 알고 보면 아베로이스가 두려웠기 때문이지 아리스토텔레스를 열렬히 따랐기 때문은 아니었다. 스페인 땅에서는 이미 12세기부터 아랍인 및 유대인 철학자들이 그리스도교 사상에 영향을 끼쳐 오던 터였다. 일찍이 플라톤과 아리스토텔레스, 히포크라테스와 갈레노스, 유클리드와 프톨레마이오스의 사상이 스페인을 거쳐 유럽으로 들어왔듯, 알 킨디, 알 파라비, 알 가잘리, 아비켄나, 이븐 가비롤, 아베로이스, 마이모니데스 등의 사상가도 이들과 똑같은 문을 거쳐 라틴어 권 유럽에 발을 들였던 것이다.

낯선 사상이 가해 온 이러한 침략은 아직 난숙하지 못한 서유럽에는 더할 수 없는 정신적 충격으로 다가왔다. 따라서 이런 사상을 초기에 억누르고 또 저지하려는 노력이 유럽에 있었다고 해도 그다지 놀랄 일은 아니다. 우리가 놀라지 않을 수 없는 부분은 따로 있으니, 그리스도교라는 새로운 신앙은 아리스토텔레스의 이 낡고도 새로운 사상을 흡수하면서 그것을 실로 대단한 솜씨로 각색해 냈다는 것이다. 아리스토텔레스의 『자연학』과 『형이상학』, 그리고 아베로이스의 주석서가 파리에 처음 들어온 것은 1210년대, 수많은 학생들이 이들 저작을 읽고 정교 신앙에 대한 자신의 믿음이 흔들리는 것을 느꼈다. 이러한 영향을 받은 것은 학생들만이 아니어서, 베나의 아말리크, 디낭의 다비드 같은 일부 학자들은 창조론, 갖가지 기적, 개인의 불멸성 등 그리스도교가 기본으로 삼는 교리를 공격하고 나서기도 했다. 교회로서는 석연치 않을 수 없던 점이, 프랑스 남부에 유입된 이들 사상은 식자층의 정교에 대한 믿음을 흔들어 놓는 동시에, 이단인 알비파에 대한 처단 의지도 꺾어 놓는 듯했다. 그리하여 1210년에 접어들자 교회는 파리에서 공의회를 열어, 아말리크와 다비드에게 유죄를 선고하는 한편, "형이상학 및 자연 철학"을 다룬 아리스토텔레스의 저작은 물론, 그와 관련한 주석서들을 금서로 정하기에 이른다. 이 금칙이 1215년 들어서 교황 특사의 명으로 다시 내려진 걸 보면, 1210년에 내려진 공의회의 결정은 아리스토텔레스의 금서에 대한 세간의 관심을 오히려 부추겼던 듯하다. 그러던 것이 제4차 라테라노 공의회가 열리면서는 아리스토텔레스의 저작이라도 논리학 및 윤리학 분야의 것은 학교에서도 가르칠 수 있게 되었으나, 그 밖의 저작은 여전히 금서로 남았다. 1231년에는 교회의 이러한 칙령을 어긴 바 있는 총장 및 학자들에 대하여 그레고리우스 9세가 면죄를 주었다. 하지만 교황은 칙령을 새로 고쳐 선언하길, "이 면죄는 서가 구석구석을 살펴 그 철학자의 저서를 모조리 없앤 후에만 유효하다."라고 하였다. 파리에서는 아리스토텔레스 저작의 분서 작업을 위해 세 명의 총장이 임명되었으나, 이들은 이 일을 추진하다 중도에 손을 뗀 듯 보인다. 이렇게 교회의 금칙이 여러 차례 내려졌음에도 그 시행 기간은 길지 못하였는데, 1255년이 되어 『자연학』과 『형이상학』을 비롯한 기타 아리스토텔레스의 저작들이 파리 대학에서 필독서로 지정되기에 이르렀기 때문이다.[19] 그러다 1263년 들어 우르바누스 4세에 의해 금칙들은 다시 되살아났다. 하지만 아리스토텔레스의 사상을 그렇게 무서워할 것만은 아니라고 토마스 아퀴나스가 설득한 모양인지, 교황은 이 금지령을 거세게 밀어붙이지는 않았다. 그리고 1366년 우르바누스 5세가 사절을 통해 공표하기를, 앞으로 파리에서 인문학 학위를 받으려면 학생들은 아리스토텔레스의 저작을 철저히 공부해야 할 것이라고 하였다.[20]

12세기 초 사반세기 동안 라틴어권 그리스도교가 직면한 이 딜레마는 그리스도교 신앙의 역사에서는 한 번의 아슬아슬한 고비였다. 사람들이 이 새로운 철학에 열광한다는 건 곧 지적 열의의 표현이기도 했으니, 그 불씨는 교회가 아무리 애를 써도 사그라질 줄 몰랐다. 그리하여 교회는 불을 끄려 노력하는 대신, 침략자들을 에워싸고 그들을 자기편으로 만드는 데 힘을 집중하게 된다. 세계의 종교를 세 차례나 뒤흔든 놀라운 그리스인, 그의 사상을 교회의 충직한 수도사들이 연구하고 나선 것이다. 그런 이들 중 하나가 헤일즈의 알렉산데르였다. 프란체스코 수도회에서는 그에 의해 그 그리스 "철학자"를 그리스도교 신앙과 조화시키려는 노력이 처음 이루어지자 더없이 반가워하는 기색이었다.(비록 이들은 아리스토텔레스보다는 아우구스티누스를 더 선호했지만.) 이어서 알베르투스 마그누스와 토마스 아퀴나스도 동일한 과업 완수에 나섰고, 이들의 연구에 대해서는 도미니크 수도원에서 물심양면의 지원을 아끼지 않았다. 이 세 사람의 작업이 끝나자, 아리스토텔레스의 사상은 이제 그리스도교 신앙에 전혀 해가 되지 않는 것처럼 보였다.

3. 자유사상가들

따분한 추상 개념을 가져다가 무작정 쌓아 놓은 것이 곧 스콜라 철학이라고 이해하지 않으려면, 우리는 먼저 13세기에 대한 우리의 시각부터 달리하지 않으면 안 된다. 즉 이때라고 해서 대가급 스콜라 철학자들의 사상이 아무 이의 없이 받아들여진 것은 아니며, 오히려 회의론자, 유물론자, 범신론자, 무신론자들이 유럽의 지성을 사로잡기 위해 교회의 신학자들과 한바탕 전쟁을 치르는 형국이었다.

그리스도교 신앙이 지배했던 유럽 세계에서도 불신자(不信者)들이 소수나마 존재했음은 앞에서 살펴본 바 있다. 그런데 13세기 들어 이 불신자 계층이 부쩍 늘어나는 양상을 띠니, 여러 차례의 십자군 전쟁 및 아랍어 저작의 번역으로 인해 그리스도교가 이슬람 세계를 접하게 된 까닭이었다. 위대한 신앙이 그리스도교 말고도 또 있다는 것, 거기에서 살라딘이나 알 카밀 같은 성인군자와 아비켄나와 아베로이스 같은 철학자가 배출되었다는 것은 그리스도교도로서는 여간 불편한 진실이 아닐 수 없었다. 사실 알고 보면 종교 비교란 종교 자신에게는 전혀 득이 되지 않는 일이다. 현명 왕 알폰소(1252~1284년)가 전하는 바에 따르면, 당시 스페인에는 그리스도교도 사이에 불멸을 믿지 않는 분위기가 팽배했다고 한다.[21] 아마도 상류층의 사상에 흘러들던 아베로이스의 철학이 이 무렵에는 일반 백성들 사이에까지 배어든 듯하다. 프랑스 남부의 경우에는 13세기에 일단의 합리주의자들이 나타나, 하느님은 세상을 창조만 하셨을 뿐, 그 나머지 일은 자연법칙에 맡기셨다고 주장하기도 했다. 따라서 기적이란 도무지 일어날 수 없는 불가능한 일이요, 기도 역시 자연 요소의 행동을 변화시킬 수는 없는 것이라고 그들은 주장했다. 또 새로운 종이 생겨나는 것도 자연적 발달에 따른 것이지, 특별한 창조가 이루어져서 그런 것은 아니라 했다.[22] 파리에는 화체설(化體說)까지 부정하는 자유사상가들이 생겨났다.(심지어 여기에는 사제들도 일부 끼어 있었다.)[23] 옥스퍼드의 한 교수는 "제단에서 행해지는 성사야말로 우상 숭배와 다를 바 없다."라고 항의했다.[24] 릴의 알랭은 (1114~1203년) 당시 세태를 두고 다음과 같은 말을 남겼다. "오늘날에는 수많은 그리스도교도가 잘못된 믿음을 갖고서, 영혼은 곧 몸과 함께 썩어 없어지는 것인즉 부활이란 것도 존재하지 않는다고 말하고 다닌다." 이들은 에피쿠로스와 루크레티우스를 전거로 내세우고, 또 한편으로는 원자설을 채택했다. 그들의 결론에 따르면 삶을 살아가는 최선책이란 결국 지금 이 순간의 삶을 즐기는 것이었다.[25]

이러한 불신앙을 조장하는 데에는 플랑드르의 도시 산업주의도 한몫했던 것으로 보인다. 한편 회의주의의 물결이 한참 거셀 당시 선두에서 그 흐름을 이끈 인물이 있었으니, 13세기 초반에 활동한 디낭의 다비드, 13세기 말엽 활동한 브라반트의 시제르였다. 다비드는 (1200년경) 파리에서 철학을 가르친 바 있었고, 그의 절묘한 논법은 교황 인노켄티우스 3세를 탄복시킬 정도였다.[26] 다비드는 유물론을 기반으로 한 범신론을 주창하여 하느님, 마음, 순수한 물질(형상을 갖기 이전의 물질)은 곧 하나이며, 이것이 새로운 삼위를 이룬다고 보았다.[27] 또 『수첩의 글귀들』이라는 책을 써내기도 했는데, 현재 유실되고 없는 이 책은 1210년 파리 공의회에서 금서 판정을 받아 분서에 처해졌다. 프랑스 공의회가 범신론 주창자로 낙인찍은 사람은 그 말고도 또 있었다. 역시 파리의 교수 베나의 아말리크는 하느님과 창조가 곧 하나라고 가르친 것이 문제였다. 그는 교회의 강요에 못 이겨 자신의 견해를 철회하였고, 이후 금욕 수행을 하다 세상을 뜬 것으로 전해진다.(1207년)[28] 공의회에서는 땅에 묻힌 그의 유골을 파내서, 수많은 추종자들에게 본때를 보일 양으로 파리 광장 한가운데에서 불살랐다. 그러나 추종자들은 항쟁을 그만두기는커녕, 오히려 아말리크의 견해에서 한발 더 나아가 천국과 지옥은 물론 성사(聖事)의 힘까지 부인하기에 이르렀다. 교회에서는 아말리크파 중 열 명을 잡아다 화형에 처하였다.(1210년)[29]

자유사상이 한창 득세하기는 프레데리크 2세가 다스리던 남부 이탈리아도 마찬가지였는데, 이곳은 성 토마스 아퀴나스가 나고 자란 고향이기도 했다. 이곳의 우발디니 추기경은 프레데리크와 친구로 지내면서 공공연히 유물론을 주창하고는 했다.[30] 북부 이탈리아의 경우에는 제조업계 노동자를 비롯해, 사업가 계층, 변호사, 전문직 종사자 등이 일종의 회의주의에 빠져 헤어나지 못하고 있었다. 볼로냐 대학의 교수진은 종교에 관심이 없기로 악명이 높았고, 볼로냐 및 여타 지역의 의과 대학은 회의주의가 자라나는 데 본거지 역할을 했다. 그래서 "의사가 셋이 모여 있으면 그중 둘은 무신론자이다."라는 말이 다 나올 정도였다.[31] 1240년경에 이르자 이탈리아의 평신도 사이에서는 아베로이스주의가 거의 유행처럼 퍼지다시피 하였다.[32] 아베로이스의 말을 교조처럼 따르는 사람만 수천에 이르러, 이들은 세상이 자연법칙에 의해 다스려지며 거기에 하느님의 힘은 전혀 개입되지 않는다고 믿었다. 또 이 세상은 하느님과 함께 영원히 존재하며, 불멸의 영혼은 단 하나, 우주를 지배하는 "능동 지성"뿐이라 생각했다. 개인의 영혼은 이 능동 지성이 잠시 거쳐 가는 하나의 국면 또는 형상에 지나지 않았다. 천국과 지옥 역시 누군가가 만들어 낸 이야기로, 이를 수단으로 사람들을 어르고 겁주어 도리를 지키게끔 한다고 생각했다.[33] 일부 아베로이스주의자들은 종교 재판에서 화를 면할 양으로 진리가 이중성을 지닌다는 교조를 내걸기도 했다. 철학이나 자연법칙에 비추어서는 참으로 보이는 명제도, 성경이나 그리스도교 신앙에 비추어 보면 거짓일 수 있다고 이들은 주장했다. 또 이성에 따르자면 의구심이 드는 것도 신앙에 따라서는 믿을 수 있다고 공언하였다. 이러한 이론은 곧 스콜라 철학의 기본 가정을 부인하는 셈이었으니, 스콜라 철학에서는 이성과 신앙이 서로 화해할 수 있다고 보았기 때문이다.

13세기 말 무렵과 14세기 및 15세기 전반에 걸쳐서는 아베로이스주의의 물결이 파두아 대학을 중심으로 학계를 휩쓸었다. 이 당시 두각을 나타낸 인물로는 파리의 의과 대학 교수로 재직하다 나중에 파두아에서 철학을 가르친 아바노의 피에트로를 들 수 있다. 그는 1303년 『논쟁의 중재자』라는 책을 써내어, 의학 이론을 철학 이론과 조화시키려 노력하기도 했다. 피에트로는 과학의 역사에 족적을 남긴 것으로도 유명한데, 이때 이미 그는 신경의 중추는 곧 두뇌이며, 혈관의 중추는 심장이라고 가르쳤다. 1년의 기간을 365일 6시간 4분으로 무척이나 정확하게 계산해 낸 것도 그였다.[34] 그는 점성술을 아주 신빙성 있는 것으로 여겨, 별의 힘과 운행에 따라 세상만사의 인과가 결정된다고 믿었다. 이는 세상의 통치와 하느님은 별개라는 것이나 다름없는 이야기였다.[35] 종교 재판소는 그를 이단으로 고발하지만, 피에트로는 아조 데스테 후작과 교황 호노리우스 4세의 주치의이기도 한 터라 이들로부터 보호를 받을 수 있었다. 그러다 1315년 다시 한 번 고발을 당했을 때는 때마침 천수를 다함으로써 재판을 면하였다. 재판관들은 그의 시신을 꺼내 화형할 것을 명했지만, 피에트로의 벗들이 그의 유골을 얼마나 잘 감추었는지 재판부에서는 결국 모조 인형을 만들어 형을 집행하는 수밖에 없었다.[36]

토마스 아퀴나스가 고향 이탈리아를 떠나 파리로 옮겨 와서 보니, 파리의 교수진 일부는 아베로이스의 철학에 젖어 지낸 지가 벌써 한두 해가 아니었다. 1240년 오베르뉴의 기욤은 걱정스럽다는 듯 이르기를, 파리 대학에는 "(아베로이스가 내려놓은) 갖가지 결론을 연구도 않은 채 그저 무작정 받아들이는 이들이 수없이 많다."라고 하였다. 1252년에 접어들자 토마스가 보기에도, 파리 대학의 젊은이들 사이에는 아베로이스주의가 들불처럼 번져 가는 모습이었다.[37]

교황 알렉산데르 9세는 토마스의 이 보고를 듣고 소스라치게 놀랐는지, 곧 알베르투스 마그누스를 시켜 「아베로이스에 반박하여 지성의 단일성을 논함」이라는 글을 쓰게 했다. 그러나 아베로이스주의 운동이 절정에 달한 건 다름 아닌 토마스가 파리에서 교편을 잡던 때였다.(1252~1261년, 1269~1272년) 프랑스에서 아베로이스 운동을 선도한 이는 브라반트의 시제르였는데, 그가 파리 대학에서 가르친 시기가 1266년에서 1276년 사이이기 때문이다. 이후 아베로이스주의와 그리스도교는 이곳 파리를 전장으로 30년간 한바탕 전쟁을 벌이게 된다.

시제르는(1235?~1281년) 원래 재속 사제로서,[38] 학식이 높기로 유명한 인물이었다. 현재 그의 저작은 단편으로만 전할 뿐인데, 그럼에도 그 안에는 알 킨디, 알 파라비, 알 가잘리, 아비켄나, 아벰파세, 아비케브론, 아베로이스, 마이모니데스 등 다양한 사상가들의 글이 두루 인용돼 있다. 시제르는 아리스토텔레스를 주제로 하여 일련의 주석서를 써내는가 하면, 「철학계의 명사, 알베르투스와 토마스를 반박함」이라는 글을 써서 세간에 논란을 불러일으키기도 했다. 이들 저작에서 시제르가 주장한 바에 따르면, 알베르투스와 토마스는 철학자 아리스토텔레스를 잘못(반면 아베로이스는 옳게) 해석하고 있었다.[39] 시제르는 아베로이스와 의견을 같이하여 이 세상을 영원한 것이라 보았다. 또 자연법칙은 불변의 것이며, 개체가 목숨을 다한 뒤에도 영속하는 것은 오로지 종(種)의 영혼뿐이라 했다. 그에 따르면 하느님은 만물의 실질적 원인이 아닌, 최후의 원인이었다. 창조에서 하느님은 그 원인이 아니라 목적이라는 이야기였다. 훗날 비코(Vico, 18세기에 활동한 이탈리아 철학자로 법학, 정치학, 역사학에 다양한 업적을 남겼다. – 옮긴이)와 니체(Nietzsche)가 논리를 끝까지 파고든 결과가 그러했듯, 이 시절 시제르도 다소 음울한 분위기의 영원 회귀론을 들고 나온 적이 있었다. (그의 주장에 따르면) 지상의 모든 일을 종국에 결정짓는 것은 별들의 조합인데, 이 조합에서 나올 수 있는 경우의 수는 한정돼 있다. 따라서 무한한 시간 속에서는 결국 각각의 조합이 판에 박은 듯 똑같이 되풀이될 수밖에 없고, 조합이 반복될 때마다 그것이 불러오는 결과 역시 똑같을 수밖에 없다. 그러므로 시간이 흐르면 결국 "똑같은 종(種)이" 나타나 다시 "똑같은 견해, 똑같은 법률, 똑같은 종교"를 만들어 내게 될 것이었다.[40] 그러나 시제르는 신중을 기해 다음과 같이 덧붙이는 것을 잊지 않았다. "이 같은 설은 철학자 아리스토텔레스의 견해에 따라 내놓는 것일 뿐, 우리는 이것이 참이라고 단언하지는 않는 바이다."[41] 그는 자신이 가졌던 모든 이단적 주장에도 이와 비슷한 식의 부언을 달아 놓았다. 또 일부 아베로이스주의자들과 달리 그는 진리의 이중성을 공언하지도 않았다. 자신이 판단하기에 아리스토텔레스 및 이성으로부터 도출된 듯한 몇 가지 확실한 결론을 학생들에게 가르쳤을 뿐이다. 이러한 결론이 그리스도교 교리와 상충한다고 여겨질 때는 교회의 교조에 부합하는 자신의 신앙이 맞다고 여겼고, 따라서 철학이 아닌 오로지 그것들에만 진리라는 명칭을 부여하였다.[42]

당시 파리 대학에는 시제르의 추종 세력이 상당했는데, 이는 그가 총장 후보에까지 오른 사실만 봐도(결국 총장이 되지는 못했지만) 알 수 있다.(1271년) 하지만 아베로이스주의의 물결이 파리에서 얼마나 거셌는지를 보여 주는 증거는 따로 있었으니, 바로 파리의 주교 에티앙 탕피르가 아베로이스주의에 대하여 몇 차례나 고발을 하고 나선 것이다. 주교는 1269년 파리 대학의 교수 몇몇을 겨냥하여 이들이 가르치는 열세 개의 명제를 이단으로 규정하였는데, 그 내용은 다음과 같았다.

모든 인간 안에는 오로지 하나의 지성만 존재한다는 것 …… 이 세상이 영원하다는 것 …… 최초의 인간은 절대 존재한 적 없다는 것 …… 인간의 의지가 필연성에 따라 일을 지향하고 결정한다는 것 …… 개별적인 일에 대하여는 하느님도 알지 못한다는 것 …… 인간의 행동은 신의 섭리에 따라 다스려지는 게 아니라는 것.[43]

하지만 아베로이스주의자들은 이에 아랑곳하지 않고 전과 다름없이 가르침을 펼쳐 나간 것 같다. 1277년이 되자 주교가 한 발 더 나아가 219개 명제의 명단을 발표하고는 공식적으로 그것을 이단으로 못 박았기 때문이다. 이런 내용을 교리로 가르친 인물로 주교는 여럿을 지목하였는데, 시제르, 다키아의 보에티우스, 로저 베이컨이 포함되었고, 심지어 당시 파리에서 가르치던 여타 교수들을 포함해 성 토마스 아퀴나스도 거명되었다. 219개 명단에는 그가 1269년 이미 이단으로 못 박은 명제와 함께, 다음과 같은 명제가 포함되었다.

창조는 불가능하다는 것 …… (죽음으로 인해) 몸이 한 번 부패하고 나면, 그 몸이 다시 소생하는 일은 없다는 것 …… 미래의 부활은 이성으로 검증할 수 없는데, 따라서 철학자라면 모름지기 미래의 부활을 믿지 말아야 한다는 것 …… 신학자들이 하는 말은 우화를 근거로 한다는 것 …… 신학이란 것은 인간의 지식을 전혀 늘려 주지 못한다는 것 …… 그리스도교 신앙은 배움을 가로막는 장애물이라는 것 …… 행복은 지금 여기의 삶에 있지, 다른 데 있지 않다는 것 …… 이 세상에서 지혜를 가진 이는 오로지 철학자뿐이라는 것 …… 여가 시간에 틈틈이 철학을 공부할 수 있는 것이야말로 인간에게는 더할 나위 없는 최상의 상태라는 것.[44]

1277년 10월 시제르는 결국 종교 재판에 회부되어 유죄를 선고받기에 이른다. 이탈리아로 건너간 그는 로마 교황청의 죄수로 살면서 말년을 보내야 했다. 그러다가 오르비에토에서 반쯤 정신 나간 자객을 만나 그의 손에 목숨을 잃었다.[45]

4. 스콜라 철학의 발달

이렇듯 특정 명제들을 이단으로 규정하기는 했으나, 그것만으로는 그리스도교에 가해지는 정면 공격을 충분히 막아 낼 수 없었다. 젊은이들은 이미 철학이라는 독한 술에 맛이 들어 버렸다. 그렇다면 이제는 이성을 사용해야만 그들의 마음을 돌려세울 수 있지 않겠는가? 일찍이 이슬람 세계에서는 무타질라파(派)로부터 공격받는 마호메트 신앙을, 이른바 무타칼리문('논리학자'라는 뜻. 이 책 1권의 12장 4절 내용 참조 – 옮긴이)들이 나서서 지켜 낸 바 있었다. 그리스도교 세계에도 그런 이들이 있었으니, 이 무렵 프란체스코 및 도미니크 수도회의 신학자를 비롯해, 오베르뉴의 기욤, 겐트의 헨리 같은 재속 사제들이 그리스도교 신앙과 교회를 지키겠다고 나섰다.

이들 방어군은 크게 보아 두 진영으로 나눌 수 있었다. 하나는 신비주의와 플라톤을 지향하는 파(派)로서 대체로 프란체스코회 소속이었고, 나머지 하나는 지성과 아리스토텔레스를 지향하는 파로서 대체로 도미니크회 소속이었다. 생빅토르의 휴와 리처드 같은 경우에는 베네딕트회에 속했다. 이들 입장에 따르면 영적인 실체란 인간의 지성으로 헤아릴 수 없는 저 깊은 곳에 있고, 따라서 인간이 그것을 직접 의식하는 것이 신앙을 지켜 내는 최선의 길이었다. 한편 블루아의 피에르와 투르네의 스테파노 같은 이른바 "엄격주의자"들은 신학의 문제는 감히 철학이 논할 대상이 아니라는 입장이었다. 철학이 구태여 논해야 할 때는 시녀가 신학을 모시듯 고분고분 말하고 행동해야 한다고 이들은 주장했다.[46] 스콜라 철학을 무기로 한 싸움에서 이들이 전방에 선 것은 사실이나, 이들 주장은 단지 한 분파의 입장일 뿐 스콜라 철학 전체의 입장은 아니었음을 우리는 유념할 필요가 있다.[47]

프란체스코회라고 해도 몇몇 소수는, 이를테면 헤일즈의 알렉산데르(1170?~1245년)처럼 그리스도교 신앙을 지켜 내고자 하는 과정에서 철학적 관점 및 아리스토텔레스의 방법론을 이용하기도 했다. 하지만 대체로 프란체스코회는 철학을 불신하는 입장이었다. 물론 이성을 통해 모험을 벌이는 일이 한동안은 교회에 대단한 힘과 영광을 가져다줄지도 모를 일이었다. 하지만 이성이란 머지않아 제멋대로 날뛰게 될 것인데, 그러면 사람들은 신앙에서 멀어질 테고, 그러면 그리스도교는 결국 믿음도 도덕도 없는 세상에서 힘과 설 자리를 잃게 될 것으로 이들은 생각했다. 그래서 아리스토텔레스보다는 플라톤을, 아벨라르보다는 베르나르를, 아퀴나스보다는 아우구스티누스를 선호하는 편이었다. 이들은 플라톤과 뜻을 같이하여, 영혼을 곧 정기(精氣)라 정의하고 이것은 몸 안에 살되 몸의 속박도 받는다 하였다. 따라서 토마스가 아리스토텔레스에 따라 영혼을 "실질적 형상"으로 정의했을 때 이들은 충격을 받지 않을 수 없었다. 또 이들은 플라톤에게서 개인을 떠난 불멸성 이론도 발견해 내었는데, 안타깝게도 이 이론은 금수와 다르지 않은 인간의 충동을 억제하는 데는 역부족이었다. 이에 이들은 아우구스티누스의 견해를 따라 신에서든 인간에서든 간에, 지성보다는 의지가 더 상위에 있다고 보았고, 나아가 진리보다는 선을 추구하는 것을 목적으로 삼았다. 이들의 가치 체계에서 보자면, 감추어진 삶의 본질 및 의미에 더 가까이 다가서 있는 사람은 철학자가 아니라 신비주의자였다.

13세기의 초반 50년 동안에는 스콜라 군단에서도 이 플라톤·아우구스티누스 사단이 모두를 물리치고 정통 신학계를 주름잡았다. 그리고 이 사단의 입장을 대변하는 데 가장 출중한 능력을 보인 이가 바로 성인으로 일컬어지던 보나벤투라였다. 그는 너그러운 영혼을 가졌으면서도 이단은 가차 없이 박해한 인물이자, 정작 자신은 신비주의자임에도 철학 책을 쓴 인물이었다. 또 학자로 일하면서도 공부를 별반 중요치 않게 생각했으며, 토마스 아퀴나스와는 죽마고우인 동시에 논적의 관계에 있었다. 또 스스로는 전도사의 청빈을 몸소 수호하고 모범적으로 실천하였으나, 그가 이끄는 동안 프란체스코 수도회에는 공동의 부가 그 어느 때보다 수북이 쌓여 갔다. 그가 태어난 건 1221년 투스카니에서의 일로, 원래 이름은 조반니 디 피단자였으나 무슨 영문에선지 언젠가부터 ('행운'이라는 뜻을 지닌) 보나벤투라라는 이름으로 불리게 되었다. 어린 시절 그는 소아병에 걸려 죽을 뻔했는데, 그런 아들을 낫게 하기 위해 어머니는 성 프란체스코에게 지성으로 기도를 드렸다. 이후 조반니는 자신이 살아난 것을 성 프란체스코의 은혜로 여겼다. 그래서 프란체스코 수도회에 들어가게 되었고,

수도회에서는 그를 파리로 보내 헤일즈의 알렉산데르 밑에서 배우게 했다. 그러다 파리 대학에서 신학을 가르치기 시작한 것이 1248년의 일이었고, 1257년에는 서른여섯의 아직 젊은 나이에 프란체스코 수도회의 총회장으로 선출되기에 이른다. 이때 그는 수도회의 방종한 생활을 개혁하려 사력을 다해 보지만, 너무도 온유한 성격 탓에 성공을 거두지 못하였다. 하지만 자기 자신만큼은 고행자처럼 소박한 삶을 살았다. 그가 추기경으로 임명되었다는 소식을 전하러 사절들이 달려왔을 때도, 정작 그는 부엌에서 접시를 닦던 중이었다. 그러다 결국 1년 뒤(1274년) 보나벤투라는 과로를 견디지 못하고 세상을 떠났다.

보나벤투라가 쓴 책들은 뛰어난 글솜씨에 명확성과 간결성을 갖춘 것이 특징이다. 보나벤투라는 그저 편찬자의 입장에서 책을 쓴다고 여겼지만, 그럼에도 불구하고 어떤 주제를 다루건 그 속에 정연한 질서와 불타는 열의, 그리고 감격스러울 정도의 겸손을 불어넣을 줄 알았다. 그중에서도 『경구(警句)』는 그리스도교 신학을 정리한 걸작으로 손꼽히며, 『독백(獨白)』과 『하느님을 향한 마음의 여행』은 신비주의에 따른 신앙심이 어떤 것인지를 보여 주는 보물과도 같은 책이다. 그에 따르면 진정한 지식이란 감각을 통해 물질세계를 인식한다고 얻어지는 것이 아니다. 영혼을 통해 영혼 세계를 직관해야만 진정한 지식을 얻을 수 있는 것이다. 그는 성 토마스 아퀴나스를 누구보다 아끼면서도, 철학 책이라면 모조리 읽는 것을 못마땅해 했으며, 때로는 아퀴나스가 내놓은 결론 일부를 허심탄회하게 비판하기도 했다. 또 도미니크회를 겨냥하여 이르기를, 아리스토텔레스는 본래 이교도인만큼, 그의 권위를 교부들의 것과 동급에 놓는 일은 없어야 할 것이라 했다. 나아가 아리스토텔레스의 철학에 대해서도, 그것이 과연 별의 움직임을 단 한순간이라도 설명해 낼 수 있느냐고 했다.[48] 하느님은 철학적으로 도출된 하나의 결론이 아니라, 지금 이 순간 살아 있는 하나의 실재이다. 그러니 하느님에 대해서는 정의를 내리기보다 그분을 느끼는 편이 더 바람직한 일이었다. 진리보다 한 차원 높은 것이 선이요, 그 어떤 과학보다도 훌륭한 것이 소박한 선행이라고 그는 생각했다. 이와 관련해서는 한 일화가 전해지는데, 어느 날 수사 에기디오가 보나벤투라의 풍부한 학식에 탄복한 나머지 그에게 이렇게 말했다고 한다. "아, 어찌한단 말입니까! 저희 같은 일자무식 무지렁이는 무슨 수로 하느님으로부터 호의를 얻는다는 말입니까?" 그러자 보나벤투라가 대답했다. "형제여, 그대는 알지 않는가. 하느님의 호의를 얻는 것은 주님 그분을 사랑하는 것만으로 충분하다는 것을." 이에 에기디오가 물었다. "그렇다면 무지렁이 아낙네도 신학의 대가만큼이나 하느님을 기쁘게 할 수 있다고 형제께서는 믿으시는 겁니까?" 보나벤투라는 그렇다고 답했다. 그러자 에기디오는 쏜살같이 거리로 뛰쳐나가 비렁뱅이 여인을 향해 이렇게 소리를 질렀다. "기뻐하십시오! 하늘나라 왕국에서는 저 보나벤투라 형제보다도 당신이 더 고귀한 신분이 될 수 있다고 합니다. 당신이 하느님을 사랑하기만 한다면 말입니다!"[49]

　"스콜라 철학"으로 통칭되고 있기는 하나, 이 무렵의 스콜라 학파가 견해나 접근 방법에서 다 같이 일변도로 흘렀다고 생각하면 오산이다. 똑같은 스콜라 철학자라도 저마다의 입장이 수십 가지로 다양했기 때문이다. 예를 들어 같은 대학에서 가르치는 교수진이어도 토마스 아퀴나스파는 이성을 중시했는가 하면, 보나벤투라파처럼 이성을 별것 아닌 것으로 치부할 수도 있었다. 또 오베르뉴의 기욤이(1180~1249년) 그랬듯 이븐 가비롤을 추종하여 비(非)의존주의를 내세우는 사람이 있었는가 하면, 시제르파처럼 아베로이스주의를 가르치는 사람이 있을 수 있었다. 정교 안에서 불거진 이러한 입장 차와 갈등은 실로 격심하여 신앙과 불신앙 사이의 갈등을 방불케 했다. 토마스 아퀴나스는 프란체스코회의 주교 요하네스 페캄에게서 준열하게 비판을 받은 만큼, 그 역시 시제르와 아베로이스를 혹독히 비판하곤 했다. 그러기는 알베르투스 마그누스도 마찬가지였으니, 다음과 같은 글에서는 특유의 성인다운 면모를 발견하기 힘들다. "지금 우리 주위에는 무식한 자들이 있어, 철학을 방편으로 삼는 데 대해 물불 안 가리고 싸울 태세이다. 그런 경우로는 특히 프란체스코회가 심한데, 이 짐승처럼 어리석은 자들은 신성 모독을 일삼으면서도 자신이 무엇을 신성 모독하는지도 알지 못한다."[50]

　알베르투스 마그누스는 무엇보다 지식을 사랑한 사람으로, 이런 까닭에 아리스토텔레스가 아무리 이단이라 해도 그를 동경하지 않을 수 없었다. 역사상 최초로 아리스토텔레스의 주요 저작을 하나도 빠짐없이 정리하고, 그것을 그리스도교 용어로 해석해 낸 것도 알베르투스 마그누스였다. 알베르투스가 태어난 것은 1201년 독일 슈바벤의 라우인겐이었다. 그의 아버지는 볼슈타트 가문의 부유한 백작이었다. 학창 시절을 파두아에서 보낸 알베르투스는 졸업하고 나서 도미니크 수도회에 들어가게 되고, 이후에는 힐데스하임, 프라이부르크, 라티스본, 스트라스부르, 콜로뉴(1228~1245년), 파리(1245~1248년) 등지를 돌며 도미니크회 학교에서 학생들을 가르쳤다. 그에게는 학자로서의 삶이 더 즐거웠으나 얼마 안 가 도미니크 수도회 독일 지부의 대교구장을 맡게 되고, 이어서 라티스본의 주교직에까지 오른다.(1260년) 전승에만 전하는 이야기이나, 여행할 때면 그는 늘 맨발로만 걸어 다녔다고 한다.[51] 1262년 콜로뉴의 한 수도원에 들어가 자신이 바라던 조용한 삶을 살 수 있었다. 하지만 그 평화롭던 생활을 76세의 고령에(1277년) 스스로 접는데, 당시 이미 세상을 떠난 제자 토마스 아퀴나스가 공격을 받자 그가 남긴 교리와 추억을 반드시 지켜 내겠다는 일념에서였다. 토마스를 무사히 지켜 낸 그는 자신의 수도원으로 다시 돌아왔고 이윽고 79세에 세상을 떠났다. 알베르투스는 헌신적인 삶을 살았으며, 자신을 낮추는 겸손한 성품을 지녔고, 또 방대한 분야에 지적 관심을 가졌으니, 그의 생애는 곧 중세 수도원 제도가 보여 줄 수 있는 최선의 모습이라 할 만했다.

　생전 알베르투스 마그누스는 학교 강의와 수도회 운영에 상당히 많은 시간을 할애해야 하는 처지였다. 그럼에도 불구하고 수없이 많은 저술 활동으로 과학 분야에는 거의 손대지 않은 데가 없었고, 철학 및 신학에서도 모든 분과에 걸쳐 유의미한 작품을 내놓았다. 그가 이런 업적을 이룰 수 있었던 것은 조용히 책에 묻혀 지낼 수 있는 수도원 생활, 그리고 독일 학자 특유의 엄청난 근면

성 말고는 설명할 수가 없다.*

이토록 많은 저작을 한 사람이 혼자서 써낸 경우는 역사에서도 찾아보기 힘든 일이다. 더 엄밀히 말하면 다른 사람의 사상을 무던히 차용해 온 뒤, 그런 차용이 있었음을 떳떳이 다 밝힌 경우는 거의 없었다 하겠다. 알베르투스는 책을 쓸 때 아리스토텔레스의 저작 제목을 그대로 가져오는 방식을 취했다. 아리스토텔레스의 사상을 해석하는 데에는 아베로이스의 주석서를 활용했는데, 그리스도교 사상과 어긋나는 부분이 있을 때는 둘 모두의 사상에 수정을 가하는 과감함을 발휘하기도 했다. 또 이슬람 사상가들의 사상도 얼마나 풍부하게 끌어다 썼는지, 그가 남겨 놓은 저작은 오늘날 우리가 아랍 철학을 아는 데 중요한 전거 역할을 할 정도이다. 그의 책을 읽다 보면 아비켄나의 이름이 한 페이지가 멀다 하고 등장하며, 마이모니데스의 『방황하는 자들을 위한 안내서』도 심심찮게 등장한다. 그에 따르면 과학 및 철학의 최고 권위자는 아리스토텔레스요, 신학의 최고 권위자는 아우구스티누스이며, 만사만물에 대해서는 다름 아닌 성경이 최고의 권위를 지닌다. 하지만 담론의 영역이 워낙 방대한 만큼 그의 저작은 체계가 영 엉성하고, 일관된 사상 체계가 단 한번도 등장하지 않는다는 단점이 있다. 한 곳에서는 이 교리를 방어했다가 다른 곳에 가서는 그것을 공격하기 일쑤이며, 심지어 한 저작 안에서 그런 일이 일어나기도 한다. 모순된 내용을 찾아 그것을 일일이 해결할 시간이 그에겐 없었던 것이다. 또 객관적인

---

* 알베르투스 마그누스가 철학 및 신학 분야에 남긴 주요 저작을 정리하면 다음과 같다. 1) 논리학: 『이성적 철학(Philosophia rationalis)』, 『범주론(De praedicabilibus)』, 『6원칙론(De sex principiis)』, 『명제론(Perihermenias)』(『해석론(De interpretatione)』이라고도 함.), 『분석론 전서(Analytica priora)』, 『분석론 후서(Analytica posteriora)』, 『변증론(Topica)』, 『문답법에 대하여(Libri elenchorum)』. 2) 형이상학: 『아베로이스에 반박하여 지성의 단일성을 논함(De unitate intellectus contra Averroistas)』, 『형이상학(Metaphysica)』, 『운명론(De fato)』. 3) 심리학: 『영혼론(De Anima)』, 『감각과 감각물에 관하여(De sensu et sensato)』, 『기억과 상기에 대하여(De memoria et reminiscentia)』, 『지성에 대하여(De intellectus et intelligibili)』, 『영혼의 능력에 대하여(De potentiis animae)』. 4) 윤리학(Ethica). 5) 정치학(Politica). 6) 신학: 『피조물에 대한 전서(Summa de creaturis)』, 『신학 대전(Summa theologiae)』, 『페트루스 롬바르두스의 명제집 주석(Commentarium in Sententias Petri Lombardi)』, 『거룩한 이름들 주석(Commentarium de divinis nominibus)』. 여기에 열거된 처음 다섯 편의 작품만 해도 알베르투스의 저작은 무려 21권에 이르며, 이렇듯 양이 방대한 탓에 아직까지도 완간이 되지 않은 실정이다.

사상가가 되기에는 그는 너무 사람 좋고 또 신심 깊은 영혼이었다. 일례로 그는 아리스토텔레스에 대한 주석서를 한 권 써내고는 곧바로『성모 마리아를 예찬하며』라는 제목의 작품을 열두 권에 걸쳐 집필했는데, 다름 아닌 성모 마리아가 문법, 수사학, 논리학, 산수, 기하학, 음악, 천문학을 완벽히 알고 있었다는 것이 주요 내용이었다.

그렇다면 알베르투스 마그누스의 업적은 과연 무엇일까? 앞으로도 이야기할 기회가 있겠지만, 무엇보다 그는 당대의 과학 연구 및 이론을 진일보시키는 데 크게 기여했다. 철학에서는 "라틴어 문명에 아리스토텔레스라는 인물을 확실히 각인시켰으니", 사실 이로써 그는 자신이 목표한 바를 다 이룬 셈이었다. 그 덕분에 대학에서는 철학을 가르치는 데에 아리스토텔레스를 더 널리 활용하게 되었다. 또 그는 이교도 사상을 비롯해 아랍, 유대인, 그리스도교 사상 및 논쟁을 한 곳에 부지런히 쌓아 놓았으니, 뒷날 그의 유명한 제자가 좀 더 명료하고 체계 잡힌 종합을 이루어 내는 데 원천이 되었다. 알베르투스 마그누스가 존재하지 않았더라면, 아마 토마스 아퀴나스 같은 사상가가 나오는 일도 불가능했을 것이다.

5. 토마스 아퀴나스

알베르투스가 그랬듯 토마스 역시 명문 귀족 출신이었으나, 자신에게 주어진 부유한 삶을 마다하고 대신 영원을 손에 넣고자 했다. 그의 아버지 아퀴노의 란돌프 백작은 게르만족의 귀족층으로서, 저 유명한 바르바로사와는 숙부와 조카 사이였고, 교황과 대립하던 프레데리크 2세의 아풀리아 궁정에서도 최상급 서열에 드는 인물이었다. 그의 어머니는 시칠리아의 노르만족 제후에게서 난 자손이었다. 이처럼 유럽 남부인 이탈리아에서 났으나 부모가 모두 북부 유럽의 혈통이었으니 사실상 토마스는 튜턴인이나 다름없는 셈이었다. 그래서

인지 이탈리아인 특유의 우아함이나 극악무도함은 토마스에게 전혀 나타나지 않았고, 오히려 커 갈수록 게르만족의 특징이 눈에 띄게 두드러졌다. 즉 두상이 크고, 얼굴은 넓적했으며, 머리는 금발에다, 열심히 공부하는 것에서 조용히 만족을 찾았다. 친구들 사이에서 그는 곧잘 "덩치만 커다란 시칠리아의 벙어리 황소"로 불리곤 했다.[52]

토마스 아퀴나스가 태어난 것은 1225년, 아버지의 궁전 로카세카에서였다. 로카세카 궁전은 나폴리와 로마의 중간쯤, 아퀴노와는 3마일이 떨어진 곳에 있었다. 궁전 근처에는 몬테 카시노 수도원이 자리하고 있던 터라 어린 시절 아퀴나스는 이곳에서 공부를 할 수 있었다. 열네 살이 되고부터는 나폴리 대학에 들어가 5년간 공부를 했다. 나폴리 대학은 당시 미카엘 스코트와 야곱 아나톨리가 머물면서 아베로이스의 저작을 각각 라틴어와 히브리어로 번역해 낸 곳이었다. 또 이곳에는 아일랜드의 피터란 인물도 있었는데, 토마스를 직접 가르치기도 한 그는 아리스토텔레스의 열혈 신봉자였다. 한마디로 그리스, 아랍, 유대인 사상은 이곳 나폴리 대학을 온상으로 해서 자라나 그리스도교 사상을 차차 침식해 들어오는 중이었다. 토마스가 공부에 빠져 지내는 사이 그의 형제들은 시(詩)에 빠져 있었다. 그러던 차에 레날도라는 형제 하나가 프레데리크의 궁에 들어가 시종 및 매부리로 일하게 되었다. 레날도는 토마스에게도 궁에 들어와 살 것을 적극 권하였다. 토마스를 들이려는 노력은 여기에서 그치지 않아 피에로 델레 비니에(프레데리크 2세 밑에서 조정 대신을 맡아 보던 인물이다. ─옮긴이)는 물론 프레데리크 2세까지 직접 나서서 토마스에게 재차 입궁을 권하였다. 하지만 토마스는 청을 물리치고 대신 도미니크 수도회에 들어갔다.(1244년) 얼마 안 가 수도원에서는 토마스를 파리로 보내 신학 공부를 시켜 주기로 했다. 하지만 파리로 떠나는 길목에서 그는 어머니의 간곡한 부탁을 받은 형제 둘에게 그만 납치를 당하고 말았다. 형제들에 떠밀려 로카세카 성으로 오게 된 토마스는 이후 1년 동안 일거수일투족을 감시당하며 살아야 했다.[53] 가족들은 그의 소명을 흔들어 놓기 위해 온갖 수단과 방법을 동원했다. 전설로 추정되는 한 일화에 따르면, 한번은 가족들이 그의 방 안으로 아리따운 아가씨를 하나 들여보내기도 했다. 그녀가 유혹하면 토마스도 혹시 속세로 다시 발길을 돌리지 않을까 하는 기대에서였다. 하지만 토마스는 유혹을 당하기는커녕 난롯불에서 활활 타고 있던 장작을 꺼내 들어 그녀를 문밖으로 쫓았고, 문에 새겨져 있던 십자가 표시까지 불로 태워 버렸다고 한다.[54] 결국에는 그의 견고한 신심에 탄복하여 어머니가 그의 뜻을 따라 주었고, 어머니의 도움에 힘입어 토마스는 성을 빠져나오는 데 성공한다. 당시 그는 누이 마로타와도 여러 차례 이야기를 나누었는데, 그녀 역시 이윽고 베네딕트회에 들어가 수녀가 되었다.

그리하여 토마스는 파리에서 공부하게 되고, 이때 그를 가르친 교수 중 하나가 바로 알베르투스 마그누스였다.(1245년) 파리에 있던 알베르투스는 곧 콜로뉴로 자리를 옮기게 되는데, 그러자 토마스도 그를 따라가 1252년까지 그의 곁에서 공부를 했다. 당시 토마스는 우둔한 사람처럼 보일 때가 더러 있었으나, 그럼에도 불구하고 알베르투스는 그를 옹호하면서 장차 그가 위대한 인물이 될 것임을 예언하였다.[55] 얼마 뒤 토마스는 다시 파리로 돌아와 학사 자격으로 학생들에게 신학을 가르쳤다. 그가 스승의 길을 그대로 따르기 시작한 것이 이 무렵부터의 일이다. 이때부터 수많은 저작을 연이어 써내 가며, 아리스토텔레스의 철학에 그리스도교의 옷을 입히기 시작한 것이다. 그러다 1259년 들어 파리를 떠나게 되는데, 교황청이 운영하는 스투디움(studium, '스투디움 게네랄레'라고도 하며 여러 학부를 통합하여 운영되던 중세 시대 대학을 가리킨다. 34장 5절 참조-옮긴이)에서 학생들을 가르치기 위해서였다. 이들 스투디움은 오늘날의 아나니, 오르비에토, 비테르보 지방에 자리하고 있었다. 이 시절 교황청에 머물면서 만난 사람이 뫼어베크의 윌리엄으로, 토마스는 그에게 아리스토텔레스의 그리스어 원전을 곧바로 라틴어로 번역해 줄 것을 부탁하였다.

한편 이 무렵 파리 대학에서는 브라반트의 시제르가 선두에 선 가운데 아베로이스의 사상이 혁명처럼 번지고 있었다. 이에 토마스가 이 물결을 잠재우라는 명을 받고 파리로 파견되기에 이른다. 파리에 도착한 토마스는 『아베로이스주의에 반대하여 지성의 단일성을 논함』이란 소론을 써서 적진과의 전투에 불을 지폈다.(1270년) 이 책의 결론부는 다음과 같이 끝맺는데, 토마스의 평상시 모습답지 않게 열띤 어조를 띠고 있다.

이상의 실수들을 우리가 어떻게 논박했는지 두 눈을 똑똑히 뜨고 볼지어다. 우리가 논박에서 사용한 근거는 신앙의 제 내용에 바탕을 둔 것이 아니라, 철학자들 자신의 이유 및 진술을 바탕으로 했음을 분명히 밝힌다. 자신이 지혜롭다 믿고 그것을 떠벌리기 좋아하는 자들은 아마 우리의 논박에 이의를 제기하고 싶을 것이다. 그런 자가 있거든 어디 보이지 않는 한쪽 구석에 숨어서 하지 말고, 또는 이렇게 어려운 문제를 결정할 힘이 없는 어린아이들 앞에서 떠들지 말고 당당히 나서라. 용기가 있는 자라면 모두가 보는 앞에서 당당히 답하라. 내가 얼마든 여기 서서 그에게 맞서 줄 것이요, 이 미천한 나만이 아니라, 진리를 공부하는 다른 수많은 이들이 그렇게 할 것이다. 그의 실수를 바로잡기 위해, 나아가 그의 무지를 치료하기 위해, 우리는 기꺼이 싸울 것이다.[56]

하지만 이는 그렇게 단순하지가 않은 문제였다. 당시는 토마스가 파리에서 가르친 두 번째 시기였는데, 이 무렵 그가 맞서 싸워야 했던 것은 단순히 아베로이스주의만이 아니었기 때문이다. 동료 수도사까지도 맞서서 그를 공격하고 있었으니, 이들은 이성을 믿지 않는 것은 물론, 그리스도교 신앙이 아리스토텔레스와 조화를 이룰 수 있다는 토마스의 주장도 인정하지 않았다. 일례로 당시 파리에서는 보나벤투라의 후계자로서 요하네스 페캄이라는 인물이 프란체스코회에서 철학 교수직을 맡고 있었다. 그가 토마스를 호되게 질책하여 말하길, 토마스는 지금 이교도의 철학을 가져다 그리스도교 신학을 훼손시키고 있다는 것이었다. (뒷날 페캄이 전한 바에 따르면) 이때 토마스는 자신의 주장을 굽히진 않았지만, 그의 질책에 답하면서 "엄청난 온유함과 겸손함"을 보였다고 한다.[57] 이후 토마스는 다소간 활력을 잃게 되는데, 아무래도 이런 논쟁이 3년씩이나 이어진 영향이었던 듯하다.

그러다 1272년 그는 다시 이탈리아로 옮겨 가는데, 이번에는 앙주의 샤를로 부터 나폴리 대학을 재정비해 달라는 요청이 있었기 때문이다. 공부에 지친 탓인지, 아니면 변증법과 논쟁에 환멸을 느낀 탓인지 알 수 없지만, 말년에 들자 토마스는 절필하고 더 이상 책을 쓰지 않는 모습이었다. 한번은 친구 하나가 『신학 대전』 집필을 어서 마치라고 그를 재우쳤다. 그러자 토마스는 이렇게 말하는 것이었다. "이제 더는 못 쓰겠네. 문득 그런 생각이 들었거든. 내가 써 놓은 글들이 한 줌 지푸라기와 다를 바 없다는."[58] 1274년 그레고리우스 10세는 토마스를 소환하여 리옹 공의회에 참석하도록 했다. 이에 토마스는 노새를 타고 이탈리아를 횡단하는 기나긴 여정에 올랐지만, 나폴리와 로마의 중간 즈음에서 그만 기력이 쇠하고 말았다. 그리하여 캄파니아의 포사누오바에 자리한 시토 수도회를 찾아가 몸을 보전할 겸 병석에 들었다. 하지만 토마스는 결국 몸을 일으키지 못했고, 1274년 마흔아홉밖에 되지 않은 나이에 세상을 떠났다.

토마스의 성인 시성 당시 증인들은 그의 모습을 다음과 같이 증언하였다. 토마스 아퀴나스, "그의 목소리에는 늘 상냥함이 배어 있었고, 누구하고나 쉽게 이야기를 나누었으며, 얼굴에는 활기와 차분함이 함께 어려 있었다. …… 또 항상 너그럽게 행동했고, 누구보다 뛰어난 인내심과 신중함을 보였다. 그의 너그러운 성품과 온유한 신앙심은 주위를 환하게 비추는 듯했으며, 가난한 이들에게는 더없는 자비심을 보여 주었다."[59] 생전 그에게는 오로지 신앙심과 공부가 전부였기에, 깨어 있는 하루 일과 동안에는 신앙과 공부를 생각하지 않는 때가 단 한시도 없었다. 모든 기도 시간을 그는 매번 거르지 않고 참석했으며, 매일 아침마다 꼭 두 번씩 미사를 집전하거나 미사에 참석했다. 그 다음으로는 글을 읽고 쓰는 일, 설교하고 가르치는 일, 기도하는 일이 그의 일상으로 되어 있었다. 설교나 강의가 있을 때는, 공부하거나 글을 쓰기 위해 자리에 앉을 때는 그에 앞서 늘 기도하는 것을 잊지 않았다. 이를 보고 한 동료 수도사는 "토마스의 학식이 그토록 뛰어난 것은 그가 그만큼 열심히 공부했기 때문이 아니라, 그가 그만큼 기도를 많이 드렸기 때문이다."라고 생각할 정도였다.[60] 지금도 토마스가 남긴 원고들을 들여다보면, 여백 군데군데에서 "아베 마리아!(마리아께 영광 있기를!)" 같은 간절한 기도문을 볼 수 있다.[61] 그의 신앙생활 및 학문 연구에 대한 몰두는 날이 갈수록 심해졌다. 그러다 보니 오히려 자기 주변 일은 잘 인지하지 못하는 경우가 허다했다. 식당에서 밥 먹을 때에도 그는 앞의 빈 접시를 누군가 가져다 음식을 채워 놓아도 까맣게 모를 때가 많았다. 그래도 이렇게 먹을 수 있던 걸 보면 식욕만큼은 누구보다 왕성했던 모양이다. 한번은 토마스가 다른 성직자들과 함께 루이 9세와의 만찬에 초대받은 일이 있었다. 그는 식사 내내 딴생각에 골몰해 있는 모습이었다. 그러다 별안간 주먹으로 식탁을 쾅 내리치더니 이렇게 소리쳤다. "그렇지, 그거야말로 마니교도를 논파할 수 있는 결정적 논거야!" 한 선배가 "지금 자네 앞에는 프랑스의 국왕께서 앉아 계시네."라며 토마스를 나무랐다. 하지만 루이는 왕의 품격을 지닌 이답게 도리어 시종을 시켜서는 그 승리에 겨운 수도사에게 필기구를 갖다 주도록 했다.[62] 이렇듯 몰두가 심한 성인이었지만, 그럼에도 불구하고 그는 실생활의 여러 문제에 대해서도 아주 분별 있는 말을 할 줄 알았다. 당시 사람들은 신기해 하며 말하기를, 토마스는 부지런히 공부하는 동료 수도사를 대상으로 하느냐, 아니면 단순한 지성을 가진 일반 민중을 대상으로 하느냐에 따라 설교 내용을 달리할 줄 알았다고 한다. 평상시 그는 거드름 떠는 일이 절대 없었고, 자기 생활에 대해서도 이렇다 할 불평이 없었다. 명예를 꼭 손에 넣고자 하지도 않았으며, 교회의 높은 관직에 오르는 것도 마다했다. 그의 저술에는 이 우주 전체를 아우르는 내용이 담겨 있지만, 자만을 떠는 말은 그 속에 단 한마디도 들어 있지 않다. 자신의 신앙에 반하는 쟁점을 하나도 놓치지 않고 마주하되, 품격과 차분함을 잃지 않고 답하는 것이 그의 저작에 담긴 토마스의 모습이다.

한편 토마스는 학문 연구에서도 차용이 이루어진 부분은 기꺼이 인정하였으니, 일반적으로 차용을 묵인하던 당대의 관습에서 한 걸음 나아간 셈이었다. 그의 책에는 아비켄나를 비롯해, 알 가잘리, 아베로이스, 이삭 이스라엘리, 이븐 가비롤, 마이모니데스의 견해가 줄줄이 인용되고 있다. 따라서 이슬람 및 유대 세계에서 활동한 이 선인(先人)들을 먼저 염두에 두지 않고는 13세기의 스콜라 철학을 이해하기란 불가능하다고 봐야 한다. 토마스는 아비케브론에 대해서는 오베르뉴의 기욤만큼 호의를 갖지 않았지만, "랍비 모세"(마이모니데스, 토마스는 그를 모세 벤 마이몬이라고 불렀다.)에 대해서만큼은 깊은 존경심을 표했다. 토마스는 이성과 신앙이 조화를 이룰 수 있다는 데 대해서만 마이모니데스와 의견이 같았을 뿐 아니라, 신앙이 간직한 몇몇 신비는 이성으로써는 파악이 불가능하다는 견해에서도 생각이 같았다. 신앙이 이성보다 한 차원 위라는 이 내용에 대해서는 『방황하는 자들을 위한 안내서』에 들어 있는 마이모니데스의 글을 그대로 인용하고 있을 정도이다.[63] 뿐만 아니라 그는 인간의 지성으로써 하느님의 존재를 증명하는 것은 가능하지만, 인간의 지성은 절대 하느님의 속성을 아는 단계까지 나아갈 수 없다는 데 대해서도 마이모니데스와 의견이 일치했다. 또 우주의 영원성을 논의할 때도 마이모니데스에 근접한 입장을 취했다.[64*] 한편 철학 및 논리학에서 토마스의 전범이 된 것은 아리스토텔레스로서, 그의 책을 보면 아리스토텔레스에 대한 인용이 한 페이지가 멀다 하고 등장한다. 하지만 철학자 아리스토텔레스가 그리스도교 교리에서 조금이라도 이탈한다 싶으면 그는 주저 없이 아리스토텔레스와 다른 길을 택했다. 삼위일체, 성육신, 구원, 최후의 심판은 토마스 자신도 이성으로써는 증명이 불가능하다고 인정한 문제들이었다. 하지만 그 밖의 모든 논점에 대해서는 이성을 얼마든지 받아들일 용의를 보였고, 토마스의 이러한 입장에 아우구스티누스의 추종자들은 큰 충격을 받았다. 또한 토마스는 그리스도교의 특정 교리는 이성으로

---

* 박학다식한 학자 질송(Gilson, 주로 20세기 초반에 활동한 프랑스의 철학자이자 철학사가로, 중세 사상사 연구에 새로운 지평을 연 것으로 평가된다. – 옮긴이) 이와 관련해 그는 다음과 같이 말하고 있다. "마이모니데스는 생전에 아베로이스의 견해에 이끌려 불멸성에 대해 다소 특이한 관점을 가진 바 있다. 만일 이런 일만 없었다면, 마이모니데스와 토마스는 모든 주요 논점에서 일치된 견해를 가졌다고 말할 수 있을 것이다."[65] 하지만 이는 약간의 과장이 아닐 수 없다. 모든 논점에서 마이모니데스와 토마스의 의견이 같았다고 보면, 그리스도교 신앙에서 삼위일체, 성육신, 그리스도의 속죄가 가지는 의미를 경시하는 셈이기 때문이다.

이해되지 않는다고 인정함과 동시에, 여타 신비주의자들과 마찬가지로 하느님과의 합일을 간구했다. 이런 점에서 토마스는 한 사람의 신비주의자였다. 하지만 한편으로 그는 "지성주의자"라고도 할 수 있었는데, "마음"보다는 지성을 진리에 다다르는 도구로서 더 선호했기 때문이다. 토마스가 보기에 이제 유럽은 이성의 시대로 나아가는 흐름을 피할 수 없었고, 따라서 그리스도교 철학자도 신앙을 바탕으로 해서 그 새로운 흐름에 발맞출 수 있어야 한다고 생각했다. 저작 속에서 자신의 논변을 전개할 때 그는 서두에 반드시 성경이나 교부들의 논변으로 전거를 달았지만, 자신의 솔직한 심경을 다음과 같이 딱 잘라 표현했다. "권위에 기대는 것이야말로 논거가 되기엔 힘이 가장 약하다."[66] 또 "우리가 철학을 공부하는 것은 단순히 남들이 무슨 생각을 했는지 알기 위해서가 아니다. 진리의 실상이 어떠한지 알기 위해 공부하는 것이 철학이다."라고 그는 썼다.[67] 논리의 맥을 일관되게 지켜 가려 한 점에서만큼은 그의 저작도 아리스토텔레스의 저작에 버금간다.

토마스 아퀴나스처럼 한 사람의 지성이 그토록 방대한 사상을 체계적이고 또 명료하게 정리해 낸 경우는 역사에서도 무척이나 찾아보기 힘들다. 사실 토마스의 문체에는 사람들을 매료시킬 만한 구석이 전혀 없다. 간단하고 직설적일뿐더러 간결하고 정확하며, 군더더기나 미사여구는 단 한마디도 등장하지 않는다. 하지만 그의 글을 읽다 보면 왜 아우구스티누스의 글에는 이런 박력과 상상력, 열정과 시정(詩情)이 없는지 오히려 아쉬워진다. 철학에서 누구보다 출중한 기량을 발휘하는 것은 자기 본분을 벗어나는 일이라고 토마스는 생각했다. 하지만 시(詩)에서는, 그가 마음만 먹었다면, 시인에 버금가는 작품을 얼마든 내놓았을 것이라고 판단된다. 그의 펜 끝에서 나온 작품 중 가장 완벽한 것으로 꼽히는 것도 그리스도 성체 성혈(聖體聖血) 대축일을 맞아 지은 여러 편의 찬송가와 기도문이다. 그중에서도 「시온아, 구세주를 찬미하라.」는 장중한 분위기의 부속가(附屬歌)로서 그리스도의 실재(實在)를 감동적으로 노래하는 내용이다. 아침 기도 노래로도 유명한 것이 있는데, 이것은 암브로시우스의「성체 찬미가」로 시작해 마지막 두 연은 성체 조배식(朝拜式) 때 늘 사용되는「구원의 희생되시어.」로 마무리된다. 한편 다음에 등장하는 저녁 기도 노래는 신학과 시가 감동적으로 어우러진 작품으로서 역사를 통틀어 가장 훌륭한 찬송가 중 한 편으로 손꼽힌다.

입을 열어
구세주의 영광을 찬미하세
보배롭고 기묘하온
살과 피를 가지사
우리를 구속(救贖)하시려
세상에 내리셨네

정결한 평생 동정의
아기를 낳으셨네
천주이신 이 아기가
또한 사람으로서
진리를 전하시다가
슬프게 죽으셨네

마지막 날 저녁상에
제자들과 더불어
파스카(봄철에 지내는 유대인 제사인 파스카에서 먹은 식사를 말한다. ─ 옮긴이)
법을 행함이시라
또한 이때 당신 몸을
음식으로 주셨네

그 말씀의 전능으로

빵과 술을 가지사

성체 성혈 이루셨네

오감으로 모르되

진실한 영신(靈神)으로서

이 도리를 배우세

지존하신 성체 앞에

꿇어 경배 드리세

묵은 계약 완성하는

새 계약을 이뤘네

오묘하온 성체 신비

믿음으로 알리라

영원하신 성부, 성자

위로자신 성령께

구원받은 환희로써

영광 찬미드리세

무한하신 권능 권세

영원무궁하리라.*

토마스가 살다 간 시간은 알베르투스의 절반 정도밖에 못 미쳤지만, 그럼에도 그는 거의 알베르투스에 맞먹을 만큼의 많은 저술을 써냈다. 우선은 페트루스 롬바르두스의 『명제집』을 비롯해 복음서, 이사야서, 욥기, 바울 서간

---

* 이 찬송가의 마지막 두 연 역시 오늘날 성체 조배식에 사용되고 있다. 이 찬송가를 처음부터 끝까지 부르는 건 성목요일(부활절 전주의 목요일)을 맞아 행렬을 할 때이다.

과 관련해 여러 권의 주석서를 남겼다. 또 플라톤의 『티마이오스』는 물론, 보에티우스 및 위(僞)디오니시오스의 저작에 대해서도 주석을 남기는가 하면, 아리스토텔레스와 관련해서는 『오르가논』, 『천체에 관하여』, 『생성과 소멸에 관하여』, 『기상학』, 『자연학』, 『형이상학』, 『영혼론』, 『정치학』, 『윤리학』에 대해 일일이 주석서를 남겼다. 토마스의 이른바 "진리론"이란, 「진리에 대하여」, 「권력에 대하여」, 「악에 대하여」, 「마음에 대하여」, 「선에 대하여」를 말한다. 『자유 토론집』은 그가 대학에서 강의하는 동안 때때로 제기된 논점을 모아 정리한 내용이다. 소론으로는 「자연의 제 요소에 대하여」, 「존재와 본질에 대하여」, 「제후의 통치에 대하여」, 「자연의 초자연적 운동에 대하여」, 「지성의 단일성에 대하여」가 있다. 이 밖에 총 4권으로 구성된 『대이교도 대전(對異敎徒大全)』(1258~1260년)과, 총 21권으로 구성된 『신학 대전(神學大全)』(1267~1273년), 그리고 『신학 요강(神學要綱)』(1271~1273년)이 있다. 생전에 토마스가 펴낸 저작을 모두 합치면 그 양이 2단짜리 2절판 용지로 무려 1만 쪽에 이른다.

　토마스가 『대이교도 대전』의 집필에 들어가게 된 것은 당시 도미니크 수도회의 총장으로 있던 페냐포르트의 라이몬드의 강권이 있어서였다. 총장은 스페인의 이슬람교도 및 유대교도를 그리스도교로 개종시키는 데 토마스의 이 책이 힘을 보태 주기를 바랐다. 따라서 이 책에 등장하는 토마스의 주장은 거의 이성에만 의지한다는 특징이 있다. 그러면서도 그는 "하느님이 주재하시는 일은 원래 이성만으로는 알 수 없는 것"이라며 탄식을 잊지 않았다.[68] 이 책에서 토마스는 스콜라 철학 특유의 논쟁법은 내려놓고, 대신 거의 현대식에 가까운 스타일에 따라 자신의 논변을 전개하고 있다. 그래서인지 후대 사람들이 그에게 붙여 준 천사 박사(doctor angelicus), 치품천사(熾品天使) 박사(seraphicus)라는 호칭에 걸맞지 않게 군데군데 신랄함이 엿보인다. 그의 생각에 따르면 그리스도교 신앙은 반드시 신성한 것임에 틀림없다. 사람들에게 세상의 쾌락, 육체의 쾌락을 삼가라고 듣기 싫은 설교를 함에도 불구하고 로마 제국을 비롯해 유럽 대륙을 완전히 정복했기 때문이다. 이에 반해 이슬람교가 정복을 이룬 것은 다름 아닌 쾌락을 설교하고 무력을 동원한 덕분이라고 그는 여겼다.[69] 이 책의 4부에 들어가면, 그리스도교 신앙에서도 본령이 되는 교리들은 이성으로써 증명이 불가능하다고 인정하는 대목이 등장한다. 나아가 구약 및 신약에 담긴 신성한 계시를 이해하려면 먼저 신앙심을 갖춰야 할 필요가 있다고 그는 이야기한다.

한편 토마스의 저작 중 내용이 가장 방대한『신학 대전』은 다른 이들이 아닌 그리스도교도를 상대로 한 책이었다. 다시 말해 철학 및 신학에 들어 있는 그리스도교 교리 전체를, 성서, 교부, 이성의 세 가지 방편을 근거로 해설하고 또 방어해 내는 것이 이 책의 주목적이다.* 서문에서 토마스는 다음과 같이 말한다. "거룩한 교리와 관련된 제반 사항을 그 주제가 허락하는 한 가급적 간결하고 명확하게 다루는 것, 그것이 이 책에서 우리가 이루려고 하는 바이다." 간결하게 다룬다는 사람이 책을 스물한 권이나 써 놓았으니 웃음이 날 법도 하지만, 실제 책을 읽어 보면 내용이 정말 간결하다. 즉『신학 대전』은 방대하기는 해도, 절대 장황하지는 않다. 양이 그토록 엄청난 것은 장황해서가 아니라, 아우르는 영역이 그만큼 엄청나기 때문이다. 이름만 신학이라고 붙여져 있을 뿐 하나의 소론 안에 형이상학, 심리학, 윤리학, 법학 등의 모든 분야가 다 들어가 있다. 정확히 말하면 총 38편의 소론, 총 631개의 논점 또는 항목, 그리고 1만 개에 이르는 반론 또는 답변이 이 책에 실려 있다. 각 논점의 논변을 일목요연하게 정리한 토마스의 솜씨에는 탄복하지 않을 수 없지만, 사실『신학 대전』의 구조는 이제껏 칭찬받아 온 것에 비하면 썩 훌륭한 편은 아니다. 스피노자의『에티카(Ethica)』(윤리학)나, 허버트 스펜서(Herbert Spencer, 영국 출신의 사회학자이자 철학자로, 대규모의 종합 사회학 체계를 세운 것으로 유명하다. ─옮긴이)의『종합철학 체계』연작에 비하면『신학 대전』의 구조쯤은 아무것도 아니다. 일례로

---

*『신학 대전』의 내용에서 3부 90번의 항목까지는 토마스 자신이 직접 저술한 것이다. 하지만 그 밖에 나머지 부분은 토마스의 동료이자『신학 대전』의 편집자 피페르노의 레기날드가 쓴 것으로 보인다.

『신학 대전』에 실린 심리학 관련 글은(1부, 75~94번 논점), 6일간의 창조, 그리고 인간 본연의 순수한 상태에 대한 연구 사이에 들어가 있는 실정이다. 한편 방법론에서 토마스는 아벨라르가 창시하고 페트루스 롬바르두스가 발전시킨 논법을 계승하고 완성시켰다 할 수 있다. 즉 맨 먼저 논점을 진술한 뒤, 그에 대한 부정의 논변을 제시하고 이어 긍정을 상대로 반론을 펼친다. 그런 다음에는 성경, 교부, 이성을 근거로 하여 긍정의 논변을 제시한 뒤, 부정의 반론에 답하는 형식을 취하고 있다. 사실 이는 허수아비를 놓고 때리는 격인 만큼 더러는 시간 낭비에 그치는 경우도 없지 않다. 하지만 실제인 듯 박진감 있게 펼쳐지는 논쟁도 상당수에 이른다. 또 토마스는 자신의 견해와 반대되는 논변이라도 그것을 누구보다 공평하고 박력 있게 전개해 냈으니, 이는 오직 토마스만이 할 수 있는 일이었다. 덕분에 『신학 대전』은 이단의 내용을 총정리한 모음집이자, 그리스도교 교리를 다룬 기념비적 저작이 될 수 있었고, 경우에 따라서는 누구에게나 회의(懷疑)의 날을 가다듬게 하는 도구가 되기도 한다. 물론 이 『신학 대전』이 제시하는 대답이 우리에게 다 만족스러울 수는 없을 것이다. 하지만 최소한 토마스가 악마 쪽에다 일부러 하찮은 변호인을 세웠다며 불평할 일만큼은 절대 없을 것이다.

6. 토마스 아퀴나스의 철학

1. 논리학

앎이란 무엇인가? 하느님이 인간에게 불어넣어 준 거룩한 빛 그것을 앎이라고 한다면, 인간에게 앎이란 하느님 없이는 불가능한 것일까? 이 기본적인 시작에서부터 토마스는 이미 아우구스티누스, 신비주의자, 그리고 직관주의자들과 노선을 달리한다. 즉 토마스 아퀴나스에 따르면 앎은 자연적 산물로서, 외적인 신체 감각 및 이른바 자아의 의식이라 불리는 내적인 감각을 통해 얻어진다. 그런데 이러한 앎은 지극히 한정적인바, 오늘날에도 파리(a fly)의 진정한 본질을 아는 과학자는 단 하나도 없기 때문이다.[70] 하지만 그러한 한계 속에서도 앎은 나름의 신뢰성을 가지는 것인즉, 따라서 외부의 세계는 곧 우리가 만들어 낸 망상이 아니냐며 불안에 떨 필요는 없다. 스콜라 철학에서는 "사고는 존재와 일치한다."라고 보는데, 토마스 아퀴나스도 진리에 대한 이러한 정의를 그대로 받아들인다.[71] 지성이 얻어 들이는 자연적 지식은 모두 감각에서 비롯된다.[72] 그러니만큼 외부 사물에 대한 직접적 인식은 사물이 가진 몸, 즉 "감각이 가능한" 세계에만 한정될 수밖에 없다. 감각을 초월한 형이상학적 세계에 대해서는, 즉 몸 안에 깃든 마음, 자신의 피조물에 거하는 하느님에 대해서는 지성이 그것을 직접적으로 안다는 것이 불가능하다. 하지만 감각적 경험을 가지되 유추를 이용하면 다른 존재의 마음도 간접적으로나마 아는 것이 가능하며, 이는 하느님에 대해서도 마찬가지이다.[73] 제3의 영역, 즉 하느님이 거하시는 초자연적 세계에 대해서는 신성한 계시를 통하지 않는 한 인간의 지성이 그것을 안다는 것은 불가능하다. 물론 하느님이 존재하시며 오로지 한 분임은 자연적인 이해를 통해서도 알 수 있는 사실일지 모른다. 세상의 갖가지 기적 속에서, 그리고 질서 속에서 하느님의 존재와 단일성은 빛을 발하기 때문이다. 하지만 하느님의 본질, 즉 삼위일체를 안다는 것은 지성 혼자서의 힘으로는 불가능하다. 심지어 우리는 천사들조차 한정된 지식밖에 갖고 있지 못하다고 말할 수 있는데, 그렇지 않다는 건 천사들이 곧 신이라는 이야기이기 때문이다.

앎이 이러한 한계를 지닌다는 것은 곧 초자연적인 세계가 존재한다는 이야기이기도 하다. 하느님은 성경을 통해 바로 그런 세계를 우리 앞에 드러내 준다. 농부가 철학자의 이야기를 이해 못한다고 해서 철학자의 이론을 그르다고 할 수 없듯이, 하느님의 계시가 인간의 자연적 지식에 어긋난다고 해서 그것을 무시한다면 바보 같은 짓이 아닐 수 없다. 인간의 앎이 완벽하다면 계시와 철학이 상충하는 일도 없을 것이라고 우리는 단언할 수 있다. 나아가 어떤 명제가 철학에서는 거짓이더라도 신앙의 차원에서 참이 될 수 있다는 것도 어불성설이다. 모든 진리는 하느님으로부터 나오며, 또한 하나이기 때문이다. 그렇기는 하나, 이성으로써 이해가 가능한 것과 신앙으로써 믿음이 가능한 것은 따로 구분하는 것이 바람직하다.[74] 철학이 관장하는 영역과 관념이 관장하는 영역은 엄연히 다르기 때문이다. 한편 학자들의 경우, 자기들끼리 모여 신앙에 대해 이런저런 반론을 내놓는 일이 용인될 수 있다. 그러나 "별다른 지식을 갖지 못한 이들이 이른바 불신자들이 하는 말을 마냥 듣고 있어서는 안 될 일이다." 왜냐하면 이들은 아는 것이 적어 불신자들의 말에 무어라 대꾸할 수 없기 때문이다.[75] 농부도 그렇지만, 학자와 철학자도 교회가 내린 결정에는 군말 없이 따라야 한다. 즉 "모든 일에서 우리는 교회의 인도를 받아야만 한다."라고 그는 말했다.[76] 하느님이 명하사 신성한 지혜가 모인 곳이 바로 교회이기 때문이다. 나아가 "신앙과 관련된 문제를 최종적으로 결정할 권한은" 교황에게 있다. "그래야만 모두가 함께 흔들리지 않는 믿음을 가지고 신앙을 지켜 갈 수 있기 때문이다."[77] 그렇게 하지 않으면 이 세계는 지적, 도덕적, 사회적 혼란을 피할 길이 없다.

2. 형이상학

토마스의 형이상학에서는 여러 가지 까다로운 정의와 미묘한 차이를 지니는 개념이 서로 복잡하게 얽혀 있다. 하지만 그의 신학에서 기반이기도 한 것이 이 형이상학이다.

1. 피조물 안에서는 본질과 존재가 서로 다르다. 본질이란, 무언가의 개념을 떠올릴 때 거기에 반드시 있어야 하는 것을 가리킨다. 반면에 존재란 있음의 행위 자체를 말한다. 예를 들어 실제로 존재하든 또는 머릿속 관념으로만 존재하든 삼각형이 가지는 본질은(즉 세 변이 일정한 공간을 에워싸고 있는 것) 어디에서나 똑같다. 하지만 하느님의 경우에는 본질과 존재가 하나를 이룬다. 왜냐하면 만물의 제1원인이자 만물에 내재하는 힘(훗날 스피노자는 이를 '실체(sub-stantia)'라는 말로 표현했다.)이 하느님의 본질이기 때문이다. 이 정의에 따르면 다른 모든 것이 존재하기 위해서는 반드시 하느님이 존재해야만 한다.

2. 하느님은 실제로 존재한다. 모든 존재의 존재이자 모든 존재를 지탱하는 원인이 곧 하느님이기 때문이다. 그 밖에 다른 모든 존재는 유추로서, 이것들은 하느님

의 실재에 제한적으로 참여할 뿐이다.

3. 모든 피조물은 능동적인 동시에 수동적이다. 다시 말해 모든 피조물은 행위의 주체가 되기도 하고 행위를 당하는 객체가 되기도 한다. 뿐만 아니라 모든 피조물에는 존재와 양태가 뒤섞여 있다. 물이 따뜻하게 데워지기도 하는 것처럼, 어떤 특질을 가졌다가 그것을 잃고 다른 특질을 가지기도 하는 것이 모든 피조물의 특성이다. 토마스는 모든 피조물이 이렇게 외부의 행위 또는 내부의 변화에 따라 순간순간 반응하는 것을 일러 "가능태(potentia, 영어로는 'possibility')"라 하였다. 이러한 가능태를 갖지 않는 것은 오로지 하느님뿐이다. 하느님은 행위의 객체가 될 수 없으며, 변하지도 않기 때문이다. 하느님은 순수한 능동이자 순수한 실재이다. 자신이 될 수 있는 모든 것을 하느님은 이미 다 되어 있다. 모든 실체는 하느님을 정점으로 해서 한 단계씩 아래로 서열이 매겨지는데, 행위의 객체 및 능동적 요소가 될 "가능태"를 얼마나 가지느냐가 기준이다. 이 서열에 따르면 여자보다는 남자가 더 우월한 존재이다. 왜냐하면 "아버지는 능동적 요소인 반면, 어머니는 수동적이고 물질적인 요소이기 때문이다. 어머니는 육신의 물질을 형상이 없는 상태로 내놓는 역할을 한다. 이 육신의 물질은 무언가를 형성시키는 힘이 있어야만 비로소 형상을 부여받는데, 그 힘은 다름 아닌 아버지의 정자 속에 들어 있다."[78]

4. 형체를 가진 모든 존재는 질료와 형상으로 이루어진다. 하지만 (아리스토텔레스가 그랬듯) 이때 형상이라 함은 단순히 모양을 일컫는 것이 아니라 그 존재에 활력 및 특성을 부여하는 고유한 요소를 가리킨다. 어떤 형상이나 어떤 필수 불가결한 요소가 그 존재의 본질을 이룰 때 그것을 실체적 형상 또는 본질적 형상이라 한다. 따라서 인간의 몸에서는 합리적인 영혼(즉 사고를 가능하게 하는 활력)이 실체적 형상이며, 이 세상에서는 하느님이 실체적 형상이다.

5. 모든 실체는 물질 또는 사건으로서 존재한다. 다시 말해 돌멩이나 인간처럼 각기 분리된 개별적 실체일 수도 있고, 흰색이나 밀도처럼 무언가에 내재한 특질로서만 존재할 수도 있다. 하느님은 순수한 물질이라 할 수 있는데, 스스로 존재하는 완벽한 실체는 오로지 하느님뿐이기 때문이다.

6. 모든 물질은 개별자로 존재한다. 개별자가 아닌데도 존재하는 경우는 단 하나, 바로 관념 안에서이다. 개별성을 망상으로 보는 생각도 있으나, 그런 생각 자체가 망상이다.

7. 질료와 형상으로 이루어진 존재에서 별개성을(즉 한 가지 종(種)이나 부류 안에서 개체가 저마다 다양한 특징을 갖는 것) 일으키는 요소 또는 원천은 질료이다. 형상 또는 필수 불가결한 요소는 본질적으로 종 전반에 걸쳐 똑같이 나타나기 때문이다. 각각의 개체 안에서 이러한 필수적 요소는 특정한 양과 모양의 질료를 가지며 그 안에서 구체화된다. 그리하여 이렇게 양을 달리하는 질료가 별개성을(즉 개별성이 아닌, 저마다의 고유한 존재를) 형성시키는 요소가 된다.

3. 신학

토마스의 철학에서 늘 핵심이자 주제가 되는 것은 인간이 아니라 바로 하느님이다. 그는 책에서 이렇게 쓰기도 했다. "이 지상의 삶에서 우리가 하느님에 대해 가질 수 있는 가장 높은 지식은 바로, 그분에 대해 우리가 생각할 수 있는 모든 것을 하느님은 초월해 계시다는 것이다."[79] 토마스는 안셀무스의 신 존재 증명은 받아들이지 않는 입장이었지만,[80] 그럼에도 불구하고 하느님의 존재와 하느님의 존재를 동일시하는 데에는 안셀무스와 대동소이했다. 하느님은 존재 그 자체이다. 하느님이 "나는 곧 존재이니라.(I am Who am.)"라고 말한 것처럼.

토마스에 따르면 자연적인 이성으로도 하느님의 존재는 증명이 가능하다. (1) 모든 움직임은 선행하는 움직임이 원인이 되어 일어난다. 이는 곧 부동(不動)의 제1동자(動者)가 존재하거나 "무한 퇴행"이 일어난다는 뜻이 되는데, 후자는 일어날 수 없는 일이다. (2) 마찬가지로 연쇄적으로 일어나는 제 원인에는 반드시 제1원인이 있게 마련이다. (3) 반드시 있어야 할 필요가 없는 것은 우연, 반드시 있어야 하는 것은 필연인바, 우연은 필연에 의지한다. 가능은 실재에 의존한다. 이러한 연관 고리를 따르다 보면, 우리는 순수한 실재인 필연적 존재로 나아갈 수밖에 없다. (4) 사물에는 다양한 정도의 선(善), 진리, 고귀함이 있다. 사물의 이러한 덕은 불완전한 만큼, 그것의 원천 및 본(本)이 되는 완벽하게 선하고, 참이며, 고귀한 존재가 반드시 있어야 한다. (5) 이 세상에 질서가 존재한다는 증거는 이루 헤아릴 수 없이 많다. 심지어는 무생물조차 정해진 질서에 따라 움직인다. 만물을 창조해 낸 어떤 지적인 힘이 존재하지 않고는 이런 질서가 있다는 것도 불가능하지 않겠는가?[81]*

토마스는 이 하느님의 존재 문제에 대해서만 예외적으로 논증이 가능하다고 보았지, 자연 신학에 대해서는 대체로 거의 불가지론의 입장이었다. "하느님이 무엇인지 우리는 알 수 없다. 하느님은 이러이러하지 않다는 것만 알 수 있을 뿐."[82] 즉 하느님은 움직이지 않으며, 여럿이 아니며, 변하지 않으며, 일시적이지 않다. 인간의 지성이란 모래 한 알만큼 작거늘 그것으로 어찌 무한자에 대해 더 알기를 기대한단 말인가? 우리 인간이 비물질적인 영혼에 대해 알기란 여간 어려운 일이 아니라고 토마스는 말했다.(베르그송(Bergson)을 연상시키는 대목이다.) 그 까닭은, 지성은 늘 감각에 의지하고, 인간이 하는 외적인 경험은 모두 물질적 사물을 대상으로 삼기 때문이다. "형체가 없는 것들은 심상을 갖고 있지 않다. 따라서 그것들은 심상을 가지는 감각 대상을 통해 유비적(類比的)으로 알 수 있을 뿐."[83] (마이모니데스도 그렇게 가르쳤듯) 우리는 오로지 유추를 통해서만 하느님을 알 수 있다. 즉 우리 자신의 경험을 갖고, 또 우리가 하느님을 경험한 것을 갖고 추리를 해서만 하느님을 알 수 있는 것이다. 따라서 선(善), 사랑, 진실, 지성, 권능, 자유 등 어떤 뛰어난 특질이 인간 안에 들어 있다고 하면, 그것은 인간을 만들어 내신 창조주 안에도 반드시 들어 있을 게 틀림없다. 나아가 하느님은 무한자인 만큼 이런 특질을 우리 인간보다도 이루 말할 수 없이 많이 가지고 있을 게 틀림없다. 하느님을 우리는 아버지라 부르지만, 이는 편의상 그러는 것일 뿐이다. 하느님과 천사들에게는 성별이 따로 존재하지 않기 때문이다. 하느님은 하나이니, 하느님이란 원래 존재 그 자체이기 때문이다. 또 이 세계가 하나 되어 조화롭게 운행되는 것만 봐도 하나의 뜻과 법이 존재함을 알 수 있다. 이 거룩한 단일성에 세 가지 위격이 존재한다는 것은 이성으로는 헤아릴 수

---

* (1), (2), (5)의 논증은 아리스토텔레스가 내놓은 것으로서 알베르투스를 통해 전해진 것이다. (3)은 마이모니데스의 논증이며, (4)는 안셀무스의 논증이다.

없는 신비한 일이다. 삼위일체에 대한 이해는 신앙을 믿음으로써 얻어질 수 있다.

이 세상이 시간 속에서 창조되었는지, 또 그렇기에 무에서 창조되었는지는 우리로서는 알 수가 없다. 또 아리스토텔레스와 아베로이스가 생각한 것처럼 이 세상이 영원한지 여부도 우리는 알 수 없다고 토마스는 말했다. 신학자들은 창조가 시간 속에서 이루어졌다는 논거를 여러 가지로 내놓았지만, 그것은 모두 힘이 약하므로 채택하지 않는 편이 좋다. "그러지 않았다간 그리스도교 신앙이 자칫 터무니없는 추론에 바탕하고 있는 것으로 비칠 수 있기 때문이다."[84] 하지만 결론적으로는 시간 속의 창조를 우리가 신앙심을 통해 믿어야 한다는 것이 토마스의 주장이다. 다만 그는 덧붙이기를, 사실상 이 질문은 거의 무의미한데, 창조가 일어나기 전에는 시간도 존재하지 않기 때문이다. 창조 이전에는 변화도 없고, 움직이는 물질도 없는 만큼, 시간도 존재하지 않는다는 것이다. 나아가 그는 하느님이 어떻게 변화를 겪지 않고도 비창조에서 창조로 나아갈 수 있었는지를 사력을 다하여 설명해 낸다. 그에 따르면 창조의 행위는 영원하지만, 창조의 효과가 겉으로 드러나기 위해서는 창조의 의지 안에 시간을 결정짓는 일이 포함됐어야 한다.[85] 둔중한 체구를 가진 사람 치고 논변의 틈을 빠져나가는 솜씨가 참으로 날렵하지 않을 수 없다.

창조의 품계(品階)에서 가장 상위를 차지하는 것은 천사들이다. 이들은 지성을 지니되 형체가 없으며, 썩지도 멸하지도 않는다. 천사들은 하느님의 대리인으로 일하면서 이 세상을 다스리며, 하늘에서 천체를 움직이고 이끄는 것도 이들이다.[86] 사람들에게는 저마다 그들을 지키기 위해 임명된 천사가 하나씩 있으며, 대천사의 경우에는 수많은 대중을 맡아 돌보는 역할을 한다. 이들은 물질이 아니므로 중간 지대를 거치지 않아도 얼마든 이 공간 끝에서 저 공간 끝으로 이동할 수 있다. 토마스는 이들 천사의 위계, 운동, 사랑, 지식, 의지, 언설, 습관을 설명하는 데에만 『신학 대전』의 93쪽을 할애하고 있다. 그 광범한 『신학 대전』의 내용 중에서도 견강부회가 가장 심한 곳이 여기인데, 그럼에도 어조만큼은 그 어디보다 단호하다.

이 세상에 천사가 존재하듯 세상에는 마귀도 존재한다. 마귀란 사탄의 뜻에 따라 나쁜 짓을 일삼는 별 볼일 없는 악마들을 말한다. 일반 대중의 마음속에 단순히 상상의 산물로서 생겨나는 게 마귀가 아니다. 마귀는 실제로 존재하며, 끊임없이 사람들에게 해를 끼친다. 남자의 경우 마귀의 영향을 받으면 여자 혐오증이 생겨 발기불능이 될 수 있다.[87] 각양각색의 마법이 실제로 일어나는 것도 마귀들이 힘을 쓴 결과이다. 잠자리에서는 남자 밑에 누워 있다가 그의 정액을 받아서 쏜살같이 공간 이동을 하기도 한다. 그러고는 여자 혼자 있는 집에 들어가 있지도 않은 남자의 정액으로 그녀를 임신시킨다.[88] 마법사들이 미래를 예언하면서 인간의 자유 의지를 무용지물로 만드는 것도 다 이 마귀들이 시킨 일이다. 마귀들이 인간에게 귀띔을 하는 방법은 여러 가지인데, 상상 속의 모습을 이용하기도 하고, 환시나 환청을 이용하기도 한다. 때로 이들은 마녀와 힘을 합치기도 하는데, 마녀가 흉안(凶眼)으로 노려보면 아이들이 해를 입는 것도 다 마귀가 돕기 때문이다.[89]

이 시대 사람들 거의 누구나가 그랬고, 오늘날 우리 대부분도 그렇듯이 점성술을 토마스는 꽤나 신빙성 있는 것으로 보았다.

이 지상에서 펼쳐지는 육신들의 움직임은 …… 저 하늘 천체의 움직임을 원인 삼아 일어나게끔 되어 있는 게 틀림없다. …… 점성가들이 내놓는 예언은 심심찮게 진실로 드러나고는 하는데, 그 까닭을 우리는 다음 두 가지로 설명할 수 있을 것이다. 첫째, 사람들 중에는 육신의 열정을 못 이기고 거기에 따르는 자가 대다수인데, 이들의 행동은 대체로 천체가 천궁에서 보이는 움직임과 일치하게 되어 있다. 천체의 이러한 영향력을 이성을 가지고 어느 정도 제어할 수 있는 사람은 소수, 오로지 지혜를 가진 자들뿐이다. …… 둘째, 점성술이 들어맞는 것은 중간에서 마귀들이 관여를 하기 때문이다.[90]

그렇긴 하나 "이는 우연적이고 부차적인 일에 대해서만 그럴 뿐, 인간의 행동이 반드시 천체의 움직임에 따르기만 하는 건 아니다."라고 토마스는 말한다.[91] 즉 인간의 자유에 맡겨지는 부분도 상당하다는 이야기이다.

4. 심리학

   토마스는 심리학에 내재한 여러 철학적 문제에 대해서도 심사숙고하는 모습을 보이는데, 그의 종합 능력이 가장 잘 발휘된 곳이 바로 이 심리학을 주제로 한 대목이다. 서두에서 먼저 그는 유기체를 기계로 보는 생각에 반하여 그 유기성을 언급한다. 기계란 것은 다양한 부분이 외부에서 덧대어져 만들어지지만, 유기체는 자기 몸의 각종 부분을 스스로 만들어 가는 것은 물론 만들어진 몸을 움직일 때도 자기 내부의 힘을 이용한다.[92] 그런데 내부에서 개체를 형성시키는 이 힘은 다름 아닌 영혼이다. 토마스는 이러한 생각을 아리스토텔레스의 용어를 빌려 다음과 같이 표현한다. 영혼이란 곧 육신이 가진 "실체적 형상"이다. 즉 어떤 유기체에 존재 및 형상을 부여하는 필수 불가결한 요소 및 에너지가 바로 영혼이라는 것이다. "우리가 먹고, 감각하고, 움직이고, 이해하는 데 가장 우선적인 요소는 다름 아닌 영혼이다."[93] 나아가 영혼에는 세 가지 등급이 있으니, 성장의 힘이 되는 생육적(生育的) 영혼, 감각의 힘이 되는 감각적 영혼, 합리적 사고의 힘의 되는 이성적 영혼이 그것이다. 여기에서 첫 단계의 영혼은 생명체라면 어김없이 다 갖고 있으며, 둘째 단계의 영혼은 동물과 인간만이 가지고 있다. 그리고 셋째 단계의 영혼을 가진 것은 인간뿐이다. 하지만 높은 단계의 유기체일수록 형체 및 개체 발달에서 저차원 유기체의 단계를 더 많이 거쳐 왔다고 할 수 있다. "존재의 계층에서 더 높은 단계를 차지하는 형상일수록 …… 그것은 완벽한 형상에 도달하기 위한 중간 단계의 형상을 이제까지 더 많이 거쳤다는 뜻이 된다."[94] 13세기에 나온 토마스의 이런 주장 속에서는 얼핏 19세기의 발생 반복설(생물의 개체 발생은 그 계통 발생을 되풀이한다는 독일 생물학자 헤켈의 가설 – 옮긴이)이 엿보이는데, 이 가설에 따르면 인간의 태아는 인간 종(種)의 발달 단계를 자궁 속에서 모두 거치게 되어 있다.

   플라톤, 아우구스티누스, 프란체스코회의 경우에는 영혼이 죄수처럼 육신 안에 갇혀 있다고 보았고, 나아가 인간 안에서 참된 존재는 오로지 영혼뿐이라 여겼다. 이에 반해 토마스는 과감히 아리스토텔레스의 관점을 받아들이니, 육신과 영혼, 물질과 형상이 복합체를 이룬 것이 인간이라 보았다.(이는 개별 존재에 대해서도 마찬가지였다.)[95] 영혼은 생명력을 주는 동시에 형상을 만들어 내는 내부의 에너지로서, 육신 구석구석과 어느 한 곳 연결되지 않은 데가 없다.[96] 영혼은 육신과 그야말로 수백 가지 방식으로 얽혀 있다. 이를테면 생육적 영혼은 음식에 의지하지 않으면 안 되고, 감각적 영혼은 감각에 의지하지 않으면 안 된다. 또 이성적 영혼 역시 작동하기 위해서는 감각 작용으로부터 구성되거나 감각 작용으로 만들어진 심상을 반드시 필요로 한다. 심지어는 지적 능력과 도덕적 인식 역시 튼튼한 몸을 기반으로 한다. 일례로 피부가 두껍다는 것은 곧 영혼이 민감하지 못하다는 뜻이다.[97] 꿈이나 갖가지 격정, 질병, 울분에 시달리는 것도 생리학적 차원에 그 근본 원인이 있다.[98] 더러 토마스는 육신과 영혼이 하나의 통합된 실재인 것처럼 이야기하기도 한다. 즉 내부의 에너지와 외부의 형상이 합쳐져 불가분의 전체를 이룬다는 것이다. 그럼에도 불구하고 토마스는 이성적 영혼이야말로(추상화, 일반화, 추론 및 우주를 도식화할 수 있는 능력을 지녔으므로) 무형의 실재임을 당연하게 여겼다. 우리가 아무리 찾으려 노력해도, 심지어 우리에게는 모든 것을 물질적으로 보는 경향이 있음에도 불구하고, 의식 속에서는 무언가 물질적인 것을 발견할 수 없다. 그 어떤 물리적 실재 또는 공간적인 실재와는 달리, 이성적 영혼은 온 세상을 아우르는 실재이다. 따라서 이 이성적 영혼은 반드시 영적인 것으로 따로 분류를 해야만 한다. 모든 물리적 현상의 배후에는 하느님이라는 정신적 힘이 숨어 있는데, 그분이 우리 안에 불어넣어 주신 힘이 바로 영혼인 것이다. 오로지 이런 비물질적인 힘이라야만 우주적인 개념을 구성하는 것이 가능하고, 시간을 앞뒤로 자유롭게 도약하는 것도 가능하며, 한없이 큰 것이나 한없이 작은 것을 똑같이 수월하게 생각할 수 있다.[99] 마음은 스스로를 의식하는 일이 가능하다. 하지만 물질적 실체의 경우에는 그것이 스스로를 의식하기란 불가능하다.

그러므로 이 영적인 힘은 육신이 죽은 뒤에도 계속 살아남으리라 충분히 믿을 만하다. 하지만 그렇게 분리된 영혼이 곧 개별 존재를 이루는 것은 아니다. 분리된 상태의 영혼은 무언가를 느낄 수도, 의지를 가질 수도, 생각을 할 수도 없기 때문이다. 살아 있는 육신 없이는 마치 허깨비 유령처럼, 그것은 아무 기능도 못한다.[100] 영혼은 육신의 부활을 통해서만, 즉 자신이 과거에 생명력을 부여했던 그 유형(有形)의 틀과 다시 합쳐질 때만, 그제야 비로소 그 육신과 함께 죽음을 떠난 개별 존재를 이룬다. 아베로이스와 그의 추종자들은 이와 같은 육신의 부활을 믿지 않았고, 그래서 불멸하는 것은 오로지 "능동 지성", 즉 우주 또는 종(種)의 영혼뿐이라는 이론에 치우쳤다. 토마스는 자신이 동원할 수 있는 변증법의 모든 수단을 활용해 이 이론을 논박하고자 했다. 그리고 아베로이스와 불멸성을 두고 벌이는 이 싸움이 당대의 그 어떤 이슈보다 더 중요하다고 생각했다. 영토나 왕위를 둘러싼 현실의 물리적 싸움은 그에 비하면 광기에서 비롯된 하찮은 사건에 지나지 않는다고 그는 보았다.

토마스에 따르면 영혼에는 다섯 가지의 기능 또는 힘이 있다. 우선은 생육 기능이란 것이 있어 양분을 얻고, 성장하고, 생식하는 역할을 한다. 둘째로 감각 기능은 외부 세계로부터 갖가지 감각을 받아들이는 역할을 하며, 셋째로 욕구 기능은 무엇에 대한 욕구나 의지를 갖는 역할을 한다. 넷째로 견인 기능은 움직임을 일으키는 역할을 하며, 다섯째로 지적 기능은 사고를 일으키는 역할을 한다.[101] 모든 지식이 감각으로부터 비롯되는 것은 사실이지만, 그렇다고 감각된 것들이 텅 빈 표면에 떨어지는 것은 아니다. 즉 감각물을 받아들이는 것은 센수스 콤무니스(sensus communis, 공통의 감각 중추)라는 복잡한 구조로서, 이것이 감각물과 인식을 잘 조화시켜 갖가지 관념을 만들어 낸다. 토마스는 아리스토텔레스 및 로크와 의견을 같이하여, "어떤 것이든 감각 안에 먼저 있지 않은 것은 지성 안에도 존재하지 않는다."라고 했다. 그러면서도 마치 라이프니츠나 칸트처럼 덧붙이기를, "여기에서 지성 자체는 예외이다. 지성은 감각을 체계화하여 사고를 만들어 내는 한편 종국에는 그것들로 보편자 및 추상적 관념을 구성해 내니, 이 지성이야말로 이성의 도구이며 이 지상에서는 인간만이 가질 수 있는 특권이다."라고 했다.

한편 의지 또는 의욕이란 지성이 무언가를 선(善)으로 인지하여 그 방향으로 영혼이나 정기(精氣)를 움직이는 기능을 말한다. 아리스토텔레스의 견해를 그대로 따라 토마스는 선을 곧 "바라게끔 되는 대상"으로 정의하고 있다.[102] 그렇게 보면 아름다움[美]도 일종의 선이다. 아름다운 것을 보면 마음이 흡족해지기 때문이다. 그렇다면 왜 아름다운 것을 보면 마음이 흡족해질까? 그것은 체계화된 전체 안에서 각 부분이 조화와 균형을 잘 이루기 때문이다. 어쩌면 지성이 욕구에 예속된 듯 보이는 이유는, 때로 욕구에 따라 사고의 방향이 달라지기도 하기 때문이다. 하지만 결국에는 우리가 사물을 어떻게 인식하느냐에 따라, 즉 우리가 사물에 어떤 견해를 갖느냐에 따라(보통 남의 견해를 모방한 것이지만) 욕구가 달라지는 만큼, 결국에는 의지가 지성에 예속돼 있다고 할 수 있다. "지성이 선이라 이해한 바에 따라 의지가 움직이는" 것이다. 나아가 자유가 자리한 곳도 결국에는 의지가 아니라 판단이라고 할 수 있다. 사물의 모습을 지성이 어떻게 연출하고 그것을 어떻게 이해하느냐에 따라 의지가 "필연적으로 움직이기" 때문이다.[103] 따라서 자유도 지식, 이성, 지혜를 얼마나 갖추느냐에 따라, 그러니까 지성이 그 상황의 참상을 의지에 얼마나 잘 드러내 주느냐에 따라 더 많이 누리게 되기도 하고 더 적게 누리게 되기도 한다. 진정 자유로울 수 있는 것은 오로지 지혜로운 자뿐이다.[104] 지성은 영혼이 가진 가장 훌륭하고 가장 고차원의 기능일 뿐 아니라 가장 강력한 기능이기도 하다. "인간이 추구하는 여러 일 중에서도 지혜를 추구하는 것이야말로 가장 완벽하고, 가장 숭고하고, 가장 유익하고, 가장 기쁜 일이다."[105] "이해야말로 인간이 지닌 참된 기능이다."[106]

5. 윤리학

그러므로 인간이 가지는 참된 목적은 현세에서는 진리를 손에 넣는 것이며, 내세에서는 하느님 안에서 이 진리를 보는 데에 있다. 토마스는 아리스토텔레스와 마찬가지로, 인간이 절실히 찾는 것은 결국 행복이라 보았는데, 그렇다면 인간은 어디에서 그런 행복을 찾아야 최상의 행복을 찾았다 할 수 있을까? 그 답은 육체적 행복에도, 명예에도, 재물에도, 권력에도, 도덕적으로 선한 행동에도 있지 않다. 물론 이 모든 것이 인간에게 얼마간의 기쁨을 주는 건 사실이지만 말이다. 여기에 더해 "완벽한 행복을 위해서는 …… 육체가 완벽한 체질을 갖추는 것도 반드시 필요함"을 인정치 않을 수 없다.[107] 하지만 이런 것이 아무리 좋다 해도 앎이 주는 고요하고, 충만하고, 지속적인 행복에 비하면 아무것도 아니다. "사물의 이치를 파악할 수 있는 사람은 행복하여라."라던 베르길리우스의 말을 잊지 않기라도 한 듯, 토마스는 영혼이 이룰 수 있는 최상의 성취와 만족은(즉 영혼이 고유의 합리성을 통해 자연스레 이룰 수 있는 최고의 경지는) 다음과 같은 것이라 보았다. "이 상태에 이르면 우주 전체의 질서 및 제 원인이 마치 돌에 새겨지듯 영혼 위에 단단히 새겨질 것이다."[108] 앎을 초월하는 평화도 결국에는 앎에서부터 비롯되는 법이나니.

하지만 아무리 최상의 것이라도 속세의 이러한 행복만으로는 인간이 완전한 만족감이나 성취감을 느끼기란 어렵다. 어렴풋하지만 "이 지상의 삶으로는 완벽하고 진정한 행복을 얻을 수 없다."라는 생각이 마음을 떠나지 않기 때문이다. 진정한 행복과 앎은 끝없이 부침하고 변화하는 이 세상과는 상관없을 터, 그것을 찾고자 하는 열망이 인간의 가슴 속에서는 사라질 줄 모른다. 다른 욕구 같은 경우에는 중간 단계의 선에서도 얼마든 만족할지 모르지만, 온전한 인간의 지성이 쉴 수 있는 곳은 오로지 하나, 진리의 총합이자 정점인 하느님에서이다.[109] 오로지 하느님만이 최고의 선이 될 수 있으니, 하느님이야말로 다른 모든 선의 원천이요, 다른 모든 원인의 애초 원인이요, 모든 진실의 궁극적 진실인 까닭이다. 따라서 인간에게 있어 최종목표는 지복직관(至福直觀), 즉 하느님을 만나 지복을 얻는 데에 있다. 따라서 더없이 높고 영원한 이 행복을 누릴 수 있도록 인간을 준비시키는 일, 그에 필요한 기술 및 지식을 가르치는 일이 모든 윤리학의 공통된 내용이다. 그런 만큼 도덕적 선과 덕행도 곧 이 진정한 목적(하느님에 대한 직관)에 이바지하는 행동으로 정의될 수 있다. 선이란 것은 원래 인간이 "바라게끔 되는 대상"인 바, 인간은 자연스레 선에 이끌리게 되어 있다. 하지만 인간이 선이라 판단한 일이 항상 도덕적으로 선인 것은 아니다. 일례로 인류는 이브가 선에 대해 잘못된 판단을 내리는 바람에 하느님 뜻을 거역하게 되었고, 이로써 대대손손 원죄의 더러움을 씻지 못하고 살아가게 되었다.* 이

---

* 교회는 차후 성모 마리아의 무원죄 잉태(성모 마리아의 잉태는 원죄로 더럽혀져 있지 않다는 설)를 정설로 지지하게 되는데, 생전에 토마스는 교회의 입장이 이렇게 정해질 걸 내다보지 못하고 성모 마리아 역시 "죄를 짓고 잉태를 하였다."라고 여겼다. 그러다 성모에 대한 예우는 지켜야 한다고 여겼는지 뒤늦게나마 마리아는 "자궁에서 나오기 전부터 축성을 받은 존재였다."라고 덧붙였다.[110]

대목에 이르면 이렇게 묻는 사람이 나올지 모른다. 모든 것을 미리 내다보는 것이 하느님이거늘, 그런 하느님이 왜 군이 호기심을 버리지 못할 운명의 남자와 여자를 만들어 내서는 인류로 하여금 대대손손 죄를 짓고 살아가게 만들었느냐고. 이에 대한 토마스의 대답은 원래 모든 피조물은 형이상학적으로 완벽할 수 없으며, 인간이 선택의 자유를 가지는 한 죄를 저지를 자유 역시 필연적 대가로 따른다 하였다. 그러한 자유 의지가 없다면 인간은 선악을 자기 뜻대로 주관하기보다, 꼭두각시처럼 선과 악에 끌려 다니게 된다. 그렇게 된다면 어딜 봐서 인간이 기계보다 더 존귀한 존재라 할 수 있겠는가.

이렇듯 토마스는 원죄설, 아리스토텔레스의 사상, 수도원의 고립된 생활, 그리고 이성에 대한 공포심에 푹 젖어 지낸 사람이었다. 그랬으니 그가 여자를 부정적으로 생각한 것은, 나아가 남자는 결백하다는 식으로 여자를 몰아친 것은 거의 숙명에 가까운 일이었다. 아리스토텔레스 사상에는 자기중심주의가 압권인 대목이 있는데, 토마스는 이를 그대로 따랐다. 즉 중세 시대의 가부장제 사회가 그렇듯 자연이란 본래 암컷보다는 수컷을 더 원하는 법이며, 여자란 무언가 결함이 있는 우연적 존재라 한 것이다. 남자가 어딘가 한 군데 잘못되어 태어나는 것이 여자이니, 따라서 아버지의 생식력에 모종의 문제가 있거나, 아니면 습기를 잔뜩 머금은 남풍처럼 어떤 외부적 요인으로 인해서 여자는 태어나는 것일 터였다.[111] 나아가 아리스토텔레스의 학설과 당대의 생물학 지식에 근거하여 토마스는 자식을 낳는 데 있어 여자는 소극적인 물질의 역할밖에 못하는 반면, 남자는 적극적인 형상의 역할을 한다고 보았다. 물질이 형상을 이기고 만들어지는 것이 여자인 것이다. 따라서 여자는 육체에서나, 마음에서나, 의지에서나 남자보다 약한 그릇이다. 여자 대 남자의 관계는 감각 대 이성의 관계와 같다. 여자에게는 성적 욕구가 무엇보다 우세한 반면, 남자는 그보다 안정적인 요소가 발현된 결과이다. 하느님의 형상을 따서 만들어지기는 남자나 여자나 모두 마찬가지이지만, 여자보다는 남자가 특히 더 그렇다고 할 수 있다. 하느님이 이 세상의 제1요소이자 최종 목표인 것처럼, 남자는 여자의 제1요소이자 최종 목표이다. 여자는 모든 일에서 남자를 필요로 한다. 반면에 남자가 여자를 필요로

하는 경우는 오로지 생식 활동뿐이다. 뿐만 아니라 남자는 어떤 일에서건 여자보다 뛰어난 성취를 보이며, 심지어는 살림을 꾸리는 일에서도 그러하다.[112] 교회나 나라를 이끌어가는 데에도 여자는 요직에 앉기에는 부적합한 존재이다. 여자는 본래 남자의 일부, 즉 성경에 적힌 대로 말하면 남자의 갈비뼈로 만들어졌다.[113] 그러므로 여자는 남자를 본래의 주인으로 떠받들어야 할 뿐 아니라, 남자가 지도하는 대로 따라야 하며, 남자가 가하는 처벌이나 징계도 군말 없이 받아들여야 한다. 그러면 여자는 그 안에서 비로소 자기 삶의 보람과 행복을 발견하게 될 것이다.

한편 토마스는 악도 다루었는데, 악이 형이상학적으로 존재하지 않음을 증명하는 데 각고의 노력을 기울였다. 악이란 것은 존재하는 실체가 아니다. 실재하는 모든 것은 그 상태 그대로 선하기 때문이다.[114] 어떤 존재가 마땅히 어떤 특질이나 힘을 가져야 하는데, 그것이 없거나 부족할 때 그것이 바로 악이다. 따라서 인간이 날개를 가지지 못한 것은 악이 아니지만, 인간이 손을 가지지 못한 것은 악이다. 하지만 새가 손을 가지지 못했다고 해서 악이 되지는 않는다. 하느님께서 창조하신 모든 것은 선하지만, 아무리 하느님이라도 자신의 무한한 완전성을 세상의 피조물에 그대로 전할 수는 없었을 것이다. 하느님께서는 얼마간의 악을 용인할 수밖에 없었으니, 이는 선한 목적을 이루기 위함이거나 더 큰 악을 미연에 방지하기 위함이었다. 우리는 이를 속세의 사정에 견주어 볼 수 있는데, 이를테면 "인간의 통치에서도 …… " 매춘과 같은 "몇 가지 악은 감내하는 것이 올바른 길이며, 그렇지 않았다간 …… 더 큰 악이 일어나 활개를 치기 때문이다."[115]

죄악이란 것은 자신의 자유로운 선택에 따른 행위가 이성의 법칙, 나아가 우주의 법칙에 어긋날 때 짓게 된다. 여기에서 이성의 법칙이란 목적과 수단을 잘 조화시키는 것을 말한다. 인간의 경우에는 영원한 행복을 얻기 위해 그에 걸맞은 행위를 하는 것이 곧 이성의 법칙을 따르는 길이다. 하느님은 우리에게 잘못을 범할 자유도 주었지만, 그와 동시에 옳고 그른 것을 분별할 능력도 거룩한 입김을 통해 불어넣어 주셨다. 그런데 인간이 타고나는 이 고유한 양심은 절대적인 것이니만큼, 인간에게는 무슨 대가를 치르더라도 이 양심을 따라야 할 의무가 있다. 인간의 이 양심에 반하는 일은 설령 교회에서 명하더라도 해서는 안 된다. 만일 그리스도를 믿는 것이 사악한 짓이라고 자신의 양심이 말한다면, 그때에는 그 양심에 따라 믿음을 내던져야만 한다.[116]

이러한 양심은 우리를 정의, 현명, 자제, 용기와 같은 인간 본연의 덕목으로 이끄는 게 보통이지만, 그와 동시에 믿음, 희망, 자비와 같은 신학적 덕목으로 이끌기도 한다. 후자의 세 덕목은 그리스도교 신앙이 자신만의 훌륭한 윤리이자 영광으로 내거는 것이기도 하다. 그중에서도 믿음은 인간이 져야 할 도덕적 의무이니, 인간의 이성에는 한계가 있는 까닭이다. 이성으로는 다 알지 못할 교회의 교리를 인간은 이러한 믿음을 가지고 믿어야 할 뿐 아니라, 이성으로 이해되는 것들도 이러한 믿음을 기반으로 믿을 수 있어야 한다. 자칫 잘못된 믿음을 가졌다가는 지옥에 떨어지기 십상인 만큼, 따라서 불신자에게 관용을 베푸는 일은 가급적 있어서는 안 된다. 단, 더 큰 악을 미연에 방지하고자 할 때는 예외이다. "교회가 이따금 이단이나 이교도의 의례를 가져다 행하는 것도 다 이 때문이니, 도처에 득실대는 불신자 무리를 포용하기 위해서는 어쩔 수 없다."[117] 그러나 불신자들이 신자들을 상대로 지배력이나 권위를 행사하는 일은 절대 있어서는 안 된다.[118] 한편 유대교도에 대하여는 특별히 관용을 베풀어도 좋은데, 이들의 의례에서부터 그리스도교 신앙이 싹터 나왔다는 것은 곧 "이들이 믿음을 가졌다는 증거"이기 때문이다.[119] 따라서 세례를 받지 않은 유대인이 있다고 해서 그에게 억지로 그리스도교 신앙을 받아들이게 해서는 안 될 일이다.[120] 하지만 이단자들은 교회의 교리를 헌신짝처럼 버린 이들이만큼, 그들에게는 강압적 방법을 써도 온당하다.[121] 그러나 그 누구도 아무 근거 없이 이단자로 취급받는 일은 없어야 한다. 교회의 권위자가 이단자로 지목하고, 그런 지목을 받고도 끝까지 자신의 오류를 수정하지 않는 자만이 이단자로 취급되어야 한다. 이단자라도 자신의 설을 취소하면 속죄의 기회를 얻는 것은 물론, 자신의 옛 지위도 회복할 수 있다. 그러나 이후 다시 이단에 빠져드는 날에는 "속죄는 가능할지 몰라도, 죽음의 고통은 면치 못할 것이다."[122]

6. 정치학

토마스가 정치 철학을 주제로 글을 쓴 것은 총 3회에 이른다. 우선 아리스토텔레스의 『정치학』과 관련해 주석서를 쓴 것이 있고, 『신학 대전』 안에서 정치를 다룬 내용이 있으며, 『제후의 통치에 대하여』라고 짧게 글을 써낸 것이 있다.* 토마스의 정치 철학을 접하면 처음에는 아리스토텔레스의 정치학을 가져다 그대로 되풀이해 놓았구나 하는 인상을 받는다. 하지만 초반만 그럴 뿐 중반을 거쳐 후반부로 나아갈수록 그의 저작 안에 독창적이고 예리한 사상이 가득 담긴 것에 놀라움을 금치 못하게 된다.

사회 조직이라는 것은 인간이 발달시킨 하나의 도구로서, 인체의 생리 기관이 그러하듯이 개개인을 위해 습득 및 방어 기능을 한다. 그 관계를 보면 사회와 국가가 개인을 위해 존재하지, 개인이 사회와 국가를 위해 존재하지는 않는다. 애초 주권이 나오는 곳은 하느님이지만, 그 주권을 하느님은 백성들에게 부여하였다. 하지만 백성들은 그 수가 너무 많고, 뿔뿔이 흩어져 살뿐더러 변덕이 죽 끓듯 하고, 또한 정세에 밝지 못한 까닭에 하느님으로부터 받은 이 권리를 자기들 손으로 직접, 지혜롭게 행사하는 데는 무리가 있다. 그래서 제후나 다른 지도자들이 백성으로부터 이 주권을 위임받아 나라를 통치해 나간다. 하지만 백성으로부터의 이런 권력 이양은 어느 때고 무효가 될 수 있으니, "제후가 백성들의 뜻을 제대로 대변할 때, 그때에만 그는 통치자로서 입법의 권한을 가진다."[123]

백성들은 자신들의 권력을 다수의 통치자에게 이양할 수도 있고, 소수 또는 단한 사람의 통치자에게 이양할 수도 있다. 법이 훌륭히 제정되어 잘 집행되기만 한다면, 민주정이든, 귀족정이든, 군주정이든 모두 훌륭한 통치 제도일 수 있다. 하지만 일반적으로는 헌법에 근거한 군주정을 가장 바람직하다 할 수 있는데, 이러한 체제에서는 통일성, 지속성, 안정성이 보장되기 때문이다. 일찍이 호메로스도 말했듯이 "군중이란 통치자가 여럿일 때보다는 한 명일 때 더 잘 다스려지는 법이다."[124] 하지

---

* 『제후의 통치에 대하여』에서 토마스가 직접 저술한 부분은 1권 및 2권의 1~4장뿐이다. 나머지 내용은 루카의 톨로메오란 인물이 집필했다.

만 제후나 왕은 계급을 막론하고 자유민들이 모여 선거로 선출해야 마땅하다.[125] 나아가 군주가 폭군으로 전락해 전횡을 일삼을 때는 백성들이 의기투합하여 적법한 절차에 따라 그를 권좌에서 끌어내려야 한다.[126] 군주는 언제나 법의 시종이어야 하지, 법의 주인으로 군림해서는 안 된다.

한편 법에는 다음 세 가지 차원이 있다. 먼저, 우주가 돌아가는 자연법칙에서처럼 자연 상태를 설명한 것이 있고, 성경에서처럼 계시를 통해 드러난 신성한 법칙이 있으며, 마지막으로 국가의 법률에서처럼 인간의 일을 규정한 실정법이 있다. 인간이 격정을 추스르기 위해, 그리고 국가의 발달 과정에서 꼭 필요하게 된 것이 마지막의 세 번째 법이다. 그런 만큼 교회의 교부들은 추후에 생겨난 사유 재산 제도 같은 것은 자연법 및 신성한 법칙에 반하는 것이라 보았다. 사유 재산이라는 것은 인간이 죄가 많은 까닭에 만들어졌다는 것이다. 하지만 토마스는 이들과 달리 개인의 재산이 자연법칙에 위배된다고는 보지 않았다. 다만 당대 활동하던 공산주의자의 주장을 염두에 두었는지, (아리스토텔레스와 비슷하게) 모든 사람이 모든 것을 소유했다간 아무도 자기 물건을 돌보지 않을 것이라 하였다.[127] 하지만 개인 재산은 결국 공공의 신탁 재산이다. "사람이면 외적인 물건을 가지는 게 당연하지만, 그것은 개인 소유가 아니라 공동의 것이다. 따라서 자신이 가진 것을 다른 사람이 필요로 할 때는 언제든 그것을 내주어야 한다."[128] 사람은 각자 위치에서 생계를 꾸려 가는 데 필요한 재물만 있으면 되니, 그 이상으로 많은 재물을 탐하거나 구하는 것은 곧 탐욕으로서 죄를 짓는 일이기 때문이다.[129] "어떤 것이건 지나치게 많이 가진 사람이 있다면, 그는 자연법칙에 따라 그것을 덜어 가난한 사람을 구제할 의무가 있다." 나아가 "절박한 처지를 면하려는데 도저히 다른 방책이 없을 때는 다른 사람의 재산을 공개적으로 또는 비밀리에 가져다 스스로를 구제해도 법에 어긋나지 않는다."[130]

한편 경제학에서 윤리를 억지로 떼어 내 그것을 온기 없는 학문으로 만들어 버리는 일을 토마스는 하지 않았다. 그는 공동체가 대승적 차원에서 각종 경제 활동을 규제할 수 있다고 믿었으니, 농업, 제조업, 교역에 대한 규제권은 물론, 고리대금업을 억제하고, 심지어 서비스와 재화의 "공정 가격"을 정할 권리까지도 공동체가 갖는다고 보았다. 물건을 싼값에 사들여 비싼 값에 되파는 일을 그는 과연 온당한가 하며 늘 미심쩍어 했다. 나아가 투기를 목적으로 한 일체의 교역을 비롯해, 급변하는 시장을 약삭빠르게 이용해 수익을 챙기는 모든 노력을 파렴치한 짓이라며 맹비난하였다.[131] 이자를 받고 돈을 빌려 주는 것에도 반대했지만, "선한 목적을 이루기 위해" 전문 대부업자로부터 돈을 빌리는 일은 죄악이 아니라 보았다.[132]

토마스는 노예제의 문제와 관련해서는 당대의 입장에서 크게 벗어나지 않았다. 일찍이 소피스트, 스토아학파, 로마법 전문가들이 가르친 바에 따르면, 인간이란 "자연 상태"에서는 다 같이 자유로운 상태이다. 교회의 교부들은 이 의견을 따라, 사유 재산과 마찬가지로 노예제는 아담이 타락한 이래 인간이 수많은 죄를 지으며 만들어 낸 것이라 하였다. 한편 아리스토텔레스는 강자와 한패를 이루었던 만큼, 인간은 본래 불평등하므로 노예제는 당연히 생겨나는 것이라며 노예제를 정당화하였다. 이 두 관점을 어떻게든 절충시키려 노력한 것이 토마스였다. 즉 인간이 애초 죄를 짓지 않은 무결한 상태에서는 노예제도 존재하지 않았다. 하지만 아담이 타락하고부터는 단순 무지한 인간이 지혜로운 인간 밑에서 일해야만 여러 모로 좋게 되었다. 따라서 신체는 강건하되 지성은 약한 이들은 이제 농노의 신분으로 살아가는 것이 자연이 정한 이치가 되었다.[133] 하지만 주인은 노예의 몸만 소유하는 것이지 그의 영혼까지 소유하는 것은 아니다. 뿐만 아니라 노예라고 해서 반드시 주인과 잠자리를 함께할 의무가 있는 건 아니다. 또한 노예를 대할 때에도 그리스도교의 윤리 계율을 반드시 다 지켜야만 한다.

7. 종교

이렇듯 경제와 정치의 문제는 종국적으로 윤리의 문제였던 만큼, 토마스가 보기에는 종교가 정치나 산업의 상위에 있는 것이 지극히 당연한 일이었다. 국가는 윤리 도덕의 문제에서는 교회의 감독과 지시를 따라야 옳다. 나아가 고상한 권위를 가질수록, 그 목적도 더 고귀한 법이라고 토마스는 여겼다. 지상의 왕은 속세의 행복을 이끄는 존재이고, 교황은 영원한 행복을 이끄는 존재인 만큼, 둘 사이에서는 왕이 교황에게 복종해야 하는 것이 당연하다. 물론 속세의 일에서만큼은 여전히 국가가 최고권을 지녀야 하지만, 속세의 일이라도 만일 통치자가 윤리적 도리를 어기거나 필요치 않은 상해를 구태여 백성들에게 입힐 시에는 교황이 나서서 그를 막을 권리가 있었다. 따라서 못된 왕에 대해서는 교황이 그에게 벌을 내리거나 백성들의 충성 서약을 거둬들일 수 있었다. 뿐만 아니라 국가는 반드시 종교를 수호하고, 교회를 지원해야 하는 것은 물론, 교회의 법령을 현실에 실행시켜야만 했다.[134]

교회가 가진 지상 과제는 인간을 잘 이끌어 구원을 받게끔 하는 데 있다. 인간은 속세 국가의 시민이기도 하지만 동시에 영적인 왕국의 시민이기도 하니, 이 영적인 왕국은 지상의 어느 나라도 감히 비교가 안 될 만큼 규모가 엄청나다. 인류 역사를 보건대 가장 중요한 사실도, 인류가 하느님의 뜻을 거역하여 무수한 죄를 지었다는 점, 나아가 그로써 대대손손 무수히 벌을 받게 되었다는 점이다. 하지만 하느님의 아들이 인간의 몸으로 태어나 인류를 대신해 수난을 겪고 죽었으니, 그 크나큰 희생에 힘입어 대대로 하느님의 은총을 받을 길이 열렸고 이로써 인류는 원죄를 지었으나 구원을 받을 수 있게 되었다. 그런데 하느님은 자신이 주고자 하는 이에게 이러한 은총을 주신다. 즉 하느님은 자신이 선택한 이들에게 은총을 내리는데, 하느님의 선택이 그렇게 이루어지는 까닭은 우리로서는 알 길이 없다. 다만 "공적이 있어서 하느님으로부터 거룩한 예정을 받게 된다는 것만큼 얼토당토않은 말은 없다."라고 토마스는 말하였다.[135] 사도 바울과 아우구스티누스가 내세우던 그 끔찍한 예정설이 온유한 성격의 토마스에게서도 똑같이 되풀이되고 있는 것이다.

하느님께서 인간의 운명을 예정하셨다는 것은 충분히 조리에 맞는 일이다. 이 세상 만물은 하나같이 하느님의 섭리를 따르도록 되어 있기 때문이다. …… 인류가 영생을 얻도록 길이 정해진 것은 하느님 섭리에 의해서이다. 그와 마찬가지로 인류의 이 지상 목표에서 어쩔 수 없이 떨어져 나가는 사람이 있는 것도 하느님 섭리의 일부이며, 이를 일러 영벌(永罰)을 받는다 한다. …… 하느님의 예정을 받은 자에게는 하느님 뜻에 따라 은총과 영광이 내려지듯, 영벌을 받는 자는 하느님 뜻에 따라 죄를 짓게 되고, 나아가 그 죄에 따라 지옥에 떨어지게 된다. …… "하느님 안에서 우리 중 누군가가 선택받음은 이 세상이 세워지기도 전에 이미 이루어진 일이다."[136]

이렇듯 신의 예정을 논하면서도 토마스는 그것을 인간의 자유와 조화시키기 위해 각고의 노력을 기울였다. 이외에도 그는 여러 가지 미심쩍은 문제를 설명하려 노력하였으니, 인간의 운명은 이미 손도 쓰지 못하게 확정되어 있음에도 불구하고 우리는 왜 선하게 살기 위한 노력을 게을리하지 말아야 하는가, 하느님은 변치 않는 존재이지만 어떻게 기도의 힘으로 그분을 움직일 수 있는가, 구원받을 자와 지옥에 떨어질 자가 따로 정해진 사회 속에서 교회가 할 수 있는 일은 과연 무엇인가 하는 것들이다. 이에 대해 토마스가 내놓은 대답은 인간 각자가 자유롭게 행할 선택도 하느님은 미리 다 내다보았다는 것이다. 따라서 이교도는 이미 지옥에 떨어질 자들 무리에 속해 있을 가능성이 크지만, 그럼에도 몇몇 소수는 하느님으로부터 특별하고도 직접적인 계시를 받을 여지가 남아 있다.[137]*

한편 구원받은 자들의 가장 큰 행복은 하느님을 직접 만나는 데 있을 것이다. 그렇다고 해서 이들이 하느님을 이해할 수 있는 건 아니다. 무한자가 아닌 한, 무한자를 이해하기란 불가능하기 때문이다. 하지만 구원받은 자들이라면 하느님이 불어넣는 신성한 은총을 통해 하느님의 본질을 직접 볼 수는 있을 것이다.[139] 이로써 창조의 전 과정은 애초 하느님에서 시작되었다가 종국에 하느님에게 돌아가는 것으로 드디어 완결된다. 인간의 영혼이란 하느님의 가없는 은총에서 나온 선물이므로, 이렇게 자신의 근본으로 되돌아가지 않는 한 영혼이 휴식을 얻기란 영영 불가능하다. 그리하여 창조와 회귀의 신성한 순환은 마무리 지어지고, 하느님으로 시작된 토마스의 철학 역시 하느님을 끝으로 결말을 맺는다.

---

* 『신학 대전』에는 은총을 받아 천국에 간 이들이 지옥에 떨어져 고통스러워하는 이들을 보고 더 큰 행복감을 느낀다는 내용이 있다. 세간에서 두루 인용되기도 하는 이 내용은 『신학 대전』의 부록(97, 7)에 들어 있는 만큼, 이 내용을 문제 삼을 거라면 토마스보다는 피페르노의 레기날드를 탓해야 할 것이다.[138]

8. 토마스 아퀴나스 철학의 수용

토마스의 철학은 동시대인에게는 대체로 환대를 받지 못한 편이었다. 이교도의 합리주의를 흉물스럽게 잔뜩 쌓아 놓았을 뿐 그리스도교 신앙에는 치명적 해만 된다고 그들은 여겼다. 프란체스코회는 아우구스티누스가 그랬듯 사랑이라는 신비적인 길을 따라 하느님을 찾고자 했던 만큼, 토마스가 "지성주의"를 들고 나오자 가슴이 철렁 내려앉는 듯했다. 토마스의 철학에서는 의지보다는 지성이, 사랑보다는 이해가 더 높은 곳에 자리했기 때문이다. 이러한 토마스의 철학에 의구심을 갖는 프란체스코 수도사가 한둘이 아니었으니, 이들은 하느님이 정말로『신학 대전』에 나오는 순수 실재(토마스 철학에서는 '순수 현실태'로 번역하기도 한다.-옮긴이)처럼 냉랭할 만치 부정적이고 또 요원한 존재라면 우리가 어떻게 하느님을 상대로 기도를 드릴 수 있겠느냐고 했다. 또 그런 추상적인 존재로부터 어떻게 예수 그리스도가 나올 수 있었으며, 하느님에 대한 그런 묘사를 들었다면 성 프란체스코가 과연 무어라 말했겠느냐고 했다. 육신과 영혼의 단일성을 논하는 토마스의 태도는 프란체스코회에서 보기에는 쇠하지 않는 영혼의 불멸성을 무시하는 것처럼 보였다. 또 물질과 형상을 하나로 만듦으로써, (토마스는 이를 극구 부인했지만) 이 세상은 영원하다고 본 아베로이스의 학설에 빠져들었다고 보았다. 뿐만 아니라 토마스는 별개성의 주된 요소로 형상이 아닌 물질을 꼽았는데, 이는 영혼을 다 헤아리지 못한 것이자, 아베로이스의 학설에 빠져들어 영혼의 단일성 및 영혼의 육신 없는 불멸성을 믿는 것이라고 그들은 생각했다. 하지만 뭐니 뭐니 해도 가장 참을 수 없는 것은, 토마스 철학에서 승리자는 아우구스티누스가 아니라 아리스토텔레스였고, 이것이 프란체스코회에는 이교 신앙이 그리스도교를 누르고 승리한 것으로 보인다는 점이었다. 그러고 보니 파리 대학 같은 곳에서는 그리스도교의 복음서보다 아리스토텔레스의 학설을 우위에 두는 교수와 학생들이 진작부터 있지 않았던가?

12세기 초엽 정통 이슬람 신앙에서는 아베로이스가 아리스토텔레스의 사상을 걸쳤다며 그를 거세게 몰아붙여 내친 바 있었고, 13세기 초엽에는 정통 유대 신앙이 마이모니데스가 아리스토텔레스의 사상을 걸쳤다며 그의 책들을 가져다 불살라 버린 일이 있었다. 1250년에서 1275년 사이에는 정통 그리스도교 세계에서 똑같은 일이 벌어지니, 아리스토텔레스의 사상을 걸친 토마스로부터 어떻게든 신앙을 지켜 내기 위해 안간힘을 쓰는 모습이었다. 그리하여 1277년 교황 요한 21세의 의중에 따라 파리의 주교가 칙령을 발표하기에 이른다. 219개의 명제를 적시하고 그것을 이단으로 못 박는 내용이었다. 그중 세 개는 "그리스도교의 형제 토마스"가 주장한 것임이 공공연히 명시되어 있었다. 즉 천사는 육신을 갖지 않으며 천사들은 제각각 개별 종을 이룬다는 명제, 별 개성의 주된 요소는 물질이라는 명제, 하느님도 물질 없이는 종 안에서 개체를 늘릴 수 없다는 명제가 이단에 포함된 것이다. 주교는 칙령을 발표하며 언명하길, 누구든 이상의 내용을 교회 교리로 지지하는 자들은 그 사실로써 즉각 파문을 당할 것이라 하였다. 이 칙령이 발표되고 며칠 뒤에는 도미니크회 수장으로 있던 킬워드비가 나섰다. 그는 옥스퍼드 대학에서 가르치던 교수들을 설득해, (인간 안에서 영혼과 육신은 하나라는 등의) 토마스가 제시한 다양한 교리를 합심해 비난하자고 했다.

당시 토마스는 3년 전 이미 세상을 떠난 뒤였기 때문에 이러한 공격을 받아도 무방비로 당하는 수밖에 없었다. 하지만 스승 알베르투스가 자신의 옛 제자를 지키겠다며 부리나케 콜로뉴를 떠나 파리로 달려왔다. 그는 프랑스 도미니크회를 상대로 설득에 들어가, 생전에 그들과 함께하던 토마스를 한편에 서서 돕자고 했다. 이에 프란체스코회가 반격에 나섰고 싸움은 한층 가열해졌다. 라마레의 기욤이라는 인물이 『수도자 토마스를 정정(訂正)함』이라는 소책자를 써서 토마스가 바로잡아야 할 점 118가지를 열거한 것이다. 역시 프란체스코회 소속으로 당시 캔터베리의 대주교를 맡고 있던 요하네스 페캄도 가만있지 않았다. 그는 공개석상에서 토마스의 학설을 비난하면서, 그리스도교 신앙은 다시금 보나벤투라와 성 프란체스코의 품으로 돌아가야 한다고 역설하였다. 이

욱고 단테도 싸움에 가세하니 그는 토마스의 편이었다. 토마스의 학설을 매만져 그 교리 내용을 『신곡(神曲)』의 밑바탕으로 깔았을 뿐 아니라, 작품 안에서 자신을 이끌어 최고천(最高天)의 계단에 이르게 하는 인물로 토마스를 골랐기 때문이다. 토마스의 철학을 둘러싼 이러한 싸움은 반세기가 가도록 이어졌고, 결국에 도미니크 수도회에서는 토마스가 성인이었다는 사실을 교황 요한 22세에게 납득시키기에 이른다. 뒤이어 토마스의 시성이 이루어짐으로써 결국 승리는 토마스 쪽에 돌아간 셈이었다. 그러고 나자 이제는 신비주의자의 눈에도 토마스의 『신학 대전』이 다르게 비치기 시작했다.[140] 이 저작이야말로 신비주의적이고 명상적인 삶을 그 어디에서보다 심오하고 명료하게 드러내는 듯 보였던 것이다. 시간이 흘러 트리엔트 공의회 때는(1545~1563년) 성경 및 교령집과 함께 토마스의 『신학 대전』이 나란히 성스러운 제단 위에 올랐다.[141] 로욜라의 이그나티우스 같은 경우에는 예수회를 이끌 때 수도회에서 의무적으로 토마스의 철학을 가르치도록 했다. 나아가 1879년과 1921년에는 각각 교황 레오 13세와 교황 베네딕트 15세가 토마스의 철학을 가져다 가톨릭교회의 공식 철학으로 삼았다.(그렇다고 해서 당시 교황들이 토마스의 철학에 오류가 전혀 없다고 선언한 것은 아니었다.) 오늘날에도 로마 가톨릭 교회가 세운 대학에서는 토마스의 철학을 교과 과정의 일부로 가르치고 있다. 토마스의 철학에 대해서는 가톨릭 신학자들 사이에서도 비판이 없지 않으나, 새로운 관점에서 토마스 철학을 옹호하는 이들은 오늘날까지도 속속 생겨나고 있다. 가장 연륜 깊고 영향력 있는 철학 체계를 세워 놓은 사람, 그 반열에서 이제 토마스는 플라톤 및 아리스토텔레스와 어깨를 견줄 정도가 된 것이다.

지난 700년의 역사가 어떻게 흘러왔는지 그 흐름을 꿰고 있는 사람이라면 아마도 아퀴나스의 이러한 업적 중에도 세월에 묻혀 퇴색해 버릴 것이 적지 않음을 쉽게 눈치챌 수 있을 것이다. 아리스토텔레스에게 실로 많은 부분을 의지한 것은 토마스 철학에서는 단점인 동시에 강점이었다. 아리스토텔레스의 사상 때문에 독창성은 없어져 버렸지만, 아리스토텔레스의 사상이 없었더라면 중세의 지성을 위해 새 길을 열겠다는 생각은 엄두도 내지 못했을 것이기 때문이다. 토마스는 아리스토텔레스의 원전을 중역이 아닌 정확한 번역으로 접하고자 각고로 노력했다. 따라서 아베로이스만 제하면 중세 사상가 중 아리스토텔레스의 철학 저작을(과학 저작은 논외이다.) 가장 철저히 알고 있던 사람은 단연 토마스였다. 나아가 그는 이슬람교 및 유대교로부터도 얼마든 배우겠다는 자세를 보였고, 거기에서 배출돼 나온 철학자에게도 자신감을 잃지 않고 경의를 표할 줄 알았다. 물론 토마스의 철학을 지탱하는 가장 기본적인 가정 중에는 말도 안 되는 내용도 수없이 많다. 하지만 그러기는 철학이 다 마찬가지이며, 현대 철학이 그렇지 않다 여기는 건 우리 생각일 뿐이다. 그렇긴 해도 토마스처럼 어느 쪽으로도 치우치지 않은 이가, 천사들의 인식은 어떻게 이루어지는지, 에덴동산에서의 추방이 있기 전 인간은 어땠는지, 나아가 알고자 하는 이브의 호기심만 없었다면 인류의 삶이 어떠했겠는지를 두고 길게 글을 쓴 것은 누가 봐도 의아하지 않을 수 없다. 아마도 토마스를 철학자로 생각하는 게 우리의 실수이지 않을까 싶다. 생전에 저작을 써 놓고 그것을 기탄없이 신학이라 부르던 토마스이니 말이다. 단, 토마스는 신학을 하되 이성이 자신을 부르면 그것이 자신을 어디로 이끌든 주저 없이 그 뒤를 따랐다. 생전에 그는 자신이 결론을 이미 내린 상태에서 논의를 시작했다는 점을 마음에 걸려 하기도 했다. 대체로 철학자들은 이것을 가지고 철학에 대한 반역이라며 이를 간다. 자기들도 이 혐의에서 자유롭지 못하기는 마찬가지인 걸 모르고서 말이다. 토마스가 사상가로서 다룬 영역은 그때까지의 누구보다도 광범했으니, 훗날 스펜서의 과감한 시도만이 이에 비견될 만하다. 더구나 그 방대한 영역을 아우르면서도 토마스는 각 분야의 내용을 명료하고 차분한 어조로 드러낼 줄 알았다. 일체의 과장은 배제하되 가급적 중도의 길을 택한 것이다. 살면서 "지혜로운 자는 질서를 만드는 법이다."라고 말했다더니 과연 그러했다.[142] 토마스는 아리스토텔레스의 사상과 그리스도교 신앙을 화해시키려 노력했으나 그것은 결국 실패였다. 하지만 그 과정에서 토마스는 이성에게 승리를 안겨 주었고, 이는 그리스도교

사상 초유의 일이었다. 애초 토마스는 이성을 포로로 결박해 그것을 끌고 신앙이라는 성채 안으로 들어간 것이었다. 하지만 결국 승리한 것은 이성, 그것이 신앙의 시대의 막을 내려 버렸다.

7. 스콜라 철학의 후계자들

역사가란 늘 지나친 단순화를 일삼는다. 역사적 사실을 선별할 때도 무엇이 그리 급한지 쉽사리 짜 맞춰질 것만 쏙쏙 골라내고, 더불어 역사 속에 수많은 사람과 사건이 북적인다는 사실도 슬쩍 외면하니, 이래서는 그것들이 지닌 복잡다단한 면면을 진정으로 포착하거나 이해했다고 할 수 없으리라. 이런 맥락에서 우리는 하나의 추상적 사고만 집어다 스콜라 철학이라 해서는 안 될 것이다. 스콜라 철학 안에는 그것과는 또 다른 수백 가지 개별 의견이 존재했기 때문이다. 11세기의 안셀무스부터 시작해 14세기의 오캄에 이르기까지, 중세 시대 학교에는 철학 및 신학 이론만 무려 수백 개가 생겨나 서로 각축을 벌였다. 이들 사상에 일일이 이름 붙이기가 귀찮으니 그것을 하나로 싸잡아 스콜라 철학이라 부르게 된 것이다. 역사가가 시간에 쫓기고 인내심의 한계에 부딪혀 무릎을 꿇는 건 더없이 불행한 일이다. 하루만이라도 불멸의 삶을 산 사람들, 하지만 시대를 잘못 타고난 까닭에 역사의 그늘에 묻힐 수밖에 없던 수많은 사람들의 삶을 단 한 줄로 요약해 버려야 하니까.

이렇듯 다채로움이 특징인 13세기에 괴짜 중 괴짜로 통한 이가 있었으니, 바로 라몬 룰(또는 라이몬드 룰리, 1232?~1315년)이란 인물이었다. 팔마 태생인 그는 카탈로니아에서도 부유하기로 손꼽히는 집안의 자손이었다. 젊은 시절 그는 바로셀로나에 있던 하메스 2세의 궁궐에 어렵사리 입성할 수 있었다. 궁에 들어가서는 분탕질을 하며 청춘을 만끽하다 차차 바람기를 잠재우고 일부일처제 생활에 정착하였다. 그러더니 30세에 이르자 돌연 속세, 고기, 악마와의 인연을 끊고는 자신의 주체할 수 없는 에너지를 신비주의, 주술, 자선, 복음 전파에 쏟기 시작하고, 이윽고 목숨 바쳐 순교하는 것을 자신의 지상 목표로 삼았다. 이어 아랍어를 공부하게 된 그는 내친 김에 아랍학 대학을 마요르카 섬에 설립하는가 하면, 비엔 공의회에(1311년) 청원을 넣어 동방의 언어와 문학을 배울 수 있는 학교를 설립하도록 했다. 그래야 선교사들이 단단히 채비를 갖추고 사라센인과 유대인에게 전도할 수 있다는 것이었다. 공의회는 라이몬드의 청원을 받아들여 실제로 로마, 볼로냐, 파리, 옥스퍼드, 살라망카에 학교를 다섯 개 세우는가 하면, 학교마다 히브리어, 칼데아어, 아라비아어 학과를 개설시켰다.

생전에 그가 써낸 저서는 150권에 이르는데, 딱히 계통을 분류하기가 어렵다. 젊은 시절에는 연애시만 책으로 몇 권을 써내어 카탈로니아 문학 창립에 일조하였다. 『하느님 명상집』이란 책은 애초 아랍어로 썼다가 뒤에 카탈로니아어로 번역해 내기까지 했는데, 그리스도교에 대한 신비주의적 찬미서일 뿐 아니라, 수십만 개 단어를 동원해 신학을 정리한 백과사전이기도 하다.(1272년) 그러고 나서 2년 뒤에는 마치 다른 사람이라도 된 것처럼 종전과는 전혀 다른 분위기로 『기사도에 대하여』라는 기사도 지침서를 써냈고, 거의 같은 시기에 『아동 교육서』라는 교육 지침서도 한 권 펴냈다. 뿐만 아니라 라이몬드는 철학 대화집 집필도 시도하여 실제로 세 권을 펴내는 데 성공했다. 이 속에는 이슬람교도, 유대교도, 그리스도교도, 타타르족(우랄 산맥 서쪽, 볼가 강과 그 지류인 카마 강 유역에 사는 투르크어계 종족이다. ─옮긴이)이 등장하여 각자 자신의 견해를 피력하는데, 등장인물이 서로 엄청난 관용, 공평성, 호의를 보인다는 게 특징이다. 1283년경에는 종교적 분위기가 물씬 나는 장편 연애담 『블랑퀘르나(Blanquerna)』를 써냈다. 끈질긴 인내심으로 책을 독파한 전문가들에 따르면, 이 책은 "그리스도교 중세 시대가 낳은 최고 걸작" 중 하나로 손꼽힐 만하다.[143] 1295년에는 로마에서 또 한 번 백과사전을 방불케 하는 저술을 하니, 『과학의 나무』라는 제목의 책이 그것이다. 이 책에서는 과학 분야 16개를 선정해 총 4000개의 질문을 나열하고, 각 질문마다 자기 나름대로의 자신 있는 답변을 내놓는 형식을 취하였다. 한편 그가 파리에 머물던 기간은(1309~1311년) 마침 아베로이스주의가 파리를 휘젓던 시기이기도 했다. 이에 라이몬드는 아베로이스에 맞서 싸운다는 명목으로 신학 소품문(小品文)을 몇 권 써냈는데, 평상시와는 달리 "공상집(Phantasticus)"이라는 표제를 자기 손으로 책에 써넣었다. 그는 장수를 한 것으로 유명했는데, 그렇게 천수를 누리는 동안 과학과 철학을 주제로 수없이 작품을 쏟아 냈다. 그의 책 제목만 나열하는 데도 펜의 잉크가 다 닳아 없어질 정도로 말이다.

이렇듯 수많은 관심사 가운데서도 라이몬드를 유독 사로잡은 생각이 있으니, 바로 논리학에 사용되는 모든 공식 및 과정을 일련의 수학 도식 또는 기호로 환원시킬 수 있으리란 것이었다.(이는 뛰어난 지력을 가진 이들이 오늘날 보아도 탄복할 만한 착안이다.) 그래서 나온 것이 논리학의 "위대한 기술"로, 움직이는 네모 판 위에다 인간 사고의 기본 개념을 모두 적은 뒤, 그것들을 다양한 위치에 놓아 여러 방식으로 조합해 보는 식이었다. 그러면 철학의 모든 개념이 방정식 및 도표로 환원될 수 있을 뿐 아니라, 그리스도교 신앙의 갖가지 진실도 수학의 등가 법칙을 통해 증명해 볼 수 있을 것이었다. 라이몬드에게는 정신 나간 사람 특유의 낙천성이 있었고, 따라서 자신의 그 기술만 있으면 이슬람교도를 설득해 그리스도교로 개종시킬 수 있으리란 희망이 있었다. 선교에 대한 그의 자신감에 대해서만큼은 교회에서도 갈채를 보내 주었지만, 신앙을 모두 이성으로 환원시키자는 생각이나, 삼위일체와 성육신의 개념을 자신의 논리 기계 안에 집어넣어 보자는 생각에는 손사래를 치지 않을 수 없었다.[144]

1292년 팔레스타인 땅이 사라센인에게 넘어가자 라이몬드는 이를 반드시 설욕해야 한다며 이슬람령 아프리카에 가서 전도할 것을 굳게 결심하였다. 그는 바다 건너 투니스에 들어갔고, 그곳에서 그리스도교도를 위주로 남들 몰래 조그만 식민지를 하나 건설했다. 그러다 1307년에는 선교차 투니시아를 방문했다가, 그만 사람들에게 붙잡혀 베자이아(알제리 북동부에 위치한 곳으로 지중해 남부 연안에 접해 있다. - 옮긴이)의 최고 판관 앞에 끌려가게 되었다. 판관은 라이몬드를 보더니 이슬람 신학자 몇몇을 불러다 라이몬드와 공개 토론에 붙였다. 라이몬드의 전기 작가에 따르면, 이 토론에서 이긴 건 라이몬드였으나 판관은 그를 도리어 옥에 가두었다고 한다. 이에 그리스도교 몇몇이 힘을 모아 가까스로 그를 구해 내어 유럽으로 데리고 돌아갔다. 하지만 정말로 그의 지상 목표는 순교였는지, 1314년 다시 한 번 바다를 건너 베자이아를 찾아갔다. 거기에서 보란 듯이 그리스도교 신앙을 설교하고 다니다가, 결국 이슬람 군중이 던진 돌에 맞아 목숨을 잃었다.(1315년)

이제껏 라이몬드 룰리 이야기를 듣다 요한 둔스 스코투스로 화제가 넘어가면, 마치 비제의 「카르멘」을 듣다 돌연 바흐의 「평균율 클라비코드 곡집」이라도 듣는 느낌일 것이다. 그의 이름에 둔스 스코투스가 붙어 있는 까닭은 그가 버윅셔(?)(스코틀랜드 남동부의 옛 주이다. - 옮긴이)의 둔스라는 곳에서 태어났기 때문이다.(1266년?) 열한 살이 되자 그는 덤프리스의 한 프란체스코 수도회에 보내지고, 그로부터 4년 뒤에는 정식으로 수도원에 입회하였다. 이후 옥스퍼드와 파리에서 학업을 쌓은 그는 공부를 마치자 옥스퍼드, 파리, 콜로뉴를 돌며 학생들을 가르쳤다. 그러다 마흔둘의 한창 나이에 그만 세상을 뜨는데(1308년), 생전에 이미 다양한 분야에 두루 저작을 남겨 놓은 뒤였다. 그래도 그의 주된 분야는 역시 형이상학이었고, 생전에 글을 쓰는 논법이 얼마나 모호하고 미묘했는지 철학계에 스코틀랜드계가 또 한 명 등장하기 전까지는(칸트를 이른다. - 옮긴이) 그렇게 글 쓰는 이를 찾아보기 힘들 정도였다. 그러고 보면 둔스 스코투스가 한 일도 5세기 뒤에 칸트가 한 일과 아주 흡사했다. 둘은 모두 종교의 교리를 마땅히 수호해야 한다고 보았는데, 그 까닭은 종교 교리가 논리적으로 타당해서가 아니라 현실적이고 도덕적인 면에서 그것이 필요하기 때문이었다. 당시 프란체스코회에서는 철학을 버리는 한이 있더라도 도미니크회의 토마스로부터 아우구스티누스를 어떻게든 구해 내려던 터였다. 따라서 젊은 나이에도 논의에 능한 이 "현묘(玄妙) 박사"가 단번에 그들의 대변자로 자리매김한다. 이후 프란체스코회에서는 몇 세대에 걸쳐 철학 전쟁을 벌이는 동안, 이 요한 둔스 스코투스를 내세워(그의 생전에는 물론 사후에도) 그 치열한 싸움을 이어 갔다.

요한 둔스 스코투스는 중세 시대를 통틀어서도 최고로 꼽힐 만큼 예리한 지성을 지닌 인물이었다. 학창 시절 그는 수학을 비롯해 여타 과학을 두루 공부했을 뿐 아니라 옥스퍼드에서는 그로스테스트(주로 13세기에 활동한 영국 출신의 신학자, 자연 철학자이다. ─옮긴이) 및 로저 베이컨의 영향력을 몸으로 직접 체감한 터였다. 따라서 증거 성립을 위해 어떤 요건이 충족되어야만 하는지에 대해서도 매우 엄격한 관념을 가지고 있었다. 이런 검증법을 그는 토마스의 철학에 적용하여 철학과 신학을 갈라놓았으니, 하루빨리 부부가 되고자 했던 철학과 신학은 이로써 신혼여행도 마치지 못한 채 헤어지는 꼴이 되었다. 또 둔스는 귀납적 방법론이 무언지 명확히 이해하고 있었음에도 불구하고, 후천적 경험에서 얻어지는 귀납적 증거는(즉 결과에서 원인으로 나아가는 것은) 모두 불확실할 수밖에 없다며 프란시스 베이컨과는 정반대의 입장에 섰다. 그에 따르면 진정한 증거는 선천적으로 얻어지는 연역적 증거뿐이다. 즉 원인이 가진 본질적 속성에서 어떤 결과가 필연적으로 도출돼 나옴을 보여 줄 수 있을 때, 그것만이 진정한 증거가 된다는 것이다. 예를 들어 신의 존재를 증명하기 위해 우리는 "존재의 존재 상태"를 연구하는 학문인 형이상학부터 공부하지 않으면 안된다. 그렇게 형이상학을 먼저 공부한 뒤에는 철두철미하게 논리를 적용해 세상이 가진 본질적 특질에 도달해야 할 것이다. 그러한 본질의 영역에는 나머지 모든 것을 일으키는 원인이 틀림없이 하나 존재할 터, 이를 일러 제1자라 한다. 그리고 가장 첫 번째 존재인 이것이 바로 하느님이다. 하느님이 "순수 실재"라는 데 대해서는 둔스도 토마스와 의견이 같았으나, 토마스는 이를 "순수 현실태"로 해석한 반면, 둔스는 이를 "순수 행동태"로 해석했다. 하느님의 존재에서 주를 이루는 것은 지성이 아니라 의지라는 이야기였다. 하느님은 모든 원인을 일으키는 원인이고, 따라서 영원성을 지닌다. 하지만 우리가 이성을 통해서 하느님을 알 수 있는 부분은 여기까지이다. 하느님이 자비로운 신이고, 삼위일체를 이루며, 시간 안에서 이 세상을 창조하였고, 섭리를 통해 만물을 내려다본다는 사실은(더불어 그리스도교 신앙이 내거는 거의 모든 교리는) 바로 믿음의 영역에 있기 때문이다. 즉 이들 사실은 성경이나 교회의 권위를 통해 믿으려 해야 하지, 이성으로 증명되기는 불가능하다는 것이다. 오히려 하느님에 대해 이성으로 따지고 들면 그 순간 우리는 곧장 자가당착에 빠져 갈팡질팡하게 된다.(칸트가 말한 '순수 이성의 이율배반') 만일 하느님이 정말로 전능한 존재라면, 악을 비롯한 이 세상의 모든 결함도 하느님이 원인이 되어 만들어졌을 것이다. 더불어 하느님이 정말 전능한 존재라면 인간의 의지 같은 이차적 원인은 한낱 환상에 불과할 것이다. 이런 처참한 결과가 도출된다는 점에서 볼 때, 나아가 도덕적 삶을 위해서는 종교적 믿음이 반드시 필요하다는 점에서 볼 때(칸트가 말한 '실천 이성'), 토마스처럼 철학을 가져다 신학을 증명하려는 것은 아예 포기하는 편이 더 지혜롭다. 그보다는 성경과 교회의 권위에 기대어 그리스도교 교리를 받아들이는 것이 올바른 일이다.[145] 우리는 하느님에 대해 알 수는 없으나 하느님을 사랑할 수는 있으니, 결국에는 이러한 사랑이 앎보다 더 훌륭하다.[146]

심리학 분야에서 둔스가 취한 입장은 "실재론"이었는데, 통상적 실재론이기보다는 그만의 색깔을 입힌 독특한 것이었다. 둔스는 보편자가 객관적으로 실재한다고 보았다. 어떤 것들에서 동일하게 발견되는 특징이 있을 때, 그러니까 인간의 지성이 비슷한 사물 안에서 어떤 일반적 관념을 형성할 때, 이들 특징은 그 사물 안에 반드시 존재하지 않으면 안 된다. 그런 특징이 실제로 존재하지 않는다면 우리가 그 사물을 대상으로 인지나 추상적 사고를 한다는 것도 불가능하지 않겠는가? 모든 자연 지식이 감각에서 비롯된다는 점에서는 둔스도 토마스와 의견이 같았다. 하지만 이를 끝으로, 심리학과 관련된 모든 내용에서 둔스는 토마스와 내내 다른 길을 걷는다. 우선 둔스는 별개성을 일으키는 주된 요소가 물질이 아니라 형상이라고 보았다. 이때 형상이란 반드시 "이것임"을 지닌 것이어야 한다. 즉 개인 또는 개별 사물을 다른 것과 구별시키는 그것만의 고유한 특징이 형상이 된다는 것이다. 또 둔스는 영혼의 기능은 개체에 따라 다르지 않을뿐더러 영혼 자체와도 구별이 되지 않는다고 보았다. 영혼이 가지는 기본적 기능은 이해가 아니라 의지라고 그는 생각했다. 우리의 지성이 어떤 감각이나 목적에 집중하게 되는 건 다 의지의 결정에 따르는 것이기 때문이다. 따라서 오로지 의지만이 자유롭다고 할 수 있으며, 판단은 자유롭지 못하다. 토마스는 지속성 및 완전한 행복을 갈구하는 인간의 특성이야말로 영혼 불멸의 증거라 보았는데, 둔스에게 이는 비약으로 여겨졌다. 그런 논증은 들판에서 살아가는 짐승에게도 얼마든지 적용될 수 있기 때문이다. 개인의 불멸성을 증명할 길은 우리에게 없다. 그저 믿는 것만이 우리가 해야 할 전부일 뿐.[147]

토마스의 철학을 처음 접했을 때 프란체스코 수도사들은 그런 느낌이었다. 그리스도교의 복음이 아리스토텔레스를 만나 완전히 밀려 버리고 말았다는. 이런 당혹감을 느끼기는 도미니크 수도회도 마찬가지였을 텐데, 둔스의 철학에서는 그리스도교 철학이 아랍 철학에 밀린 것 같은 기분이었을 것이다. 둔스의 형이상학은 아비켄나의 것과 대동소이했고, 그의 우주론은 이븐 가비롤의 것과 별반 다르지 않았다. 하지만 여기에서 정작 중요한 사실은(더불어 안타까운 사실은) 둔스가 더 이상 그리스도교의 기본 교리를 이성으로써 증명하려 하지 않았다는 점이다. 여기에 그의 추종자들이 한술 더 떠 상황을 악화시킨다. 그들은 신앙만이 다룰 수 있는 내용을 이성의 영역에서 하나둘 치워 버렸을 뿐아니라, 둔스의 사상에서도 오로지 그가 정리한 각종 개념 및 미묘한 어감 차이에만 매달려 이를 잔뜩 세분화해 놓았다. 그리하여 이제는 잉글랜드에서 "둔스학파" 하면 사소한 것에 집착하는 얼간이, 따분하기만 한 궤변론자, 구제 못할 지진아로 통할 정도였다. 이렇듯 신학자들이 철학을 거부하는 사태가 오자, 철학을 배워 철학을 사랑하게 된 사람들은 더 이상 신학자들 밑에서 배울 마음이 없어졌다. 두 학문은 한바탕 입씨름을 벌이는가 싶더니 어느덧 서로 제 갈 길로 돌아섰다. 신앙이 이성을 거부하자 이성도 신앙을 거부하고 나온 것이다. 그러면서 신앙의 시대가 감행했던 용감한 모험도 함께 막을 내렸다.

스콜라 철학은 그리스 비극과 상통하는 면이 있다. 알고 보면 그 본질적 내용 속에 이미 안타까운 결말이 배태돼 있다는 점에서 그러하다. 이성을 가지고 신앙의 기반을 세우려 한 스콜라 철학이었던 만큼, 그 속에는 이미 이성의 권위를 인정한다는 가정이 암묵적으로 깔려 있었다. 둔스 스코투스를 위시한 여타 신학자들은 이와 반대로 이성은 신앙의 기반이 될 수 없다 보았고, 그러자 스콜라 철학은 철퇴를 맞은 듯 와르르 무너져 내려 더 이상 연명할 수 없는 지경까지 갔다. 이 타격이 얼마나 강했는지 14세기에는 그리스도교 교리 및 교회 조직 전반과 관련해 갖가지 소요가 끊이지 않을 정도였다. 아리스토텔레스는 결국 그리스인들이 라틴 왕국에 보낸 트로이 목마였던 셈이다. 로마 왕국은 이를 선물인 줄 알고 선뜻 받아들였으나, 알고 보니 그 안에는 갈등의 씨앗이 수백 가지는 들어 있었다. 하지만 훗날 르네상스 및 계몽주의로까지 자라나는 이들 씨앗은 "이교 신앙이 그리스도교에 대한 복수"로서 뿌린 것만은 아니었다. 의도치 않았다 하더라도 여기에는 이슬람의 복수도 끼어 있었다. 그 옛날 그리스도 교도에게 팔레스타인 땅을 침략당한 것은, 또 그들에게 밀려 스페인 전역에서 쫓겨나다시피 한 것은 이슬람교도로서는 애통한 일이었을 것이다. 그런 이슬람교도의 과학이 서유럽에 전파되어 그곳 세계를 사분오열시켰으니, 이로써 이슬람교도는 그리스도교 세계에 본때를 보여 줄 수 있었다. 그리스도교 신앙에 합리주의라는 병균을 옮긴 것은 아리스토텔레스만이 아니라, 아비켄나와 아베로이스도 단단히 한몫 거든 일이었다.

하지만 스콜라 철학이 이룩해 낸 성과는 실로 눈부시니, 아무리 다른 관점에 선다 해도 그 빛이 바래는 일은 없을 듯하다. 당시 스콜라 철학은 젊은이가 혈기를 자랑하듯 특유의 대담성과 저돌성을 보여 주었다. 또 그렇게 젊었던 까닭에 넘치는 자신감으로 실수를 연발하기도 하고, 논쟁에 푹 빠져들기도 했다. 한마디로 갓 사춘기에 접어든 유럽은 이성으로 하는 놀이가 참으로 재미나다는 걸 새삼 깨달았고, 그러자 안에서 자연스레 스콜라 철학이라는 목소리가 울려 나왔다. 물론 스콜라 철학 역시 한편으로는 공의회 및 종교 재판을 동원해 이단 사냥을 일삼은 면이 없지 않다. 하지만 절정기의 2세기 동안 스콜라 철학은 자유롭게 탐구하고, 사고하고, 가르치는 게 무언지 제대로 보여 주었으니, 이만큼 자유로운 분위기는 오늘날의 유럽 대학들에서도 찾아보기 힘들다. 나아가 스콜라 철학은 12세기 및 13세기에 활약한 여러 법학자들 하고도 손잡고서, 유럽의 지성을 한층 예리하게 다듬는 역할을 해내었다. 논리학의 도구 및 용어가 본격적으로 벼려져 나온 것이 이때였고, 그 어떤 이교 신앙도 감히 대적하지 못할 만큼 정교한 사고가 그리스도교 신앙 안에서 전개된 것도 바로 이 시절이었다. 물론 논변 개발에만 너무 치중한 나머지, 논쟁을 위한 논쟁을 구구절절 벌인다거나 사소한 부분에 목을 매는 이른바 "현학자 학풍"이 만들어진 것도 사실이다. 하지만 스콜라 철학의 이런 면에 대해서는 로저 베이컨과 프란시스 베이컨은 물론, 스콜라 철학자 자신들조차도 극구 반대하는 분위기였다.* 하지만 스콜라 철학이 물려준 유산에는 아무래도 나쁜 것보다는 좋은 게 훨씬 더 많았다. 일찍이 콩도르세(Condorcet, 18세기에 활동한 프랑스의 수학자이자 정치가이다. ─옮긴이)는 말하기를 "논리학, 윤리학, 형이상학은 고대인이 만들었지만, 이것을 가져다 고대인은 꿈도 못 꿀 만큼 정교하게 가다듬은 것은 바로 스콜라 철학이다."라고 하였다. 윌리엄 해밀턴 경(William Hamilton, 19세기에 활동한 아일랜드의 수학자이자 물리학자이자 천문학자이다. ─옮긴이)도 "중세의 스콜라 철학자들이 아니었다면, 세간의 통속어들이 오늘날만큼의 정확성과 정치(精緻)한 분석력을 갖기란 불가능했을 것이다."라고 하였다.[148] 뿐만 아니라 오늘날 프랑스 지성인이 그들만의 고유한 특질을 가지게 된 것도(즉 논리를 비롯해 논리

---

* 이와 관련해 기랄두스 캄브렌시스가 전해 주는 한 일화를 들어 보자. 어느 마을에 고생고생해 가며 아들을 공부시키는 아버지가 있었다. 아버지의 뒷바라지 덕에 아들은 파리에 가서 5년간 철학을 공부할 수 있었다. 학업을 마치고 고향으로 돌아온 아들은 집의 탁자 위에 달걀 여섯 개가 놓인 걸 발견한다. 그는 탁자 위의 달걀 여섯 개가 사실은 열두 개임을 논리로 증명해 내는데, 그 안에는 한 치의 오류도 없었다. 아들이 이렇게 이야기하자 아버지는 눈앞에 보이는 달걀 여섯 개를 한꺼번에 먹어 치웠다. 그리고 아들더러는 탁자에 있는 나머지 달걀 여섯 개를 먹으라 했다.

의 명확성 및 아름다움을 그 누구보다 사랑하게 된 것도), 다 중세 프랑스의 학교에서 논리학이 한참 전성기를 구가했기 때문이라 할 수 있다.[149]

물론 17세기에 들어서면 유럽의 지성이 이 스콜라 철학에 발목 잡혀 잘 발전하지 못하는 형국이 된다. 하지만 그건 뒷날 일이고 적어도 12세기와 13세기에는 인간 사고에서 스콜라 철학은 하나의 혁명적인 발전이자 부흥 운동이었다. 알고 보면 "근대적" 사고는 아벨라르의 합리주의에 단초가 있으며, 그 첫 번째 절정도 토마스 아퀴나스의 명료한 사상과 위대한 업적에서 찾아진다. 이후 근대적 사고는 둔스 스코투스를 만나 엄청난 타격을 받고 겨우 목숨을 부지하지만, 이윽고 오캄을 만나 다시 보란 듯 부활한다. 그러고는 교황 레오 10세를 만나 그를 꼼짝 못하게 만들고, 에라스무스를 만나서는 그리스도교 신앙을 동이는 밧줄이 되어 준다. 라블레에게 근대적 사고는 왁자지껄한 웃음이었고, 몽테뉴에게는 따뜻한 미소였으며, 볼테르에게는 거친 폭동이었다. 흄에게 근대적 사상은 냉소 어린 승리감이었고, 아나톨 프랑스에게 근대적 사고의 승리는 슬픈 탄식이었다. 근대적 사고가 한 시대를 이렇듯 찬란하고 겁 없이 풍미한 것도 다, 중세 시대가 일찌감치 이성을 향해 거침없이 돌진해 준 덕분이었다.

37장　　　　　　　　그리스도교의 과학
　　　　　　　　　　　1095~1300

1. 마법이 지배하던 세상

로마 제국이 한창 황금기를 구가하던 시절, 로마인들은 응용과학 분야는 꽤나 숭상하는 편이었으나 그리스인이 발달시켜 놓은 순수과학은 새까맣게 잊다시피 하고 있었다. 대(大)플리니우스(기원전 1세기에 로마에서 관리, 군인, 학자로 활동하였다. - 옮긴이)가 쓴 『박물지』만 봐도, 벌써 중세의 미신적 요소들이 한쪽이 멀다 하고 등장하고 있다. 하지만 유럽은 로마인도 모자라 그리스도교도까지 과학에 무심했으니, 이로써 과학의 물줄기는 일찌감치 말라 버릴 수밖에 없었다. 물론 야만족이 쳐들어와 유럽 사회를 와해시키고 그 잔해로 인해 문화 전파의 길이 꽉 막혀 버린 것도 사실이지만, 이는 과학의 물이 말라 버리고 훨씬 뒤의 일이었다. 그나마 콘스탄티노플의 도서관에 그리스의 과학 일부가 남아 잠자던 것이 있었으나, 이것들마저도 1204년 들어 약탈을 당하고 말았다.(제4차 십자군 원정에서 서로마 제국 병사들이 비잔티움 제국을 약탈한 것을 이른다. – 옮긴이) 9세기에 그리스의 과학이 시리아를 거쳐 들어오면서 이슬람은 문화에 대한 눈이 그 어느 때보다 활짝 트였건만, 정작 이 시기에 유럽은 야만인과 미신의 물결에 빠져 허우적대는 꼴이었다.

중세 서유럽에서 과학과 철학은 늘 비과학적인 것들에 둘러싸인 채 성장을 해야 했다. 그 비과학적인 것들이란 바로 혼란과 불안의 시대에만 모습을 드러낸다는 신화, 전설, 기적, 예언, 귀신, 불가사의, 마법, 점성술, 점괘, 요술 따위의 것들이었다. 물론 (오늘날에도 그렇고) 이교(異敎)를 믿던 시절에도 이런 것들은 존재했지만, 그때에는 문명에서 나오는 유머와 지적 자각이 그 힘을 다소 누그러뜨려 주었었다. 한편 셈족이 살던 세상에서는 이것들의 힘이 워낙 강력했고, 또 아베로이스와 마이모니데스 사상에 버금갈 정도로 곳곳에 널리 퍼져 있었다. 이 미신의 물결이 6세기와 11세기 사이에는 문화의 둑을 허물고 서유럽까지 넘어 들어왔고, 중세의 지성은 결국 그 엄청난 물살에 밀려 마법과 맹신의 바다에 빠져들고 말았다. 이런 맹신에 빠지는 데는 아무리 위대하거나, 아무리 학식 높은 인물도 예외가 아니었다. 일례로 아우구스티누스는 이교도의 신들이 마귀의 형상으로 계속 세상에 존재한다고 믿었고, 그리스와 로마의 신화에 등장하는 파우누스나 사티로스도 실제로 존재한다고 생각했다.[1] 아벨라르의 경우에는 마귀들이 자연의 각종 비밀들을 꿰뚫고서는 그 힘을 가지고 세상에 마법을 건다고 여겼다.[2] 현명 왕 알폰소는 마법을 당연한 것으로 받아들였고, 하늘의 별로 점괘를 보는 것에도 찬성하는 입장이었다.[3] 윗사람들이 이러했으니, 아랫사람들이 어떻게 미신에 의혹을 품을 수 있었겠는가?

먼 옛날부터 이교 신앙 속에는 신비한 힘을 가진 초자연적 존재가 각양각색으로 많았고, 그중 대다수는 이미 중세가 되기 훨씬 전부터 그리스도교 신앙 안에 자리 잡고 있었다. 하지만 초자연적 존재의 유입은 이것이 끝이 아니었으니, 본격적으로 중세에 들면서는 독일, 스칸디나비아 반도, 아일랜드 등에서 트롤(troll), 요정, 거인, 악귀, 도깨비, 밴시(banshee), 비밀의 용, 피 빨아먹는 흡혈귀 같은 것들이 들어오기에 이른다. 뿐만 아니라, 동방에서 유럽으로는 항상 새로운 미신들이 속속 발을 들이는 형편이었다. 그 영향으로 사람들은 이미 죽은 사람도 유령이 되어 허공을 걸을 수 있다 믿었고, 생전에 악마에게 자신을 판 사람들은 늑대 인간이 되어 숲과 들판을 떠돈다고 믿었으며, 세례를 못 받고 죽은 어린아이들은 도깨비불이 되어 늪지대에 출몰한다고 믿었다. 성 에드먼드 리치의 경우에는 하늘에 까마귀들이 떼 지어 나는 게 보이면, 더도 볼 것 없이 마을의 고리대금업자가 죽어 그 영혼을 데리러 마귀 떼가 온 것이라 여겼다.[4] 중세 시대에는 퇴마 이야기가 많은데, 마귀를 쫓아내는 대목에서는 어김없이 새까만 파리 한 마리가(더러는 개 한 마리가) 입 밖으로 튀어나오게 되어 있다.[5] 그러므로 마귀의 수가 줄어드는 일이란 절대 없었다.

그래서 이 시절 사람들이 마귀도 쫓고 행운도 불러들일 요량으로 몸에 지니는 물건들이 있었는데, 허브, 돌멩이, 부적, 반지, 보석 등 그 종류가 수십 가지로 다양했다. 심지어는 말발굽에 갖다 붙이는 편자까지도 행운의 상징으로 여겨졌는데, 편자는 초승달 모양인 바 예로부터 초승달은 여신으로 통한 까닭이었다. 그리스도교 교부들은 저 옛날 피타고라스의 학설에 따라 숫자 중에도 마법의 힘을 지니는 것들이 있다 믿었고, 이 믿음은 신자들에게까지 고스란히 전해졌다. 일례로 삼위일체와 연관되는 숫자 3은 가장 신성한 숫자였던 동시에 영혼을 의미하는 숫자였다. 이어 숫자 4는 몸을 뜻했고, 3과 4가 합쳐진 7은 곧 완전한 인간을 의미했다. 그리하여 사람들은 7이란 숫자에 특별한 애착을 갖게 되었는데, 그래서 사람의 나이, 행성의 개수, 그리스도교 신앙의 주덕(主德)이나 대죄(大罪)도 반드시 이 7이란 숫자에 맞추고는 했다. 한편 엉뚱한 때에 별안간 재채기가 나오는 것은 불길한 징조에 해당했다. 따라서 누군가가 그렇게 재채기를 하면 주변에서 반드시 "하느님께서 당신을 보살펴 주시기를.(God bless you.)"이라고 말해 나쁜 기운을 쫓아 주어야만 했다. 이 시절에는 연정(戀情)을 일으키는 데에도, 또 일단 일어난 연정을 깨뜨리는 데에도 미약(媚藥)이 효험을 낸다고 보았다. 또 개구리를 잡아 그 주둥이 안으로 침을 세 번 뱉거나,

혹은 성교를 하는 동안 옥돌을 손에 꼭 쥐고 있으면 이성과 잠자리를 해도 임신을 피할 수 있다고 믿었다.[6] 9세기에 리옹의 대주교를 지낸 아고바르는 의식이 깨어 있던 사람이라 그리스도교도의 이런 세태를 두고 다음과 같이 불평하였다. "오늘날 그리스도교도들은 도무지 말도 안 되는 것들을 가져다 사실이라며 믿고 있다. 오히려 옛날 사람들은 이교는 믿었을지언정 아무리 꾀어도 이런 것들에 넘어가지는 않았다."[7]

미신에 들어 있는 이단적 요소를 교회에서는 어떻게든 뿌리 뽑고자 했고, 그래서 수많은 믿음 및 의례의 내용을 죄로 규정해 이를 위반할 시에는 죄의 경중에 따라 속죄를 하도록 형벌을 내렸다. 이 시절 사람들은 마귀들 힘을 빌려 세상일을 자기 뜻대로 움직일 수 있게 하는 이른바 흑마술도 믿었는데, 이는 교회에서 엄히 금하는 것 중 하나였다. 하지만 교회의 제재에도 아랑곳없이 흑마술은 도처에서 비밀리에 성행하는 추세였다. 흑마술사들은 자기들끼리 몰래 『저주의 서(書)』를 돌려 보기도 했는데, 주요 마귀의 이름이며 거주지, 그리고 그들이 가진 특별한 마력이 한 곳에 정리된 책이었다.[8] 당시에는 초자연적 존재가 가진 힘을 믿지 않는 이가 거의 없어서, 그들의 주력(呪力)을 이용하면 바라는 바를 어느 정도는 이룰 수 있다고 사람들은 믿었다. 솔즈베리의 요하네스가 전하는 일화들을 보면, 당시에는 교회의 부제(副祭), 사제, 대주교도 마법을 이용한 것으로 되어 있다.[9] 마법을 거는 가장 간단한 방법은 주문을 외는 것이었는데, 보통은 특정 문구를 여러 차례 되풀이하는 식이었다. 이러한 주문을 이용하면 아기가 유산되는 일을 사전에 막을 수 있을 뿐 아니라, 병든 이는 병이 낫고, 원수는 제 발로 사라진다고 사람들은 믿었다. 당시 그리스도교도 대다수는 십자가 표시, 주기도문, 아베 마리아 같은 것들이 주문의 역할을 해 준다 여겼고, 교회의 성수(聖水) 및 성사(聖事)도 일종의 마법적 의식으로서 기적을 일으켜 준다고 믿었다.

이렇듯 이 시절엔 마법에 대한 믿음이 보편적이었는데, 마녀에 대한 믿음도 그에 못지않았다. 일례로 엑서터의 주교가 남긴 고해서(서방 교회의 사제들이 특히 중세 초기 교회에서 고해를 집행하는 데 사용한 지침서들을 이른다. – 옮긴이)를 보면, 다음과 같은 여인들을 죄인으로 못 박는 대목이 있다. 그에 따르면, "자신들이 마법과 요술을 부리면 꿈쩍 않던 남자들의 마음이 움직여 증오가 사랑으로, 혹은 사랑이 증오로 뒤바뀐다고 주장하는 여자들, 혹은 남자들이 가진 물건에 마법을 걸거나 혹은 그것을 훔쳐 올 수 있다고 주장하는 여자들"은 죄인이었다. 또 "특정 일자가 되면 야밤에 특정 짐승을 타고서 여자로 변장한 마귀들 무리와 어울린다고 주장하는 여자, 그리고 이런 모임에 끼어 있다고 주장하는 여자"들도 죄인이었다.[10] 세간에 "마녀의 연회"라 불린 이 모임은 14세기에 가장 악명이 높았다. 마녀들이 부린 마법 중에서도 비교적 단순한 방법으로는 해를 입히고픈 대상을 정해 밀랍 인형을 만들고 그것을 바늘로 찌르며 저주의 주문을 외는 것이었다. 한번은 필립 4세를 곁에서 모시던 궁정 대신이 죄를 문초받은 적이 있었는데, 돈을 주고 마녀를 고용해서는 필립 왕의 상(像)에 이런 짓을 저질렀다는 것이었다. 또 일부 여자들은 무시무시한 힘을 가지고 있어서, "흉안(凶眼)"으로 흘낏 보기만 해도 사람에게 해를 입히거나 목숨을 앗을 수 있었다. 레겐스부르크의 베르톨트의 경우에는 남자보다는 여자들이 지옥에 더 많이 떨어진다고 보았으니, 여자들 중에는 마녀의 이런 마법에 손을 대는 이들이 너무 많은 까닭이었다. 여자들은 "툭하면 주문을 외워, 남편을 얻게 해 달라고 하고, 결혼을 하게 해 달라고 한다. 또 아이를 낳기 전에도, 아이의 세례식이 있기 전에도 주문을 왼다. …… 여자들은 남자들을 겨냥해 그야말로 무시무시한 주문을 수도 없이 건다. 그런데도 남자들이 발광하지 않고 살아가는 걸 보면 그저 신기할 따름이다."[11] 서고트족의 법률에서도, 마녀들은 마귀를 불러들이고, 악마에게 번제(燔祭)를 지내며, 태풍 등을 일으킨다 하여 죄인으로 취급하였다. 나아가 이런 죄를 범한 사람이 있으면 데려다 머리를 빡빡 민 뒤 곤장 200대를 쳤다.[12] 잉글랜드에서 만들어진 크누트 법전에도, 마녀가 마법을 부려 사람을 죽일 수 있음을 인정하는 대목이 있다. 민간인 사이에 널리 퍼진 마녀에 대한 믿음을 애초 교회에서는 관용적 태도로 바라보았다. 예부터 내려오던 이교 신앙이 채 뿌리 뽑히지 못한 것이니 곧 제풀에 사라지겠거니 여긴 것이다. 하지만 마녀에 대한 믿음은 사라지기는커녕 더욱 자라나 더욱 멀리로까지 확산되었다. 그러자 1298년부터는 교회에서도 마녀 숭배를 잠재우는 일에 발 벗고 나서지 않을 수 없었고, 결국에는 종교 재판에서 마녀로 판명받은 여자들을 데려다 화형에 처하기 시작하였다. 당시 신학자들 중에는 몇몇 여자들이 정말 마귀와 결탁해 있다고 믿는 경우가 많았고, 따라서 이 마녀들의 마법에 걸려들지 않도록 교회에서 반드시 신도들을 보호해 주어야 한다고 생각했다. 또 하이스터바흐의 카이사리우스의 단언에 의하면, 당대에는 남자들 중에도 악마와 계약을 맺는 이들이 상당수에 이르렀다.[13] 나아가 이렇게 흑마술을 행하는 자들은 교회라면 질색인 자들이라, 사탄을 숭배하는 이른바 흑미사(Black Mass)를 열어 교회 전례(典禮)를 웃음거리로 삼았다고 하나, 증거는 확인할 길이 없다.[14] 몸이 아프거나 지극히 소심한 사람들은 자신이 마귀에 들려 있다고 믿기가 다반사였다. 당시 교회에서는 갖가지 기도문, 주문, 퇴마 의식을 활용해 마귀를 쫓아 주곤 했는데, 아마도 미신에 젖은 사람들 마음을 가라앉히는 데는 그런 방법이 심리적 처방이 되었을 것이다.

중세 시대 약학은 어느 정도는 신학 및 전례에서 갈라져 나왔다 해도 과언이 아니었다. 일례로 아우구스티누스는 인류가 병에 걸리는 원인이 마귀에 있다고 보았고, 루터도 이에 관한 한 같은 입장이었다. 따라서 몸에 병이 들었을 때는 기도를 드려야 낫는 게 당연했고, 전염병이 돌 때는 종교 행렬을 벌이고 교회를 지어 올려야 병을 몰아낼 수 있었다. 실제로 베네찌아의 산타 마리아 델라 살루테 성당은 실제로 전염병을 잡기 위해 지어진 경우였다. 베네찌아에 이질이 돌았을 때는 바이외의 주교 성 그레볼드가 하늘에 기도를 드려 병든 도시를 치료해 주기도 했다.[15] 병을 고치는 데 신앙심이 효과가 있음은 당대의 출중한 의사들도 인정한 바여서, 이들은 환자들에게 기도드리는 것은 물론 몸에 부적을 지닐 것도 적극 권하였다.[16] 또 참회 왕 에드워드를 시초로 하여, 예로부터 잉글랜드에는 왕이 반지에 은총을 내려 주면 간질이 낫는다는 믿음이 있었다.[17] 왕의 몸은 이미 종교의 손길이 닿아 성스럽게 변해 있는 만큼, 그의 손이 닿기만 해도 병이 나으리라고 사람들은 믿었다. 왕의 이러한 안수는 다른 병보다도 특히 연주창(連珠瘡, 림프샘의 결핵성 부종인 갑상선종이 헐어서 터지는 병 - 옮긴이)에 효과가 좋다고 여겨졌다. 연주창을 다른 말로 "왕의 악마"라 부르는 까닭도 여기에 있다. 프랑스의 생루이 같은 경우에는 백성들의 병을 낫게 하는 이런 안수례에 지극히 열심이었고, 발루아의 필립도 한 번 앉을 때마다 사람들을 1500명씩 "어루만져 주었다."고 한다.[18]

마법이란 몸을 건강하게 만드는 힘과 함께, 사람들에게 무언가를 알려 주는 힘도 가지고 있었다. 예로부터 이교 신앙에서는 미래를 점치거나 눈앞에 있지 않은 것을 보는 여러 방법들이 있었는데, 이런 방법들은 중세 시대 들어서도 내내 널리 이용되었다. 교회에서는 사람들이 이를 이용하지 못하게끔 몇 차례나 금지령을 내려 보았지만 아무 소용이 없었다. 토마스 아 베케트만 해도, 브르타뉴를 공략하려는 계획을 오랫동안 마음에 품어 오다 막상 헨리 2세에게 권할 때가 되자 이런 힘에 의지하지 않을 수 없었다. 새 점술가라 하여 새들이 하늘을 날아가는 형상을 보고 미래를 점치는 이와, 수상가(手相家)라 하여 손금을 살핀 끝에 앞일을 예언하는 이를 불러 조언을 구한 것이다.[19] 수상가들의 경우에는 성경의 구절을 근거로 하여("네 손이 너에게 표시가 되어 줄지니"-출애굽기 13장 9절) 손금 읽기는 곧 하느님이 허락한 기술이라 주장하기도 했다. 이외에도 예언가 중에는 바람의 움직임을 관찰해 앞일을 예측하는 이들이 있었는가 하면(날씨 점술), 물을 이용하는 이들도 있었고(물 점술), 혹은 불에서 피어오르는 연기를 살피는 이들도 있었다.(불 점술) 일부 점술가들은 이슬람교도의 방식을 그대로 흉내 내기도 했다. 즉 땅바닥에다(혹은 뭔가 적을 수 있는 판 위에다) 되는 대로 점을 찍은 뒤 그것들을 선으로 연결시켜서는 거기서 생겨난 도형을 보고 점을 친 것이다.(도형 점술) 또 확인할 증거는 없으나, 더러는 죽은 이의 혼령을 불러내 미래의 일을 알아내는 사람들도 있었다. 일례로 프레데리크 바르바로사는 죽은 아내를 잊지 못했고, 이에 알베르투스 그로투스라는 인물에게 간청하여 아내의 혼령을 불러낸 일이 있었다.(고 전한다.)[20] 또 점을 칠 때 예언서들을 이용하는 이들도 있었는데, 그들 주장에 따르면 그 예언서에는 시빌(Sibyl, 고대 로마의 무녀 – 옮긴이), 멀린(Merlin, 아서 왕 이야기에 나오는 예언자이자 마법사 – 옮긴이), 솔로몬 같은 이들의 예언이 들어 있었다. 여기 더해, 성경이나 베르길리우스의 『아이네이스』를 무작위로 펼쳐서 그 쪽의 첫 구절을 보고 미래를 점치는 방법도 있었다.(전자를 '하느님 점' 후자를 '베르길리우스 점'이라 했다.) 중세 시대 역사가들은 그 누구보다 엄중하기로 유명했으나, 그런 그들조차도 중요한 사건이 있기 전에는 항상 전조(前兆), 환영, 예언, 꿈 등이 나타나 그 일을 직접적으로 혹은 상징적으로 암시해 준다고 믿었으니, 이런 면에서는 고대의 역사가 리비우스와 다를 바가 없었다. 그랬던 만큼 당시에는, 빌라노바의 아르놀트가 쓴 책을 비롯하여, 꿈에 대한 해석이 달라질 때마다 그와 관련된 최신의 과학 연구서들이 수도 없이 쏟아져 나왔다. 꿈을 다룬 이들 내용은 꽤나 훌륭한 편이어서 20세기의 유명하다는 과학자들이 쓴 것과 비교해도 크게 손색이 없었다. 이상의 점술이나 신통력은 고대에도 이미 다 시행되었던 건 물론, 오늘날까지도 거의 대부분이 살아남아 그 명맥을 이어 가고 있다.

하지만 아무리 오늘날이라도 한 가지 믿음에서만큼은 신앙의 시대를(이슬람교, 유대교, 그리스도교를 막론하고) 결코 따르지 못하니, 당시 사람들의 경우에는 하늘의 별을 잘 들여다보면 미래의 일을 읽어 낼 수 있다는 믿음이 강했던 것이다. 저 하늘의 천체들은 이 땅의 날씨는 물론 식물의 생장까지도 마음대로 좌지우지하는 바, 그것들이 인간의(또는 국가의) 생장(生長), 본성, 질병, 주기, 생식, 전염병, 혁명, 운명을 좌지우지하지(아니, 엄밀히 말하여 그것을 결정짓지) 못할 까닭이 어디 있겠는가? 그랬던 만큼 중세 시대에는 거의 누구나 다 이에 대한 믿음이 강했다. 제후나 왕의 경우에는 자신이 사는 곳에 전문 점성술사를 한 명쯤 꼭 둘 정도였다. 당시에는 달이 얼마나 차고 이울었는지를 보고 파종하는 농부들이 여전히 많았고, 의사들 역시 달을 참고해서 언제 환자의 살을 쨀지 결정하곤 했다. 뿐만 아니라 대부분의 대학에도 점성술이 하나의 교과 과정으로 마련돼 있었으니, 별을 연구하는 과학이 곧 점성술이기 때문이었다. 이때만 해도 천문학은 점성술의 일부로 여겨졌고, 천문학이 발전할 수 있었던 것도 대체로 점성술에 대한 관심 및 열의 때문이었다. 한편 매사에 단정 내리기 좋아하던 학생들은 천체가 이 지상에 힘을 미치는 데에도 모종의 규칙이 발견된다고 주장하곤 했다. 일례로 토성의 힘이 우세할 때 태어난 사람들은 냉정하고, 활기가 없으며, 음침한 경향이 있는 반면, 목성이 우세할 때 태어난 사람들은 온화하고 쾌활한 경향이 있다. 화성의 주기에 태어난 사람들은 열정적이며 호전적인 성향을 보이는 한편, 금성의 주기에 태어난 사람들은 상냥하고 자손을 많이 낳으며, 수성의 주기에 태어난 사람들은 변덕스럽고 활기찬 경향을 띤다. 한편 달이 높이 떴을 때 태어난 사람들은 광기에 가까울 정도의 우울한 성격을 갖게 된다. 또 이 시대에는 탄생 점성술이라는 것도 있었는데, 사람이 태어날 때의 천궁도(天宮圖)만 알면 그 사람의 일생을 처음부터 끝까지 예측할 수 있다 하였다. 따라서 이 별점(horoscope)을 잘 보기 위해서는 우선 그 시(時)를 잘 살펴야 하고('horoscope'는 그리스어가 어원으로, 'horoskopos'라는 말 자체가 시(hora)를 살피다(skopos)라는 뜻이다. - 옮긴이), 더불어 그 사람의 탄생 일시 및 별의 위치를 정확히 알아야만 한다. 사실 이 시절 각종 천문표가 만들어진 것도 이런 별점을 치는 데 도움을 주려는 목적이 컸다.

중세 시대에는 점성술 분야에서도 대가로 손꼽히던 인물이 몇몇 있었다. 우선 아바노의 피에트로를 들 수 있는데, 그는 철학을 거의 점성술로 환원시켜 놓다시피 했다. 빌라노바의 아르놀트는 의사로서의 높은 명성에도 불구하고 유달리 마법에 애착을 보인 것으로 유명했다. 또 볼로냐 대학에서 점성술을 가르쳤던 체코 다스콜리(1257?~1327년)도 있었는데, 그는 자신이 사람의 마음을 읽을 수 있다고 자랑하는가 하면, 자신에게 생일을 알려 주기만 하면 상대방이 손에 무엇을 감추고 있는지도 맞출 수 있다고 하였다. 그는 자기 말이 맞다는 걸 증명하겠다는 듯 예수의 탄생일을 가지고 점을 쳐 보였고, 탄생일 당시의 천궁도에 따르면 예수가 십자가에 못 박히는 건 피할 수 없는 일이라 하였다. 이 일이 화근이 되어 그는 종교 재판에서 유죄를 선고받게 되고(1324년), 그러자 자신의 견해를 철회하는 한편 그에 관해 입을 닫는다는 조건으로 목숨을 건졌다. 이후 그는 피렌쩨로 건너가 수많은 사람들에게 돈을 받고 점을 봐 주다가, 종국에는 의지의 자유를 부정했다는 죄목으로 붙잡혀 화형에 처해졌다.(1327년) 이에 더해 그를 중심으로 따랐던 제자 상당수도 마법을 부리고 악마와 교통했다는 혐의를 썼는데(콘스탄티누스 아프리카누스, 게르베르트, 알베르투스 마그누스, 로저 베이컨, 보베의 뱅상), 일반 백성들이 보기에는 그들이 그 많은 지식을 스스로의 힘으로 얻었다는 게 도무지 믿기지 않았기 때문이다. 이러한 의심을 사기는 미카엘 스코트도 마찬가지였고, 그의 경우에는 마법과 관련해 글을 쓴 것이 화근이었다. 그중 유명한 것으로는 「입문서」라 하여 점성술에 관한 소론과, 「골상학(骨相學)」이라 하여 신체의 특이한 모양을 그 사람의 성격적 특징과 결부시킨 것이 있었고, 연금술에 대한 글도 두 편 있었다. 미카엘 자신은 마법에는 극구 반대하는 입장이었으나, 그것을 주제로 글 쓰는 일은 즐겨했던 셈이다. 한번은 점을 치는 방법에는 총 28가지가 있다며 그것을 일일이 열거하기도 했는데, 이 방법들이 모두 나름의 신빙성을 가진다고 믿었던 듯하다.[21] 또 그는 중세 시대 사람으로는 드물게 사건과 사물을 주의 깊게 관찰할 줄 알았는가 하면, 더러는 실험을 계획해 실시하기도 하였다. 하지만 이런 성향과는 또 딴판으로, 남자가 벽옥(碧玉)이나 황옥(黃玉)을 지니면 금욕에 좋다는 식의 근거 없는 믿음을 가지기도 했다.[22] 미카엘은 어지간히 꾀바른 사람이어서 프레데리크 2세는 물론이고, 교황을 지낸 여러 인물과도 두루 좋은 관계를 맺고 지냈다. 하지만 인정사정없던 단테는 미카엘을 가차 없이 지옥으로 내쳤다.(『신곡』에서 미카엘이 지옥에 떨어진 걸 이른다. ─옮긴이)

13세기에는 과학이 있는 곳에는 늘 교회와 종교 재판이 환경의 일부처럼 따라다녔다. 대학에서 이뤄지는 활동도 대부분 교회의 지시와 감독에 따라 진행되는 게 다반사였다. 하지만 이 시절만 해도 교회에서는 교리 해석에 대한 자유를 교수에게 상당 부분 인정해 주었고, 과학적인 학문 연구에 대해서도 지원을 아끼지 않은 편이었다. 파리의 주교였던 오베르뉴의 기욤(1249년 사망)은 과학적 탐구를 적극 장려하기까지 한 인물이었다. 그에 따르면 어떤 사람들은 뭔가 기이한 일이 일어날 때마다 무작정 하느님을 찾는데, 그들만큼 어리석은 사람들도 없을 것이라며 비웃었다. 링컨의 주교 그로스테스트의 경우에는 수학, 광학, 실험과학 분야에 있어 그 누구보다 앞서 있었고, 로저 베이컨이 보기에는 아리스토텔레스와 견주어도 손색이 없을 정도였다. 또 이 시절 알베르트 마그누스나 로저 베이컨이 과학 연구를 할 때에도, 도미니크회는 물론 프란체스코회에서도 내놓고 반대를 표명한 적은 한 번도 없다. 물론 성 베르나르를 비롯한 일부 광신도들이 과학 연구를 짓누르려 한 적은 있으나, 그것이 교회가 채택한 공식 입장은 아니었다.[23] 하지만 이런 교회도 사체 해부와 관련해서는 난색을 표하지 않을 수 없었다. 인간은 하느님의 형상으로 만들어졌고, 따라서 영혼은 물론 몸까지도 장차 무덤에서 소생하게 된다는 것이 교회의 기본 교리 중 하나였기 때문이다. 이런 점에서 사체 해부를 꺼려하기는 이슬람교도와 유대교도도 마찬가지였고,[24] 일반 백성들의 생각도 대체로 그러했다.[25] 1345년에는 비제바노의 귀도란 인물이 그런 뜻에서 사체 해부는 "교회에서 엄히 금하는 일"이라는 발언을 했다.[26] 하지만 사실 교회에서는, 교황 보니파키우스 8세가 "주검에 대하여"라는 교서를 발표하기 전까지는, 사체 해부를 금한 일이 전혀 없었다. 더구나 교황의 이 교서는 사체 해부 자체를 금한 게 아니라, 사체를 동강낸 후 그것을 물에 끓여 살을 발라내는 작업을 금지시킨 것이었다. 당시에는 십자군들이 그런 식으로 죽은 전우의 사체를 고향으로 보내어 그의 육친에게 장례 지내게 했기 때문이다.[27] 물론 교서만 보아서는 사체 절단을 금하는 내용으로 읽힐 소지도 있었다. 그러나 1320년경, 이탈리아의 외과의 몬디노가 사체를 끓여 절단했을 때에도, 교회에서는 그 어떤 반대 의사도 표명하지 않은 것으로 알려져 있다.[28]

앞으로 이어질 부분에서는 중세의 과학이 서유럽에서 어느 정도의 성취를 이뤘는지 정리하게 될 텐데 그 성과가 다소 미흡해 보인다는 생각이 든다면 다음과 같은 사실을 잊지 말아야 할 것이다. 우선 중세의 과학은 미신과 마법이 판치던 척박한 환경 속에서 자라났다는 것이고, 둘째 이 시절에는 뛰어난 인재란 인재는 모두 법학과 신학 쪽에 몰렸다는 것이며, 셋째로 당시는 우주를 비롯해 인간의 기원, 본성, 운명과 관련한 주된 문제가 다 풀렸다고 보는 분위기였다는 것이다. 그러다 1150년을 지나자 서유럽에서는 재산과 여가가 점점 늘기 시작하였고, 더불어 이슬람 세계에서는 갖가지 번역서들이 쏟아져 들어오기 시작했다. 그러자 이에 자극받아 축 늘어져 있던 서유럽 지성이 기지개를 켜고, 호기심은 타올라 열성으로 화하니, 이제 사람들은 사이에서는 하나둘 그 옛날 그리스인들이 거침없이 누비던 세계의 이야기들이 돌기 시작했다. 그리고 그로부터 백 년도 채 지나지 않아, 라틴어권 유럽 전역은 다시금 과학과 철학으로 활기를 띠게 되었다.

2. 수학의 혁명

이 시절 수학 분야에서 가장 먼저 두각을 나타낸 위대한 인물로는 피사에서 활동한 레오나르도 피보나치를 들 수 있다.

여기서 수학의 흐름을 잠시 살펴보면, 태생을 알 길 없는 수메르 수학이 바빌로니아를 거쳐 그리스로 흘러들어 온 것이 맨 처음이었다. 이 무렵 이집트에는, 지금도 피라미드를 보면 쉽사리 알 수 있듯, 기하학이 발달돼 있었는데 이것도 (아마 크레타와 로도스 섬을 거쳐) 이오니아 및 그리스로 흘러들게 된다. 그리하여 그리스에서 발달하게 된 수학은 알렉산드로스 대왕의 뒤를 쫓아 인도로까지 흘러든다. 이 그리스의 수학이 인도 수학을 발전시키게 되고, 발전한 인도 수학은 브라마굽타(588?~660년) 때 절정을 이룬다. 그러다 775년경에 들면서는 인도 수학자들의 책이 아랍어로 번역되기에 이르고, 머지않아 그리스 수학자들의 책도 아랍어로 번역되었다. 그러면서 인도에서 사용되던 숫자가 동 이슬람에 발을 들인 것이 830년경의 일이었고, 게르베르트가 이를 프랑스에 들여온 것이 1000년경의 일이었다. 11세기 및 12세기에는 그리스, 아랍, 히브리 수학이 스페인 및 시칠리아를 거쳐 서유럽으로 흘러들어오게 되고, 이것이 다시 이탈리아 상인들과 함께 베네찌아, 제노바, 아말피, 피사로 들어오게 된 것이다. 생명이 있기 위해서는 생식이 필수적이듯, 문명이 있기 위해서는 전파가 필수적이다.

이런 식의 전파가 이루어지기는 기원전 6세기에 중국에서 사용된 이른바 "셈틀(abacus, 그리스어로는 'abax'라고 하며 '판(板)'이라는 뜻이다.)"의 경우에도 마찬가지였다. 이 셈틀에서는 조그만 대나무 막대기들을 이편저편으로 움직여 수를 계산하곤 했다. 이를 모태로 하여 나온 것이 "주판"으로, 지금까지도 중국에서는 이것이 계산기로 활용되고 있다. 한편 기원전 5세기의 이집트인들은 자갈로 숫자를 헤아렸는데, "오른편에서 왼편으로 옮기는 방식이었다." 그리스인도 이 방식을 쓰긴 했으나, 방향이 정반대였다. 로마인들의 경우에는 셈틀을 사용했는데 종류가 다양했다. 그중 하나가 숫자 단위마다 홈을 내고 그 안에 알을 여러 개씩 집어넣은 것이었고, 홈 안에는 돌멩이, 쇠붙이, 채색 유리 따위의 다양한 것들이 들어갔다. 당시 이 알들을 이르던 말이 "칼쿨리(caculi, '작은 돌멩이'라는 뜻)"이다.[29] 525년경에는 보에티우스가 숫자를 10단위씩 계산할 수 있는 셈틀을 언급하기도 했다. 이는 인류가 진작 십진법으로 나갈 수 있었던 길이었으나, 세상은 그 진가를 알아보지 못했다. 이탈리아 상인들은 이 셈틀을 이용해 놓고도, 거기서 나온 계산 결과는 모양 사납게 로마 숫자로 적어 놓곤 했다.

레오나르도 피보나치가 태어난 것은 1180년 피사에서였다. 그의 아버지는 알제리에서 피사의 교역 중개소를 운영하는 사업가였다. 레오나르도는 청소년기부터 일찌감치 아버지 밑에 들어가 사업에 합류하였고, 알제리에서 만난 이슬람교 스승으로부터 공부를 배웠다. 그 후로는 이집트, 시리아, 그리스, 시칠리아를 두루 돌며 여행하였는데, 이때 상인들의 장사법을 공부하게 된 것은 물론, "인도 숫자 아홉 개를 써서 수를 계산해 내는 기막힌 방법"도 배우게 되었다고 한다.[30] 여기서 보듯 유럽에 처음 발을 들였을 때만 해도 이들 숫자는 인도 것이라고 제대로 알려져 있었다. 더구나 오늘날에는 다들 어린 시절에 울며 겨자 먹기로 배우는 이들 숫자가, 당시 사람들에게는 무엇보다 신기하고 또 반가운 존재였다. 생전에 레오나르도는 아랍어는 물론 그리스어도 할 줄 알았던 것으로 보인다. 그가 수학에 해 놓은 일들을 보면 아무래도 아르키메데스, 유클리드, 헤론, 디오판투스의 수학을 잘 알았다고 밖에는 생각할 수 없기 때문이다. 그의 『산술 교본』이 세상에 나온 것은 1202년의 일이었다. 이 책은 그리스도교도의 저작으로는 최초로 인도 숫자, 0, 십진법을 유럽 실정에 맞추어 하나하나 상세히 설명해 놓은 것이었고, 이로써 그리스도교 라틴 왕국에서는 수학이 재탄생했음을 알리는 신호탄이 터진 셈이었다. 뿐만 아니라 이 책은 아랍의 대수학을 서유럽에 소개시키는 역할도 하고 있었으며, 나아가 수학이라는 학문 자체에도 미약하게나마 혁명을 일으킨 면이 있었다. 즉 숫자가 들어갈 자리에 간혹 문자를 사용함으로써 방정식이 일반화되고 또 간략해질 수 있도록 한 것이다.[31] 또 『기하학 연습』이란 책에서는(1220년 발간) 그리스도교 세계 역사상 처음으로 기하학 정리(定理) 문제를 대수학을 통해 다루기도 하였다. 1225년에 펴낸 소규모의 저술 두 편에서는 1차, 2차 방정식을 독창적으로 해결할 수 있는 방법을 제시하기도 했다. 1225년은 프레데리크 2세가 피사에서 수학 경연을 연 해이기도 했는데, 팔레르모의 요한이 출제한 다양한 문제들을 경연에 나가서 이를 보란 듯 해결한 이가 바로 피보나치였다.

피보나치가 이렇듯 획기적 업적을 이뤄놓았음에도 불구하고, 유럽의 상인들은 시간이 한참을 지나도 이 새로운 계산법을 좀처럼 쓰려 하지 않았다. 여전히 손가락으로 셈틀을 튕겨 계산을 해서, 거기서 나온 값을 로마 숫자로 적는 편을 선호했던 것이다. 심지어 세월이 흘러 1299년이 되었는데도 피렌쩨의 상인들은 "새로운 유행처럼 번지고 있는 (인도) 숫자"를 사용치 말아야 한다며 인도 숫자 금지법을 통과시키기까지 했다.[32] 새로운 숫자 표시와 0을 사용하게 되면, 나아가 이들 숫자를 1, 10, 100 …… 의 자리에 정렬시키게 되면, 그로 인해 수학이 그리스인, 로마인, 유대인의 숫자로는 감히 상상도 못할 만큼 엄청난 발전을 이룰 것은 분명한 사실이었다. 그러나 이러한 사실을 알아차릴 수 있던 이들은 당대의 수학자 몇몇 뿐이었다. 인도 숫자가 마침내 로마 숫자를 밀어낼 수 있었던 것은 16세기나 되어서의 일이었고, 더구나 영국과 미국에는 아직도 12진법으로 계산하던 종래의 흔적들이 각종 분야에 상당수 남아 있다. 12를 상대로 천 년이나 긴 싸움을 벌였건만 10은 아직도 완전히 승리하지는 못한 셈이다.

중세 시대에 수학이 목표로 하던 바는 세 가지였다. 첫째는 역학을 잘 이용할 수 있게 하는 것, 둘째는 사업 장부를 잘 정리하는 것, 셋째는 하늘의 모습을 도식화해 내는 것이었다. 이 시절에는 수학, 물리학, 천문학이 서로 긴밀하게 연관돼 있었고, 따라서 이중 한 분야에만 책을 내놓아도 결과적으로는 다른 두 분야에까지 함께 기여를 할 수 있었다. 일례로 (요크셔 출신이었던) 홀리우드의 존이 그러했다. 라틴어권에는 흔히 사크로보스코의 요하네스라 알려진 그는 옥스퍼드에서 학업을 쌓은 뒤 파리에 가서 학생들을 가르쳤다. 그의 주저로는 『(지구) 구형설에 관한 글』이라는 천문학 책과, 당시의 새로운 수학을 상세히 풀어 설명한 『대중을 위한 수학 (*Algorismus vulgaris*)』을 든다.(1230년경) 후자의 제목에 들어 있는 알고리스무스 (Algorismus)라는 라틴어는 원래 이슬람 수학자 알 흐와리즈미의 이름을 쓰려다 와전된 것으로, 이후로는 그 뜻이 바뀌어 인도 숫자 산술 체계를 가리키는 말이 되었다. 이 산술체계를 만들어 낸 것이 존은 "아랍인"이라 보았고, 따라서 인도 숫자가 "아라비아 숫자"로 잘못 알려진 데에는 그도 일부 책임이 있다.[33] 한편 1149년경에는 저 옛날 알 바타니 및 알 자르칼리가 만들어 두었던 천문표를 체스터의 로버트가 가져다 쓰기에 이르는데, 그는 이 과정에서 아랍의 삼각법을 잉글랜드에 들여오는 한편, 이 새로운 분야에 시누스(sinus, 원래는 만(灣)의 의미로서, 후일 이것이 사인(sine)이 된다.)를 처음 도입하는 업적을 이루었다.

이 시절 천문학에 대한 관심이 식지 않았던 것은 당시 항해술이 긴요했던 데다 점성술에 대한 열정이 대단했기 때문이다. 중세에는 프톨레마이오스의 저작이 흔히 "알마게스트(Almagest)"라는 제목으로 번역돼 나와 자못 대단한 권위를 행사했고, 그리스도교 천문학은 그 위세에 눌려 기를 못 펴는 실정이었다. 즉 프톨레마이오스의 이론이 이심원(離心圓)과 주전원(周轉圓)을 이용해 지구를 우주의 중심에 놓고 있었음에도 불구하고 감히 그에 대한 반론을 펴지 못했던 것이다. 물론 알베르투스 마그누스, 토마스 아퀴나스, 로저 베이컨처럼 지성이 예리했던 이들은 12세기에 이미 무어인 천문학자인 알 비트루지가 그에 관해 꽤 막강한 반론을 내놓았다는 것을 알고 있었다. 하지만 코페르니쿠스가 등장하기 전까지는 아무도 프톨레마이오스의 이 천체 이론에 대해 이렇다 할 대안을 내놓지 못한 형편이었다. 따라서 13세기의 그리스도교 천문학자들은 지구가 중심에 있고 그 주위를 다양한 행성들이 돌고 있다고 보았다. 하늘에 붙박인 수많은 별들은 수정처럼 투명한 창공을 망으로 삼아 거기에 매달려 있는 것이었다. 하늘의 이 별들은 스스로 움직이는 것이 아니라 신성한 지성이 움직여 주며, 이것들은 마치 열병을 하듯 정해진 대열에 맞춰 지구 주위를 돈다고 하였다. 또 우주의 중심이자 꼭대기에는 사람이 하나 있는데, 신학자들 말마따나 그는 죄악에 물들어 있기 때문에 곧 지옥에 떨어질 것이고 따라서 가엾은 벌레 같은 존재라 하였다. 사실 그리스도가 나기 400년 전에도 이미 헤라클레이데스 폰티쿠스란 인물은 머리 위 하늘이 날마다 운행하는 것처럼 보이는 까닭이 지구가 축을 중심으로 해서 회전하고 있기 때문이라 한 바 있었다. 13세기 들어 셈족 천문학자들 사이에서는 이 설에 대한 논의가 나시 일었지만, 그리스도교 세계에서는 그런 설이 있었는지조차 까맣게 모를 정도였다. 이 지구 자전설과 함께 헤라클레이데스는 수성과 금성이 태양 주위를 돈다고도 여겼는데, 마르코비우스와 마르티아누스 카펠라가 이 설을 물려받아 잘 계승시킨 바 있었다. 8세기에는 요하네스 스코투스 에리게나가 얼른 이 설을 채택해서는 화성 및 목성에까지 확대 적용하기도 했었다. 상황이 이렇게 전개될 때만 해도 우주론에 있어서는 태양 중심설이 거의 승리를 거두는 듯했었다.[34] 하지만 안타깝게도 통찰력이 번뜩이는 이 가설들은 다른 수많은 것들과 함께 암흑시대에 들며 목숨을 잃고 말았고, 그리하여 1521년까지는 내내 천문학에서의 중심은 늘 지구였다. 하지만 이 모든 오류에도 불구하고 지구가 둥글다는데 대해서만큼은 천문학자들도 동의하는 입장이었다.[35]

이 무렵 서유럽에서는 각종 천문 기구 및 천문 표를 이슬람으로부터 들여와 사용하거나, 아니면 이슬람 것을 본으로 해서 만들어 쓰는 실정이었다. 1091년에는 로렌의 발허(후일 몰번 수도원의 부원장에 오른다.)가 아스트롤라베를 가지고 이탈리아에서 월식을 관측한 일이 있었고, 이것이 서방 그리스도교 세계에서는 최초의 천문 관측 사례였다. 하지만 이런 전례가 있고 200년이 지나도 그리스도교 천문학자들은 관측이란 걸 할 줄 몰랐고, 그래서 생클루의 기욤 같은 이들이 당부를 하지 않으면 안 되었다. 과학이란 것은 책을 파거나 철학을 뒤진다고 발전하는 게 아니라, 관측이 밑바탕이 될 때 가장 잘 자란다는 것을 말과 행동으로 보여 주어야 했던 것이다. 한편 이 무렵의 그리스도교 천문학에 가장 크게 기여한 것으로는 천체의 움직임을 관측해 정리한 알폰소 표(表)를 꼽는데, 이는 두 명의 스페인 유대교도가 현명 왕 알폰소를 위해 마련한 것이었다.

한편 천문학 쪽에 하나둘 자료가 쌓여 가자 (기원전 46년) 율리우스 카이사르에 의해 확립된 달력 체계는 구석구석 미비한 모습을 드러냈다. 황제가 소시게네스의 연구를 밑바탕으로 해서 만들었던 이 달력은 무엇보다도 1년의 시간이 실제보다 11분 14초나 길다는 단점이 있었다. 여기에다 이제 나라들 사이에서는 국경을 뛰어넘어 천문학자, 상인, 역사가들의 교류가 점차 활발해지고 있었는데, 이런 상황에서 달력의 날짜가 저마다 제각각인 것은 여간 불편한 일이 아니었다. 시간을 나누고 일자를 기록하는 문제에 있어서는 일찍이 알 비루니가 연구를 통해 기존의 방법에 필적할 만한 것을 만들어 놓은 바 있었다.(1000년경) 이 연구는 1106년과 1122년에 들면서 아론 벤 메슐람과 아브라함 바르 히야란 인물에 의해 한층 진척될 수 있었다. 그러다 13세기에 들자 로버트 그로스테스트와 로저 베이컨이 그 뒤를 이어 여러 건설적 방안들을 내놓기에 이른다. 그리하여 (1232년경) 나오게 된 것이 그로스테스트의 『계산집(Computus)』이라는 책으로, 일련의 계산표를 만들어 천문학상의 여러 사건들 및 특정 일자의 이동 문제(예를 들면, 부활절)가 해결되도록 정리해 놓았다. 오늘날 우리가 의지하고 있으나 가끔은 사람을 헷갈리게 하는 그레고리력(曆)도, 애초에는 이 책을 기초로 하여 만들어졌다.(1582년)

3. 지구와 생태

중세 시대 과학 중에서도 지질학은 발전이 가장 더딘 분야였다. 당시 사람들은 지구라 하면 으레 그리스도가 선택한 집으로 여겼고, 지구의 껍데기 안에는 지옥이 들어 있을 뿐 아니라, 날씨가 이랬다저랬다 하는 것도 하느님의 노염 때문이라 생각했다. 이 시절에는 이슬람교도, 유대교도, 그리스도교도할 것 없이 모두들 광물학을 미신과 연관 지어 생각하기 일쑤였으며, 돌덩이들은 마법적 힘을 가지고 있다며 그와 관련해 갖가지 이야기들을 만들어 냈다. 일례로 렌의 주교 마르보두스(1035~1123년)는 라틴어 운문으로 『광석에 대하여』라는 책을 써내 세간에서 큰 인기를 끌었는데, 예순 가지 금은보석에 담겨 있는 주술적인 힘을 하나하나 설명해 놓은 책이었다. 박학하기로 유명했던 이 주교의 말에 따르면, 사람들이 기도를 할 때 사파이어를 손에 쥐면 하느님이 보다 호의적인 답을 보내 준다고 했다.[36] 또 오팔은 월계수 잎에 싸서 몸에 지닐 경우 그 사람이 다른 사람 눈에 보이지 않게 된다. 자수정을 갖고 있으면 독을 마셔도 끄떡없고, 다이아몬드를 지니는 사람은 천하무적의 힘을 갖게 된다.[37]

땅 속 광물들이 엄청난 힘을 지녔다는 미신은 금세 사방으로 퍼져 나갔고, 그러자 이러한 미신에 대한 열의 못지않게 땅 속에 묻힌 광물을 실제 찾으려는 노력이 거세게 일어났다. 그리하여 중세 시대에는 많은 이들이 보석을 찾으러 유럽이며 동방의 땅을 누볐는데, 이 시절 지리학이 차차 풍성해질 수 있던 것이 바로 이들 덕분이었다. 그중에서도 수많은 땅과 주제를 다루었던 인물로 기랄두스 캄브렌시스(1147~1223년, 웨일스의 제랄드)라는 이가 있었다. 그는 수많은 타지의 언어를 자기 언어처럼 잘 구사했으나, 정작 자기 언어에는 그렇게 통달해 있지 못했다. 한 번은 존 왕자와 아일랜드로 건너가 그곳에서 2년을 지내기도 했고, 제3차 십자군 원정 때에는 몸소 웨일스 전역을 돌며 참전을 설교하기도 했으며, 그러다 결국 이 두 나라를 주제로 해서 생동감 넘치는 책을 네 권 써내기에 이른다. 그 내용을 보면 편견이 작용하거나 기적을 이야기하는 대목에서는 선뜻 공감이 되지 않으나, 각양각색의 사람들 및 장소에 대한 생동감 넘치는 묘사는 읽는 이를 즐겁게 한다. 뿐만 아니라 이따금 시시콜콜한 일들에 대해서도 이야기를 맛깔나게 풀어내는 바, 한 시대가 지닌 색깔과 특징을 잘 드러내 주는 면도 있다. 살아생전 그는 이 작품들이 자신에게 불후의 명성을 가져다주리라 확신했었다.[38] 하지만 그가 미처 헤아리지 못한 사실이 하나 있었으니, 세월이 흐르면 그만큼 잊히는 것도 많다는 것이다.

이 기랄두스 캄브렌시스를 비롯해, 12세기 및 13세기에는 순례를 목적으로 동방을 향해 길을 떠나는 사람들이 무수히 많았다. 이들을 인도하기 위해 이 시절 종이며 땅 위에는 갖가지 지도와 길이 그려지게 되었고, 이것이 또 지리학에 큰 보탬이 되었다. 1107년부터 1111년까지의 기간에는 시구르 요르살파르라고 하여 노르웨이의 한 왕이 십자군에 참전한 일이 있었다. 그는 선박 예순 척을 이끌고 항해에 올라, 그 길로 잉글랜드, 스페인, 시칠리아를 거쳐 마침내 팔레스타인에 당도했다. 팔레스타인에 당도해서는 이슬람교도와 만나는 족족 맞붙어 싸움을 벌였고, 원정이 끝나고 나서는 수가 훌쩍 줄어든 병사들을 데리고 콘스탄티노플에 발을 들였다. 이 뒤부터는 뱃길이 아니라 육로로 여정을 이어가게 되는데, 발칸 반도를 지나고 독일을 거쳐 덴마크까지 지나서야 마침내 고국 노르웨이로 돌아갈 수 있었다. 한편의 모험을 방불케 하는 이 여정은 지금까지도 스칸디나비아 지역에서는 사람들 사이에서 가장 위대한 영웅 전설로 꼽힌다. 1270년에는 란자로테 말로켈로가 카나리아 제도를 발견하여, 저 옛날 사람들이 말하던 섬의 존재가 진짜임을 확인시켰다. 1290년에는 우골리노 비발도와 바디노 비발도가 제노바에서 출항을 결행한 일이 있었다. 확인할 길 없는 전승의 내용만 믿고서는, 아프리카 대륙을 돌아 인도로 가겠다며 갤리선 두 척에 선원을 나눠 싣고 길을 떠난 것인데, 결국 이 사람들은 모두 행방불명된 것으로 보인다. 이 시절에는 전설 속의 "사제 왕 요한"으로부터 서한이 도착하여, 이를 둘러싼 진실 공방 때문에 한동안 세간이 떠들썩하기도 했다. 이 서한의 인물은 자신이 중앙아시아 곳곳을 다스리는 왕이라면서, 사람들이 머릿속에 그리고 있던 동방 나라의 모습을 여러 모로 그려 주고 있었다. 하지만 십자군 전쟁까지 치러 놓고도 정작 그리스도교도들은 세상 반대편에도 나라가 있다는 이 이야기를 별로 믿지 않았다. 일례로 성 아우구스티누스는 이렇게 말했다. "세상 반대편에도 사람들이 살고 있다니 믿을 수 없다. 우리에게 해가 질 때 저들에게는 해가 떠오르고, 저들이 걸을 때 발바닥이 우리를 향한다는 것이 어디 가당하기나 한 일인가."[39] 이에 관련해 아일랜드의 수도사 성 페르구스는 일찌감치 748년경에 "세상 저 아래 쪽에는 우리 것과는 다른 세상은 물론 우리와도 다른 사람이 살고 있을 수 있다."고 이야기한 바 있었다.[40] 알베르투스 마그누스와 로저 베이컨에게도 이 생각이 당연하게 생각되었으나, 마젤란이 지구를 한 바퀴 빙 돌기 전까지 이 생각은 그저 몇몇 사람들의 무모한 발상으로 치부되었을 뿐이다.

한편 극동 지방을 유럽인에게 알리는 데 가장 큰 기여를 한 것은 프란체스코회의 수도사 두 명이었다. 1245년 4월 조반니 데 피아노 카르피니라고, 나이 예순다섯의 뚱뚱한 수도사가 교황 인노켄티우스 4세의 명을 받들어 카라코룸에 있는 몽골족 궁전을 향해 떠났다. 다른 수도사 한 명을 대동한 조반니는 교황의 이 명을 완수해 내느라 그야말로 생지옥의 고초를 모두 맛봐야 했다. 하루에 말을 네 번씩 갈아타야 하는 고된 여정이 15개월이나 이어졌다. 거기다 프란체스코회의 계율에 따라 고기는 입에 대지 않겠다고 서약한 터라 굶어 죽을 뻔한 적도 한두 번이 아니었다. 여행길에서 만난 유목민들은 고기를 빼면 음식이랄 게 거의 없었기 때문이다. 결국 교황의 명을 받들려던 조반니의 노력은 수포로 돌아갔다. 그럼에도 성과는 있었으니 유럽에 돌아와 자신의 여행담을 추려 책으로 펴냈고 그것이 후일 지리학의 고전으로 자리 잡았다. 이 책은 개인적 신변 이야기를 떠나 객관적 사실을 바탕으로 명료하게 씌어졌다는 것이 특징으로, 그 고초 속에서도 자만심이나 여행에 대한 불평은 단 한마디도 등장하지 않는다. 1253년에는 루이 9세의 명을 받들어 루브룩의 기욤(루이스브뢰크의 빌헬름)이라는 인물이 길을 떠났다. 대(大)칸을 만나서 화의를 원한다는 교황을 뜻을 다시 한 번 전하기 위함이었다. 하지만 대칸이 기욤에게 들려 보낸 대답은 프랑스가 강대국 몽골에 복종해야 한다는 강건한 어조의 종용뿐이었다.[41] 결국 이 원정 역시 이렇다 할 성과 없이 몽골의 예절 및 역사를 기욤이 뛰어난 필치로 그려 낸 것으로 끝맺게 되었다. 이 책은 돈 강 및 볼가 강의 수원지가 어딘지 유럽에 처음으로 알려 주었을 뿐 아니라, 발하슈 호의 위치나 달라이 라마 숭배 신앙에 대해서도 가르쳐 주고 있다. 또 중국에도 네스토리우스파 그리스도교도가 정착해 있다는 것이나, 몽골족이 타타르족과 뚜렷이 구별된다는 점도 알려 주었다.

하지만 중세 시대에 극동 지역을 여행한 것을 계기로 가장 큰 명성과 성공을 거둔 이들은 따로 있었으니, 바로 베네찌아에서 상인으로 활동했던 폴로 가문 사람들이다. 그중 하나였던 안드레아 폴로는 슬하에 자식이 셋이었는데(노(老)마르코, 니콜로, 마페오), 셋 모두 비잔티움 제국을 상대로 장사를 하면서 콘스탄티노플에 거처를 두고 있었다. 그러다 1260년경 무렵, 니콜로와 마페오는 보카라로 거처를 옮겨 그곳에서 3년을 머무른다. 그리고 이 기간에 타타르족의 사절 하나를 만나게 되는데, 결국에는 그를 따라 샹투에 있는 쿠빌라이 칸의 궁전까지 가게 된다. 쿠빌라이 칸은 유럽에서 온 니콜로와 마페오를 다시 자기 사절로 삼아서는 교황 클레멘스 4세에게 보내 자신의 뜻을 전하게 한다. 그리하여 이들은 장장 3년에 걸쳐 고향 베네찌아로 돌아오는데, 도착해 보니 클레멘스 4세는 이미 세상을 떠난 뒤였다. 이윽고 둘이 중국에 다시 가겠다 마음먹고 여정에 오른 것이 1271년, 이번에는 당시 17세이던 니콜로의 아들 소(小)마르코도 함께였다. 그리하여 셋은 3년 반의 시간 동안 아시아 전역을 누비게 되는데, 그 여정은 발흐, 파미르 고원, 카슈가르, 호탄, 고비 사막, 탕구트까지 이어졌다. 기나긴 여정 끝에 다시 샹투에 발을 들였을 때는 마르코의 나이가 벌써 스물한 살이 다 되어 있었다. 쿠빌라이 칸은 마르코 폴로를 특별히 맘에 들어 해서, 그에게 주요 관직 및 임무를 맡겨 수행하게 하는가 하면, 폴로가(家)의 이 세 사람이 떠나지 못하도록 중국에 17년을 붙들고 있었다. 하지만 칸도 결국은 이들을 놓아 주고 그리하여 셋은 배를 타고 귀국길에 오르는데, 뱃길로 자바, 수마트라, 싱가포르, 실론, 페르시아 만을 두루 거친 뒤, 육로를 통해서는 트레비존드를 지난 후, 다시 배를 타고 콘스탄티노플에 이르렀다가 그길로 베네찌아에 돌아왔다. (이는 워낙 유명해서 세상이 다 아는 이야기지만) 그렇게 고향에 돌아온 "백만장자 마르코"였건만 그가 아무리 "더없이 멋진 동쪽 나라"에 대해 이야기해도 사람들은 믿으려 하지 않았다. 그러다 1298년 베네찌아와 제노바가 맞붙은 일이 있었는데, 이때 마르코는 베네찌아 편에서 싸우다 포로로 잡혀 1년 동안 제노바의 옥에 갇히게 되었다. 옥에 갇힌 동안 그는 한 방에 있던 죄수에게 자신의 여행담을 세세히 들려주었다.(이 죄수가 바로 루스티켈로 다 피사라는 인물로, 후일 그가 써낸 책이『동방견문록』이다. - 옮긴이) 당시만 해도 사람들은 그의 이야기가 터무니없다며 다들 믿지 않았으나, 실제 탐사가 이루어진 결과 그가 들려주었던 내용은 거의 모두가 사실인 것으로 밝혀졌다. 서양인으로서 아시아 전역을 두루 여행하고 그것을 사람들에게 전한 것은 마르코 폴로가 처음이었으며, 유럽인이 언뜻이나마 일본을 접하고 온 것도 이때가 처음이었다. 뿐만 아니라 북경, 자바, 수마트라, 시암, 버마, 실론, 잔지바르 해안, 마다가스카르, 아비시니아에 대해 제법 쓸 만한 이야기를 전해 준 것도 그가 처음이었다. 한 마디로『동방견문록』은 서양 사람들에게 동양의 존재를 확실히 일깨워 준 책이었던 셈이다. 이 책 덕분에 유럽에는 그때까지 없던 상업, 사상, 예술의 유통 경로가 보다 다양하게 뚫릴 수 있었고, 더불어 이런 책들 덕분에 지리학이 틀을 갖추면서 콜럼버스 같은 이들이 배를 타고 서쪽으로 항해해 동양에 가보겠다는 포부를 품을 수 있었다.

상업과 여행의 지평이 점차 너른 곳까지 확대되자, 그에 맞추어 지도학도 굼뜨게나마 발전을 시작했고, 결국 부지런히 애쓴 끝에 아우구스투스 시절에 버금갈 만큼 그 수준을 회복했다. 항해사들의 경우에는 "포르톨라니(portolani)"라는 것을 따로 마련하기도 했는데, 여기에는 곳곳의 교역항에 이르는 길이며, 그와 관련된 지도, 여행 일정 및 다양한 항구에 대한 정보가 실려 있었다. 이 포르톨라니도 일단 피사 및 제노바 상인들의 손에 들어가자 정확성이 꽤 높은 수준까지 올라갔다. 이 시절에는 "세계 지도(mappae mundi)"라고 하여 수도사들이 그린 것들도 있는데, 상인들이 쓰던 이 포르톨라니에 비하면 도식적 성격이 짙은 데다 알아보기도 쉽지 않은 편이다.

일찍이 아리스토텔레스는 동물학과 관련해 글들을 써 놓았고 테오프라스토스도 식물학 분야에 고전을 남긴 바 있었으니, 이들 저작에 자극을 받자 서유럽의 지성도 잠에서 깨지 않을 수 없었다. 이제는 어떻게 해서든 전설이나 플리니우스의 『박물지』를 졸업하고, 보다 체계 잡힌 동물학 및 식물학으로 나아가야 할 때였다. 하지만 이때만 해도 당치도 않은 믿음을 가진 이들이 거의 대부분이었다. 이를테면 벌레나 파리 같은 미세한 유기체들은 먼지, 정액, 부패물 따위에서 자연적으로 발생한다고 사람들은 믿었다. 한때 잘 자리 잡았던 동물학이 각종 "동물 우화집"에 밀려 자취를 감춘 지는 이미 오래였다. 더구나 이 시절 글 쓰는 일은 거의 수도사들이 도맡다시피 했는데, 따라서 동물 세계의 이야기도 신학적 차원에서 다뤄지는 경우가 태반이었고, 이런 작품들에는 으레 교화적 의미가 담기기 마련이었다. 심지어 수도사들은 일종의 여기(餘技) 삼아, 혹은 독실한 신심에서 세상에 있지도 않은 생물체를 만들어 내기도 했다. 일례로 12세기에 활동한 오퉁의 오노리우스 주교는 이렇게 말한 바 있다.

유니콘은 뿔이 하나만 달린 짐승으로, 그 성질이 무척 사납다고 알려져 있다. 이 놈을 잡기 위해서는 처녀인 하녀를 데려다 벌판에 앉혀 놓아야 한다. 그러면 유니콘이 처녀 곁으로 다가와 무릎을 베고 휴식을 청하는데, 그 순간을 놓치지 않고 사로잡는 것이다. 이 유니콘에게서 우리는 그리스도의 모습을 본다. 유니콘이 가진 뿔은 곧 그리스도가 가진 무적의 힘을 뜻한다. …… 또 유니콘이 처녀의 자궁을 품으로 해서 휴식을 취하다 사냥꾼에게 사로잡힌다는 것도, 그리스도가 인간의 형상을 하고 있다 그를 열렬히 사랑하는 이들에게 발견되는 것과 같은 맥락이다.[42]

중세 시대 생물학 분야에서 가장 과학적이었던 책을 꼽으라면 프레데리크 2세가 쓴 「데 아르테 베난디 쿰 아비부스(De arte venandi cum avibus)」를 들 수 있다. 589쪽에 달하는 이 작품은 직역하면 "새를 이용한 사냥 기술"이라는 뜻이다. 이 책을 보면 군데군데 그리스와 이슬람 필사본에서 내용을 취하고 있기는 하지만, 대체로 저자 자신이 직접 관찰하고 실험한 내용을 바탕으로 하고 있다. 사실 프레데리크 자신부터가 알아주는 매사냥꾼이었다. 그가 해부학 차원에서 새를 설명해 놓은 대목을 보면, 이 분야에 독창적 기여를 상당히 많이 해 놓았음을 알 수 있다. 새의 알을 인공 부화시키는 내용이나, 독수리를 조종하는 내용에서는 당대에는 도무지 찾아보기 힘든 과학적 정신까지 엿보일 정도이다.[43] 그의 책에는 새를 묘사한 삽화도 수백 개 들어가 있는데, 그가 손수 그렸을 것으로 짐작되는 이 그림들에서는 무엇보다 "털 하나하나까지도 실물과 똑같이" 묘사해 낸 솜씨가 돋보인다.[44] 그가 야생 동물을 모아들이는 걸 보고 당대 사람들은 대체로 기이한 것을 보여 주기 좋아하는 성미려니 생각했으나, 사실 그것은 동물의 행동을 직접 관찰할 수 있게끔 실내에 일종의 실험실을 꾸린 것이었다. 여러 모로 알렉산드로스 대왕을 닮은 그였지만, 그에게는 아리스토텔레스의 기질도 함께 있었던 것이다.(젊은 시절 알렉산드로스 대왕을 가르쳤던 스승이 아리스토텔레스였다. ─옮긴이)

4. 물질과 에너지

이 시절 물리학과 화학은 지질학이나 생물학보다는 더 나은 성과를 내놓을 줄 알

왔다. 인간에게 있어 자연이란 "시뻘겋게 핏대 세우고 서로 물고 뜯는" 존재인데, 그러한 자연을 일신론에 맞게 잘 융화시키는 데는 이제까지 물리학과 화학의 법칙 및 경이가 더 많은 역할을 해 왔다고 할 수 있다. 물리학 및 화학이 활기를 띨 조짐은 이미 중세 초엽부터 엿보이고 있었으니, 맘즈베리의 올리버란 인물이 자기 손으로 비행기를 만들어 보겠다고 나선 것이다. 그가 준비하던 기묘한 장치가 완성된 것은 1065년, 올리버는 높은 지대에 올라 기계를 타고 하늘로 솟아올랐으나 그길로 그만 목숨을 잃고 말았다.[45]

한편 13세기 들면서는 역학 분야에서 걸출한 인물 하나가 배출되는데, 도미니크회 수도사였던 이 사람의 사상은 훗날 아이작 뉴턴이 여러 가지 기본 개념을 정립하는 단초가 된다. 그의 이름은 요르다누스 네모라리우스, 1222년에 도미니크 수도회에서 제2대 총장을 맡아 지낸 인물이다. 수도원에서 이렇게나 지위가 높았던 이가 과학에서 이토록 빛나는 업적을 이루었다는 것은 당시 도미니크회 수도사들의 학구열이 얼마나 강했는가를 방증한다.(물론 알베르투스와 토마스 아퀴나스가 도미니크회 소속이었다는 것만으로도 그 증거는 충분할지 모르겠다.) 그가 써낸 세 편의 수학 저서는 그 대담함이나 영향력에 있어 피보나치의 저서에 필적할 만했다. 이 저서들 속에서 요르다누스는 인도 숫자를 받아들여 쓰는가 하면, 일반 공식에서도 숫자 대신 문자를 규칙적으로 사용해 대수학 분야를 한 걸음 발전시켜 놓았다. 한편 『무게 설명의 제 요소』라는 책에서는 궤도 이동에 따른 중력 값의 변화를 연구해 놓는 것은 물론, 오늘날 요르다누스 공리라 알려진 물리학 원리를 정리해 놓기도 했다. 내용인즉슨, 어떤 것이 특정 무게를 특정 높이까지 들어 올릴 수 있을 경우, 그 $1/K$높이로는 K배 많은 무게를 들어 올릴 수 있다는 것이다. 이외에도 (그의 제자가 쓴 것으로 보이는) 「무게의 원리에 대하여」라는 글은 1차 모멘트의 개념(어떤 물리량을 어떤 정점 또는 축에서 그 물리량이 있는 곳까지의 거리의 거듭제곱으로 곱한 양)을 체계적으로 분석해 놓은 것이 특징이다. 지레 및 경사면 역학과 관련한 오늘날의 개념들은 이 내용들에 그 단초를 두고 있다.[46] 마지막 세 번째 저술은 이른바 "요르다누스 학파"에서 썼다고 여겨지는데, 가상변위 이론의 내용이 넌지시들어가 있는 점이 특징이다. 이 가상변위 이론은 이후 레오나르도 다 빈치, 데카르트, 요한 베르누이에 의해 발전되다가, 19세기에 들어 마침내 윌라드 기브스(J. Willard Gibbs)에 의해 공식화되기에 이른다.

역학이 발전해 나가자 그 영향은 서서히 발명에도 끼치기 시작했다. 일례로 1271년에 들어서자 잉글랜드의 로버트 그린이 진자시계의 작동 원리를 이론으로 명확히 정리하기에 이른다. 전하는 바에 따르면, 1288년에는 웨스트민스터 사원에 자리한 탑에도 대형 시계가 들어섰다고 하며, 대략 이와 같은 시기에 유럽 대륙에서도 교회 곳곳에 집채만 한 시계들이 자리 잡게 되었다고 한다. 하지만 당시의 시계들이 온전히 기계의 힘으로 돌아갔는가에 대해서는 확실한 증거가 남아 있지 않다. 도르래, 추, 기어를 사용해 시계를 돌린 이야기는 1320년에 들어서야 그 확실한 전거를 찾아볼 수 있다.[47]

이 시절 물리학에서 가장 커다란 성과를 거두어 낸 분과는 바로 광학이었다. 이 무렵 사람들은 알 하이탐이 써 놓은 아랍어 저작들을 라틴어로 번역해 읽게 되었는데, 이것이 서유럽에는 신세계의 문이 열린 것과 진배없는 일이었다. 1230년경, 무지개를 주제로 쓴 소론에서 그로스테스트는 이렇게 쓴 바 있다.

시각에 있어 제3분과는 …… 오늘날까지 우리는 단 한 번도 다뤄 보지 못했거니와 미처 알지도 못했던 분야이다. …… (이 안에는) 아주 멀리 떨어져 있는 물체를 바로 코앞에 있는 듯 보이게 하는 방법을 비롯해, 지척에 있는 커다란 물체를 조그만 크기로 보이게 하는 방법, 나아가 먼 거리에 있는 물체도 얼마든 우리가 원하는 크기로 볼 수 있게 하는 방법이 제시돼 있다.

그의 부언에 따르면, 이러한 놀라운 일들은 "시감 광선(visual ray)"을 쪼개는 작업을 통해 가능했다. 투명 물체 및 렌즈를 다양한 구조로 여러 개 마련한 뒤 그 안에다 빛을 투과시키면 되는 일이었다. 이런 생각들이 매혹적으로 다가오기는 그의 제자 로저 베이컨도 마찬가지였다. 요하네스 페캄 역시 프란체스코회 수도사로서 옥스퍼드에서 공부할 때 그로스테스트 밑에서 배웠을 가능성이 큰데, 그래서인지 「일반 시각」이라는 글을 써서 빛의 반사 및 굴절을 다룬 것은 물론 눈의 구조에 대해서까지 정리해 냈다. 이쯤에서 우리는 페캄이 캔터베리의 대주교에까지 올랐던 사실을 상기하지 않을 수 없는데, 이로써 중세 교회와 과학은 생각지도 않았던 곳에서 또 한 번 화해한 셈이었다.

이렇듯 광학 분야의 연구가 이루어짐으로써 맺어진 결실 하나가 안경의 발명이었다. 확대경이야 아득히 먼 옛날을 살았던 그리스인도 익히 알고 있었으나,[48] 눈 가까이에 가져다 대도 초점이 제대로 맞는 유리를 만들려면 먼저 굴절 기하학 연구가 이루어지지 않으면 안 되었던 모양이다. 연대는 불분명하나 1260년에서 1300년 사이라는 중국의 한 문헌을 보면, "아이 타이(ai tai)"라고 해서 노인들이 눈에 대면 조그만 글자도 읽을 수 있었다는 물건에 대한 언급이 등장한다. 도미니크회의 한 수도사는 1305년 피아첸차에서 설교를 하며 이런 언급을 했다. "안경(오키알리(occhiali))을 만드는 법이 발견된 지는 아직 20년이 채 되지 않았습니다. 이 안경이란 걸 쓰면 눈이 침침해 보이지 않던 것도 훤하게 보이지요. …… 저는 안경을 처음 발견하고 또 만들었다는 사람을 만나 직접 이야기까지 나눠 보았습니다." 또 1289년에 씌어졌고 알려진 한 서한에는 다음과 같은 대목도 있다. "요 몇 년 사이 나는 기력이 너무도 쇠해 버렸어. 최근 발명된 그 오키알리라는 유리를 끼지 않으면, 글을 읽는 건 물론 쓰는 것도 제대로 해낼 수 없는 지경이야." 세간에서는 안경을 발명한 사람을 보통 살비노 다마르토로 알고 있는데, 1317년 만들어진 그의 묘비에 "안경을 발명한 자, 여기 잠들다."라는 문구가 적혀 있기 때문이다. 1305년에는 몽펠리에의 한 의사가 자신이 굉장한 안약(eyewash, 이 말에는 '허풍'이란 뜻도 있다. —옮긴이)을 만들었다고 발표한 일이 있었는데, 그는 그 안약만 있으면 안경도 다 필요 없으리라고 했다.[49]

예부터 그리스인들은 자석이 가진 매력적 힘도 잘 알고 있던 터였다. 다만 자석이 방향까지 알려 줄 수 있다는 사실을 발견한 건 1000년대 들어서 중국인이 처음이었던 듯하다. 그리고 중국의 전승에 따르면, 자침(磁針)을 만들어 항해에 사용한 것은 1093년경의 이슬람교도들이 처음이었던 것으로 여겨진다. 그러다 12세기 말엽에 이르면서 이슬람교도는 물론 그리스도교도 항해사들 사이에서도 자침이 항해에 널리 이용되었던 것으로 보인다. 그리스도교 문헌의 경우에는 1205년의 것이 항해에 자침을 언급한 사례로 가장 오래되었으며, 이슬람 문헌은 1282년의 것이 가장 오래되었다고 알려져 있다.[50] 하지만 자석의 힘에 대해서는 사람들이 훨씬 전부터 알았으리라 여겨지며, 이 소중한 비밀은 자신들만 간직했지 다른 사람에게까지 서둘러 알리지는 않았던 것으로 보인다. 게다가 자석을 사용하는 항해사는 사람들로부터 마법을 쓴다는 의심을 사기 마련이었고, 일부 선원들은 자석을 쓰는 배는 선장이 악마의 장치를 이용하는 것이라며 기어코 승선을 거부했다.[51] 한편 축을 세우고 그 위에 자침을 얹는 식의 나침반에 대해서는 1269년 페트루스 페레그리누스가 지은 『자석에 관하여』라는 책에 처음 그 설명이 등장한다. 순례자 페테라고도 불렸던 이 인물은 수많은 실험을 실시해 그 기록을 남겨 놓는가 하면, 실험을 통해 연구해 나가는 방법을 적극 옹호하기도 했다. 또 자석과 관련해서는 그것이 철을 끌어당기는 원리를 비롯해, 다른 물체에 자성을 생기게 하는 성질, 그리고 북쪽을 찾아내는 원리도 자세히 설명해 내기도 했다. 또 비록 성공은 못했지만, 자기 발전식의 자석을 사용해 일종의 영구 기관을 만들어 내려는 시도를 하기도 했다.[52]

이 시절 화학의 발전에는 연금술 분야의 연구가 커다란 몫을 했다. 연금술 관련 저서는 아랍어로 여러 편이 나와 있었는데, 이를 라틴어로 번역해 내는 작업은 10세기부터 줄곧 있어 왔다. 그러자 머지않아 서유럽에서도, 심지어는 수도원에서조차, 연금술에 대한 열기가 후끈 달아오르게 된다. 일례로 성 프란체스코의 후계자였던 엘리아스 수도사는 연금술에 관한 책을 한 권 편집해 프레데리크 2세에게 바치기도 했다. 역시 프란체스코회 수도사였던 그로스테스트도 한 금속을 다른 금속으로 변환시킬 수 있다는 논조로 글을 쓴 바 있었다. 더불어『인과(因果)에 관하여』는 중세 시대에 나온 책 중에서도 가장 유명한 한 권으로 꼽히는데, 연금술과 점성술을 주 내용으로 하되 저자로 아리스토텔레스의 이름을 갖다 붙인 책이었다. 유럽의 왕 중에는 돈을 주고 연금술사를 고용한 이도 여럿이었으니, 연금술을 이용해 값싼 금속을 황금으로 바꿀 수만 있다면 열악한 국고의 상황을 어떻게든 면하리란 희망에서였다.[53] 한편 연금술사 중에도 진정한 열성파들은 이 무렵에도 여전히 삶의 영약(靈藥)이나 철학자의 돌을 찾기 위해 떠돌고 있었다. 1307년에 들자 교회에서는 악마가 쓰는 기술이라며 연금술을 죄로 못 박았지만, 그럼에도 사람들이 연금술에 손을 대기는 여전히 마찬가지였다. 12세기 및 13세기에는 연금술과 관련해 여러 사람이 글을 써냈는데, 책을 써놓고도 굳이 이슬람교도 "게비르(Gebir)"라고 저자를 단 이유는 아마도 그러한 교회의 검열을 피하기 위해서였던 듯하다.

화학에 지식이 쌓여 가는 데는 의학에서 약재를 다루던 경험도 한몫해 주었고, 더불어 당시의 제조업 활동 역시 실험 혹은 발견이 이루어질 수밖에 없는 환경을 조성하고 있었다. 이 무렵 맥주가 양조돼 나온 것을 비롯해, 염료, 도기, 에나멜, 유리, 접착제, 광택제, 잉크, 화장품이 제조되자, 이것이 화학의 발전에 크게 이바지한 것이다. 1270년경에는 생오메르의 페테르라는 인물이『색깔 제작법에 관하여』라는 책을 한 권 펴냈다. 그 안에는 화가들이 회화에 사용하는 다양한 그림물감 제조법도 실려 있었는데, 예를 들어 아마 씨 기름에 안료를 섞으면 유화 물감으로 사용할 수 있다는 식이었다.[54] 이보다 앞서 1150년경에는『살레르노 학위집』이라는 것이 발간되었다. (살레르노 의과 대학이 펴낸 것으로 짐작되는) 이 책은 다른 것보다 알코올 증류를 언급하고 있는 것이 특징이다. 오늘날 전 세계에서 행해지고 있는 알코올 증류법을 역사상 가장 처음 소개하고 있는 문헌인 것이다. 이에 발맞추어 포도가 재배되는 나라들에서는 이윽고 포도주도 증류되어 나오기 시작했다. 그렇게 만들어진 음료를 "아쿠아 비타에 (aqua vitae)" 또는 "에아우 데 비에(eau de vie)"라 불렀는데, "삶을 살아가는 물"이란 뜻이었다. 한편 북유럽 지역은 포도가 잘 나지도 않는 데다 추위는 더 혹독해서 포도보다는 곡물을 증류하는 편이 더 수지가 맞았다. 북유럽에서 만든 이 음료는 켈트어로 "우이스케베아타(uisqebeatha)", 이를 짤막히 줄여 "위스키(whisky)"라 했는데, 역시 "삶을 살아가는 물"이란 뜻이었다.[55] 물론 이슬람 연금술사들이 증류법을 알고 지낸 건 이보다 한참 전의 일이었다. 하지만 이 무렵 이루어진 알코올의 발견은(더불어 13세기에 이루어진 무기산(無機酸)의 발견은) 화학과 관련된 지식 및 제조업을 보다 광범위하게 늘려놓았다는 점에서 의의가 있다.

그런데 의의로 따졌을 때 거의 알코올 증류만큼이나 중요한 것이 있었으니, 바로 화약의 발견이다. 예로부터 화약은 중국에서 맨 먼저 만들었다고 주장돼 왔으나, 지금은 이 주장에 이의가 제기되고 있는 실정이다. 이슬람의 경우에는 1300년은 지나야 아랍어 필사본에 화약의 존재가 등장하는 만큼, 그곳을 화약의 최초 발생지라 할 수는 없을 것이다.[56] 화약이라는 이 폭발물을 역사상 맨 먼저 언급하고 있는 문헌은 바로 『적을 불로 태워 죽이는 화공법에 대하여』라는 마르쿠스 그라이쿠스가 저술한 책이다.(1270년경) 그리스인 마르크라고도 불렸던 이 인물은 책 서두에서는 먼저 그리스인의 화공법 및 인광(燐光) 현상(빛의 자극을 받아 빛을 내던 물질이 그 자극이 멎은 뒤에도 계속하여 빛을 내는 현상을 말한다.−옮긴이)에 대해 설명한다. 그런 연후에야 다음과 같은 식으로 화약 제조법을 일러 주는데, 먼저 1파운드의 유황, 피나무 혹은 버드나무의 숯 2파운드, 초석(질산칼륨) 6파운드를 준비한 뒤 이것들을 각각 곱게 빻아 가루로 만든다. 이 가루들을 한데 섞으면 화약이 만들어지는 것이다.[57] 하지만 이런 화약은 곧장 군사용으로 이용되지 않았으며, 군사용 화약에 대한 기록은 14세기에나 들어서야 찾아볼 수 있다.

5. 의학의 부활

　빈곤한 사람들은 의학에 늘 미신을 갖다 섞기 마련이다. 미신이야 좀 섞는다 해도 돈 한 푼 들지 않지만, 거기에 과학을 섞으려면 돈푼깨나 있지 않고는 안 되는 법이니까. 중세 시대 의학의 풍경에서 가장 밑바탕이 되었던 것은 무엇보다도 엄마가 집안에 구비해 둔 조촐한 가정용 약상자였다. 여기서 좀 나아가면 이웃집에 각가지 약초며 고약, 마법 주문을 다룰 줄 아는 지혜로운 할머니가 있었고, 또 이집 저집을 돌며 갖가지 약초, 만병통치약, 기적의 알약을 파는 약초상이 있었다. 또 곳곳에는 산파가 있어, 태어나는 일이 참을 수 없는 수치겠거니 하면서도, 새 생명이 나오도록 오랜 생명과의 끈을 잘라 내주는 역할을 했다. 돌팔이 의사는 환자들이 푼돈이라도 쥐어 주면 얼른 치료를 해 주었는데, 이 경우에는 병이 낫거나 아예 죽어 버리거나 둘 중 하나였다. 그나마 수도원에는 수도사들을 돌보기 위해 발달한 의학이 유산처럼 전해 내려오고 있었고, 수녀원에서는 수녀들이 목회 활동으로, 혹은 하느님께 드리는 기도로 아픈 이들의 마음을 조용히 달래 주었다. 마지막으로 당대에는 형편이 넉넉하여 수련 의사의 치료를 받은 이들도 제법 있었으니, 이들이 처방받은 약만은 그런 대로 과학적이라 할 만 했다. 당시에는 약도 그렇고 조제법도 그렇고 말만 들어도 끔찍한 것들이 도처에 널려 있었다. 이 시절 사람들은 특정 종류의 돌을 손에 쥐고 있으면 이성과 성관계를 해도 임신이 되지 않는다고 믿었는데, 마찬가지의 맥락에서 (심지어는 의학이 발달한 살레르노에서조차도) 일부 남녀들은 임신이 잘된다는 이유로 길거리에 널려 있는 당나귀 똥을 주워다 먹기도 했다.[58]

　1139년 이전에는 성직자 중에도 더러 의술로 사람을 치료하는 이들이 있었고, 그래서 수도원이나 수녀원의 요양소에는 병원의 비품이 웬만한 것들은 다 갖춰져 있었다. 서유럽이 의학의 유산을 대대로 간직해 온 데에는 이 성직자들의 역할이 무시 못 하게 컸으며, 나아가 이들은 약재용 식물을 재배하는 데에서도 주도적 역할을 담당했다. 사람들에게는 기적의 힘으로 병이 낫는다 했겠지만, 성직자 자신은 아마도 그 안에 섞인 약재의 힘을 누구보다 잘 알았을 터였다. 능숙한 솜씨로 사람들을 치료하는 일은 심지어 수녀들 사이에서도 있었다. 일례로 신비주의자로서 빙엔의 수녀원장을 지낸 힐데가르트라는 여성은 임상 의학서 『병의 원인과 치료』(1150년경)를 비롯해 『불가사의에 대하여』라는 책을 생전에 써낸 바 있다. 후자의 경우 군데군데 마법 주문이 들어가 있는 게 흠이지만, 의학과 관련해 각종 민간전승이 풍부하게 실려 있다. 당시에는 나이가 들면 남자든 여자든 수도원이나 수녀원에 들어가 여생을 보내곤 했는데, 꼭 종교적 목적에서였다기보다 그렇게 하면 의료의 혜택을 지속적으로 받을 수 있기 때문이기도 했다. 하지만 시간이 흐르자 점차 속세의 의학이 발달하게 되었고, 이윽고 수도원도 사람들을 치료해 주고 거기서 이득을 취하려는 욕심에 물들어 갔다. 그러자 교회에서는 일반인들을 상대로 한 성직자의 의료 행위를 (1130년, 1339년, 1663년의 세 차례에 걸쳐) 점진적으로 금하기에 이른다. 그리하여 1200년에 이르자 아득한 옛날부터 사람들을 치료해 오던 이 기술은 이제 거의 속세에서 도맡게 되었다.

중세라는 암흑의 시대에도 과학적 의술이 얼마간 살아남은 데에는 유대인 의사들의 공이 컸다. 이들을 통해 그리스도교 세계 전역에 그리스 · 아랍의 의학 지식이 두루 보급되었던 것이다. 여기 더해 이탈리아 남부의 비잔티움 제국 문화에도 과학적 의술은 어느 정도 살아남아 있었고, 그리스 및 아랍의 의학 저술들이 라틴어로 번역된 것도 과학적 의술이 살아남는 데 보탬이 되었다. 이때 가장 크게 덕을 본 곳은 살레르노 대학이었으니, 과학적인 의술이 생존하는 데 있어 이만큼 좋은 입지와 만반의 준비를 갖춘 곳이 없었기 때문이다. 그도 그럴 것이 이곳 살레르노 대학에는 그리스어권, 라틴어권, 이슬람교도, 유대교도 할 것 없이 다양한 국적의 의사들이 찾아와 강의도 하고 의술도 배웠다. 이후 살레르노 대학은 라틴어권 유럽 내 최고의 의료 기관이라는 명성을 12세기 내내 한 번도 잃지 않았다. 여자들의 경우에는 이곳 살레르노를 찾아 간호학 및 산과(産科) 교육을 받곤 했다.[59] 이 무렵 문헌에 등장하는 물리에레스 살레르니타나에(mulieres Salernitanae)라는 말은 아마도, 이 살레르노 대학에서 연수를 받았던 산파로 보인다. 이 시절 살레르노 대학이 내놓은 가장 유명한 결실 중 하나도 12세기 초엽 간행돼 나온 「여성병 치료를 위한 트로툴라의 역할」이라는 산과 관련 소론이었다. 널리 통용되는 학설에 따르면, 이 트로툴라(trotula)라는 말은 살레르노에서 활동하던 산파를 뜻한다고 한다.[60] 살레르노 대학에서 간행돼 나온 의학 관련 글들은 오늘날까지도 여러 편이 전하는데, 의학의 분과란 분과는 거의 하나도 빼놓지 않고 다루고 있다. 일례로 아르키마테우스가 지었다는 한 저술에서는 환자에 대한 의사의 처세법이 나와 있다. 우선 의사는 환자의 병이 항상 위중한 상태에 있다고 봐야 한다. 그래야만 자칫 잘못해 환자가 목숨을 잃더라도 의사로서의 위신이 손상되지 않을 뿐더러, 치료가 잘 되어 병이 나으면 다시 한 번 대단한 의사라는 영예를 안을 수 있기 때문이다. 한편 의사가 되어서는 환자의 아내, 딸, 시녀에게 추파를 던져서는 안 된다. 또 환자에게 약이 전혀 필요 없더라도 그의 몸을 해하지 않는 선에서 얼마간의 약을 조제해 주는 일이 필요하다. 그래야만 환자 입장에서는 지불한 돈이 아깝지 않으며, 또 그래야만 의사의 도움 없이 자연스레 병이 나았다고 생각지 않을 것이기 때문이다.[61]

하지만 이렇던 살레르노 대학도 1268년이 지나자 나폴리 대학에 밀리는 신세가 되었고, 그 이후로는 별 이야기가 전해지지 않고 있다. 단, 살레르노 대학의 의술만은 그곳을 나온 졸업생들에 의해 이미 유럽 전역에 보급된 뒤였다. 13세기에 접어들고부터는 볼로냐, 파두아, 페라라, 페루자, 시에나, 로마, 몽펠리에, 파리, 옥스퍼드에도 훌륭한 의과 대학들이 생겨나 자리를 잡았다. 중세 시대에도 면면히 이어지던 세 가지의 의학 전통은(즉 그리스, 이슬람, 유대의 전통) 이들 대학에서 만나 하나로 통합되는 동시에 온전히 흡수되었고, 이는 이윽고 온전한 형태의 의학 유산으로 재탄생에 현대 의학을 발달시키는 초석이 되었다. 청진 및 소변으로 환자를 검진하던 방식은 원래 먼 옛날부터 있었는데, 이 무렵 들어 세간에서 다시 유행하기 시작했다.(그 인기는 지금도 여전하다.) 그래서 일부 지역에서는 사람들이 변소가 있는지를 보고 의료 수준의 전문성을 판별하곤 했다.[62] 또 먼 옛날과 마찬가지로 이 시절에도 여전히 변통(便通, 변비로 나오지 않던 대변을 원활히 나오게 하는 일 — 옮긴이) 및 사혈(瀉血)이 치료법으로 이용되었으니, 이에 잉글랜드에서는 의사를 이르는 말로 피를 뽑아 먹는다는 뜻의 "leech(거머리)"를 쓸 정도였다. 온천 목욕은 의사가 제일 많이 내리는 처방 중 하나였고, 환자 중에는 광천수를 "한 모금이라도 맛봐야겠다며" 일부러 각지를 돌아다니는 이들도 있었다. 또 어떤 병에 걸리건 당시에는 식단에 대해서도 세세하게 처방이 이루어졌다.[63] 하지만 그와 동시에 약재도 수없이 많았다. 당시에는 어떤 물질이고 치료제로 쓰이지 않은 게 거의 없다시피 해서, 1180년에는 살레르노의 로제르가 해초를 (요오드가 풍부하다 하여) 갑상선종의 치료제로 권하였는가 하면, 황금을 먹으면 그것이 인체에 흡수되어 "쑤시는 팔다리를 낫게 한다."는 이야기도 돌았다.(이는 오늘날에도 관절염 치료법으로 널리 애용되고 있는 듯하다.)[64] 중세 시대의 약방에는 사슴의 뿔, 날도마뱀의 피, 독사의 쓸개즙, 개구리의 정액 등 동물 몸 안에 있는 것은 모두 치료제로 사용되다시피 했고, 심지어는 동물의 배설물이 처방에 들어가기도 했다.[65] 하지만 그 중에서도 제일 인기가 좋은 약은 단연 테리아쿰(theriacum)이었다. 이 약은 약 57가지의 물질을 기묘하게 배합시켜 놓은 것이었는데, 주재료로 독사의 살덩이를 썼다. 한편 약재 중에는 이슬람에서 수입해 들여오는 것들이 상당수에 이르렀고, 이것들에는 아랍어식 이름이 그대로 붙어 있곤 했다.

이제 정식 수련을 받은 의사는 그 수가 점점 불어나는 중이었고, 그러자 당국에서도 의료 행위에 대한 규제에 나서기 시작했다. 그 일환으로 시칠리아의 로제르 2세는, 아마도 이슬람의 전례에 영향을 받은 까닭인지, 의료 행위는 오로지 나라에서 면허를 받은 사람들만 할 수 있도록 했다. 프레데리크 2세 같은 경우에는(1224년) 의료 행위를 하려면 반드시 살레르노에서 면허를 받아 오도록 했다. 살레르노에서 의사 면허를 받으려는 사람은 우선 3년에 걸쳐 시엔티아 로지칼리스(scientia logicalis, 자연과학 및 철학 관련 교과 과정이었던 듯하다.)를 이수해야 하고, 그 뒤에는 5년 동안 대학을 다니며 의학을 공부해야 했다. 공부를 마치면 2회에 걸쳐 시험을 치르게 되고, 이 시험에 통과한 후에는 1년 동안 숙련된 의사 밑에서 수련 생활을 해야 했다.[66]

이 시절에는 조금이라도 비중 있는 도시에는 어김없이 빈민을 위한 의료 서비스가 마련돼 있었다. 빈민들은 돈을 내지 않아도 의사에게서 진료를 받을 수 있었고, 의사들에게 내야 할 돈은 도시에서 대신 치러 주었다.[67] 심지어 일부 도시에서는 사회 보장식의 의료 제도가 운영되기도 했다. 13세기 무렵의 그리스도교령 스페인에서는 지방 자치체마다 의사를 한 사람씩 고용해서는 정해진 구역 주민의 의료를 그에게 맡겼다. 이런 식으로 고용된 의사는 먼저 자기 구역 내 모든 주민들을 상대로 빠짐없이 정기 검진을 실시해야 했다. 그리고 검진 결과를 바탕으로 각자에게 필요한 의학적 조언을 해 주었다. 빈자들의 경우는 공립 병원 시설에서 따로 진료를 해 주었으며, 병석에 누운 환자가 있을 때는 달마다 3회씩 왕진을 가서 돌보아 주는 것이 의무로 규정돼 있었다. 이때 환자는 일체의 비용을 부담할 필요가 없었다. 단, 왕진 횟수가 월 3회를 초과할 시에는 의사가 왕진비를 요구할 수 있었다. 백성들에게 이러한 의료 서비스를 제공하는 대가로 의사들은 각종 세금을 면제받을 수 있었을 뿐 아니라, 나라로부터는 연 20파운드의 봉급을 지급받았다.(오늘날의(1940년대) 약 4000달러에 해당하는 금액이다.)[68]*

13세기의 그리스도교령 유럽에서는 면허 가진 의사를 찾는다는 게 쉬운 일이 아니었다. 따라서 의사로 일하게 되면 수중에 꽤 많은 의료비를 거두어들일 수 있을 뿐 아니라, 사회적 지위도 제법 높다고 인정되었다. 개중에는 의사로 일하면서 상당량의 재물을 모은 이가 있었는가 하면, 일부는 예술품 수집가로까지 활동했으며, 몇몇은 타국에서도 알아줄 정도로 국제적 명성을 얻기까지 했다. 페드루 줄리앙(리스본의 페테르, 콤포스텔라의 페테르)도 그런 의사 중

---

* 단, 서고트족이 지배하던 스페인에서는 환자가 사망할 경우 의사가 의료비를 받을 수 없다고 법률로 규정해 놓고 있었다.[69]

하나였으니, 그가 써낸 『빈자(貧者)의 보물』은 중세 시대를 통틀어 사람들이 가장 많이 찾은 의학 편람이었고, 『영혼론』은 심리학을 논의한 저서로서 중세 시대 최고 작품으로 손꼽힌다. 그러다 1276년 그는 요한 21세라는 이름으로 교황 자리에까지 오르나, 1277년의 교황청 붕괴 사고 때 그만 천장에 깔려 목숨을 잃고 말았다. 한편 이 시절 그리스도교 세계에서 가장 유명한 의사 하면 단연 빌라노바의 아르놀트였다.(1235년경~1311년) 그는 발렌시아 근방에서 출생한 인물로, 아랍어, 히브리어, 그리스어를 두루 익힌 것으로 알려져 있다. 나폴리에서 머물며 의학을 공부하였고, 공부를 마친 뒤에는 파리, 몽펠리에, 바르셀로나, 로마를 돌면서 의학 혹은 자연 철학을 가르쳤다. 그는 의학, 화학, 점성술, 마법, 신학, 포도주 제조, 꿈의 해석과 같은 다방면의 분야에도 엄청난 수의 저서를 남겨 놓은 것으로 유명하다. 그러다 어느 순간부터는 아라곤의 하메스 2세의 궁정에 들어가 그의 주치의로 일하게 되는데, 이때 몇 번이나 왕에게 직언을 서슴지 않았다. 즉 부자들에게 맞서서 가난한 이들을 지켜 주지 않았다간, 왕이 죽게 되면 그길로 지옥에 떨어지리라 하였다.[70] 하지만 이런 직언을 듣고도 하메스는 누구보다 아르놀트를 총애했고, 그래서 외교 문제를 해결하는 일에 몇 차례나 그를 사절로 파견하게 된다. 이로써 수많은 나라들을 돌게 된 것이 아르놀트로서는 사람들이 겪는 참상과 착취를 두 눈으로 목격하는 기회였다. 그 끔찍한 모습에 아르놀트는 충격에서 헤어나지 못했다. 이에 그는 신비주의자 플로라의 요아킴을 찾아가 그의 추종자가 되어 선언하길, 지금 세상은 강한 자들이 사악함에 물들어 있고 성직자는 사치에 물들어 있는 꼴이니 멸망의 날도 이제 멀지 않았다고 했다. 얼마 안가 그는 마법을 일삼고 이단을 설파한다는 혐의와 함께, 연금술을 이용해 나폴리의 로베르 왕에게 금괴를 만들어 주었다는 죄목을 쓰게 된다. 재판에서 교회는 그에게 유죄를 선고했으나, 보니파키우스 8세가 사면을 하여 그를 옥에서 풀어 주었다. 아르놀트가 옥에서 나온 덕분에 교황은 앓고 있던 신장 결석을 깨끗이 치료할 수 있었고, 병이 나은 보답으로 그에게 아나니에 있던 성 한 채를 하사해 주었다. 하지만 아르놀트는 이 보니파키우스 8세에게도 직언을 서슴지 않았으니, 조만간 교회가 철저한 개혁을 이루지 않으면 하늘의 하느님이 노하여서 그 화가 교회에 미칠 것이라 한 것이다. 공교롭게도 보니파키우스 8세는 얼마 안 가 아나니에서 그 유명한 수모를 당하게 되고(1303년 9월 7일 프랑스의 로마 법학자 기욤 드 노가레가 아나니를 급습하여 교황을 감금하고 퇴위를 강요한 사건을 이른다. – 옮긴이), 결국 교황은 그 일로 울분을 이기지 못하다 세상을 떠났다. 이에 종교 재판소에서는 아르놀트를 끈질기게 쫓아다니며 그를 잡아넣고자 애썼지만, 각국의 왕이며 교황들이 그 의술을 긴요하게 여겨 어떻게든 그를 비호해 주었다. 결국 아르놀트는 하메스 2세의 사절로서 클레멘스 5세에게 파견되어 가던 도중, 물에 빠져 익사하는 것으로 생을 마감했다.[71]

이 시절 외과는 양면에서 적과 맞붙어 싸워야 하는 상황이었다. 그중 한 진영이 이발사였다면, 다른 한 진영은 다름 아닌 일반 의사들이었다. 사실 관장을 하고, 이를 뽑고, 상처를 치료하고, 피를 뽑는 일은 꽤 오래전부터 이발사들이 담당해 오고 있었다. 그러다 공식적 수련을 받은 외과의들이 생겨나면서, 이러한 시술을 더 이상 이발소에서 해서는 안 된다며 반대가 나오기 시작했다. 하지만 중세 시대 내내 법은 외과의보다는 이발사들의 편이었다. 프러시아에서는 예로부터 장교들의 면도까지도 군의관이 하도록 의무로 규정해 놓았는데, 이러한 관습은 프레데리크 대제 시절까지 남아 있었다고 한다.[72] 이런 식으로 이발사와 기능이 겹치는 까닭도 있고 해서, 일반적으로 외과의들은 학문적으로나 사회적으로나 내과의보다 열등한 존재로 취급받았다. 13세기 이전만 해도 박사들은 외과 수술을 직접 집도하는 것을 수치라 여겼던 만큼, 외과의는 그저 박사의 지시에 고분고분 따르는 기술자에 불과했던 것이다.[73] 외과의를 풀죽게 한 요인은 이뿐만이 아니어서, 외과의는 자칫 잘못해 수술이 실패라도 할 경우 옥에 갇히거나 아예 목숨을 잃을 수도 있었다. 따라서 위험한 수술은 웬만한 용기를 가진 사람 아니면 감히 손대려 하지 않았고, 대부분 외과의들의 경우 위험한 수술을 맡게 되면 반드시 각서를 받았다. 설령 수술이 실패해도 자신을 절

대 해코지하지 말 것을 서면으로 약속받은 것이다.[74]

그렇다고 하나 이 무렵 외과는 그 어떤 의학 분과보다도 빠른 성장세를 보였다. 외과의 성격상 억지로라도 이론보다는 병증 자체를 직접 다루어야 했던 데다, 외과에서는 무엇보다 병사들의 부상을 치료할 기회가 수도 없이 많았기 때문이다. 그리하여 1170년경, 살레르노의 로제르가 『외과술의 실제(*Practica chirurgiae*)』를 출간하기에 이른다. 이 책은 서방 그리스도교 세계에서 나온 최초의 외과 의학서로서, 이후 300년 동안 의학 분야의 고전으로 자리매김하였다. 1238년에는 프레데리크 2세의 명에 따라, 살레르노에서 5년마다 한 번씩 시체한 구를 대상으로 해부가 이루어졌다.[75] 1275년 이후부터는 이런 식의 시신 해부 작업이 이탈리아 전역의 차원에서 정기적으로 행해지게 된다.[76] 1286년에는 크레모나의 한 의사가 당시 만연해 있던 역병의 원인을 밝히기 위해 시체한 구를 열어 보게 되는데, 사후 부검이 이루어졌다고 알려진 것은 이때가 처음이다. 1266년 들면서는 세르비아의 주교 테오도리코 보르고그노니가 이탈리아 의학의 진영에 서서 기나긴 투쟁에 들어간다. 예로부터 아랍 의학에서는 반드시 고름이 나온 연후에만 상처가 나은 것이라 보았는데, 이 생각에 정면으로 반대하고 나온 것이다. 여기에서 비롯된 그의 살균 요법 논의는 오늘날까지도 중세 의학의 고전으로 손꼽히고 있다. 더불어 볼로냐 의과 대학의 교수 굴리엘모 살리세티(살리세토의 윌리엄)(1210~1277년)라는 인물은 『외과술(*Chirurgia*)』라는 책을 써서 의학에 괄목할 만한 발전을 가져온다. 이 책은 외과 진단을 내리는 데 있어 내과 지식을 연관시키고 있을 뿐 아니라, 신중을 기해 임상 기록을 활용한 면모가 돋보이며, 수술에서 절단된 신경을 다시 봉합하는 방법도 소개하고 있다. 또 당시 이슬람 의사들 사이에서는 지짐술(외과에서 약품이나 전기로 병 조직을 태우는 치료법 – 옮긴이)이 병을 잘 낫게 하면서도 상처를 덜 내는 치료법으로 유행했는데, 윌리엄은 이보다 칼을 쓰는 것이 좋은 방법임을 적극 옹호하였다. 또 일반 의학 관련의 『질병 치료 및 청결 유지 총론』이라는 책에서는 굳은궤양(매독균의 침입으로 주로 음부에 생기는 피부병 증상을 말한다. – 옮긴이)과

가래톳(넓적다리 윗부분의 림프샘이 부어 생긴 멍울을 말한다. - 옮긴이)이 성병에 걸린 창녀와의 성관계 때문이라고 밝혀 놓았고, 수종이 생기는 것은 신장의 경화 및 협착 때문이라고 설명해 놓았으며, 아울러 모든 연령대에 걸쳐 해당 나이 때 지키면 좋은 위생 및 섭식 습관을 두루 정리해 놓았다.

앙리 드 몽데빌(1260?~1320년)과 귀도 란프란치(1315년 사망)는 윌리엄의 제자들로, 이 둘은 볼로냐에 차곡차곡 쌓여 있던 의학 지식을 프랑스에 들고 들어오는 역할을 했다. 몽데빌은 테오도리코와 유사하게 위생 관념을 한층 발달시킨 것으로 유명하다. 그는 먼 옛날 히포크라테스의 정신을 되살려 상처 부위의 청결을 유지하는 것도 치료의 한 방법이 될 수 있음을 주장하였다. 란프란치는 1290년 고국 밀라노로부터 망명해 프랑스의 리옹 및 파리로 간 의사였다. 그가 써낸 『외과술 대전』이라는 책은 후일 파리 대학에서 누구나 알아주는 외과 수술 교과서로 자리 잡기에 이른다. 또 란프란치는 다음과 같은 원칙을 명백히 함으로써 이발사들의 틈에 껴 있던 외과술을 구해 내기도 했다. "어떤 사람이고 외과 수술에 무지해서는 절대 훌륭한 의사가 될 수 없다. 나아가 어떤 사람이고 의학 지식이 없어서는 절대 수술을 제대로 시행할 수 없다."[77] 란프란치는 의학 방면에 있어 선구적 인물이기도 했다. 파상풍에 신경 절제술을 처음 활용한 것도, 식도에 삽관법을 처음 실시한 것도 그였으며, 뇌진탕에 대해 외과 차원의 설명을 내놓은 것도 그가 처음이었다. 한편 그의 저술 중에서도 두부(頭部) 손상을 다룬 부분은 의학 역사에서도 최고의 업적 중 하나로 손꼽힌다.

외과 수술에는 흔히 수면제가 이용되는데, 이에 관하여는 일찍이 오리게네스(185~254년)와 푸아티에의 힐라리우스 주교(353년경)도 언급을 한 바 있다. 중세 그리스도교 세계의 최면은 보통, 갖가지 최면 원료를 배합한 후 환자에게 그 향을 들이마시게 하거나 혹은 목 안으로 배합물을 넘기게 하는 식이었다. 이러한 최면제의 기본 재료로는 흔히 만드레이크(mandrake, 지중해와 레반트가 원산지인 허브의 일종으로, 독성을 가졌으나 약초로도 쓰인다. - 옮긴이)가 쓰였으며,

여기에 아편, 독미나리, 오디 즙 따위가 일반적으로 첨가되었다. 의사들이 이런 식으로 일명 "최면용 스펀지"를 만들어 썼다는 기록은 9세기에 처음 등장한 이후로 줄곧 발견되고 있다.[78] 부분 마취를 해야 할 경우에는 비슷한 배합물을 만든 후 그 속에 습포제를 담갔다가 해당 부위에 썼다. 수술이 끝나면 회향(茴香, 남유럽이 원산지인 산형과(繖形科)의 여러해살이풀로, 열매는 기름을 짜거나 향신료, 약재로 쓴다. - 옮긴이) 즙을 환자의 코에 가져다 댔는데, 그러면 마취가 풀리고 환자가 잠에서 깨어났다. 그러나 이 시절 외과 수술용 기구들은 그리스인들이 쓰던 것에서 한 걸음도 발전하지 못한 형편이었다. 심지어 산과 방면의 시술은 저 옛날 소라누스(서기 100년경)나 아이기나의 바울(서기 640년경) 시절보다도 뒤처진 편이었다. 문헌상으로는 제왕 절개술에 대한 논의가 이루어진 것으로 돼 있지만, 실제 수술에서 이 시술이 시행된 경우는 없었던 것으로 보인다. 반면 절태술(자궁에서 태아를 꺼내기 위해 태아의 신체를 절단하는 것)은 당시에도 자주 시행되었는데, 당시 산과 의사 중에는 회전술(자궁내의 태아를 비정상적인 위치에서 바른 자세로 돌려세우는 일 - 옮긴이)을 아는 이가 거의 없었기 때문이다. 산모들의 출산은 대체로 출산용으로 특별 제작된 의자에서 이루어졌다.[79]

하지만 병원 시설만큼은 이제 크게 발전을 이루어, 고대에는 감히 생각도 못할 수준이었다. 물론 그리스인에게도 "아스클레퍼에이아(asklepieia)"라고 하여 병자들을 보살펴 주던 종교 기관이 있었고, 로마인의 경우에는 전장에 나갔던 병사들이 치료를 받을 수 있게 따로 병원을 운영한 전력이 있었다. 그러나 병원이라는 제도에 폭넓은 발전을 가한 건 다름 아닌 그리스도교의 자선 사업이었다. 그 시초는 성 바실리우스가 396년 들어 카파도키아의 카이사레아에 병원을 하나 지은 일이었다. 건립자의 이름을 따서 "바실리아스(Basilias)"라 불렸던 이 병원은 건물 여러 채에 환자, 간호사, 의사를 위한 공간이 따로 있었고, 여기에 작업장과 학교 시설까지 마련돼 있었다. 이걸 보고 375년에는 성 에프라임이 에데사에 병원을 하나 열게 되는데, 그러자 비탄티움령 동방 땅에 이런 병원들이 줄지어 생겨나 저마다 다양한 분야의 전문 의술을 선보였다. 한편 비잔티움 제국에서는 다양한 종류의 병원 시설을 운영해서, 병자를 위한 "노소코미아 (nosocomia)", 기아(棄兒)를 위한 "브레포트로피아(brephotrophia)", 고아를 위한 "오르파노트로피아(orphanotrophia)", 빈자를 위한 "프토키아(ptochia)", 가난하고 병약한 순례자를 위한 "제노도키아(xenodochia)", 노약자를 위한 "게론토키아(gerontochia)"가 다 따로 있었다. 라틴어권 그리스도교 세계에서는 400년경 파비올라가 로마에 세운 것을 최초의 병원으로 보고 있다. 이외에도 그리스도교 세계 내에는 곳곳의 수도원에 소규모의 병원 시설이 갖춰진 경우가 많았고, 각종 수도회에서도(호스피탈러, 템플러, 안토니오, 알렉시우스 수도회) 수도사 및 수녀들이 나서서 병자를 돌보는 일에 힘을 보탰다. 그러다 1204년 들자 인노켄티우스 3세가 로마에 산토 스피리토 병원을 세우기에 이르고, 이윽고 유럽 전역에는 교황의 뜻에 따라 이와 비슷한 기관들이 생겨나게 되었다. 그리하여 13세기에 들자 이런 식으로 "성령이 돌보아 주는 병원"이 독일 한 나라에만 무려 백 개가 넘었다. 프랑스에서는 병원이라고 해서 병자들만 돌본 것이 아니라, 빈자, 노인, 순례자에게까지 도움의 손길을 건넸다. 즉 수도회 본부가 그랬듯, 이 시절 병원(hospital)들은 이름 그대로 사람들에게 "환대(hospitality)"를 베풀 줄 알았던 것이다. 1260년경에는 루이 9세가 파리에 "맹인 병원"이라는 이름으로 요양소를 하나 설립하게 된다. 이곳은 원래 맹인들을 위한 일종의 보호소였는데, 이윽고 안과 질환 전문 병원으로 탈바꿈하더니 오늘날까지 파리에서 제일가는 의료 시설로 그 이름을 자랑하고 있다. 잉글랜드의 경우에는 1084년 캔터베리에 설립되었던 병원이 역사상 최초의 병원으로 알려져 있다.(역사상 최초라 해서 반드시 실제로 최초인 것은 아니다.) 이들 병원에서는 능력이 되지 않는 사람에게는 돈을 받지 않고 진료를 해 주는 일이 보통이었고, 병원에서 일하는 사람들도 대체로 수녀들이었다.(수도원에서 운영하는 병원은 예외였다.) 이들은 "하느님 은총을 대신 나누어 주는 천사와 대리인들"임에도 평상시 입는 옷들이 무척이나 거추장스러운데, 아마도 이 13세기 무렵 질병 감염을 막기 위한 방편으로서 처음 입게 된 듯하다. 머리를 짧게 자른 뒤 머리에 두건

을 덮어쓰게 된 것도 아마 같은 연유에서였을 것이다.[80]

이 시절에는 사람들이 특별히 경계했던 질병이 둘 있었다. 하나는 "성 안토니우스의 불"이라 불렸던 피부 질환으로(오늘날의 단독(丹毒)을 말하는 듯하다.), 당시에는 그 병세가 얼마나 심각했던지 안토니우스회라고 하여 이 질병에 걸린 환자를 돌보아 주는 수도사 결사가 따로 결성될 정도였다. 다른 하나는 나병이었는데, 나병을 치료해 주는 병원에 대해서는 일찍이 투르의 그레고리우스도 언급한 바 있고, 성 라자루스 수도회는 이런 나병 환자들을 돌봐 주기 위해 만들어진 단체였다. 한편 전염성이 있는 질병으로는 대표적으로 여덟 가지가 꼽혔으며, 림프샘 페스트, 결핵, 간질, 옴, 단독, 탄저병, 트라코마, 나병이 이에 해당했다. 이 중 한 가지에라도 걸린 사람은 격리되지 않는 한 도시에 발을 들일 수 없었으며, 음식이나 음료를 파는 일에도 종사할 수 없었다. 나환자들은 거리를 지나다닐 때면 뿔피리를 불거나 종을 울려 주변에 자신이 있음을 알리는 것이 필수였다. 하지만 나병은 얼굴이나 몸뚱이가 말 그대로 문드러지는 만큼 그렇게 알려 주지 않아도 대번에 알 수 있는 것이 보통이었다. 나병은 전염성이 있어 봤자 아주 가벼운 수준이었으나, 중세 시대 전문가들은 성교를 통해서도 나병이 퍼질 수 있다고 염려했던 것 같다. 이때에는 오늘날 매독으로 불리는 질병까지 하나로 싸잡아 나병이라고 불렀을 가능성이 있는데, 다만 확실히 매독으로 지칭되는 사례가 15세기 이후에나 등장한다는 점이 미심쩍다.[81] 더불어 이 무렵에는 정신병자 간호와 관련해서는 따로 규정이 없었고, 15세기가 되어서야 특별 규정이 마련되었다.

중세 시대에는 사람들이 가난에 찌들어 제대로 씻지도 먹지도 못했던 터, 따라서 유행성 전염병으로 인한 고통이 그 어느 때보다 극심했다. 550년과 664년에는 아일랜드에 이른바 황달병이 덮쳤다고 하는데, 믿기 힘든 이야기이나 이때 목숨을 잃은 주민이 전체의 3분의 2에 달했다고 한다.[82] 이와 비슷한 역병이 6세기에는 아일랜드를, 7세기에는 잉글랜드를 휩쓸었다. 중세 시절 유럽에는 나병과 괴혈병도 전염병 돌 듯 했는데, 아마도 타지로 원정을 갔다 돌아온 십자군의 탓이었을 것이다. 또 이 무렵에는 "폴란드인 댕기머리"라 불리던 두발 질환도 유행이었으니, 이것은 몽골족이 폴란드를 침략한 1287년에 유럽으로 발을 들인 듯하다. 이렇듯 각종 전염병에 시달리면 사람들은 기근, 가뭄, 곤충 떼, 별의 운행이 병을 몰고 왔다거나, 혹은 유대인들이 우물에 독을 타서, 그도 아니면 하느님이 진노해서 병이 돈다고 보았다. 그러나 사람들의 믿음과는 달리, 보다 가능성 높은 원인들은 따로 있었다. 당시에는 사람들이 성곽에 둘러싸인 채 비교적 좁은 지역에서 북적이며 살았던 데다, 청결을 유지할 만한 위생 시설도 대체로 열악한 실정이었다. 그랬던 만큼 군인, 순례자, 학생들이 타지에 나갔다 전염병에 걸려 고향으로 돌아오면, 성안에 있는 사람들은 그야말로 무방비였던 것이다.[83] 중세 시대에는 오늘날의 사망 통계 같은 것이 없었으니 정확히 알 수는 없지만, 이 시절 태어난 사람 중, 장년까지 산 이들은 절반도 채 안됐을 것으로 여겨진다. 아둔한 남자들 때문에, 또 용감한 장군들 때문에 사람들이 죽어 나가면, 그 횟값은 언제나 여자들이 열심히 애 낳는 것으로 치르기 마련이다.

13세기 들면서는 유럽에서도 공중위생 시설이 한층 개선되기에 이르지만, 저 옛날 로마 제국만큼 훌륭한 위생 시설이 갖춰진 적은 중세 시대 내내 단 한 번도 없었다. 대부분의 시와 읍에서는 도로 관리를 위해 관리까지 따로 임명했으나,[84] 이들이 한 일이란 변변찮은 것뿐이었다. 이 무렵 그리스도교 세계의 성읍을 찾은 이슬람교도에게서는, 오늘날 이슬람 국가를 찾는 그리스도교도가 그러듯, 늘 불평이 끊이지 않았다. 이 "불경한 도시들"에는 길거리에 오물이 널려 있고 거기서 냄새가 진동하여 지나다니는 사람을 불쾌하게 한다는 것이었다.[85] 지금은 너무도 아름답고 깨끗하기만 한 도시 케임브리지도, 당시에는 도로변 위에 하수도가 나 있고 그 위로는 가정에서 내버린 하수와 함께 생선 내장 따위가 둥둥 떠다녔다. 하수도에서는 "그야말로 지독한 악취가 진동을 했고, …… 이 도시의 선생님이며 학자들은 거기서 나는 냄새 때문에 몸져눕는 일이 다반사였다."[86] 13세기에 접어들자 일부 도시에서는 수도관, 하수관, 공공 변소 등을 설치하기에 이르지만, 대부분 도시에서는 여전히 쏟아지는 비가 쓰레기더미를 쓸어 가도록 내버려 두는 형편이었다. 오염돼 있기는 우물물도 마찬가지여서 마을 안에선 걸핏하면 장티푸스가 발병하곤 했다. 더구나 (알프스 이북 지방에서는) 마을 여러 군데서 내버린 하수가 하나의 물줄기를 이루곤 했는데, 다른 마을에서는 그 물을 그대로 받아다 빵을 굽거나 술을 담그는 데 쓰곤 했다.[87] 그래도 이탈리아는 로마의 유산을 물려받은 곳인 데다, 프레데리크 2세가 쓰레기 배출과 관련해 시대를 앞선 법령을 제정해 놓은 것도 있고 해서, 그나마 다른 데에 피해 형편이 훨씬 나았다. 하지만 로마 역시 주변 늪지대에서 늘 말라리아가 들끓어 도시가 병치레를 하기 일쑤였고, 이 때문에 수많은 고관대작이며 관광객들이 로마에서 목숨을 잃곤 했다. 간혹 로마는 적들의 손에 넘어갔다가도 이런 전염병 때문에 구제를 받기도 했으니, 싸움에 이긴 적들이 로마에 들어와서는 열병을 못 이기고 쓰러져 버렸기 때문이다.

6. 알베르투스 마그누스: 1193~1280년

이 시절에는 과학에 유난히 헌신적이던 이들이 있었는데, 그중에서도 바스의 아델라드, 대(大)알베르투스, 로저 베이컨의 활동이 가장 두드러진다.

아델라드는 이슬람 국가들을 두루 돌며 학식을 쌓은 사람이었다. 공부를 마친 뒤에는 고국 잉글랜드로 돌아와 『자연의 문제(*Quaestiones naturales*)』라는 장편의 대화록을 써냈는데(1130년경), 이 책은 수많은 분야의 과학을 아우른 것이 특징이었다. 플라톤의 대화록들이 그랬듯, 이 대화록에서도 제일 서두는 고국을 떠나 있던 아델라드가 자신의 옛 친구와 재회하는 내용으로 구성돼 있다. 그는 친구들에게 그간 조국 잉글랜드가 어떻게 돌아가고 있었는지 묻는다. 이에 친구들은 답하길, 왕들은 전쟁을 일삼고, 재판관들은 뇌물을 받아 챙기며, 성직자들은 술에 절어 지낸다 했다. 약속은 어느 것 하나 지켜지는 일이 없으며, 친구라는 사람들도 자기들끼리 서로 시샘만 하고 있는 판국이었다. 그러자 아델라드는 세상 돌아가는 이치가 원래 그러한 바 앞으로도 그 모습은 변하지 않으리라며 이제까지의 이야기는 모두 털어 버리자고 달관한 듯 말한다. 이때 아델라드의 조카가 묻길, 숙부는 이슬람교도들 사이에 있을 때 무엇을 배울 수 있었느냐 한다. 그러자 아델라드가 의견을 피력하길, 일반적으로 보아 과학에 있어서는 그리스도교도보다 아랍인들이 한 수 위라는 것이었다. 이에 사람들이 너도나도 이의를 제기하고, 이를 아델라드가 받아치는 과정에서 당대 과학의 흥미로운 대목들이 전 분야에 걸쳐 골고루 설명된다. 무엇보다 아델라드는 더 이상 전통이나 권위에 얽매이는 일이 있어서는 안 된다며 다음과 같은 말로 통렬히 비판한다. "아랍인 스승들 밑에 있으면서 나는 이성의 인도에 따라 공부할 수 있었소. 하지만 지금 여러분은 권위 …… 그것에 완전히 속박당한 꼴이니, 이는 자기가 속박당한 줄도 모르고 고삐가 가자는 대로 가는 것과 무엇이 다르오. 권위야말로 고삐의 다른 이름이 아니고 무엇이겠소?" 아델라드는 덧붙여 말하길, 오늘날 권위자로 통하는 이들이 그만큼의 명성을 얻을 수 있었던 건 애초 그들이 그 누구의 권위도 아닌 자신의 이성에 의지했기 때문이 아니겠느냐 했다. 그러고는 계속해서 조카에게 이렇게 말한다. "따라서 네가 만일에 나에게서 무언가를 배우고 싶다면, 우리는 먼저 이성을 손에 들고 그것을 주고받을 줄 알아야 할 것이다. …… 이 세상에 이성보다 확실한 것은 아무것도 없다. …… 이 세상에 감각보다 그릇된 것이 또 없듯이."[88] 이랬던 만큼 지나치게 연역 추론에만 의지한다는 것이 아델라드의 흠이었는데, 그럼에도 그가 내놓는 대답 중에는 자못 흥미로운 내용이 없지 않다. 대화 중 누군가가 어찌하여 지구가 공간 속에 떠 있을 수 있는지에 대해 묻자, 아델라드는 지구에서는 중심이 곧 지구를 지탱해 주는 바닥과 같기 때문이라고 대답한다. 그러자 질문이 이어지는데, 만일 지구의 중심을 향해 구멍이 뚫려 있고 그 구멍을 통해 돌멩이 하나를 지구 이편에서 지구 반대편으로 던지면 그것이 어디까지 가겠느냐는 것이었다. 이에 아델라드는 그 돌멩이는 지구 중심까지밖에 가지 못한다고 답했다. 이러한 주장을 내놓은 것 외에도 아델라드는 물질이 불멸성을 지닌다는 사실을 명확히 밝히는가 하면, 우주의 영속성 차원에서 볼 때 진공이란 불가능하다고 주장하였다. 이러한 아델라드에게 의의가 있다면 무엇보다, 12세기 지성의 움직임, 그러니까 막 잠에서 깨어나기 시작한 그리스도교 유럽 지성의 움직임을 그 누구보다 여실히 증명해 주었다는 데 있다. 과학이 가진 가능성을 누구보다 열심히 옹호한 이가 바로 아델라드였고, 나아가 그는 자신이 살아온 시대야말로 진정한 "현대(modernus)"이자[89] 인류 역사를 통틀어 가장 빛나는 절정기라고 자랑스레 외쳤다.

과학적 정신만 놓고 봤을 때는 알베르투스 마그누스가 아델라드에 약간 못 미치는 감이 있다. 하지만 알베르투스의 책들은 가히 우주적이라 할 만큼 관심사가 넓었으니, 그의 이름 앞에 대(大) 자가 붙은 것도 다 이유가 있다. 철학 저술이 그러했듯, 그의 과학 저술도 대부분은 해당 주제와 관련된 아리스토텔레스 저술을 가지고 쓴 주석서 형태를 하고 있다. 그러나 주석서 형태라도 책을 읽어 가다 보면 군데군데 독창적 관찰에서 나온 신선한 시각이 있음을 엿볼 수 있다. 그리스, 아랍, 유대인 저자들의 저술 내용을 무던히 인용해 오는 중에도, 그는 더러 기회가 있을 땐 자기 눈으로 직접 자연을 관찰하는 것을 잊지 않았다. 그렇게 해서 방문한 실험실과 광산만도 한두 군데가 아니었고, 광물도 다양한 종류를 가져다 연구를 했고, 독일에서는 그곳에서만 자라는 토종 동물 및 식물군도 자세히 검토한 바 있었다. 또 육지였던 곳이 바다가 되거나, 바다가 육지가 되는 일이 있음을 알아차리고는 이를 가지고 바위 안에 패석(貝石)이 남아 있는 까닭을 설명하기도 했다. 그러나 철두철미한 과학자가 되기에는 철학자의 경향이 너무 강했던 것인지, 그는 자기 눈으로 틀림을 보고 한번 가진 선험적 이론은 포기하려 하지 않을 때가 많았다. 일례로 그는 말갈기를 물속에 담그자 벌레로 변하는 일을 자기 두 눈으로 목격한 적이 있다고 주장하기도 했다. 그러나 아델라드처럼 그 역시 자연 현상을 하느님의 뜻으로 설명하는 데에는 분명히 반대를 표했다. 하느님의 행위는 자연의 인과 관계 속에 있는 바, 인간은 그 안에서 하느님을 찾아야 한다는 것이다.

당시에 알베르투스는 아리스토텔레스 사상의 열렬한 신봉자로 통했다. 이런 모습이 워낙 부각되다 보니 당시 알베르투스가 실험과 관련해 나름의 견해를 가졌던 것은 세간에서 별다른 주목을 받지 못했다. 그의 저서 『식물에 대하여』 제10권에는 사람들 사이에서 꽤 유명한 단락이 있다. 이 단락을 읽어 가다 보면 "엑스페리멘툼 솔룸 케르티피카트(Experimentum solum certificat)"라는 말이 등장한다. 우리로서는 이 문장에 눈길이 쏠리지 않을 수 없는 것이, 얼핏 보아서는 "확실성을 얻을 길은 오로지 실험뿐이다."라는 뜻으로 들리기 때문이다. 하지만 사실 이는 과한 해석으로, 당시만 해도 "엑스페리멘툼(experimen-tum)"은 오늘날보다 더 넓은 뜻으로 쓰였다. 즉 이 말은 "실험"보다는 "경험"에 가까웠으니, 다음과 같이 단락 전체의 문맥을 짚어 보면 확실히 알 수 있다. "여기에 정리된 모든 내용은 우리가 스스로의 경험을 통해 얻은 결과이거나, 아니면 다른 저자들이 스스로의 경험을 통해 옳다고 믿는 내용을 그들 글에서 차용해 온 것이다. 이런 점들로 미루어 볼 때 우리에게 있어 '확실한 것은 오로지 경험뿐이라고 할 수 있다.(experimentum solum certificat.)'" 그러나 이 정도로만 해석된다고 해도 당시로서는 상당히 의미 있는 발전이었다. 알베르투스는 하피(harpy)나 그리핀(griffin) 따위의 신화 속 동물에 대해서는 물론, 당시 사람들이 즐겨 읽던 동물 우화집인 『피지올로구스(Physiologus)』의 동물 전설에 대해서도 허황한 것이라며 코웃음을 쳤고, "철학자들 입에서도 거짓말은 수없이 나오기 마련"이라고 했다.[90] 또 자주는 아니었지만 자신이 손수 실험을 진행하기도 해서, 한번은 매미는 머리가 잘려 나가도 한동안 계속 울어댈 수 있다는 사실을 자기 동료들과 함께 입증해 내기도 했다. 하지만 그러면서도 플리니우스의 권위에 대해서는 추호의 의심을 할 줄 몰랐으며, 사냥꾼이나 어부들이 거짓말 잘 하기로 유명한데도, 그들이 하는 말을 곧이곧대로 믿는 구석이 있었다.[91]

점성술 및 점괘를 용인했던 점에서 알베르투스는 시대의 흐름을 거스르지 못했다. 그는 보석이나 돌멩이에 기적의 힘이 있다고 보았고, 한번은 사파이어를 이용하자 궤양이 깨끗이 낫는 것을 자기 두 눈으로 목격했다고 주장하기도 했다. 마법의 힘이 실제 존재하며, 그 마법은 다름 아닌 마귀가 부린다는 사실에 대해서도 토마스와 마찬가지로 전혀 의심할 줄 몰랐다. 나아가 꿈은 더러 미래의 일을 알려 준다고도 믿었다. 그가 보기에 물질과 관련한 일들에 있어 "이 세상의 실질적 지배자는 다름 아닌 하늘의 별들이었고", 하늘에서 행성들이 합(合)을 이루는 때를 잘 살피면 이 세상의 "대사건 및 엄청난 불가사의"도 어느 정도 설명해 낼 수 있으며, 혜성이 떨어지는 것은 곧 전쟁이나 왕의 죽음을 의미했다. "인간 안에는 행위를 일으키는 근본 원천이 둘 있는데, 하나는 천성이고 다른 하나는 의지이다. 천성은 별의 지배를 받는 반면, 의지는 어떤 제약도 없이 자유롭다. 하지만 의지는 저항할 때 외에는 행동에 별다른 영향을 끼치지 못하는 바, 따라서 인간의 행동은 대체로 천성에 휩쓸리게 되어 있다." 뿐만 아니라 능력 있는 점성술사들은 별의 위치만 보고도 사람의 일생이나 대업의 성패 여부를 상당 부분 예측해 낼 수 있다고 믿었다. 또 특정 내용으로 단서를 달기는 했지만, (오늘날로 따지면 핵물리학자라 할 수 있는) 연금술사들이 한 물질을 다른 물질로 변환시킬 수 있다고 주장하는 이론에 대해서도 용인하는 입장을 취했다.[92]

알베르투스의 과학 저술 중 최고 작품은 식물학 분야의 것이었다. 식물을 농사나 의학에 쓰려는 목적에서가 아니라, 식물 그 자체를 위해 연구한 사람은 (이제까지 알려진 바에 따르면) 테오프라스토스 이래 그가 처음이었다. 알베르투스는 식물들을 갖가지로 분류해 놓는 것은 물론, 식물들이 가진 색깔, 냄새, 부위, 열매를 묘사해 놓았다. 여기 더해 식물들이 가지는 감정, 수면 상태, 성별, 발아에 대해서까지 연구하였고, 심지어는 여기서 멈추지 않고 농사법에 관한 소론까지 하나 써내었다. 훔볼트(Humboldt)의 경우, 알베르투스가 써낸 『식물에 대하여』를 보고 놀라움을 금치 못했는데, "식물의 유기적 구조 및 생리를 대단히 정확하게 기술해 놓고 있었기" 때문이다.[93] 『동물에 대하여』는 알베르투스의 대작으로 꼽히는 작품으로서 대체로 아리스토텔레스 저작의 주해서 성격을 띠고 있으나, 그만의 독창적 시각이 발견되기는 여기서도 마찬가지이다. 알베르투스 자신의 이야기에 따르면, 그는 "동식물 연구를 위해 북해를 건너는 일까지 불사하였고, 그렇게 곳곳의 섬이며 모래 해안에 닻을 내려서는 갖가지 연구 대상들을 수집해 왔다."고 한다.[94] 알베르투스는 동물과 인간이 가진 유사한 기관들을 서로 비교해 놓기도 했다.[95]

물론 과학이 발달한 오늘날 보면 이들 저작들은 아마 실수투성이일 것이다. 그러나 당대의 지적 수준이 그다지 높은 수준이 아니었음을 감안하면, 알베르투스의 작품이야말로 중세 지성이 이룩해 낸 큰 업적 중 하나임을 알 수 있다. 알베르투스가 학생을 가르치는 데 있어 그 누구보다 위대한 스승이었다는 건 당대 사람이면 누구나 인정하는 사실이었다. 또 그는 천수를 다한 것으로도 유명했는데, 후학으로서 그를 권위자로 내세우곤 하던 스페인의 페테르나 보베의 뱅상 같은 인물이 오히려 그보다 먼저 세상을 떠났을 정도였다. 알베르투스가 정치(精緻)한 판단력이나 철학적 이해도에 있어 아베로이스나 마이모니데스, 혹은 토마스에 못 미쳤던 것은 사실이다. 하지만 당대를 살았던 사람 중 가장 위대한 자연주의 학자를 하나 꼽으라면, 그는 바로 알베르투스였다.

7. 로저 베이컨: 1214년경~1292년

한편 중세 시대를 통틀어 가장 유명한 과학자가 태어난 것은 1214년경 영국 서머싯에서였다. 로저 베이컨의 생몰 연대는 정확히 알려져 있지 않으나, 그가 1292년까지는 생을 이어 갔다는 점, 나아가 1267년에 이미 스스로를 노인으로 칭했다는 점만큼은 분명하다.[96] 학창 시절 그는 옥스퍼드 대학에 들어가 그로스테스트를 만나게 되는데, 이 위대한 대학자와의 만남이 곧 과학의 매력에 푹 빠져드는 계기였다. 이때에도 이미 경험주의와 실용주의를 중시하는 영국 특유의 학풍은 옥스퍼드 대학의 프란체스코 학파 사이에서 차차 자리를 잡아 가던 중이었다. 옥스퍼드에서 공부를 마친 로저 베이컨은 1240년 파리로 건너가게 되는데, 이곳에서의 공부는 옥스퍼드만큼 자극제가 돼 주지는 못했다. 파리의 교수들을 보고 베이컨은 그저 놀랄 수밖에 없었는데, 라틴어를 빼놓고는 구사할 줄 아는 언어가 거의 없는 데다, 과학 공부와는 거의 담을 쌓고 있었기 때문이다. 대신 그들은 논리 및 형이상학 논쟁에만 여념이 없었으니, 베이컨에게 이는 직무 유기로 비칠 뿐이었다. 자신의 전공 분야로 의학을 택한 그는 이윽고 노년 생활의 안정을 주제로 한 저술 활동에 들어갔다. 그러다 자료 구할 일이 있어 이탈리아를 찾게 되는데, 이때 마그나 그라이키아란 곳에 머물며 그리스어를 공부하였고 그 참에 이슬람 의학 서적을 여러 권 독파하였다. 1251년에는 옥스퍼드로 돌아와 교수진으로 합류하였다. 1267년의 글에 따르면, 그때까지의 20년 간 그가 "비밀 서적 및 비밀 기구를 사들이고", 젊은이들에게 다양한 언어 및 수학을 가르치는 데 쓴 돈만 "2000파운드가 넘었다."고 한다.[97] 또 그는 유대인을 고용해 자기 학생들과 함께 히브리어를 배우는가 하면, 그 유대인의 도움을 받아 구약 성서를 원문으로 읽어 나가기도 했다. 프란체스코 수도회에 들어가 생활하게 된 것은 1253년의 일인데, 성직 서품을 받은 일은 단 한 차례도 없었던 듯하다.

베이컨은 당시 학교들이 형이상학을 가르치던 데에 신물이 난 상태였고, 따라서 그 자신은 수학, 자연과학, 언어학을 공부하는 일에 열정을 불살랐다. 단, 여기서 우리가 오인하면 안 될 것이 당시의 과학적 업적이 로저 베이컨에 의해 처음으로, 또 그 혼자 힘만으로 이루어졌다고 생각해서는 안 된다는 점이다. 스콜라 철학밖에 없던 황무지 같은 세계에 그 혼자 나서서 과학을 부르짖지는 않았다는 이야기이다. 어떤 분야고 그는 선학(先學)에게 의지하지 않은 데가 없었고, 따라서 그의 독창적 업적이라면 선대에 이루어진 그 오랜 발전을 자신의 힘으로 거침없이 정리해 낸 데 있었다. 옥스퍼드에서 과학적 전통을 확립한 것은 알렉산더 네캄, 잉글랜드의 바르톨로메오, 로버트 그로스테스트, 아담 마시

같은 이들이었고, 베이컨은 이들의 유산을 물려받아 세상에 널리 알리는 일을 했다. 선학들의 공로는 베이컨 자신도 충분히 인정하는 것이었고, 여기 더해 그는 이슬람의 과학 및 철학, 그리고 그리스에도 (자신은 물론 그리스도교 세계가) 빚진 바가 많음을 인정하였다. 그리스와 이슬람 학자들은 "이교도"이기는 하나, 어떻게 보면 그들도 각자의 방식에 따라 하느님의 뜻을 따르고 있는 것이 아니겠냐고 그는 생각했다.[98] 베이컨은 이삭 이스라엘리, 이븐 가비롤 등의 히브리 사상가에게도 깊은 존경심을 표했을 뿐 아니라, 그리스도의 십자가 수난 당시의 팔레스타인 지방 유대인에 대해서도 옹호하는 입장의 발언을 하였다.[99] 베이컨은 학식이 많은 사람에게서도 열심히 배웠지만, 수공업자나 농부에게서 배우는 것도 마다하지 않았으니 그들의 실용적 지식도 자신의 지식 창고를 얼마든 늘려 줄 수 있다고 생각해서였다. 다음과 같은 글을 보면 당시의 베이컨에게는 여느 사람에게서는 보기 힘든 겸손함이 배어 있었음을 알 수 있다.

인간이 무엇에 관해 최종적 확신을 가지기란 불가능한 일인 바, 그것은 나중에 하느님 얼굴을 직접 마주할 때에야 비로소 가능하다. …… 자연에 대해 아무리 많이 안다 한들, 인간이 어떤 것에 대해(심지어는 파리 한 마리에 대해서조차도) 그 속성과 특징을 모두 안다는 것은 있을 수 없는 일이기 때문이다. …… 그뿐인가, 인간은 아는 것은 적은 데 비해 모르는 것은 끝없이 많고, 이 세상이란 곳은 우리의 앎에 비할 수 없게 훨씬 위대하고 또 아름답다. 그러니 지식을 가졌다고 자랑하는 자는 정신이 제대로 박힌 사람일 수 없다. …… 사람이란 지혜를 가지면 가질수록 더 겸손해지는 법, 이런 사람들은 남이 일러 주는 것을 더 잘 받아들일 줄 알며, 가르치는 이가 아무리 무지해도 그를 경멸할 줄 모른다. 오히려 농부, 할머니, 어린아이 앞에서는 자신을 낮추니, 소박하고 배우지 못한 사람일수록 지혜로운 자에게 보이지 않는 것을 더 잘 간파한다는 사실을 알기 때문이다. …… 이제껏 나는 유명하다는 박사들을 수도 없이 만나 보았지만, 중요한 진리는 오히려 낮은 데 있는 사람들로부터 더 많이 배울 수 있었다. 그러니 사람이면 누구도 자신이 지혜를 가졌다고 떠벌리지 말

아야 할 일이다.[100]

공부에 있어서라면 로저 베이컨은 누구보다 열심이고 또 성미가 급했다. 하지만 그렇게 스스로를 몰아붙이다 보니 1256년에 들자 그만 몸이 상해 버리고 말았다. 베이컨이 대학 강단을 떠난 게 이즈음의 일로, 그로부터 10년 동안은 그의 행적을 찾을 길이 없다. 다만 『유리 굽는 법에 대하여』, 『발명 및 자연의 경이적인 힘에 관하여』, 『자연 현상의 계산법에 관하여』 등의 작은 책자를 써 낸 것이 이때였을 것으로 짐작된다. 한편 이 시기 들어 그는 대저작의 구상에 들어간다. 즉 혼자 힘으로 네 권짜리 백과사전을 쓸 계획에 들어간 것인데, 그 네 권에는 각각 (1) 문법 및 논리학, (2) 수학, 천문학, 음악, (3) 자연과학, 즉 광학, 지리학, 점성술, 연금술, 농업, 의학, 실험과학, (4) 형이상학 및 윤리학의 내용이 들어갈 것이었다.

그래서 베이컨은 백과사전의 내용들을 두서없이 써 두던 참이었는데, 마침 절호의 기회가 찾아오는 듯 보였고 이에 애초 계획은 중도에 접는 수밖에 없었다. 나르본의 대주교 풀크가 클레멘스 4세라는 이름으로 교황직에 오른 것은 1265년 2월, 그는 여러 민족과 신앙이 모여들던 프랑스 남부 출신이라 자유주의 사상이 몸에 배 있었고 이는 교황이 된 뒤에도 얼마간 그대로 남아 있었다. 그런 교황이 같은 해 6월 베이컨에게 서한으로 부탁하길, 그의 저서들을 "정서(精書)하여 보내 주되 누구에게도 알리지 말고 가급적 빨리" 전하라는 것이었다. 그러면서 "고위 성직자가 어떤 식으로 금지하든, 당신의 수도회(프란체스코회)에 어떤 규정이 있든 거기에는 개의치 말라." 하였다.[101] 이에 베이컨은 쓰던 원고부터 하루 빨리 마무리해야겠다는 생각으로 미친 듯이 작업에 매달렸다.(이런 열성은 작품의 문체에 그대로 녹아들어 있다.) 그러다 시간이 흘러 1267년이 되자 베이컨은 걱정이 들기 시작했다. 자신이 책을 다 쓰기도 전에 교황이 죽어 버리거나 아니면 자기 책에 흥미를 잃을 것 같았기 때문이었다. 그래서 쓰던 글은 구석으로 밀어 두고 12개월에 걸쳐 글을 새로 썼다.(아니면 써 놓은 원고를 한데 모아 정리했을 수도 있다.) 그리하여 예비 작품 격의 책이 탄생하는데, 오늘날 우리가 알고 있는 『대저작(*Opus maius*)』이 바로 그것이다. 하지만 베이컨이 보기엔 눈코 뜰 새 없이 바쁜 교황에겐 이마저도 너무 길 것이라 여겨졌고, 그래서 그 내용을 간추려 써낸 것이 『소저작(*Opus minus*)』이다. 1268년 초 베이컨은 이렇게 써낸 원고 두 개를 「시야를 배가(倍加)하는 법」이라는 소론과 함께 클레멘스에게 보냈다. 하지만 도중에 원고가 유실되지 않을까 도무지 마음이 놓이지 않았고, 그래서 자신의 사상을 요약한 『제3저작(*Opus tertium*)』을 또 한 권 써서 특별 전령의 손에 들려 보냈다. 그러면서 책과 함께 렌즈도 몇 개 딸려 보냈는데 그것들을 가지고 교황이 직접 실험을 해 보라는 의중에서였다. 클레멘스가 세상을 떠난 건 1268년 11월의 일이었다. 그러나 이제까지 알려진 바에 따르면, 이토록 열성을 다한 철학자에게 클레멘스도 그의 후계자들도 감사 인사 한 마디 전하지 않았다.

이렇듯 『대저작』은 애초 베이컨이 서막쯤으로 생각하고 써낸 것이었으나, 오늘날에는 이것이 말 그대로 그의 주저(主著)(이 책의 영어 제목이 'Major Work'이다. – 옮긴이)가 되었다. 본래 계획은 어그러졌지만 사실 이 책만으로도 내용이 상당하다. 구체적으로 살펴보면 800쪽 분량에 총 7편의 작품이 실려 있는 형식인데, 각 부분별로 (1) 무지 및 오류에 관하여, (2) 철학과 신학의 관계, (3) 다양한 외국어 공부, (4) 수학의 효용성, (5) 시각 및 과학, (6) 실험과학, (7) 도덕철학의 내용이 다뤄지고 있다. 책들이 다 그렇지만, 이 책에도 군데군데 터무니없는 내용이 눈에 띄고, 주제와 상관없는 이야기가 자주 등장을 하며, 무엇보다 다른 저자들의 글을 대거 인용하고 있는 대목이 너무 많다. 그럼에도 글 안에 힘이 넘치고, 논리가 단순 명쾌하고, 특유의 성실성이 돋보이는 것도 부정할 수 없다. 나아가 과학 및 철학을 다룬 중세 시대 책은 많지만, 오늘날 읽어도 수월히 넘어가는 데 있어서는 이 책만 한 것이 없다. 물론 들뜬 마음에 펜을 잡은 나머지 글이 다소 혼란스럽고, 교황에 대한 찬미가 도를 넘고 있으며, 나아가 과학 및 철학을 신학의 하인으로 만들어 버린 면도 있기는 하다. 하지만 이 글이 분량이나 주제에 있어 워낙 방대하고, 지극히 단기간에 요약식으로 씌어진 점을 감안하면 그것도 충분히 이해가 가는 일이다. 더구나 베이컨은 이 책을 써냄으로써 교황으로부터 과학 교육 및 연구에 대한 지원을 받아 낼 심산이었다. 훗날 프란시스 베이컨이 그랬듯, 로저 베이컨 역시 학습 체계가 발달하기 위해서는 고위 성직자 및 거부들의 지원 및 자금이 긴요하다 여겼다. 그래야만 공부에 필요한 각종 책, 기구, 기록물, 실험실, 실험 도구 및 인력을 마련할 수 있을 테니까.

300년 뒤 각종 "우상"들이 자신의 이름을 따 비난받을 것을 미리 예상이라도 했는지, 로저는 인간이 오류를 저지르는 원인 네 가지를 나열하는 것으로 책의 서두를 연다. 그 원인들이란 "근거가 미약하고 신뢰성 없는 권위자의 말을 본으로 삼는 것, 오래도록 내려온 관습에 의지하는 것, 무지한 군중의 생각에 의지하는 것, 지혜로운 체 가장하여 자신의 무지를 덮어 가리는 것"을 말한다.[102] 그러면서 로저는 신중을 기해 다음과 같이 덧붙인다. "교회가 부여받은 권위는 …… 무엇보다 견고하고 확실한 바, 이것은 절대 내가 말하는 권위에 해당하지 않는다." 더불어 당시 세태를 꼬집어 말하길 아리스토텔레스의 사상에 들어 있기만 하면 무엇이건 옳다는 식의 태도는 유감이라 하였으며, 아리스토텔레스의 책은 오류의 산실이자 무지의 끝없는 원천이므로 만일 자신에게 권리만 있다면 그의 책을 가져다 모조리 불살라 버리리라고 하였다.[103] 하지만 정작 본론으로 들어가 보면 그의 책에도 아리스토텔레스를 인용한 부분이 한 쪽이 멀다하고 등장한다.

이어지는 2부에서 로저는 다음과 같은 말로 서두를 쓰고 있다. "이로써 오류를 일으키는 네 가지 원인들은 지옥에 유배를 보내 버렸으니, 이제부터는 완벽함을 지닌 하나의 지혜 그것이 이 세상에 존재함을 보여 주려 한다. 그 지혜는 다름 아닌 성경 속에 들어 있다." 옛날 그리스 철학자들은 하느님을 믿지 않고도 마치 신성한 무언가를 아는 것처럼 비쳤으나, 사실 그것도 알고 보면 그들이 예언자와 교부들이 쓴 책들을 읽었기 때문이라고 그는 말했다.[104] 베이컨은 소박한 신앙심을 바탕으로 성경의 이야기를 곧이곧대로 믿었던 것으로 보이며, 심지어 성경에서는 하느님이 사람을 600살까지 살게 하였는데 왜 오늘날에는 그러지 않는지 의아해 하기도 했다.[105] 그리스도의 재림 및 세상의 종말도 그에게는 당연한 믿음에 해당했다. 나아가 과학에 대해서는 피조물 속에서 창조주를 드러내는 것이 과학 본연의 임무라 주장했고, 그 과학을 통해 그리스도교도는 성경을 받아들일 줄 모르는 이교도들도 개종시킬 수 있어야 한다고 했다. 이를테면 다음과 같은 식이었다. "인간의 마음을 움직여 처녀 잉태설을 받아들이게 하는 것은 얼마든지 가능하다. 왜냐하면 동물 중에도 특정 종은 암컷 혼자서도 새끼를 배어 낳기 때문이다. 독수리나 유인원에게서 나타나는 그러한 사례들은 암브로시우스의 책 『창조의 여섯 날들에 관하여』에 이미 다 언급되어 있다. 뿐만 아니라 세계 각지에서는 발정기가 된 암말이 바람의 힘만으로 잉태를 하는 바, 이는 플리니우스가 책에서 언급한 바 있다."[106] 하지만 이런 증거로는 권위에 의지하지 말라는 주장이 무색할 수밖에 없다.

3부에 들어가서 베이컨은 교황에게 히브리어를 가르치는 데 여념이 없는 모습이다. 베이컨의 주장에 따르면, 신학, 철학, 과학을 알기 위해서는 다양한 언어를 배우는 게 필수적이다. 아무래도 번역문을 가지고는 성경은 물론 이교도 철학자들의 말뜻을 정확히 알 수 없기 때문이다. 『소저작』에는 베이컨이 이와 관련해 성경의 다양한 번역문을 박식하게 설명해 내는 대목이 등장하며, 이것만 봐도 그가 히브리어 및 그리스어 원전에 제법 조예가 깊었음을 알 수 있다. 나아가 그는 교황에게 제안하길, 히브리어, 그리스어, 라틴어에 정통한 학자들로 위원회를 구성해 그들에게 불가타 성서의 개정 작업을 맡기자고 한다. 그렇게 해서 개정판이 나오면 (더 이상 페트루스 롬바르두스의 『명제집』만 가르치지 말고) 그것을 신학 교육의 주 내용으로 삼자는 것이었다. 또 그는 각 대학들에 하루 빨리 히브리어, 그리스어, 아랍어, 칼데아어를 가르치는 교수가 재직해야 한다고 주장했다. 비그리스도교도라고 그들을 무력으로 개종시키는 일은 있어선 안 되는 바, 그들의 언어를 모르고서 어떻게 그리스인, 아르메니아인, 시리아인, 칼데아인을 개종시킬 수 있겠느냐는 것이 베이컨의 생각이었다. 그리고 언어학 발전을 위한 베이컨의 노력은 단순히 설교에만 그치지 않았다. 그는 서유럽 그리스도교 세계의 학자로는 최초로 라틴어에 맞는 그리스어 문법을 완성시켰을 뿐 아니라, 그리스도교도 최초로 히브리어 문법을 만들어 냈다. 그의 주장대로라면 베이컨은 그리스어와 히브리어로도 글을 쓸 줄 알았으며, 생전에 아랍어도 공부해 두었던 듯하다.[107]

이제 그의 책은 언어학을 지나 수학으로 주제를 넘기는데, 그러면 문체에는 어느덧 힘과 열정이 넘치나 그 내용은 각종 정리(定理)의 등장으로 난해해진다. "우리에게 있어 수학은 언어 다음으로 긴요한 것이라고 필자는 주장하는 바이다." 그러면서 으레 그러듯 수학을 신학에 복종시키고 있다. 그에 따르면, "천국과 지옥이 어디인지 그 위치를 확실히 하는 데 우리에게 도움을 주고", 성경에 나오는 지역 및 신성한 연대에 대한 지식을 보다 명확히 해 주며, 교회가 달력을 보다 올바르게 이용할 수 있게 해 주는 것이 바로 수학의 역할이다.[108] 뿐만 아니라 그는 "유클리드의 제1명제"(임의의 선 위에다 정삼각형을 세우는 것)를 잘 살피면 곧 삼위일체를 이해할 수 있다고도 하였다. 정삼각형을 통해 우리는 "성부의 위격(位格)을 기반으로 하되 그 위로 서로 동등한 위격을 가진 삼위일체가 자리 잡는 모습을 자연스레 머리에 그리게 되기" 때문이다.[109] 하지만 논의가 진행될수록 이런 식의 신학 숭상은 모습을 감추고 대신 현대의 수리 물리학에 해당하는 내용이 등장해 보는 이를 놀라게 한다. 그의 주장에 따르면, 실험을 방법론으로 삼는 것이 과학이기는 하나 그것만으로는 온전한 과학이 될 수 없다. 도출해 낸 결론을 반드시 수학적 형식으로 환원시킬 수 있을 때에만 그것이 진정한 과학이라는 것이다. 그의 생각에 영혼과 관련 없는 현상은 모두 물질과 힘이 만들어 낸다. 모든 힘은 규칙에 따라 일관되게 작용하게 되어 있으며, 따라서 그 내용을 선과 숫자를 이용해 표현하는 것이 가능하다. "물질에 대해서는 기하학 선을 이용한 도식으로 그 내용을 검증하는 일이 필요하다." 궁극적으로 자연과학의 모든 내용은 수학으로 정리된다는 것이 그의 생각

이었다.[110]

이렇듯 결론은 수학적이어야 하지만, 과학에 있어 수단이자 검증법은 역시 실험이라고 그는 이야기한다. 아벨라르부터 토마스까지의 스콜라 철학자들에 게는 늘 논리가 신봉의 대상이었고, 그래서 그들은 아리스토텔레스를 삼위일 체의 한 축까지는 못 되더라도, 최소한 성령의 반열에까지는 확실히 올려놓았 다. 하지만 이런 입장에 반해 베이컨은 과학의 진정한 혁명은 수학과 실험에 있 다고 보았다. 아무리 치열하게 논리를 전개해 결론을 도출해 내어도, 경험으로 확인하지 못하는 한 그 결론은 어딘가 불확실하게 느껴지기 마련이다. 불이 타 오른다는 사실은 실제 불이 타오르는 모습을 봐야만 비로소 납득되는 것처럼. "현상의 배후에 자리 잡은 진실, 그 속에서 일말의 의혹도 없이 기쁨을 누리고 싶은 사람이라면 그는 반드시 열과 성을 다해 실험에 매진하는 법을 알아야만 한다."[111] 베이컨은 이따금 실험을 단순히 연구의 한 방법으로가 아니라, 결론 을 위한 최종적인 증거 양식으로 봤다는 인상을 준다. 경험이나 추론으로 이러 저러한 생각들에 도달하게 되었을 때, 그런 생각들을 효용성을 기반으로 검증 해 보는 것이 곧 실험이라 여겼던 것이다.[112] 오로지 실험만이 자연과학의 유일 한 증거라는 주장에 있어 베이컨은 프란시스 베이컨보다도 확실한 입장이었으 며, 나아가 그런 생각이 새로운 것인 양 가장하지도 않았다. 그런 생각은 먼 옛 날부터 있어 왔으니, 아리스토텔레스, 헤론, 갈레노스, 프톨레마이오스, 이슬람 교도들, 아델라르, 페트루스 히스파누스, 로버트 그로스테스트, 알베르투스 마 그누스 같은 인물들은 손수 실험을 행하고 또 칭송했다고 그는 말하였다. 로저 베이컨이 한 일이라면 숨어 있던 그런 생각들을 겉으로 끄집어낸 것, 나아가 다 정복된 땅에 과학의 깃발을 가져다 확실히 꽂은 것이었다.

하지만 프란시스 베이컨이 그랬듯, 로저 베이컨 역시 광학 발전 및 달력 개 혁을 제하면 과학 자체에 대해서는 이렇다 할 공헌을 해 놓은 게 없다. 엄밀히 말해 이 둘은 과학자라기보다 과학 철학자라 불려야 좋을 인물이다. 한편 로저 베이컨은 그로스테스트 및 여타 인물들의 작업을 이어받아 달력을 연구했는데, 그 결과 율리우스력을 쓰게 되면 125년마다 한 번씩 하루가 빨라진다는 결론에 도달할 수 있었다. 물론 그 정도 수치면 그때까지 나온 달력 중 가장 정확한 편에 속했지만, 때가 1267년이다 보니 이제 율리우스력은 태양보다 열흘이나 빨리 가고 있었다. 이에 로저 베이컨이 내놓은 해결책은 125년이 지날 때마다 한 번씩 율리우스력에서 하루를 빼자는 것이었다. 『대저작』 4부의 지리학 대목도 베이컨에게 있어서는 달력 개혁에 버금가는 눈부신 성과로 손꼽힌다. 한번은 베이컨과 프란체스코회의 동료 수도사인 루브룩의 기욤이 한자리에 앉아 열띠게 대화를 한 일이 있었다. 당시 기욤은 동양을 두루 여행하고 돌아온 터라 베이컨은 그에게서 한참 동안 동양에 대해 많은 이야기를 들을 수 있었다. 기욤의 설명에 따르면 그곳에는 태어나서 한 번도 그리스도 신앙을 접하지 못한 이들이 무수히 많다고 하니 베이컨은 그저 놀라울 뿐이었다. 이 이야기를 베이컨은 아리스토텔레스 및 세네카를 시작으로 풀어내며, 다음과 같은 내용을 언급하기에 이른다. "세상 서쪽에는 스페인 땅이 끝나는 지점이 있고 세상 동쪽에는 인도 땅이 시작되는 곳이 있는데 그 사이에는 바다가 펼쳐져 있다. 바람의 덕만 잘 본다면 우리가 배를 타고 이 바다를 건너는 데는 단 며칠밖에 걸리지 않는다."[113] 이 부분은 훗날 피에르 드아이 추기경의 『세계의 모습』에 그대로 실리게 되고, 콜럼버스는 1498년 페르디난드와 이사벨라에게 서신을 보낼 때 이 부분을 발췌해 썼다. 그가 1492년 야심찬 포부로 항해에 나설 수 있던 것은 다 이런 내용들이 계기가 되었다는 내용이었다.[114]

베이컨의 물리학 관련 내용을 보면 오늘날 다양한 발명품이 만들어져 나오도록 청사진 역할을 했음을 알 수 있는데, 당대 일반인들 사이에 유행하던 생각들이 군데군데 다채롭게 반영되어 있는 것이 특징이다. 다음은 그가 써놓은 라틴어 저작을 직역해 놓은 것으로서, 그 내용을 보면 자기가 살던 13세기를 훌쩍 뛰어넘어 20세기로 간 느낌이다.

실험과학 제5부에서 다룰 내용은 어떻게 하면 우리가 엄청난 성능을 가진 기구들을 만들어 낼 수 있는가 하는 점이다. 여기서 엄청난 기구란 이를테면 하늘을 나는 기계, 동물이 끌지 않아도 훨씬 빠른 속도를 내는 탈 것, 혹은 노잡이가 없어도 노 젓기로는 감히 상상도 못할 만큼 빠르게 바다를 항해할 수 있는 배를 말한다. 하지만 우리가 오늘날 당장 이런 것들을 만들 수 없는 까닭은 그랬다간 이런 기구를 보고 비웃거나 아니면 심하게 놀랄 사람이 반드시 있기 때문이다. 또 이 부분에서는 동력 장치에 대해서도 소개할 텐데, 이 기구는 별 어려움이나 수고 없이도 엄청난 무게의 물체를 위로 들어 올리거나 혹은 아래로 내릴 수 있다. …… [115] 우리는 하늘을 나는 기계도 만들어 낼 수 있다. 이 기계 한가운데에 앉은 사람은 잘만 하면 이 기발한 장치를 회전시킬 수도 있는데, 새가 하늘을 날 때 그렇듯이 공중에서 인공 날개를 퍼덕거리면 된다. …… 뿐만 아니라 우리는 기계를 만들어 바다나 강물 속을 걸어 다닐 수도 있다. 이걸 타고 있으면 물 밑의 가장 바닥까지 내려가도 위험할 일이 없다.[116]

한편 『대저작』(6장 12절)에는 다음과 같은 단락이 들어 있는데 오늘날의 화약을 이야기하는 것으로 해석된다.

최근 들어 우리는 나라의 적을 물리칠 아주 중요한 기술을 발견할 수 있었다. 종래 사용하던 칼 같은 무기들은 신체에 직접 닿아야만 적에게 타격을 가할 수 있었지만, 이 기술은 그런 접촉 없이도 우리 편에 대항하는 무리를 일거에 쳐부술 수 있다. …… 이 기술의 힘은 초석(硝石)이라 불리는 가루에서 나오는데, 이 가루는 지극히 소량만 있어도 그것을 양피지에 말아 불을 붙이면 순간 엄청난 굉음을 내며 폭발을 한다. 그 소리는 요란하기가 하늘을 쪼개는 천둥소리보다 더 하고, 그 빛은 눈부시기가 천둥을 따라다니는 번개보다 더하다.

나아가 베이컨은 『제3저작』에 삽입된 듯한 단락에서 덧붙이길, 시중에는 이른바 "딱총"이라 해서 꼭 장난감 같이 생긴 물건을 쓰는 이들이 벌써 있다고 하였고, 그 안에는 초석(41.2%), 숯(29.4%), 유황(29.4%)의 배합물이 들어 있다고 하였다.[117] 그러면서 의견을 피력하는데, 만일 이 가루를 딴딴한 물질 안에 집어 넣은 뒤 그것을 폭발시키면 폭발력이 훨씬 더 강해지리라는 것이었다. 하지만 이런 이야기를 했다고 해서 베이컨이 화약을 자기가 발명했다고 주장하는 것은 아니었다. 그는 단지 화약의 화학 작용을 처음 연구한 사람이자, 화약의 향후 가능성을 처음 예견했던 사람이었을 뿐이다.

베이컨의 저작에서도 가장 훌륭한 부분을 꼽자면, 『대저작』의 제5부인 "시각 과학에 대하여"와 일종의 부록으로 써낸 『시야를 배가하는 법』을 들 수 있다. 후자는 광학 분야를 다룬 뛰어난 작품으로서, 이 작품이 원천으로 삼고 있는 내용은 하나가 아니다. 우선 그로스테스트가 무지개를 주제로 쓴 글과, 알하이탐의 이론을 응용한 비텔로의 저작에 뿌리가 있다. 뿐만 아니라 아비켄나, 알 킨디, 프톨레마이오스를 거쳐 유클리드에게까지(기원전 300년) 이어지는 과학적 전통도 영향을 끼쳤으니, 유클리드의 경우 그 먼 옛날에 빛의 움직임에다 기하학을 적용하는 천재적 통찰을 보여 주기도 했다. 그렇다면 빛이란 무엇일까? 우리 눈앞에 보이는 대상에서 입자가 발산돼 나오는 것이 빛일까, 아니면 시각 대상과 우리 눈 사이에 무언가 매개체가 있어 그것이 움직이는 것이 빛일까? 베이컨 같은 경우는 물리적 물체는 어느 것이건 모든 방향으로 힘을 발산시키게 되어 있으며, 그 힘이 뻗어 나가는 선은 고체까지도 관통할 수 있다고 믿었다.

어떤 물질이라도 이 선이 뚫고 지나가지 못할 만큼 밀도가 높은 것은 없다. 모든 물체는 물질로 이루어진 바, 모든 물질에서는 반드시 광선이 통과하는 이 작용이 일어나고 이것이 변화의 요인이 된다. …… 황금이나 청동으로 만든 그릇을 만들어 놓아도 열이나 소리의 선은 어김없이 사방의 면을 관통하게 되어 있다. 일찍이 보에티우스가 한 말에 따르면, 스라소니는 그 시선으로 두꺼운 벽까지 꿰뚫을 수 있다 하였다.[118]

스라소니가 정말 벽까지 꿰뚫어 보는지 아닌지는 잘 모르겠지만, 어쨌든 철학자로서 이토록 대담하게 생각을 전개해 "상상력에 하나의 틈도 없게" 한 데에는 박수를 보내지 않을 수 없을 것 같다. 베이컨은 갖가지의 렌즈와 거울로 지속적으로 실험을 했고, 이를 통해 굴절, 반사, 확대, 현미경 기술과 관련해 어떻게든 법칙을 정립하려 노력하였다. 아울러 볼록 렌즈에는 태양의 수많은 광선을 한 점에 모으는 힘과 함께, 그 점을 웃돈 지점부터는 상(像)을 확대시키는 힘이 있음을 상기하고 다음과 같이 쓰기도 했다.

따라서 투명한 물체를(렌즈) 만들어 그것을 우리의 시야 및 시각 대상에 맞게 잘 배열하면, 광선을 얼마든 우리가 원하는 방향으로 굴절시키고 또 휘게 할 수 있다. 그렇게 되면 우리가 각도를 얼마로 잡느냐에 따라 그 대상이 가까이 있는 것처럼 보이기도 하고 멀리 있는 것처럼 보이기도 한다. 따라서 이 기술을 잘만 활용하면 지극히 먼 거리에서도 깨알같이 작은 글자를 읽을 수 있을 뿐 아니라, 먼지나 모래 따위의 미세한 입자를 한 알씩 헤아리는 것도 가능해진다. …… 또 소규모 군대도 엄청난 대군처럼 보이게 할 수 있고 …… 바로 지척에 있는 것처럼 보이게 할 수 있다. …… 하늘에 떠 있는 태양, 달, 별 역시 마치 이 땅에 내려와 있는 것처럼 보이게 할 수 있으며 …… 이와 유사한 현상들은 그 외에도 많이 일어날 수 있으니, 여기 숨은 진실을 모르는 자는 아마 두 눈으로 보고도 믿지 못할 것이다. …… [119] 창공 역시 종횡으로 뻗은 그 모습을 일주(一周) 운동에 맞추어 얼마든 구체적 형상으로 그려 낼 수 있을 것이다. "지혜로운 자에게는 이것이 왕국 하나를 다 준다 해도 바꾸지 않을 만큼 값진 일이다." …… 이런 기적 같은 일들에 대해서는 이외에도 끝도 없이 그 사례를 제시할 수 있다.[120]

그야말로 선견지명이 번뜩이는 내용들이 아닐 수 없다. 물론 이론상으로는 이상의 내용 거의 모두가 베이컨 이전에 다 나왔던 것들이고, 그런 면에서는 특히 알 하이탐의 공이 컸다. 그러나 실용적이고 혁명적인 비전을 가지고 그 모든 내용을 종합해 낸 것은 바로 베이컨이었고, 이런 비전 덕분에 세상은 이윽고 전과 다른 모습으로 탈바꿈하게 된다. 일례로 레오나르도 딕스(1571년경 사망)란 인물은 이 단락을 바탕으로 훗날 광학 이론을 정립해 내는데, 이를 원리로 해서 나온 것이 바로 망원경이다.[121]

그런데 이렇게 물리적 과학이 발전해도 그것이 인간에게 더 많은 힘만 줄 뿐 더 나은 목적까지 주지 못한다면 그때 세상은 어떻게 될까? 베이컨의 통찰력 중 가장 심오한 것을 꼽자면 아마 이런 문제를 미리부터 예견한 데 있을 것이다. 비록 이 문제가 확실히 드러난 건 오늘날 들어서의 일이라도 말이다. 『대저작』의 결론부에서 베이컨은 인간이 과학만으로는 구원받을 수 없다는 사실을 다음과 같은 식으로 표현하고 있다.

　　이상에서 우리는 여러 과학에 대해 논의했으나 이것들은 모두 사변적이라 하지 않을 수 없다. 물론 과학은 어떤 것이든 실용적인 면을 갖는 게 사실이다. …… 그러나 진정으로 실용성을 지닌 학문은 오직 하나, 도덕 철학이라고밖에 말할 수 없다. 도덕 철학이야말로 인간의 행동, 선과 악, 인간의 행불행을 직접적으로 다루기 때문이다. …… 도덕 철학 외의 다른 과학은 올바른 행동을 간접적으로 도울 때 말고는 이런 면에 있어 전혀 소용이 되지 못한다. 따라서 도덕학 혹은 정치학의 이런 역할에 비쳐 봤을 때, 실험과 화학(연금술)을 비롯한 여타 "실용"과학들은 그 성격이 사변적이라고밖에 할 수 없는 것이다. 철학의 분과는 실로 여러 가지지만 그중에서도 으뜸의 자리는 다름 아닌 도덕학의 차지이다.[122]

베이컨이 책을 끝맺으며 남긴 마지막 말도 과학이 아닌 종교에 대한 것이었다. 내용인즉슨, 도덕도 종교의 뒷받침이 있을 때에만 비로소 인간 스스로를 구원할 수 있게 한다는 것이다. 그렇다면 이때의 종교란 어떤 것이어야 하겠는가? 이에 관련해 베이컨은 (불교도, 이슬람교도, 그리스도교도로 구성되었던) 종교의 한 연합 회의를 언급한다. 이 회의는 일전에 루브룩의 기욤이 동양에 갔다

카라코룸에서 보았다던 것으로, 회의 소집권 및 주재권은 망구 칸(Mangu Khan)이 가지고 있었다고 한다.[123] 베이컨은 이 세 종교를 차례차례 비교한 뒤 그래도 그리스도 신앙이 가장 훌륭하다고 결론 내리는데, 그리스도교는 이 지상에서 맡은 바 임무가 있다는 식의 신학적 차원에서만은 아니었다. 그의 스승 그로스테스트는 생전에 교황권을 여지없이 비판했으나, 그의 제자인 베이컨이 보기엔 교황권이야말로 전 유럽을 하나로 묶어 주는 도덕적 유대와 다름없었다. 이 교황권이 없으면 각지에서 신앙과 군대가 일어나 맞부딪칠 테고 그러면 세상은 아비규환이 될 것이었다. 그래서 베이컨은 교회가 과학, 언어, 철학으로 보다 힘을 길러, 이 세상을 영적으로 보다 잘 다스려 나갈 수 있기를 열망했다.[124] 책을 시작할 때 그랬듯, 베이컨은 이런 교회에 대해 충성을 맹세하는 것으로 책을 매듭짓는다. 이와 아울러 결론부에는 성체 성사에 대한 찬미도 들어 있는데, 마치 이렇게 말하는 듯하다. 인간은 원래 자신이 가장 높이 떠받드는 이상과 때때로 하나가 되어야 하는 바, 그렇지 못하면 이 불구덩이 같은 세상에서 길을 잃고 헤맬 것이라고.

하지만 교황들은 몇 대가 지나도록 베이컨이 제시한 계획이나 그의 열성에 어떤 식의 응답도 해 주지 못했고, 그런 까닭에서인지 그의 영혼에는 어느덧 어둠이, 그의 펜에는 어느덧 울분이 배어들게 된다. 1271년 베이컨은 미완성인 채로 『철학 개론』을 출간하는데, 제목과 달리 철학 발전에 이바지한 것은 거의 없이 당시 학계를 뒤숭숭하게 하던 이른바 "신학자 간의 증오"를 한층 키웠다. 그때 들어 비로소 진정되는가 싶던 실재론(實在論)과 유명론(唯名論) 사이의 논쟁을 베이컨은 다음과 같이 단칼에 정리해 버렸다. "보편자란 결국, 여러 개별자 사이의 유사성을 지칭하는 것일 뿐이다.", "모든 보편자를 다 합친 것보다도 개별자 하나가 더 큰 실재성을 갖는다."[125] 더불어 베이컨은 아우구스티누스가 말한 "종자(種子) 상태의 이성"을 채택하여, 모든 사물은 스스로 더 나아지려는 노력을 하게 되어 있고 그것이 일련의 기나긴 발전 과정을 일으킨다는 관점을 취하였다.[126] 또 아리스토텔레스가 말한 능동 지성 혹은 우주 지성의 개념도 받아들여 그것이 "우리 마음속으로 들어와 빛을 비춰 준다."고 하였으며, 다소 위험할 수 있음에도 종국에는 아베로이스의 범신론에 가까운 입장까지 가기도 했다.[127]

하지만 당대 사람들이 이 책을 보고 충격에 빠졌던 까닭은 거기 나타난 베이컨의 철학적 사상이 놀라워서라기보다, 그가 자신의 적수는 물론 당대의 윤리를 상대로 맹공을 퍼부었기 때문이다. 그의 『철학 개론』을 보면, 13세기의 삶 어느 한 구석이고 그의 채찍질을 받지 않는 데가 거의 없다. 그에 따르면 당시 교황청은 무질서가 판을 치고, 수도회는 타락해 있으며, 성직자들은 무지에 빠져 있고, 설교에는 새겨들을 만한 데가 없었다. 학생들은 자기들끼리 비행을 일삼고, 대학들은 죄악을 저지르기에 바쁘며, 철학자들은 장황하게 말만 늘어놓았다. 여기 더해 베이컨은 『의사들이 저지르는 오류에 대하여』를 써내기도 했는데, 당대의 의학 이론 및 시술에 문제점이 많다며 그 "중차대하고 근본적인 결점 서른여섯 가지"를 열거해 놓았다. 베이컨이 1271년에 썼다는 다음과 같은 글을 보면 당시 세태가 얼마나 심각하게 여겨지는지, 그에 비하면 오늘날의 문제쯤은 아무것도 아닌 것으로 비칠 정도이다.

지나간 역사를 아무리 살펴봐도 죄악이 오늘날처럼 판친 시대는 찾아볼 수 없다. …… 교황청에는 비열한 자들이 들어차 그곳을 사기와 협잡으로 사분오열시켜 놓고 있다. …… 어딜 가나 자만심이 판을 치고, 탐욕은 불붙듯 끓어오르며, 질투가 사람들 사이를 좀먹고 있다. 교황청 전체가 음란이라는 불명예를 씻지 못하고 있고, 탐식이 만물의 주라도 된 듯 군림하고 있다. …… 이른바 세상의 머리라 하는 부분이 이 지경인데, 하물며 몸의 나머지 부분들은 어떻겠는가? 먼저 성직자들을 행태를 보면, 그들은 돈의 뒤를 쫓기에는 바쁘면서, 영혼을 보살피는 일은 게을리한다. 또 친인척이며 한 핏줄과 같은 친구를 데려다 요직에 앉히거나, 교활한 변호사들에게 넘어가 그들에게 자리를 준다. 이 음흉한 자들의 말을 듣는 것은 곧 모두가 망하는 지름길임에도 …… 종교의 수도회는 또 어떠한가. 지금 있는 수도회 치고 나의 이 책망에서 자유로운 곳은 단 한군데도 없다. 그들이 본래의 위치를 망각하고 얼마나 타락해 있는지는 이루 말할 수 없다. 애초의 고귀함을 잃고 끔찍할 만큼 타락해 버리기는 새로 설립된 수도회도(도미니크회, 프란체스코회) 마찬가지이다. 성직자들은 하나같이 자만심, 색욕, 악덕을 쫓기에 여념이 없으며, 어딜 가건 성직자들은 자기들끼리 무리 지어서는 …… 싸움과 논쟁 등 기타 못된 짓들을 일삼으니 평신도로서는 분통이 터질 일이다. 제후, 귀족, 기사들은 또 어떤가. 이들은 서로를 짓밟는 것은 물론, 백성들을 끝없이 전쟁에 동원하고 가혹한 세금을 물려 괴롭히니 …… 시달릴 대로 시달린 백성들은 그들에 대한 원망만 가득하여, 강압을 받지 않는 한 더 이상 충성 서약을 지킬 마음이 없다. 더구나 지배층은 윗사람의 악독했던 선례를 그대로 따라 부패를 일삼는다. 아래로는 사람들을 핍박하고, 자기들이 진 책임은 회피하며, 서로를 상대로는 사기를 치는데, 어디고 이런 모습이 눈에 띄지 않는 데가 없다. 색욕과 탐식에 완전히 무릎을 꿇은 이들은 그 타락한 모습이 얼마나 추한지 말로 다 할 수 없을 지경이다. 상인과 직공들은 괜찮은가 하면 물을 것도 없다. 그들의 말과 행동에는 사기와 협잡은 물론 간교한 꾀가 넘쳐 나기 때문이다. …… 생각해 보면 저 옛날 고대 철학자들은 삶을 살게 하는 은총, 즉 인간으로서 영생을 살 수 있는 길을 전혀 알지 못한 이들이었다. 그럼에도 불구하고 이들은 어느 모로 보나 지금의 우리보다 나은 삶을 살았으니, 품위를 지킬 줄 알았다는 데서 그러하고, 이 세상의 쾌락, 재물, 명예를 하찮게 봤다는 데서 그러하다. 아리스토텔레스, 세네카, 툴리, 아비켄나, 알 파라비, 플라톤, 소크라테스, 이러한 고대 철학자의 책을 읽어 본 사람이라면 누구나 이 사실을 알 것이다. 그런 삶을 살았기에 그들은 지혜의 비결을 손에 넣을 수 있었고, 또 세상의 지식을 모두 다 발견할 수 있었다. 하지만 우리 그리스도교도들은 어떠한가. 이들 철학자들만큼 값진 발견을 해내기는커녕, 그들이 발견한 지혜조자도 제대로 이해하지 못하고 있다. 오늘날 우리가 무지한 까닭은 바로 여기, 그들에 비하면 우리의 윤리 의식은 아주 형편없는 데 있다. …… 오늘날 지혜로운 자들 사이에서 한 가지만큼은 분명한 사실로 통하니, 이제는 더 이상 교회를

몰아내지 않고는 안 된다는 것이다.[128]

철학 분야에는 동시대인들도 작품을 내놓은 것이 있었지만, 거기에는 베이컨을 감동시킬 만한 것이 없었다. 심지어 베이컨은 클레멘스 4세에게 편지를 보내면서, 당대의 철학자는 그 누구도 10년의 시간을 준다 한들 『대저작』만한 책을 써낼 수 없으리라고 하였다. 그가 보기에 동시대인이 써낸 두꺼운 책들은 쓸데없이 양만 많은 데다 "말로 다 할 수 없는 오류"까지 포함하고 있었다.[129] 더구나 사상의 전반적 구조도 성경을 비롯해, 아리스토텔레스 사상을 오역하고 오해한 내용에 기초하고 있었다.[130] 토마스 아퀴나스가 많은 지면을 할애해 천사의 습관, 권능, 지적 능력, 움직임을 설명해 놓은 대목도 베이컨에게는 그저 우습게만 비칠 뿐이었다.[131]

13세기는 사실 눈부신 성과의 시기였다. 그럼에도 베이컨이 유럽인들의 삶, 윤리, 사상을 이토록 심하게 매도해 놨으니, 그 여파로 베이컨도 한동안은 세상과 척을 지고 외톨이로 지내야 했을 게 틀림없다. 물론 베이컨 생전에 그의 수도회나 교회에서 그를 박해했다거나, 또는 그가 가진 사상 및 의사 표현의 자유를 방해했다는 증거는 어디에도 없다. 하지만 1277년, 그러니까 베이컨이 위의 불만들을 책으로 공식 토로한 지 6년이 흘렀을 때 한 사건이 일어난다. 그해에 도미니크회의 수장인 베르첼리의 요한과, 프란체스코회의 수장인 아스콜리의 히에로니무스 사이에 회동이 이루어진 것이다. 그때까지 두 분파는 거듭되는 논쟁으로 갈등을 빚었었는데 그중 몇몇 논쟁을 매끄럽게 매듭짓자는 차원의 만남이었다. 둘은 합의를 통해 더 이상 수도사들이 상대 수도회를 비난하지 못하게 했고, 나아가 "누구라도 상대편 수도사를 말이나 행동으로 공격한 이가 있으면, 공격받은 수도사가 흡족하게끔 해당 교구에서 처벌을 내리기로" 하였다.[132] 그리고 이 회동이 있고 나서 얼마 안 있어 히에로니무스가 행동에 나선다. 14세기에 편찬된 『역대 프란체스코 수도회 총장 24인 연대기』의 기록에 따르면, 히에로니무스는 "수많은 수도사들의 조언을 실행에 옮겨, 신성 신학의 대가로 꼽히는 로저 베이컨 수도사의 가르침을 부정하고 거기에 유죄를 선고하였다. 그 근거는 그의 주장에 일부 파격적인 내용이 담겨 있다는 것이었으며, 이에 따라 로저 베이컨 수도사는 곧 징역형을 선고받았다."[133] 당시의 일은 이렇게만 전해질 뿐, 그 진상에 대해 우리에게 추가로 알려진 사실은 없다. 따라서 여기서 말하는 "파격"이 그에게 이단성이 있었다는 것인지, 아니면 그가 마법에 손을 댄 것으로 의심된다는 것인지 알 수 없다. 그도 아니면 도미니크회와 프란체스코회 모두에게 가해지던 베이컨의 공격을 어떻게든 잠재우려던 노력이었을 수도 있는데, 지금의 우리로서는 무어라 말할 수가 없다. 뿐만 아니라 당시 베이컨의 징역형이 얼마나 엄격한 조건에서 이뤄졌는지, 또 그 기간은 얼마였는지에 대해서도 알려진 바가 없다. 다만 1292년에 이르자 1277년에 이런 식으로 형을 언도받은 사람들 일부가 사면되어 풀려났다는 이야기가 전한다. 베이컨이 풀려난 것도 이때이거나 아니면 그 이전일 것으로 추측되는데, 그가 『철학 개론』를 펴낸 것이 바로 1292년이기 때문이다. 그 이후 베이컨의 행적에 관해서는 오래된 연대기에 다음과 같은 한 줄이 남아 있을 뿐이다. "고귀한 박사 로저 베이컨, 1292년 옥스퍼드에 자리한 프란체스코회 교회에 묻히다."[134]

사실 베이컨은 그가 살던 당대에는 거의 영향력을 끼치지 못했다. 당시 사람들도 그를 주로 마법사나 주술사로 여겨 그저 놀라운 일들을 많이 일으켰다고 기억할 뿐이었다. 그래서 300년 뒤 로버트 그린(Robert Greene)이라는 작가가 써낸 희곡에서도 베이컨은 다름 아닌 마법사로 등장을 하고 있다. 한편 훗날 활약하게 되는 프란시스 베이컨(1561~1626년)이 자신과 똑같은 성을 썼던 이 인물에게서 얼마나 많은 영향을 받았는지는 지금의 우리로서는 평하기 힘들다. 다만 신기하게도 훗날의 베이컨 역시, 아리스토텔레스의 논리학 및 스콜라 철학의 방법론을 거부하였고, 권위와 관습을 비롯해 종래의 사상이 빚어낸 여타 "우상들"에 이의를 제기하였다. 또 과학을 숭상하여, 과학에서 만들어질 수 있는 여러 발명품을 열거하고 그 계획을 도식화하였다. 나아가 그 역시 과학이 실생활에 지닌 효용성을 무엇보다 강조하여, 과학적 연구에 재정 지원이 이루어질 수 있게끔 갖은 노력을 다하였다. 로저 베이컨의 명성은 16세기 들어 차차 높아지기 시작하더니 이윽고 사람들 사이에서 전설이 되기에 이르렀다. 사람들에게 그는 (사실과는 다르게) 화약의 발명자였고, 또 자신의 사상을 영웅적으로 펼친 자유 사상가였으며, 교회로부터는 평생 박해를 당한 가여운 희생자이자, 현대적 사상을 가장 처음으로 외친 선구자였다. 하지만 이런 명성도 오늘날 들어서는 다시 내리막길을 걷는 양상이다. 역사가들의 지적에 따르면, 로저 베이컨은 실험과 관련해 다소 혼란스러운 개념을 갖고 있었을 뿐 아니라, 정작 그 자신은 실험을 행한 일도 거의 없었다. 게다가 그는 신학적 면에서는 교황보다도 더 심하게 보수적 정교의 입장에 섰고, 그의 책에는 걸핏하면 각종 미신, 마술, 잘못된 인용, 엉뚱한 비난, 역사를 가장한 전설이 등장한다는 것이다.

이 말도 맞기는 하다. 그러나 또 한편에서 보면 베이컨이 실험을 거의 안 하긴 했으나, 그가 실험의 원칙 확립이나 실험의 방법론 도입에 기여한 것은 분명 사실이다. 나아가 그리스도교의 입장을 적극 주창한 것도 사람들이 미심쩍게만 보던 과학에 어떻게든 교회의 지원을 끌어들이려던 일종의 외교술이었을 수 있다. 그의 책 군데군데 나타난 오류 역시 그 시대가 떨치지 못한 병이었거나, 아니면 모든 지식을 빨리 받아들이려던 당시의 성급한 풍조에서 빚어진 결과일 수 있다. 베이컨의 스스로에 대한 자화자찬도 알고 보면 인정받지 못한 천재성을 달래는 하나의 향유(香油) 같은 것이었다. 더구나 말년에 이 거인은 자신이 꾸었던 가장 웅대한 꿈이 무지의 바다 속으로 가라앉는 꼴을 두 눈 뜨고 지켜보아야 했으니, 그가 세상을 향해 쏟아 냈던 비난은 결국 이에 대한 한 맺힌 절규였던 셈이다. 베이컨의 업적에는 긍정적인 면도 없지 않다. 그가 권위와 철학을 공격한 것은 유럽에서 보다 폭넓고 보다 자유로운 사상이 자라나는 길을 터 주었다. 더구나 수학적 토대와 과학적 목적을 중시한 그의 입장은 자신의 시대를 무려 500년이나 앞지른 것이었으며, 도덕이 과학 밑에 예속되는 현상을 우려했던 것은 훗날에 좋은 가르침이 돼 주고 있다. 마지막으로 그의 『대저작』은 무수한 결점과 잘못이 들어 있기는 하나, 뛰어난 업적이 많았던 13세기에도 가장 위대한 저작으로 손꼽힐 만하다.

8. 백과사전 편찬자들

이외에도 과학과 철학의 사이에는 그 중간에 끼어 무수한 지식을 그러모았던 이들이 있었다. 이들의 활동은 그야말로 겁 모르는 것이었는데, 점점 늘어가던 그 시절의 지식에 감히 질서와 통일성을 부여하려 했기 때문이다. 이들은 과학과 예술, 산업과 통치, 철학과 종교, 문학과 역사의 내용들을 하나의 틀 안에 집대성하여 사람들에게 지혜의 반석으로 제공하고자 했다. 13세기는 빼어난 수준의 백과사전, 그리고 전방위적 종합서 성격을 띤 이른바 "대전(大典, summae)"이 많이 나온 시기였다. 이런 백과사전 편찬자 중에서도 겸손한 성격이 강했던 이들은 자연과학 이외 분야는 자신이 손댈 데가 아니라 여기기도 했다. 그리하여 키렌체스터의 대수도원장이었던 알렉산더 네캄(1200년경)과, 도미니크회 소속의 프랑스인 수도사였던 칸팅프레의 토마스(1244년경)는 『사물의 본성』이라는 제목으로 과학 개론서를 써내어 세간에서 인기를 끌었다. 프란체스코회 소속 수도사였던 잉글랜드의 바르톨로메오도 『사물의 특성에 관하여』라는 책을 내놓았는데 격의 없이 이야기하는 문체가 특징이었다.(1240년경) 또 피렌체의 공증인이었던 브루네토 라티니라는 인물도 있었는데, 겔프당을 지지했다는 명목으로 한때 유형에 처해져 프랑스에서 몇 년 간을 생활해야했다. 그가 1266년경에 써낸 책이 『책들의 보물』이라는 간략한 백과사전으로, 과학, 윤리학, 역사, 통치의 내용을 두루 다루고 있다. 이 책은 오랜 세월이 지나도록 꾸준히 사랑을 받아서, 심지어 나폴레옹 같은 이는 디드로가 『백과전서』로 세상을 뒤흔들어 놓은 지 50년이 지났는데도 라티니가 쓴 이 책의 개정판을 국가 주도로 펴낼 것을 고려하기도 했다. 13세기에 나온 이들 저작에는 신학과 과학, 미신과 관찰 등 서로 상반되는 요소가 한데 뒤섞여 있는 모습이다. 하지만 이런 특징은 당대 기류가 책에 그대로 배어든 것일 뿐이다. 지금이야 우리의 지식이 과거에 비해 대단해 보이지만, 700년 후에도 과연 그렇게 보일지 생각하면 우리 역시 그렇게 우쭐댈 수만은 없을 것이다.

　중세 그리스도교 세계의 백과사전 중 가장 유명한 것을 꼽으라면 보베의 뱅상(1200년경~1264년경)이 쓴 『거대한 거울』을 든다. 뱅상은 도미니크회에 들어가 활동한 인물로서, 왕궁에서 루이 9세와 그 아들들을 가르치면서 왕실 도서관 관리의 책임을 맡기도 했다. 그러면서 한 가지 과업에 착수했는데 자기 주변 세계에 대한 지식을 몇몇 조력자들의 도움을 얻어 알기 쉬운 형식으로 정리해 내는 것이었다. 이렇게 해서 나온 백과사전을 뱅상 자신은 "세계의 모습"이라는 말로 불렀다. 이 책이 우주의 모습을 거울처럼 비추어 그 안에 담긴 거룩한 지성 및 계획을 드러내 준다는 뜻이었다. 이 모음집의 규모는 실로 어마어마해서, 오늘날의 두툼한 책으로도 분량이 40권에 이른다. 이 『거대한 거울』 중에서 뱅상이 복제 및 절단 담당자들을 곁에 두고 완성해 낸 부분은 총 3편으로, 「자연의 거울」, 「교리의 거울」, 「역사의 거울」이 해당한다. 「윤리의 거울」은 후대의 인물들이 뱅상의 작업을 이어받아 완성한 것으로 그 내용은 대체로 토마스 아퀴나스의 『신학 대전』에서 그대로 옮겨 온 것들이다. 한편 뱅상 자신의 인물됨은 겸손하면서도 온화한 편이어서, "과학에 관해서라면 나는 어느 하나 제대로 아는 게 없다."라고 말할 정도였다. 또 자신의 작업에는 독창적이라 할 부분이 전혀 없으며, 그저 450여 명의 저자가 쓴 그리스어, 라틴어, 아랍어 원전을 군데군데 발췌해 놓은 것뿐이라 하였다. 그래서인지 그의 책에는 플리니우스가 저지른 오류가 글자 하나 안 틀리게 들어가 있고, 점성술이 일으킨다는 기적도 모두 용인되고 있으며, 이따금은 각종 식물과 돌덩이가 지녔다는 주술적 특징이 지면을 채우기도 한다. 하지만 이렇듯 책 이곳저곳을 갖다 붙인 것임에도 불구하고 그의 백과사전에서는 이따금 자연이 지닌 경이와 아름다움이 훤히 모습을 드러내는 듯하다. 단순히 책벌레가 되어서는 알 수 없는 그러한 자연의 경이와 아름다움은 뱅상 자신도 느낄 줄 알았다.

마음에 늘 육신의 때가 끼는 이 몸은 죄인이지만 감히 고백하노니, 이 세상을 창조하시고 또 다스리시는 그분께 영혼의 사랑을 느끼지 않을 수 없네. 그리고 그 사랑보다 더 큰 존경심으로 그분을 찬미하네. 눈을 들어 세상을 보면 그분이 만드신 만물 …… 그 얼마나 광대하며 또 그 얼마나 아름다운가. 이는 마음이 비로소 애착의 오물에서 벗어나 자신의 능력껏 생각의 빛 속으로 들어간 때문이니, 그 빛 속에 서서는 높은 곳에 자리한 듯 이 우주의 광대함을 내려다보노라. 보이노니 그 우주 안에는 무한한 공간이 들어차 있고, 또 그 공간 안에는 만물의 갖가지 질서가 가득차 있네.[135]

13세기에는 철학의 영역이 부쩍 광대해지고, 문학도 음유 시인부터 단테에 이르기까지 다채롭고 화려하게 꽃피웠지만, 이에 못지않게 활발하게 일었던 것이 바로 과학적 활동이었다. 하지만 『신학 대전』이나 『신곡』이 그랬듯, 이 시대 과학은 지나친 확신에 빠져 있는 것이 문제였다. 거기다 그것이 전제한 제반 가정들을 엄밀히 점검하지도 못했을 뿐 아니라, 지식과 신앙을 가리지 않고 한데 뒤섞어 놓은 면도 있었다. 하지만 당시는 주술이 대양처럼 펼쳐져 있던 신앙의 시대, 과학은 조그만 돛단배의 몸집으로도 그 너른 바다 위를 제법 잘 헤쳐 간 셈이었다. 이 당시의 과학자들, 그러니까 아델라드, 그로스테스트, 알베르투스, 빌라노바의 아르놀트, 앙리 드 몽데빌, 란프란치, 베이컨, 스페인의 페테르, 순례자 페터 등은 사물을 신선한 시각으로 관찰하고 소극적으로나마 실험을 실시했고, 이를 통해 아리스토텔레스, 플리니우스, 갈레노스의 권위를 하나둘 무너뜨려 나갔다. 더불어 바다에는 새로운 땅으로 가는 모험가들의 배가 즐비했고 거기엔 탐험과 사업에 대한 열정이 가득 실려 있었다. 탐구에 대한 이 새로운 열의를 알렉산더 네캄은 위대한 13세기의 초엽에 이미 다음과 같이 잘 표현한 바 있다. "과학이란 것을 손에 넣기 위해서는 엄청난 대가를 치러야만 한다. 시시때때로 그 과정을 예의 주시해야 할 뿐 아니라, 엄청난 시간을 쏟아부어야 하고, 정성스러운 노력을 한시도 게을리해서는 안 되며, 지성을 있는 힘껏 몰입시켜야 한다."[136]

그러나 말미에 가서는 알렉산더의 책에서도 다시 중세 시대 특유의 분위기가 두드러지는데, 어디보다 수려한 이 대목에는 시간이 지나도 변치 않을 따뜻함이 녹아 있다.

오 책이여, 이 지상에서 너는 이 알렉산더보다 더 오래 살리라. 네게 달라붙은 좀벌레가 너를 다 쏠기도 전에 흙속의 벌레들은 이미 나를 다 먹어 치웠을 테니까. …… 거울처럼 내 영혼을 비춰 주는 책이여, 내 안의 깊은 생각 헤아리는 책이여 …… 내가 가진 양심 진실한 말로 증언해 주고, 내가 느끼는 슬픔 달콤한 말로 위로해 주네. …… 소중한 물건 안전한 곳에 맡기듯 나는 내 가슴속 비밀 너에게 다 털어놓았네. …… 너를 들어 읽노니 거기엔 곧 내가 있구나. …… 책을 진심으로 사랑하는 독자가 언젠가 너를 집어 든다면, 또 그 독자가 이 하잘것없는 날 위해 기도를 해 준다면, 그때에 네 주인은 진실로 너를 만든 보람 느끼리라. 너의 주인 알렉산더에게는 그보다 감사한 보답은 또 없으리라. 책 쓰는 일이 아무리 고되어도 내게 불평은 있을 수 없으리. 언젠가는 책을 진심으로 사랑하는 독자가 너를 집어 들 것을 알기에. 그는 너를 자기 무릎 위에서 쉬게도 했다가, 또 가슴팍에 올려놓기도 했다가, 때로는 너를 베개 삼아 달콤한 잠을 청하기도 하겠지. 또 때로는 살포시 너를 덮고 나를 위해 주 예수 그리스도께 기도를 드려 주겠지. 성부, 성령과 함께 천년만년 영원히 하느님 나라를 살아가고 또 다스리시는 그분께. 아멘.[137]

38장 　　　　　　　　　　　　낭만의 시대
　　　　　　　　　　　　　1100～1300

1. 라틴어의 부활

인간의 시대는 어느 때고 낭만의 시대 아닌 때가 없다. 인간이 본래 빵만으로는 살지 못하는 데다, 상상력을 지팡이 삼으면 삶의 무게도 얼마쯤 가벼워지기 때문이다. 그런데 유럽의 12, 13세기는 아무래도 다른 때에 비해 조금은 더 낭만적이었던 듯하다. 유럽의 민간 전설에 등장하는 온갖 신비한 피조물들, 그것이 고스란히 전해진 것도 주효했지만 단순히 그뿐만은 아니었다. 12, 13세기에 유럽은 그리스도교 서사시가 제시하는 아름답고도 섬뜩한 상(像)을 그대로 받아들인 시기였고, 예술과 종교에서는 사랑과 전쟁을 주로 다루던 시기였다. 또 몇 차례에 걸친 십자군 원정을 직접 목격한 시기였는가 하면, 동방으로부터는 각종 민담이며 이적(異蹟)의 이야기가 수없이 유입된 시기이기도 했다. 이유가 어찌 되었든 간에, 역사를 통틀어 가장 장편의 연애시가 씌어져 나온 것이 이 시절인 것만은 분명하다.

이 시절에는 재물 및 여가와 함께, 글을 아는 평신도들이 점점 늘어나는 추세였다. 여기에 도시와 중산층의 세력이 점차 커지고, 곳곳에서는 대학이 발전해 갔으며, 종교와 기사도를 통해서는 여자의 지위가 부쩍 높아지니, 이 모든 요소가 밑받침이 되자 문학이 활짝 꽃을 피우기에 이른다. 더불어 여기저기 학교가 생겨나면서, 교수실이나 수도원의 한 구석이나 궁전의 나무 그늘 아래에는 조용히 저 옛날 이교도들의 책들을 읽는 사람들이 많아졌다. 이들에게는 키케로, 베르길리우스, 호라티우스, 오비디우스, 리비우스, 살루스티우스, 루카누스, 세네카, 스타티우스, 에우베날리스, 퀸틸리아누스, 수에토니우스, 아풀레이우스, 시도니우스의 책들이, 심지어는 음란하기로 소문난 마르티알리스나 페트로니우스의 책들이, 삶을 달래는 하나의 낙이었으니 거기에는 탄복할 만한 글솜씨 그리고 현실과는 딴판인 세상의 이야기가 들어 있었기 때문이다. 그런 이들 중에는 유명한 그리스도교도도 있어서, 히에로니무스, 알퀸, 엘로이즈, 힐데베르트 같은 이들은 시간의 여신에게서 단 몇 분이라도 훔쳐 내서는 베르길리우스의 『아이네이스』 가락을 조용히 읊조리곤 했다. 오를레앙 대학에서는 사람들이 이교 시대의 로마 고전 문학을 얼마나 사랑했던지, 원칙주의자이던 한 신자는 겁에 질려서 이곳 대학이 그리스도와 마리아가 아니라 먼 옛날의 여러 신들을 섬기고 있다고 불평을 토해 냈다. 12세기는 가히 "오비디우스의 시대"라 해도 과언이 아니었다. 알퀸이 베르길리우스를 샤를마뉴의 궁정 시인에 봉한 것도 한때, 이 무렵 들자 최고 시인의 자리는 오비디우스가 차지하게 된다. 이제는 수도사나, 귀부인이나, 방랑 서생(書生)이나 모두 하나같이 오비디우스가 쓴 『변신이야기』, 『여인들의 편지』, 『사랑의 기술』을 읽으며 즐거워하고 있었다. 이 시절 수도사 중에는 이따금 술에 절어 헤어나지 못하는 이들이 있었는데 우리는 그들을 너무 몰아세우지는 말아야 할 것이다. 그들이야말로 고대의 이 문학 작품들을 누구보다 애지중지하며 간직해 온 장본인이자, 애초에는 석연찮아 하는 초보 수도사들을 붙들고 굳이 그 내용들을 가르쳐 훗날에는 은인으로 남은 사람들이니까.

　이렇듯 고전 문학에 대한 연구가 활발해지자 중세 라틴어가 두각을 나타내는데, 당시 중세 라틴어가 보여 준 다양성과 관심사를 보면 문학 방면의 연구 주제로 이만큼 흥미로운 것이 또 있을까 싶을 정도이다. 성 베르나르는 생전에 지적 성취를 아주 하찮게 여긴 인물로 유명했지만, 그가 써낸 서간문만 봐도 사랑이 담긴 따스한 필체, 호통 치는 듯한 박력, 그리고 라틴어 대가로서의 면모가 무엇보다 돋보인다. 페터 다미안, 베르나르, 아벨라르, 레겐스부르크의 베르톨트 같은 이들은 설교에 라틴어를 쓴 인물로, 이들의 라틴어 설교는 늘 생동하듯 힘이 넘쳤다.

　반면에 수도원의 연대기 작가들의 라틴어 실력은 형편없는 수준이었는데, 이들은 애초부터 미학적 쾌감을 주려고 글을 쓰지는 않았기 때문에 크게 상관은 없었다. 이들의 기록에 있어 제1순위는 무엇보다 자기 수도원이 성장하고 발전해 온 역사였고, 따라서 수도원에서 이루어진 각종 선거, 건축 사례, 수도원장의 임종, 그리고 수도사들이 행한 기적 및 논쟁이 주 내용을 이루었다. 그리고 여기에 부가해 당대의 일식 및 월식, 혜성 출현, 가뭄, 홍수, 기근, 역병, 그리고 길흉의 징조에 대해 주석을 달아 놓은 정도이다. 물론 개중에는 범위를 넓혀 국가, 심지어는 국제적 차원의 사건을 다룬 것들도 있었다. 하지만 이들 책이 원사료를 비판적으로 검증하거나, 혹은 사건 사이의 인과 관계를 탐구한 경우는 찾아보기 힘들었다. 즉 대부분의 책들은 정확하지 못한 내용을 엉성하게 담아내는 데 그쳤으며, 통계 수치 한두 자리쯤은 아무렇지 않게 바꾸어 그 날조된 자료에 의미를 부여하곤 했다. 더구나 이들 책은 하나같이 기적을 다루지 않은 것이 없었으며, 기적에 대해서도 쉽사리 믿는 태도를 보였다. 그리하여 당시만 해도 프랑스 연대기 작가들은 프랑스를 세운 것은 고귀한 트로이족이라고 믿었으며, 샤를마뉴가 생전에 스페인을 정복한 것은 물론 예루살렘도 탈환한 적이 있다고 믿었다. 그나마 『프랑크족의 업적』(1100년경) 같은 책은 제1차 십자군 전쟁을 비교적 정직하게 기술하려 노력한 경우이다. 이에 반해 『로마인들의 업적』(1280년경)은 순전히 허구뿐인 역사인데, 초서, 셰익스피어 같은 당대의 수많은 작가들은 이런 책을 바탕으로 자신들 작품을 써내곤 했다. 한편 몬마우스의 제프리(1100년경~1154년)가 쓴『브리튼인의 역사』는 영국의 신화집을 방불케 했는데, 이 속에 등장하는 레어 왕, 아서 왕, 멀린, 랜슬롯, 트리스트럼(Tristram), 페르스발(Perceval), 성배(聖杯)의 전설은 시인들에게 좋은 소재가 되어 주었다. 하지만 이 책은 현재 유실되고 없고, 오늘날까지 전해지는 연대기로는 베리 세인트 에드먼즈의 조슬린이 쓴 것과(1200년경) 파르마의 프라 살림베네가 쓴 것을(1280년경) 들 수 있다. 이 두 연대기는 갖가지 이야깃거리가 등장하고 가급적 사실에 기초한 것이 특징이다.

삭소 랑게(사후에는 삭소 그라마티쿠스라는 이름으로 알려졌다.)라는 인물이 룬드의 압살론 대주교에게『덴마크사』라는 책을 헌정한 것은 1208년경의 일이었다. 이 책은 군데군데 약간씩 허풍이 섞여 있고 무엇이든 너무 쉽게 믿어 버리는 경향이 있지만,[1] 생동감 넘치는 서사로 이야기를 일관되게 지속시키는 면에 있어서는 동시대에 나온 서유럽 대부분의 연대기들보다 빼어나다. 그중에서도 제3권에 등장하는 윌란의 왕자 아믈레트의 이야기가 인상적인데, 삼촌이라는 인물이 그의 아버지를 죽이고 그의 어머니와 결혼한 것으로 기록돼 있다. 삭소의 말에 따르면, 이에 아믈레트는 "사리 분별을 전혀 못하는 얼간이인 양 살아가기로 결심했다. 그렇게 꾀를 쓰지 않고는 무사히 살아갈 길이 없었기 때문이다." 그러자 형제살해의 죄를 범한 왕 대신 궁정 대신들이 아믈레트를 시험하고 나선다. 예쁜 아가씨를 한 명 데려다 그에게 수작을 걸도록 한 것이다. 아믈레트는 아가씨가 유혹하도록 내버려 두는데 결국 여인은 아믈레트를 정심(貞心)으로 사랑하게 된다. 사정이 여의치 않아지자 대신들은 간교한 질문 공세로 아믈레트를 시험해 보지만 "그가 얼마나 지혜로운 솜씨로 거짓말과 솔직함을 뒤섞는지 무엇이 진실인지 종잡을 길이 없었다." 바로 이런 내용을 뼈대로 해서 셰익스피어는 자신의 극중 인물을 탄생시킨 것이었다.

이 12, 13세기에 들면서 라틴어권 역사가들은 비로소 연대기를 벗어나 본격적 역사서를 쓰기 시작하는데(비록 형식에 있어서는 아직까지 연대기이지만) 그 대표적 인물로 다섯을 꼽는다. 우선 맘즈베리의 윌리엄(1090년경~1143년)은 영국 역사를 정리하여 『영국 주교들의 업적』과 『영국 왕들의 업적』으로 펴냈는데, 영국의 역대 고위 성직자 및 왕들의 이야기를 짜임새 있고 생동감 넘치면서도 신빙성 있고 공평무사한 필치로 풀어내고 있다. 그 다음으로는 오르데리쿠스 비탈리스(1075년경~1143년)를 들 수 있는데, 쉬루즈베리 태생이었던 그는 열 살의 나이에 노동 수사의 신분으로 노르망디의 성 에브롤 수도원에 보내졌다. 그 후에는 죽 이곳에서만 지내다가 68세에 생을 마감하게 되고, 그 사이에 부모님은 단 한 번도 상봉하지 못했다. 이 수도원의 생활 중 18년을 그는 『교회의 역사』 집필에 매달렸고, 겨울 추위가 매서워 손가락이 얼어붙을 정도의 날씨만 아니면 단 하루도 글 쓰는 일을 멈추지 않았다고 한다. 결국 그는 수도원이라는 한정된 공간에서 평생을 지낸 사람이었는데, 그랬던 그가 교회의 일은 물론 세속의 일에 대해서까지 별의별 사건을 다 언급하고 있는 걸 보면 그저 놀랍기만 하다. 거기에 여담으로 그는 문학 및 예절 그리고 일상생활의 역사까지 곁들여 쓰고 있다. 세 번째 인물은 프라이징의 오토(1114년경~1158년)로서, 그가 쓴 『두 도시에 대하여』는 아담부터 서기 1146년까지의 역사를 종교와 속세 차원에서 함께 풀어낸 책이다. 1146년 이후부터는 그의 조카 프레데리크 바르바로사의 전기가 자랑스레 전개되는데, 안타깝게도 이 영웅은 경력을 한참 쌓아 가던 도중 그만 목숨을 잃고 만다. 네 번째 인물인 티레의 윌리엄은 팔레스타인에서 났으나 본래는 프랑스인으로서, 보두앵 4세가 예루살렘을 다스릴 때는 그의 밑에서 재상으로 봉직하다 나중에는 티레의 대주교 자리에까지 올랐다. 그는 프랑스어뿐 아니라, 라틴어, 그리스어, 아랍어는 물론 히브리어까지 어느 정도 배웠던 것으로 알려져 있다. 그가 유창한 라틴어로 써낸 『국외에서 일어난 사건들의 역사』는 십자군 전쟁의 초반 역사를 이해하는 데 있어 오늘날의 우리가 가장 믿고 볼 만한 자료이다. 윌리엄은 어떤 사건이든 그것을 합당한 설명으로 풀어내려 애쓴 사람이었다. 또 누르 우드 딘과 살라딘에 대해서도 그 인물됨을 공평한 태도로 그려 내었는데, 그가 아니었다면 그리스도교 유럽 세계가 이 불경자 신사들을 호의적으로 바라보기란 힘든 일이었을 것이다. 마지막으로는 성 알바누스 수도원의 수도사였던 매튜 패리스(1200년경~1259년)를 들 수 있다. 그가 자기 수도원의 사관(史官)이 되어(나중에는 헨리 3세의 사관이 되어) 써낸 책이 바로 생동감 넘치는 『주요 연대기』로서, 1235년부터 1259년 사이에 발생한 유럽의 주요 사건들을 다루고 있다. 그의 필치는 명료하고 정확한 것이 특징이나, 예상 외로 편파적인 면도 있다. 그는 "교황이 탐욕에 젖은 까닭에 백성들이 그에게서 등을 돌리고 있다."고 비난하는가 하면, 프레데리크 2세를 보고는 교황권에 맞서 싸우길 잘한다며 지지를 표했다. 또 비교적 정확한 역사책인데도 불구하고 기적의 이야기를 수없이 등장시키고 있으며, 심지어는 "방랑하는 유대인"(십자가에 못 박히러 가는 예수를 조롱한 벌로 세상이 끝날 때까지 살아야 하는 운명을 선고받은 그리스도교의 전설상의 인물 – 옮긴이) 일화를 언급하는 대목도 있다. 하지만 그리스도의 피 몇 방울을 웨스트민스터 사원으로 옮긴 일에 대해서는 당대 런던 시민들과 뜻을 같이하여 회의적 시각으로 기록했다. 매튜의 경우는 그의 책에 들어간 잉글랜드의 지도 여러 점을 직접 그린 것으로도 알려져 있는데, 그 시대 최고로 꼽힐 만큼 훌륭한 수준이었다. 자신의 작품을 묘사한 그림들도 역시 그가 직접 그렸을 가능성이 있다. 생전에 그가 보여 준 근면성과 학식은 확실히 우리도 동경하지 않을 수 없는 것이나, 그럼에도 그가 마호메트를 스케치해 놓은 것을 보면(1236년 작품) 박식한 그리스도교도가 이슬람의 역사에는 어떻게 이렇게 무지할 수 있었는지 그저 놀라울 뿐이다.

하지만 이 시대의 가장 위대한 역사가들은 따로 있었으니, 여기에 손꼽히는 두 명의 프랑스인은 자신의 모국어로 글을 쓴 것이 특징이다. 따라서 이 둘에게는 프랑스의 음유 시인들과 함께 프랑스어를 문어(文語)로 자리 잡게 한 공로가 있다 하겠다. 그중 하나인 빌라르두앵의 조푸르아(1150년경~1218년경)는 귀족이자 무관 출신으로서, 정식 교육은 거의 받지 않은 사람이었다. 하지만 학교에서 가르쳐 주는 수사학 기교를 잘 몰랐던 것이 오히려 득이었다. 결국 그는 자신의 『콘스탄티노플 정복기』(1207년)를 간단명료하고도 사실 중심적인 프랑스어로 정확하게 풀어낼 수밖에 없었는데, 바로 이 점에 힘입어 이 책은 역사 기록학의 고전으로 자리매김하게 되었다. 그렇다고는 하나 그가 서술에 있어 어느 한쪽에도 치우치지 않는 공평무사함을 보인 건 아니다. 제4차 십자군 전쟁은 그가 직접 몸담고 활약한 사건인 터라, 자기 눈앞에서 펼쳐지는 배신의 광경을 아무래도 객관적 시각으로 바라보기는 어려웠던 것이다. 그러나 현장을 직접 누빈 사람의 책답게 사건의 전개 과정이나 느낌이 어디서보다 박진감 있게 전달되며, 그 생동감은 세월이 아무리 흘러도 절반 정도는 끄떡없는 듯하다. 한편 또 하나의 위대한 역사가는 일명 샹파뉴의 집사로 불린 장 시르 드 주앵빌이다. 그는 십자군 전쟁 및 프랑스 국내에서 루이 9세를 보필하였고 그러다 85세의 나이에 『생루이의 역사』(1309년)를 펴내게 되는데 조프루아의 책이 나오고 거의 백 년이 다 지나서의 일이었다. 이 책에는 역사에 존재했던 다양한 인간 군상이 꾸미지 않은 진솔함으로 그려져 있어 이런 책을 써낸 데 대해 감사한 마음이 다 일 정도이다. 여기다 그는 당대 상황을 여실히 보여 주는 관습과 일화도 잊지 않고 전해 주니, 그 대목에서는 조프루아조차도 묘사해 내지 못한 당대의 씁쓸한 분위기가 그대로 전해지는 듯하다. 이를테면 그가 가진 재산을 모조리 저당 잡힌 후 십자군 참전을 위해 길을 떠나는 모습은 보는 사람의 마음을 다 안타깝게 한다. 당시 그는 길을 떠나며 차마 뒤를 돌아보지 못했다고 하는데, 어쩌면 두 번 다시 보지 못할 아내와 자식들의 모습에 가슴이 무너질 것 같아서였다. 사실 주앵빌은 조프루아처럼 섬세한 지성이나 뛰어난 술책은 갖지 못한 사람이었다. 하지만 그에겐 일반인이면 누구나 공감할 상식이 있었고, 또 자신이 모셨던 성인의 인간 됨됨이를 간파해 낼 줄 아는 예리함도 있었다. 루이 왕은 두 번째의 십자군 원정에 오를 때 주앵빌이 동행했으면 하는 바람이 있었다. 하지만 십자군 원정에서 아무런 희망을 볼 수 없었던 그는 왕의 청을 거절하였다. 또 누구보다 신심 깊던 왕이 한 번은 주앵빌에게 이렇게 물은 적이 있었다. "너라면 나환자가 되는 것과 대죄를 짓고 살아가는 것, 이 둘 중 어느 것을 택하겠느냐?" 이에 주앵빌은 다음과 같이 대답하였다.

이제까지 왕께 한 번도 거짓을 고한 적 없던 나는 답하길, 나환자로 살기보다는 차라리 서른 가지 대죄를 짓고 살아가는 편을 택하겠습니다라고 하였다. 곁에 있던 수도사들이 모두 물러가자 왕께서는 나만 따로 부르시더니 자기 발치에 앉히시고는 이렇게 말씀하셨다. "아까는 어째서 그런 대답을 하였던 것이냐?" …… 나는 이번에도 답은 같다고 말씀드렸다. 그러자 왕께서 말씀하셨다. "너는 급한 마음에 어리석은 답을 내놓는구나. 흉측하기로 따지면 대죄를 짓는 것이 나병에 걸리는 것보다 더하다는 걸 너도 잘 알면서 말이다." …… 이윽고 왕은 내게 물으시길, 그렇다면 성(聖)목요일에 불쌍한 나병 환자를 찾아가 그의 발을 씻겨 주겠느냐 하였다. 이에 나는 대답했다. "전하, 그랬다간 제가 나병에 걸리고 말 텐데요! 그 천민들의 발을 씻기는 일 같은 건 전 하지 않겠습니다." 그러자 왕이 말했다. "너는 진정 그렇게 말해서는 안 되느니라. 그 불쌍한 자들의 발을 씻기는 것은 하느님께서 우리를 가르치시고자 하는 일인데 네가 그것을 멸시하면 되겠느냐. 하느님이 너를 사랑하시고, 내가 너를 사랑하니, 너는 그 힘으로 불쌍한 자의 발 씻기는 일에 익숙해지도록 하라."[2]

물론 이 시절 성인들의 삶이 모두 이런 식으로 진솔하게 다뤄진 것은 아니다. 중세의 지성인들은 역사의식 수준이나 지적 자각 수준이 실로 빈약하기 짝이 없었다. 따라서 이렇게 교화적인 글을 쓰는 작가의 경우엔, 그저 자기들 이야기가 독자들 눈에 가급적 진실로 비쳐야 그 효용은 커지고 해악은 작아진다고 여겼다. 또 이 시절에는 세간에 퍼져 나가는 이야기를 남에게서 전해 듣고 글을 쓰는 경우가 대부분이었으며, 그렇게 쓴 내용들은 작가들도 곧이곧대로 믿는 편이었다. 따라서 우리도 이 시절 성인의 삶에 대해서는 되도록 단순하게 받아들이는 것이 좋은데, 그러면 그 안에 재미있고 매력적인 요소가 가득하다는 걸 알게 된다. 일례로, 성 크리스토페르가 어떻게 해서 그런 이름을 갖게 되었는지 한번 살펴보기로 하자. 원래 가나안 출신이었던 그는 키가 18피트나 되는 거인이었다. 어느 날 그는 자청하여 왕의 밑에 들어가 일을 했는데, 사람들 말을 듣자하니 왕이야말로 이 세상에서 가장 강한 존재라 했기 때문이었다. 그런데 가장 강하다던 왕이 어느 날 악마라는 말을 듣자마자 자기 가슴에 대고 십자를 긋는 것이었다. 이에 크리스토페르는 왕보다 강한 것이 악마라고 결론 내리고는 그길로 악마 밑에 들어가 일을 했다. 그런데 또 어느 날은 악마가 길 가에서 십자가 표시를 보더니 바로 줄행랑을 치는 것이었다. 이에 크리스토페르는 사탄보다는 예수가 더 강한 게 틀림없다고 추리를 해내고는 그길로 그리스도를 믿는 일에 헌신하였다. 하지만 막상 그리스도교를 믿어 보니 그리스도교의 단식을 지키기가 버거울 뿐 아니라, 그 많은 욕망을 추스르는 일도 쉬운 일이 아니었으며, 그의 거대한 혓바닥은 가장 쉬운 기도문을 욀 때조차도 꼬여 버리기 일쑤였다. 그러자 덕이 높은 한 은자가 그를 데려다 물살이 세찬 여울의 강둑에 데려다 놓았다. 해마다 수많은 사람들이 그곳을 건너려다 세찬 물살에 휩쓸려 목숨을 잃는다는 것이었다. 크리스토페르는 그 강둑에서 길손을 기다렸다가 사람들이 물에 젖지 않게 등에 업고서는 여울 저편까지 무사히 데려다 주는 일을 하게 되었다. 그러던 어느 날 어린아이를 하나 업고 여울을 건너게 되었다. 어린아이임에도 그 무게가 하도 무거워 까닭을 물으니 아이는 자기가 이 세상의 무게를 다 짊어졌기 때문이라고 답하였다. 여울을 무사히 건너오자 아이는 크리스토페르에게 고맙다고 인사를 하며 "내가 바로 예수이니라." 말하고는 홀연히 사라졌다. 그리고 그 순간 크리스토페르가 땅에 꽂아 두었던 지팡이에서는 별안간 활짝 꽃이 피어났다.(그리스어로 크리스토페르는 '그리스도를 업고 가는 사람'이라는 뜻이다. - 옮긴이)[3] 그렇다면 영국의 성 게오르기우스는 어떤 인물이었을까? 먼 옛날 리비아의 실레눔 근방에는 용이 한 마리 살고 있었다. 이 용은 해마다 한 번씩 청년이나 아가씨를 산 채로 잡아먹었는데, 마을이 제비뽑기로 이 제물을 바치지 않는 날에는 용이 독을 내뿜어 마을에 화를 입히고 말 것이었다. 그러다 한번은 시집 안 간 공주가 용의 제물로 뽑히게 되었다. 운명의 날은 결국 오고야 말았고 공주는 발걸음을 이끌고 용이 살고 있다는 못으로 갔다. 그런데 마침 물가에 나와 있던 성 게오르기우스가 공주를 보고는 왜 그렇게 섧게 우느냐 물었다. "아, 당신이 위대한 마음과 고귀한 품성을 지녔다는 건 저도 잘 알아요. 하지만 이건 어쩔 수 없는 일이니 더 이상 절 붙잡지 마세요." 그러나 성 게오르기우스는 공주를 놓아주지 않고 자신의 질문에 답하라고 재우쳤다. 대답을 들은 성 게오르기우스는 공주에게 말했다. "두려워하실 것 없습니다. 제가 예수 그리스도의 이름으로 당신을 도와드릴 테니까요." 그런데 바로 순간 물이 갈라지더니 괴물이 모습을 드러내는 것이었다. 성 게오르기우스는 예수 그리스도에게 힘을 달라고 외치고는 창을 뽑아 들어 온 힘을 다해 용을 향해 던졌다. 그리고 공주더러는 허리춤의 띠를 끌러, 창에 찔려 맥을 못 추는 용의 목에 휘감으라고 했다. 그러자 제 아무리 박력 있는 남자도 미녀 앞에서는 맥을 못 추듯, 괴물 같던 용은 어느덧 순한 양이 되어 평생 공주 뒤만 졸졸 따라다니게 되었다. 당대에는 이런 유의 이야기들이 세간에 많이 떠돌았는데, 1290년경에는 제노바의 대주교 야코포 데 보라기네가 이것들을 한데 모아 유명한 책으로 펴내기에 이른다. 당시에는 날마다 한 사람씩 성인들을 기념했는데, 야코포는 일 년 동안 매일같이 그 날에 해당하는 성인의 이야기를 골라 사람들에게 들려주곤 했다. 그는 자신의 책을 이름하여 『성인전』이라 불렀다. 그러나 중세 시대 독자들 사이에서는 이 책이 애독서로 자리 잡으면서 이른바 『황금 전설』로 통했다. 교회는 이들 이야기가 모두 사실은 아닐 것이라며 전부 믿지는 말 것을 권했지만,[4] 사람들에게는 여기 실린 이야기들이 하나같이 맘에 쏙 들었고 따라서 그 내용을 있는 그대로 믿는 편이었다. 그러나 그렇다고 해서 그때 사람들이 삶에 대해 더 많이 속았다고는 할 수 없을 것 같다. 오늘날 사람들도 대중 소설의 줄거리에 푹 빠져들기는 마찬가지니까.

중세 라틴어의 진정한 영광은 운문에 있었다. 물론 당시의 라틴어 운문 상당수는 형식상 시였다고밖에 할 수 없는 것이, 사람들이 연상하기 좋게끔 리듬과 운율을 동원해 역사, 전설, 수학, 논리학, 신학, 의학 등 별의별 내용을 다 가르쳤기 때문이다. 게다가 샤티용의 월터가 지은 『알렉산드로스 대왕』(1176년)처럼, 짤막한 시간에 일어난 일을 엄청나게 긴 글에 담아내고 있어서, 오늘날 우리 눈에는 지루하기가 밀턴의 『실낙원』에 못지않다. 또 당시에는 시의 형식을 빌려 갖가지 논쟁이 벌어지기도 했는데, 육체와 영혼, 죽음과 인간, 자비와 진실, 시골 농부와 성직자, 남자와 여자, 술과 물, 포도주와 맥주, 장미와 제비꽃, 고학생과 유복한 성직자, 심지어는 헬렌과 가니메데스에 이르기까지(즉, 성교의 한 방법으로서 이성애가 더 나은지 동성애가 더 나은가에 이르기까지) 그 주제가 실로 다양했다.[5] 중세 시대의 시는 인간과 관련된 것이면 어느 것 하나 도외시하는 법이 없었던 셈이다.

고전 시학에서는 모음의 개수를 가지고 운을 맞추는 게 보통이었으나 이 방법도 5세기가 지나고부터는 차츰차츰 자취를 감추기에 이른다. 중세의 라틴어 운문은 배운 자들의 기교보다는 대중의 정서를 바탕으로 생겨난 것인 바, 따라서 여기서는 이제 억양, 리듬, 운을 동원한 새로운 시 형식이 탄생하게 된다. 물론 이러한 시 형식은 그리스의 운율법이 들어오기 전부터 로마에도 있어 왔으니, 부지불식간에 그것은 천년 동안 이어진 고전 양식보다도 오랜 명맥을 유지한 셈이었다. 또 6보격(步格), 애가(哀歌), 사포(Sappho) 시체(기원전 7세기에 활동한 고대 그리스의 시인 사포의 작품을 모방한 양식을 일컫는다. - 옮긴이) 등의 고전 양식 역시 중세 시대 내내 사라지지 않고 남아 있기는 했으나, 라틴어 세계에서는 이미 이를 진부하다고 여기고 있었다. 이런 형식들은 그리스도교가 널리 강조해 오던 특유의 독실함, 부드러움, 섬세함, 그리고 기도하는 마음을 잘 담아내지 못하는 것처럼 보였기 때문이다. 그러다 이 무렵 들면서는 보다 단순한 리듬을 지닌, 약강(弱強) 보격의 짧은 시구들이 등장하기 시작하니 연인들의 설레는 마음부터 전장을 향하는 군인들의 씩씩한 발걸음까지 이것으로는 표현해 내지 못할 것이 거의 없었다.

서유럽의 그리스도교 세계에 어떻게 압운법(押韻法)이 들어왔는가에 대해서는 많은 이들이 추측만 할 뿐 속 시원히 아는 이가 없다. 다만 저 옛날 엔니우스, 키케로, 아풀레이우스 같은 이교도의 시에도 드물게나마 압운이 사용된 흔적이 있으며, 히브리어와 시리아어로 쓴 시에도 이따금 그 흔적이 보인다. 5세기에 지어진 라틴어 시에는 간헐적으로 그 흔적이 나타나며, 아랍의 시에는 일찍이 6세기부터 압운이 수도 없이 등장한다. 아마도 이슬람 세계를 한 번 접한 이라면 아무리 그리스도교도라도 압운을 사랑하는 이슬람교도의 경향에서 얼마간 영향을 받지 않을 수 없었던 듯하다. 중세의 라틴어 시는 특히 중간과 말미에 압운이 넘쳐 나는 것이 특징인데, 생각해 보면 이는 아랍어 시에도 똑같이 나타나는 특징이다. 여하튼 이 압운이라는 형식을 가지고 라틴어 시는 완전히 새로운 일군의 작품들을 탄생시키게 되는데, 옛날의 고전 양식과는 판이하게 다른 모습을 한 이 시들은 만들어진 작품만도 엄청나게 많았을 뿐 아니라, 생각 외로 뛰어난 작품성을 보여 주고 있었다. 일례로 금욕적 개혁가였던 페터 다미안(1007~1072년)이 지은 다음과 같은 시를 보면, 그리스도에게서 들려오는 부름을 남자가 하녀를 찾는 소리에 빗대어 표현하고 있다.

제 방에 찾아와 문 두드리는 당신 누구신가요?
제 한밤중 꿈을 다 헤뜨려 놓으실 셈이신가요?
그분이 날 부르시는 소리, "오 참으로 사랑스러운 여인아,
나의 누이, 나의 짝, 가장 눈부시게 빛나는 보석아!
어서 일어나 문을 열어라! 참으로 어여쁜 여인아!

가장 높은 데 자리한 왕, 나는 그분의 아들
그분의 맏이이자 또 가장 어린 아들
내가 천국을 떠나 이 칠흑으로 내려옴은
죄에 속박당한 자 그들의 영혼을 풀어 주기 위함이니

이에 육신의 수많은 상처, 죽음의 모진 고통 나는 겪었노라."

얼른 나는 침대에서 일어났네.
부리나케 문간으로 달려갔네.
사랑하는 그분께라면 어느 집이나 활짝 문 열테니
이제 나의 영혼 그분 모습 온전히 보겠네.
무엇보다 간절히 바라 오던 그 모습을 보겠네.

하지만 너무 빠른 그분의 발걸음
어느 새 지나치셨네. 나의 문간을
그러시면 어떡하나요? 불쌍한 이 저는
눈물을 뚝뚝 흘리며 따라가네. 나는 낭군님 뒤를
인간을 빚어내신 그분의 뒤를.

사실 페터 다미안에게 시란 써도 그만 안 써도 그만인 일이었다. 하지만 투르의 대주교였던 라바르뎅의 힐데베르트(1055?~1133년)에게 있어서 시란 열정을 불사르게 하는 일이었고, 따라서 그의 영혼은 이 열정과 신앙심 사이의 싸움에서 항상 갈팡질팡하곤 했다. 힐데베르트가 시를 배우게 된 계보를 보면, 우선 샤르트르의 풀베르투스란 인물이 투르의 베렝게르에게 가르침을 주었고, 이 베렝게르가 힐데베르트에게 라틴어 고전 문학에 대한 사랑을 심어 주었던 듯하다. 생전에 힐데베르트는 여행길에 올라 천신만고 끝에 로마에 다다른 일이 있었다. 하지만 그가 이 여행에서 진정 얻고자 했던 것이 무엇이었는지, 즉 교황을 알현하고 강복(降福)을 받고 싶었던 것인지, 아니면 책 속에서 선연히 떠오르는 그 도시의 모습을 직접 보고 싶었던 것인지는 알 길이 없다. 그 오래된 도시는 쇠락은 했으나 웅대함은 그대로였으니, 감동을 받은 그는 자신의 감격을 다음과 같은 고전적 애가 형식으로 표현해 냈다.

오, 로마여! 세상 어디도 너를 따르진 못하네. 너의 꼴 지금 폐허가 다 됐어도

망가진 네 형체가 일러 주네. 성했던 네 모습 얼마나 대단했을지

세월의 오랜 흐름에 네 자존심은 무너졌으니

카이사르의 성채들 그 옛날 신들의 신전과 함께 늪 속에 가라앉아 버렸네.

지금은 발밑에 깔린 이 위풍당당한 건축물

잔인무도한 야만인 그 풍채에 벌벌 떨다가도 무너지는 순간만은 슬퍼했으리.

아무리 오랜 세월도, 아무리 거센 불길이며 날카로운 칼도

이 영광을 다 무너뜨리지는 못하리.

비록 한때이긴 하나 이 작품에서 중세의 시인은 베르길리우스에 못지않게 고품격의 라틴어를 구사해 내고 있다. 하지만 한번 그리스도교도는 영원한 그리스도교도인 법이다. 아무래도 힐데베르트는 주피터와 미네르바보다는 예수와 마리아를 노래할 때가 마음이 편했던 것이다. 뿐만 아니라 나중에 써낸 다음과 같은 시를 보면, 옛날 신들에 대한 미련 같은 건 완전히 떨쳐낸 듯한 모습이다.

(로마의 말) 옛날의 수많은 승리보다 오늘의 이 패배가 내게는 더 달콤하네.

옛날엔 부귀하고 지금은 가난하여도

옛날엔 우뚝 섰고 지금은 엎드렸어도

지금의 이 내가 더 위대하노라.

십자가가 꽂히고 내게 찾아든 건 독수리만이 아니노니,

카이사르보다는 베드로가, 무기 든 장수보다는 빈손의 백성들이

지금의 내 땅에는 더 많도다.

내가 우뚝 섰을 때 호령한 건 몇 개 나라뿐이었으나

폐허가 된 지금은 땅 밑 저 깊은 데까지 내 힘이 미치고,

내가 우뚝 섰을 때 다스린 건 육체였으나

부서진 채 엎드린 지금은 영혼을 다스리고,

저 옛날 내가 부린 건 가련한 백성들이었으나

지금은 암흑의 제후들을 부리고,

저 옛날 나의 땅은 고작 몇 개 도시였으나

지금은 하늘이 다 내 땅이노라.

포르투나투스(중세 유럽의 성직자이자 시인이다. ‒ 옮긴이)를 마지막으로 해서 이제 그리스도교 세계에서는 라틴어로 이 정도 시를 써내는 인물은 찾아볼 수 없게 된다.

2. 포도주, 여인, 노래

중세 시대의 삶에서 이교적 요소 또는 회의주의적 요소가 차지한 부분은 과연 얼마였을까, 이에 대해 오늘날 우리는 단편적 지식밖에는 접할 수가 없다. 하지만 그도 그럴 것이 사실 핏속에 든 경우를 제하면, 과거가 제 모습을 우리에게 치우침 없이 전하는 일이란 좀처럼 없기 때문이다. 여하튼 이쯤에서 우리는 당대에 영혼의 자유분방함을 추구했던 분위기가(엄밀히 말하면 단체 여흥을 즐겼던 분위기가) 있었던 걸 천만다행으로 여기지 않을 수 없는데, 이런 분위기가 아니었다면 아마 (바이에른 북부에 자리한) 베네딕트보이에른 수도원에 관련 필사본이 남아 있는 일도 없었을 것이기 때문이다. 이 필사본은 1847년에 『카르미나 부라나(*Carmina Burana*)』라는 제목으로 인쇄돼 나오게 되고, 이것이 오늘날 우리가 "방랑하는 학자들"의 시를 접하는 주된 사료가 되어 주고 있다.* 방

---

* 또 다른 사료로는 할리 문고(영국의 정치가 로버트 할리와 그 아들이 수집한 필사본 모음집으로, 현재는 영국 국립 박물관에 소장되어 있다.‒ 옮긴이) 필사본을 든다. 이 필사본은 1264년 이전의 작품으로, 1841년 토마스 라이트가 『월터 맵 및 그 외 작가들의 라틴어 시 모음집』으로 출간한 바 있다.

랑 서생이라고는 하나 이들이 부랑자였던 건 아니다. 물론 개중에는 소속 수도원에서 빠져나와 정처 없이 여기저기를 떠돌거나, 성직자이면서도 일거리를 구하지 못해 하릴없이 지내는 이도 있었다. 하지만 대체로 방랑 서생이라 하면 집과 대학을 오가느라, 혹은 이 대학 저 대학을 옮겨 다니느라 도보로 길거리를 다녀야 했던 수사를 일컬었다. 이런 수사들 중 상당수는 여기저기 다니는 중간에 선술집에 들렀고, 그러다 보면 술과 여자에게 손을 대거나, 생각지도 않던 구전 지식을 얻어 듣는 이들이 생기게 마련이었다. 일부는 그 참에 노래를 지어 자신이 부르거나 팔기도 하고, 또 일부는 아예 성직의 길을 접고 펜으로 입에 풀칠을 하기도 했다. 자신이 가진 시작(詩作) 재주를 주교나 영주에게 바치며 살아간 것이다. 이들의 고생스러운 생활은 주로 프랑스와 독일 서부를 본거지로 이루어졌지만, 라틴어로 작품을 썼기 때문에 그 뜻은 세계 각지에서 두루 통하는 편이었다. 또 이들은 자기들끼리 "방랑자회(會)"라는 것을 만들어 그럴듯한 조직처럼 행세하기도 했다. 이 단체의 창시자이자 수호성인으로는 신화상의 인물을 하나 데려다 썼는데, 라블레(François Rabelais, 르네상스 시대의 프랑스 작가로서, 중세의 교회 체제를 비판하는 외설적이고 풍자적인 작품을 쓴 것으로 유명하다. ─옮긴이)와 흡사한 그를 조직에서는 "골리아스(Golias)"라는 이름으로 불렀다. 이들의 활동은 일찍부터 비난을 면치 못했으니, 대주교였던 상스의 월터는 10세기에 이미 이 골리아스 무리가 추잡한 행태를 일삼는다며 비난하였다. 그리고 1227년에 들자 교회 공의회에서도 골리아스파(派)가 전례(典禮)의 가장 거룩한 노래들을 가져다 풍자하는 것을 유죄로 선고하였다.[6] 1281년에 열렸던 잘츠부르크 공의회에 따르면, 이 방랑 서생 무리들은 "알몸으로 공공장소를 배회하는가 하면, 걸핏하면 빵 굽는 화덕에 들어가 누워 있다. 선술집, 도박장, 매음굴 다니는 건 예사이며, 각종 악덕을 일삼아 돈벌이를 한다. 그러면서도 자기들 종파를 떠나지 않고 어떻게든 끝까지 남아 있으려 든다."[7]

이러한 방랑 서생 중 개인의 신상이 전해지는 경우는 소수에 불과하다. 그렇게나마 전해지는 예를 하나 꼽자면 1140년에 오를레앙에서 참사회 회원을 지낸 휴(혹은 후고 프리마스)를 들 수 있다. 그와 호적수였던 한 필경사의 말에 따르면[8] 그는 "극악무도한 놈으로, 눈뜨고는 못 봐 줄 면상을 가진" 사내였으나, 언제 어디서건 재치 있는 입담과 시가 줄줄 흘러나와 유럽 각지에서 명성이 자자했다. 말년엔 결국 시가 안 팔려 생을 마감했는데, 그래서 생전에는 교회 부자들을 상대로 한 맺힌 풍자를 거침없이 쏟아 내기도 했다. 또 학식은 엄청나면서도 부끄러움은 모르는 인물이어서, 상스럽고 외설스러운 내용을 담으면서도 6보격의 원칙만큼은 힐데베르트가 무색할 정도로 철저하게 지켰다. 하지만 이 시절의 방랑 서생으로 휴보다 더 유명한 인물이 있었으니, 정확한 이름은 사라져 알 수 없으나 추종자들 사이에서는 이른바 "대(大)시인"으로 통했다. 그는 칼보다는 술을, 피보다는 잉크를 더 사랑했던 독일인 기사였다. 그야말로 파란만장한 삶을 살았으나, 당시 콜로뉴의 차기 대주교로 있었던 라이날드 폰 다셀이 이따금 그의 형편을 돌보아 주었다. 라이날드는 그를 개과천선시키려 애써 보았지만, 그럴 때면 이 시인은 다음과 같은 시를 읊조리며 버티곤 했다. 이 「골리앗의 고백」은 중세 시대 시가 중 가장 유명한 작품인데, 마지막 연은 오늘날에도 독일의 대학가 술자리에서 가장 애송되고 있다.

1. 사나운 분노가 내 안에서
불붙듯 끓어오릅니다.
비통함에 빠진 내 영혼이 말하노니
나의 이 맹세를 들어 보소서.
나란 인간은 오로지 하나
경솔함으로 만들어졌을 뿐
바닥에 구르는 낙엽마냥
바람 부는 대로 갑니다.

2. 나는 도저히 견디지 못합니다.
멀쩡한 정신도 그리고 슬픔도
내가 사랑하는 건 농담,
꿀보다 달콤한 즐거움을 내게 줍니다.
베누스가 무엇을 준다 해도
내게는 기쁨이 최고입니다.
악한의 마음속에
베누스의 자리란 없기에.

3. 저 한길로 나는 나아갑니다.

4. 제발 부탁드리노니, 훌륭하신 군

청춘의 모습으로 후회 없이
온갖 악덕들로 나를 감싸고
훌륭한 덕은 모두 잊은 채
천국에 발 들이기보다 나는
그 모든 쾌락이 더 탐나니
내 안의 영혼은 죽었기 때문이요
껍데기라도 살아야겠기 때문입
니다.

5. 불길 한가운데에 앉아 보십시오.
당신이 어떻게 타지 않겠습니까?
파비아에 한번 와 보시지요.
점잖은 신사로 돌아가실 수 있을지?
파비아, 그곳은 미녀들이
그 손길로 젊은이를 이끄는 곳
그 눈망울로 젊은이를 사로잡는 곳
그 입술로 젊은이를 유혹하는 곳.

7. 내 심장이 발붙인 곳은 바로 여기
마침내 그 시간이 다가오면 부디
술집에서 죽게 해 주십시오
질펀하게 취한 사내 옆에서
천사들은 나를 내려다보고
기쁨에 겨워 노래 부르겠지요.
"하느님이여 부디
이 술고래에게 은총을!"⁹

주여
진중하신 지배자시여
제게는 이 죽음이 달콤합니다.
독이로되 참으로 맛있습니다.
젊은 아가씨의 아름다움에 저는
급소라도 찔린 듯 상처 입습니다.
그녀는 제 상대가 아니라고요?
제발 분수를 알라고요?

6. 히폴리토스도 데리고 오시지요.
함께 파비아에서 저녁을 드시지요.
아침이면 히폴리토스는 벌써
온데간데없이 사라졌을 테니
파비아의 모든 길은
호색으로 통하고
북적이는 탑 어디에도
순결을 지키는 곳은 없습니다.

『카르미나 부라나』에는 그야말로 젊음과 관련된 주제는 하나도 빠짐없이 등장한다. 청춘, 사랑, 유혹에 성공한 무용담, 미묘한 외설성, 짝사랑에 아파하는 애잔한 가사, 공부는 잠시 접고 연인과 휴일을 즐기고 싶어하는 학생의 고민 등. 어떤 노래에서는 한 학자가 공부에 매달린 틈에 젊은 아가씨가 끼어들어 이렇게 말을 거는 대목이 있다. "지금 뭘 하고 계신 거예요, 선생님? 어서 이리 와서 저와 함께 놀아요." 또 여자의 지조 없음을 노래한 시가 있는가 하면, 연인에게서 배신당하고 버림받은 사내의 슬픔을 노래하면서, 이를 계기로 아들이 철이 들어 부모님은 화를 덜었다는 내용의 시도 있다. 음주나 도박의 즐거움을 읊은 시도 상당수에 이르며, 교회에 쌓인 재물을 공격한 시도 있다. 뿐만 아니라 토마스 아퀴나스의 「시온이여 노래하라.」처럼 교회에서 가장 훌륭히 여기는 찬송가들을 가져다 그것을 풍자한 시들이 있는가 하면, 휘트먼(Walt Whitman, 19세기에 활동한 미국의 자유주의 시인 – 옮긴이)의 시가 생각날 정도로 탁 트인 길의 정경을 노래한 한 작품도 있다.[10] 이 작품집에는 졸작도 많지만, 가사에 성심성의껏 공을 들인 걸작들도 없지 않다. 일례로 다음과 같은 시는 사랑에 빠진 한 남자가 이상적인 죽음이 무언지를 짧은 서사시를 빌려 그려 내고 있다.

사랑을 위해 그리고 나를 위해
그녀는 자신의 모든 걸 주었지 겁 없이.
그때 천상의 아름다움은 웃음 지었네
기뻐하는 그녀의 별에서 환하게
하지만 너무도 큰 욕망 나를 짓누르네.
나를 위압하는 이 엄청난 기쁨 떠안기에
내 심장은 그렇게 크지 못하니
내 사랑의 품에 안긴 나 어느덧
전과는 다른 사람 되어 버렸네.

그녀 입술에 모아 둔 달콤한 꿀은

입맞춤 한 번에 다 새어 나가고

나는 꿈꾸고 또다시 꿈꾸네.

그녀의 보드라운 젖가슴 어루만질 수 있기를,

그리고 저승의 신이 천상에 올라

다른 신들을 거느리기를.

아, 그러면 신도 인간도 고요 속에 잠잘지니

다시 한 번 이 손이

그녀 가슴에 얹히는 그 순간에.[11]

『카르미나』에 들어 있는 사랑시들은 관능 묘사가 노골적이라는 특징이 있다. 물론 애틋하거나 기품이 묻어나는 대목도 있지만, 그런 부분은 분위기를 깔아 주는 잠깐의 전주쯤으로 보면 된다. 짐작건대, 이 시절에는 교회의 찬송가가 만들어지기가 무섭게 베누스를 칭송하는 찬가도 곧 만들어져 찬송가 옆에서 함께 애송되지 않았을까 한다. 여성은 종교에 있어 헌신을 다하는 지원자이지만, 신(神)들에게 있어서는 가장 만만찮은 경쟁자이기도 한 것이다. 이렇듯 대부분이 사랑타령, 술타령이었던 이 노래들을 교회에서는 참을 만큼 참아 가며 들어주었다. 그러다 결국에는 1281년에 공의회를 열어 발표하길, 성직자가 외설스럽거나 불경한 노래를 지을 경우(혹은 부를 경우) 누구든 예외 없이 그에게 속한 성직 품계 및 관련 특권을 박탈할 것이라고 하였다. 이 칙령의 발표가 있고 나서도 계속 골리아스파로 버틴 방랑 서생들은 결국 떠돌이 시인으로 전락을 했고, 그러자 작품도 더 이상 문학이랄 수 없는 외설스러운 졸작들만 만들어져 나왔다. 그러다 1250년에 이르면서 이 방랑 서생들의 시절은 막을 내렸다. 하지만 그리스도교가 지배했던 세월 동안 그 배후에서 면면히 이교의 물결을 계승해 온 것이 이들이었던 만큼, 이들이 노래한 정조(情操)와 시는 이후에도 은밀하게 살아남아 종국에는 르네상스 시대에까지 발을 들이게 된다.

이렇듯 골리아스파가 생을 마감하자 라틴어 시도 운명을 함께했다. 13세기는 무엇보다 최고 지성들이 철학을 향하여 몰려들던 시기였다. 그러다 보니 고전 문학은 대학의 교과 과정에서도 주변부로 밀려나는 신세였고, 힐데베르트와 솔즈베리의 요하네스의 라틴어 필치가 기품 있다 해도 이제는 그들의 뒤를이을 계승자가 없었다. 이런 와중에 13세기가 끝나 버리자 단테는 과감히 모국어인 이탈리아어로 작품을 써내기로 결정했고, 이로써 각국의 토착어가 하나둘 문어(文語)로 자리 잡기에 이른다. 심지어 교회에서 태어나 교회의 종복 역할을 하던 극(劇)조차도 이제는 라틴어의 옷을 벗고 백성들의 입말로 대사를치기 시작했다.

3. 극의 재탄생

사실 고전 시대에 행해지던 극은 중세가 시작될 때 이미 그 목숨이 끊어져있었다. 고래의 극 형식은 무언극과 촌극으로 전락해 버린 지 오래였고, 사람들의 발길은 극장을 떠나 굉장한 볼거리가 있는 원형 경기장으로 향하고 있었다. 세네카와 로스비타(10세기에 활동한 독일의 여류 시인으로 라틴어로 쓴 여섯 편의희극이 유명하다. - 옮긴이)가 써놓은 희곡 작품들도 문학의 습작에나 활용되었을 뿐, 무대에 오른 적은 단 한 차례도 없었던 것으로 보인다. 그래도 두 가지계통에서만은 극이 살아남아 활동을 이어 갔으니, 하나는 농경 축제 때 행해지던 무언극 의례였고, 다른 하나는 음유 시인과 광대들이 궁전의 홀이나 마을의광장에서 공연하던 촌극이었다.[12]

하지만 고대 그리스 때나 이 중세 때나, 극의 형식이 사라지지 않게 젖줄 역할을 한 것은 다름 아닌 종교의 전례였다. 우선 교회에서 지내는 미사 자체가극의 요소를 지닌 하나의 볼거리였고, 여기에 제단은 신성한 분위기를 조성하는 무대 역할을 해 주었다. 미사 집전 신부가 걸친 제의(祭衣)에도 여러 의미가 담겨 있기 마련이었고, 사제와 복사(服事) 사이에 오가는 말은 정형적인 대화 형식을 하고 있었다. 뿐만 아니라 사제와 성가대, 그리고 성가대와 성가대 사이에서는 서로 주고받는 식의 교창(交唱)이 이어졌다. 그리고 이는, 먼 옛날의 주신제(酒神祭) 연극이 실제로 그러했듯, 애초에 극이라는 형식이 주고받는 대화에서부터 발전해 나왔음을 짐작하게 했다. 나아가 특정 축일을 기념해 행사가 열릴 때에는 이런 극적 요소가 더욱 분명하게 드러나곤 했다. 예를 들면 11세기의 교회들이 크리스마스를 맞아 치렀던 종교 의례를 보면 그런 식이 많았다. 크리스마스에 남자들은 목동처럼 차려입고 교회에 들어서곤 했는데, 그러면 성가대에서 "천사" 역할을 맡은 소년이 다가와 "기쁜 소식"을 전해 주었다. 소식을 들은 남자들은 구유를 찾아가 통 안에 누워 있는 아기 모양의 밀랍(혹은 회반죽) 인형에게 경배를 올렸다. 이윽고 동쪽의 문에서는 왕 세 명이 들어오는데, 이들은 줄에 매달린 별의 인도를 받아 구유를 찾게 된다.[13] 또 해마다 12월 28일에 맞춰 고대에 있었던 "유아 학살" 사건을 재연하는 교회들도 있었다. 이때에는 보통 성가대 소년들이 나서서 교회의 통로를 따라 줄지어 행진을 하고, 그러다 어느 순간 풀썩 쓰러지는데 헤롯 왕에게 죽임을 당했다는 뜻이었다. 그런 다음 다시 일어나 제단 쪽으로 걸어가 모습을 감추는데, 이것은 아이들이 천국으로 올라갔다는 뜻이었다.[14] 또 성(聖)금요일을 기념하는 교회들도 많았으니, 이때의 의식은 제단 위에 달려 있던 십자가를 내려 성묘를 뜻하는 곳에 가져다 두는 식이었다. 그러다 며칠이 지나 부활절 아침이 밝으면 그리스도가 부활했다는 뜻으로 십자가를 다시 제자리에 되돌려 놓았다.[15] 한편 380년으로 거슬러 올라가는 먼 옛날, 당시 콘스탄티노플의 총대주교였던 나지안주스의 그레고리우스가 이른바 그리스도의 수난극을 지어냈다.[16] 이 수난극으로 말할 것 같으면 그때에는 물론 지금까지도 수많은 그리스도교도들의 마음을 사로잡아 온 작품이라 할 수 있다. 기록에 의하면 이 연극이 처음 공연된 것은 1200년경의 시에나에서라고 하는데, 이 같은 내용의 공연은 이보다 훨씬 전부터 이미 수차례 이루어졌을 가능성이 있다.

교회에서는 그리스도교 서사시의 중심 장면이나 핵심 사상을 신도들에게 각인시키는 과정이 있기 마련이었고 그때면 으레 건축, 조각, 회화, 음악이 활용되곤 했다. 이는 교회가 사람들의 상상력에 호소해 신심을 한층 강화시키는 한 방편이었으니, 이를테면 성대한 규모로 열리는 행사에서는 특히 웅장함과 섬세함을 잘 살려 극의 함축적 의미를 전달하는 식이었다. 또 이 시절에는 전례의 음악적 아름다움을 부각시키기 위해 이른바 "진구(進句)"라는 것을 집어넣었는데, 그 내용을 따로 떼어 소규모 극으로 구성하기도 했다. 예를 들면, 10세기 생갈 수도원에서 만들어진 한 필사본에는 "부활절 진구"라는 것이 들어 있었는데, 성가대가 천사와 세 명의 마리아로 나뉘어 다음과 같은 대화문을 노래하는 식이었다.

천사들: 오, 그리스도의 종들아, 무덤 안에서 누구를 찾느냐?

세 명의 마리아: 오, 하늘의 주인이시여, 십자가에 매달려 돌아가신 그리스도를 찾습니다.

천사들: 그는 여기 없다. 자신의 예언대로 하늘로 올라갔다. 그러니 어서 가서 알려라. 그분이 승천했다고.

다 같이 합창: 할렐루야, 주님께서 승천하셨네.[17]

그러다 12세기가 지나고부터는 교회 행사가 너무 복잡해져 건물 안에서는 진행하기 어려울 정도가 되었다. 그리하여 교회 밖에 무대를 하나 세워 루두스(ludus, 연극)를 공연하기에 이르니, 이때의 배우들은 사람들 사이에서 선발되었으며 어느덧 부쩍 길어진 대본을 외기 위해서는 따로 훈련을 받아야 했다. 현존하는 이런 희곡 중 가장 오래된 것으로는 12세기에 씌어진 「아담의 초상」을 꼽는데, 대사는 프랑스어였던 반면 배우들이 참고하는 지시문은 붉은 잉크의 라틴어였다.

이 연극에서는 주인공인 아담과 이브가 흰색 튜닉을 입고 연기를 하며, 관목과 꽃들이 무성한 교회 앞뜰이 에덴동산이다. 이윽고 악마들이 등장을 하는데, 사실 공연 시작 전부터 이들은 몸에 딱 붙는 빨간 타이츠를 입고서 공연장을 돌아다닌다. 그러다 갑자기 관객석으로 난입하여 사람들 앞에서 몸을 비비 꼬기도 하고 험상궂은 표정을 지어 보이기도 한다. 그런 다음에는 아담에게 다가가 금단의 열매를 건네는데, 아담이 받지 않는다. 하지만 이브에게 건네자, 이브가 그것을 받아든다. 그녀는 아담에게도 사과를 먹으라고 설득한다. 이렇게 해서 아담과 이브는 앎을 열망하는 죄를 짓게 되고, 이어 악마들이 이 둘을 쇠사슬로 칭칭 묶어서는 지옥으로 끌고 간다. 지옥은 땅 아래로 뚫린 구덩이 형상인데, 지옥에 떨어진 이를 벌주며 기뻐하는 소리가 그 속에서부터 왁자하게 들려온다. 제2막은 카인이 아벨을 죽이려 하는 이야기이다. 카인이 아벨에게 이렇게 선언한다. "아벨, 너는 죽어야 하는 목숨이야." 아벨: "제가 왜 죽어야 합니까?" 카인: "내가 왜 너를 죽이고 싶어하는지 그 이유를 듣고 싶은가? …… 그럼 말해 주지. 네 놈이 하느님 사랑을 너무 많이 받고 있기 때문이다." 카인은 잽싸게 아벨에게 달려들어 아벨의 숨이 끊어지도록 주먹질을 한다. 하지만 이 희곡의 작가는 자비심이 많은 사람이었다. 지시문을 보면 "아벨은 옷 밑에 냄비를 하나 숨기고 있다."고 되어 있기 때문이다.[18]

성경을 내용으로 한 이러한 연극들은 이후 "미스테리(mysteries)"로 불리는데, 그 어원인 라틴어 "미니스테리움(ministerium)"에는 "연기"라는 뜻과 함께 "극(drama)"이라는 뜻도 있었다. 그러다 성경에 등장하지 않는 내용까지 다루게 되고부터는 "미라쿨룸(miraculum, 기적극)"으로 불리게 되었고, 이런 작품들에서는 보통 성모 마리아나 여타 성인들의 기적을 다루었다. 아벨라르의 제자 힐라리우스도 (1125년경에) 라틴어와 프랑스어를 섞어 그러한 단편 희곡을 몇 편 써낸 바 있다. 13세기 중반에 이르자 이제 이런 기적극은 각국의 토착어를 사용해 쓰는 것이 관례처럼 되었다. 나아가 점차 영역을 넓혀 가고 있던 유머의 요소도 극에서 점차 막중한 역할을 하게 되었을 뿐 아니라, 작품의 소재 역시 교회를 벗어나 점점 더 세속적이 되어 갔다.

한편 촌극은 나름의 발전을 이루어 제대로 된 극을 향해 한발 한발 다가가고 있었다. 그 발전상의 본보기로 흔히 단편 둘을 꼽는데, 둘 모두 (1260년경) 꼽추 아당(아당 드라알)의 펜 끝에서 나와 현재의 우리에게까지 전해지고 있다. 그중 하나가 「희곡 아담」이라는 작품으로, 아당 자신의 이야기를 담고 있다. 애초 아당은 사제가 되겠다고 마음먹은 젊은이였으나, 어느 날 사랑스러운 마리를 만나 사랑에 빠지고 만다. "아름답고도 청명한 여름날이었다. 날씨는 따스하고 세상은 초록빛이었으며, 하늘에선 새들이 흥겹게 지저귀고 있었다. 개울가의 키 큰 나무숲 사이에 있을 때 …… 나는 한 여인에게서 도저히 눈을 뗄 수 없었으니 바로 지금의 내 아내이다. 이제 그녀의 얼굴은 핏기 없이 누르뎅뎅해지고 …… 나는 그녀를 가지고 싶은 마음이 더 이상 없다." 이런 이야기를 아당은 마치 시골 농부가 하듯 자기 아내에게 직설적으로 다 털어놓고는 자신은 파리로 가서 대학에 들어가겠다고 한다. 이렇듯 부부를 중심으로 이야기를 전개시키다 작가는 느닷없이, 논리보다는 운을 맞추기 위한 장치로, 갖가지 인물을 등장시킨다. 그리하여 의사, 광인(狂人), 수도사가 나와 사람들에게 적선을 요구하고 기적을 약속하는가 하면, 오늘날 오페라에서도 발레단이 어떻게 해서든 한 번은 나오는 것과 비슷하게, 요정들이 무리 지어 나와서는 다 같이 노래를 부른다. 그러다 아당이 한 요정의 기분을 상하게 하고, 이로써 아당은 그 요정으로부터 아내를 절대로 떠날 수 없다는 저주를 받게 된다. 어찌 보면 어처구니없는 줄거리이지만, 이런 이야기들이 줄기차게 발전해 온 덕에 오늘날 버나드 쇼 (Bernard Shaw) 같은 극작가도 나올 수 있었던 것이다.

이제 극의 내용은 점점 세속적이 돼 가고 있었고, 그러자 공연장도 차차 교회를 벗어나 시장 거리나 마을 광장 같은 곳으로 자리를 옮겨 갔다. 이 시절에는 극장 같은 것은 따로 없었다. 보통 여름 축제 때면 있곤 했던 공연은 워낙 열리는 일이 적었기 때문에 그때그때 간이 무대를 만들어 이용하면 그만이었다. 그럴 때면 사람들의 감상용 벤치와 귀족 전용의 화사한 칸막이 좌석이 함께 마련되었다. 무대 주변에 자리한 집들은 연극에 배경 역할은 물론 소도구 역할까지도 해 주었을 것이다. 같은 연극이라도 종교극일 경우에는 대체로 젊은 성직자들이 배역을 맡아 연기했고, 세속극의 경우에는 마을의 무언극 배우들이나 떠돌이 음유 시인들이 배역을 맡았다. 여자들이 연극에 출연하는 일은 좀처럼 볼 수 없었다. 이렇듯 극작품의 막이나 주제가 점차 교회와 동떨어지게 되자 그 내용은 우스꽝스럽고 외설스러운 성격을 띠었다. 따라서 애초 진지한 극을 탄생시킨 장본인인 교회가 제동을 걸지 않을 수 없었으니, 마을의 이러한 연극들을 비도덕적인 것으로 규정한 것이다. 일례로 링컨의 주교 그로스테스트는 과도한 음주 및 바보 축제(1월 1일경에 특히 프랑스에서 열린 것으로, 가짜 주교나 교황을 뽑아 종교 의식을 익살스럽게 풍자하거나 고위 관리와 하급 관리의 위치를 바꾸는 행사를 벌였다. ─옮긴이)를 그리스도교의 금지 행사로 비난한 바 있었는데, 그 금지 목록에 이런 연극들을(심지어는 기적극까지도) 포함시키기에 이른다. 그리하여 당시 연극에 출연했던 배우들은 이런 유의 여러 명령에 따라 (1236~1244년) 자동적으로 파문을 당하는 신세가 되었다. 그래도 성 토마스는 이보다는 너그러운 편이었다. 그는 애초 연극은 인류를 위로하기 위해 생겨났고, 배우는 그런 연극을 실연해 보이는 사람인만큼 신의 자비로써 지옥에 떨어지는 일은 면해야 옳다고 했다.[19]

4. 서사시와 영웅 전설

이렇듯 문학이 점점 세속화하자, 이에 보조를 맞추듯 각국에서는 토착어들이 발달하기 시작했다. 사실 12세기 무렵까지만 해도 라틴어를 이해할 줄 알았던 이들은 대체로 성직자 계층에 한정되었고, 따라서 작가가 평신도까지 읽길 바라고 글을 쓸 때는 그 지방의 토착어를 쓰는 수밖에는 없었다. 나아가 사회적 질서가 그 지반을 넓혀 가면서 책을 읽는 독자층도 점차 광범위해지는 추세였으니, 이러한 독자의 요구를 충족시키기 위해서도 각국의 문학이 발전해 나왔다. 그렇게 해서 프랑스 문학이 자리 잡기 시작한 것이 11세기의 일이었고, 독일 문학은 12세기, 잉글랜드, 스페인, 이탈리아 문학은 13세기에 자리를 잡기 시작한다.

당연한 일이지만 유럽의 이런 토착 문학들은 초기에는 민간 가요의 형태를 하고 있었다. 그런 노래가 차츰차츰 길어져 발라드로까지 발전하였고, 이러한 발라드는 다시 스스로 덩치를 불리거나 또는 다른 노래와 합쳐져 「베오울프」, 「롤랑의 노래」, 「니벨룽겐의 노래」, 「시드」 같은 소규모 서사시로 변모해 갔다. 이 중에서도 「롤랑의 노래」 같은 경우는 9세기 혹은 10세기에 지어진 다양한 발라드들이 1130년경에 들면서 하나로 합쳐져 만들어진 듯하다. 그 안에 든 4000개 구절은 단순하면서도 약강격의 물 흐르는 듯한 운이 특징으로, 롤랑이 어찌하여 론세스발레스에서 목숨을 잃게 되었는지를 전하고 있다. 먼 옛날 샤를마뉴가 무어인의 땅 스페인을 "정복한 후"(실제로 샤를마뉴가 스페인을 정복한 적은 없다. ─옮긴이) 휘하 군대를 이끌고 프랑스로 돌아올 때의 일이다. 프랑스군에서는 가늘룽이란 자가 충의를 버리고 아군의 퇴각로를 적에게 누설해 버리는 일이 발생한다. 이에 프랑스군 후미가 위태한 지경에 처하고 롤랑은 이를 자진해서 맡는다. 그러다 좁다랗게 구불거리는 피레네 산맥의 한 협곡에 다다랐을 때였다. 벼랑에 매복해 있던 바스크인 군대가 얼마 안 되는 롤랑의 부대를 덮쳐 온다. 친구 올리비에는 롤랑더러 커다란 뿔피리를 어서 불어 샤를마뉴에게 도움을 청하라고 이르지만, 롤랑은 장수의 위신이 서지 않는다며 거절한다. 롤랑, 올리비에, 투르팽 주교는 휘하의 병사들만 이끌고 사력을 다해 싸우지만, 그 와중에 병사 거의 모두가 목숨을 잃고 만다. 올리비에도 이때쯤 머리에 치명상을 당해 얼굴로 피가 줄줄 흘러내리고 그 바람에 앞이 잘 보이지 않는다. 그는 롤랑을 적군으로 착각하고는 그에게 일격을 가한다. 올리비에가 휘두른 검에 롤랑의 투구는 정수리부터 코언저리까지 금이 가지만 간신히 목숨은 건질 수 있었다.

이 일격에 롤랑이 올리비에를 바라본다.

점잖고도 부드러운 목소리로 그는 묻는다.

"전우여, 그대는 진심에서 날 친 것인가?

나일세, 자네가 그토록 사랑하는 롤랑.

자네는 나에게 맞선 적이 한 번도 없었는데."

올리비에가 말한다. "목소리를 들으니 자네군.

내 눈이 몰라봤네. 하느님께서 자넬 구하셨네!

내가 자네를 내리쳤네. 이 나를 용서하게!"

롤랑이 답한다. "다친 데는 하나 없네.

이 자리에서, 하느님 앞에서 자네를 용서하네."

이렇게 말하며 둘은 서로에게 머리를 숙인다.

사랑으로 무장하고 각자의 전선으로 뛰어든다.[20]

결국에는 롤랑도 뿔피리를 부는 수밖에 다른 도리가 없다. 얼마나 온 힘을 다해 뿔피리를 부는지 관자놀이에서 피가 다 흘러내린다. 피리 소리를 들은 샤를마뉴는 "허옇게 센 턱수염을 바람에 휘날리며" 후미를 구하러 달려온다. 하지만 길은 멀기만 하니, "높은 데까지 이어진 산길은 어둠 속에 광막하고, 깊은 데까지 빠지는 물길은 물살이 세차다." 한편 그 사이 롤랑은 저 세상으로 간 올리비에의 시신을 붙들고 이렇게 말한다. "전우여, 이제까지 우리는 수많은 나날을 함께하지 않았던가. 그럼에도 서로에게 못된 짓 한 번 하지 않았는데. 자네가 이렇게 가고 나면 고통뿐인 이 세상을 나는 어떻게 살아가나." 그러자 올리비에와 같이 죽어 가던 주교 투르팽이 롤랑이라도 어서 달아나 목숨을 구하라고 한다. 하지만 롤랑은 주교의 제의를 물리치고 끝까지 싸움을 계속하여 마침내 바크스인 부대를 몰아내 버린다. 하지만 그러다 롤랑 역시 치명상을 입고 만다. 롤랑은 마지막 사력을 다하여 자신이 들고 있던 보석검 뒤랑달을 돌에 박아 부러뜨린다. 뒤랑달을 이교도의 손에 넘기느니 그 편이 낫다고 생각해서였다. 이제 "롤랑 백작은 소나무 밑에 몸을 누이고, 스페인 땅을 향해 얼굴을 돌렸다. …… 수많은 기억들이 머릿속을 주마등처럼 스쳐 갔다. 그가 정복했던 곳곳의 땅들, 아름다운 조국 프랑스, 그의 가족, 그리고 자신을 자식처럼 키워 준 샤를 대제, 눈에서 눈물이 흘러내렸다." 롤랑은 끼고 있던 장갑을 하늘로 들어 올려서는 자신이 하느님의 충직한 신하임을 내보였다. 이윽고 샤를마뉴가 도착해 롤랑을 찾지만 그는 이미 죽어 있었다. 원문은 단순하면서도 기사도 특유의 숭고미가 느껴지는데, 아무리 번역을 잘 해도 그 묘미를 살리기란 불가능할 것 같다. 물론 이 작품은 프랑스 어린이들이 기도문에 버금가게 많이 배울 만큼 프랑스의 국가적 서사시이다. 따라서 프랑스에서 나고 자라 그 나라를 사랑하고 섬기게 된 사람이라야만 이 서사시의 박력과 정서를 온전히 느낄 수 있을 것이다.

스페인이 국가적 서사시로 삼을 만한 작품이 탄생하게 된 것은 1160년경, 한 이름 없는 시인이 뤼(Ruy) 혹은 로드리고 디아즈(1099년 사망)의 품성과 치적을 낭만적으로 이상화하여 「시드의 시」란 작품을 써내면서였다. 이 작품에서도 역시 주제는 그리스도교도 기사들이 스페인의 무어인들과 벌이는 싸움이며, 그 과정에서 영주의 용기, 고결함, 아량을 예찬하고 동시에 사랑의 노예가 되기보다 전쟁의 영광을 얻는 것이 더 훌륭한 일이라 말한다. 이렇듯 기사도를 중시한 작품인 만큼 로드리고는 한 배은망덕한 왕에게서 버림받자 아내와 자식들을 수녀원에 데려다 놓고는 싸움에 나가서 다섯 번을 이기기 전까지 가족들 곁으로 절대 돌아오지 않겠다고 맹세한다. 그러고는 전장에 나가 무어인들과 싸우게 되니, 이로써 이 시의 전반부는 호메로스의 작품을 연상시키는 웅장한 승리로 가득 채워진다. 여기에 영주는 싸움 중간 중간 유대인의 재물을 훔쳐다 가난한 이들에게 구호품으로 나누어 주는가 하면, 나환자를 하나 만나 그의 식량을 대 주기도 한다. 영주는 이 나환자와 같은 접시로 밥을 먹고, 같은 침대에서 잠을 자는 것도 마다하지 않았는데, 나중에 알고 보니 그는 그리스도가 부활시켰다던 바로 그 라자루스였다. 물론 이는 역사에는 부합하지 않지만, 「롤랑의 노래」가 샤를마뉴를 이상화시킨 것에 비하면 그렇게 사실 왜곡이 심하다고는 할 수 없다. 뿐만 아니라 이 「시드」는 스페인의 사상 및 민족적 자긍심을 높이는 데도 큰 자극제 역할을 했으니, 이후 스페인에서는 이 영주를 주제로 한 발라드만 수백 개가 지어져 나오고, 제법 역사성을 갖춘 역사서들도 수십 편이 씌어졌다. 생각해 보면 이 세상에서는 진실만큼 인기 없는 것이 없으며, 인간이나 나라나 낭만이 끊이지 않고 이어져야 그것을 중추로 삼아 삶을 살아 나가는 것이다.

이쯤에서 우리는 아이슬란드의 이야기를 꺼내게 되는데, 사실 이 부분에 대해서는 이제까지 아무도 속 시원한 설명을 내놓은 적이 없다. 이 조그만 나라는 늘 사나운 비바람에 시달리고 주변은 바다에 꽉 막힌 곳인데, 어떤 이유에서인지 이 무렵 들면서는 그 입지 및 크기에 전혀 걸맞지 않게 아주 거창하고도 빼어난 문학이 만들어져 나왔다. 아마 여기에는 다음의 두 가지 환경이 일조했을 것이다. 첫째, 이곳에는 구전으로 전해지는 역사 전승이 아주 풍부했으니, 원래 집단이 고립돼 버리면 이런 전승을 무엇보다 소중히 여기는 법이다. 둘째, 이곳 사람들은 예로부터 책 읽는 습관이(혹은 다른 사람이 책을 읽어 주는 것이) 몸에 배어 있었는데, 긴긴 겨울밤을 보내는 데에는 책만큼 좋은 것이 없었기 때문이다. 그래서 이 섬나라에는 12세기부터 이미 수도원에 도서관이 갖춰진 것은 물론, 개인이 세운 사립 도서관도 상당수에 이르렀다. 그러다 글 쓰는 일이 일반인에게도 손쉬운 일이 되면서, 사제뿐만이 아니라 평신도들도 자기네 나라의 민족 전승을 글로 남기기에 이른다.

글 쓰는 사람이 다른 일에도 활동적인 경우는 지극히 예외적인 일이나, 13세기의 아이슬란드 최고 작가는 아이슬란드의 최고 갑부였던 동시에 이 공화국의 원수직(이 직책은 '법을 말하는 자'라는 뜻이었다.)도 두 번이나 역임한 인물이었다. 스노리 스툴루손(1178~1241년)은 글보다는 삶 자체를 더 사랑했다. 그래서 세계 각지를 두루 여행했고, 나라의 정치에 활발히 참여하면서 정쟁에도 자주 휘말렸으며, 그러다 예순둘의 나이에 사위 되는 사람 손에 목숨을 잃고 말았다. 그가 써낸 책 중에서도 우선『세계의 운행』은 노르웨이의 역사 및 전설을 다룬 작품으로, 행동가의 글답게 군더더기 없고 간단명료한 것이 특징이다. 한편『스노리 스툴루손의 에다』, 또는『산문 에다』는 여러 가지의 잡다한 내용을 한곳에 모아 놓은 작품으로, 성경 속 역사에 대한 요약과 함께, 노르웨이 신화에 대한 개관, 시의 운율법에 대한 소론, 시 짓는 기술에 대한 글이 들어 있다. 또 이와 함께 시작(詩作) 재능의 기원에 대해서도 비뇨기과적 차원에서 다소 독특한 설명을 내놓고 있다. 먼 옛날 신들이 양편으로 나뉘어 싸울 때의 일이다. 옥신각신하던 신들은 이윽고 싸움을 멈추었고 화해하는 표시로 항아리를 가져다 그 안에 침을 뱉기로 하였다. 그런데 이 타액에서 반신(半神)인 크바시르가 만들어져 나왔고, 이 크바시르는 고대 그리스 신화의 프로메테우스처럼 인간들에게 지혜를 가르쳐 주었다. 그러던 어느 날 난쟁이 무리가 찾아와 이 크바시르를 죽여서는 그가 흘린 피를 포도주와 섞어 즙을 만들기에 이르니, 누구든 이 즙을 마시는 사람은 노래 짓는 재주를 손에 넣을 수 있었다. 그러자 위대한 신 오딘이 세상 구석구석을 뒤져 난쟁이들이 몰래 숨겨 놓은 술을 찾아내어서는 그 자리서 모조리 들이켜 버린 뒤 하늘로 날아가 버렸다. 하지만 오딘의 몸 안이 비좁았던지 그가 마신 술이 밖으로 졸졸 새어 나왔다. 하지만 사람들이 흔히 퍼 마시는 공공 분수대 같은 데로는 이 술이 흘러드는 법이 없었다. 이 신성한 물줄기는 영감을 불러일으키되 연무처럼 뿌옇게 땅을 뒤덮고 있었으니, 몸에 그 물기가 촉촉이 배어들게 되는 사람은 하늘이 주신 시적 재능을 지니게 되는 것이었다.[21] 박식한 사람의 머리에서 나온 것 치곤 터무니없다 싶기도 하겠지만, 사실 조리가 닿기로 따지면 역사에 못지않은 이야기이다.

이 무렵 아이슬란드에서는 실로 놀라울 만큼의 많은 문학 작품들이 탄생돼 나왔다. 이들 작품들에는 지금 봐도 손색이 없을 정도로 흥미, 생동감, 유머 감각이 넘쳐 났으며, 곳곳에 배어 있던 시적 감흥은 산문에까지 그대로 녹아들어 있었다. 아일랜드에서는 이때에만 수백 개의 영웅 전설이 씌어졌는데, 짤막한 것들이 있는가 하면 소설처럼 긴 것들도 있었고 또 역사에 바탕을 둔 것들도 있었다. 하지만 대체로는 역사와 신화를 한데 섞은 것이 주류를 이루었다. 일반적으로 그 내용은 야만성이 날뛰던 시대의 일을 교양 있게 회상하는 것인데, 사람의 도의적 면과 폭력성을 함께 응축시킨 것이 특징이며, 격앙된 논쟁으로 분위기를 격화시켰다가도 사랑을 주제로 삼아 분위기를 다시 완화시키곤 한다. 스노리가 쓴 윙링아 영웅담은 노르웨이 기사들에 대한 이야기로, 기사들이 싸움에서 서로를(혹은 스스로를) 불태워 죽인다는 게 주 내용이다. 이런 전설 중에서도 가장 창의력이 돋보이는 작품은 볼숭가 영웅담인데, 『구(舊)에다』(『운문 에다』라고도 한다.)에서 그 초창기 형태를 찾아볼 수 있으며 바그너의 오페라 「니벨룽겐의 반지」는 그 최근작에 해당한다.

스노리의 영웅담에서 볼숭은 바엘스의 후손을 통틀어 일컫는 말로, 노르웨이의 왕 바엘스는 위대한 신 오딘의 증손자이자 이 영웅담의 주인공 격인 시구르드(지크프리트)의 할아버지이다. 「니벨룽겐의 노래」에서는 니벨룽 하면 부르고뉴 지방의 왕들을 일컫는데, 이와 달리 「볼숭가 영웅담」에서 볼숭은 라인 강일대에 살면서 황금 반지를 지키는 난쟁이 일족을 일컫는다. 이 반지는 그 가치를 따질 수 없을 정도로 진귀한 보물이지만 누구든 반지의 주인이 되면 저주와함께 재앙을 피할 수 없다. 그러던 어느 날 시구르드가 이 반지를 지키고 있던용 파프니르를 죽이고 보물을 차지한다. 그는 여기저기를 방랑하다 사방이 불길에 휩싸인 언덕에 다다르는데, 이 언덕 위에는 발키리(오딘을 조상으로 둔 여성 반신) 브룬힐트가 잠들어 있다. 이 이야기가 「잠자는 숲속의 공주」의 한 형태임을 드러내는 대목이다. 그녀의 아름다운 모습에 시구르드는 첫눈에 반하고, 그녀 역시 시구르드에게 마음을 빼앗긴다. 그리하여 둘은 서로만을 사랑하기로 맹세하지만, 중세 시대의 사랑이야기가 대체로 그렇듯 시구르드는 그길로다시 여행길에 오른다. 이때 라인 강 일대를 다스리던 건 기우키라는 왕이었는데, 어느 날 시구르드는 이 왕의 궁전에 들렀다가 공주 구드룬을 만나게 된다.

왕비는 시구르드가 사윗감으로 탐났던 나머지 음료에 마법을 걸어서는 시구르드더러 마시게 한다. 그걸 마시자 시구르드는 브룬힐트는 까맣게 잊은 채 왕비의 뜻에 따라 공주와 결혼을 하게 된다. 한편 기우키 왕에게는 군나르라는 아들도 있었는데 이 왕자가 브룬힐트와 결혼해서 그녀를 궁으로 데려온다. 시구르드가 자신을 까맣게 잊은 걸 알자 브룬힐트는 분을 못 이기고 자객을 시켜서는 그를 죽인다. 하지만 이내 자책감에 젖어서는 제 발로 시구르드의 화장용 장작더미에 올라간다. 그러고는 시구르드의 칼로 스스로 목숨을 끊고 그와 함께 한 줌의 재로 화한다.

이런 아이슬란드 영웅담 중에서도 그 형식상 현대성이 제일 돋보이는 작품으로는 「불에 탄 니얄 이야기」(1220년경)가 꼽힌다. 이 작품의 특징이라면 인물들이 가진 나름의 성격을, 작자의 묘사를 통하기보다, 해당 인물의 말과 행동으로 예리하게 표출해 낸다는 점이다. 이 이야기는 전반적으로 짜임새가 훌륭하여, 애초 인물들 간에는 숙명적 관계가 설정돼 있고 그 사이에서 갖가지 소동이 발생하여 종국에는 핵심적 파국으로 치닫는 모습이다. 여기서 핵심적 파국이란 니얄의 집이 불에 타 버리는 것을 이르는데 이로 인해 니얄은 물론 그의 아내 베르그소라와 아들들까지 목숨을 잃는다. 화재를 일으키는 장본인은 플로시라는 인물이 이끄는 무장 세력으로서, 니얄의 아들들에게 피 맺힌 원한을 갖고 있던 플로시가 그 앙갚음을 위해 벌이는 일이다.

그러자 플로시가 …… 니얄을 밖으로 불러내어 이렇게 말했다.

"니얄 선생님께 제가 제안을 하나 하겠습니다. 어서 이 집을 떠나십시오. 이 집에 남아 있다가 당신께서 화를 당하실 필요는 없습니다."

그러자 니얄이 말했다. "여길 떠날 생각이 나에겐 없네. 난 이미 나이를 먹을 만큼 먹었어. 물론 여기서 죽으면 내 아들들에 대한 복수를 도와주는 셈이 되지만, 그렇다고 치욕 속에서 살 마음도 없네."

그러자 이번에는 플로시가 베르그소라에게 말했다. "안주인께서는 이 집을 떠나

십시오. 이 집에서 당신을 태워 죽이고 싶은 마음은 조금도 없습니다."

그러자 베르그소라가 말했다. "난 어릴 적에 이 사람에게 시집왔어요. 그때 우린 서로 약속했지요. 똑같은 운명을 끝까지 둘이서 함께하겠다고."

할 말을 마치자 둘은 같이 집 안으로 다시 들어갔다.

"이제 어떻게 할까요?" 베르그소라가 말했다.

"함께 침실로 갑시다. 거기 가서 몸을 좀 누입시다. 이렇게 쉴 수 있는 날이 오기를 얼마나 기다려왔소."

그러자 베르그소라가 카리의 아들 소르드에게 말했다. "너는 할머니와 함께 나가자. 여기 있다간 너도 불에 타 죽게 돼."

그러자 소년이 말했다. "할머니가 늘 약속한 말이 있잖아요. 제가 원하면 언제까지나 곁에 있어 주겠다고. 두 분이 가시고 살아남느니 차라리 같이 죽는 편이 나아요."

베르그소라는 결국 소년을 안고 침실로 들어오는 수밖에 없었다. …… 그녀는 자기와 니얄 사이에 소년을 눕혔다. 그러고는 자신들 몸에, 그리고 소년의 몸에 성호를 긋고 셋의 영혼을 하느님께 바쳤다. 그것이 그들의 입에서 흘러나온 마지막 말이었다.[22]

유럽 대륙에서 인구 이동이 한창이던 시절(300~600년)에는 사회가 혼란스럽고, 야만성이 득세했으며, 사랑은 살인으로 점철됐으니, 일반 백성이나 음유시인들의 머리에는 혼란스러웠던 그때의 기억이 수도 없이 많이 남아 있었다. 그 수많은 이야기 중 일부가 오랜 세월을 견디고 살아남아 노르웨이와 아이슬란드까지 전해지게 되고, 바로 여기서 「볼숭가 영웅담」 같은 작품이 탄생돼 나온 것이다. 한편 독일에서도 이와 비슷한 이름과 주제를 지닌 작품 상당수가 살아남아 전설, 발라드, 영웅담의 형태를 하고 점차 그 수를 불려 갔다. 그러다 12세기의 어느 시점엔가 무명의 한 독일인이 나타나서는 그 내용들을 한데 모아 전혀 다른 모습으로 탈바꿈시키니, 바로 「니벨룽겐의 노래」이다. 중세 고지 독일어로 씌어진 이 작품은 대구(對句)를 이루는 2행의 시연이 반복되는 형식이며, 태곳적의 열정과 이교도의 정조가 주된 서사를 이룬다.

4세기의 어느 무렵, 라인 강의 보름스에 성이 하나 있었으니 군터 왕과 그의 두 아들이 부르군트 왕국을 다스리는 곳이었다. 성에는 그들보다 어린 누이 크림힐트도 함께 살고 있었는데, "그 모습이 얼마나 아름다운지 세상 어디서도 그만한 미녀는 찾아볼 수 없었다." 한편 이 시절 북유럽 저지(低地)를 다스리던 것은 지크문트 왕이었고, 왕은 아들 지크프리트(시구르드)를 제후로 봉하여 크산텐 지역 및 라인 강 인근의 영지를 넉넉히 주어 다스리게 했다. 어느 날 지크프리트에게 소문이 들려 오길 근방에 크림힐트라는 빼어난 미인이 있다는 것이었다. 그길로 군터 왕의 궁을 찾아간 지크프리트는 왕의 신임을 얻는 데 성공하여 그곳에서 후한 대접을 받으며 1년을 머물렀다. 하지만 1년의 세월이 다 흐르도록 크림힐트는 단 한 번도 만나볼 수 없었다. 하지만 크림힐트는 달랐으니, 궁의 뜰 안에서 벌어지는 젊은이들의 마상 시합을 높은 데서 지켜보며 첫눈에 그를 사랑하게 된 것이다. 마상 시합에서 그는 누구도 따를 수 없을 만큼 출중한 기량을 보인 데다, 전쟁이 터졌을 때도 부르군트 백성들을 위해 용감히 맞서 싸웠다. 그러던 어느 날 전쟁에 승리하여 평화가 찾아오자 군터 왕이 궁 안의 여인들을 곧 열리는 잔치에 한 명도 빠짐없이 참석하게 했다.

그리하여 지체 높은 아가씨들은 한껏 공을 들여 단장하기 바쁘고, 젊은이들은 어떻게든 이 아가씨들의 마음에 들려 여념이 없었으니 부유한 왕이 가진 땅 따위는 이미 안중에 없었다. …… 오, 그때 크림힐트가 좌중에서 모습을 드러내는데, 마치 한 줄기 햇살이 짙게 깔린 먹구름을 헤치고 나타나는 것만 같았다. 그녀를 그토록 오랫동안 마음속에 품어 왔던 지크프리트도 그간의 고생이 다 갚아지는 듯했다. …… 하지만 기쁨도 잠시뿐 이윽고 그에겐 슬픔이 밀려드니 자신도 모르게 이런 생각이 든 까닭이었다. "이토록 아름다운 당신을, 내가 무슨 수로 유혹한단 말인가? 다 헛된 꿈이었구나. 하지만 나란 놈이 있다는 건 알려야 죽을 때여한이 없겠다.".…… 자신이 눈여겨보아 오던 그 대단한 남자 앞에 서자 크림힐트는 얼굴이 붉어져서 말했다. "어서 오세요, 지크프리트 님, 고귀하고 훌륭한 기사시여." 크림힐트의 이 말을 듣자 지크프리트 안에서도 다시금 용기가 솟아났다. 그도 한껏 우아하게 기사의 예를 갖추어서는 그녀 앞에 몸을 숙이고 감사 인사를 건넸다. 강한 사랑은 어느덧 둘 사이를 단단히 묶어 놓았고, 둘은 눈빛으로 서로에 대한 갈망을 은밀히 전했다.

한편 군터 왕은 당시 독신으로 지내던 터였는데 아이슬란드의 여왕 브룬힐트에 대한 소문이 자자했다. 하지만 그녀를 아내로 맞으려면 반드시 그녀와의 힘겨루기 시합에서 세 번을 이겨야 하며, 시합에서 한 번이라도 졌다간 목을 내놓아야 한다는 것이었다. 이에 군터가 지크프리트에게 도움을 요청하니, 지크프리트는 크림힐트를 아내로 달라는 조건으로 그 제안에 응낙했다. 그리하여 두 남자는 곧 이루어질 사랑을 꿈꾸며 드넓은 바다를 거침없이 헤쳐 아이슬란드에 이르렀다. 지크프리트는 가져온 마법 망토를 둘러 자신의 몸을 보이지 않게 만들고는 세 번의 시합에서 군터가 내리 승리하도록 도와주었다. 그리하여 군터는 내키지 않아 하는 브룬힐트를 신붓감으로 삼아 무사히 궁으로 돌아올 수 있었다. 결혼식 때 입을 신부의 호화로운 예복을 꾸미는 데만 여든여섯 명의 처녀들이 동원되었다. 이윽고 그 언제보다 성대한 합동결혼식이 궁에서 열렸고, 이 자리에서 지크프리트도 크림힐트를 아내로 맞아 결혼식을 올렸다.

하지만 군터가 영 성에 차지 않던 브룬힐트는 지크프리트를 보며 저 남자야말로 자신의 짝이라고 여겼다. 결혼식을 올린 첫날밤 군터는 브룬힐트의 곁을 찾아들지만 브룬힐트는 그를 단숨에 내동댕이쳤다. 그것도 모자라 손발을 밧줄로 꽁꽁 묶어서는 벽에 대롱대롱 매달아 두기까지 했다. 밧줄에서 풀려난 군터는 그길로 지크프리트에게 달려가 도움을 간청했다. 그리하여 다음 날 밤 브룬힐트 곁에 찾아든 것은 군터로 변장한 지크프리트였다. 군터는 어두컴컴한 방에 숨어, 두 눈으로 볼 수 없으니 두 귀를 곤두세웠다. 브룬힐트는 침대로 들어오는 지크프리트도 단숨에 내동

댕이쳐 버렸다. 그러고는 뼈가 으스러지고 머리가 깨지도록 사정없이 드잡이를 해 오는 것이었다. 정신없이 얻어맞던 중 지크프리트는 문득 이런 생각이 들었다. "아, 내가 여기서 여자의 손에 목숨을 잃었다간, 앞으로 모든 여자들이 자기 남편을 업신 여기겠지." 지크프리트는 마침내 브룬힐트를 제압하는 데 성공했고, 그녀로부터 아 내가 되겠다는 약속을 받아 냈다. 이제 할 일을 마친 지크프리트는 브룬힐트의 허리 띠와 반지를 챙겨 가지고는 몰래 방에서 나왔다. 그리고 완전히 녹초가 된 여왕 곁 으로는 군터가 찾아들었다. 지크프리트는 챙겨 온 브룬힐트의 허리띠와 반지를 크 림힐트에게 선물로 주었다. 그런 후에는 그녀를 데리고 아버지에게 갔고, 이제 아버 지는 아들에게 유럽 저지(低地)의 왕 자리를 물려주었다. 지크프리트는 니벨룽겐 왕가에 쌓여 있던 금은보화로 아내는 물론 아내의 시녀들까지 성장(盛裝)을 시키 니, 여자들이 그렇게까지 화려하게 차려입은 것은 전례가 없던 일이었다.

얼마 후, 크림힐트는 보름스에 들렀다가 브룬힐트를 만나게 되었다. 브룬힐트는 크림힐트의 근사한 차림새에 질투가 난 나머지, 지크프리트는 군터의 한낱 가신에 불과하다는 사실을 들추어냈다. 이 말에 크림힐트는 벌컥 화를 내며 일전에 브룬힐 트를 제압한 것은 사실 군터가 아니라 지크프리트라며 그 증거로 예전의 그 허리띠 와 반지를 보여 주었다. 한편 군터에게는 하겐이라는 이복형제가 있었는데, 음울한 성격의 이 하겐이 군터를 부추겨서는 지크프리트를 처치해 버리기로 한다. 둘은 지 크프리트를 불러 함께 사냥에 나섰고, 지크프리트가 목을 축이려 개울가로 몸을 수 그린 사이 하겐이 얼른 그의 몸에 창을 찔러 넣었다. 영웅과도 같던 사람이 주검으 로 변한 모습에 크림힐트는 "그만 정신을 잃고 쓰러져 낮이 가고 밤이 다 가도록 인 사불성 상태로 헤맸다." 이로써 니벨룽겐의 보물은 지크프리트의 미망인인 그녀가 물려받았지만, 이윽고 하겐의 설복에 넘어간 군터가 그 보물을 빼앗아 왔다. 군터와 형제들, 그리고 하겐은 라인 강의 한 곳에다 자기들끼리 보물을 묻고, 앞으로 무슨 일이 있어도 그 장소를 절대 누설하지 않기로 맹세했다.

이후 13년 동안 크림힐트는 어떻게 하면 하겐과 자기 형제들에게 복수할 수 있 을까 절치부심했지만, 별달리 뾰족한 수가 없었다. 그러다 훈족의 왕 에첼이 부인과 사별한 후 크림힐트에게 구혼을 해 오니, 이 청을 받아들인 크림힐트는 비엔나로 가서 훈족의 여왕으로 살게 되었다. "당시 에첼은 훌륭한 군주로 얼마나 명망이 높았던지, 그리스도교도든 이교도든 할 것 없이 용감하기로 소문난 기사들은 모조리 그의 궁으로 쉴 새 없이 몰려들었다. …… 지금은 보지 못할 광경이지만, 이때에는 그리스도교도와 이교도가 한자리에 섞이는 일이 흔했다. 사람들은 그야말로 온갖 것을 다 믿었고, 도량이 넓은 왕은 어떤 믿음을 가졌건 누구에게나 부족하지 않게 은덕을 베풀었다." 크림힐트도 이곳에서 13년간을 머물며 "선정을 베풀었고", 그 사이 하겐과 형제들에 대한 복수는 잊은 듯했다. 그리고 정말 복수 따위는 당치 않다는 듯 에첼에게 부탁을 하니, 형제들과 하겐을 초대하여 연회를 베풀어 달라는 것이었다. 하겐은 의심의 끈을 놓지 않았지만 형제들은 순순히 초청을 받아들였다. 단만일에 대비해 무장 수행단을 조직해 그들을 대동하는 것을 잊지 않았다. 왕자들, 하겐, 기사들이 에첼의 궁에 도착하자 훈족은 그들을 융숭하게 대접해 주었다. 하지만 그 틈을 타 크림힐트가 병사를 부려서는 궁 밖에 있던 수행 병사들을 모조리 죽여 버렸다. 이 소식을 전해 듣자 하겐은 황급히 무장을 갖추었다. 이윽고 궁 안은 부르군트족과 훈족 사이의 살벌한 전쟁터로 변했다.(이 대목은 437년에 있었던 훈족과의 실제 전투를 염두에 두고 쓴 듯하다.) 하겐은 칼을 들자마자 크림힐트와 에첼 사이에서 태어난 다섯 살짜리 어린 아들을 찾아내서는 그 목부터 내리쳤다. 그러고는 댕경 베어 낸 머리를 크림힐트의 무릎 위로 내던졌다. 하지만 수세에 몰린 부르군트족은 거의 몰살을 당하는 지경까지 갔고, 이에 크림힐트 및 군터와 한 형제인 게르노트가 나서서 에첼에게 부탁했다. 잠시 살육을 중단하고 살아남은 손님만이라도 궁을 빠져나가게 해 달라는 것이었다. 훈족 기사들은 자신들도 바라는 바라며 응낙했지만, 크림힐트가 단호히 거절하면서 살육전은 거침없이 이어졌다. 결국 크림힐트의 막내 동생 기슬러가 누이를 찾아와 애원했다. 기슬러는 지크프리트가 죽을 당시 고작 다섯 살이었다. "누구보다 아름다운 누님이시여, 어찌해서 제가 훈족의 손에 목숨을 잃어야 합니까? 전 이제까지 누님께 충성을 바치면 바쳤지 그 어떤 해도 끼치지 않았습니다. 소중한 누님의 충실한 사랑만 믿고 말을 타고 이 먼 곳까지 달려왔는데 정말 너무하십니다. 제발 자비심을 베풀어 주십시오." 이에 크림힐트는 남은 일행은 궁 밖으로 나가도 좋지만 하겐만은 자신 앞에 대령할 것을 명했다. 그러자 게르노트가 소리쳤다. "그건 절대로 안 될 일이다! 다 같이 죽으면 죽었지 우리가 한 사람 목숨을 내주고 구차하게 사는 일은 없다." 그러자 크림힐트는 훈족을 모조리 궁 밖으로 나오게 하고 부르군트족은 성 안에 갇혀 옴짝달싹 못하게 한 후 불을 놓았다. 불길이 타오르자 부르군트족은 열기와 갈증으로 미칠 지경이 되었고 곳곳에서 괴로움에 몸부림치는 비명이 터져 나왔다. 하겐은 죽은 자들의 피라도 마셔 갈증을 달래라고 했고 그들은 정말 죽은 자의 피라도 마시지 않으면 안 되었다. 불길 속에서 집채만 한 목재들이 우지끈우지끈 무너져 내리는 틈을 타, 부르군트족 일부가 성 밖으로 빠져나오는 데 성공했다. 이윽고 둘 사이에는 전투가 이어졌지만 결국 부르군트족 중에는 군터와 하겐 단 둘만 살아남았다. 하겐은 고트족 디에트리크와 맞붙어 싸움을 벌이다 종국에는 그에게 밀려 몸을 결박당한 채 크림힐트 앞으로 끌려왔다. 하겐을 보자 크림힐트는 니벨룽겐의 보물이 어디 있는지 물었다. 하지만 하겐은 군터의 목숨이 붙어 있는 한 절대 답할 수 없다고 말했다. 크림힐트는 병사에게 명해 역시 포로 신세가 돼 있던 자기 오빠를 죽여서는 그 머리를 하겐 앞으로 가져오게 했다. 하지만 하겐은 비밀을 말할 생각이 없었다. "이제 그 보물이 묻힌 곳은 하느님과 나 이 둘만 알 뿐이다. 당신처럼 악마 같은 여자가 알 수 있는 건 여기까지, 그 이상은 절대 안 된다." 그러자 크림힐트는 하겐의 허리춤에서 칼을 빼들더니 단칼에 그를 죽였다. 힐데브란트는 그녀 밑에서 전사로 싸우던 전사였는데, 사람 목숨을 파리만도 못하게 아는 이 여자를 더 이상은 참을 수 없었다. 그가 결국 칼을 빼들어 그녀를 죽여 버렸다.

들여다보면 그 안에서나 이면에서나 피비린내가 진동하는 끔찍하기 이를 데 없는 이야기이다. 물론 연회, 마상 시합, 사냥, 여인과의 사랑 같은 문맥은 다 빼고 가장 끔찍한 순간만을 골라 놓았으니 이야기를 그리 공정하게 다루진 못한 셈이다. 하지만 이 이야기가 전하고자 하는 핵심적이고도 씁쓸한 주제만큼은 분명히 정리할 수 있으니, 악독한 일을 당하고 나면 심성 곱던 여인도 광기어린 살인마로 변해 버릴 수 있다는 사실이다. 다소 이상하게 여겨지지만 이 이야기는 중세에 씌어진 것임에도 그리스도교 신앙의 흔적이 거의 보이지 않는다. 그보다는 오히려 인과응보를 강조하는 그리스 비극의 색채가 농후한데, 다만 그리스 비극의 경우에는 폭력성을 이토록 무대 정면에 등장시키는 일이 좀처럼 없었다. 악독한 범죄가 줄기차게 이어짐으로 인해 이 이야기에서는 당시 봉건 제후들이 보여 주었던 미덕은 전부 가려져 하나도 보이지 않고 있으며, 심지어는 손님들을 기품 있게 맞아들이던 안주인의 모습도 찾아볼 수 없다. 이 시절 만들어진 이런 유의 이야기들은 타의 추종을 불허할 만큼 야만적인데, 생각해 보면 오늘날에는 이보다 더한 일들도 일어나는 듯하다.

5. 트루바두르

11세기 말이면 십자군 전쟁이 한창이던 시기니까 유럽 문학도 하나같이 십자군의 종교적 열정에 들떴을 거라고 생각하는 건 어쩌면 당연하다. 하지만 이 무렵 프랑스 남부 지역에서는 이런 분위기와는 상관없다는 듯 서정시 유파가 하나 생겨나기에 이르니, 귀족적이고, 이교도풍이며, 교권(教權)에 반대하는 것이 특징이었다. 또 이러한 시는 곳곳에 아랍의 영향을 받은 흔적이 역력했고, 여자에 대해서도 종래와는 다른 입장을 취하고 있었다. 즉 이전만 해도 사람들은 추방 이론에 따라 에덴동산에서의 추방을 여자의 탓으로 돌렸던 반면, 이런 시들에서는 여자의 편에 서서 그들을 예찬하기 시작했던 것이다. 이 같은 운문 스타일은 툴루즈에서 시작해 파리를 거쳐 런던에까지 들어오는데, 이러한 사조를 유행시킨 주역이 바로 아퀴텐의 엘레아노르였다. 그녀는 시를 가지고 자신의 아들 사자심(獅子心) 왕 리처드 1세를 사로잡았을 뿐 아니라, 독일에서는 민네쟁어(minnesänger)를 탄생시켰으며, 이탈리아에서는 이른바 돌체 스틸 누오보(dolce stil nuovo, 우리말로는 '청신체(淸新體)'라고도 하며 중세 시대 이탈리아 서정 시인들이 즐겨 쓰던 독특한 분위기의 부드러운 문체를 이른다. - 옮긴이)를 탄생시켜 단테에까지 그 명맥이 이어지게 했다.

프랑스의 이 시체(詩體)를 탄생시킨 장본인은 다름 아닌 엘레아노르의 조부, 즉 푸아투의 백작이자 아퀴텐의 공작이었던 기욤 9세였다. 겁 모르는 이 사나이가 맨 처음 통치자 자리에 오른 건 고작 11살의 나이(1087년), 거의 독립국과 다름없던 남서 프랑스 지역을 넘겨받아 다스리게 되면서였다. 이후 그는 제1차 십자군 전쟁에 참가하여 당시의 승리를 시로 써서 노래하기도 했다. 하지만 이단에 물든 그 땅의 수많은 귀족들이 그랬듯, 기욤 역시 교회를 시답잖게 보았던 건 물론 나아가 교회의 사제들을 재미삼아 조롱하는 일도 서슴지 않았다. 프로방스에서 씌어진 한 오래된 전기에 따르면 그는 "예의를 차리기로는 세상에서 제일가는 신사였으나, 숙녀들을 상대로 엄청난 사기를 치기 일쑤였다. 기사로서 용감함을 자랑했던 그는 여인들과의 수많은 염문으로도 유명했다. 또 노래를 잘 하고 시를 잘 지어냈을 뿐 아니라, 어느 때엔가는 오래도록 나라 구석구석을 떠돌면서 뭇 여인들의 마음을 현혹하기도 했다."[23] 결혼하여 아내가 있었음에도 불구하고, 그는 아름답기로 소문난 샤텔레오 자작 부인을 자기 사람으로 데려와 세간의 공공연한 질타 속에서 보란 듯 동거를 했다. 이때 앙굴렘의 주교직을 맡고 있던 사람이 담대한 한 대머리 사제였는데, 결국에는 그가 보다 못하고 기욤에게 못된 짓은 이제 그만두라고 명령했다. 그러자 기욤은 이렇게 답하는 것이었다. "내 곧 자작 부인과 갈라서리다. 당신 머리숱이 많아져 빗질이 필요할 정도가 되는 그 날이 오면 말이오." 결국 기욤은 교회로부터 파문을 당했고, 그러던 어느 날 푸아티에의 주교를 마주치게 되었다. 기욤이 이렇게 말했다. "나를 파문에서 풀어 주시오. 안 그러면 이 손으로 당신을 죽여버리겠소." 그러자 주교가 자신의 목을 앞으로 내밀며 말했다. "어서 치시오." 윌리엄이 말했다. "됐소. 여기서 당신을 죽였다간 당신을 천국으로 보내게 될 텐데, 나는 그 정도로 당신을 사랑하지는 않으니까."[24] 이 무렵에는 귀족 여인들에게 연애시를 바치는 일이 유행이었는데, 그 스타일을 정착시킨 것이 바로 기욤 공작이었다. 공작은 자신의 말을 곧 행동으로 보여 주는 사람이었고, 그런 식으로 짧지만 즐거운 생을 살다 쉰여섯의 나이에 세상을 떠났다.(1137년) 그러면서 자신이 가졌던 엄청난 영지와 함께, 시와 사랑에 대한 그의 취향까지도 손녀 엘레아노르에게 고스란히 물려주었다.

툴루즈에 머물 당시 엘레아노르의 곁에는 늘 시인들이 떠날 줄 몰랐다. 이들은 여인들의 아름다움과 함께, 그 매력에 취했을 때 앓게 되는 열병을 노래하며 엘레아노르와 그녀의 궁전에 시를 지어 바치곤 했다. 베르나르 드 방타두르(방타두르 성(城)의 베르나르)도 이런 시인 중 하나였는데, 페트라르카(14세기에 활동한 이탈리아의 시인으로 르네상스 시대의 대표적 문인으로 손꼽힌다. ─옮긴이)가 보기에도 그의 작품은 썩 훌륭하여 자기 것과 견주어도 별 손색이 없었다. 이런 베르나르가 애초 시를 쓴 것은 방타두르 자작 부인의 아름다움을 예찬하면서였다. 그런데 방타두르가 지어 준 시를 자작 부인은 자못 진지하게 받아들였고, 결국 남편은 부인을 성의 높은 탑에 가두어 두지 않으면 안 되었다. 이 일로 부쩍 자신감을 얻은 베르나르는 이제 대상을 바꾸어 엘레아노르의 눈부신 모습을 노래하기 시작했고, 내친 김에 그녀를 따라 루앙까지 갔다. 하지만 엘레아노르는 자신보다는 두 왕의 사랑에 행복해 하는 모습이었고, 이에 그는 세간에 유명해지는 만가(挽歌)를 한 곡 지어 부르는 것으로 자신의 마음을 깨끗이 접었다. 베르트랑 드 보른은 그로부터 30년 뒤 등장한 인물로, 리처드 1세와는 막역한 친구 사이였으나 그와 동시에 당대 제일의 미인이라던 마르티네크의 마엥스를 사이에 두고 왕과 한 판 실랑이를 벌인 것으로도 유명했다. 페어 비달(1167?~1215년) 역시 이 무렵 활동한 음유 시인으로, 리처드와 함께 십자군 전쟁에 참가했다가 몸 성히 돌아온 것으로 알려져 있다. 그는 이후에도 시를 지으며 생활해 나갔으나 갑옷과 빈곤을 영 벗지 못했고, 그러다 막바지에 가서 툴루즈의 라이몬드 백작 6세로부터 얼마간의 봉토를 하사받을 수 있었다. 이외에도 이 시절 프랑스에서 활동한 음유 시인의 이름은 446명이 더 전하는데, 이 셋만 보더라도 노랫가락을 읊조리던 이 한량들의 삶이 어땠을지 짐작할 만하다.

이런 시인 중에는 떠돌이 음악가도 더러 있었지만, 대체로는 노래 짓는 데 일가견이 있는 하급 귀족들이었다. 그리고 거기에는 왕도 네 명 끼어 있었으니 리처드 1세, 프레데리크 2세, 알폰소 2세, 페드로 3세가 그러했다. 그 후 1세기의 세월 동안(1150~1250년) 남부 프랑스 문학계는 이들이 주름잡게 된다. 뿐만 아니라 이들은 귀족의 예법을 확실히 정착시켜 투박하기만 하던 야만성을 기사도로 승화시켰으니, 이들 덕분에 전쟁에는 격식이, 불륜에는 나름의 고결함이 갖춰질 수 있었다. 이들이 시를 쓸 때 이용한 언어는 프랑스 남부 및 스페인 북동부에서 쓰이던 로망어(라틴어가 분화하여 이루어진 언어를 총칭하여 이르는 말 - 옮긴이)였다. 프랑스의 음유 시인들이 어찌하여 트루바두르(troubadour)라는 이름을 갖게 되었는지는 지금도 수수께끼이다. 이탈리아어 트로바토레(trovatore)는 트로바레(trovare)라는 말에서 유래한 게 분명한데, 그렇다면 트루바두르라는 말도 "만들어 내다", "찾아내다"의 뜻을 가진 로망어 트로바르(trobar)에서 유래했을 가능성이 높다. 하지만 일각에서는 "노래하다"라는 뜻을 가진 아랍어 타라바(tarraba)를 어원으로 보기도 한다.[25] 트루바두르들끼리는 시를 지어내는 이 재주를 일컬어 "가이 사베르(gai saber)" 혹은 "가야 시엥시아(gaya ciencia)"라 했는데, "즐거운 지혜"라는 뜻이었다. 하지만 시작 재주에 대해서만큼은 이들도 자못 진지한 태도를 가졌고, 그래서 시와 음악에 대해서는 물론 여자를 예우하는 시 형식을 섭렵하느라 장시간의 수련 기간을 거치곤 했다. 이들은 귀족에 못지않은 차림새를 하고 다녔으며, 때로는 금실 자수로 망토 끝단을 장식해 보란 듯 바람결에 휘날리며 다니기도 했다. 또 마상 시합에 참가해 곧잘 힘겨루기도 했으니, 자신들의 시(詩)를 걸고(목숨까지는 아니더라도) 싸울 만한 여인들을 위해서는 펜만 놀리는 게 아니라 창도 휘두를 줄 알았던 것이다. 단, 이들은 귀족이 아닌 사람을 위해서는 절대 시를 쓰지 않았다. 자신들 머리에서 시가 지어져 나오면 그에 알맞은 곡조를 직접 작곡하는 것이 보통이었고, 대규모 연회나 마상 시합 같은 행사가 있을 때는 특별히 악단을 고용해 노래를 시키기도 했다. 하지만 대개는 자신들이 직접 류트를 들고 뜯었으니, 그럴 때면 시작부터 끝까지 온 열정을 다해 노래를 불렀다.

당시엔 이러한 열정이 없고는 아마 문학으로 취급받지 못했을 것이다. 이런 불타오르는 갈망, 하늘이 맺어 주는 사랑에 대한 염원, 그리고 비극적 절망감이 없다면 음유 시인으로서는 시를 쓸 자격도 시로 먹고 살 방도도 없는 셈이었으니까. 귀족층의 남편들에게도 물론 남자의 이러한 정열이 없지는 않았겠지만, 이들은 다른 남자들에 비해 재산 걱정을 덜 해도 되었다는 점이 달랐다. 또 당시의 사회적 상황을 보면 귀족층에서 이루어지는 결혼은 재산이 오고가는 과정 중 하나였고 따라서, 프랑스의 소설에서 흔히 볼 수 있듯, 로맨스란 것은 결혼을 한 뒤에야 찾아오는 법이었다. 몇몇 예외가 있기는 하나 중세에 만들어진 사랑 이야기 역시 불륜이 주된 내용을 이루었으니, 남쪽의 프란체스카(『파올로와 프란체스카』에 등장─옮긴이)와 베아트리체(단테의 『신곡』─옮긴이)부터 북쪽의 이졸데(『트리스탄과 이졸데』─옮긴이)와 기네비어(『아서 왕 전설』─옮긴이)가 다 그러하다. 이 시절에는 결혼한 귀부인의 존재가 뭇 남자들에게는 범접할 수 없는 대상으로 여겨졌고, 이것이 음유 시인들로 하여금 시를 쓰지 않을 수 없게 만든 것이다. 원래 한번 달성되고 난 욕구는 로맨스를 운운하기 힘든 것이며, 사랑에 장애물이 없으면 시도 나와 주지 않는 법이니까. 이런 음유 시인 몇몇은 귀부인들에게 시를 지어 바치고 통정(通精)을 허락받기도 했다고 전해지는데, 사실 이는 문인의 예법에 어긋나는 일이었다. 대상에 대한 갈망이 있다 해도 시인이라면 보통 입맞춤 한 번이나 손을 한 번 잡는 것으로 만족하는 게 도리라 여겨졌기 때문이다. 시인에게 가해지는 이러한 제약은 시간이 갈수록 점점 높은 수준으로 발전해 갔고, 그리하여 13세기에 지어진 트루바두르들의 시들은 아예 관능을 벗어 버리고 미묘한 영적 차원에 가까운 경지를 보여 주기도 했다.(여기에는 마리아 숭배 풍조가 적지 않은 영향을 끼쳤을 것으로 짐작된다.)

하지만 이런 시들이 독실한 신앙심을 내보이는 경우란 거의 없었다. 오히려 순결이라면 치를 떨고는 해서 교회와 마찰을 빚는 수가 많았다. 개중에는 고위 성직자를 풍자하거나 지옥을 비꼬는 내용의 시도 있었으며,[26] 어떤 것은 알비파 이단을 옹호하고 나서기도 했다. 또 수차례의 십자군 전쟁 중에서도 굳이 불경자(不敬者) 프레데리크는 성공하고 성왕(聖王) 루이는 실패한 전쟁을 골라 그 승리를 노래하기도 했다. 기욤 아데마르 같은 음유 시인은 비록 한 번이지만 십자군 전쟁을 지지한 일이 있었는데, 다른 이유에서가 아니라 바로 자신에게 거치적대던 남편이 전쟁으로 인해 멀리 떠나가게 되었기 때문이었다. 레몽 주르당의 경우에는 속세를 떠난 곳에 그 어떤 낙원이 있다 한들 연인을 곁에 두고 함께 하룻밤을 지내는 것이 더 행복하다 하였다.[27]

당시의 음유 시인들은 사람으로서 어떤 윤리 계명을 지키고 살아야하는가 보다는 시를 짓는 데 어떤 형식을 사용하느냐를 더 중요한 문제로 여겼던 듯하다. 그래서 이 무렵엔 노래 형식이 실로 여러 가지였는데, 우선 "칸초(canzo)"라 하면 사랑 노래를 뜻했고, "플랑테(plante)"는 친구나 연인과 사별하고서 부르는 만가를 뜻했다. "탕송(tenson)"은 사랑, 윤리, 기사도를 주제로 하여 운 맞춰 논쟁을 벌이는 시를 일컬었으며, "시르방트(sirvante)"는 전쟁 및 정쟁을 다룬 시, 혹은 정적(政敵)을 공격하는 시를 일컬었다. "식스틴(sixtine)"은 6연 6행으로 이루어진 시를 말했는데, 아르노 다니엘이 처음 만든 이 형식은 단테도 훌륭하다며 칭찬을 아끼지 않았다. "파스투렐(pastourelle)"은 음유 시인과 여자 양치기가 서로 대화하는 형식의 시를 말했으며, "오바드(aubade)" 혹은 "알바(alba)"는 새벽의 노래로 보통은 새벽녘이 밝아 오니 연인들에게 들키지 않게 조심하라고 이르는 내용이었다. "세레나(serena)" 혹은 "세레나데(serenade)"는 저녁에 부르는 노래를 뜻했으며, "발라다(balada)"는 줄거리가 있는 시를 의미했다. 다음 작품은 무명의 작가가 쓴 「오바드」인데, 시 군데군데가 마치 12세기판 줄리엣의 대사를 듣는 듯하다.

산사나무가 옴츠러들었던 잎사귀를 내뻗는 정원 그곳에,
나의 여인이 누워 있네 자신의 사랑 곁에 바짝 붙어서,
파수꾼이 목청 높여 새벽을 알리네 아, 슬픈 새벽이여!
아, 하느님! 어찌하여 새벽은 이리도 빨리 온단 말입니까!

하느님, 제발 이 소중한 밤이 영원히 끝나지 않게 해 주세요.

제발 제 사랑이 제 곁을 떠나가는 일이 없게 해 주세요.

파수꾼이 새벽을 외치지 않게, 부디, 아 평화를 깨뜨리는 새벽이여!

아, 하느님! 어찌하여 새벽은 이리도 빨리 온단 말인가요!

아름답고 사랑스러운 벗, 그대의 입술! 다시 한 번 우리의 입술을!

오, 저 넓은 풀밭에서 새들이 노래하네.

우리는 곧 사랑이 되고 질투는 곧 아픔이 되라고!

아, 하느님! 어찌하여 새벽은 이리도 빨리 온단 말인가요!

저 멀리서 불어오는 향긋한 바람 속에

날 흠뻑 취하게 하는 내 사랑의 숨결 들어 있네.

아, 내 사랑의 숨결, 참으로 달콤하고 소중하여라.

아, 하느님! 아, 하느님! 어찌하여 새벽은 이리도 빨리 온단 말인가요!"

아리따운 이 아가씨 거동도 단아하여라.

뭇사람들 눈에도 그 아름다움에 기품 있으니

사랑을 향한 그녀 마음 절대 흔들리는 일 없어라.

아, 하느님! 아, 하느님! 어찌하여 새벽은 이리도 빨리 온단 말입니까![28]

    프랑스에서 활발하던 음유 시인들의 활동은 13세기 중엽 들면서 여러 가지 이유로 막을 내리게 된다. 우선은 형식에 있어서나 감수성 면에서나 인위성이 강해진 게 하나의 원인이었고, 또 한 가지 원인은 프랑스 남부 지역이 알비파 십자군에게 짓밟혀 쑥대밭이 된 데 있었다. 당시 트루바두르들은 성(城)에 발 붙이고 있는 경우가 많았는데, 상당수 성이 이때를 고비로 함락당하고 만 것이다. 그러다 결국 툴루즈까지 이중 포위당하는 지경에 이르자, 이른바 아퀴텐의 기사단도 무너져 버리고 말았다. 이때 일부는 스페인으로 달아나 목숨을 보전하였고, 일부는 이탈리아로 도망쳐 들어갔다. 그러다 13세기 후반부에 들어서면서 사랑 노래 기술이 다시 부활하기에 이르는데, 생각해 보면 단테와 페트라르카도 이 음유 시인들에게서 갈라져 나왔다 할 수 있다. 트루바두르들이 이용했던 즐거운 지혜는 여러 면에서 효용이 있었다. 우선 여성을 예우하는 정신은 당시의 기사도 규약 정착에 기여했을 뿐 아니라, 북유럽의 야만인들을 신사로 만들어 놓는 데에 일조하였다. 심지어 이 복잡 미묘한 노래들은 이후에도 꾸준히 문학에 영향을 끼쳐 왔으니, 오늘날의 사랑이 제법 그럴싸한 향기를 갖게 된 것도 어쩌면 이런 시들이 일찍부터 사랑 예찬의 향을 살라 준 덕분인지 모른다.

6. 민네쟁어

프랑스에서 일어난 트루바두르의 활동은 이윽고 독일 남부로까지 확산되었고, 그렇게 해서 생겨난 독일 음유 시인들은 호엔슈타우펜 왕조 황금기 때에 최전성기를 구가했다. 이러한 독일의 시인들을 당시 말로는 민네쟁어(minnesänger, 연애가인(歌人))라 불렀으며, 이들이 지어낸 시는 마침맞게도 당시의 기사도가 표방하던 "사랑에의 봉사(Minnedienst)", 그리고 "귀부인에게의 봉사(Frauendienst)"와도 일맥상통했다. 민네쟁어는 오늘날까지 전하는 이름만 300명이 넘으며, 이들이 유산으로 남겨 놓은 작품만도 제법 많은 수에 이른다. 개중에는 하급 귀족 출신도 없지 않았지만, 민네쟁어는 보통 가난한 이들이 대부분이어서 황제나 귀족들에게서 후원을 받지 않으면 안 되었다. 또 시의 리듬과 운을 엄격한 법칙에 따라 맞출 줄 알았음에도 불구하고, 민네쟁어 중에는 문맹이 상당수에 이르렀고 따라서 자신이 지은 시의 내용이며 가락을 다른 이에게 구술해야 할 때가 많았다. 그래서 시(詩)의 뜻을 가진 독일어 "디히퉁

(Dichtung)"은 지금도 구술이란 뜻을 가지고 있다. 민네쟁어들은 노래를 지으면 통상적으로는 악단을 시켜 부르게 했고, 여의치 않을 땐 자신들이 직접 부르기도 했다. 들리는 바에 의하면 1207년에는 독일의 바르트부르크 궁에서 대규모의 노래 경연 대회가 열렸다고 하는데, 탄호이저와 볼프람 폰 에셴바흐 역시 여기에 참가한 것으로 되어 있다.[29]* 이 민네쟁어들이 백 년 동안 활동해 준 덕분에 독일에서는 여성의 지위가 한층 올라갈 수 있었다. 뿐만 아니라 귀족층 귀부인들을 영감과 활력의 원천으로 삼아 고급한 문화가 생겨나니, 독일이 이만큼의 수준 높은 문화를 다시 누리는 건 훗날 실러(Schiller)와 괴테(Goethe)의 시절이 오고서야 가능해진다.

볼프람이나 발터 폰 데르 포겔바이데 같은 이들을 사람들은 민네쟁어로 분류하는데, 이들이 사랑 노래를 여러 편 지은 경력이 있기 때문인 듯하다. 하지만 볼프람과 그가 지은 「파르치팔(Parzival)」 같은 경우는 이 대목보다는 로맨스 항목에서 살펴보는 게 더 좋을 듯하다. "풀밭의 새"(독일어로 포겔(Vogel)은 새, 바이데(Weide)는 풀밭이다. ─옮긴이) 발터가 태어난 것은 1170년 이전 티롤의 한 지방에서였다. 그는 기사임에도 가난한 처지를 면치 못했는데, 시에 빠져드는 통에 형편은 더욱 어려워질 수밖에 없었다. 그래서인지 각종 문헌들을 보면 그가 끼니를 잇기 위해 비엔나 귀족층의 저택들을 돌면서 노래한 것이 스무 살 무렵부터로 되어 있다. 한창 청춘이던 이 시절, 그는 관능미를 자유롭게 구사한 작품을 써냈으나 경쟁자들은 이를 그저 못마땅하게만 여겼다. 다음은 그가 지은 「보리수나무 아래」로서, 오늘날까지도 독일에서 큰 사랑을 받는 노래이다.

보리수나무 아래
그 풀밭에
우리 둘의 잠자리가 있었어요.

---

* 여기서 말하는 탄호이저는 후기 민네쟁어의 한 사람인데, 예전부터 전설에서는 그를 기사 탄호이저와 혼동하고 있었다. 기사 탄호이저는 베누스부르크를 탈출해 로마로 간 인물이며, 그를 주인공으로 해서 오페라가 탄생하게 된다.

그때 그곳에선

꽃은 꺾이고 풀은 짓뭉개져

이리저리 뒤엉켜 버렸지요.

계곡의 덤불숲에서는

지지배배 지지배배

나이팅게일의 즐거운 노랫소리가 들려왔어요.

나는 어딘가로 달려가고 있었어요.

숲 속의 그 작은 빈터 지나는데

내 사랑이 벌써 거기 와 있다가

올가미로 잡듯 날 낚아챘지요.

행복에 겨운 아가씨!

이제 저는 더없이 행복하기 때문이죠.

그곳에서 그는 제게 수없이 입 맞췄어요.

지지배배 지지배배

보세요, 제 입술을, 이렇게 새빨갛잖아요!

그곳에서 그는 만들었어요.

신이 난 채 서둘러서

꽃들이 만발한 우리 둘의 잠자리를.

누군가가 그 길을 지난다면

틀림없이 살며시 미소를 머금을 거예요.

그날 우리의 자리를 보고

지지배배 지지배배

장미꽃 사이로 내 머리가 놓였던 자리를 보고

만일 그 근처에

누군가 있었다면(하느님 제발 그 일만은!)

저는 한없이 부끄럽겠죠.

그곳에 우리 둘은 누워 있었어요.

하지만 그걸 아는 건

내 사랑과 나

그리고 나이팅게일뿐.

지지배배 지지배배

하지만 나이팅게일은 아무 말도 하지 못한답니다.[30]

하지만 해가 가고 나이가 들자 발터의 인식도 차차 성숙해 갔다. 여자의 아름다움은 단순히 물오른 육체에서만이 아니라, 그 외의 다른 매력이나 기품 속에서도 더 많이 찾아진다는 사실을 깨닫기 시작한 것이다. 더불어 이제는 여러 여자를 만나며 피상적 설렘을 느끼기보다는 결혼으로 하나 되어 그 보상을 맛보는 것이 더 풍성한 수확이라고 여겨졌다. "둘의 마음이 다른 곳을 보지 않고 서로에게 충실할 때, 남자도 여자도 모두 행복하여라. 두 사람의 인생은 더 값지고 더 의미 있어지니, 가는 세월 한 해 한 해, 가는 세월 하루하루가 그들에게는 모두 축복이네."[31] 그래서 동료 가인들이 궁정 귀부인들을 꼬드겨 불륜을 벌이는 것을 그는 호되게 비난하였다. 나아가 공언하길, 사실 따지고 보면 "브라우(vrouwe, 귀부인)"라는 말보다는 "윕(wip, 여자)"이 더 존귀한 가치를 가진다고 하였다. 선량한 마음씨를 가진 여자들(그리고 남자들)이야말로 진정한 의미의 귀족이라는 것이었다. 또 "독일의 여인들은 아름답기가 하느님을 모시는 천사에 못지않으니, 독일 여인을 헐뜯는 말은 일고의 가치도 없는 거짓말"이라고 그는 생각했다.[32]

신성로마제국과 독일을 다스리던 하인리히 6세가 세상을 떠난 것이 1197년, 이후 독일은 프레데리크 2세가 성년이 되기까지의 30년간을 어수선한 혼란 속에서 견뎌야 했다. 귀족들은 하나둘 문인에 대한 원조를 끊었고, 그러자 끼니를 잇기 위해 발터는 궁전을 전전하며 하기 싫은 노래를 억지로 부르는 수밖에 없었다. 그마저도 수선스러운 곡예사와 줏대 없는 광대 틈에서 경쟁을 벌여야 했기 때문에 쉬운 일이 아니었다. 당시 파사우의 주교 볼프게르는 회계 장부를 하나 마련해 두고 교회의 지출 내역을 빠짐없이 기록해 두었는데 거기엔 다음과 같은 내용도 끼어 있었다. "금화 5닢, 1203년 11월 12일, 발터 폰 데르 포겔바이데에게 지급, 겨울철 혹한에 대비해 모피 코트라도 한 벌 사 입도록 함."[33] 그리스도교도로서 이런 면은 사실 이중적 태도가 아닐 수 없었는데, 발터는 누구보다 열렬한 황제당 당원이었기 때문이다. 그는 리라를 손에 들고 교황에게 반(反)하는 노래를 지어 부르는가 하면, 교회의 흠을 여러 가지 잡아 마구 비난을 퍼부었으며, 교황청의 연공(年貢)에 대해서도 알프스 산맥 너머의 교황청 금고를 채우기 위해 아까운 독일 금화들이 흘러들어 가고 있다며 격분하곤 했다.[34] 그러나 한편으론 충실한 그리스도교도이기도 했으니, 「십자군의 노래」라고 해서 패기 넘치는 찬송가를 지어낸 것이 그렇다. 그리고 때로는 종교 사이의 싸움조차 아예 넘어서서 모든 인간은 한 형제라는 시각을 보여 줄 줄도 알았다.

> 한 처녀 배에서 나온 우리 인류
> 겉이나 속이나 그 어디 다르랴.
> 내 입에 맛있는 음식 네게도 맛있네.
> 서로의 뼈 어지럽게 땅에 묻히면
> 살아 있는 자, 아무리 보아도 모르리니
> 아, 누가 악당이고, 누가 정의로운 기사인가
> 흙 속의 벌레들 뼈만 앙상하게 남도록 먹어 치우니
> 그리스도교도, 유대교도, 이교도 따로 가리지 않네.
> 하느님도 이렇듯 자신의 피조물을 모두 다 거두신다네.[35]

그렇게 25년간을 빈곤 속에서 유랑하던 발터였으나 마침내 프레데리크 2세가 그를 위해 얼마간의 봉토와 수입을 마련해 주니(1221년), 덕분에 인생의 마지막 7년은 평화롭게 보낼 수 있었다. 다만 십자군에 나서기엔 자신이 너무 늙고 병약해져 버린 것이 애석하게만 느껴질 뿐이었다. 더불어 비록 적이기는 하나 그들을 사랑하지 못하는 자신을 탓하며 하느님에게 용서를 구하였다.[36] 죽으면서는 시적 흥취가 가득한 유언을 써서 자신이 가진 것을 사람들에게 나누어 주었으니, "시샘하는 자에겐 나의 박복을, 거짓말하는 자에겐 나의 슬픔을, 그릇된 사랑을 하는 자에겐 나의 어리석음을, 고귀한 여인들에게는 이 가슴의 찢어지는 아픔을 물려주노라."고 하였다.[37] 이윽고 그의 시신은 독일의 뷔르츠부르크 성당에 묻혔고, 독일은 근처에 기념관을 하나 지어 발터를 당대의 제일 위대한 시인으로 꼽는 것으로 그에 대한 사랑을 표하였다.

발터가 세상을 떠나자 이후 민네쟁어의 시들은 겉멋만 잔뜩 부리게 되었고, 여기 더해 프레데리크 2세까지 실각하여 독일은 사분오열되니 그로 인한 재앙은 민네쟁어의 활동에도 적잖은 영향을 끼쳤다. 일례로 울리히 폰 리히텐슈타인(1200년경~1276년경)가 쓴 자서전을 보면, 자신이 "여인에 대한 봉사"를 얼마나 투철히 했는지가 다음과 같이 소개되어 있다. 우선 그는 한 귀부인을 선택해 자신의 여신으로 삼기로 결정하였다. 그는 원래 언청이였는데 그것이 부인의 심사를 거스른다는 이유로 입 언저리를 봉하는 시술을 받는가 하면, 부인을 위한다며 마상 시합에 나가는 일도 마다하지 않았다. 또 울리히가 자신을 위해 싸우다 손가락을 하나 잃은 줄 알았는데 사실은 그렇지 않다는 데에 부인이 놀랐다고 하자, 그는 멀쩡히 붙어 있는 손가락을 잘라 내 선물로 바쳤다. 그 귀부인이 자신이 손 씻고 난 물을 그에게 마셔도 좋다고 허락했을 때에는 너무도 기쁜 나머지 정신을 다 잃을 뻔했다.[38] 한번은 그녀가 편지를 한 통 보냈는데 울리히는 그것을 몇 주씩이나 주머니에 넣고 다녔다. 믿을 만한 누군가가 나타나 자신에게 몰래 그 편지를 읽어 주길 기다린 것이었는데, 다른 이유에서가 아니라 울리히 자신이 까막눈이었기 때문이다.[39] 마침내 귀부인은 그의 사랑에 화답하기로 하였고, 이에 울리히는 거지의 누더기를 입은 채 나환자들 틈에 끼어 꼬박 이틀을 그녀의 성문 앞에서 기다렸다. 이윽고 그녀는 울리히를 성 안으로 불러들였다. 그러나 부인은 울리히가 치근거리는 걸 도저히 견딜 수 없었고, 결국 그를 침대보에 둘둘 말아 창문을 통해 내려 보내는 수밖에 없었다. 이 모든 일을 그는 버젓이 처자식을 둔 채로 벌였다.

그래도 민네쟁어의 활동이 어느 정도 기품 있게 마무리된 건 하인리히 폰 마이센 덕분이었다. 여자들에 대한 그의 예우는 지극히 깍듯해서 나중에는 "프라우엔로프(Frauenlob, 여자들을 찬양함)"이라는 이름을 다 얻을 정도였다. 그리하여 1317년에 그가 세상을 떠났을 때는 그 도시의 귀부인들이 나서서 다 같이 슬픈 곡조로 조의를 표하며 그의 상여를 이고 성당으로 들어갔다. 그의 관 위에 포도주를 얼마나 넘치게 부었던지, 관에서 흘러나온 포도주가 교회 이 끝에서 저 끝까지 이어졌다고 한다.[40] 마이센을 끝으로 이제 노래를 지어 부르는 재주는 기사들의 손을 떠나 중산층에게로 넘어간다. 귀부인들을 찬양하던 낭만적 정조의 시대가 가고, 14세기에 들면서는 기쁨과 재주를 기운차게 노래하는 마이스터징어(meistersinger, 장인 가인)의 시대가 온 것이다. 이는 문단에서도 부르주아 세력이 부상했음을 알려 주는 표시였다.

7. 로맨스

하지만 로맨스는 이미 그럴 것도 없이 중산층의 차지였다. 프랑스 남부와 이탈리아에서 귀족 출신의 트루바두르와 트로바토리가 나와 귀부인들에게 바칠 아름다운 노랫말을 한창 지어낼 때, 북부 프랑스에서는 미천한 출신의 시인들이(프랑스어로 이들은 창작자라는 뜻의 트루베레(trouvère)라고 불렸다.) 나와 사랑과 전쟁을 시적인 이야기로 풀어내며 중류층 및 상류층 사람들의 밤을 환하게 밝혀 놓곤 했던 것이다.

이 트루베레들은 발라드, 단시(短詩), 무훈시(武勳詩), 로망 같은 것들을 주로 지었다. 단시의 경우에는 지금도 감미로운 작품들이 일부 남아 우리에게 전해지는데, 그 작가를 두고 영국과 프랑스에서는 서로 자기네 나라가 배출한 최초의 여류 시인이라 주장할지 모르겠다. 마리 드 프랑스는 태어나기는 프랑스의 브르타뉴 지방에서 났으나, 헨리 2세(1154~1189년)가 왕위에 오른 것과 때를 맞추어 잉글랜드로 건너 와 살게 되었다. 왕은 그녀에게 브르타뉴 지방의 전설 내용을 시로 써내 볼 것을 권하였고, 이에 그녀가 글을 써내니 거기 담긴 섬세한 언어와 정서는 당대 그 어떤 트루바두르도 따라잡지 못할 정도로 훌륭했다. 그녀 작품 중 한 편은 이 책에도 도저히 싣지 않을 수가 없는데, 주제도 독특하지만(사랑하던 남자가 죽자 여인이 산 채로 그를 찾아간다는 내용이다.) 무엇보다도 유려한 번역이 일품이기 때문이다.

그 아래서 당신 누군가를 사랑하고 있는 거죠?

여름이, 아니 겨울이 다 가도록.

그곳에서 아리따운 여인이라도 만나셨나요?

지금도 함께 무덤 안에 누워 있나요.

당신에게는 죽음의 입맞춤이 더 진하던가요?

내가 해 드리던 입맞춤보다 더.

아니면 지고의 행복 찾아 저 멀리 가셨나요?

나 같은 건 까맣게 잊고서.

당신을 쓰다듬는 잠의 손길이

당신에게는 그렇게 달콤한가요?

당신을 붙잡는 죽음의 매력이 밤낮

깊고도 기이한 유혹으로 당신을 잡아끄나요?

잔디밭 아래 좁은 곳,

햇볕도 그늘도 닿지 않는 그곳,

하지만 나는 있을 수 없는 세상에,

아, 그곳에 당신이 누워 있네.

그곳에 당신은 누워 있겠죠 예전처럼

하지만 이 위의 세상으로 다시 올라

당신의 삶을 또 한 번 사세요

당신의 사랑을 또다시 사랑하며.

종려나무 아래가 참 편안하다고요?

황금빛 고요가 언제까지고 이어지는

이 포근한 하루하루가

사랑이나 삶보다 낫다고요?

진기한 향내 내는 이파리들이 손바닥처럼 펼쳐져

맑은 창공에서 흔들리네요, 마치 옷감을 짓듯

그것이 지어낸 잠결을, 활기찬 새는 견디지 못하고 날아가요.

하지만 죽음은 그렇게 지어진 잠을 당신에게 건네주지요.

이곳은 기묘하고도 세찬 숨소리 수없이 들려와

아침과 저녁을 요란하게 유혹하지만

이런 데서 당신은 확신하고 계시네요.

넋은 잃지만 죽음은 참 달콤한 잠이라고.

예전에 내가 했던 그 말과 노래들

더 이상 내게 하게 하지 마세요.

이미 오래전부터 당신은

훨씬 더 달콤한 말을 들어 왔을 테니까.

풍요로운 땅이 당신 심장을 차지하고는

사랑의 믿음을 가져다 꽃으로 피워 냈으니까.

당신이 믿음을 잃은 사이 따스한 바람은

야금야금 당신의 영혼을 훔쳤으니까.

여기저기 보드라운 씨앗들이 수없이

당신이 가졌던 잉태의 꿈을 흙 삼아

하늘의 태양을 향해 꽃송이를 피워 냈네요.

그렇지 않고선 피어날 수 없었을 거예요, 저 꽃은.

열정이 가득한 수많은 빛깔로

이곳의 모습을 아름답게 단장하고 있네요.

그 아래서 당신이 내게 가졌던 일말의 열정,

그 사랑의 믿음마저도 빼앗아서.[41]

   무훈시의 경우, 애초에는 발라드나 단시를 여러 편 가져다 죽 이어 붙인 형태였을 것으로 짐작된다. 시를 쓸 때 시인들은 보통 연대기를 참고해 역사의 핵심 줄기를 잡아낸 뒤, 그 위에 상상 속의 모험들을 덧대 살을 붙였다. 그렇게 한 줄에 대략 10~12개의 음절을 넣어, 북쪽 땅의 긴 겨울밤을 보내기에 딱 좋을 만큼의 길이로 작품을 써낸 것이다. 이러한 장르의 효시로 유명한 것이 바로 「롤랑의 노래」이다. 그리고 프랑스의 무훈시에 등장하며 영웅으로 가장 사랑받았던 인물이 바로 샤를마뉴였다. 역사 속에서도 그는 위대한 인물이었지만, 트루베레들의 작품에서는 그 지위가 한층 격상되어 초자연적인 위엄까지 엿보일 정도였다. 그래서 이들의 작품을 보면 역사적 사실과는 다르게 스페인 땅을 샤를마뉴가 영광스럽게 정복한 것으로 되어 있는가 하면, 원정을 감행해 저 멀리 콘스탄티노플과 예루살렘에서도 승리를 일군 것으로 되어 있다. 샤를마뉴 하면 떠오르는 그 허연 턱수염을 바람결에 위풍당당하게 휘날리면서 말이다. 「베오울프」나 「니벨룽겐의 노래」 같은 작품들이 인 구이동기의 "영웅 시대"를 노래했다면, 프랑스의 이 "샹송"들은 그 주제, 윤리, 정조에 있어 봉건 제후 시대를 대변하는 것이 특징이었다. 즉 어떤 주제, 풍경, 시점을 배경으로 하든 여기에 등장하는 인물들은 봉건 제후 시대의 분위기 속에서, 봉건 제후 시대의 복장을 하고, 봉건 제후 시대의 동기에 따라 움직였던 것이다. 그리고 이런 작품들의 주제는 한결같이 봉건 제후, 나라, 또는 종교 사이의 전쟁이었고, 따라서 급박하고 거칠게 전개되는 분위기에서는 여자와 사랑이 비집고 들어올 자리가 별로 없었다.

그러다 사회적 질서가 보다 자리 잡히고 부가 증가해 여성의 지위도 상승하면서, 어느덧 전쟁을 밀쳐 내고 사랑이 트루베레들의 주된 주제가 되기에 이른다. 그리하여 12세기에 들면서부터는 무훈시가 완연히 세를 잃고 대신 로망이 그 자리에 들어와 문학의 맥을 이어 갔다. 이로써 문학의 왕좌 자리는 여자가 차지하게 되니, 그 상태는 이후 몇 백 년이 지나도록 계속되었다. 사실 애초에는 로망(roman)이라 하면 초창기 프랑스어(이것이 로망어라 불린 까닭은 옛날의 로마어에서 갈라져 나온 유산이기 때문이다.)로 씌어진 모든 문학 작품을 일컬었다. 로맨스(romance)도 그때는 내용이 낭만적이라서 로망이라 불린 게 아니었다. 그보다는 프랑스의 로망이 워낙 사랑 내용을 많이 담다 보니까 그런 정서들을 일러 나중에 로맨틱(romantic)하다고 칭하게 된 것이다. "로망 드 라 로제(Roman de la rose)", "로망 데 트로이(Roman de Troie)", "로망 데 레나르(Roman de Renard)"라는 말도 별다른 뜻이 있는 게 아니라, 그저 초창기 프랑스어(로망어)로 씌어진 "장미 이야기", "트로이 이야기", "여우 이야기"를 뜻했다. 다만 어느 것이고 문학 형식에는 그것을 낳은 정식 모태가 반드시 있는 바, 로맨스의 경우에는 프랑스의 무훈시와, 궁정 연애시에 담긴 트루바두르의 정서가 만나 그 모태를 이루었다 할 수 있을 것이다. 또 개중에는 헬리오도루스의 「에티오피카」처럼 몇몇 그리스의 낭만 문학에서 그 소재를 취해 온 것도 없지 않았을 것이다. 실제로 그리스에서 만들어져 4세기에 라틴어로 번역된 한 작품은 당시 로망에 어마어마한 영향을 끼쳤다. 그것은 다름 아닌 알렉산드로스의 전기 소설이었는데, 저자가 알렉산드로스의 사관(史官)으로 되어 있으나 사실과는 어긋난다. 알렉산드로스 이야기는 유럽을 비롯해 그리스어권 동방에서는 엄청난 인기와 세를 누리게 되니, 중세 로맨스의 "사가(史歌)" 중에서 단연 최고였다. 그중에서도 가장 빼어난 형식을 자랑했던 작품으로는 「알렉산드로스 이야기」를 꼽는다. 이 작품은 1200년경, 트루베레였던 랑베르 리 토르와 베르네의 알렉상더가 지은 것으로, 12개 음절 약 2만 행으로 "알렉산드로스의 일대기"를 노래하고 있다.

그러나 내용 면에서 더 다채롭고 정서도 더 온화했던 것은 알렉산드로스보다 트로이 함락을 다룬 로맨스 사가였다.(프랑스어, 영어, 독일어본) 그리고 이 트로이 이야기의 작시에 있어서는 호메로스보다는 베르길리우스가 주된 영감의 원천이었다. 일례로 디도(트로이의 망명객 아이네이아스의 전설에 등장하는 카르타고의 여왕 – 옮긴이) 이야기는 트로이 이야기가 나오기도 전부터도 로맨스로 한 편이 나와 있었다. 뿐만 아니라 당시 사람들은 이탈리아는 물론 프랑스와 잉글랜드도 애초 트로이족이 억울한 패배를 당하고 도망쳐 오지 않았다면 세워질 수 없었다고 알고 있었다. 그리하여 1184년경, 프랑스의 트루베레였던 베누아 데 생무어가 「트로이 이야기」라는 노래를 지어 당시의 일을 시 3만 줄로 다시 풀어내기에 이른다. 이 작품은 이후 각국에서 10여 개 언어로 번역이 되었는가 하면, 이를 모방한 작품만도 10여 편이 나왔다. 독일에서는 볼프람 폰 에셴바흐가 『트로이서(書)』를 써냈는데, 그 양이 호메로스의 『일리아드』를 방불케 했다. 또 이탈리아에서는 보카치오가 베누아의 작품을 본떠 필로스트라토(트로이 왕자와, 적국인 그리스의 처녀 그리세이다 사이의 비련을 그린 연애시 – 옮긴이) 이야기를 지어냈는가 하면, 잉글랜드에서는 라야먼이 『브릿(Brut)』이란 작품을 만들어 냈다. 라야먼의 이 작품은 브루투스를 아이네이아스의 증손자로 상정한 후, 그에 의해 런던이 처음 세워지는 과정을 3만 2000행의 시로 풀어내고 있다. 초서의 트로일로스와 크리세이드 이야기를 비롯해, 셰익스피어가 지어낸 희곡도 알고 보면 베누아의 작품을 바탕으로 해서 탄생한 경우에 해당한다.

중세의 로맨스 사가 중 훌륭하다고 손꼽히는 세 번째는 아서 왕을 소재로 다룬 것이다. 앞에서 살펴봤듯, 여러 가지 근거로 보아 여기 등장하는 아서는 6세기의 색슨족 침략 당시 그에 맞서 싸운 영국의 그리스도교도 귀족이었던 것으로 보인다. 그렇다면 아서 왕을 비롯해 그 휘하의 기사 이야기를 그토록 맛깔나게(단, 아서 왕 이야기는 맬로리의 책으로 읽어야 제맛이다.) 전설로 만들어 낸 이는 도대체 누구였을까? 가와인을 비롯해, 갈라하드, 페르스발, 멀린, 기네비어, 랜슬롯, 트리스트럼 같은 인물은 물론, 정의로운 그리스도교도였던 원탁의 기사들, 그리고 신비하기만 한 성배 이야기를 지어낸 것은 누구였을까? 이에 대해서는 백 년 간이나 논의가 있었지만 확실한 답은 여전히 나와 있지 않은 상태이다. 원래 진실은 파고들면 들수록 확실성은 파괴되는 법이니까. 갖가지의 문헌 중에서도 아서에 대한 언급이 가장 먼저 등장하는 것으로는 잉글랜드 작가들이 남긴 연대기를 든다. 이와 함께 (976년에) 넨니우스가 쓴 『연대기』에도 아서 왕 전설의 요소를 얼마간 찾아볼 수 있으며, 그 내용은 나중에 몬마우스의 제프리가 쓴 『브리튼인의 역사』(1137년)에도 확대돼 들어가게 된다. 또 제프리의 이 이야기는 저지(Jersey) 섬의 트루베레였던 로베르 와스가 가져다 프랑스 운문으로 풀어내니 이때 나온 것이 『브륏의 이야기』(1155년)이다. 아서 왕 이야기에서 원탁이 처음 등장하는 게 바로 이 작품이다. 아서 왕 전설의 가장 오래된 파편은 웨일스의 몇몇 전승에서 찾아볼 수 있으며, 웨일스의 이 전승들은 현재 『마비노기온(*Mabinogion*)』이란 책에 모아져 있다. 한편 완전히 발전한 형태의 아서 왕 이야기는 현재 프랑스어본이 가장 오래된 필사본으로 알려져 있다. 아서 왕의 궁전 및 성배가 있던 곳은 웨일스 및 영국의 남서부라는 것이 통설이다. 아서 왕 전설을 산문으로 완전히 풀어낸 최초의 작품은 잉글랜드의 한 필사본인데, 옥스퍼드의 부주교였던 월터 맵(1137~1196년)이 지었다고 하나 확실하지는 않다. 한편 운문으로서 가장 오래된 아서 왕 사가로는 크레티앵 드 트루아(1140년경~1191년)가 지은 다수의 로망을 꼽는다.

이 크레티앵의 삶에 대해서는 아서 왕에 대해서 만큼이나 알려진 게 별로 없다. 작가 시절 초반 『트리스탄(*Tristan*)』이라는 작품을 썼다고 하나, 지금은 유실되어 전해지지 않는다. 그런데 이 작품을 어쩌다 상파뉴의 마리 백작 부인(아퀴텐의 엘레아노르의 딸)이 보게 되었던 모양이다. 백작 부인은 곧 크레티앵 같은 남자가 "궁정 연애"와 높은 기사도 정신을 주제로 로망을 지어내면 좋겠다고 생각했던 것 같다. 그래서 크레티앵을 트루아에 있는 궁으로 불러들여 소위 말하는 궁정 시인의 지위에 봉해 주었다. 이로써 마리의 후원을 받게 된 크레티앵은 8음절 2행시로 운을 맞추어 총 네 편의 작품을 써내니, 『에레크와 에니드(*Erec et Enide*)』, 『클리제스(*Cligès*)』, 『이뱅(*Yvain*)』, 『수레 탄 기사(*Le Chevalier de la charrette*)』가 그것이다. 『수레 탄 기사』에서 랜슬롯은 "완벽한 기사"라 불러도 손색없을 만큼 기사로서 최고의 모습을 보여 준다. 그러다 플랑드르 백작이 필립의 궁에서 『성배 이야기』를 쓰기 시작한 것이 1175년의 일이었고, 9000행에 이르렀던 이 작품은 이후 다른 작가의 손에 넘어가 총 6만 행으로 끝맺게 된다. 이들 이야기의 분위기는 다음과 같이 전개되는 「에레크」 초반부에서도 엿볼 수 있다.

부활절을 맞은 어느 날이었다. 궁정 대신들이 아서 왕의 부름을 받고 카디간에 나와 한자리에 모였다. 그날따라 궁정은 전례 없이 호화로운 모습이었는데, 힘세고 대담하며 용감하다는 기사들이 수없이 모였을 뿐 아니라, 귀부인들이며 아가씨들까지 성장을 하고 한자리에 와 있었기 때문이었다. 왕들의 이 딸들에게서는 기품과 아름다움이 흘러나왔다. 그런데 어전 회의가 채 끝나기 전 왕이 휘하 기사들에게 일러 말하기를, 내일 날이 밝는 대로 "흰 사슴" 사냥 길에 올라 먼 옛날의 풍습을 뜻 깊게 기려 보고 싶다고 하였다. 이 말에 나의 군주 가와인은 심려가 이만저만이 아닌 듯 다음과 같이 아뢰었다. "폐하, 이번 사냥은 사람들에게도 은혜가 아니요, 폐하도 덕 볼 일이 없으십니다. 모두 알다시피 흰 사슴 사냥에는 오래전부터 내려오는 관습이 있지 않습니까. 누구든 흰 사슴을 죽이는 자는 왕궁에서 가장 아름다운 여인에게 입맞춤을 해야만 하지요. …… 하지만 이로 인해 엄청난 불상사가 벌어질 것입니다. 지금 왕궁에는 지체 높은 집안의 아가씨만 500명에 이릅니다. …… 거기다 대담하고 용맹하다는 기사들이 아가씨들 곁을 하나씩 지키고 있지요. 이 기사들은 정말 그러하든 아니든 간에, 여차하면 언제든 자신의 여인이 궁에서 가장 아름답다며 싸우려 들 것입니다." "그 점은 나도 충분히 잘 알고 있다."라고 왕은 말했다. "그럼에도 계획을 접을 생각은 없다. …… 내일 다 같이 즐거운 마음으로 흰 사슴을 잡으러 떠나도록 하자."[42]

한편 랜슬롯의 이야기에서 우리는 기사에 대해 다음과 같은 사실을 배울 수 있다. "남자로서 완벽한 연인이란, 늘 여인에게 복종하며, 자기 주인에게 기쁜 일이라면 지체 없이 즐겁게 임하는 자이다. …… 그에게 고통은 오히려 달콤하니, 그를 이끌고 인도해 주는 사랑이 그 고통을 달래 주고 덜어 주기 때문이다."[43] 하지만 다음 글에서 볼 수 있듯 마리 백작 부인은 이와 달리 사랑에 대해 제법 융통성 있는 생각을 가지고 있었다.

만일 어떤 기사가 홀로 있는 여인이나 처녀를 발견했다고 하자. 그리고 그 상황에서 기사로서의 고명한 이름을 계속 지켜 내길 원한다고 하자. 그렇다면 그때엔 자신의 목을 벨지언정 그 여인을 욕되게 하는 일은 없어야 할 것이다. 나아가 만일 기사가 강압으로 그녀를 해하였을 때에는 그 어느 궁전에 발을 들이든 망신을 면치 못할 것이다. 하지만 한 여인이 기사의 호위를 받고 있었는데, 다른 기사가 와서 싸움을 걸고 거기서 승리해 그녀를 데려갈 수가 있다. 그때에는 나중 기사가 그녀를 자기 뜻대로 한다 해도 모욕이나 책망당할 일이 없을 것이다.[44]

크레티앵의 시는 우아하긴 하나 다소 맥이 없고, 많은 내용이 지루하게 이어지다 보니 성미 급한 현대인에게는 금방 질리는 면이 있다. 다만 기사도의 이상을 시 속에 온전히 녹여 냈다는 점은 현존하는 작품의 작가로서는 크레티앵이 처음이다. 더구나 그가 작품의 배경으로 삼은 궁전은 교회나 교리보다도 기사로서의 예법과 명예, 그리고 용기와 헌신적 사랑을 더 중요시하는 모습이었다. 하지만 크레티앵도 마지막 로맨스를 지어낼 때만큼은 자신의 이름값을 톡톡히 해내니(프랑스어로 'Chrétien'은 '그리스도교도'의 의미이다. – 옮긴이), 아서 왕 사가의 밑바탕에 성배(Holy Grail) 이야기를 더해 작품의 분위기를 한층 숭고하게 끌어올린 것이다.* 성배 이야기의 전개를 보면, 우선 아리마테아의 요셉이란 자가 있었다. 요셉은 예수가 십자가에 못 박히자 예수가 최후의 만찬 때 썼던 잔을 가지고 와서 그 몸에서 떨어지는 피를 받아 냈다. 이 잔과 피는 후일 요셉, 혹은 요셉의 자손 손에 들려 영국으로 건너가게 되었다. 당시 영국의 한 성에는 병에 걸린 채 감금된 왕이 있었는데, 피와 잔은 이 왕의 신비한 성에 보관되기에 이른다. 그리고 이제 이 성배를 찾을 수 있는 사람은 때 묻지 않은 삶과 마음을 가진 기사뿐이며, 왕 역시 그런 기사가 병환의 원인을 물어야만 비로소 감금에서 해방될 수 있다. 크레티앵의 이야기에서는 성배를 찾아나서는 것이 갈리아의 페르스발로 되어 있고, 똑같은 이야기임에도 영국판에서는 갈라하드(타락해 버린 아버지 랜슬롯 밑에서 깨끗한 삶을 살아온 아들)가 그 주인공으로 나선다. 하지만 두 이야기 모두 성배를 찾은 이가 그것을 들고 하늘로 올라간다는 구성이다. 한편 독일에서는 볼프람 폰 에셴바흐가 페르스발 대신 파르치팔이란 인물을 만들어 내기에 이르니, 그가 이 이야기에 갖다 붙인 형식은 훗날에 가서 중세 시대의 가장 유명한 문학 형식으로 손꼽히게 된다.

볼프람(1165년경~1220년경)은 바이에른 지방에서 활동했던 기사로, 시는 언제나 그의 위장병을 도지게 하는 힘든 일이었다. 작가로 활동할 당시 그는 튀링겐의 헤르만 백작으로부터 후원받을 수 있었고, 그리하여 바르트부르크 궁에서 20년간을 머물면서 13세기 시문 중에서도 유독 빼어난 수작을 써낼 수 있었다. 하지만 그의 시작(詩作)은 구술을 통해 이루어졌던 게 틀림없는데, 여러

---

* 여기서 술잔을 뜻하는 그레일(grail)은 '크라탈리스(cratalis)'라는 말에서 나왔다는 학설이 있으며, 크라탈리스는 '컵'을 뜻하는 라틴어 '크라테르(crater)'에서 파생되었다.

정황상 그는 글을 전혀 읽지 못했던 게 확실하기 때문이다. 한편 볼프람이 「파르치팔」을 써낼 때 모태가 되었던 작품은, 그 자신의 주장에 따르면, 크레티앵이 아니라 키오트라는 한 프로방스의 시인 것이었다고 한다. 하지만 아무리 봐도 역사상 그런 시인은 없었을 뿐 아니라, 크레티앵(1175년)과 볼프람(1205년) 사이에 성배 이야기를 다룬 작품은 단 한 편도 존재하지 않는다. 생전에 볼프람이 써낸 시는 총 열여섯 권에 이르는데, 그중 열한 권은 아마도 크레티앵의 『성배 이야기』를 밑바탕으로 해서 씌어진 듯하다. 중세 시대에는 훌륭한 그리스도교도도 그랬고 공정한 왕도 그랬고, 사실 글을 쓸 때 문학을 차용해 와도 그 점을 반드시 밝혀야 한다고 여기지 않았다. 오히려 로맨스의 내용은 공동의 자산처럼 여기는 게 상례였고, 따라서 누가 됐든 작품의 내용을 그럴듯하게 발전시킬 수만 있다면 차용쯤은 괜찮다고 생각했다. 그렇게 해서 볼프람은 크레티앵에게서 물려받은 내용을 보다 훌륭한 작품으로 탄생시킨 것이다.

파르치팔은 앙주의 한 기사와 헤르젤라이데('슬픔에 젖은 마음')라는 여왕 사이에서 난 자식이었다. 그의 어머니 쪽은 성배와 관련된 내력이 있었으니 파르치팔의 외고조부 티투렐은 성배의 첫 수호자였던 한편, 외숙부 암포르타스는 바로 성에 갇혀 병을 앓는 왕이었다. 그의 어머니 헤르젤라이데 여왕은 파르치팔의 출산을 얼마 안 남겼을 때 남편의 부고를 듣게 된다. 알렉산드리아를 목전에 두고 벌어진 기사들 싸움에서 남편이 목숨을 잃었다는 것이었다. 이에 여왕은 자신의 아들까지 한창 나이에 죽어서는 안 된다는 생각에 파르치팔을 데리고 시골의 외딴 구석에 들어가 살기로 했다. 그러면서 아들에게는 그가 왕실의 자제임을 전혀 알리지 않은 건 물론, 무기가 될 만한 것은 일절 손에 들지 못하게 했다.

그러자 백성들은 비통한 심정을 감추지 못했으니, 화가 닥쳤다고 여긴 까닭이었다.

그러면서 혹독한 훈련을 시켜 아들을 강건한 왕으로 만드는 길이 방책이라 여겼다.

하지만 어머니는 풀숲이 무성한 깊은 계곡으로 아들을 데려가 숨겨 둘 뿐이었다.

사랑과 슬픔에만 빠진 그녀는 자신이 왕실을 망치고 있다고는 추호도 생각지 못했다.

어린아이 장난감이 아니면, 여왕은 아들에게 기사의 무기는 일절 쥐지 못하게 했다.

그리하여 아들은 수풀 사이를 홀로 헤치며 외톨이로 쓸쓸하게 자라났다.

자기 손으로 활과 화살을 만들게 된 날, 그는 신이 나서 별 생각 없이

자기 머리 위 잎이 무성한 나뭇가지에서 노래하던 새를 향해 활을 쏘았다.

수풀 사이에서 노래하던 그 복슬복슬한 짐승은 활에 맞아 발밑으로 툭 떨어졌고

놀란 마음에 얼떨떨해진 그는 금발이 눈부신 제 머리를 푹 떨구었다.

어린 마음에 분노와 슬픔이 차오르자 그는 햇빛에 반짝이는 머리 타래를 쥐어뜯었다.

(단언컨대 이 세상에서 이만큼 아름다운 용모를 지닌 소년은 또 없으리라.)

그 아름답던 음악을, 자신의 영혼을 그토록 감미롭게 울려 오던 노래를

자기 손으로 영원히 멈춰 버렸단 생각에 마음속엔 슬픔이 가득 차올랐다.[45]

파르치팔은 아무 사실도 모르는 채 건장한 남자로 자라났다. 그러던 어느 날 길을 지나다 기사 두 명을 만나게 됐는데 번쩍번쩍하는 갑옷을 두른 모습이 그렇게 멋질 수 없었다. 파르치팔은 자신이 신을 만난 거라 여기고는 그들 앞에 무릎을 꿇었다. 하지만 그들 말을 들어본즉 그들은 신이 아니라 기사였고, 이에 파르치팔은 자신도 반드시 멋진 기사가 되겠다고 굳게 결심했다. 그리하여 그길로 남자를 기사로 만들어 준다는 아서 왕을 찾아가니, 아들이 집을 떠나자 이내 어머니는 슬픔에 잠겨 세상을 떠나고 말았다. 아서 왕을 찾아가던 도중 그는 잠에 빠진 공작 부인을 만나

게 되는데, 그녀에게 몰래 입맞춤을 한 뒤 그녀가 차고 있던 허리띠며 반지를 훔쳐왔다. 파르치팔에게 이는 결국 오점으로 남고, 그 죄를 이후 몇 년 동안 씻지 못한다. 이어 파르치팔이 만난 사람은 적(赤)기사 이테르였는데, 이테르는 파르치팔을 전령으로 보내서는 아서 왕에게 싸움을 청했다. 그렇게 해서 파르치팔은 드디어 아서 왕을 알현하게 됐는데, 그 자리에서 왕에게 청하길 자신이 대신해서 이테르와 싸우겠다는 것이었다. 다시 이테르를 찾은 파르치팔은 풋내기면서도 뜻밖에 이테르를 죽여 승리하고, 죽은 이테르의 갑옷을 자신의 몸에 걸친 뒤 말을 타고 모험을 찾아 떠났다. 한밤중 묵을 곳을 찾던 파르치팔은 구르네만츠의 신세를 지게 되었고, 이 늙은 백작은 파르치팔이 마음에 들었던지 싸움에서 제후들이 어떤 계략을 쓰는지를 비롯해 어떻게 하는 것이 기사로서의 올바른 처신인지를 다음과 같이 일러 주었다.

기사가 되어서는 궁박한 처지의 사람을 불쌍히 여길 줄 알아야 하네. 그러면서도 호의, 아량, 겸손함을 잃지 말아야 하지. 원래 덕 있는 사람은 자신이 궁해도 남에게 부탁하는 걸 부끄러워하네. 그러니 그에게 필요한 게 뭘지 자네 쪽에서 먼저 헤아려야 해. …… 하지만 그렇더라도 신중에 신중을 기해야 하네. 너무 후해도 안 되고, 너무 박해도 안 되는 법이야. …… 너무 많은 걸 묻지도 말되, 적절한 질문이다 싶은 것에는 답을 해 주어야 해. 항상 상황을 주의 깊게 살피고 그 사람이 하는 말을 경청하게 …… 누구든 항복해 오는 자는 목숨을 살려 주어야 하네. 그 사람이 자네에게 아무리 못된 짓을 했다고 해도 …… 항상 남자답게 굴고 쾌활함을 잃지 말게. 여자들은 늘 사랑과 존경으로 대해야 해. 그러면 젊은 남자로서의 명예도 올라가지. 또 남자라면 모름지기 처음과 끝이 같아야 하는 법이야. 진실한 사랑에 등 돌리는 자가 자네에게 아첨을 해 올 때는 단칼에 그 말을 잘라 버리게.[46]

파르치팔은 다시 의기양양하게 길을 나섰고, 이윽고 성에서 포위 공격을 받던 콘드비라무르를 구해 내 그녀와 결혼식을 올렸다. 하지만 그녀에겐 이미 남편이 있었으니 파르치팔은 돌아온 남편과 싸워 그를 죽이고, 그길로 어머니를 찾기 위해 잠시 아내 곁을 떠났다. 그런데 여로에서 우연히 들르게 된 곳이 바로 성배가 있는 성이었다. 성배를 지키고 있던 수호 기사들은 파르치팔을 맞아 융숭한 대접을 해 주었고, 그 자리에서 파르치팔은 성배도 직접 볼 수 있었다.(이 이야기의 성배는 보석으로 만들어져 있다.) 파르치팔은 구르네만츠의 충고가 머리에 떠올라 마법의 성배는 물론 병에 걸린 왕에 대해서도 아무것도 묻지 않기로 했다. 그 왕이 자신의 숙부라는 사실도 알 리가 없었다. 그런데 다음 날 아침, 잠에서 깨어나 보니 성 전체가 횅뎅그렁하니 텅 비어 있는 것이었다. 거기다 그가 말을 타고 성 밖으로 나서는 순간, 보이지 않는 손이 성의 도개교를 훌쩍 들어 올려 버렸다. 마치 그가 다시 이 성에 와서는 안 된다는 듯이. 그길로 파르치팔은 아서 왕의 궁을 찾아갔다. 궁 안의 모든 이들이 그를 반갑게 맞아 주는데, 유독 쿤드리라는 여자 예언자만은 파르치팔이 무지하고 무례하다며 호되게 꾸짖었다. 어찌 암포르타스의 성에 가고서도 그의 병환에 대해 묻지 않았느냐는 것이었다. 파르치팔은 다시 성을 찾아가 성배를 찾아오겠노라고 굳게 맹세했다.

그런데 이즈음 들어 파르치팔은 문득 인생의 쓸쓸함을 느끼며 비분에 젖게 되었다. 쿤드리에게서는 당치 않게 심한 모욕을 받았다고 여겨졌다. 세상에는 정의롭지 못한 일도 너무 많이 일어나고 있었다. 그는 신을 욕하고 원망했고, 그래서 4년이 지나도록 교회에는 한 차례도 나가지 않았으며 기도도 단 한 마디도 드리지 않았다.[47] 그에게는 크고 작은 불운이 수도 없이 찾아들었고, 그 와중에도 성배를 찾으려 갖은 애를 썼지만 아무리 해도 찾을 수 없었다. 그러던 어느 날 발길 닿는 대로 다니던 중 한 은자의 암자를 찾아들게 되었다. 그 은자는 트레브레첸트라는 이였는데 알고 보니 그의 숙부 되는 사람이었다. 트레브레첸트는 파르치팔에게 성배 이야기를 들려주는 한편, 암포르타스의 병이 무슨 수를 써도 낫지 않는 까닭을 설명해 주었다. 암포르타스가 성배를 지킬 당시 부정한 사랑에 빠져 성배를 버리고 떠난 일이 있었다는 것이었다. 은자는 파르치팔이 그리스도교에 가졌던 신앙심을 다시 찾아 주는 한편, 그가 지은 갖가지 죄악의 형벌도 대신 받아 주었다. 이는 그의 무지를 일깨우고 죄를 정화시키는 길이었으니, 이로써 겸손하고 깨끗한 마음을 되찾게 된 파르치팔은 다시 성배를 찾는 여정에 올랐다. 한편 은자는 쿤드리를 찾아가 이르길, 파르치팔은 암포르타스의 조카로서 그 뒤를 이을 후계자라 하였다. 이에 쿤드리는 파르치팔을 찾아내서는 그가 암포르타스 왕의 후계자이자 성배의 수호자로 선택되었음을 공표했다. 쿤드리의 안내를 받자 어딘가 숨어 있던 성배의 성도 모습을 드러내었다. 파르치팔은 성에 들어서서 암포르타스에게 병에 걸린 까닭을 물어 주었다. 그러자 순식간에 늙은 왕의 병은 씻은 듯 나았다. 파르치팔은 이제 아내 콘드비라무르를 찾아가 성으로 데려와서 왕비로 삼았다. 둘은 아들을 낳아 로헨그린이라 이름 지었다.

하지만 바그너(Wagner)가 오페라를 한 편 더 써내야 했다는 걸 알기라도 한 듯, 1210년 독일에서는 스트라스부르의 고트프리트가 트리스탄 이야기를 그 어느 때보다 훌륭히 각색해 내놓기에 이른다. 이 작품은 열과 성을 다해 불륜과 불충을 찬양하는 한편, 그리스도교의 도덕규범이나 봉건 제후가 지켜야 할 윤리는 거리낌 없이 무시하고 있는 것이 특징이다.

파르치팔이 그랬듯, 트리스탄 역시 블랑쉬플로이어라는 여인이 한창 젊을 때 낳은 아들이었다. 아들을 낳고 얼마 안 있어 어머니는 남편의 부고를 듣게 된다. 어머니는 갓난아기에게 트리스탄(Tristan, 비탄에 잠긴)이라는 이름을 지어 주고 세상을 떠났다. 홀로 남겨진 아이는 그의 숙부이자 콘월의 왕이었던 마르크가 맡아 기르게 되었다. 어느덧 장성한 트리스탄은 유독 마상 시합에 출중한 기량을 보이는데, 어느 날은 아일랜드의 모롤트가 도전해 와 싸우다가 그를 죽이게 되었다. 트리스탄도 몸에 독이 묻어 상처를 입기는 마찬가지였다. 그런데 죽어가는 모롤트가 말하길, 그 상처를 치료해 줄 수 있는 건 아일랜드의 여왕 이솔트뿐이라는 것이었다. 이에 트리스탄은 탄트리스라는 하프 연주자로 변장을 하고 아일랜드를 찾아갔다. 트리스탄은 여왕에게서 무사히 치료를 받은 것은 물론, 공주를 가르치는 선생님까지 될 수 있었는데 딸의 이름도 어머니와 같이 이솔트였다. 그 뒤 콘월로 돌아온 트리스탄은 아일랜드의 공주 이솔트가 빼어난 미모와 재주를 가졌다고 마르크에게 말하였다. 그러자 마르크는 트리스탄을 다시 아일랜드로 보내면서, 그곳에서 이솔트의 환심을 산 뒤 자신에게 데려다 달라고 했다. 그러나 공주 이솔트는 집을 떠나는 것이 영 마음에 내키지 않았다. 또 알고 보니 그 트리스탄이라는 자는 숙부 모롤트를 죽인 원수이기도 했으니, 공주는 트리스탄에 대한 적의만 활활 타오를 뿐이었다. 하지만 여왕은 공주를 설득해 트리스탄과 함께 콘월로 가도록 했고, 그러면서 시녀 브랑게네에게는 사랑의 묘약을 주어 공주 이솔트와 마르크에게 먹이도록 했다. 그러면 둘 사이에는 사랑이 일게 될 것이었다. 하지만 브랑게네의 실수로 그 묘약은 그만 트리스탄과 이솔트가 마시게 되고, 둘은 곧 사랑에 빠져 서로를 품에 안았다. 남부끄러운 전개는 뒤로 갈수록 그 정도가 심해진다. 트리스탄과 이솔트는 서로 짜고서 자신들의 사랑을 숨기기로 했다. 그리하여 마르크와 결혼을 하고도 이솔트는 트리스탄과 잠자리를 함께하는 한편, 시녀 브랑게네가 너무 많은 사실을 알고 있다며 그녀를 죽일 궁리를 했다. 이 이야기에서 신사의 덕을 갖춘 사람은 오로지 마르크 한 사람뿐이다.(맬로리의 책에서는 이와 딴판으로 아주 사악한 왕으로 등장하지만.) 마르크는 결국 두 사람에게 속았다는 걸 알지만, 둘 다 자신에게는 너무나 소중한 사람이므로 복수는 하지 않겠다고 한다. 다만 조카 트리스탄을 먼 곳으로 유배시켜 상황을 정리했다. 그리하여 트리스탄은 이곳저곳을 떠돌다 이솔트라는 이름을 가진 여인을 세 번째로 만나 그녀와 사랑에 빠졌다. 마르크의 아내와 "한 마음, 한 언약, 한 몸, 한 생명"으로 사랑하기로 약속해 놓고 말이다. 고트프리트는 이렇듯 기사도에 대한 이상을 산산이 부수어 놓은 채 별 다른 결말 없이 이야기를 마무리 지었고, 이로써 남은 이야기를 풀어내는 건 맬로리를 비롯한 후대의 몫이 되었다.

13세기 초반의 30년 동안에 이 작품들이 다 쏟아져 나왔다는 것은 실로 놀라운 일이 아닐 수 없다. 하지만 여기에 시인 한 명이 또 나와 발터, 볼프람, 고트프리트에게 합류하니, 당대에 이만한 실력의 4인조 시인을 가진 곳은 그리스도교 세계 말고는 그 어디에도 없었다. 하르트만 폰 아우에는 사실 작가로 처음 발을 내딛었을 때만 해도, 그러니까 운문 로맨스인 「에레크(Erec)」와 「이바인 (Iwein)」을 써낼 때만 해도, 크레티앵의 아류를 벗어나지 못하는 수준이었다. 하지만 그는 이내 주제를 바꾸어 자신의 고향인 슈바벤의 전설을 노래하기 시작했고, 그러자 아류이긴 해도 걸작인 「가련한 하인리히」(1205년경)가 탄생했다. 그 내용을 보면, 저 옛날 욥이 그랬다던 것처럼, "가련한 하인리히"는 자신의 위세가 절정에 달했을 때 그만 몹쓸 나병에 걸리고 말았다. (이럴 땐 어김없이 중세 특유의 마법이 등장하는 바) 그의 나병이 낫기 위해서는 반드시 순결한 처녀가 아무런 대가 없이 목숨을 바쳐야만 했다. 자신을 위해 그런 희생을 치러 줄이는 절대 아무도 없을 거라 생각했기에, 하인리히는 지레 삶을 포기하고 탄식과 절망으로 하루하루를 지냈다. 그런데 어찌된 일인지, 하인리히 앞에 정말 그런 처녀가 나타나 그의 병이 나을 수만 있다면 얼마든 목숨을 내놓겠다고 하는 것이었다. 그녀의 부모는 딸이 하느님 뜻에 따르는 것이라 생각했고, 그래서 믿기지 않게도 딸의 결정을 순순히 허락해 주었다. 결국 아가씨는 제 예쁜 가슴을 드러내며 그곳을 칼로 찌르게 했다. 하지만 순간 하인리히가 사내답게 돌변하여 일을 중단시켰다. 그는 아가씨의 희생을 마다했고 더 이상 병에 앓는 소리도 하지 않았다. 자신의 병을 거룩한 존재가 찾아든 것이라 여기기로 한 것이다. 이렇듯 마음을 새롭게 고쳐먹자 그의 영혼에도 확연한 변화가 찾아왔고, 그러자 몸의 병도 이윽고 사라지는 것이었다. 그를 구해 주러 나섰던 아가씨는 그의 아내가 되었다. 이 작품은 다소 앞뒤가 안 맞는 부분이 있으나, 하르트만의 단순하고, 유려하고, 담백한 운문이 그런 단점을 잘 보완해 주고 있다. 그래서 오늘날 같이 믿음 없는 시대에도 독일에서는 이 시가 소중한 보물로 여겨지고 있다.

이외에도 13세기 전반의 어느 무렵엔가 무명의 프랑스 작가가 써낸 「오카상과 니콜렛(C'est d'Aucassin et Nicolette)」이란 작품이 있는데, 아기자기한 면에서는 이 이야기가 한결 낫다. 그 내용을 보면 절반에서는 로맨스를 노래하고, 나머지 절반에서는 로맨스를 조롱하고 있다. 또 내용에 맞게 운문과 산문을 적절히 섞어 쓰고 있으며, 텍스트 중간중간 악보를 그려 넣어 음악을 곁들인 점도 눈에 띈다.

보케르 백작의 아들이었던 오카상은 어느 날 보케르 자작의 수양딸 니콜렛을 만나 사랑에 빠졌다. 하지만 백작은 둘의 사랑에 반대였다. 아들을 제후 가문의 딸과 결혼시킨 후 그 집안으로부터 전쟁에 필요한 원조를 받아 낼 심산이었기 때문이다. 그래서 백작은 가신인 자작을 불러 그 집 딸을 몰래 숨겨 두라 명했다. 그 후 오카상이 니콜렛을 만나러 찾아오자 자작은 그를 불러 이렇게 일렀다. "니콜렛을 가만 내버려 두게. 안 그랬다간 천국엔 얼씬도 못하게 될 걸세." 그러자 오카상이 다음과 같은 대답을 내놓는데, 당대에 만연했던 회의주의를 엿보는 듯하다.

제가 천국에 가면 뭘 하겠습니까? 니콜렛과 함께 있을 수 있다면 그만이지, 전 천국에 가고 싶은 생각일랑 없습니다. …… 천국에 가는 이들이 어떤 이들입니까. 나이 지긋한 신부들, 절름발이 노인들, 몸 성치 못한 병신들이 천국에 가지 않습니까. 천국에 가서도 이들은 제단 앞에 모여 밤낮 없이 기침만 해대겠지요. …… 그런 사람들하고 제가 뭘 하겠습니까. 하지만 지옥에라면 얼마든 가겠습니다. 근사한 학자들, 마상 시합이나 대규모 전쟁에서 목숨을 잃은 멋진 기사들, 그리고 건장한 궁수와 왕실 사람들이 지옥에 갈 테니까요. 저도 그들과 함께 지옥에 가렵니다. 거기 가면 아름다운 용모와 예의를 갖춘 귀부인들도 있겠지요. 영주인 자기 남편 곁에 다른 친구 두셋쯤은 버젓이 둔 그런 귀부인들 말입니다. 그곳에는 …… 하프 연주자며 음유 시인들도 있을 것이며, 이 속세의 왕들도 그곳을 지나다니겠지요. 이런 이들과 함께 저는 지옥에 가렵니다. 하지만 그런다 해도 나의 사랑스러운 벗 니콜렛이 곁에 있지 않고는 안 됩니다.[48]

니콜렛의 아버지는 니콜렛을 그녀 방에서 나오지 못하게 했고, 오카상의 아버지 역시 그를 지하 창고에 가두어 버렸다. 오카상은 지하 창고에 갇힌 채 다음과 같이 기이하고도 매력적인 치유법을 노래한다.

니콜렛, 새하얀 백합꽃 같구나
나무 그늘 아래서 누구보다 사랑스럽네.
탐스럽게 매달린 포도만큼 달콤하고
향료를 머금은 포도주만큼 감미롭네.
어느 날 이 노래가 당신에게 닿거든
부디 당신 있는 곳을 빠져나와 주오.
여기 고통과 두려움에 빠진 한 순례자 있네.
고통 속에서 침대에 몸을 누인 채
엎치락뒤치락, 두려움에 숨도 못 쉬네.
깊은 슬픔에 빠져 사경을 헤매네.
그때 순결하고 새하얀 당신이 들어오니
아픈 남자 눈앞에 사뿐히 그 모습 보이네.
질질 끌리던 긴 옷자락 벗어 버리고
모피 털 덧대인 겉옷을 벗어 버리고
그 안의 속옷 치마도 벗어 알몸 드러내네.
우아하게 뻗은 아름다운 팔다리를
그러자 기적과도 같은 일 벌어지니
아무렇지 않은 듯 그가 벌떡 일어나네.
침대를 박차고 나가네 손에 십자가를 쥐고
자신의 소중한 발 찾아 다시 길을 떠나네.
백합꽃, 참으로 하얗고 참으로 사랑스러워라.
아름답게 단장한 그대 두 발도 아름답고
그대의 웃음소리, 그대의 말소리도 아름답고
즐겁게 노니는 우리 모습도 아름다워라.

그대의 입맞춤 달콤하고 그대의 손길 부드럽네

누구에게나 분명 지극한 사랑받을 그대여.[49]

한편 이 와중에 그 백합 같은 여인은 자기 방의 침대보를 가져다 밧줄을 만들어서는 그걸 타고 무사히 정원까지 내려오는 데 성공한다.

그런 뒤 니콜렛은 치맛자락을 들어 올려 양손으로 단단히 붙잡았다. …… 풀잎 위로 흠뻑 내려앉아 있던 이슬이 살짝살짝 그녀의 치맛단 아래를 스쳤다. 그렇게 정원을 가로질러 그녀는 집 밖으로 빠져나갔다. 그녀의 머리칼은 황금빛으로 빛났고, 이마 위로는 고슬고슬 앞머리가 흘러내렸다. 파란 눈동자에는 기쁘다는 듯 웃음기가 어려 있었고, 어느 때보다 고운 얼굴은 바라보기에 다 흐뭇할 정도였다. 입술은 새빨갛기가 한여름 햇볕에서 피어나고 익어 가는 장미나 체리보다 더했다. 새하얀 이는 앙증맞고, 젖가슴은 단단히 뭉쳐 마치 옷 앞자락에 동그란 나무 열매라도 두 알 들어 있는 듯했다. 허리는 꺾어질 듯 잘록해 양 손으로 감싸 안고 남을 정도였다. 그녀가 풀숲에 발이 채여 넘어지면 그 발등이며 살갗에 데이지 꽃은 뭉개져 시꺼멓게 죽어 갔으나, 아름다운 이 젊은 처녀에게서는 그와 반대로 하얗게 빛이 나는 듯했다.[50]

용케도 니콜렛은 오카상이 갇힌 지하 창고의 창문을 찾아낼 수 있었다. 그녀는 그 자리에서 자신의 머리카락을 잘라 내 창문의 창살 틈으로 밀어 넣으며 굳게 맹세했다. 자신 역시 그를 사랑하는 마음이 무척이나 크다고. 그러고 나서 니콜렛은 곧장 숲 속으로 도망쳐 들어갔고, 다행히 고마운 목동들을 만나 그들과 함께 지내게 되었다. 오카상의 아버지는 니콜렛이 더 이상 아들 주위를 맴돌지 않는다는 확신이 들자 아들을 지하 창고에서 풀어 주었다. 지하 창고에서 풀려 난 오카상은 곧장 숲으로 들어가 그녀를 찾아 헤매는데, 반쯤은 희극적이라 읽는 이의 웃음을 터지게 하는 우여곡절을 도중에 수없이 만난다. 결국 오카상은 니콜렛을 찾는 데 성공했고, 그녀를 자신의 말 앞자리에 태운 뒤에는 "함께 말을 달리는 내내 그녀와 입맞춤을 나누었다." 그 사이 부모들은 정신없이 자식들을 찾아다녔고, 결국 연인들은 부모의 추적을 피해 배를 타고 지중해를 건넜다. 그리하여 한 나라에 이르렀는데, 이곳은 기이하게도 남자들이 애를 배어 낳는가 하면, 전쟁 방법 역시 재미나게도 과일을 따다가는 싸움이 끝날 때까지 던지는 식이었다. 그러다 다소 인정사정없는 전사들이 이 둘을 포로로 잡으면서, 둘은 어쩔 수 없이 3년간 만나지 못하고 떨어져 지냈다. 하지만 종국에 가서는 둘이 다시 하나로 합쳐지는 상황이 온다. 그러다 이들에게도 운이 트이니 자식들에게 속 끓던 부모들이 하나둘 세상을 떠나면서 둘이 다시 고향으로 돌아와 보케르의 백작과 백작 부인으로 살아갈 수 있었던 것이다. 사실 프랑스는 문학 작품이 어디보다 많이 만들어져 나오는 곳인데, 그런 프랑스에서도 이만큼이나 강렬한 느낌을 주는 작품은 좀처럼 찾아보기 힘들다.

8. 풍자의 대두

이 「오카상과 니콜렛」 이야기 중간중간에 유머러스한 대목이 등장하는 걸 보면, 이 무렵 들어서는 이제 프랑스인들도 로맨스의 과다에 슬슬 싫증을 내기 시작했음을 알 수 있다. 그래서인지 중세 시대에 가장 유명하다고 손꼽히는 시 작품도(당대에는 단테의 『신곡』보다 더 유명했을 뿐 아니라 더 많은 사람들에게 읽혔다.) 서두는 로맨스로 시작해서 말미는 중세 시대 통틀어 가장 신랄하고 단도 직입적인 풍자로 끝을 맺고 있다. 오를레앙의 젊은 학자인 기욤 드 로리가 알레고리가 담긴 이 작품을 써낸 것은 1237년경의 일로, 창작 의도는 다름 아니라 궁정 연애시의 모든 기법을 한군데에 아우름과 동시에, 시의 내용을 무척이나 추상적으로 만듦으로써 이른바 연애 로맨스가 모두 담길 만한 하나의 모델 및 개요를 제시하고자 한 것이었다. 이 기욤에 대해서는 그가 『장미 이야기』의 전반부 4266행을 지었다는 것 말고는 별달리 알려진 게 없다. 기욤은 시에 자기 자신을 등장시켜 꿈을 꾸게 하고, 꿈속에서는 기막히게 멋진 "사랑의 정원"을 여기저기 돌아다닌다. 이 정원에는 세상의 꽃이란 꽃이 모두 만발해 있는가 하면, 온갖 종류의 새들이 찾아와 노래를 부르고 있다. 또 정원 여기저기에서는 연인들이 사랑의 신이 다스리는 가운데서 행복에 젖어 춤을 추고 있다.(이 연인들에게는 '환희', '즐거움', '기품', '아름다움' 같은 이름들이 붙어 있는데, 여자에게 사랑을 바칠 때 맛보게 되는 갖가지 기쁨과 덕목을 표현하고 있다.) 한마디로 이 정원은 새로운 종교를 표현한 것으로서, 그것이 그리는 새로운 낙원에서는 하느님 대신 여자가 최상의 자리에 자리 잡고 있다. 꿈꾸던 이는 정원을 떠돌다 문득 한 송이 장미를 발견한다. 장미는 주변을 에워싼 그 어떤 것보다도 사랑스러운 모습을 하고 있었지만, 가시가 수백 개나 돋쳐 있어 함부로 꺾을 수 없었다. 이 이야기에서 장미는 다름 아닌 남자가 사랑하는 여인을 상징한다. 그리고 이 영웅이 어떻게든 장미에 다가가 그것을 꺾으려 하는 상황은 남자의 억눌린 욕구가 그 상상을 채우기 위해 온갖 구애 전술을 벌이는 것의 비유이다. 이제 시 속에는 인간이 아닌 화자가 등장하여 이야기를 전개시키고, 이후의 등장인물들은 궁정에서 남자들이 여자를 쫓아다닐 때 보이는 온갖 성격적 특징들을 이름으로 갖게 된다. 그래서 '수려한 외모', '자존심', '악행', '치욕', '재산', '탐욕', '시기', '나태', '위선', '젊음', '절망'이 등장하는가 하면, 심지어는 '새로운 생각'(여기서는 변심을 의미한다.) 같은 이름도 나온다. 신기한 사실은 내용이 이토록 추상적임에도 불구하고 기욤이 써낸 이 운문이 제법 흥미롭게 읽힌다는 것이다. 그 까닭은 아마도 시대가 바뀌고 갖가지 위장을 해도 인간에게 사랑이란 흥미로운 주제일 수밖에 없기 때문일 것이다. 우리 몸 안에 따스한 피가 흐르는 그동안만큼은.*

그런데 기욤은 시를 다 쓰기도 전, 비교적 이른 나이에 세상을 떠나고 말았

---

* 초서는 기욤의 시 전반부 절반을 번역해 『장미 이야기』로 펴냈는데, 그 문장이 원문만큼이나 아름답다.

다. 큐피드가 쏜 화살을 맞고 사랑에 괴로워하던 주인공이 과연 장미와의 사이에서 입맞춤 이상의 진전을 이뤘는지 사람들은 궁금했지만, 그 궁금증은 40년의 세월이 흘러서야 비로소 풀리게 된다. 또 한 명의 프랑스인인 장 드 묑이 다음 주자로 나서서 2만 2000행이 넘는 작품으로 이 시를 완성해 낸 것이다. 하지만 테니슨(Tennyson)과 라블레(Rabelais)의 시가 확연히 다르듯, 그의 작풍은 기욤과는 판이하게 달랐다. 게다가 기욤이 죽고 세월이 흐르면서 세태도 많이 달라져 있었다. 한때는 로맨스이기만 하면 세간의 이목을 받던 시절이 있었으나, 이젠 그것도 옛날 얘기였다. 철학은 시가 신앙을 노래하기라도 하면 그 시는 이미 죽었다며 이성의 천을 갖다 덮는 판이었다. 거기다 십자군 전쟁은 이미 실패로 돌아간 뒤였으니, 바야흐로 회의와 풍자의 시대가 막을 연 것이다. 심지어는 장 드 묑이 필립 4세의 권유를 받고 이 작업에 열정적으로 임했다는 시각도 있다. 당시 필립 4세는 교황과 강하게 대립하고 있어서, 그는 회의주의 성향이 강한 변호사들을 교황청에 보내서는 면전에서 교황을 조롱할 정도였다. 장 클로피넬이 세상에 난 것은 1250년경, 프랑스 루아르의 묑이라는 지방에서였다. 그는 파리에 가서 철학과 문학을 공부하였는데 박학하기로는 당대 제일로 꼽힐 만큼 아는 것이 많았다. 그런데 이 기인이 무슨 바람이 프랑스 문학사에서 가장 로맨틱하다고 손꼽히던 시를 골라서는 거기에 자신이 가진 모든 지식, 교권 반대주의, 여자 및 로맨스에 대한 경멸을 쏟아 넣었는지에 대해서는 지금의 우리로서는 알 길이 없다. 8음절 2행시로 운 맞춰 시를 써낸 점만큼은 기욤과 똑같았으나, 그 외의 것에서는 꿈꾸는 듯한 기욤의 운문과는 사뭇 분위기가 달랐다. 시 속에서 그는 천지 창조부터 최후의 심판에 이르기까지의 주제를 모두 다루며 그에 대한 자신의 견해를 열정과 생동감 넘치는 어투로 피력하고 있다. 장미를 손에 넣고 싶어 안달인 가련한 주인공은 하염없이 정원에서 기다리게 내버려 둔 채로 말이다. 이런 장이었지만 그에게도 로맨스의 요소가 아주 없지는 않았으니, 플라톤이 그랬듯, 먼 옛날의 "황금 시대"를 끔찍이 그리워했다는 것이다. 그때엔 "그 누구도 이것이나 저것을 자기 것이라 주장하지 않고, 그 누구도 욕정과 약탈이란 것을 몰랐으며", 봉건 제후도 나라도 법도 없고, 인간이 하늘, 바다, 땅에서 나는 고기에 입을 대는 일도 없었으며, 사람들이 "이 지상 위에 내려진 선물을 공동의 재산처럼 다 함께 나누어 썼다."[51] 그렇다고 장이 자유사상가였던 것은 아니다. 그는 교회에서 내거는 교리는 군말 없이 받아들이는 편이었다. 그래도 "몸집이며 위세가 좋아 보이는 사내들이 수도사라며 구걸하고 다니는 꼴"은 질색이었다. "이들은 평상시에 한껏 배불리 먹고 마시면서도 정작 사람들에게는 거짓말을 늘어놓기 때문이다."[52] 그는 위선이라면 도저히 참지 못하는 성미였는데, 그래서 시 속에서도 마치 위선자들이 들으라는 듯 악어의 눈물을 흘리는 데에는 마늘과 양파만큼 좋은 것이 없다고 말한다.[53] 삶을 살아가는 데 있어 "여자의 기품 넘치는 사랑"만큼 더 좋은 게 없다는 것은 그도 인정하는 바였지만, 정작 그 자신은 그런 사랑을 경험하지 못한 듯하다.[54] 아마 장은 그런 사랑을 받을 자격이 없는 사람이었을 것이다. 원래 풍자가가 미녀를 손에 넣는 법이란 없으니까. 그리고 오비디우스로부터 단단히 교육받은 것이 있어서 여자는 사랑해야 하는 존재라기보다 이용해야 하는 존재라고 생각했고 또 그렇게 가르쳤다. 그의 말에 따르면 일부일처제는 불합리한 제도였다. 자연의 섭리에 따르면 원래 "모든 남자는 모든 여자를 만날 수 있는 것"이었다. 그의 시에는 사랑이 시들어 버린 남편이 몸치장에 여념이 없는 아내를 이렇게 나무라는 대목이 있다.

당신의 이 화려한 옷차림 다 무어요?
당신의 값비싼 드레스 멋스러운 예복이
당신의 녹는 애교와 그 사근사근함이
내겐 대체 뭘 가져다준단 말이요?
당신의 자수 장식 화려하게 반짝이니
금실까지 들어가 있네, 보아하니.
하지만 당신의 그 머리칼 칭칭 감을 뿐이니

내게는 다 무슨 소용이란 말이요?

상아가 상감된 거울들에 당신은 굳이

금테를 둘러 더 번쩍이게 하니

그러지 않고는 도저히 안 된단 말이오?

왕의 왕관에나 어울리는 이 보석들이

루비에다 진주에다 사파이어까지

여기 있는 까닭은 대체 무엇이오?

당신이 이토록 정신 나가 있으니

그렇게 된 건 대체 무슨 까닭이오?

값비싼 물건들은 말할 것도 없이

옷단이며 주름에도 정교한 장식 투성이

왜 허리를 잘록하게 조이는 허리춤의 띠에까지

수많은 보석과 장식이 들어가 있는 거요?

말해 보시오 당신은 왜 발에까지 굳이

요란한 신발을 신지 않으면 안 되는 거요?

치마 속 당신의 그 잘난 다리

누구에게 보일 마음이라도 있는 거요?

성 티보의 이름으로 맹세하노니

앞으로 3일 안에 내 이 쓰레기들을 다 팔 테니

내 당신을 이 발로 사정없이 짓밟아 줄 테니 ![55]

그래도 결말부는 그나마 우리에게 위안을 준다. 정원의 탑에서는 '위험', '치욕', '두려움'(이는 곧 여인의 망설임을 뜻한다.)이 장미 곁을 철통같이 지키고 있었는데 마지막에 가서는 사랑의 신이 수많은 가신들을 거느리고 이곳을 쳐들어가는 것이다. 그런 뒤에는 '환대'가 주인공을 탑 안의 성소로 들여서는 그가 꿈에서나 그리던 그 대상을 비로소 꺾게 한다. 하지만 그 앞의 1만 8000행에는 농부의 투박한 말투와 방랑 서생에 버금가는 음담패설이 가득하니, 오래도록 이야기를 끌다 결말만 로맨틱하게 낸다고 해서 앞의 내용이 싹 잊힐 리는 없을 것이다.

12세기와 13세기에 서유럽에서 가장 널리 읽힌 책을 셋만 꼽으라면 『장미이야기』, 『황금 전설』, 그리고 『여우 르나르(Reynard the Fox)』를 든다. 르나르 이야기는 1150년경 처음 나왔을 때만 해도 라틴어본이었으나, 시간이 가면서 각 국어로 판본이 나와 『르나르 이야기(Roman de Renart)』, 『여우 레이너드(Reynard the Fox)』, 『여우 라이네케(Reineke de Vos)』, 『라이나에르트(Reinaert)』 같은 것들이 등장했고, 종국에는 괴테가 『여우 라이네케(Reinecke Fuchs)』를 써내기까지 이른다. 애초 이 이야기는 내용이 그다지 많지 않았는데 여기에 다양한 작가들이 30여 편에 이르는 재미난 일화를 갖다 붙이면서 결국 2만 4000행으로까지 양이 불어났다. 하지만 작가는 여러 명이어도 작품의 내용은 대동소이했으니, 하나같이 봉건제, 왕실, 그리스도교의 의례, 인간의 나약함을 동물에 빗대어 풍자하고 있었다.

여우 르나르는 걸핏하면 동물 왕국의 제왕인 사자 노블을 골탕 먹이기에 바쁘다. 그런데 어느 날 낌새를 보니 노블이 암표범 데임 해루즈와 바람을 피우는 듯했다. 이에 르나르는 탈레랑을 방불케 하는 모략을 꾸며 오히려 데임 해루즈를 자신의 정부(情婦)로 만들어 버린다. 그러면서 노블을 비롯한 다른 짐승들에게는 부적을 한 장씩 주며 어르길, 그 부적만 있으면 아내가 불륜을 저지르는지 알 수 있다고 했다. 그러자 망측한 사실들이 잇따라 밝혀지고, 남편들은 불륜을 저지른 아내에게 폭력을 휘둘렀다. 남편이 무서워진 아내들은 르나르에게로 도망쳐 와 몸을 숨겼고, 르나르는 이들을 첩으로 삼아 한 규방에서 지내게 했다. 그런가 하면 동물들이 마상 시합을 벌이는 줄거리도 있는데, 여기서는 동물들이 기사의 예복을 엄숙히 갖춰 입고 다 같이 근엄하게 행차하는 장면을 볼 수 있다. 한편 『르나르의 죽음(La Mort Renart)』은 이 여우가 결국 나이 들어 죽어 갈 때의 이야기이다. 임종이 다가오자 왕실에서는 대주교인 당나귀 베르나르가 찾아와 성사(聖事)를 지내 주는데, 이루 말할 수 없는 허례허식에 분위기도 지독하게 무거웠다. 르나르는 지은 죄를 하나하나 고백하기에 이르지만, 그러면서도 속으로는 몸이 낫기만 하면 개과천선을 약속한 것도 다 공수표로 만들어버릴 작정이었다. 이제 르나르는 어딜 봐도 분명히 죽은 듯했고, 그러자 수많은 동물들이 그의 곁으로 모여들었다. 하나같이 그에게 한 번쯤은 농락당하고, 맞고, 뜯기고, 사기당한 동물들이서, 겉으로는 눈물을 흘렸지만 속으로는 행복해 했다. 이윽고 대주교는 르나르의 시신을 무덤에 묻으며 라블레식(式)의 설교를 늘어놓았고 그러면서 생전의 르나르를 꾸짖길, "당신은 무엇이든 손에 들어오기만 하면 그것을 자기 좋은 대로 이용하기 바빴던 자"라고 했다. 그런 뒤 그의 얼굴에 성수를 흩뿌리는데 그 순간 르나르가 번쩍 눈을 뜨는 것이었다. 그러고는 수탉 칸테클러의(향로를 흔들고 있던) 목덜미를 순식간에 잡아채더니 그것을 먹잇감 삼아서는 쏜살같이 숲 속으로 달아났다. 이 르나르를 모른 척해서는 중세에 대한 이해를 절대 제대로 했다 할 수 없을 것이다.

이 르나르 이야기야말로 파블리오(fabliaux)에 있어서는 최고 걸작이었다. 파블리오란 인간을 동물에 빗대 풍자하는 우화를 말하는 것으로서, 8음절의 운문이 적게는 30행에서 많게는 수백 행까지 이어지는 것이 특징이다. 그런 작품 중에는 이솝 우화만큼 혹은 그 이상으로 오래된 것들이 있었는가 하면, 인도의 이야기가 이슬람을 통해 전해진 경우도 있었다. 그러면서 내용은 대체로 여자와 성직자들을 풍자하는 것이 주류를 이루었는데, 여자에 대해서는 그들이 가지는 선천적 능력을, 성직자에 대해서는 그들이 가지는 초자연적 능력을 못마땅해 했다. 한편 귀부인이나 성직자들 쪽에서도 가수들이 부르는 추잡한 파블리오는 일찍부터 질색인 입장이었다. 파블리오가 워낙 웬만한 비위가 없이는 듣기 힘든 노래였기 때문이다. 선술집이나 매춘굴에서 쓰는 용어들이 아무렇지 않게 등장하는가 하면, 운만 맞추었다 뿐이지 도를 넘은 농담들도 많았다. 하지만 파블리오가 이렇듯 미리 멍석을 깔아 주지 않았던들, 초서, 보카치오, 아리오스토, 라퐁텐 같은 수많은 이야기꾼들이 그토록 놀라운 이야기를 지어

내는 일도 아마 없었을 것이다.

한편 풍자가 점점 힘을 얻어 가자 가인(歌人)들의 노래는 점차 설 자리를 잃었다. 떠돌이 가인을 뜻하는 영어 "민스트럴(minstrel)"은 라틴어 "미니스테리알레스(ministeriales)"가 어원으로, 원래는 귀족의 성에서 일하는 종자를 이르는 말이었다. 또 프랑스어인 "종글러(jongleur)"는 "이오쿨라토르(ioculator)"라는 라틴어에서 파생된 것으로, 애초에는 농담을 파는 사람이라는 뜻이었다. 사실 이들의 일은 어원의 본래 취지에 십분 맞았을 뿐 아니라, 예로부터 내려오던 가인의 전통도 줄기차게 이어 간 것이었으니 그리스의 랩소우드(rhapsode), 로마의 미메(mime), 스칸디나비아의 스칼드(scald), 앵글로색슨족의 글리맨(gleeman), 웨일스 혹은 아일랜드의 바드(bard)는 모두 이들의 선조 격이었다. 12세기에 들어 로맨스가 한창 인기를 누릴 때만 해도 이들 민스트럴이나 종글러들은 책을 대신해 사람들에게 큰 사랑을 받았고, 이들 역시 간혹이나마 사람들에게 문학 작품 버금가는 이야기를 들려주는 것을 스스로의 자긍심으로 삼았다. 하프를 뜯거나 비올을 켜며 이들은 라이(lay), 디트(dit) 혹은 콩트(짧은 이야기), 서사시, 마리아와 성인들 전설, 무훈시, 로망, 또는 파블리오를 노래 불렀다. 하지만 사순절 기간에는 찾는 이들이 도통 없었기 때문에, 여건만 맞으면 1000년경 노르망디의 페캉에서 열린 적이 있다는 일종의 민스트럴 및 종글러 대회에 참가하는 것이 상례였다. 이곳에 가면 서로가 아는 기교나 가락을 배울 수 있는 것은 물론, 트루베레나 트루바두르들이 새로 지은 이야기나 노래를 서로에게 알려 줄 수 있었다. 한편 이야기를 듣는 청중들의 지력(知力)이 너무 딸린다 싶을 때는 낭송은 그만두고, 공 던지기, 재주넘기, 비틀기 곡예, 줄타기를 선보여 사람들을 즐겁게 해 주곤 했다. 하지만 트루베레들이 이윽고 가인을 찾는 대신 직접 노래를 부르기 시작한 데다, 세간에는 책 읽는 습관이 널리 퍼져 나가자 낭송인에 대한 수요는 점점 줄어들었다. 그리하여 민스트럴은 하루하루 보드빌(vaudeville) 배우에 가까운 모습이 되어 갔고, 종글러들은 점차 묘기를 본업으로 삼게 되었다. 그리하여 공중으로 칼을 던져 받아 내는 기술을 선보이게 되었는가 하면, 꼭두각시 인형극 펀치와 주디(펀치가 아내인 주디와 늘 싸우는 이야기를 담은 영국의 전통 아동극 - 옮긴이)를 공연하기도 했고, 때로는 곰, 원숭이, 말, 닭, 개, 낙타, 사자를 훈련시켜 사람들 앞에서 재주를 부리게도 했다. 민스트럴 중에는 더러 파블리오를 촌극으로 바꾸어 공연하기도 했는데 그럴 때는 외설스러운 장면을 여과 없이 다 연기해 내었다. 교회로서는 이런 모습이 여간 밉살스럽지 않았고, 따라서 명하길 신자들에게는 민스트럴의 이야기에 귀 기울이지 말라 하였고, 왕들에게도 이들을 거두어 주지 못하게 했다. 오툉의 호노리우스 주교 같은 경우, 생전에 민스트럴이었던 이는 죽어서는 절대 천국에 발을 들이지 못할 거라고 했다.

이 무렵 종글러들과 파블리오가 세간에서 큰 인기를 얻었다는 점, 나아가 장 드 묑의 "부르주아" 서사시가 새로운 식자층 및 대학가의 반항적 학생들에게서 열렬한 환영을 받았다는 점은 곧 한 시대에 종막이 찾아왔음을 뜻하는 것이었다. 그 와중에도 로맨스는 계속 흐름을 이어 가게 되지만, 기사도는 사정이 달랐다. 한참의 세월 뒤 세르반테스라는 작가를 만나기 전까지는 풍자, 유머, 그리고 속세적인 사실주의로부터 이래저래 공격을 면치 못하게 된 것이다. 그리고 이후 백 년 동안 무대를 떡하니 차지하게 된 풍자는 그렇게 신앙의 중추를 야금야금 파먹어 갔다. 그리하여 중세를 떠받치고 있던 그 모든 버팀목과 골조가 와르르 무너져 내렸고, 그러자 영혼은 이성의 언저리에 보란 듯 그리고 한편으론 불안하게 가까스로 발을 디디고 선 꼴이 되었다.

39장

단테
1265~1321

1. 이탈리아의 음유 시인들

이 시절 이탈리아 문학을 탄생시킨 본거지는 프레데리크 2세가 머물고 있던 아풀리아 궁정이었다. 프레데리크를 모시던 수행원 중에는 이슬람교도가 여럿이었는데, 이슬람교도는 글만 읽을 줄 알면 술술 시를 지어내곤 했으니까 아마 이들은 문학에도 얼마간의 자극제가 되었을 것이다. 프레데리크 2세가 세상을 떠난 것이 1250년, 이를 몇 년 앞두고 키울로 달카모는 "여인과의 사랑의 대화" 란 제목으로 빼어난 작품을 써냈다. 하지만 이들 이슬람교도보다 더 결정적인 영향력을 끼친 이들이 있었으니, 바로 프로방스 지방의 트루바두르들이었다. 이들은 심부름꾼을 시키거나 또는 시를 들고 직접 길을 나서서는 시에 일가견이 있는 프레데리크 2세와 그 측근의 교양미 있는 신하들을 찾아오곤 했다. 실제로 프레데리크는 시인들의 시작 활동을 지원했을 뿐 아니라, 자신이 직접 이탈리아어로 시를 쓰기도 했다. 프레데리크 밑에서 재상을 지낸 피에로 델레 비니에도 썩 훌륭한 소네트를 여러 편 지어낸 것으로 알려져 있는데, 소네트라는 골치 아픈 형식을 처음 만든 것도 아마 그가 아닐까 한다. 이 "아풀리아 르네상스"를 이끈 대표 시인들을 몇몇 꼽자면, 우선 프레데리크의 궁에 거처를 두고 있던 리날도 다키노(성 토마스 아퀴나스와 형제 사이이다), 재판관이었던 귀도 델레 콜론, 그리고 프레데리크가 시칠리아 왕국을 다스릴 때 공증인으로 일하던 야코포 다 렌티노가 있다. 다음의 시는 단테가 태어나기 약 30년 전(1233년경) 야코포가 지은 것인데, 그 섬세한 정서나 형식의 기막힌 완결성은 단테가 써낸 『새로운 인생』의 시 작품들에 못지않다.

> 진심을 다해 나는 하느님 섬기렵니다.
>
> 그리하여 부디 낙원에 갈 수 있도록
>
> 어딜 가나 사람들이 말하더군요 낙원은
>
> 기쁨과 위안이 솟아나는 성스러운 곳이라고
>
> 그러나 나의 여인 없이는 결코 가지 않으렵니다.
>
> 그 얼굴 머리칼 환하게 빛나는 그녀 없이는.
>
> 그녀가 없이 제가 낙원에 간다 한들
>
> 제 즐거움은 정녕 없느니만 못할 것이기 때문입니다
>
> 진심으로 말씀드리니 제가 낙원에 가고자 함은
>
> 이승에서 죄를 덜 지어 보상받고자 함이 아닙니다.
>
> 그저 낙원 안에서 행복한 그녀 표정 보고 싶을 뿐
>
> 그 부드러운 눈길과 사랑스러운 얼굴 보고 싶을 뿐
>
> 그것이면 나는 더할 나위 없이 만족합니다.
>
> 낙원에서 기뻐하는 그녀 모습 볼 수만 있다면.[1]

한번은 프레데리크가 궁정 대신들을 이끌고 이탈리아 전역의 순방에 나선 일이 있었다. 그때 그는 자신이 기르던 온갖 야생 동물들과 함께 궁정의 시인들까지 한편에 대동하였는데, 이를 계기로 아풀리아 궁정 시인들의 시가 라티움, 투스카니, 롬바르디아에까지 두루 영향을 끼치게 되었다. 아들 만프레드는 아버지의 뒤를 이어 시작 활동을 지속적으로 후원해 주었을 뿐 아니라, 그 자신이 단테에게서 다 칭송받을 정도의 뛰어난 서정시를 써내기도 했다. 아풀리아 궁정에서 지어져 나온 이 "시칠리아" 시들은 상당수가 투스카니어로 번역되어 특정 시파(詩派)를 형성시키게 되며, 여기서 가장 발군의 기량을 보인 이가 바로 단테였다. 한편 이 무렵 프랑스에서는 종교 전쟁에 시달리다 못한 트루바두르들이 랑그도크를 떠나 이탈리아 곳곳의 궁정으로 피신해 오기에 이른다. 이 프랑스의 트루바두르를 통해서 이탈리아 시인들은 비로소 "가이 사베르(gai saber, 즐거운 지혜)"의 묘미를 전수받을 수 있었고, 이탈리아 여인들은 자신들에게 바쳐지는 찬양시를 선선히 받아들이는 법을 배우게 되었으며, 이탈리아 대부호들은 이들의 설복에 넘어가 자기 부인에게 바치는 시라도 반드시 그 시인에게 작품의 비용을 치러 주는 관례를 따르게 되었다. 투스카니 시인들은 초창기에는 이 프랑스 트루바두르를 모방하는 데 여념이 없어서 심지어는 그들의 말인 프로방스어로 시를 써낼 정도였다. 소르델로(1200년경~1270년)같은 경우는 베르길리우스의 고향 만투아 근방에서 태어난 시인이었다. 그는 이탈리아 일부를 다스리던 포악한 전제 군주 에첼리노에게 공격을 퍼붓고는 그길로 프로방스로 도망쳐 들어왔고 그런 뒤에는 프로방스어를 써서 육욕을 벗어난 천상의 사랑을 노래했다.

이 플라토닉한 열정은 형이상학과 시를 한 몸에 기묘하게 결합시킨 형태였으니, 이것이 이윽고 투스카니 지방에 이른바 "청신체(淸新體, dolce stil nuovo)"를 탄생시키게 된다. 사실 프로방스 시인들이 지어 놓은 노래에선 노골적인 관능 묘사를 찾아보기 어렵지 않았는데, 이탈리아 시인들이 지향했던 사랑은 (최소한 겉으로는) 이와는 달랐다. 그들에게 있어 여자는 순수하고 추상적인 미(美)의 구체적 형상, 혹은 신성한 지혜나 철학이 담긴 상징이었다. 그때껏 사랑 노래를 지어 불렀던 시인은 이탈리아에도 수없이 많았지만, 시인들이 이런 식의 정조를 노래한 것은 사뭇 새로운 일이었다. 이런 작풍이 나온 원인은 여러 가지로 생각해 볼 수 있는데, 우선 정결하게 살아온 이들이 성 프란체스코의 영성에 감화받아 펜을 들게 된 것이거나, 아니면 토마스 아퀴나스가 쓴 『신학 대전』의 영향력이 자못 컸던 것일 수 있다. 그도 아니면 아랍 신비주의자들의 영향을 받은 것일 텐데, 이 신비주의자들은 아름다움 속에서도 오로지 신밖에 볼 줄 몰랐던 건 물론, 거룩한 신을 상대로 사랑 노래를 지어 바치곤 했기 때문이다.[2]

이 새로운 시파의 구성원들은 시를 노래하되 학식을 갖춘 것이 특징이었다. 이를테면 단테가 자신의 문학에 있어 아버지처럼 받들었던[3] 볼로냐의 귀도 귀니첼리(1230?~1275년)가 그러했는데, 그는 이탈리아에 새로이 나타난 이 사랑의 철학을 "너그러운 마음"이라는 제목의 한 유명한 칸초네(프로방스어로는 '칸초(canzo)'라고 하며, 사랑 노래라는 뜻이다.)로 노래하였다. 자기 연인에 대한 절절한 사랑을 하느님이 부디 용서해 주길 바라면서, 자신이 그녀를 사랑하는 것은 그녀가 거룩한 신성의 화신으로 여겨지기 때문임을 호소하는 내용이다. 여기에 라파 지안니, 디노 프레스코발디, 귀도 오를란디, 키노 다 피스토이아 같은 이들도 있었는데 이들은 새로운 작풍을 이탈리아 북부에 널리 전파시키는 역할을 했다. 이것이 피렌쩨에까지 들어온 것은 단테 이전에는 청신체의 일인자이자 단테의 친구이기도 했던 귀도 카발칸티(1258년경~1300년)에 의해서였다. 카발칸티는 학구적이던 청신체 시인 중에서도 유일하게 귀족이었으며, 피렌쩨에서 황제당의 수장으로 있던 파리나타 데글리 우베르티의 사위이기도 했다. 그는 아베로이스를 따랐던 자유사상가로서, 불멸성에 대해서도(심지어는 하느님의 불멸성에 대해서도) 의구심을 거두지 못했다.[4] 이탈리아 정계에서도 활발히 활동하며 거칠 것이 없던 그였으나, 1300년 단테와 여타 시(市) 의원들에 밀려 피렌쩨에서 쫓겨났다. 이후 병석에 눕게 되면서 죄를 사면받았으나 회복하지 못한 채 그해에 숨을 거두었다. 그의 정신은 자부심 넘치고 귀족적인 데가 있어 소네트 중에서도 차분하면서도 고전적인 기품이 넘치는 형식을 만들어 내는 데 제격이었다.

> 여인의 모습 아름답고, 천상의 뜻 고귀하여도
> 용맹으로 무장한 기사도 아무리 드높아도
> 새들의 노래 즐겁고, 사랑의 속삭임 달콤하여도
> 너른 바다 잽싸게 가르는 범선의 위용 대단하여도
> 희붐한 새벽녘 감싸 안은 대기 참으로 고요하여도
> 바람 잔 틈에 새하얀 눈송이가 사뿐사뿐 내려앉아도
> 온갖 꽃 만발한 들판, 그곳에 샘물이 솟아나도
> 금과 은 반짝이고 갖가지 보석 하늘빛 빛을 발해도
> 나의 눈엔 이 모든 것들 그저 하찮게만 보여라.
> 나의 사랑스러운 여인이 가슴에 간직한
> 그 감미롭고도 은은한 덕에 견주어 보면
> 진실로 그러할진대, 이 땅 아무리 넓어도
> 탁 트인 창공에 비하면 한없이 작듯
> 아무리 훌륭한 덕도 그녀 앞에선 이내 깨어지네.[5]

단테는 이 귀도로부터 적잖은 가르침을 얻었던 건 물론, 『신곡』을 쓸 때 이탈리아어를 택한 것도 어느 정도는 귀도 때문이었다. 단테 말에 따르면, "귀도는 내가 서한을 보낼 때면 늘 라틴어보다는 토속어로 써 주기 바랐다."고 한다.[6] 사실 전까지만 해도 이탈리아어란 언어는 조잡하고 부정확하기만 했으나, 13세기를 거치는 동안 단테 이전기의 문인들에 의해 새 모습으로 거듭나게 된다. 그리하여 말투는 노래하듯 아름다워지고 촌철살인의 경구도 수없이 발달하니, 유럽 그 어디에도 이탈리어에 필적할 토속어는 이제 없었다. 이렇게 만들어진 언어는 실로 대단하여 단테가 "생생하면서도 핵심을 찌르고, 정중하면서도 높은 품격을 지녔다."고 칭할 만했다.[7] 이 무렵 지어진 소네트에 견주어 보면, 프로방스에서 나온 운문들도 어딘지 모르게 조화미가 떨어지는 듯 보이며 트루베레나 민네쟁어들의 시는 거의 졸작으로까지 비쳐진다. 이제 이탈리아의 시는 복받치는 즐거움을 말로 줄줄 풀어놓는 수준에서 벗어나, 작가가 혼신의 힘을 다해 빚어내는 하나의 예술품이 된 것이다. 이 시절 니콜로 피사노와 그의 아들 조반니 피사노가 성당의 연단(演壇)에 새겨 넣곤 했던 그런 걸작 조각품들처럼 말이다. 위대한 인물이 위대한 인물이 되는 까닭은 아마 여러 가지겠지만, 무엇보다 그런 사람들은 자신이 나갈 길을 잘 닦아 놓은 사람이요, 시대의 분위기에 딱 맞는 천재성을 타고 난 사람이며, 자기 손에 착 쥐어지는 도구를 만들어 낸 사람이요, 남이 반쯤 해 놓은 일에 마침맞게 손을 대는 사람이다.

2. 단테와 베아트리체

벨라 알리기에리와 알리기에로 알리기에리, 이 둘 사이에 아들이 태어난 것은 1265년 5월이었다. 부부는 아들을 세례 시키면서 두란테 알리기에리(Durante Alighieri)라는 이름을 붙여 주었다. '그 몸에 길이길이 날개를 달게 될 자'라는 뜻이었는데, 막상 부부는 이런 뜻을 염두에 두고서 아들 이름을 짓지는 않았던 것 같다. 앞부분의 '두란테(Durante)'를 짤막하게 줄여 '단테(Dante)'라고만 쓰기 시작한 것은 단테 본인이 선택한 일이었던 듯하다.[8] 단테의 가문은 원래 피렌쩨에서도 유서 깊은 혈통을 자랑하는 집안이었으나, 어느 날부터인가 세가 급격히 이울더니 이후 빈곤을 면치 못하는 신세가 되었다. 거기다 어린 단테를 두고 어머니는 일찍 세상을 떠났다. 그 후 아버지 알리기에로가 재혼을 하면서 단테는 새어머니, 이복형제 하나, 이복누이 둘 사이에 끼여 아마도 그리 행복하지는 못했을 유년 시절을 보냈다.[9] 그의 나이 열다섯에는 아들에게 빚더미만 남긴 채 아버지마저 세상을 떠났다.[10]

단테의 스승은 여럿이나 그중 그가 제일 감사히 여겼던 은사는 브루네토 라티니, 애초 프랑스어로 『트레소르(*Tresor*)』라는 백과사전을 펴냈다가 그 내용을 축약하여 다시 『테소레토(*Tesoretto*)』(둘 다 '책들의 보물'이라는 뜻이다. – 옮긴이)라는 이탈리아어 책을 써낸 바 있는 인물이다. 단테의 말에 따르면, "인간으로 태어나 스스로를 불멸의 존재로 만드는 법"을 가르쳐 준 게 바로 이 라티니였다.[11] 한편 생전의 단테에게는 베르길리우스의 글공부가 무엇보다 큰 낙이었던 게 틀림없다. 단테가 만투아에서 난 이 시인에 대해 "고운 붓끝"을 지녔다고 말하는 걸 보면 말이다. 더구나 그가 써낸 작품에 얼마나 애착이 갔으면 그를 따라 지옥에 다 들어갈 생각까지 했겠는가. 보카치오가 전하는 바에 따르면, 1287년 당시 단테가 머물렀던 곳은 볼로냐였다. 이 볼로냐 등지를 돌며 단테는 당대를 풍미하던 빈약한 과학 및 경이로운 철학의 내용을 흠뻑 접할 수 있었고, 이후 그의 작품 안에는 이때 배운 학식이 빼곡히 쌓이게 된다. 여기에 단테는 말 타기, 사냥, 검술, 그림, 가창(歌唱) 등의 재주도 더불어 익혔다. 다만 그가 어떤 식으로 돈벌이를 했는지는 알려져 있지 않다. 여차여차해서 교양을 갖춘 이탈리아 상류층 모임에 발을 들일 수 있었던 건 분명하나, 그나마 이것도 카발칸티와의 친분이 있었기에 가능한 일이었다. 이 모임을 통해 단테는 많은 시인들과 더불어 면식을 쌓아 나갈 수 있었다.

인류 연애사를 통틀어 가장 유명한 사랑 이야기의 시작은 단테와 베아트리체 둘 모두가 아홉 살이던 시절로 거슬러 올라간다. 보카치오가 전해 주는 바에 따르면, 둘의 첫 만남이 이루어진 건 피렌쩨의 유력 인사이던 폴코 포르티나리가 자기 집에서 오월제를 열었을 때라고 한다. 당시 폴코 슬하에는 비체라고 불린 어린 딸이 하나 있었다. 이 여인이 단테가 사랑한 그 베아트리체일 가능성도 제법 있지만[12], 꼼꼼히 따지면 그렇지 않을 여지도 있기 때문에 반드시 그렇다고 단정 지을 수만은 없다. 이 첫 만남을 전하는 글로는 단테 자신의 것밖에 남아 있지 않은데, 첫 만남이 있고 9년 뒤 그는 『새로운 인생』이란 책에서 당시의 일을 다소 이상화하여 이렇게 묘사하고 있다.

그날 그녀의 옷은 매우 고귀한 색상인 은은하고 예쁜 주홍빛이었고, 어린 나이에 어울리게 허리띠가 달리고 장식이 되어 있었다. 진실을 말하자면 바로 그 순간 심장의 은밀한 방 안에 기거하고 있던 생명의 기운이 너무도 심하게 요동치기 시작해서 가장 미세한 혈관마저도 더불어 떨리기 시작했다. 그때 생명의 기운은 이렇게 말했다. "여기에 나보다 강한 신이 있구나. 그가 나를 지배하게 될 것이다."…… 그리고 정말로 그때부터 줄곧, 내 영혼과 결혼한 사랑의 신이 나를 지배하기 시작했다.[13] (『새로운 인생』(민음사, 박우수 옮김)에서 발췌 – 옮긴이)

아홉 살이면 사춘기에 가까운 나이니까 이런 강한 떨림을 느끼지 말란 법도 없다. 사실 우리들 대부분도 어린 시절 겪게 되는 이런 풋사랑의 경험을 무엇보다 강력한 영적 느낌으로 간직하고 있지 않은가. 내 몸과 영혼이 문득 생명과 성(性)과 아름다움을 깨닫는 바로 그 순간을 말이다. 하지만 이때엔 아직 육신이 육신을 배고파하는 일이 없다. 그저 좋아하는 사람 가까이에 있고 싶고, 그녀를 위해 뭐라도 해 주고 싶고, 그녀의 말소리를 듣고 싶고, 그 수수한 아름다움을 보고 싶은 수줍은 바람만 있을 뿐. 여기에 남자가 단테만큼 예민한 감수성을 지닌 경우라면(즉 그만큼 대단한 열정과 상상력을 지닌 남자라면), 이때 겪은 깨달음과 성숙은 아마 평생이 가도록 남는 추억이자 자극일 것이다. 단테 자신의 말에 따르면, 이 첫 만남이 있고서 그는 그저 먼발치에서만이라도 베아트리체를 보기 위해 온갖 방법을 다 썼다고 한다. 하지만 이후로는 그녀를 통 보지 못하다가, 9년 뒤인 열여덟 살에 이르러서야 비로소 다시 그 모습을 보게 되었던 듯하다.

이 경이로운 여인이 온통 하얀 옷을 차려입고 양옆에 좀 더 나이 많고 점잖은 두 부인들을 대동하고 내 앞을 지나가는 것을 우연히 보았다. 거리를 따라 걸어가면서 그녀는 내가 마음 졸이며 서 있던 곳으로 눈길을 돌렸다. …… 그녀는 말로는 표현할 수 없는 예의를 갖추며 너무나 정숙한 자태로 나에게 인사를 보냈기 때문에 나는 그때 그 자리에서 진정한 축복의 정점을 본 것만 같았다. …… 나는 완전히 황홀경에 빠져서 마치 술 취한 사람처럼 자리를 떴다. …… 나 자신도 어느 정도 작시법을 알고 있었기 때문에 소네트를 짓기로 했다.[14] (『새로운 인생』(민음사, 박우수 옮김)에서 발췌 – 옮긴이)

단테의 말을 그대로 믿어도 된다면, 이른바 『새로운 인생』이라는 그의 시집 겸 주석서가 탄생하게 된 것이 바로 이런 배경에서였다. 두 번째 만남 이후 9년 동안(1283~1292년) 단테는 간간이 베아트리체를 생각하며 소네트를 지었고, 거기다 차후에 산문을 덧붙여 책을 완성해 냈다. 소네트가 지어져 나올 때마다 그는 한 편씩 카발칸티에게 보냈는데, 카발칸티가 이 시를 간직해 두면서 둘은 본격적으로 친구 사이가 된다. 그러나 단테와 베아트리체의 사랑 이야기는 전체로 봤을 땐 문학적으로 조작된 면이 없지 않다. 우선 시의 경우, 변해 버린 사람들 취향을 맞추기 위해 마치 트루바두르가 노래하듯 사랑을 마음대로 신격화한 면이 없지 않으며, 그 내용의 해석에 있어서도 학자가 논문을 쓰듯 장황하게 뜻을 풀고 있다. 또 3과 9의 힘을 영험하게 보던 미신마저도 시의 내용을 왜곡하는 결과를 초래했다. 따라서 시를 읽으면서 우리는 당대에 퍼져 있던 이런 요소를 알아서 걷어 내지 않으면 안 된다.

> 사랑의 신은 그녀를 두고 말한다. "흙에서 나온 육체가
> 어떻게 이리도 순결할 수 있단 말인가?"
> 다시 쳐다보며 그는 홀로 맹세한다. "정녕코,
> 이것은 지금까지 알려진 바 없는 하느님의 피조물이다."
> 그녀는 아름다운 여인에게 어울리는,
> 단지 그만큼의 진주 같은 창백함을 지녔다.
> 그녀의 키는 자연의 힘이 올릴 수 있는 만큼 높다.
> 미는 그녀를 기준으로 평가된다.

그녀가 달콤한 눈길을 돌릴 때마다,

사랑의 정령들이 불꽃으로 피어 나와,

이를 바라보는 사람들의 눈을 통하여

한결같이 깊숙한 심장 속으로 뚫고 들어간다.

그녀의 미소 가운데 사랑의 신이 그려져 있어,

그녀를 뚫어져라 바라볼 수 있는 자 아무도 없다.[15] (『새로운 인생』(민음사, 박우수 옮김)에서 발췌 – 옮긴이)

더러는 다음과 같이 산문이 시보다도 더하게 기쁨을 노래하는 대목도 있다.

그녀가 어느 곳에 나타나건 간에 그녀의 비길 데 없는 인사를 받게 될 것이라는 희망 때문에, 내 눈에는 더 이상 나의 적들도 보이지 않았고 과거에 내게 해악을 끼쳤던 사람마저도 누구든 다 용서할 수 있을 만큼 뜨거운 자비심이 생겨날 정도였다. …… 그녀는 겸손의 왕관을 쓰고, 겸손의 옷을 입고 다녔다. …… 그녀가 지나갈 때 많은 사람들이 "이 사람은 여자가 아니라 천국의 아름다운 천사 중 한 명이다."라고 말했다. …… 거듭 말하지만, 진실로 그녀는 고상함과 완벽함 그 자체여서 그녀를 바라보는 사람들의 가슴속에 말로 다 할 수 없는 평온을 가져다주었다.[16] (『새로운 인생』(민음사, 박우수 옮김)에서 발췌 – 옮긴이)

어딘가 작위적인 듯한 이러한 사랑의 열병 속에서도 단테가 베아트리체와의 결혼을 고려하고 있다는 낌새는 전혀 보이지 않는다. 베아트리체가 결혼한 것은 1289년, 시몬 데 바르디라고 당시 융성하던 금융 사업체의 한 종사자를 남편으로 맞아서였다. 단테는 이를 지극히 피상적인 일로 받아들여 전혀 신경 쓰지 않았고, 그 이름만은 언급하지 않은 채 베아트리체에 대한 시를 계속 써 나갔다. 그로부터 1년 뒤 단테는 생전 처음으로 그녀의 이름을 직접 언급하며 시를 쓰게 되는데, 바로 베아트리체가 스물넷의 나이로 세상을 떠났기 때문이었다. 단테는 다음과 같이 잔잔한 애가를 지어 그녀의 죽음을 애도하였다.

> 베아트리체는 높은 천국으로 가 버렸다,
> 천사들이 평화롭게 살고 있는 왕국으로,
> 친구들에게는 죽은 목숨이지만, 그녀는 천사들과 살고 있다.
> 겨울 서리도 그녀를 앗아 가지 못했고
> 여름의 열기도 그녀를 앗아 가지 못했지만,
> 완벽한 고결함이 그녀를 데려갔다.
> 그녀의 온유한 겸손의 등불로부터
> 비길 데 없는 영광이 솟아올라
> 영원한 아버지께 잠들었던 경이로움을 깨워,
> 달콤한 욕망이 주님께 생겨났다.
> 그 아름다운 고결함에 대한,
> 그리하여 주님은 그녀로 하여금 자신을 열망토록 했다.
> 이 피곤하고 사악한 곳은 그처럼
> 우아한 것이 머물 곳이 못 된다 판단하시고.[17] (『새로운 인생』(민음사, 박우수 옮김)에서 발췌 – 옮긴이)

이외에도 그는 베아트리체가 천국에 가서 뭇사람들로부터 경배를 받는 모습을 시 속에서 그려 내고 있는데, 그의 말에 따르면 "이 소네트를 쓴 후" 다음과 같은 일을 겪었다고 한다.

나는 매우 경이로운 환상을 보았다. 그 속에서 내가 본 것들은 나로 하여금, 내가 그녀에 관해 좀 더 훌륭하게 말할 수 있을 때까지는, 이 더없는 축복을 받은 사람에 대해 더 이상 아무 얘기도 하지 않도록 결심하게 했다. 이를 위해 나는 할 수 있는 노력을 다하고 있으며, 이 사실을 그녀도 잘 알고 있다. 따라서 모든 생명의 원천이신 주께서 내 목숨을 몇 년 더 연장할 수 있도록 허락해 주신다면, 그녀에 관해 여태껏 어느 여인에 관해서도 써진 적이 없는 바를 쓰는 것이 나의 희망이다. 그런 후에 은 총의 주인이신 주님의 선하심으로 내 영혼이 이곳을 떠나 그 여인의 영광, 즉 만세 토록 축복을 받으실 주의 얼굴을 끝없이 바라보고 있는 그 복된 베아트리체를 바라 볼 수 있기를 기원한다. (『새로운 인생』(민음사, 박우수 옮김)에서 발췌―옮긴이)

이렇듯 단테는 보다 원대한 작품을 써내겠다는 포부와 함께 이 책의 결론부를 끝맺고 있다. 아울러 『신곡: 천국편』의 말미에서도 그는 "이승에서 내 그녀의 얼굴을 본 첫날부터 지금 보기에 이르기까지 나는 줄곧 내 노래를 그친 적이 없었느니라."라고 말한다.[18] 단테처럼 이렇게 자신이 한 번 정한 길을 오로지 일념으로 걸어 낸 이가 세상에 과연 얼마나 될까. 그것도 세상사의 거친 풍파 가 그를 가만 놔두지 않았던 상황에서.

3. 단테의 정치 활동

물론 그런 단테라도 중간중간 샛길로 빠진 적이 없지는 않았다. 베아트리체 가 죽고 약간의 시간이 흐른 뒤 단테는 피에트라, 파르골레타, 리제타 등 이른 바 "그다지 소용이 없는 다른 헛된 이들"[19]을 만나 가벼운 사랑에 빠져들었던 것이다. 별 다른 호칭 없이 그저 "젠틸 돈나"(gentil donna, 영어의 'lady'에 해당하 는 이탈리아어이다.―옮긴이)라고만 불렸던 한 여인에게는 사랑시를 써서 바치 기도 했는데 베아트리체를 노래한 것들에 비해서는 숭고함이 덜하다. 그러다 1291년경 스물여섯의 나이에는 결혼을 하게 되니, 상대는 피렌쩨에서도 가장 유서 깊은 귀족의 자제인 젬마 도나티라는 여인이었다. 이 여인은 10년 동안 단 테에게 아이를 여럿 낳아 주는데, 그 수가 셋, 넷, 일곱이라는 등 설이 다양하 다.[20] 단테는 트루바두르의 법도를 철저히 지켜서 시 안에서 아내나 자식을 언급하는 일은 절대 없었다. 당시만 해도 그런 일은 상대에 대한 무례라고 여겨졌다. 결혼과 낭만적 사랑, 이 둘은 전혀 별개의 일이었으니까.

이 무렵 단테는, 아마도 카발칸티와의 연줄에 힘입은 덕에, 정계에 발을 들일 수 있었다. 그가 몸담은 곳은 중상류 계층을 대표했던 이른바 백당파(白黨派, Bianchi)였는데, 여기에 가담한 이유는 여러 가지겠으나 정확한 이유는 현재의 우리로서는 알 길이 없다. 다만 정계에 입문한 지 얼마 안 된 1300년에 벌써 시 협의회 의원으로 선출이 되었으니까 능력이 꽤 뛰어났던 건 틀림없다. 그런데 단테가 짧게나마 시 협의회에서 활동하던 그 사이, 흑당파(黑黨派, Neri)의 지도자 코르소 도나티가 쿠데타를 일으켜 권력을 다시 구(舊) 귀족 세력 쪽으로 가져오려는 시도를 한다. 시 의원들은 이 반란을 진압하는데 성공했고, 이후의 평화를 도모할 방책으로 양당 지도자를 모두 도시에서 추방하기로 결정하니 단테도 이에 뜻을 같이하였다. 여기에는 단테 사돈의 일가친척이던 도나티를 비롯해, 그의 친구 카발칸티도 끼어 있었다. 그러다 1301년에 들면서 도나티가 흑당파로 무장 세력을 이루어 피렌쩨를 침공하더니 그길로 시 의원들을 자리에서 몰아내고 정국을 장악하였다. 그리하여 1302년 초, 단테를 비롯한 열여섯 명의 시민들은 줄줄이 재판장에 불려 가 갖가지 정치적 혐의에 대해 유죄를 선고받게 되고, 이들에게는 피렌쩨에 다시 발을 들일 경우 화형을 면치 못한다는 중형이 내려졌다. 이에 단테는 가족을 남겨 두고 피렌쩨를 빠져나오는데 그때만 해도 곧 피렌쩨로 돌아올 수 있으리라고 생각했다. 하지만 추방과 함께 가진 재산도 몰수를 당하면서 이후 단테는 19년간 빈곤에 찌든 채 이탈리아의 각지를 떠돌아야 했다. 그의 영혼에 씁쓸함이 배어들게 된 것이 이 사이의 일로, 『신곡』의 분위기나 주제도 얼마간은 이때 결정지어진 면이 없지 않다. 한편 함께 유배당했던 동료들은 뜻을 모아(단테는 여기에 반대했지만) 아레초, 볼로냐, 피스토이아 같은 도시를 찾아가 설득을 하니, 군사 1만 명을 피렌쩨로 보내어 자신의 권력 혹은 자신의 집을 찾아 달라는 것이었다.(1304년) 하지만 이 시도는 결국 무위로 돌아갔고, 이후 단테는 독자 노선의 행보를 시작해 아레초,

볼로냐, 파두아에서 친구들과 함께 생활해 나갔다.

유배 생활에 들어간 첫 10년 동안 단테가 했던 일은 다름 아닌, 예전에 "젠틸 돈나"를 상대로 썼던 시를 모아 산문 주석을 덧붙인 것이었으니 이를 통해 작품 속 여인은 이른바 "철학 부인"으로 거듭나게 된다. 그렇게 해서 나온 책『향연』을 (1308년경) 보면, 사랑과 삶에서 염원을 못다 이룬 단테가 철학으로 눈을 돌려 어떤 위안을 얻었는지가 드러나 있다. 즉 철학이라는 매혹적인 학문 속에서 단테가 어떤 거룩한 계시를 발견했는지 알 수 있는 동시에, 자신이 알게 된 바를 라틴어를 모르는 사람과 나누기 위해 단테가 이탈리아어 글쓰기에 결의를 보이는 모습도 볼 수 있다. 아마 당시 단테는『신학 대전』이나『책들의 보물』에 버금가는 책을 자신도 하나 써내겠다 작정했던 것 같은데, 그 형식은 우선 아름다운 여인을 시로 노래한 후 그에 대해 주석을 다는 모양새였다. 시의 감각적인 내용들을 무미건조한 주석으로 중화시키려 했다는 점에서는 다소 독특한 구성이 아닐 수 없었다. 하지만 이 책은 결국 괴상한 과학, 건강부회식 알레고리, 보에티우스 및 키케로에게서 취해 온 철학이 어지럽게 뒤섞인 꼴이 되었다. 그나마 단테가 생각 없는 사람이 아니었던 것이 애초 열네 권을 계획했던 책이 3권까지 나오자 그는 더 이상 글을 써도 소용없다는 걸 깨닫고 책의 집필에서 완전히 손을 뗐다.

그 이후 단테가 매달리게 된 작업은 덜 무거운 것이었으니, 어떻게 하면 이탈리아에 신성로마제국 황제의 통치를 다시 확립할 수 있을까 하는 문제였다. 그의 경험으로 확신하건대, 이탈리아 각처 도시들에 혼란과 폭력이 끝없이 이어지는 까닭은 자유의 개념을 사람들이 원자론적 관점에서 바라보고 있기 때문이었다. 즉 지방, 도시, 계층, 개인, 욕구가 제각기 나뉘어 저마다 무정부 상태의 방임을 요구하는 것이 문제였던 것이다. 그래서 단테는, 이로부터 200년 뒤에 마키아벨리가 그랬던 것처럼, 모종의 강력한 권력이 나타나 이탈리아의 개인, 계층, 도시를 하나의 체계 잡힌 전체로 통합시켜 주길 간절히 열망했다. 이러한 통합이 이루어져야만 사람들은 그 속에서 비로소 안정과 평화를 누리며 살아갈 수 있을 것이었다. 그런 통합의 힘이 나올 수 있는 곳은 두 군데일 것이었다. 하나는 교황, 다른 하나는 오래전부터 이론상 북부 이탈리아의 지배국인 신성로마제국의 수장이었다. 하지만 전자는 생각하기 곤란한 것이 그의 유배가 교황과 손잡은 세력에 의해 이루어진 것이었기 때문이다. 전거가 불확실하나 한 전승에 따르면, 피렌쩨는 한때 단테까지 끼인 사절단을 보니파키우스 8세에게 파견한 적이 있었다고 하나 교황을 향한 이 노력은 다 무위로 돌아갔다고 한다. 게다가 교황들 쪽에서는 이탈리아의 통일을 대대로 반대하는 입장이었다. 이탈리아가 통일되면 자신들의 속세 권력은 물론 영적인 자유까지도 위험에 처할 거란 생각에서였다. 따라서 이탈리아에 질서를 세울 유일한 희망은 오로지 하나, 다시 신성로마제국의 지배를 받는 것이었으니, 이는 곧 고대 로마가 내걸었던 장엄한 기치인 "팍스 로마나(pax Romana, 로마의 지배에 의한 평화)"로의 회귀이기도 했다.

이렇게 해서 단테가 어느 시점엔가 써낸 것이 이른바 『제정론(De monarchia)』이라는 도발적 저술이다. 철학을 논해야 했기에 어쩔 수 없이 라틴어를 택한 이 책에서 그는 주장하길, 지적 활동이야말로 인간이 가진 고유의 기능이며 지적 활동의 활성화는 오로지 평화 안에서만 가능하다고 이야기한다. 따라서 인간이 지향해야 할 이상적인 통치는 곧, 전 세계에 안정적 질서와 일관된 정의를 구현할 수 있는 범세계적 정부일 것이다. 우주 전체를 다스리는 것도 하느님 한 분, 따라서 이 이상적 통치는 천상의 질서에도 부합하는 모습이다. 이러한 세계 국가 형태에 가장 근접했던 나라가 바로 저 옛날의 로마 제국이다. 하느님께서는 이 나라에 실로 호의를 가지셨으니, 그 사실은 하느님께서 아우구스투스 치세 때 육신으로 화하기로 결정하신 것에서도 명백히 드러난다. 또 예수 자신도 사람들에게 명하여 로마 황제들의 정치적 권위를 받아들이게 하지 않았던가. 옛날 로마 제국의 경우 그 권위를 교회로부터 받은 것은 아니었다. 하지만 지금의 신성로마제국이야말로 그 옛날 로마 제국의 부활이 아니고 무엇인가. 물론 샤를마뉴에게 왕관을 씌운 이가 교황인 만큼, 외견으로는 신성로마제국이 교황권 밑에 복속된 것처럼 보이는 것도 사실이다. 하지만 "통치의 권리는 어느 한쪽이 다른 한쪽에서 가져온다고 생기는 것이 아니다. 만일 통치권이 그런 식으로 생긴다면, 오늘날 교회의 권리도 신성로마제국에 의지한다는 주장이 성립될 수 있다. 저 옛날에 오토 황제가 교황 베네딕트를 폐위시키고 그 자리에 레오를 복권시킨 일이 있으니까 말이다."[21] 따라서 신성로마제국의 통치권은 교회에서 나오는 것이 아니라, 사회적 질서가 잡히려면 반드시 통치가 필요하다는 자연법칙에서 나온다. 나아가 자연법칙은 곧 하느님의 뜻인 만큼, 결국 나라의 힘은 하느님에게서 나오는 셈이다. 물론 신앙과 윤리의 문제에 있어서는 교황의 권위가 황제보다 우위에 있음을 인정하는 것이 지극히 합당하다. 하지만 그것을 인정한다고 해서 신성로마제국이 "속세의 영역"을 다스릴 권리까지 제한받는 것은 아니다.[22]

당시로서는 이미 한물갔다고 여겨지던 스콜라 철학 논증법을 사고 전개 방식으로 택하고 있긴 하지만, 이 『제정론』에는 통치와 법률에 있어 "하나 된 세계"를 이루자는 주장이 강력하게 논증되고 있다. 사실 작자 생전에는 이 원고의 내용이 몇몇 소수에게밖에 알려지지 않았다. 이 글이 보다 널리 유포된 것은 단테 사후의 일로, 루드비히 4세 같은 경우 교황에게 맞설 때 이를 선전문으로 활용하기도 했다. 그리하여 1329년에는 교황청 특사 모임이 이 책을 가져다 공공연히 불사르는가 하면, 16세기에 들어서는 교황청에서 이 책을 금서 목록에 포함시키기도 했다. 그러다 1897년에 들어서야 『제정론』은 레오 13세에 의해 금서 목록에서 빠질 수 있었다.

보카치오가 전하는 바에 따르면[23], 단테가 『제정론』을 쓴 것은 이 무렵에 "하인리히 6세의 진군" 소식이 전해졌기 때문이라고 한다. 독일의 이 왕이 이탈리아를 침공하고 나선 것은 1310년, 그는 프레데리크 2세가 죽으면서 잃어버린 이탈리아 반도 전역에 대한 신성로마제국의 지배권을(단, 교황령은 제외였다.) 다시 확립하고자 했다. 단테는 하인리히의 입성을 환영하며 희망에 부풀었다. 나아가 "이탈리아의 제후 및 백성들에게 부치는 편지"를 써서 롬바르디아 도시들이 이 룩셈부르크의 "아리고(Arrigo, 하인리히의 이탈리아어 이름이다. - 옮긴이)"를 맞아 마음과 성문을 활짝 열어야 한다고 목소리를 높였으니, 하인리히야말로 이탈리아를 혼돈과 교황으로부터 벗어나게 할 것이기 때문이었다. 이윽고 하인리히가 밀라노에 이르자 단테는 기다렸다는 듯 그곳까지 달려가 황제의 발치에 열성을 다해 머리를 조아렸다. 그토록 바라오던 이탈리아 통일의 날이 마침내 목전에 당도한 것처럼 그에겐 여겨졌다. 하지만 이러한 시인의 염원에는 아랑곳없이 피렌쩨는 그곳에 당도한 하인리히에게 성문을 걸어 잠글 뿐이었으니, 이에 단테는 "악독하기 이를 데 없는 피렌쩨 시민들에게"란 제목으로 분노에 찬 서신을 공개적으로 보냈다.(1311년, 3월)

그대들은 정녕 모르는가. 하느님께서 애초 정하시길 우리 인류는 한 황제의 통치를 받아야만 비로소 정의, 평화, 문명을 안전하게 지켜 낼 수 있다는 것을. 이 나라 이탈리아는 제국이 잠시라도 쇠약해지는 날엔 어김없이 내전의 먹잇감이 되고 만다는 사실을. 인간의 법도는 물론, 하느님의 거룩한 법을 스스로 거스르는 자들이여, 끝을 모르는 지독한 탐욕에 이끌려 그 어떤 범죄도 서슴없이 저지르는 자들이여, 우리에게 또다시 찾아올 그 무서운 죽음이 그대들은 두렵지 않은가. 오로지 그대들만이 선두에 서서 …… 이 땅의 군주이자 하느님의 사절인 로마 제후의 영광에 극렬히 반대하고 있음을 그대들은 모르는가? …… 한없이 어리석고 털끝만큼도 분별없는 자들이여! 그대들은 어서 제국의 독수리(당시 독수리는 독일 황제를 상징하는 동물이었다. - 옮긴이)에게 복종하고 그 앞에 엎드릴지어다![24]

하지만 피렌쩨의 이런 태도에 하인리히는 어떤 조치도 취하지 않았으니 단테로서는 크게 실망하지 않을 수 없었다. 그리하여 같은 해 4월 흡사 저 옛날 히브리 예언자가 왕들에게 경고라도 보내듯 시인은 황제에게 다음과 같은 서한을 보냈다.

당신의 걸음 도대체 얼마나 느리기에 이토록 지체하는 것인지 저희들은 그저 놀라울 뿐입니다. 황제께서는 지금 밀라노에서 겨울뿐만 아니라 봄까지 허비하고 계시지 않습니까. …… (아시는지 모르겠습니다만) 피렌쩨란 도시는 악독하기 이를 데 없습니다. …… 그곳은 마치 독사와도 같아 …… 썩어 가는 그 몸뚱이에서는 병을 옮기는 연기가 뿜어져 나와 주변 무리까지 기운 빠지게 만듭니다. 그러니 어서 몸을 일으켜 달려오십시오, 그대 고귀한 이새(Jesse)의 자손이시여(이새는 성서 속 인물로 다윗의 아버지이다. 여기서 단테는 하인리히의 용맹을 다윗에 빗대 표현하고 있는 것이다. – 옮긴이)![25]

그러자 피렌쩨도 응전에 나서, 앞으로 단테는 이 도시로부터 절대 사면을 받을 수 없을 뿐더러 그곳으로의 귀환도 영원히 불가하다고 선언하였다. 한편 하인리히는 피렌쩨를 손대지 않고 그냥 지나쳤고, 제노바와 피사를 거쳐 로마와 시에나에까지 이르렀으나 그곳에서 숨을 거두었다.(1313년)

이는 단테 인생에 있어 최대 고비가 아닐 수 없었다. 하인리히의 승리에 모든 걸 걸었던 만큼 이제 피렌쩨와의 끈은 남김없이 끊어져 버린 셈이었다. 결국 그는 구비오로 도망쳐 들어가 산타 크로체 수도원에서 은신한 채 지낼 수밖에 없었다. 단테는 여기 머물면서 『신곡』의 상당 부분을 써냈던 것으로 보인다.[26] 하지만 여기까지 왔어도 단테의 정치 역정은 아직 끝난 게 아니었다. 1316년 단테는 루카라는 도시에 머물렀고 이때 우구치오네 델라 파졸라의 편에 가담했던 것으로 여겨진다. 바로 이 해에 우구치오네가 몬테카티니란 곳에서 피렌쩨군을 격파했는데, 피렌쩨가 패배를 설욕한 후 단테의 두 아들에게까지 사형을 언도했기 때문이었다.(하지만 언도만 되었지 한 번도 집행되지는 않았다) 그러다 우구치오네의 통치에 루카가 반기를 들면서 단테는 다시 갈 곳 없는 처지가 되고 만다. 한편 승전을 하자 피렌쩨는 다소 아량이 생겼고, 그래서 일전에 영구 추방 조치를 내린 것은 잊고 유배자 전원을 상대로 사면과 함께 피렌쩨로의 무사 귀환을 제안하였다. 단 여기엔 단서가 붙었으니, 유배자들은 소정의 벌금을 물어야 하고, 참회복을 입은 채 길거리를 걸어야 하며, 짧게나마 복역을 해야 한다는 것이었다. 이러한 사면 선언을 한 친구가 단테에게 전해 주었다. 그러자 단테는 유명한 편지를 써서 다음과 같이 답하였다.

피렌쩨의 벗에게: 자네가 보내 준 편지에 경의와 애정이 절로 들며, 자네의 영혼이 고향으로의 나의 귀환을 간절히 바라는 데에 …… 참으로 고마운 마음이 들었네. 그런데 그 법령이 어떠한지 한번 보게나. …… 내가 사면을 받아 피렌쩨로 무사히 돌아올 수 있으려면, 먼저 기꺼이 소정의 돈을 내야하는 것은 물론 내 몸을 희생하면서까지 오명을 감수해야 한다지 않은가.

그렇다면 근 15년간 그 모진 유배 생활을 견뎌 온 나 단테 알리기에리는 이를 영광스러운 부름으로 알고 그 소환에 응해야 하는 것일까? …… 정의를 설교할 마음은 추호도 없네만 …… 자신들이 아량이라도 베푸는 척하는 그 악독한 부조리에 돈을 바칠 마음도 전혀 없네. 이런 식으로는 조국에 돌아가 봤자 허튼 일이네. …… 다른 길이 있을 때 …… 이 단테의 명예를 실추시키지 않는 그런 길이 있을 때 내게 알려 준다면 지체 없이 달려가겠네. 하지만 그런 길이 나타나지 않는 한, 내가 피렌쩨에 발 들이는 일은 앞으로 절대 없을 걸세. …… 그렇지 않은가! 살아 있는 한 내가 어딜 간들 해와 별의 얼굴을 못 볼 것이며, 또 이 하늘 아래서라면 내가 어딜 간들 가장 소중한 진리에 대하여 생각을 못하겠는가?[27]

아마도 1316년의 말엽쯤으로 보이는데, 이제 단테는 칸 그란데 델라 스칼라의 청에 응해 그가 다스리던 베로나에 가서 객으로 머물며 생활하게 된다.『신곡』의『천국편』의 헌사가 칸 그란데 앞으로 되어 있는 걸 보면, 단테가『신곡』을 최종 마무리 지은 것도 여기에서였던 듯하다.(1318년) 이 무렵 (쉰한 살이 된) 그가 어떤 모습을 하고 있었는지는 그림 그리듯 묘사가 가능한데, 1354년 보카치오가『단테전(傳)』을 써 놓은 것이 있기 때문이다. 그에 따르면 당시 단테는 중간 정도 되는 키에, "상체는 약간 구부정하고", 칙칙한 색깔의 고급 옷을 걸친 채, 무거워 보이는 발걸음을 일정한 박자로 걸었다고 한다. 머리칼과 피부는 까만 편이었으며, 긴 얼굴에는 수심이 어려 있었고, 미간에는 주름이 푹 패여 있었다. 두 눈동자는 근엄하면서도 그윽했고, 매부리코는 가늘게 이어졌으며, 입술은 꽉 다물어져 있었고, 턱은 호전적으로 튀어나와 있었다.[28] 한때는 온화한 영혼이 깃들었던 그의 얼굴도 고통의 쓸쓸함을 맛본 뒤로는 딱딱하게 굳어져 버린 모습이었다. 하지만 아무리 그렇다 해도『새로운 인생』에 표현된 그 모든 섬세함이며 감수성이 오로지 젊은 시절의 단테의 것이라고만은 할 수 없을 것이다. 그런 요소들은 프란체스카의 이야기(『신곡』에 등장하는 '파올로와 프란체스카의 사랑 이야기'를 가리킨다. ─옮긴이)를 들으며 가슴 아파하는 단테에게서도 얼마쯤 찾아볼 수 있기 때문이다. 싸움에 진 유배자 신세가 되면서 그의 성격은 엄격하고 소박해졌다. 인생에 닥친 역경으로 인해 그의 언어는 칼끝처럼 날카로워졌고, 권좌에서 밀려나 버린 처지로 인해 그의 태도는 오히려 고압적이 되었다. 가난을 면치 못했던 그였으니 집안 혈통을 자부심으로 삼는 수밖에 없었다. 그래서인지 돈벌이에 여념 없는 피렌체의 이른바 "부르주아"들에 대해서는 경멸해 마지않았다. 베아트리체를 금융업자와 결혼시킨 것을 두고 그는 평생 포르티나리를 용서치 못했으나, 그가 대놓고 할 수 있던 복수라곤『신곡』을 쓰면서 고리대금업자들을 지옥의 가장 깊은 구덩이 속에 빠뜨리는 것뿐이었다. 단테는 자신이 입은 상처에 대해서는 조그만 생채기 하나라도 잊질 못해서, 그와 적으로 맞붙었던 사람치고 펜 끝의 저주를 면한 사람은 거의 없었다. 따라서 혁명이나 전쟁에서 중립에 선 사람들 입장에서는 차라리 솔론(고대 아테네에서 사회 개혁을 위해 중립적 노력을 펼친 것으로 유명하다. ─옮긴이)이라면 모를까 단테는 별로 도움이 되지 못했다. 단테가 가진 품성의 비밀은 결국 불타는 듯한 전념(專念)에 있었다. "지금의 제가 있을 수 있었던 건 부자들의 은덕을 입어서가 아니요, 하느님의 은총을 입은 덕분입니다. 하느님 집, 그 안에 담긴 열정이 저를 집어삼킨 때문이지요."[29]

자신이 가진 힘을 모조리 시에 쏟아부었던 그였으니, 작품이 완성되자 그의 생도 이윽고 명을 다하게 된다. 단테가 베로나를 떠나 귀도 다 폴렌타 백작이 있는 라벤나로 가서 그와 함께 지내게 된 것은 1319년의 일이었다. 그러던 중 볼로냐에 오면 그곳의 궁정 시인으로 봉해 주겠다는 제안을 받는데, 이에 대해 단테는 라틴어 목가시를 한 편 지어 거절의 뜻을 전하였다. 1321년에는 정치 문제 해결을 책임지고 귀도의 사절로 베네찌아까지 갔는데 별다른 성과를 거두지는 못했다. 그런데 여기서 돌아오는 길, 베네토의 늪지대를 지나다 단테는 그만 열병에 걸리고 만다. 쇠약했던 그의 몸은 열병을 떨쳐 내지 못했고 결국 그렇게 해서 1321년 9월 14일 세상을 떠났다. 그의 나이 쉰일곱 살의 일이었다. 단테가 죽었다는 소식을 듣자 애초 귀도 백작은 시인의 관을 묻고 그 위에 근사하게 봉분을 얹어 주겠다 했지만, 이 일은 실행되지 못했다. 현재 단테의 대리석 관 위에 자리 잡고 있는 얕은 돋을새김 조각은 피에트로 롬바르도가 1483년에 만들어 놓은 작품이다. 세상 누구나 아는 얘기지만, 이 무덤은 한때 바이런 (Byron)이 찾아와 눈물을 흘린 것으로 유명하다. 라벤나에서도 가장 부산한 광장 한 귀퉁이에 있음에도 오늘날 이곳은 찾는 이가 별로 없다. 그래도 무덤을 관리하는 절름발이 노인이 나서서 이따금 돈 몇 닢을 받고 유독 울림이 아름다운 단테의 작품들을 낭송해 주곤 한다. 오늘날 누구나가 칭송은 하지만 실제 읽는 사람은 거의 없는 그 시들을.

4. 『신곡』

1. 해제

보카치오가 전하는 바에 따르면, 작가 시절 초기만 해도 단테는 6보격 라틴어 시로 작품을 썼으나 더 많은 독자를 아우르겠단 뜻에 따라 곧 이탈리아어로 노선을 변경했다고 한다. 그가 이탈리아어를 선택한 데에는 그의 열정적 감흥도 한몫했을 것으로 보인다. 라틴어는 고전어로서 세련되긴 했지만 각종 틀이 있었던 만큼, 무언가 열정적인 것의 표현에 있어서는 이탈리아어를 쓰는 편이 보다 손쉬웠을 것이기 때문이다. 그렇긴 해도 젊은 시절에는 사랑시를 지을 때만 이탈리아어를 쓴다는 원칙을 보였었다. 하지만 이제는 인간이 사랑을 통해 구원받을 수 있다는 지고의 철학을 주제로 잡게 된 만큼, 이것이야말로 이른바 "세속적" 언어를 써서 이야기해도 되지 않겠느냐는 포부가 그에겐 들었다. 단테는 이전의 어느 시점부턴가 이미 『속어론(*De vulgari eloquentia*)』이라는 라틴어 소론 집필에 들어가 있었으니(이 작품은 끝내 미완으로 남았다.), 토속어를 사용하는 식자층이 문단에서 보다 늘어나길 바라는 취지가 담긴 책이었다. 여기서 단테는 라틴어가 웅대한 사상을 응축해 표현해 내는 데 찬사를 표하면서도, 한편으로는 이탈리아어에 대한 기대를 피력하고 있다. 시칠리아 왕국의 프레데리크, 롬바르디아의 청신체파 시인들, 그리고 투스카니의 트로바토레들이 써낸 시를 보면 이제 이탈리아어도 방언들 틈에서 벗어나 (일전에 그가 『향연』에서 표현한 것처럼) "가장 감미롭고 섬세한 아름다움이 가득 담긴" 언어가 될 수 있지 않겠느냐는 것이었다.[30] 하지만 이렇게 자부심 넘치는 단테였어도 이것만은 미처 꿈에도 몰랐을 것이다. 자신의 작품을 통해 이탈리아어가 그 어떤 문학에도 어울리는 언어가 된 것은 물론, 그 안에는 이제껏 세상의 그 어떤 문학도 안적 없는 "감미로운 아름다움"이 담기게 되리란 걸.

그때껏 작품의 구성에 이만큼 노고를 들인 시는 또 없었다. 신곡이 형태를 갖출 때 가장 큰 영향을 끼친 것은 (삼위일체에서도 그러하듯) '3'에 유달리 맥을 못 추는 성향이었다. 그렇게 해서 『신곡』에는 총 3편의 "찬가"가 들어가게 되었고, 각 찬가에는 총 33개의 곡(canto)이 들어가게 되었는데 후자는 그리스도가 지상에 머무른 햇수를 맞춘 것이었다. 다만, 첫 번째 편에는 총서 식으로 곡이 하나 더 들어가면서 『신곡』의 전체 분량은 딱 100편으로 맞춰지게 되었다. 각 편에 들어 있는 시들은 저마다 3행씩 묶여 있으며, 각 연의 2행은 다음 연의 1행 및 3행과 운을 맞추게 되어 있다. 세상에 어떤 작품이 이보다 더 인위적일까 싶지만, 생각해 보면 예술 작품치고 인위적이지 않은 것은 없다. 물론 그 인위가 겉으로 드러나지 않아야 최선이겠지만. 여기에 신곡의 각 연은 삼중 압운(押韻)이란 것을 통해 다음 연과 하나로 이어져, 마치 한 곡의 노래처럼 죽 이어지는 느낌을 준다. 이『신곡』을 이탈리아어 원문으로 읽으면 어디 하나 막히는 데 없이 술술 흘러가는 느낌이나, 아무래도 번역문에서는 남의 발을 빌려 걷는 듯 군데군데 박자가 엇나가고 흐름도 끊기게 된다. 단테도『신곡』을 쓰기에 앞서 이미 자기와 관련해 나온 모든 번역을 다음과 같이 맹비난한 바 있었다. "어떤 것이든 음률의 조화가 들어 있는 것을 본래 언어에서 들어내 다른 언어로 옮기게 되면 그 감미로움과 조화는 어김없이 흐트러지는 법이다."[31]*

『신곡』의 형식을 결정지은 것이 숫자였다면, 그 내용을 구성한 것은 알레고리였다. 단테는『신곡』을 쓰고서는 칸 그란데에게 일종의 헌사로 서간을 보냈는데, 여기에『신곡』각 편이 담고 있는 상징이 설명되어 있다. 단테는 철학자가 되고자 하는 열망이 컸던 시인이었으니, 혹자는 그가 작품을 완성시킨 후 이런 식의 해석을 덧붙인 것이라고도 의심할 만하다. 하지만 중세가 상징주의에 중독된 시대였던 점, 나아가 성당의 조각상들이며 죠토, 가디, 라파엘로의 프레스코화를 비롯해 단테의『새로운 인생』이나『향연』에도 알레고리가 가득했던 점을 생각하면, 세부는 꾸며 낸 것일 수 있어도 그 대강의 구상은 실제로 그의 머릿속에 들어 있었다고 봐야 한다. 그의 말에 따르면『신곡』의 속(屬)은 철학으로 분류되며, 그 주된 내용은 윤리라고 한다. 그리고 마치 신학자가 성경을 해석하듯, 그는 자신의 글에 문자적, 알레고리적, 신비주의적 차원의 세 가지 의미를 부여하고 있다.

문자적 차원에서 봤을 때 이 작품의 주제는 …… 우리들 영혼이 죽음 이후 어떤 상태가 되는지를 다룬다고 하겠습니다. …… 하지만 알레고리의 차원에서 이 작품을 봤을 때 결국 그 주제는 인간, 즉 인간이 가진 강함과 나약함이 되겠습니다. ……

---

* 단테 가브리엘 로세티(Dante Gabriel Rossetti)가 단테의「새로운 인생」을 비롯해 그 이전 시인들의 작품을 번역해 놓은 것은 예외로 해야 할 것이다.

정의의 응보를 달게 받아야 하는 그런 인간에 대한 것이지요. …… 전체로나 부분으로나, 이 글의 목표는 이 땅 위에서 살아가는 뭇 생명들, 그들을 불행에서 끌어내 행복으로 인도하는 데 있습니다.

이를 또 다른 식으로 표현해 보면, 『신곡: 지옥편』에는 죄악, 고통, 절망을 겪는 인간의 모습이 담겨 있고, 『신곡: 연옥편』에는 그러한 인간이 신앙심을 통해 정화되는 과정이 담겨 있으며, 『신곡: 천국편』에는 거룩한 계시와 이타적 사랑을 통해 인간이 마침내 구원받는다는 내용이 담겨 있다. 여기서 단테를 이끌고 지옥과 연옥을 편력하는 베르길리우스는 곧 지식, 이성, 지혜를 상징하는 바, 이 셋을 통해 우리는 행복의 입구에까지는 다다를 수 있다. 하지만 우리를 행복 안으로 들여 주는 것은 오로지 (베아트리체로 상징되는) 신앙심과 사랑뿐이다. 단테의 서사시 같은 삶에 비추어 봤을 때 그에게는 유배 생활이 곧 지옥이었고, 공부하며 글 쓰던 시간은 연옥에 해당했으며, 마음에 간직한 희망과 사랑은 곧 구원의 길이자 유일한 행복이었다. 그런데 단테가 너무도 심각하게 의미를 부여하고 있는 탓인지, 『신곡』에서도 가장 재미를 찾기 어려운 부분이 바로 『천국편』이다. 『새로운 인생』에서만 해도 천상의 존재로 그려지던 베아트리체가, 단테가 비로소 천상을 보게 되었을 때는 거만스럽기만 한 추상적 존재가 되어 있다. 그토록 사랑스럽기 그지없던 베아트리체를 이런 모습으로 만들어 놓기도 참 쉽지 않은 일이었을 텐데 말이다. 마지막으로 단테는 자신의 서사시에 왜 "행복한 노래(Commedia)"란 이름을 붙이게 되었는지 그 까닭을 칸 그란데에게 설명해 준다.* 그건 바로 이 이야기가 불행을 거쳐 행복으로 나아가고 있기 때문이며, 또 "형식을 따지지 않는 소박한 말투에, 여느 집 아낙네의 입에서도 나올 법한 일반적 통속어를 쓰고 있기 때문"이다.[32]

"집필에 매달리느라 요 몇 년간 유달리 수척해 버릴 만큼"[33] 이 노래는 그에

---

* 여기에 '신성한(Divinia, 신)'이라는 형용사를 붙인 것은 이 작품을 열렬히 사랑한 17세기의 추종자들이다.

게 뼈를 깎는 고통이었지만, 그것은 또한 유배 생활에서 맛볼 수 있는 결실이자 위안이기도 했다. 작품을 완성해 내고 단테는 불과 3년밖에 안 되어 세상을 떠났다. 이 노래에는 단테의 삶을 비롯해, 그의 학식, 신학, 철학이 한데 요약돼 있다. 이들 내용에 더하여 중세만이 가지고 있던 유머, 온화함, 그리고 무엇과도 섞이지 않은 관능미가 담겼다면 이 책은 그야말로 "중세를 다 담은 종합서"가 될 수 있었을지 모르겠다. 총 백 편에 달하는 이 짤막짤막한 칸토들 속에 단테는 자신이 브루네토 라티니에게서 배운, 혹은 볼로냐에 머무를 때 주워들은 것으로 보이는 각종 과학 지식들을 빼곡하게 채워 넣었다. 무언가를 배우며 살기엔 턱없이 바빴던 시대였건만 천문학, 우주론, 지질학, 연대학까지 다 들어 있다. 단테는 점성학도 군말 없이 받아들여서 그것이 말하는 신비한 힘과 운명을 믿었던 것은 물론, 숫자와 알파벳에 주술적 의미와 힘이 있다고 믿었던 히브리 미신도 그대로 받아들였다. 이를테면 베아트리체는 숫자 9에 해당했는데, 9의 제곱근인 3이 삼위일체에 따르는 신성한 숫자였기 때문이다. 『신곡』에서도 단테는 지옥을 9환(環), 연옥을 9권(圈), 천국을 9층(層)로 나누고 있다. 토마스 아퀴나스의 신학에 대해서도 대체로 경탄하면서 감사히 받아들이는 편이었는데, 그렇다고 그 말을 무조건 믿고 따른 것은 아니었다. 만일 성 토마스가 이 시절에 살아 있어서 단테가 『제정론』에서 한 주장이나, 『신곡』에서 교황들이 지옥에 떨어진 내용을 직접 봤다면 아마 당황한 기색을 감추지 못했을 것이다.[34] 단테는 하느님을 빛이자 사랑으로 보았는데, 이 관념은 아리스토텔레스의 사상이 아랍 철학을 통해 계승된 것이었다. 그는 알 파라비, 아비켄나, 알 가잘리, 아베로이스 같은 인물들에 대해서도 얼마간은 알고 있었다. 『신곡』에서 단테는 아베로이스를 림보(limbo)에 떨어뜨려 놓고, 아베로이스주의자이자 이단으로 꼽혔던 브라반트의 시제르는 천국에 올려놓아[35] 정통파 신앙인들을 충격에 빠뜨리기도 했다. 이뿐이 아니다. 『신곡』에서 단테는 토마스 아퀴나스의 입을 통해 어떤 인물을 침이 마르게 칭송하는데, 그 인물은 알고 보면 생전에 이 치품천사(熾品天使) 박사(토마스 아퀴나스 – 옮긴이)가 신학적 문제를 두고 적의를 불태웠던 사람이다. 또 단테의 시에서는 시제르가 개인의 불멸성을 믿는 것으로 나오는데 실제로 시제르 자신은 이를 부인했던 것으로 보인다. 이제껏 역사는 그 이야기 속에서 시제르의 이단성, 혹은 단테의 정통성을 어느 정도는 과장해 온 셈이다.

최근 나온 연구들을 보면 단테가 『신곡』을 착상하는 데 있어 동방의 사상, 특히 이슬람의 사상이 원천이 되었다고 강조하는 내용들이 있다.[36] 이를테면 페르시아에는 일찍이 아르다 비라프가 천국에 올라간다는 줄거리의 전설이 하나 있고, 코란을 봐도 지옥에 대한 묘사가 군데군데 등장하고 있다. 이외에도 마호메트의 천국 여행담, 아부 을 알라 알 마아리의 『용서의 서한』 속 지옥과 천국 편력 이야기, 이븐 아라비의 『메카의 계시』 등, 관련 내용을 꼽자면 수없이 많다. 그중에서도 알 마아리의 『용서의 서한』에서는 이블리스(사탄)가 결박을 당한 채 지옥에서 모진 고문을 받는 모습이 그려지는가 하면, 그리스도교도를 비롯한 여타 불경자(不敬者) 시인들이 지옥에 떨어져 고통받는 모습이 등장한다. 그러다 이야기 속 화자는 천국의 입구에 이르러 하우리라고 하는 천국의 미녀를 만나는데, 이 여인은 애초부터 그의 길 안내를 맡았던 것으로 드러난다.[37] 이븐 아라비의(이 작가는 경건하면서도 우의적(寓意的)인 해석으로 사랑시를 쓴 것이 특징이다.) 『메카의 계시』에는 내세의 모습이 도식으로 정확하게 그려져 있는 것과 함께, 천국과 지옥이 각각 예루살렘의 바로 위와 아래에 자리하고 있는 것으로 되어 있다. 또 지옥과 천국이 각각 아홉 위계로 나뉘어 있는 것과 함께, "신비한 장미"라 불리는 계(界)가 존재하고, 천사들로 이루어진 성가대가 "신성한 불빛"을 빙 둘러싼 모습도 그려진다. 이것들은 모두 『신곡』에서 연출되고 있는 광경과 흡사하다.[38] 하지만 현재까지의 지식에 따르면, 단테가 이를 읽었을 리는 없을 것으로 보인다. 아랍 세계의 이런 저작들은 어떤 언어로든 단테 생전까지는 하나도 번역이 되지 않았기 때문이다.

천국과 지옥의 여행담을 풀어놓거나 그 모습을 그려 놓은 이른바 종말론적 분위기의 문학은 사실 유대교와 그리스도교 안에도 그 수가 꽤나 많았으니, 베르길리우스가 쓴 『아이네이스』 6권만 해도 그런 경우이다. 아일랜드의 한 전설에는 성 패트릭이 연옥과 지옥을 두루 둘러본 이야기가 담겨 있는데, 여기서 그는 튜닉이며 묘지가 활활 불타는 광경을 목격하는가 하면, 죄 지은 자들이 거꾸로 매달려 있고, 구렁이에게 산 채로 잡아먹히고, 온몸이 얼음으로 뒤덮이는 모습을 보게 되기도 한다.[39] 또 12세기에 잉글랜드의 사제 겸 트루베레로 활동한 아담 드 로스의 작품도 있는데, 성 바울이 대천사 미카엘의 인도를 받아 지옥을 여행한 이야기가 상당한 양의 시를 통해 전해진다. 미카엘의 입을 통해 그는 지옥에서 받는 형벌이 죄의 경중에 따라 천차만별로 달라진다고 상세히 설명하는 한편, 『신곡』에서 단테가 그러듯 바울이 그 무시무시한 형벌들 앞에서 벌벌 떠는 모습을 보여 준다.[40] 플로라의 요아킴 같은 경우에는 지옥에 떨어지기도 하고 천국에 올라가기도 했던 자기 스스로의 체험담을 글로 써 놓았다. 당시에는 이런 식으로 지옥 및 천국의 모습과 이야기를 다룬 글들이 수도 없이 많았다. 따라서 명약관화한 증거들이 이렇게나 많은 이상, 단테가 『지옥편』을 구상하기 위해 굳이 언어적 장벽을 뛰어넘어 가면서까지 이슬람 저작에 손을 댔다고 생각할 필요는 없을 것 같다. 예술가란 다 그런 법이듯, 단테 역시 기존에 있던 소재를 잘 버무려 혼란스럽기만 하던 내용들에 질서를 세웠고, 거기다 열정적 상상력과 열의에 찬 성실을 동원해 실로 놀라운 작품을 세상에 내놓은 것이다. 생전에 단테는 어디서건 작품의 소재를 찾을 수 있었다. 그것들은 토마스의 신학과 트루바두르들의 노래 안에도 있었고, 지옥의 고통스러움을 말하는 페터 다미안의 열성적인 설교 안에도 있었다. 또 베아트리체의 생전 모습이나 그 죽음을 골똘히 생각한 그의 머릿속에도 있었으며, 정치인 및 교황들과의 갖가지 갈등 속에도, 인생의 여로에서 우연찮게 접한 갖가지의 단편적 과학 지식 속에도 있었다. 그리스도교에서 말하는 에덴동산에서의 추방, 육화설(肉化說), 죄악과 은총, 최후의 심판도 그에겐 소재였고, 플로티노스 및 아우구스티누스가 말한 영혼 승천설(영혼이 승천하여 하느님과 합일을 이룬다는 사상), 인간에 있어 가장 궁극적이고 보람된 목표는 다름 아닌 지복직관(至福直觀)이라는 토마스의 사상도 마찬가지였다. 이런 것들을 바탕으로 해서 단테는 『신곡』이라는 시를 써낸 것이었으니, 이 작품을 통해 중세의 영혼에 간직되어 있던 그모든 공포와 희망과 순례의 기억은 비로소 나름의 목소리와 의미와 형식을 가지게 되었다.

2. 『지옥편』

> 한평생 나그넷길 반 고비에
> 올바른 길 잃고 헤매던 나
> 컴컴한 숲 속에 서 있었노라.[41]

그렇게 어두컴컴한 숲 속을 헤매던 단테는 이윽고 베르길리우스를 만나는데, 그는 "나의 스승이요, 가르침이니, 내게 영예를 이바지한 고운 붓끝은 오로지 그대에게서 받은 것뿐이외다."[42] 베르길리우스는 단테에게 이르길, 이 숲에서 안전하게 빠져나갈 유일한 길은 지옥과 연옥을 거치는 것뿐이라고 하였다. 하지만 만일 단테가 따라나선다면 자신이 그를 이끌어 지옥과 연옥을 건네줄 것이요, 그리하여 천국의 입구에까지 이르러서 "너 진정 그리로 오르고 싶다면 나보다 훌륭한 영혼이 그리 하시리라."고 말한다. 그리고 설마 했던 사실을 그는 덧붙이니, 자신이 단테를 도와주러 그곳까지 오게 된 것은 다 베아트리체의 명이 있었기 때문이라 이른다.

그리하여 둘은 땅 껍데기 초입에서 지옥의 문을 거치게 되는데 여기엔 다음과 같이 무시무시한 글귀가 새겨져 있다.

> 나를 거쳐서 슬픈 고을로 가는 것
> 나를 거쳐서 끝없는 괴로움으로 가는 것
> 나를 거쳐서 멸망의 족속 안으로 드는 것
> 정의는 내 지존하신 창조주를 움직이어

천주의 힘, 그 극한 지혜와

본연의 사랑이 나를 만들었느니라. 나 앞에 창조된 것이란 영원한 것

외에 또 없어 나는 영겁까지 남아 있으리니.

여기 들어오는 너희 온갖 희망을 버릴진저.[43]

지옥은 지하를 관통하는 굴뚝의 형상이고 그 바닥은 지구의 중심에 닿게끔 되어 있다. 단테가 그려 내는 지옥의 모습을 보면 그 상상력이 압도적이고 거의 가학적이기까지 하다. 이루 말할 수 없이 거대한 칙칙한 바위 산 두 개, 그 사이에 가로막힌 어두컴컴하고도 섬뜩한 구덩이가 바로 지옥이다. 지옥 곳곳에 자리한 늪지대며 호수며 개울에서는 늘 흐릿한 증기와 함께 숨 막히는 악취가 피어오른다. 바람 소리는 사납고 추위는 살을 에는 듯하다. 육체는 늘 모진 고문을 받는 듯 괴롭고, 얼굴은 고통으로 일그러져 있으며, 입에선 피가 다 멈출 만큼 새된 비명과 신음 소리가 흘러나온다. 이 지옥 구덩이의 가장 위쪽에 있는 것은 선하지도 악하지도 않은 사람들, 그리고 늘 어정쩡한 입장을 택해 온 사람들이다. 이들에게 가해지는 형벌은 이래저래 성가신 것들에 시달리는 것이다. 등에와 땅벌들 떼가 달려들어 이들을 호되게 찌르는가 하면, 벌레들이 모여들어 갉아먹는다. 또 마음으로는 늘 질투와 회한이 밀려들어 그것들을 떨치지 못한다. 그 어떤 일에도 어정쩡한 태도를 보인 적 없던 단테가 이들을 멸시하자 베르길리우스는 다음과 같이 말한다.

자비도 정의도 저들을 가벼이 하나니

우리도 저들을 말할 것 없이 그저 보고 지나쳐 버리자.[44]

이제 두 여행자는 지하 세계를 흐르는 아케론 강기슭에 다다르고, 여기서 호메로스 시절부터 노를 저어 오던 늙은 뱃사공 카론의 배를 타고 강을 건넌다. 강가에서 좀 더 안으로 들어서자 그는 어느덧 림보(limbo)에 발을 들이게 되니 이

곳이 지옥의 제1환(環)이다. 여기 머무는 사람들은 덕은 지녔어도 세례를 받지 못한 자들로서, 베르길리우스를 비롯해 그 모든 선량한 이교도들과 그 모든 선량한 유대교도들이 자리 잡고 있다. 다만 구약에서 영웅으로 등장하는 선량한 몇몇 유대교도들은 림보를 찾아온 그리스도에 의해 천국으로 올라가게 된다. 림보에 머무는 사람들이 받는 고통은 단 하나, 그들 마음은 끝없이 더 나은 운명을 갈구하나 절대 그런 운명을 누리지 못한다는 사실을 아는 것이다. 이 림보에는 모든 사람들로부터 숭상받는 대시인들, 즉 호메로스, 호라티우스, 오비디우스, 루카누스도 자리하고 있다. 이들은 베르길리우스가 오는 것을 먼발치서부터 반기고는 단테를 자기들의 여섯 번째 일족으로 만든다. 다시 길을 떠난 단테는 저 위 높은 곳을 보고 다음과 같이 말한다.

나의 눈에는 현인들의 스승이
철학의 일족 한가운데 앉아 계시는 것이 보였다.

이는 아리스토텔레스가 소크라테스, 플라톤, 데모크리토스, 디오게네스, 아낙사고라스, 엠페도클레스, 탈레스, 제논, 키케로, 세네카, 유클리드, 프톨레마이오스, 히포크라테스, 갈레노스, 아비켄나, 그리고 "두둑한 주석을 한" 아베로이스에게 빙 둘러싸여 있는 모습을 말한다.[45] 만일 단테가 『신곡』을 자기 내키는 대로 쓸 수 있었더라면, 단언컨대 (사라센 불경자들을 비롯한) 이 고귀한 무리들은 모두 천국에 가는 은총을 누렸을 것이다.

베르길리우스는 이제 단테를 이끌고 지옥의 제2환으로 들어가니, 이곳에는 육욕의 죄를 지은 사람들이 쉴 새 없이 성난 바람에 휩쓸려 다닌다. 여기서 단테는 파리스, 헬렌, 디도, 세미라미스, 클레오파트라, 트리스탄, 파올로, 프란체스카를 만나게 된다. 한때 이탈리아에는 폴렌타가(家)라는 라벤나의 영주 가문과 말라테스타가(家)라는 리미니의 영주 가문이 있었다. 이 두 집안은 시종 반목을 거듭하다 딸과 아들을 혼인시켜 화해를 시도하는데, 이로써 폴렌타가의 아리따운 아가씨 프란체스카와 말라테스타 가의 용맹하지만 흉측한 모습의 지안치오토가 결혼하게 된다. 이후의 일은 정확히 전하는 바가 없으나, 세간에 널리 회자된 이야기에 따르면 말라테스타가에서는 형 지안치오토를 대신해 잘생긴 동생 파올로가 프란체스카를 찾아가 구혼자 행세를 했다고 한다. 파올로를 본 프란체스카는 그에게 사랑을 언약했다. 하지만 막상 결혼식 날 보니 신랑은 파올로가 아닌 지안치오토였고, 프란체스카는 억지로 그와 결혼하는 수밖에 없었다. 그러고서 얼마 후 프란체스카는 파올로와 한순간 사랑을 나누게 되었는데, 마침 그 광경을 지안치오토가 목격하고는 둘을 칼로 찔러 죽였다.(1265년경) 살점 하나 없이 넋이 되어 역시 육신이 없는 자기 애인을 옆에 끼고 정처 없이 바람에 실려 다니게 된 프란체스카, 그녀는 지옥에서 단테를 만나자 자신의 사연을 이렇게 들려준다.

> 비참 속에서 행복했던 때를
> 회상하는 것처럼 더한 아픔이 없나니 ……
> 어느 날 우리가 심심풀이로 랜슬롯의
> 사랑에 얽힌 대문을 읽으려니
> 단둘이었을 뿐 꺼릴 아무것도 없더니라.
> 거듭거듭 눈동자를 마주치게 했던
> 그 책을 읽고 얼굴빛을 붉혔었소.
> 우리를 꺾고야 만 대목이 있었나니
> 마침 저 연인으로부터 못 견디게 그리운
> 미소가 입맞추이는 것을 우리가 읽었을 때
> 결코 나와 떨어질 리 없는 그이
> 파르르 떠는 입으로 내 입을 맞추었나니라.
> 그 책 그리고 이를 쓴 이가 갈라하드인데
> 그날 우리는 다시 더 읽어 나가지 못하였노라.[46]

이 이야기에 단테는 못내 가슴이 아파 정신을 잃고 쓰러진다. 그러다 문득 정신을 차려 보니 어느덧 지옥의 제3환에 들어와 있다. 이곳에는 탐식의 죄를 지은 사람들이 진창에 빠져 있고 그들의 머리 위로는 눈보라, 우박, 흙탕물이 끊임없이 휘몰아친다. 또 그 곁에서는 케르베로스라는 괴물이 컹컹 짖어대다 세 겹이나 되는 턱으로 사람들을 물어 갈가리 찢어발긴다. 베르길리우스와 단테는 제4환으로 내려오는데 플루토스가 지키는 곳이다. 여기서는 인색한 자와 낭비하는 자가 각각 편이 되어 서로 무거운 짐을 가슴으로 떠밀면서 저희끼리 영겁이 지나도 끝나지 않을 싸움을 벌인다. 이제 시인은 끓어오르는 진흙탕 강물인 스틱스를 따라 제5환으로 내려간다. 분노의 죄를 지은 자들이 머무는 이곳에서는 사람들이 온몸에 오물을 뒤집어쓴 채 제 몸에 모진 학대를 가하며 눈물을 쏟는다. 스틱스의 강물이 고여 이루어진 호수에는 나태를 죄지은 자들이 깊숙이 담가져 있어 그들이 숨을 헐떡댈 때마다 방울이 보글보글 솟아오른다. 두 나그네는 플레기아스의 배에 올라 스틱스 호수를 건너고, 이어 지옥의 제6환인 디스(Dis 또는 루시퍼(Lucifer))의 도읍에 발을 들인다. 여기서는 이단자들이 불타는 묘지 안에서 불에 구워지는 형벌을 받고 있다. 이윽고 둘은 미노타우로스가 다스리는 7환으로 내려가는데, 여기서는 폭력의 죄를 저지른 자들이 익사하기 직전까지 물에 잠기는 형벌을 노호하는 핏물의 강에서 영원히 받고 있다. 이 강에는 켄타우로스가 기다리고 있다가 강 물 밖으로 머리를 빼는 자가 있으면 화살을 쏘아 맞힌다. 이 환의 한 구역에는 자살한 이들의 거처도 있으니, 피에로 델레 비니에도 거기에 끼어 있다. 이 밖에도 하느님이나 자연 혹은 예술품을 파괴한 자들이 벌을 받으니 맨발로 뜨거운 모래 위에 서 있는 이들에게는 머리 위로 불꽃이 떨어져 내린다. 여기서 단테는 자신의 옛 스승인 브루네토 라티니도 남색자 무리에 끼어 벌을 받는 것으로 해 놓았는데, 한때 자신의 길잡이이자 철학자이자 친구였던 사람을 이런 운명에 처하게까지 하다니 참 매정하다.

시인들이 제8환의 가장자리에 이르렀을 때는 무시무시한 괴물이 나타나 둘을 등에 태우고는 고리대금업자들이 빠져 있는 구덩이 속으로 내려간다. 제8환은 여러 개의 낭(囊, 주머니)으로 이루어져 있는데, 상부의 낭에서는 남을 꾀어 부정(不貞)을 저지르게 한 자들, 아첨을 일삼은 자들, 그리고 성직이나 성물(聖物)을 매매한 자들(마술사 시몬이 사도들의 안수 능력을 돈으로 사려한 데에서 교회에서는 이러한 자들을 일러 '시모니아(simonia)'라 부른다. – 옮긴이)이 갖가지의 기상천외한 방식으로 끝없는 고통을 받고 있다. 시모니아들의 경우에는 특히 머리가 구덩이 속에 처박힌 채, 구덩이 바깥으로 삐져 나간 다리로는 혓바닥을 날름대는 뜨거운 불길이 와 닿는다. 이 무리들 사이에는 교황 니콜라스 3세도 끼어 있으니(1277~1280년), 그를 비롯하여 여타 교황들이 저지른 만행을 단테는 통렬히 비난한다. 이 대목에서 우리는 작자를 그저 용감하다고 할 수밖에 없는데, 지옥에 간 단테를 보고 교황 니콜라스가 보니파키우스 8세(1303년 사망)라고 착각하는 설정이 있기 때문이다. 교황 보니파키우스는 언제 지옥에 떨어져도 전혀 이상할 것 없다는 듯이 말이다.[47] 더불어 니콜라스는 머지않아 클레멘스 5세(1314년 사망)도 이곳에 떨어질 것이라 예언한다. 제8환의 제4낭은 미래를 알려 준다며 사람들을 미혹한 자들이 벌을 받는 곳이다. 이들은 목이 완전히 뒤로 꺾여 얼굴이 뒤를 바라보는 채로 지내야만 한다. 제8환에 자리한 "말레볼제"라는 다리에서는 제5낭이 굽어보이는데, 이곳에서는 직권을 남용하여 사익을 도모한 탐관오리들이 부글부글 끓는 역청 호수 속에서 헤엄을 치고 있다. 제6낭에서는 위선자들이 겉은 화려하지만 안은 무겁기만 한 납옷을 입고서 자기들 거처를 끊임없이 배회한다. 이 낭을 지나는 길은 딱 하나뿐인데 거기에는 가야파(그리스도를 십자가에 못 박은 인물이다. – 옮긴이)가 납작 엎드린 채 못 박혀 있어 거길 지나는 사람들은 모두 그의 몸을 한 번씩 밟게 되어 있다. 제7낭에서는 도둑들이 독사들에게 모진 고통을 당한다. 단테가 보아하니 이들 중에는 피렌쩨인들도 몇몇 끼어 있다. 제8낭이 내려다보이는 아치에서는 악독한 모략가들이 거듭해서 화염에 휩싸이는 모습을 보게 되는데, 교활한 영웅 오디세우스(그리스 신화 속의 영웅으로, 트로이 목마를 만들어 낸 장본인이다. – 옮긴이)도 여기에 끼어 있다. 제9낭에서는 중상모략가들과 시모니아들이 팔다리가 갈가리 찢기는 형벌을 받고 있다. 이 무리에는 마호메트가 끼어 있는데, 지옥에서의 그 모습은 오금이 저릴 정도로 섬뜩하다.

> 나는 턱으로부터 방귀 뀌는 자리까지 찢어진
> 한 놈을 보았는데 설령 허리나 밑바닥이
> 헐어진 통이라도 이렇듯 창이 나진 못할래라.
> 종아리 사이로 창자가 축 늘어졌는데
> 오장과 아울러 삼켜진 것을 똥으로
> 빚어내는 처량한 주머니도 엿보이더라.
> 못 박힌 듯 그를 보느라 내가 골똘할 적에
> 그는 나를 보고 두 손으로 가슴을 헤치며
> 말하더라 "자아, 찢어진 내 꼴을 보려무나.
> 마호메트의 잘라진 꼴을 보려무나.
> 내 앞엔 턱부터 이마 털까지 낯이
> 깨어진 알리(Ali)가 통곡하며 걸어간다.
> 그리고 너 여기서 보는 뭇놈들은 생전에
> 무지와 분열을 씨 뿌리던 놈들이니
> 그 때문에 이렇게 토막 난 것이란다.
> 여기 바로 뒤에 한 마귀가 있어
> 우리가 애수의 거리를 한 바퀴 돌고 나면,
> 이 무리의 하나하나를 또다시
> 칼날로 이렇듯 혹독히 다스리나니,
> 그놈 앞을 되짚어 가기 전에
> 상처가 아물어 버린 까닭이니라."[48]

제8환의 10낭에는 문서와 화폐를 위조한 자들과 수많은 연금술사들이 갖가지 질병에 시달리며 신음하고 있다. 그들의 땀과 고름에서 나는 지독한 악취는 공기 중에 진동을 하고, 고통받는 이들에게서 나오는 섬뜩한 신음 소리는 하늘을 다 울릴 정도이다.

마침내 두 시인은 지옥의 가장 낮은 데 자리한 제9환에 도달한다. 지금의 우리로서는 이상하게 보이지만, 작자는 무슨 까닭에서인지 지구 중심부에 해당하는 제9환을 거대한 얼음 우물로 설정해 놓고 있다. 이곳에서는 배신자들이 끌려와 턱까지의 온몸을 차디찬 얼음에 담그고 있다. 괴로움에 그들의 얼굴에서 눈물이 배어 나오면 그것은 즉시 꽁꽁 얼어 얼굴에 "수정처럼 투명한 차양"을 만든다. 지옥의 제9환에는 우골리노 델라 게라르데스카 백작이 루지에리 대주교와 한 덩이가 되어 붙어 있기도 한데, 생전에 우골리노 백작은 이 루지에리 대주교와 원수였다. 그에 의해 아들 및 손자들과 함께 옥에 갇혔다가 다 같이 굶어 죽었기 때문이다. 그래서 이 지옥에서는 우골리노 백작의 머리가 루지에리 대주교의 머리 위에 얹힌 채 그의 살점을 영원히 뜯어먹게 되었다. 이제 두 시인은 그야말로 지옥의 끝 간 데, 즉 지구의 중심이자 점점 좁아지는 지옥 굴뚝의 가장 밑바닥에 이른다. 여기서는 거인 루시퍼가 얼음 속에다 허리춤까지 몸을 담그고 있는데, 그 어깻죽지에서는 엄청난 크기의 날개가 퍼덕대고, 그의 머리통을 차지한 세 개의 얼굴에서는 얼음으로 된 피눈물이 흘러내린다. 그 세 얼굴의 턱은 저마다 입에다 배신자들을 하나씩 넣고 잘근잘근 씹는데, 그 배신자들이란 다름 아닌 브루투스, 카시우스, 그리고 유다이다.

이 무시무시한 연대기를 보면 중세 영혼들이 느꼈을 공포를 절반은 뚝 떼어다 한군데에 몰아 놓은 느낌이다. 한 페이지 한 페이지 그 소름 끼치는 대목들을 읽어 갈수록 독자의 마음에는 섬뜩한 공포가 차차 커져 가고, 결국 그것이 절정에 이르면 중압감과 위압감마저 느껴질 정도이다. 인간이 영겁의 세월 동안 태어나 아무리 범죄와 죄악을 많이 저지른다 해도, 가학적이기 짝이 없는 이 신의 원(怨)풀이를 다 받기에는 모자라지 않을까.『신곡』에서 단테가 그려

낸 지옥은 매정함에 있어서는 중세 신학에서도 최고로 손꼽힌다. 물론 아득한 고전 시대에도 하데스 강이며 아베르누스 호 같은 것이 있었고, 인간은 세상을 떠나면 너나할 것 없이 땅 속의 이 암흑 속으로 들어가야 했었다. 하지만 그때에도 타르타로스(그리스 신화에 나오는 지옥 아래의 밑바닥 없는 못)는 이『신곡』에서처럼 모진 고문이 가해지는 데는 아니었다. 중세가 이어진 수백 년의 세월 동안 인간 사이에는 야만성, 불안정, 전쟁이 어김없이 끼어들었으니, 이로 인해 인간들도 자신들의 신을 사그라질 줄 모르는 원한과 끝 모르는 잔혹함을 지닌 존재로 만들 수밖에 없었으리라.

하지만 이제 우리는 안도의 숨을 내쉴 수 있다. 지옥의 끝까지 이른 베르길리우스와 단테가 지구의 중심을 지나 애초 자신들이 떠났던 지점에서 정반대편에 있는 지구 표면으로 나오게 되기 때문이다. 꿈에서는 시간이야 아무렇지않다는 듯, 이 두 시인이 지구를 이 끝에서 저 끝으로 뚫고 나오는 데는 총 이틀이면 족하다. 그리하여 이들은 부활절 아침 남반구의 어느 한 곳에 모습을 드러낸다. 밝은 햇살 속에서 상쾌한 공기를 들이마시며 보니 그들은 층층대처럼 쌓인 한 산에 발을 디디고 서 있다. 바로 연옥이다.

3.『연옥편』

그래도 연옥은 지옥에 비하면 인도적이다. 이곳에서는 인간이 애를 쓰고 고통을 감내하기만 하면, 그렇게 꿈과 기대를 잃지 않고 스스로의 죄악과 이기심을 씻어 내기만 하면, 앎과 사랑과 지복을 향해 한 걸음 한 걸음 올라갈 수 있기 때문이다. 단테가 연옥을 아홉 둘레(권(圈))로 이루어진 뾰족한 산으로 그려 낸 것도 이런 이유에서다. 여기에서 먼저 등장을 하는 7권은 이른바 선(先)연옥이라고 하며(선연옥에서는 각 권별로 7대죄를 하나씩 씻게 되어 있다.), 산의 꼭대기에는 지상 낙원이 자리하고 있다. 산을 한 단계 한 단계 올라갈수록 죄 지은 자의 고통은 점점 덜해 가고, 새로운 둘레에 올라설 때마다 천사가 찾아와 그리스도교의 팔복(八福) 중 하나를 읊조려 준다. 연옥의 아래쪽에서는 죄에 대해 엄한 형벌이 내려지는 편인데, 그 죄들은 고해를 하여 용서를 받기는 했으나 충분히 벌을 받지 않아 완전히 속죄가 되지 않은 것들이다. 하지만 지옥에는 형벌의 고통이 영원히 계속되리라는 쓸쓸한 현실이 존재하는 데 반해, 이곳 연옥에서는 정해진 만큼 벌을 받고 나면 영원한 행복에 이르리라는 확신을 점점 강하게 갖게 된다. 이 연옥편들의 노래는 보다 부드러운 정조를 띠어 환한 빛살이 구석구석에 배어 있는 느낌이며, 단테도 이 무렵부터 자신의 이교도 길잡이에게서 부쩍 온화함을 배워 나가는 모습이다.

베르길리우스는 먼저 땀과 지옥의 때로 뒤범벅이 된 단테의 얼굴을 연옥에 맺힌 이슬로 깨끗이 씻어 준다. 떠오르는 태양 아래서는 정죄 산(淨罪山)을 빙 둘러싼 바다가 아름다운 빛깔로 물들고, 그러자 한때 죄악으로 어두워졌던 영혼도 다가오는 신성한 은총에 기쁨의 전율을 느낀다. 생전에 토마스 아퀴나스는 이교도라 해도 일부 선량한 이들은 하느님에게 구원받기를 바랐는데 그 소망에 부응이라도 하듯, 정죄 산의 제1권에서 단테는 우티카의 카토를 만나게 된다. 카이사르의 자비를 입고 구차하게 사느니 차라리 죽겠다며 매몰차게 제 손으로 목숨을 끊었던 그 스토아 철학자를 말이다. 여기에는 또한 프레데리크의 아들 만프레드도 있었으니, 그는 시인과 싸움을 벌이긴 했어도 시를 진정 사랑한 인물이었다. 베르길리우스는 다음과 같은 말을 하며 단테에게 길을 재촉하는데, 이는 『신곡』 안에서도 사람들이 유달리 많이 인용하는 구절이다.

> 너는 내 뒤를 따를 뿐 무리의 지껄임을
> 버려둘지니 바람에 불려도 한 번도 끝이
> 흔들린 적이 없는 굳건한 탑 모양 섰거라.[49]

한편 연옥에서 베르길리우스는 길잡이로서 영 서툴기만 하다. 지옥만큼 훤히 꿰지 못해서인지 이곳에서는 단테가 하는 질문에도 그때그때 답을 내주지 못한다. 또 자신의 능력이 부족하다고 느끼는 듯, 가끔 가다가는 그에 대한 안타까움을 짜증으로 표하기도 한다. 그러다 길에서 소르델로를 만나게 되면서부터 그는 적이 안심하는 모습이다. 만투아를 동향으로 둔 이 시인들은 서로를 만나자마자 반가이 얼싸안고, 자기들이 유년 시절을 보낸 그 도시를 회상하며 같은 이탈리아인으로서 애틋한 마음에 젖는다. 그러자 단테는 돌연 자기 조국에 대한 쑥쓸한 탄식을 쏟아 내는데, 『제정론』에서 주장한 군주제의 필요성을 한마디로 일갈하는 느낌이다.

아, 노예 이탈리아, 고달픈 여인숙이여,
호된 풍파에 사공 없는 배여,
고을들의 아씨 아닌 갈보 집이여,
제 고장의 정든 소리만 들어도
점잖은 저 영혼이 이리도 성급하게
동향인을 여기서 맞아 주거늘,
너 안에 사는 자들은 싸움이 없을 수
없으니, 성 하나, 해자 하나로 둘러막은
사람들이 서로 물고 뜯고 하는구나.
가엾은 것이여, 네 안에 평화를 누릴 한
구석이나 있는지, 네 바다 언저리를
더듬고 다음에 네 품속을 들여다보라.
안장이 비어 있거늘 유스티니아누스가
재갈을 고친다 한들 무슨 소용이 있겠느냐,
이것이나 없었던들 망신이나 덜했을 것을.
아하, 하느님이 네게 알리신 바를 잘
들었다면 너는 오직 경건할 뿐 카이사르를
그 안장에 앉혀 두어야 했을 백성이여.[50]

이어 단테는 소르델로의 안내를 받아서 정죄 산 오르막의 발치에 다다른 이야기를 들려주는데, 볕바른 이 계곡에는 꽃이 흐드러지게 피어 있는 데다 그 향기마저 그윽하다. 단테는 평소 나라를 우직하게 끌어간 왕들을 좋아했는데 그 성향을 반영이라도 하듯, 이곳에 터 잡고 있는 사람들은 다름 아닌 루돌프 황제, 보헤미아의 오토카르 왕, 아라곤의 페드로 3세, 잉글랜드의 헨리 2세, 프랑스의 필립 3세 같은 군주들이다.

단테와 베르길리우스는 루치아(Lucia, 하느님의 은총 속에 깃든 빛을 상징한다.)의 손길에 힘입어 연옥 제1권의 초입에 이르고 천사 하나가 이 둘을 안으로 들여 준다. 제1권에서는 교만의 죄를 지은 자들이 등이 잔뜩 굽은 채 어마어마한 크기의 돌짐을 져 나르는 형벌을 받고 있다. 그들이 걷는 길이며 주위의 벽에는 겸허를 몸소 행한 유명한 일화들 및 교만에 뒤따르는 끔찍한 결과들이 돋을 새김 조각으로 생생히 새겨져 있다. 제2권에서는 시기의 죄를 지은 자들이 허름한 고행복(거센 털 등으로 만든 거친 옷으로, 중세 은수자(隱修者)나 수도자들 및 신자들은 이런 옷을 입고 몸을 찌르는 아픔을 참으며 일종의 고행을 했다. ─ 옮긴이)을 입은 채 눈시울을 계속해서 철사로 꿰매이는 형벌을 받고 있다. 제3권, 4권, 5권에서는 각각 분노, 게으름, 탐욕의 죄를 저지른 사람들이 응분의 형벌을 받으며 죄를 씻고 있다. 제5권에서 만나는 대표적 인물은 하드리아누스 교황인데, 한때 재물을 무엇보다 탐냈던 그는 이곳에서 평화로운 마음으로 참회를 하고 있다. 종국에 구원받을 것임을 굳건히 믿고서 자신이 받아야 할 벌을 묵묵히 받고 있는 것이다. 『신곡』의 이 『연옥편』에는 군데군데 유쾌한 이야기들이 많이 등장해 분위기를 한껏 밝게 만들어 주는데, 로마의 시인 스타티우스가 등장하는 대목도 그중 하나이다. 두 나그네를 만나 인사를 나누게 된 그는 자신이 베르길리우스를 만나게 된 것을 세상 어떤 시인이 또 그럴까 싶을 정도로 더없이 기뻐한다. 이리하여 셋은 함께 연옥의 제6권으로 오르는데, 이곳은 탐식의 죄를 씻는 곳이다. 여기에는 향기로운 과실이 주렁주렁 열리는 나무가 있으나 참회자들은 그것들을 따먹을 수 없다. 과실을 향해 손을 뻗치는 순간 나무가 가지를 거두고 그 안에서 울려 나오는 목소리로 절제의 덕을 행한 역사 속의 아름다운 예화를 들려주기 때문이다. 연옥의 맨 마지막인 제7권에는 색정의 죄를 짓긴 했으나 임종을 앞두고 고해로 죄를 씻어 낸 사람들이 자리하고 있다. 이들이 받게 되는 형벌은 불에 살짝살짝 몸을 그슬어 가며 생전에 지은 죄를 씻어 내는 것이다. 단테는 시인이었던 사람답게 육체로 죄지어 벌받는 것을 유달리 가슴 아파했다. 그중에서도 특히 예술적 기질을 가진 이들, 즉 누구보다 감수성이 예민하고, 상상력이 풍부하며, 앞뒤 따지지 않는 무모함을 지닌 이들을 그는 안타까워했다. 그 대표적 인물이 바로 귀도 귀니첼리이다. 단테는 그를 "문학의 아버지"로 추켜세우면서, "너의 달가운 노래들이 바로 그것이니, 새로운 격식이 이대로 계속되는 한, 그 글자들은 언제나 사랑을 받으리라."며 감사를 표한다.[51]

두 시인은 천사의 인도를 받아 타오르는 불길을 뚫고 마지막 오르막을 통과하고 이로써 마침내 지상 낙원에 이른다. 여기서 베르길리우스는 이같이 말하며 단테에게 작별을 고한다.

이제 나로서도
더는 알지 못할 데로 온 것이로다.
나는 슬기와 재주로써 너를 여기까지 인도하였으니
이제부터는 네 뜻을 길잡이 삼거라.
험하고 좁은 길은 이미 벗어난 너이니
보라, 태양은 네 이마에 비치누나.
여기 땅에서 절로 솟아나는
풀잎들, 꽃들, 어린 숲을 볼지니,
네 곁에 나를 오게 하느라 눈물 흘리던
아름다운 그 눈이 기뻐하며 오기까지 너는
이것들 가운데 앉아도 좋고 거닐어도 좋으리라.

다시는 더 내 말이나 눈치를 기다리지도 마라.

너의 판단은 자유롭고, 바르고 온전하니

그 뜻대로 아니함은 그르침이 되리라.

이러므로 너 위에 왕관과 성관(聖冠)을 씌우노라.[52]

이제는 베르길리우스와 스타티우스 대신 단테가 앞장을 서서, 지상 낙원을 흐르는 물줄기를 따라 그곳의 숲이며 벌판을 이리저리 구경 다닌다. 싱그러운 공기에선 향긋한 내음이 솔솔 풍겨 나오고, 수풀 사이에선 "복슬복슬 털이 난 성가대원들"이 나뭇가지에 앉아 아침 기도를 노래 불러 준다. 그러다 저 멀리서 한 여인이 나타나 나직이 노래하면서 꽃을 따며 오는 게 보이는데, 이 여인은 단테를 보자 멈춰 서서는 이토록 아름다운 땅에 왜 아무도 살지 않는지를 설명해 준다. 먼 옛날 한때 이곳은 에덴동산, 하지만 인간은 높은 뜻에 따르지 않아 결국 내쳐지게 되었고 이로써 인류는 이곳의 순수한 기쁨을 더 이상 누리지 못하게 되었다는 것이다. 인간이 빼앗긴 이 낙원에는 이윽고 천국으로부터 베아트리체가 내려오는데, 그 고운 옷매무새에 단테는 눈이 다 부실 정도이다. 그는 눈을 들어 그녀를 쳐다보지는 못하고 그저 온몸으로 그녀의 존재를 느낄 뿐이다.

눈으로만은 그를 알아보지 못하고

그이한테서 나오는 은밀한 힘으로 해서

옛사랑의 줄기찬 움직임을 느꼈노라.[53]

단테는 자신의 길잡이에게 무어라 말을 하려 뒤를 돌아보지만, 베르길리우스는 이미 베아트리체에게 소환당할 때 머무르고 있던 그 림보로 돌아가 버린 뒤였다. 이를 알고 단테가 슬픈 듯 눈물을 흘리자, 베아트리체는 눈물을 그치라 하며 그가 탄식해야 할 것은 따로 있다고 말한다. 그녀가 세상을 떠난 뒤, 단테는 욕정의 죄를 저질렀고 그로 인해 그의 영혼에 들어 있던 그녀의 상(像)이 더럽혀졌다는 것이었다. 그녀가 베르길리우스를 시켜 단테를 구하게 한 어두운 숲, 거기가 바로 단테가 색정에 빠졌던 삶을 나타낸다고 베아트리체는 말한다. 그렇게 단테는 그의 인생 중반쯤 바른 길에 눈이 어두워 길을 잃고 있었다는 것이다. 단테는 부끄러움에 휩싸여 털썩 바닥에 주저앉아서는 자신의 죄를 하나하나 고한다. 그러자 천계의 여인들이 하늘에서 내려와 마음 상해 버린 베아트리체에게 선처를 호소하면서, 그녀가 가진 두 번째 아름다움인 영적인 아름다움을 단테에게 드러내길 간청한다. 하지만 다음과 같이 말하는 대목을 보면 베아트리체는 이 순간에도 자신이 가졌던 첫 번째 아름다움을 잊은 게 아니었다.

> 내가 그 안에 들어 있었고 지금은 땅에
> 흩어져 버린 아리따운 내 몸만큼 자연도
> 예술도 그만한 기쁨을 네게 준 적은 없었다 하자.[54]

천계 여인들의 청에 베아트리체는 못 이기겠다는 듯 천상에서 새로 가지게 된 아름다움을 단테에게 보여 준다. 하지만 여인들은 단테에게 당부하길, 베아트리체의 모습을 똑바로 쳐다보지는 말 것이며 그녀의 발치께만 조심히 바라보라 이른다. 베아트리체는 단테와 스타티우스를 함께 이끌고(스타티우스는 연옥에서 보내기로 한 1200년의 시간을 다 채운 것이었으므로) 샘으로 가는데 여기서는 두 개의 물줄기가 흘러나온다. 하나는 (지나간 일을 잊게 해 준다는) 레테(Lethe)의 물줄기요, 다른 하나는 (선행의 기억을 회복시켜 준다는) 에우노에(Eunoë)의 물줄기다. 단테는 에우노에를 한 모금 들이켜고는 정화되어 소생하니 "나는 다시 살아나 별에로라도 솟구쳐 오를 만큼 맑고 맑아졌노라."[55]

흔히들 『신곡』에서 재밌는 부분은 오로지 『지옥편』뿐이라 하는데 꼭 그렇지만도 않다. 물론 『연옥편』 같은 경우, 군데군데 딱딱한 어조의 교훈적 이야기들이 많고 그 근저엔 늘 신학적인 내용이 가득 깔려 있는 게 사실이다. 그러나 몸서리쳐지는 저주가 싹 사라진 이 연옥편에서야야말로 한 단계 한 단계 오를수록 더 아름답고 온화한 정경이 펼쳐지며, 자연 역시 정상부를 향해 갈수록 사랑스러운 제 모습을 찾아 간다. 또 몸뚱이를 가지지 못한 베아트리체를 아름다운 존재로 승화시키는 작업까지도 이 『연옥편』은 겁 없이 해내고 있다. 그리하여 단테는 그 옛날 어린 시절에 그랬던 것처럼, 이번에도 이 베아트리체를 통해 비로소 천국에 발을 들이게 된다.

4. 『천국편』

한편 단테의 『천국편』 작업은 그의 신학 때문에 한결 고생스러워진 면이 있었다. 이슬람교도나 페르시아인이 그랬듯 만일 그도 얼마간 타협을 하여 천국을 영적인 행복과 물리적 행복이 동시에 존재하는 곳으로 그렸었다면, 워낙 예민한 감각을 타고난 그였으니 적절한 이미지를 수도 없이 찾기란 어려운 일이 아니었을 것이다. 그런데 천국이 순전히 영적 행복만 있는 곳이라 하면, 이른바 "구성적 유물론자"인 인간 지성은 무슨 수로 천국이 어떤 곳인지를 안단 말인가? 하지만 여기다 단테는 한술 더 떠서 철학을 알면 알수록 표현법에 대한 금기도 하나둘 늘어 감을 느꼈다. 하느님을 비롯해, 하늘에 사는 천사나 성인 등의 존재는 의인화해서 표현하면 안 된다고 여겨졌던 것이다. 그래서 이런 존재는 대체로 빛의 형상 혹은 빛살로 그려 내었는데, 그러다 보니 형체 없이 빛만 가득한 이 추상체에서는 죄 많은 육신이 가진 생명력이나 따스함은 찾아볼 수 없게 되었다. 그러나 일찍이 그리스도교에서는 교리를 통해서 육신의 부활이란 것을 공언하지 않았던가. 그래서 단테는 천국의 모습을 어떻게든 영적으로 그려 내려 애쓰는 와중에도, 천국의 피조물 일부에게는 육체적 특징은 물론 인간의 말투까지도 부여하고 있다. 베아트리체가 천국에 있는 존재임에도 고운 발을 갖고 있는 건 참 재미난 사실이 아닐 수 없다.

단테가 구상해 낸 천국의 모습을 보면, 기막힌 일관성, 번뜩이는 상상력, 거침없는 묘사가 무엇보다 돋보이는 걸 알 수 있다. 그는 프톨레마이오스의 천문학을 그대로 받아들여, 천계란 저마다 크기가 다른 아홉 개의 텅 빈 구체(球體)로 이루어져 있고, 그것들이 크기별로 죽 늘어서 지구를 중심으로 회전하고 있다 여겼다. 이 구체들은 이른바 "아버지의 집"에 딸려 있는 "여러 채의 별채"와도 같다. 각각의 구체에는 행성 하나와 수많은 별들이 마치 왕관의 보석처럼 박혀 있다. 이 구체들에는 거룩한 지성이 저마다 차이 나게 담겨 있고, 그것들이 움직일 때마다 천체들은 자신이 받은 은총과 창조주의 위대함을 기쁨 어린 소리로 노래한다. 구체들에서 나오는 이 음악은 천계를 깨끗이 씻어 주는 역할을 한다. 단테는 말하길, 하늘에 박힌 별들은 곧 천상의 성인으로서 구원받은 영혼들이다. 이들은 생전에 얼마나 많은 공을 쌓았느냐에 따라 지상으로부터의 높이가 결정되는데 그 높이가 높으면 높을수록 행복도 커지고, 최고천(最高天)에도 한발 더 가까이 다가가는 것이 된다. 최고천은 모든 구체를 아울러 가장 위에 있는 것으로, 바로 여기에 하느님의 옥좌가 자리하고 있다.

베아트리체의 몸에서는 환한 빛이 뿜어져 나오고, 거기 담긴 힘이 그를 끌어 주기라도 한 듯 단테는 어느덧 지상 낙원을 벗어나 천계의 제1층인 월천(月天)에 오른다. 이곳에는 자기 스스로는 잘못을 짓지 않았으나 강압에 떠밀려 종교적 서원을 깨야만 했던 자들의 영혼이 자리하고 있다. 피카르다 도나티도 그중 하나였는데, 단테를 만나자 그녀는 월천에 대해 다음과 같은 설명을 들려준다. 즉 이곳은 천계의 가장 낮은 데 자리하고 있어, 여기서 누릴 수 있는 행복은 천계의 보다 높은 층에 비해 덜하지만, 여기 있는 자들은 이른바 "신성한 지혜"를 입었기 때문에 모든 시기, 갈망, 불만을 벗어 버렸다는 것이다. "그분의 의지가 곧 우리의 평화이니라."[56] 『신곡』의 핵심 메시지도 한 줄로 간추리면 바로 이것이라 할 수 있다.

천계에서의 힘은 자석과 같아 모든 것이 하느님을 향하게끔 작용하니, 단테도 곧 이 힘에 이끌려 베아트리체와 함께 천계의 제2층, 즉 수성이 관장을 하는 수성천(水星天)에 오른다. 이곳에 자리한 것은 생전에 지상에서 선한 목적을 이루고자 여러 가지 혼신의 활동을 펼쳤으나, 그 뜻이 하느님에 봉사하는 데 있기보다 속세의 명예를 쌓는 데 있었던 영혼들이다. 이 수성천에서는 이윽고 유스티니아누스가 등장을 하여, 로마 제국과 로마 법률이 인류 역사 대대로 해 온 역할을 자못 위엄 어린 어조로 설파한다. 이 유스티니아누스를 통해 단테는 다시 한 번 하나의 세상이 하나의 법과 하나의 왕 아래 다스려질 필요를 일갈하고 있는 셈이다. 베아트리체는 시인을 이끌고 천계의 제3층인 금성천(金星天)으로 가고, 여기서는 프로방스의 음유 시인 폴케가 나타나 보니파키우스 8세가 겪게 될 비극을 예언해 준다. 천계의 제4층은 태양을 중심으로 삼은 태양천(太陽天)으로, 단테는 이곳에 올라 보에티우스, 세빌리아의 이시도르, 베다, 페트루스 롬바르두스, 그라티아누스, 알베르투스 마그누스, 토마스 아퀴나스, 보나벤투라, 브라반트의 시제르 등의 그리스도교 철학자들을 만난다. 이중에서도 특히 토마스 아퀴나스와 보나벤투라는 서로 훈훈한 덕담을 주고받는데, 토마스 아퀴나스는 도미니크회 소속이었으면서도 단테에게 성 프란체스코의 훌륭한 삶을 들려주는가 하면 보나벤투라는 프란체스코회였음에도 성 도미니크와 관련된 감동적 이야기를 전해 준다. 토마스 아퀴나스는 생전에 그 체구에서나 지성에서나 늘 방대함을 자랑했는데, 이 『신곡』에서도 신학적 세부 사항을 꼼꼼히 따지면서 서사의 흐름을 꽉 막아 놓는 역할을 하고 있다. 그래서 『신곡』 중간중간 그토록 철학자가 되고 싶은 소망을 피력한 단테도, 이 대목에 와서는 철학자이길 단념하고 시인이 되는 데 만족하고 있다.

베아트리체는 이제 단테를 이끌고 천계의 제5층으로 올라가니, 화성천(火星天)이라 불리는 이곳에는 진실한 신앙을 위해 싸움을 벌이다 목숨을 잃은 전사들의 넋이 자리하고 있다. 여호수아를 비롯해 유다 마카베오, 샤를마뉴를 여기서 찾아볼 수 있는데, 심지어는 로마를 분탕질했던 로베르 기스카르마저도 이곳에 있다. 이 넋들은 수천 개의 별이 되어 더없이 눈부신 광채를 내며 자기들끼리 열십자를 이루는데 이것은 곧 십자가의 형상이기도 하다. 이토록 환한 빛을 머금은 상징, 그 속에서는 별들이 빠짐없이 참가하여 천상의 화음을 이루어

낸다. 천계의 제6층은 곧 목성천(木星天)으로, 여기에 올라 단테는 땅 위에서 나라를 다스릴 때 공명정대하게 정의를 행한 통치자들을 만나게 된다. 다윗, 트라야누스, 히스기야, 콘스탄티누스가 그들이며, 여기에는 이교도의 한계를 깨고 천국에 입성한 자들도 있다. 이들은 살아 있는 별이 되어 자기들끼리 독수리의 형상을 취하고 있다. 그러고서는 하나로 목소리를 내어, 단테에게 신학에 관한 이야기를 들려주는 한편, 정의로웠던 왕들의 덕을 소리 높여 찬양한다.

베아트리체가 비유하는 바 이른바 "영원한 궁궐의 사다리"라는 곳을 올라, 이제 단테는 기쁨이 가득한 천계의 제7층으로 올라가니 여기는 토성 및 그 위성들이 다스리는 곳이다. 한편 층을 하나씩 오를 때마다 베아트리체의 아름다움은 새로이 빛을 발하는데, 층이 높아질 때마다 그곳에 존재하는 광휘가 그녀에게 더해지기라도 하는 듯하다. 베아트리체는 사랑하는 단테를 보고 섣불리 미소 짓지 않는데, 그 찬란함이 너무 강해 자칫 잘못하면 재로 화할 우려가 있기 때문이다. 천계의 이 7층에서는 신심과 신의를 끝까지 잃지 않고 자신의 서원에 충실했던 수도사들이 살아가고 있다. 그런 이 중 하나가 페터 다미안인데 그를 보자 단테가 묻기를, 어떻게 하면 인간의 자유가 하느님의 선견지명 및 그분이 예정한 운명과 조화를 이루겠느냐고 한다. 이에 페터는 답하길, 그것은 천계에서 가장 많이 깨달은 영혼이라도 하느님 아래서는 대답해 줄 수 없는 문제라고 하였다. 이어 제7층에서는 성 베네딕트가 나타나 자기 수도회의 수도사들이 때에 찌들어 있는 것을 한탄한다.

이제 시인은 행성들이 다스리는 천계를 지나 항성의 영역인 제8층으로 오른다. 쌍둥이자리에서 단테는 티끌만큼 작게 보이는 땅덩이를 내려다보며 "그렇게도 보잘것없는 그 꼴에 웃음을 지었다." 지구라는 저 땅은 불행하기 짝이 없는 별이지만 그래도 한순간이나마 단테의 마음에는 향수가 인 것이었으리라. 하지만 베아트리체의 눈초리가 그에게 말하니, 죄악과 갈등으로 휩싸인 저 땅이 아닌 빛과 사랑이 가득한 이 천국이야말로 그가 있어야 할 집이라고 한다.

『천국편』의 제23곡은 다음과 같이 단테만의 특기라 할 수 있는 직유로 그 서두를 열고 있다.

> 모든 사물이 숨겨진 밤 동안
> 정들인 나뭇잎 사이의 가냘픈 제 새끼들의
> 보금자리에 깃들이던 새가
> 그리운 얼굴들을 보려고 그리고
> 저것들을 먹일 먹이를 찾으려고
> 고된 노동도 그에겐 달가워서
> 퍼진 나뭇가지 위에서 시간을 앞질러
> 애를 태우며 해돋이를 기다리면서
> 먼동이 터 오는 것을 골똘히 바라보는 것처럼.

그렇게 베아트리체도 무언가를 기다리는 듯 어느 한 방향만 뚫어지게 응시하고 있다. 그러다 별안간 하늘 한쪽이 번쩍하며 빛을 낸다. 베아트리체가 이윽고 "보라, 그리스도의 개선의 군대를!"하며 소리치니, 천국에 새로이 입성하는 자들의 영혼이다. 단테도 눈을 돌려 그 모습을 바라보지만 빛이 너무 가득하고 강렬하여 눈이 다 머는 듯하니, 무엇이 자기 곁을 지나는지도 분간할 수 없다. 그런 그에게 베아트리체가 똑바로 눈을 뜨라 명한다. 그녀 말에 따르면 이제 단테는 그녀의 광휘를 온전히 받아들일 수 있게 되었다는 것이다. 그러면서 단테에게 미소를 지어 보이니, 맹세컨대 그것은 그의 기억에서 영원히 지워지지 않을 경험으로 남을 것이었다. 그러자 베아트리체는 "어찌하여 너 내 얼굴에 이렇듯 반하여서" 저기 가시는 그리스도와 마리아 그리고 그 사도들의 행렬을 보지 않느냐 한다. 단테는 있는 힘을 다해 그들을 다시 바라보지만, 자세한 모습은 보이지 않고 그저 "빛의 무리들의 불타는 광선 그 위로부터 더욱 반짝이는 것"만 보일 뿐이다. 이윽고 그의 귀에는 천상의 성인들이 다 같이 레기나 코엘리 (Regina coeli, '하늘의 여왕이시여.'라는 뜻. 교회에서 부활 시기에 부르는 성모 찬가다.─옮긴이)를 합창하는 소리가 들려온다.

그리스도와 마리아는 곧 더 높은 곳으로 오르지만, 사도들은 잠시 자리에 머물러 시간을 보낸다. 그러자 베아트리체가 그들에게 단테를 데려가 몇 마디 해줄 것을 청한다. 이에 베드로가 몇 가지 질문을 던져 단테의 신앙심을 확인하는데, 단테의 대답이 썩 흡족하다. 나아가 단테와 뜻을 같이하여 보니파키우스가 교황으로 있는 한 교황좌(座)는 비어 있거나, 추하게 더럽혀진 꼴이라고 이야기한다.[57] 보니파키우스에 대해서라면 단테는 늘 이렇듯 가차 없는 태도이다.

사도들은 어느덧 위로 올라가 모습을 감추고, 단테도 "제 영혼을 천국에 들여 준 그 여인"과 함께 마침내 천계의 가장 높은 곳인 제9층에 오른다. 최고천으로도 통하는 이곳에선 별은 하나도 찾아볼 수 없으니, 거기엔 오로지 순수한 빛 하나만 존재하기 때문이다. 그것은 세상의 모든 영혼, 몸, 원인, 움직임, 생명을 만드는 원천이고, 영적이긴 하되 그 자신은 어떤 형체도, 원인도, 움직임도 갖지 않는 바, 바로 이것이 하느님이다. 이쯤에서 시인은 지복직관(至福直觀)을 이루기 위해 필사의 노력을 해보지만, 그의 두 눈에는 한 점 빛만이 보일 뿐이다. 이 점을 중심으로는 이른바 순수한 지성들이 아홉 개의 원을 그리며 돌고 있는데, 각각 치품(熾品)천사, 지품(智品)천사, 좌품(座品)천사, 주품(主品)천사, 역품(力品)천사, 능품(能品)천사, 권품(權品)천사, 대(大)천사, 천사에 해당한다. 전능하신 하느님께서는 이들을 대리 및 사절로 삼아 이 세상을 다스리고 계신 것이다. 비록 "거룩한 실체"를 인지하는 데는 실패했지만, 단테의 눈에도 똑똑히 보이는 광경은 있었으니 제9층에서 천상의 무리가 자기들끼리 모여 새하얗게 빛나는 장미 한 송이를 이룬 것이었다. 각양각색의 빛깔로 뿌연 빛을 내는 꽃잎들이 저마다 한 장 한 장 뻗어 나가 장엄한 장미를 이룬 모습은 경이로움 그 자체였다.

베아트리체는 이제 사랑하는 단테의 곁을 떠나 장미 안 어디쯤의 자기 자리를 찾아간다. 이윽고 그녀가 자기만의 보좌에 앉아 있는 게 보이자, 단테는 곁에 있지 못하더라도 계속 자신을 도와주길 기도한다. 이에 베아트리체는 미소를 지어 화답을 하지만, 이후 그녀는 전념하여 모든 빛이 뻗어 나오는 중심만을 바라본다. 그러면서도 한편으로는 단테가 안심할 수 있도록 그의 곁으로 성 베르나르를 보내 준다. 베르나르는 단테를 찾아와 명하길, 어서 눈을 들어 "천상의 여왕"을 바라보라 한다. 시인은 그 분부에 따르지만, 그의 눈에 보이는 것은 활활 타오르는 광채 하나, 그리고 빛으로 옷을 지어 입은 천사들이 수없이 모여 그 둘레를 빙 에워싸고 있는 광경뿐이다. 이에 베르나르는 천상의 광경을 보다 똑똑히 보기 위해서는 모종의 힘을 손에 넣어야 한다면서 함께 손을 모아 "하느님의 어머니"께 기도드리자고 한다. 그리하여 『천국편』의 마지막 곡은 베르나르의 노래하는 듯한 간절한 기도로 시작된다.

> 동정 어머니시여, 당신 아들의 따님이시여,
> 피조물 중에 가장 겸손하고 가장 높으신 이여.

베르나르는 부디 은총을 내리시어 단테가 하늘의 "거룩한 장엄"을 볼 수 있게 해 달라고 기도드린다. 베아트리체와 뭇 성인들도 이에 동참하여 다 같이 손 모아 마리아께 절하며 기도드린다. 마리아는 단테를 잠시 애틋한 눈으로 바라보는가 싶더니 어느덧 눈을 돌려 "영원한 빛"을 그윽이 바라본다. 이제 시인이 말하노니, "내 눈이 맑아져 오며 스스로 진리이신 드높은 빛의 빛줄기 속으로 더욱더욱 깊이 사무쳐지더니라." 그가 본 나머지 광경은 인간의 그 어떤 생각과 말도 가닿을 수 없는 것이었으나, 적어도 "드높은 빛의 깊고 새맑은 독립체 속에, 빛깔은 셋, 부피는 하나인 세 개의 둘레가 나한테 보였다."고는 말할 수 있었다. 그렇게 찬란한 빛에 시선이 붙박인 채, "해와 그 모든 별들을 움직이는 사랑"에 단테가 여지없이 이끌려 가는 것으로 이 장엄한 서사시는 마무리된다.

세상의 시를 다 통틀어 가장 기이하고 또 가장 난해하다 손꼽히는 작품이 『신곡』이다. 시가 간직한 보물이 귀하다지만 다른 시 같은 경우 그것을 얻으려는 독자를 이렇게까지 고생시키는 일은 없다. 『신곡』에 사용된 언어는 그 어떤 작품보다 응축돼 있고 간결하여 호라티우스와 타키투스 이래로 그 전례를 찾을 수 없을 정도이다. 그렇게 단어 하나, 혹은 구절 하나에 수많은 의미와 묘미가 담겨 있다 보니, 반드시 풍부한 배경지식과 칼끝 같은 지성을 가지지 않고는 이 시의 내용을 온전히 이해하기란 불가능하다. 심지어 『신곡』은 지루하게 전개되는 신학, 심리학, 천문학적 고찰들에도 함축적 정확성을 부여하고 있기 때문에, 저 옛날의 스콜라 철학자 말고는 아마 그 내용을 제대로 따라가거나 음미할 수 있는 사람이 없지 않을까 한다. 더구나 생전에 단테는 자신의 시대를 온 힘으로 살아 낸 사람, 거기서 얻은 함의를 그는 시가 다 짓눌릴 정도로 빼곡히 담아내었다. 따라서 오늘날 사람들의 경우엔 그것이 이야기의 맥을 종종 끊어 놓음에도 지면 밑에 달린 너저분한 주석의 힘을 빌리지 않고는 시를 도저히 읽어 낼 수 없다.

단테는 남을 가르치기도 썩 좋아한 사람이어서, 시 한편 안에 그때껏 자신이 배운 모든 지식을 거의 남김없이 쏟아붓고자 했다. 그 결과 살아 숨 쉬는 시가 맥 빠지는 부조리에 옴짝달싹 못하는 꼴이 된 면도 있다. 또 단테는 자신이 가진 정치적 열정과 증오의 대변인으로 베아트리체를 이용했는데 이것이 그녀의 매력을 반감시키는 결과를 초래했다. 또 시 중간중간 그는 줄거리 전개를 멈추면서까지 수많은 도시와 사람들을(무리와 개인) 헐뜯기도 한다. 그가 이탈리아를 끔찍이 사랑한 건 사실이었으나, 그의 눈에 볼로냐는 뚜쟁이들이 가득한 곳이었고[58], 피렌쩨는 루시퍼가 가장 아껴 가며 만들어 낸 도시였으며[59], 피스토이아는 짐승들의 소굴이었고[60], 제노바는 "갖가지 악덕만 그득 찬" 곳이었다.[61] 또 피사에 대해서는 "치욕거리여! 아르노 강 어귀에다 울타리를 치고, 이리하여 너 안에 있는 사람들이 모조리 빠져 죽게 하라!"라고 했다.[62] 단테가 생각하기에 지옥은 "극한 지혜와 본연의 사랑"을 통해 만들어지는 곳이었다. 『지옥편』을 보면 단테가 알베리고를 만나는 다음과 같은 대목이 있다. 단테는 알베리고가 자신에게 이름과 사연을 일러 주면 곧 손을 뻗어 그의 눈언저리에 맺힌 얼음을 떼어 주겠노라고 약속한다. 이에 알베리고가 자신의 사연을 털어놓고 단테에게 다음과 같이 청한다. "아무튼 이제 손길을 이리 펴서 내 눈이나 열어 다오!" 하지만 단테는 "그래도 나는 아니 열어 주었나니 모르는 척 버려둠이 그에 대한 친절임이로다."라고 하였다.[63] 이렇게까지 비정한 사람이 천국을 두루 여행할 자격이 있다고 하면, 우리 중 구원받지 못할 자는 아마 아무도 없을 것이다.

그렇다고는 하나 단테의 이『신곡』이 중세 그리스도교 저작을 통틀어, 나아가 시대 전체를 통틀어 가장 위대한 작품인 것만은 사실이다. 백 곡의 노래가 흐르고 그 과정에서 작품의 강도가 서서히 더해 가는 그 느낌은 치밀한 독자라면 아마 평생 잊지 못할 경험일 것이다. 칼라일(Carlyle)은 생전에 단테의 이『신곡』을 두고 그 신실함에 있어 최고 걸작이라 평하였는데 과연 그러하다. 이 책에는 겉치레는 물론 일말의 위선도, 아첨도, 비굴함도 찾아볼 수 없기 때문이다. 당대에 제아무리 큰 권력을 가졌던 사람도, 심지어는 온 세상을 호령했던 교황조차도, 이 시에서는 가열하고 호되게 공격을 받았으니 다른 시와는 비교가 안 될 정도였다. 하지만 단테의『신곡』에서 가장 돋보이는 건 바로 상상력으로, 그 거침없는 날갯짓과 줄기찬 전진은 셰익스피어가 보여 준 탁월함에 견줄만하다. 그만큼 이 시에서는 신도 인간도 절대 못 본 사물의 모습이 어디에서보다 생생하게 그려지고 있으니, 뛰어난 관찰력과 예민한 감수성을 지닌 영혼 아니면 도저히 해낼 수 없는 일이다. 프란체스카나 우골리노처럼 짤막한 일화들을 소개할 때도 그 짧은 지면 안에다 장대한 비극을 담아내면서도 핵심적인 사항들은 하나도 놓치지 않는 기막힌 솜씨를 발휘하였다. 물론 단테는 유머라곤 전혀 찾아볼 수 없는 사람이었다. 하지만 대신 그에겐 사랑이 있었고, 그 사랑은 그에게 닥친 재난을 신학으로까지 바꾸어 놓았다.

단테가 이루어 낸 마지막 업적을 꼽자면 장엄미이다. 그의『신곡』에서는 호메로스의『일리아드』가 그러는 것처럼 인간 삶이며 행동의 거친 풍파가 험난하게 펼쳐지는 것도 아니고, 베르길리우스의 시가 그러는 것처럼 노래가 은은

하면서도 느긋하게 흘러가는 것도 아니며, 셰익스피어의 작품이 보여 주는 것처럼 세상만사에 대한 너른 이해와 용서가 존재하는 것도 아니다. 하지만 거기엔 확실히 웅대함이 있고, 또 반쯤은 야만적이기까지 한 골수에 사무치는 힘이 있으니 이는 후일의 미켈란젤로를 연상시킬 정도다. 단테는 자유만큼이나 질서도 사랑한 인물이었고, 그래서 자신의 열정과 비전을 한데 묶어 아름다운 형식으로 승화시켰다. 그렇게 해서 탄생한 시는 빈틈없이 깎아 낸 조각과도 같았으니 이만큼의 솜씨를 발휘한 시인은 이후로는 찾아볼 수 없다. 단테가 가고 난 뒤 이탈리아는 그의 입을 통해 아름다운 모국어가 쏟아져 나왔다며 몇 백 년간이나 찬사를 아끼지 않는다. 페트라르카와 보카치오를 비롯해 수많은 작가들의 작품이 나올 수 있었던 것도 단테가 보여 준 그 사투 그리고 예술성에 영감을 받은 바 없지 않다. 그렇게 해서 유럽에는 단테의 자랑스러운 망명 생활 이야기가 떠들썩하게 회자되기에 이른다. 그에겐 지옥과도 다름없던, 그래서 거기서 돌아온 후로는 입가에서 미소가 싹 사라지고 말았던 그때의 이야기들이.

마치는 글

중세 시대의 유산

여기저기 돌아가며 길게 이어진 우리 이야기가 이렇게 단테를 끝으로 마무리된다는 건 참으로 시의적절한 일이다. 단테가 죽은 바로 그 세기부터, 웅장하게 서 있던 신앙을 비롯해 자신이 가슴이 간직해 온 희망까지 산산이 깨부수기 시작한 사람들이 나타났으니까. 그렇게 해서 위클리프(14세기에 활동한 영국의 종교 개혁가 - 옮긴이)와 후스(체코의 신학자로서 그의 사상은 이후 마르틴 루터 등에게 영향을 끼쳤다. - 옮긴이)는 종교 개혁의 필두에 섰고, 죠토, 크리솔로라스(14세기에 주로 활동한 인문학자로 중세 말엽 비잔티움 세계의 문학을 서유럽에 소개한 것으로 유명하다. - 옮긴이), 페트라르카, 보카치오는 본격적으로 르네상스의 도래를 알렸다. 인간은 수도 많고 종류도 참 다양한데, 그 역사를 보면 몇몇 사람 혹은 어떤 장소에는 한 가지의 특정 사조가 줄기차게 살아남는 걸 볼

수가 있다. 다른 이들이나 나라는 이미 그 사조를 구식 취급한 지 오래인 때에
말이다. 유럽의 경우, 신앙의 시대에 마지막 꽃송이를 활짝 피워 낸 이는 단테
였다. 그러다 이후 14세기에 들면서는 오캄을 만나 그 "면도날"에 치명상을 입
게 되고, 그렇게 상처를 입은 몸으로 브루노와 갈릴레오, 데카르트와 스피노자,
베이컨과 홉스의 시절까지 목숨을 부지해 가야 했다. 만일 오늘날 진행 중인 이
성의 시대가 참극으로 마무리된다면 그때엔 신앙의 시대가 다시 막을 올릴지
도 모를 일이다. 한편 서유럽이 까마득하게 펼쳐진 이성의 바다를 헤쳐 가는 동
안에도, 세상에는 여전히 신앙의 기치와 지배 아래 살고 있는 곳들이 수두룩했
다. 사실 중세는 시대를 나타내는 말이기도 하지만 상태를 가리키는 말이기도
하다. 서유럽의 경우 신앙의 시대는 콜럼버스와 함께 막을 내려야 옳지만, 러시
아에서는 표트르 대제(1725년 사망) 시대까지가 중세이며, 인도는 우리가 사는
오늘까지도 중세에 있다.

   우리는 흔히 중세를 로마 제국이 서양에서 몰락한 때부터(476년) 아메리카
대륙이 발견되기까지의 사이에 긴 별 볼일 없는 시기로 생각하는 경향이 있다.
하지만 우리가 반드시 유념해야 할 사실이 있으니, 아벨라르의 추종자들도 자
기네들을 이른바 "현대인(moderni)"이라 칭했었고, 엑서터의 주교 역시 1287년
에 자기가 살던 시대를 "현대"로 명명한 바 있다는 것이다.[1] "중세"와 "현대"를
가르는 경계는 언제나 앞으로 밀려나게 된다는 이야기이다. 우리에게야 지금
이 현대지만, 언젠가 보다 청정한 연료를 쓰고 보다 품위 있는 삶을 살게 되는
때에는 석탄과 석유를 때면서 숯검정의 허름한 집에 사는 오늘이 중세로 취급
받을지 모를 일이다. 중세 시대는 결코 한 문명이 다른 문명으로 넘어가면서 거
치는 과도기 정도로 생각할 것이 아니다. 그리스도교가 로마에 수용되어 서기
325년 니케아에서 공의회가 열린 것을 중세의 시작으로 잡는다면, 중세는 실로
긴 시간을 포괄한다. 이렇게 되면 고전 문화가 이룩된 막바지 몇 세기도 중세
에 들어갈 뿐 아니라, 그리스도교 신앙이 발달을 거듭해 13세기에 하나의 온전
하고 풍성한 문명으로 성숙하기까지의 과정, 나아가 그 문명이 다시 르네상스

와 종교 개혁이라는 상반되는 문화로 쪼개지는 과정까지도 모두 중세에 들어간다. 이런 중세에 대해 우리가 깔보는 듯한 태도를 취하는 것은 전혀 현명하지 못한 일이다. 중세에는 남녀 모두에게서 위대한 인물들이 수도 없이 배출되었을 뿐 아니라, 야만성이 모든 것을 짓밟아 놓은 그 폐허 속에서 교황 제도며, 유럽의 근대 국가, 그리고 중세만이 힘들여 얻어 낼 수 있던 그 소중한 유산들이 이룩되었으니까.*

물론 그 유산 중에는 훌륭한 것도 있지만 몹쓸 것도 없지 않다. 더구나 암흑시대의 병폐는 아직도 우리에게서 완전히 떨어져 나가지 않은 상태이다. 여전히 우리 주위엔 불안이 살아남아 탐욕을 부추기고 있고, 두려움은 잔혹의 자양분이 돼 주고 있으며, 빈곤에서는 불결과 무지가 잉태돼 나오고 있다. 이렇게 생겨난 불결은 다시 질병을 만들어 내고, 무지는 또 맹신, 미신, 주술을 낳고 있다. 여기다 교조주의는 이단 불용(不容)과 종교 재판이라는 악습을 만들고야 마니, 그것이 언제 다시 우리 곁에 나타나 사람들을 억압하고, 그 재산과 목숨을 앗고, 또 파멸시킬지는 알 수 없다. 그렇게 따지면 중세의 정신은 여전히 곳곳에 숨어 있는데, 우리는 그 위에 슬쩍 망토만 걸치고는 그것을 현대라 부르고 있는 것인지 모른다. 게다가 어느 세대건 문명을 만들어 내는 건 어딘가에서 피땀을 흘리는 소수이니, 그들로서 문명이란 곧 특권이면서도 한편으로는 받아 들기 버거운 의무이기도 하다. 여기 더해 종교 재판은 유럽 사회에 돌이키지 못할 악폐를 남겨 놓고야 말았다. 종교 재판은 고문이란 방법을 일부 적법한 절차로 만들어 놓았을 뿐 아니라, 이성의 모험길에 올라 있던 사람들을 겁주어 다시 조용히 현실에 순응하도록 만들었기 때문이다.

그래도 신앙의 시대가 낳은 유산 중 가장 빼어난 것 하면 역시 종교이다. 18세기까지 탈무드를 통해 그 전통을 고스란히 간직해 온 유대교가 그렇고, 12세기에 코란이 철학을 이긴 이래로 비교적 잠잠하게 지내 온 이슬람교가 또

---

*앞으로 전개되는 개괄은 대체로 중세 그리스도교 신앙에만 적용되는 내용이며, 이슬람 문명에 대한 개괄은 이 책 2부 말미에 정리한 바 있으므로 여기서 다시 되풀이하지 않기로 한다.

그렇다. 그리스도교 신앙의 경우에는 세계를 동서와 남북으로 갈라놓은 면이 없지 않지만, 아직까지도 백인 역사에서 가장 강력하고 가장 영향력 있는 종교로 꼽히고 있다. 중세 교회가 만들어 놓은 교리를 오늘날까지(1950년) 소중하게 받드는 사람들도 수없이 많아서, 그 숫자는 로마 가톨릭교회에만 3억 3000만 명, 그리스 정교회에만 1억 2800만 명에 이른다. 또 논쟁에서는 번번이 결실을 거두지 못했어도, 교회에서 행해지는 전례(典禮)만큼은 여전히 사람들의 영혼에 적잖은 감동을 주고 있다. 나아가 이제까지 교회는 교육 및 자선 사업, 그리고 야만인을 윤리적 인간으로 길들이는 데 여러 가지 역할들을 해 왔고, 이는 현대 사회가 사회 질서와 윤리 기강을 바로잡는 데에도 소중한 밑거름이 돼 주고 있다. 교황이 품었던 하나 된 유럽이라는 이상은 제국과 교황권이 맞붙어 싸우는 동안 어느 정도 빛이 바래긴 했으나, 여전히 세대를 막론한 수많은 사람들에게 가슴 설레는 꿈으로 남아 있다. 제각각의 주권국들이 정글의 법칙에 따라 사는 것보다는 온 세계가 하나의 윤리적 질서 아래서 살아가는 것이 더 낫지 않을까 하는 염원 속에서.

교황의 이 꿈이 확실히 수포로 돌아가고 나서부터 유럽 국가들은 새로운 형태를 갖추어 오늘날까지 그 모습을 별 변화 없이 이어 오고 있다. 근대 민족 국가의 원리가 생겨나 현대 정치사를 써내려 갈 채비를 시작한 것도 이즈음부터였다. 한편 이러한 변화가 진행되는 사이 중세의 지성은 위대한 제도도 많이 탄생시켜 놓았으니, 시민법 및 교회법, 해상법(海上法) 및 상법, 지방 자치 규약, 배심 제도 및 인신 보호법, 귀족의 대헌장 등이 그러하다. 또 중세의 궁궐과 교황청의 통치 방식은 각 나라들 및 교회에 하나의 본이 되어 오늘날까지도 실제 통치에 활용되고 있다. 스페인, 아일랜드, 프랑스, 잉글랜드 같은 경우에는 의회 기능을 가진 기구가 성립되면서 이른바 대의 정치란 것이 그 모습을 드러내게 되었다.

하지만 이보다 훨씬 위대한 것은 경제적인 면에서의 유산이었다. 중세 시대에 들면서 인간은 비로소 황무지를 정복해 낼 수 있었고, 숲, 정글, 늪지, 바다를 상대로 대전(大戰)을 펼쳐 승리를 거둘 수 있었으며, 의지만 있으면 얼마든 땅을 경작할 수 있게 되었다. 또 중세는 서유럽 땅 대부분에서 노예제를 종식시켜 버렸고, 그것은 농노제에 대해서도 거의 마찬가지였다. 또 중세 시대에는 생산 활동이 길드를 중심으로 조직화될 수 있었으니, 무책임한 개인과 독재 국가 사이의 중도(中道)라는 점에서 이는 오늘날까지도 경제학자들이 이상적인 경제 활동 방식의 하나로 꼽는다. 재단사와 제화공의 경우에는 극히 최근까지만 해도 개인 작업실에서 수공업을 하는 형태였는데 중세 시대의 방식을 고스란히 물려받은 것이다. 이러한 방식이 대규모 생산 공정 및 자본주의 조직에 예속된 것은 극히 최근 들어 우리 눈앞에서 진행된 일이다. 오늘날에도 대도시에서는 대박람회가 열려 수많은 사람들이며 물품이 한자리에 모이곤 하는데, 이 역시 중세 시대 상업이 물려준 유산이며, 오늘날 우리가 독점을 규제하고 가격 및 임금을 일정하게 조정하려고 하는 관행 역시 중세에서 비롯된 것이다. 현대 금융업 같은 경우는 거의 전 과정을 중세의 금융업에서 유산을 물려받았다고 봐야 한다. 심지어 오늘날 활동하고 있는 형제회나 비밀 결사 조직도 그 뿌리 및 의례는 중세에 기원을 두고 있다.

중세의 윤리는 애초 야만성을 모태로 태어나더니 자신의 후사로는 기사도 정신을 낳아 놓았다. 오늘날 우리가 가지고 있는 신사(gentleman)의 개념은 중세 때에 만들어졌다고 봐야 한다. 중세 때 생겨난 이 기사도 정신은, 그 실천이 얼마나 이루어지고 있느냐는 별개의 문제로 치더라도, 인간 영혼이 품을 수 있는 가장 숭고한 상(像)의 하나로 아직까지 살아남아 있는 게 사실이다. 이 시절 유럽 남자들의 행동에 전에 없는 온화함이 배어들게 된 것은 아마도 마리아 숭배가 한몫을 했을 것으로 보인다. 중세가 끝나고 몇 백 년 동안 중세의 윤리에서 우리가 진보한 면이 있었는지는 모르겠지만, 만일 그렇다고 하면 그것은 가족을 화합시키고, 윤리 교육을 중시했으며, 명예와 예의라는 습관을 더디게나마 널리 전파시킨 중세의 토대가 있었기에 가능했다. 오늘날 회의론자들이 그나마 윤리적인 삶을 유지해 가는 것이 어쩌면 그가 어린 시절 빨아들였던 윤리가 자기도 모르게 남아 빛을 발하고 있는 것일 수 있는 것처럼.

중세 시대의 지적 유산은 그리스 시대에 비하면 보잘것없는 편이고, 그마저도 고대에서 비롯된 수백 가지의 잘못된 미신에 물들어 있는 경우가 많다. 그렇다고는 해도 현대의 각종 언어를 비롯해, 곳곳의 대학들, 철학 및 과학의 용어들이 중세 시대에 만들어진 지적 유산임은 분명한 사실이다. 스콜라 철학의 경우는 역사에 길이 남을 철학적 성취였다기보다 논리를 갈고닦기 위해 거쳐야 했던 일종의 훈련 과정이었다고 봐야 한다. 물론 오늘날에도 수많은 대학들에서는 그러한 스콜라주의가 여전히 위세를 떨치고 있지만. 한편 중세 신앙이 품었던 제반 가정들은 역사 기록학이 발전하는 데에는 걸림돌로 작용했다. 당시 사람들은 세계는 물론 인간의 기원 및 운명에 관해서 자신들이 잘 안다고 믿었고, 그래서 역사는 수도원 연대기의 벽 속에 꼼짝없이 가둬 놓은 채 그런 믿음들을 바탕으로 신화에 불과한 이야기들을 얼키설키 지어내곤 했다. 물론 이런 중세의 역사가라고 해서 발전이나 진보에 대해서 개념이 전혀 없었다는 건 당치 않다. 19세기에도 그러했듯, 13세기에는 그저 자기 대에 이룩된 성취가 무엇보다 대단하게 여겨졌던 것일 뿐이리라. 한때 우리가 생각했던 것과 달리, 알고 보면 중세는 그렇게 정적인 시대도 아니었다. 원래 멀찍이서는 활발한 움직임도 둔해 보이고, 두드러진 차이점도 흐려 보이며, 현격한 변화도 멈춘 듯 보이는 법이니까. 오히려 당시에도 예법과 복식, 언어와 사상, 법률과 통치, 상업과 재무, 문학과 예술에 있어서는 오늘날만큼이나 끊임없이 변화가 일어나고 있었다. 다만 중세의 사상가들은 목적의 발전을 중요시했고, 따라서 그에 수반되는 수단의 진보에 대해서는 오늘날 사람들이 분별없이 떠드는 것처럼 그렇게 큰 의미를 부여하지 않았다.

중세가 남긴 과학적 유산은 확실히 얼마 되지 않는다. 하지만 그 얼마간의 성과에 인도 숫자, 십진법, 실험 과학의 개념이 포함되어 있으며, 중세에도 수학, 기하학, 천문학, 광학 방면에 적지 않은 성과가 있었다는 사실을 무시할 수 없다. 또 화약에 대한 발견이 이뤄지는가 하면, 안경, 선박용 나침반, 진자시계가 발명돼 나왔고, 어쩌면 인간 삶에 가장 필요불가결한 것일지 모를 알코올 증류법도 발달돼 나왔다. 또 이 시절에는 아랍인 및 유대인 의사들의 손에 의해 그리스 의학이 한층 높은 수준으로 발전하였으며, 외과술은 그리스도교 개척자들의 손에 의해 비로소 이발업의 영역에서 해방될 수 있었다. 오늘날 유럽에 세워져 있는 병원의 절반은 중세 시대 때 그 토대가 세워진 것이거나, 아니면 중세에 이루었던 성취를 현대 들어 다시 복원한 경우에 해당한다. 현대의 과학은 중세 세상이 표방했던 세계주의를 계승한 건 물론, 그것이 썼던 국제 언어까지도 일부 계승해 오고 있다.

우리가 중세로부터 물려받은 유산 중 윤리 규범 다음으로 풍성한 양을 자랑하는 것이 바로 예술이다. 물론 장엄함 면에서 보면 엠파이어스테이트 빌딩도 샤르트르 성당에 못지않다. 하지만 전자의 위용은 오로지 건축 한 면에서만 찾아지니, 순전히 기능적인 선들만 사용해 그토록 어마어마한 높이의 건물을 안정적으로 지어 올렸다는 점에서는 대단하다. 하지만 고딕 양식 성당들의 삶에는 건축은 물론 조각, 회화, 시, 음악도 늘 함께했다. 그래서 샤르트르 성당, 아미앵 성당, 랭스 성당, 노트르담 성당은 감각 및 영적인 조화미 속에서 규모와 깊이를 이루고 그 내용과 장식에 있어서도 풍성함과 다양함을 갖추고 있어서 이 건물들을 보고 있노라면 한 순간도 지루할 틈 없이 영혼 구석구석이 보다 가득 차오르는 느낌이다. 성당들에 자리한 입구며, 종탑, 첨탑들, 하늘로 날아오를 듯한 석재 궁륭(穹窿), 성심성의껏 조각된 갖가지 조각상, 제단, 세례반(洗禮盤), 묘비들, 그리고 무지개와 햇빛을 무색하게 하는 다채로운 빛깔의 창문들은 얼마나 아름다운지, 이 시대가 신앙의 상징이나 수공예를 너무 사랑한 면이 있다 해도 우리는 그것들 상당 부분을 너그러이 용서해 주어야 할 것만 같다. 중세에 다성(多聲) 음악(독립된 선율을 가지는 둘 이상의 성부(聲部)로 이루어진 음악 – 옮긴이)이 발달할 수 있었던 것도 다 이런 성당들 덕분이었으며, 기보법(記譜法) 및 보표(譜表)가 발달한 것도 마찬가지이다. 현대의 극형식 역시 애초 탄생의 기원은 교회에 있다.

중세가 문학에 남겨 놓은 유산은 그리스 문학과는 질적인 면에서 감히 상대가 안 되지만, 그래도 로마 문학과는 어느 정도 어깨를 견줄 만하다. 단테는 베르길리우스, 페트라르카는 호라티우스와 쌍벽을 이루고, 아랍인과 트루바두르들이 지은 연애시는 오비디우스, 티불루스(기원전 1세기 아우구스투스 시대의 로마 시인으로, 호라티우스, 베르길리우스, 오비디우스 등과 함께 활동했다. - 옮긴이), 프로페르티우스의 시들에 버금간다. 아서 왕 전설 속 사랑 이야기는 그 깊이나 숭고함에 있어 『변신이야기』나 『여인들의 편지』 속 어떤 일화보다 나으며, 우아함에 있어서도 그에 못지않다. 여기 더해 중세 시대의 주요 찬송가들은 그 가사가 아름답기가 로마 시대 최고의 시들을 뛰어넘을 정도였다. 중세의 13세기는 아우구스투스나 레오 10세(이탈리아 출신의 제217대 교황으로서 1513년부터 1521년까지 재위하였다. - 옮긴이)의 치세에 비견될 만한 시기였다. 지적 활동 및 예술 활동이 이만큼이나 다채롭게 활짝 꽃핀 시기는 역사의 어느 대목에서도 찾아보기 힘들다. 또 이때에는 15세기 말엽을 방불케 할 정도로 상업 확장도 거침없이 이루어져 덕분에 세상은 전에 없이 넓어지고, 풍성해지고, 활기찰 수 있었다. 또 인노켄티우스 3세부터 보니파키우스 8세에 이르기까지 강한 힘을 가진 교황들이 잇달아 나타나면서, 백 년의 시간 동안 교회는 유럽의 질서 및 법률을 관장하는 최정상의 위치에 설 수 있었다. 성 프란체스코는 갖은 역경을 딛고 진정한 그리스도교도로서의 면모를 보였으며, 한편에서는 탁발 수도회가 만들어져 수도원 본연을 이상을 회복시켰다. 필립 아우구스투스, 생루이, 필립 4세, 에드워드 1세, 프레데리크 2세, 알폰소 10세 같은 통치자들은 관습 대신 법률로 나라를 통치하여, 중세에 없던 새로운 문명 수준을 백성들이 누릴 수 있게 해 주었다. 12세기만 해도 신비주의 경향이 유행했으나 13세기는 그것을 거뜬히 물리치고 철학과 과학을 향해 진격해 갔으니 그 열정과 용기는 르네상스도 비할 바가 아니었다. 문학 방면에서는 볼프람 폰 에센바흐의 『파르치팔』부터 『신곡』의 구상에 이르기까지 13세기가 실로 "경이의 시절"임을 여실히 보여 주었다. 이 13세기에는 중세 문명의 거의 모든 요소들이 나름의 통일성, 완성도, 그리고 최상을 형식을 다 같이 갖추게 되었던 듯하다.

　중세를 올바로 이해하기 위해서는 무엇보다 이탈리아 르네상스에 대한 제대로 된 시각이 있지 않으면 안 된다. 즉 우리는 이탈리아 르네상스를 중세에 대한 부정으로 볼 것이 아니라 중세를 완결 지은 한 과정으로 봐야 하는 것이다. 콜럼버스와 마젤란의 탐험만 해도 그렇다. 그 전에도 이미 베네찌아, 제노바, 마르세유, 바로셀로나, 리스본, 카디즈 같은 곳에는 바다 멀리로까지 길을 닦아 놓은 상인 및 항해사들이 있었고, 콜럼버스와 마젤란은 이들의 작업을 이어받아 성과를 낸 것이었다. 르네상스 시대에 이탈리아 도시들을 자부심과 전쟁으로 물들였던 조류 역시 12세기에 유럽을 휘저었던 그 조류와 전혀 다르지 않았다. 르네상스 시대를 대표하는 인물들 역시 넘치는 에너지와 활동성으로 시대에 헌신했다는 점에서 중세의 엔리코 단돌로, 프레데리크 2세, 그레고리우스 9세와 전혀 다르지 않았다. 르네상스 시대를 특징짓는 말인 콘도티에로(condottiero, 중세 말경부터 16세기 중반까지 이탈리아 중소 도시 국가들이 고용했던 용병 대장을 일컫는 말이다. - 옮긴이)라는 말도 애초 연원은 로베르 기스카르(11세기에 남부 이탈리아, 시칠리아에서 활약한 뛰어난 노르만족 정복자 - 옮긴이)에 있으며, "폭군"이란 말은 중세의 에첼리노와 팔라비치노에게서 처음 비롯된 것이다. 화가들 역시 치마부에(13세기에 활동한 이탈리아의 화가로 죠토의 스승으로 유명하다. - 옮긴이)와 두치오가 미리 길을 터 주지 않았다면 르네상스 시대의 그 노정을 걸을 수 없었을 것이다. 팔레스트리나(16세기에 활동한 이탈리아의 교회 음악 작곡가 - 옮긴이)의 작품들도 그레고리오 성가와 바흐의 음악 사이에서 중도를 택한 것이라 할 수 있다. 페트라르카는 단테와 중세 음유 시인들의 유산을 계승했다고 볼 수 있으며, 보카치오는 그 자신이 이탈리아 트루베레의 한 사람으로 꼽힌다. 르네상스 시대에는 『돈키호테』식의 로맨스가 계속 꽃을 피워 가지만, 그 한편에서는 또 중세의 크레티앵 드 트루아가 시작한 아서 왕 전설을 맬로리가 마침내 완성해 내기에 이른다. 르네상스의 특징으로 꼽히는 이른바 "문예 부흥" 운동은 중세의 여러 학교들에서 이미 시작된 참이었다. 다만 르네상스 문예 부흥에 다른 점이 있다면, 이때에는 라틴어 문학은 물론 그리스 고전 문학에까지 부흥이 확대되었다는 것이고, 또 고딕 양식은 거부하는 대신 그리스 예술을 되살리기 위해 애썼다는 것이다. 하지만 중세에도 그리스 예술을 들여온 이들은 이미 있었으니, 니콜로 피사노는 13세기에 이미 그리스 조각상을 작업의 본으로 삼은 바 있고, 크리솔로라스가 그리스어와 그리스 고전 문학을 이탈리아에 들여왔을 때(1393년) 중세는 그 뒤로도 아직 백 년이나 더 남아 있었다.

르네상스 시대에도 이탈리아, 스페인, 프랑스에서 위세를 떨쳤던 종교는 중세 시대에 곳곳에다 성당을 지어 올리고 찬송가가 만들어 낸 그 종교와 똑같았다. 다만 딱 한 가지 차이가 있었다면, 이탈리아 교회가 이탈리아 지성을 대한 태도였다. 이탈리아 교회는 당대의 문화와 많은 부분을 공유하고 있었고 그래서 이탈리아 지성들에게도 중세 대학에서 탄생해 나온 사상의 자유를 상당 부분 보장해 주었다. 거기다 철학자들과 과학자들에게도, 일반 백성들의 신앙을 파괴하려 들지만 않는다면, 그들 나름의 학문 연구를 뜻대로 진행해 나갈 수 있게 암묵적으로 이해해 주었다.

종교 개혁 당시 이탈리아와 프랑스가 그 대열에서 빠져 있던 것도 바로 이런 이유에서였다. 이 두 나라에서는 13세기의 가톨릭 문화가 곧장 15~16세기의 인문주의로 이어졌고, 그것은 또다시 17~18세기의 계몽주의로 이어졌다. 북유럽의 국가들이 종교 전쟁에 휩쓸려 쑥대밭이 되는 와중에도 그 아래쪽 라틴계 민족들은 어느 정도 문화적 우위를 지켜 갈 수 있었으니, 그것은 콜럼버스 이전에 이룩된 지중해 교역 덕분이기도 했지만 이렇듯 문화적 지속성이 줄기차게 이어진 덕분이기도 했다. 이 지속성의 시작은 중세를 거쳐 고대 로마로까지 그 연원이 이어지며, 남부 이탈리아를 경유해서는 고전 시대 그리스까지 거슬러 올라간다. 시칠리아, 이탈리아, 프랑스 등의 그리스 식민지와, 그 옛날 로마의 정복지 및 로마화한 프랑스 및 스페인 땅을 잘 들여다보면 우리는 장대한 문화의 실타래가 하나로 죽 이어진 것을 발견하게 된다. 사포와 아나크레온에서 시작해, 베르길리우스와 호라티우스, 단테와 페트라르카, 라블레와 몽테뉴, 볼테르와 아나톨 프랑스에 이르기까지의 그 끈을 말이다. 신앙의 시대를 지나 르네상스로 접어듦으로써 이제 우리 앞에는 철부지 어린아이를 벗어나 혈기왕성한 청년으로 성장한 문화가 그 모습을 드러내게 된다. 이 문화는 고전 시대의 우아함에 야만인의 강인함을 결합시키고, 거기에 생기와 풍성함까지 새로 더해 지금의 우리에게 넘겨졌으니, 우리는 이 문명에 무언가를 더 더하진 못할 망정 그 목숨이 꺼지게 손 놓고 있어서는 절대 안 될 것이다.

나의 벗 독자들에게, 또 한 번 감사의 마음을 전하며.

참고문헌

ABBOTT, G. F., Israel in Egypt, London, 1907.

ABBOTT, NABIA, Two Queens of Baghdad, Univ. of Chicago Press, 1946.

ABÉLARD, P., Historia Calamitatum, St. Paul, Minn., 1922.

ABÉLARD, P., Ouvrages inédits, ed. V. Cousin, Paris, 1836.

ABRAHAMS, I., Chapters on Jewish Literature, Phila.,1899.

ABRAHAMS, I., Jewish Life in the Middle Ages, Phila., 1896.

ABU BEKR IBN TUFAIL, The History of Hayy ibn Yaqzan, tr. Ockley, N. Y. n.d.

ACKERMAN, PHYLLIS, Tapestry, the Mirror of Civilization, Oxford Univ. Press, 1933.

ADAMS, B., Law of Civilization and Decay, N. Y., 1921.

ADAMS, H., Mont St. Michel and Chatres, Boston, 1926.

ADDISON, J. D., Arts and Crafts in the Middle Ages, Boston, 1908.

ALI, MAULANA MUHAMMAD, The Religion of Islam, Lahore, 1936.

ALI TABARI, The Book of Religion and Empire, N. Y., 1922.

AMEER ALI, SYED, The Spirit of Islam, Calcutta, 1900.

AMMIANUS MARCELLINUS, Works, Loeb Lib., 1935. 2V.

ANDRAE, TOR, Mohammed, tr. Menzel, N. Y., 1936.

ANGLO-SAXON CHRONICLE, tr. Ingram, Everyman Lib.

ANGLO-SAXON POETRY, ed. R. K. Gordon, Everyman Lib.

ARCHER, T. A., and KINGSFORD, C. L., The Crusades, N. Y., 1895.

ARISTOTLE, Politics, tr. Ellis, Everyman Lib.

ARMSTRONG, SIR WALTER, Art in Great Britain and Ireland, London, 1919.

ARNOLD, M., Essays in Criticism, First Series, N. Y., n.d. Home Lib.

ARNOLD, SIR T. W., Painting in Islam, Oxford, 1928.

ARNOLD, SIR T. W., The Preaching of Islam, N. Y., 1913.

ARNOLD, SIR T. W., and GUILLAUME, A., The Legacy of Islam, Oxford, 1931.

ASHLEY, W. J., Introduction to English Economic History and Theory, N.Y., 1894f. 2v.

ASIN Y PALACIOS, M., Islam and the Divine Comedy, London, 1926.

ASSER OF ST. DAVID'S, Annals of the Reign of Alfred the Great, in Giles, J. A.

AUCASSIN AND NICOLETTE, tr. Mason, Everyman Lib.

AUGUSTINE, ST., The City of God, tr. Healey, London, 1934.

AUGUSTINE, ST., Confessions, Loeb Lib. 2v.

AUGUSTINE, ST., Letters, Loeb Lib.

AUSONIUS, Poems, Loeb. Lib. 2v.

AVERROËS, A Decisive Discourse on ... the Relation Between Religion and Philosophy, and An Exposition of the Methods of Argument Concerning the Doctrines of the Faith, Baroda, n.d.

AVICENNA, Canon Medicinae, Venice, 1608.

BACON, ROGER, Opus majus, tr. Burke, Univ. of Penn. Press, 1928. 2v.

BADER, G., Jewish Spiritual Heroes, N. Y., 1940. 3v.

BAEDEKER, K., Northern Italy, London, 1913.

AL-BALADHURI, ABU-L ABBAS AHMAD, Origins of the Islamic State; tr. Hitti, Columbia Univ. Press, 1916.

BARNES, H. E., Economic History of the Western World, N. Y., 1942.

BARNES, H. E., History of Western Civilization, N. Y., 1935. 2v.

BARON, S., W., Social and Religious History of the Jews. Columbia Univ. Press, 1937. 3v.

BARNES, H. E., ed., Essays on Maimonides, Columbia Univ. Press, 1941.

BEARD, MIRIAM, History of the Business Man, N. Y., 1938.

BEBEL, A., Woman under Socialism, N. Y., 1923.

BECKER, C. H., Christianity and Islam, London, 1909.

BEDE, VEN., Ecclesiastical History of England, ed. King, Loeb Lib.

BEER, M., Social Struggles in Middle Ages, London, 1924.

BELLOC, H., Paris, N. Y., 1907.

BENJAMIN OF TUDELA, Travels; cf. Komroff, M., Contemporaries of Marco Polo.

BEVAN, E. R., and SINGER, C., The Legacy of Israel, Oxford, 1927.

BIEBER, M., History of the Greek and Roman Theater, Princeton Univ. Press, 1939.

AL-BIRUNI, Chronology of Ancient Nations, tr. Sachau, London, 1879.

AL-BIRUNI, India, London, 1910. 2v.

BLOK, P. J., History of the People of the Netherlands, N. Y., 1898. 3v.

BOER, T. J. DE, History of Philosophy in Islam, London, 1903.

BOETHIUS, Consolation of Philosophy, Loeb Lib.

BOISSIER, G., La fin du paganisme, Paris, 1913. 2v.

BOISSONNADE, P., Life and Work in Medieval Europe, N. Y., 1927.

BONAVENTURE, ST., Life of St. Francis, in Little Flowers of St. Francis, Everyman Lib.

BOND, FR., Gothic Architecture in England, London, 1906.

BOND, FR., Wood Carving in English Churches, London, 1910. 2v.

BOUCHIER, E. S., Life and Letters in Roman Africa, Oxford, 1913.

BREHAUT, E., An Encyclopedist of the Dark Ages, N. Y., 1912.

BRIDGES, J. H., Life and Work of Roger Bacon, London, 1914.

BRIFFAULT, R., The Mothers, N. Y., 1927. 3v.

BRIGHT, W., Age of the Fathers, N. Y., 1903. 2v.

BRITTAIN, A., Women of Early Christianity, Phila., 1907.

BROGLIE, DUC DE, St. Ambrose, London, 1899.

BROWN, P. HUME, History of Scotland, Cambridge Univ. Press, 1929. 3v.

BROWNE, E. G., Arabian Medicine, London, 1921.

BROWNE, E. G., Literary History of Persia, Cambridge Univ. Press, 1929. 3v.

BROWNE, LEWIS, ed., The Wisdom of Israel, N. Y., 1945.

BRYCE, JAS., The Holy Roman Empire, N. Y., 1921.

BUKHSH, S. K., The Orient under the Caliphs, translated from A. Von Kremer's Kulturgeschichte des Orients, Calcutta, 1920.

BUKHSH, S. K., Studies: Indian and Islamic, London, 1927.

BULLETIN OF THE IRANIAN INSTITUTE, N. Y.

BURTON, SIR R. F., The Jew, the Gypsy, and El Islam, Chicago, 1898.

BURTON, SIR R. F., Personal Narrative of a Pilgrimage to al-Madinah and Meccah, London, 1893. 2v.

BURY, J. B., History of the Eastern Roman Empire, London, 1912.

BURY, J. B., History of the Later Roman Empire, London, 1923. 2v.

BURY, J. B., Life of St. Patrick, London, 1905.

BUTLER, P., Women of Medieval France, Phila., 1908.

CALVERT, A. F., Cordova, London, 1907.

CALVERT, A. F., Moorish Remains in Spain, N. Y., 1906.

CALVERT, A. F., Seville, London, 1907.

CAMBRIDGE ANCIENT HISTORY, N. Y., 1924. 12v.

CAMBRIDGE MEDIEVAL HISTORY, N. Y., 1924f. 8v.

CAMPBELL, D., Arabian Medicine, London, 1926. 2v.

CAPES, W. W., University Life in Ancient Athens, N. Y., 1922.

CARLYLE, R. W., History of Medieval Political Theory in the West, Edinburgh, 1928. 5v.

CARLYLE, TH., Past and Present, in Works, Collier ed., N. Y., 1901. 20v.

CARTER, T. F., The Invention of Printing in China, N. Y., 1925.

CASSIODORUS, Letters, ed. Hodgkin, London, 1886.

CASTIGLIONE, A., History of Medicine, N. Y., 1941.

CATHOLIC ENCYCLOPEDIA, N. Y., 1912. 16v.

CHAMBERS, E. K., The Medieval Stage, Oxford, 1903. 2v.

CHAPMAN, C. E., History of Spain, founded on the Historia de España of Rafael Altamira, N. Y., 1930.

CHARDIN, SIR J., Travels in Persia, London, 1927.

CHATEAUBRIAND, VICOMTE DE, The Genius of Christianity, Baltimore, n.d.

CLAPHAM, J. H., and Power, EILEEN, Cambridge Economic History of Europe, Vol. I, Camb. Univ. Press, 1994.

CHRÉTIEN DE TROYES, Arthurian Romances, London, Everyman Lib.

CLAUDIAN, Poems, Loeb Lib. 2v.

CLAVIJO, GONZALEZ DE, Embassy to Tamberlane, 1403-6, N. Y., 1928.

CLAYTON, J., Pope Innocent III and His Times, Milwaukee, 1941.

COLLINGWOOD, R. G., and MYRES, J. L., Roman Britain, Oxford, 1937.

CONNICK, C. J., Adventures in Light and Color, N. Y., 1937.

COULTON, G. G., Chaucer and His England, London, 1921.

COULTON, G. G., Five Centuries of Religion, Camb. Univ. Press, 1923. 3v.

COULTON, G. G., From St. Francis to Dante: a tr. of the Chronicle of Salimbene, London, 1908.

COULTON, G. G., The Inquisition, N. Y., 1929.

COULTON, G. G., Inquisition and Liberty, London, 1938.

COULTON, G. G., Life In the Middle Ages, Camb. Univ. Press, 1930. 4v.

COULTON, G. G., Medieval Panorama, N. Y., 1944.

COULTON, G. G., The Medieval Scene, Camb Univ. Press, 1930.

COULTON, G. G., The Medieval Village, Camb. Univ. Press, 1925.

COULTON, G. G., Social Life In Britain from the Conquest to the Reformation, Camb. Univ. Press, 1938.

CRAM, R. A., The Substance of Gothic, Boston, 1938.

CRESWELL, K. A., Early Muslim Architecture, Oxford, 1932. 2v.

CRONYN, G., The Fool of Venus: The Story of Peire Vidal, N. Y., 1934.

CUNNINGHAM, W., The Growth of English Industry and Commerce, camb. Univ. Press, 1896.

CUTTS, E. L., St. Jerome, London, S.P.C.K., n.d.

DALTON, O. M., Byzantine Art and Archeology, Oxford, 1911.

DANTE, Eleven Letters, tr. Latham, Boston, 1891.

DANTE, De Monarchia, tr. Henry, Boston, 1904.

DANTE, Il Convito, tr. Sayer, London, 1887.

DANTE, La Commedia, ed. Toynbee, London, 1900.

DANTE, La Vita Nuova, tr. D. G. Rossetti, Portland, Me., 1898.

DANTE, The Vision of (The Divine Comedy), tr. Cary, Everyman Lib.

D'ARCY, M. C., Thomas Aquinas, London, 1930.

DASENT, G., tr., Story of Burnt Njal, Everyman Lib.

DAVIS, H. W. C., ed., Medieval England, Oxford, 1928.

DAVIS, WM. S., Life on a Medieval Barony, N. Y., 1923.

DAVIS, WM. S., and WEST, W. M., Readings in Ancient History, Boston, 1912. 2v.

DAWSON, CHRISTOPHER, The Making of Europe, N. Y., 1932.

DAY, CLIVE, A History of Commerce, London, 1926.

DENNIS, G., Cities and Cemeteries of Etruria, Everyman Lib. 2v.

DE VAUX, BARON CARRA, Les penseurs de l'Islam, Paris, 1921. 5v.

DE WULF, M., History of Medieval Philosophy, London, 1925. 2v.

DE WULF, M., Philosophy and Civilization in the Middle Ages, Princeton Univ. Press, 1922.

DHALLA, M. N., Zoroastrian Civilization, Oxford, 1922

DIEHL, C., Byzantine Portraits, N. Y., 1926.

DIEHL, C., Manuel d'art Byzantin, Paris, 1910.

DIESENDRUCK, LEVI, Maimonides and Thomas Aquinas, in N. Y. Public Library Pamphlets, v. 372.

DIEULAFOY, M., Art in Spain and Portugal, N. Y., 1913.

DILL, SIR S., Roman Society in Gaul in the Merovingian Age, London, 1926.

DILL, SIR S., Roman Society in the Last Century of the Wester Empire, London, 1905.

DILLON, E., Glass, N. Y., 1907.

DIMAND, M. S., Handbook of Muhammadan Art, N. Y., 1944.

DOPSCH, A., Economic and Social Foundations of European Civilization, N. Y., 1937.

DOUGHTY, CHAS. M., Travels in Arabia Deserta, N. Y., 1923. 2v.

DOZY, R., Spanish Islam, N. Y., 1913.

DRAPER, J. W., History of the Intellectual Development of Europe, N. Y., 1876. 2v.

DRUCK, D., Yehuda Halevy, N. Y., 1914.

DUBNOW, S. M., History of the Jews in Russia and Poland, Phila., 1916. 3v.

DUCHAILLU, P., The Viking Age, N. Y., 1889. 2v.

DUCHESNE, L., Early History of the Christian Church, London, 1933. 3v.

DUDDEN, F. H., Gregory the Great, London, 1905. 2v.

DUHEM, P., Le système du monde, Paris, 1913. 5v.

EGINHARD, Life of Charlemagne, N. Y., 1880.

ENCYCLOPAEDIA BRITANNICA, 14th ed.

ERIGENA, JOHN SCOTUS, On the Division of Nature, Book I, Annapolis, Md., 1940.

EUNAPIUS, Lives of the Sophists, in Philostratus, Everyman Lib.

FARMER, H. G., History of Arabian Music, London, 1929.

FAURE, E., History of Art, N. Y., 1921. 4v. Vol. III: Medieval Art.

FENOLLOSA, E.F., Epochs of Chinese and Japanese Art, N. Y., 1921. 2v.

FERGUSSON, J., History of Architecture in All Countries, London, 1874. 2v.

FIEDLER, H. G., ed., Das Oxforder Buch Deutscher Dichtung, Oxford, 1936.

FIGGIS, J. N., Political Aspects of St. Augustine's City of God, London, 1921.

FINLAY, G., Greece under the Romans, Everyman Lib.

FINLAY, G., History of Greece, Oxford, 1877. 7v.

FIRDOUSI, Epic of the Kings, retold by Helen Zimmern, N. Y., 1883.

FIRDOUSI, Shah Nameh, in Gottheil, R., Literature of Persia, N. Y., Vol. I.

FISHER, H. L., The Medieval Empire, London, 1898. 2v.

FOAKES-JACKSON, F., and LAKE, K., Beginnings of Christianity, London, 1920. 3v.

FRANCKE, K., History of German Literature, N. Y., 1901.

FRANK, T., ed., Economic Survey of Ancient Rome, Baltimore, 1933f. 5v.

FRAZER, SIR J., Adonis, Attis, Osiris, London, 1907.

FRAZER, SIR J., The Magic Art, N. Y., 1935. 2v.

FREEMAN, E. A., Historical Essays, First Series, London, 1896.

FREEMAN, E. A., History of the Norman Conquest of England, London, 1870. 4v.

FRENCH CLASSICS, ed. Perier, Paris, Librairie Hatier, n.d.

FRIEDLÄNDER, L., Roman Life and Manners under the Early Empire, London, n.d. 4v.

FUNK, F. X., Manual of Church History, London, 1910. 2v.

GABIROL, SOLOMON IBN, The Improvement of the Moral Qualities, tr. and introd. by Stephen S. Wise, N. Y., 1902.

GABIROL, SOLOMON IBN, Selected Religious Poems, tr. Israel Zangwill, Phila., 1923.

GARDINER, E. N., Athletics of the Ancient World, Oxford, 1930.

GARDNER, ALICE, Julian, Philosopher and Emperor, N. Y., 1895.

GARRISON, F., History of Medicine, Phila., 1929.

GASQUET, A., CARDINAL, Monastic Life in the Middle Ages, London, 1922.

GEOFFREY OF MONMOUTH, British History, in Giles, Six Chronicles.

GEST, A. P., Roman Engineering, N. Y., 1930.

GESTA FRANCORUM, ed. Brehier, Paris, 1924.

AL-GHAZALI, ABU HAMID, The Alchemy of Happiness, tr. Field, London, 1910.

AL-GHAZALI, ABU HAMID, Some Religious and Moral Teachings, tr. Nawab Ail, Baroda, 1920.

GIBBON, ED., Decline and Fall of the Roman Empire, Everyman Library. 6v. ed.

J. B. Bury, London, 1900. 7v.

GILDAS, Works, in Giles, Six Chronicles.

GILES, J. A., Six Old English Chronicles, London, 1848.

GILSON, E., La philosophie au moyen âge, Paris, 1922. 2v.

GILSON, E., La philosophie au moyen âge, Paris. 1947.

GILSON, E., Philosophy of St. Bonaventure, N. Y., 1938.

GILSON, E., Reason and Revelation in the Middle Ages, N. Y., 1938.

GIRALDUS CAMBRENSIS, Itinerary through Wales, and Description of Wales, Everyman Lib.

GLOVER, T. R., Life and Letters in the Fourth Century, N. Y., 1924.

GORDON, R. K., ed., see Anglo-Saxon Poetry.

GOTTHEIL, R. J., ed., Literature of Persia, N. Y., 1900. 2v.

GRABMANN, M., Thomas Aquinas, N. Y., 1928.

GRAETZ, H., History of the Jews, tr. Bella Löwy, Phila., 1891f. 6v.

GREEN, J. R., Conquest of England, London, 1884.

GREEN, J. R., The Making of England, London, 1882.

GREEN, J. R., Short History of the English People, London, 1898. 3v.

GREGORY OF TOURS, History of the Franks, tr. Brehaut, N. Y., 1916.

GROUSSET, R., Civilizations of the East, London, 1931; Vol. I: The Near and Middle East.

GROVE'S Dictionary of Music and Musicians, N. Y., 1928. 5v.

GRUNER, O. C., Treatise on the Canon of Medicine of Avicenna, London, 1930.

GUIBERT OF NOGENT, Autobiography, London, 1925.

GUIGNEBERT, C., Christianity Past and Present, N. Y., 1927.

GUILLAUME, A., The Traditions of Islam, Oxford, 1924.

GUIZOT, F., History of Civilization, London, 1898. 3v.

GUIZOT, F., History of France, London, 1872. 8v.

HALEVI, J., Kitab al Khazari, tr. Hirschfeld, London, 1931.

HALEVI, J., Selected Poems, tr. Nina Salaman, Phila., 1928.

HAMMERTON, J. A., ed., Universal History of the World, London, n.d. 8v.

HASKINS, C. H., The Normans in European History, Boston, 1915.

HASKINS, C. H., The Renaissance of the Twelfth Century, Harvard Univ. Press, 1928.

HASKINS, C. H., Studies in Medieval Culture, Oxford, 1929.

HASTINGS, J., ed., Encyclopedia of Religion and Ethics, N. Y., 1928. 12v.

HAVERFIELD, F., The Roman Occupation of Britain, Oxford, 1924.

HAZLITT, W. C., The Venetian Republic, London, 1900. 2v.

HEADLAM, C., Story of Chartres, London, 1908.

HEADLAM, C., Story of Nuremberg, London, 1911.

HEARNSHAW, F., Social and Political Ideas of Some Great Medieval Thinkers, N. Y., 1923.

HEARNSHAW, F., Medieval Contributions to Modern Civilization, N. Y., 1922.

HEATH, SIR THOS., History of Greek Mathematics, Oxford, 1921. 2v.

HEBRAIC LITERATURE, translations from the Talmud, Midrashim, and Cabala, London, 1901.

HEBREW LITERATURE, ed. Epiphanius Wilson, N. Y., 1901.

HEFELE, C. J., History of the Christian Councils, Edinburgh, 1894. 5v.

HEITLAND, W., Agricola, Camb. Univ. Press, 1921.

HELL, JOS., The Arab Civilization, Camb. Univ. Press, 1926.

HIGHAM, T., and BOWRA, C., Oxford Book of Greek Verse, Oxford, 1930.

HIMES, N., Medical History of Contraception, Baltimore, 1936.

HITLER, A., Mein Kampf, N. Y., 1939.

HITTI, P. K., History of the Arabs, London, 1937.

HODGKIN, T., Italy and Her Invaders, Oxford, 1892. 7v.

HODGKIN, T., Charlemagne, N. Y., 1902.

HOLINSHED, Chronicle, Everyman Lib.

HOME, G., Roman London, London, 1926.

HOOVER, H., and GIBBONS, H. A., Conditions of Lasting Peace, N. Y., 1939.

HOPKINS, C. EDWARD, The Share of Thomas Aquinas in the Growth of the Witchcraft Delusion, Univ. of Penn, 1940.

HORN, F. W., History of the Literature of the Scandinavian North, Chicago, 1895.

HOUTSMA, M., ed., Encyclopedia of Islam, London, 1908-24.

HOWARD, C., Sex Worship, Chicago, 1909.

HULME, E. M., The Middle Ages, N. Y., 1938.

HUME, DAVID, History of England, N. Y., 1891. 6v.

HUME, MARTIN, The Spanish People, N. Y., 1911.

HURGRÖN JE, C., Mohammedanism, N. Y., 1916.

HUSIK, I., History of Medieval Jewish Philosophy, N. Y., 1930.

HYDE, DOUGLAS, Literary History of Ireland, London, 1899.

IACOPO DE VORAGINE, The Golden Legend, tr. Wm. Caxton Cambridge
    Univ. Press, 1914.

IBN KHALDOUN, Les prolégomènes, tr. en français par M. de Slane, Paris,
    1937. 3v.

IBN KHALLIKAN, M., Biographical Dictionary, tr. M. de Slane, Paris, 1843. 2v.

INGE, W. R., Philosophy of Plotinus, London, 1929. 2v.

IRVING, W., Alhambra, N. Y., 1925.

IRVING, W., Life of Mahomet, Everyman Lib.

JACKSON, SIR T., Byzantine and Romanesque Architecture, Camb. Univ. Press,
    1920. 2v.

JACKSON, SIR T., Gothic Architecture in France, England, and Italy, Camb.
    Univ. Press, 1915. 2v.

JALAL UD-DIN RUMI, Selected Poems, ed. & tr. R. A. Nicholson, Camb. Univ.
    Press, 1898.

JAMES, B., Women of England, Phila., 1908.

JENKS, EDW., Law and Politics in the Middle Ages, N. Y., 1898.

JEROME, ST., Select Letters, tr. Wright, Loeb Lib.

JOINVILLE, JEAN DE, Chronicle of the Crusade of St. Louis, Everyman Lib.

JORDANES, Gothic History, Princeton Univ. Press, 1915.

JÖRGENSEN, J., St. Francis of Assisi, N. Y., 1940.

JOSEPH BEN JOSHUA BEN MEIR, Chronicles, London, 1835. 2v.

JOYCE, P., Short History of Ireland, London, 1924.

JULIAN, Works, Loeb Lib. 3v.

JUSSERAND, J. J., English Wayfaring Life in the Middle Ages, London, 1891.

JUSTINIANI INSTITUTIONUM LIBRI QUATTUOR, ed. Moyle, Oxford Univ.
    Press, 1888, 2v.

KANTORWICZ, E., Frederick the Second, London, 1931.

KELLOGG, J. H., Rational Hydrotherapy, Battle Creek, Mich., 1928.

KER, W. P., Epic and Romance, London, 1897.

KIRSTEIN, L., Dance: a Short History, N, Y., 1935.

KLAUSNER, J., From Jesus to Paul, N. Y., 1943.

KLUCHEVSKY, V., History of Russia, London, 1912. 3v.

KOMROFF, M., Contemporaries of Marco Polo, N. Y., 1937.

KROEGER, A., The Minnesinger of Germany, N. Y., 1873.

LACROIX, PAUL, Arts of the Middle Ages, London, n.d.

LACROIX, PAUL, History of Prostitution, N. Y., 1391. 2v.

LACROIX, PAUL, Manners, Customs, and Dress during the Middle Ages, N. Y., 1876.

LACROIX, PAUL, Military and Religious Life in the Middle Ages, London, n.d.

LANCIANI, R., Ancient Rome, Boston, 1889.

LANE, EDW., Arabian Society in the Middle Ages, London, 1883.

LANE-POOLE, S., Art of the Saracens in Egypt, London, 1886.

LANE-POOLE, S., Cairo, London, 1895.

LANE-POOLE, S., Saladin, London, 1920.

LANE-POOLE, S., Speeches and Table Talk of the Prophet Mohammad, London, 1882.

LANE-POOLE, S., Story of the Moors in Spain, N. Y., 1889.

LANE-POOLE, S., Studies in a Mosque, London, 1883.

LANG, P. H., Music in Western Civilization, N. Y., 1941. A model of scholarship and style.

LAVISSE, E., Histoire de France, Paris, 1900. 18v.

LEA, H. C., Historical Sketch of Sacerdotal Celibacy, Boston, 1884.

LEA, H. C., History of Auricular Confessions, Phila., 1886. 3v.

LEA, H. C., History of the Inquisition in the Middle Ages, N. Y., 1888. 3v.

LEA, H. C., History of the Inquisition in Spain, N. Y., 1906. 4v.

LEA, H. C., Superstition and Force, Phila., 1892.

LECKY, W. E., History of European Morals, N. Y., 1926. 2v.

LESTRANGE, G., Baghdad during the Abbasid Caliphate, Oxford, 1924.

LESTRANGE, G., Palestine under the Moslems, Boston, 1890.

LETHABY, W., Medieval Art, London, 1904.

LÖNNROT, E., Kalevala, Everyman Lib. 2v.

LITTLE, A. G., ed., Roger Bacon Essays, Oxford, 1914.

LITTLE FLOWERS OF ST. FARANCIS, Everyman Lib.

LORRIS, W., and JEAN CLOPINEL DE MEUNG, The Romance of the Rose, London, 1933. 3v.

LOT, F., The End of the Ancient World, N. Y., 1931.

LOUIS, PAUL, Ancient Rome at Work, N. Y., 1927.

LOWIE, R., Are We Civilized?, N. Y., 1929.

LÜTZOW, COUNT VON, Bohemia, an Historical Sketch, Everyman Lib.

LYRA GRAECA, ed. and tr. by J. M. Edmonds, Loeb Lib. 3v.

MABINOGION, tr. Lady Charlotte Guest, Everyman Lib.

MACDONALD, D. B., Aspects of Islam, N. Y., 1911.

MACDONALD, D. B., Development of Muslim Theology, Jurisprudence, and Constitutional Theory, N. Y., 1903.

MACDONALD, D. B., Religious Attitude and Life in Islam, Chicago, 1909.

MACLAURIN, C., Mere Mortals, N. Y., 1925. 2v.

MACROBII, Opera accedunt integra, London, 1694.

MAHAFFY, J. P., Old Greek Education, N. Y., n.d.

MAIMONIDES, Guide to the Perplexed, tr. Friedländer, London, 1885. 3v.

MAIMONIDES, Mishneh Torah, Book I, tr. Hyamson, N. Y., 1937.

MAINE, SIR H., Ancient Law, Everyman Lib.

MALTLAND, S. R., Dark Ages, London, 1890.

AL-MAKKARI, AHMED, History of the Mohammedan Dynasties in Spain, tr. de Gayangos, London, 1840. 2v.

MÂLE, É., L'art religieux de XIIIme siècle en France Paris, 1902.

MALTER, H., Saadia Gaon, Phila., 1921.

MANTZIUS, K., History of Theatrical Art, London, 1903f. 6v.

MARCUS AURELIUS, Meditations, tr. Long, Boston, 1876.

MARCUS, J., The Jew in the Medieval World, Cincinnati, 1938.

MARGOLIOUTH, D. S., Cairo, Jerusalem,, and Damascus, N. Y., 1907.

MARGOLIOUTH, D. S., Mohammed and the Rise of Islam, N. Y., 1905.

MARITAIN, J., The Angelic Doctor, N. Y., 1940.

AL-MASUDI, ABU-L HASAN, Meadows of Gold and Mines of Gems, tr. Sprenger, London, 1841.

MATTHEWS, B., Development of the Drama, N. Y., 1921.

MAVOR, J., Economic History of Russia, London, 1925. 2v.

MAY, SIR T., Democracy in Europe, London, 1877. 2v.

MCCABE, J., Crises in the History of the Papacy, N. Y., 1916.

MCCABE, J., Empresses of Constantinople, Boston, n.d.

MCCABE, J., St. Augustine and His Age, N. Y., 1903.

MCCABE, J., Story of Religious Controversy, Boston, 1929.

MCKINNEY, H., and ANDERSON, W., Music in History, Cincinnati, 1940.

MICHELET, J. DE, History of France, N. Y., 1880. 2v.

MIGEON, G., Les arts musulmans, Paris, 1922. 2v.

MILMAN, H., History of Latin Christianity, N. Y., 1860. 8v.

MIRROR OF PERFECTION, in Little Flowers of St. Francis.

MOLMAENTI, P., Venice, London, 1906. 6v.

MOMMSEN, TH., Provinces of the Roman Empire, N. Y., 1887. 2v.

MONROE, P., Source Book of the History of Education for the Greek and Roman Period, N. Y., 1932.

MONTALEMBERT, COUNT DE, The Monks of the West, Boston, n.d. 2v.

MONTESQUIEU, CHAS. BARON DE, Spirit of Laws, N. Y., 1899. 2v

MOORE, C. H., Development and Character of Gothic Architecture, London, 1890.

MOORE, G. F., Judaism in the First Centuries of the Christian Era, Cambridge, Mass., 1932. 2v.

MOREY, CHAS., Medieval Art, N. Y., 1942.

MUIR, SIR W., The Caliphate, London, 1891.

MUIR, SIR W., Life of Mohammed, Edinburgh, 1912.

MÜLLER-LYER, F., Evolution of Modern Marriage, N. Y., 1930.

MUMFORD, LEWIS, Technics and Civilization, N. Y., 1934.

MUNK, S., Mélanges de philosophie juive et arabe, Paris, 1859.

MUNRO, D. C., and SELLERY, G. C., Medieval Civilization, N. Y., 1926.

MURRAY, A. S., History of Greek Sculpture, London, 1890. 2v.

NENNIUS, History of the Britons, in Giles, Six Chronicles.

NEUMAN, A. A., The Jews in Spain, Phila, 1942. 2v.

NEWMAN, LOUIS, and SPITZ, S., The Talmudic Anthology, N. Y., 1945.

NICHOLSON, R. A., Literary History of the Arabs, Camb. Univ. Press, 1930.

NICHOLSON, R. A., The Mystics of Islam, Camb. Univ. Press, 1922.

NICHOLSON, R. A., Studies in Islamic Mysticism, Camb. Univ. Press, 1922.

NICHOLSON, R. A., Studies in Islamic Poetry, Camb. Univ. Press, 1921.

NICHOLSON, R. A., Translations of Eastern Poetry, Camb. Univ. Press, 1922.

NICKERSON, H., The Inquisition, Boston, 1923.

NIETZSCHE, F.,, Beyond Good and Evil, N. Y., 1923.

NÖLDEKE, TH., Sketches from Eastern History, London, 1892.

NUN's RULE, being the Ancren Riwle modernized, by Jas. Morton, London, 1926.

OESTERLEY, W., and Box, G., Short Survey of the Literature of Rabbinical and Medieval Judaism, London, 1920.

OGG, F., Source Book of Medieval History, N. Y., 1907.

O'LEARY, DELACY, Arabic Thought and Its Place in History, London, 1922.

OMAN, C. W., The Byzantine Empire, London, 1892.

OXFORD HISTORY OF MUSIC, Oxford, 1929f. 7v.

PAETOW, L. J., Guide to the Study of Medieval History, N. Y., 1931.

PALMER, E. H., The Caliph Haroun Alraschid, N. Y., n.d.

PANOFSKY, ERWIN, Abbot Suger, Princeton, 1948.

PARIS, MATTHEW, English History From the Year 1235 to 1273, tr. Giles, London, 1852. 3v.

PAUL THE DEACON, History of the Longobards, tr. Foulke, Univ. of Penn., 1907.

PAUPHILET, A., ed., Jeux et sapience du moyen âge, Paris, 1940.

PERSIAN ART, Souvenir of the Exhibition at Burlington House, London, 1931.

PHILBY, H. ST. JOHN, A Pilgrim in Arabia, Golden Cockerel Press, n.d.

PICKTHALL, MARMADUKE, The Meaning of the Glorious Koran, N. Y., 1930.

PIRENNE, H., Economic and Social History of Medieval Europe, N. Y., n.d.

PIRENNE, H., History of Europe From the Invasions to the Sixteenth Century, N. Y., 1939.

PIRENNE, H., Medieval Cities, Princeton, 1939.

PIRENNE, H., Mohammed and Charlemagne, N. Y., 1930.

PIRENNE, J., Les grands courants de l'histoire universelle, Neuchâtel, 1946. 3v.

PLINY THE ELDER, Natural History, London, 1855. 6v.

PLUMMER, C., Life and Times of Alfred the Great, Oxford , 1902.

POKROVSKY, M., History of Russia, N. Y., 1931.

POLLOCK, F., and MAITLAND, F., History of English Law before Edward I, Camb. Univ. Press, 1895. 2v.

POLO, MARCO, Travels, ed. Komroff, N. Y., 1926.

POOLE, R. L., Illustrations of the History of Medieval Thought and Learning, N. Y., 1920.

POPE, A. U., Introduction to Persian Art, London, 1930.

POPE, A. U., Iranian and Armenian Contributions to the Beginnings of Gothic Architecture, Bulletin of the Asia Institute, N. Y., 1946.

POPE, A. U., Masterpieces of Persian Art, N. Y., 1945.

POPE, A. U., Survey of Persian Art, Oxford Univ. Press, 1938. 6v.

PORTER, A. K., Medieval Architecture, N. Y., 1909. 2v.

POWER, EILEEN, Medieval People, Boston, 1924. and POWER, RHODA, Cities and Their Stories, Boston, 1927.

PRESTAGE, E., Chivalry, N. Y., 1928.

PROCOPIUS, Anecdota, or Secret History, Loeb Lib.

PROCOPIUS, Buildings, Loeb Lib.

PROCOPIUS, History of the Wars, Loeb Lib. 5v.

PSELLUS, M., Chronographia, French tr. by Emile Renauld, Paris, n.d.

QUENNELL, M., Everyday Life in Roman Britain, N. Y., 1925.

RABY, F. J., History of Christian Latin Poetry in the Middle Ages, Oxford, 1927.

RABY, F. J., History of Secular Latin Poetry in the Middle Ages, Oxford, 1934. 2v.

RAMBAUD, A., History of Russia, Boston, 1879. 3v.

RAPAPORT, S., Tales and Maxims from the Talmud, London, 1910.

RASHDALL, H., The Universities of Europe in the Middle Ages, Oxford, 1936, revised by F. M. Powicke and A. B. Emden. 3v.

RAWLINSON, G., The Seventh Great Oriental Monarchy, London, 1876.

REESE, G., Music in the Middle Ages, N. Y., 1940.

RÉMUSAT, C. DE, Abélard, Paris, 1845. 2v.

RENAN, E., Averroès et l'averroïsme, Paris, n.d.

RENAN, E., The Christian Church, London, n.d.

RENAN, E., Marc Aurèle, Paris, n.d.

RENAN, E., Poetry of the Celtic Races, in Harvard Classics, Vol. 38, N. Y., 1938.

RENARD, G., Guilds of the Middle Ages, London, 1918.

RICHARD, E., History of German Civilization, N. Y., 1911.

RICKARD, T., Man and Metals, N. Y., 1932. 2v.

RIEFSTAHL, R The Parish-Watson Collection of Mohammedan Potteries, N. Y., 1922.

RIHANI, A., The Quatrains of Abu-l Ala, London, 1904.

RIVOIRA, G., Lombardic Architecture, London, 1910. 2v.

RIVOIRA, G., Moslem Architecture, Oxford, 1918.

ROBERTSON, J. M., Short History of Free Thought, London, 1914. 2v.

ROBILLARD, M., Chartres, Grenoble, n.d.

ROGERS. J. E. T., Six Centuries of Work and Wages, N. Y., 1890.

ROSTOVTZEFF, M., History of the Ancient World, Oxford, 1928. Vol. II: Rome.

ROSTOVTZEFF, M., Social and Economic History of the Roman Empire, Oxford, 1926.

ROTH, LEON, Spinoza, Descartes, and Maimonides, Oxford, 1924.

ROWBOTHAM, J., The Troubadours and Courts of Love, London, 1895.

RUSKIN, J., Stones of Venice, Everyman Lib. 3v.

RUSSELL, B., History of Western Philosophy, N. Y., 1945.

RUSSELL, C. E., Charlemagne, Boston, 1930.

SABATIER, P., Life of St. Francis of Assisi, N. Y., 1909.

SA'DI, The Gulistan, in Gottheil, R., Literature of Persia, Vol. II.

SA'DI, The Rose Garden(Gulistan), tr. by L. Cranmer-Byng, London, 1919.

SALADIN, H., ET MIGEON, G., Manuel d'art musulman, Paris, 1907. 2v.

SALIBA, D., Étude sur la métaphysique d'Avicenne, Paris, 1926.

SALZMAN, L., Enlilsh Industries of the Middle Ages, Oxford, 1923.

SANDYS, SIR J., Companion to Latin Studies, Cambridge, 1925.

SANGER, W., History of Prostitution, N. Y., 1910.

SARRE, F., Die Kunst des alten Persien, Berlin, 1925.

SARTON, G., Introduction to the History of Science, Baltimore, 1930f. 3v. in 5. A masterpiece of painstaking scholarship.

SAUNDERS, O. E., History of English Art in the Middle Ages, Oxford, 1932.

SAXO GRAMMATICUS, Danish History, London, n.d. 2v.

SCHECHTER, S., Studies in Judaism, N. Y., 1920. 3v.

SCHEVILL, F., Siena, N. Y., 1909.

SCHNEIDER, H., The History of World Civilization, N. Y., 1931. 2v.

SCHOENFELD, H., Women of the Teutonic Nations, Phila., 1908.

SCHOENHOF, J., History of Money and Prices, N. Y., 1896.

SCOTT-MONCRIEFF, C. K., The Letters of Abélard and Héloïse, N. Y., 1926.

SEDGWICK, H. D., Italy in the Thirteenth Century, Boston, 1912. 2v.

SEEBOHM, F., The English Village Community, London, 1896.

SEIGNOBOS, C., The Feudal Regime, N. Y., 1902.

SHORT, E. H., The Painter in History, London, 1929.

SHOTWELL, J. T., and LOOMIS, L. R., The See of Peter, Columbia Univ. Press, 1927.

SIDONIUS APOLLINARIS, Poems and Letters, Loeb Lib. 2v.

SIGFUSSON, SAEMUND, The Elder Edda, London, 1907.

SIHLER, E. G., From Augustus to Augustine, Camb. Univ. Press, 1923.

SINGER, C., ed., Studies in the History and Method of Science, Oxford, 1917f. 2v.

SMITH, MARGARET, ed., The Persian Mystics: Attar, London, 1932.

SMITH, TOULMIN, English Gilds: the Original Ordinances, London, 1870.

SOCRATES, Ecclesiastical History, London, 1892.

SOZOMEN, Ecclesiastical History, London, 1855.

SPECULUM, A JOURNAL OF MEDIEVAL STUDIES, Cambridge, Mass.

SPENCER, H., Principles of Sociology, N. Y., 1910. 3v.

SPENGLER, O., Decline of the West, N. Y., 1928. 2v.

STEPHENS, W. R., Hildebrand and His Times, London, 1914.

STERLING, M. B., The Story of Parzival, N. Y., 1911.

STEVENS, C. E., Sidonius Apollinaris, Oxford, 1933.

STREET, G. E., Gothic Architecture in Spain, London, 1869.

STRZYGOWSKI, J., Origin of Christian Church Art, Oxford, 1923.

STUBBS, WM., Constitutional History of England, Oxford, 1903. 3v.

STURLUSON, SNORRI, Heimskringla: The Norse Sagas, Everyman Lib.

STURLUSON, SNORRI, Heimskringal: The Olaf Sagas, Everyman Lib.

STURLUSON, SNORRI, The Younger Edda, in Sigfusson, S.

SUMNER, W. G., Folkways, Boston, 1906.

SYKES, SIR P., History of Persia, London, 1921. 2v.

SYMONDS, J. A., Studies of the Greek Poets, London, 1920.

SYMONDS, J. A., Introduction to the Study of Dante, London, 1899.

AL-TABARI, Chronique, Fr. tr. by Zotenberg, Paris, 1867.

TAGORE, SIR R., Gitanjali, N. Y., 1928.

TAINE, H., Ancient Regime, N. Y., 1891.

TAINE, H., Italy: Florence and Venice, N. Y., 1869.

TALMUD, Babylonian, Eng. tr., London, 1935f. 24v.

TARN, W., Hellenistic Civilization, London, 1927.

TAYLOR, H. O., The Classical Heritage of the Middle Ages, N. Y., 1911.

TAYLOR, H. O., The Medieval Mind, London, 1927. 2v.

THATCHER, O., and MCNEAL, E., Source Book for Medieval History, N. Y., 1905.

THIERRY, A., History of the Conquest of England by the Normans, London, 1847. 2v.

THOMAS AQUINAS, ST., Summa contra Genriles, London, 1924. 4v.

THOMAS AQUINAS, ST., Summa theologica, tr. by Dominican Fathers, London, 1920. 22v.

THOMPSON, SIR E., Introduction to Greek and Latin Palaeography, Oxford, 1912.

THOMPSON, J. W., Economic and Social History of the Middle Ages, 300-1300, N. Y., 1928.

THOMPSON, J. W., Economic and Social History of Europe in the Later Middle Ages, N. Y., 1931.

THOMPSON, J. W., Feudal Germany, Chicago, 1928.

THOMPSON, J. W., The Middle Ages, N. Y., 1931. 2v.

THORNDIKE, LYNN, History of Magic and Experimental Science, N. Y., 1929f.

THORNDIKE, LYNN, Short History of Civilization, N. Y., 1926.

TISDALL, W., Original Sources of the Qur'an.

TORNAY, S. C., Averroës' Doctrine of the Mind, Philadelphia Review, May, 1943.

TOYNBEE, A. J., A Study of History, Oxford, 1935f. 6v.

TRAILL, H. D., Social England, N. Y., 1902. 6v.

UEBERWEG, F., History of Philosophy, N. Y., 1871. 2v.

USHER, A. P., History of Mechanical Inventions, N. Y., 1929.

AL-UTBL, ABUL-NASR, Memoirs of the Emir Sabaktagin and Mahmud of Ghazna, tr. Reynolds, London, 1858.

VACANDARD, E., The Inquisition, N. Y., 1908.

VAN DOREN, Mark, An Anthology of World Poetry, N. Y., 1928. The best work of its kind.

VASARI, G., Lives of the Painters, Everyman Lib. 3v.

VASILIEV, A., History of the Byzantine Empire, Madison, Wis, 1929. 2v.

VERNADSKY, G., Kievan Russia, Yale Univ. Press, 1948.

VILLARI, P., The Two First Centuries of Florentine History, London, 1908.

VILLEHARDOUIN, G. DE, Chronicle of the Fourth Crusade, Everyman Lib.

VINOGRADOFF, P., English Society in the Eleventh Century, Oxford, 1908.

VOLTAIRE, Essay on the Manners and Morals of Europe, in Works, Vol. XIII, N. Y., 1901.

VOSSLER, K., Medieval Culture: an Introduction to Dante and His Times, N. Y., 1929. 2v.

WADDELL, HELEN, Medieval Latin Lyrics, N. Y., 1942.

WADDELL, HELEN, The Wandering Scholars, London, 1927.

WADDELL, HELEN, Peter Abélard, N. Y., 1933.

WAERN, C., Medieval Sicily, London, 1910.

WALKER TRUST REPORT, The Great Palace of the Byzantine Emperors, Oxford, 1947.

WALSH, J. J., The Popes and Science, N. Y., 1913.

WALSH, J. J., The Thirteenth the Greatest of Centuries. Catholic Summer School Press, 1920.

WALTHER VON DER VOGELWEIDE, I Saw the World, tr. Colvin, London, 1938.

WALTHER VON DER VOGELWEIDE, Songs and Sayings, tr. Betts, London, n.d.

WAXMAN, M., HISTORY of Jewish Literature, N. Y., 1930. 3v.

WEIGALL, A., The Paganism in Our Christianity, N. Y., 1928.

WEIR, T. H., Omar Khayyam the Poet, N. Y., 1926.

WELCH, ALICE, OF Six Medieval Women, London, 1913.

WEST, A. F., Alcuin, N. Y., 1916.

WESTERMARCK, E., Origin and Development of the Moral Ideas, London, 1917f. 2v.

WESTERMARCK, E., Short History of Marriage, N. Y., 1926.

WHERRY, E. M., Commentary on the Qur'an, with Sale's tr. and notes, London, 1896. 4v.

WHITE, E. M., Woman in World History, London, n.d.

WICKSTEED, P. H., Dante and Aquinas, London, 1913.

WILLIAM OF MALMESBURY, Chronicle of the Kings of England, London, 1883.

WILLIAM OF TYRE, Godeffroy of Bologne, or the Siege and Conqueste of Jerusalem, tr. Caxton, London, 1893.

WILLOUGHBY, W. W., Social Justice, N. Y., 1900.

WINCKELMANN, J., History of Ancient Art, Boston, 1880. 2v.

WOLFRAM VON ESCHENBACH, Parzival, tr. Weston, London, 1894. 2v.

WRIGHT, TH., ed., The Book of the Knight of La Tour–Landry, London, 1868.

WRIGHT, TH., ed., A History of Domestic Manners and Sentiments in England during the Middle Ages, London, 1862.

YELLIN, D., AND ABRAHAMS, I., Maimonides, Phila., 1903.

ZEITLIN, S., Maimonides, N. Y., 1935.

ZIMMERN, H., The Hansa Towns, N. Y., 1889.

주

23장

1. Thompson, *Middle Ages*, I, 565.
2. LeStrange, *Palestine under the Moslems*, 202.
3. Coulton, *Panorama*, 327.
4. Lacroix, *Military and Religious Life*, 108.
5. Ogg, 282-9
6. William of Malmesbury, 358.
7. *Chanson de Roland*, ll. 848f, in French Classics, Paris, n.d., Lib. Hatier.
8. Munro, D. C., in N. Y. *Herald Tribune*, Apr. 26, 1931.
9. Thompson, *Social and Economic History*, 389.
10. Guizot, *France*, I, 384.
11. Lacroix, P., *History of Prostitution*, 904.
12. Guizot, *France*, 388.
13. *Cambridge Medieval History*, IV, 334.
14. Gibbon, VI, 72.
15. Gesta Francorum, app.
16. Thompson, *Social and Economic History*, 396.
17. Gibbon, VI, 75.
18. William of Tyre, *Siege of Jerusalem*, ch. clxi.
19. Taylor, *Medieval Mind*, I, 551.
20. Albertus Aquens in Milman, IV, 38n.
21. Thompson, *Economic History*, 397.
22. Archer and Kingsford, *Crusades*, 171.
23. Milman, IV, 251.
24. William of Tyre, xxi, 7.
25. Archer, 176.
26. Muir, *Caliphate*, 578.
27. Guizot, France, 427f; *Cambridge Medieval History*, V, 307.
28. Adams, B., *Law of Civilization and Decay*, 94.
29. Munro and Sellery, 275f.
30. Lane-Poole, *Saladin*, 175.
31. 위의 책, 205f.
32. 232.
33. 246.
34. De Vaux, Carra, *Penseurs d'Islam*, I, 26.
35. Guizot, *France*, 439f; Gibbon, VI, 119.
36. Lane-Poole, *Saladin*, 307.
37. 위의 책, 351f.
38. 357.
39. 위의 책.
40. De Vaux, I, 27.
41. Lane-Poole, *Saladin*, 367.
42. Giraldus Cambrensis, *Itinerary through Wales*, i, 3.
43. Adams, *Civilization and Decay*, 133.
44. Gibbon, ed. Bury, VI, 528.
45. Villehardouin, Introd., xvii.
46. Adams, *Civilization and Decay*, 130.
47. Gibbon, VI, 100.
48. Oman, C. W. C., *Byzantine Empire*,

280-2.

49. Robert of Clari in Villehardouin, Introd., xxiv.

50. Villehardouin, 31.

51. Jackson, Sir T. C., *Byzantine and Romanesque Architecture*, I, 101.

52. Diehl, *Manuel*, 635.

53. Dalton, *Byzantine Art*, 538.

54. Gibbon, VI, 171.

55. Beard, Miriam, *History of the Business Man*, 109.

56. Encyclopaedia Britannica, VI, 788; MacLaurin, C., *Mere Mortals*, II, 215f.

57. Kantorowicz, E., *Frederick* II, 185f.

58. Villehardouin, 177.

59. 위의 책, 220.

60. 320.

61. Day, Clive, *History of Commerce*, 88.

62. Hitti, 346.

63. Guizot, *Civilization*, I, 534.

64. Lea, *Auricular Confession*, III, 152.

65. *Speculum*, Oct. 1938, 391.

66. Gibbon, VI, I, 25n.

67. *Speculum*, Oct. 1938, 403.

68. Hitti, 665.

69. Arnold, *Legacy of Islam*, 60.

24장

1. Day, *Commerce*, 57; Pirenne, *Medieval Cities*, 87.

2. Boissonnade, 173.

3. Thompson, *Economic History*, 577.

4. *Speculum*, Apr. 1940, 145.

5. Boissonnade, 173.

6. Coulton, *Panorama*, 325.

7. 위의 책, 322.

8. Beard, 79.

9. Zimmern, H., *The Hansa Towns*, 183.

10. 위의 책, 95.

11. 위의 책, 152, 200.

12. Thompson, J. W., *Economic and Social History of Europe in the Later Middle Ages*, 451.

13. Thompson, J. W., *Economic and Social History of the Middle Ages*, 581.

14. *Cambridge Medieval History*, VI, 478.

15. Gest, A. P., *Roman Engineering*, 142.

16. Haskins, C. H., *Studies in Medieval Culture*, 101.

17. Usher, *History of Inventions*, 125.

18. Thompson, *Later Middle Ages*, 504.

19. Hitti, 667.

20. Rickard, *Man and Metals*, II, 561.

21. Salzman, L. F., *English Industries of the Middle Ages*, 1.

22. Rickard, II, 595.

23. 위의 책, 615.

24. *Cambridge Medieval History*, VI, 500.

25. Renard, G., *Guilds in the Middle Ages*, 24.

26. Pirenne, H., *Economic and Social History of Medieval Europe*, 211.

27. Thompson, J. W., *Later Middle Ages*, 5.

28. Boissonnade, 187.

29. 위의 책, 186.

30. Pirenne, H., *Economic History*, 113.

31. *Anglo-Saxon Chronicle*, 198.

32. Schoenhof, J., *History of Money and*

Prices, 98.

33. Jusserand, J. J., *English Wayfaring Life in the Middle Ages*, 192.

34. Boissonnade, 221.

35. Coulton, *Panorama*, 285.

36. Coulton, *Five Centuries of Religion*, V, 282.

37. Pirenne, *Economic History*, 120.

38. Coulton, *Panorama*, 343.

39. Boissonnade, 167.

40. Pirenne, 128.

41. Pirenne, *Cities*, 223.

42. Matthew Paris, *Historia maior*, 1235, I, p. 2.

43. Ashley, *English Economic History and Theory*, I, 201.

44. Pirenne, *Economic History*, 130.

45. 위의 책, 135.

46. Thompson, *Economic History of the Middle Ages*, 15.

47. 위의 책.

48. Thompson, *Later Middle Ages*, 449; Day, 93.

49. Schoenhof, 63.

50. 위의 책, 57; Thompson, *Later Middle Ages*, 432.

51. Adams, *Law of Civilization*, 167.

52. Lacroix, *Manners, Customs, and Dress*, 272.

53. Davis, *Medieval England*, 376.

54. Zimmern, Hansa, 165; Thompson, *Later Middle Ages*, 449.

55. Molmenti, *Venice*, Part I, Vol. I, 149; Thompson, *Later Middle Ages*, 420,

452; Crump, C. G., *Legacy of the Middle Ages*, 441.

56. Thompson, *Economic History of the Middle Ages*, 246; *Later Middle Ages*, 449-50.

57. Aristotle, *Politics*, i, 10.

58. Luke vi, 34.

59. Ashley, *English Economic History and Theory*, I, 126.

60. 위의 책, 128.

61. 위의 책.

62. 158.

63. 149.

64. 411.

65. Coulton, G. G., *Medieval Scene*, 146.

66. Ashley, I, 149, 157.

67. 위의 책, II, 405.

68. Pirenne, *Economic History*, 137.

69. Thompson, *Economic History of the Middle Ages*, 638.

70. Coulton, *Medieval Village*, 284.

71. Pirenne, *Economic History*, 129.

72. Ashley, I, 198.

73. *Cambridge Medieval History*, VI, 491.

74. Thomas Aquinas, *Summa Theologica*, II IIae, lxxviii, 2.

75. Ashley, I, 196; Coulton, *Panorama*, 336.

76. Boissonnade, 166.

77. Ashley, I, 203.

78. Abbott, G. F., *Israel in Egypt*, 112.

79. Baron, S., *Social and Religious History of the Jews*, II, 16.

80. Rivoira, G., *Lombardic Architecture*, I,

108.

81. Dopsch, 338.

82. *Cambridge Medieval History*, VI, 484.

83. Thompson, *Economic History of the Middle Ages*, 792.

84. Lethaby, W., *Medieval Art*, 145.

85. Richard, E., *History of German Civilization*, 195; Lacroix, *Manners*, 271.

86. Saunders, O. E., *History of English Art in the Middle Ages*, 85.

87. Thompson, *Economic History of the Middle Ages*, 493.

88. Thompson, *Later Middle Ages*, 196.

89. Day, 47.

90. Coulton, *Medieval Scene*, 92.

91. Walsh, J. J., *Thirteenth the Greatest of Centuries*. 437.

92. Barnes, *Economic History*, 184; Renard, *Guilds*, 37.

93. Ashley, I, 81.

94. Addison, J., *Arts and Crafts*, 2.

95. Power, Eileen, and Power, R., *Cities and Their Stories*, 74.

96. Bebel, 59.

97. Villari, P., *Two First Centuries of Florentin History*, 35.

98. Guibert of Nogent, *Autobiography*, 6-bis, 7-9.

99. Pirenne, H., *History of Europe*, 276.

100. Boissonnade, 207; Renard, *Guilds*, 62; Coulton, *Panorama*, 293; Schevill, *Siena*, 68.

101. Barnes, *Economic History*, 162-3.

102. Day, 51.

103. Headlam, C., *Story of Nuremberg*, 152.

104. Salzman, 335.

105. Pirenne, *Economic History*, 213

106. Coulton, *Chaucer*, 128; *Medieval Village*, 329.

107. Boissonnade, 237.

108. Pirenne, *Cities*, 75.

109. Barnes, *Economic History*, 163.

110. Clapham and Power, 337.

111. 위의 책.

112. Matthew Paris, I, 11, 42, 48, 156, 164, etc.

113. Coulton, *Panorama*, 456.

114. Porter, *Medieval Architecture*, II, 149.

115. Thompson, *Economic History of the Middle Ages*, 801.

116. Guizot, *France*, I, 614.

117. Beard, 85.

118. Zimmern, *Hansa*, 49.

119. Coulton, *Social Life in Britain*, 101; Schoenhof, 125.

120. Rogers, J. E. T., *Six Centuries of Work and Wages*, 92; Jusserand, 99; Schoenhof 119.

121. Rogers, 73; Renard, 16.

122. Matthew Paris, 1251; Milman, VI, 57f; Lea, H. C., *History of the Inquisition in the Middle Ages*, I, 270.

123. Munro and Sellery, 468.

124. Pirenne, *Economic History*, 203.

125. Ashley, I, 82.

126. Ralph Higben's *Chronicle*, viii, 145, in Coulton, *Social Life*, 356.

127. Beard, 145.

25장

1. Benjamin of Tudela in Komroff, *Contemporaries*, 265; Diehl, *Manuel*, 390.
2. *Cambrige Medieval History*, IV, 760.
3. Vasiliev, A. A., *History of the Byzantine Empire*, II, 151.
4. Matt. Paris, *Chronica maiora*, v, 38; *Historia minor*, iii, 38-9, in *Cambridge Medieval History*, IV, 493.
5. Vasiliev, II, 237, 241.
6. Finlay, F., *History of Greece*, III, 372.
7. Kluchevsky, I, 185; Pokrovsky, 78.
8. Rambaud, I, 96.
9. Vernadsky, G., *Kievan Russia*, 93-5.
10. Rambaud, I, 129; Kluchevsky, I, 323.
11. Vasiliev, II, 237.
12. Rambaud, I, 154.
13. Rambaud, I, 172.
14. Morey, *Medieval Art*, 158f.
15. *Cambridge Medieval History*, VI, 468.
16. Lönnrot, E., *Kalevala*, I, vii.
17. Rambaud, I, 114.
18. Lützow, *Bohemia*, 44.
19. *Cambridge Medieval History*, V, 348.
20. Richard, *German Civilization*, 186; Thompson, *Feudal Germany*, 161
21. Richard, 186.
22. Carlyle, R. W., *Medieval Political Theory*, V, 88; III, 89.
23. Freeman, *Norman Conquest*, II, 181.
24. *Anglo-Saxon Chronicle*, 168.

25. 위의 책, 163.
26. Voltaire, *Works*, XIII, 274.
27. Hume, D., *History of England*, I, 504.
28. Davis, *Medieval England*, 355; Milman, IV, 298, 302.
29. Stubbs, *Constitutional History*, I, 309; Freeman, *Norman Conquest*, IV, 430.
30. 위의 책, 714.
31. Vinogradoff, P., *English Society in the Eleventh Century*, 472; Coulton, *Medieval Village*, 11.
32. Stubbs, I, 330.
33. Encyclopaedia Britannica, XI, 432.
34. *Anglo-Saxon Chronicle*, 206-8.
35. Coulton, Life, III, 5-7; *Panorama*, 229.
36. Pollock and Maitland, I, 104; Freeman, *Historical Essays*, 2d Series, 114.
37. Text in Rowbotham, 62.
38. Coulton, *Panorama*, 231.
39. Hume, D., I, 478.
40. Holinshed, *Chronicle*, 18.
41. Ogg, 304-10.
42. Junks, 35.
43. Pollock and Maitland, I, 138.
44. Encyclopaedia Britannica, VIII, 9a.
45. Draper, *Intellectual Development of Europe*, II, 81.
46. Pollock and Maitland, I, 465; II, 398.
47. Coulton, *Panorama*, 379.
48. Home, *Roman London*, 118.
49. *Speculum*, Jan. 1937, 20.
50. Coulton, *Panorama*, 297.

51. Joyce, *Ireland*, 246-8; Hume, I, 356.

52. Coulton, *Panorama*, 66.

53. Brown, P. H., *History of Scotland*, I, 88.

54. Thierry, A., *Conquest of England by the Normans*, I, 21.

55. Blok, P. J., *History of ... the Netherlands*, I, 230.

56. May, Sir T., *Democracy in Europe*, I, 338-9.

57. Encyclopaedia Britannica, XXI, 912c.

58. Guizot, *France*, I, 524.

59. 위의 책, 312.

60. 522.

61. Belloc, *Paris*, 154.

62. Adams, H., *Mont St. Michel and Chartres*, 177.

63. Joinvile, *Chronicle*, 153.

64. Lacroix, *Manners*, 32.

65. Munro and Sellery, 520.

66. Joinville, 308.

67. *Cambridge Medieval History*, VI, 347.

68. Joinville, 139.

69. Taylor, H. O., *Medieval Mind*, I, 365.

70. *Cambridge Medieval History*, VI, 349.

71. Joinville, 149.

72. 위의 책, 310; Guizot, *France*, I, 556; Munro and Sellery, 496.

73. Joinville, 316.

74. Munro and Sellery, 498.

75. Joinville, 148.

76. Munro and Sellery, 493, 500.

77. Guizot, *France*, I, 543.

78. Joinville, 150.

79. Guizot, *Civilization*, I, 184; Lacroix, *Manners*, 234.

80. Coulton, *From St. Francis*, 140.

81. Guizot, *France*, I, 452.

82. Thompson, *Economic History of the Middle Ages*, 44; Porter, *Medieval Architecture*, II, 264.

83. Thompson, 40.

84. 위의 책, 22.

85. Hearnshaw, F., *Medieval Contributions to Modern Civilization*, 67; Encyclopaedia Britannica, X, 702b; Hearnshaw, *Social and Political Ideas of Some Great Medieval Thinkers*, 145, 157, 163.

86. *Cambridge Medieval History*, VI, 409.

87. Thompson, 349.

88. Chapman, C. E., *History of Spain*, 90; Carlyle, R. W., *Political Theory*, V, 134.

89. *Cambridge Medieval History*, VII, 695-702.

90. Pirenne, J., *Les grands courants*, II, 157.

91. Lea, H. C., *History of the Inquisition in Spain*, I, 58.

92. Sterling, M. B., *Story of Parzival*, 20f.

93. Milman, V, 61.

26장

1. Waern, *Sicily*, 36.

2. *Cambridge Medieval History*, VI, 131.

3. Sarton, II(1). 119.

4. Waern, 50f.

5. Bryce, 292.

6. Catholic Encyclopedia, I, 749a.

7. Hazlitt, W. C., *Venetian Republic*, I,

190f.

8. Molmenti, I(1), 82.

9. 위의 책, 84.

10. 145.

11. Thompson, *Economic History of the Later Middle Ages*, 11.

12. Beard, 107.

13. Ruskin, *Stones of Venice*, I, 8.

14. Beard, 102-5.

15. Dante, *Eleven Letters*, 160, letter of March 1314 to Guido da Polenta.

16. Molmenti, I(2), 49, 53.

17. 위의 책, 9, 13-15; Sedgwick, H. D., *Italy in the Thirteenth Century*, II, 200.

18. Molmenti, I(2), 139, 154, 157.

19. Molmenti, I(1), 204.

20. Beard, 146.

21. Coulton, *From St. Francis*, 215.

22. 위의 책,

23. Thompson, *Economic History of the Middles Ages*, 421.

24. Sedgwick, I, 175.

25. Thompson, 441; *Cambridge Medieval History*, V, 230.

26. Kantorowicz, 26.

27. 위의 책, 30.

28. *Cambridge Medieval History*, VI, 137.

29. Kantorowicz, 204.

30. 위의 책, 219.

31. 282.

32. 310.

33. *Cambridge Medieval History*, VI, 150.

34. Kantorowicz, 288.

35. 위의 책, 529.

36. Pirenne, J., *Grands courants*, II, 114; Kantorowicz, 311.

37. 위의 책, 307.

38. 355.

39. 195.

40. Matt. Paris, 1238, 157.

41. 위의 책.

42. Sedgwick, I, 133; Kantorowicz, 308.

43. 위의 책, 251.

44. 343.

45. 460.

46. 615.

47. 624-32.

48. Nietzsche, F., *Beyond Good and Evil*, #200.

49. Kantorowicz, 611.

50. Sedgwick, I, 440; Kantorowicz, 332.

51. 위의 책, 292.

52. Milman, VI, 240f.

53. Renard, 24; *Cambridge Medieval History*, VI, 496.

54. Thompson, *Later Middle Ages*, 259.

55. Beard, 140.

56. Thompson, *Economic History of the Middle Ages*, 471.

57. Villari, *First Centuries of Florentine History*, 178.

58. 위의 책, 221.

59. 498.

27장

1. Coulton, *Social Life*, 15.

2. Thomas Aquinas, *Summa Theologica*, I, lxiv, 4.

3. Coulton, *Five Centuries of Religion*, I, 60.

4. 위의 책, 31.

5. Gregory I, *Dialogues*, iv, 30, 35, in Lecky, *Morals*, II, 220.

6. 위의 책, 221.

7. Thomas Aquinas, *Summa Theologica*, Supplement, xcvii, 5, 7.

8. Lea, *Inquisition in Middle Ages*, III, 384.

9. 위의 책, 385.

10. Coulton, *Five Centuries*, I, 40.

11. Gregory I, *Dialogues*, i, 4, in Dudden, II, 367.

12. Coulton, *Five Centuies*, I, 445-9; II, 665.

13. Coulton, *Panorama*, 416.

14. Coulton, *Social Life*, 337.

15. Westermarck, *Moral Ideas*, I, 722.

16. Coulton, *Panorama*, 416.

17. *Cambridge Medieval History*, VII, 635.

18. Coulton, *Inquisition and Liberty*, 19.

19. Coulton, *Panorama*, 417.

20. Coulton, *Medieval Village*, 241.

21. Thomas Aquinas, *Summa Theologica*, I, xxiii, 7.

22. Coulton, *Life*, I, 54.

23. Lecky, *Morals*, II, 220.

24. Coulton, *Inquisition and Liberty*, 18.

25. Lea, *Auricular Confession*, III, 322.

26. Dudden, II, 427.

27. Renan, E., *Poetry of the Celtic Races*, 177.

28. Coulton, *Five Centuries*, I, 75.

29. Coulton, *Inquisition and Liberty*, 2.

30. John of Salibury, *Metalogicus*, vii, 2.

31. Munro and Sellery, 489.

32. Giraldus Cambrensis, *Gemma Ecclesiastica*, ii, 24, in Robertson, J. M., *Short History of Free Thought*, II, 311.

33. 위의 책, i, 51, in Robertson, II, 311.

34. Lea, *Inquisition in Middle Ages*, III, 558.

35. Coulton, *Social Life*, 218; *Five Centuries*, I, 71.

36. Vincent of Beauvais, *Speculum Morale*, ii, 3.6; ii, 1.11.

37. Coulton, *Five Centuries*, I, 31.

38. Coulton, *The Inquisition*, 62.

39. *Aucassin et Nicolette*, line 22.

40. Coulton, *Panorama*, 17.

41. Coulton, *Five Centuries*, I, 303.

42. Reese, G., *Music in the Middle Ages*, 110.

43. Wright, Th., *The Book of the Knight of La Tour-Landry*, prologue, and ch. 35, 174.

44. Coulton, *Village*, 254.

45. Raby, *Christian Latin Poetry*, 358.

46. Durand, *Rationale divinorum officiorum*, in Raby, 357.

47. Raby, 356.

48. Giraldus Cambrensis, *Itinerary*, i, 2.

49 .Vincent of Beauvais, *Speculum Historiale*, vi, 99, in Coulton, *Life*, i, 1.

50. Caesar of Heisterbach, ii, 170.

51. 위의 책.

52. Milman, III, 242.

53. Coulton, *Five Centuries*, I, 300.

54. Moore, *Judaism*, II, 4.

55. Catholic Encyclopedia, I, 634.

56. Voltaire, *Works*, XIII, 136.

57. Spengler, O., *Decline of the West*, II, 295.

58. Voltaire, III, 137.

59. Lea, *Auricular Confession*, II, 443.

60. 위의 책, III, 285.

61. Catholic Encyclopedia, VII, 787.

62. *Cambridge Medieval History*, VI, 678;
Funk, I, 379.

63. Adams, B., *Law of Civilization and Decay*,
64.

64. Lanfranc, *De corpore et sanguine Domini*,
in *Cambridge Medieval History*, VI, 678.

64a. Lacroix, *Military*, 454.

65. Matt. vi, 7.

66. Encyclopaedia Britannica, VI, 795.

67. Montalembert, I, 57.

68. Male, E., *L'art religieux du XIIIe siècle en
France*, 309-11.

69. Coulton, *Panorama*, 107.

70. Coulton, *Life*, I, 168.

71. Addison, *Arts*, 65.

72. Coulton, *Five Centuries*, IV, 94.

73. Haskins, *Renaissance of Twelfth Century*,
235.

74. Jusserand, 327.

75. 위의 책.

76. Coulton, *Five Centuries*, IV, 106.

77. Clavijo, G. de, *Embassy to Tamerlane*, 7,
63, 81.

78. Coulton, *Five Centuries*, V, 105.

79. 위의 책, IV, 120.

80. V, 99.

81. Coulton, *Five*, IV, 98.

82. 위의 책, 116.

83. 111.

84. Haskins, *Renaissance*, 235.

85. Coulton, *Five Centuries*, IV, 121.

86. Funk, I, 297.

87. Howard, C., *Sex Worship*, 78-93;
Coulton, *Life*, IV, 209-10.

88. Davis, *Medieval England*, 202; Frazer,
Sir J., *Magic Art*, II, 370.

89. Weigall, A., *The Paganism in Our
Christianity*, 131.

90. Adams, H., *Mont St. Michel*, 91.

91. Coulton, *From St. Francis*, 119.

92. Asams, H., 262.

93. 위의 책, 93, 254.

94. 259.

95. 258.

96. Funk, I, 296.

97. Catholic Encyclopedia, IX, 791d.

98. Julian Ribera in Thorndike, *Short
History of Civilization*, 350.

99. For tr. of *Dies irae* cf. Van Doren, M.,
Anthology, 460.

100. Gibbon, VI, 494f.

101. Renard, 42; Brentano in Smith, T.,
English Guilds, lxxxv.

102. Thompson, *Economic History of the
Middle Ages*, 674; Barnes, *Economic
History*, 164.

103. Catholic Encyclopedia, V, 679.

104. Villari, 161.

105. Coulton, *Five Centuries*, IV, 333;
Medieval Village, 294.

106. 위의 책.

107. Maine, *Ancient Law*, 132.

108. Coulton, *Panorama*, 172, 293; *From St. Francis*, 293; Lea, *Sacerdotal Celibacy*, 283; Matthew Paris, I, 83.

109. Davis, *Medieval England*, 28.

110. Coulton, *Panorama*, 137, 154.

111. Coulton, *Medieval Village*, 295.

112. 위의 책, 303; Coulton, *Panorama*, 197, 204; *Social Life*, 213; Life, III, 39.

113. Lecky, *Morals*, II, 335.

114. Coulton, *Panorama*, 129.

115. Lea, *Inquisition in Middle Ages*, I, 3.

116. Thatcher, 165-6.

117. *Cambridge Medieval History*, VI, 543.

117a. Jewish Encyclopedia, I, 550.

118. Lea, 앞의 책, I, 13.

119. *Cambridge Medieval History*, VI, 8.

120. 위의 책, 3; Taylor, *Medieval Mind*, II, 303.

121. Carlyle, T. W., *Political Theory*, V, 157, 182.

122. 위의 책, 162.

123. Encyclopaedia Britannica, II, 370a.

124. Clayton, J., *Pope Innocent III*, 181.

125. Walsh, J., *Thirteenth Century*, 370.

126. *Cambridge Medieval History*, VI, 2.

127. Lea, *Inquisition in Middle Ages*, I, 129.

128. *Cambridge Medieval History*, VI, 694.

129. Encyclopaedia Britannica, XII, 370b.

130. Coulton, *From St. Francis*, 275.

131. Funk, I, 358.

132. Coulton, *From St. Francis*, 277.

133. *Cambridge Medieval History*, VI, 120.

134. Luke Wadding in Coulton, *From St. Francis*, 277.

135. 위의 책, 225.

136. Coulton, *Panorama*, 165.

137. Thompson, *Economic History of the Middle Ages*, 688.

138. Voltaire, XIII, 130.

139. Clapham and Power, 189.

140. Lea, *Auricular Confession*, III, 17.

141. Taylor, *Medieval Mind*, II, 303; Thompson, *Economic Middle Ages*, 689.

142. Taylor, *Feudal Germany*, 19.

143. Boissonnade, 82, 243.

144. 위의 책, Lacroix, *Manners*, 12.

145. Fisher, H. L., *Medieval Empire*, II, 64.

146. Thompson, *Economic History of the Middle Ages*, 692.

147. 위의 책, 691.

148. Thompson, *Later Middle Ages*, 12.

149. Funk, I, 355.

150. Lea, *Inquisition in Middle Ages*, III, 624.

151. Lavisse, E., *Histoire de France*, III, 318.

152. Matthew Paris, I, 50.

153. Coulton, *Five Centuries*, IV, 522.

154. Coulton, *Life*, I, 36.

155. Milman, V, 319.

156. Porter, *Medieval Architercture*, II, 164; Coulton, *Social Life*, 215.

28장

1. Coulton, *From St. Francis*, 12.

2. Beer, M., *Social Struggles in the Middle Ages*, 135, 177.

3. Luchaire in Munro and Sellery, 438.

4. 위의 책; Beer, 133.

5. Encyclopaedia Britannica, XXIII, 288b.

6. Coulton, *Panorama*, 463.

7. Vacandard, *Inquisition*, 70.

8. Thompson, *Economic History of the Middle Ages*, 662.

9. *Cambridge Medieval History*, VI, 21.

10. Sabatier, *Life of St. Francis*, 43.

11. Matthew Paris, I, 66.

12. Vacandard, 83.

13. 위의 책, 74.

14. 91.

15. Luchaire, 444.

16. Vacandard, 77; Beer, 129–31.

17. Coulton, *Inquisition and Liberty*, 79; Vacandard, 97; Luchaire, 441.

18. Coulton, *Inquisition and Liberty*, 70; Vacandard, 73; Morey, *Medieval Art*, 255.

19. Vacandard, 77.

20. Lea, *Inquisition in Middle Ages*, I, 103.

21. Rowbotham, 293.

22. Luchaire, 434.

23. 위의 책, 436.

24. Lea, I, 120, 133.

25. Thatcher, 209.

26. Lea, I, 139.

27. 위의 책, 141.

28. 위의 책.

29. 146.

30. 153.

31. 154.

32. Guizot, *France*, I, 507; Coulton, *Life*, I, 68.

33. Lea, I, 162.

34. Thompson, *Economic History of the Middle Ages*, 490.

35. Lea, 554.

36. Maimonides, *Guide to the Perplexed*, III, introd., xli.

37. Vacandard, 48.

38. 위의 책.

39. 63.

40. 68.

41. Sumner, *Folkways*, 238.

42. Catholic Encyclopedia, VIII, 28c.

43. Lea, 237.

44. Vacandard, 63.

45. Coulton, *Inquisition and Liberty*, 49.

46. Vacandard, 37.

47. Lea, 69.

48. Nickerson, H., *Inquisition*, 61.

49. Thompson, *Economic History of the Middle Ages*, 689; Jusserand, 280.

50. Lea, 318.

51. 위의 책, 321.

52. Coulton, *Inquisition and Liberty*, 49.

53. Catholic Encyclopedia, VIII, 29a; Vacandard, 52.

54. 위의 책, 119.

55. Coulton, *Inquisition*, 59; *Inquisition and Liberty*, 66.

56. Vacandard, 61.

57. Sarton, II(2), 546.

58. Vacandard, 183.

59. 위의 책, 163.

60. Davis, *Medieval England*, 406.

61. Thatcher, 309.

62. Lea, 371; Vacandard, 190.

63. Lea, 381.

64. 위의 책, 436.

65. 317.

66. Catholic Encyclopedia, VIII, 31d.

67. Lea, 441.

68. Catholic Encyclopedia, VIII, 31c.

69. Lea, 441.

70. Catholic Encyclopedia, VIII, 32b.

71. 위의 책, 32d.

72. 위의 책.

73. Coulton, *Inquisition*, 86.

74. Vacandard, 183.

75. Lea, II, 97.

76. Catholic Encyclopedia, VIII, 33d.

77. *Cambridge Medieval History*, VI, 723; Vacandard, 203.

78. Thompson, *Economic History of the Middle Ages*, 689.

79. Vacandard, 144, 178.

80. Lea, I, 549.

81. 위의 책, 550.

82. *Cambridge Medieval History*, VI, 723; Vacandard, 196; Lea, I, 551.

83. 113.

29장

1. Thompson, *Economic History of the Middle Ages*, 603.

2. Coulton, *Five Centuries*, IV, 15.

3. Glison, E., *Philosophy of St. Bonaventure*, 31.

4. Coulton, *Life*, IV, 98.

5. Coulton, *From Francis*, 70.

6. Coulton, *Life*, IV, 238.

7. Lea, I, 35.

8. Thompson, *Economic History of the Middle Ages*, 604.

9. Milman, IV, 259.

10. Coulton, *Life*, IV, 155.

11. Coulton, *Five Centuries*, IV, 96, 367-77.

12. Coulton, *Life*, IV, 199.

13. Caesar of Heisterbach, i, 249, in Coulton, *Five Centuries*, I, 377; Jocelyn's *Chronicle*, in Carlyle, Th., *Past and Present*, p. 72.

14. Waddell, H., *Wandering Scholars*, 210.

15. Taylor, *Medieval Mind*, I, 268.

16. 위의 책, 430.

17. Coulton, *Five Centuries*, I, 183.

18. Lacroix, Paul, *History of Prostitution*, 692.

19. Longfellow's "Golden Legend."

20. *Cambridge Medieval History*, V, 675.

21. Thompson, *Economic History of the Middle Ages*, 612.

22. Étienne de Bourbon, *Anecdotes*, in Coulton, *Five Centuries*, I, 79.

23. Ogg, 258.

24. Coulton, *Five Centuries*, I, 308.

25. 위의 책, IV, 165.

26. I, 304.

27. Munro and Sellery, 410

28. Gilson, É., La *philosophie au moyen âge*, I, 92.

29. W. B. Yeats, Introd. to Tagore, R.,
   Gitanjali, xviii.

30. Munro and Sellery, 412.

31. 위의 책.

32. Coulton, *Five Centuries*, I, 305.

33. 위의 책, 391.

34. 336.

35. 387.

36. Jörgensen, *St. Francis*, 12.

37. Sabatier, 149.

38. Jörgensen, 21.

39. Sabatier, 26; Bonaventure, *Life of St.
   Francis*, ch. 1.

40. Sabatier, 59f.

41. *Mirror of Perfection*, ch. 14.

42. *Tres Socii*, 35, in Sabatier, 74.

43. *Mirror*, ch. 69.

44. 위의 책, ch. 11.

45. 위의 책.

46. Coulton, *Panorama*, 529.

47. *Tres Socii*, 38-41.

48. *Little Flowers of St. Francis*, ch. 8.

49. 위의 책, ch. 9.

50. *Mirror*, ch. 61.

51. 위의 책, chs. 29-35.

52. 위의 책, ch. 114.

53. *Little Flowers*, ch. 22.

54. Ch. 16.

55. Sabatier, 97.

56. Arnold, M., *Essays in Criticism*, First
   Series, 155.

57. *Little Flowers*, ch. 11.

58. Ch. 24.

59. Sabatier, 229.

60. 위의 책, 227.

61. Dr. E. F. Hartung in *Time*, Mar. 11,
   1935.

62. *Mirror*, ch. 116.

63. Ch. 120.

64. Faure, É., *Medieval Art*, 398.

65. Text of the will in Sabatier, 337.

66. Milman, V, 242.

67. *Cambridge Medieval History*, VI, 737f.

68. Matt. Paris, ii, 443, in Coulton, *Five
   Centuries*, IV, 170.

69. 위의 책, 388.

70. Coulton, *From Francis*, 101-2.

71. 위의 책.

72. Funk, I, 370.

73. Crump, 413.

74. Lea, *Sacerdotal Celibacy*, 105.

75. Power, E., *Medieval People*, 64.

76. *Little Flowers*, ch. 33.

77. *Nun's Rule* (Ancren Riwle), 105, 185.

78. pp. 294-6.

79. Montalembert, II, 703.

80. 위의 책.

81. Lea, *Celibacy*, 264.

82. Taylor, *Medieval Mind*, I, 492.

83. Coulton, *Panorama*, 622.

84. Power, *Medieval People*, 80.

85. 위의 책.

86. Lea, *Inquisition in Middle Ages*, III,
   10-17.

87. Lea, I, 272.

88. *Cambridge Medieval History*, VII, 789.

89. Sabatier, 52.

90. Lea, II, 326.

91. Coulton, *Life*, III, 54; Kantorowicz, 419.

92. Sabatier, 52; Taylor, *Medieval Mind*, I, 460.

93. Milman, VI, 123.

94. Coulton, *Life*, I, 205.

95. Catholic Encyclopedia, II, 662d.

96. 위의 책, 663.

97. Thatcher, 311.

98. *Cambridge Medieval History*, VII, 7-8.

99. Milman, VI, 282; Coulton, *Panorama*, 212.

100. Guizot. *France*, I, 591.

101. Catholic Encyclopedia, II, 666c.

102. 위의 책, 667c; Ogg, 383-8.

103. Adams, B., *Law of Civilization and Decay*, 173; Draper, *Intellectual Development*, II, 83.

104. Guizot, *France*, I, 596.

105. *Cambridge Medieval History*, VII, 18.

106. Guizot, 601; Draper, II, 86.

107. Milman, VI, 494f.

108. Lea, II, 58.

109. Hume, *England*, I, 511.

110. Coulton, *Five Centuries*, IV, 118.

111. Coulton, *From Francis*, 150.

30장

1. Coulton, *Five Centuries*, I, 176.

2. Coulton, *Medieval Village*, 103.

3. Bede, i, 27.

4. Coulton, *Life*, IV, 160n.

5. Coulton, *From Francis*, 18.

6. Benvenuta da Imola in Coulton, *From Francis*, 416; Lacroix, *Prostitution*, I, 694.

7. 위의 책, 695.

8. 700.

9. 697.

10. II, 908.

11. Wright, ed., *Book of the Knight of La Tour-Landry*, Prologue and ch. 35.

12. Briffault, *Mothers*, III, 417.

13. Lecky, *Morals*, II, 152.

14. Lacroix, *Prostitution*, II, 904.

15. 위의 책, 905.

16. 904.

17. I, 721.

18. II, 869; Sumner, *Folkways*, 529; Bebel, 61; Garrison, *History of Medicine*, 192; Sanger, Wm., *History of Prostitution*, 98.

19. St. Augustine, *De ordine*, ii, 4.

20. Thomas Aquinas, *Summa Theologica*, II IIae, x, 11.

21. Encyclopaedia Britannica, XVIII, 598a.

22. 위의 책.

23. Lacroix, *Prostitution*, I, 733-42.

24. 위의 책, II, 751; Sanger, 95.

25. Coulton, *Panorama*, 172.

26. Lecky, *Morals*, II, 218.

27. Power, E., *Medieval People*, 118.

28. Pollock and Maitland, II, 387.

29. Coulton, *Panorama*, 634.

30. Bevan, E., and Singer, C., *Legacy of Israel*, 102.

31. Crump, 346.

32. Thomas Aquinas, *Summa contra Gentiles*, iii, 122.

33. Himes, *Contraception*, 160f.

34. Lacroix, *Prostitution*, I, 699.

35. Coulton, *Medieval Village*, 404.

36. Schoenfeld, H., *Women of the Teutonic Nations*, 122.

37. Freeman, *Norman Conquest*, II, 166.

38. Wright, Th., *History of Domestic Manners and Sentiments*, 275.

39. Pollock and Maitland, II, 390; Crump, 297; Butler, P., *Women of Medieval France*, 30.

40. St. John Chrysostom in James, B., *Women of England*, 108.

41. Thomas Aquinas, *Summa Theologica*, Supplement, lxxxi, 3.

42. 위의 책, I, xciii, 4.

43. Supplement, xxxix, 3.

44. II IIae, xxvi, 10.

45. Coulton, *Life*, III, 114; *Five Centuries*, I, 174.

46. Coulton, *Chaucer's England*, 212.

47. Coulton, *Panorama*, 618.

48. Schoenfeld, 41.

49. Davis, *Life on a Medieval Barony*, 102.

50. James, *Women of England*, 182.

51. Renard, 20.

52. James, 116.

53. Wright, T., *Domestic Manners*, 273-4.

54. Butler, *Women of France*, 104.

55. Adams, H., *Mont St. Michel*, 211.

56. Butler, 123.

57. Tout, T. F., *Medieval Forgers*, in Coulton, *Five Centuries*, IV, 310.

58. Haskins, *Renaissance*, 89.

59. Coulton, *Chaucer's England*, 200; *Five Centuries*, I, 251.

60. Lacroix, *Manners*, 41.

61. Coulton, *Medieval Village*, 72, 344.

62. Coulton, *Panorama*, 74, 369.

63. Encyclopaedia Britannica, VIII, 8d..

64. Coulton, *Inquisition*, 47.

65. Hume, I, 185.

66. Salzman, 309.

67. Ashley, II, 73.

68. Coulton, *Chaucer*, 131.

69. Coulton, *Life*, III, 57f.

70. Coulton, *Medieval Village*, 30.

71. Thompson, *Economic History of the Middle Ages*, 571; Porter, *Medieval Architecture*, II, 159.

72. Coulton, *Panorama*, 377.

73. 위의 책.

74. Lea, *Inquisition in Middle Ages*, I, 234-5.

75. Coulton, *From Francis*, 218.

76. Sumner, 472; Jusserand, 212; Boissonnade, 262.

77. Coulton, *Social Life*, 395.

78. Joinville, 309.

79. Coulton, *From Francis*, app. C.

80. Jusserand, 132f.

81. Davis, *Medieval England*, 425.

82. Zimmern, *Hansa*, 111.

83. 위의 책.

84. Coulton, *Social Life*, 371, 425.

85. Ashley, II, 328.

86. Bacon, R., *Opus maius*, ed. Bridges, II, 251.

87. Ashley, II, 307.

88. 위의 책, 323.

89. Davis, *Life on a Medieval Barony*, 95.

90. Traill, I, 484.

91. James, *Women*, 208.

92. *Speculum*, Apr. 1940, 148; Encyclopaedia Britannica, IV, 470.

93. Adams, H., 202.

94. Friedländer, *Roman Manners*, II, 183.

95. Butler, *Women*, 147.

96. Dante, *Purgatorio*, xxiii, 102.

97. Coulton, *From Francis*, 271.

98. Davis, *Life on a Medieval Barony*, 96.

99. Coulton, *Life*, III, 64.

100. Crump, 431.

101. Beard, 69.

102. Coulton, *Life*, IV, 173

103. Speculum, Apr. 1928, 198.

104. Sarton, II(1), 96.

105. *Speculum*, Jan. 1934, 306.

106. 위의 책.

107. Lowie, *Are We Civilized?*, 75.

108. Lacroix, *Manners*, 176.

109. Butler, *Women*, 150.

110. Giraldus Cambrensis, *Description of Wales*, i, 10.

111. Salzman, 171.

112. Lacroix, P., *Arts of the Middle Ages*, 13.

113. Rogers, *Six Centuries*, 46.

114. Sedgwick, *Italy*, II, 197.

115. Power, *Medieval People*, 103.

116. Thompson, *Economic History of the Middle Ages*, 595.

117. Müller-Lyer, *Marriage*, 56.

118. Coulton, *Panorama*, 313; Addison, *Arts*, 272.

119. Coulton, *Medieval Village*, 27.

120. Schevill, *Siena*, 349.

121. Haskins, *Studies in Medieval Culture*, 122.

122. Sedgwick, II, 206.

123. Coulton, *Panorama*, 96.

124. Power, E., *Medieval People*, 76.

125. Lacroix, *Manners*, 239; Coulton, *Medieval Village*, 559.

126. Coulton, *Panorama*, 96.

127. Kirstein, L., *Dance*, 88.

128. Wright, Th., *Domestic Manners*, 257.

129. Walsh, J., *Thirteenth Century*, 452.

130. Davis, *Medieval England*, 372.

131. Davis, *Life on a Medieval Barony*, 64.

132. Encyclopaedia Britannica, XIII, 791c.

133. Lacroix, *Manners*, 233.

134. Gardiner, E. N., *Athletics of the Ancient Wold*, 237.

135. Coulton, *Panorama*, 83.

136. Gardiner, 238.

137. Coulton, *Panorama*, 95.

138. Coulton, *Social Life*, 392.

139. Coulton, *Chaucer*, 278.

140. Chambers, E. K., *The Medieval Stage*, I, 287; Maitland, *Dark Ages*, 174; Lacroix, *Science and Literature in the Middle Ages*, 240.

141. 위의 책,; Chambers, I, 323;

Coulton, *Panorama*, 606.

142. Chambers, I, 343.

143. *Time*, Dec. 31, 1945.

144. Waddell, *Wandering Scholars*, 200.

145. Coulton, *From Francis*, 56.

146. 위의 책, 55.

147. 57.

148. 13.

31장

1. Jackson, Sir T., *Byzantine and Romanes-que Architecture*, 94.

2. Jackson, Sir T., *Gothic Architecture*, I, 59.

3. Spencer, H., *Principles of Sociology*, III, 291; Coulton, *Life*, IV, 169.

4. Theophilus, *Schedula diversarum artium*, Introd., in Dillon, *Glass*, 126.

5. Addison, Arts, 86, 59.

6. 위의 책, 186.

7. Walsh, *Thirteenth Century*, 115.

8. Saunders, *English Art in the Middle Ages*, 65.

9. Ackerman, Phyllis, *Tapestry*, 42f.

10. Ruskin, *Stones of Venice*, I, ch. 2.

11. Morey, 195.

12. Short, E. H., *The Painter in History*, 75.

13. Mâle, *L'art religieux du XIIIe siècle*, 80.

14. Taine, H., *Italy: Florence and Venice*, 49.

15. Encyclopaedia Britannica, V, 706d.

16. Vasari, *Lives*, I, 66.

17. Morey, 267.

18. Lacroix, *Arts*, 251f.

19. Adams, H., *Mont St. Michel*, 137.

20. Saunders, 105.

21. Mâle, 78.

22. Bond, F., *Wood Carvings in English Churches*, I, 167.

23. 위의 책.

24. Mâle, 74.

25. S. Reinach in Walsh, *Thirteenth Century*, 106.

26. Kantorowicz, 535; Morey, 314; Sedgwick, II, 225.

32장

1. Pope, A. U., *Iranian and Armenian Contributions to the Beginnings of Gothic Architecture*, 127.

2. Porter, II, 170.

3. *Speculum*, Jan. 1927, 23.

4. Mâle, 66; Morey, 234.

5. William of Malmesbury, v, 3.

6. Encyclopaedia Britannica, VII, 763.

7. Cram, *Substance of Gothic*, 119.

8. Pope, *Contributions*, 137.

9. Bond, F., *Gothic Architecture in England*, 263; Pirenne, J., *Grands courants*, II, 135; Porter, II, 63.

10. Addison, *Arts*, 201.

11. Panofsky, I., *Abbot Suger*.

12. Cram, 144.

13. Coulton, *Life*, II, 18; Porter, I, 151f.

14. Headlam, C., *Story of Chartres*, 140.

15. Jackson, *Gothic Architecture*, I, 96.

16. Ferguson, J., *History of Architecture*, I, 540.

17. Adams, H., 66.

18. Headlam, *Chartres*, 229.

19. 위의 책, 208.

20. 위의 책.

21. Connick, C. J., *Adventures in Light and Color*, 10.

22. Robillard, M., *Chartres*, 54.

23. Faure, *Medieval Art*, 348; Bond, *Gothic Architecture in England*, 33; Moore, C. H., *Development of Gothic Archi-tecture*, 124.

24. Jackson, *Gothic Architecture*, I, 189.

25. 위의 책.

26. Walsh, *Thirteenth Century*, 108.

27. Armstrong, Sir W., *Art in Great Britain*, 46.

28. Morey, 293.

29. De Wulf, *Medieval Philosophy*, I, 3.

30. Morey, 297.

31. Taine, *Italy: Florence*, 89.

32. Beard, 143.

33. Street, G., *Gothic Architecture in Spain*, 106.

34. Arnold, *Legacy of Islam*, 168; Dieulafoy, *Art in Spain*, 147.

33장

1. Lang, P. H., *Music in Western Civilization*, 51.

2. 위의 책, 43.

3. Reese, *Music in the Middle Ages*, 63.

4. 위의 책, 20f; *Oxford History of Music*, introductory volume, 137.

5. Lang, 71.

6. Grove, *Dictionary of Music*, s.v. Notation.

7. Arnold, *Legacy of Islam*, 17; Sarton, II(1), 25, 406.

8. Lang, 130.

9. 위의 책, 139.

10. Giraldus Cambrensis, *Description of Wales*, i, 8.

11. Lang, 97.

12. Jusserand, 196.

13. Reese, 206.

14. 위의 책, 246.

15. Lacroix, *Arts*, 203.

16. Addison, *Arts*, 110.

17. Reese, 123.

18. Rowbotham, 6; Lacroix, *Arts*, 205.

19. 위의 책, 204.

34장

1. Vossler, K., *Medieval Culture*, I, 5.

2. Dante, *La Vita Nuova*, xxv.

3. Munro and Sellery, 330.

4. Pollock and Maitland, I, 57.

5. Mumford, L., *Technics and Civilization*, 438; Encyclopaedia Britannica, XXI, 1006a.

6. *Lyra Graeca*, III, 679, app. by J. M. Edmonds.

7. Munro and Sellery, 282; Haskins, *Renaissance*, 16; id., *Normans*, 236.

8. Haskins, *Renaissance*, 72.

9. Thorndike in *Speculum*, Apr. 1937, 268.

10. Haskins, *Renaissance*, 72.

11. Coulton, *Panorama*, 683.

12. Lea, *Inquisition in Middle Ages*, I, 554.

13. Lacroix, *Arts*, 472.

14. Walsh, *Thirteenth Century*, 156.

15. Coulton, *Medieval Scene*, 124; *Panorama*, 576; Haskins, *Renaissance*, 71.

16. Encyclopaedia Britannica, XIV, 3.

17. Haskins, *Renaissance*, 43.

18. Calvert, *Moorish Remains in Spain*, 426.

19. Haskins, *Studies in Medieval Culture*, 100.

20. Bevna, *Legacy of Israel*, 230.

21. 위의 책, 211.

22. Sarton, II(1), 125.

23. Arnold, *Legacy of Islam*, 347.

24. 위의 책, 244.

25. Wright, *Domestic Manners*, 271.

26. De Wulf, *Medieval Philosophy*, I, 61; West, *Alcuin*, 57.

27. John of Salisbury, *Metalogicus*, i, 24, in Poole, *Illustrations*, 98.

28. Thorndike in *Speculum*, Oct. 1940, 401.

29. Walsh, *Thirteenth Century*, 28.

30. Rashdall, *Universities of Europe in the Middle Ages*, III, 350; Crump, *Legacy of the Middle Ages*, 262-3.

31. Abélard, *Historia Calamitatum*, Introd. by R. A. Cram, p. v.

32. Coulton, *Medieval Village*, 254.

33. Jusserand, 279.

34. Coulton, *Panorama*, 388.

35. Thorndike, *Speculum*, Oct. 1940, 408.

36. Rashdall, *Universities*, III, 370.

37. Aristotle, *Politic*, viii, 1.

38. Crump, 266.

39. Rashdall, I, 93.

40. 위의 책, 113.

41. Lea, *Inquisition in the Middle Ages*, I, 59.

42. Walsh, *Thirteenth Century*, 33; Baedeker, K., *Northern Italy*, 471.

43. Rashdall, I, 149-67.

44. 위의 책, 196.

45. 196-7.

46. Paetow, L. J., *Guide to the Study of Medieval History*, 448.

47. Haskins, *Renaissance*, 396.

48. Rashdall, I, 445.

49. Thorndike, *Magic*, II, 53.

50. *Cambridge Medieval History*, VI, 746.

51. Encyclopaedia Britannica, XI, 995.

52. Rashdall, III, 29n.

53. 위의 책, 33.

54. 199.

55. 246n; Sarton, II(2), 584.

56. Davis, *Medieval England*, 398.

57. Encyclopaedia Britannica, X, 9006b.

58. Ashley, I, 203.

59. Munro and Sellery, 350; Walsh, *Thirteenth Century*, 65.

60. Waddell, *Wandering Scholars*, 171.

61. Walsh, 65.

62. Rashdall, IV, 325-36.

63. 위의 책.

64. Coulton, *Social Life*, 95.

65. Rashdall, III, 386.

66. 위의 책, 439.

67. 441

68. 440.

69. 96n.

70. 431.

71. 432; Coulton, *Life*, III, 73.

72. Rashdall, III, 439.

73. Castiglione, 328.

74. Munro and Sellery, 350.

75. Rashdall, I, 466-70.

35장

1. V. Cousin in Abélard, *Ouvrages inédits*, xcix.

2. Gilson, É., *La philosophie au moyen âge*, ed. 1947, 238.

3. De Wulf, *Medieval Philosophy*, I, 103.

4. 위의 책, 46.

5. Thomas Aquinas, *Summa Theologica*, I, i, 1.

6. Ueberweg, *History of Philosophy*, I, 386.

7. Abélard, *Historia Calamitatum*, ch. 6.

8. Rémusat, C. de, *Abélard*, I, 39.

9. Abélard, *Calamitatum*, ch. 5.

10. Gilson, *La philosophie au moyen âge*, ed. 1922, I, 89.

11. Abélard, *Calamitatum*, ch. 5.

12. Rémusat, I, 30n.

13. Abélard, ch. 16.

14. Rémusat, I, 54.

15. Abélard, ch. 6.

16. 위의 책, ch. 7; Lea, *Celibacy*, 269.

17. Abélard, ch.7.

18. 위의 책.

19. Poole, *Illustrations*, 125.

20. Abélard, *Dialectica*, introd. to Part IV, in *Ouvrages inédits*.

21. 위의 책.

22. Rémusat, II, 534-5.

23. Ouvrages *inédits*, p. clxxxvii.

24. Abélard, *Sic et non*, in *Ouvrages*, p. 16.

25. De Wulf, *Medieval Philosophy*, I, 201.

26. Abélard, *Calamitatum*, ch. 9.

27. Rémusat, I, 77.

28. Abélard, *Calamitatum*, ch. 9.

29. Ch. 11.

30. Rémusat, II, 197.

31. 위의 책, 196; Gilson, *La philosophie au moyen âge*, ed. 1947, p. 291.

32. Ueberweg, I, 387.

33. Rémusat, II, 203.

34. 위의 책, 205.

35. Abélard, *Calamitatum*, ch. 12.

36. Ch. 13.

37. Ch. 15.

38. Ch. 14.

39. Scott-Moncrieff, *Letters of Abélard and Héloïse*, 53-6.

40. 위의 책, p. 82.

41. P. 103.

42. Butler, *Women*, 68.

43. Abélard, *Scito te ipsum*, xiii-xiv, in Rémusat, II, 466.

44. Abelard, Ep. xiii, in *Cambridge Medieval History*, V, 798.

45. St. Bernard, Eps. 191 and 338, in Taylor, *Medieval Mind*, I, 417, and II, 385; Adams, H., 313; Ueberweg, 396.

46. Raby, *Christian Latin Poetry*, 321.

47. Rémusat, I, 260.

36장

1. Duhem, *Système du monde*, III, 88.
2. De Wulf, *History of Medieval Philosophy*, I, 154.
3. Poole, *Illustrations*, 151.
4. 위의 책, 185.
5. 108.
6. Thorndike, *Magic*, II, 58.
7. 위의 책, 50.
8. 위의 책, 58.
9. Poole, 158.
10. Taylor, *Medieval Mind*, II, 402.
11. Poole, *Illustrations*, 164.
12. Adams, H., 292.
13. John of Salisbury, *Polycraticus*, v, 16; vi, 24; vii, 17.
14. V, 16.
15. IV, 3.
16. V, 6; vi, 6, 12, 25; iii, 15.
17. VIII, 20.
18. VII, 11
19. Munro and Sellery, 460; Sarton, II(2), 860; De Wulf, *History of Medieval Philosophy*, I, 248.
20. 위의 책.
21. Robertson, J. M., *History of Free Thought*, I, 325.
22. Lea, *Inquisition in Middle Ages*, I, 99.
23. Coulton, *Five Centuries*, I, 345.
24. Coulton, *Medieval Scene*, 111.
25. De Wulf, I, 189.
26. Lea, II, 319.
27. Gilson, *La Philosophie au moyen âge*, ed. 1947, 384.
28. Rashdall, I, 354.
29. Lea, II, 320-3.
30. Renan, *Averroès*, 288.
31. Coulton, *Panorama*, 449.
32. Rashdall, I, 264.
33. De Wulf, II, 97.
34. Hearnshaw, *Medieval Contributions to Modern Civilization*, 145.
35. Lea, III, 440.
36. Castiglione, 330.
37. Coulton, *Panorama*, 461.
38. Gilson, *La Philosophie*, ed. 1947, 564.
39. De Wulf, II, 96, 103.
40. Gilson, ed. 1947, 564.
41. 위의 책, 565.
42. 562.
43. 558; Renan, *Averroès*, 268.
44. 위의 책, 273-5; Gilson, ed. 1947, 559.
45. *Cambridge Medieval History*, V, 822.
46. De Wulf, I, 144.
47. De Wulf, *Philosophy and Civilization in the Middle Ages*, 51.
48. Gilson, *Philosophy of St. Bonaventure*, 8.
49. Sabatier, 41.
50. Gilson, *La Philosophie*, ed. 1922, II, 9.
51. Sarton, II(2), 938; Taylor, *Medieval Mind*, II, 451.
52. Maritain, J., *The Angelic Doctor*, 32.
53. 위의 책, 29.
54. 31; D'Arcy, *Thomas Aquinas*, 35.
55. 위의 책, 51.
56. 46.
57. Grabmann, M., *Thomas Aquinas*, 32.

58. Wicksteed, P. H., *Dante and Aquinas*, 93; D'Arcy, 47.

59. Maritain, 45.

60. D'Arcy, 52.

61. De Wulf, *Philosophy and Civilization*, 166.

62. Maritain, 40.

63. Beven, *Legacy of Israel*, 267.

64. Diesendruck, Z., *Maimonides and Thomas Aquinas*, 5.

65. Gilson, *La Philosophie*, ed. 1922, I, 114.

66. Sarton, II(2), 915.

67. Thomas Aquinas, *De caelo et mundo*, lect. 22, in Grabmann, 44.

68. Thomas Aquinas, *Summa contra Gentiles*, i, 2.

69. 위의 책.

70. Thomas Aquinas, *Comm. on Aristotle's Metaphysics*, 333.

71. Thomas Aquinas, *Summa Theologica*, I, xvi, 8.

72. Thomas Aquinas, *Summa contra Gentiles*, i, 12.

73. 위의 책, i, 3.

74. Thomas Aquinas, *Summa Theologica*, II IIae, i, 5.

75. 위의 책, II IIae, x, 7.

76. Thomas Aquinas, *Quodlibeta*, II, a, 7, in Grabmann, 50.

77. Thomas Aquinas, *Summa Theologica*, II IIae, i, 10.

78. 위의 책, xxvi, 10.

79. Thomas Aquinas, *De veritate*, ii, 10.

80. Thomas Aquinas, *Summa contra Gentiles*, i, 11.

81. Thomas Aquinas, *Summa Theologica*, I, ii, 3; *Summa contra Gentiles*, i, 16.

82. 위의 책, i, 3; i, 30.

83. Thomas Aquinas, *Summa Theologica*, I, lxxxiv, 7.

84. Thomas Aquinas, *Summa contra Gentiles*, ii, 38.

85. 위의 책, 35.

86. 위의 책, iii, 23.

87. Thomas Aquinas, *Quodlibeta*, xi, 4.

88. Thomas Aquinas, *Comm. on II Sent.*, VIII, vi, 4, in Hopkins, C. E., *Share of Thomas Aquinas in ... the Witchcraft Delusion*, 78.

89. Thomas Aquinas, *Summa Theolghica*, I, cxvii, 3.

90. 위의 책, lcxv, 3; xcv, 5.

91. 위의 책, 4.

92. Thomas Aquinas, *Comm. on Aristotle's Metaphysics*, 146, 157.

93. Thomas Aquinas, *Summa Theologica*, I, lxxvi, 1.

94. Walsh, *Thirteenth Century*, 444.

95. Thomas Aquinas, *Summa Theologica*, I, lxxv, 4.

96. Thomas Aquinas, *Summa contra Gentiles*, ii, 72.

97. D'Arcy, 147.

98. Thomas Aquinas, *Comm. on Aristotle's Metaphysics*, 179.

99. Thomas Aquinas, *Summa contra Gentiles*, ii, 49.

100. Thomas Aquinas, *De anima*, iii, 7.

101. Thomas Aquinas, *Summa Theologica*, I, lxxciii, 1-4.

102. 위의 책, I, v, 6.

103. De Wulf, *History of Medieval Philosophy*, II, 25.

104. Thomas Aquinas, *De veritate*, xxiv, 1.

105. Thomas Aquinas, *Summa contra Gentiles*, i, 1.

106. Thomas Aquinas, *Summa Theologica*, I, lxxvi, 1.

107. 위의 책, I IIae, iv, 6.

108. Thomas Aquinas, *De veritate*, ii, 2.

109. Thomas Aquinas, *Summa contra Gentiles*, iii, 27-31.

110. Thomas Aquinas, *Summa Theologica*, II IIae, xiv, 3; xxvii, 1; xxxi, 4.

111. Thomas Aquinas, *Comm. on Aristotle's Metaphysics*, 207; *Summa Theologica*, I, xcii, 1; xcix, 2; cxv, 3.

112. 위의 책.

113. 위의 책, I, xcii, 3.

114. 위의 책, I, v, 3.

115. 위의 책, II IIae, x, 11.

116. 위의 책, II IIae, civ, 1; I IIae, xix, 5; *De veritate*, xvii, 5; *on IV Sent*, 38.

117. Thomas Aquinas, *Summa Theologica*, II IIae, x, 11.

118. 위의 책, 10.

119. 위의 책, 11.

120. 위의 책, 8.

121. 위의 책.

122. 위의 책, II IIae, xi, 4.

123. 위의 책, I IIae, xcvii, 3.

124. 위의 책, I, ciii, 3.

125. 위의 책, I IIae, cv, 1; cvii, 1.

126. Thomas Aquinas, *De regimine principum*, i, 6.

127. Thomas Aquinas, *Summa Theologica*, II IIae, lxvi, 2.

128. 위의 책,

129. 위의 책, II IIae, cxviii, 1.

130. 위의 책, II IIae, lxvi, 7.

131. 위의 책, II IIae, lxxvii, 4.

132. 위의 책, II IIae, lxxviii, 1-4.

133. 위의 책, I IIae, xcii, 1; cv, 1; II IIae, lvii, 3; lxx, 3.

134. 위의 책, I IIae, vii, 1f; *Comm. on II Sent.*, xliv; *Summa contra Gentiles*, iv, 76; Hearnshaw, *Social and Political Ideas*, 102.

135. Thomas Aquinas, *Summa Theologica*, I, xxiii, 5.

136. 위의 책, I, xxiii, 1, 3; *Summa contra Gentiles*, iii, 163, *quoting Paul*, Ephesians, i, 4.

137. Wicksteed, 266.

138. Gilson, *Bonaventure*, 7.

139. Tomas Aquinas, *Summa Theologica*, I, xii, 1, 7-8.

140. 위의 책, II IIae, clxxix-clxxxii.

141. Sarton, II(2), 916.

142. Thomas Aquinas, *Summa contra Gentiles*, i, 1.

143. Sarton, II(2), 906.

144. Gilson, *Reason and Revelation*, 30.

145. Gilson, *La philosophie*, ed. 1947, 606.

146. De Wulf, *Medieval philosophy*, II, 85.

147. 위의 책, 84; Gilson, 603.

148. Waddell, *Wandering Scholars*, 113.

149. Gilson, *La philosophie*, ed. 1922, I, 154.

37장

1. James, *Women*, 120

2. Thorndike, *Magic*, II, 8.

3. 위의 책, 814.

4. Coulton, *Panorama*, 105.

5. Coulton, *Five Centuries*, I, 251.

6. Himes, 161.

7. Coulton, *Panorama*, 106.

8. Kantorowicz, 354.

9. Thorndike, *Magic*, II, 169.

10. Coulton, *Life*, I, 33.

11. Coulton, *Panorama*, 115.

12. Milman, I, 542.

13. Lea, *Inquisition in Middle Ages*, III, 424.

14. Hastings, *Encyclopedia of Religion and Ethics*, III, 421a.

15. Pauphilet, A., *Jeux et sapience du moyen âge*, 317n.

16. Coulton, *Social Life*, 526.

17. Singer, Chas., *Studies in the History and Method of Science*, I, 165.

18. Castiglione, 385.

19. Thorndike, *Magic*, II, 167.

20. Lacroix, *Science and Literature*, 208.

21. Thorndike, II, 319.

22. 위의 책, 328.

23. 689, 949.

24. Sarton II(2), 1082.

25. Walsh, *The Popes and Science*, 52.

26. Sarton, II(2), 1082.

27. text in Walsh, *Popes*, app.

28. 위의 책, 31, 43.

29. Pliny, *Natural History*, xxxvi, 26, 67.

30. Thorndike, II, 237.

31. Sarton, II(2), 611.

32. Thorndike, II, 449.

33. Sarton, II(2), 617.

34. Singer, *Studies*, II, 105.

35. 위의 책, I, 18.

36. Thorndike, I, 775.

37. Addison, *Arts*, 78.

38. Giraldus Cambrensis, *Itinerary*, 6.

39. Augestine, *City of God*, xvi, 9.

40. Sarton, I, 516.

41. Joinville, 258.

42. Raby, *Christian Latin Poetry*, 356.

43. Sarton II(2), 575.

44. Kantorowicz, 360.

45. Mumford, 22.

46. Sarton, II(1), 21.

47. *Speculum*, Apr. 1941, 242.

48. Sarton, II(2), 1024.

49. 위의 책, Singer, II, 398.

50. Arnold, *Legacy of Islam*, 97.

51. Kantorowicz, 354.

52. Sarton, II(2), 1030.

53. Willoughby, W., *Social, Justice*, 14.

54. Sarton, II(2), 1041.

55. 위의 책, 1098.

56. 1037.

57. 1038-9.

58. Thorndike, I, 740.

59. Garrison, 148.

60. Sarton, II(1), 81, 242.

61. Garrison, 175.

62. 위의 책, 181.

63. Castiglione, 381.

64. Bartholomaeus Anglicus, xlv, 4, in Coulton, *Social Life*, 502.

65. Castinglione, 384.

66. Kantorowicz, 356.

67. Lacroix, *Science*, 149.

68. Thorndike in *Speculum*, Apr. 1928, 194; Neuman, *Jews in Spain*, II, 110.

69. Garrison, 170.

70. Lea, *Inquisition in Middle Ages*, III, 52.

71. 위의 책, 52-7.

72. Garrison, 144, 172.

73. Lacroix, *Science*, 154.

74. Garrison, 144.

75. Coulton, *Panorama*, 448.

76. Sarton, II(1), 72.

77. Castiglion, 337.

78. Garrison, 153.

79. Castiglione, 388.

80. Walsh, *Thirteenth Century*, 345.

81. Sarton, II(1), 84.

82. Joyce, *Ireland*, 151.

83. Garrison, 186.

84. *Speculum*, Jan. 1937, 19.

85. Munro and Sellery, 266.

86. Coulton, *Panorama*, 304.

87. Jackson, *Byzantine and Romanesque Architecture*, I, 142; Barnes, *Economic History*, 165.

88. Thorndike, II, 28f.

89. 위의 책, 25.

90. 538.

91. 위의 책.

92. 526, 551, 566, 568, 583.

93. Walsh, *Thirteenth Century*, 48.

94. Albertus Magnus, *De animalibus*, iv, 3, in Sarton, II(2), 938.

95. Sarton, II(1), 72.

96. Bacon, *Opus tertium*, ch. 17.

97. Bacon, *Opus maius*, I, xi.

98. Bridges, J. H., *Life and Work of Roger Bacon*, 125.

99. Bacon, *Opus tertium*, Brewer ed., p. 28.

100. Bacon, *Opus Maius*, i, 10.

101. Little, A. G., *Roger Bacon Essays*, 10.

102. *Opus maius*, i, 1.

103. *Compendium studii philosophiae*, ed. Brewer, p. 469.

104. *Opus maius*, ii, 12.

105. 위의 책.

106. VII, 1.

107. Little, 117; Sarton, II(2), 805, 961.

108. *Opus tertium*, ch. 29.

109. *Opus maius*, iv, 16.

110. 위의 책, iv, 4; *De coelestibus*, in Little, 15.

111. *Opus maius*, vi, 1.

112. Thorndike, II, 650.

113. *Opus maius*, iv, 4.

114. Bridges, 36; Little, 180.

115. Sloane MS., folio 83b, 1-2, in Little, 178.

116. *De secretis operibus artis et naturae*, ch. iv, in Little, 178.

117. Little, 321; En. Br., XI, 3.

118. Bridges, 93.

119. *Opus maius*, V, 4.

120. *De secretis operibus*, in Singer, II, 397.

121. Singer, II, 132.

122. *Opus maius*, vii, *ad initium*.

123. Bridges, 387.

124. 위의 책, 127.

125. 52.

126. De Wulf, *Med. Philosophy*, II, 139.

127. *Opus maius*, ii, 5.

128. *Compendium philosophiae*, in Coulton, *Life*, II, 55f.

129. *Opus tertium*, in Taylor, *Medieval Mind*, II, 523.

130. 위의 책, in Coulton, *Five Centuries*, I, 135.

131. Taylor, II, 530.

132. Little, 26.

133. 위의 책.

134. 28.

135. Taylor, II, 347.

136. Thorndike, II, 196.

137. 위의 책, 203.

38장

1. Saxo Grammaticus, 89.

2. Joinville, 140.

3. Iacopo de Voragine, *Golden Legend*, pp. 48-56.

4. Mâle, 320.

5. Raby, *Secular Latin Poetry*, II, 289.

6. Haskins, *Renaissance*, 177.

7. Waddell, *Wandering Scholars*, 188.

8. Raby, 앞의 책, 171.

9. Tr. by Helen Waddell in *Medieval Latin Lyrics*, 171.

10. Van Doren, M., *Anthology of World Poetry*, 454.

11. Waddell, 앞의 책, 278.

12. Bieber, M., *History of the Greek and Roman Theater*, 423.

13. Chambers, *Medieval Stage*, II, 44; Matthews, B., *Development of the Drama*, 115.

14. Mantzius, *History of Theatrical Art*, II, 5.

15. Matthews, 114.

16. Symonds, J. A., *Studies of The Greek Poets*, 310.

17. Raby, *Christian Latin Poetry*, 219.

18. Mantzius, II, 10f.

19. Thomas Aquinas, *Summa Theologica*, II IIae, clxviii, 3.

20. *Chanson de Roland*, II. 1989-2009.

21. Sturluson, *Prose Edda*, #72, in Sigfusson.

22. Dasent, G., *Story of Burnt Njal*, 237-58.

23. Butler, *Women*, 101.

24. *Cambridge Medieval History*, III, 128.

25. Arnold, *Legacy of Islam*, 17.

26. Lecky, *Morals*, II, 232.

27. *Speculum*, Oct. 1938, 380-7.

28. Tr. By Ezra Pound in Van Doren, 660.

29. Reese, *Medieval Music*, 232.

30. Walther von der Vogelweide, *I Saw the*

World, 41.

31. Taylor, *Medieval Mind*, II, 56.

32. Walther von der Vogelweide, *Songs and Sayings*, 33.

33. Walther von der Vogelweide, *I Saw the World*, 16.

34. Taylor, II, 62.

35. Walther von der Vogelweide, *I Saw the World*, 69.

36. Walther von der Vogelweide, *Songs and Sayings*, 22.

37. Taylor, II, 58.

38. Prestage, Chivalry, 100; Coulton, Life, III, 77; Francke, *German Literature*, 111.

39. Kroeger, A. E., *The Minnesinger of Germany*, 4.

40. Schoenfeld, *Women of the Teutonic Nations*, 162.

41. Tr. by Arthur O'Shaughnessy in Van Doren, 663.

42. Chrétien de Troyes, *Arthurian Romances*, 1.

43. 위의 책, 318, 309.

44. 287.

45. Wolfram von Eschenbach, *Parzival*, I, 67.

46. Taylor, II, 8.

47. Wolfram, I, 188; vi, 937.

48. *Aucassin et Nicolette*, 6.

49. 위의 책, 12. French text in Pauphilet, 444.

50. *Aucassin*, 13.

51. Willaim of Lorris and Jean Clopinel de Meung, *Romance of Rose*, II. 8767f, 8858.

52. Lines 8511f.

53. 7849.

54. 1685.

55. 9267-70, 9725-47.

39장

1. Tr. by D. G. Rossetti.

2. Asin y Palacios, *Islam and the Divine Comedy*, 271f.

3. Dante, *Purgatorio*, xxvi, 91f.

4. Sedgwick, *Italy*, II, 277.

5. Tr. by D. G. Rossetti.

6. Vossler, II, 152.

7. Sedgwick, II, 291.

8. *Purgatorio*, xxx, 55.

9. Sedgwick, II, 283.

10. Vossler, I, 323.

11. Dante, *Inferno*, xv, 85.

12. Vossler, I, 164.

13. Dante, *La Vita Nuova*, ii, tr. Rossetti.

14. 위의 책, iii.

15. xix.

16. xxvi.

17. xxxii.

18. *Paradiso*, xxx, 28.

19. *Purgatorio*, xxxi, 60.

20. Symonds, *Dante*, 55.

21. Dante, *De monarchia*, iii, 11.

22. 위의 책, 16.

23. *De monarchia*, pref., xxxiii.

24. Dante, *Eleven Letters*, vi.

25. Ep. vii.

26. Symonds, *Dante*, 79.

27. Ep. x.

28. Symoonds, *Dante*, 92.

29. Letter to the Italian Cardinals (1314).

30. Dante, *Il Convito*, x, 5.

31. 위의 책, vii, 4.

32. Dante, *Eleven Letters*, p. 197.

33. Coulton, *Panorama*, 208.

34. Dante, *Paradiso*, end.

35. 위의 책, x, 137f.

36. Blochet, *Sources orientales de la Divine Comédie*, Paris, 1901, and Asin y Palacios, *La escatologia musulmana en la Divina Comedia*, Madrid, 1919, translated as *Islam and the Divine Comedy*.

37. Asin y Palacios, 55-61.

38. 위의 책, 171-3, 276-7.

39. 위의 책, 232.

40. Rowbotham, 130.

41. Dante, *Inferno*, i, 1-3.

42. 위의 책, i, 86.

43. 위의 책, iii, 1-9.

44. 위의 책, iii, 50.

45. 위의 책, iv, 131-43.

46. 위의 책, v, 121-42; tr. Cary.

47. 위의 책, xix, 53.

48. 위의 책, xxviii, 22-42; tr. Cary.

49. Dante, *Purgatorio*, v, 13.

50. 위의 책, vi, 76-93.

51. 위의 책, xxvi, 112.

52. 위의 책, xxvii, end.

53. 위의 책, xxx, 37-9.

54. 위의 책, xxxi, 49-51.

55. 위의 책, end.

56. Dante, *Paradiso*, iii, 85.

57. 위의 책, xxvii, 22-8.

58. Dante, *Inferno*, xviii, 57-63.

59. Dante, *Paradiso*, ix, 127.

60. Dante, *Inferno*, xxiv, 125.

61. 위의 책, xxxiii, 152.

62. 위의 책, xxxiii, 80-4.

63. 위의 책, xxxiii, 148.

마치는 글

1. Coulton, *Medieval Village*, 290.

750~1100	구(舊) 에다
842	스트라스부르 맹약에서 각국 토속어 사용
1000년경	다성(多聲) 음악의 대두
1020	코뮌 인가장이 (도시 레온에) 최초로 발부
1040	아레초의 귀도 보표(譜表) 발명
1050~1122	로스켈리누스, 철학자
1056~1114	네스토르 및 러시아 연대기 탄생
1056~1133	투르의 힐데베르트, 시인
1066~1087	윌리엄 1세, 잉글랜드 왕
1066~1200	노르만 양식의 잉글랜드 건축물
1076~1185	질베르 드 라 포레, 철학자
1079~1142	아벨라르, 철학자
1080	루카에 영사 주재. 이탈리아 도시들 자치권 강화
1080~1154	콩슈의 기욤, 철학자
1081~1151	쉬제르, 생드니 대수도원장
1083~1148	안나 콤네나, 역사가
1085	잉글랜드 둠즈데이 북
1086~1127	기욤 9세, 아퀴텐 공작, 역사상 최초의 트루바두르
1088이후	이르네리우스, 볼로냐에서 로마법 강의
1088~1099	교황 우르바누스 2세
1089~1131	클뤼니 수도원
1090~1153	성 베르나르
1093~1109	안셀무스, 캔터베리 대주교
1093~1175	더럼 대성당
1095년경	「롤랑의 노래」
1095	제1차 십자군 전쟁 선포
1095~1164	시칠리아의 로제르 2세
1098	시토 수도회 창립
1098~1125	하인리히 5세, 독일 왕
1099	십자군 예루살렘 점령
1099~1118	교황 파스칼리스 2세
1099~1143	예루살렘의 라틴 왕국
1099~1179	성 힐데가르데
1100년경	유럽, 아랍 숫자 도입. 콘스탄티노플에서 종이 제조
1100~1135	헨리 1세, 잉글랜드 왕
1100~1155	브레시아의 아르놀트, 개혁가
1104~1194	건축에 과도기 양식이 나타남
1105	아델라드의 『자연의 문제』
1110	파리 대학의 형태 구성
1113	모노마흐 왕자 키예프의 난 평정
1114~1158	프라이징의 오토, 역사가
1114~1187	크레모나의 게라르드, 번역가
1117	아벨라르, 엘로이즈를 가르침
1117~1180	솔즈베리의 요하네스, 철학자
1120년경	호스피탈 기사단 창설
1121	아벨라르 수아송에서 유죄 선고 받음
1122	보름스 협약
1122~1204	아퀴텐의 엘레아노르
1123	제1차 라테라노 공의회
1124~1153	데이비드 1세, 스코틀랜드 왕
1127	템플러 기사단 창설
1133 이후	생드니 수도원 고딕 양식으로 재건
1137	최초의 스페인 의회 등장. 몬마우스의 제프리의 『브리튼인의 역사』
1137~1196	월터 맵, 풍자가
1138	콘라트 3세를 시조로 호엔슈타우펜 왕조 개창
1139~1185	알폰소 1세 엔리케스
1140	아벨라르, 상스 공의회에서 유죄 선고 받음
1140~1191	크레티앵 드 트루아
1140~1227	방랑 서생 시인들 활동
1142	겔프당 기벨린당 파벌 싸움 격화
1145~1202	플로라의 요아킴
1146~1147	브레시아의 아르놀트의 난
1147~1223	기랄두스 캄브렌시스, 지리학자

1150년경	「니벨룽겐의 노래」	1179	제3차 라테라노 공의회
1150	페트루스 롬바르두스 〈명제집〉. 무아사크 수도원 조각상. 누아용 성당의 공중 버팀벽	1180년경	몽펠리에 대학 설립. 마리 드 프랑스, 여류 시인
		1180~1225	프랑스의 필립 2세 오귀스트
1150~1250	프랑스 트루바드르의 전성기	1180~1250	레오나르도 드 피보나치, 수학자
1152~1190	프레데리크 1세 바르바로사 신성로마제국 황제	1180년경 ~1253	로버트 그로스테스트
1154~1159	교황 하드리아누스 4세	1182~1216	아시시의 성 프란체스코
1154~1189	헨리 2세를 시조로 플란타지네트 왕조 개창	1185~1219	레오 2세의 통치 아래 소(小)아르메니아 번영
1154~1256	요크 민스터	1185~1237	밤베르크 대성당
1156	모스크바 건설	1189~1192	제3차 십자군 전쟁
1157	베네찌아 은행, 정부 채권 발행	1189~1199	사자 왕 리처드
1157~1182	발데마르 1세, 덴마크 왕	1190	튜턴 기사단 창설
1157~1217	알렉산더 네캄, 자연학자	1190~1197	독일의 하인리히 6세
1159~1181	교황 알렉산데르 3세	1192~1230	보헤미아의 오토카르
1160년경	「시드」	1192~1280	링컨 대성당
1160~1213	조프루아 드 빌라르두앵, 역사가	1193~1205	엔리코 단돌로, 베네찌아의 도제 (Doge)
1163~1235	파리의 노트르담		
1165~1220	볼프람 폰 에셴바흐, 시인	1193~1280	알베르투스 마그누스
1165년경~ 1228	발터 폰 포겔바이데, 시인	1194~1240	웨일즈의 르웰린 대왕
		1194~1250	시칠리아의 프레데리크
1167	롬바르디아 동맹 결성. 옥스퍼드 대학 운영 시작	1195~1231	파두아의 성 안토니우스
		1198~1216	교황 인노켄티우스 3세
1167~1215	페어 비달, 트루바두르	1200년경	디낭의 다비드, 철학자
1170	토머스 아 베케트 암살. 페트뤼스 발데스 리옹에서 활동	1200~1304	이프르 직물 회관
		1200~1259	매튜 패리스, 역사가
1170~1221	성 도미니코	1200~1264	보베의 뱅상, 백과사전 편찬자
1170~1245	헤일즈의 알렉산데르, 철학자	1201~1500	루앙 대성당
1174~1242	웰스 대성당	1202~1204	제4차 십자군 전쟁
1175~1234	미카엘 스코트	1202~1205	프랑스의 필립 2세 잉글랜드로부터 노르망디, 앙주, 멘, 브르타뉴 탈취
1175~1280	잉글랜드의 초기 고딕 양식		
1175 이후	캔터베리 대성당	1202~1241	발데마르 2세, 덴마크 왕
1176	카르투지오 수도회 창립	1204~1229	알비파 십자군
1178 이후	알비파 이단	1204~1250	몽생미셸의 메르베유 수도원
1178~1241	스노리 스툴루손, 역사가	1204~1261	콘스탄티노플의 라틴 왕국

1205	사상 최초로 그리스도교 문헌에서 나침반 언급, 하르트만 폰 아우에의 「가련한 하인리히」	1226~1270	프랑스의 루이 9세
		1227	살라망카 대학 설립. 교황 주재 종교 재판 시작
1205~1303	레온 대성당	1227~1241	교황 그레고리우스 9세
1206~1222	테오도르 라스카리스, 동로마 황제	1227~1493	톨레도 대성당
1207~1228	슈테판 랭턴, 캔터베리 대주교	1227~1552	보베 대성당
1208	성 프란체스코, 작은형제회를 설립. 인노켄티우스 3세의 잉글랜드 금지령 제재	1228이후	아시시에 성 프란체스코 교회 건립
		1228	제6차 십자군 전쟁, 프레데리크 2세 예루살렘 수복
1209	케임브리지 대학 설립	1229~1348	시에나 대성당
1210	아리스토텔레스 사상 파리에서 금기 시됨. 스트라스부르의 고트프리트의 「트리스탄」	1230이후	스트라스부르 대성당
		1230~1275	귀도 귀니첼리
		1232~1300	아르놀포 디 캄비오, 예술가
1211~1427	랭스 대성당	1232~1315	라이몬드 룰리, 철학자
1212	아동 십자군. 성(聖) 클라라 가난한 클라라회 창립	1235~1281	브라반트의 시제르, 철학자
		1235~1311	빌라노바의 아르반트, 의사
1213~1276	하이메 2세, 아라곤의 왕	1237	몽골족 러시아 침공. 기욤 드 로리의 『장미 이야기』
1214	필립 2세 부빈에서 승리		
1214~1292	로저 베이컨	1240	알렉산드르 네프스키 네바 강에서 승리
1215	대헌장. 제4차 라테라노 공의회. 도미니크 수도회 설립		
		1240년경	「오카상과 니콜렛」
1216~1227	교황 호노리우스 3세	1240~1302	치마부에
1216~1272	헨리 3세, 잉글랜드 왕	1240~1320	조반니 피사노, 예술가
1217년	제5차 십자군 전쟁	1241	몽골족 레그니츠에서 독일군 격파, 크라코프 점령 후 헝가리 약탈
1217~1252	카스틸리아의 페르난도 3세		
1217~1262	노르웨이의 호콘 4세	1243~1254	교황 인노켄티우스 4세
1220~1245	솔즈베리 대성당	1244	이슬람군 예루살렘 점령
1220~1288	아미앵 대성당	1245	제1차 리옹 공의회에서 프레데리크 2세 폐위
1221~1274	성 보나벤투라		
1221~1567	부르고스 대성당	1245	조반니 데 피아노 카르피니, 몽골 방문
1224	나폴리 대학 설립		
1224~1317	장 드 주앵빌, 역사가	1245~1248	생샤펠 성당
1225	작센 법전	1245~1272	웨스트민스터 수도원
1225~1274	성 토마스 아퀴나스, 철학자	1248	생루이 제7차 십자군 지휘
1225~1278	니콜로 피사노, 조각가	1248~1354	알함브라 궁전
1226~1235	카스틸리아 블랑쉬의 섭정	1248~1880	쾰른 대성당

왕수민　서강대학교에서 철학과 역사를 전공했다. 옮긴 책으로 『문명이야기 – 동양 문명』, 『영웅들의 세계사』, 『집중력의 탄생』, 『포르노 보는 남자, 로맨스 읽는 여자』, 『인간욕구를 경영하라』, 『부의 제국』(공역), 『마이크로트렌드』(공역) 등이 있다.

박혜원　덕성여대에서 심리학을 전공했으며 현재 전문 번역가로 활동하고 있다. 옮긴 책으로 『고대 문명의 역사와 보물 – 중국』, 『친애하는 교회 씨에게』, 『젊은 소설가의 고백』, 『똑똑한 뇌 사용설명서』, 『황토 – 살아 있는 자연치료제』, 『본능의 경제학』, 『벤 버냉키의 선택』(공역) 등이 있다.

문명 이야기

신앙의 시대 4-2

1판 1쇄 찍음　2014년 4월 17일
1판 1쇄 펴냄　2014년 4월 28일

지은이　윌 듀런트
옮긴이　왕수민, 박혜원
발행인　박근섭, 박상준
편집인　장은수
펴낸곳　(주)민음사

출판등록 1966. 5. 19.(제16-490호)
(135-887) 서울시 강남구 도산대로 1길 62 (신사동) 강남출판문화센터 5층
대표전화 515-2000, 팩시밀리 515-2007
홈페이지 www.minumsa.com

한국어판 ⓒ (주)민음사, 2014. Printed in Seoul, Korea.

ISBN 978-89-374-8899-3 04900
ISBN 978-89-374-8361-5 (세트)